上海市级专志

上海第九人民医院志

上海市地方志编纂委员会 编

上海科学技术文献出版社

上海私立伯特利医院创办人石美玉（Mary Stone，1873—1954）

上海私立伯特利医院创办人胡遵理（Jennie V. Hughes，1874—1951）

1. 伯特利教会和医院的创始人胡遵理、石美玉
2. 三位石姓医师，右起：石美玉、石菲比、石成志

1920 年的医院

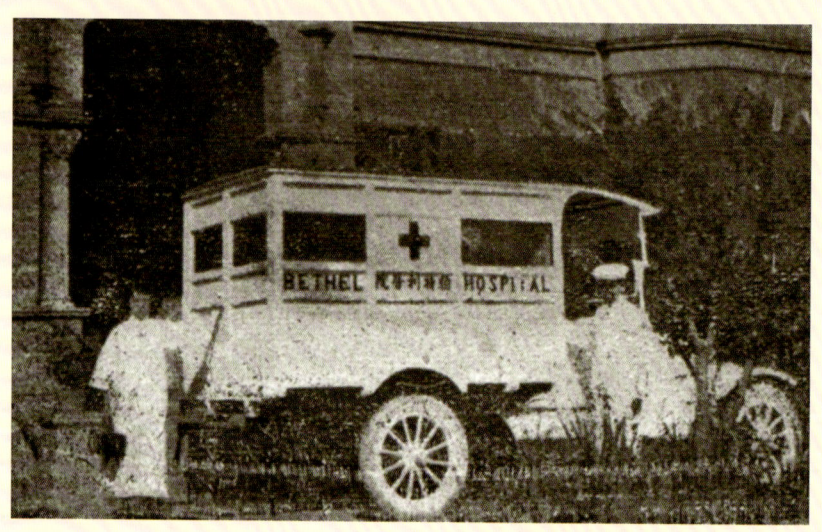

1. 1920年8月18日,《字林西报》报道石美玉等抵沪
2. 1920年创办于制造局路565号的伯特利医院
3. 伯特利医院救护车在旧院址

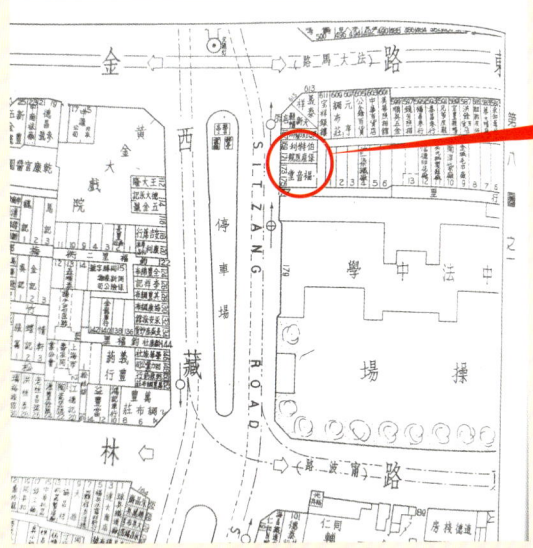

$\frac{1}{2}\frac{}{3}$

1. 伯特利医院八仙桥诊所与福音堂，西藏南路169至175号
2. 伯特利医院八仙桥诊所地图
3. 病家送感谢匾

1. 1922年出发去寻找新院址。前排右起：石菲比、石美玉、胡遵理
2. 1922年制造局路639号建设前的情景
3. 1923年上海伯特利医院护校第一届毕业生

1924 年的伯特利

1. 1924 年建成的伯特利医疗楼（旧 1 号楼）
2. 伯特利医院大门
3. 1924 年 11 月 9 日《新闻报》报道伯特利在新院址开业

$\frac{1}{2}$

1. 1924年新医疗楼侧面观
2. 1924年新医疗楼前师生合影

1. 伯特利医院职员住宅楼
2. 伯特利礼拜堂，接办后先后改为肺科病房、职工食堂
3. 从住宅楼北走廊眺望伯特利孤儿院、小学校

1920—1950

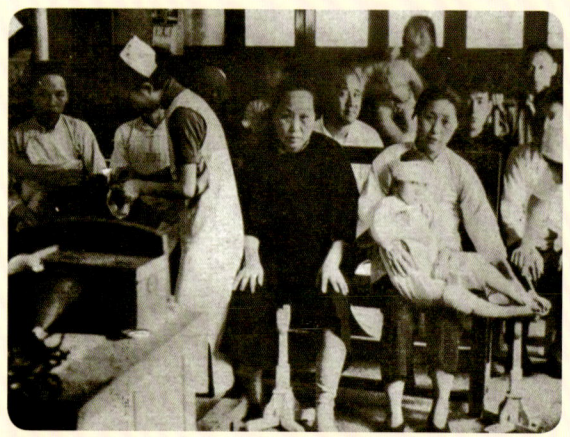

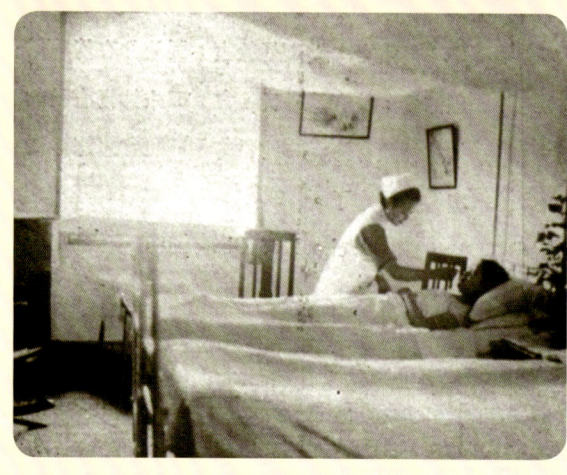
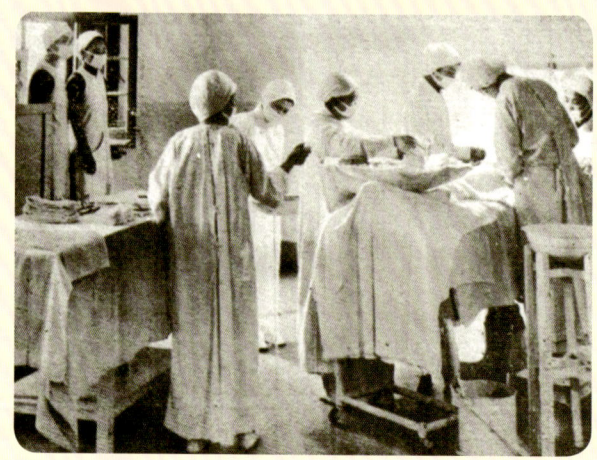

1. 伯特利院貌一角
2. 门诊候诊室
3. 门诊诊察室
4. 病房
5. 手术室

1920—1950

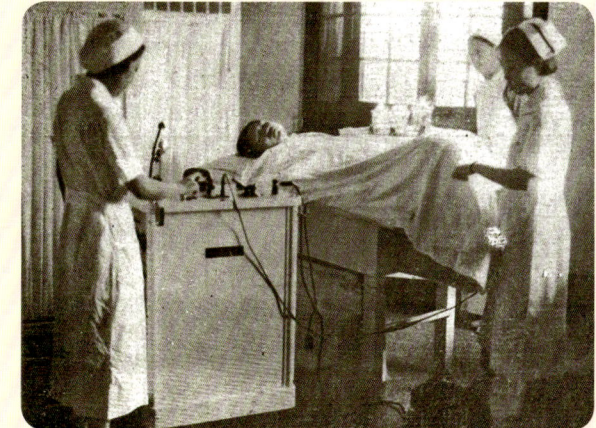

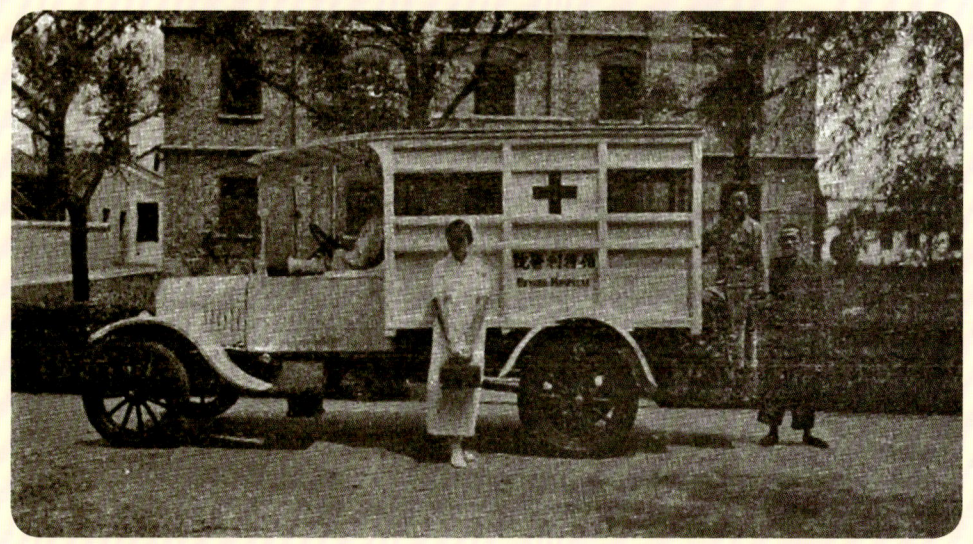

1 | 2
3
4

1. 妇科治疗室
2. 化验室
3. 药房
4. 救护车在新院址

1920—1950

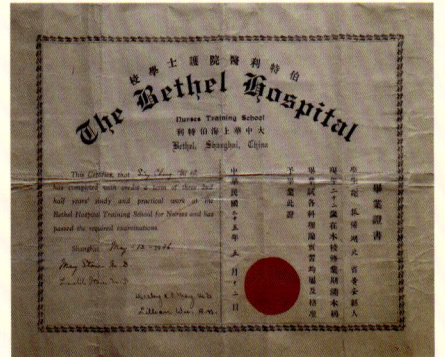

1	2
	3
	4

1. 著名护理教育家伍哲英（1884—1960）
2. 伯特利护士产科学校
3. 伯特利护校毕业证书
4. 伍哲英（前排左三）与学生合影

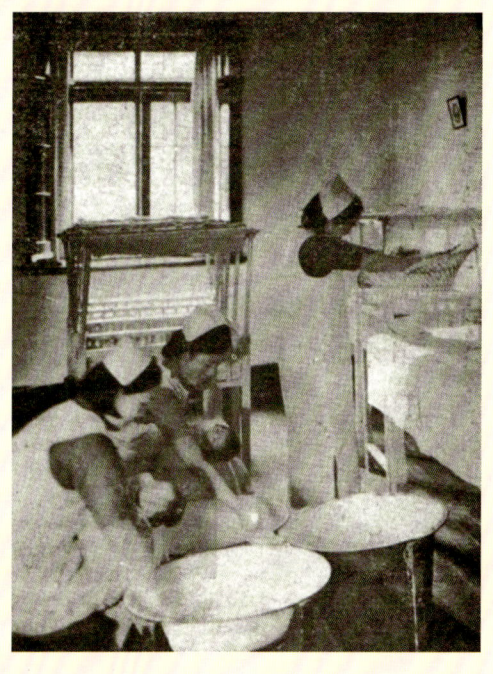

$\frac{1}{2}$
3

1. 荷花池边的护校第一教室
2. 护生为新生儿洗澡
3. 护生在病房发药

1920—1950

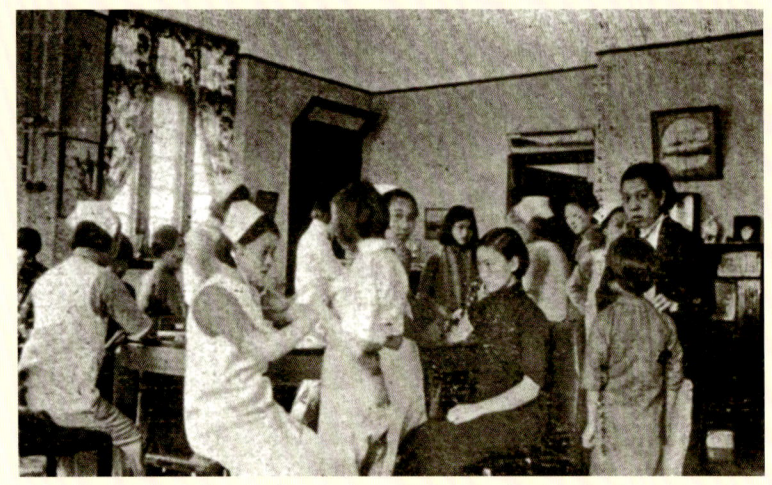

1. 护生实习体检
2. 护生在图书室
3. 1940年毁于战火的医院建筑

1
2
3

1. 1938年伯赛仲路21号。门匾文字：上海伯特利妇孺医院南市制造局路迁此
2. 伯赛仲路21号分院地图位置
3. 伯赛仲路分院开业合影。前排左一伍哲英、左四石成志

1. 梅国桢（Wesley K.C. May, 1906—1990），伯特利医院战后复建的主持者
2. 梅国桢（后排左二）带领的抗战医疗队
3. 1946年1月3日，上海《市民日报》报道石美玉、胡遵理返沪视察

1
2
3

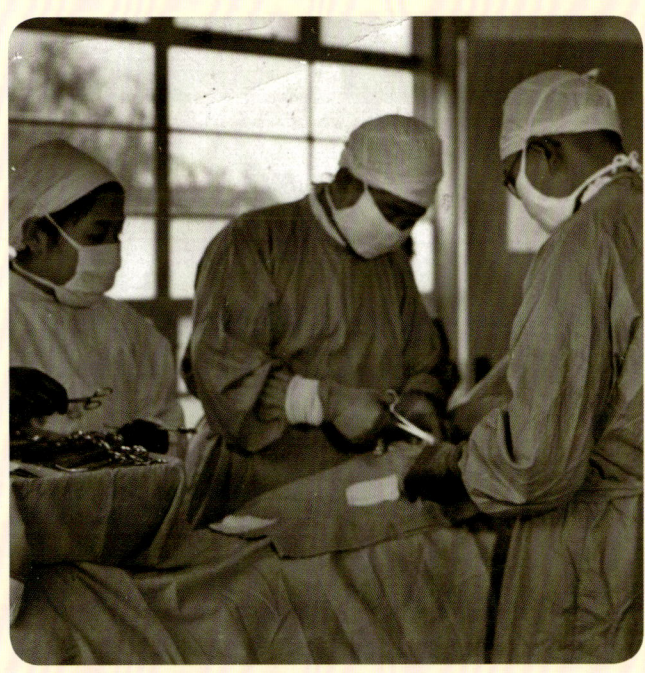

1. 伯特利医院战后复建中
2. 1950年建成的美玉外科院（旧2号楼）
3. 梅国桢（左二）在新建的手术室做手术

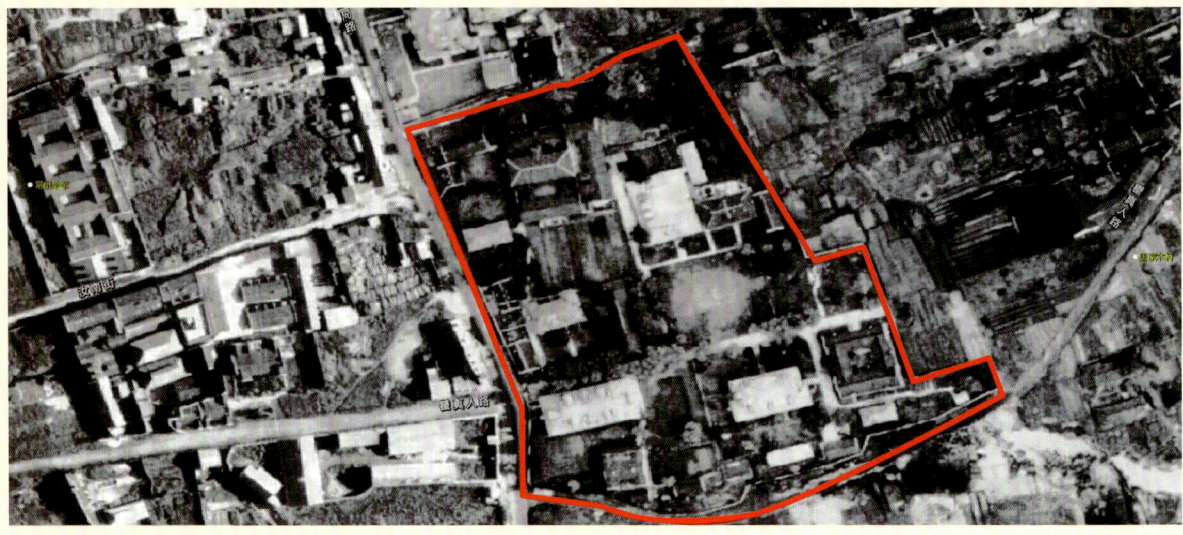

$\frac{1}{2}$

1. 石美玉和她的美国友人们
2. 1948年伯特利医院航拍图

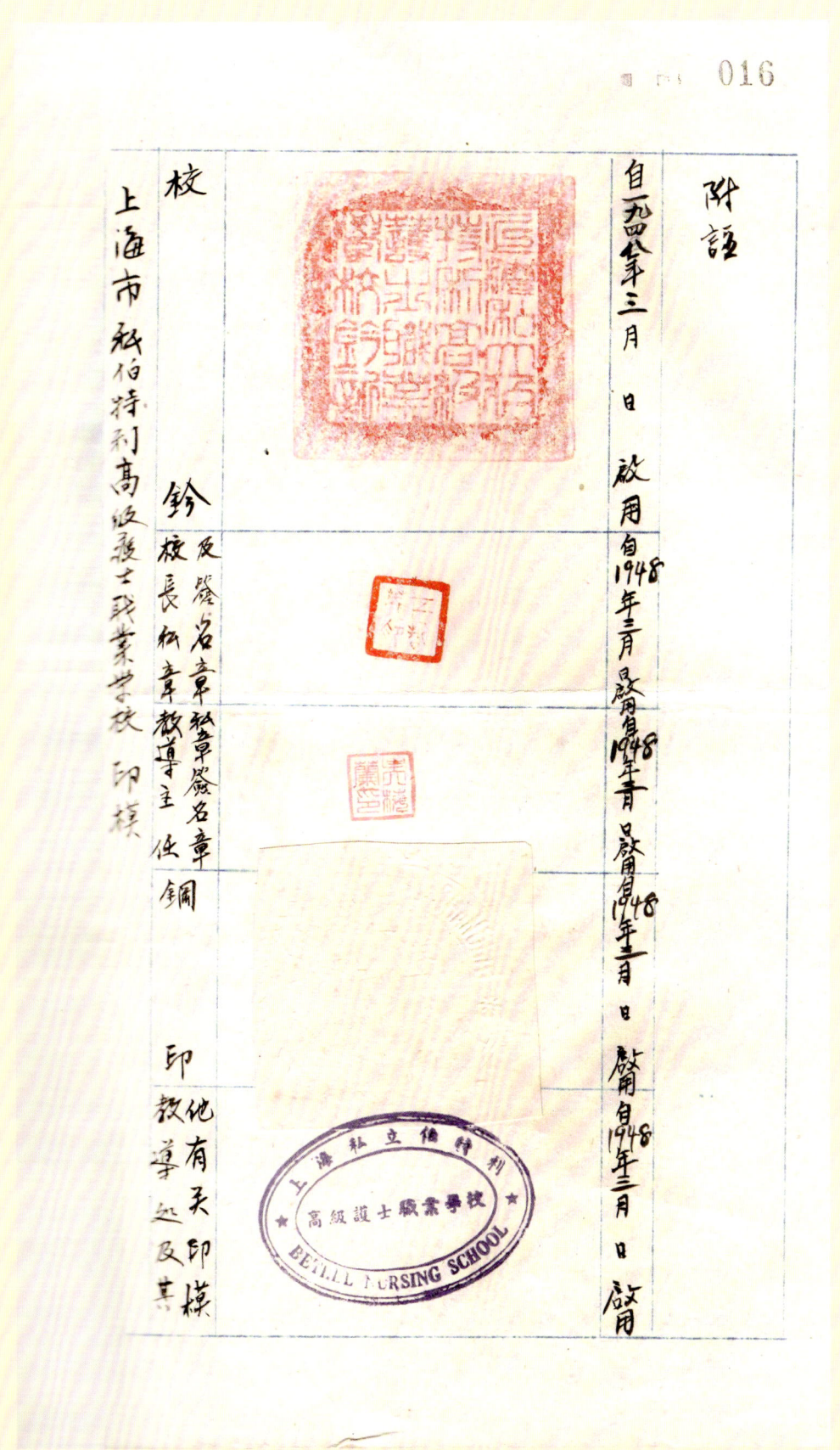

1948年3月伯特利护校复校时的印章

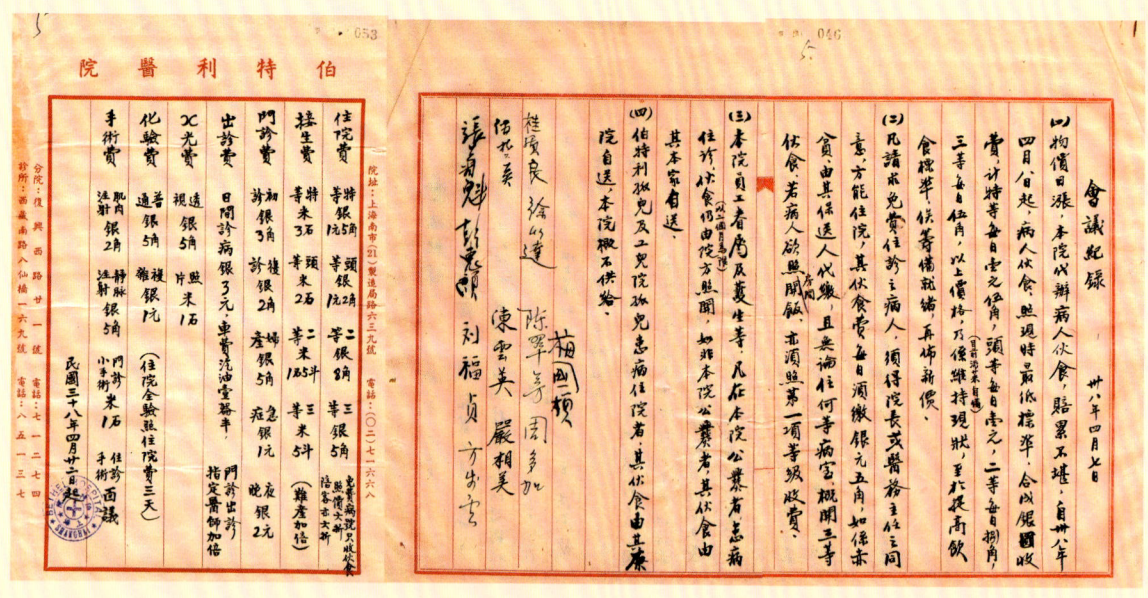

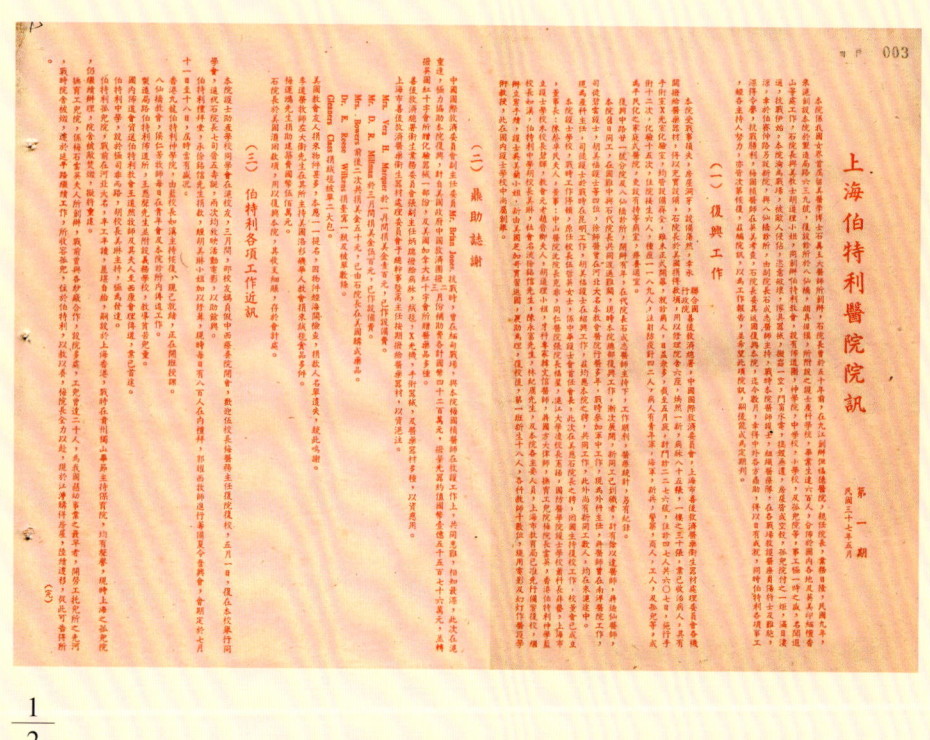

1. 1949年4月伯特利医院会议记录及部分收费标准
2. 1948年《上海伯特利医院院讯》第一期

南市伯特利醫院總院附設平民產院

八月份物價標準收費總共四萬元

科學化保產——孕婦產前檢查，可預防各種疾病，保持孕婦健康，檢查胎兒位置，可保臨產安全。

平民化產院——本院創辦三十年，近建築新院舍，擴充病牀，應時代需要，附設平民產院，為大眾服務，並指導節育。

經濟化產費——本院收費低廉，又復簡化，平產接生，照八月份物價標準，總共人民幣四萬元，包括接生費，一星期住院之房間伙食費及保嬰費等，如住包房間，另有價目，難產面議。

院　址——南市製造局路639號，在斜橋之南，高昌廟之北，瞿真人路口，（乘18路無軌電車及13 20 23公共汽車至斜橋），再乘三輪車，五分鐘可到，電話（〇二）七一六六八。

中华人民共和国成立初期伯特利医院介绍

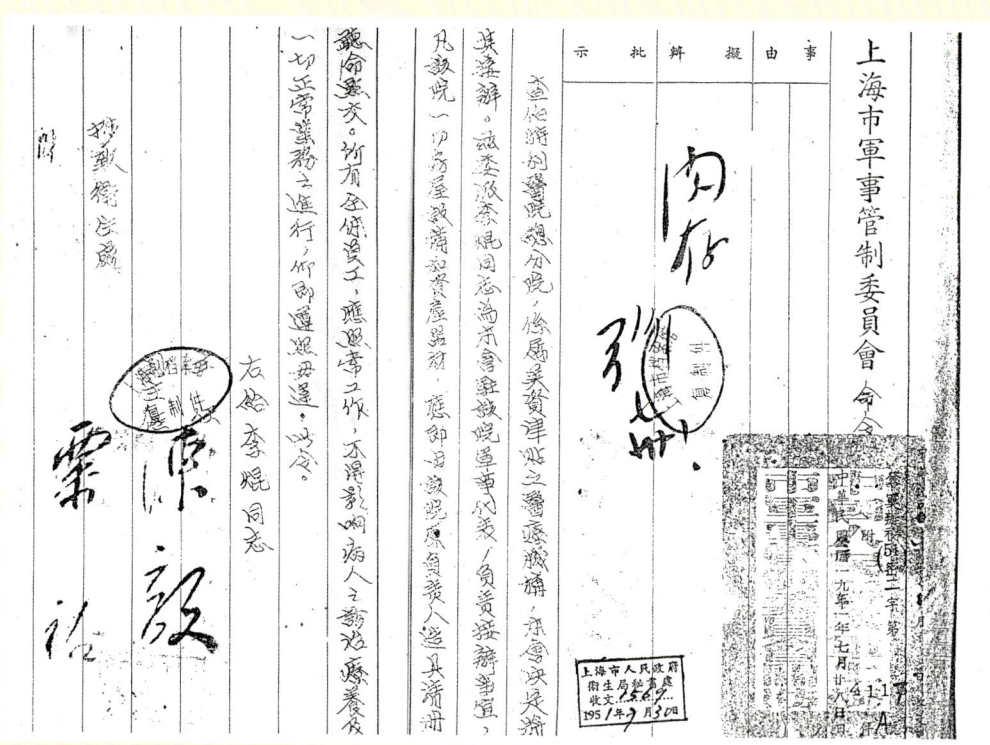
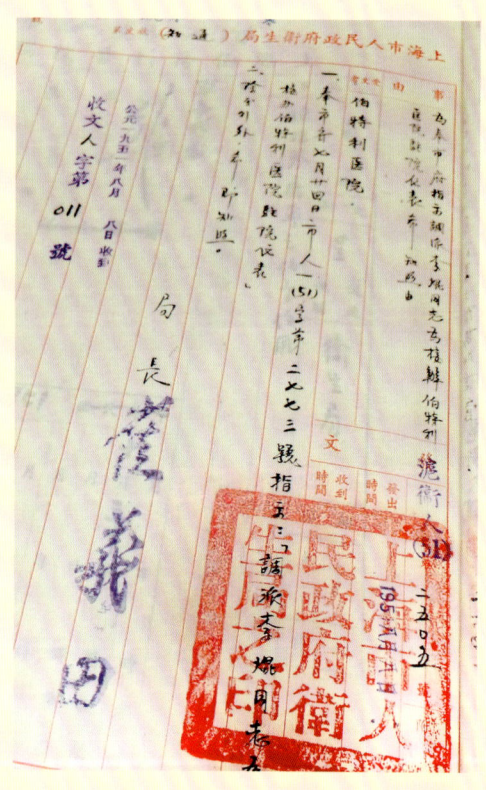
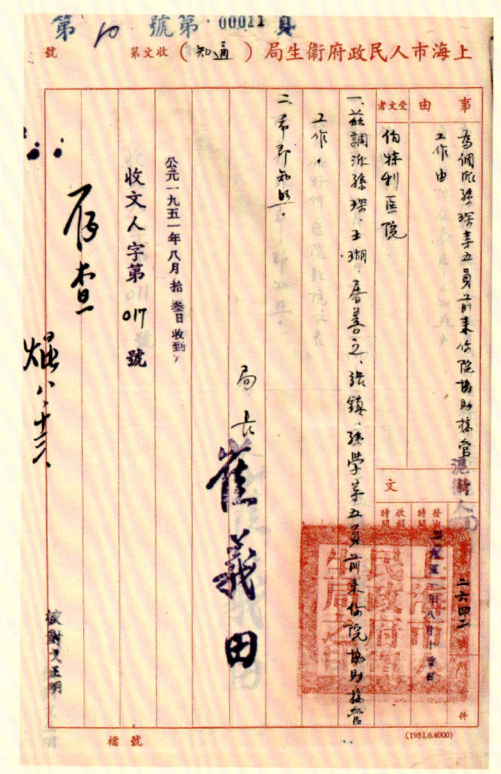

1. 1951年7月28日上海市军管会主任陈毅、粟裕签发的接办命令
2. 1951年军代表李焜的调令
3. 1951年孙琛等5名接办人员的调令

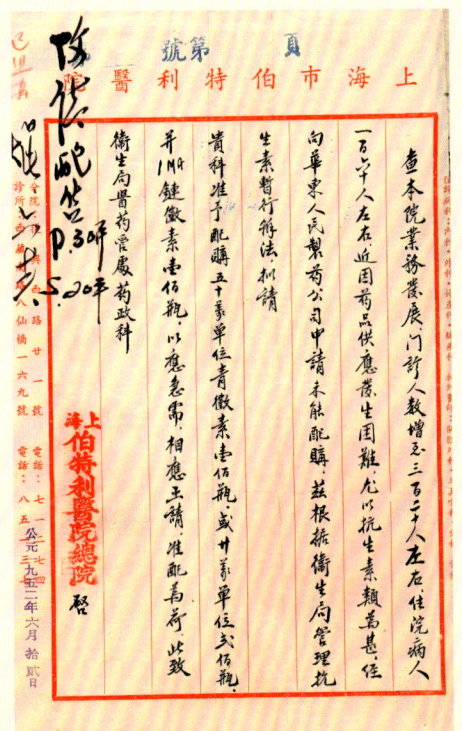
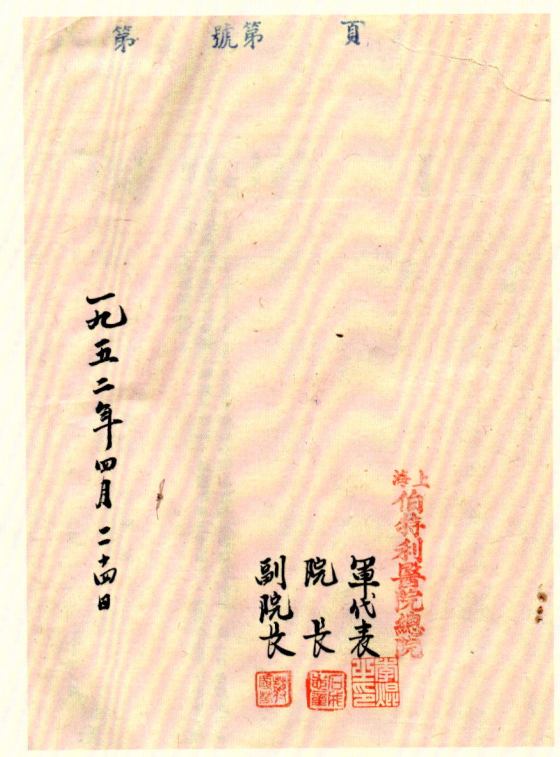
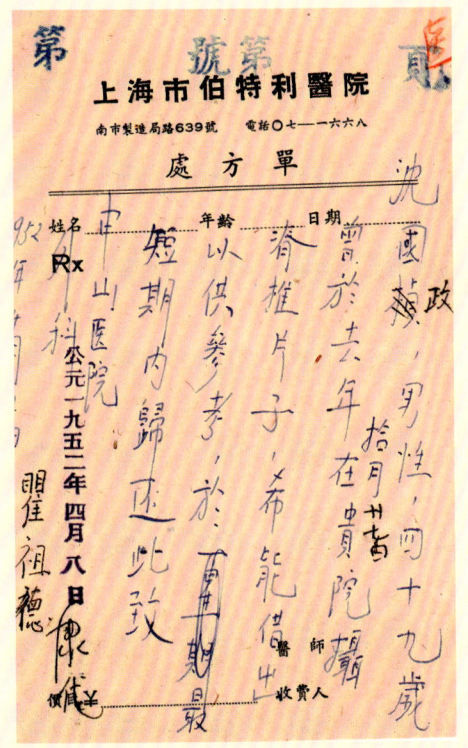
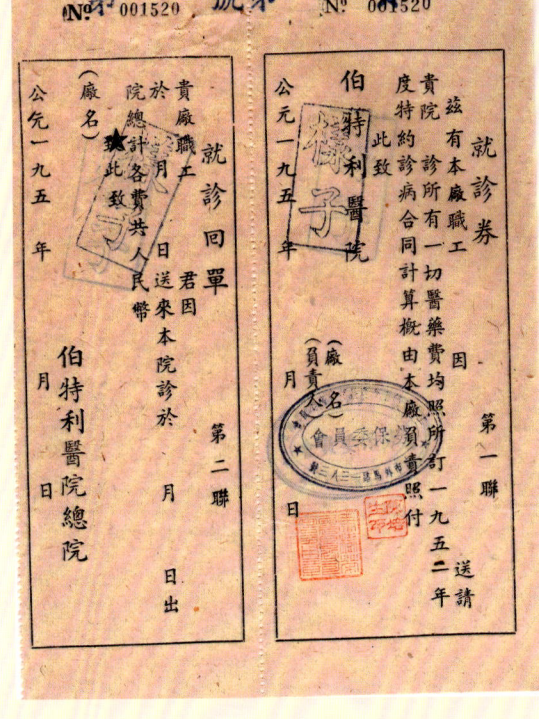

1. 1952年伯特利医院药品申购报告
2. 1952年伯特利医院军代表与正、副院长签章
3. 1952年用伯特利医院处方单写的便条
4. 1952年伯特利医院与签约厂家的转诊凭据

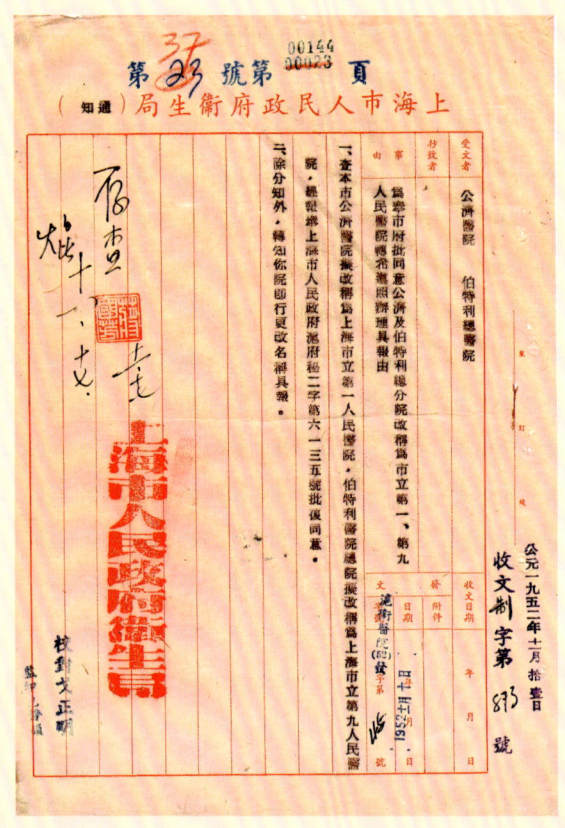

1. 1952年伯特利医院改名文件
2. 1953年元旦医务人员在大门口合影庆祝医院改名
3. 1953年元旦内科部分员工在大礼堂门口合影庆祝医院改名。三排右二起：张贞修、谢德善、付旭初、廖承禧、范献群；二排右起：鲍园华、周多加、赵宗仪、刘惠芳，不详，张秀珍、顾文聪、桂世明、郑爱如

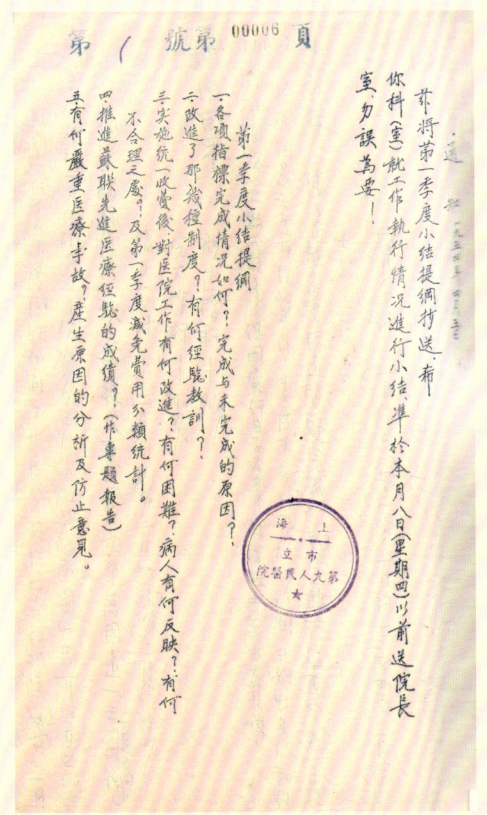
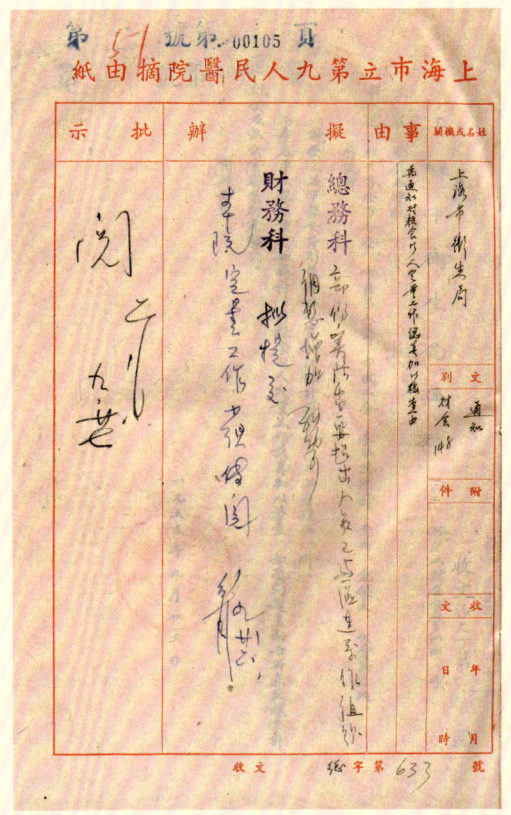

1. 1954年上海市立第九人民医院文件印章
2. 1954年上海市立第九人民医院行文
3. 1957年护理人员送别伍哲英、吴梅兰。前排左起：岳继馥、严相美、伍哲英、吴梅兰、陈云英；后排左起：张秀珍、施乐中、朱莉芳、李惠文、王世洪、崇爱主、郑荷芳

	1	
	2	
	3	4

1. 1958年医院文娱跃进大会演
2. 1960年全国文教群英会上海代表团合影
3. 图2局部放大：居中者为九院代表魏原樾
4. 图2局部放大：后排中间者为当时在广慈医院的口腔系代表吴少鹏

1. 1961年安徽医学院实习生毕业留影。前排左五起：俞松文、魏原樾、刘德尊
2. 1962年南市区医科夜校医科班学生合影。前排左五起：傅中义、刘德尊、魏原樾、俞松文

1. 1961年九院护校毕业生合影。第二排左七起：王瑶珠、夏培玲、刘德尊
2. 1972年九院第一期医务人员培训班合影。一排右起第十二位为张振荣

1. 1977年医院召开先进表彰大会
2. 1977年先进集体口腔系教师与院领导合影。前排左四起：刘德尊、黄宗仁、吴少鹏、祝平、钟瑞龙、李铁庵、张锡泽、张涤生、李耀永、杨菊贤、张德星、徐乃江、吴万龄、杨景文

杰出人物　　二级教授

席应忠
（1906—1985）

张锡泽
（1911—2004）

张涤生
（1916—2015）

三级教授

陈文镜
(1903—1987)

丁希庆
(1907—1978)

朱尔梅
(1910—1994)

王耆龄
(1911—1996)

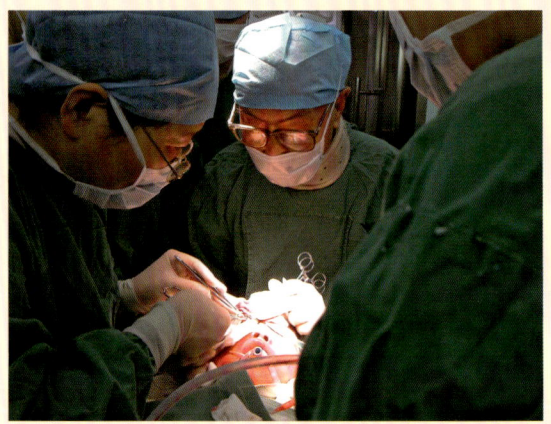

1. 中国工程院院士张涤生
2. 2010年，张涤生指导病例讨论
3. 90岁的张涤生在做手术

1. 1985年，张涤生（前右）与戴维（David）教授（前左）签订中澳颅面外科合作交流协议。后排居中者为王一飞校长
2. 2008年，张涤生获波兰科学院医学研究成就奖
3. 2008年6月，张涤生获第七届光华工程科技奖

中国工程院院士邱蔚六

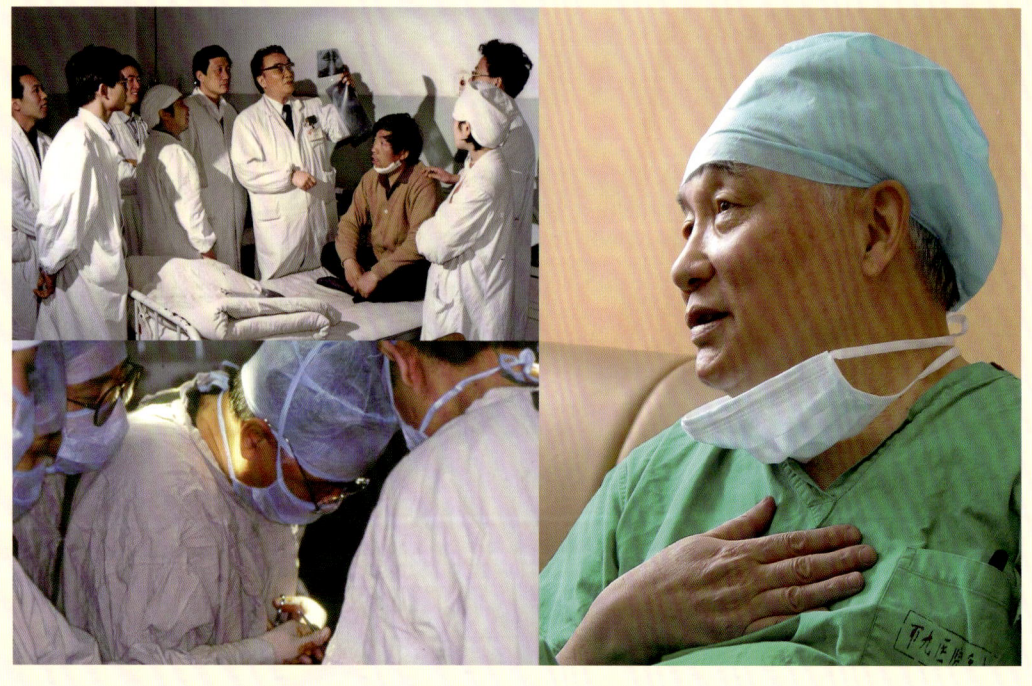

20世纪90年代邱蔚六在医疗工作中

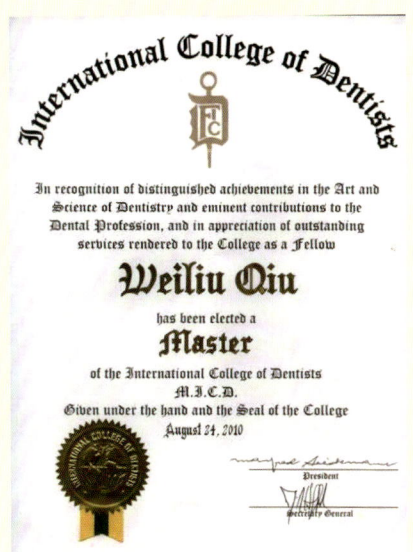

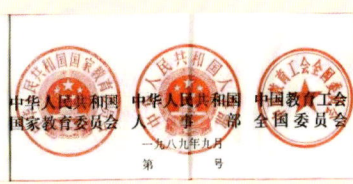

1	2
3	4
5	6

1. 2009年邱蔚六获国际口腔颌面外科协会杰出会士奖（亚洲第一人）
2. 杰出会士证章
3. 2010年邱蔚六获国际牙医学院大师称号
4. 国际牙医学院大师证书
5. 2010年邱蔚六获中国睡眠科学技术终身成就奖
6. 邱蔚六被评为全国优秀教师

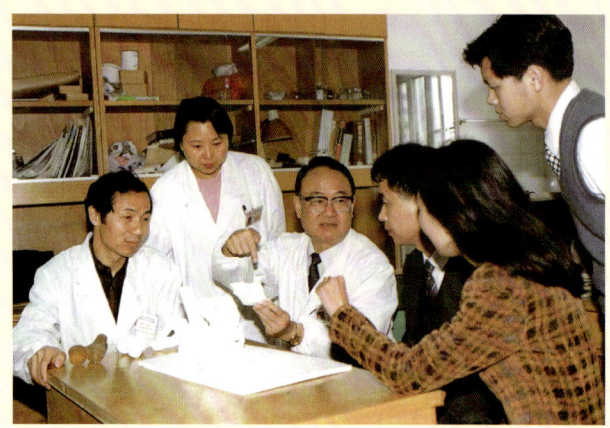

1. 中国工程院院士戴尅戎
2. 20世纪90年代，戴尅戎与朱振安及工程技术人员讨论生物力学在骨关节疾病诊治中的应用
3. 20世纪末研发定制型骨盆假体

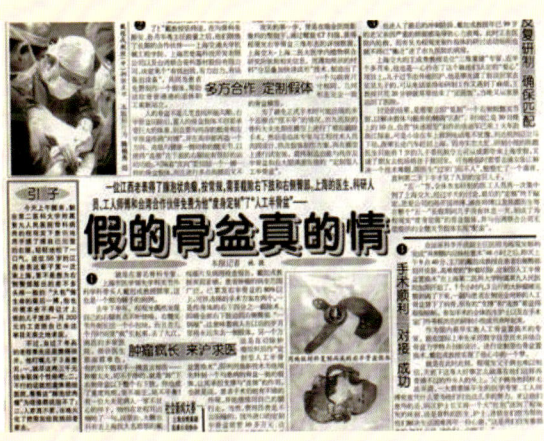
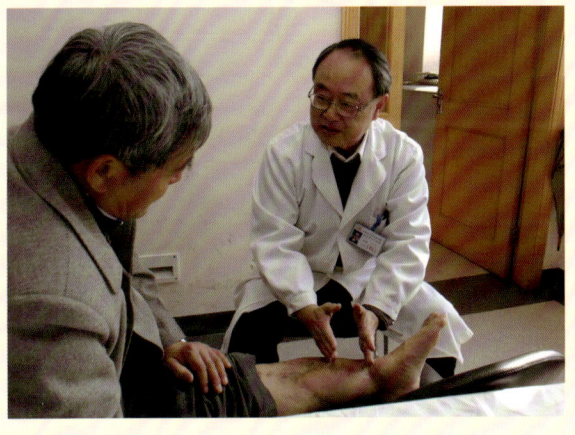

1	2
3	4
5	6

1. 1987年，戴尅戎首创记忆合金用于骨折治疗
2. 1990年，形状记忆合金医学应用国际会议授予戴尅戎奠基人金杯奖
3. 戴尅戎参与创立世界华裔骨科学会，1997年担任第二届会长
4. 2000年，戴尅戎参与主办第二届亚太人工关节学会学术会议并当选为学会主席，2002年起连续10年担任常务秘书长
5. 2002年，《新民晚报》报道九院骨科研发定制型假体骨盆治疗骨盆肿瘤患者
6. 2009年，成功运用自体干细胞促进骨缺损愈合

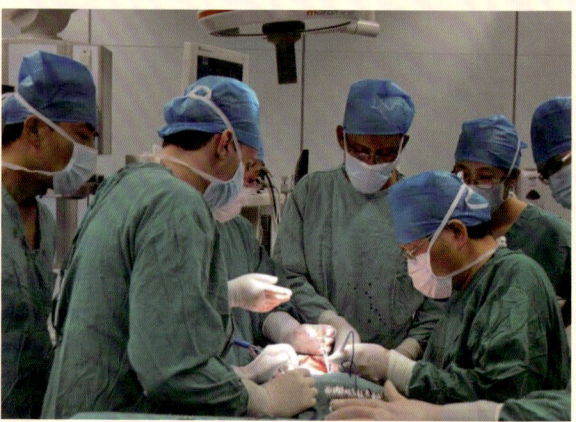

1. 中国工程院院士张志愿
2. 张志愿和导师邱蔚六
3. 张志愿为国外访问学者示范手术

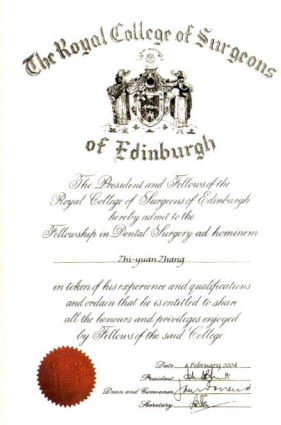

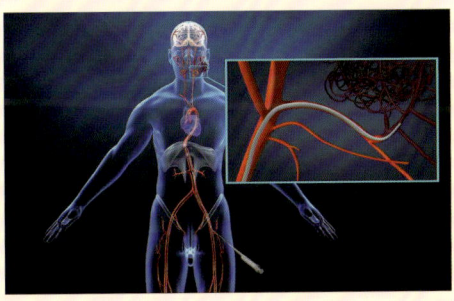
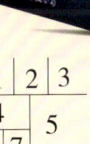

1. 张志愿任国际牙科研究协会（IADR）中国分主席
2. 1998年，张志愿被聘为国际牙医学院院士
3. 2004年，张志愿被聘为英国爱丁堡皇家牙外科学院Fellowship
4. 2008年，张志愿担任西雅图中美学术大会联合主席
5. 2010年，张志愿获国家科技进步奖二等奖
6. 张志愿代表性著作《头颈部血管瘤与脉管畸形》
7. 超选择动脉栓塞治疗头颈部动静脉畸形示意图

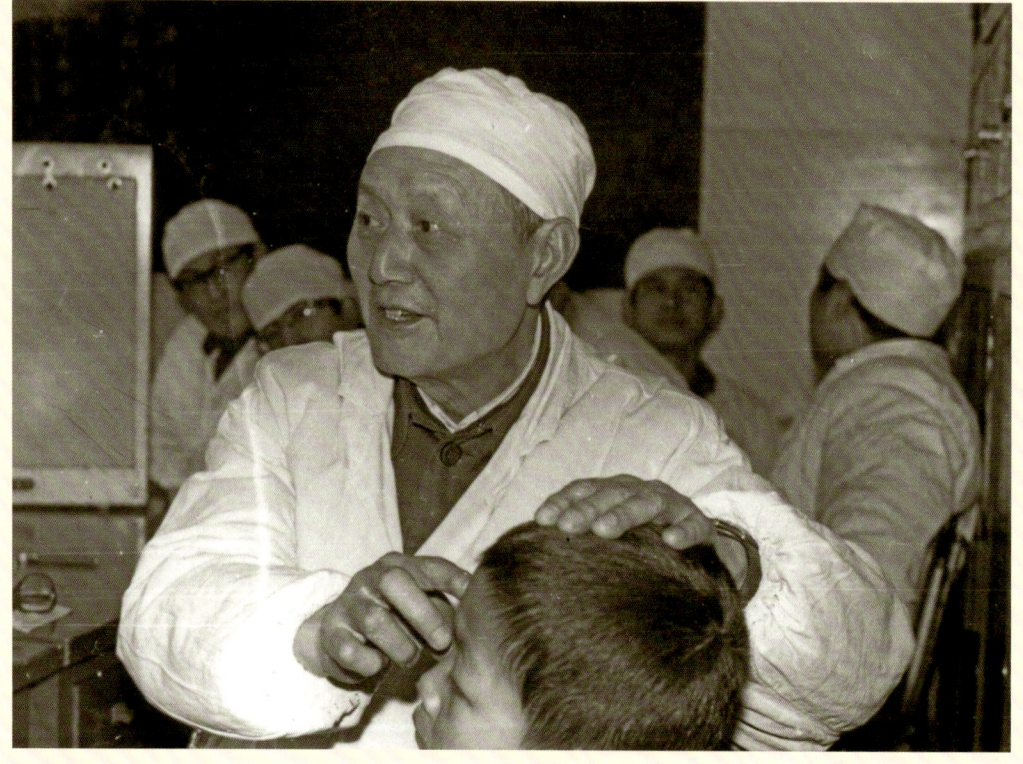

1. 1972年二级教授席应忠（前排右三）等与二名阿尔巴尼亚留学生合影
2. 二级教授张锡泽在诊治患者

1. 三级教授王耆龄
2. 终身教授薛淼

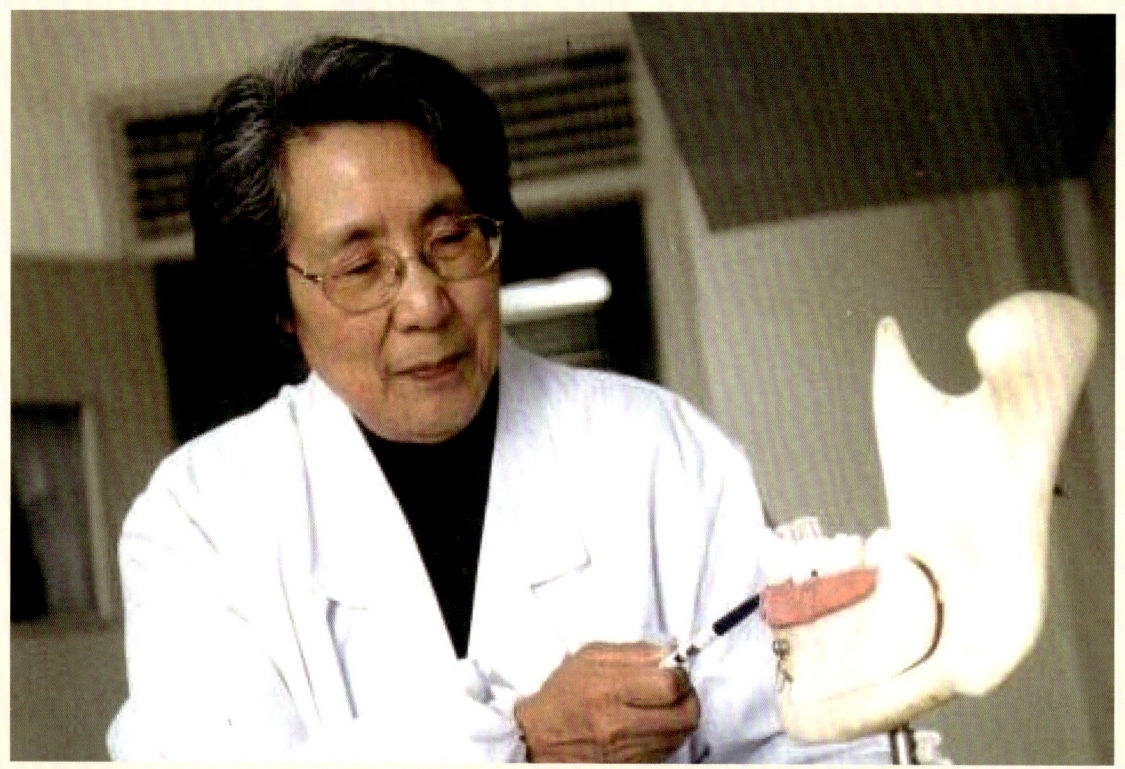

$\frac{1}{2}$

1. 终身教授刘正
2. 终身教授王炜

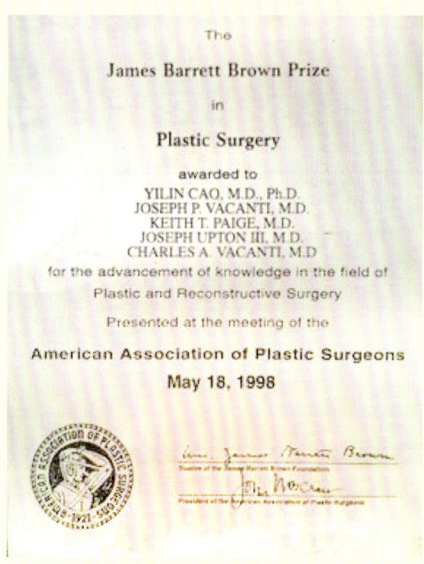
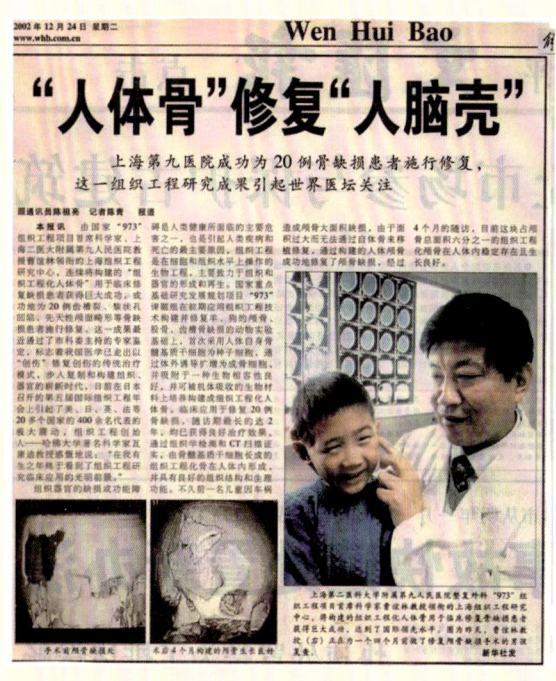

1	
2	3
4	

1. 国家"973"项目首席科学家曹谊林
2. 1998年，曹谊林获詹姆斯·巴雷特·布朗（James Barrett Brown）奖
3. 2003年，《文汇报》报道曹谊林团队用自身干细胞培育骨组织修复骨缺损
4. 2010年，曹谊林获梅莱尼杰出贡献奖（Maliniac Lecture Excellent Honor Esteem）

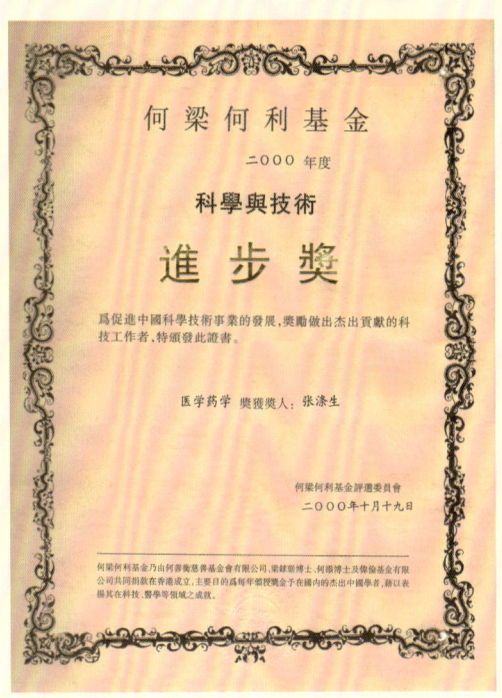

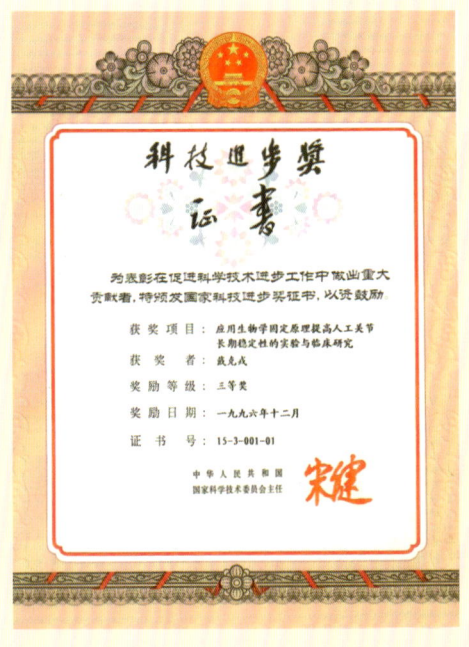

1. 1996年，邱蔚六获国家技术发明奖。1988年起，张涤生、孙建民、戴尅戎、王炜、邱蔚六、曹谊林先后获7项国家技术发明奖
2. 1996年，戴尅戎获国家科技进步奖。1989年起，孙建民、张涤生、戴尅戎、张志愿、朱舜时先后获7项国家科技进步奖
3. 2000年，张涤生获何梁何利基金科学与技术进步奖。2000年起，张涤生、邱蔚六、戴尅戎、张志愿先后获何梁何利基金科学与技术进步奖

国际会议

1
―
2

1. 1988年5月,口腔颌面外科承办第一届国际口腔颌面外科学术会议。邱蔚六(右二)与国际颅面外科之父泰西耶(Tessier)教授(右一)交谈
2. 1997年,戴尅戎代表九院与北京积水潭医院、301医院以及哈佛大学医学院主办"北京—上海—波士顿(BSB)骨科联盟"并主持第一次学术研讨会

1. 2000年，邱蔚六在九院承办的头颈肿瘤国际学术研讨会上致辞
2. 2005年，九院承办第四届国际口腔颌面外科会议

1. 2006年，戴尪戎在关节外科中美合作高级培训中心签约仪式上致辞
2. 2006年，张涤生在九院承办的第十届国际美容整形大会与来宾合影

1. 2007年，九院整复外科承办第二十一届国际淋巴医学年会，张涤生任名誉主席
2. 2007年，邱蔚六参加第十八届国际口腔颌面外科医师大会（IAOMS），与会议主席合影

$\frac{1}{2}$

1. 2008年，戴尅戎在九院承办的上海骨科国际年会上致辞
2. 2008年，邱蔚六在九院承办的第十二届国际口腔癌会议上致辞

学术交流

1/2

1. 1984年，张涤生指导墨西哥进修医师鲁道夫
2. 1986年10月，戴尅戎与来访的美国西尔弗（Silver）医师交流工作

$\frac{1}{2}$

1. 1987年5月,邱蔚六(前排右三)与来访的HOPE基金会和哥伦比亚大学学者合影
2. 1987年6月,张锡泽(前排左一)、邱蔚六(前排左二)与来访的大阪齿科大学学者合影

1. 1989年，张涤生代表二医大授予澳大利亚阿德莱德大学医学院戴维（David）医师二医大名誉教授称号
2. 2002年，为表彰戴尅戎在中法、中欧学术交流中所作贡献，授予其法国地中海大学荣誉博士（Docteur Honoris Causa）及马赛市荣誉勋章。戴尅戎是获得法国地中海大学荣誉博士的亚洲第一人

$\frac{1}{2}$

研究所与实验室

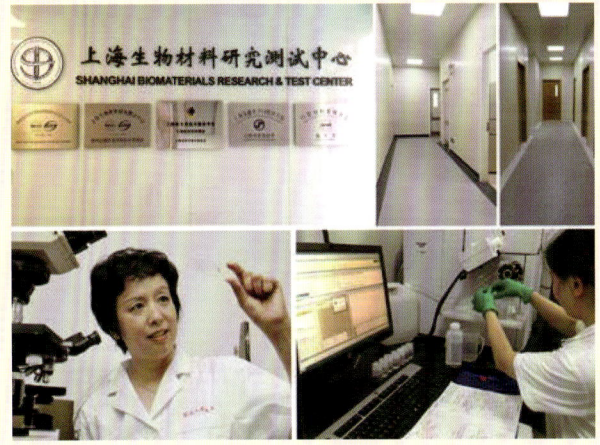

1. 1988年9月16日上海市整复外科研究所挂牌
2. 上海市口腔医学研究所
3. 1989年成立的上海生物材料研究测试中心。左下为中心主任孙皎

1. 1999年成立的上海市组织工程重点实验室，站立者为曹谊林
2. 2008年上海市口腔医学重点实验室合影。前排左一为实验室主任张志愿，左十为学术委员会主任邱蔚六，右一为常务副主任陈万涛

1. 2006年口腔颌面外科学、整复外科学"211"工程学科建设项目验收
2. 2010年骨科内植物实验室主任汤亭亭（右二）

医疗与公益

1. 1976年第一批唐山抗震医疗队，二排左七为邱蔚六
2. 1978年领导慰问援摩洛哥医疗队，三排右二为九院队员屈卢会

1. 1988年甲肝暴发时，九院在国货路小学设立临时病房
2. 1988年九院医疗队在豫园义诊

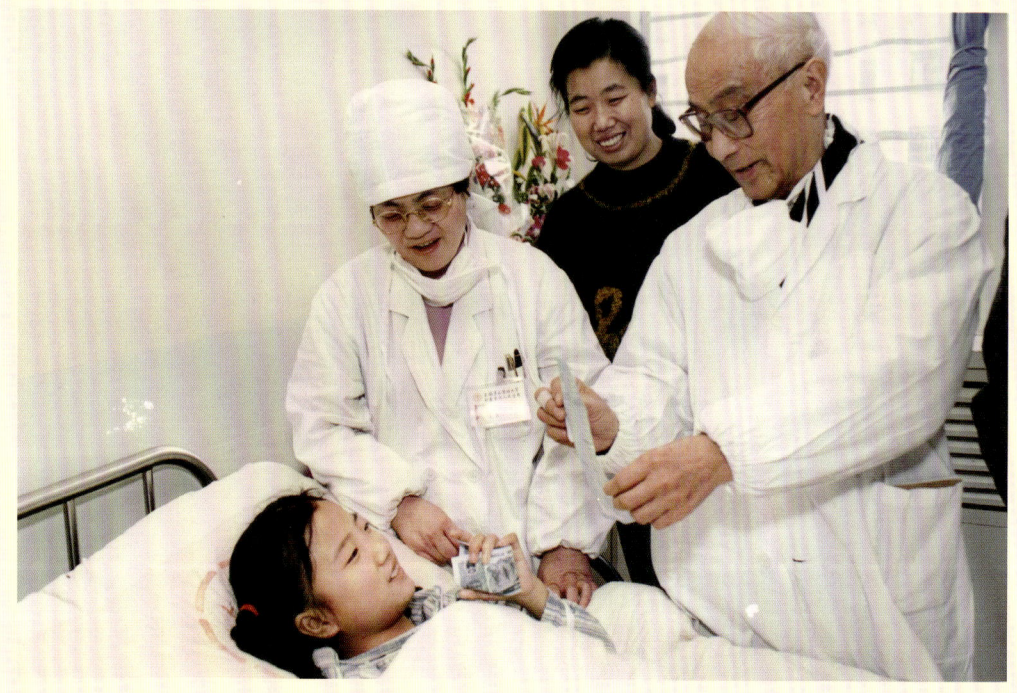

1. 1993年上海口腔医疗中心签约仪式。站排左四：赵佩琪
2. 1996年成功治疗胸骨裂患者。张涤生（右一）、赵佩琪（右三）看望术后患者

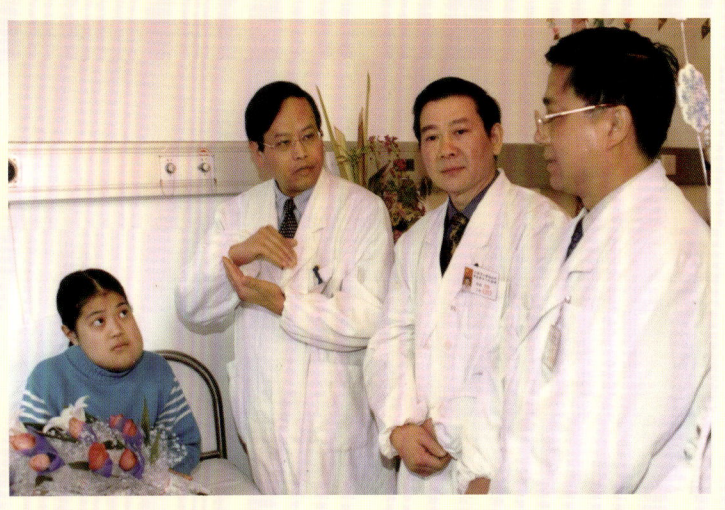

1. 1999年8月28日，为第二批赴滇上海青年志愿者九院医师吴胜斌（左二）、林明（右二）送行
2. 2001年1月，为欧阳莉菁手术前，医院领导看望患者。左二起：张志愿、简光泽、陈章达
3. 2001年1月，为欧阳莉菁举行"蓝天下的至爱"慈善医疗活动。左三为邱蔚六

1. 2005年，九院神经外科医疗队与法国专家在云南楚雄州人民医院合影。左六为丁美修
2. 2006年，九院与南汇区卫生局签约，合作共建周浦医院。右边签约者为张志愿

1. 2007年,医院为金山白内障患者做复明手术。左一为田卓平
2. 2008年5月,戴尅戎(左一)作为卫生部三人专家组成员参加汶川大地震救治工作

$\frac{1}{2}$

1. 2008年，医院为汶川地震医疗队送行。左起：陈志峰、朱勇敢、郭智霖、周礼明、林宇、王莉青、张峻、项娴静、田卓平
2. 2009年，范先群（讲话者）带领九院医务人员参加"情系藏区　点亮光明"西藏义诊之行

1. 2009年，上海申康医院发展中心副主任高解春（左）、奉贤区区长时光辉（右）为九院奉城分院揭牌
2. 2010年3月，九院第一批援滇医疗队出发
3. 2010年11月26日，医院在南京西路举行90周年院庆大型义诊

护理英模

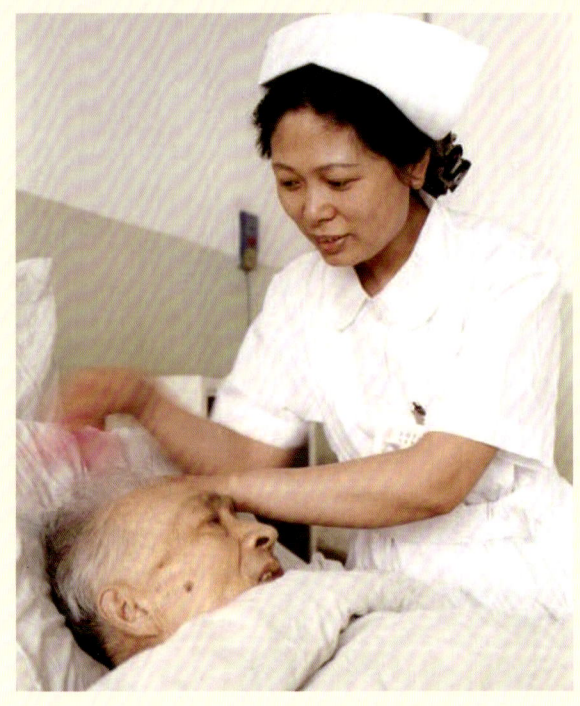

1. 1984年，口腔颌面外科病房护理组被评为上海市劳动模范集体。前排左三为护士长张国萍
2. 1988年，整复外科护士长龚中杰被评为"全国模范护士"
3. 1995年，外科护士长王惠芬被评为"上海市劳动模范"

1. 2006年，神经外科护理组被评为"全国三八红旗集体"。前排左二为护士长王意
2. 2010年，骨科护理组被评为"全国医药卫生系统先进集体"。前排居中者为护士长杨志英

医院管理与文化

1. 1979年医院召开第一届职工代表大会
2. 1979年二医部分先进工作者合影。前排左四起：陈绍东、戴尪戎、刘德尊、徐济民

1. 1984年，党委书记李春郊（左三）、副书记符诗高（左一）与入党积极分子谈话
2. 1986年，九院代表队参加上海市卫生系统第六届运动会

1. 1987年5月，九院代表队参加二医大第十八届田径运动会
2. 1987年5月，九院第一届文化艺术节

$\frac{1}{2}$

1. 1990年建院70周年庆祝大会
2. 1990年院庆70周年。左起：徐春杨、余贤如、邱蔚六、简光泽、钱云良

1. 1994年伯特利校友回访医院
2. 1999年医院庆祝五十周年国庆暨九院第三届艺术节

1/2

1. 1999年医院庆祝张锡泽教授从医执教六十周年
2. 2000年医院庆祝建院八十周年

1. 2004年,医院举办第四届文化艺术节暨首届科技节
2. 2004年,戴尅戎(左一)、张涤生(左二)、邱蔚六(左三)在院士墙前合影

1. 2008年，口腔颌面外科获全国五一劳动奖章。左九起：沈国芳、毛力、邱蔚六、张志愿、张陈平
2. 2010年，医院在上海音乐厅召开九十周年院庆大会

医学教学

1. 1995年九院临床医学院成立，戴尅戎（前排右四）任首任院长
2. 2003年，邱蔚六与参加毕业典礼的博士生

1. 2005年戴尅戎为医学生上课
2. 2005年临床专业学生参加"中企建设杯"操作技能比赛

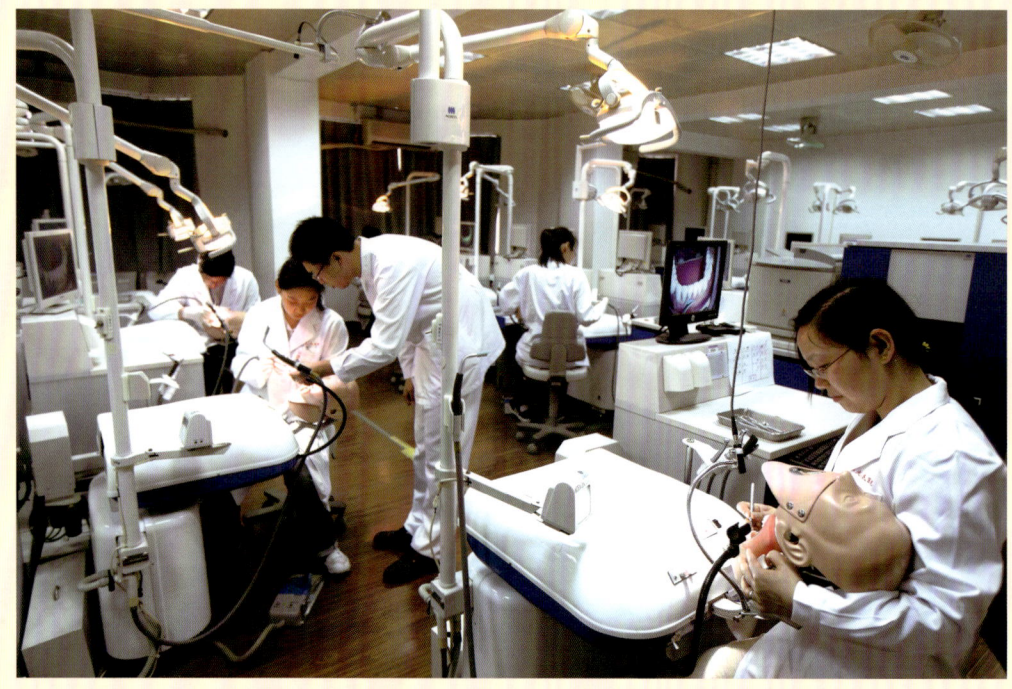

1. 2009年教师节表彰大会
2. 2010年口腔专业学生实习前操作教学

规划与基建

1
2

1. 1984年党政班子研讨基建工作。左起：李春郊、邱蔚六、张志愿、祝平、符诗高
2. 20世纪90年代党政班子研讨医院规划。左起：赵佩琪、钱云良、陈志兴、徐春杨、余贤如、邱蔚六、简光泽、陈家照、崔华峰

1. 1995年党政、教学联席会议。左五起：简光泽、戴尅戎、赵佩琪
2. 2010年张志愿和党政班子研讨医院规划。左起：郭莲、曹谊林、周礼明、陈章达、张志愿、简光泽、沈国芳、范先群、张玲毅

1. 20世纪80年代医院北大门
2. 20世纪80年代医院行政办公区

$\frac{1}{2}$

1. 20世纪80年代的旧5号楼（当时曾编为4号楼），内设总务科、药库、制剂室
2. 20世纪80年代的高压氧舱区域

1. 20世纪80年代的检验科（旧7号楼）
2. 1989年12月在旧7号楼位置建成的钴-60治疗室

$\frac{1}{2}$

1. 2003年伯特利医疗楼（旧2号楼）拆除前
2. 2003年拆除前的内、外科病房（红瓦区域）

$\frac{1}{2}$

1. 1965年建成的口腔门诊教学楼（新8号楼）
2. 1967年建成的病房楼（新5号楼）

$\frac{1}{2}$

1. 2003年的伯特利医疗楼建筑局部
2. 2003年伯特利医疗楼（旧1号楼）拆除前

$\frac{1}{\frac{2}{3}}$

1. 1982年建成的整复外科大楼（新2号楼）
2. 2008年4月，张志愿（左五）等领导与医务人员在新内科大楼前合影
3. 2008年新装修的2号楼内科病房

$\frac{1}{\frac{2}{3}}$

1. 1993年建成的门急诊综合楼（新10号楼）
2. 新10号楼南立面
3. 2009年开设于新10号楼的便民服务中心

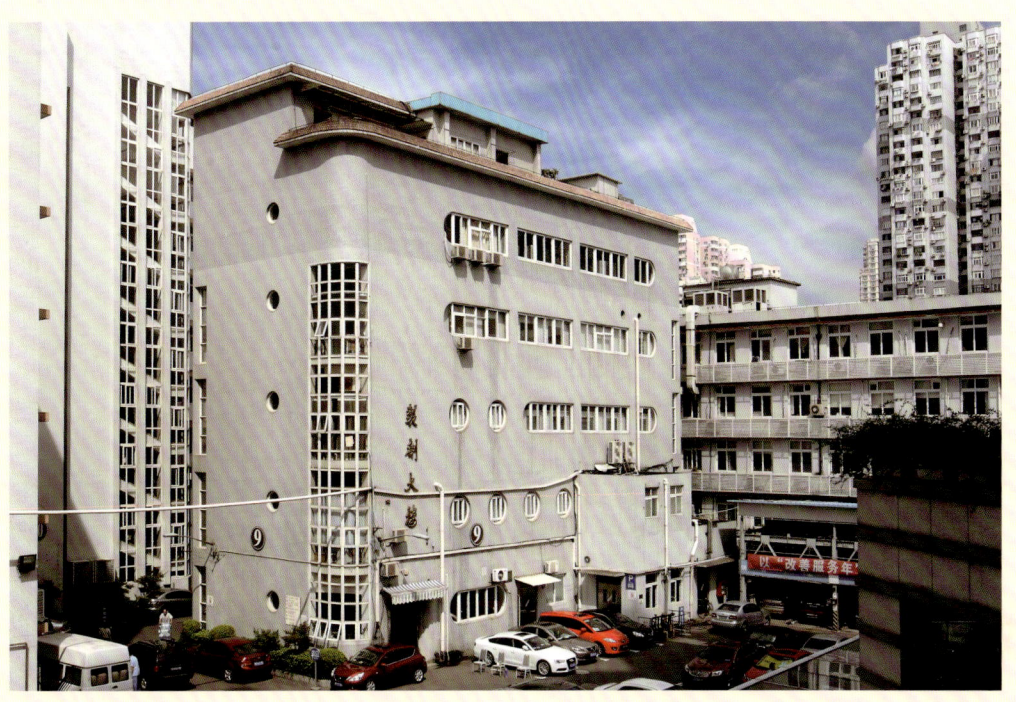

$\frac{1}{2}$

1. 1993年建成的制剂楼（新9号楼）
2. 1997年建成的生活综合楼（新3号楼）

$\frac{\frac{1}{2}}{3}$

1. 2000年新7号楼开工典礼
2. 2003年建成的外科病房楼（新7号楼）
3. 2003年建成的新7号楼手术室

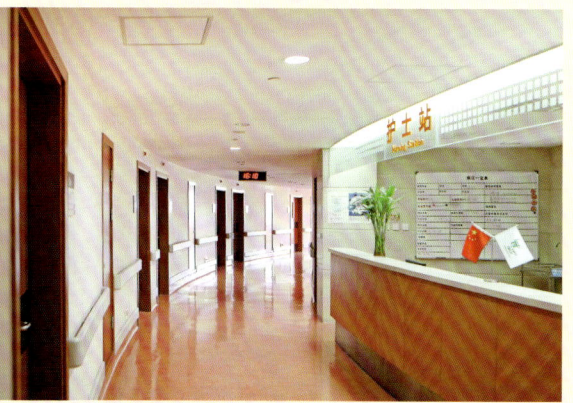

1	2
	3
4	

1. 2006年建成的口腔、整复外科大楼（新1号楼）
2. 2006年建成的新1号楼病房
3. 2010年建成的新1号楼学术报告厅
4. 新1号楼开工

1. 2010年医院新1号门
2. 新10号楼前绿地
3. 2010年新5号楼前绿地
4. 2010年九院建筑模型

$\frac{1}{2}$

1. 2007年11月28日，瞿溪路新门诊楼用地动迁协议签约
2. 2010年11月25日，医院举行瞿溪路新门诊楼开工典礼

上海第九人民医院全景

上海市地方志编纂委员会

主 任 委 员 周慧琳
副主任委员 翁铁慧　李逸平　朱咏雷　宗　明
委　　　员（以姓名笔画为序）
于　勇　于秀芬　王　平　王　宇　王　岚　王德忠　方世忠
朱勤皓　华　源　向义海　邬惊雷　刘　健　严爱云　李　谦
李　霞　李余涛　李国华　杨　莉　肖跃华　吴金城　吴海君
余旭峰　张　全　张小松　张国坤　张超美　陆　靖　陆方舟
陈　杰　陈　臻　陈宇剑　陈德荣　邵　珉　金鹏辉　周　亚
周　强　周夕根　郑　杨　郑健麟　孟文海　赵永峰　胡广杰
姜冬冬　洪民荣　姚　海　秦昕强　袁　鹰　桂晓燕　徐　枫
徐　建　徐　炯　徐　彬　徐未晚　高融昆　郭　芳　黄永平
黄德华　曹吉珍　盖博华　巢克俭　蒋怀宇　谢　峰　缪　京
薛　侃
办公室主任 洪民荣
副　主　任 生键红　姜复生

上海市地方志编纂委员会
（2007.8—2020.6）

主 任 委 员 殷一璀（2007.8—2014.11）　徐　麟（2014.11—2015.9）
　　　　　　　董云虎（2015.9—2018.6）
副主任委员（2007.8—2011.8）
　　　　　　　王仲伟　杨定华　姜　樑　李逸平　林　克
副主任委员（2011.8—2014.11）
　　　　　　　屠光绍　杨振武　洪　浩　姚海同　蒋卓庆　林　克
办公室主任 李　丽（2008.7—2010.10）
　　　　　　　刘　建（2010.10—2014.2）
副　主　任 沙似鹏（1997.12—2007.9）　朱敏彦（2001.1—2012.5）
　　　　　　　沈锦生（2007.7—2009.2）　莫建备（2009.9—2013.11）
　　　　　　　王依群（2016.9—2020.3）

《上海市级专志·上海第九人民医院志》编纂委员会

(2017—)

顾　　问	邱蔚六　戴尅戎　张志愿　范先群
主　　任	吴　皓　沈国芳
副 主 任	方　勇　罗　蒙　崔　勇　张玲毅　蒋秀凤　王　艳　马延斌 吴正一　王长谦　张金宁　刘　艳　李青峰　何　垄
委　　员	（以姓氏笔画为序） 丁　峰　万明浩　马玉波　王旭东　王　忠　王珮华　王　健 冯希平　匡延平　朱亚琴　朱伟燕　朱延波　朱振安　朱　健 朱　琦　刘建仁　刘建华　刘　隽　刘海林　刘慧林　阮　洪 孙孝钢　孙　皎　杜　勤　李幼生　李　江　李　青　李　威 杨　驰　束　蓉　汪新民　张少明　张　红　张志勇　张陈平 张俊峰　张美芳　张富强　陆尔奕　陆信武　陆颖理　陆　耀 陈元美　陈勇龙　陈福祥　林　珍　金芝贵　周龙女　郑元俐 郑家伟　孟祥军　赵　杰　胡宁克　胡如新　胡　滨　查健忠 柏金喜　俞　红　姜　虹　原永芳　顾　岩　钱玉芬　徐　兵 徐　英　徐金明　徐秋华　徐袁瑾　徐　慧　郭智霖　唐国瑶 陶晓峰　戚清权　盛　净　梁景平　蒋米尔　蒋欣泉　傅　瑶 游　捷　赖红昌　管　欣　熊　屏　戴　星
主　　编	吴　皓　沈国芳
副 主 编	周礼明　胡　滨　戴　星
编　　辑	徐袁瑾　柏金喜　张　红

上海第九人民医院院志编纂室

(2017—)

主　　任	周礼明
副 主 任	胡　滨　戴　星

成　　员　　徐袁瑾　柏金喜　张　红
摄影编辑　舒伟伦　崔忠良

《上海市级专志·上海第九人民医院志》编纂委员会

(2010—2016)

顾　　问　　张涤生　邱蔚六　戴尅戎
主　　任　　张志愿　简光泽
副 主 任　　陈章达　曹谊林　周礼明　沈国芳　范先群　郭　莲
委　　员　　张玲毅　张建中　陈元美　胡　滨　吴正一　蒋秀凤　赵玉龙
　　　　　　陆尔奕　孙孝刚　田卓平　张少明　阮　洪　俞　军　张金宁
　　　　　　周慧君　王丹茹　陈勇龙　俞　红　陆　耀　柏金喜　张莲红
　　　　　　徐金明　张安民　刘慧林　陈祖亮

上海第九人民医院院志编纂室

(2010—2016)

主　　编　　沈国芳
副 主 编　　胡　滨　吴正一
责任编辑　　陈祖亮　徐袁瑾　陈福夫
文字编辑　　王小萍　费　斐　吴晴之　张　红　李宇红　吴莹琛　李钟仁
　　　　　　孙　韫　周荻然　蔡天佑
摄影编辑　　陈祖亮　舒伟伦　崔忠良　忻　亮
编纂室主任　陈祖亮

《上海市级专志·上海第九人民医院志》参加编写人员

(以姓氏笔画为序)

丁洁颖	干耀恺	于 泉	万明浩	万 腾	马玉波	马绍骏	
王士强	王丹茹	王世洪	王世婷	王 申	王吉浩	王 华	
王旭东	王宇华	王 丽	王丽萍	王青姣	王 忠	王秉玉	
王 炜	王轶雯	王 健	王海宁	王 萍	王琪赟	王惠芬	
王 意	王 燎	水 汶	石四箴	石 岚	叶 晨	史春志	
史俊隆	冯希平	冯 漪	匡延平	吉秀芳	吕祁峰	朱也森	
朱伟燕	朱晨芳	朱 琦	朱操云	任林珍	任晓敏	任彩娟	
庄雷岚	刘大力	刘凤祥	刘 凯	刘京苏	刘建华	刘晓音	
刘 隽	刘健航	刘爱国	刘海林	刘 锋	刘慧林	刘 霞	
汤亭亭	许林良	许 锋	阮 洪	孙月华	孙 宇	孙孝钢	
孙 坚	孙 皎	孙康德	孙 琦	孙 喆	孙 韫	孙 键	
杜 勤	杨 军	杨 驰	杨宠莹	杨 峰	李东英	李圣利	
李 江	李 青	李钟仁	李 逸	李慧武	李 蕾	束木娟	
束陈斌	束 蓉	肖义涛	吴飞华	吴少鹏	吴玉琼	吴胜斌	
吴 艳	吴 莘	吴莹琛	吴韵箫	邱 蕾	冷 强	汪嘉莹	
沈建南	沈洪山	沈卿诚	沈慧青	宋雪霏	张少明	张文珊	
张双燕	张书红	张生罡	张 伟	张伟杰	张如鸿	张 红	
张丽莉	张余光	张学勤	张诗雷	张经纬	张俊峰	张美芳	
张莲红	张海峰	张海斌	张雪元	张雯静	张富强	张楚南	
张 雷	张黎瑛	张德星	张 毅	陆 华	陆信武	陆颖理	
陆 耀	陈万涛	陈 伟	陈志兴	陈国强	陈荣敬	陈祖亮	
陈勇龙	陈晓文	陈敏洁	陈惠芳	陈锦安	陈福祥	陈德敏	
陈 燕	邵春益	武卫华	林 忆	林晓曦	尚汉祚	季 彤	
季雍容	金芝贵	金 剑	金嘉祥	周龙女	周阿高	周金阳	
周怡雯	周春艳	周荻然	周 琨	周辉红	周曾同	周慧君	
郑元俐	郑荷芳	郑家伟	郑逸冰	房 兵	孟祥军	赵 杰	
赵 倩	郝永强	胡如新	胡国庆	胡 萍	胡 滨	查健忠	

查跃英	柏金喜	钟　斌	皇甫银珠		侯筱魁	侯黎莉
俞夜花	施慧华	姜　虹	洪　瑾	费　斐	胥　春	姚海军
秦　安	袁文化	袁佩玉	袁庭芳	袁莹萍	耿　屹	贾仁兵
贾　琦	顾冬云	顾迎新	顾爱春	顾　婷	钱玉芬	钱耀琴
倪　靖	徐成志	徐竹梅	徐　兵	徐冶敏	徐秋华	徐袁瑾
徐晓波	徐　骏	徐　菱	徐　琦	徐　慧	殷　宁	翁建华
翁　盼	郭　靖	唐永华	唐国瑶	谈　争	陶晓峰	陶　疆
黄正蔚	黄　芸	黄新天	曹宏康	戚清权	戚　燕	龚玉琴
盛　净	符诗高	康宏莊	章一新	梁景平	葛姝云	董幼镕
蒋米尔	蒋欣泉	蒋莉莉	蒋跃庆	韩尽斌	韩忠镕	程毅敏
傅　瑶	谢幼专	谢起裕	谢德善	楼　勤	赖红昌	甄　红
鲍泳扬	蔡天佑	蔡文玮	蔡良骏	廖明娟	熊　屏	翟春桃
樊宝华	薛　莲	薛　淼				

《上海市级专志·上海第九人民医院志》评议专家

组　长　孙大麟
成　员　（以姓氏笔画为序）
　　　　　冯　运　吕会霖　许善华　肖　斌　沈霖德　俞成伟　顾建英
　　　　　高　晞　郭　莲　陶敏芳

《上海市级专志·上海第九人民医院志》审定专家

组　长　陈志兴
成　员　（以姓氏笔画为序）
　　　　　朱延军　杨秋蒙　李红怡　闵建颖　周　华　袁忠俭　唐国瑶
　　　　　盛玉金

《上海市级专志·上海第九人民医院志》验收单位和个人

验收单位　上海市地方志办公室
验收人员　洪民荣　王依群　过文瀚　黄晓明　黄文雷

业务编辑　肖春燕　赵明明

序　言

"以史为鉴,可以知兴替;以人为鉴,可以明得失。"在上海交通大学医学院附属第九人民医院迎来建院100周年之际,出版《上海市级专志·上海第九人民医院志》,是对上述古训一个最好的回答和落实,是对"不忘初心,牢记使命"一个最好的学习过程和经验总结。

我从医65年,有幸其中55年在九院工作,亲自见证了新中国的发展和九院的成长。祖国和九院也是培养我成长和我事业发展的重要依托和基石,荣幸与感激并存。

伯特利医院原是一所不大的教会医院,1949年后成为上海南市的一家区级医院,1965年正式成为上海第二医学院附属医院。其任务定位为以发展口腔医学及整形外科为主的综合性教学医院。1995年还增加建立了临床医学系,以适应国家的需要。如今,九院已成为一所国内有名和国际知名的综合医院。多年来,医院的整形外科全国排名第一,口腔医学位列前三,且是国家临床口腔医学研究中心之一。骨科、眼科、耳鼻喉科等学科也声名鹊起,医院综合实力显著提升。

国家恢复科研奖励制度以来,九院取得了多项国家重点科研与自然科学基金项目。至今医院已获得了17项国家级奖和一大批部、市级奖项。

在国际上,口腔颌面外科、整复外科、骨科等均有较高的学术地位,并与国际组织联合设立了5个临床培训和考试机构,每年均有国外、境外学者前来培训和经验交流。同时,也持续有国际学生互换,以及九院的青年才俊去国外学习。

以上成就的取得离不开党的领导,国家和上级领导的扶持;同样离不开同仁——九院的医护员工、专家学者以及九院的历届领导的共同努力。

"发展是硬道理"是小平同志的名言。九院过去是发展,今天在发展,明天将会更加发展。发展是硬道理,发展要靠硬科技。

"改革开放"是小平同志所倡导的路线。九院的发展也主要体现在20世纪80年代之后,众多的成就也绝大多数系在改革开放后取得。

没有改革开放，就没有九院的今天。

"走出去，请进来。"走出去，打开了一扇窗，中国学者认识了世界、了解了世界；请进来，外国学者揭开了一层纱，原来中国也有好东西，是病例的"宝库"，是"中国式"的成就。"走出去，请进来"有利于学术交流，有利于国际合作，有利于取得更多更大的成果。

一流医院建设，"学科是基础，国际化是大势所趋"。当今世界科学发展的依托是学科，特别是由学科交叉而形成的新学科。

学科建设要有杰出的学科领头人。九院先后有4位学者当选为中国工程院院士，其中3位都是我们国家自己培养的，这在大型医院中也是难能可贵的。

学科建设要有一个团队。从基础到临床，要有明确的发展方向和目标。这个目标必须是国际化的，而不仅仅是瞄准国内。

学科建设要有学科接班人。经验告诉我们，没有学科接班人，学科就不可能持续发展。九院多年来一直按一流科研型教学医院的标准来建设和处理医教研关系和人才培养。"医疗是基础，教学是根本，科研是灵魂；人才和干部决定一切。"

以上这些都是我们应该继续借鉴的宝贵经验。

2020年是九院建院100周年大庆，很快我们还将迎来中国共产党建党100周年，中国将全面进入小康社会。到2049年建国100周年时，我们将初步建成世界上新型的社会主义强国。

"不忘初心，牢记使命"，祖国的明天也将是九院的明天！

中国工程院院士
上海第九人民医院终身教授

邱蔚六　谨识
2019.12

凡 例

一、本志以马克思列宁主义、毛泽东思想、邓小平理论、"三个代表"重要思想、科学发展观、习近平新时代中国特色社会主义思想为指导,运用辩证唯物主义和历史唯物主义的观点和方法,坚持实事求是,力求客观、公正、全面地反映上海第九人民医院的发展历史,做到思想性、资料性和科学性的统一。

二、本志记述上海第九人民医院的发展过程,时间上限为1920年建院,下限为2010年12月。涉及"人物篇"中的中国工程院院士等重要事项的部分内容,时间延伸至2015年底。

三、本志横排门类、纵述历史,以编、章、节、目等层次排列,共计10篇41章和专记。卷首列图照、序言、凡例、总述、大事记,志文采用述、记、志、传、图、表、录等形式,篇前设概述,以提示内容梗概,卷末设索引和编后记。

四、本志纪年、大事记采用历史纪年括注公元纪年,各篇章正文一律使用公元纪年。

五、本志重点记述医院的历史沿革、组织机构、临床科室、医疗管理、医学教育、医学研究、人事管理、后勤基建、党群工作、医院文化与精神文明建设、代表性人物等。

六、各篇重复使用同一名称时,首次用全称,其后使用简称。本志中"医院""九院"特指"上海私立伯特利医院(1920—1952)""上海市立第九人民医院(1953—1964)""上海第二医学院附属第九人民医院(1964—1985)""上海第二医科大学附属第九人民医院(1985—2005)""上海交通大学医学院附属第九人民医院(2005—)"。

本志中的简称"二医"指"上海第二医学院","二医大"指"上海第二医科大学","交大医学院"和"上海交大医学院"均指"上海交通大学医学院"。

七、本志"大事记"中入选事件和"人物篇"入选标准,均以其对医院发展的贡献和重要性为标准,符合入选标准但任职时间较短者(不足2年)不列入"人物篇",在其他相关章节记述。

八、列入本志人物"人物篇"的代表性人物，已故者，列入"人物传"，以卒年排序；健在者，列入"人物简介"，以生年排序。

九、本志资料来源以档案、报刊、图书为主，数据以人事、财务、病案统计及信息科资料为准。部分采用科室及个人留存资料以及知情者回忆口述，经核实后载入，一般不注明出处。

十、本志中出版著作名称、论文题目、科研项目名称等均以发表时为准。

十一、本志中标题格式、文字标点使用、名称和时间表述、数字书写、计量名称、图表处理等方面要求，均参照《上海市志(1978—2010)编纂行文规范》执行。

目　　录

序言 ·· 1
凡例 ·· 1
总述 ·· 1
大事记 ·· 17

第一篇　组织机构 ············· 63
　概述 ···································· 64
　第一章　行政管理体系 ··············· 65
　　第一节　机构沿革 ··············· 65
　　　一、伯特利医院创立与战后重建 ··· 65
　　　二、军管会接办 ··············· 66
　　　三、整顿与隶属关系变迁 ······· 67
　　　四、改革与发展 ··············· 67
　　第二节　医院管理机制 ··········· 69
　　　一、管理机制沿革 ············· 69
　　　二、议事决策主要方式 ········· 70
　　　三、医院重要会议 ············· 72
　　　四、院级委员会 ··············· 73
　第二章　党的组织 ··················· 75
　　第一节　党的领导机构 ··········· 75
　　　一、沿革 ······················· 75
　　　二、历届党代会 ··············· 77
　　第二节　纪律检查委员会 ········· 79
　　第三节　党的职能部门 ··········· 79
　　　一、党委办公室 ··············· 79
　　　二、宣传科 ··················· 80
　　　三、档案室 ··················· 80
　　　四、武装部 ··················· 81
　　第四节　党的基层组织 ··········· 81

　第三章　群众组织、民主党派与
　　　　　统战团体 ················· 88
　　第一节　群众组织 ··············· 88
　　　一、工会 ····················· 88
　　　二、中国共产主义青年团 ······· 88
　　　三、妇女委员会 ··············· 89
　　第二节　民主党派与统战团体 ····· 89
　　　一、民主党派 ················· 89
　　　二、统战团体 ················· 90

第二篇　临床科室 ············· 91
　概述 ···································· 92
　第一章　内科系统 ··················· 93
　　第一节　大内科 ················· 93
　　　一、沿革 ····················· 93
　　　二、教学 ····················· 96
　　　三、科研 ····················· 96
　　　四、荣誉 ····················· 97
　　第二节　心内科 ················· 98
　　　一、沿革 ····················· 98
　　　二、医疗 ····················· 99
　　　三、教学 ···················· 100
　　　四、科研 ···················· 101
　　　五、社会公益 ················ 104

六、荣誉 ………………… 105
第三节 肾内科 ………………… 105
　一、沿革 ………………… 105
　二、医疗 ………………… 106
　三、教学 ………………… 107
　四、科研 ………………… 108
　五、社会公益 ………………… 108
　六、荣誉 ………………… 108
第四节 内分泌代谢科 ………………… 109
　一、沿革 ………………… 109
　二、医疗 ………………… 109
　三、教学 ………………… 111
　四、科研 ………………… 112
　五、荣誉 ………………… 115
第五节 血液病科 ………………… 115
　一、沿革 ………………… 115
　二、医疗 ………………… 115
　三、教学 ………………… 117
　四、科研 ………………… 119
　五、荣誉 ………………… 120
第六节 消化内科 ………………… 121
　一、沿革 ………………… 121
　二、医疗 ………………… 121
　三、教学 ………………… 122
　四、科研 ………………… 123
　五、荣誉 ………………… 125
第七节 呼吸科 ………………… 125
　一、沿革 ………………… 125
　二、医疗 ………………… 125
　三、教学 ………………… 127
　四、科研 ………………… 127
　五、荣誉 ………………… 128
第八节 神经内科 ………………… 128
　一、沿革 ………………… 128
　二、医疗 ………………… 129
　三、教学 ………………… 129
　四、科研 ………………… 130
　五、荣誉 ………………… 131
第九节 老年病科 ………………… 131
　一、沿革 ………………… 131
　二、医疗 ………………… 132
　三、教学 ………………… 134
　四、科研 ………………… 136
　五、荣誉 ………………… 138
第十节 急诊科 ………………… 138
　一、沿革 ………………… 138
　二、医疗 ………………… 139
　三、教学 ………………… 140
　四、科研 ………………… 141
　五、荣誉 ………………… 141
第十一节 儿科 ………………… 141
　一、沿革 ………………… 141
　二、医疗 ………………… 143
　三、教学 ………………… 144
　四、科研 ………………… 145
　五、社会公益 ………………… 146
　六、荣誉 ………………… 146
第十二节 中医科 ………………… 146
　一、沿革 ………………… 146
　二、医疗 ………………… 147
　三、教学 ………………… 148
　四、科研 ………………… 149
　五、社会公益 ………………… 153
　六、荣誉 ………………… 153
第十三节 皮肤科 ………………… 153
　一、沿革 ………………… 153
　二、医疗 ………………… 154
　三、教学 ………………… 155
　四、科研 ………………… 155
第十四节 辅助生殖科 ………………… 156
　一、沿革 ………………… 156
　二、医疗 ………………… 156
　三、教学 ………………… 157
　四、科研 ………………… 157
　五、生殖伦理 ………………… 159
第二章 外科系统 ………………… 160
第一节 妇产科 ………………… 160
　一、沿革 ………………… 160

二、医疗 …………………… 161
　　三、教学 …………………… 162
　　四、科研 …………………… 163
　　五、社会公益 ……………… 164
　　六、荣誉 …………………… 164
第二节　普外科 …………………… 164
　　一、沿革 …………………… 164
　　二、医疗 …………………… 165
　　三、教学 …………………… 168
　　四、科研 …………………… 170
　　五、社会公益 ……………… 172
　　六、荣誉 …………………… 172
第三节　眼科 ……………………… 172
　　一、沿革 …………………… 172
　　二、医疗 …………………… 174
　　三、教学 …………………… 174
　　四、科研 …………………… 175
　　五、社会公益 ……………… 181
　　六、荣誉 …………………… 181
第四节　耳鼻咽喉科 ……………… 182
　　一、沿革 …………………… 182
　　二、医疗 …………………… 183
　　三、教学 …………………… 184
　　四、科研 …………………… 185
　　五、荣誉 …………………… 185
第五节　整复外科 ………………… 186
　　一、沿革 …………………… 186
　　二、医疗 …………………… 188
　　三、教学 …………………… 193
　　四、科研 …………………… 196
　　五、荣誉 …………………… 207
第六节　骨科 ……………………… 208
　　一、沿革 …………………… 208
　　二、医疗 …………………… 209
　　三、教学 …………………… 214
　　四、学科与人才 …………… 215
　　五、科研 …………………… 216
　　六、荣誉 …………………… 224
第七节　泌尿外科 ………………… 226

　　一、沿革 …………………… 226
　　二、医疗 …………………… 227
　　三、教学 …………………… 228
　　四、科研 …………………… 229
　　五、社会公益 ……………… 231
　　六、荣誉 …………………… 231
第八节　胸外科 …………………… 231
　　一、沿革 …………………… 231
　　二、医疗 …………………… 232
　　三、教学 …………………… 233
　　四、科研 …………………… 234
　　五、荣誉 …………………… 234
第九节　血管外科 ………………… 234
　　一、沿革 …………………… 234
　　二、医疗 …………………… 235
　　三、教学 …………………… 236
　　四、科研 …………………… 237
　　五、荣誉 …………………… 241
第十节　神经外科 ………………… 241
　　一、沿革 …………………… 241
　　二、医疗 …………………… 242
　　三、教学 …………………… 244
　　四、科研 …………………… 244
　　五、社会公益 ……………… 245
　　六、荣誉 …………………… 246
第十一节　手术麻醉科 …………… 246
　　一、沿革 …………………… 246
　　二、医疗 …………………… 248
　　三、教学 …………………… 249
　　四、科研 …………………… 250
　　五、社会公益 ……………… 253
　　六、荣誉 …………………… 253
第十二节　九院浦东分院 ………… 253
　　一、沿革 …………………… 253
　　二、医疗 …………………… 255
　　三、社会公益 ……………… 257
第三章　口腔系统 ………………… 258
第一节　口腔颌面外科 …………… 258
　　一、沿革 …………………… 258

二、医疗 …………………… 259	第七节 口腔预防儿童科 ………… 315
三、教学 …………………… 264	一、沿革 …………………… 315
四、科研 …………………… 266	二、医疗 …………………… 316
五、学术交流 ……………… 275	三、教学 …………………… 317
六、人才计划 ……………… 276	四、科研 …………………… 318
七、学术任职 ……………… 277	五、荣誉 …………………… 320
八、荣誉 …………………… 278	第八节 口腔种植科 …………… 320
第二节 口腔修复科 …………… 278	一、沿革 …………………… 320
一、沿革 …………………… 278	二、医疗 …………………… 321
二、医疗 …………………… 281	三、教学 …………………… 321
三、教学 …………………… 282	四、科研 …………………… 322
四、科研 …………………… 285	第九节 口腔综合科 …………… 324
五、荣誉 …………………… 293	一、沿革 …………………… 324
第三节 牙体牙髓病科 ………… 294	二、医疗 …………………… 324
一、沿革 …………………… 294	三、教学 …………………… 325
二、医疗 …………………… 295	四、科研 …………………… 326
三、教学 …………………… 295	五、社会公益 ……………… 328
四、科研 …………………… 296	六、荣誉 …………………… 328
五、社会公益 ……………… 298	第十节 口腔干保特需科 ……… 328
六、荣誉 …………………… 298	一、沿革 …………………… 328
第四节 牙周病科 ……………… 299	二、医疗 …………………… 329
一、沿革 …………………… 299	三、科研 …………………… 329
二、医疗 …………………… 299	四、荣誉 …………………… 329
三、教学 …………………… 300	第十一节 口腔病理科 ………… 330
四、科研 …………………… 301	一、沿革 …………………… 330
五、荣誉 …………………… 302	二、医疗 …………………… 331
第五节 口腔黏膜病科 ………… 302	三、教学 …………………… 331
一、沿革 …………………… 302	四、科研 …………………… 333
二、医疗 …………………… 303	五、荣誉 …………………… 335
三、教学 …………………… 305	第四章 医技科室 ………………… 336
四、科研 …………………… 305	第一节 放射科 ………………… 336
五、荣誉 …………………… 308	一、沿革 …………………… 336
第六节 口腔正畸科 …………… 308	二、医疗 …………………… 337
一、沿革 …………………… 308	三、教学 …………………… 338
二、医疗 …………………… 309	四、科研 …………………… 340
三、教学 …………………… 311	五、管理 …………………… 342
四、科研 …………………… 312	六、社会公益 ……………… 343
五、荣誉 …………………… 314	七、荣誉 …………………… 343

第二节 药剂科 …………… 344
　一、沿革 …………… 344
　二、医疗 …………… 345
　三、药事管理委员会 …………… 347
　四、教学 …………… 348
　五、科研 …………… 348
　六、社会公益 …………… 349
　七、荣誉 …………… 349
第三节 检验科 …………… 350
　一、沿革 …………… 350
　二、医疗 …………… 350
　三、教学 …………… 351
　四、科研 …………… 351
　五、社会公益 …………… 352
　六、荣誉 …………… 352
第四节 病理科 …………… 353
　一、沿革 …………… 353
　二、医疗 …………… 354
　三、教学 …………… 355
　四、科研 …………… 355
　五、荣誉 …………… 356
第五节 超声诊断科 …………… 356
　一、沿革 …………… 356
　二、医疗 …………… 357
　三、教学 …………… 358
　四、科研 …………… 358
　五、荣誉 …………… 359
第六节 核医学科 …………… 359
　一、沿革 …………… 359
　二、医疗 …………… 360
　三、教学 …………… 362
　四、科研 …………… 362
　五、荣誉 …………… 363
第七节 营养科 …………… 363
　一、沿革 …………… 363
　二、医疗 …………… 364
　三、教学 …………… 366
　四、科研 …………… 366
　五、社会公益 …………… 367
　六、荣誉 …………… 368

第三篇　医护管理 …………… 369
概述 …………… 370
第一章 住院管理 …………… 371
　第一节 机构沿革 …………… 371
　第二节 伯特利时期的医疗
　　　　工作 …………… 371
　第三节 医疗制度建设 …………… 374
　　一、整顿建设 …………… 374
　　二、制度建设 …………… 375
　　三、医院等级评审 …………… 375
　　四、医院管理年活动规范制度
　　　　建设 …………… 376
　第四节 病房与床位设置 …………… 377
　第五节 病房质量管理 …………… 381
　　一、医疗质量督查 …………… 381
　　二、医疗指标管理 …………… 383
　　三、医疗新技术管理 …………… 384
　　四、医疗会诊管理 …………… 385
　　五、"三基"培训和业务讲评 …………… 386
　　六、住院医师培训 …………… 387
　第六节 进修人员管理 …………… 387
　第七节 医疗质量与成果评奖 …………… 389
　　一、上海市临床医疗成果奖 …………… 389
　　二、上海第二医科大学临床医疗
　　　　成果奖 …………… 390
　　三、第九人民医院医疗成果奖 …………… 391
　　四、医院与社会合作评优 …………… 392
　　五、其他优秀成果奖 …………… 395
　　六、优秀青年医师奖 …………… 395
第二章 门急诊管理 …………… 397
　第一节 机构沿革 …………… 397
　第二节 门急诊管理制度 …………… 398
　第三节 门急诊业务管理 …………… 399
　　一、门急诊科室设置 …………… 399

二、门急诊布局 …………… 400
　　三、门急诊流程 …………… 405
　　四、门急诊人次 …………… 408
  第四节　专科与专家门诊 ……… 411
　　一、专科、专病门诊 ……… 411
　　二、专家门诊 ……………… 415
  第五节　其他门急诊业务管理 …… 419
　　一、传染性疾病防控 ……… 419
　　二、体检工作 ……………… 421
第三章　护理管理 ………………… 423
  第一节　护理管理组织 ………… 423
　　一、护理组织体系 ………… 423
　　二、护理管理体系 ………… 425
　　三、护理组织文化 ………… 427
  第二节　护理队伍发展 ………… 429
　　一、护士人数 ……………… 429
　　二、护士学历 ……………… 430
　　三、护士专业技术职称 …… 430
  第三节　护理质量管理 ………… 431
　　一、护理模式改进 ………… 431
　　二、护理制度建设 ………… 433
　　三、护理质控措施 ………… 434
  第四节　护理科研 ……………… 438
　　一、项目与课题 …………… 438
　　二、著作与论文 …………… 439
　　三、成果与专利 …………… 446
　　四、学术交流 ……………… 447
  第五节　护理教育 ……………… 449
　　一、职前教育 ……………… 449
　　二、继续教育 ……………… 451
  第六节　社会公益 ……………… 454
  第七节　荣誉与获奖 …………… 454
第四章　医疗相关管理 …………… 457
  第一节　病史档案与医疗指标
　　　　 管理 …………………… 457
　　一、沿革 …………………… 457
　　二、医疗指标统计 ………… 458
　　三、业务发展 ……………… 460

　　四、教学工作 ……………… 463
　　五、科研工作 ……………… 463
  第二节　预防保健与医院感染
　　　　 控制 …………………… 464
　　一、沿革 …………………… 464
　　二、预防保健工作 ………… 465
　　三、医院感染管理 ………… 468
　　四、放射防护工作 ………… 471
　　五、创建全国无烟医院 …… 471
　　六、荣誉 …………………… 471
  第三节　职业病防治 …………… 471
　　一、沿革 …………………… 471
　　二、防治 …………………… 472
　　三、教学 …………………… 473
　　四、临床研究 ……………… 473
  第四节　医疗保险管理 ………… 473
　　一、沿革 …………………… 473
　　二、医保管理 ……………… 474
　　三、荣誉 …………………… 478
  第五节　医院信息管理 ………… 478
　　一、沿革 …………………… 478
　　二、医疗流程及服务平台 … 479
　　三、医院管理平台 ………… 481
　　四、医疗资源共享平台 …… 482
　　五、荣誉 …………………… 482
  第六节　干部保健工作 ………… 482
　　一、沿革 …………………… 482
　　二、业务发展 ……………… 483
　　三、荣誉 …………………… 484
  第七节　上海市口腔临床质量控制
　　　　 中心 …………………… 484
　　一、沿革 …………………… 484
　　二、片区与质控网络 ……… 485
　　三、质控培训 ……………… 486
　　四、质控督查 ……………… 487
　　五、制订行业标准 ………… 488
　　六、交流与合作 …………… 489
　　七、荣誉 …………………… 489

第八节　上海市医学美容质量控制
　　　　　中心 …… 490
　　一、沿革 …… 490
　　二、质量控制中心工作 …… 491
　　三、协助合作 …… 494

第五章　医疗援助与救助 …… 495
　第一节　市郊巡回医疗队 …… 495
　第二节　支内、下放、支援三线厂矿及
　　　　　援藏、援疆 …… 499
　　一、支内、下放、支援三线 …… 499
　　二、援藏医疗队 …… 499
　　三、援疆医疗工作 …… 500
　第三节　安徽医疗队 …… 501
　第四节　援外医疗队 …… 504
　第五节　重大医疗保障活动 …… 506
　　一、东亚运动会 …… 506
　　二、F1赛事 …… 507
　　三、世博会医疗保障 …… 507
　第六节　抗震救灾 …… 509
　　一、唐山抗震救灾 …… 509
　　二、汶川抗震救灾 …… 511
　第七节　沪滇对口支援 …… 514
　　一、组建队伍 …… 514
　　二、援建工作 …… 515
　第八节　危重疑难抢救病例和公共
　　　　　卫生事件 …… 518

第四篇　医学教育 …… 523

概述 …… 524

第一章　口腔医学院 …… 525
　第一节　沿革 …… 525
　　一、震旦大学医学院牙医系(1932—
　　　　1952年) …… 525
　　二、上海第二医学院口腔医学系
　　　　(1952—1987年) …… 525
　　三、口腔医学院(1987—2010年) …… 527
　第二节　师资队伍与教研室 …… 530

　　一、口腔医学师资队伍 …… 530
　　二、口腔医学教研室 …… 531
　第三节　学制、课程设置与
　　　　　招生 …… 536
　　一、口腔专业学制和学生人数 …… 536
　　二、口腔专业课程设置 …… 540
　　三、2010年口腔教学 …… 554
　　四、口腔医学留学生 …… 554
　　五、成教院口腔教学任务 …… 554
　　六、上海市三好医卫职业学校 …… 555
　第四节　教学研究与获奖 …… 555
　　一、教学研究 …… 555
　　二、教材建设 …… 557
　　三、荣誉与获奖 …… 559
　第五节　对外交流 …… 562

第二章　九院临床医学院 …… 566
　第一节　沿革 …… 566
　　一、早期临床医学教学 …… 566
　　二、九院临床医学院建立 …… 567
　　三、九院临床医学院发展 …… 568
　第二节　教学管理与教改实践 …… 572
　　一、教学规范与制度建设 …… 572
　　二、教学改革与实践 …… 573
　第三节　教学任务与学生 …… 575
　　一、教学任务 …… 575
　　二、历届学生与毕业人数 …… 576
　第四节　教学研究与获奖 …… 578

第三章　教学管理与学生工作 …… 581
　第一节　教学管理机构 …… 581
　第二节　学生工作 …… 582
　　一、学生党建 …… 582
　　二、校园文化 …… 583
　　三、社会实践 …… 583
　　四、获奖与荣誉 …… 585

第四章　研究生教育 …… 586
　第一节　研究生导师队伍建设 …… 586
　　一、硕士生导师 …… 586
　　二、博士生导师 …… 587

三、学位评定委员会 …………… 589
　第二节　研究生招录与培养 ……… 590
　　一、研究生招录 ………………… 590
　　二、研究生培养 ………………… 591
第五章　毕业后教育 …………………… 593
　第一节　住院医师规范化培训 …… 593
　　一、沿革 ………………………… 593
　　二、基地建设 …………………… 593
　　三、组织管理 …………………… 593
　　四、培训实施 …………………… 594
　　五、培训成效 …………………… 595
　第二节　继续医学教育 …………… 595
　　一、管理机构 …………………… 595
　　二、继续医学教育项目 ………… 595
　　三、教学效果 …………………… 596
第六章　九院护校 ……………………… 598
　第一节　沿革 ……………………… 598
　　一、创建与复校 ………………… 598
　　二、接管与归并 ………………… 599
　第二节　教师与教学 ……………… 601
　　一、创建初期 …………………… 601
　　二、接办后 ……………………… 602
　第三节　护校学生 ………………… 603

第五篇　医学研究 ………………… 607
概述 ……………………………………… 608
第一章　机构与职能 …………………… 609
　第一节　机构沿革与基本职能 …… 609
　　一、机构沿革 …………………… 609
　　二、基本职能 …………………… 611
　第二节　制度建设与管理 ………… 611
　　一、重点学科管理 ……………… 611
　　二、科研项目管理 ……………… 611
　　三、科研经费管理 ……………… 611
　　四、医学伦理管理 ……………… 612
　　五、基地平台管理 ……………… 612
　　六、科研成果管理 ……………… 612

第二章　重点学科与科研基地
　　　　　平台 ……………………… 614
　第一节　重点学科 ………………… 614
　第二节　科研基地平台 …………… 616
　　一、研究所与研究中心 ………… 616
　　二、上海市重点实验室 ………… 617
　　三、校级、院级研究室 ………… 618
　第三节　上海市口腔医学
　　　　　研究所 …………………… 618
　　一、沿革 ………………………… 618
　　二、研究项目 …………………… 620
　　三、对外交流 …………………… 636
　　四、研究成果与获奖 …………… 637
　第四节　上海市整复外科
　　　　　研究所 …………………… 641
　　一、沿革 ………………………… 641
　　二、主要成果 …………………… 643
　第五节　上海生物材料研究测试
　　　　　中心 ……………………… 647
　　一、沿革 ………………………… 647
　　二、教学 ………………………… 648
　　三、科研 ………………………… 648
　　四、荣誉 ………………………… 652
　第六节　上海市组织工程重点
　　　　　实验室 …………………… 652
　　一、沿革 ………………………… 652
　　二、科研项目 …………………… 655
　　三、人才培养计划 ……………… 657
　　四、论文与专利 ………………… 658
　　五、科研成果与荣誉 …………… 658
　　六、教学 ………………………… 660
　　七、学术交流 …………………… 662
　第七节　上海市口腔医学重点
　　　　　实验室 …………………… 669
　　一、沿革 ………………………… 669
　　二、研究方向 …………………… 669
　　三、研究成果 …………………… 670
　　四、人才培养与交流 …………… 671

五、科研成果及获奖 ………… 671
第八节　组织工程（上海）国家工程
　　　　研究中心 ………………… 673
　　一、沿革 ……………………… 673
　　二、研究方向 ………………… 673
　　三、研究项目 ………………… 674
　　四、获奖项目 ………………… 675
　　五、人才培养 ………………… 675
　　六、标志性成果 ……………… 676
　　七、学术交流 ………………… 676
第九节　数字医学临床转化教育部
　　　　工程研究中心 …………… 676
　　一、沿革 ……………………… 676
　　二、研究目标与方向 ………… 677
　　三、平台建设 ………………… 677
　　四、研究成果 ………………… 678
第十节　上海市骨科内植物重点
　　　　实验室 …………………… 678
　　一、沿革 ……………………… 678
　　二、研究方向 ………………… 680
　　三、研究成果 ………………… 680
　　四、学术交流 ………………… 685
第十一节　上海交通大学医学院眼科
　　　　　视觉科学研究所 ……… 686
第十二节　药物临床试验机构 …… 686
　　一、沿革 ……………………… 686
　　二、管理运行 ………………… 687
第三章　研究项目与学术成果 …… 688
　第一节　课题立项与鉴定验收 … 688
　　一、课题立项 ………………… 688
　　二、科研项目鉴定验收 ……… 689
　第二节　学术论文与著作 ……… 703
　第三节　专利 …………………… 720
　第四节　科研成果与获奖 ……… 723
第四章　学术团体与杂志任职 …… 734
　第一节　国际学术团体任职 …… 734
　第二节　国内学术团体任职 …… 735
　第三节　国际和国内学术杂志

　　　　任职 ……………………… 744
　第四节　学术文化活动 ………… 747
　　一、年度科教大会 …………… 747
　　二、科技文化活动 …………… 747
第五章　学术期刊与医学图书馆 … 749
　第一节　《上海口腔医学》杂志 … 749
　　一、沿革 ……………………… 749
　　二、编撰工作 ………………… 749
　第二节　《中国口腔颌面外科
　　　　　杂志》 ………………… 750
　　一、沿革 ……………………… 750
　　二、编撰工作 ………………… 751
　第三节　《组织工程与重建外科
　　　　　杂志》 ………………… 752
　　一、沿革 ……………………… 752
　　二、创刊以来各项统计数据汇总 … 753
　第四节　《医用生物力学》杂志 … 753
　　一、沿革 ……………………… 754
　　二、编委组成与杂志影响因子 … 756
　第五节　医学图书馆 …………… 756
　　一、沿革 ……………………… 756
　　二、图书管理 ………………… 757

第六篇　人力资源管理 ………… 759

概述 ………………………………… 760
第一章　机构与职能 ……………… 761
　第一节　机构沿革与基本职能 … 761
　　一、机构沿革 ………………… 761
　　二、基本职能 ………………… 762
　第二节　人事档案管理 ………… 762
　第三节　劳动人事制度改革 …… 764
　　一、医务人员 ………………… 764
　　二、工勤人员 ………………… 765
　　三、聘用合同制 ……………… 767
第二章　医务员工管理 …………… 768
　第一节　员工来源与结构 ……… 768
　　一、员工来源 ………………… 768

二、员工结构与流动 …………… 772
　　三、员工职称分布 ……………… 776
　第二节　定编与聘用 ……………… 778
　　一、定编 ………………………… 778
　　二、聘用 ………………………… 779
　　三、退休回聘 …………………… 779
　　四、终身教授 …………………… 780
　　五、待退休 ……………………… 780
　第三节　专业技术职务评聘 ……… 780
　　一、卫生系列专业技术职务评聘 … 780
　　二、教师系列专业技术职务评聘 … 781
　　三、非卫生系列专业技术职务评聘 … 782
　第四节　员工定级与考核 ………… 792
　　一、员工定级 …………………… 792
　　二、考核与奖惩 ………………… 792
　　三、评选先进 …………………… 793
　　四、人员流动 …………………… 794
　第五节　工资与福利 ……………… 794
　　一、职工工资 …………………… 794
　　二、奖金 ………………………… 797
　　三、员工津贴与福利 …………… 797
　第三章　员工队伍建设 ……………… 798
　第一节　专业人才建设 …………… 798
　　一、人才培养 …………………… 798
　　二、人才引进 …………………… 811
　第二节　人才建设成果 …………… 812
　　一、学术地位与荣誉 …………… 812
　　二、人才计划 …………………… 813
　第三节　员工培训 ………………… 818
　　一、概况 ………………………… 818
　　二、培训人员 …………………… 819
　　三、培训项目 …………………… 820

第七篇　综合管理 …………………… 823
　概述 …………………………………… 824
　第一章　院务管理与外事工作 ……… 825
　第一节　院务管理 ………………… 825
　　一、沿革 ………………………… 825

　　二、行政管理 …………………… 826
　　三、医院管理研究 ……………… 827
　　四、荣誉 ………………………… 827
　第二节　对外交流 ………………… 827
　　一、沿革 ………………………… 827
　　二、学术交流 …………………… 828
　　三、对外合作 …………………… 831
　第三节　改革发展办公室 ………… 837
　　一、沿革 ………………………… 837
　　二、制度建设 …………………… 837
　　三、综合目标管理与考核 ……… 837
　　四、社会合作与发展 …………… 838
　第二章　财务管理 …………………… 839
　第一节　机构沿革 ………………… 839
　第二节　计划财务管理 …………… 840
　　一、财务制度与记账方式 ……… 840
　　二、内控与预算管理 …………… 842
　　三、成本核算 …………………… 843
　　四、会计核算电子化 …………… 844
　　五、药品财务管理 ……………… 844
　第三节　出入院管理 ……………… 845
　　一、沿革 ………………………… 845
　　二、欠费催账 …………………… 846
　　三、管理工作 …………………… 846
　第四节　门急诊收费管理 ………… 847
　　一、沿革 ………………………… 847
　　二、主要工作 …………………… 847
　　三、荣誉 ………………………… 848
　第三章　监察与审计 ………………… 849
　第一节　机构建设 ………………… 849
　　一、沿革 ………………………… 849
　　二、制度建设 …………………… 849
　第二节　监察与审计业务 ………… 850
　　一、监察工作 …………………… 850
　　二、审计业务工作 ……………… 851
　　三、荣誉 ………………………… 854
　第四章　合作办医与产业 …………… 855
　第一节　九院周浦分院 …………… 855

第二节　九院奉城分院 …………… 857
　　第三节　医院产业 ………………… 859
　　　一、科技开发公司 ………………… 859
　　　二、激光美容中心 ………………… 859
　　　三、康复综合百货商店 …………… 860
　　　四、九医贸易商行 ………………… 860
　　第四节　合作办医 ………………… 861
　　　一、上海华澳整形美容医院 ……… 861
　　　二、上海口腔医疗中心 …………… 861
第五章　退休服务与安保 …………… 862
　　第一节　退休职工服务 …………… 862
　　　一、沿革 …………………………… 862
　　　二、退休管理与服务工作 ………… 863
　　　三、退休人员历年管理服务工作 … 865
　　　四、荣誉 …………………………… 866
　　第二节　治安与消防 ……………… 867
　　　一、沿革 …………………………… 867
　　　二、治安防范 ……………………… 867
　　　三、消防安全 ……………………… 868
　　　四、道路交通 ……………………… 869
　　　五、荣誉 …………………………… 869

第八篇　总务、基建与设备 ………… 871
　概述 ………………………………… 872
　第一章　总务管理 ………………… 873
　　第一节　机构沿革与制度建设 …… 873
　　　一、机构沿革 ……………………… 873
　　　二、制度建设 ……………………… 875
　　第二节　总务工作 ………………… 875
　　　一、供应组 ………………………… 876
　　　二、被服管理 ……………………… 876
　　　三、交通运输 ……………………… 877
　　　四、宿舍管理 ……………………… 878
　　　五、托儿所 ………………………… 878
　　　六、能源管理 ……………………… 879
　　　七、医用气体管理 ………………… 881
　　　八、维修保障 ……………………… 882

　　　九、话务通信 ……………………… 882
　　　十、绿化养护 ……………………… 883
　　　十一、环境卫生 …………………… 884
　　　十二、公益活动 …………………… 885
　　第三节　膳食管理 ………………… 885
　　　一、膳食科 ………………………… 885
　　　二、对外援助 ……………………… 886
　　第四节　房屋管理与福利分房 …… 887
　　　一、物业管理 ……………………… 887
　　　二、福利分房 ……………………… 887
　　第五节　后勤改革与服务
　　　　　　社会化 …………………… 887
　　　一、后勤改革 ……………………… 887
　　　二、服务社会化 …………………… 889
　第二章　基本建设 ………………… 890
　　第一节　机构沿革 ………………… 890
　　第二节　基建工作 ………………… 890
　　　一、建院初至1978年的基建
　　　　　工作 ……………………………… 890
　　　二、1979年至2010年的基建
　　　　　工作 ……………………………… 892
　　第三节　医院建筑分布及演变 …… 895
　　　一、主要历史建筑 ………………… 895
　　　二、接办后重大基建项目 ………… 900
　　　三、医院建筑分布 ………………… 901
　第三章　资产管理 ………………… 907
　　第一节　机构沿革 ………………… 907
　　　一、设备科 ………………………… 907
　　　二、临床医学工程室 ……………… 907
　　　三、资产管理处 …………………… 908
　　第二节　设备与材料采购 ………… 908
　　　一、接办后医院设备的接收与
　　　　　划拨 …………………………… 908
　　　二、口腔系迁来后的设备采购与
　　　　　维护 …………………………… 910
　　　三、改革开放后大型医疗设备
　　　　　购置 …………………………… 911
　　　四、科研与免税设备购置 ………… 913

第三节　医用材料供应 …………… 917
　　一、医用材料管理 ………………… 917
　　二、医用材料采购 ………………… 918
第四节　设备管理与研发 …………… 920
　　一、制度建设 ……………………… 920
　　二、设备购置流程 ………………… 921
　　三、设备研发与交流 ……………… 922

第九篇　党建与群团工作 …………… 923

概述 …………………………………… 924

第一章　党建工作 …………………… 925

第一节　党务管理 …………………… 925
　　一、沿革 …………………………… 925
　　二、党委办公室 …………………… 925
　　三、制度建设 ……………………… 926
　　四、党建联建 ……………………… 926
　　五、党建研究 ……………………… 927
第二节　党员发展与教育 …………… 927
　　一、党员发展 ……………………… 927
　　二、党员教育 ……………………… 929
第三节　干部选拔和培养 …………… 931
　　一、干部选拔任用 ………………… 931
　　二、干部教育培养 ………………… 932
　　三、干部监督管理 ………………… 933
第四节　统一战线与高级知识分子
　　　　工作 ………………………… 934
　　一、政治协商、民主监督 ………… 934
　　二、参政议政 ……………………… 935
　　三、高级知识分子工作 …………… 936
第五节　历次重要政治运动 ………… 937
　　一、"抗美援朝、保家卫国"运动 … 937
　　二、"三反运动" …………………… 938
　　三、"三自"爱国运动 ……………… 938
　　四、"肃反运动" …………………… 938
　　五、"整风运动"和反右运动 ……… 938
　　六、社会主义教育运动 …………… 938
　　七、"文化大革命"与拨乱反正 …… 939
　　八、整党工作 ……………………… 939
第六节　老干部服务 ………………… 939
　　一、沿革 …………………………… 939
　　二、主要工作 ……………………… 940
　　三、特色工作 ……………………… 940
第七节　档案管理 …………………… 941
　　一、沿革 …………………………… 941
　　二、档案管理队伍建设 …………… 941
　　三、档案管理制度与信息化技术 … 941
　　四、档案编研成果 ………………… 942
第八节　人民武装工作 ……………… 943
　　一、沿革 …………………………… 943
　　二、武装部工作 …………………… 944

第二章　工会、青年与妇女工作 …… 946

第一节　工会工作 …………………… 946
　　一、沿革 …………………………… 946
　　二、民主管理 ……………………… 948
　　三、劳动保护和生活保障 ………… 949
　　四、文娱活动及文体比赛 ………… 951
　　五、劳模、先进评选 ……………… 952
第二节　青年工作 …………………… 956
　　一、历届共青团组织及团代会 …… 956
　　二、共青团工作 …………………… 957
　　三、共青团组织的专项活动 ……… 959
　　四、青年联谊会 …………………… 962
第三节　妇女工作 …………………… 962
　　一、沿革 …………………………… 962
　　二、主要工作 ……………………… 963
　　三、女医师女教师联谊会 ………… 964
　　四、荣誉 …………………………… 965

第三章　纪检工作 …………………… 969

第一节　机构沿革 …………………… 969
第二节　制度建设与廉政教育 ……… 970
　　一、制度建设 ……………………… 971
　　二、宣传教育 ……………………… 971
第三节　廉政建设与查信办案 ……… 973
　　一、廉政建设工作 ………………… 973
　　二、监管督促 ……………………… 974

三、查信办案 ················ 974
第四章　宣传工作 ················ 976
　　第一节　机构沿革 ············ 976
　　第二节　员工教育与学习 ······ 976
　　　一、班组学习 ·············· 976
　　　二、电化教育 ·············· 977
　　第三节　宣传报道 ············ 978
　　　一、媒体宣传 ·············· 978
　　　二、院报与特刊 ············ 981
　　　三、新闻发言人制度 ········ 982
第五章　精神文明建设 ············ 983
　　第一节　创建市文明单位 ······ 983
　　　一、沿革 ·················· 983
　　　二、创建历程 ·············· 983
　　第二节　同创共建活动 ········ 984
　　第三节　窗口服务竞赛 ········ 986
　　第四节　文明班组、文明职工
　　　　　　评选 ················ 987
　　第五节　十佳好事和十大新闻
　　　　　　评选 ················ 989
　　　一、十佳好事 ·············· 989
　　　二、十大新闻 ·············· 990
　　第六节　医德医风建设 ········ 990
　　　一、医德医风 ·············· 990
　　　二、满意度测评 ············ 992
　　　三、行风测评 ·············· 992
　　第七节　思想政治工作研究会 ···· 993
　　第八节　先进评选与表彰 ········ 996
　　第九节　社会公益活动 ········ 1000
　　　一、医疗公益活动 ·········· 1000
　　　二、济困捐助 ·············· 1004

第十篇　人物 ···················· 1007
　概述 ···························· 1008
　第一章　人物传 ················ 1009
　　石菲比 ························ 1009
　　胡遵理 ························ 1009
　　石美玉 ························ 1009
　　伍哲英 ························ 1010
　　石成志 ························ 1011
　　万正华 ························ 1012
　　丁希庆 ························ 1012
　　席应忠 ························ 1012
　　陈文镜 ························ 1013
　　邱立崇 ························ 1013
　　梅国桢 ························ 1014
　　孙茂云 ························ 1015
　　朱尔梅 ························ 1015
　　王耆龄 ························ 1016
　　沈国祚 ························ 1016
　　李铁庵 ························ 1017
　　刘德尊 ························ 1017
　　邵家珏 ························ 1018
　　许国祺 ························ 1018
　　李　焜 ························ 1019
　　卢其成 ························ 1019
　　奚渭清 ························ 1020
　　张锡泽 ························ 1021
　　林国础 ························ 1021
　　樊　森 ························ 1022
　　丁美修 ························ 1022
　　刘　正 ························ 1023
　　魏原樾 ························ 1024
　　张涤生 ························ 1024
　　孙建民 ························ 1025
　　徐济民 ························ 1026
　　黄宗仁 ························ 1026
　　薛　培 ························ 1027
　　张培华 ························ 1028
　第二章　人物简介 ·············· 1029
　　乌爱菊 ························ 1029
　　刘瑷如 ························ 1029
　　马宝章 ························ 1030
　　吴少鹏 ························ 1030
　　薛　淼 ························ 1031

李春郊	1032
潘家琛	1032
关文祥	1033
杨宠莹	1033
曹宏康	1034
黄文义	1034
邱蔚六	1035
王晓仪	1036
戴尅戎	1036
何荣根	1037
杨菊贤	1038
张德星	1038
王仁缎	1039
余贤如	1039
李海生	1040
王 炜	1041
袁文化	1041
张彩霞	1042
法韫玉	1043
侯筱魁	1043
石四箴	1044
赵佩琪	1044
唐友盛	1045
周曾同	1045
陈志兴	1046
简光泽	1047
张富强	1047
张志愿	1048
蒋米尔	1049
曹谊林	1049
孙大麟	1050
王国民	1051
冯希平	1051
陈万涛	1052
范先群	1052
李青峰	1053
汤亭亭	1054

专 记 1055

骨科:医工结合,推进成果临床转化 1057

口腔颌面-头颈肿瘤科:传承积淀,创新迈向世界 1064

整复外科:艰难起步,壮大历程 1069

索 引 1077

表格索引 1079

图片索引 1092

编后记 1096

Contents

Preface 1
Explanatory Notes 1
Overview 1
Chronicles 1920 – 2010 15

Part 1　Organization 63
　Introduction 64
　Chapter 1　Administration 65
　　Section Ⅰ　Institutional Evolution 65
　　Section Ⅱ　Hospital Management Mechanism 69
　Chapter 2　Organization of the Communist Party of China 75
　　Section Ⅰ　The CPC Committee 75
　　Section Ⅱ　The Commission for Discipline Inspection 79
　　Section Ⅲ　Functional Departments of the CPC 79
　　Section Ⅳ　Primary Organization of the CPC 81
　Chapter 3　Mass Organization, Democratic Parties and United Front 88
　　Section Ⅰ　Mass Organization 88
　　Section Ⅱ　Democratic Parties and United Front 89

Part 2　Clinical Department 91
　Introduction 92
　Chapter 1　Internal Medicine 93
　　Section Ⅰ　Internal Medicine 93
　　Section Ⅱ　Department of Cardiology 98
　　Section Ⅲ　Department of Nephrology 105
　　Section Ⅳ　Department of Endocrine and Metabolic Diseases 109
　　Section Ⅴ　Department of Hematology 115
　　Section Ⅵ　Department of Digestive Disease 121
　　Section Ⅶ　Department of Pulmonary Medicine 125
　　Section Ⅷ　Department of Neurology 128
　　Section Ⅸ　Department of Geriatrics 131

Section Ⅹ　　Department of Emergency ……………………………………………… 138

Section Ⅺ　　Department of Paediatrics ……………………………………………… 141

Section Ⅻ　　Department of Traditional Chinese Medicine ………………………… 146

Section ⅩⅢ　Department of Dermatology ……………………………………………… 153

Section ⅩⅣ　Department of Assisted Rreproduction ………………………………… 156

Chapter 2　Surgery ………………………………………………………………………… 160

Section Ⅰ　　Department of Gynecology and Obstetrics ……………………………… 160

Section Ⅱ　　Department of General Surgery ………………………………………… 164

Section Ⅲ　　Department of Ophthalmology ………………………………………… 172

Section Ⅳ　　Department of Otorhinolaryngology …………………………………… 182

Section Ⅴ　　Department of Plastic and Reconstructive Surgery …………………… 186

Section Ⅵ　　Department of Orthopedics …………………………………………… 208

Section Ⅶ　　Department of Urology ………………………………………………… 226

Section Ⅷ　　Department of Thoracic Surgery ……………………………………… 231

Section Ⅸ　　Department of Vascular Surgery ………………………………………… 234

Section Ⅹ　　Department of Neurosurgery …………………………………………… 241

Section Ⅺ　　Department of Anesthesiology and Operation Theatre ……………… 246

Section Ⅻ　　Ninth People's Hospital Pudong Branch ………………………………… 253

Chapter 3　Stomatological System ……………………………………………………… 258

Section Ⅰ　　Department of Oral and Maxillofacial Surgery ………………………… 258

Section Ⅱ　　Department of Prosthodontics ………………………………………… 278

Section Ⅲ　　Department of Endodontics …………………………………………… 294

Section Ⅳ　　Department of Periodontology ………………………………………… 299

Section Ⅴ　　Department of Oral Mucosal Diseases ………………………………… 302

Section Ⅵ　　Department of Orthodontics ………………………………………… 308

Section Ⅶ　　Department of Preventive and Pediatric Dentistry ………………… 315

Section Ⅷ　　Department of Dental Implantation ………………………………… 320

Section Ⅸ　　Department of General Dentistry …………………………………… 324

Section Ⅹ　　First Dental Clinic …………………………………………………… 328

Section Ⅺ　　Department of Oral Pathology ……………………………………… 330

Chapter 4　Medical Technology Department ………………………………………… 336

Section Ⅰ　　Department of Radiology ……………………………………………… 336

Section Ⅱ　　Department of Pharmacy ……………………………………………… 344

Section Ⅲ　　Department of Clinical Laboratory ……………………………………… 350

Section Ⅳ　　Department of Pathology ……………………………………………… 353

Section Ⅴ　　Department of Ultrasound Diagnosis ………………………………… 356

Section Ⅵ　　Department of Nuclear Medicine ……………………………………… 359

Section Ⅶ　　Department of Nutrition ……………………………………………… 363

Part 3 Medical Management ··· 369

Introduction ··· 370

Chapter 1 In-patient Care Management ··· 371
- Section Ⅰ *Institutional Evolution* ··· 371
- Section Ⅱ *Medical Care in the Bethel Age* ··· 371
- Section Ⅲ *Medical Management Mechanism* ··· 374
- Section Ⅳ *Ward and Bed Settings* ··· 377
- Section Ⅴ *Medical Quality Management* ··· 381
- Section Ⅵ *Further Education Management* ··· 387
- Section Ⅶ *Medical Quality and Outcome Award* ··· 389

Chapter 2 Out-patient and Emergency Care Management ··· 397
- Section Ⅰ *Institutional Evolution* ··· 397
- Section Ⅱ *Outpatient and Emergency Management Mechanism* ··· 398
- Section Ⅲ *Outpatient and Emergency Service Management* ··· 399
- Section Ⅳ *Specialist Clinics* ··· 411
- Section Ⅴ *Other Outpatient Service Management* ··· 419

Chapter 3 Nursing Management ··· 423
- Section Ⅰ *Nursing Management Organization* ··· 423
- Section Ⅱ *Nursing Team Development* ··· 429
- Section Ⅲ *Care Quality Management* ··· 431
- Section Ⅳ *Nursing Research* ··· 438
- Section Ⅴ *Nursing Education* ··· 449
- Section Ⅵ *Public Welfare* ··· 454
- Section Ⅶ *Honor* ··· 454

Chapter 4 Medical-Related Management ··· 457
- Section Ⅰ *Medical History Files and Medical Indicators Management* ··· 457
- Section Ⅱ *Preventive Health Care and Hospital Infection Control* ··· 464
- Section Ⅲ *Occupational Disease Prevention and Control* ··· 471
- Section Ⅳ *Health Insurance Management* ··· 473
- Section Ⅴ *Hospital Information Management* ··· 478
- Section Ⅵ *Cadre Health Care* ··· 482
- Section Ⅶ *Shanghai Oral Clinical Quality Control Center* ··· 484
- Section Ⅷ *Shanghai Medical Cosmetic Quality Control Center* ··· 490

Chapter 5 Medical Assistance and Rescue ··· 495
- Section Ⅰ *Suburban Roving Medical Team* ··· 495
- Section Ⅱ *Inland support and Assist Tibet, Xinjiang* ··· 499
- Section Ⅲ *Anhui Medical Team* ··· 501
- Section Ⅳ *Foreign Aid Medical Team* ··· 504
- Section Ⅴ *Major Health Care Activities* ··· 506

Section Ⅵ	Earthquake Relief	509
Section Ⅶ	Shanghai-Yunnan Pairing Assistance	514
Section Ⅷ	Complicated Rescue Cases and Public Health Events	518

Part 4　Medical Education ……… 523

Introduction ……… 524

Chapter 1　College of Stomatology ……… 525
- Section Ⅰ　History ……… 525
- Section Ⅱ　Faculty, Teaching and Research Office ……… 530
- Section Ⅲ　School System, Curriculum Provision and Enrollment ……… 536
- Section Ⅳ　Teaching Research and Award ……… 555
- Section Ⅴ　External Exchanges ……… 562

Chapter 2　Jiu-yuan Medicine College ……… 566
- Section Ⅰ　History ……… 566
- Section Ⅱ　Teaching Management and Teaching Reform Practice ……… 572
- Section Ⅲ　Teaching Tasks and Enrollment ……… 575
- Section Ⅳ　Teaching Research and Award ……… 578

Chapter 3　Teaching Management and Student Affairs ……… 581
- Section Ⅰ　Teaching Organization ……… 581
- Section Ⅱ　Student Affairs ……… 582

Chapter 4　Graduate Education ……… 586
- Section Ⅰ　Mentor Team ……… 586
- Section Ⅱ　Postgraduate Recruitment and Training ……… 590

Chapter 5　Education after Graduation ……… 593
- Section Ⅰ　Residency Programs ……… 593
- Section Ⅱ　Continuing Medical Education ……… 595

Chapter 6　Jiu-yuan Nursing School ……… 598
- Section Ⅰ　History ……… 598
- Section Ⅱ　Teachers and Teaching ……… 601
- Section Ⅲ　Nursing Students ……… 603

Part 5　Medical Research ……… 607

Introduction ……… 608

Chapter 1　Institution and Function ……… 609
- Section Ⅰ　Institutional Evolution and Basic Functions ……… 609
- Section Ⅱ　System Construction and Management ……… 611

Chapter 2　Key Disciplines and Scientific Research Platforms ……… 614
- Section Ⅰ　Key Disciplines ……… 614
- Section Ⅱ　Scientific Research Platforms ……… 616

Section III	Shanghai Research Institute of Stomatology	618
Section IV	Shanghai Institute of Plastic and Reconstructive Surgery	641
Section V	Shanghai Biomaterials Research and Test Center	647
Section VI	Shanghai Key Laboratory of Tissue Engineering Research	652
Section VII	Shanghai Key Laboratory of Stomatology	669
Section VIII	National Tissue Engineering Center of China	673
Section IX	Engineering Research Center of Digital Medicine, Ministry of Education of China	676
Section X	Shanghai Key Laboratory of Orthopedic Implants	678
Section XI	Institute of Visual Sciences in Ophthalmology, School of Medicine, Shanghai Jiaotong University	686
Section XII	Institute of GCP	686

Chapter 3　Research Projects and Academic Achievements ………… 688
　Section I　Project Approval and Appraisal Acceptance ………… 688
　Section II　Academic Papers and Works ………… 703
　Section III　Patent ………… 720
　Section IV　Achievements and Awards ………… 723

Chapter 4　Assignment with Academic Groups and Magazines ………… 734
　Section I　Assignment with International Academic Groups ………… 734
　Section II　Assignment with Domestic Academic Groups ………… 735
　Section III　Assignment with International and Domestic Academic Journals ………… 744
　Section IV　Academic and Cultural Activities ………… 747

Chapter 5　Academic Journals and Medical Libraries ………… 749
　Section I　Shanghai Journal of Stomatology ………… 749
　Section II　China Journal of Oral and Maxillofacial Surgery ………… 750
　Section III　Journal of Tissue Engineering and Reconstructive Surgery ………… 752
　Section IV　Journal of Medical Biomechanics ………… 753
　Section V　Medical Library ………… 756

Part 6　Human Resource ………… 759
　Introduction ………… 760
　Chapter 1　HR System ………… 761
　　Section I　Institutional Evolution ………… 761
　　Section II　Personnel File Management ………… 762
　　Section III　HR Reform ………… 764
　Chapter 2　Staff Management ………… 768
　　Section I　Employment ………… 768
　　Section II　Appointment and Hiring ………… 778
　　Section III　Evaluation of Professional and Technical Qualification ………… 780

Section Ⅳ　Employee Grading and Assessment ……………………………… 792
　　Section Ⅴ　Salaries and Benefits ………………………………………………… 794
　Chapter 3　Team Building ……………………………………………………………… 798
　　Section Ⅰ　Talent Management ………………………………………………… 798
　　Section Ⅱ　Achievement ………………………………………………………… 812
　　Section Ⅲ　Employee Training ………………………………………………… 818

Part 7　General Management …………………………………………………………… 823
　Introduction …………………………………………………………………………………… 824
　Chapter 1　Operational and International Affairs ………………………………… 825
　　Section Ⅰ　Hospital Operation ………………………………………………… 825
　　Section Ⅱ　International Affairs ……………………………………………… 827
　　Section Ⅲ　Office for Reform and Development …………………………… 837
　Chapter 2　Financial Management …………………………………………………… 839
　　Section Ⅰ　Institutional Evolution …………………………………………… 839
　　Section Ⅱ　Budgetary Finance ………………………………………………… 840
　　Section Ⅲ　Finance for In-patient …………………………………………… 845
　　Section Ⅳ　Finance for Out-patient and Emergency Services ………… 847
　Chapter 3　Monitoring and Auditing ………………………………………………… 849
　　Section Ⅰ　Institution Development …………………………………………… 849
　　Section Ⅱ　Monitoring and Auditing Operations …………………………… 850
　Chapter 4　Co-op Medicine and Industry …………………………………………… 855
　　Section Ⅰ　Ninth People's Hospital Zhoupu Branch ……………………… 855
　　Section Ⅱ　Ninth People's Hospital Fengcheng Branch ………………… 857
　　Section Ⅲ　Hospital Industry …………………………………………………… 859
　　Section Ⅳ　Co-op Medicine ……………………………………………………… 861
　Chapter 5　Retirement Services and Security ……………………………………… 862
　　Section Ⅰ　Retired Staff Services ……………………………………………… 862
　　Section Ⅱ　Policing and Fire Protection …………………………………… 867

Part 8　Logistics, Infrastructure and Equipment ………………………………… 871
　Introduction …………………………………………………………………………………… 872
　Chapter 1　General Management ……………………………………………………… 873
　　Section Ⅰ　Institutional Evolution and System Construction …………… 873
　　Section Ⅱ　Logistics ……………………………………………………………… 875
　　Section Ⅲ　Craft Service ………………………………………………………… 885
　　Section Ⅳ　Housing and Welfare ……………………………………………… 887
　　Section Ⅴ　Logistics Reform and Socialization of Services ……………… 887
　Chapter 2　Infrastructure Construction ……………………………………………… 890

Section I	Institutional Evolution	890
Section II	Infrastructure	890
Section III	Distribution of Hospital Buildings	895

Chapter 3　Asset Management 907
  Section I Institutional Evolution 907
  Section II Equipment Purchase 908
  Section III Medical Materials Supply 917
  Section IV Equipment Management and Invention 920

Part 9　CPC Party Affairs and Services for People 923

Introduction 924

Chapter 1　Development of CPC in Hospital 925
  Section I Party Affairs Management 925
  Section II Party Members Recruitment and Education 927
  Section III Selection and Training of Cadres 931
  Section IV Services for United Front and Scholars 934
  Section V Major Political Events 937
  Section VI Retirement Services for CPC Leaders 939
  Section VII Archives Management 941
  Section VIII People's Armed Force 943

Chapter 2　Labor Union, Communist Youth League and Committee of Women's Affairs 946
  Section I Labor Union 946
  Section II Youth Work 956
  Section III Women's Affairs 962

Chapter 3　Disciplining Inspection 969
  Section I Institutional Evolution 969
  Section II System Construction and Integrity Education 970
  Section III Inspection for Anti-Corruption 973

Chapter 4　Publicity 976
  Section I Institutional Evolution 976
  Section II Staff Education and Learning 976
  Section III Publicity Report 978

Chapter 5　Developing Moral Qualities 983
  Section I Create a City Civilized Unit 983
  Section II Co-Creation Activities 984
  Section III Window Service Contest 986
  Section IV The Selection of Civilized Team and Staffs 987
  Section V Top 10 Good Things, Top 10 News Selection 989

　　　　Section Ⅵ　*Professional Ethics* ·· 990
　　　　Section Ⅶ　*Ideological and Political Work Forum* ···································· 993
　　　　Section Ⅷ　*Awards and Honors* ·· 996
　　　　Section Ⅸ　*Social Welfare Activities* ·· 1000

Part 10　Significant Figures ·· 1007
　　Introduction ··· 1008
　　Chapter 1　Historical Biography ·· 1009
　　Chapter 2　Biography ·· 1029

Special　Events ·· 1055
　　History of the Department of Orthopedics ·· 1057
　　History of the Department of Oral & Maxillofacial-Head & Neck Oncology ············ 1064
　　History of the Department of Plastic and Reconstructive Surgery ···················· 1069

Index ·· 1077
　　Index of Tables ··· 1079
　　Index of Images ·· 1092

Postscripts ··· 1096

总述

上海交通大学医学院附属第九人民医院坐落在上海市黄浦区半淞园街道,与世博园区毗邻。医院南临瞿溪路,西为制造局路,东、北与西凌小区相邻,占地39亩(1亩等于666.667平方米)。

医院的前身,是中国华中地区早期留美医学女博士、中华医学会创始人之一的石美玉于1920年创办的上海私立伯特利医院,属于石美玉与其挚友,美国基督教女传教士胡遵理共同创办的伯特利教会事工之一。医院以妇产科为主业,以"救济贫病、服务人群"为宗旨,附设有护士与产科学校,并在八仙桥设有诊所。抗战时期医院被日军占领,曾在法租界设立分院。

1951年8月,上海市人民政府接办医院。1952年12月,更名为上海市立第九人民医院。1957年,划归上海第二医学院作为儿科系教学基地。1958年,复归上海市卫生局。1964年,重新划归上海第二医学院,作为口腔系教学基地。1985年、2005年医学院两次更名,医院先后更名为上海第二医科大学附属第九人民医院和上海交通大学医学院附属第九人民医院,是全国首批三级甲等综合性医院之一。

至2010年,医院核定床位1 000张,口腔综合椅位260张,员工总数2 285人,全院医疗专业技术人员占82%以上。拥有张涤生、邱蔚六、戴尅戎3位中国工程院院士及其引领的一批优秀学科带头人。

改革开放以来,医院以"精修医术、诚练医德、广纳贤才、齐铸九院"的精神,凝心聚力,以"科教兴院、人才强院"的战略统领各项工作,在医、教、研、管各方面取得丰硕成果,连续10次被评为上海市文明单位。

一

(一) 医院创立与扩展

1920年8月,石美玉和美国基督教女传教士胡遵理及其追随者来到上海,觅地创办中国人自己的教会和医院事业。9月,在南市租下阿森纳路(现制造局路)565号院落和民居创立上海伯特利教会、医院和护校。石美玉是华中基督教会美以美会首届华人牧师石宅嵋的长女,1896年毕业于美国密歇根大学医学院,获医学博士学位。1898年回国后在江西九江创办附属于美以美教会的但福德医院(现为九江市妇幼保健院)及护士学校,并和伍连德、颜福庆等共同创立中华医学会,曾任副会长。

医院附属于伯特利教会,以"救济贫病、服务人群"为宗旨,由国内外(主要是美国)教友募捐资金而建,石美玉亲自主持医务。当时的制造局路区域偏僻、交通不便,为方便患者就诊,石美玉于1920年10月向上海慈善团体租得敏体尼荫路(Boulevard de Montigny,今西藏南路)169至175号4间门面的2层楼房,一半设立伯特利八仙桥诊所,另一半门面为伯特利教会所用,开设福音堂。石美玉的胞妹、约翰斯·霍普金斯大学毕业的医学博士石菲比(Dr. Phebe Stone),弟媳、北京协和医学院医学博士石成志(Dr. Twenchih Stone),石美玉的护校学生伍哲英等同期加入伯特利工作。

业务以妇产科为主,辅以内、外科。

随着医疗业务和教会事务的发展,租赁的房屋已不敷使用。1922年,石美玉筹资购置伯特利教会南面的一片土地及几间旧房,占地39.76亩。此后即在这片土地上新建院舍。所需资金主要来自美国友人海先生及著名华商刘鸿生夫人(石菲比的患者)所捐。1924年,新院建成,设病床64张,门牌号为制造局路639号。石美玉任院长,院内旧房舍由附设护士学校使用,后又增设助产士学校,实习护生承担医院护理工作。

1928年,华北大灾,大批灾民涌入上海。伯特利医院接纳100名灾童,在院区内办起孤儿院,后随孤儿长大又相继办起小学和中学。1934年,石美玉的堂妹梅石云英之子、美国约翰斯·霍普金斯大学医学博士梅国桢,应邀回国加入伯特利医院工作。

此后又经中外教友捐资陆续建起医师和员工宿舍、门诊部,以及护校的教室和学生宿舍等建筑。

至抗战前,除3位石姓医师和梅国桢之外,曾有熊德华、黄燕誉、黄孟如、陈锦凤、王裕美、钱修梅诸位医师先后来院工作。另聘有护士6名,庶务员工3人。所设护士学校毕业生累计约600人。年住院患者约1 200人,年门诊患者与八仙桥诊所合计约5万人,平均免费额约30%。

(二) 抗战时期

1937年,上海"八一三"淞沪抗战期间,伯特利医务人员及护校学生跟随代院长石成志,去难民收容所和上海第八救护医院救护中国军队伤病员,伯特利护校校长伍哲英亲自护理重伤员。嗣后伤兵医院解散,难民收容所改组,一部分护士加入难民医院工作。上海沦陷后,伯特利医院和学校被日军占据,医院业务被迫停止。八仙桥诊所曾将礼拜堂改为病房,收治女患者,一度被称为女医院。后在当时的法租界伯赛仲路(Boissezon Rte,现复兴西路)21号租用房屋设立分院,1938年5月正式开业,由代院长石成志负责分院及诊所业务。分院工作人员30余人,病床20张,收治妇科、产科患者及婴儿。

石美玉于1937年7月赴青岛,"八一三"淞沪抗战爆发后不能返沪,即取道香港赴美国,在美国募集资金汇沪接济分院运营。梅国桢带领部分伯特利员工参加夏少平博士和华商纱厂出资组建的新运第六医疗队并任队长,赴江西吉安随军辗转赣湘滇缅从事战地医疗服务。参加医疗队的伯特利员工还有陶庸拂、王淑真、陈秀瑾、方步云、刘光辉、张宏英,以及伯特利护校的毕业生徐兴彤、吴雪贞、张彩云、李可珍、梅国尊、周淑深、丁翠珍、吕玉英等。

1941年底,太平洋战争爆发,上海租界沦陷,国际讯息不通,分院及诊所经济断绝,员工失散,业务近于停顿。

(三) 战后复建

抗战胜利后,石美玉、胡遵理于1946年初返沪视察被严重破坏的伯特利教会和医院,决定回美国募集资金复建医院,并将正在纽约进修的梅国桢召回,任医务主任并主持医院复建。

1947年11月,梅国桢回到上海主持复建。当时梅石云英办的抚育工儿院有70多名儿童栖居于伯特利残破房屋中,梅国桢母子拿出积蓄5 000美金在江湾置地造房将工儿院迁出。复兴西路分院及八仙桥诊所相继恢复业务。梅国桢争取到联合国善后救济总署、中国国际救济委员会、上海市善后救济卫生器材委员会等机构的资助,添聘工作人员,修缮房屋,充实设备,申领开业执照。1948

年1月伯特利总院恢复门诊,3月开始收治住院患者,设床位40张,设有内科、外科、妇产科、临产室、手术室、化验室、X光室。是月,附设护士学校复校,伍哲英仍担任校长兼医院护理部主任,陈蔡卓民任校董会董事长。

复兴西路分院在抗战胜利后恢复资金来源,增设病床8张。

1948年底,外国侨民撤离上海。梅国桢放弃石美玉要他携家人赴美的计划,留下来继续建设医院。他从即将撤往日本的美国陆军医院和大南门长老会普益社争取到一批医疗设备和物资,勉力维持医院运转。1949年3月,病床增至60张,增设儿科、眼科、牙科、骨科,聘请特约医师应诊。同时争取资金计划建造新病房楼。

1949年3月22日,在中国国际救济委员、美国中华救济团(CRM)、美国助华救济会卫生福利委员及美国经济合作总署中国分署(ECA)等机构资助下,新病房楼动工。1949年5月1日,石成志与梅石云英主持破土奠基典礼。

1949年5月上海解放时,总院、分院已有床位100张。1950年新病房楼建成,为纪念创办人石美玉,命名为"美玉外科院"。这是伯特利医院唯一的钢筋水泥建筑。

抗战胜利后,伯特利医院建立董事会,先后由沈克非(1948年)、夏少平(1949年)担任董事长。1951年2月,伯特利医院董事会由韩文信担任董事长,杨树勋任副董事长,并聘请3位特约工厂厂长为医院董事。

1950年5月1日,伯特利医院举行建院30周年庆祝大会和美玉外科院落成庆典。颜惠庆题字"服务人民　功在社会"祝贺。此时伯特利医院已加入上海市医院联合会,成立工会,编为上海医务工会第二十四分会。

其时,石美玉在美国已退休。医院由石成志任院长,蒋国芳(律师)任副院长,梅国桢任医务主任,伍哲英任护理主任。总院参加庆典的有医师、护士、医技人员、庶务、勤杂员工及护校学生80余人,伯特利八仙桥诊所和复兴西路分院参加庆典的员工有医务人员20余人。

医院设门诊、住院、药房、手术、助产、X光、化验、防疫、保健、营养及护士部。总务有文书、社会服务、庶务、出纳、会计、膳食、机械、缝纫、浆洗各部门。1951年1月,总院设床位118张,分院28张,设有内科、外科、妇产科、肺痨科病房。耳鼻喉科、胸外科、小儿外科、牙科、骨科均聘请特约医师应诊(非全职医师)。医院与江南造船所、上钢三厂、电信工会等18个单位订有特约诊病优待合同。设立平民产房,以成本收费服务产妇。1950年,总院、分院及诊所门诊患者共接待15 000余人次。

伯特利医院地处平民区域,以救济贫病、服务人群为其宗旨,常给予贫困病员减免费用。在复建后的29个月里,门诊免费率61%,住院患者免费率55%。凡贫民、难民、伤民、孤儿来院就诊,不但医药免费,甚至供应膳食,曾收到许多患者的感谢信函。江南造船所工会曾发来致谢函,代表4 000余工友致谢。

1950年医院筹办劳动集团保健;在蓬莱区卫生事务所领导下,开展妇婴保健及免费接生;深入工厂、学校、里弄开展接种牛痘及防疫注射;与防痨协会合作,设立卡介苗接种站;接收普益社诊所及浸会庄诊所转来的住院患者。

1951年3月,华东军管会卫生部长崔义田召开会议,讨论教会医院的前途,伯特利医院由梅国桢作为代表参加,并担任小组长之一。同年5月8日,医院召开关于接受美资津贴医院讨论总结会,传达华东区处理外资津贴医疗机构的会议报告,医院职工分门诊、理疗、内科、外科、产科、肺科、总务、护校8个小组讨论,董事会、院方、工会三方总结,一致要求政府接办医院,并订立《爱国公约》。院长石成志、医务主任梅国桢、护理主任兼护校校长伍哲英也会商一致,请求政府接办。创办人石美玉也来信表示服从人民政府。16名董事作通信传达,回信一致请求政府接办。上海市军事管制委员会卫生处代表燕山出席会议。

二

(一) 接办后的整顿与建设

1951年7月28日,上海市军事管制委员会主任陈毅和副主任粟裕签发军管会命令接办伯特利医院,委任李焜为驻院军代表。8月,李焜与孙琛、王瑚、屠善之、张镇、孙学6人接办医院。李焜、石成志、蒋国芳、梅国桢组成院部。伯特利医院、诊所、护校相继由市卫生局接办,伯特利中、小学由教育局接办,孤儿院由救济总会上海市分会接办。

1951年2月,伯特利总院有员工124人。其中主治医师以上5人,护士长及护士8人,助产士3人。分院和诊所有医师2人,药剂师2人,化验和助产士各1人。总院有新老房屋8栋,护校有房屋5栋,除新建外科楼为二层钢筋水泥建筑外,其余均为1922至1927年间陆续建造的一层至二层的砖木建筑,另有教会用的礼拜堂和三栋宿舍。

1951年10月,在军代表领导下,医院进行整顿,确定"总院发展扩大,护校加强扩充,维持分院现状,根据实际情况,在适当的时候撤销分诊所"的整顿原则。整顿目的是逐步纠正服务观点与作风,把医院建设发展成为比较正规的适合人民实际需要的卫生医疗机构。

1952年,市卫生局派来外科主任陈文镜、肺科主任朱尔梅、儿科主任万正华及眼科主任丁希庆,以加强医务力量。医院还聘请骨科专家周连忻、耳鼻喉科专家何永照等为特约顾问。提升副科长3人,健全了人事科、财务科、总务科等行政部门。

1952年8月,伯特利复兴西路分院被划为上海市第一妇婴保健院分院。总院内教会和伯特利小学相继迁出。1952年12月,伯特利医院更名为上海市立第九人民医院,护校更名为上海市立第二护士学校,仍由医院管理。1953年元旦,医院和护校举行更名庆典。

1953—1956年,医院进行三年整顿,加强基本建设,充实医疗骨干,建立各项规章制度,增加设备。建立院长领导下的科主任负责制,设立专业技术职称,制定《医院工作制度》《科主任负责制的主要制度及职责》等基本管理制度。加强门急诊管理,设立急诊观察室,贯彻执行急诊室工作范围和转诊等制度。建立门诊预约制,简化门诊收费手续,改善门诊记账办法。在1950年建成的"美玉外科院"(旧2号楼)上加层扩建,在医院西南侧瞿溪路围墙内新建二层病房楼(旧3号楼)。在被毁损的孤儿院旧址上建护校教室和大礼堂(6号楼),将礼拜堂改为肺科病房,扩建急诊室、营养室、化验室,改建职工宿舍和护士宿舍,共增加房屋面积5 515平方米。增设眼科、五官科、小儿科病房,扩大内、外、肺、口腔、皮肤各科,扩大充实实验室、血库。

经过建设,1956年医院病床位增加至315张,日均门诊人次从100余人次增至700多人次,月均出院患者485人。涌现出一批先进集体和个人。1955年妇产科助产士邱粲勒被推选出席全国青年社会主义建设积极分子代表大会。

(二) 医院的归属变迁与发展

1957年1月,医院划归上海第二医学院,作为儿科系教学基地。医学院从广慈、仁济医院调入一批临床教师,以承担儿科系的临床教学任务。同年2月,调入曹裕丰任院长。医院根据儿科系教学要求组建教学组织,并接受浙江医学院、安徽医学院、上海医学院卫生系和上海第二医学院部分学生的见、实习任务。1958年10月,第二医学院又将儿科系调整到新华医院,九院重新划归上海市卫生局,属蓬莱区领导。将曹裕丰、史泽亭等配合儿科系教学调入医院的党政干部、医务人员全部撤出,同时还抽调部分九院的业务骨干支援新华医院,调入魏原樾任副院长主持院务。

1958年"大跃进"时期,医院党总支发动群众,下乡、下工厂、下地段,开展防害灭病工作。挖掘潜力,病床增加至367张。床位使用率自94.8%增至101.7%,病床周转率自1.7次/月上升至2.5次/月。取消门诊限额,实行24小时连续门诊及三班门诊制。门诊人次自22 354人次/月增至36 190人次/月。

1958年6月12日,江南造船厂青年工人徐伟因被机器撞击头部致严重颅脑损伤、颅骨骨折,经外科和全院医务人员的奋力抢救,于10月14日痊愈出院,为此医院获得中央卫生部表彰。

1958—1960年,医院党组织号召全院职工建立社会主义医院的新型医患关系,实施一系列关心患者、改善就医环境、方便患者就诊的措施。其间,医院抢救重危患者898人,抢救成功722人,占80.4%。医院医疗服务质量有显著提高。

1958年,医院获国家卫生部"破除迷信,解放思想,卫生医药技术革命先锋"奖状和奖章。1960年医院门诊部被评为全国"三八"红旗集体。

1959—1961年,医院先进事迹被各种报刊报道共计46次。来自全国28个省市的32个参观团、210家医疗卫生单位、3 457人次来院参观。1960年,医院被评为"全国文教战线先进单位",院长魏原樾代表医院赴北京出席全国文教战线群英大会。

1963年8月,医院重新划归上海第二医学院,作为口腔系教学基地;医院改名为上海第二医学院附属第九人民医院。1964年起医院的财政经费归属上海第二医学院。医学从广慈、仁济医院先后抽调张涤生、张锡泽、邱立崇、王耆龄、顾成裕等一批专家教授充实九院的医疗教学力量。

1964—1965年,根据中央卫生部综合性医院工作人员职责和工作制度,在院内进一步建立各类人员岗位责任制。健全工作制度,制订和健全医疗、护理技术操作常规。建立和健全病房住院病案卡,加强医疗质量分析。

1964年起,医院派出第一批40人的医疗队去金山廊下和松江,开展防病治病、计划生育、妇女病普查普治、培训基层医务人员的工作。

1965年,为适应上海第二医学院口腔系迁来的医疗和教学工作需要,医院获批建造门诊和病房楼。同年年底,5 000平方米的口腔门诊大楼建成(后改名为8号楼)。

1966年2月,口腔门诊大楼启用,口腔系及下属科室整体迁入医院。大楼的四、五楼设立教室、图书馆、实验室、办公室,三楼以下为口腔各科和内、外、妇、眼、耳鼻喉、皮肤等科门诊。医院的门诊环境得到显著改善。同月,广慈医院整形外科迁至九院,医院开工建造外科病房楼(后改名为5号楼)。病房楼共五层,建筑面积3 500平方米。五楼为手术室,以下楼层分别是口腔外科、整形外科、普外二病区(含胸外和泌尿专业)和妇产科病房。

1966年12月,全院有职工471人,其中医师108人、护理人员152人、医技人员56人、行政人员60人、工勤人员95人。医院设有11个临床科室和10个医技科室。全年门急诊人数597 060人,住院患者数7 118人,出院人数7 036人。

1967年,外科病房大楼竣工并投入使用。医院病房环境得到显著改善,开放床位增至374张。

(三)"文化大革命"时期

1966年开始的"文化大革命"对医院工作造成极大破坏。

1968年8月,医院成立"革命委员会"。同年9月,工宣队、军宣队相继进驻医院,实行"工人阶级领导一切""医、护、工一条龙"。

1976年10月,"文化大革命"结束后,医院党政班子和组织机构进行调整,医院的工作秩序逐步得到恢复。1978年9月30日,医院成立第一届党委,由李铁庵、祝平等10人组成,下设9个党支部,实行党委领导下的院长负责制。

【医疗工作】

"文化大革命"10年,虽然正常医疗秩序被打乱,但是大部分医务人员仍坚守岗位,兢兢业业,为医院的业务发展做出贡献。

"文化大革命"中,医务人员下乡巡回医疗成为常态。1964—1977年,医院先后派出15批630余人次的下乡医疗队员,去市郊农村金山、松江、嘉定、青浦、奉贤、南汇等地开展防病治病、培训赤脚医生工作,每批时间半年至一年。

1966—1972年,医院有40多名医务人员赴江苏、浙江、安徽、贵州等地支内或下放三线厂矿。

1970年2月—1973年5月,医院先后组建3批28人次战备医疗队赴安徽宁国县支援医疗工作。1973—1976年,医院每年组织皖南医疗队去安徽农村蹲点一年,先后有4批128名医务人员参加。

1970年5月,医院成立职业病防治组,对劳保单位1万多名从事有毒有害作业的职工作定期监护性体检。到当时的南市区浦东浦西260多家大小工厂作现场调查和宣讲。负责南汇、川沙县转诊病例的诊断和治疗。积极探索职业病监察、体检、诊断、治疗方法,并在全国性会议上介绍经验。

1970年,医院建立急诊抢救室,添置抢救设备,急诊室规模、业务范围逐渐扩大。内、外科急诊医生实行24小时坐班制,其他各科实行值班制,急诊就诊人数逐年上升。

1972年,医院成立下厂组,派出医务人员对35家直属劳保工厂进行肿瘤普查工作。把35家单位划成6个联防小组,培训厂里的298名医务人员作为防病骨干力量,每周开展活动。指导各工厂制订卫生防疫制度,开展肝炎和其他14种慢性病的防治。坚持每年做妇科肿瘤普查和炊事人员、保育员的健康检查,直至20世纪80年代后期。

1976年起,医院防保组负责附近地区、街道和劳保工厂的业务联系,院内职工的保健、防病、治病工作,以及传染病、肿瘤、慢性病监测和管理工作。

1973—1977年,医院先后派出3批援藏医疗队共6人次。

1976年7月28日,唐山发生大地震。第二天医院即组建第一批抗震救灾医疗队携带药品、医疗器械日夜兼程奔赴唐山地震灾区参加救护。1976年7月29日—1978年4月,医院先后派出3批次73名医务人员赴唐山参加抗震救灾。医疗队克服种种困难,救治数以万计的伤病员,九院副院长魏原樾任丰润抗震医院院长,主持该医院的筹建工作。

1977年5月,张涤生率先在国内成功施行第一例眶距增宽症手术,开创国内颅面外科手术之先河。同年12月,整复外科应用显微外科技术游离移植大网膜修复2例头皮缺失患者获成功,填补国内该项空白。

自1965年起,医院先后组织21批47人次的援外医疗队,支援索马里、阿尔及利亚、柬埔寨、摩洛哥、利比亚、瓦努阿图、突尼斯等国的医疗工作。医院人事处干部陈勇龙前后4次参加援非医疗队,于2000年被卫生局授予"先进援外医疗队员"荣誉称号。

1972年,医院被批准为对外开放单位,1972年和1973年接受阿尔巴尼亚和越南留学生各2名。1973—1979年,医院共接待日本、荷兰、英国、美国等31个国家和地区91批561人来院参观学习。

1976年,医院有16个临床科室。全院开放床位550张。全院职工949人,其中医师211人、护理人员304人、医技人员118人、行政人员60人、工勤人员95人。全年门急诊782 352人次,出院8 275人次。

【科研与教学】

"文化大革命"时期,受经济条件的限制和极"左"的政治氛围影响,对科研工作极为不利,但医务人员仍刻苦钻研,为解决临床难题而努力探索。

1964年,邱蔚六在广慈医院口腔颌面外科开展颌面部针刺麻醉临床及实验试验,搬迁到九院后继续研究,于1989年获得国家中医药局科技进步奖二等奖。

在"文化大革命"后期,张涤生恢复工作后,继续进行1964年就在广慈医院开始的下肢淋巴水肿的烘绑疗法、瘢痕软化膏的研究,取得良好的临床效果。1977年,游离肠段移植动物实验取得成功。同年,整复外科率先开展眶距增宽症研究及临床手术。

20世纪70年代,口腔内科乌爱菊、邵家珉等开展龋齿致病菌研究。医院成立免疫学实验室,先后由口腔外科陆昌语、内科朱宗益主持。口腔矫形科林熙等人预成牙列的研究、薛淼教授的口腔材料研究等在当时简陋的条件下仍坚持不懈,为以后的发展打下基础。

骨科医师毛文贤研制中药"长皮膏"促进慢性创面和指端组织缺损创面的愈合获得神奇效果,成为医院制剂使用至今。

1966年2月,上海第二医学院口腔系全部迁入医院,医院建立教学组织体系,设立15个教研组,不久就因"文化大革命"而停止活动。1965年招收的口腔系六年制是"文化大革命"前的最后一届口腔系本科学生。

为缓解医务人员的短缺,1970年起上海第二医学院举办二年制试点班,医院也接收部分学员的实习带教。1972年上海第二医学院招收第一届三年制口腔系学员,至1976年共招收5届。1973年7月,恢复口腔系,李铁庵任主任。

1973年,张涤生恢复业务工作。整复外科医务人员组成的医疗队奔赴各省市,分别在东北、华北等地进行"开门办学",传授医疗技术,并为当地治疗大量患者。同时,受卫生部委托,举办全国性整形外科学习班、显微外科进修班,先后培养300余名进修医师,不少学员后来成为当地的学科骨干。

三

(一) 恢复工作秩序

党的十一届三中全会后,医院经过拨乱反正、治理整顿,纠正冤假错案,落实知识分子政策,充分调动起广大干部和知识分子积极性。一批老专家得到重用，成为业务骨干和学科带头人。各学科恢复科主任负责制，建立健全各项规章制度，严格执行医疗护理常规和各项技术操作规程，开始把工作重点转移到医、教、研、管工作上来，各项工作开始复苏，医院开始进入新的历史发展时期。

（二）学科建设与人才培养

【专业发展精细化】

1978年以后，医院积极推动学科发展，鼓励亚专业的精细分化，一批具有鲜明特色的专业逐渐崭露头角，从母科中脱颖而出，成为新的专业和学科。1984年口腔预防科、儿童口腔科从口腔内科划出独立成科。1982—1994年，口腔颌面外科先后成立口腔颌面部肿瘤、口腔颌面整复外科和口腔颌面外科门诊三个专业组。2001年，口腔种植科成立。2002年，口腔综合科成立。2007年，口腔内科分成牙体牙髓科、牙周病科、口腔黏膜病科。

1982年，整复外科大楼建成启用，整复外科形成显微外科、颅面外科、烧伤整形、四肢修复四个专业组。胸外科、泌尿外科先后从普外科独立。1981年成立血管外科，1993年成立神经外科。内科系统各专业也得到长足发展：1978年，神经内科独立成科。1992年，大内科分成心内科、肾脏内科、消化内科、内分泌科、血液病科。1997年，成立老年病科。2009年，恢复呼吸科和胸外科病房。

部分学科进一步形成亚专业。口腔颌面外科形成肿瘤外科、肿瘤内科、肿瘤放疗、激光和冷冻治疗、正颌外科、唇腭裂外科、口腔颌面部创伤外科、呼吸睡眠暂停综合征、牙及牙槽外科、颞下颌关节、颌面神经、涎腺等12个亚专业。

整复外科形成显微创伤复健、颅颌面外科、烧伤瘢痕整形再造、手外科、淋巴水肿、血管瘤与畸形、外生殖器整形再造、面瘫整形修复等20个亚专业。普外科形成肛肠专科、甲状腺、乳腺病、疝和腹部缺损等亚专业。神经内科形成记忆睡眠障碍、头痛、癫痫等亚专业，学科发展得以深化。

【学科建设成果】

至2010年，医院共获得国家教委重点学科、培育学科4个。教育部"211"工程重点建设学科4个，国家中医药管理局重点专科1个。上海市重点学科9个、上海市教委重点学科2个、上海市医学领先学科3个。口腔医学、整复外科和骨科在全国处于领先地位，口腔颌面外科、骨科、眼科、牙体牙髓、牙周病科和口腔修复科等形成鲜明医疗特色。

作为医院临床学科水平的标志，2001年7月，口腔医学成为上海市口腔临床医学中心，整复外科成为上海市修复重建外科临床医学中心。2003年12月，骨科成为上海市创伤骨科与骨关节疾病临床医学中心。2002年，上海市口腔临床医疗质量控制中心和上海市医疗美容质量控制中心在医院挂牌成立，协助卫生行政部门监督执行上海市专科医疗质量标准。

【优秀人才辈出】

医院本着"科教兴院，人才强院"的宗旨，积极推进人才培养，为优秀学术人才脱颖而出创造条件。先后有张涤生、邱蔚六、戴尅戎、张志愿当选为中国工程院院士。

医院各科先后担任中华医学会各专科分会主任委员有66人次，担任国际学术团体组织主席（会长）有6人。1983年，张锡泽被授予国际牙医学院院士、大师称号。1985年，邱蔚六当选为国际牙医学院院士，被授予大师称号，1991年被列入《剑桥国际名人录》。1991年，薛森当选为国际生物材料学会院士,列入美国世界名人录。2006年,张涤生被聘为美国整形外科学会通讯会员。2002年,张志愿当选为英国爱丁堡皇家牙医学院院士、国际牙医学院院士;曹谊林当选为国际生物材料学院院士。2007年,张陈平当选为英国皇家外科学院院士、国际医学院院士。先后当选为国际牙医学院院士的还有刘正、周曾同、张富强、赖红昌、孙皎、张志勇等。

医院还有一批中青年专家脱颖而出。至2010年,先后获得长江特聘教授2人,长江学者讲座教授1人,新世纪百千万人才工程国家级人选2人,上海市领军人才6人。入选上海市局级人才计划项目124人次,校级人才计划项目136人次。

2000年10月—2003年5月,医院先后授予邱蔚六、戴尅戎、刘正、薛淼、王炜5位学术成就显著,做出特殊贡献,在国内外享有崇高声誉的教授为医院终身教授。医院在加强人才培养的同时,积极引进人才,加快学科人才梯队建设,至2010年,已引进高层次专业技术人才30余人,促进学科发展和整体水平的提高。

(三) 临床医疗发展

改革开放初期,医院承担有169个公费、劳保挂钩单位,负责当时的南汇县、南市区医疗转诊咨询和预防保健指导工作。门急诊每天平均3 000人次,是接管时的180倍;每年收治住院患者10 800人次,是接管时的15倍;每年开展大小手术近25 000人次,是接管时的30倍。此外,每年还要完成5 000余人次的健康检查和10 000余人次的疾病普查。医院坚持"以患者为中心、以质量为核心"的管理理念,持续改进医疗服务流程,提高医疗质量和安全。支持医务人员探索、开展先进医疗技术,为青年人才成长提供良好平台,医疗业务不断扩大,取得一系列临床医疗成果。

【医疗成果】

改革开放以来,医院的传统优势学科整复外科、口腔颌面外科保持国内外领先水平的同时,妇产科、血管外科、骨科等各学科也相继开展一系列新的诊疗技术,并取得丰硕成果,部分为国内甚至国际首创。代表性的如口腔颌面外科的"颅颌面联合根治颌面部恶性肿瘤"(1979年)、"游离骨肌皮瓣一次整复下面部大块复合组织缺损"(1987年)、"口腔颌面外科肿瘤根治术后缺损的形态与功能重建"(2007年)、"口腔颌面部血管瘤与脉管畸形的临床治疗研究"(2010年);整复外科的"显微外科技术一次阴茎再造"(1983年)、"超长断层节段肌皮瓣移植一期治疗晚期面神经瘫痪"(1993年)、"严重颅颌面畸形的外科治疗"(1995年);妇产科的"早早孕吸宫止孕术"(1983年)、"绝育术后显微输卵管再通术"(1985年)、"形状记忆镍钛合金输卵管夹"(1989年);血管外科的"静脉动脉化重建下肢的组织营养"(1985年)、"自体带瓣静脉段股浅静脉移植"(1987年);骨科的"形状记忆加压骑缝钉治疗骨折"(1989年)、"计算机辅助预定制人工关节假体"(2004年);泌尿外科的"钬激光前列腺剜除术"(2006年);辅助生殖科的"来曲唑微刺激促排卵"(2007年);眼科的"眼眶骨折修复和眼球功能复位"(2008年)等。这些先进的医疗新技术、新成果吸引全国各地患者来院就诊。至2010年,医疗核定床位增至1 000张,门急诊总人数193.6万人次,出院总人数40 894人,手术例次24 227台,门诊手术58 000余人次。与1979年相比,门诊量增长10倍,年出院患者增长4.8倍。

【医疗援助】

20世纪70年代以来,医院承担多项国际医疗援助任务,先后派出14批39人次赴摩洛哥、阿尔及利亚、瓦努阿图、柬埔寨、利比亚等国家执行援外任务。

1998—2010年,医院先后派出7人次作为上海市青年志愿者援滇接力扶贫,赴云南迪庆、文山、红河等偏远地区开展医疗扶贫,均获市级表彰。2000年起历时6年,每年派出神经外科医疗队赴云南楚雄开展"希望之链"援助贫困地区患者。2005年3月,医院与楚雄人民医院合作建立神经外科临床协作中心,继续派专家开展医疗援助。2006年,"希望之链"被评为上海市科教党委系统精神文明创建优秀项目。

2007—2008年,医院派医疗队赴江西、贵州、安徽等地免费为贫困唇腭裂患者治疗。2008年5—8月,汶川大地震发生后,医院派出3批次12名医务人员紧急奔赴抗震救灾第一线,戴尅戎院士作为卫生部3人专家组成员赴灾区参与救治伤员。医院接收灾区伤员来院,给予精心照顾和治疗,多名医务人员获上海市政府表彰。2009年,医院派出医疗队赴西藏开展大型医疗志愿者活动。2010年3月,医院承担与云南祥云县的对口医疗支援任务。截至2010年底,已派出2批10名医务人员赴祥云县人民医院进行对口支援。

在历次传染病流行时,医院积极做好组织抢救,并收治重病患者。如1988年甲型肝炎、2003年3月非典型肺炎(SARS)、2009年甲型流感等。此外,医院还承担多项重大活动医疗保障,如1993年5月的第一届东亚运动会、2001年亚太经合组织会议(APEC)、2004年以后每年的F1赛事、2010年世博会等,有6个集体和38名个人获市级表彰。

(四) 医学教育

【学历教育】

1977年恢复高考,口腔系招收"文化大革命"后第一届五年制本科生。医院恢复教学管理体系。一批老教授回到教学管理岗位,以极大的热情投入教学工作。1978年,口腔医学恢复招收硕士生。1979年,张锡泽担任国务院学位委员会委员。1981年,教育部批准首批博士研究生点,张锡泽是首批导师之一。

1987年10月,口腔医学系升格为上海第二医科大学口腔医学院,邱蔚六任口腔医学院院长。系设23个教研室,先后承担口腔专业五、六、七年制的教学,还承担二医大医学生物工程系的理论教学和临床见习实习。20世纪90年代,医院曾接收安徽蚌埠医学院临床医学专业学生来院实习。1991年,口腔医学被国家人事部、全国博士后管委会批准为博士后流动站,1992年开始招生。

截至2010年,口腔医学专业有博士后流动站1个,博士点专业6个,硕士点专业6个。有博士生导师29人,硕士生导师47人。

1995年8月,九院临床医学院成立,戴尅戎任院长。同年开始招生。临床医学教研室组织在原口腔教学组织基础上作调整和充实,设有诊断学、内科、外科、妇产科、儿科等15个教研室。临床医学教研室承担临床医学五年制和部分七年制、八年制研究生阶段的教学,以及口腔医学院临床部分的教学任务。

医院在临床医学领域有博士后流动站2个、博士点专业10个、硕士点专业16个。有博士生导师34人,硕士生导师51人。

医院教学工作坚持以教学为中心,以培养人才为根本任务。1978—2010年,培养医学博士生和硕士生1 545人,成为国内具有重要影响的医药卫生高层次人才培养基地之一。一部分毕业生留院充实到临床和科研岗位,成为医教研新生力量。

2006年口腔颌面外科学、2008年口腔黏膜病学、2009年口腔解剖学先后成为国家级精品课程。2007年口腔医学成为教育部特色专业。口腔医学院在教育部2009年学科评估中列高校排名第二。

【进修和继续教育】

20世纪70年代之前，医院接收区县级和劳保挂钩单位医务人员来院进修。1974年以后，医院接收的进修人员逐渐增多，覆盖临床、医技、护理各个专业。至2010年累计接收进修人员7 000余人次。

1990年，医院成立毕业后医学教育委员会，由医务处管理在职住院医师培训工作。1990—2004年，有274名在职住院医师参加规范化培训。

2005年，上海交通大学医学院对附属医院住院医师培训实施统一管理，骨科、整复外科、心内科等20个学科确定为第一批交通大学医学院临床住院医师规范化培训基地，2005—2009年，有213名住院医师参加医学院组织的住院医师培训和考核。2009年，医院成立专科医师培养管理委员会，经评审，内科、外科、口腔科等9个学科为上海市专科医师培训基地。同年，有85名住院医师参加住院医师规范化培训。

2010年，上海市实行社会化住院医师规范化培训。同年，医院成为上海市第一批住院医师规范化培训医院，内科、外科、口腔科等8个学科成为规范化培训基地。医院成立住院医师规范化培训管理办公室，规范培训工作，确保培训质量。

1977年起，受国家教委和卫生部委托，口腔各科承担培养口腔颌面外科、口腔内科、口腔修复和口腔病理4个专业的高级师资和进修生的培训任务，多次举办相关专业进修班、学习班。1980年起，口腔医学专业承担全国"高级医师进修班"教学任务，为各地培训高年资口腔医学人才。

1997—2010年，医院开展继续教育国家级项目301项、省市级51项。其中的"盲探气管插管新技术"被卫生部列入"十年百项"推广计划。2006年，上海关节外科高级培训中心成立，接收中外学员来院培训。

（五）医学研究

医院坚持科教兴院战略，为医学研究创造条件。医院先后建立上海市口腔医学研究所（1982年）、上海市整复外科研究所（1998年）；3个上海市重点实验室：上海市组织工程重点实验室（1997年）、上海市口腔医学重点研究室（2003年）、上海市骨科内植物重点研究室（2008年）；3个国家部委、上海市研究中心：上海生物材料研究测试中心（1989年）、组织工程（上海）国家工程研究中心（2005年）、数字医学转化教育部工程研究中心（2006年）；2个校级研究（实验室）所：上海交大眼科视觉科学研究所（2010年）、上海交大医学院生物力学研究室。

改革开放以来，医院各学科承担多项国家重大科研课题。1991—2010年，医院获得国家科技"八五""十一五"攻关课题3项，国家重点基础研究发展计划"973"3项、"863"7项，国家自然基金重点项目2项，国家自然基金课题249项，部委级科技项目119项，上海市资助项目357项，局级科研项目525项，获得科研经费3亿多元。1991—2010年，医院共发表论文9 542篇，其中SCI收录学术论文342篇。2010年SCI论文"表现不俗"，全国排名第20位。1958—2010年主编出版专著214部。

【重大科研成果】

改革开放以来，医院有多项重大科研成果获国家科学进步奖和国家自然科学奖，如"应用显微外科技术一次完成阴茎再造""形状记忆加压骑缝钉""自体带瓣静脉段浅静脉移植的实验和临床研究""游离前臂皮瓣软腭再造术"等。这些科研成果达到国内乃至国际先进水平，彰显医院医学科研实力。

1988—2010年，医院获得国家级科技进步奖、发明奖14项，省、部、市级奖项167项，局级奖项56项，科研获奖成果在全市高校、医院排名居前。2008年张涤生获中国工程最高奖项"光华工程科技奖"。张涤生、邱蔚六、戴尅戎、曹谊林等专家学者分别获国际性医学大奖：1982年全美整外医师学会梅莱尼杰出贡献奖（Maliniac Lecture Excellent Honor Esteem），1998年美国詹姆斯·巴雷特·布朗（James Barrett Brown）奖，2000年、2004年何梁何利基金科学与技术奖，2005年美国"IADR/Unilever Hatton Award"，2006年国际牙科研究会修复学奖等。

（六）党建工作和党风廉政建设

改革开放以来，医院党委紧紧围绕医院中心工作，从思想、组织、作风上抓好党的建设，发挥党委的政治核心作用，支持院长依法履职，不断深化医院改革，推动医院发展。医院党委加强基层党组织建设，使基层党支部成为推动医院发展的坚强战斗堡垒。党员队伍不断扩大，一批党员获市、局级"优秀党员"和"优秀党务工作者"称号。至2010年，医院共有党员917名，党委下设3个总支、34个党支部。

医院党委紧密结合形势和任务开展党建理论研究，先后在党员干部中开展"三讲学习教育""学习'三个代表'精神""一个党员一面旗帜""保持共产党员先进性教育""学习实践科学发展观"等党内主题教育活动。认真贯彻"党管干部"原则，公平、公开、公正选拔干部。积极实施领导班子双重组织生活，遵守《民主生活会制度》《"三重一大"议事决策制度》《党风廉政责任制》《党建联系人制度》《党员民主评议制度》等党内制度，认真落实《职工代表大会制度》《民主管理制度》《院务公开制度》《审计制度》等，有效推进医院管理的制度化、民主化、规范化建设。

医院党委贯彻党的统战政策，重视和培养党外干部，支持各民主党派和群众团体建设、发展。凡是重大活动、人事变动、政策出台，医院党委均与民主党派座谈、通报，实行政治协商和民主监督。一批优秀学者、干部被推选为人大代表、政协委员。重视和发挥工、青、妇等群众组织在医院建设发展中的作用。关心和支持离退休老同志工作。武装、保卫、档案等工作也取得显著成绩。

（七）精神文明与医院文化建设

医院党委坚持思想政治工作与精神文明建设和文化建设密切结合，丰富医院文化内涵，提高员工凝聚力，积极营造"风正、劲足、心齐、气顺"的医院氛围。通过举办院庆、科技文化节，建立院士墙、院史陈列室，开展医德医风教育，积极践行"团结、严谨、求实、创新"的院训，形成"精修医术，诚练医德，广纳贤才，齐铸九院"的医院精神。充分利用《九院报》、电视、网站、院士论坛等载体宣传先进人物和事例。1982—2010年，医院被全国各地新闻媒体报道1 430次，文章刊登报刊2 800余篇。1993年通过上海市三级甲等医院评审，先后获爱婴医院、全国妇幼卫生先进单位、全国无烟医院、全国医院（卫生）文化建设先进单位、全国城市医院思想政治工作先进集体等全国性集体荣誉19

次。至2010年,医院连续10次获得上海市文明单位称号,个人和集体获8项全国性荣誉、14项上海市级荣誉。12名优秀青年医师获"银蛇"奖或提名,成长为业务骨干。

(八) 医院综合管理

改革开放以来,医院不断推进改革创新,探索对外合作,输出管理和技术,打造医院品牌。推进信息化管理,全面提升医院综合管理水平。加强国际学术交流,扩展医院的辐射效应。

【合作与托管】
1984年,医院与五里桥地段医院成立骨科康复病房。1985年后相继与十多个医疗机构建立联合病房,最多时有350张床位,充分利用社会资源,缓解住院难的问题。1993年,医院在浦东由由小区设立九院浦东分院。2006年11月,医院与南汇区卫生局合作,共建九院周浦分院。2006年12月,医院与奉贤区卫生局合作共建九院奉城分院,在托管过程中输出医院品牌、管理、技术,以实现资源共享共赢,为当地群众提供优质服务。2007年6月,医院与老西门、半淞园社区卫生服务中心签订医疗合作协议。医院还与吴江市第一人民医院、济南市中心医院、宁波市白沙医院等外省市多家医疗机构建立合作关系。在上海市康桥、虹梅路、大沽路等地开设门诊部,方便患者就医。

【国际医学交流】
改革开放以来,国际医学交流日益增多,医院每年接待来访外宾300多人次,至2010年已接待逾万人次。包括德国、泰国卫生部考察团,非洲莱索托王国卫生与社会福利大臣等来医院参观访问,进行学术交流。医院每年派往法国、美国等国家和地区公派人员300多人次,派送访问学者和留学生100多人次。1984年起,医院还与38名来自各国著名医学(研究)机构的专家建立合作关系,与135个国家与地区大学研究机构签订18项合作交流协议,与日、德、澳等31个国家签订友好校际关系。医院积极支持和主办一系列高质量、高水平的国际学术会议,提升学科影响力和医院的国际知名度。1988—2009年,医院先后承办"国际显微外科学术会""国际颌面外科学术会",以及中美、中法国际学术交流会等30余次,构筑起国际学术交流平台。

【信息化建设】
1990年2月,医院建立信息科。1993年,医院在门诊部正式启用以财务服务为中心的一期HIS系统,1996年扩展至住院系统。2000年实现全市医保实时结算。2002年实现院内影像报告资源共享。2005年开发电子病历系统。2008年实施申康中心的"医联工程"二期建设,完成HIS/CIS/LIS及PACS/RIS信息资源的上传,实现23家医院患者信息资源的共享。2009年开设九院门户网站,实施办公自动化建设,完成"院长查询系统",并逐步将信息互享从院内扩展至分院和院外医疗点。信息化建设与医院发展互相促进,全面提升医院管理水平。

【基建管理】
1950年,医院总建筑面积为7 397平方米。至2010年,医院总建筑面积增至103 445平方米。医院现有的12栋建筑,除6号楼是1953年建造,5号、8号楼是20世纪60年代建造,其余9栋建筑均为改革开放后建造。医院在原有绿化面积基础上,进行绿化布局改造,使整体院容院貌得以改观。1993—1994年,医院被评为"上海市绿化先进单位"。

1920—2010年,医院90年艰苦创业、跌宕起伏的发展历程与国家民族的命运紧密相连。从创业前辈奉行的"救济贫病、服务人群"办院宗旨,到今天的"以患者为中心,以质量为核心"的管理理念,九院人牢记使命、不忘初心,凝心聚力、攻坚克难,以治病救人、服务人民群众的健康为天职,在医学道路上勇攀高峰,不断取得丰硕成果,创造出辉煌业绩,使九院成为一家有着鲜明学科特色的大型综合性三级甲等医院。

大事记

民国九年(1920)

8月17日　华中地区留美女医生、美国密歇根大学医学博士石美玉与其挚友美国基督教女传教士胡遵理,堂妹石云英,以及一批基督教妇女禁酒联合会(WCTV)教友,因与美以美会妇女海外布道会意见分歧,一同离开自己创办的九江但福德医院赴沪,觅地创办自己的事业。

9月　租得南市制造局路(Arsenal Rd)565号院落和房屋创办上海伯特利教会和医院(以下简称"伯特利医院"),设诊室和数间病室及手术室,并办起护士学校。石美玉任院长,和其胞妹石菲比共同主持医务工作,胡遵理主持教会。石美玉的学生从各地赶来上海,参加伯特利的工作。伍哲英任医院总护士长。医院经费主要由石美玉和胡遵理向国内外教友募集。

是月　中华医学会上海支会专门召开会议,欢迎石美玉、石菲比2位医学博士来上海创办伯特利医院。

10月　石美玉向上海慈善团租得西藏南路(敏体尼荫路,Boulevard de Montigny)169—175号4个门面的2层街面楼房:2个门面设立伯特利医院八仙桥诊所,以妇产科、小儿科为主业;另2个门面由教会所用,设立伯特利福音堂。

是年　石美玉参加中华医学会第三次大会,被推选为《中华医学杂志》编辑。

民国十年(1921)

是年　石美玉邀请弟媳石成志由美国回到伯特利医院工作,任医院妇产科主任。

民国十一年(1922)

7月　中国卫生会组织上海名医和卫生专家举办卫生演讲会,石美玉等参加演讲活动。

是年　石美玉买下伯特利教会南面制造局路639号内的几间民房和周围的39亩(1亩等于666.67平方米)荒地,开始建造医院病房、校舍、住宅等建筑。

是年　由于教众数量增加,募捐得到的钱款也逐渐增加,伯特利教会达到自给自足。

是年　石美玉参加中华医学会第四次大会,被选为副会长。

民国十三年(1924)

11月13日　获美国友人海先生和著名华商刘鸿生夫妇及教友捐助,伯特利新院建成,《申报》报道伯特利医院新院落成的盛况。新医院设病床64张,门牌号为制造局路639号。石美玉任院长。医院以妇产科为主,辅以内科、外科,有9名医生、6名护士、3名工务员。医院迁入新建医疗楼

(旧1号楼),院内旧房拨给护校使用。

是年　伯特利医院兼办产科学校。

是年　伍哲英辞去职务,赴红十字会总医院工作。

民国十四年(1925)

是年　世界基督教妇女节制会分支机构——中华妇女节制联谊会在上海成立,石美玉任首届主席。

民国十五年(1926)

2月12日　《新闻报》报道,因石美玉赴美,医院由石菲比主持院务,规划增聘医师,扩大业务。

是年　石美玉与李元信、刁信德等防治麻风、性病的专家在上海创建成立中华麻风救济会。

民国十六年(1927)

是年　伯特利医院建成可容纳1 000人的礼拜堂和容纳400名学生的宿舍楼。

是年　石菲比及其友人郝女士出资建造伯特利医院职员住宅。

民国十七年(1928)

4月　山东发生大灾荒,大批灾民涌入上海。石美玉接收100名孤儿,在院内建立孤儿院,开设伯特利小学和中学,抚养孤儿。

是年　中华慈幼协会召开会议,石美玉被选为中华慈幼协会执行委员。

是年　民国政府要求所有教会学校注册,并规定学校的宗教教学遵循自愿原则。石美玉对此有异议,拒绝注册。

是年　石美玉和胡遵理访问九江但福德医院,受到热烈欢迎。

是年　137名学生报名申请入学伯特利护士产科学校。

民国十九年(1930)

5月29日　石菲比因病去世,31日下午在伯特利礼拜堂举行丧礼。医界名人牛惠霖夫妇等1 000余人前来送别。

是年　民国政府官员访谈石美玉,要求按规定注册并服从政府的管辖。石美玉拒绝,并和胡遵理、石菲比一起离开护士学校。同时伯特利医院和护校都暂时关闭,仅门诊部开放,由石成志负责管理。

是年　伍哲英任伯特利医院总护士长兼护士产科学校校长。

民国二十年(1931)

1月　经商界朋友斡旋,伯特利医院和护校获得"执照",重新开放。

民国二十一年(1932)

是年　伯特利护士产科学校在中华护士会正式备案。
是年　中华医学会上海支会改选,石美玉当选为委员。
是年　石美玉在西藏南路诊所挂牌"上海伯特利保产医院"。

民国二十二年(1933)

是年　石美玉被上海工部局聘为卫生委员会委员。

民国二十三年(1934)

10月　石美玉堂外甥梅国桢在美国约翰斯·霍普金斯大学获医学博士后,应邀回国加入伯特利医院工作。先后任总住院医生、主治医师,负责门诊、住院患者急诊手术。同时,兼任伯特利护士产科学校药物学和外科学教学工作,并编写教材。
是年　伯特利医院增设男医院(即接受男患者就诊),并招有男护士。

民国二十四年(1935)

5月1日　伯特利护士产科学校同学会成立,共有40余人参会,选举伍哲英为同学会会长。伍哲英在伯特利护士产科同学会上致辞:"抱牺牲服务之主义为社会人民造福"。

民国二十五年(1936)

7月　伯特利医院护士产科学校发行《伯特利年刊》创刊号。
是年　石美玉、胡遵理等去美国募集资金,获赠1台轻便式X线机。
是年　至淞沪抗战前,伯特利医院每年住院患者约1 200人,二处门诊合计每年约5万人次,平均免费额约30%。所设护士学校毕业生累计约600人。先后来院工作的有熊德华、黄燕誉、黄孟如、陈锦凤、王裕美、钱修梅等医师,聘有护士6名,庶务员工3人。

民国二十六年(1937)

4月　为实现从事抗结核事业的愿望,梅国桢举家赴芜湖任弋矶山医院肺内科主任。
7月　石美玉和胡遵理赴青岛,抗战爆发后无法返沪,经香港赴美国加州帕萨迪纳,募集资金接济伯特利教会和医院。

是月　梅国桢出版上海伯特利医院丛书之一——《卫生医学常识》。

8月20日　上海友声旅行团在上海南洋路183号成立第八救护医院。淞沪抗战期间,伯特利医院医务人员及护校学生跟随代院长石成志及英美驻沪医师,每星期3次去难民收容所义务施诊,护士每日3班到上海第八救护医院救护中国军队伤病员。伍哲英亲自护理重伤员。嗣后伤兵医院解散,难民收容所改组,一部分护士加入难民医院工作。

是月　伍哲英任中华护士学会上海分会理事长。

11月13日　上海沦陷。伯特利医院与学校被日本侵略军占领,院中房屋遭受严重破坏,孤儿院被焚毁,家具器械遭遇洗劫,被迫停业。护校停办,未毕业的护生被介绍转往仁济医院、西门妇孺医院等护校继续学习。

12月　石美玉写信给美国妇女医院委员会,要求资助10万美元恢复医院。由于无法立即重建医院,她想要"在租界租一块足够大的土地继续开办我们的大型护士培训学校,因为我们的国家需要大量护士帮助开展建设事业",未果。

民国二十七年(1938)

5月1日　代院长石成志在法租界伯赛仲路(Boissezon Rte)21号(今复兴西路21号)租用房屋,经修缮后,作为"伯特利妇孺医院"新址,并主持医院业务。时有工作人员30余人,设床位20张,主要收治妇科、产科及婴儿。(1948年复建登记时将此处作为分院,制造局路为总院。)

是月　芜湖沦陷,梅国桢携家眷返沪。12月,经南昌医院吴绍清招募,赴南昌医院工作。

民国二十八年(1939)

1939年春　石美玉与胡遵理来到香港,建立伯特利港神学院和中学。

10月　南昌沦陷,梅国桢返回上海,参加上海医务委员会夏少平和华人纱厂厂主出资组建、由中国红十字会救护总队提供器材和药品的抗战医疗队,任第六队队长。

12月　第六医疗队组成,命名为"纱厂队",由3名医生、9名护士、2名办事员组成。

民国二十九年(1940)

2月　梅国桢率领上海抗战第六医疗救护队赴江西吉安,改名"新运第六医疗队",在国民党第十四军后方医院救治伤员,获红十字会救护大队总队长林可胜赞赏。

12月14日　梅国桢离队返沪述职期间,与伯特利护校第二十届毕业生及伍哲英等教师合影留念,并接收医疗队新队员。

民国三十年(1941)

1941年春　梅国桢赴香港采购药品器材,应保卫中国同盟邀请作演讲,介绍医疗队工作。

1941年夏　梅国桢率领抗战医疗队赴湖南、贵阳、云南等地战地医院,任红十字会救护总队名誉大队长。

12月　医疗队驻大理云南驿。

是年底　太平洋战争爆发,上海租界沦陷,国际通信中断,国际汇款中断。由于经济资助断绝,上海伯特利医院分院及八仙桥诊所陷入困境,员工散失,业务近乎停顿。

民国三十一年(1942)

3月　梅国桢率抗战医疗队,随远征军入缅作战,辗转印、缅战区救治伤员。

民国三十三年(1944)

10月　梅国桢加入英国部队赴印度参加战地医疗工作。

民国三十四年(1945)

8月　抗战胜利,伯特利医院、护校因遭受严重破坏,一时无法恢复。

民国三十五年(1946)

1月2日　石美玉、胡遵理、蓝如溪、胡美林等乘坐美国"马林·福克斯"号轮返沪,石成志等率伯特利员工、学生到公和码头迎接。石美玉、胡遵理视察被严重破坏的伯特利医院及分院后,决定回美国募集资金修复医院。

10月　复兴西路分院及八仙桥诊所逐渐恢复医疗业务,分院获上海市政府开业执照。

是年　复兴西路分院获资金增建活动房1所,床位增至28张。

民国三十六年(1947)

10月　在纽约进修的梅国桢应石美玉之邀返沪,任伯特利医院医务主任,全面主持医院及护校重建工作。梅国桢制订伯特利医院复兴计划,用石美玉和胡遵理募捐所得,并争取到美国在上海的战后救济机构捐助物资和款项,修葺被破坏的旧院舍,并着手组建董事会,请领医院开业执照。

民国三十七年(1948)

1月　伯特利医院总院恢复门诊。

3月　医院开始收治住院患者,设40张病床。开设内科、外科、妇产科、临产室、手术室、化验室、X光室。

是月　在美国的伍哲英应聘回国，任伯特利医院附设护士学校校长，兼医院护理部主任，主持复校工作。护士学校成立校董会，陈蔡卓民任校董事长。董事有中山医院院长沈克非等人。

是月　上海市教育局已准先行备案，上海伯特利医院附设护士学校复校，继办立案手续。复校后，第一班新生18人，各科教师十余人。

是月　上海伯特利医院护士产科学校同学会在中西疗养院聚会，欢迎伍哲英、梅国桢来医院开展复院、复校工作。

5月1日　上海伯特利医院护士产科学校举行同学会活动，为远在美国的石美玉75岁诞辰祝寿。

5月20日　伯特利医院总院、分院向上海市卫生局提出注册申请（复兴西路院舍注册为分院）。

6月　随梅国桢参加抗战医疗队的陶庸拂、陈秀瑾、方步云等返回医院工作。

是年　伯特利医院设立董事会，中山医院院长沈克非任伯特利医院董事长。

是年　伍哲英任中华护士学会上海分会副理事长。

民国三十八年（1949）

1月　伯特利护士学校召开全体校董会，市教育局副局长李穆生出席。

4月　医院增设儿科、眼科、牙科、骨科。

5月1日　经由中国国际救济委员会转请美国中华救济团拨款协助，加上自筹资金，外科楼动工建设。

6月11日　为响应上海市军事管制委员会和市政府号召，伯特利医院以防治霍乱为中心，开展夏令防疫运动。

6月23日　伯特利医院职工加入上海市医务工会，伯特利医院总院举行工会成立大会，时有会员44人，编为10个工会小组。

是月　伯特利医院与附近工厂签订《特约诊病优待合同》，设平民产院，以成本价收费。

1949年

10月1日　伯特利医院医务人员参加区组织的欢庆中华人民共和国成立的集会游行。

10月15日　国民党飞机轰炸医院附近地区，医务人员参加抢救伤员。

是月　伯特利医院总院设立总务部，负责医院总务、修建等工作。

是月　伯特利医院成立上海医务工会第二十四分会，梅国桢、陶庸拂任主任干事，徐士芳任总干事，并报上海医务工会备案。

是月　伯特利医院总院调整医院董事会，由夏少平（铝业公司经理）任伯特利医院董事长，沈克非任副董事长。

是年　梅国桢兼任放射科主任。

是年　伯特利医院总院设立急诊室，并附设救护站。

1950 年

2月6日　国民党飞机轰炸南市区,炸伤市民被送至医院免费治疗,医务人员夜以继日抢救伤员。

4月　外科楼建成,被命名为"美玉外科院",以纪念伯特利医院创办人石美玉。大楼为钢筋水泥钢窗2层楼房,内设手术室与外科病房。

5月1日　伯特利医院举行建院30周年庆祝大会及美玉外科院落成庆典,并出版《伯特利30周年纪念特刊》。

是月　伯特利医院工会为工会会员颁发工会会员证。工会召开大会,有87名职工在"和平呼吁书"上签字,支援抗美援朝。

是月　伯特利医院经上海市卫生局审核登记领照。

是月　伯特利医院工会成立登记委员会,协助院方办理登记事项、调查医院历史、清点物资、审查账目。

6月　伯特利医院工会开展"保卫世界和平运动"宣传活动。

7月　在开展夏令防疫运动中,伯特利医院工会组织防疫队深入里弄、工厂、学校为25 000余名市民注射疫苗,并与江南造船所、日信纺织厂、中央码头工会等20个工厂签订《特约诊病合同》。

10月19日　全国开展抗美援朝宣传,兴起"抗美援朝、保家卫国"的斗争。全院医务人员以高度的爱国主义和国际主义热情,投入抗美援朝运动。

10月25日　志愿军赴朝参加抗美援朝战争,医院开展"抗美援朝、保家卫国"运动,捐款捐献药品,共捐款人民币46万元(旧币),以实际行动支援抗美援朝。截至1951年12月,捐献人民币共7 230 400元(旧币)。

11月　上海市举行抗美援朝集会,伯特利医院组织医疗救护队,承担救护站救护工作。在欢送上海抗美援朝医疗队大游行中,全院70%职工参加大游行。

是年　伯特利医院加入上海市医院联合会。

是年　伯特利医院董事会改组,夏少平担任代理董事长,董事有沈克非、张福星、韩文信、凌宪杨、徐国懋、杨树勋、朱友渔、赵晋卿、杨怀僧、蒋国芳、石美玉、石成志、梅国桢、伍哲英。

是年　总院设病床100张。

1951 年

1月19日　上海市军事管制委员会发出布告,对接受外(美)国津贴的基督教及附属的学校、医院等进行专门登记,以及接管、接办等工作。

2月27日　伯特利医院按规定提交登记表,当时总院有床位118张,分院28张。

是月　石成志任医院院长,梅国桢任医务主任,伍哲英任护校校长。

是月　华东卫生部部长崔义田召开会议,讨论教会医院的前途,伯特利医院由梅国桢作为代表参加,并担任小组长。

4月12日　上海市教育局接管伯特利中学(后改为沪西中学)。

是月　伯特利医院总院登记审查委员会向上海市军事管制委员会医院登记处上报登记工作情

况，医院财产清点工作至9月底结束。

5月1日　上海市举行"五一"大游行，伯特利医院医务人员50人及乐队一同参加大游行。

5月8日　医院召开关于接受美资津贴医院讨论总结会，传达华东区处理外资津贴医疗机构的会议报告，董事会、院方、工会三方面各有总结。职工方经过门诊、理疗、内科、外科、产科、肺科、护校等开展小组讨论，一致要求政府接办医院，并订立《爱国公约》。院长石成志、医务主任梅国桢、护理主任兼护校校长伍哲英经会商，一致请求政府接办。创办人石美玉也来信表示服从人民政府。16名医院董事作通信传达，回信一致请求政府接办。上海市军事管制委员会卫生处代表燕山出席会议。

6月7日　伯特利医院工会召开联席会议，响应"六一"捐献运动的号召，全院职工有115人参加捐献飞机大炮支援志愿军抗美援朝，前后共捐款723.04万元（旧币）。

7月　伯特利医院工会和行政请求市政府接办医院，并订立《伯特利医院爱国公约》六条，随后，全院各部门小组订立《爱国公约》。

7月28日　上海市军事管制委员会主任陈毅和副主任粟裕签发命令，接办伯特利医院，并委任李焜为驻院军代表。

是月　伯特利医院工会举行欢送抗美援朝志愿医疗手术队大会，伯特利医院2名医务人员参加第二批上海市抗美援朝志愿医疗队。

是月　为响应政府号召，伯特利医院开展爱国卫生防疫运动。护士学校护生参与，并为数千人次市民进行预防注射。

8月1日　军代表李焜接办医院，由李焜、院长兼妇产科主任石成志、副院长蒋国芳、医务主任梅国桢组成院部。总院时有医师石成志、梅国桢、瞿祖德、徐以达、陈蘋光5人，特约医师5人、护士5人、助产士3人、医技人员4人、护校学生55人，其他人员39人。

8月6日　接办后，伯特利医院副院长蒋国芳主持召开首次院务会议。

8月11日　上海市卫生局调派王瑚、孙学、屠善之、孙琛、张镇等5人来伯特利医院协助接办。

8月17日　伯特利医院工会为协助政府接办医院，积极配合开展清点资产工作。

8月27日　伯特利医院附设护士学校经上海市卫生局同意改名为上海市第二护士学校，伍哲英任校长。

是月　上海市人民政府接办医院后，医院重新筹建工会，成立医院妇女工作委员会和首届医院工会委员会，王鸣当选为工会主席。

是月　伯特利医院与上海市立第二人民医院、第二门诊部成立联合党支部，书记为强硕仁（二院院长），支部委员有林文月（二院）、王瑚（九院）、李焜（九院军代表）、石宝琦（第二门诊）等共5人。

10月　全院医务人员126人参加签订《爱国公约》，医院举行庆祝上海解放二周年联欢会。全市举行庆祝国庆大游行，伯特利医院组织医务人员参加医疗救护站救护工作。

11月29日　伯特利医院创始人之一胡遵理在美国去世。

12月20日　蓬莱区号召全区开展增产节约运动，医院在党支部领导下，积极投入增产节约运动。

是年　总院设内科、外科、妇产科、肺痨科、婴儿病房。耳鼻喉科、胸外科、儿科、牙科、骨科等科均聘请特约医师。

是年　伍哲英被聘为上海市卫生局护理顾问。

是年　在军代表领导下，医院确定"总院发展扩大，护校加强扩充，分院维持现状，分诊所适时撤销"的整顿原则。明确为工农大众服务的办院方向，建立新的行政机构并开始运作。

是年　医院与江南造船所、上钢三厂、电信工会等18家工厂签订《特约诊病合同》，开展医疗服务。

1952年

3月　医院开展反浪费、反贪污、反官僚主义"三反运动"，发动群众反对浪费，克服官僚主义，对一些贪污问题进行查处，堵塞漏洞。

7月14日　上海市立第二人民医院肺科并入伯特利医院肺科，并开设门诊。

7月28日　军代表李焜制订接办伯特利医院的工作计划。李焜全面负责总院，孙琛负责分院，屠善之负责分诊所接办工作。

8月1日　李焜任医院副院长，伍哲英任医院护理部主任兼护校校长。

是月　伯特利医院复兴西路分院被划为上海市第一妇婴保健院的分院。

9月　伯特利医院在西藏南路的诊所被撤销。

是月　制造局路565号上海市卫生人员训练所旧址拨给伯特利医院，伯特利小学从院内迁去该处。

10月　伯特利教会与医院签约，教会将院内教会用地2亩、礼拜堂1座、宿舍3座等教会房产永久租赁给医院，并允许医院根据需要翻修或拆除，每月收取租金240个折实单位*，永久不变。医院则清退西藏南路169—175号2层街面房由教会租用，伯特利教会迁出医院。教会代表郭耀西、王应生、侯仁芳，医院代表李焜、蒋国芳分别签约。此后院内房屋均为医院用。

11月10日　经上海市卫生局批准，伯特利医院更名为上海市立第九人民医院（以下简称"医院"或"九院"），归上海市卫生局领导。伯特利护士产科学校改名为上海市第二护士学校，仍由医院管理。

是年　上海市卫生局先后派外科主任陈文镜、儿科主任万正华、肺科主任朱尔梅、眼科主任丁希庆等来院加强医务力量，聘请骨科专家周连忻、耳鼻喉科专家何永照为特约顾问。并设立医院人事科、财务科、总务科等行政机构。

1953年

1月1日　医院和护校举行更名暨元旦庆祝典礼。

4月　根据上海市委部署，开展"三自"（自治、自养、自传）爱国运动，医院联合党支部在医护人员中广泛宣传党的宗教政策，进行爱国主义教育。

5月　医院成立独立党支部，军代表李焜任党支部书记。

6月20日　根据上海市卫生局部署，医院派遣外科医师傅中义参加康藏公路医疗队工作。

是年　医院进入3年整顿期，医院实行院长领导下的科主任负责制。

是年　医院在美玉外科院（旧2号楼）加层增建病房，新建内外科病房楼（旧3号楼）、2层护校

---

*　折实单位是中华人民共和国成立后、国民经济恢复时期实行的，以一定种类和数量的实物价格总额组成的保值计价单位。——编者注

教室和大礼堂等,增加建筑面积 5 515 平方米,床位增至 315 张。

是年　肺痨科迁出医疗楼,迁入改造后的伯特利礼拜堂,设床位 63 张。

是年　四明医院(今曙光医院)护校并入由医院管理的上海市第二护士学校。

1954 年

1 月　李春郊任医院党支部书记。

2 月　陈天朴当选为医院第二届工会委员会主席。

3 月 29 日　经上海市卫生局团工委组织部批准,医院成立团支部,首任团支部书记吴行正。

是月　副院长李焜调离医院。

6 月 14 日　孙茂云兼任医院副院长。

8 月 13 日　根据上海市卫生局部署,医院派出李伯亭、姚淑华、缪承喜、虞金妹、周静芳、俞素娥、朱品芳、郭一钦、周栋材等人组成的医疗队赴安徽潜山地区参加防汛救灾。

12 月 30 日　伯特利医院创办人石美玉在美国加利福尼亚州帕萨迪纳病逝。

1955 年

3 月　肺科门诊从旧 1 号楼底楼迁至旧 10、11 号楼改建的肺科独立门诊部。配备单独的挂号、收费、化验、配药与 X 光等部门,每天接待 100 余名患者。

4 月　孙茂云任医院党支部书记。

是年　医院开展工业卫生工作,成立以梅国桢为组长的工业卫生工作组,指定科室下厂医师,加强厂院联系。

1956 年

1 月 13 日　根据上海市卫生局部署,医院派出王县法、任文琴参加上海市防治血吸虫病医疗队工作。

5 月　根据上海市总工会、上海市医务工会要求,医院首次评选先进工作者,经评选推荐,妇产科助产士邱蕖勒被评为上海市劳动模范。

8 月　刘德尊兼任医院护士学校校长。

10 月　医院党总支调整为支部,屠善之任医院党支部书记。

12 月 24 日　医院划归上海第二医学院,作为儿科系教学基地。经批准,医院党支部升格为党总支,经改选,史泽亭当选为医院党总支书记。

是年　梅国桢调上海防痨协会结核病医院(后改为"肺科医院")任医务主任。

1957 年

1 月 12 日　经上海市卫生局同意,医院更名为上海第二医学院附属第九人民医院,作为儿科系教学基地。

2月　调入曹裕丰任医院院长。

5月　史泽亭任医院副院长。

10月17日　经上海第二医学院团委同意成立团总支,由屠宁之任医院第一届团总支书记。

12月　医院实行党总支领导下的"院务委员会"负责制。

是年　从广慈、仁济医院调来一批临床教师,以便承担起儿科系的临床教学任务。医院开放床位315张。有医务人员463人,其中行政人员51人、医师110人、护士159人、卫技人员48人、工勤人员95人。日均门诊量949人。

1958年

6月12日　江南造船厂青年工人徐伟因被机器撞击头部,引起严重脑部损伤、脑震荡、颅骨骨折,经外科和全院医务人员全力抢救,10月14日痊愈出院,医院获中央卫生部表彰。

8月　医院组织医务人员下工厂、里弄,开展以"除四害、讲卫生、消灭疾病"为重心的群众卫生运动,历时3个月。

10月7日　上海第二医学院将儿科系调整到新华医院,医院又划归上海市卫生局,更名为上海市第九人民医院,属蓬莱区领导,为区中心医院。党总支改为党支部,魏原樾任医院党支部副书记。原先调来的党政干部及医护人员全部调出,同时还抽调部分九院的医护骨干支援新华医院。

12月　医院党总支发动医务人员下乡、下工厂、下地区,开展防害灭病、挖掘潜力、扩展业务工作。病床数由319张增加至367张。门诊人次从22354人/月上升至36190人/月,每日门诊人次从859人上升至1292人次。医院号召建立社会主义医院新型医患关系。

是年　医院获中央卫生部"破除迷信,解放思想,卫生医药技术革命先锋"表彰。

是年　上海市第二护士学校更名为上海市第九人民医院护士学校。

是年　上海伯特利教会被关闭,并入南市区联合礼拜。

1959年

2月　经改选,傅中义当选为医院第六届工会委员会主席。

8月　医院通过全院"鼓干劲,抓跃进",进一步提高医疗服务质量。

10月30日　医院开展反右倾运动,并在党内开展整风。

是年　医院成功抢救7例严重颅脑创伤患者。肺科抢救成功大咯血达2800毫升的重危患者。眼科对严重眼球穿孔伤患儿精心治疗护理,使患儿视力恢复到0.5后出院。医院医疗质量显著提高。

1960年

4月　医院建立第三届团总支委员会,朱莉芳任团总支书记。

6月　医院开展新"三反"运动,即反官僚、反浪费、反贪污运动。

是年　医院被评为全国文教战线先进单位,魏原樾代表医院赴北京出席全国文教战线群英大会。先后有来自全国28个省市32个参观团、210个医疗卫生单位、3 457人次来院参观学习。

是年　医院门诊部被评为全国"三八"红旗集体。

1961年

11月17日　经中共上海市南市区委员会批准，医院党支部升格为党总支。医院召开全体党员大会，经选举，孙茂云当选为医院党总支书记，魏原樾任党总支副书记。医院实行党总支领导下院务委员会负责制。魏原樾任院长，孙茂云任副院长。

1962年

12月　根据南市区政府精简企事业单位人员指示，医院开展精减人员工作，外迁部分职工。

是年　徐汇护校并入上海市第九人民医院护士学校。

是年　医院设立急诊观察室，设有床位4张，由护士长陈云英负责。急诊医生由各科轮流值班。

1963年

1月19日　医院召开全体党员大会，经选举产生中共第二届上海市第九人民医院党总支委员会，孙茂云当选党总支书记，魏原樾、朱莉芳任党总支副书记。

8月26日　上海市人民委员会文教办公室批复，同意将南市区第九人民医院划归上海第二医学院作为附属医院和口腔系教学基地，财政经费关系从1964年度开始划归二医。医院改名为上海第二医学院附属第九人民医院。

是月　医院建立第四届团总支委员会，朱承芳任团总支书记。

1964年

是年　医院建立各类人员岗位责任制，健全工作制度，制订医疗、护理技术操作常规，健全医院病案卡。

是年　医院开始分批派出医疗队赴市郊农村巡回医疗，此项工作持续数年之久。

是年　医院财政经费关系划归上海第二医学院。

是年　医院门诊部被评为上海市"三八"红旗集体。

1965年

1月　根据中共中央和上海市委指示，医院开展以"清政治、清经济、清组织、清思想"为主要内容的"四清运动"。

5月14日　医院召开全体党员大会，选举产生医院第三届党总支委员会，孙茂云任党总支书记，魏原樾、屠善之任副书记。

6月3日　口腔门诊楼(8号楼)开工建造，医院职工、安徽医学院和口腔系实习学生参加建设工地劳动。

12月　口腔门诊大楼竣工。大楼楼高5层,建筑面积4 645平方米。

1966年

1月　经上海第二医学院团委批准,医院成立中国共产主义青年团上海第二医学院附属第九人民医院委员会,杨顺娥任团委书记。

2月　门诊大楼启用,口腔医学系全部迁入医院。并先后设立口腔内科、口腔外科、口腔矫形、口腔基础、内科学、外科学教研组,妇产科、儿科、眼科、耳鼻喉科、放射科、祖国医学教学小组。

5月　由上海市第三建筑工程公司承建的口腔病房大楼工程动工。

是年　急诊观察床位增至25张,设有简易床位及外科扩创室。

是年　医院设有11个临床科室和10个医技科室。职工总人数471人,其中医师108人、护理人员152人、医技人员56人、行政人员60人、工勤人员95人。

是年　医院手术室二班被评为上海市"三八"红旗集体。

1967年

7月　口腔病房大楼(后改为5号楼)投入使用。病房大楼楼高5层,建筑面积3 500平方米。口腔外科、整复外科相继迁入新病房楼。

1968年

9月17日　上海第二医学院工宣队、军宣队进驻医院。实行"工人阶级领导一切",总揽医院党政大权。医院实行"医、护、工"一条龙服务,医疗秩序被打乱。

1969年

8月5日　李铁庵任医院"革命委员会"主任,调整各组室成员。

10月　医院党总支进行改选,李铁庵任医院党总支书记。

1970年

2月　医院派出第一批战备医疗队赴安徽宁国。至1973年5月先后组建3批28人次战备医疗队赴安徽宁国。

5月　医院建立职业病科,开展职业病防治工作。

7月　医院成立第四届党总支,由王兴三(军宣队)任书记。

是年　医院建立急诊抢救室,并添置抢救设备,内、外科急诊医生实行三班制工作,其他各科医生仍实行24小时值班制。

1971年

2月　医院进行历时半年的整党建党工作。

1972年

9月26日　上海第二医学院党委对医院党总支进行调整,由李铁庵任医院党总支书记,江利生(工宣队)、张其复(工宣队)任副书记。

是年　医院成立下厂组,派出医务人员对35家直属劳保工厂进行肿瘤及慢性病、传染病普查和防治工作。

是年　医院召开欢送会,欢送5名医务人员长期下乡"留种",支援农村建设。

是年　口腔颌面外科邱蔚六和外单位协作首次应用液氮冷冻治疗血管瘤。

是年　医院成为外事接待重点单位,医院"革命委员会"负责人王炜参与接待尼克松访华先遣队成员、《纽约时报》专栏作家詹姆斯·莱斯顿。

1973年

5月　医院成立第五届党总支,李铁庵任总支书记,赵凤仙、张振荣担任总支副书记。同时恢复党总支办公室。

7月6日　医院党总支决定恢复口腔系,由李铁庵兼任主任,宋振先(工宣队)、吴少鹏、黄宗仁任副主任。医院接受第一批口腔医学系三年制学生教学任务。

是月　成立口腔医学系学生党支部,医院总支下属共有8个党支部。

9月17日　医院因战备需要成立有30名医务人员组成的野战医疗队。

1974年

2月　医院召开第九次党总支扩大会议。

1975年

9月4日　首批16名1975届工农兵学员分配来医院工作。

1976年

5月　医院成立第六届党总支,张义勇任总支书记。下设14个党支部,党员人数总共286人(包括工、军宣队及学生党员)。

7月28日　唐山发生大地震。第二天,医院组建抗震救灾医疗队携带药品、医疗器械日夜兼程奔赴唐山地震灾区参加医疗救护。

8月初　医院党总支成立抗震救灾领导小组。

是年　整复外科张涤生等为患者切除背部巨大神经纤维瘤。

是年　医院党政班子和组织机构逐步进行调整。

1977 年

5月　张涤生等成功实行国内第一例眶距增宽症的矫治手术,开创国内颅面外科手术之先河。

7月　驻医院工宣队、军宣队分批撤离,撤销"革命委员会",恢复医院领导体制。

12月　整复外科应用显微外科技术游离移植大网膜修复头皮缺损获得成功。

是年　刘德尊当选为上海市第七届人大代表。

1978 年

3月　张涤生作为第五届全国政协代表参加全国政协会议。

5月　医院第三届团委会成立,张敏明任团委书记,下设13个团支部。

6月12日　医院派出以李耀永为队长、冯鸣为指导员的8人医疗队赴宝山钢铁厂支援。

是月　医院党总支成立复查工作小组,对历次运动形成的103件案件逐个开展复查及落实政策工作。

8月15日　卫生部科技局领导来医院,听取医院科研工作汇报。

9月30日　医院成立第一届党委会,由书记李铁庵,副书记祝平、张振荣等10人组成,实行党委领导下的院长分工负责制。下设9个党支部及口腔系党总支。

是月　张涤生任医院院长,魏原樾、祝平、吴少鹏、刘乃栋、潘家琛任副院长,孙茂云任顾问。医院重新修订各项规章制度,设立医务科、护理部、门诊办公室、财务科、总务科、膳食科、口腔系部办公室、宣传科、院长办公室。

是月　口腔颌面外科邱蔚六等在国内首创颅颌面联合根治术治疗晚期颌面部恶性肿瘤,应用显微外科组织瓣游离移植技术立即修复口腔颌面部恶性肿瘤切除后的组织缺损。

是月　骨科戴尅戎与上海橡胶研究所等联合研制成功人工肌腱和骨的干冻储存法,填补国内该领域的空白。

12月25日　医院成立由22名委员组成的工会筹备委员会。

是年　全国科技大会召开,口腔颌面外科"争光霉素"(现指博来霉素),整复外科"硅橡胶制品在整复外科的应用""电热烘疗象皮肿"科研项目获全国科学大会成果奖。

是年　口腔颌面外科张锡泽招收第一届硕士研究生。

是年　医院设立科研基金,科研工作由医务科兼管。

是年　医院核定床位558张。

是年　口腔内科邵家珏获评全国"三八"红旗手。

1979 年

2月　医院成立门诊办公室。

3月　医院选举产生18名院工会委员。是时全院职工1 151人,恢复会籍518人,发展会员582人,全院工会会员1 100人。

4月　医院召开第八届工会选举大会,彭莲英当选为主席。

12月21—28日　医院建立职工代表大会制度,召开首届职代会,党委书记李铁庵动员全院干部职工深入开展以"三提高"(提高医疗服务质量、提高工作效率、提高管理水平)为中心的增产节约运动,为"四化"做出贡献。

是年初　医院明确科主任职责:全面负责科室行政工作。科内主任医师在行政科主任领导下分管科内的业务技术工作。

是年　医院成立神经内科,王晋元任科主任。

是年　医院恢复胸外科,宋祥明任科主任(兼)。

是年　整复外科张涤生获"全国先进科技工作者"称号。

是年　口腔病理成为高等医药院校教材《口腔组织病理学》(第一版)编者单位。

是年　医院一批科研成果获奖,其中"葛树碱"获上海市科技大会奖;"颅颌面联合根治术治疗晚期颌面部恶性肿瘤"获卫生部科技成果乙级奖;"口腔颌面部生理标志的研究"获国家教委科技进步奖二等奖;"应用显微外科技术进行大网膜游离"获卫生部科技进步奖乙级奖;"应用显微外科技术进行肠段移植修复食管缺损"获卫生部科技成果奖甲级奖;"足趾及足背中部大块复合组织游离移植在手功能重建中的应用"获卫生部科技成果奖乙级奖。

1980年

3月　张涤生主编86万字的《整复外科学》正式出版。

4月　骨科毛文贤成功研制中药"长皮膏",治疗各类难愈创面效果奇好。

5月　医院恢复红十字会团体单位。

6月　医院召开党员大会,选举产生医院第二届委员会,李春郊任党委书记。

11月　口腔颌面外科马宝章应用二氧化碳激光器实行颌骨切除手术,在国内较早开展此项新技术。

是年　医院成立泌尿外科,宋宁家任科主任。

是年　口腔颌面外科张锡泽、邱蔚六主编的全国五年制本科教材《口腔颌面外科学》(第一版)由人民卫生出版社出版。

是年　整复外科"肠段移植修复食道缺损"获上海市科技进步奖三等奖。

是年　医院确立"团结、严谨、开拓、务实"的医院精神。

1981年

3月　医院根据上海市卫生局部署开展"五讲四美三热爱"活动,进一步加强社会主义精神文明建设。

4月23日　医院成立第四届团委会,张敏明任书记。

7月　普外科主任孙建民牵头成立血管外科专业组。

是月　刘德尊被选为中华护理学会上海分会副理事长。

是年　口腔颌面外科在国内首次建立人舌鳞状细胞癌系,获1982年卫生部科技成果奖乙级奖。

是年　口腔颌面外科"口腔颌面部肿瘤切除术后缺损立即修复"获上海市科技进步奖三等奖。

1982 年

2月　医院与卢湾区三好中学联办职业班,开设"临床检验士"专业。

3月1日　医院响应号召,投入全市第一个"全国文明礼貌月"宣传活动。

3月24日　医院整复外科成果展览会展出20年来收治的各种伤残者2万余人,为全国整复外科中心之一。

是月　总面积7 800平方米的整复外科大楼竣工,正式投入使用,整复外科病床增加至170张,全院核定床位由558张增至758张。

是月　医院召开第二届职代会,审议通过《房屋分配方案》《上海第九人民医院院规》等文件。

是月　口腔病理科与大体病理科分离,独立建科。刘瑷如任口腔病理科主任。

4月　上海市口腔医学研究所成立。所长张锡泽,副所长黄宗仁、崔华峰,顾问邱立崇、乌爱菊、许国祺、周黥渊,秘书沈文微、陈志兴。

5月　妇产科在世界医学领域首次将镍钛记忆合金用于绝育手术,效果良好。

7月31日　医院第九届工会委员会成立,祝平任工会主席。

12月　口腔颌面外科体外培植成功中国第一株人体舌鳞状细胞癌细胞系,连续培养641天,并已传到第154代。这一成果通过上海市卫生局专家鉴定。

是年　口腔颌面外科被列为上海市重点学科。

1983 年

4月　医院召开职代会,审议通过《综合目标管理改革总体方案》等文件。

是月　妇产科临床应用放射免疫法准确测定妊娠,便于早期终止妊娠,这一新方法填补国内空白。经500余例临床应用,准确率达100%。

5月　普外科孙建民、张培华等首先应用肌襻代瓣膜手术治疗"老烂脚"效果显著。这项成果为国内普外科的首创。

6月　医院成立第五届团委会,周金阳被选为团委书记。

9月23日　医院撤销肺科。

10月　根据上级党委部署,在党委领导下,医院设立整党办公室,有213位党员参加整党。

11月　医院肝炎病房撤销。

是年　医院与卢湾区三好中学联办职业班,增设"口腔卫生士""口腔技士""放射技士""营养士"等专业。

是年　医院获评上海市公安局经文保系统先进单位。

1984 年

2月　妇产科在国内首先运用显微外科技术,开展输卵管复通术获得成功。

6月　医院新领导班子成立,院长为邱蔚六,副院长为陈志兴、祝平、徐春扬。李春郊任医院党委书记,符诗高、张志愿任党委副书记。

7月　成立九院纪律检查委员会,由符诗高兼任纪委书记,崔华峰任副书记。

是月　医院与美国世界健康基金会(HOPE基金会)建立合作关系,与日本九州大学、昭和大学齿学部分别建立合作关系。

是月　医院开始建立院外医疗联合体,首先在卢湾(今黄浦区)五里桥地段医院成立骨科康复病房。

10月9日　上海市高教局批准口腔颌面外科、整复外科为上海市重点学科。

是月　整复外科张涤生运用人体足趾关节移植再造颞颌关节治疗牙关紧闭症获得成功。该项成果在法国召开的国际显微外科学术交流会上作交流,被大会认定为世界医学领域首例。

是年　张涤生当选为第六届上海市政协委员。

是年　普外科"高度选择性迷走神经切除术"获上海市科技进步奖二等奖。

是年　医院与卢湾区三好中学共同开办全国第一个口腔卫生职业班。

是年　医院根据上级党委要求,开展核查工作,对"文化大革命"中形成的各类案件逐一查清事实,做出结论。

是年　医院与驻周浦部队开展军民共建活动,开设联合病房,设60张床位。

是年　医院自筹资金50万元,在塘桥南泉新村建造沪二型工房3 000平方米,还通过卫生局住宅办统建和自筹资金购房等多种形式,先后在洛川、上南新村等处购房,解决部分职工住房困难问题。

是年　口腔颌面外科病房护理组获评"上海市劳动模范集体"称号。

1985年

3月　医院试行院长负责制,设立"院务委员会"。

是月　医院洗衣房、缝纫组、食堂、汽车队实行承包制,进行半企业化改革。

4月1日　经上海市教育局批准,医院与卢湾区三好中学联办职业班正式挂牌为"上海市三好医卫职业学校"。

5月　医院成立康复综合百货商店,正式对外营业,归属退管会管理。

是月　医院召开第六届九院中国共产主义青年团委员会选举大会,周金阳当选为团委书记。

6月　血管外科开展静脉动脉化新手术治疗下肢广泛性动脉闭塞症。

是月　上海第二医学院附属第九人民医院更名为上海第二医科大学附属第九人民医院。

是月　医院设立科研科。

11月13日　国家教委职教司司长孟广平来三好医卫职业学校视察。

12月　医院召开职代会,审议通过医院"六五"规划实施和"七五"规划制定等文件。

是年　医院实行《浮动岗位津贴考核办法和实施细则》。

是年　整复外科成立全国第一个整复外科教研室。整复外科张涤生设计的烘绑疗法治疗"象皮腿"疗效显著,通过上海第二医科大学(以下简称"二医大")专家鉴定。

是年　中国抗癌协会头颈肿瘤外科专业委员会成立,口腔颌面外科邱蔚六任副主任委员,张锡泽为名誉主任委员。

是年　医院妇产科"早早孕吸宫止孕术"获上海市科技进步奖二等奖。

是年　口腔内科"API防龋凝胶"获上海市优秀新产品三等奖;口腔颌面外科"卟啉激光诊断和治疗口腔颌面部恶性肿瘤"获上海市科技进步奖。

是年　医院与澳大利亚签订中澳颌面外科合作交流协议。

是年　医院被评为上海市卫生系统文明单位、上海市卫生系统文明规范服务先进单位、上海市公安局经文保系统先进单位。

1986年

4月1日　医院与三好医卫职业学校联合开办的牙科预防保健门诊部对外开放。

是月　整复外科与澳大利亚阿德莱德附属儿童医院签订5年合作协议。

5月　医院与澳大利亚联合举办中澳第一届显微外科进修班。

6月　骨科研制成功全国第一台"咀嚼肌肌电信号微机处理系统"。

7月　医院成立血管外科、骨科生物力学与功能重建、计划生育3个研究室。

8月1日　医院召开第三次全体党员大会,选举产生第三届党委会,李春郊当选党委书记,符诗高、简光泽任党委副书记;选举产生纪律检查委员会,符诗高兼任纪委书记,崔华峰任专职纪委副书记。下设口腔系党总支及19个党支部。

是月　医院先后与半淞园、蓬莱地段医院、电业职工医院、周浦部队医院挂钩,开设联合病房,共设185张病床。

是月　整复外科曹谊林应用显微外科技术治疗晚期面瘫获得成功,《人民日报》、新华社等媒体进行报道。

是月　口腔系"牙釉质及早期釉质龋的超微结构研究"成果获卫生部科技进步奖三等奖。

10月23日　南市区西凌家宅公房基地动工,因为拓路,医院部分土地被征用。

10月30日　医院承办第三届中法显微外科学术交流会。

11月10日　医院成立第十届工会委员会,简光泽兼任医院工会主席。

11月25日　卫生部副部长陈敏章到三好医卫职业学校视察工作。

12月　在骨科、超声波、口腔内科、放射科试点实行超额、劳务补贴试点。

是年　口腔内科乌爱菊获上海市女职工巾帼奖二等奖。

是年　口腔内科"局部药物缓释疗法治疗牙周病"获上海市高教局科技进步奖;整复外科"应用显微外科一期再造阴茎的手术方法"获上海市科技进步奖三等奖。

是年　整复外科成为上海市重点学科。

是年　医院被评为上海市文明医院、二医大系统文明医院。

1987年

4月　医院召开职代会,审议通过《科主任考核条例》等文件。

是月　骨科戴尅戎应用镍钛记忆合金修复膝盖骨折患者获成功。

5月　通过上级党委整党办公室对整党工作验收,医院党委决定撤销整党办公室。至此,整党工作基本结束。

是月　刘瑷如被全国总工会授予"五一"劳动奖章,同时,获"全国优秀教育工作者"称号。

7月　上海市青年志愿者赴滇扶贫接力计划启动,医院先后选派7名医务青年赴滇扶贫。

8月　中共上海市委书记芮杏文、市长江泽民来三好医卫职业学校视察工作。

9月22日　国家教委职教司副司长闻友信来三好医卫职业学校视察工作。

10月23日　上海第二医科大学口腔医学系更名为上海第二医科大学口腔医学院(以下简称"口腔医学院"),邱蔚六任口腔医学院院长,张锡泽任名誉院长,石四箴、黄克新任副院长。

是月　医院用第三批世界银行贷款购置H-600透视电镜,建成电镜室。这在全市各大医院中为首例。

是年　口腔内科"上海市学龄儿童牙菌斑中变形链球菌血清型的流行病调查"获上海市重大科技成果奖三等奖,口腔颌面外科"双侧根治性颈淋巴同期清扫治疗晚期口腔颌面部恶性肿瘤"获上海市科技进步奖三等奖。

1988年

1月　上海流行甲型肝炎,医院在南市区国货路小学开设293张病床诊治患者,肝炎门诊量达5 000余人次。

4月　张涤生当选为上海市第七届政协委员;口腔修复科杨宠莹当选为上海市人大代表。

5月　医院口腔颌面外科与美国HOPE基金会联合主办第一届国际口腔颌面外科学术会议,口腔颌面外科邱蔚六任大会执行主席。

是月　张涤生任二医大外事工作委员会主任委员。

7月　医院成立口腔颌面部畸形整复研究室、眼科视觉电生理研究室、心血管病研究室。

8月　医院设立中药房,实行定额承包。

9月16日　上海市整复外科研究所成立。所长张涤生,副所长关文祥、王炜。

10月　骨科戴尅戎发明的"形状记忆加压骑缝钉"获国家技术发明奖二等奖,血管外科孙建民"静脉动脉化重建下肢的组织营养"获国家技术发明奖四等奖。

12月　医院被评为上海市文明单位、二医大系统文明单位。

是年　医院试行《人事管理制度改革方案》,实行人事聘任制、聘用制、离岗原地待配制,成立医院劳动仲裁委员会。

是年　医院升格为副局级单位。

是年　整复外科护士长龚中杰获评全国模范护士。

1989年

2月　中美首次举行口腔医学院学术电话会议,会场分设在上海长话局和美国得克萨斯州。

3月　口腔医学院承办沪得口腔医学院临床前研讨会。

4月　医务处对18个临床科室试行《科主任管理手册》。

6月　上海市科学技术委员会批准,在上海第二医学院口腔材料研究室和上海第二医学院生物医学材料研究室的基础上,成立上海生物材料研究测试中心,同时撤销原两个研究室,薛淼为首任主任。

是月　医院召开十一届工会委员会,选举简光泽为工会主席,袁莹萍、林国楚、杨鹏飞为副主席。

7月　二医大实行教学改革,九院护校并入二医大卫校。

是月　口腔颌面外科主办全国第一届口腔专业青年医师学术交流会。

9月16日　中华医学会上海分会整形外科学会成立,整复外科关文祥任主任,张涤生任顾问。

是月　医院第四届党委会产生,书记余贤如,副书记简光泽、崔华峰。下设26个党支部及1个总支。同时产生医院第二届纪委,崔华峰任书记。

是月　医院召开张锡泽从医执教50周年庆祝会。

9—12月　在二医大党委领导下,医院制订"两清"工作计划,开展"清查清理工作",并形成工作报告上报上级党委。

10月　医院将计算机应用于人事、信息、科研、财务工作。

是月　口腔医学院校友会成立,邱蔚六任会长。

12月　医院破土兴建12 120平方米的8层门急诊综合楼(10号楼)。

是年　副院长陈志兴获上海市卫生系统第一届"银蛇"奖。

是年　口腔病理科刘瑷如获"全国先进工作者"称号,口腔颌面外科邱蔚六获"全国先进教育工作者"称号。

是年　普外科主任孙建民"自体带瓣静脉段股浅静脉移植的实验和临床研究"获国家科技进步奖三等奖。

1990年

1月　口腔医学院口腔修复科与中山石岐牙科诊疗中心协作成立"沪中镶牙制作部"。

2月　医院成立综合统计信息科,下设计算机、病史、统计、图书4个组。

4月　医院护理组获上海市护理操作竞赛第一名。

5月14日　医院将设备科、医学工程室、口腔修理室合并,成立医学工程室。

5月25日　医院在卢湾区工人体育馆隆重举行建院70周年庆祝大会,约210位来宾应邀出席大会。

5月28日　骨科与上海市伤骨科研究所合并为上海市第二批重点学科之一。

11月20日　儿童口腔科筹办的中国第二届儿童口腔医学学术会和国际儿童牙科学术交流会成功召开。

12月　国家教委批准刘正、关文祥、戴尅戎、薛淼为博士生导师,口腔修复科为博士点。

是年　医院成立思想政治工作研究会,简光泽任会长,并制定《思想政治工作研究会章程》。

是年　一批科研成果获奖:"下肢静脉瓣膜的结构和功能研究"获国家科技进步奖二等奖;"慢性淋巴水肿动物模型制作、淋巴管静脉压力测定及静脉移植桥接淋巴管实验研究"获国家教委一等奖;"自体带瓣静脉移植段组织学和血流动力学研究"获国家教委科技进步奖二等奖;"开展形状记忆合金用于输卵管节育"获国家计生委科技进步奖二等奖;"针麻在颌面肿瘤手术中的应用"获国家中医药管理局科技进步奖二等奖;"下肢静脉病变流行病学机制和治疗的研究"获卫生部科技进步奖三等奖;"唇腭裂的综合治疗"获上海市科技进步奖二等奖;"下肢静脉病变机制和治疗的研究"获上海市科技进步奖三等奖。

1991 年

4月5日　医院召开职代会,批准医院"八五"规划。

4月6日　医院成立上等级领导小组,全面推动医院上等达标工作。

5月29日　口腔颌面外科筹备召开全国第三届头颈肿瘤外科学术交流会。

是月　医院召开上等级动员大会。

6月　医院成立综合档案室。

7月　医院为江浙、安徽洪涝灾区捐款43 865.79元,捐衣被2 667件。

8月28日　医院学位评定委员会成立,邱蔚六任主任。

10月12日　医院举行"整复外科建科30周年暨张涤生执教50周年"庆祝活动。

10月31日　口腔内科主持召开第二次全国口腔黏膜病学术会议。

是月　骨科戴尅戎、整复外科张涤生被评为国家教委全国高校科技先进工作者。

12月2日　医院举行院外监督咨询委员会成立暨聘任仪式。

12月10日　口腔材料研究室在上海主持召开中日口腔材料学术会议。

是月　张锡泽、张涤生、邱蔚六入选《中国当代名人录》;薛森入选《美国世界名人录》;张锡泽入选英国《剑桥国际名人录》,并成为国际名人学会会员。

是月　口腔医学院被国家人事部、全国博士后管委会批准为博士后流动站。

是年　曹谊林入选"百千万人才工程"国家级人选。

是年　骨科获"上海市劳动模范集体"称号。

1992 年

1月6日　医院获二医大精神文明检查第一名,获全市卫生系统精神文明检查第六名。

1月10日　医院召开争"三甲"达标大会。

1月30日　医院设立科技情报室,加强科技信息交流。

2月7日　上海市消防总队高级工程师黄士荣突发腹腔大出血,失血达4 000多毫升,血压降至零,经医院各科协作抢救成功。

3月10日　医院制定《"八五"精神文明发展规划》,并经职代会审议通过。

6月15日　崔华峰任医院党委副书记兼纪委书记。

8月　医院批准手麻科、药剂科为人事改革试点单位。

9月25日　医院召开职代会,审议通过《医院总体改革方案》。

是月　由口腔医学院和上海市口腔医学会主办,口腔颌面外科邱蔚六任主编的《上海口腔医学》杂志正式创刊,并在上海新闻出版局注册登记。

是月　医院成立科技开发公司,注册资金50万元。陈锦安任总经理、法人代表。

10月5日　医院浦东美容整容康复分院成立。

10月22日　门急诊综合大楼(10号楼)正式竣工并通过验收,移交医院。

10月24日　经上海市卫生局同意,医院加挂上海第二医科大学附属口腔医院牌子,实行两块牌子一套班子的管理体制。

是月　医院被评为上海市卫生系统"文明行医,优质服务,满意在医院"先进单位。
10月14日　医院成立人才开发调剂办公室,隶属人事处。

1993年

1月　戴尅戎任医院院长。
2月15日　医院新门急诊大楼正式启用。
2月28日　医院被评为"全国爱牙日活动"先进单位。
3月26日　医院召开第十二届院工会换届选举大会,共有85名代表参加。经过选举,新一届工会委员会由徐春扬、倪峰等15人组成。
3月31日　口腔内科石四箴被增补为上海市政协委员。
4月8日　医院与严桥乡联合开设"九院浦东美容分院",设52张床位,钱云良任院长,孔冬古任副院长。
5月24日　医院召开第十二届工会委员会会议,徐春扬当选为主席。
6月23日　上海市医院等级评审团来医院评审,全票通过医院为三级甲等医院。
7月　戴尅戎当选为第八届全国政协委员。
是月　医院获1991—1992年度上海市文明单位称号。
8月16日　赵佩琪任医院常务副院长。
是月　医院建神经外科,设20张床位。
9月8日　医院浦东口腔分院(洪山路160号)成立。
是月　口腔医学院举行海峡两岸口腔医学学术会议。
10月11日　医院成立专家委员会,邱蔚六任主任委员,关文祥任副主任委员。
10月23日　医院与香港利远有限公司签订合同,合作成立"上海口腔医疗中心"。
11月22日　妇产科实行母婴同室。
是月　口腔医学院院长邱蔚六赴美与美国纽约大学牙医学院签订友好交流协定。
是月　医院主办中华医学会第二次全国口腔麻醉专题学术交流会。
是月　医院制剂楼竣工(9号楼)交付使用,楼高4层。
12月17日　医院召开医院管理工作会议,医院《综合目标管理改革总体方案》出台。
是月　医院被评为上海市高校科研先进集体;泌尿外科姚德鸿获"全国优秀医学科普工作者"称号。
是年　整复外科王炜"超长蒂血管神经断层节段肌瓣移植一期治疗晚期面神经瘫痪"获国家技术发明奖三等奖。

1994年

1月　邱蔚六任二医大口腔医学院院长,潘可风、张志愿为副院长。
5月　口腔内科刘正被评为全国卫生系统先进工作者。
6月　医院筹办的第二届全国整外学术会议在沪举行。
8月　医院举行第五届医院党委换届选举,简光泽当选为院党委书记,张志愿、张敏明当选为党委副书记。张敏明当选为医院第三届纪委书记。医院党委下设23个党支部。

是月　医院与美国哥伦比亚大学合作创办的九院—美国庆瑞颅颌面种植体研究中心举行揭牌仪式。

9月15日　全院职工捐衣被支援云南灾区,捐衣被近千件。

9月20日　口腔预防科获全国牙病防治指导组颁发"爱牙日先进单位"奖项。口腔教学基地——口腔医学院蓬莱门诊部举行挂牌仪式。

9月23日　医院通过国际爱婴医院评审团评审。

9月28日　医院与加拿大牙科种植研究所联合建立口腔医疗中心并挂牌。

是月　上海第二医科大学唇腭裂治疗研究中心在医院成立。

12月17日　伯特利医院孤儿院、护校校友来院聚会,参观院史陈列室。

12月18日　九医贸易商行成立,倪亚洲任总经理。

是月　医院成立血流变学与血栓研究室和耳鼻喉科研究室,分别由杨景文、王泉良任研究室主任。

是月　医院一批科研成果获奖:整复外科"严重颅颌面畸形的外科治疗研究"获卫生部二等奖、上海市科技进步奖一等奖;骨科"接骨板诱发早期骨质疏松的组织形态及超微结构的研究"获卫生部三等奖、上海市科技进步奖三等奖;口腔外科"腭裂伴颌畸形的一次修复及腭成形术效果客观评定"获上海市科技进步奖三等奖;口腔内科"根尖周病诊治的系列研究"获上海市科技进步奖二等奖;超声科"小器官的超声诊断研究"获上海市卫生局科技进步奖三等奖。

1995年

1月13日　医院召开思想政治工作研讨会。

1月18日　医院十大窗口被评为上海市卫生系统"兴华杯"达标竞赛先进集体,吉秀芳等7人被评为服务明星。

是月　医院获评1993—1994年度二医大文明单位。

是月　口腔内科被批准为上海市医学领先专业。

2月　医院被评为1993—1994年度上海市城市绿化先进单位、上海市卫生系统退管工作先进集体。

3月　医院被评为第八届"上海市文明单位",并被评为1994年度上海市医务工会"先进职工之家"。

4月19日　医院召开科技工作大会,医院获奖数及获奖级别在二医大系统名列前茅。

5月5日　口腔内科召开全国第四次牙体牙髓病学术会,刘正任大会执行主席。

是月　医院首届"兴院奖"举行颁奖仪式。

7月10日　医院在伯特利护校四合院位置投资562万元,总面积5616平方米的生活综合大楼(6号楼)破土动工。

8月2日　九院临床医学院成立,戴尅戎任院长,周礼明任副院长。医院召开九院临床医学院成立大会,二医大党委书记余贤如、副校长朱明德出席会议并讲话,并与院长戴尅戎、口腔医学院院长邱蔚六一起为九院临床医学院揭牌。

8月30日　医院召开第八届九院中国共产主义青年团委员会选举大会,俞军任书记,顾燕、徐立群任副书记。

是月　医院被评为1994年度上海市军民共建共育先进单位、上海市城市绿化先进单位。

9月　口腔颌面外科邱蔚六被评为市优秀研究生导师，孙大麟获上海市育才奖。

10月23日　口腔颌面外科邱蔚六率队首次参加第八十三届世界牙科医师联盟会议。

是月　护理部参加区卫生局等主办的护理操作比赛，获团体冠军。口腔修复（包括口腔材料）、血管外科、眼科为院级重点学科。

11月　口腔颌面外科邱蔚六应邀参加香港牙医学院学术年会，被授予荣誉院士称号。

12月17日　医院与港商合作的上海华澳整形美容医院正式开业，整复外科张涤生任名誉院长，岑国仁任董事长兼总经理，赵佩琪任副董事长，王炜、林国辉、何燕英任董事。

是月　在第五届国际颅面外科学会上，整复外科张涤生获荣誉会员称号；妇产科法韫玉"输卵管复通术在突发事件中的作用"获上海市第一届临床医疗成果奖二等奖。

是年　严桥乡撤乡建镇，医院与严桥镇协议建上海第九人民医院浦东分院。

是年　张涤生"严重颅颌面畸形的外科治疗研究"获国家科技进步奖三等奖。

1996年

4月2日　整复外科张涤生、骨科戴尅戎等多学科专家团队为患胸骨裂畸形心脏突出于胸廓的小患者吴青作修复手术获得成功。

4月16日　上海市卫生系统召开精神文明建设工作会议，医院获市卫生系统规范服务达标单位证书和先进单位奖杯。

是月　整复外科张涤生当选为中国工程院院士。

7月3日　医院召开工会会员代表大会，选举产生第十三届工会委员会和经费审查委员会。徐春扬当选为工会主席，袁莹萍、倪峰为工会副主席。

是月　张志愿任口腔医学院院长，邱蔚六为名誉院长。

10月8日　口腔医学院主办第四届全国口腔医院管理研讨会暨全国口腔医院管理学会成立大会，周曾同主持会议。

11月29日　医院获"上海市尊老社会一条龙服务工作"先进集体、上海市拥军优属模范单位称号。

是年　邱蔚六"游离前臂皮瓣软腭再造术"获国家技术发明奖三等奖。

是年　戴尅戎"应用生物学固定原理提高人工关节长期稳定性的实验与临床研究"获国家科技进步奖三等奖。

1997年

1月29日　医院档案管理工作顺利通过国家二级标准验收。

2月27日　口腔医学院主办第一届国际口腔医学研讨会，邱蔚六担任大会主席。

3月18日　医院被评为全国妇幼卫生先进单位，医院工会被评为上海市女职工"双文明"立功竞赛先进集体。

3月28日　华裔骨科学会第二届学术会议在上海世博会议中心举行，卫生部长陈敏章，上海市有关领导左焕琛、谢丽娟、沙麟到会祝贺，院长戴尅戎当选为第二届华裔骨科学会会长。

4月7日　医院获评为1995—1996年度上海市文明单位。

是月　医院留美博士曹谊林创造一项医学奇迹——裸鼠背上"种"出人形"耳朵"，在国内外引起轰动。

5月　新生活综合大楼（6号楼）建成启用，职工食堂采用快餐式供应，进修医生住宿条件大为改善。

是月　口腔颌面外科二病区获上海市"共青团号"称号。

6月　上海第二医科大学组织工程研究中心在医院成立，曹谊林任主任。

7月　医院举行"爱我中华迎香港回归"系列活动暨第二届文化艺术节活动。

10月21日　由口腔医学院承办的中华口腔医学会全国第二次唇腭裂学术会议召开，袁文化为大会执行主席。

10月25日　医院举行上海第二医科大学建校45周年暨口腔医学院院庆10周年庆典大会。

11月　门诊注射室护士长潘小琴获上海市卫生系统"十佳"护士称号；血管外科蒋米尔获上海市卫生系统"十佳"医生提名奖。

是年　二医大授予整复外科张涤生终身教授荣誉。

是年　口腔内科刘正任中华口腔医学会首届牙体牙髓病学专业委员会副主任委员。

是年　邱蔚六"经关节镜滑膜下硬化疗法治疗习惯性颞颌关节脱位"获国家技术发明奖四等奖。

1998 年

2月　整复外科顾斌赴新疆阿克苏地区第一人民医院执行援疆任务，为期三年。

3月14日　鞍山毛女刘华来院接受激光脱毛治疗并获成功。

3月16日　医院成立医学伦理委员会，戴尅戎任名誉主任，张志愿任主任。

是月　医院被评为1997年度上海市女职工"双文明"活动竞赛先进单位。

6月12日　简光泽被评为1996—1997年度上海市精神文明建设优秀组织者。

6月22日　医院召开庆功表彰会，为载誉而归的曹谊林颁奖。曹谊林在全美整形外科医生协会第七十七届年会上获整形外科James Barrett Brown奖，成为亚洲获此殊荣第一人。

7月6日　张志愿任医院院长。

8月中旬　医院为长江、嫩江、松花江流域洪涝灾区举行抗洪救灾支援灾区捐款捐物献爱心活动，全院捐款26.8万元以及价值20万元物品，募集衣被8 000余件，并成立医疗队。

9月3日　国家科学技术部副部长惠永正在市科委徐国华、二医大党委书记李宣海、副校长钱关祥陪同下来院视察组织工程研究中心，并听取中心主任曹谊林介绍。

9月30日　《市九医院报》创刊号正式出版发行，二医大党政领导李宣海、范关荣为创刊题词。后改名《九院报》。

是月　医院成立卫勤中心，顾雪桂任中心主任。

是月　医院首次设100万元人才培养基金，选拔17位院级优秀青年骨干进入培养计划。

10月　口腔颌面外科获中华全国总工会"全国模范职工小家"称号。

是月　经国务院学位委员会批准，口腔医学升格为一级学科。

11月6日　医院主办第二届中国国际暨第五届全国口腔颌面外科学术会议，邱蔚六当选为首届口腔颌面外科专业委员会主任委员。

12月　医院口腔颌面外科、整复外科被批准进入国家"211"工程重点学科建设。

是年　薛淼任中华口腔医学会首届口腔材料专业委员会主任委员。

1999年

1月　医院纪检、监察、审计实行合署办公。

3月1日　上海市教委主任张伟江等视察医院在张江高科技园区的生物材料项目实验室。

4月24日　中共上海市委副书记孟建柱,市委常委、组织部长罗世谦来院视察工作,并听取曹谊林汇报,充分肯定医院对有突出成绩科研人员采取的"特区"政策。

5月7日　医院获1997—1998年度上海市军民共建精神文明先进集体称号。

5月21日　医院与83304部队医院签订《军民共建协议书》,医院双拥领导小组成员、医院党委书记简光泽,院长张志愿出席签字仪式。

5月31日　医院被评为1997—1998年度上海市文明单位。

9月13日　医院召开庆祝第十五届教师节暨表彰会,周礼明获上海市"育才奖"。

9月16日　医院举行张锡泽从医执教60周年庆祝活动,上海市教委主任张伟江、二医大校长范关荣、党委副书记赵佩琪、副校长陈志兴等出席。

是日　上海市副市长左焕琛在上海市教委主任张伟江、科委主任董建平、二医大校长范关荣等陪同下视察组织工程研究中心,并听取曹谊林作工作汇报。

9月24日　医院在南市影剧院举行庆祝建国50周年暨医院第三届文化艺术节开幕式,并举行全院歌咏比赛。

是月　曹谊林获第六届上海市"十大科技精英"称号、香港求是科技基金杰出青年学者奖、国家人事部1998年度"优秀中青年专家"奖。

10月14日　由中国康复医学会修复重建外科专业委员会主办、医院承办的首届全国组织工程学术会议在上海召开,曹谊林当选为该专业委员会组织工程学组组长。

10月19日　中国科学院院长周光召院士在二医大党委书记李宣海、医院党委书记简光泽陪同下视察组织工程研究中心。

是月　二医大-交大医学植入物工程联合研究所成立,骨科戴尅戎任所长。

是月　国家主席江泽民访问摩洛哥期间接见医院第十二批赴摩洛哥医疗队队员。

11月4日　医院主办的首届全国颅面外科研讨会召开,张涤生当选为全国颅面外科协作组组长。

12月17日　医院制定《房改补贴新条例》,首批82位职工获450万补贴。

12月21日　1999年度上海市医学会口腔专科委员会举行换届选举暨学术交流会,张志愿当选为主任委员,上海市医学会常务副会长淡彬庸出席会议。

是月　上海市组织工程重点实验室经2年建设,通过上海市科委专家鉴定,在医院挂牌成立,曹谊林任主任。

是月　经国家科技部批准,曹谊林为国家重点基础规划"973"项目——"组织工程的基本科学问题"的首席科学家。

是年　手术麻醉科的"盲探气管插管新技术"被列为卫生部"十年百强"推广计划。

是年　张涤生获上海市第三届医学荣誉奖。

是年　戴尅戎获"全国卫生系统先进工作者"称号。

2000年

3月2日　张涤生率医院20多位专家教授出席第一届"微笑列车"国际唇腭裂治疗学术研讨会。美国前总统布什偕夫人出席开幕式。张涤生被聘为中国医学科学院附属整形外科医院名誉顾问。

3月10日　国家科技部在二医大召开"973"项目——"组织工程的基本科学问题"实施大会。

3月下旬　由法国民间慈善机构"希望之链"和医院神经外科共同组建的医疗队赴云南楚雄州为脑积水患儿诊治。

4月21日　香港伯特利中学师生来院参观，党委书记简光泽介绍医院80年变迁与发展。

6月9日　医院承办的2000年国际暨第六届全国头颈肿瘤外科学术会议在沪召开，口腔颌面外科邱蔚六当选为新一届全国头颈肿瘤外科专业委员会主任委员。

6月上旬　医院举行第六届党委、第四届纪委换届选举，简光泽当选为医院党委书记，励永明当选为党委副书记兼纪委书记。

6月12日　医院举行后勤实业发展中心揭牌仪式，中心下辖综合服务、工程管理、卫勤服务、餐饮服务、物业服务、待岗指导等6个分中心。

7月　医院获1998—1999年度上海市拥军优属模范单位称号。

8月7日　上海市药品监督局来院进行医院制剂生产药品生产质量管理规范（GMP）验收，并获通过。

是月　在上海市青年思想政治工作推进会暨上海赴西部地区青年志愿者报告会上，医院被授予"上海青年志愿者服务特别贡献奖"，青年医生吴胜斌、林明被授予"上海市杰出青年志愿者"称号。

9月4日　医院承办的亚太人工关节学会第二届学术会议在上海召开，骨科戴尅戎当选为第二届亚洲-太平洋人工关节学会会长。

10月16日　口腔医学会与法国马赛地中海大学牙医学院在沪共同举办第一届中法口腔医学学术研讨会。

10月18日　新世纪连锁快餐九院店挂牌成立，医院党委书记简光泽、常务副院长陈章达等出席开业典礼和揭牌仪式。

10月19日　医院在南市影剧院召开全院职工大会，举行庆祝医院建院80周年文艺演出。

10月23日　医院举行庆祝医院建院80周年大会，时任中共中央政治局委员、国务院副总理吴邦国，上海市委副书记孟建柱、龚学平，上海市副市长蒋以任、左焕琛，市教委主任张伟江，市卫生局局长刘俊等领导分别为医院80华诞题词并发来贺信。上海市副市长冯国勤、市教育局党委书记王荣华、二医大校长范关荣、市卫生局副局长彭靖、黄浦区副区长沈祖炜、瑞金医院院长李宏为、中山医院院长杨秉辉分别发表热情洋溢的讲话。

是月　张涤生获何梁何利基金科学与技术进步奖。

11月11日　全国城市医院思想政治工作第十届年会在长沙举行，简光泽被评为全国城市医院优秀党委书记。

12月5日　医学内植物工程联合研究所成立，由骨科戴尅戎与交大王成焘领衔。

是年　刘正获评上海市劳动模范称号。

2001年

1月5日　医院召开九届三次职代会，院长张志愿作"创品牌效应，发挥特色优势，努力提高综合实力，抓住机遇，迎接挑战，奋力拼搏，迈向新世纪"工作报告。

1月11日　曹谊林为主任的上海市组织工程研究中心在漕河泾高新技术开发区成立。上海市副市长左焕琛、上海市科委主任朱寄萍、国家自然科学基金委有关领导参加揭牌仪式。

2月16日　医院授予邱蔚六、戴尅戎、刘正、薛淼医院"终身教授"荣誉称号。

4月12日　院党委召开党员大会，开展"一个党员，一面旗帜"系列教育活动。

7月20日　上海市卫生局举行首批33个临床医学中心签约仪式。医院被批准为上海市临床口腔医学中心和上海市修复重建外科临床医学中心。

8月17日　医院召开职代会，审议通过《九院科室经济分配方案》。

9月18日　二医大"211"工程重点建设项目——口腔颌面外科和整复外科接受专家组的成果验收。总体评价是效益显著、学术水平高、学科建设梯队整齐、结构合理，圆满完成各项预期建设目标。

10月　经上海市卫生局批准九院浦东分院正式命名，该分院定为三级甲等分院，设置床位20张。

是月　医院党委获全国城市医院党建工作先进单位荣誉。医院被评为1999—2001年上海市绿化先进单位。

11月6日　口腔医学院与韩国庆北国立大学牙医学院建立姐妹友好学校及学术合作关系。

是月　首席科学家曹谊林领衔的项目——用狗的骨髓细胞再造狗的"头盖骨"成功取得一项开创性科研成果。

12月12日　邱蔚六当选为中国工程院院士。

2002年

1月26日　上海市慈善基金会、上海文广集团、东方电视台在医院举办的"蓝天下的至爱"爱心全天大放送活动——为患下颌骨纤维异常增生症的欧阳莉菁进行手术治疗，并通过东方电视台、上海卫视向上海及全国100多个城市直播。

1月30日　"上海市医学美容质量控制中心"和"上海市口腔医学质量控制中心"在医院成立。中心主任分别由曹谊林和周曾同担任。

是月　医院成立鼾症与睡眠呼吸障碍诊治中心。邱蔚六和院长张志愿为中心揭牌。

2月　医院工会获市医务工会2000—2001年度"先进职工之家"称号，简光泽获"优秀职工之友"、徐春扬获"优秀工会工作者"称号。

是月　医院组织工程实验室被市总工会评为2001年度上海市红旗班组。

4月17日　医院召开第十届团代会，吴正一当选为团委书记。

7月5日　医院召开职代会，审议通过《工人编制职工院内提前退岗休养实施办法》。

8月　医院"十五"标志性建筑"口腔、整复、组织工程综合大楼"(1号楼)被批准立项。

9月　张志愿、周广东、刘伟领衔的3项课题获"863"计划重大专项资助。

是月　医院制定《临床科室医疗质量考核条例》。

10月25日　医院以二医大校庆50周年为主题，举行口腔医学专业创立70周年庆典活动。

10月26日　医院主办的第三届世界美容外科大会暨手术演示会在上海国际会议中心召开，来自50多个国家和地区的500余名中外整形美容专家出席，现场进行手术演示直播。

11月12日　医院干部人事档案管理工作通过中共上海市委组织部复查验收，被评为二级单位。

11月28日　医院第一届农工民主党党总支成立，冯希平任总支书记。

12月22日　卫生部在北京人民大会堂举行颁奖仪式，张志愿获"卫生部有突出贡献中青年"称号。

12月31日　医院召开第九届第八次职代会，审议通过《关于〈工人编制职工院内提前退岗休养实施办法〉的补充意见》《关于工人编制职工实施委托管理的意见》《民主评议、考核、测评满意度(信赖度)达90％以上，对经推荐、测评，员工信赖度达96％的院党政领导予以奖励的决定》等三项决议。

是年　医院获全国城市医院文化先进集体称号。

2003 年

1月　曹谊林"组织工程技术修复人体颅骨缺损"科技成果入选2002年上海十大科技新闻。

是月　医院党委书记简光泽获上海市总工会2002年度"员工信赖的好书记"荣誉称号。

2月22日　骨科护理部被评为2001—2002年度上海市"三八"红旗集体。

3月10日　骨科戴尅戎获上海市医学荣誉奖。

4月　二医大党委书记赵佩琪等领导在副院长周礼明陪同下视察急诊非典型肺炎防范工作。

是月　医院成立非典型肺炎防治医疗队，举办非典型肺炎防治培训班，组织医务人员实战演习，药剂科配制防非典型肺炎中药汤剂"六味合剂"。

5月9日　医院举行"众志成城　誓死抗击非典型肺炎"签名活动，党委发出"关于做好抗击非典型肺炎的九点意见"。

5月23日　整复外科王炜受聘为医院终身教授。

是月　医院与7371部队医院共建精神文明的工作，获"上海市拥军优属模范单位"荣誉称号。

7月　"上海市耳鼻咽喉科专家咨询会诊中心"在耳鼻喉科挂牌。

8月6日　医院获2001—2002年度上海市文明单位称号。

8月12日　作为医院"十五"建设标志性建筑，外科综合楼(7号楼)正式启用。大楼有14层，设10层病区、2层手术室、1层监护病区和1层放射科，共有137间病房402张床位。建筑面积18335平方米。大楼的启用使外科用房的紧缺状况得到显著改善。

是月　全国医院院报协会在西安举行年会，《九院报》首次获全国优秀医院院报，简光泽书记获全国优秀医院报总编。

是月　陈万涛的"口腔鳞状细胞癌诊治靶点基因的筛选和功能研究"课题获国家自然科学基金重点项目资助。医院还获得国家自然科学基金资助面上项目8项，获资助经费281万元。

是月　由中组部、中宣部、中央统战部、人事部、教育部与科技部联合召开全国留学回国人员先进个人和单位表彰大会,中共中央总书记、国家主席胡锦涛,国务院总理温家宝等会见与会代表并发表讲话。曹谊林获"全国杰出留学回国人员"称号。

12月30日　医院口腔、整复组织工程综合大楼(1号楼)破土动工,上海市副市长杨晓渡等出席开工典礼。

是月　医院骨科成为第三批上海市临床医学中心,中心主任为戴尅戎。这是医院继口腔、整复外科后获得的第三个上海市临床医学中心。

是年　上海市科委批准建立上海市口腔医学重点实验室,主任为张志愿。

是年　医院SCI收录论文排名,医院首次进入全国医疗机构前20名。

是年　口腔预防科冯希平成为上海市第十届政协委员。

2004年

1月5日　戴尅戎当选为中国工程院院士,是月16日,医院在多功能厅举行庆祝会。

1月17日　上海市市长韩正会见戴尅戎等10位上海新当选的两院院士。医院党委和行政做出"关于开展向中国工程院院士戴尅戎教授学习的决定"。

3月25日　首届上海国际整形外科大会在国际会议中心举行,上海第二医科大学附属整形医院正式挂牌成立。

4月24日　医院召开口腔颌面外科建科50周年庆典大会,中华口腔医学会会长张震康、二医大校长沈晓明、院党政领导,中国工程院院士张涤生、邱蔚六以及来自全国各地的口腔颌面外科老一辈的著名专家、教授,兄弟医院的领导250余人参加庆典大会。

5月21日　医院举行"院士墙"揭幕暨第四届文化艺术节、首届科技节开幕仪式。

是月　"973"首席科学家、医院上海组织工程研发中心主任曹谊林在澳大利亚悉尼召开的第七届生物材料学会上,被国际生物材料学会授予"院士"称号。

6月　在北京召开的中国医师协会首届"扬子江杯"中国医师奖颁奖大会上,中国工程院院士邱蔚六获首届"中国医师奖"。

8月6日　医院激光美容中心主任陈锦安和五官科副主任王珮华为"中国第一毛人"成功施行耳道整形术,使患者听力得到恢复。新华社、《新民晚报》、上海电视台等十几家新闻媒体作报道。

是月　生物材料研究测试中心获中国实验室国家认可委认可并颁发中国实验室国家认可委员会(CNAL)认可证书。

10月7日　"组织工程的基本科学问题"项目组正式接受国家科技部的评审,曹谊林领衔的"973"子项目顺利通过验收。

10月31日　在江苏南京市召开的中华医院管理学会2004年度学术年会暨"先声杯"优秀院长表彰会上,院长张志愿获"优秀院长"称号,受到大会表彰。

是月　医院中标14项2004年度国家自然科学基金项目,中标率31.8%,为医院历年之最,中标率在二医大系统名列前茅。

11月5日　医院在上海市音乐厅举行九院第四届文化艺术节暨首届科技节闭幕式,并举行职工大合唱比赛。

11月10日　邱蔚六、戴尅戎获2004年度何梁何利基金科学与技术进步奖。

是月　医院获全国城市医院文化建设先进集体、全国医院(卫生)文化建设先进单位称号。

是年　戴尅戎、陈章达、张富强、周曾同、刘伟获上海第二医科大学首届校长奖。

是年　邱蔚六被评为"全国卫生系统先进工作者"。

2005 年

2月　医院门急诊收费处获2003—2004年度上海市共青团号("青年文明"号)集体称号,同时被授予上海市"新长征突击队"荣誉称号。

3月　医院与云南省楚雄彝族自治州人民医院签订合作协议,神经外科临床协作中心在滇正式挂牌成立。

4月9日　上海市口腔医学重点实验室学术委员会在医院成立,学术委员会由22名国内外著名口腔医学专家组成,邱蔚六任主任,张志愿任重点实验室主任。

4月19日　医院召开全院干部会议,传达卫生部关于开展"以患者为中心,以提高医疗服务质量为主题"的"医院管理年"电视电话会议精神,并作动员布置。

是月　蒋欣泉在美国巴尔的摩第八十三届国际牙科研讨会(IADR)年会上获国际大奖——IADR/Unilever Hatton Award,成为国际上获此殊荣的首位中国青年科学家。

5月10日　市委、市政府召开上海市科学技术奖励大会,整复外科曹谊林课题组项目"以自体肌腱细胞为种子细胞构建组织工程化鸡肌腱"获上海市科技进步奖一等奖。

是月　曹谊林获全国先进工作者称号。

7月9日　医院党委召开保持共产党员先进性教育活动动员大会,由郑春燕、李亚东、许善华等3人组成的上海交大医学院党委先进性教育活动九院督导组参加会议。

7月18日　召开上海交通大学和第二医科大学合并大会,改名上海交通大学医学院(以下简称"交大医学院")。上海第二医科大学附属第九人民医院更名为上海交通大学医学院附属第九人民医院。口腔医学院和九院临床医学院分别更名为上海交通大学口腔医学院和上海交通大学九院临床医学院。

10月22日　医院主办的第八届国际组织工程协会(TESI)年会在上海国际会议中心召开,大会执行主席为国家组织工程中心主任曹谊林,来自38个国家的1 000余名学者参加了会议。

11月9日　组织工程国家工程研究中心奠基典礼在上海市闵行区紫竹科学园区举行。

11月10日　医院召开九院临床医学院建院10周年纪念会。

12月26日　上海市卫生局专家组对上海市临床口腔医学中心、上海市整复外科临床医学中心的建设进行现场检查和技术评估。检查结果为规模凸显、绩效显著、成绩优异。

2006 年

1月　上海交通大学医学院召开2005年度教学、科研、医疗工作会议,励永明、丁美修、曹谊林获第二届上海第二医科大学校长奖(管理奖)、医疗奖、科研奖。

2月21日　口腔颌面外科、口腔正畸专科医师培养试点基地通过由中华口腔医学会和国家医学考试中心组成的专家组审核。

是月　医院15名医务人员入选校第三批"百人计划",并受到专项资助和重点培养。

3月17日　医院"十五""211"工程建设资助项目"口腔颌面外科学""整复外科学"通过薛纯良任组长的上海交通大学医学院专家组验收。

3月21日　患者李海金（女）因高热肺炎来院就诊，拟诊为"不明原因肺炎"，经抢救无效死亡，为上海首例禽流感病例。医院及时向区疾病预防控制中心（CDC）汇报并作网络直报。

是月　医院工会推荐的"成功施行下颌骨重建术，全力帮助辍学学子重返学堂"活动被上海市医务工会评为2005年度"上海市医务职工精神文明十佳好事"。

4月　医院开展以"知荣明耻"为主要内容的树立社会主义荣辱观学习活动。

是月　田卓平、竺涵光、孙宝珊参加上海市卫生局组织的医疗队，受上海市委、市政府和市卫生局的委派，赴云南思茅市镇沅县进行会诊、讲课和考察。

5月26日　国家食品药品监督管理局正式认可上海生物材料研究测试中心对医疗器械生物学评价9大项目的检测资格。

6月2日　医院召开教育思想大讨论动员大会。

6月8日　医院党委在多功能厅、演讲厅召开治理医药购销领域商业贿赂专项会议，简光泽做动员报告。

是日　医院团委召开九院第十一次中国共产主义青年团代表大会，选举产生新一届团委班子，王丹茹当选为团委书记。

6月11日　医院隆重举行庆贺中国工程院院士张涤生教授90华诞、从医执教65周年暨《神在形外——张涤生传》一书首发式。

6月16日　医院召开"让患者更方便，让医疗更安全"的医院管理年动员大会，副院长周礼明作动员报告，医院200余名中层干部出席会议。

6月21日　"上海市口腔医学重点实验室"建设项目通过上海市科学技术委员会专家组验收。

是月　口腔颌面外科沈国芳、口腔正畸科唐国华分别入选2006年度上海市青年科技启明星（后）和启明星计划。

7月19日　医院与美国史赛克（中国）有限公司联合创办的上海关节外科高级培训中心举行签约仪式。

是月　口腔修复科医师胥春在澳大利亚布里斯班第八十四届国际牙科研究会（LADR）年会上，获国际牙科研究会修复学奖（LADR Arthur R. Frechette Research Award in Prosthodontics Competition），成为首位获此奖项的中国青年科学家。

是月　医院培训的首批13名专业护理员正式上岗，以强化护工管理，提高护理质量。

8月3日　普外科火海钟经培训，作为第九批上海青年志愿者赴滇扶贫接力队成员，前往云南省文山州富宁县人民医院开展为期半年的志愿服务。

8月31日　口腔医学院院长张志愿与随"'哥德堡'号仿古帆船中国之旅"来沪访问的瑞典哥德堡大学牙学院院长扬·奥尔森（Jan Olsson）教授，签署两院校间的合作意向书。

9月　经职代会审议通过的《员工手册》《奖惩条例》正式下发全院试行。

10月29日　副院长周礼明与神经外科丁美修、王秉玉、郭智霖，以及来自法国"希望之链"行动的法国格莱蒙费朗大学医学院附属医院神经外科主任依格·托马博士、麻醉医师路易斯等一行9人，赴云南楚雄彝族自治州开展中法医疗队第十次医疗援助工作。

是月　市委组织部、市人事局召开上海领军人才工作推进会，口腔颌面外科张志愿成为上海市首批领军人才，骨科朱振安入选上海市优秀学科带头人计划。

是月　口腔颌面外科张志愿"口腔鳞癌分子发病机制与免疫治疗实验研究"获国家自然科学基金重点项目资助。医院还获得国家自然科学基金资助的面上项目17项,中标率高达20.7%。其中口腔医学研究所获得9项,资助经费共358万元,所获项目和经费创历史纪录。

11月11日　医院与南汇区卫生局合作共建的"上海第九人民医院周浦分院"举行挂牌仪式,陈章达、张伟分别被任命为九院周浦分院院长、常务副院长。40多位医院各科专家为周浦数百名市民进行义诊。

11月23日　由医院、交大医学院、中华医学会整形外科分会承办的第十届国际美容外科大会在上海国际会议中心召开,整复外科张涤生、曹谊林共同担任大会主席。中外学者600余人出席会议。

11月28日　医院口腔整复大楼(1号楼)正式启用。大楼2003年12月30日动工,总投资2.1亿元,占地面积2 530平方米。地下一层,地上20层,总建筑面积39 870平方米,为医院"十五"建设标志性建筑。

是月　整复外科为烧伤患者做的首例自体"预制脸"换脸手术获得成功。

12月6日　医院召开治理医药购销领域商业贿赂专项工作汇报会,上海市卫生局纠风办、治贿办督导组成员出席。党委书记简光泽作专题汇报。

12月11日　整复外科李青峰等成功为广西"象人"欧贵峰切除罕见巨大神经纤维瘤,还其正常容貌。手术得到旅美画家高建武的资助,多家媒体作现场采访。

12月13日　在首届上海市卫生系统医院文化论坛上,医院被评为"文化优胜单位",《九院报》被评为"优秀医院报(刊)"。

12月28日　奉贤区卫生局和医院举行医疗合作签约仪式,奉城医院院长王永斌与九院副院长周礼明代表各自医院签署"加强合作,资源共享"的医疗合作意向协议。

是月　中医科周阿高主编的《中医学》由上海科学技术出版社正式出版发行,并被列为全国高等医药院校教材。

是月　第四届上海医学科技奖发布,张志愿获一等奖,崔磊、张陈平、穆雄铮分别获二等奖,戴尅戎、朱也森分别获三等奖。

是年　张富强获卫生部"有突出贡献中青年专家"称号。

2007 年

1月20日　由副院长周礼明带领医院慈善医务义工医疗队14名专家赴奉贤区奉城镇参加"蓝天下的至爱——上海慈善医务义工为农民兄弟义诊统一行动"活动。

1月21—22日　口腔颌面外科王国民带领唇腭裂治疗中心专家组前往江西省人民医院,免费为当地13名贫困唇腭裂儿童做手术矫治,并为当地医务人员作手术操作技能培训。

2月13日　口腔颌面外科与美国密歇根大学口腔颌面外科签订合作协议书。

是月　口腔颌面外科"口腔颌面外科学"入选国家精品课程。

是月　神经外科"希望之链在楚雄"活动被评为2006年度"上海市医务职工十佳好事"集体项目。

3月14日　由口腔颌面外科张志愿、张陈平等组成的口腔颌面外科手术小组,为一患者成功切除罕见的巨大颈动脉体瘤。

是月　受中华慈善总会和美国"微笑列车"委托,以口腔颌面外科王国民领衔的唇腭裂中心专家组一行8人赴徐州市第一人民医院,为24名苏北地区唇腭裂患者免费进行矫治手术。

是月　口腔颌面外科何悦等各科14名医务人员入选上海交大医学院第四批"百人计划",被列为重点培养对象。

4月14日　医院召开2007年度科主任工作会议暨"紧扣医院发展,注重内涵建设,构建和谐医院"医院管理年活动动员大会。

4月18日　由邱蔚六指导、口腔颌面外科张志愿和张陈平领衔开展的"口腔颌面部肿瘤根治术后缺损的功能性修复"研究项目获2006年度上海市科技进步奖一等奖,时任中共上海市委书记习近平为张志愿颁奖。

4月25日　医院获2005—2006年度上海市文明单位称号。

4月27日　口腔颌面外科获2004—2006年上海市劳动模范集体称号,并被评为上海市卫生系统十大科技创新团队。

是月　医院开展的为白内障贫困患者免费复明手术被确定为上海市政府实事项目,医院援滇"希望之链"项目获评2006年上海市科教党委系统精神文明建设优秀项目。

5月11日　美国密歇根大学口腔医学院院长彼得·约翰·波尔维里尼(Peter John Poiverinir)一行7人来访,与医院签署合作备忘录。

5月12日　医院与交通大学安泰经济与管理学院共同举行医院管理高级研修班开班仪式,医院中层以上管理干部,周浦、奉城分院领导40余人以及交通大学安泰经济与管理学院领导出席。

5月21日　澳大利亚国际/海外发展署官员彼得·詹森(Peter Jensen)等一行6人来医院评估与医院合作成立颅面培训基地以及执行颅面再生计划,澳方对合作项目给予高度评价。

6月13日　医院与老西门、半淞园社区(街道)卫生服务中心签订医疗合作协议,区卫生局领导徐祖华、章绳正、金建明等出席签约仪式。

是月　为响应医院党委《关于在我院开展向陈海兴同志学习活动的通知》,医院团委向全体团员青年发出开展向陈海兴同志学习活动的号召。

7月5日　医院召开医院管理年活动推进会,副院长周礼明提出加速信息化建设、优化服务流程、加强医疗服务监督、落实医疗安全措施、修订管理制度等5项举措。

7月6日　医院与各科室主任举行《规范医疗服务收费责任书》《计算机网与信息安全管理责任书》签订仪式。

7月18日　上海交通大学医学院管理年活动专家督查组章雄一行十多人来院督查,并听取汇报。

7月20日　医院与上海市边防总队教导大队举行精神文明共建签约仪式,医院领导简光泽、陈章达和边防总队领导陆炳连、王海波等出席签约仪式。

是月　根据《市突发公共事件医疗卫生救援应急预案》的要求,医院成立由医务处田卓平为队长、各科医务人员组成的医院卫生应急医疗队。

是月　整复外科李青峰入选2007年度上海交通大学医学院"优秀学科带头人"培养计划,并获资助。

8月7日　医院派出手术医疗组参加海军总部组织的应急作战战役卫勤支援保障机动卫勤分队在东海举行的演练。

8月16日　上海市发改委批复项目建议书,同意九院在瞿溪路458—508号地块改扩建门急诊医技楼。项目占地面积10 900平方米,总建筑面积43 000平方米。

8月23—26日　九院与中国科学技术协会中国国际科技会议中心共同主办的2007年上海国际骨科学术会议暨骨科科学与健康论坛在上海召开,戴尅戎担任大会主席。全国人大常委会副委员长、中国科协荣誉主席周光召,卫生部部长陈竺、特别代表王捍峰和中国科协副主席赵忠贤、杨福家,交通大学校长张杰及上海市教委主任沈晓明、市卫生局局长徐建光等出席。国内外1 000余名骨科和相关领域的学者参加了会议。

是月　医务处田卓平被评为上海市合作交流与对口支援工作先进个人。

是月　医院对第二批院级重点学科眼科、口腔正畸科、麻醉科,及预备重点学科神经外科、老年病科进行评估验收。

9月11日　儿童口腔科王艳获第四届中国杰出青年学者医师奖。

9月15日　医院与上海交通大学安泰经济与管理学院在多功能厅,举行首期医院中高层管理人员医院管理高级研修班结业典礼。

9月26日　医院承办的第二十一届国际淋巴医学年会在上海锦江饭店召开,来自30多个国家的200余名代表参加会议。张涤生担任大会名誉主席,刘宁飞担任大会主席并当选为国际淋巴学会执行委员,李圣利当选为国际淋巴学会提名委员会委员。

10月18日　九院周浦分院康桥门诊部举行挂牌仪式。

10月19日　非洲莱索托王国卫生与社会福利大臣等来院访问。

是月　第十届上海市科技精英及提名揭晓,口腔颌面外科张志愿获第十届上海市科技精英称号,眼科范先群获上海市"育才奖"。

11月5—6日　医院内分泌科承办的"内分泌国际糖尿病论坛暨糖尿病与血管病变进展学习班"在学术报告厅举行,论坛由瑞金医院陈家伦、九院陆颖理共同主持。来自美国及国内各省市200余名专家、学者参加了论坛。

11月28日　医院开设"九院大沽路门诊部",设有美容外科、口腔科、激光美容、皮肤美容、中医美容等医疗服务项目。

是日　医院与上海针织(集团)有限公司就瞿溪路新门诊楼用地动迁工作签订协议。

是月　副院长郭莲参加香港大学牙医学院25周年院庆,并与香港大学牙医学院签署新一轮学术合作协议。

是月　国际权威《整形美容外科杂志》(JPRAS)以封面文章和主编述评形式,发表以李青峰领衔的整复外科研究小组在严重脸面畸形治疗上的研究成果。

12月3日　新加坡国立牙医学院院长Keson B. C. Tan教授一行10人来访,医院与新加坡国立牙医学院签署合作备忘录。

12月6日　医院成为国际"微笑列车"修复唇腭裂患儿慈善项目在上海的首家长期定点合作医院。当天,14名来自全国的贫困唇腭裂患儿获得免费矫治手术。

12月21日　口腔颌面外科被评为"上海交大医学院优秀教学团队"。

是月　范先群任上海交通大学九院临床医学院院长,骨科戴尅戎任九院临床医学院名誉院长。

是月　医院组织工程实验室罗旭松获第八届全国大学生课外学术科技作品竞赛"挑战杯"一等奖。

是年　张志愿"口腔颌面外科肿瘤根治术后缺损的形态与功能重建"获国家科技进步奖二等奖。

2008 年

1月4日　浙江中天建设集团有限公司承建的口腔整复组织工程综合楼(1号楼)获"优质工程奖"。

1月8日　医院获2006—2007年度"上海市振兴中华读书活动先进单位"称号。

1月18日　2007年度上海市科学技术奖励大会召开,骨科戴尅戎获2007年度上海市"科技功臣奖"。

1月25日　上海市人事局专技处副处长叶霖霖代表国家七部委和上海市政府,专程来院向口腔颌面外科医师陈万涛颁发"新世纪百千万人才工程国家级人选"证书。

是月　张志愿获上海市科技精英称号。

是月　上海市卫生局、上海市政府重大工程建设办公室召开会议,表彰在2007年上海市政府实事项目"白内障贫困患者免费实施复明手术"中做出突出贡献的先进单位和个人。眼科获上海市政府重大工程建设先进集体称号,医务处田卓平、眼科罗敏评"上海市重大工程建设先进个人"。

2月　2007年度交大医学院"院长奖"评估正式揭晓,院长张志愿、副院长周礼明分别获交大医学院院长奖之特别奖、院长奖之管理奖。

是月　蒋欣泉领衔的研究小组应用组织工程技术修复重建大块节段性下颌骨缺损获得成功,并获得2007年度上海市科学技术进步奖一等奖。

3月12日　医院医务员工捐款62 490元,支援南方部分地区遭遇50年一遇雨雪冰冻灾害灾后重建。

4月8—10日　医院2号楼改造装修完成,内科各病区迁入。

是月　口腔颌面外科获全国"五一"劳动奖状、首届全国"工人先锋"号称号。

是月　医院获全国医院(卫生)文化建设先进单位、2007年度上海市健康单位荣誉称号,医院"送去光明的希望"获交大医学院精神文明创建特色项目。

5月12日　四川汶川遭受大地震,副院长周礼明会同医务处连夜组建赴四川汶川抗震救灾医疗分队。

5月14日　第一批由神经外科主任郭智霖任队长,6名医师、3名护士组成的九院抗震救灾医疗分队出发赴四川汶川地震灾区第一线。全院为灾区人民捐款61万余元。

是日　医院获2004—2006年上海市拥军优属先进单位称号。

5月18—19日　医院第二、三批医疗救援队成员俞红、张春炳、祁亮相继赶赴四川汶川地震灾区第一线。

5月21日　医院党委召开"讲党性,重品行,做表率"主题教育活动动员大会,各党支部书记代表全体党员踊跃缴纳"特殊党费",为灾区人民捐款23万余元。

5月22日　医院团委召开抗震救灾动员座谈会,提出为灾区人民做10件好事。

5月26日　戴尅戎作为卫生部抗震救灾专家组成员赴四川参与指导灾区重症伤员抢救工作。

5月30日　市人大常委会主任刘云耕、副主任胡炜,市人大常委会秘书长姚明宝以及市卫生局局长徐建光等领导前来医院骨科病房,慰问四川灾区转移来沪伤员。

6月13日　医院举行"众志成城,守望相助——九院抗震救灾医疗队报告会",院长张志愿宣读表彰九院赴四川抗震救灾医学专家和医疗队全体队员名单。医院医疗队队长、神经外科郭智霖作

"众志成城,守望相助——抗震救灾医疗队纪实"的汇报。中国工程院院士、骨科专家戴尅戎作题为"人在,希望就在——赴四川抗震救灾汇报"的演讲。

6月17日　中共上海市委书记俞正声、市长韩正会见从灾区返沪的医疗防疫队员,代表上海市委、市政府向大家在灾区救援工作中的杰出表现表示衷心感谢。中国工程院院士、骨科专家戴尅戎受到俞正声亲切接见。

6月19日　眼科范先群率中国眼整形外科医生代表团一行20余人赴韩国首尔参加第五届亚太地区眼整形外科大会,并当选为新一届亚太地区眼整形外科学会主席。

6月20日　由中国科学技术协会主办、上海交通大学医学院附属第九人民医院和中国科学技术协会中国国际会议中心共同承办的第二届上海国际骨科学术会议在沪光大会展中心召开。中国科协名誉会长周光召、中国科协常务副主席邓楠以及上海市副市长沈晓明、上海市卫生局局长徐建光、上海交通大学党委书记马德秀、上海交通大学医学院党委书记赵佩琪、瑞金医院院长朱正纲等出席会议。200多位骨科专家围绕关节外科、脊柱、创伤、骨病、骨科、运动医学、骨科基础生物力学与康复7大专题,在8个分会场同时进行报告和讨论。

6月23日　中国科学院第十四次、中国工程院第九次院士大会在北京人民大会堂召开,工程院院士张涤生获第七届"光华工程科技奖"。

6月26日　上海申康医院发展中心主任陈建平、副主任高解春等来医院调研,听取医院"十一五"发展规划汇报。

6月28日　麻醉科承办的首届口腔麻醉学高峰论坛在上海东郊宾馆召开,麻醉科主任医师朱也森当选为专委会主任委员,主任医师姜虹等担任副主任委员。

7月12日　医院召开2008年度科主任会议,并任命新一届科主任。

8月4日　上海市卫生局组织上海援助灾区医疗队前往成都援助医疗康复工作,康复科医师蔡斌随队出发。

8月12日　医院召开行风建设工作汇报会,迎接由周毅羽率队的市政风行风测评监督员一行7人来院检查工作。

是日　医院对新一届科室正副科主任进行集体廉政谈话。

是月　上海市民政局安排来自四川都江堰中小学22名学生来医院参观,医院员工热烈欢迎。

是月　整复外科李青峰、口腔颌面外科张陈平入选上海市优秀学科带头人计划。

是月　2008年度国家自然科学基金评审结果正式揭晓,医院获得12个面上项目、9项青年基金,位列上海交大医学院系统第三。

9月15日　第九十届美国口腔颌面外科年会在美国西雅图召开,口腔颌面外科邱蔚六、张志愿应邀在大会发言。

9月18日　医院获全国医院报刊抗震救灾宣传先进集体称号。

10月20—22日　整复外科承办的第九届全国显微外科学术大会在上海世博会议大酒店召开,中国工程院院士张涤生以及来自全国各大医院显微外科专家、美国国际著名显微外科专家数百人出席会议。会议期间,中美专家就创伤、再植再造、骨关节、皮瓣、周围神经、颅面、乳房、实验、导体移植等9个专题进行学术交流。

是月　由加拿大阿尔伯塔省高等教育和技术厅副厅长罗纳德·戴克(Ronald Dyck)博士带队的代表团来访,与医院就加强中加地区政府间国际合作项目进行商讨。

是月　医院和全国眼外伤眼整形眼眶病学组共同主办的第十四届全国眼外伤眼整形眼眶病会

议暨眼整形国际研讨会在上海世博会议大酒店召开。中国工程院院士张涤生,医院党委书记简光泽、院长张志愿,亚太眼整形学会主席、医院眼科主任范先群及来自全国各地的500余位眼科专家出席会议。

11月1日　医院承办召开首届二次亚洲口腔麻醉学术会议,来自日、韩、澳及国内近200名口腔麻醉学专家参加学术会议,上海市人大常委会主任龚学平等出席会议并致辞祝贺。这次会议是中华口腔麻醉学专委会首次主办的国际性会议。

11月10日　医院在10号楼大厅新建的门急诊便民服务中心启用。

是月　党委书记简光泽在全国卫生系统思想政治工作促进会召开的思想政治工作表彰大会上,获"全国卫生系统优秀思想政治工作者"称号。

12月9日　医院党委召开抗震救灾工作表彰大会,表彰一批抗震救灾工作先进集体和个人,医院医疗队获全国总工会和上海市总工会颁发的"抗震救灾　重建家园'工人先锋'号"荣誉称号。

是月　眼科主任范先群为著名盲人运动员、残奥会冠军李瑞成功施行眼眶修复和活动眼座植入手术。

是月　由中华医学会医学伦理分会举行的第五届走向人文管理高层论坛暨人文医学、人文管理和医院人文管理荣誉奖颁奖大会上,医院党委书记简光泽获医院人文管理荣誉(个人)奖。

是月　以吴阶平和保罗·杨森命名的第十届"吴杨奖"在北京揭晓,副院长曹谊林获整形外科专业一等奖。

是月　在国家科技奖颁奖大会上,曹谊林领衔的课题"组织工程化组织构建关键技术研发与应用",和由交大医学院附属仁济医院、第九人民医院联合研究的课题"胃癌和大肠癌发生机制与防治研究"分别获国家技术发明奖二等奖和国家科技进步奖二等奖。

是月　在上海市侨界纪念改革开放30周年之际,张涤生当选为上海"侨界之星"。

是月　医院"十一五"基建项目"医院门急诊医技综合大楼改扩建工程"被列入上海市重大工程预备项目,并取得《国有土地划拨决定书》和《建设用地批准书》,瞿溪路500—558号地块的土地权属划归九院。

是年　"口腔黏膜病学"入选国家精品课程。

是年　张涤生获"波兰医学研究成就奖"。

是年　口腔颌面外科被评为"上海市'工人先锋'号"。

2009年

1月　九院周浦分院举行迁建开工奠基仪式,医院党政领导简光泽、陈章达,南汇区区长张建晨、区人大常委会主任董任义等出席仪式。迁建工程项目占地120亩,建筑面积6万多平方米,总投资3.8亿元,设床位600张。

3月13日　医院党委在多功能厅召开学习实践科学发展观活动动员大会。医院党政领导和交大医学院党委九院督导组组长郑春燕,督导组成员许善华、李亚东,全院共产党员、处级以上干部,各民主党派、群众团体负责人,高级知识分子代表近400人出席会议。党委书记简光泽、督导组组长郑春燕做工作报告。

4月　医院被评为2007—2008年度第十四届上海市文明单位、上海市卫生系统文明单位。医院党委副书记范先群获上海市卫生系统第四届"高尚医德奖",医院党委副书记、纪委书记沈国芳被评为2007—2008年度上海市卫生系统精神文明建设优秀组织者。

是月 "上海交通大学疝与腹壁外科疾病诊治中心"在九院成立,新组建的诊治中心由九院疝与腹壁专业组牵头,联合瑞金、仁济、新华、六院、一院、三院等6家三级医院的相关专业组共同组建,是上海市规模最大的疝与腹壁外科疾病诊治中心。

是月 焦亭、王旭东、王丹茹入围上海市优秀青年医学人才培养计划。

5月13日 医院团委组织10名团干部前往浦东机场开展为期一个月防控甲型H1N1流感检验检疫志愿工作。

5月16日 中国整形美容协会成立大会暨第一次会员代表大会在北京卫生部党校举行,工程院院士张涤生,院长张志愿,副院长曹谊林出席会议,并分别当选为名誉会长、会长和副会长。

5月20日 医院召开上海市口腔医学会成立大会,工程院院士邱蔚六当选为上海市口腔医学会顾问委员会主任,张志愿、刘俊当选为名誉会长,周曾同任第一届理事会会长。

5月23日 第十九届国际口腔颌面外科会议暨第八次中国口腔颌面外科会议在上海国际会议中心召开,来自75个国家和地区的近1000名代表与中国30多所医学院的近500名专家参会。会上,邱蔚六被授予国际口腔颌面外科医师协会"杰出会士奖",是亚洲获此奖的第一人。

是月 骨科转化性研究与前沿技术国际研讨会暨国际骨科康复学术会议在上海交通大学会展中心召开,来自美、法、英国及中国香港、台湾地区的300余位学者参加会议。戴尅戎和香港华裔骨科学会会长陈启明担任大会主席,全国政协副主席邓朴方发来贺信,中国工程院院士杨胜利、王正国、卢世璧、邱贵兴等出席开幕式并致辞。30余位国内外专家从七个专题介绍交流国际上最新的骨科转化研究成果和骨科临床前沿应用技术。

是月 张涤生入选由市委宣传部主办的"群英谱——纪念上海解放60周年主题展"60人之一,被称为"中国整复外科之父"。

是月 医院获上海健康单位(爱国卫生)荣誉称号。

是月 郭伟的"纯种新西兰白兔口腔颌面部鳞癌细胞系的建立及其应用"研究项目获第二十二届上海市优秀发明金奖。

7月3日 院工会召开第十六届会员代表大会,选举范先群为工会主席、周慧君为副主席。10月,经上海市医务工会批准,范先群任医院工会主席,周慧君任副主席。

7月8—15日 庆祝西藏自治区和平解放50周年,由九院、新华医院、上海文广新闻传媒集团上海电视台联合举办的"'情系西藏,点亮光明'——送医进藏大型志愿者活动"在西藏日喀则地区进行。是年,眼科"情系西藏,点亮光明"活动入选2009年度上海市医务职工精神文明十佳好事。

是月 医院恢复胸外科、呼吸科病房,新建康复医学科,至此医院共有48个临床科室。

8月19日 上海市第十二批赴滇扶贫接力青年志愿者罗瑞君启程。

是月 医院成立迎世博领导小组和工作小组,由院长张志愿任组长,全院动员投入迎世博医疗保障工作。

9月11日 医院党委召开深入学习实践科学发展观活动总结大会,简光泽书记作总结报告。

9月18日 为庆祝中华人民共和国建国60周年,医院举行"我和我的祖国——歌颂祖国,迎接世博"诗歌朗诵比赛。

9月26—30日 科教处、研究生会举办以"九院90年学术沉淀基础上厚积薄发,科教强人"为主题的首届九院研究生科技文化学术周活动。

10月3日 上海市卫生局组织医院管理年活动督查专家来医院检查工作。

10月27日　整复外科被评为上海市医务职工科技创新团队。

是月　国家教育部和上海市教育委员会公布2009年教学质量工程建设成果评选结果，口腔医学院副院长郭莲负责的"口腔解剖学"入选国家精品课程。

11月13—15日　医院承办的中国医院协会文化专业委员会城市医院分会成立20周年庆祝大会暨第十九次年会在上海宾馆举行，来自全国26个省市40多位医院领导和各会员单位代表200余人出席会议，简光泽担任大会主席。上海市人大常委会主任刘云耕致开幕词，会长黄厚甫作2009年城市医院分会工作报告。医院获评"有突出贡献先进集体"、简光泽获评"有突出贡献先进个人"称号。

11月20日　心血管内科杨菊贤在广州召开的第十一次全国行为医学学术会议上，被中华医学会授予"中华行为医学终身成就奖"。

11月27日　2008年度中国科技论文统计结果揭晓，医院SCI收录论文数在全国医疗机构排名第十七位。

是月　2009年度国家自然科学基金资助项目揭晓，医院共获得国家自然科学基金24项，立项经费816万元。整复外科李青峰获国家杰出青年基金1项。

12月8日　医院党委发出《关于组织开展党员干部参加"世博先锋行动"，党员践行文明承诺活动的通知》。

12月28日　在3年富有成效的合作基础上，医院与上海市奉贤区卫生局合作共建奉城医院签约揭牌仪式在奉贤区隆重举行。黄钢等上海交大医学院领导和九院党政领导，奉贤区人大常委会主任周伟民、副区长钱雨晴等出席。

是月　骨科护理组获2006—2008年上海市卫生系统先进集体称号。

是月　生物材料研究测试中心孙皎获第二届上海市"五一"巾帼创新奖。

是年　范先群被评为"全国卫生系统先进工作者"。

是年　在国家教育部公布的《学位学科评估高校排名结果》中，口腔医学院排名第二名。

2010年

1月4日　台湾中山医学大学口腔医学院院长周明勇来医院访问，向院士邱蔚六颁发名誉院长、向院长张志愿颁发名誉院长和客座教授金匾。

1月8日　医院成立第一届学术道德监督委员会，常设科教处。

1月19日　一例确诊为甲型H1N1重症患者经呼吸科35天奋力救治，痊愈出院。

1月20日　眼科范先群获上海市"微笑服务大使"荣誉称号，这是全市100位获得迎世博上海市"微笑服务大使"称号者中唯一的医师。

1月25日　医院成立"十二五"发展规划编制领导小组和工作小组。

1月26日　骨科研究员汤亭亭入选2009年"百千万人才工程"国家级人选培养计划，范先群入选上海市领军人才培养计划。

2月8日　医院团委举行医务青年造血干细胞捐献活动暨青年志愿者服务队授旗仪式，市红十字会副会长李明磊出席仪式并讲话，青年志愿者集体宣读《志愿者宣言》。

2月12日　医院成立对口支援云南工作领导小组和办公室，办公室常设医务处。

2月20日　医院党员志愿者参加"世博先锋行动"保地铁畅通志愿活动。

3月4日　医院党委召开世博医疗保障工作动员大会,号召全力以赴做好世博定点医院医疗保障工作。

3月9日　交大医学院副院长陈国强、黄钢、陈红专、章雄等来医院全面调研,并听取汇报。

3月10日　医院举行迎世博应急队伍拉动与批量伤员救治演练,市卫生局应急办领导莅临现场指导。

3月12日　医院启动创建全国无烟医院工作。

3月17日　作为2010年上海世博会定点医院之一,医院进行有7支世博应急医疗保障队伍共75人参加的批量伤员救治演练。

3月24日　口腔颌面外科张志愿领衔的"口腔颌面部血管瘤与脉管畸形的基础与临床研究"获2009年度上海市科技进步奖一等奖;整复外科刘宁飞等、血管外科蒋米尔等的研究成果分别获上海市科技进步奖三等奖。

3月25日　黄浦区副区长张辰带队来医院视察世博会定点医院准备工作,并听取汇报。晚上,医院举行应急医疗救援队演练。

3月30日　副院长周礼明等欢送张少明为队长的首批5人援滇医疗队赴云南祥云人民医院开展对口医疗帮扶工作,为期半年。

4月9日　医院召开迎世博窗口优质服务竞赛活动大会,号召全体医务人员积极参加迎世博窗口优质服务竞赛活动。

是日　医院世博定点医院应急医疗救援队赴世博园区参加市卫生局应急办组织的应急救援演练。

4月13日　医院召开《上海市级专志·上海第九人民医院志》编纂工作启动会,传达上海市地方志工作会议精神,并就院志编纂工作做具体部署。

4月19日　医院发起医务人员向青海玉树地震灾区捐款活动,共捐集9万余元送至上海市红十字会,以帮助地震灾区重建。

是日　上海市副市长沈晓明、市卫生局局长徐建光等前往世博园区九院医疗点视察工作。

4月24日　医院主办的第二届上海国际骨科康复学术会议在松江开幕。工程院院士、骨科专家戴尅戎,华裔骨科学会主席、香港中文大学矫形外科创伤学陈启明和台湾阳明大学医学工程研究所研发中心主任郑诚功担任大会联合主席,国内外60余位专家和来自海峡两岸暨香港的300余位代表参加会议。会议还安排海峡两岸暨香港的康复专家们在闵行区古美路街道和松江区岳阳街道社区开展"与民共享——骨科与康复专家进社区"活动。

4月26日　医院召开迎世博医院安全工作会议,与各部门签订《世博安全承诺书》。

5月10日　医院授予许建忠等10人为首届医院"优秀临床青年医师"荣誉称号。

5月20日　整复外科获市总工会"科技创新优秀团队"奖。

5月26日　上海市卫生局发出《致九院世博定点医院慰问信》,向奋战在世博保障工作第一线的医护人员表示衷心感谢和诚挚慰问。

5月29日　首届江浙沪口腔学术研讨会在医院举行,国家卫生部口腔卫生处处长夏刚、中华口腔医学会会长王兴、上海市医学会会长刘俊等300余人出席会议。

5月31日　上海交通大学医学院颅颌面研究中心在九院揭牌成立,中国工程院院士张涤生、交大医学院副院长陈红专、上海儿童医学中心院长刘锦纷及党委书记江忠仪、世界颅面基金会主席肯尼思·萨勒(Kenneth E. Salyer)、九院院长张志愿等出席揭牌仪式。成立仪式后举办首届上海国际颅颌面外科研讨会,来自国内外十余位颅颌面专家作专题讲座,200余位相关领域医师参加研讨会。

6月11日　中国控烟协会专家组来医院督查,进行中期督导,以迎接创建"全国无烟医院"评估检查。

6月19日　医院举行九院-周家桥社区创面修复联合医疗点挂牌仪式,长宁区卫生局局长张平、副局长葛敏等出席挂牌仪式。

6月25日　医院与日本德岛大学齿学部签署学术交流协议,协议涉及科研合作、学术信息和研究人员交流等内容。

6月26日　第二届骨科转化研究与前沿技术国际研讨会在沪开幕。会议由中国工程院医药卫生学部、第九人民医院和上海市中国工程院院士咨询与学术活动中心联合主办,教育部数字医学工程研究中心、上海市骨科内植物重点实验室承办。工程院院士戴尅戎担任大会主席。近百位国内外专家参加会议。

是月　医院骨科、泌尿外科与奉城医院签署委托管理计划,为期3年。

7月6日　医院党委书记简光泽在黄浦区精神文明建设大会上作"服务世博　彰显品牌"交流发言。

7月10日　医院举办"持续改进质量,保障医疗安全"科主任培训班,启动"三学三问一回顾"医疗质量安全月活动。

7月22日　泰国诗琳通公主殿下访问上海交通大学,并为交大康复工程研究所揭牌,工程院院士戴尅戎被聘为研究所所长。

8月16日　医院与加拿大安大略省多伦多市"微笑中国计划"(Smile China Project)签署谅解备忘录仪式在上海世博会加拿大国家馆举行。工程院院士张涤生,上海交通大学副校长、医学院院长朱正纲,加拿大驻沪副总领事乔丹·里夫斯(Jordan Reeves)先生,加拿大国家铁路亚洲区总经理Seab Golf先生,加拿大"微笑中国"创办人和主席黄家海博士,院长张志愿,常务副院长陈章达,副院长周礼明、郭莲等出席签约仪式。这次活动以"继承白求恩大夫的精神"为主题,加拿大国家馆高级顾问丹尼·热利纳(Denny Gelinas)先生出席仪式并致辞。

8月18日　口腔颌面外科张志愿领衔的"口腔颌面外科学"获国家级教学团队称号。

8月20日　医院召开上海市三级综合医院等级复评审动员大会,副院长周礼明作动员报告,要求全力以赴做好迎接复评审工作。

9月29日　新疆生产建设兵团副司令员宋建业等来医院,医院与生产建设兵团医院举行医疗对口支援协议签约仪式,为期3年。

是月　医院"口腔正畸学"获教育部2010年度双语教学示范课程建设项目,并获资助。

10月4日　在加拿大多伦多举行2010年美国整形外科学会年,副院长曹谊林做题为"Tissue Engineering Research from Bench to Bedside"的演讲,介绍组织工程研究从基础到临床应用的中国经验和成果,并获Maliniac Lecture excellent honor esteem奖。他是继1982年张涤生作为中国首位获此奖项的学者之后的第二人。

10月8日　由楼晓楼等5位副主任医师组成的医院第二批援滇医疗队赴云南祥云人民医院执行对口支援任务。

10月16日　在全国城市医院第二十次思想政治工作学术大会上,医院获全国城市医院文化建设先进集体称号,简光泽获全国城市医院文化建设先进个人称号。

是月　口腔医学博士生阮敏（导师张陈平）获2010年全国优秀博士学位论文提名。

11月21日　上海交通大学医学院眼科视觉科学研究所在九院举行成立揭牌仪式。医学院副院长陈红专宣布研究所成立，张涤生和谢立信为研究所揭牌。研究所由上海第九人民医院、瑞金医院、新华医院、仁济医院、第六人民医院和第三人民医院6家单位共同组成。医院眼科主任范先群被聘为首任所长。

11月25日　"十一五"上海市卫生重点建设项目、世博园区配套工程项目和缓解群众"看病难、看病贵"政府实事工程项目——新门诊医技综合楼改扩建工程项目开工典礼在瞿溪路510号举行。院党政领导、各行政职能部门负责人、各科科主任200余人，以及市、区相关部门领导与嘉宾等出席开工仪式。新的门诊大楼规划11层，设计每天可容纳6 000人次就诊。

11月26日　医院建院90周年大型专家义诊活动在人民公园前举行，有30多个科室、40余位专家参加义诊活动。

11月27日　医院在上海音乐厅举行建院90周年庆典活动，党和国家领导人吴邦国、严隽琪、徐匡迪、陈竺和上海市领导韩正、冯国勤等分别题词或发来贺信。上海市领导刘云耕、殷一璀等出席庆典大会。大会隆重表彰一批终身成就奖、突出贡献奖、特别荣誉奖获得者。

是月　医院派遣神经外科樊宝华、眼科施沃东分别赴新疆喀什市第二人民医院、叶城县人民医院进行对口医疗支援，为期一年半。

12月1日　在第七届国际"微笑列车"唇腭裂学术会议上，医院获"'微笑列车'优秀项目合作医院奖"。

12月6日　医院举行干部大会，市教卫党委书记李宣海主持会议，市委组织部副部长陆凤妹宣读市委、市政府的任免决定，任命范先群为医院党委书记。

12月24日　医院召开世博医疗保障总结表彰大会，医院获上海市卫生系统世博服务贡献奖、上海市卫生系统世博工作优秀集体荣誉；医院世博园区医疗保障队获上海市世博工作"工人先锋"号、上海市卫生系统世博医疗卫生保障工作先进集体荣誉。

12月27日　中国科协会员日暨全国优秀科技工作者颁奖大会在北京人民大会堂举行。院长张志愿获"全国优秀科技工作者"称号。

是年　医院建立新闻发言人制度。

是年　牙体牙髓病科获评首批国家临床重点专科。

是年　医院发表192篇SCI论文，名列全国医疗机构第十三名。其中表现不俗的SCI论文33篇，位居全国医疗机构第二十一名。

是年　在中国最佳医院排行榜中，医院位居全国最佳医院第二十二位，整复外科获中国最佳专科声誉排行榜第一名，口腔医学获中国最佳专科声誉排行榜第三名。

是年　沈国芳被评为全国医药卫生系统先进个人。

是年　张志愿"口腔颌面部血管瘤与脉管畸形的临床治疗研究"获国家科技进步奖二等奖。

第一篇 组织机构

概　　述

　　上海交通大学医学院附属第九人民医院前身为上海伯特利医院，是上海伯特利教会的事工之一。建院初期规模有限，由创始人石美玉亲自管理。抗战期间，医院制造局路院区被日本侵略军占领，代院长石成志在伯赛仲路21号（现复兴西路）开设分院，勉力维持分院和诊所的运营。1947年，石美玉的堂外甥梅国桢回国主持医院复建。医院建立董事会，院长在董事会授权下主持医院日常工作。在院长下设医务部主任、护理部主任和总务部主任。1951年8月，上海市军事管制委员会接办医院后成立院务委员会，院长下设人事、医务、护理、财务、总务科等行政部门。各医疗科室实行科主任制。护士长负责病房护理工作。院务会议布置行政工作，贯彻上级任务，协调各科间关系。1951年，医院组成联合党支部。1953年，医院成立独立党支部。1956年，医院划归上海第二医学院后成立党总支。1958年，医院划回上海市卫生局后改为党支部。1961年，医院成立党总支。1965年设立党总支办公室。1966—1976年"文化大革命"期间，医院党政领导体系陷于瘫痪。1968年8月，医院成立上海第二医学院附属九院"革命委员会"取代医院党政领导，设立办公室、组织组、政宣组、业务组、武保组、后勤组、教育革命组等六组一室。1968年9月，工宣队、军宣队进驻医院。1970年，医院成立第四届党总支，实行党的一元化领导制，但实际领导权由工宣队掌控。1977年，工宣队、军宣队撤离医院，撤销医院"革命委员会"，恢复医院行政领导体制。1978年，医院实行党委领导下的院长分工负责制，重新修订各项规章制度，设立院长办公室、医务科、护理部、门诊办公室、财务科、总务科、膳食科、口腔系部办公室等8个行政管理部门。1978年9月，医院成立党委后，相继设立党委办公室、党委宣传科、人民武装部、精神文明办公室（1995年）等党务职能部门。1987年，医院升格为副局级单位，院长办公室、党委办公室等相继升格为副处级部门，由此基本形成党政组织架构，党政分工合作，相互协调、配合工作。同时，医院工青妇等群众组织、各民主党派和群众团体也在发展中壮大，为医院发展发挥积极作用。

第一章 行政管理体系

第一节 机构沿革

一、伯特利医院创立与战后重建

上海交通大学医学院附属第九人民医院前身为上海私立伯特利医院。1920年8月，华人留美女医师石美玉与其美籍友人基督教宣教士胡遵理女士等人从九江来到上海，租赁当时南市区阿森纳路（Arsenal Rd，今为制造局路）565号的院落和房屋，创立上海伯特利教会和医院（医院系教会事工之一），一批石美玉的学生也从各地来沪支援，相继设立护士学校、小学等机构。同年10月，租赁敏体尼荫路（Boulevard de Montigny，今为西藏南路）169—175号街面房开设伯特利医院八仙桥诊所。医院及护校由石美玉负责管理。

1922年，石美玉等人买下邻近的阿森纳路639号地块，占地39亩。将原有几间老旧民宅修缮用作医疗用房，同时在院内荒地上建造新院舍。1924年，新院建成，业务以产科为主，辅以内、外科。医院附设护士和产科学校，护生在院内学习和实习。由于教众数量增加，募捐得到的钱款逐渐增加，医院的业务逐渐开展，该年教会和医院逐渐达到自给。

伯特利医院作为教会的部门之一，石美玉医师和胡遵理教士作为创办者也是管理者。石美玉作为院长兼护校校长，和其胞妹石菲比（1930年去世）共同主持院务，石美玉弟媳石成志任妇产科主任。医院如有重大事务，和教会负责人胡遵理等一起商议决策，并无明确的行政管理机构，带有家族式管理的特点。她们在院内的宿舍起居室也作为医院的会议室使用。定期开会商量院务，主要内容是资金的安排，各部门交流工作情况，提出所需经费，共同商量对捐款的分配使用。

1934年，石美玉堂外甥梅国桢毕业于约翰斯·霍普金斯大学，获医学博士学位，应邀回国参加伯特利医院工作，任外科主任并任教护校。自此增设男医院（接诊男患者，并非独立医院），也开始招收男护士。

1937年，"八一三"淞沪抗战爆发，医院被日本侵略军占领，遭受严重破坏，医疗业务停止。正在青岛的院长石美玉赴美国。1938年5月，代理院长石成志租借法租界伯赛仲路（今为复兴西路）21号房屋为伯特利医院新址（后改为分院），勉力维持医院和八仙桥诊所的业务。

1940年，太平洋战争爆发，租界沦陷，国际通信中断，分院遭日本侵略军强行摊派征夫，业务惨淡，几近停顿。

抗战胜利后，1946年1月，石美玉、胡遵理返沪视察上海私立伯特利医院被日本侵略军损坏情况，决定回美国筹资重建医院复兴事业。1947年，召回正在美国考察学习的梅国桢，全面主持医院创建工作。伯特利分院、分诊所业务逐渐恢复。同年，伯特利医院总院开始复兴，组建医院董事会，请领开业执照，石美玉从美国汇来捐款。同时，梅国桢争取得到联合国善后救济总署等机构资助，先后修复院舍6座，充实医疗器材，恢复手术室、化验室、X光室，修复病床83张。1948年1月，总院恢复门诊；3月，恢复收住院患者并开始手术。同月，私立伯特利护士学校复校恢复招生。1949

年,总院设立急诊室附设救护站。

1949年10月,上海私立伯特利医院成立董事会,夏少平、沈克非任董事会正副董事长,并聘请特约工厂厂长9人为董事,院长下设医务部、护理部、总务部三位主任。

1950年,创办人石美玉在美国退休,石成志医师接任医院院长,梅国桢任医务主任主持医疗业务,下设门诊、住院、药房、手术、助产、X光、化验、防疫、保健、营养各部。伍哲英任护校校长及医院护理主任。总务方面有文书、社会服务、庶务、出纳、会计、膳食、机械、缝纫、浆洗各部。庶务主任李翠芳,秘书陶庸拂。同年,医院加入上海医院联合会,医师为中华医学会及医师公会会员,护士为中华护士会会员。总院职工及护生均为工会会员,编为上海医务工会第二十四分会。

1950年4月29日,"美玉外科院"落成(旧2号楼)。5月1日,医院举行建院30周年院庆。改组后的董事会由夏少平代理董事长,董事有沈克非、张福星、韩文信、凌宪杨、徐国懋、杨树勋、朱友渔、梁士纯、赵晋卿、杨怀僧、蒋国芳,以及当然董事石美玉、石成志、梅国桢、伍哲英。

二、军管会接办

1951年5月,华东军政委员会卫生部召开华东地区接受外资津贴的医疗机构会议,提出两种处理原则:一是政府接办;二是由中国人自办,政府给予补贴,仍属私立性质。参会代表回医院作传达报告。5月8日,医院召开关于接受美资津贴医院讨论总结会,由出席华东军政委员会卫生部会议的代表做传达报告。董事会、院方、工会三方各有总结,尤其是职工方面经过门诊、内科、外科、产科、肺科、理疗、总务、护校等8个小组讨论,一致要求政府接办医院,并订立《爱国公约》。院长石成志、医务主任梅国桢、护理主任兼护校校长伍哲英会商一致,请求政府接办。创办人石美玉也来信表示服从人民政府,16名董事也作了通信传达,回信一致请求政府接办。

1951年7月30日,上海市军事管制委员会发布由陈毅、粟裕签署的接办上海私立伯特利医院的命令,并委派李焜、王瑚、屠善之、孙学、孙琛、张镇等6人组成工作组进驻医院,李焜为军代表。同年8月1日,医院召开全体职工大会,军代表李焜在会上宣读上海市军事管制委员会接办命令,同时,宣布成立"院部""院务管理委员会",由军事代表李焜、院长石成志、副院长蒋国芳、医务主任梅国桢等人组成,院长下设人事科、医务科、护理部、财务科、总务科。同月,上海市卫生局接管私立伯特利护士学校,改名为上海市第二护士学校。

表1-1-1　1920—2010年医院名称变更情况表

时　间	医　院　名　称
1920.9	上海私立伯特利医院
1938.5	医院被日本侵略军占领
1947	上海私立伯特利医院复建
1951.8	上海市伯特利医院
1952.12	上海市立第九人民医院
1957.1	上海第二医学院附属第九人民医院
1958.10	上海市第九人民医院
1963.8	上海第二医学院附属第九人民医院

(续表)

时　间	医 院 名 称
1984.5	上海第二医科大学附属第九人民医院
2005.7	上海交通大学医学院附属第九人民医院

三、整顿与隶属关系变迁

1951年8月，上海市军事管制委员会接办医院后，医院改名为上海市伯特利医院，隶属上海市卫生局。同年10月，医院在军代表李焜领导下进行内部整顿，并确定"总院发展扩大，护校加强扩充，分院维持现状，根据实际情况，适时撤销分诊所"的整顿原则。成立总院机构，进行人事机构整顿，目标是把医院建设发展成比较正规的适合人民实际需要的卫生医疗机构。上海市卫生局调派一批科主任加强医院业务力量。

1952年8月，分院划归上海市第一妇婴保健院。10月，八仙桥诊所关闭。12月，经上海市卫生局批准，伯特利医院更名为上海市立第九人民医院，归上海市卫生局领导。

1953—1956年，医院进入3年整顿期，加强基本建设，充实医疗骨干，建立各项规章制度，增加设备。新建内、外科病房，增设五官科及儿科病房等。先后成立五官科、眼科、儿科、皮肤科，扩大内外科、肺科、口腔科，扩大充实化验室，建立血库，添置设备。

1957年1月12日，上海市第九人民医院划归上海第二医学院，成为儿科系的教学基地，改名为上海第二医学院附属第九人民医院。

1958年10月，儿科系迁出九院，医院划归上海市卫生局，归蓬莱区领导，改名为上海市第九人民医院。1963年8月，九院重新划归上海第二医学院，作为口腔系教学基地，改名为上海第二医学院附属第九人民医院，医学院抽调医务人员充实九院医疗力量。

1966年5月，"文化大革命"开始，医院党政领导体制陷于瘫痪。

1968年8月，成立上海第二医学院附属九院"革命委员会"，作为临时权力机构，党政合一，由王炜、王铭、李铁庵等13人组成，王炜为第一召集人。同年10月，工宣队、军宣队进驻医院，实际掌控医院领导权力。

1969年10月，李铁庵任上海第二医学院附属九院"革命委员会"第一召集人，王炜为第二召集人，胡纯贞为第三召集人。

1973年6月，李铁庵任上海第二医学院附属九院"革命委员会"主任，赵凤仙（工宣队）、张振荣、王炜、黄宗仁任副主任。

1977年7月，工宣队、军宣队撤离医院，医院撤销"革命委员会"，恢复行政领导体制。

四、改革与发展

1978年8月，医院建立新的党政领导班子，实行党委领导下院长分工负责制，设立行政机构，建立健全医疗、行政工作各项规章制度，制订医疗工作制度和医务人员职责等55项制度，明确各级各类人员职责，建立良好工作秩序。1979年2月，医院恢复和健全门诊各项规章制度。

1984年7月,医院调整领导班子,实行院长负责制。1985年,医院建立院务委员会,调整医院行政机构,加强岗位责任制,建立健全各级人员岗位责任制、院规、各级人员考核办法等规章制度。同年,上海第二医学院改名为上海第二医科大学,医院改名为上海第二医科大学附属第九人民医院。

1987年,医院升格为副局级单位,医院行政机构作相应调整。同年10月,上海第二医科大学口腔系改名为上海第二医科大学口腔医学院。

1991年,医院根据卫生部《综合医院分级管理和医院等级评审办法》要求,进一步修订医院规章制度,加强院内管理。同年10月,医院恢复党委领导下的院长负责制。

1995年,成立上海第二医科大学九院临床医学院,与口腔医学院合署办公,承担临床医学专业本科教学工作。

1997年9月,医院实行院长负责制,党委起监督保障作用。

2005年7月,上海第二医科大学与上海交通大学合并,上海第二医科大学附属第九人民医院改名为上海交通大学医学院附属第九人民医院,上海第二医科大学口腔医学院改名为上海交通大学口腔医学院。

2006年8月31日,南汇区卫生局将周浦医院作为九院分院委托管理,举行签约仪式,陈章达兼任分院院长。同年11月11日,上海交通大学医学院附属第九人民医院周浦分院举行揭牌仪式。同年12月,奉贤县卫生局将奉城医院作为九院分院委托管理,举行签约仪式。2007年,上海交通大学医学院附属第九人民医院奉城医院挂牌。同年10月18日,上海交通大学医学院附属第九人民医院周浦分院康桥门诊部挂牌。

表1-1-2 1920—2010年伯特利医院、第九人民医院历任负责人情况表

任职时间	院　　长	任职时间	副院长
1920—1950	石美玉		
1938—1951	石成志(代)		
1951—1956	石成志	1951—1958	蒋国芳
		1952—1954	李　焜(兼)
		1954—1966	孙茂云
1957—1958	曹裕丰	1957—1958	史泽亭
		1958—1961	魏原樾
1961—1966	魏原樾	1961—1964	屠善之
		1964—1966	王　铭
1968—1969	王　炜("革委会"第一召集人)	1968	王　铭　李铁庵等13人
1969—1973	李铁庵("革委会"第一召集人)	1969—1973	王　炜(第二召集人) 胡纯贞(第三召集人)
1973—1978	李铁庵("革委会"主任)	1973—1978	赵凤仙(副主任、工宣队) 张振荣(副主任) 王　炜(副主任) 黄宗仁(副主任)

(续表)

任 职 时 间	院　　长	任 职 时 间	副 院 长
1978—1984	张涤生	1978—1984	魏原樾　祝　平　吴少鹏
		1980—1981	潘家琛
		1980—1984	刘乃栋
1984—1993	邱蔚六	1984—1988	祝　平
		1984—1991	陈志兴
		1984—1993	徐春扬
		1988—1991	陈家照
		1990—1993	钱云良
		1991—1993	赵佩琪
		1992—1993	周曾同
1993—1998	戴尅戎	1993	徐春杨　赵佩琪
		1993—1997	朱也森　赵佩琪（常务）
		1993—1998	钱云良　周曾同
		1998	陈章达　张志愿
1998—	张志愿	1998—1999	陈章达
		1998—2000	应秀玲
		1998—2002	周曾同
		1999—2010	陈章达（常务）
		1999—	曹谊林
		2000—2004	赵宗慕
		2002	周礼明
		2006—	郭　莲

第二节　医院管理机制

一、管理机制沿革

医院自创办以来，管理机制主要经历3个阶段的演变：上海私立伯特利医院时期，医院实行家族式的管理，主要由创办人石美玉及其亲属石成志、石菲比、梅国桢等具体负责医院的运营管理；

1947年,战后恢复阶段,上海私立伯特利医院成立董事会,院长在董事会领导下管理医院;1951年,医院被接管后成立党组织,逐渐健全行政机构。

表1-1-3　1952—2010年医院领导体制沿革情况表

年　份	医院领导体制
1952—1957	院长负责制
1957—1962	党总支一元化领导
1962—1968	院务委员会负责制
1968—1977	"革命委员会"
1978—1980	院长分工负责制
1980—1992	院长负责制
1992—1997	院长分工负责制
1997—	院长负责制

二、议事决策主要方式

【院级管理】

1920年9月,上海私立伯特利医院创办初期,由创办人石美玉任院长统管院务,以会议形式讨论医院事务。抗战时期,由代理院长管理。抗战胜利后,上海伯特利医院开始复建。1948年,医院设副院长1人,除科主任外,设总护士长1人统管护理及总务工作。同年,上海私立伯特利医院成立董事会,沈克非任董事长。1949年10月,上海私立伯特利医院董事会由社会各界著名人士及特约工厂厂长共9人组成。董事会是医院最高决策机构,院长在董事会授权下主持日常工作。1950年,石美玉退休,石成志任院长,下设医务部主任、护理部主任、总务部主任。同年4月,伯特利医院董事会改组,由夏少平代董事长。

表1-1-4　1950年4月伯特利医院董事会情况表

姓　名	职　务	职　业	资　历
夏少平	董事长(代理)	工商	铝业公司经理
沈克非	副董事长	医学	中山医院院长
张福星	董事	医学	同仁医院院长
韩文信	董事	医学	上海中美医院牙科主任
凌宪杨	董事	教育	上海沪江大学校长
徐国懋	董事	金融	金城银行总经理
杨树勋	董事	制药	杨氏化学治疗研究所所长
朱友渔	董事	宗教	中华圣公会主教

(续表)

姓　名	职　务	职　业	资　　历
梁士纯	董事	教育	上海圣约翰大学教授
赵晋卿	董事	宗教	基督教联合会会长
杨怀僧	董事	宗教	上海青年会总干事
蒋国芳	董事	律师	上海女子银行常务董事
石美玉	董事	医学	伯特利医院创办人
石成志	董事	医学	伯特利医院院长
梅国桢	董事	医学	医务主任
伍哲英	董事	教育	护士主任兼护士学校校长

表 1-1-5　1951 年伯特利医院董事会成员情况表

姓　名	职　务	职　业	资　　历	所属教派
韩文信	董事长	牙医	上海中美医院牙科主任	卫理公会
杨树勋	副董事长	制药	杨氏化学治疗研究所所长	
蒋国芳	书记兼会计	律师	原上海女子银行常务董事 伯特利医院副院长	内地会
夏少平	董事	工商	铝业公司经理	
沈克非	董事	医学	中山医院院长	
张福星	董事	医学	同仁医院院长	圣公会
闾凤舞	董事	工业	上海钢铁第三厂厂长	
王知三	董事	工业	丽明染织厂厂长	
余衡仲	董事	工业	兴中电器厂厂长	
胡兰生	董事	医学	中国红十字总会秘书长	
梁士纯	董事	教育	上海圣约翰大学教授	卫理公会
徐国懋	董事	金融	金城银行总经理	
杨怀僧	董事	宗教社会工作	上海青年会总干事	信义会
石成志	董事	医学	伯特利医院院长	伯特利
梅国桢	董事	医学	伯特利医院医务主任	伯特利
伍哲英	董事	教育	伯特利医院护士主任兼校长	伯特利

　　1951年8月，上海市军事管制委员会接办医院后，医院改名为上海市伯特利医院，成立"院务委员会"，在院长领导下，设副院长1人（后增至2人）。其间，医院不定期举行"院长碰头会"，与会人员有军代表、院长、副院长、医务部主任，医院重大管理事项、上级布置工作及年度工作计划等由院务会决定。

1956年12月,医院成立党总支,实行党总支领导下院务委员会负责制,重要事项交由院务委员会研究决定。1957年1月,医院归属上海第二医学院期间,设院长1人、副院长1人。

表1-1-6　1956年医院领导及部门负责人情况表

部门科室	负责人	部门科室	负责人
院长	石成志	医务科主任	梅国桢
副院长	孙茂云　蒋国芳	防保科副主任	傅积仁
院长室主任	曲敬开	外科主任	陈文镜
人事科副科长	李春郊	内科副主任	曹祖懿
总务科副科长	孙　学	妇产科主任	梅国桢(兼)
财务科副科长	郑行甫	肺科主任	朱尔梅
护理部主任	伍哲英(兼)	儿科主任	万正华
护校校长	伍哲英	眼科主任	丁希庆

1966年5月,"文化大革命"开始,医院党政领导班子陷入瘫痪。1968年8月,医院成立上海第二医学院附属九院"革命委员会",下设办公室、组织组、业务组、政宣组、武保组、后勤组、教育组(口腔系部及卫校)六组一室为医院的管理体系。1969年10月,医院"革命委员会"设召集人3人。

1977年7月,医院"革命委员会"撤销。1978年9月,医院成立党委会,医院一元化领导改为党委领导下院长负责制,医院重新修订规章制度。院部建立"院长办公会议"制度,院长办公会议每周召开1次,由院长主持,副院长、院办主任参加,并根据需要,医务等行政职能领导列席会议,对医院管理等重大事项做出决策。

1980年,医院实行党政分开。医院每周召开领导班子例会(院务会),参加人员有院长、书记、副院长、副书记、工会主席、院办主任、党办主任。

1985年3月,医院试行院长负责制。医院、口腔医学院、研究所三方负责人及科室代表组成院务委员会,由院长兼任院务委员会主任。

1997年,医院实行院长负责制,院务会参加人员仍沿袭原来办法,实际为党政领导联席会议,一直延续至今。

【行政办公会议】

"文化大革命"期间,医院行政办公会议中止召开。1978年9月后,医院恢复行政办公会议制度。1983年5月20日,院长开始行政查房。医院每年或每季进行行政查房,定期召开"行政办公会议",由院长或常务副院长主持行政办公会议,各行政职能部门领导参加,并针对各临床科室医疗管理中遇到的疑难问题,提出改进措施。

三、医院重要会议

【院周会】

20世纪50年代初,医院建立周会制度,出席对象为各科主任、护士长、职能科室科长、党支部书记等。院周会主要由院领导传达上级指示精神,院务会决定、进行工作布置等。自20世纪80年代起,医院不定期召开全院科主任会议、中心学习组会议,以及由分管院长主持的专项工作会议,研究布置工作,贯彻院务会精神。

【科室会议】

自20世纪50年代起,医院各临床、医技科室、行政职能部门每月定期召开科室会议,出席对象为本科室全体人员,传达贯彻医院工作精神。"文化大革命"期间演化成每周一次下班后的政治学习。"文化大革命"后改为每周一次的科室部门例会,组织班组学习,传达贯彻院周会工作布置。

四、院级委员会

为提高医院管理的科学性、规范性,充分发挥专家在医院管理中的建设性作用,自1990年以来,医院相继成立一系列管理委员会,针对医院发展,以及医疗、教学、科研、管理等各专项工作进行论证和决策。

【高级职称聘任委员会】

1991年8月,医院参照校级相应组织机构建制要求,成立专业技术职务任职资格评审委员会。医院专业技术职务任职资格评审委员会设主任1人,副主任1人,组员14人,秘书2人,每届任期2至3年;学位委员会设主任1人,副主任1人,组员10人,秘书2人,每届任期2至3年。

2003年4月,为贯彻落实上海市人事局关于专业技术职务任职资格评审、学位委员会,贯彻落实上海市人事局关于专业技术职务聘评相分离的有关文件精神,进一步完善高级专业技术职务聘任制度,规范专业技术职务聘任工作,医院成立高级职称聘任委员会。院高级职称聘任委员会设主任(组长)2人、副主任(副组长)2～3人、委员19人,每届任期2至3年,每年定期召开会议。医院高级职称聘任委员会会议贯彻公开、平等、竞争、择优的原则,决定院高级职称评聘事项。

2008年,为加强高级专业技术职务聘前考核工作,实行专业技术职务评聘分离,医院设考核小组,组长2人,组员16人。医院每年召开高级专业技术职务聘前考核会议,决定医院高级专业技术职务聘前考核事项。

【专家委员会】

1993年10月,为发挥专家对医院发展的参谋作用,医院成立专家委员会,专家委员会受院长直接领导。医院专家委员会设名誉主任委员1～2人,主任委员(主任)1人,副主任委员(副主任)1人,委员7～15人,秘书2人。专家成员由正高级职称、担任过科室负责人、在国内外学术界有一定的知名度、曾是学科带头人的专家组成。委员会名单由医学院、院办、人事处提名,报院务会讨论批准。每届任期2年,每半年召开一次会议。医院专家委员会专家作为医院领导咨询组织,对医院发展规划、建设项目、学科梯队建设、人才培养以及重要规章制度的制订与执行等重大事项进行论证,为院领导决策提供建议。

【医学伦理委员会】

1998年3月,医院成立医学伦理委员会,医学伦理委员会设名誉主任1人、主任1人、副主任

1~3人、秘书长1人、委员14~18人,其中外聘伦理学教授、法律顾问、社区代表副组长各1人,负责受理医学伦理及医学道德事项,提供伦理道德方面的咨询、协调审核和监督,维护医务人员和患者以及受试人员的合法权益。伦理委员会每届任期2~3年。任期内,按照《九院医学伦理委员会标准操作规程》,医院可以对受聘委员予以辞职、免职,取消委员资格与委员替换。

【预算委员会】

2006年9月,根据申康医院发展中心全面预算管理的要求,为推行全面预算管理制度,切实提高医院预算管理水平,促进预算编制的制度化、规范化、科学化,保障医院发展战略规划顺利实施,经院务会讨论决定,医院成立预算委员会。预算委员会成员由医院党政领导班子成员8人组成,设秘书2人,预算委员会主任由院长和党委书记担任。预算委员会下设办公室,成员由各职能部门和院办负责人组成,财务处长任办公室负责人,预算委员会办公室常设财务处。

预算委员会每年召开会议,讨论审议和批准各部门编制的医院收支预算、大修和设备购置预算,以及其他预算。

【学术委员会】

2010年,医院为规范医院管理,成立院学术委员会。学术委员会设主任1人、副主任1~2人、委员31人、秘书1人。学术委员会主任、副主任由院务会提名,经院长办公会审核批准后,由院长聘任。学术委员会在院务会领导下开展工作。学术委员会主任可根据需要聘请校内外专家组成专门委员会。医院学术委员会是医院最具有权威的学术组织,也是院务会在医院管理、建设、规划等方面的学术咨询组织。其审议事项有:医院科研规划和改革的重大事项;教学工作发展与改革规划;人才培养中长期规划;临床医疗建设和科室建设的中长期规划;医院拟开展的临床重大新技术、新项目;医院学风维护和学术道德建设有关工作;院务会委托的其他学术问题;跟踪上次会议表决的各项决议的实施情况。学术委员会每届任期4年,其成员可连任。委员会原则上每半年举行一次会议,学术委员会会议有三分之二以上委员出席方可做出表决。

第二章 党的组织

第一节 党的领导机构

一、沿革

【党支部】

1952年8月1日,上海市军事管制委员会接办上海伯特利医院,当时医院仅有李焜、王瑚2名党员,故与上海市第二人民医院、第二门诊部成立联合党支部。二院院长强硕仁担任支部书记,支委由林文月(二院)、王瑚(伯特利)、李焜(伯特利)、石宝琦(二院)等人组成。

1953年5月,医院成立独立党支部,军代表李焜任支部书记。1954年1月,李春郊代医院党支部书记。至1956年共有党员9人。

1956年12月24日,医院划归上海第二医学院领导,改名为上海第二医学院附属第九人民医院。医院作为儿科系教学基地,经批准升格为党总支。经改选,史泽亭任党总支书记,屠善之任组织委员,分管统战工作,党员增至12人。

1958年10月,儿科系迁出九院,医院重新划归市卫生局系统,归蓬莱区领导,党总支改为党支部。

表1-2-1 1953—1958年医院历任党支部书记、副书记情况表

年 份	党支部书记	党支部副书记
1953	李 焜	
1954	李春郊	
1955	孙茂云	
1956	屠善之	
1957	史泽亭(总支)	曲敬开
1958	孙茂云	魏原樾

【党总支】

1961年11月,经南市区委批准,医院升格为党总支,孙茂云任党总支书记,兼任组织委员,分管统战工作,医院实行党总支领导下的院务委员会负责制。

1963年8月,上海第二医学院进行院系调整,上海市第九人民医院重新划归上海第二医学院领导,作为口腔系教学基地,医院更名为上海第二医学院附属第九人民医院。医院设党总支。1952—1966年,医院发展党员43人。

1966年5月,进入"文化大革命"时期,医院党政领导体制陷于瘫痪状态,停止党组织活动。

1969年8月5日,李铁庵任上海第二医学院附属九院革命委员会主任;同年10月,恢复党组织

活动,医院成立整党领导小组,开始整党建党工作。1970年7月1日,医院建立第四届党总支,由王兴三(军宣队)任中国共产党第二医学院附属九院总支委员会书记,实行党政合一、一元化领导。同时,恢复团组织生活。

1971年2月,医院进行历时半年时间的整党建党工作。1972年9月26日,第二医学院党委对医院党总支进行调整,由李铁庵任中国共产党第二医学院附属九院总支委员会书记,江利生(工宣队)、张其复任副书记。

1973年5月,九院成立第五届党总支,李铁庵任第二医学院附属九院总支委员会书记,赵凤仙、张振荣担任总支副书记。李铁庵兼组织委员,分管统战工作。至1975年底,全院党员人数总共267名。

1976年,医院第六届党总支成立,张义勇任中国共产党第二医学院附属九院总支委员会书记,下设14个党支部。

1977年7月,工宣队、军宣队相继撤离医院,撤销革命委员会,恢复行政领导体制。

表1-2-2 1961—1978年医院历任党总支书记、副书记情况表

届　次	任　职　时　间	党总支书记	任　职　时　间	党总支副书记
第一届	1961—1963	孙茂云	1961—1963	魏原樾
第二届	1963—1965	孙茂云	1963—1965	魏原樾
第三届	1965—1966	孙茂云	1965—1966	魏原樾　屠善之
第四届	1970—1972	王兴三(军宣队)	1970—1972	李铁庵 杨春信(工宣队)
	1972—1973	李铁庵	1972—1973	江利生(工宣队) 张其复(工宣队)
第五届	1973—1976	李铁庵	1973—1976	赵凤仙(女,工宣队) 张振荣
第六届	1976—1977	张义勇	1976—1977	马加良(工宣队) 钟端龙(军宣队)
			1976—1978	祝　平　许雅芳

【党委】

1978年8月,经市委教卫办和中国共产党上海第二医学院党委批准,九院升格为党委,医院领导体制由一元化领导改为党委领导下院长分工负责制;9月,经上级党委批准建立第一届中国共产党第二医学院附属九院委员会。至2010年九院先后经历六届党委。2010年,九院党委下设党总支3个,党支部34个,党员总数917人。

表1-2-3 1978—2010年医院历任党委正、副书记情况表

届　次	任　职　时　间	党委书记	任　职　时　间	党委副书记
第一届	1978—1980	李铁庵	1978—1979	张振荣
			1978—1980	祝　平

(续表)

届　　次	任 职 时 间	党委书记	任 职 时 间	党委副书记
第二届	1980—1986	李春郊	1980—1984	祝　平
			1981—1984	潘家琛
			1984—1986	符诗高　张志愿
第三届	1986—1989	李春郊	1986—1988	符诗高
			1986—1989	简光泽
第四届	1989—1991	余贤如	1989—1991	简光泽
			1991—1994	简光泽（主持工作）
			1992—1994	崔华峰
第五届	1994—2000	简光泽	1994—1998	张志愿　张敏明
			1998—2000	励永明
第六届	2000—2010	简光泽	2000—2007	励永明
			2003—2010	沈国芳
			2007—2010	范先群
	2010—	范先群	2010—	沈国芳

二、历届党代会

1961年11月17日，中国共产党九院第一届总支委员会全体党员大会召开。大会采用等额选举和具名投票的方法进行了选举，产生孙茂云、朱淑媛、朱莉芳、李龙官、李耀永、俞曾娴、屠善之、魏原樾、曹如英等9名党总支委员，孙茂云任总支书记，魏原樾任总支副书记。

1963年2月，中国共产党九院第二届总支委员会全体党员大会召开。大会经43名党员等额选举，产生孙茂云、魏原樾、朱莉芳、屠善之、朱淑媛、俞曾娴、曹如英、李耀永、李龙官等9名党总支委员，孙茂云任总支书记，魏原樾、朱莉芳任总支副书记。

1965年5月，中国共产党九院第三届总支委员会全体党员大会召开。大会采用等额选举方法，经无记名投票，选举产生孙茂云、魏原樾、屠善之、俞曾娴、曹如英、朱淑媛、杨顺娥、李耀永、王铭等9名党总支委员，孙茂云任总支书记，魏原樾、屠善之任副书记。

1973年5月，中国共产党九院第四届总支委员会全体党员大会召开。大会以无记名投票方式，由91名党员选举产生李铁庵、赵凤仙、张振荣、王炜、王铭、曹如英、彭连英、宋振先、李连贺等9名党总支委员，李铁庵担任总支书记，赵凤仙、张振荣任总支副书记。

1976年5月，九院召开第五届党员大会，大会选举产生中国共产党九院第五届总支委员会。张义勇、马加良（工宣队）、钟端龙（军宣队）、祝平、许雅芳、王炜、王铭、宋振先、蔡沧甫、袁野弟、刘根娣、苏桂珍、彭连英、吴涛等14名党总支委员，张义勇任总支书记，马加良（工宣队）、钟端龙（军宣队)任总支副书记。

1978年9月,经上级党委批准建立中国共产党九院第一届委员会。李铁庵任书记,祝平、张振荣任副书记。

1981年4月,院党委召开党员大会,总结粉碎"江青反革命集团",特别是三中全会以来第一届党委的主要工作。大会选举产生中国共产党九院第二届委员会,李春郊任书记,祝平、潘家琛任副书记。1984年7月,因班子调整,第二医学院党委批准符诗高、张志愿任副书记。

1986年8月,医院党委召开全体党员大会,李春郊代表第二届党委作"振奋精神,再接再厉,为把我院建成文明单位而努力"的工作报告。从1985年10月起用6个月时间进行整党和党员登记工作,任用一批中青年干部充实各级岗位,发展一批优秀知识分子党员。为加强新时期党的思想和组织建设,促进改革实现院风和党风的根本好转,不断提高医教研管理质量,把医院建成文明单位做了大量工作。187名党员以无记名投票、差额选举方式选举产生中国共产党九院第三届委员会,由李春郊、邱蔚六、陈志兴、张敏明、符诗高、黄克新、简光泽等7人组成。李春郊任党委书记,符诗高、简光泽任党委副书记。

1989年9月,医院召开全体党员大会,李春郊代表第三届党委在会上作"坚持四项原则,加强党的建设,为创建文明医院而努力奋斗"工作报告。总结第三届党委成立以来,在院长负责制的体制下,坚持党要管党、从严治党。在选拔干部、民主管理、文明医院创建、把握医改方向等四方面发挥党委的保证监督作用。大会号召认真学习、深刻领会贯彻四中全会精神,充分发挥党组织的政治领导核心作用、党支部的战斗堡垒作用、党员先锋模范作用,全党共同努力搞好医院"两个文明"建设。参会288名党员选举产生中国共产党九院第四届委员会。余贤如、简光泽、崔华峰、邱蔚六、陈志兴、赵佩琪、张明敏等7人为党委委员,1990年4月,经市委批复,余贤如任党委书记,简光泽任党委副书记,崔华峰任第二届纪委书记。

1994年6月7日,医院召开全体党员大会,简光泽代表第四届党委、第二届纪委作"坚持党的基本路线,加强党的建设,为医院'两个文明'建设而努力奋斗"的报告。总结上届院党委的主要工作:加强党的自身建设;加强思想政治教育,促进精神文明建设;加强对工会、共青团工作的领导;加强同民主党派的密切联系,做好老干部工作;发挥政治核心作用,团结全院党员干部、职工,积极推进医院的各项改革;为创建市文明单位、为三级甲等医院的顺利评审做出的努力和取得的成绩。会议号召全体党员团结协作,为贯彻执行党的基本路线、加强党的建设和医院两个文明建设而努力奋斗。大会选举产生中国共产党九院第五届委员会。简光泽、张志愿、张敏明、赵佩琪、钱云良、周曾同、徐春扬等7人为党委委员,简光泽任书记(副局级),张志愿、张敏明任副书记。

2000年6月9日,医院召开全体党员大会,党委书记简光泽代表第五届党委作了"高举邓小平理论伟大旗帜,切实加强党的建设,以'两个文明'建设的优异成绩迎接新世纪"的报告;袁莹萍代表第三届纪委作题为"坚定不移地开展党风廉政建设,为医院的两个文明建设服务"的报告。大会号召全体共产党员努力完成卫生系统的改革措施,为九院的"两个文明"建设再上一个台阶、为九院在下一个世纪更加美好而努力奋斗。经参会的342名党员选举产生中国共产党九院第六届委员会。励永明、张志愿、应秀玲、陈章达、周曾同、曹谊林、蒋米尔、董国芬、简光泽等9人为党委委员。简光泽任党委书记,励永明任党委副书记。

表1-2-4　1978—2000年历届党员(代表)大会召开时间表

时　　间	会　议　名　称
1978.9	第一次全体党员大会
1981.4	第二次全体党员大会
1986.8	第三次全体党员大会
1989.9	第四次全体党员大会
1994.6	第五次全体党员大会
2000.6	第六次全体党员大会

第二节　纪律检查委员会

1979年以前,医院党的纪律检查工作由党委组织委员兼管。1979年8月,经批准成立九院党的纪律检查小组。1984年7月,经批准成立中国共产党上海第二医学院附属第九人民医院纪律检查委员会。1986年8月,医院纪律检查委员会经党员大会等额选举产生,在医院党委和第二医学院纪委双重领导下开展工作,每届任期与医院党委相同。1989年9月,医院纪委经第九人民医院党员大会差额选举产生。1994年8月、1998年12月,医院纪律检查委员会先后进行换届选举。1999年1月后,医院纪检监察审计实行合署办公。2000年6月,换届后设专职纪委副书记。2003年,医院纪律检查委员会进行换届选举。

表1-2-5　1979—2010年医院历任纪律检查委员会(组)正、副书记情况表

任 职 时 间	书　　记	任 职 时 间	副 书 记
1979—1984	祝　平(组长)	1984—1986	崔华峰
1984—1989	符诗高	1986—1989	崔华峰(专职)
1989—1994	崔华峰	1994—1998	孙大麟
1994—2000	张敏明	1998—2000	袁莹萍
2000—2003	励永明	2000—2006	袁莹萍(专职)
2003—	沈国芳	2006—	赵玉龙(专职)

第三节　党的职能部门

一、党委办公室

1956年,医院设立党总支办公室。1966年5月"文化大革命"开始后,党总支办公室工作处于停顿状态。1968年8月,医院成立"革命委员会"。1970年9月,医院恢复党总支,重新建立党总支办公室。1978年8月,经上海市委教卫办批准党总支升格为党委,党总支办公室升格为党委办公室,党委办公室和院长办公室实行合署办公,设主任一人。1984年,党委办公室与院长办公室分开办公,设正、副主任各一人。1987年,医院升格为副局级单位,党委办公室升格为副处级建制。

表1-2-6 1977—2010年历任党委(总支)办公室正、副主任情况表

任职时间	主任	任职时间	副主任
1977—1978	屠善之	1978—1984	陈如花
1978—1980	曹如英	1984—1989	张敏明
1984—1986	张志愿	1994—2001	蒋秀凤
1989—1994	张敏明	1999—2001	俞 军
1994—1996	周昭玲	2003—2006	胡 滨
2001—2003	蒋秀凤		
2006—	胡 滨		

二、宣传科

宣传科前身为政宣组,始建于1969年初,1970年9月撤销。1973年,重新建立政宣组。1978年9月,医院设立党委宣传科。1992年3月,医院宣传科设立党委专职宣传员(副处级)。1995年1月,医院设立精神文明办公室,与党委宣传科合署办公。

表1-2-7 1973—2010年医院历任党委宣传科(组)负责人情况表

任职时间	科长	任职时间	副科长
1973—1989	袁莹萍(负责人)	1973—1989	陈德堃(副组长)
1989—1992	沈燕堂	1991—1995	刘振珊
1992—1995	沈燕堂(副处级)	1998—	陈福夫 刘爱国 张 祎
1995—1998	刘振珊(副处级)	2010—	吴莹琛
1998—	俞 军(副处级)		

三、档案室

1951年8月,医院被接办后开始档案资料的收集、整理工作,当时由医院行政办公室人员兼职整理档案文件。1984年起,由医院党委分管。1990年前,档案工作由党委办公室管理。1991年6月,医院成立档案室,设主任一人,并先后建立党政档案、科研档案、教育档案、基建档案、设备档案、财会档案、声像档案和重大医疗成果档案等。

表1-2-8 1991—2010年医院历任档案室主任情况表

任职时间	主任
1991—	陈祖亮

四、武装部

1958年10月,医院划归市卫生局,属蓬莱区领导,医院建立武保部。1968年8月,医院改设武保组,设副组长一人。1978年,医院设立人民武装部,设部长一人,隶属于党委办公室。1998年10月,医院人民武装部单列建制,设第一部长、武装部部长各一人。

表1-2-9　1958—2010年历任武装部(组)负责人情况表

任职时间	部　　长	任职时间	副部长
1958—1978	孙茂云(负责人)	1968—1974	陈宝根(副组长)
1978—1998	祝　平	1974—1998	倪新德(副组长)
1998—2007	简光泽(第一部长) 励永明	1998—	徐金明
2007—2010	陈章达		
2010—	范先群(第一部长) 张玲毅		

第四节　党的基层组织

从1951年8月上海市军事管制委员会接办伯特利医院至1961年,除1957年1月—1958年10月二医儿科系迁来九院期间,医院党组织升格为党总支之外,其余时间是上海市卫生局所属的一个支部。

1961年11月,经中国共产党南市区委员会批准,医院升格为党总支,下设4个支部。1963年8月,上海第二医学院进行院系调整,第九人民医院重新划归上海第二医学院领导,医院更名为上海第二医学院附属第九人民医院,设党总支,下设6个支部(口腔、内科、外科、门诊、后勤、卫校支部)。1965年5月,医院党总支下设3个独立支部(外科、行政、护校支部)、2个联合支部(内科、门急诊医技支部)。

"文化大革命"中,党组织停止活动。1969年10月后,经整党建党,医院恢复党组织活动。1970年9月16日,经中国共产党第二医学院党的核心小组批复,重新建立了医院第四届党的总支委员会。1973年5月,成立医院第五届党总支,下设8个支部。1975年底,党总支下设12个支部,党员人数总共267名。1976年,党总支下设14个支部。1978年8月,经上海市委教卫办和中国共产党上海第二医学院委员会批准,医院党总支升格为党委,医院领导体制由一元化领导改为党委领导下院长分工负责制;同年9月,经上级党委批准建立中国共产党九院第一届委员会,下设9个支部及口腔系党总支。1980年9月,经改选医院成立第二届党委会,下设14个支部及口腔系党总支,医院实行党政分开,党委起保证监督作用。1986年8月,医院成立第三届党委会,下设口腔内科、口腔外科、口腔修复、口腔正畸、口腔基础、口腔研究所、口腔学生、五官、内科、外科、手术室、妇儿、整复外科、医技、门诊、后勤、护校、行政一和行政二等19个党支部及口腔系党总支。1987年,医院实行院长负责制,党委起监督保证作用。1973—1987年,发展党员214人。1989年9月,医院第四届党委

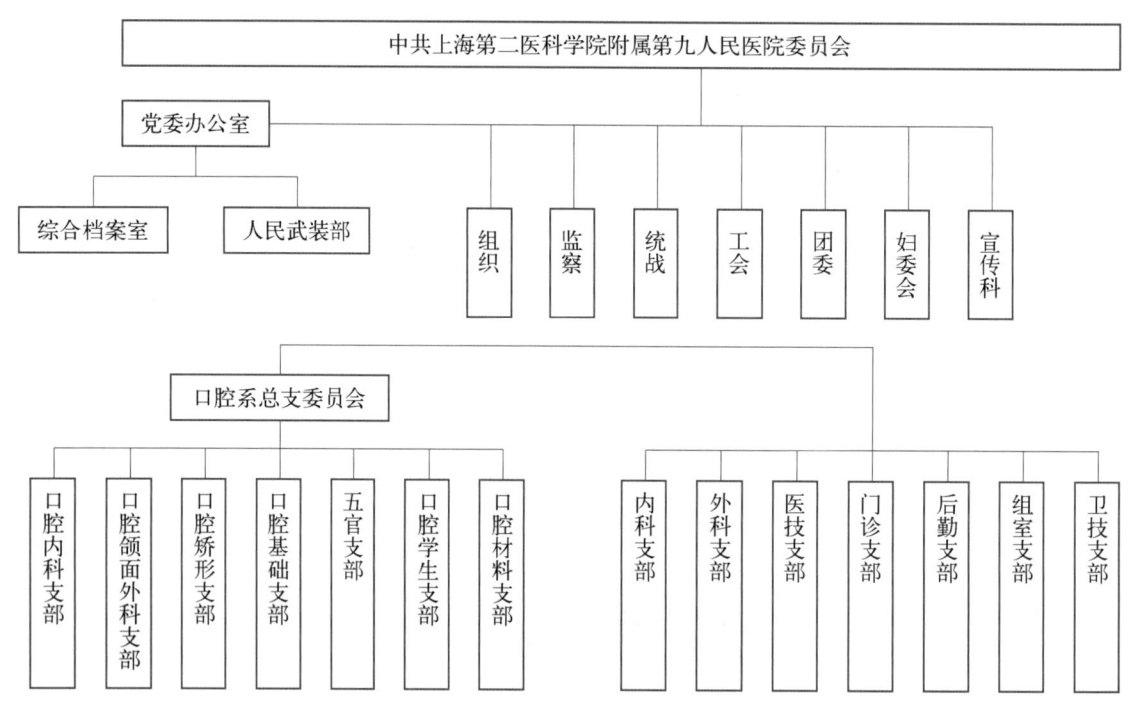

图 1-2-1 1980 年医院党的组织结构

图 1-2-2 2010 年医院党的组织结构

会成立,下设26个支部及口腔系党总支。医院改为党委领导下的院长负责制。1990年,医院实行院长负责制,党委起监督保证作用。1992年2月17日,医院实行党委领导下的院长分工负责制。1994年8月,医院第五届党委会成立,党委下设23个党支部。

2000年6月,经改选第六届九院党委成立,下设24个党支部及教学党总支;同年12月,成立离退休党总支。2005年5月,成立整复外科党总支;医院党委下设29个支部及3个党总支(口腔医学院、整复外科、离退休总支)。2006年4月,增设耳鼻咽喉、退休二党支部;2009年10月,增设口腔特需、浦东分院党支部;2010年7月,新增住院医师培训基地党支部。至此,医院党委下设党总支3个,党支部34个,党员总数917人。

表1-2-10 1977—2010年历任党支部正、副书记情况表

名 称	任职时间	书 记	任职时间	副书记
学生、教工党支部				
口腔系七七届党支部	1977—毕业	陆永兴	1977—毕业	袁庭芳 刘根娣
口腔系七八届党支部	1977—毕业	乐子良	1977—毕业	董国芬
口腔系七九届五大班党支部	1977—毕业	陈志兴	1977—毕业	龚明娥 周建国
口腔系学生党支部	1980—1984	朱子珍	1980—1989	陈锦坤
	1984—1989	陶心伟		
	1989—2000	周锦萍		
	2000—2002	蔡荣芬		
	2000—2005	郭 莲(兼)		
	2005—2007	徐袁瑾		
	2007—	张丽莉		
临床学生党支部	2000—	蔡良骏		
研究生党支部	2000—2006	张玲毅	2000—	殷 芳
	2006—	陆尔奕	2006—	陈 曦
			2009—	杨 湄
教工党支部	2000—2002	丁永敏	2000—2003	李 燕
	2002—2006	赵玉龙(兼)	2006—2007	张建中
	2006—2007	张 伟		
	2007—	张建中		
护 校				
卫校党支部	1977—1980	许雅芳(兼)	1980—1984	许雅芳
	1980—1984	朱淑媛		
	1986—1989	沈美兰		
护校党支部	1984—1989	张安序		

(续表)

名　称	任职时间	书　记	任职时间	副书记
口腔科室				
口腔外科党支部	1980—2000	袁文化		
	2009—	王国民		
口腔颌面外科党支部	2000—2009	蔡以理	2000—2009	俞创奇
口腔内科党支部	1980—1986	王晓仪	1980—1986	曹宏康
	1986—2000	郁　浩	2009—	马善奋
	2000—2006	李国梁		
	2006—2009	周曾同		
	2009—	梁景平		
口腔矫形科党支部	1980—1984	楼昭华	1980—1984	叶秀芬
口腔修复科党支部	1986—1987	杨强华		
	2000—2002	俞　伟		
	2006—	郑元俐		
口腔正畸科党支部	1986—2000	蔡　中	1986—2000	刘　侃
	2000—2009	翁思恩	2000—	沈　刚
	2009—	游清玲		
口腔综合科党支部	2006—2009	徐　晓		
	2009—	朱亚琴		
口腔特需党支部	2009—	徐　晓	2009—	陈　曦
口腔材料党支部	1980—1984	郭吉孟	1980—1983	李一鸣
口腔基础党支部	1980—1984	尤宝芸	1986—1989	魏　瑾
	1984—1986	陈锦坤		
	1986—1991	孙大麟		
口腔研究所党支部	1984—1991	黄宗仁	1986—1991	吴英娜
	1991—1996	孙大麟		
内　科				
内科党支部	1980—1984	杨顺年	1977—1980	张月南
	1984—1986	沈燕堂	1980—1984	王青姣　简光泽
	1986—2000	郑慧君	1986—2000	潘佩华
	2000—	吴士尧	2006—	吴胜斌

(续表)

名　称	任职时间	书记	任职时间	副书记
外　科				
外科党支部	1980—1986	杨顺娥	1977—1986	刘根娣
	1986—2000	张国强	1980—1986	张雪元
	2000—	陆　民	1986—2000	蒋米尔
			2000—2006	侯筱魁
整复外科				
整复外科党支部	1986—2000	杨顺娥	1986—2000	刘根娣
	2000—2009	王善良		
整复外科一党支部	2005—2009	孙宝珊		
	2009—	张余光		
整复外科二党支部	2009—	董佳生		
整复外科三党支部	2005—	祁佐良		
妇儿、骨科、神经科				
妇儿党支部	1986—2000	杨福秀	1986—2000	顾洪亮
	2000—2006	顾洪亮	2000—2006	王雪芬
	2006—2009	王雪芬	2009—	刘建华
	2009—	陈　鸣		
骨科党支部	2006—	王　友		
神经科党支部	2006—2009	王秉玉		
	2009—	陈若平		
眼、耳鼻喉科				
眼耳鼻喉科党支部	1980—1986	张芸芸		
五官科党支部	1986—2000	张芸芸	1986—2000	王瑞萍
	2000—2006	范先群	2000—2006	王珮华
眼科党支部	2006—2009	计　菁	2006—2009	罗　敏
	2009—	罗　敏	2009—	傅　瑶
耳鼻喉科党支部	2006—	王珮华	2006—	陈　东
			2009—	汪　涛
手术麻醉科				
手术室党支部	1986—2000	王鞠武	1986—2000	朱也森
手术麻醉科党支部	2000—	徐　辉		
浦东分院党支部	2009—	杨　锋		

(续表)

名　称	任职时间	书　记	任职时间	副书记
医　技				
医技党支部	1980—1984	陈德坤	1986—1989	赵梅金
	1986—1989	刘崇尧	1989—2000	沈风英
	1989—2000	赵梅金		
医技一党支部	2000—2006	宋世珍		
	2006—	张美芳		
医技二党支部	2000—	范新东		
门　诊				
门诊党支部	1980—1984	刘　霞	1986—1989	王青姣
	1984—1986	王青姣		
	1986—1989	沈燕堂		
	1989—2000	应秀玲		
	2000—2006	任彩娟		
门急诊党支部	2006—2009	任彩娟		
	2009—	戚清权		
行　政				
组室党支部	1980—1984	俞曾娴	1980—1984	陈如花
	1984—1986	张月南		
科室第一党支部	1986—2000	石　岚		
科室第二党支部	1986	简光泽		
	1986—1996	董国芬		
办公室一党支部	2000—2005	袁莹萍		
办公室二党支部	2000—2006	顾月明	2000—2006	田卓平
机关一党支部	2006—2009	陈祖亮		
	2009—	吴正一		
机关二党支部	2006—2009	顾月明	2006—2009	张雪元
	2009—	蒋秀凤	2006—	田卓平
财务党支部	2000—	孙孝钢	2000—2006	王　华
后　勤				
后勤党支部	1977—1980	曹如英	1980—1984	肖顺泉
	1980—1984	唐远明	1986—1993	倪亚洲
	1986—1994	陈锦安		
	1993—1996	倪亚洲		

(续表)

名　称	任职时间	书　记	任职时间	副书记
后　勤				
总务党支部	2000—2004	许雅芳	2000—	张金宁
	2006—2007	张玲毅		
	2007—2009	丁永敏		
	2009—	张玲毅		
三产党支部	2000—2006	陈锦安		
科技开发党支部	2006—	赵　骏		
离退休				
离休党支部	1991—1995	李春郊	2009—	刘　霞
	1995—1998	崔华峰		
	1998—	李春郊		
退休党支部	1991—1995	顾其生	2000—2006	周昭玲
	1995—1998	沈燕堂		
	1998—2002	陶心伟		
	2002—2006	叶莉明		
退休一党支部	2006—2009	叶莉明		
	2009—	励永明		
退休二党支部	2006—	陈勇龙		

第三章 群众组织、民主党派与统战团体

第一节 群 众 组 织

一、工会

医院工会是党领导下的群众组织,是党联系职工群众的桥梁和纽带,在参与医院民主管理、维护职工权益、开展职工文体活动中,发挥积极作用。1949年6月,上海成立上海市医务工会筹备会;同年6月23日,伯特利医院职工加入上海市医务工会,编为上海医务工会第24分会。经过历时一年时间的筹备,1951年8月,医院成立首届工会委员会。1951年8月—2009年9月,历经16届工会委员会,至2009年,医院有工会会员1 700余人。1973年,医院建立职代会制度。1979年11月,医院召开首届职代会。1993年,医院六届职代会成立医教研质量管理委员会、财政管理委员会、劳动工资管理委员会、生活福利管理委员会以及经审委员会。至2009年2月,医院先后召开十届职代会。同年11月,根据全总规定,职代会与会员代表大会采取"合二为一",每年召开一次。全院形成32个部门工会,有专职工会干部5人,形成医院和部门工会委员会、工会小组三级工会组织形式,全院设有8个职工代表小组,近百个工会小组。至2010年全院有工会会员2 205人。

二、中国共产主义青年团

1954年3月,经上海市卫生局团工委组织部批准,医院成立团支部,首任团支部书记吴行正,团支部有团员86人。1957年10月,经第二医学院团委同意成立团总支,并召开医院首届团总支委员会,首任团总支书记屠宁之,副书记蔡琪、明莲化,团总支有团员118人。1965年5月,二医团委同意成立九院第五届团总支委员会,时有团员265人。

1966年1月,经第二医学院团委同意,医院成立首届团委会,首任团委书记杨顺娥、副书记谢永安。1970年,改设团支部。1971年6月,改设团总支,有团员223人。1975年7月,经第二医学院团委同意,九院成立团委,时有团员549人,其中学生团员205人。至2006年,历经十一届团委,先后召开十一次团代会。至2010年,医院有35岁以下青年团员726人。历年来,团组织在党的领导下,团结青年医务人员,努力培养青年人才,向党组织推荐、输送新鲜血液,带领广大青年为医院建设发展贡献智慧和力量。

1998年11月,陈斌任上海市青年联合会常委,唐国瑶为委员。2005年,沈国芳、李青峰、范先群任首届上海市医药卫生青年联合会委员。同年11月,医院成立首届青年联合会,沈国芳任会长。2006年3月15日,召开医院青联第一届理事会,郭莲、李青峰当选为副会长。

1994年以来,医院团委响应团中央号召,开展创建"青年文明"号的工作,至2010年先后创建各级各类青年文明号十余个。1994年,医院成立青年导医服务队。1995年,医院成立青年志愿者服务队。自1998年7月,上海市青年志愿者赴滇扶贫接力计划启动以来,医院先后选派7名医务青年赴滇扶贫。

三、妇女委员会

妇女委员会是党委领导下的妇女群众组织,主要工作职责:1. 根据医院党委和上级妇联的工作部署,制订并组织实施妇委会年度工作计划,开展妇女工作;2. 配合医院党政,加强和改进妇女思想政治;3. 代表女职工,参加医院民主管理与民主监督,反映妇女群众意见和要求;4. 做好"三八"红旗集体(手)的评选活动;5. 努力促进精神文明建设工作,组织开展适合女性特点的文体活动;6. 加强妇女维权工作,依法维护女职工合法权益。1951年8月,医院工会成立女职工委员会。至2009年9月,历经十六届。1988年,医院成立女医师联谊会。1994年12月,医院召开首届妇女代表大会,成立妇女委员会(妇委会)。妇委会在党委领导下,在上级妇委会工作指导下,"根据党政所急,妇女所需,妇委所能",围绕医院"两个文明"建设开展巾帼建功活动,积极发挥党联系群众的桥梁和纽带作用,开展妇女工作。

第二节 民主党派与统战团体

一、民主党派

1966—1976年,由于"文化大革命"的影响,各民主党派停止活动。1979年起,各民主党派陆续恢复活动。

1984年10月,农工民主党第九人民医院支部成立。1984—2002年,历经六届支部改选,先后由周正炎、王梅丽、蒋惠人、乐福燠、冯希平等人担任主委。2002年11月,经农工民主党市委批准,成立首届农工民主党第九人民医院总支。2002—2010年,经历三次改选,先后由冯希平、杨群、孙皎担任主任委员。

1987年,成立民进九院支部,曹惠菊任主任委员。2000年4月,民进二医大九院支部举行换届选举,朱振安、张桦、杜勤当选为民进支委,朱振安任主任委员。至2010年,九院有民进成员27人。

1995年,九院员工开始参加民建活动。2006年12月成立九院支部,钱耀琴任二医大民建总支副主任兼九院支部主任。2007年10月,钱耀琴任民建上海市第十一届委员会教科文卫委员会副主任。

1996年,成立九三学社九院支社,先后由倪诚、李德懿、李青峰担任支社负责人。

1997年4月,民盟第九人民医院支部成立,左雯君任支部主委。2000年,蒋跃庆任支部主委。2005年和2010年,根据民盟交大医学院委员会部署,民盟第九人民医院支部先后进行换届改选,由蒋跃庆担任支部主委,陈元美、陈福祥任副主委。

九院致公党、民革等党派成员参加各自党派在交大医学院的组织活动。

表1-3-1 1990—2010年医院各民主党派的成员人数情况表　　　　　　单位:人

年份	中国农工民主党	中国民主促进会	中国民主同盟	中国致公党	九三学社	台湾民主自治同盟	中国国民党革命委员会	中国民主建国会	人数合计
1990	22	2	7	4	3	2			40
2000	41	22	18	8	12		1	6	108
2010	53	27	18	14	23		1	24	160

在医院党委领导下,坚持"长期共存,互相监督,肝胆相照,荣辱与共"的十六字方针,以及多党合作和政治协商的制度。医院党委积极推荐民主党派人士参加政协,参与国家事务的管理。至2010年,九院民主党派共产生全国政协委员3人、市人大代表1人、政协委员4人、区人大代表9人、政协委员9人,民主党派人士积极参政议政,发挥统一战线在政治生活中的重要作用。凡医院内重大活动、重大人事变动、重大政策出台,医院党委均与各民主党派通过座谈会、恳谈会、通报会等形式实行政治协商和民主监督,进一步发挥民主党派人士在医、教、研、管工作中的作用,为医院的建设和发展作出了贡献。

二、统战团体

医院党委认真执行党的民族政策,全面落实党的宗教政策,发挥无党派人士在政治生活中的作用,充分调动他们的积极性,为医院建设和发展作出贡献。

1980年后,在二医大党委领导下,医院开始建立统战团体,团结统战对象,巩固和发展广泛的爱国统一战线,引导他们更好地为医院建设和发展服务。1987年,党委开展海外统战工作,广泛开展对台宣传工作。每年定期召开统战工作座谈会,通报院情,共商大事,增进友谊。1990年,医院中共有4个统战团体,有成员103人,其中台联34人、民族联14人、侨联3人、宗教联52人。2000年,医院中共有4个统战团体,有成员87人,其中台联34人、民族联22人、侨联3人、宗教联28人。2010年,医院中有5个统战团体,有成员81人,其中中知联(党外知识分子联谊会)2人、台联32人、民族联22人、侨联20人、宗教联5人。这些无党派人士在医院党委领导下,积极参政议政,为医院建设和发展献计献策,发挥有益的作用。

第二篇 临床科室

概　　述

上海交通大学医学院附属第九人民医院前身为上海私立伯特利医院，是一家以妇产科为主业的基督教教会医院。1920年9月，石美玉与胡遵理（Miss J. V. Hughes）租赁制造局路（阿森纳路，Arsenal Rd）565号院落创办上海伯特利教会和医院，石美玉任院长。同年在西藏南路（敏体尼荫路，Boulevard de Montigny）169—175号租房开设八仙桥诊所和福音堂。石美玉和其弟媳石成志、胞妹石菲比均为妇产科医师，是医院的主要业务骨干，时称大医生、二医生、三医生。1924年，医院在购置的制造局路639号地块上建成新院。1934年，石美玉的堂外甥梅国桢从美国霍普金斯大学毕业加入伯特利医院，开始接受男病人就医。1937年，淞沪抗战爆发，医院被日军占据，被迫停业。1938年5月，代院长石成志迁院至复兴西路21号（伯赛仲路，Route Gustare de Boissenzon）开业（后改称伯特利分院），收治妇产科病人及婴儿。抗战胜利后，1947年11月，梅国桢受石美玉委托，从美国回沪，主持伯特利医院在原址（此时称为总院）的复建工作。1948年1月，总院恢复门诊，开设内科、外科、妇产科和手术室等部门和科室。1949年，又增设儿科、眼科、牙科、骨科门诊。1950年5月，医院建成两层病房楼（美玉外科院），业务范围逐渐扩大，医院开始向综合性方向发展。

1951年8月，上海市军事管制委员会派军代表李焜等6人接办伯特利医院，当时总院设内、外、妇产、婴儿、肺痨病房共118张病床，分院设28床。门诊设内科、外科、肺痨科、眼科、耳鼻喉科、胸外科、小儿科、牙科和骨科。共有7名医师，另聘请特约医师5名。医务主任梅国桢兼外科、妇产科、放射科主任。

接办后，上海市卫生局先后调派陈文镜（外科）、万正华（儿科）、朱尔梅（肺科）、丁希庆（眼科）等一批专家来院担任各科主任，加强业务力量。1952年12月，伯特利医院更名为上海市立第九人民医院（以下简称"九院"），分院及诊所相继停业。1957年1月，医院划归上海第二医学院，作为儿科系教学基地。1958年10月，儿科系迁往新华医院，医院划归上海市卫生局，属蓬莱区领导。

1963年6月，医院再次划归上海第二医学院作为口腔系教学基地。1965年以后，口腔医学系及整复外科先后从广慈医院迁入九院。医学院从广慈、仁济、新华等医院抽调王耆龄（内科）、顾成裕（外科）、薛培（妇产科）、徐渊（耳鼻喉科）等一批医师加强九院各科力量，医院按照医学院附属医院的要求开始新的建设。

"文化大革命"期间，医院的医疗秩序遭受严重破坏，但是临床医务人员仍坚持开展医疗工作。1974年，医院建同位素室。1975年，成立麻醉组。

改革开放后，医院进入快速发展时期。骨科、神经内科、麻醉科、胸外科、泌尿外科、急诊科、心血管内科、肾内科、内分泌科、消化内科、血液病科、神经外科、血管外科相继独立建科。1993年，医院通过三级甲等医院评审。此后又建立了口腔种植科、儿童口腔科、老年病科。

进入21世纪后，又先后成立了口腔颌面种植科、口腔预防儿童科、口腔综合科、口腔特需科、辅助生殖科等科室。2009年，恢复胸外科、呼吸科病房。

至2010年，医院已有4个国家教委重点学科和4个教育部"211"工程重点学科，3个上海市临床医学中心，2个上海市医疗质量控制中心。医院的综合实力得到全面提升。

第一章 内科系统

第一节 大内科

一、沿革

1920年9月,上海私立伯特利医院创办时,以妇产科为主业。1924年,医院在制造局路639号新院址开设内科门诊。抗战期间医院被侵华日军占领,被迫停业。1948年,医院开始恢复建设,逐步收治内、外、妇产科患者。门诊有内科医师徐以达,陈锦凤曾兼任内、儿科业务。1950年美玉外科楼(旧2号楼)建成后,在底层设内科床位26张。1951年8月,上海市军事管制委员会接办伯特利医院后陆续充实各科医务人员。1952年,内科有张贞修、范献群、缪承禧、徐以达、谢德善、傅旭初等医师,张贞修为负责人。聘请陶学煦、李丕光任内科顾问。每日门、急诊40～60人次。

1953年,医院建2层病房楼(旧3号楼,2003年拆除),与旧2号楼成直角相连,底层设内科病区,时称新内科,原设在旧2号楼底层的病区则称老内科。内科病床增至57张,内科医师增加到10人。全年急诊人数4 000余人次,门诊47 000余人次。1954—1956年陆续调入蔡谦、李传福、李远琴、李国俊等医师。1954年后,由曹祖懿任科主任。曹祖懿离开医院以后,曾由李远琴临时负责内科管理工作。1957—1958年,医院划归上海第二医学院,作为儿科系教学基地,同时调入一批医务人员;李丕光任内科主任,何致雄、陆汉明任内科副主任,内科医师及护士各增至20人左右,科室医、教、研水平有一定提高。新内科病区有床位44张,老内科病区设39张,并设立心电图室。

图2-1-1 20世纪50年代中期部分内科医师合影。前排左起:范献群、张贞修、李丕光(顾问)、陶学煦(顾问)、徐以达、赵立群;后排左一、左二分别为付旭初、缪承禧,左五是谢德善

1958年10月,儿科系迁去新华医院,医院划归蓬莱区卫生局管理,一批医务人员调离,内科医师减少到10人,给工作带来不少困难。在主任俞松文努力下逐步扭转困难局面,使内科继续发展。1959年后,陆续分配来尹家宁、朱宗益、马菊珍、郑慧君、郁斯清、徐安国、杨顺年、陈家照、沈君宜、汪汉英等医师。医院划归上海第二医学院后,医学院陆续从广慈和仁济医院调来王耆龄、陈海琼、杨菊贤、夏永康等内科医师,王耆龄任内科主任,内科人员得到充实,年门诊人数增加到8万多人次。

图2-1-2　20世纪60年代内科医师与实习、进修医师。前排左起:桂世明、李远琴、俞松文、周畯、谢德善;二排左三为郑慧君

1966年,"文化大革命"开始,医院工作陷入混乱,内科工作也受到极大冲击。自1964年开始的频繁下乡巡回医疗也使医务人员疲惫不堪。但内科的慢支、冠心、心肌炎仍保持每周一次专科门诊。1969年以后,内科成立管理班子,先后由彭莲英、谢德善、王耆龄、王青姣及工宣队成员等组成,直至工宣队撤离后恢复王耆龄的科主任工作。20世纪70年代相继有张德星、吴万龄调入,试点班和三年制医疗系毕业生进入内科。

在主任王耆龄主导下,内科医师确定个人专业方向,逐渐形成心血管病、肾脏病、血液病、消化和内分泌专业组,并与职防组的实验室合作开展部分内分泌检测项目。但病房仍为新内科、老内科两个病区,收治患者不分专业。内科未设呼吸专业,20世纪70年代的呼吸疾病门诊如慢性支气管炎专病门诊,由肺科医师承担。

医院肺科成立于伯特利战后复建时,病房独立于内科,最初病房与门诊都在旧1号楼底楼。接办以后,为避免与2楼妇产科的交叉感染,肺科门诊搬迁至北大门内的原伯特利护校宿舍(旧10、11号楼),病房则迁至原伯特利时期的礼拜堂,设床位63张。朱尔梅任主任,聘吴绍青为肺科顾问、方子勤为肺科特约医师。1955年前后肺科病房又迁去医院北面的旧14号楼(此楼20世纪70—80年代底楼是挂号、化验和中药房,2楼有保健科、中医科等)。1965年4月,口腔门诊楼(8号楼)开工

图 2-1-3　1965 年底部分内科医务人员在新建成的口腔门诊教学楼前合影。前排左起：徐安国、夏永康、乐路加、王耆龄、谢遐康、李国俊、朱宗益；中排左起：徐玫珍、陈海琼、尹家宁、吴培然、谢德善、周畯、杨顺年；后排左起：李远琴、不详、王鹤美、邵汉英、彭莲英、崔思瑜、马菊珍、陈家昭

前，肺科门诊、病房关闭，业务归并于上海市第二人民医院。1970 年又在旧 1 号楼 2 楼恢复肺科病房，底楼开设肺科门诊，直至 1983 年 9 月医院撤销肺科。

1976 年，内科各专业组形成，并明确各自的业务负责人：郑慧君（心血管病）、张德星（肾脏病）、吴万龄（内分泌）、陈海琼（消化）、杨景文（血液）。

1978 年 12 月，著名心血管病专家徐济民由仁济医院调来九院，任内科主任，建立心功能室。旧 3 号楼 2 楼的儿科病区分出半个楼面设立内科心血管病房。1980 年，儿科病区迁去小红楼过渡，旧 3 号楼的 2 楼全部改为内科三病区，主要收治心血管患者，设 35 张床位。同时原老内科、新内科病区改称内科一病区和二病区：内科一病区以肾脏病、内分泌专业为主；内科二病区以血液、消化系统疾病为主。各专业医师的工作病区也相对固定下来。1981 年，内一、内二、内三病区床位分别为 33 张、33 张、37 张。内二病区另有 14 张肝炎隔离床位。肺科另设 45 张床位。各专业组带头人负责本专业的业务发展和课题研究。1982 年，在新建的整外大楼（2 号楼）底层开设中心实验室，由吴万龄兼任主任。1983 年，根据当时肺结核病趋于控制的形势，经上级主管部门批准，医院撤销肺科，肺科病房经装修后改为骨科病区。肺科医师转为呼吸病等其他专业，内科的呼吸疾病门诊仍得以延续。同年，内一病区从旧 2 号楼底楼搬到原是老外科病区的 2 楼，与内科三病区连通。同年，肝炎病房和门诊关闭，相关业务归并至邻近的南市区传染病医院。

1986 年，设立冠心病监护病房，扩大充实心功能室。至 1990 年，内科已有 140 名医务员工，其中医师 65 名（高级职称 15 名、主治医师 23 人），护士 75 名（主管护师 2 人、护师 8 人）。开设 3 个病区，共 116 张床位。郑慧君任科主任，杨菊贤、张德星为副主任。王鹤美任科护士长，孙键、黄梅娟、唐永华分别任 3 个病区的护士长。

1992 年 4 月，内科各专业独立建科，并任命各科主任：杨菊贤（心内科），张德星（肾内科），吴万龄（内分泌科），杨景文（血液病科），诸丞祎（消化内科副主任并主持工作）。床位和病区不变。此后大内科保留教学和行政工作上的协调功能，内科进入三级学科发展时期。

自20世纪50年代以来,先后由周多加、岳继馥、王世洪、颜文美、潘佩华、王鹤美担任大内科护士长。

表2-1-1 1952—1992年大内科历任正、副主任情况表

任 职 时 间	主任(组长)	任 职 时 间	副主任(副组长)
1952—1954	张贞修(负责人)	1954—1956	曹祖懿
1957—1958	李丕光	1957—1958	何志雄 陆汉明
1959—1963	俞松文	1969—1972	王妙仙 王青娇(第二召集人)
1964—1966	王耆龄	1972—1976	谢德善 王耆龄(副组长)
1969—1972	彭莲英(第一召集人)	1976—1978	王耆龄
1972—1976	彭莲英(组长)	1979—1984	郑慧君
1978—1984	王耆龄 徐济民	1984—1992	张德星 吴万龄 杨菊贤
1984—1992	郑慧君		

二、教学

1957—1958年,医院划归上海第二医学院,作为儿科系教学基地期间,成立内科学教研组。李丕光兼任教研组主任,何致雄任副主任。曾接受浙江医学院、安徽医学院、上海医学院卫生系及上海第二医学院学生的临床实习带教任务。内科承担系统的本科教学工作始于1964年,医院成为上海第二医学院口腔系教学基地,王耆龄任内科教研组主任。1978年恢复王耆龄教研室主任职位,内科恢复口腔系五年制本科教学。1984年,徐济民任内科教研室主任,杨菊贤、杨景文为副主任。1988年,内科教研室主任为郑慧君,副主任为张德星。同年设立口腔系诊断学教研室,张德星任副主任,1991任主任。内科承担上海第二医科大学(以下简称"二医大")口腔医学院本科生的内科教学工作,还负责二医大生物医学工程系、夜大学、卫校学生的见习和实习工作以及来自全国各地的进修医师的培养。20世纪70年代后期,徐济民主编、杨菊贤副主编的口腔专业使用的《内科学》教材出版。

1992年内科专业分科后,内科教研室先后由杨菊贤(1995—2000年)、吴士尧(2000—   )任主任,组织协调内科系统的教学工作。

三、科研

1978年,徐济民由仁济医院调来九院,建立心功能室,在临床开展心血管药物的各种研究,促进内科尤其是心血管病专业的发展。1980年,内科分3个病区,有肾脏病、内分泌、血液、消化系统、心血管疾病5个专业组,呼吸系统由当时的肺科负责,各专业组均有专业带头人,进行各自科研课题研究。1982年,吴万龄负责中心实验室管理,使之成为内科的科研和研究生培养的实验平台。1984年徐济民的"体表希氏束电图实时监测技术应用"获上海市高教局课题;1989年徐济民的"灯

盏花注射液抗心肌缺血的试验和临床研究"通过上海市卫生局鉴定。1988年,医院成立心血管病研究室,由徐济民任主任。1994年,成立血液流变学与血栓研究室,杨景文任主任。1991—2010年,内科共发表论文1275篇,主编专著2部。

图2-1-4 1994年内科组织学习孔繁森事迹。前排左起:顾燕、周龙女、杨菊贤、郑慧君、吴士尧、陈祥华;后排左起:刘海林、胡敏、黄梅娟、陈惠芳、王鹤美、严毓勤

四、荣誉

内三病区曾荣获上海第二医科大学"文明班组"称号(1986年),多名员工获得各级各类荣誉称号。

表2-1-2 1978—1992年内科获得的个人荣誉情况表

年　份	奖　项	来　源	获奖者
1978	先进工作者(教学)	上海第二医学院	杨菊贤
1979	先进工作者(科研)	上海第二医学院	徐济民
1981	先进工作者(医疗)	上海第二医学院	徐济民　张培红
1981	先进工作者(教学)	上海第二医学院	潘小琴
1982	先进工作者	上海第二医学院	徐济民　潘佩华
1984	"三八"红旗手	上海第二医学院	杨景文
1986	优秀工会积极分子	上海市卫生系统	潘小琴
1986	文明班组先进个人	上海第二医科大学	陈巧云
1986—1987	优秀教育工作者	上海第二医科大学	杨景文　应秀玲　张德星

(续表)

年　份	奖　项	来　源	获　奖　者
1987	全国卫生系统文明建设先进工作者	卫生部	张德星
1987	优秀教育工作者	上海第二医科大学	黄克新　张月楠
1988	上海市卫生系统"精神文明十佳好事奖"	上海市卫生局	吴万龄
1988	上海市卫生系统优秀工会积极分子	上海市卫生局	王鹤美
1989	先进工作者	上海第二医科大学	周龙女　洪启文
1990	上海市卫生系统"百日竞赛先进个人"	上海市卫生局	谢冠群
1991	先进个人	上海第二医科大学	谢冠群
1992	优秀教育工作者	上海第二医科大学	盛净

第二节　心　内　科

一、沿革

九院心内科前身为内科心血管专业组，1992年独立建科。1978年12月，徐济民从仁济医院调入医院，任大内科第二主任，主持建立心功能室，临床开展心脏超声和无创心功能检测以及心血管病的临床药物研究，1979年在儿科病房楼层设心血管病床位22张。1980年，内科病房分为3个病区，改变过去各病区不分病种的情况；内科三病区以心血管系统疾病为主，位于旧3号楼2楼整个楼面，设床位35张。1983年，内科三病区床位增加至44张。专业组成员有吴培然、李传福、夏永康、杨菊贤、郑慧君等高年资医师。1986年，赵佩琪在仁济医院进修后，开设心内科监护病房，设4张监护床位。1988年，成立内科心血管病研究室，徐济民任主任。

1992年4月，在心血管专业组基础上成立心内科。1992年底，医院从瑞金医院引进任义荣组建心内科导管室，开始独立开展冠脉介入和心脏电生理诊疗项目。

2003年底，内科迁入5号楼，心内科在4楼设40张病床，另设有6张CCU监护床位。2005年，心内科被批准为卫生部心血管临床药理基地。2007年，医院心内科与瑞金、仁济等8家单位共同组成的上海交通大学医学院心内科入选国家重点学科，为上海交通大学医学院冠心病诊治中心组成单位之一。2008年5月，心内科从5号楼4楼迁入2号楼的7楼和8楼，建立心一、心二两个病区，床位增加至66张，包括9张CCU病床。2009年，心内科成为上海市住院医师规范化培训基地之一。

表2-1-3　1979—2010年心内科历任主任情况表

任　职　时　间	主　　任
1979—1992	徐济民
1992—1996	杨菊贤

(续表)

任 职 时 间	主 任
1996—2010	吴士尧
2010—	王长谦

2010年初,医院设立心内科专用DSA机房,并选拔年轻医师参加国内外培训,全面提高介入团队技术水平,科室的介入手术量快速增长。

至2010年,心内科有医师29人,其中主任医师4人、副主任医师6人、主治医师12人,博士学历5人、硕士学历17人。博士生导师1人,硕士生导师1人。主管技师5名,护理人员36名。设2个病区,床位67张,CCU床位9张,并配备有心功能室、心电图室、心导管室。科室具有国家药监局临床药理试验资质。

先后担任内科三病区和心内科护士长的有王鹤美、唐永华、黄梅娟。

二、医疗

【业务发展】

1980年,以心血管系统疾病诊疗为主的内科三病区成立后,主要收治心绞痛、急性心肌梗死、心力衰竭、心律失常、高血压以及风湿性心脏病、肺心病等各类心血管疾病患者。心功能室配备国产的四导生理记录仪和M型超声心动图仪,为门诊和病房患者开展无创性心功能检查。1982年开展心脏起搏器植入手术。1986年,心内科监护病房的成立,使得急性心肌梗死和各类高危心律失常、重症心衰患者等得到更加有效的监护,并组建以赵佩琪、周礼明、黄震华、盛净、王健、程纯等为主的监护室骨干团队。1992年,心功能室又添置多普勒心脏超声仪和24小时动态心电图仪。1992年起,相继独立开展心律失常的射频消融、冠脉造影和心室造影、冠脉成形和支架植入等心血管微创介入手术。经30年的发展,心内科的临床专业水平稳步提高,多次成功抢救冠心病危重患者。2008年9月21日,上海大学1名澳大利亚籍教师因剧烈胸痛前来医院急诊,接诊医师殷兆芳诊断为急性广泛前壁心肌梗死,同时合并频发室性心律失常,病情危重。心内科启动"绿色通道",成功施行急诊冠脉介入治疗,使患者转危为安,6天后顺利出院。凭借过硬的临床医疗技术,心内科各亚专业在患者中获得良好口碑,门诊量和住院患者逐年增加,2010年专科门诊70 877人次,出院2 405人次,平均住院日9.6天。

【医疗特色】

心脏电生理介入诊疗技术 1981年,杨菊贤率先开展食管调搏技术检测窦房结功能,为病态窦房结综合征提供诊断依据。1982年,科主任徐济民选派简光泽去仁济医院心内科进修学习,并和胸外科倪峰,放射科罗济成,以及心内科护士长王鹤美、护士唐永华等组成团队开展心脏起搏器植入手术。1986年,起搏器团队成员调整为简光泽、赵佩琪、周礼明、黄震华、盛净等医师,在仁济医院、胸科医院的帮助下继续开展心脏起搏器植入手术。1992年12月,医院从瑞金医院引进任义荣组建心内科导管室。1992年12月4日,心内科独立完成首例单腔起搏器植入术。1993年,全年共完成25例心脏起搏器植入术。1993年4月7日起,开展右心导管检查,主要用于风湿性心脏和先心病的诊断。1995年2月11日,心内科首次运用射频消融术治疗预激综合征所致室上性心动过速获成功。1998年10月16日,成功完成上海首例心脏三腔起搏器植入术,标志着心内科心脏电生理技术进入新的发展阶段。

冠脉介入技术 1992年底,心内科导管室成立。1993年4月起,在任义荣主导下开展冠脉造影和左心室造影。同年5月11日,完成心内科首例心脏冠状动脉前降支经皮腔内冠状动脉成形术(PTCA)。1998年8月10日,心内科为一位70岁心梗女患者植入前降支支架成功,这是心内科首例冠脉内支架植入术,标志着冠脉介入诊断和治疗手术的全面开展。2002年7月15日,心内科开通急诊心梗绿色通道,先后由任义荣、严毓勤以及许左隽、殷兆芳担任急诊24小时介入团队骨干,同年,为一位58岁急性前壁心梗男性患者成功开通前降支。自此介入团队24小时待命成为常规,并率先在全市开展经桡动脉急诊经皮冠脉介入术(PCI)治疗急性心肌梗死患者,包括急性左主干闭塞病例,为急性心梗患者赢得生机。2010年,医院从新华医院引进博士生导师王长谦,并为心内科配备专用的导管室,科室介入手术量从2009年的495例次骤增至2010年的1008例次。

至2010年,心内科已发展成为专科特色齐全、设备先进、技术力量雄厚、梯队合理的专业学科,在心脏介入治疗领域获得快速发展。同年11月,通过上海市卫生局三甲医院专科技术准入复审,心内科4项核心技术(冠脉介入、电生理射频消融、起搏器、先天性心脏病介入)均获得准入资格。每年开展单双腔起搏器、心脏自动除颤器(ICD)及心脏再同步化治疗(CRT-D)植入、射频消融治疗各种复杂心律失常近100例。常规开展冠脉介入诊治项目,如冠状动脉造影术、血管内超声(IVUS)、经皮腔内冠状动脉内成形术(PTCA)、冠脉内支架术等。每年冠脉造影手术量近1000例,冠脉内支架术近400例。95%以上冠脉介入采取经桡动脉路径,以减轻对患者生活影响并缩短住院时间。急诊心梗绿色通道全年无休、24小时待命,缩短抢救D—B时间(指从进入医院急诊到冠脉球囊扩张所需时间),已经成为抢救急重冠心病患者的有效机制,成功挽救多名急性冠脉综合征患者的生命。心内科还设有无创检查室,常规为患者作心脏及颈动脉超声、动脉硬化检测等专业检查,床旁超声也成为科室特色之一。

三、教学

【学历教育】

1964年,医院成为上海第二医学院口腔系教学基地,内科成立教研组,王耆龄任组长。心内专业是内科教学的重要师资力量。1972年,口腔系开始招收三年制学员。1977年,恢复招收五年制口腔本科学生,心内科专业医师承担了心血管病的授课和见、实习带教任务。1984年8月,徐济民任内科教研室主任。1995年,上海第二医科大学九院临床医学院成立。心内科每年承担九院临床医学院、口腔医学院、生物医学工程、药学专业和夜大学专升本等专业的心内科教学任务。吴士尧、周礼明、黄震华、王健、程纯、许左隽等专家组成的教师队伍保证了稳定的课堂教学质量。科室规范开展三级查房、小讲课、病例讨论、教学查房等多种带教形式,充分调动学生的积极性,使实习、见习的学生们受益匪浅。2010年心内病区被评为上海交大医学院临床教学示范培育病区。同时,在九院临床医学院率先开展PBL、CBL教学。科室培训了"心肌梗死""心绞痛"标准化病人3名,并顺利通过考核,参与临床教学。陈元美撰写的PBL教案获得交大医学院PBL优秀案例优胜奖。

1983年,心内科成为硕士点,徐济民成为心血管专业第一位硕士生导师,先后培养了包括冯守道、黄震华、严毓勤等在内的9名硕士研究生,并逐渐成为科室的业务骨干。此后,杨菊贤(1988

年)、吴士尧(1999年)、程纯(2010年)相继成为硕士生导师,培养了一批硕士研究生。

【继续教育】

2005年,医院心血管内科等20个学科确定为第一批上海交通大学医学院临床住院医师规范化培训基地。2009年,医院内科等9个二级学科通过资格审核成为上海市住院医师规范化培训基地,从2010年9月开始接收社会化内科住院医师进行培训。科室严格执行培训细则,安排资深医师进行临床带教,组织科内教学活动,规范轮转考核,以保证培训质量。同年11月成功申请到国家继续教育学习班1项,顺利举办了医院"心视野"学术论坛暨心血管继续教育学习班,并作为科室的品牌项目持续开展。科室里每月开展青年医师读书报告会活动,促进学术交流、知识更新。

四、科研

1982年,医院建立内科中心实验室。徐济民来九院后带领心血管专业组开展临床研究。1988年7月,内科心血管病研究室成立,徐济民任主任。

【研究方向】

临床药理研究　徐济民长期致力于心血管病的临床药理研究,带领研究生和科室人员完成多项临床药物试验和验证。建立从离体心肌动作电位、离体心脏灌流到在体冠脉钳闭等实验研究模型,先后承担"灯盏花""关戊甲素""葛根素"等多项药物的临床和实验研究,为阐明一批植物药制剂的药理作用提供科学依据。其主持的"抗心律失常药物电生理效应"科研项目,获国家教育委员会科技进步奖二等奖。其负责的"灯盏花注射液抗心肌缺血的实验和临床研究"科研项目,获1990年度上海市卫生局中医药科技进步奖三等奖及1992年度上海市科技进步奖三等奖。

2006年,心内科获得国家药监局临床药理试验资格,至2010年底已先后承担了奈西利肽、SHIFT、利伐沙班、ACE临床试验、依维莫司支架等15项国际、国内多中心临床研究。

阻抗心功能和体表希氏束图研究　20世纪80年代初期,徐济民指导硕士研究生冯守道开展阻抗心动图的心功能测定研究,对于阻抗图a波的形成机制和影响因素进行深入探索,揭示a波变化与心功能之间的关系。1986年心功能室添置日本产的八导联生理记录仪,徐济民、夏永康与上海科技大学合作,开展体表希氏束电图的实时检测、微波心尖搏动图的研究,并在全国生理科学学会生理仪器评奖会上获二等奖。

心身医学　1985年起,杨菊贤开展生物反馈和心身医学的研究,致力于探索性格类型的生理基础及其与冠心病易患性的关系,以及干预方式对疾病发展的影响,先后积累800多例资料,并有200余篇论文发表在全国性学术刊物上。1996年,杨菊贤主持的"心血管心身疾病研究"获国家教委科技进步奖三等奖;1997年,在洛杉矶国际心身医学学术会议上,其所作的报告"中国行为医学专业的进展"被评选为"杰出成就奖"。

冠心病诊疗　王长谦为心内科首位博士生导师,致力于动脉粥样硬化和冠心病的介入治疗研究。至2010年,以第一承担人获得十多项科研项目,包括国家自然科学基金3项、上海市科委重点项目2项;获上海市科技进步奖三等奖2项;1998年入选上海市青年科技启明星计划,2003年获上海市第九届银蛇奖,2009年获评上海市优秀学科带头人。

图 2-1-5　2010 年科主任王长谦(前左一)和同事们在 2 号楼心内科导管室

【科研成果】

科研获奖　20 世纪 80 年代以来,心内科在临床科研方面开展了多项研究并获得一系列奖项。进入 21 世纪后,心内科团队积极申报各类科研项目,致力于冠心病、心肌疾病的发病机制、药物干预效应的分子生物学机制等多方面的研究。2009 年,张绘莉获得心内科第一项国家自然科学基金项目。2002—2010 年心内科共获得院级科研基金 7 项,上海市级以上课题 12 项,其中国家自然科学基金和教育部课题各 1 项。

表 2-1-4　1995—2010 年心内科获得的校级及以上级别研究课题情况表

年　份	课　题　名　称	来　源	第一负责人
1995	急性心梗时药物干预血小板、凝血功能对溶栓治疗的影响	上海第二医科大学	赵佩琪
1995	老年心房纤颤的临床特点及与药物转复效果的相关性研究	上海市卫生局	周礼明
1999	经胸廓内动脉介入治疗急性心肌缺血的试验研究	上海市科委	应秀玲
2002	他汀类药物治疗病毒性心肌炎的实验与临床研究	上海市科委重点科技攻关	陈元美
2003	肝脏脂肪酶基因遗传多态性与动脉粥样硬化的相关研究	上海市教委	陈元美
2005	辛伐他汀在体内外干预病毒性心肌炎的实验研究	上海市教委	吴士尧

(续表)

年份	课题名称	来源	第一负责人
2005	胰岛素抵抗与动脉粥样硬化及严重程度关系的研究	上海市教委	严毓勤
2006	阿霉素心肌毒性的早期检测研究	上海市教委	陈元美
2006	骨髓间充质干细胞经δ-肌聚糖基因修饰后修复遗传性扩张型心肌病大鼠心肌的实验研究	上海市科委	陈元美
2008	上海建筑农民工流行病学研究	上海市建设交通委员会	程 纯
2009	硫化氢对动脉粥样硬化过程中单核巨噬细胞功能的调控及分子机制的研究	国家自然科学基金青年基金	张绘莉
2009	新型硫化氢释放药物——硫化氢释放型阿司匹林的抗动脉粥样硬化作用及其机制的研究	上海市科委浦江人才计划	张绘莉
2010	冠心病PCI术前优化评估及术后康复系列研究	浦东新区卫生局	殷兆芳
2010	oxLDL敏感型microRNAs对动脉粥样硬化斑块稳定性的调控	上海市科委基础重点	王长谦
2010	新型气体介质硫化氢在病毒性心肌炎中的作用及机制	国家教育部留学回国人员基金	张绘莉

表2-1-5 1986—1999年心内科获市级以上奖项情况表

年份	项目名称	奖项	第一完成人
1986	抗心律失常药物电生理效应	国家教委科技进步奖二等奖	徐济民
1990	灯盏花注射液抗心肌缺血的实验和临床研究	上海市卫生局中医药科技进步奖三等奖	徐济民
1992	灯盏花注射液抗心肌缺血的实验和临床研究	上海市科技进步奖三等奖	徐济民
1996	心血管心身疾病研究	国家教委科技进步奖三等奖	杨菊贤
1997	中国行为医学专业的进展	洛杉矶国际心身医学大会杰出成就奖	杨菊贤
1998	心血管心身疾病研究	"吴孟超杯"突出贡献奖	杨菊贤
1999	心血管心身疾病研究	中华医学会终生成就奖	杨菊贤

【学术任职】

徐济民曾任中华医学会资深专家会员、中华医学会荣誉会员、中国老年学会心脑血管病专业委员会资深专家委员会委员等职。杨菊贤曾任中华医学会行为医学专业委员会主任委员、中华医学会行为医学生物反馈学会副主任委员、上海市心身医学学会名誉主任委员、上海康复医学会心血管专业委员会副主委、上海市疾病控制中心专家委员会委员、上海市心理咨询专家委员会委员、国际华人医学家心理学家联合会(IACMSP)常务委员兼理事等职。吴士尧曾任中国中西医结合学会上

图 2-1-6 2010 年心内科合影。前排左三起：吴士尧、杨菊贤、王长谦、周礼明

海心血管病专业委员会副主委、上海医学会行为医学分会委员、上海继续医学教育委员会委员等职。王长谦担任中国心脏学会委员、上海医学会心血管病分会委员等职。

【发表论著】

1991—2010 年，心内科发表相关专业论文 800 余篇，其中 SCI 论文十余篇，主编及参编专著 30 部。其中，徐济民主编的专著有《内科学》（高等医学院校口腔医学专业用书）、《临床实用新药手册》（第二版）、《心律失常》、《冠心病》等，担任副主编的有《临床内科学》（上下册）、《自我保健医学》（上下册）和《中老年疾病自我诊疗》等 7 部，合著的有《血管外科学》《心电图·心向量图学》《急症急救学》等 19 部；副主译《心脏病学》（第五版），参加翻译的有《西氏内科学》（第十九版）等。杨菊贤主编、参编的专著有《实用心身疾病学》《实用心律失常学》《行为医学研究》《康复心脏病学》《冠心病自我保健》《内科医师眼中的心理障碍》等。

五、社会公益

心内科医务人员秉承科室优良传统，积极响应国家号召，历年来有多人接受派遣参加各种医疗援助工作，出色完成医院和领导交给的医疗援助任务，并获得医院表彰。

表 2-1-6 1976—2005 年心内科参加医疗援助任务情况表

时　　间	援　助　任　务	人　　员
1976—1977	唐山抗震医疗队	简光泽　应秀玲　唐永华
1999—2001	援助瓦努阿图医疗队	严毓勤
2002—2005	援疆医疗工作	解玉水
2004—2005	援滇医疗工作	许建忠

六、荣誉

【集体荣誉】

心内科（内三病区）曾获多项荣誉，校级及以上的有二医大"文明班组"（1986 年、1999 年、2001—2003 年）。内三病区护理组荣获上海市卫生系统"文明行医、优质服务、满意在医院"先进集体称号（1992 年），上海市卫生系统"文明班组"（1998 年）等。

【个人荣誉】

徐济民获上海第二医学院先进工作者（1979 年、1982 年），1993 年起享受国务院特殊津贴。

杨菊贤获上海第二医学院先进工作者（1978 年），卫生部"吴孟超杯"突出贡献奖（2000 年），中华医学会终身成就奖（2009 年）。

谢冠群获上海第二医科大学先进工作者（1991 年）。

黄梅娟获上海市卫生系统评选护理"金状元"操作比赛优胜奖（1992 年），上海第二医科大学"三八"红旗手（1996 年），上海市卫生局先进工作者（1997 年），上海市卫生系统文明职工（2000 年）。

吴士尧获上海市总工会"精神文明百件好事""全身心为病人服务"，上海市"精神文明百件好事"，上海第二医科大学"精神文明十佳好事"（1993 年）。

许左隽获上海市卫生系统文明职工（2000 年）。

王长谦获上海市卫生系统"银蛇奖"，上海市卫生局先进工作者（2003 年），上海市优秀学科带头人（2009 年）。

陈元美获上海交大医学院"三八"红旗手（2007—2008 年）。

许建忠荣获上海市卫生系统世博医疗卫生保障工作先进个人（2010 年）。

第三节　肾内科

一、沿革

1964 年 10 月，王耆龄从广慈医院（现瑞金医院）调来医院，任内科主任和口腔系内科学教研组主任，开展慢性肾病、尿毒症、尿路感染等疾病的诊疗，其中，以清洁中段尿代替导尿做细菌培养为国内首创，并逐渐成为业界常规。其为开展腹膜透析工作还自行研究配置腹透液。"文化大革命"中，科室业务发展处于停顿。

1976 年，大内科分专业，肾脏病专业组成立，由张德星任组长。肾脏病专业成立时与内分泌专业合用旧 2 号楼底楼 1 个楼面，时称老内科，合用 38 张床位。当时仅有张德星、田树敏、金增穗、尹家宁和黄国范 5 名医师。1983 年以后肾内科病房迁至旧 2 号楼的 2 楼。

1992 年 4 月，肾脏病专业组从大内科分出独立建科。2003 年 12 月，肾内科迁至 5 号楼 2 楼，仍与内分泌科共用一层楼面，肾内科设床位 20 张。2008 年 4 月，肾内科病房迁至 2 号楼 6 楼，成为独立病区，病房核定床位增至 30 张。

至 2010 年，肾内科有医务人员 40 人，其中正高职称 1 人、副高职称 3 人、中级职称 6 人，具有研究生学历 13 人、硕士生导师 3 人，设床位 33 张。

担任内一病区和肾内科的护士长先后有孙键、陈惠芳、沈君。

表 2-1-7　1992—2010 年肾内科历任正、副主任情况表

任职时间	主　任	副主任	任职时间
1992—1996	张德星	2000—2005	张　薇（主持工作）
1996—2000	田树敏（兼）		
2005—	张　薇		

二、医疗

【业务发展】

1976 年肾脏病组成立之初，以治疗急、慢性肾功能衰竭和肾病综合征为主。1980 年，大内科分病区后，肾脏病科在张德星带领下锐意进取，积极开拓，相继开展腹透、血透、肾穿刺等新技术。20 世纪 80 年代初，曾配合医院泌尿科与仁济医院合作进行 6 例肾移植全部获得成功，在当时肾脏病界获得良好赞誉。

2010 年，肾内科核定病床 33 张，年出院患者 979 人次，专科年门诊量 16 000 余人次。血透室配置常规血透机 24 台，长期血透患者增加至 121 人，维持血液透析 9 942 例次。配置 CRRT 机 2 台，2010 年施行血液透滤 735 例次，参与危重患者抢救进行 CRRT 治疗 61 例次。开展肾活检、动静脉内瘘成形术、腹透管植入术、临时和长期静脉导管植入术等专科手术。血液净化技术更趋完善，已全面开展血液透析滤过、血液灌流、血浆置换、持续性肾脏替代等治疗项目。

【医疗特色】

危重肾脏病的血液净化治疗　医院是上海最早开展血液透析的 4 家医院之一。1975 年，张德星、田树敏等与泌尿外科宋宁家等合作开展血透动物实验。1976 年，肾病专业组成立初即与泌尿外科合作以 1 台国产血液透析机开展血液透析，同时还与普外科合作开展床边腹膜透析，成功抢救治疗多例不宜搬动的急、慢性肾功能衰竭和各种急性中毒患者（如青鱼胆、安眠药、有机磷中毒等）。

最初的血透室在老食堂西侧对面简易平房里的高压氧舱旁边。后几经迁移，1992 年前后，血透室搬迁到旧 2 号楼 2 楼的原骨科病房区域，与肾内科病房在同一楼面。1998 年左右，血透室又搬迁到旧 2 号楼底楼原中心供应室区域。最早的设备是 2 台国产 T-X23 型平板薄膜透析仪，护士朱敏、朱美蓉、袁美凤等是较早从事血透操作的。由于设备性能所限，每次透析前需要人工铺膜，回血时需要手工辅助，费时费力，只能治疗 3~4 个患者。1988 年，配置 2 台进口的"COBE"牌透析仪，用真空纤维透析器和简单的水处理装置，用长征医院配制的 A、B 透析液液，患者不良反应显著减轻。1998 年透析仪增加至 6 台：4 台"COBE"牌和 2 台金宝牌透析仪，其中 1 台 AK200 可以做血滤。自此血透患者辅以血滤治疗，患者的生活质量得以显著改善。

2002 年 5 号楼底楼东半个楼面开辟为血透室，透析仪增加至 12 台。设立两个治疗区，并分别有独立出入通道。除透析和血滤，还开展血液灌流、血浆置换等新技术。

2009 年，血透室搬迁至 5 号楼 6 楼，使长期受困于场地狭小的血透室条件得到显著改善。血透室透析器增加至 24 台，血滤仪也增加至 4 台，治疗范围逐步扩大至本学科以外。根据医院特点配

合手术科室防治术后急性肾功能衰竭,和急诊科、心内科、血管外科、消化科等科室合作参加院内多次重危患者(包括横纹肌溶解综合征、急性溶血尿毒综合征、血栓再通术后急性肾衰,急性造影剂肾损伤等病例)的抢救工作,显著提高重危患者的抢救成功率。

2003年6月、2004年12月,医院先后发生2例麻醉中恶性高热横纹肌溶解肾功能衰竭的病例,分别经40多天和60多天的连续性血液净化抢救治疗成功。

中西医结合治疗慢性肾脏病 20世纪80年代,在张德星带领下与中医科成立联合专科门诊,采用中西医结合治疗方法广泛应用于临床,在治疗各种急、慢性肾脏病方面均有一定特色和进展,专科患者群体逐渐增加。

肾穿刺病理检查 1984年起肾内科开展肾穿刺病理检查。起初需要放射科静脉肾盂造影下定位穿刺,每例肾穿刺手术张德星主任都亲自参加。至2010年,改为床边B超定位下穿刺,以减少造影剂和放射线对患者和医务人员的影响。至2010年已施行500余例,全部穿刺成功。肾穿刺病理检查对患者的正确诊断、预后判断和指导治疗都起到积极作用。张德星把所有病例的临床和病理资料进行精心整理和统计分析,为以后的医、教、研工作提供珍贵资料。

图2-1-7 2009年肾内科医护人员在新装修的病房。中排左三张薇,左四田树敏

三、教学

1964年科主任王耆龄担任内科教研组主任。肾脏专业的医师承担口腔系的内科学授课和实习教学。肾脏科隶属于九院临床医学院和口腔医学院内科、诊断教研室。张德星(1976—1996年)、田树敏(1996—2005年)先后担任口腔医学院和九院临床医学院的诊断教研室主任和内科教研室副主任,张薇(2000年至今)担任内科教研室副主任,组织协调内科相关课程的教学和见、实习工作。肾内科除参与口腔系五年制、七年制,临床医学五年制内科学和诊断学教学任务外,还先后承担五年制生物医学工程专业本科、夜大学专升本、药学专业的内科学和诊断学教学工作。每年各专业的理论课课时:内科学34学时,诊断学11学时,药学专业3学时。肾内科对教学工作一贯高

度重视,由 3 名具有高级职称、5 名具有中级职称的高年资医师担任肾内科、诊断学专业理论授课,其他人员参与临床实习带教。

四、科研

【学术任职】

张德星曾任中华医学会肾脏病分会上海分会常务委员、顾问,上海市医疗事故鉴定小组委员等职。田树敏曾任中华医学会肾脏病学会上海分会委员、上海市司法局人身伤害专家委员会委员。张薇曾任中华医学会肾脏病学会上海分会委员。

【发表论著】

在医疗工作不断进步的同时,肾内科的科研力量也不断加强。学科成立之初在应付繁重的临床工作之余,张德星严格要求医务人员加强业务学习,撰写高质量的学术论文。1991 年,张德星成为硕士生导师,招收硕士研究生,在任期间共发表相关学术论文 20 余篇,参加编写肾脏病专业著作 8 部。2004 年后,王应灯、刘英莉、王丽等青年医师加入肾内科,在学科带头人张薇指导下申请到多项市级科研基金,至 2010 年底,科室承担省部级课题 4 项、上海交通大学课题 2 项、上海市课题 1 项。2007 年进入医院第二批院级重点培育学科,使学科建设得到进一步发展。1991—2010 年,肾内科发表论文 30 余篇,其中 SCI 论文 3 篇;参编专著 8 部。

表 2 - 1 - 8　2004—2010 年肾内科获得的校级及以上级别课题情况表

年　份	课　题　名　称	来　　源	负责人
2004	GRKs 调控炎症介导肾脏内皮细胞损伤的研究	上海市科委自然科学基金	张　薇
2006	骨髓间充质干细胞移植对肾脏间质炎症纤维化的影响及可能机制研究	上海交通大学医学院自然科学基金	刘英莉
2009	HGF 转染 MSC 在肾间质炎症、纤维化模型中的体内示踪及作用研究	上海市科委自然科学基金	刘英莉
2009	GRKs 对炎症诱导肾小球内皮细胞损伤过程中 SSeCKS 变化的调控作用	上海市科委自然科学基金	王应灯
2009	Th17 在急性肾缺血再灌注中的作用机制研究	上海交通大学医学院科研基金	王　丽
2010	DC 与 ESRD 患者免疫功能低下关联的研究	上海市科委医学引导项目	张　薇

五、社会公益

肾内科医师黄国范曾参加医院赴摩洛哥医疗队(1998—2000 年)。吴胜斌曾参加第二批上海青年赴滇智力扶贫接力队(1999—2000 年)。

六、荣誉

肾内科获评上海第二医科大学文明科室(1998—1999 年)。

张德星获评上海第二医科大学先进工作者(1986—1987年)、卫生部全国卫生文明建设先进工作者(1987年)、中华医学会肾脏病学会上海分会委员突出贡献奖(1999年),1993年起享受国务院特殊津贴。

吴胜斌获上海市"杰出青年志愿者"(2000年)、上海市卫生系统世博医疗卫生保障工作先进个人称号(2010年)。

第四节 内分泌代谢科

一、沿革

九院内分泌代谢科前身为内科内分泌专业组。20世纪70年代早期,内科仅有汪汉英1名医师从事内分泌专业。1974年,吴万龄调来九院后筹建内分泌专业,并与检验科合作开展内分泌实验室工作。1976年,内分泌专业有床位14张,吴万龄为专业负责人。1980年,内分泌专业与肾脏病专业合用内科一病区,设床位19张。1992年,内分泌代谢科独立建科,吴万龄为首任主任。2007年,内分泌代谢科成为院级重点学科。2008年,内分泌代谢科迁至2号楼的5楼,开始有独立病区,床位增至39张(包括VIP病房2间),陆颖理任主任,朱春芳任护士长。同年,内分泌代谢科成为上海交通大学医学院重点学科。2010年,内分泌科实验室搬迁至改造后的老CT室,开始同位素体内示踪等研究工作。

至2010年底,内分泌代谢科有开放床位39张,VIP病房2间。有32名医护人员,其中主任医师3人、副主任医师5人、主治医师3人、住院医师6人、科技实验技术人员2人、糖尿病教员1人、护理部12人。拥有博士学位4人(其中包括德国、美国、日本留学归国人员),硕士学位7人。

表2-1-9 1992—2010年内分泌代谢科历任正、副主任情况表

任职时间	主任	任职时间	副主任
1992—2000	吴万龄	1998—2000	杨裕国
2000—2008	杨裕国	2006—2008	陆颖理
2008—	陆颖理		

二、医疗

【业务发展】

1980年起,内分泌专业开设专科门诊,1989年起开设内分泌科专家门诊和甲亢专病门诊,后又陆续开设糖尿病和肥胖专病门诊。年门诊量2008年为9 361人次,2009年增至22 142人次。2010年,年门诊量达到47 824人次。

2008年4月,内分泌代谢科年住院人数从1992年建科初的120人增至2008年的822人。至2010年,年住院人数1 129人,平均住院天数由1992年的49.2天缩短至10.5天。

内分泌代谢科注重科室管理,不断完善各项规章制度。2008年4月搬入新病区后,陆颖理引入国际医疗卫生机构认证联合委员会(JCI)理念,在科内建立主治医师负责制度、门诊和病房统一制

度、英文交班制度及一周科室工作安排制度。每周定期召开疑难病例讨论会和文献报告会，促进青年医师的业务提升能力。

2010年8月，科室建立科室网站，分为中、英文版，有科室新闻、学科介绍、学科队伍、门诊时间病房特色、疾病介绍、糖尿病教育、学术科研、研究生园地等，全面展示科室风采，成为对外交流的平台。

【医疗特色】

内分泌代谢科的临床病种涵盖内分泌代谢病领域主要的亚专科，如糖尿病、甲状腺、肾上腺、垂体、骨代谢、性腺、肥胖等，还包括风湿性疾病。

糖尿病　内分泌代谢科在糖尿病的诊断和治疗方面已形成自身特色。

1. 双C治疗　在病房广泛开展胰岛素泵治疗（CSII）和动态血糖连续监测（CGMS）配套强化治疗，提高难治性糖尿病和酮症酸中毒的治疗成功率。

2. 糖尿病合并口腔疾病　来院就诊的口腔颌面部感染患者较多，其中部分患者合并糖尿病，造成感染不易控制，伤口较难愈合，严重者感染向周围组织扩散，可引起败血症或脓毒血症，危及患者生命。科室与医院口腔科合作，已救治多例糖尿病合并颌面间隙严重感染的患者。除口腔颌面部局部治疗，脓肿形成及时切开引流外，予以胰岛素降糖，监测血糖，使血糖控制平稳。同时根据药敏试验选择敏感抗生素，结合营养支持、全身治疗，均获得良好预后，感染得到控制，血糖稳定并出院。

3. 糖尿病合并血管病变　糖尿病足患者多为老年人，病程长，常合并高血压、冠心病等，血管脆，接受传统外科手术风险大。糖尿病下肢动脉介入治疗是一项新技术，包括动脉造影、超声消融治疗、球囊扩张、置放支架、动脉灌注治疗等，具有创伤小、并发症及死亡率低的优点；可使闭塞的血管再通，跛行及静息痛症状消失或明显缓解，足部破溃愈合，感染得到控制，并有较高的肢体保存率，所以被用于越来越多的糖尿病足患者。内分泌代谢科与医院血管外科合作，针对严重糖尿病足患者，开展糖尿病下肢动脉介入治疗，形成学科特色。

4. 糖尿病教育　本着预防为主的理念，科室于2006年起开展糖尿病教育活动，面对全市糖尿病患者开放。由科主任陆颖理主持，顾婷负责，并由科室成员（各级医师，研究生，及护士）积极参与，旨在使糖尿病患者认识到糖尿病及其并发症的危害，指导其治疗，以更好地控制血糖，减少并发症。在四年多时间里，科室医护人员一直利用周六上午的业余时间，于10号楼8楼多功能厅举办糖尿病教育活动，为广大糖尿病患者提供服务，共接待15 000余人次。教育内容包括全方位理论指导（糖尿病系列知识讲座）、免费血糖测定、现场饮食指导（水果餐试验、月饼餐试验、稀饭试验、西式早餐试验）、糖尿病运动指导（糖尿病健身操）、免费的项目检查（糖化血红蛋白、心电图、骨密度、脂肪含量测定、一年一度检测糖化血红蛋白、胰岛素C肽水平、肝肾功能等）。丰富多彩的内容吸引众多的门诊患者及其他各个区的糖尿病患者。科室还定期进社区宣讲糖尿病知识，并开通糖尿病服务热线，为广大糖尿病患者服务。每年11月14日的"联合国糖尿病日"，内分泌代谢科均于门诊楼举行糖尿病大型咨询义诊活动，让更多患者了解并早期发现糖尿病，得到非常好的社会反响。

甲状腺疾病　内分泌代谢科对各种甲状腺疾病如甲亢、甲减、甲状腺炎的防治，具有丰富的临床经验。除药物治疗外，还联合核医学科对甲亢患者行甲状腺^{131}I同位素治疗。

性腺疾病　开展性早熟、青春期发育延迟、性幼稚、性分化异常疾病的诊断和治疗，携手整复外科，对生殖器畸形患者进行内分泌检查，明确病因，制订内分泌治疗方案，以配合手术治疗。

肾上腺疾病　内分泌代谢科对一些少见疑难病的诊治，如醛固酮增多症、库欣综合征、嗜铬细胞瘤等引起的高血压、低血钾的诊治也有独到之处。

风湿性疾病　自身免疫性疾病是内科的常见病,且迁延难愈。陆颖理带领科室同道对类风湿性关节炎、系统性红斑狼疮和其他风湿病的诊治建立系列的诊断和治疗方案,形成科室的另一医疗特色。

三、教学

内分泌专业是内科教研室重要组成部分,在1973年开始的三年制口腔教学以及1978年以后的口腔本科教学中,承担相关领域的教学任务。1995年,九院临床医学院成立,增加临床医学五年制的授课和见、实习教学。内分泌科承担临床医学本科和七年制、口腔医学本科和七年制、继续教育学院临床医学专升本学生的理论授课及见习和实习工作。还先后承担二医生物医学工程专业和继续教育学院临床医学专升本的教学工作。2005年起,科室在内科学教学中加入双语教学,由叶林上甲亢的双语课程。2008年开始,陆颖理在科内建立英文交班制度,培养实习学生及研究生的专业英语。2009年,内分泌科数位医师获PBL教师资格证,开始PBL教学。

内分泌代谢科是较早招收研究生的学科之一。1986年,吴万龄成为硕士研究生指导教师,开始培养内分泌专业研究生。2006年,陆颖理任硕士生导师,2007年成为博士生导师;内分泌代谢科成为博士学位授予点。2009年,乔洁成为硕士生导师。至2010年,内分泌代谢科有博士生导师1名,硕士生导师3名,已培养及正在培养博、硕士研究生28名。

2007年,内分泌代谢科成功举办国家级继续教育学习班"糖尿病与血管病变进展",有2位美国专家亲自参加会议,形成国际交流。参加继续教育项目的有来自各级医院的医务人员及学员共207人。通过此次继续教育项目,学员们获得最前沿的学科进展信息,同时开启内分泌代谢科的国际合作与交流工作。

2010年,内分泌代谢科成为第一批上海市内分泌代谢科和内科医师培训基地,开始接收内分泌代谢科和内科住院医师进行培训。

表2-1-10　2002—2010年内分泌代谢科获教学奖项情况表

时　间	奖　项	获奖人
2002—2003	上海第二医科大学口腔医学院、九院临床医学院教案优胜奖	郭郁郁
2003—2004	高露洁教育奖四等奖	叶　林
2004—2005	上海第二医科大学口腔医学院、九院临床医学院教案优胜奖	叶　林
2005—2006	上海第二医科大学口腔医学院、九院临床医学院理论授课优胜奖	叶　林
2006—2007	上海第二医科大学口腔医学院、九院临床医学院理论授课优胜奖	陆颖理
2006—2007	高露洁教育奖三等奖	郭郁郁
2008—2009	上海第二医科大学口腔医学院、九院临床医学院实习带教优胜奖	郭郁郁
2008—2009	九院临床医学院2009届本科优秀论文指导教师奖	乔　洁
2008—2009	上海交通大学医学院2008届本科优秀论文指导教师奖	乔　洁
2008—2009	上海医药医学教育二等奖	陆颖理
2008—2009	上海医药医学教育三等奖	乔　洁

（续表）

时　间	奖　项	获奖人
2009—2010	上海交通大学医学院2005级七年制本科阶段优秀临床综述奖指导教师奖	乔　洁
2010—2011	上海交通大学口腔医学院、九院临床医学院理论授课优胜奖	隋春华

四、科研

【基本情况】

1970年，医院为职防工作检测需要，在门诊五楼（8号楼）设立实验室，由检验科李龙官负责，虞有香负责检测工作。1974年后，吴万龄增加尿17-羟、17-酮等内分泌项目。实验室逐渐以开发内分泌方面检测为主，增加甲状腺功能、胰岛功能等检测项目。1982年，实验室搬迁至新建的整复外科大楼底层东侧楼面，成为医院的中心实验室，吴万龄参与筹建，并于1985年任实验室副主任。1997年，因病房调整，实验室搬迁至钴-60楼（已拆除）2楼。2003年，建造1号楼时，实验室迁至10号楼2楼的临时房。先后有徐连芬（医学院微生物教研室）、洪金秧、朱菊红、盛宏光、徐伟人、吴娟娟、张惠珍等在实验室工作。

1976年，吴万龄率先在国内建立T细胞亚群及其亚组以及自身免疫甲状腺病的IL-2/SIL-2R系统的研究。20世纪70年代末，率先建立生物活性（真）胰岛素放射受体及受体抗体测定法。20世纪80年代初，用体视学（Stereology）原理从事糖尿病Micro AP结构与功能的判别分析函数研究，80年代末至90年代初，用原位杂交技术研究糖尿病血管内皮素、NO合成酶、PDFG及其受体基因表达以及氧化应激等实验研究。实验室配备有酶标仪、伽马仪和进口超低温大型离心机等设备，能对甲状腺激素、胰岛素等30多种激素进行精确测定，骨密度及内分泌腺自身抗体等多个项目的检测，经卫生部质控中心多次考核质量优秀。

2010年，根据医院统筹安排，内分泌实验室转向以科研为主。陆颖理带领原CT室重新建立内分泌研究室，面积扩大到100平方米（6间实验室），配有专业技术人员2名。实验室拥有生物样本库、全自动化学发光免疫分析仪、高压液相仪、国际标准法测定糖化血红蛋白、RT-PCR、PCR、免疫荧光显微镜、气相色谱-质谱联合仪、液闪测定仪、高精度恒速Harvard灌流泵4只、氮气吹干仪、细胞收集仪、真空凝胶干燥仪、细胞培养箱和超净工作台等仪器。操作室内配备有杂交炉、台式离心机、恒温水浴锅、有机玻璃挡板、有机玻璃污物箱和同位素监测仪等。2010年，引进美国同位素示踪技术，通过上海市环保局的同位素技术资格审核，从此进入同位素示踪剂研究内分泌代谢的新阶段，为全国首创，已申请到包括国家自然科学基金6项、上海市科委10余项在内的各项基金。

内分泌代谢科形成自身特有的研究方向，并且在以下方面处于国内领先地位：同位素示踪剂用于内分泌代谢路径的研究、糖尿病血管病变的炎症机制、低雄激素对于血管内皮改变的机制、肝脏卵圆细胞分化为胰岛B细胞的研究、内分泌单基因遗传病的研究。

【研究成果】

先后承担国家自然科学基金在内的各级课题40余项，累计获得科研经费400余万元。2010

年,内分泌科获得国家自然科学基金 3 项:陆颖理主持的"糖尿病前期机体葡萄糖代谢紊乱发病机制的研究"、乔洁主持的"新的黄体生成素受体剪切异构体(LHR-6A)的功能研究"、姜博仁主持的"芍药苷抑制脂肪组织内炎症恶性循环的机制研究"。

2008 年,陆颖理入选上海交通大学医学院"百人计划"。2010 年,乔洁入选上海交大医学院"新百人计划"。

表 2-1-11 2006—2010 年内分泌代谢科获得的校级及以上级别课题和人才计划情况表

年 份	课题、人才计划名称	来 源	第一负责人
2006	糖尿病性血管内皮 COX-2 途径的炎症性损伤机制研究	上海市科委自然科学基金	陆颖理
2007	新的核因子 AD-004 在性腺中的功能研究	国家自然科学基金青年基金	乔 洁
2007	早期糖尿病血管内皮病变机制及防治的研究	上海市科委基础重点	陆颖理
2007	肝脏卵圆细胞分离、培养至 β 细胞	上海市教委重点项目	陆颖理
2008	肝脏卵圆细胞再生胰岛 β 细胞的研究	上海市白玉兰科技人才基金	陆颖理
2008	上海交通大学医学院"百人计划"	上海交通大学医学院	陆颖理
2008	高血糖环境下大鼠血管内皮细胞 COX-2 的变化及其对内皮的影响	上海高校选拔培养优秀青年教师科研专项基金资助项目	王宁荟
2009	芍药苷抑制脂肪细胞与巨噬细胞间炎症恶性循环	上海市科委自然基金	姜博仁
2009	低雄激素动脉粥样硬化大鼠模型的建立与验证	上海市科委(实验动物)	陆颖理
2009	微囊纳米包卵圆细胞再生胰岛组织的研究	上海交通大学医工(理)交叉重点项目	陆颖理
2009	老年糖尿病患者家庭式教育方法探讨	上海交通大学医学院	朱春芳
2009	Toll 样受体 4 信号通路对糖尿病血管内皮炎症作用的体外研究	上海高校选拔培养优秀青年教师科研专项基金资助项目	姜博仁
2010	糖尿病前期机体葡萄糖代谢紊乱发病机制的研究	国家自然科学基金、上海市科委白玉兰科技人才基金	陆颖理
2010	新的黄体生成素受体剪切异构体(LHR-6A)的功能研究	国家自然科学基金	乔 洁
2010	芍药苷抑制脂肪组织内炎症恶性循环的机制研究	国家自然科学基金青年基金	姜博仁
2010	用示踪剂技术探讨高脂诱导肥胖糖脂代谢稳态失衡的调控机制	上海市科委重点基金	陆颖理
2010	Urocortin2(尿皮素 2)对大鼠心室肌细胞正性肌力作用的分子机制	上海市科委浦江人才计划	仰礼真
2010	低雄激素大鼠体内糖代谢紊乱发病机制的研究	上海交通大学医学院	翟华玲
2010	上海交通大学医学院"新百人计划"	上海交通大学医学院	乔 洁
2010	基础护理现状调查与分析	上海交通大学医学院第九人民医院	朱春芳

（续表）

年 份	课题、人才计划名称	来 源	第一负责人
2010	用示踪剂技术探讨高脂诱导下肥胖糖脂代谢稳态失衡的调控机制	上海高校选拔培养优秀青年教师科研专项基金	陈 奕
2010	阿托伐他汀通过改善线粒体结构功能及抑制COX-2表达改善糖尿病血管内皮功能	辉瑞中国血脂异常与动脉粥样硬化科研基金	陆颖理

表2-1-12　2006—2010年内分泌代谢科科研项目获奖情况表

年 份	科 研 项 目	奖 项
2008	血管与雄性激素研究	上海科技进步奖三等奖
2008	黄体生成素受体异构体研究	上海科技进步奖一等奖

图2-1-8　2010年内分泌代谢科合影。前排左三杨裕国，前排左四陆颖理

【学术任职】

吴万龄曾任上海内分泌学会副主任委员，内分泌学会、糖尿病学会及受体病学会顾问，上海医学会内分泌、糖尿病及受体病专家会诊中心副主任，上海国际医学交流中心内分泌科会诊中心特约专家，上海市中医、针灸、推拿研究会高级顾问，中华医学会内分泌学会及糖尿病学会委员，上海医学会受体病学会及骨质疏松学会委员等。2002年入选《东方名医名院录》（上海科学普及出版社）。曾任《国外医学·内科》特约编委、《世界医学》编委。

杨裕国曾任中华医学会上海分会内分泌专科委员会委员。

陆颖理任中华糖尿病学会委员、上海糖尿病康复协会常委、中华医学会上海市内分泌分会委员、上海市大内科住院医师培训基地评审委员兼秘书、上海内分泌疑难病例学组成员、上海市医疗事故鉴定专家、上海市中西医结合学会委员、中华糖尿病杂志编委、《上海交通大学学报》（医学版）审稿人、*International Journal of Clinical Medicine*审稿人。

【发表论著】

吴万龄主编出版《内科疾病临床思维指南》(1987年)、《内分泌疾病手册》(第一版1991年,第二版1995年);参编《高级临床内科学》《糖尿病学》等专著5部;译校及审校 Principles of Internal Medicine 等专著3部。1992—2010年,内分泌科发表文章100余篇,其中SCI论文20余篇,影响因子总数约35。

五、荣誉

吴万龄获评上海市卫生系统"精神文明十佳好事奖"(1988年)。

内分泌代谢科获评二医大文明科室(1998—1999年)。

第五节　血液病科

一、沿革

血液病科前身为内科血液病专业组。1974年初,内科医师杨顺年开始着手血液病专业筹备和人员培训。1974年8月,杨景文从南通医学院调来九院内科参加血液病专业工作。1976年,内科形成血液病专业组,杨景文为负责人。1978年开设血液病专科门诊。1980年,血液和消化专业组成内科二病区(旧3号楼底层,曾经的新内科病区),有10张床位和3名医师:杨景文、林杰和乐忠庆。1992年4月,血液病科成立,杨景文为第一任科主任,仍与消化科合用一个病区,设床位20张,其中含4张消毒隔离床位,有5名专业医师:杨景文、林杰、乐忠庆、石芝春、侯福祥。1998年内二病区迁至重新装修的3楼原儿科区域。2000年6月,胡钧培任科主任。2003年12月,血液病科迁至5号楼6楼,仍与消化内科合为内科二病区,设床位20张,包括2张无菌床位。2008年5月,血液病科迁至装修完毕的2号楼3楼成独立病区。2008年6月,朱琦主持工作。至2010年,血液病科设床位32张,包括层流室床位3张。有医技人员17人、护士10人,其中主任医师1人、副主任医师3人、硕士生导师1人。

担任内二病区护士长的先后有陈惠芳、黄梅娟、郁慧珍、贾琦、李宇红、吴海霞、刘敏,担任血液病科护士长先后有王韧、朱琦。

表2-1-13　1992—2010年血液病科历任正、副主任情况表

任职时间	主　任	任职时间	副主任
1992—2000	杨景文	2008—	朱　琦(主持工作)
2000—2008	胡钧培		

二、医疗

【业务发展】

20世纪80—90年代,血液病专业组以血液流变学和凝血功能为主要业务方向。1994年12

月,成立血液流变学与血栓研究室,杨景文任研究室主任,对各种血栓栓塞性疾病患者开展血液流变学指标的检测工作。20世纪90年代后,对恶性血液疾病的诊断和治疗逐渐成为血液病专业的主要业务。2000年以来,进一步对包括白血病、淋巴瘤、骨髓瘤等在内的所有血液疾病进行临床诊疗和研究,参加相关协作组,并积极准备开展造血干细胞移植。

图2-1-9 20世纪90年代血液病科医护人员在血流变研究室。前排左起:窦红菊、陈惠芳、杨景文、林杰;后排左起:乐忠庆、孙键、侯福祥、石芝春、张雪珠、施晓雯、谢红

2003年,医院开始对内科各专科分别考核,血液病科住院人数稳步增长。2008年拥有独立病区后,住院人次又有显著增长。2009年,平均每月出院人次达到106人。2009年,收治恶性血液病(包括白血病、淋巴瘤骨髓瘤、再障等)患者共132例,缓解率约80%,治疗相关并发症发生率约10%;收治实体肿瘤患者共52例,治疗有效率达到80%。2010年,平均每月出院人次达到120人。

表2-1-14 2001—2010年血液病科住院人次统计表

年　　份	住院人次
2001	529(血液+消化)
2002	578(血液+消化)
2003	344
2004	404
2005	530
2006	610
2007	573

(续表)

年 份	住院人次
2008	909
2009	1 310
2010	1 493

2008年前,内科门诊不严格区分专业。2008年后,门诊开始专业分科,血液疾病患者就诊人数稳步上升。

表 2-1-15　2008—2010年血液病科门诊人次统计表

年 份	门 诊 人 次
2008	425
2009	1 431
2010	4 936

【医疗特色】

血栓栓塞性疾病　杨景文专注于血栓栓塞性疾病,尤其是深静脉血栓性疾病的早期诊断和非手术治疗。血液流变学与血栓研究室成立后,常规开展临床血液流变学指标的检测。曾成功抢救溶血性尿毒症型综合征病例,应用尿激酶、蛇毒制剂成功治疗30例血栓患者和1例肝小静脉血栓患者。

胡钧培继续致力于血栓栓塞性疾病,尤其是深静脉血栓性疾病的早期诊断和非手术治疗,并开展了血液病的中西医结合治疗。同时,结合九院颅颌面肿瘤的专业特色,开展晚期颌面部实体瘤患者的综合序贯治疗。个体化的特发性血小板减少性紫癜的治疗也是其特色之一。

恶性血液疾病　1974年,杨顺年开始筹建血液病专业,检验科细胞室张惠良、章水凤配合血液病专业开展外周血涂片和骨髓涂片检测。1975年,检验科鲍玲珍跟随瑞金医院徐福燕进修骨髓涂片和脱落细胞涂片学习,开展酶标染色,配合临床进行血液疾病的诊断。20世纪90年代,平均每月骨髓涂片读片5份左右,至2010年,每月骨髓涂片读片15份左右。

1990年后,开始使用以维甲酸治疗急性早幼粒细胞性白血病的方案,取得良好疗效。2000年以后,应用新药治疗血液疾病,如美罗华治疗B细胞淋巴瘤、万珂治疗多发性骨髓瘤、达珂治疗骨髓增生异常综合征、TKI治疗慢性粒细胞白血病,以及对中性粒细胞严重缺乏患者继发感染的抗感染新药应用。

造血干细胞移植　2008年5月,血液病科添置了血细胞分离仪,筹备千级层流室床位1张、百级层流室床位2张,准备开展造血干细胞移植工作。

三、教学

血液病专业医师一直承担着内科的临床教学工作。在学历教育、继续教育、研究生教育和住院医师培养方面做了大量工作。

【学历教育】

20世纪70年代，杨顺年参与上海第二医学院三年制口腔专业内科部分教学和学生实习带教工作，并参与口腔专业的内科学教材编写、医学院系统论文汇编和病例报告工作。

1977年恢复高考后，口腔医学院内科教研室也相继恢复。1984年，杨景文任内科教研室副主任。1995年，上海第二医科大学九院临床医学院成立，内科教研室承担口腔和九院临床医学院的内科学教学。血液病科承担了内科系统中血液病学、风湿免疫学、呼吸疾病等部分章节的授课和内科实习带教，还参与护生带教。2000年，胡钧培任内科教研室副主任。

2009年，医学生教育包括上海交大医学院的临床、口腔医学专业，专升本以及医学营销专业内科学（血液疾病）相关章节的授课。承担临床医学系（五年制）医学英语授课，临床医学系（七年制）第二阶段指导老师，临床实习医师的带教任务如小讲课、教学查房、病历讨论、操作指导等。积极参与教学模式改革，如英汉双语教学、PBL教学等。

【继续教育】

20世纪80年代，大批基层单位医务人员接受培训、考证。血液病专业承担对不同学历层次医师进行内科临床的教学和实习带教工作，并接受全国各地进修医师的培养工作。第二医科大学成人教育学院成立后，科室还承担二医大夜大学、卫校学生的见习和实习工作。

为提高科内医师的业务水平，科内定期开展业务学习，并努力提高业务学习质量，参加医院组织"三基"培训学习和讲课。定期参加医学会疑难病例报告会，组织疑难病例报告会，积极参与学会组织的学术活动。2010年，大内科系统开始定期开展学术讲座和活动，科室各级医师尤其是年轻医师积极参与并发言，取得良好的学习效果。同时组织科内各级医师参与国内外血液病学相关的学术会议并积极投稿，使每位医师都有机会参与学术交流，不断提高自身业务水平。

【研究生教育】

2000年，胡钧培成为硕士生导师，血液病科成为硕士学位授予点，至2010年共培养硕士毕业生11名。

【住院医师培养】

自1982年恢复高考后的首届本科毕业生进科，内科按医院的统一布置恢复住院医师的培养和考核。1988年，上海市卫生局正式公布《上海市住院医师培养制度试行条例》，医院对每年毕业分配至各科室的住院医师按卫生局要求实施住院医师培训。1993年，按照卫生部《临床住院医师规范化培训试行办法》的通知，医院实施住院医师规范化培训：第一阶段是基础培养，进行二级学科培训，为期3年；第二阶段是专业培养，进行专科培训，为期2年，其中最后一年为住院总医师或相当于住院总医师工作的培养。

2005年，上海交通大学医学院正式启动住院医师规范化培训，统筹管理各附属医院的住院医师培训工作。经评审，医院血液病科等学科确定为第一批上海交通大学医学院临床住院医师规范化培训基地。

2009年根据上海市卫生局《上海市专科医师培训基地认定办法》要求，科室获得血液病科专业医师培训基地资质，制定了血液病专业住院医师轮转培训管理架构、职责和培训计划，规范血液病专业住院医师培训的教学活动、管理和考核。2010年，上海市实行住院医师由"单位人"转变为"行业人"培养模式，九院为上海市第一批住院医师规范化培训医院，血液病科等科室为培训基地。

图2-1-10 2010年朱琦(左一)主持科室业务学习。前排左起：胡钧培、邹丽芳、林文洁、夏祖光；后排左起：叶为德、姚一芸、朱琦(护士长)、任志宏、李燕韵

四、科研

1980年，血液病专业开始临床血液流变学、红细胞电泳、血小板电泳等检测工作，对各种血栓栓塞性疾病患者进行血液流变学指标的筛查。杨景文致力于血液流变学在临床医学上的应用、血栓栓塞性疾病的诊断和溶栓治疗的研究，有数十篇论文在国内外杂志刊登，在国内、国际会议上进行论文交流，并参与多本血液病著作的编写。1988年，科室参加上海血液学研究所牵头的"血栓栓塞性疾病发病机制和防治工作"的课题研究。1989年，参加在法国召开的国际性会议，在血液流变学论文交流分会上宣读论文。1991年，参加国际英文论文大会交流，杨景文任中方国际会议分会主席。1994年12月，医院成立血液流变学与血栓研究室，杨景文任研究室主任。学组开展贫血与稀有元素相关性的研究，血栓与血液接触变性、黏稠性的研究。1995年，胡钧培回国进入九院血液病科工作，补充一批实验室设备。研究室拥有自动凝血分析仪、新型血液流变仪、PCR扩增仪、酶标仪以及核酸电泳仪等实验设备，可以进行血管内皮细胞功能、血小板活化、凝血因子活性、抗凝因子(如AT-Ⅲ、C蛋白和S蛋白)及纤溶因子活性、组织纤溶酶原活化物(t-PA)、组织纤溶酶原活化物抑制物(PAI)、红细胞变应性及触变性等出凝血和血液流变学指标的检测，并初步具备了进行分子生物学、免疫学研究的实验条件。

胡钧培把科研方向放在血栓与止血的基础理论和临床上，开展了尿激酶(UK)、蝮蛇抗栓酶(svate-3)、草酸双酯钠(PSS)、东菱克酸酶、己酮可可碱、低分子量肝素以及中医中药等治疗血栓栓塞性疾病(主要是下肢深静脉血栓)和易栓症的临床研究，对这些药物的溶栓、抗栓以及防治血栓形成的功效及可能作用机制进行了研究，取得了一些初步结果。此外，先后开展细胞因子信号转导抑制因子(SOCS-1)与血液肿瘤(以多发性骨髓瘤为主)相关性的研究，深入cAMP传导系统与多发性骨髓瘤相关性研究。曾先后参与多项课题（包括上海交大医学院基金、卫生部课题、上海市教委高校发展基金等）的研究。血液病科参加"重要脏器血栓栓塞的基础与临床研究"，探索导致血栓栓塞性疾病尤其是深静脉血栓发生的因子，并从基因水平深入研究抗凝因子改变与血栓栓塞性疾病的相关性研究。2004年1月10日，上海市血液研究所2003年度会议在九院举行。

朱琦长期从事有关恶性血液病发病及治疗的基础和临床研究，特别注重血液肿瘤细胞分化和凋亡相关信号转导及关键基因的生物学功能方面的研究。作为课题负责人先后承担"免疫性血小板减少性紫癜患者淋巴细胞糖皮质激素受体的研究"（上海高等学校青年科学基金，2003）和"三氧化二砷对多发性骨髓瘤细胞内SOCS-1调控的信号通路影响的研究"（上海市卫生局面上项目，2010）课题，并作为主要研究人员参与多项国家级科研项目（包括国家自然科学基金、上海市科委重大项目等）的研究。

表2-1-16　2003—2009年血液病科科研成果获奖情况表

年　份	科　研　成　果	奖　项	人　员
2003	重要脏器血栓栓塞的基础与临床研究（参与项目）	上海市科技进步奖一等奖	胡钧培等
2004	重要脏器血栓栓塞的基础与临床研究（参与项目）	中华医学科技奖二等奖	胡钧培等
2005	重要脏器血栓栓塞的基础与临床研究（参与项目）	国家科技进步奖二等奖	胡钧培等
2009	血液肿瘤细胞分化和凋亡相关信号转导及关键基因的生物学功能方面的研究（参与项目）	教育部自然学科一等奖	朱　琦
2009	血液肿瘤细胞分化和凋亡相关信号转导及关键基因的生物学功能方面的研究（参与项目）	上海医学科技奖一等奖	朱　琦
2009	血液肿瘤细胞分化和凋亡相关信号转导及关键基因的生物学功能方面的研究（参与项目）	上海市科学技术奖一等奖	朱　琦

【学术任职】

杨景文曾任中华医学会上海血液学分会委员、上海血液研究所学术委员。胡钧培曾任上海中西医结合学会血液内科专业委员会副主任委员、上海血液学研究所副所长、中华医学会上海分会血液学专科委员会委员、中华血液学会血栓与止血学组成员等职。朱琦曾任上海医学会血液专科分会青年委员。

【发表论著】

1984—2010年，血液病科发表论文近百篇。其中，胡钧培发表论文50余篇，参编血液病专著16部。胡钧培曾任中华血液学会《血栓与止血学》编委。

五、荣誉

血液病科获得二医大文明科室（1993—1994年）、上海交通大学医学院文明科室（2004—2005年）。

杨景文获上海第二医科大学"三八"红旗手(1984年)、二医大先进教育工作者(1986—1987年)。

第六节 消 化 内 科

一、沿革

消化内科前身为内科消化病专业组。1970年,内科形成消化病专业,成员有范献群、陈海琼、谢德善、马菊珍、郁斯清、徐安国等医师,设消化病床10余张,由陈海琼负责。同年,设立肝炎病房,床位10余张,由范献群负责。1980年,大内科分设3个病区后,消化病专业与血液病专业组成内科二病区,消化组有床位20余张,并开设消化、肝炎等专科门诊。1984年,经上海市卫生局批准,医院的肝炎防治工作归入位于南市区传染病医院,医院的肝炎门诊和病房相继撤销。1992年,正式成立消化内科,仍与血液科同在内科二病区,诸丞祎任消化科副主任主持工作,完善消化科诊疗常规和各级医师岗位职责,制定学科发展和人才梯队建设方向,完成医院三级甲等达标评审。2003年12月,消化科迁至5号楼6楼,与血液科共用一层楼面,消化科设床位20余张。2008年4月,消化科迁至2号楼2楼成为独立病区,核定床位增至32张。

至2010年,消化内科共有医护人员27名,其中护士11名、医师16名。医师中包括主任医师1人、副主任医师2人、主治医师10人(其中2人具备副高资格)及住院医师3人。医师中已获得博士学位4人、硕士学位7人,在读博士2人。科室核定床位32张,内镜室配置有奥林巴斯260型电子内镜主机2台、电子胃肠镜共9根、胶囊内镜设备1套,超声内镜及单气囊小肠镜各1根。

表2-1-17 1992—2010年消化内科历任正、副主任情况表

任职时间	主 任	任职时间	副 主 任
2000—	刘海林	1992—1995	诸丞祎(主持工作)
		1995—1999	朱舜时(主持工作)　诸丞祎
		1999—2000	刘海林(主持工作)

二、医疗

【业务发展】

1970年,内科在内二病区形成消化专业,设立消化病床位10余张,由陈海琼负责。主要业务为常见胃肠、肝胆疾病的诊断和治疗。1973年开设肝炎病房,设床位14张,由范献群负责。1970—1980年,消化道溃疡出血、肝硬化门脉高压出血和肝昏迷是当时主要的住院病种。1975年即开展肝脏穿刺诊断技术。1982年,开展腹水浓缩静脉回输术成功治疗多例肝硬化腹水患者。1988年1月,上海市甲肝暴发期间,医院暂借南市区国货路小学开设临时肝炎隔离病房,设床位293张,肝炎门诊达9 000多人次。医院抽调以消化专业为主的67名医务人员,顺利完成甲肝防治任务。1989年,开展幽门螺杆菌与慢性胃炎治疗的研究。1995年3月,开展24小时食管pH监测、食管和胃测压及动力测定。1999年,与放射科合作开展原发性肝癌的化疗栓塞等介入治疗。2004年4月28日,医院举行院外兼职教授聘任仪式,聘任瑞金医院内科主任、消化科主任、博士生导师吴云林为消

化科学术顾问和临床医学院兼职教授,为消化科专业发展提供有力支援。2008年,消化病区独立后,刘海林主任带领科室开展消化系统肿瘤的规范化疗,B超引导下肝脓肿、肝囊肿穿刺引流,血液滤过抢救重症急性胰腺炎等业务,临床医疗水平有显著提高。

至2010年,消化内科年门诊达46 841人次,患者出院达971人,平均住院日缩短至11天。

【消化内镜】

1976年,医院开设胃镜室,配有1台国产纤维胃镜,由陈海琼等消化专业组医师开展内镜检查。1980年,添置奥林巴斯GD3型胃镜,不久又配置奥林巴斯Q10型纤维胃镜。除常规胃镜检查外,还开展上消化道出血急诊胃镜检查和内镜下胃息肉摘除术等诊治工作。1984年,添置纤维结肠镜,提高肠道肿瘤的早期诊断率;对一些良性胃肠道息肉,利用内镜进行电灼治疗。1989年,添置当时较先进的电子胃镜Pentaxe-2900,并开展内镜普查工作,内镜检查人次从每年500人次左右增加到1990年的2 000余人次。1993年2月8日,医院正式成立内窥镜室,马菊珍任内窥镜室主任,安排消化科、普外科医师开展胃、肠镜检查工作,并且帮助儿科消化专业开展儿科患儿的胃镜检查。1994年起开展内镜下硬化剂注射及食管曲张静脉套扎术等治疗食管曲张静脉破裂出血,抢救成功多例肝硬化失代偿期患者。2001年,内镜室由普外科刘文勇兼任主任,期间建立内镜室的局域网系统。

2009年,由消化科主任刘海林兼任内镜室主任。同年,内镜室配备奥林巴斯NBI高清电子胃镜、电子肠镜、氩气刀,常规开展无痛胃肠镜检查。除常见的内镜下息肉治疗外,急诊内镜下止血、取异物、消化道狭窄扩张和支架置入、经皮胃造口术(PEG)等内镜下微创治疗也逐步开展。PEG可根据患者的情况,采用拉出法(Pull法)或穿刺法(Introduce法),解决口腔肿瘤等原因导致的无法经口进食患者的营养支持问题。经刘海林的推广,PEG已成为特色诊治项目之一。经过多年发展,消化内镜诊疗总人数不断增加,2010年达到近4 000人次。同年,开展胶囊内镜检查,提高小肠疾病的诊断水平,并安排人员进修,准备开展超声内镜和单气囊小肠镜技术。

三、教学

1965年,上海第二医学院(以下简称"二医")口腔系迁至第九人民医院时,为充实医院的医疗和教学力量,二医选派王耆龄、陈海琼和杨菊贤等一批专家教授调往医院任职。陈海琼调入九院后,长期担任内科学教研组(室)教学干事一职,负责内科教学工作安排,主讲内科消化和诊断学部分课程,是口腔系、医疗系和生物医学工程系的内科学和诊断学的资深讲师。参与上海第二医学院组织的供二医、山东大学医学院和浙江大学医学院使用的《内科学》和《诊断学》教材编写。

1972年,二医开始招收三年制口腔系学员,陈海琼等消化专业的教师参与内科系统的教学工作。1980年,内科分设专业病区后,消化组承担消化病专业进修医师的培养以及二医夜大学、卫校学生的见习和实习工作。1995年九院临床医学院成立,消化专业作为内科教研室成员,承担五年制临床医学系的授课和见、实习任务。

2005年,消化内科成为上海交通大学医学院博士研究生培养点,刘海林是医院内科系统第一位博士生导师。先后指导培养博士研究生5人,和朱舜时培养硕士研究生13人,使科室医生中80％以上具有博士或硕士学位,人才结构得到显著改善。刘海林兼任内科教研室副主任,主编、副主编和参编专著《专家解答肝病》、《肿瘤标志物的检测与临床》和卫生部"十一五"规划教材《临床基本操作》等12部。消化科和内科各专业共同承担口腔医学院、九院临床医学院、交大医学院医学生物工程专业、夜大学等学生的教学任务。先后有2人荣获上海医药医学教育三等奖,1人获2009年第五届上海市消化青年医师论坛三等奖。

2009年,科室通过评审成为消化专科住院医师培训基地。

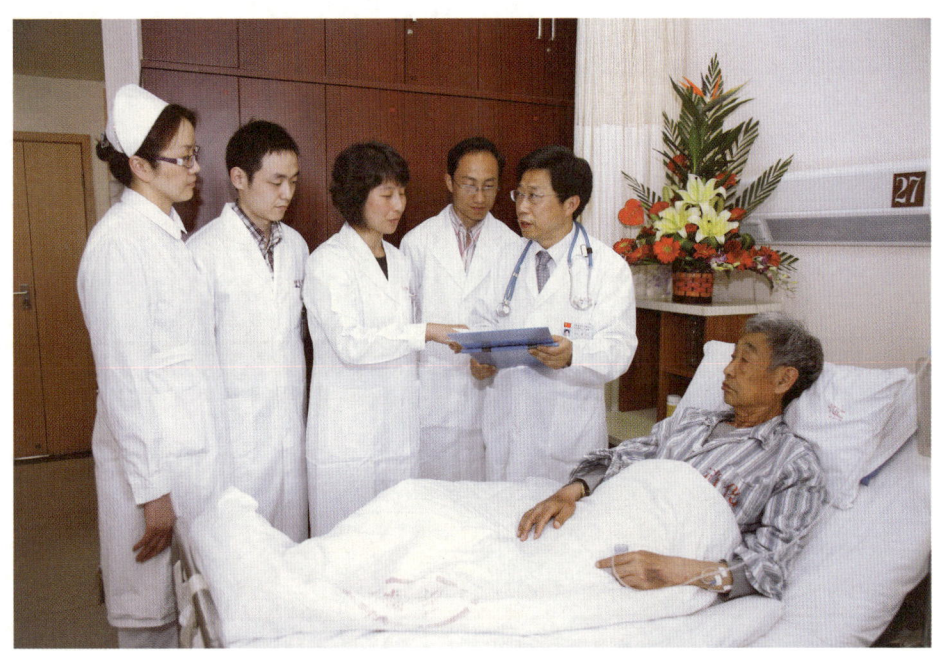

图2-1-11　2010年刘海林(站者右一)在2号楼新装修的消化科病房主持查房

四、科研

【科研成果】

消化科成立以来,在历任科主任的带领下,在消化系肿瘤、幽门螺杆菌感染和慢性肝病等领域开展研究,先后承担各级科研项目10余项。

诸丞祎长期致力于胃癌和幽门螺杆菌感染的研究。其参与的胃癌早期诊断与普查方法的研究(协作单位)、幽门螺杆菌感染的细菌学诊断治疗和流行病学研究(协作单位)先后获奖。1994年代表医院消化科与国内200多名专家一起组团出席第十届世界胃肠病大会,参与国际消化界学术交流。

朱舜时在仁济医院期间就开始参加的"胃肠癌的发生与预防研究"先后获得多项奖项;2008年,其参与的"叶酸和丁酸盐在胃癌发生与防治中的作用"获国家科技进步奖二等奖。

刘海林主要研究方向为消化肿瘤的早期诊断和综合治疗、肝纤维化的发生机制及防治;先后负责完成上海市科委重点项目、纳米专项、登山计划、自然科学基金等十余项,获上海市级以上奖项5项。

表2-1-18　1990—2010年消化内科承担的校级及以上级别科研项目情况表

年　份	项　目　名　称	来　　　源	负　责　人
1990	胃癌早期诊断与普查方法的研究(协作单位)	上海市科委	诸丞祎
1992	幽门螺杆菌感染的细菌学诊断治疗和流行病学研究(协作单位)	上海市科委	诸丞祎

(续表)

年份	项目名称	来源	负责人
1995	肝纤维化组织 Ito 细胞生物学特性的研究（95ZB14003）	上海市科委自然科学基金	刘海林
1996	Ito 细胞转化与肝纤维化的细胞分子学研究（96B06）	上海市教委科学技术发展基金	刘海林
1999	血浆 k-ras 基因突变检测诊断胰腺癌的研究（99B10）	上海市教委科学技术发展基金	刘海林
2000	血浆 k-ras 基因突变与微卫星 DNA 不稳定性检测诊断胰腺癌（WEL200002）	卫生部内科消化重点实验室	刘海林
2001	醛固酮及其拮抗剂在肝纤维化中作用的研究（00ZB14026）	上海市科委自然科学基金	刘海林
2003	血管紧张素原在肝纤维化中的表达及调控作用（03BK08）	上海市教委科学技术发展基金	刘海林
2004	原发性胆汁性肝硬化特异蛋白和质粒介导 Smad7 防治肝纤维化的实验研究（04JC14043）	上海市科委重点项目	刘海林
2005	胃肠癌的发生与预防研究（第二完成单位）	上海市科委	朱舜时
2006	胰腺癌早期诊断特异性蛋白质标志物的筛选和鉴定（06JC14047）	上海市科委登山计划	刘海林
2008	肝星形细胞靶向性纳米微粒载体的制备及应用（0852nm04800）	上海市科委纳米专项	刘海林
2009	PET/CT 评价肝星形细胞靶向 AGT siRNA 质粒纳米微粒体内作用的实验研究（YG08PETMS13）	上海交通大学医工合作专项	刘海林
2010	ENO1 靶向超顺磁氧化铁纳米复合物磁共振免疫成像早期诊断胰腺癌（10JC1409000）	上海市科委重点项目	刘海林

表 2-1-19　1990—2008 年消化内科获科研奖项情况表

年份	项目名称	奖项	负责人
1990	胃癌早期诊断与普查方法的研究（协作单位）	上海市科技进步奖三等奖	诸丞祎
1992	幽门螺杆菌感染的细菌学诊断治疗和流行病学研究（协作单位）	上海市科技进步奖三等奖	诸丞祎
2006	胃肠癌的发生与预防研究（第二完成单位）	上海市科技进步奖一等奖	朱舜时
2007	胃肠癌的发生与预防研究（第二完成单位）	中华医学科技奖一等奖	朱舜时
2008	叶酸和丁酸盐在胃癌发生与防治中的作用（第二完成单位）	国家科技进步奖二等奖	朱舜时

【学术任职】

诸丞祎曾任中国专业胃病学会理事、上海消化系病专家会诊中心委员等职。朱舜时曾任上海消化系病专家诊治中心委员。刘海林曾任上海市医学会消化系病专科委员会委员、消化内镜专科委员会委员、上海市医学会医疗事故技术鉴定专家库成员。

【发表论著】

1992—2010年,消化科发表论文100余篇,其中被SCI收录9篇。刘海林主编、副主编和参加编写专著《专家解答肝病》《肿瘤标志物的检测与临床》和卫生部"十一五"规划教材《临床基本操作》等12部,并兼任《中华消化杂志》《世界华人消化杂志》《胃肠病学》《国际消化病杂志》等杂志编委,《医师报》编辑委员会副主任委员。

五、荣誉

内科二病区护理组荣获上海市"满意在医院"活动先进集体(1992年)。

刘海林获评上海第二医科大学优秀青年教师(1995年、1997年),上海市高校优秀青年教师(2000年)。

第七节 呼 吸 科

一、沿革

医院呼吸科前身为伯特利医院的肺痨科,开设于1948年1月,伯特利医院复建时,由医务主任梅国桢亲自管理。建科初期门诊和病房均设于伯特利医疗楼(旧1号楼)底层。上海市军事管制委员会接办后,上海市卫生局调来朱尔梅任科主任。此后,先后有赵衍、崔思瑜、陈伦元等担任科副主任。肺科门诊和病房几经搬迁。1965年6月,口腔门诊大楼建造时,肺科病房和门诊关闭,业务归并至上海市第二人民医院。1970年10月,在旧1号楼2楼恢复肺科病房。

1983年9月23日,医院撤销肺科,结核病防治业务归并南市区结核病防治所,其他呼吸系统患者由内科各病区收治,保留内科的呼吸病门诊。2009年12月3日,在防治甲型流感工作期间,医院重建呼吸科,王健担任科主任。至2010年,呼吸科有床位16张,专科医师7人,其中主任医师2人、主治医师5人,护士8人。

表2-1-20 1948—2010年呼吸科(肺科)历任正、副主任情况表

任职时间	主 任	任职时间	副主任
1948—1951	梅国桢	1951—1958	赵 衍
1951—1958	朱尔梅	1959—1965	沙启岳(主持工作)
		1970—1983	崔思瑜(主持工作)
		1979—1983	陈伦元
		2009—	王 健(主持工作)

二、医疗

【业务发展】

1949年,伯特利医院复建后在医疗楼(旧1号楼)底楼开设肺痨病房和门诊,1951年有床位30

张。军管会接办后,为避免与2楼的妇产科患者交叉感染,肺科门诊迁移至医院北侧的旧10、11号楼,同时将伯特利时期的礼拜堂改建为肺科病房,床位增至73张。1958后又迁至北面的旧14号楼,与肺科门诊相邻,设床位63张。1965年后,肺科业务归并给上海市第二人民医院。1970年,医院恢复肺科,在南大门内的旧1号楼底楼设立独立的肺科门诊、检验室及治疗室,与放射科相邻。病房设在2楼,有床位40张,1979年增加至45张。收治的患者多为肺结核患者,其余为气胸、肺炎、慢性支气管炎、支气管扩张继发感染、肺部肿瘤等其他呼吸系统常见疾病。20世纪70年代,内科开设每周一次的慢支专病门诊,确诊或疑似的结核患者则转至肺科治疗。1980年内科增设呼吸病门诊。1983年9月23日,医院撤销肺科,保留内科的呼吸病门诊,起初由李如祥、侯仁骏医师负责,后由周龙女、任彩娟医师接任。多年来为呼吸内科患者提供持续认真负责的服务与治疗,获得广大患者的好评。1988年,增设呼吸科专家门诊。

2009年12月3日,重建呼吸科病房,病区位于10号楼3楼,设床位16张,包括重症监护室床位2张。配置电子支气管镜检查系统、无创和有创呼吸机、心电监护仪、电动雾化器、床边肺功能仪等设备。收治顽固性哮喘、慢性阻塞性肺疾病、肺心病、呼吸衰竭、气胸、肺间质纤维化、肺癌、肺栓塞等呼吸系统疾病患者。2010年收治患者398人次,平均住院天数13.4天。呼吸科病房重建后,增加普通门诊及专家门诊的出诊时间,2010年门诊量为14 640人次。2010年起,开设每周一次的戒烟门诊。为提高业务水平,还定期开展与胸外科联合门诊,共同制订疑难疾病的诊治方案。

【医疗特色】

结核病　20世纪50年代肺结核病高发,因此肺科收治的患者50％以上为肺结核患者,当时肺科有独立的实验室,可自主开展痰涂片检测结核杆菌,提高结核的确诊率,并在此基础上制定肺结核的规范治疗和隔离管理制度。科主任朱尔梅早年致力于肺结核病研究,并在国内首创气管内滴入疗法治疗肺结核病,肺结核空洞闭合率达到75％,且对空洞周围的结核病灶和支气管结核均有较好的疗效。

支气管扩张　肺科病房有独立的X线摄片室,开展支气管碘油造影检查,对于支气管扩张患者的诊断起到"金标准"作用。并且医生可在操作室内对患者行胸部透视检查,观察患者肺部疾病的部位及治疗后病灶吸收情况。1959年,肺科曾成功抢救大咯血达2 000余毫升的危重患者。

呼吸系统感染性疾病诊治　对于社区及医院获得性肺炎、重症肺部感染、免疫抑制/缺陷患者合并肺部感染的诊治和抢救有丰富的临床经验,运用多种检查手段及时明确病原体,根据各项指南要求,能有效合理运用各种抗生素进行标准抗感染治疗。对于危重及呼吸衰竭患者能充分利用无创机械辅助通气,争取救治时机,提高救治成功率。

慢性气管疾病　1966年起,内科即开设慢支专科门诊,后转为呼吸专科门诊。对于慢性支气管炎、哮喘、慢性阻塞性肺疾病(COPD)患者采用综合治疗措施,长期门诊随访。科室定期开展医学基础知识社区宣传,使患者能够逐渐实现疾病的自我管理,维持规范治疗。

电子支气管镜诊断和治疗　2010年呼吸科成立支气管镜室,开展纤维支气管镜检查(常规检查、刷检、活检、支气管肺泡灌洗等),对肺部肿块、慢性咳嗽、咯血等病因做出有效诊断,同时经纤支镜钳取气管、支气管内异物,利用纤支镜行肺泡灌洗检查明确感染病原体,协助肺部感染、支气管扩张、肺泡蛋白沉积症、肺不张的治疗。

【重大抢救】

救治甲流重症患者　2009年12月15日,呼吸科病房刚开设就收治1例甲型H1N1流感重症患者,就诊时患者高热并已呈现呼吸功能衰竭状态。呼吸科医师不畏风险,克服困难,在科主任王健带领下,全科室医护人员轮流值班,24小时密切监测患者病情变化,经30余天的积极抢救治疗,患者终于转危为安,康复出院。

图2-1-12　2010年呼吸科在新装修的病房合影。左五王健,右五周龙女

三、教学

1958—1963年肺科承担上海第一医学院实习医生的肺科带教工作。1965年口腔系迁来医院,肺科及呼吸专业医师一直承担内科呼吸系统疾病的教学。1973年后,肺科承担上海第二医学院试点班和三年制口腔系学生的教学,崔思瑜参加口腔系内科学教材中呼吸系统部分的编写。1977年恢复高考后,肺科承担口腔系五年制的教学和瑞金医院医疗系部分学生的肺科实习教学。1980年,内科设立3个病区,成立专业小组,呼吸系统教学由当时的肺科负责,同时担负全国各地的进修医师的培养。1974—1983年,肺科共接收19名进修医生。

1995年,建立九院临床医学院后,由周龙女主要负责内科呼吸系统疾病的教学,包括诊断学、内科学("呼吸系统"章节),多次获得医学院以及学生的好评;1998年任诊断学教研室副主任。科室承担上海交通大学医学院本科生教学任务及进修生、实习生的临床教学任务。作为第一批上海市内科住院医师培训基地之一,从2010年8月开始接收内科住院医师进行培训。

四、科研

【临床研究】

20世纪50年代,肺科在朱尔梅主任带领下开展多项抗结核治疗的临床研究,如大剂量抗结核药静脉注射用于结核性脑膜炎的治疗,异烟肼和链霉素支气管内滴入治疗肺结核空洞,对氨柳酸钠溶液胸腔注射治疗结核性脓胸,对支气管扩张症特别是结核性支气管扩张的诊断和治疗也做大量研究。多篇临床研究论文发表在《中国防痨杂志》《中华结核和呼吸杂志》《中华结核病科杂志》等业内主要期刊上。

陈伦元长期致力于肺结核和各种肺部疾病的临床研究,撰写"结核球形病灶的临床意义""无空洞型肺结核长期抗结核药物治疗和300例随访的分析报告""成年人中肺叶不张的研究""自发性气胸的治疗"等学术论文,发表在《中华结核病杂志》《中国防痨杂志》等刊物上。

崔思瑜对肺科积累的临床病例资料作归纳分析,"347例气管内药物滴入治疗肺结核空洞""341例非结核支气管扩张的X线表现""100例肺癌组织学类型与X线特征和临床表现的分析""797例老年肺结核的临床诊疗转归""281例自发性气胸的临床资料"等相关论文发表在《中国防痨杂志》《中华医学杂志》(英文版)《中华结核和呼吸杂志》等刊物上,并在全国和上海市相关学术会议上交流。2009年呼吸科病房恢复后承担国家自然科学基金1项,院级课题2项。

【学术任职与发表论著】

朱尔梅曾任中华医学会上海分会结核和呼吸系学会副主任委员等职。

1952—2010年,呼吸科发表论文近百篇,其中被SCI收录论文2篇,核心期刊论文9篇。

五、荣誉

崔思瑜获评上海第二医学院"三八"红旗手(1978年、1979年),上海市"三八"红旗手(1978年)。

第八节　神　经　内　科

一、沿革

九院神经内科专业起始于1960年内科医师李国俊去仁济医院进修,回院后开展神经内科的门诊、会诊等临床工作。1974年和1978年,陈家照和周翠娟在仁济医院进修后加入神经内科专业。1978年,开设脑电图室,先后由潘佩华和周炎操作。1978年,著名神经内科教授王晋元由仁济医院调入九院,神经内科独立建科,王晋元为该科第一任科主任,并兼任内科教研室副主任。1982年,沈仙娣从西安调入,1983年,金嘉翔由金山调入。当时神经内科尚未开设病房,除完成门诊及院内外会诊外,科室医生分批去华山医院、仁济医院神经科、上海市精神卫生中心等单位进修学习。1985年12月1日,在旧3号楼底楼原肝炎病房区域开设神经内科病房,设14张病床。当时科室医生有王晋元、金嘉翔、周翠娟、沈仙娣、李威和董幼镕6人,护士4名,陈巧云为第一任护士长。2003年,神经内科病房搬迁至5号楼5楼,病床增至36张。2006年,科室通过国家FDA认证,获得新药临床试验资格。1996—2010年,神经内科共选送青年骨干4人,分别赴法国、澳大利亚、新加坡等国家学习深造。2008年,陈伟获得上海市高校选拔培养优秀青年教师专项基金。

至2010年,神经内科共有医师17人,其中主任医师和副主任医师7人、主治医师7人、住院医师3人;具有博士学位2人、在读博士2人,具有硕士学位8人,在读硕士4人;护士14人,技术员3人。

表2-1-21 1978—2010年神经内科历任正、副主任情况表

任职时间	主　任	任职时间	副主任
1984—1988	王晋元	1978—1984	王晋元(兼)
1988—2000	金嘉翔	1994—2000	李　威
2000—	李　威	2003—	翟　宇
		2005—	董幼镕

二、医疗

1979年,神经内科开设专科门诊,每周5天,同时承担院内及院外的会诊工作。1985年,设立神经内科病房。1986年,神经内科门诊量为7 737人次,年收治患者116人次。2010年,年门急诊量33 000人次,年收治患者950人次。

1988年,神经内科组建神经电生理实验室,除原有的常规脑电图检查,还开展24小时动态脑电图、肌电图、脑干诱发电位等各种临床神经电生理检查。1994年,开展TCD检测颅内血管、体外反搏等项目。科室每周举行疑难病例讨论,每月进行常规业务学习,使科室各级医生分享专业领域的最新动态。为使医生业务水平更为精细和专业,科室根据各位医生的专业强项及兴趣组建4个亚专业组:脑血管病组、帕金森病组、癫痫、周围神经病组及认知障碍组。

脑血管病是神经内科的重点发展方向。1998起,科室开展超早期急性脑梗死的静脉溶栓的临床治疗,这在上海市乃至全国属于较早开展的新技术,并在全国范围内推广和分享经验。此外,还承接多项脑卒中方面的国际及国内多中心药物临床试验。李威作为专家组成员之一,参与制定《2010中国缺血性脑血管病防治指南》。

三、教学

神经内科专业医师一直担任上海第二医学院口腔系、夜大学专升本以及九院卫校的神经病学教学任务,为配合口腔医学教育的需要,编撰口腔医学教学的神经病学讲义,收集教学病例病理、X片及教学幻灯片、教具,为医院以后成立神经病学教研室打下基础。1995年,九院临床医学院成立,神经内科承担临床医学本科的教学任务。2001年,与神经外科一起成立神经病学教研室,第一任主任丁美修,副主任金嘉翔。科室重视教学工作,开课前召开教学会议,进行集体备课及讲课演练,鼓励新教师多学多练,完善教学幻灯内容,熟练讲课环节,不断提高教学质量。2004年,被增列为神经内科硕士学位授予点。2004年,神经病学教研室入选上海交通大学医学院课程建设项目,2004年度和2006年度分别入选九院临床医学院和上海交通大学医学院精品课程建设。神经病学教研室曾获得九院临床医学院教研室工作优胜奖,教师队伍中多人获得高露洁教学奖、上海医学奖以及口腔和九院临床医学院的优秀教案和优秀授课奖。

表 2-1-22 1979—2010 年神经内科教学工作负责人情况表

教 研 室	任 职 时 间	主 任	任 职 时 间	副 主 任
内科学教研室			1979—1988	王晋元
			1995—2000	金嘉翔
神经病学教研室	2000—2005	丁美修	2000—2005	李 威
	2005—	李 威	2003—	王秉玉（神经外科）
			2005—2008	郭智霖（神经外科）
			2005—	董幼镕

2004 年，神经内科被增列为硕士学位授予点，李威任硕士研究生导师，至 2010 年已培养硕士研究生 4 名。科室承担上海第二医科大学主导的住院医师培训任务，2004—2010 年，共培训神经内科住院医生 7 人。2007 年，成为教育部国家重点（培育）学科成员单位。2010 年，科室成为首批上海市神经内科住院医师培养基地之一，开始接收社会化住院医师培养。

四、科研

1979—2010 年，科室先后有多人获得院级科研课题。1983 年，科室参加由北京市神经外科研究所牵头的"中国六城市神经疾病流行病学研究"，该研究分析中国 6 个城市不同经济状况居民神经系统疾病的发病情况，荣获卫生部 1984 年科技成果奖（同时获奖的有王晋元、金嘉翔、周翠娟和沈仙娣等人）。撰写并发表《835 例唇腭裂患者神经系统并发症调查》等 8 篇学术论文。金嘉翔参加张涤生主编《颅面外科学》中"颅面畸形治疗中心理学问题"章节的编写，该著作 1999 年获卫生部科技进步奖二等奖。科室 2006 年通过国家 FDA 认证，获得药物临床试验资格，是九院第一批获批的药物临床试验机构，已完成多项国际国内临床药物试验。

【学术任职】

金嘉翔曾任上海市医学会行为医学学会委员，上海市心、脑血管健康专家组成员，上海市医学会神经内科专业委员会委员、顾问，上海市综合性医院精神科学组委员等。

李威曾任上海市医学会神经内科专业委员会委员、顾问，上海市医学会脑血管病分会委员、顾问，中国神经科学会上海市分会理事，上海市医学会神经内科专科委员会青年委员等。

董幼镕任上海市医学会神经内科专科分会帕金森病与运动障碍学组成员。严为宏任上海市医学会神经内科专科分会认知障碍学组成员。翟宇任上海市医学会神经内科专科分会青年委员。陆勤任上海市医学会神经内科专科分会神经电生理组成员。

【发表论著】

1991—2010 年，神经内科发表论文近 50 篇。

图 2-1-13 2010 年神经内科病例讨论。左二金嘉翔,左三李威

五、荣誉

神经内科医生组获评上海第二医科大学文明科室(1993—1994 年)。

金嘉翔获上海市卫生系统"好儿女金榜"奖(1994 年),上海市卫生系统先进工作者(1995 年),上海市民族事务委员会"民族团结进步先进个人"(1995 年),上海第二医科大学先进个人(1997 年)等。

第九节 老 年 病 科

一、沿革

1996 年,肾内科原主任张德星接受筹建医院老年病科的任务。1997 年 2 月 17 日,老年病科成立,张德星任科主任。老年病科是上海市副局级以上、外省市省委常委以上、部队军级以上、具有正高职称的高级知识分子及民主党派人士等的干部保健对象在九院的定点医疗科室。除负责干部的体检和医疗保障工作外,还承担常见老年疾病的临床诊治。老年病科病房位于当时的整复外科大楼(2 号楼)6 楼,核定床位 25 张。2006 年 1 月,老年病科病房搬迁至医院 1 号楼 20 楼,核定床位 28 张,并在 10 号楼 6 楼设立干保和老年科门诊。

建科时老年病科医师有张德星、盛净、朱健、杜勤、蔡文玮、芮铭安、成静、陈朝婷等 8 人,护士长为梁燕仪。至 2010 年,老年病科医护员工共 28 人,其中医师 12 人,护士 16 人。12 名医师中,正高级职称 1 人,副高级职称 4 人,中级职称 5 人,初级职称 2 人;硕士研究生导师 3 人。老年病科医师中研究生学历者占 90%,其中获博士学位者 3 人。16 名护士中,副高级职称 1 人;本科学历 2 人,大专学历 7 人。

表 2-1-23　1997—2010 年老年病科历任主任情况表

任 职 时 间	主　　任
1997—1998	张德星
1998—2000	郑慧君
2000—	盛　净

二、医疗

【门诊工作】

老年病科门诊位于 10 号楼 6 楼。根据干保局要求,在门诊设立保健对象的病历档案库,设立临时补液观察室等抢救设施。

2000 年老年病科开设第一个心血管专家门诊,至 2010 年共开设心血管疾病、高血压、内分泌、呼吸系统疾病和肾脏疾病 5 个专家门诊,同时,开设老年心理障碍、老年认知功能减退等专病门诊。老年病科门诊针对老年人群中的常见疾病进行诊治和健康宣教,使患者对自身的健康状况具有较好的认识,并确保每个患者能够得到长期随访、规范治疗。

老年病科不另设急诊,干保就诊患者到急诊室后,由急诊室医师与老年病科病房医师联系收入病房或暂借急诊科病房收治,待病情稳定后转入老年病科。

建科以来,老年病科年门诊量从 1997 年的 4 941 人次逐年增加,2010 年达到 10 200 人次。年住院人数从不足 300 人发展到 2010 年的 800 余人。收治病种几乎包括内科专业的所有常见疾病。同时,也为院内外和外省市的干保对象提供围手术期的治疗,包括术前患者基本健康状态的评估、术前进一步检查和处理、术中监护及术后康复指导等。1999 年,在老年病科干保病史质量检查中获全市第一名。

表 2-1-24　1997—2010 年老年病科住院患者和门诊人次统计表

年　　份	平均年住院人次	平均年门诊人次
1997—2000	367	5 775
2001—2005	374	7 894
2006—2010	534	9 496

【医疗特色】

在临床医疗工作中,科室遵循"患者至上,质量为本"的宗旨,结合老年患者的疾病特点和生理病理情况进行专业培训,逐渐培养出一支高质量的医疗队伍。张德星作为医院肾内科的创建者,擅长诊治各类肾脏疾病、重症感染性疾病及其他内科疑难杂症,尤其在风湿性疾病导致的肾脏损害、抗生素的临床应用上具有深厚的造诣。在他的带领下,医院成为上海较早开展血液净化、腹膜透析、肾移植(配合泌尿科)和肾穿刺的单位,率先进行中西医结合治疗各种急、慢性肾脏病,获得较好的临床效果。成功主持抢救青鱼胆中毒、安眠药中毒、横纹肌溶解综合征等多名急性肾功能衰竭患者。郑慧君擅长心血管疾病的诊断与治疗,对高血压、冠心病心律失常、心绞痛等有丰富的临床经验,对大面积急性心肌梗死的抢救、顽固性心力衰竭及复杂性心律失常的治疗等都有独到之处。盛净擅长各种老年心肺疾病的诊断与治疗,在顽固性心衰、复杂性心律失常、心理疾病导致的躯体化障碍、重症感染性疾病、多脏器功能衰竭等疾病的治疗方面具有丰富的经验。

在老年患者中,随着年龄的增加,由于生理功能的退化与疾病的影响,老年心理情绪障碍十分常见,特别是焦虑、抑郁症状非常突出,给患者的诊治带来很大的困难。因此老年病科建立老年心理、情绪障碍的亚专业学科,培养和造就一批专业人才,成为科室又一个临床特色,为解决老年患者的情绪障碍提供保障。

至2010年,经十余年的发展,老年病科已形成科室的专业特色,即在全面发展老年医学专业,提高医护人员专科诊疗能力的同时,建设老年心血管、呼吸、糖尿病、脑血管疾病、情绪障碍等亚专业,在保持老年病科医学专业的广度基础上增加它的深度,真正做到集疾病预防、临床治疗、专业护理、康复指导、健康宣教为一体的全面性科室。

多种夹杂症的高龄患者治疗　由于老年患者往往身患多种疾病,老年病科医师必须在全面掌握临床医学知识的基础上形成自己的专业重点。老年病科的所有医师在经过最初三年的基础专科培训,掌握基本的医疗技能后,均会结合自身的特点选择一门亚专业进行进一步钻研。经过不断努力,至2010年,老年心血管疾病、呼吸系统疾病、内分泌系统疾病、神经-精神疾病等亚专业梯队已初具特色。同时老年病科在严重心律失常、顽固性心衰、老年痴呆、重症感染性疾病、菌(败)血症、多脏器功能衰竭、心身疾病、老年糖尿病急慢性并发症、老年患者脑卒中后误吸的治疗以及老年患者围手术期的治疗与护理等方面积累了丰富的经验,对老年患者的营养支持治疗也颇独具特色。特别是在重症感染患者的抢救、合并多种疾病的高龄患者围手术期的治疗及术后康复、老年心身疾病的诊治等方面具有一定的优势。1998年建科之初,即成功抢救1位慢性阻塞性肺病合并急性呼吸衰竭的老年女性患者,并使其成功地进行呼吸机脱机,恢复自主呼吸功能。其后,老年病科多次成功抢救诸如重症感染合并多脏器功能衰竭、间质性肺炎、顽固性心衰、糖尿病高渗昏迷、大面积脑梗等高龄高危患者。

高龄高危患者围手术期处理　1999年,老年病科与骨科联合,成功地为一位93岁股骨颈骨折合并糖尿病、冠心病的老年女性患者施行髋关节置换术并顺利康复出院。

高龄患者常常合并多种心脑血管的慢性疾病,基础健康情况差,全身多处器官功能处于损伤或衰竭状态,但是又因为种种原因必须接受手术治疗。科室逐渐形成高龄患者的诊疗常规:在患者的围手术期进行全面检查与功能评估,并在短时期内将患者的生理功能调节到相对平稳状态,术中加强监护,术后协调专科与本科的治疗,力争使患者顺利完成手术并最大限度地恢复其功能和生活质量。至2010年,老年病科配合兄弟科室已经成功施行百岁老人的前列腺癌根治术(103岁)、腹股沟斜疝修补术(101岁)、股骨颈骨折半髋置换术(93岁),并为多位85岁以上的患者成功施行诸如口腔恶性肿瘤根治术、腹主动脉瘤支架植入术、髋/膝关节置换术或骨折后髓内钉固定术,都获得良好的效果。

老年病科与全院其他科室建立学科间会诊网络,每个科室都由科主任医师与住院总医师参加,形成二级会诊网络,以便于老年病科的患者得到及时、精准的专科诊治。随着十几年的发展,至2010年底,院内会诊网络已趋完善,形成多个学科会诊群,同时与临床辅助科室全面衔接,建立绿色诊治通道,不仅为老年病科患者的诊疗提供便捷,也为其他科室患者的临床治疗提供内科保障。

心血管病拔牙　由于医院口腔科的辐射效应,许多有心血管疾病和其他严重慢性疾病又需要拔牙的老年患者慕名而来,医疗风险较大。老年病科与医院口腔外科共同开设心血管拔牙联合门诊,为患有心血管及其他内科疾病的患者提供手术前检查评估和手术中的监护。建科以来至2010年底,已经为数万名合并心血管系统或其他内科系统疾病的患者提供拔牙前的评估和手术监护,形成专业特色,在上海市内及周边省市具有一定的声誉。

【护理工作】

由于老年患者患有多种疾病,且年老体弱,恢复较慢,护理工作量显著大于普通患者。在住院治疗时常常需要病区护士们做好基础护理的情况下,开展专业护理。老年病科的护理培训团队在年轻护士入科时即进行岗位培训、技能训练,使其能胜任老年病科的基础护理。在入科后1年则进行院内专科的轮转,掌握各相关专科的护理知识与技能,同时积极鼓励护士进行专业学习与课题研究,以提高自己的护理能力。在护士长梁燕仪的带领下,老年病科的护理团队与临床医疗紧密结合,采取基础护理与专业护理结合、责任护士与床位医师结合、药物治疗与心理疏导结合的护理模式,结合临床医疗对老年患者的心理护理、误吸误咽、压疮护理进行深入探索,成功治愈多名深度压疮伴感染的高龄患者,也使许多老年患者摆脱心理负担康复出院,提高了老年病科护理团队的整体水平。

【老年健康管理】

建立老年人及老年患者的健康评估体系　通过每年的干部体检,为老年病科的患者建立健康档案,为患者进行体检结果的咨询释疑,针对患者的日常健康状况与伴随疾病作进一步的检查,并提出相关的治疗建议,长期随访,及时调整,同时对患者进行健康宣教。

探索老年人群慢病教育形式　通过与九院门诊办公室协作,在九院的健康讲堂、黄浦区老年大学授课和社区义诊3个环节中,进行老年人群慢病状态的知识讲座,针对不同人群分别开展疾病的发病机制、发展进程、治疗原则、预后结果、日常护理、生活方式等一系列讲座,有效提高老年患者对慢性疾病的认知程度和综合防治能力。

老年慢病的整体化管理与社区综合防治　与豫园和老西门社区卫生服务中心联合,建立老年患者慢病诊治教育网络,以全科医师规范化培训为契机,通过老年医学常见慢性疾病的诊疗培训,规范社区卫生服务中心的医疗活动,逐步将老年慢病的整体化管理与社区综合防治的最新概念传播到社区老年人群中。

三、教学

【教学组织】

张德星是口腔医学院诊断学教研室的创始人,并曾担任口腔医学院内科教研室副主任(1988年)。1995年,九院临床医学院成立后,张德星担任两个医学院的诊断学教学工作。郑慧君曾担任口腔医学院内科教研室主任(1988年)。盛净曾担任医院内科学教学干事(1988—1996年),杜勤曾担任九院诊断学的教学干事(1994—2006年)。老年病科的部分医师曾经参与大内科的教学工作,具有丰富的大课授课与临床带教的教学经验。张德星、郑慧君和盛净以他们严谨的治学态度和渊博的知识深深地感染着所有受过他们指导的学生们。在他们的影响下,学科高度重视教学梯队建设,制订中青年教师培养计划,明确其职责和培养目标。科室承担九院临床医学院诊断学、内科学、老年医学、全科医学的教学任务。

【本科医师教育】

老年病科医师担任九院临床医学院内科教研室和诊断教研室讲师,承担的理论课共 16 课时。在课堂授课中,结合临床病例,深入讲解检查要领,认真示范检查手法。在实习带教中,老年病科的带教医师根据自己的亚专业进行教学、带教,指导实习医师进行临床诊疗技术的操作,规范操作流程,努力提高操作技能。在临床实践中,根据临床病例组织实习医师进行专题讨论,培养正确的临床思维模式,掌握常见疾病的诊疗原则,了解国内外先进的诊疗技术与动态。

科室实行严格的三级查房制度,针对老年病科的常见疾病,巩固实习、轮转医生及青年住院医师的临床基本技能。每周安排 1 次教学小讲课,每月进行 1 次教学查房,结合典型病例,对老年患者的基础生理和心理变化、病理状态、疾病特点的诊断和治疗原则进行详细的分析指导,提高轮转医师及本科青年医师的临床诊疗技能。

【住院医师培训】

2010 年 9 月,老年病科成为内科住院医师规范化培训基地,同年获得全科医学临床医师培训基地资格,成立全科医学教研室,盛净担任教研室主任。在豫园和老西门社区卫生服务中心设立全科医师带教培训中心。严格规范实习、轮转医师出科考制度。为保障医师培训水平,除在实习、轮转期间对医师进行全面培训外,在出科时,采用面试形式,对实习、轮转医师的专科知识和技能进行严格考核,结合平时工作做出全面评定。

【研究生教育】

1999 年起,老年病科被增列为硕士学位授予学科,盛净担任硕士生导师,至 2010 年底,已有硕士生导师 3 人(盛净、杜勤、蔡文玮),培养三年制、七年制硕士研究生共二十余人。老年病科的导师与导师组成员在研究生教育中秉承"悉心教导,大力扶持,鼓励钻研,引导创新"的原则,对研究生的教育课程精心挑选,并为学生们选择一些与老年医学专业相关的科研文章,加深学生对老年病学的了解。在专业知识学习的同时,老年病科的研究生都深入临床医疗第一线,参加病房医疗工作,鼓

图 2-1-14 2010 年老年病科主任盛净(后排右五)与医护人员在病房合影

励研究生们在实践中发现问题,认真钻研,提出科研设想,脚踏实地完成研究课题。

在导师们的带领下,九院老年病科的研究生们学业优良。至 2010 年底,共获得硕士研究生国家奖学金 1 人,上海交通大学优秀毕业生 1 人,交通大学医学院研究生优秀奖学金二等奖 5 人,上海交通大学研究生"搏击医源"学术论坛学术墙报一等奖 1 人,上海市老年医学青年论坛优秀毕业论文奖 1 人。获得专利成果 1 项。

四、科研

【科研方向】

在繁重的临床工作同时,老年病科建科以来一直重视临床研究,以科内亚专业为依托,积极申报各个层次的课题项目,逐渐形成符合老年病科业务特点的各个研究方向,以研究促进临床水平的提高。

动脉粥样硬化机制的研究　2000 年,老年病科盛净结合当时临床上冠心病冠脉支架植入术后发生的内膜增生、管腔狭窄并发症,针对抑制平滑肌细胞和外膜成纤维细胞的增生,开展动脉粥样硬化机制及血管再狭窄后新生内膜增生机制的研究,先后获得多项国家级、市科委重点项目,市科委、卫生局项目基金。

老年情绪障碍伴躯体化疾病的诊治　老年患者随着年龄的增加、生理功能的退化与病理疾病的影响,老年心理情绪障碍十分常见,特别是焦虑、抑郁症状非常突出,给患者疾病的诊治带来很大的困难。因此老年病科将老年心理情绪障碍作为临床诊治的重点,通过多年的经验积累与临床研究,培养一批专业人才,成为科室临床医疗的一大特色。同时,在科研上也对导致老年焦虑和抑郁情绪障碍的发病机制、治疗、护理等进行多方面的研究,获得上海市局级课题支持。

老年综合征防治的研究　老年患者随着年龄的增加,生理功能逐渐退化,常常会出现认知功能减退、行动障碍、跌倒、失禁等老年综合征,增加老年患者的住院率,严重影响老年患者的生活质量。老年病科以老年患者易跌倒为切入点,进行老年患者跌倒机制的研究,并申请上海市科委的基金项目。

老年病科对衰老的病理生理,老年患者中常见的胰岛素抵抗、糖尿病肾病的发病机制亦进行相关研究。

【科研课题与获奖】

至 2010 年底,老年病科共获得市级科研课题 8 项,局级科研课题 6 项,院校级科研课题 2 项。1988 年盛净获得国家教委科技进步奖三等奖。

表 2-1-25　1997—2010 年老年病科承担校级及以上级别科研课题与人才计划情况表

年　份	课题、人才计划名称	来　　源	负责人
1997	衰老过程中淋巴细胞与脑细胞凋亡相关性研究	上海市卫生局	朱　健
1998	老年人血管内皮细胞功能改变对高血压患者心血管并发症的影响	上海市卫生局	盛　净
1999	老年焦虑情绪对高血压药物疗效的影响	上海市卫生局	盛　净

(续表)

年 份	课题、人才计划名称	来　源	负责人
2000	β1 整合素对糖尿病肾病作用的实验研究	上海市卫生局干保处	杜　勤
2001	Ad-CMVeNOS 基因转染抑制血管损伤后平滑肌细胞增生的实验研究	上海市教委	盛　净
2001	细胞因子对高血压心室重构调控作用的研究	上海市科委自然科学基金	朱　健
2005	抑制血管损伤后平滑肌细胞增生的实验研究	上海市卫生局干保处-上海老年病学科优秀中青年骨干培养计划	盛　净
2002	急性心肌缺血溶栓治疗时胰岛素抵抗对内皮的影响	上海市科委	盛　净
2005	Ad-CMVeNOS 基因转染抑制新生内膜增生的实验研究	上海市科委自然科学基金	盛　净
2005	血管内皮生长因子在大鼠糖尿病肾病中的作用研究	上海市教委	杜　勤
2006	基因修饰阻断 TGF-β 信号传导通路与血管平滑肌细胞增生关系	上海市教委	盛　净
2006	TGF-β1 对血管损伤时血管外膜成纤维细胞的影响	上海交通大学医学院自然科学基金	蔡文玮
2008	老年高血压人群中情绪障碍的防治研究	上海市科委引导项目	杜　勤
2009	SDF-1α/CXCR4 在大鼠颈总动脉球囊损伤术后内膜修复中的作用	上海市卫生局	蔡文玮
2009	老年心血管疾病伴情绪障碍患者心理干预的研究	上海交通大学医学院护理基金	梁燕仪
2010	靶向血管紧张素原 RNA 干扰对自发性高血压大鼠动脉粥样硬化斑块形成的影响	上海市科委基础重点	盛　净

【学术任职】

张德星曾任中华医学会上海透析学会委员,中华医学会上海分会肾脏病学会副主任委员、顾问,上海第二医科大学(以下简称"二医大")高级职称评审委员会委员,上海卫生局医疗事故鉴定肾脏病组组长。

盛净曾任中国老年学会心血管专业委员会委员、上海医学会内科分会委员、上海医学会老年医学分会委员、中国老年学上海老年医学分会委员、上海医学会行为医学分会专业委员会委员、上海市黄浦区慢病防治委员会主任委员。

蔡文玮曾任上海医学会老年医学分会青年委员。马绍骏曾任上海医学会行为医学分会委员。

【发表论著】

1991—2010 年,老年病科发表论文 143 篇,其中发表 SCI 论文 6 篇。主编专著 1 部,参编专著 2 部。其中,2006 年 1 月,盛净与仁济医院陆惠华共同主编《老年常见疾病临床手册》。2006 年 5 月,盛净参编仁济医院主编的《实用老年医学》。张德星曾任《中国新药杂志》编委、《二医学报》杂志编委、《国外医学》(内科分册)杂志编委,《国外医学》(泌尿外科分册)特约编辑。盛净曾任《中华老年医学》《中华脑行为医学》《内科理论与实践》《老年医学与保健》杂志编委,《中国新药与临床杂志》编委。

五、荣誉

老年病科获评上海市卫生系统文明班组(1997—1998 年)、上海第二医科大学文明科室(1998—1999 年、2002—2003 年)、上海第二医科大学样板病区(1998 年)、上海交大医学院文明科室(2004—2005 年)。老年病科护理组获评二医大"三八"红旗集体(1999—2000 年)。

张德星获二医大先进教育工作者(1986—1987 年)、全国卫生文明建设先进工作者(1987 年)。

盛净获上海市优秀青年医师(1987 年),二医大优秀教师和优秀教育工作者(1992 年),上海市卫生系统先进工作者(1998—1999 年)。

梁燕仪获上海市卫生系统文明工作者(2000 年)、上海市卫生系统第二届"左英护理奖"(2014 年)。

第十节　急　诊　科

一、沿革

1948 年 1 月,上海私立伯特利医院经战后复建,恢复门诊。同年 5 月,在门诊增设急诊室和救护站。20 世纪 50 年代初期急诊室设在南大门内旧 1 号楼的底楼,仅 1 间诊室,无急救设备和观察床位。后迁至南大门北侧沿制造局路的 3 间平房作为候诊和诊室。急诊室门口挂钟,敲一下是内科,敲两下是外科,由值班医师赶来接诊。1962 年,开设急诊观察室,设床位 4 张,由护士长陈云英负责。急诊医师由各科排班轮流值班。1966 年,急诊迁至医院北大门内原肺科门诊处,观察室设 25 张床,设有简易床单位用具及外科扩创室,以后因人员减少,观察床位又减少至 8 张。

1970 年,设立急诊抢救室,并添置抢救设备:连续升降洗胃机 1 台、人工呼吸机 1 台及心电图机,急诊室规模、业务逐渐扩大。内外科急诊医师实行三班制工作,其他各科医师轮流 24 小时值班制,急诊科负责各科急诊的协调与管理。急诊就诊人数逐年上升,1985 年达 189 417 人次。以后随着居民生活的改善、邻近区域居民楼的拆迁,急诊人次逐渐下降。

20 世纪 80 年代,急诊室条件较差,抢救室与诊室在一起,空间狭小,床位紧张,医师诊台旁的诊疗床往往被危重患者占据。每到夏天,需要在大礼堂等处腾出地方设立中暑病房。战高温时,夜晚在院内空地上开设急诊,处理发热等普通急诊病患。

1986 年 12 月,根据中央卫生部提出综合性医院必须成立急诊科的要求,医院在急诊观察室基础上正式成立急诊科,设正副主任和 2 名护士长负责急诊科日常行政、医疗业务工作,有急诊观察床位 21 张。

医院急诊科是上海市急诊急救学会成立的首批单位之一。在医院领导和历任科主任的努力下,急诊科规模和业务逐年发展。至 1989 年,观察床增至 25 张,抢救室已配备空调设备,抢救成功率 75%。为进一步改善医疗环境,方便广大患者就医,1989 年 12 月,医院 8 层门急诊综合大楼破土兴建,原简陋的平房拆除,急诊科搬到临时过渡房内继续急诊工作。1993 年 2 月 15 日,门急诊大楼(10 号楼)建成启用,急诊科首先搬进新大楼。急诊科由 1 楼的急诊室、抢救室、专科诊疗室、急诊手术清创室,2楼和3楼的急诊观察室、急诊ICU(包括小型中央监控室)组成。1990—1993年,急诊科先后从院内外调入多名医师充实医疗力量。当1993年医院等级评审时,急诊科建设已初具规模,有本科室医师8人,观察床位27张,包括6张ICU病床。急诊科医师负责急诊观察室及ICU的医疗业务,还负责急诊台面医疗把关责任。在条件改善和力量充实的基础上,科室进一步加强管理,完善急诊、急诊观察室、急诊ICU的一系列规章制度和各级各类人员的职责,规范操作流程及抢救流程等,逐渐转变为病房化管理。1999年后,规划整修一楼的急诊就诊区,由内科、普外科、整复外科、骨科、泌尿外科、妇科、眼科和耳鼻喉科组成,配有设施齐全的抢救室、诊疗室、扩创室、换药室、临时观察室和输液室。至2010年,中心输液室配有病床12张、躺椅100张,针对全院门急诊输液患者全天开放。急诊病房分为急诊ICU和普通观察病房,设置监护病床10张、普通观察病床35张。ICU配备中心监护仪、呼吸机、除颤仪、临时起搏器。

至2010年12月,急诊科有医护人员78人(医师17人、护士62人)。其中主任医师2人、副主任医师6人、主治医师6人,硕士学历8人,在读硕士4人,在读博士2人。

表2-1-26　1986—2010年急诊科历任正、副主任情况表

任职时间	主　任	任职时间	副主任
1986—1992	谢德善	1986—1992	任彩娟
1992—1998	任彩娟	1993—1997	金曾穗
1998—2008	周龙女	1998—2001	张占鳌
2008—	朱　健	2002—2005	李志荣
		2005—2008	朱　健(其中2008年主持工作)
		2005—	方　萍
		2010—	徐　兵

二、医疗

1953—1956年,医院着手进行3年整顿,建立门急诊工作制度,改善医疗环境。1993年,医院等级评审期间,科室进一步加强管理,完善急诊、急诊观察室、急诊ICU的一系列规章制度和各级各类人员的职责,规范操作流程及抢救流程等,逐渐转变为病房化管理。1994年11月,科室参加南市区红十字会应急救护比赛,获第三名。至2010年,急诊科医疗上实行三级查房病房化管理,建成以急诊内科专业为主,同时兼顾外科各亚科的综合抢救体系。急诊科医师均接受全面综合的专科培训,能熟练操作呼吸机、除颤仪及临时起搏器,能熟练开展紧急情况下气管插管,锁骨下、股静脉置管及其他常规诊疗工作。部分高年资医师可开展颅内血肿碎吸、胃镜下经皮胃穿刺造瘘、气管切开术等治疗技术,提高危重患者抢救成功率。具有抢救急性冠脉综合征、重症休克、多重复合感染、脓毒血症、急慢性呼吸功能衰竭、多脏器功能衰竭以及多发性外伤的成功经验。自2002年起,急诊科开展急诊心脏介入工作(急诊PTCA、支架、溶栓),缩短急性心肌梗死患者的抢救时间,为开展急救绿色通道打下良好的基础。

【公共卫生事件处置】

急诊科承担危急和重症患者的救治工作,在抢救和处理突发事件时也是首当其冲,义不容辞。较为重大的事件:1986年7月,龙卷风袭击南汇、奉贤、川沙三县,九院急诊参与抢救部分重伤员。1994年7月16日晚9时左右,上海市某建筑工地13名外来务工人员因食用含有机磷农药的鸡毛菜,呕吐不止被送到医院急诊室,经内科医师黄震华、任义荣等积极抢救,药房、急诊室等医务人员多方配合,终于使13位中毒外来务工人员脱离危险痊愈出院。1995年7月6日,急诊室成功救治27名因食用被农药污染的蔬菜而中毒的外来务工人员。2003年上半年,全国暴发非典型肺炎,急诊科按照医院布置,关闭急诊观察室病房,成立非典型肺炎患者隔离病房,全面备战,圆满完成抗击非典型肺炎工作。2006年暴发禽流感疫情。3月21日中午,一发热女患者来院就诊,13:30拟诊"重症肺炎、休克"收治急诊观察病房;15:30急诊科医师因其有食用禽类史且病情危重,怀疑"不明原因性肺炎"报医院防保科。防保科确认并请示院领导后立即上报黄浦区疾病控制中心。17:30黄浦区疾病控制中心来院,做流行病学调查,采集标本,并请专家会诊。患者于18:45抢救无效死亡。次日晨,黄浦区疾病控制中心来电通知标本病毒核酸阳性,并要求可按"不明原因呼吸道死亡病例"进行网络直报。事后证实此为上海首例人感染禽流感病例。2008年5月,汶川地震,急诊科护士项娴静、医师张春炳分别参加医院第一批和第二批上海赴川医疗救援队员,奔赴北川、德阳,不畏艰险积极投身抗震救灾工作中。2010年上海举行世博会期间,急诊科作为卫生局指定保障单位。

【医疗数据】

急诊科1953年诊次为14 268人,1985年升至189 417人次。2010年急诊人次137 213,住院人次878,抢救人次8 644。配置有呼吸机15台、心电监护仪18台、心脏除颤起搏器4台、血氧饱和度监测仪3台、洗胃机1台、全自动心肺复苏机1台、心电图机5台等。

三、教学

1998年起,急诊科承担上海第二医科大学九院临床医学院第一批本科生的教学工作,讲授

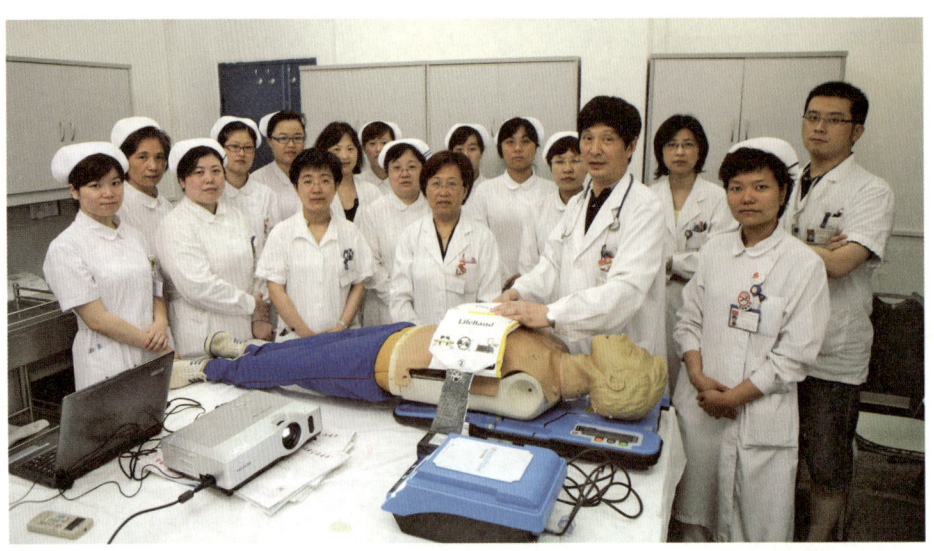

图2-1-15　2010年周龙女(前排右三)、朱健(前排右二)主持业务培训

"急诊医学"课程。至2010年,急诊科承担医疗系五年制、七年制和夜大学以及高级护理系等多项教学任务。

周龙女任口腔医学院、九院临床医学院诊断学教研室副主任。朱健长期从事心血管内科及老年医学的临床、教学及基础的研究。

四、科研

【学术任职】

谢德善曾任中华医学会上海分会急诊学术委员。

周龙女曾任中华医学会上海分会急诊专科委员会委员,华东地区危重病急救医学专业协作委员会常委,第一届中华医学会急诊分会危重病专家委员会全国委员,中华医学会上海分会第六届急诊医学专科副主任委员,上海市急诊ICU质量控制中心专家委员会委员,上海市肺科学会中青年组委员;同时,还被聘为二医大医疗质量督察专家组成员,中华医学会、上海医学会医疗事故技术鉴定专家库成员。

朱健曾任《中国临床保健杂志》编委。

徐兵曾任中国医师学会创伤外科分会创面修复专业委员会委员,中国医学救援协会灾害救援分会理事,中国医疗保健国际交流促进会急诊急救分会委员,上海医学会急诊医学分会委员,上海医学会危重病医学分会青年委员,上海中西医结合学会急诊医学分会委员,华东地区危重病急救医学专业协作委员会委员;受聘为上海市急诊ICU质控中心质控专家,上海市浦东新区、黄浦区、奉贤区医疗鉴定专家。

【发表论著】

1991—2010年,急诊科发表论文98篇。其中,朱健以第一作者发表临床科研论文27篇(其中核心杂志10篇),并主编《冠心病自我保健》,参编《老年常见病诊疗手册》。

五、荣誉

急诊科护理部获上海第二医科大学"百日竞赛先进集体"称号(1989年);急诊科获上海市卫生系统"百日竞赛先进集体"(1990年)、二医大"文明科室"先进集体(1994年);急诊预检世博首席班组荣获上海市"世博先进班组"(2010年)。

周龙女获上海市卫生系统"抗击非典型肺炎先进工作者"(2003年)。许振祥获上海市卫生系统"十佳工勤人员"提名奖(1995年)。吴莘获二医大精神文明"十佳好事"(1999年)。

第十一节　儿　　科

一、沿革

1920年10月,上海私立伯特利医院初创时在院部和西藏南路169号八仙桥诊所开设儿科门诊。抗战期间,伯特利医院租用法租界伯赛仲路(现复兴西路)21号开展业务,收治妇科、产科及婴儿,设病床20张。1941年曾聘桂质良担任儿童心理医师。抗战胜利后,分院及诊所恢复业务,伯特利总院开始复建。1948年1月,伯特利总院恢复门诊,1949年增设儿科门诊,由陈锦凤兼任儿、内科业务。1950年1月,聘请赵立群为儿、内科特约医师。1951年,总院有婴儿床位10张。

政府接办医院后,1952年,上海市卫生局调派儿科专家万正华来院任儿科主任,同年调入的有邱犹兴、门官三、朱林浩、叶衍昌等,医师增至5人。此后陆续调入吴韵箫、张如兰、吴志敏等医师,至1965年,儿科医师增加至10人。随着儿科床位和就诊患者的增加,不断有儿科毕业生分配来科,1990年儿科医师增至17人。

伯特利医院时期儿科床位与妇科同在旧1号楼2层。1953年旧2号楼加层完工,儿科迁入三楼北面区域,与耳鼻喉科、眼科同一楼面,设24张床位,含隔离床位(主要收治菌痢等疾病)。1959年,床位增至40张。1967年,口腔外科楼(后改称5号楼)建成后,儿科病房迁到旧3号楼2楼原新外科整个楼面,仍设40张床,含新生儿病房、传染病房(收治流脑、乙脑、菌痢等传染病)。1979年儿科病区部分病房由心内科使用,儿科床位减至20张。1985年,旧3号楼加建第三层,次年儿科迁入,恢复床位至40张。1996年,神经外科迁至儿科病区与儿科合用一层楼面,儿科床位减至22张。

儿科门诊在1950—1960年,曾设在医院中央的简易平房内(旧7号楼,此处后来先后改建为化验室和钴-60机房)。20世纪70年代初,儿科门急诊迁至二道门外侧的2层小楼底层(旧8号楼,2楼为超声和理疗室)。1990年,儿科有医师17人,其中副主任医师1人、主治医师6人。门诊与病房护士共25人,每年收治住院患者600余人次,门急诊3万余人次。1993年,门急诊大楼(10号楼)建成启用,儿科门急诊迁入2楼北区,实行24小时门急诊开放,全年无休。

20世纪90年代中期起,由于医保制度改革、患者自由就诊以及独生子女政策等因素,患儿涌向儿童专科医院,综合性医院儿科就诊人数逐年下降,九院住院患儿锐减。2000年,儿科床位缩减至8张并归并到10号楼的儿科门诊。2003年起儿科不设病房,但门急诊及观察床位仍保持全年开放。

至2010年底,科室有医师8人:博士学历1人,硕士学历2人,本科生5人;主任医师1人,副主任医师2人,主治医师4人,住院医师1人。护士10人。

表2-1-27　1951—2010年儿科历任正、副主任情况表

任职时间	主任	任职时间	副主任
1951—1955	万正华	1954—1975	丘犹兴
1972—1976	吴志敏(组长)	1972—1976	沈美兰 施乐中(副组长)
1984—1988	张如兰	1976—1984	门官三
2000—2008	顾洪亮	1978—1984	吴志敏
		1984—1995	陈晔(其中1988—1995年主持工作)
		1995—2000	顾洪亮(主持工作)
		1998—2008	钱耀琴
		2008—	查健忠(主持工作)

二、医疗

【业务发展】

伯特利医院初建时仅有儿科门诊业务。抗战期间医院在复兴西路设分院开展儿科门诊及住院业务。1937年8月—1950年8月,分院儿科门诊累计接诊患儿2 827人次,收治儿童住院342人。

政府接办医院后,儿科业务得到发展。1953年,儿科年门诊量38 196人次。1965年,儿科年门诊量48 578人次。1991—2000年,儿科年均门诊量29 815人次。

1950—1960年,儿童传染病较多。儿科除收治一般疾病的普通床位外,还设有收治儿童传染性疾病的隔离床位。20世纪50年代每年开设麻疹病房。60年代后按流行季节开设菌痢、乙脑、流脑病房。

70年代初期,门官三开展儿科肾脏专科工作,开设儿童急性肾炎、肾病综合征、遗尿症等专病诊治。

1986年,儿科搬迁至旧3号楼3楼后,科室设施得到改善,配置有当时较为先进的呼吸机、心电图仪、微泵输液器、超声雾化器和负压吸引器等医疗设备。曾经成功抢救许多危重患儿,如新生儿窒息、新生儿颅内出血、新生儿硬肿症、儿童心力衰竭、婴儿重症腹泻合并重度脱水及酸中毒等。儿科开设各类专科门诊,如心血管专科、肾内科、呼吸哮喘专科和儿童保健科等,解决儿童疑难及慢性疾病。1993年,新增儿童消化专科。1996年,新增儿童多动症门诊。

2008年6月,查健忠担任儿科副主任(主持工作)。2010年门急诊总人次38 718,较2008年增长14%。

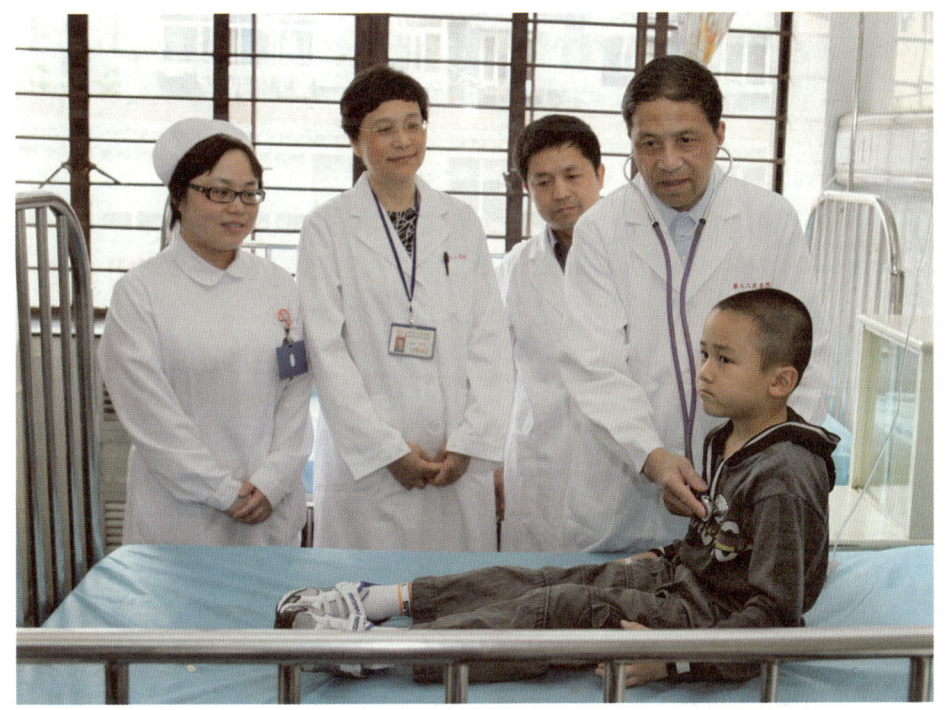

图2-1-16 2010年,儿科医护查房。站者右起:顾洪亮、查建忠、钱耀琴、武卫华

【专病特色】

儿童哮喘专科 顾洪亮于20世纪80年代开设儿童哮喘专科门诊,是当时上海为数不多的哮喘专科门诊之一。2001年,与葛兰素史克制药有限公司联合成立沪上第一家儿童哮喘防治中心。2003年,成为全国性健康呼吸中心单位之一,并建立过敏原测试研究室,是上海医学会儿科分会呼吸学组委员单位、上海市哮喘之家委员单位及黄浦区哮喘之家副主任委员单位之一。

90年代中期,儿童哮喘专科得到较大发展,影响逐渐扩大,诊治人数上升。在《全球哮喘防治创议》的指导下,专科在规范防治儿童哮喘方面开展一系列工作。在国内首先应用抗氧自由基——硒防治小儿哮喘,疗效显著,是国内最早应用雾化吸入的单位之一,也是国内较早开展医护联合管理哮喘的单位。形成规范化、系列化,辅以中西医结合标本兼治的综合性防治体系,取得显著疗效。累计病例7 000余例,曾多次参与国际、国内多中心临床验证工作,在RELIFE(Oxis)国际多中心临床验证中获得优胜奖杯和荣誉证书。曾成功举办多次市级呼吸学组会议,开办2次儿童哮喘学习班,受到同行的好评。

消化专科 1993年,康宏庄开设消化专科门诊,为方便患儿就诊,消化组医师利用双休日开展多项检查和治疗项目。1993—2000年,在胃镜室主任马菊珍帮助下,做1 500多人次的小儿电子胃镜检查,未发生不良事件。此后相继开展在当时儿科消化领域中比较新的项目,如小儿幽门螺杆菌(HP)检测诊断方法,包括:胃镜活检送HP培养和病理检测(各1 500余例);血清快速HP IgG检测(1 280余例);^{13}C-尿素呼气试验(1 850余例);粪便HP检测(100余例);血HP蛋白印迹测定(58例)。又开展小儿胃动力检查,如24小时胃电图检测(150余例),24小时食管下端pH检测60人次。

临床诊治小儿HP相关性胃十二指肠疾病2 000余人次,治愈率90%以上;小儿功能性消化不良500余人次,治愈率达80%以上;小儿急慢性腹泻、小儿便秘等疾病的诊断和治疗,疗效显著。不仅吸引本市病儿来诊治,还吸引江浙一带患者来诊治。

儿科消化组人员曾多次参加本市和全国儿科疾病的诊治和学术会议,参加国内国际消化胃镜临床应用学术会议。曾以壁报形式参加中国香港胃肠病学、溃疡病研究国际会议,泰国消化疾病学术周,第五届亚太美胃肠病学国际会议。1999年,康宏庄任中华医学会上海分会儿科感染和消化学组委员,参加每年每季度学术活动,促进专业领域的学术交流。

2002年,中华医学会儿科分会第一届消化学组成立,康宏庄任中华医学会上海分会儿科消化学组副组长,并于2002年第二季度在医院儿科成功举办学组的学术活动,介绍"小儿胃电图的原理和应用方法"。

儿童多动症专科 1995年,范洲际开设儿童注意力缺陷多动症专科门诊,应用儿童心理咨询电脑检测系统,对儿童心理、行为异常进行系统化的检测分析。2006年,依据美国、加拿大等国《儿童注意缺陷多动障碍诊疗指南》的有关指导原则,结合我国儿童的特点,建立有自身特色的多动症诊疗方法,取得较满意的效果。

三、教学

1965年,口腔医学系从广慈医院迁至上海第九人民医院,科室承担儿科学的教学任务,儿科副主任邱犹兴任口腔系儿科教学组长。1995年,九院临床医学院成立,儿科教研室也随之成立,陈晔任第一任教研室主任。儿科教研室承担九院临床医学院、口腔医学院,上海第二医科大学夜大专科、专升本,电大、原九院护校等专业的儿科学教学任务,每年160~170学时。2009年起,由于儿科医师流失,部分课时聘请上海市儿童医院医师担任,学生见习在九院儿科门诊及上海市儿童医院进行。

1987年9月10日,康宏庄医师获上海第二医科大学"校先进教育工作者"称号。儿科教研室于1998年、2004年获九院临床医学院"教研室工作优胜奖"。

儿科教研室各级教师先后多次获得二医大多媒体课件评比优胜奖、高露洁优秀教案、上海医药等各类奖项。

表2-1-28　1965—2010年儿科教研室(组)历任负责人情况表

任职时间	主任(组长)	任职时间	副主任
1965—1975	丘犹兴	1976—1983	门官三
1995—2000	陈 晔	1978—1984	吴志敏(其中1984年任第一副主任)
2000—2008	顾洪亮	1984—1994	张如兰
2008—	查健忠	2000—2008	钱耀琴

四、科研

20世纪80年代,顾洪亮牵头开设儿童哮喘专科门诊,是国内最早应用干粉吸入疗法防治儿童哮喘单位之一,并辅以中西结合疗法,使哮喘治疗总有效率达98.5%。90年代,在国内首先开展尘螨脱敏疗法、抗氧自由基——硒防治小儿哮喘和医护联合管理哮喘的研究。在儿童哮喘的发病机制方面开展黏附分子、P-选择素、巨噬细胞在哮喘发病、气道重塑中的作用的研究。随后,又在抗组胺药在治疗哮喘中的作用、哮喘病的管理和治疗的依从性、糖皮质激素吸入治疗疗效观察等方面开展研究。经过20多年努力,儿科在儿童哮喘治疗的规范化、长期化及个体化等方面取得显著疗效。参与市级课题2项,发表学术论文近30篇。

自20世纪90年代初,康宏庄开设儿科消化专病门诊,结合临床实际病例开展研究。如:儿童幽门螺杆菌感染的流行病调查;幽门螺杆菌相关性胃炎儿童与成人对比研究(获幽门螺杆菌征文比赛四等奖);儿童消化性疾病的胃镜检查及抗幽门螺杆菌治疗后随访研究;^{13}C-尿素呼气试验诊断儿童幽门螺杆菌感染的研究;克拉霉素联合胶体次枸橼酸铋和甲硝唑短程三联疗法根除儿童HP相关性胃炎的临床研究等。HP根除率达93%以上,在同行评审中获得第一名。同时对儿童口服铋剂的安全性进行研究,对儿童血清铋浓度的测定及服德诺停药前后血清铋浓度进行动态观察。

此后,开展对儿童幽门螺杆菌相关性胃十二指肠疾病的药物治疗研究、不同方案及疗程治疗比较;幽门螺杆菌粪便抗原检测和临床研究;儿童消化性溃疡与幽门螺杆菌感染临床治疗探讨;儿童幽门螺杆菌感染的菌株类型及治疗研究;小儿幽门螺杆菌根除后复发的研究等。开展儿童胃动力学的科学研究,如儿童胃电图在儿童慢性胃炎和厌食诊断中的临床研究,食管24小时及3小时pH检测在儿童胃食管反流病诊断中的临床研究,儿童血清胃泌素正常值探讨及流行病学调查,幽门螺杆菌与消化性溃疡和胆汁反流关系的研究。共发表学术论文20多篇,发表科普文章十余篇。康宏庄与人合作编撰《专家解答幽门螺杆菌感染》《胃食管反流病》《专家解答胃食管反流病》等科普书籍,撰写其中有关小儿消化疾病的章节。

五、社会公益

1976年7月28日,唐山大地震发生后,顾洪亮参加上海市第一批医疗队奔赴地震灾区进行抗震救灾工作。1977年7月—1979年7月,顾洪亮参加上海市第三批援藏医疗队工作。1999年1月—2001年1月,查健忠参加援外(瓦努阿图)医疗队。

20世纪70年代中期至80年代末,儿科医护人员轮流下劳保厂托儿所、幼儿园参加儿童体检的义诊活动。自80年代起,儿科护士朱佩杰专门负责日常儿保工作。康宏庄定期组织对劳保厂托儿所内保育员开展培训和儿童保健的科普知识讲座,进行常见营养性疾病佝偻病、营养不良和贫血(简称"三病")的调查及随访治疗,以及儿童智商调查等,获得上海市南市区儿保所少儿事业荣誉证书。

六、荣誉

儿科专病门诊获评上海市卫生系统女职工文明示范岗(1997年)。

张如兰获上海第二医学院先进工作者称号(1979年、1985年、1988年)。吴志敏获第二医学院先进工作者称号(1983年)和上海市高校先进工作者称号(1983年)。康宏庄获上海第二医科大学先进教育工作者称号(1987年)。

第十二节 中 医 科

一、沿革

1953年,医院设立中医门诊。1956年9月正式建科,时有卢其成(外科、儿科),邓川澜(内科、妇科),王武臣(伤科)3名医师,卢其成为负责人。同年,石蕴华参加中医科工作。1958年,刘玉桂加入中医科,开设针灸科。儿科系撤出九院后,南市区曾派上海第二人民医院王亦仁担任科主任,1963年九院划归二医,王亦仁调回原单位。当时中医科分内、外、针、伤4个分科,时有7名医师、2名护士。20世纪70年代,中医科已拥有25名中医师,护士2名。1989年,中医科开设药离子治疗室。同年,西医骨科的长皮膏专科、西医外科的痔科相继划入中医科。至此,医院中医科发展成为包含内科、伤外科、针灸科、长皮膏科、痔科、药离子治疗室的综合性中医科室。

至2010年,中医科有医师21人,其中教授1人、主任医师1人、副主任医师7人、硕士6人,有护士2人。

表2-1-29 1956—2010年中医科历任正、副主任情况表

任 职 时 间	主 任	任 职 时 间	副 主 任
1956—1958	卢其成(负责人)	1978—1984	卢其成(主持工作)
1960—1963	王亦仁	1988—1991	胡国庆(主持工作)
1963—1978	卢其成(负责人)	1993—2002	杨鹏飞

(续表)

任职时间	主　　任	任职时间	副主任
1984—1988	卢其成	2005—2009	戚清权
1991—1992	陈绍东	2009—	戚清权（主持工作）
1992—2002	戚清权		
2002—2009	周阿高		

二、医疗

中医科的业务量随着专业的细分、技术水平的提高而逐渐增长，1953年年门诊量仅1 000余人次，2000年为6.74万人次，2010年增长至10.92万人次。

表2-1-30　1953—2010年部分中医科业务量情况表　　　　　　　　　　　　单位：人次

年　份	中医内科	伤　科	针灸科	年　份	中医内科	伤　科	针灸科
1953	1 118			1988	41 016	28 490	9 894
1956	5 901			1989	42 666	29 768	7 328
1965	48 779		19 216	1990	70 912		
1975	85 155		28 803	1995	37 048		
1985	48 517	30 948	7 101	2000	67 401		
1986	49 850	31 986	9 927	2005	60 223		
1987	48 991	30 961	12 484	2010	109 196		

说明：1990年后的数据是总数。

【中医内科】

主要治疗内科常见疾病以及老年病、肿瘤、妇科等各种慢性疾病。经多年经验积累，对冠心病、高血压、糖尿病、高血脂、脂肪肝、口腔、肿瘤、消化道、慢性咳嗽、慢性疲劳综合征、肾脏、月经、带下病、痤疮、黄褐斑等多种疾病的诊治形成专业特色。年门诊量达3万余人次。从1978年起，中医内科郭一钦、洪声与口腔颌面外科（肿瘤组）合作开设中西医结合治疗口腔恶性肿瘤的专病门诊。2003年起，黄晓莺定期开设中医妇科专科门诊，洪声、姜昌明开设高脂血症、脂肪肝专科门诊，高一明开设慢性疲劳综合征专科门诊，曹振东开设糖尿病并发症预防专科门诊，戚清权、周阿高开设中医肿瘤专科门诊。

为方便患者，1988年曾开设业余出诊上门服务，至1990年上门治疗14 100余人次，后因人员紧缺，逐渐停止。

【伤外科】

充分发挥传统结扎疗法治疗赘生物以及"石氏伤科中药内治和魏氏伤科手法导引相结合"特色，开展颈椎病、腰椎间盘突出症、椎管狭窄症、腰椎滑脱、骨关节病、骨质疏松症、骨折后遗症、跟骨骨刺、腰腿痛、慢性皮肤溃疡等多种疾病的治疗。柴兆璋采用结扎疗法治疗赘生物,其方法是利用线的紧力,通过结扎,促使结扎部的病变组织失去营养而逐渐坏死脱落,达到治疗目的。该方法疗效迅速,不良反应小且经济实用,适用于治疗瘤、赘疣、痔、血栓闭塞性脉管炎等病症。胡军开设骨折后遗症专科门诊。黄燕兴开设骨质疏松专科门诊。柴兆璋开设跟骨骨刺专科门诊。

【针灸科】

根据临床上肥胖症日渐增多的情况,采用中医健脾化湿、宣肺利水、通腑清热、益肾调经的方法,从2002年起开设针灸治疗肥胖症专病门诊。临床疗效受到患者的认可,口耳相传,门诊量迅速增长,从日均20～30人次,增加到300余人次。杨鹏飞开设针灸治疗压力性尿失禁专科门诊。余梅英开设耳穴敷贴治疗失眠、胆结石专科门诊。赵李清开设推拿治疗面瘫、温针治疗膝关节炎等病症的专科门诊。

【长皮膏科】

20世纪70年代,骨科医师毛文贤在上海瑞金医院中医外科八湿软膏和生肌玉红膏的基础上加以改进,加入特殊药材,研制成院内制剂长皮膏1号和长皮膏2号(即冰石长皮膏和紫归长皮膏),用于治疗各种外伤伤口,如手外伤、烧伤、糖尿病坏死创面、褥疮、下肢慢性溃疡等。1980年,骨科毛文贤开设长皮膏专科门诊,因采用长皮膏治疗开放性手指损伤2000余例有良好疗效,1988年,获上海市卫生局中医药科技进步奖三等奖。1989年,原属骨科的长皮膏专科由毛文贤的关门弟子程艳华转入中医科,成立长皮膏科,是医院乃至上海有特色的创面专科。程艳华主持"长皮膏结合皮瓣放长术治疗末节截指手指"研究,获1997—1998年度九院院级医疗成果奖。30多年来,专科治疗从以手外伤为主,发展到包括下肢慢性皮肤溃疡、褥疮、中小面积烧伤、化学性皮肤损伤、手术后创面延迟愈合等。程艳华、孔敏、黄纲、廖明娟、王永灵开设手指末节伤、难愈性创面专科门诊。中医内科、伤外科、针灸科、痔科的多名医师长期参与长皮膏科的医疗和科研工作。

【痔科】

1987年1月,西医外科医师李兆平在西医外科开设中西医结合痔科专科门诊。1989年,痔科划入中医科。1998年,西医外科医师毛旭明调入中医痔科。20多年来,痔科采用中西医结合方法治疗肛门直肠良性疾病,在治疗重度脱垂痔、复杂性高位肛瘘等肛肠疾病方面积累丰富经验。2003年在医院承办的上海市痔上黏膜环切术(PPH)吻合器治疗环状脱垂痔学术研讨会上,毛旭明作报告并现场手术演示。2005年,医院承办江浙沪痔疮自动套扎术(RPH)治疗重度痔疮的手术演示暨学术研讨会,中国中西医结合学会肛肠病分会主任委员任东林到会进行学术交流。该项技术具有保留正常组织,精确切除病灶,明显减轻痛苦,术后恢复快、不需住院,无肛门狭窄和大便失禁后遗症等优点。痔科开展"内口缝合瘘管切开旷置垫压法治疗高位复杂性肛瘘的探索""长皮膏治疗复杂性肛瘘术后创面的研究"等技术创新,提高临床疗效。年门诊手术量2500余人次。痔科是国内较早开展门诊"一日法"PPH手术的单位,患者收入日间病房。

三、教学

1966年,为配合口腔系教学需要,成立中医教研组。"文化大革命"期间教学工作停滞。1978

年,成立中医教研室。科室曾安排历年口腔系学生、卫校护士班、市区中医带徒班、西医学习中医班等的中医学课程。针灸方面还曾担任中医学院针灸系学生的临床带教任务和3名越南留学生、1名澳大利亚进修生的针灸教学任务。科室曾编写《祖国医学讲义》作为南市区医疗机构的中医学教材。1983年,中医教研室承担上海第二医学院主编的供口腔医学和医学专业使用的《中医学》教材编写任务。1988年,卢其成主编《中医口腔科学》,作为上海第二医科大学、浙江医科大学、南京医科大学和山东医科大学口腔系使用的中医教材。

周阿高主持"西医院校中医学课程建设"(2003年)、"中医学教材建设"(2005年)等课题;主编的《中医学》教材由上海交通大学医学院等国内10所高等医学院校联合编写,于2009年获上海交通大学优秀教材二等奖。

2010年,中医教研室承担九院临床医学院中医学理论课60学时、临床见习12学时、口腔医学院中医学理论课30学时。

表2-1-31　1978—2010年中医教研室负责人情况表

任职时间	主任(负责人)
1978—1984	夏　翔
1984—1988	卢其成
1988—1991	胡国庆
1991—1992	陈绍东
1992—2003	戚清权
2003—2010	周阿高

四、科研

【研究方向】

针刺麻醉研究　1965年,针灸专业曾和口腔外科合作开展针刺麻醉拔牙的临床研究,并与口腔颌面外科合作课题"针麻在颌面肿瘤手术中的应用"。该课题1988年获上海市卫生局科研成果二等奖,1990年获国家中医药管理局科技进步奖二等奖。

中西结合抗肿瘤研究　中医内科郭一钦自1978年以来参与口腔外科邱蔚六主持的"中西医结合综合治疗口腔肿瘤的研究""中药参阳方综合治疗口腔鳞癌效果及对免疫功能的评价"研究。结果显示,中药参阳方能有效改善肿瘤患者的症状和免疫功能,提高生存率。1989—1993年中药参阳方经过九院,美国麻省总医院、哈佛大学公共卫生学院、俄勒冈健康科学大学等单位多中心临床随机对照研究,证实该方剂能提高口腔鳞癌患者3年、5年、10年生存率。该研究获1997年上海市卫生局中医药科技进步奖二等奖。

中医临床药理研究　黄晓莺主持的1998—2001年上海市卫生局课题"梅杞汤治疗磺脲类药物继发失败的非肥胖型非胰岛素依赖型糖尿病疗效观察及机制分析",结果显示该方剂能有效改善糖尿病患者的症状,提高临床疗效。中医内科2003年承担上海九福药业有限公司有关"四季消炎喉片治疗咽喉炎、扁桃腺炎等病症的临床疗效观察",结果显示四季消炎喉片能有效改善患者的临床症状。2003年科室参加瑞金医院中医科主持的上海雷允上药业公司中药"柘木糖浆治疗消化道肿瘤"的Ⅲ期临床研究,结果表明柘木糖浆治疗消化道肿瘤是安全和有效的。

周阿高主持2003—2005年上海第二医科大学校基金课题"传统中医治疗肿瘤大法对肝癌小鼠作用的实验研究",结果表明以毒攻毒法与扶正培本法的有机结合,是中医治疗肿瘤较为合适的治疗方式,相关成果于2006年获国家发明专利2项。主持的"扶正抗癌方治疗晚期胃癌"课题1999年获上海市卫生局中医科技进步奖三等奖。

难愈性创面研究　戚清权2000年与整复外科李青峰联合申报并获立项的上海市卫生局中医特色专科(难愈性创面)建设项目,临床治疗以手外伤为主,发展到包括下肢慢性皮肤溃疡、褥疮、中小面积烧伤、化学性皮肤损伤、手术后创面延迟愈合等,引进祛腐化瘀拖线灌注法治疗复杂性窦瘘等技术,取得显著疗效。

2004年程艳华等发表《内服外治难愈性褥疮68例》论文,改变单一使用长皮膏治疗慢性创面的状况,开始以外治为主到内外合治模式的转变。周阿高主持多项慢性难愈性创面研究课题:与普陀区中心医院范忠泽共同主持"扶正活血方结合长皮膏治疗乳房癌术后坏死创面的临床研究"(2004年),拓展内治法在慢性创面中的运用;主持中医临床优势专病建设项目"中医治疗慢性创面"(2006年),提供长皮膏治疗慢性创面的循证医学证据;主持临床优势专病建设项目"中西医结合治疗慢性创面"(2007年);与龙华医院、普陀区中心医院联合主持"长皮膏对四肢伤创面愈合的随机、双盲、对照、多中心临床研究"(2008年),进一步证实长皮膏对创面治疗的效果。黄纲主持"唐汉钧'祛腐生肌'法治疗中小面积深二度烧伤的临床应用基础研究"(2008年),从组织学、分子细胞学研究长皮膏促进创面愈合机制。

毛旭明主持"内口缝合、窦道切开旷置垫压法治疗高位复杂性肛瘘"(2004年)。李琰主持"皮瓣转移术治疗高位复杂性肛瘘的临床研究"(2009年)。痔科医师参与上海岳阳中西医结合医院肛肠科主持的上海市卫生局课题"肛裂切除黏膜下移术治疗陈旧性肛裂的前瞻性多中心随机对照试验"。九院痔科主要以复杂性肛瘘、重点脱垂痔、慢性结肠炎的中西医结合治疗和术式创新为研究重点。

图2-1-17　2007年中医科培训后合影

针灸减肥　针灸科赵李清主持2008—2010年院基金课题"针灸治疗肥胖症的临床研究"。结果显示,针灸结合饮食和运动有明显的减肥作用,相关论文发表在《安徽中医学院学报》(2010年第4期),是医院有关减肥的第一篇论文。

自制制剂　戚清权主持研发的"复方冬红合剂"以及参与研发的"肾八味胶囊""复方杏仁叶胶囊""舒肝祛脂胶囊"均成为医院自制制剂。

【科研成果】

课题与获奖　陈绍东与口腔颌面外科合作的针麻研究获上海市卫生局针麻科研成果二等奖(1989年)、国家中医药科技进步奖二等奖(1990年)。2000—2010年中医科申请到区、局级及以上科研课题和学科建设项目10项。1998年,高一明入选上海市卫生局中医希望之星人才计划。2008年,黄纲入选国家人力资源和社会保障部等5部门联合设立的第四批全国名老中医药专家学术经验继承人培养计划。

表2-1-32　2000—2010年中医科承担校级以上科研课题、学科建设项目情况表

年　份	课　题　名　称	来　　源	负　责　人
2000	中医创面修复特色专科(科际合作)	上海市卫计委	李青峰　戚清权
2001	梅杞汤治疗磺脲类药物继发失败的非肥胖型非胰岛素依赖型糖尿病疗效观察及机制分析	上海市卫计委	黄晓莺
2003	长皮膏治疗手指末节创面的技术规范研究	上海市卫计委	周阿高
2003	传统中医治疗肿瘤大法对肝癌小鼠作用的实验研究	上海第二医科大学	周阿高
2004	扶正活血方结合长皮膏治疗乳腺癌术后坏死创面的临床研究(院际合作)	上海市卫计委	周阿高等
2006	中医治疗慢性创面(中医临床优势专病建设项目)	上海市卫计委	周阿高
2007	长皮膏对四肢创伤面愈合的随机、双盲、对照、多中心临床研究(院际合作)	上海申康医院发展中心	周阿高等
2007	中西医结合治疗慢性创面(市级医院中医特色专病建设项目)	上海申康医院发展中心	周阿高
2008	唐汉钧"祛腐生肌"法治疗中小面积深二度烧伤的临床应用基础研究	上海市卫计委	黄纲
2010	"周阿高名中医工作室"建设项目(九院周浦分院)	浦东新区卫生局	周阿高

表2-1-33　1988—1999年中医科所获科研成果奖情况表

年　份	项　目　名　称	奖　项	获奖者
1988	针麻在颌面肿瘤手术中的应用(科际合作)	上海市卫生局科研成果二等奖	针灸专业、口腔外科
1990	针麻在颌面肿瘤手术中的应用(科际合作)	国家中医药管理局科技进步奖二等奖。	针灸专业、口腔外科

(续表)

年份	项目名称	奖项	获奖者
1997	中西医结合综合治疗口腔肿瘤的研究、中药参阳方综合治疗口腔鳞癌效果及对免疫功能的评价(科际合作)	上海市卫生局中医药科技进步奖二等奖	郭一钦、口腔外科
1999	扶正抗癌方治疗晚期胃癌的临床与实验研究、乌头注射液治疗肿瘤的临床与实验研究	上海市卫生局中医科技进步奖三等奖	周阿高

表2-1-34　2006年中医科获国家发明专利情况表

专利名称	专利号	获得人
一种治疗肝癌的药物及其制备方法	ZL200610026278.1	周阿高
治疗肝癌的药物胶囊、水丸、蜜丸及其制备方法	ZL200610026281.3	周阿高

【学术任职】

郭一钦曾任上海中医学会老年学会委员。

戚清权曾任上海市中医药科技咨询与评审专家库成员，中华口腔医学会中西医结合专业委员会委员，上海市中医药学会内科分会委员、老年病分会委员、中青年学术研究分会委员、综合性医院中医科发展研究分会副主任委员、心病专业委员会委员，上海市中西医结合学会活血化瘀专业委员会委员等职。

周阿高曾任中华中医药药学会内科分会委员、肿瘤分会委员、外科疮疡专业委员会委员，中国中西医结合学会教育工作委员会委员、诊断专业委员会委员，上海市中医药学会理事、肿瘤分会副主任委员、中医基础学分会副主任委员，上海市中西医结合学会理事、消化病专业委员会副主任委员、诊断专业委员会副主任委员，上海市抗癌协会传统医学专业委员会副主任委员，上海市和教育部科学技术奖评审专家等职。

蒉纲曾任中华中医药学会外科分会委员，外科疮疡专业委员会委员，上海中医药学会外科分会委员兼秘书。

洪声曾任上海中医药学会肿瘤分会委员。

黄燕兴曾任上海中医药学会伤骨科分会委员。

曹振东曾任上海中西医结合学会心身专业委员会委员。

【发表论著】

1988年卢其成主编《中医口腔科学》，供口腔系本科生使用。

1990年之前科室在各级杂志发表论文34篇，在各级中医年会及学术会议上宣读论文14篇。1991—2010年，中医科发表论文129篇，其中统计源期刊论文20余篇。主编专著2部，副主编专著1部，参编专著20部。

胡国庆主编《食养食疗与常见病》，参编《家庭实用中医全书》。

戚清权发表论著20余篇，参加《口腔颌面肿瘤》等医学专著编写8部；任《中老年疾病自我诊疗》副主编。

周阿高发表论文 70 余篇,主编全国高等医学院校教材《中医学》(第二版),参编《临床中医肿瘤学》等医学专著 10 部。

五、社会公益

1977—2001 年,受上海市卫生局委派,中医科先后有陈绍东、戚清权、姚月根、余梅英(2 次)、孔敏等 5 名医师(6 人次)被派遣至摩洛哥、瓦努阿图等开展援外医疗工作。2006 年起,九院与南汇区周浦医院合作共建,中医科先后有周阿高、黄晓莺、毛旭明、余梅英 4 名医师支援周浦医院中医内科、痔科和针灸科的工作,周阿高兼任九院周浦分院中医科主任,促进周浦医院中医科的学科发展。

六、荣誉

陈绍东获评上海第二医学院先进工作者(1979 年)。郭一钦获评上海第二医学院先进工作者(1979 年、1981 年)。戚清权获评上海第二医科大学优秀教育工作者(1999 年)。周阿高获浦东新区"名中医"称号(2010 年)。

第十三节　皮　肤　科

一、沿革

1949 年,伯特利总院设立皮肤花柳科。1951 年 8 月,上海市军事管制委员会接办医院后,于 1952 年设立皮肤科,当时仅有 1 名主任医师(俞永康)和 1 名医师。1953—1957 年,皮肤科医师逐渐增加至 6 人(1 名主任医师、1 名主治医师、3 名住院医师、1 名医士)。1957 年划归上海第二医学院时,俞永康调出,调进主任医师杨天籁和 1 名主治医师,杨天籁任主任。同年,又先后调入 3 名住院医师。1 年后随儿科系迁走的人员也陆续调出。从 1958 年底至 1962 年,仅有郑逸冰 1 名医师。1962 年后,逐渐增加至 3 人,至 1976 年,一直由郑逸冰实际负责科室工作。

1982 年起,郑逸冰任科室主任,逐渐将皮肤科发展成为功能较为齐全的科室,除传统的皮肤病治疗之外,美容相关的皮肤病治疗逐渐成为科室的特色。

1993 年,刘健航主持科室工作,继续开展与皮肤美容有关的各种疾病治疗,并开展多种皮肤美容项目,建立真菌室、医学美容室、光疗室和激光美容中心等。使皮肤科的业务特色得以发展,科室知名度逐渐提升。

2004 年,陈向东开展注射美容工作,科室在微整形领域逐渐形成一定的优势。2008 年,陈向东担任科主任,经过多年的努力,微整形已成为继激光美容之后的又一个科室亮点,在全国同行业和社会上均有一定的知名度。发展皮肤外科,成为皮肤科业务的重要组成部分。

2010 年,皮肤科有医师 13 人、护士 4 人,其中主任医师 2 人、副主任医师 2 人、主治医师 3 人;博士 4 人,在读博士 1 人,硕士 5 人,在读硕士 2 人。

表 2-1-35　1957—2010 年皮肤科历任正、副主任情况表

任 职 时 间	主　　任	任 职 时 间	副 主 任
1957—1958	杨天籁	1993—2008	刘健航（主持工作）
1978—1984	郑逸冰（负责人）	2008—	汪蓓青
1984—1993	郑逸冰		
2008—	陈向东		

二、医疗

在治疗常见皮肤病的同时，科室与医院特色学科结合，逐渐形成皮肤美容业务特色。20世纪70年代末，郑逸冰就开始有关皮肤美容方面的工作，如雀斑、色素痣的治疗等。1989年，科室派出医师学习皮肤医学美容技术，回科室后开展一系列皮肤疾病的治疗，如痤疮、黄褐斑、过敏性皮炎等，以及皮肤年轻化、保湿、纹绣等美容项目。1994年，刘健航开始向医院申请购置激光治疗仪。

1997年，以皮肤科为主，由整复外科和口腔外科医师共同参与，由医院科技开发公司总经理陈锦安作为行政管理，成立医院激光美容中心，这是国内最早的激光美容中心之一。十多年来，激光中心用各种先进仪器给无数需要美容治疗的人解决问题、增强自信，多年来困扰很多人的各种色素性、血管性疾病及面部年轻化的问题等，都得到有效治疗。如色素性疾病太田痣，在东方人中发病率在0.1%左右，过去根本无法治疗，经过Q-开关靶向激光治疗，已治愈数万人。褐青斑在东方人的中青年女性中较常见，发病率很高，过去国内外对其诊断比较混乱，治疗效果也不理想。科室在临床上逐渐摸索出最佳的治疗方法并取得理想的治疗效果，还通过各种方式使全国的皮肤科都在褐青斑的诊断和治疗上逐渐规范。激光治疗不仅成为皮肤科的特色，也成为九院在全国的著名品牌。陈向东还发展皮肤外科，使之成为皮肤科业务的重要组成部分，已为几千例患者解除痛苦，并

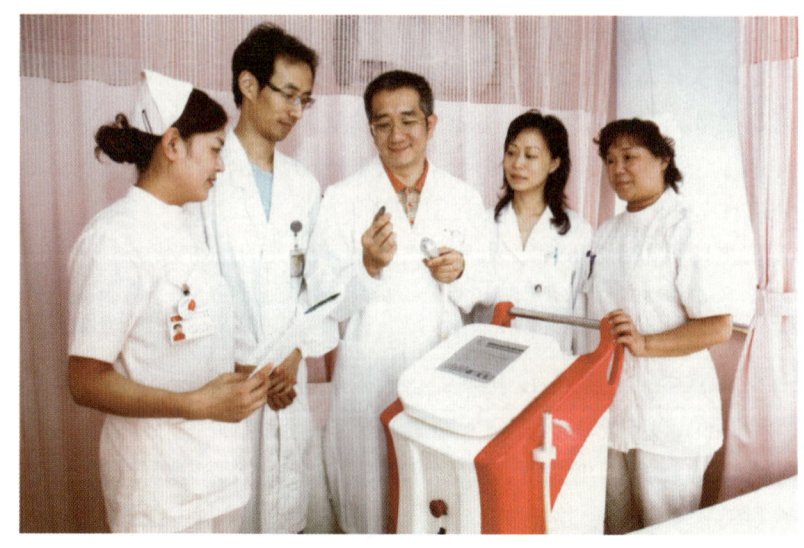

图 2-1-18　2010 年陈向东（左三）指导新设备使用

为很多患者早期发现恶性肿瘤,挽救患者生命。激光治疗的患者例数居全国前列,取得令人瞩目的经济效益和社会效益,同时也带动皮肤科的门诊量。皮肤病年就诊患者从1953年的5 348人次,发展到2010年的年门诊88 130人次,激光美容中心42 458人次。

除激光美容,2004年科室开展化学换肤治疗痤疮、皮肤老化。2005年,开展注射美容的项目,主要包括肉毒素和填充剂的注射。2009年,引进整复外科医师,开展各类皮肤科手术。其中陈向东和汪蓓青擅长各种激光治疗、注射美容,徐慧擅长痤疮的果酸治疗、脱发的综合治疗以及微创美容,沈征宇擅长常见皮肤疾病的诊治及各种激光治疗,张振擅长激光治疗及研究,陈骏是皮肤外科的主力军。

三、教学

1965年,上海第二医学院口腔系迁来医院后,配合口腔医学教育需要,科室开展临床皮肤病教学工作。1995年九院临床医学院成立,增加临床五年制本科皮肤病学教学工作每年平均46课时的教学任务。刘健航为第一任教研室主任。2008年,陈向东担任第二任教研室主任。

2002年,刘健航举办国内第一个激光美容学习班,除2003—2004年因非典型肺炎疫情停办二届,至2010年已是第七届。除九院专家,还汇集中国港台地区的著名专家进行演讲和交流,提高学员的理论和操作水平,使得全国更多的医护人员了解并掌握激光治疗的原理和技术,推动皮肤科在医学美容和微创领域的发展。

四、科研

表2-1-36　2003—2008年皮肤科所获校级及以上级别课题情况表

年　份	课　题　名　称	来　源	负　责　人
2003	获得性太田痣斑的临床和实验研究	上海市科委	陈向东　刘健航
2005	上海地区人群对防晒的认知和行为的调查研究	中华医学会	徐　慧
2006	调节性T细胞在寻常型天疱疮发病中的作用	上海市科委	陈向东
2007	上海地区女性面部色素的流行病学调查	中华医学会	徐　慧
2008	T细胞受体(TCR)激活在银屑病中分子机制的临床研究	上海市科委	陈向东

【学术任职】

刘健航曾任中华医学会皮肤病学会上海市分会委员、中国中西医结合学会皮肤分会上海市分会委员。

陈向东曾任中华医学会皮肤病学会上海市分会委员,中国医学整形美容学会委员、常务理事,中国医师协会皮肤科分会注射美容专业主任委员等。

陈锦安曾任中国整形美容协会激光美容分会常务副会长、中华医学会整形外科学分会激光美容学组组长。

【发表论著】

皮肤科医师在繁忙的医疗工作之余完成多项研究课题,并发表多篇激光美容和注射美容方面的临床研究文章。1991—2010年,皮肤科发表论文44篇。

第十四节 辅助生殖科

一、沿革

辅助生殖科初建时称"生殖中心",隶属于设在医院的"上海市组织工程研究重点实验室"。2000年初,由组织工程专家曹谊林牵头组建,汪铮、刘晓音、张素群、吴春芳参与筹划,并筹建胚胎实验室层流净化系统及临床基础设施。

2003年1月13日,医院副院长周礼明主持会议宣布生殖中心试运行。副院长曹谊林负责科研,匡延平任生殖中心主任,刘晓音任实验室负责人,张素群为护士负责人。科室位于10号楼7楼西南部,面积150平方米。科室有手术室2间,胚胎实验室、精液处理室及干细胞实验室各1间,还有B超室、诊室及辅助区域。置有超声诊断仪1台、显微操作仪1台、胚胎操作箱1台、慢速冷冻仪1台、CO_2培养箱2台。初始团队有5人:匡延平、刘晓音、张素群、吴春芳(科研技术员)、丛笑倩(外聘中科院教授)。至2003年11月,科室成员增至9人。新增医师傅永伦、艾爱,实验技术员金炜。

2004年3月,上海市卫生局发文同意九院生殖中心为本市七家第一批开展夫精人工授精技术服务单位之一。2004年6月,医院决定将10号楼7楼西南侧全部调整为生殖中心所用,增加面积150平方米。2005年,生殖中心独立建科,更名为"辅助生殖科"。科室硬件设施、就诊环境得到改善,为进一步发展提供必要条件。2004—2006年,新增医务人员5名:田辉、蔡任飞、薛松果、李东英、张以文。

2006年8月,辅助生殖科获得国家卫生部批准机构正式运行通知书和卫生部颁发的开展辅助生殖技术批准证书,成为当年上海市第四家获得正式开展人类辅助生殖技术的医疗机构。

2007—2010年医院决定将10号楼7楼东南区域(原"上海口腔医疗中心")调整为辅助生殖科所用,科室工作面积增至600平方米。置有超声诊断仪7台、显微镜7台、胚胎操作箱2台、CO_2培养箱9台。新增医师洪青青、汪云,实验室研究员吕祁峰以及护士等10人。至2010年,全科共有21名员工。

表2-1-37 2003—2010年辅助生殖科历任正、副主任情况表

任职时间	主 任	任职时间	副主任
2003—	匡延平	2003—	刘晓音

二、医疗

【业务发展】

辅助生殖科自2003年建科以来,旨在为社会提供"安全、高效、少干扰"的辅助生殖医疗服务。以此为宗旨,研发、推广以微刺激为特色的诊疗方案,力求在使用最廉价的国产药物、最少的用药剂量的前提下,解决治疗问题。为满足患者就诊及手术需求,辅助生殖科全年无休,不设专家门诊。

2003年2月6日,首例体外授精(IVF)患者取卵,2月9日移植,2月25日确诊生化妊娠。同年3月16日,首例临床妊娠患者确诊为双胎妊娠。同年4月19日,生殖中心首例卵胞浆内单精子注射(ICSI)患者取卵,4月22日移植,5月4日确诊双胎妊娠。同年7月25日,中心首例冷冻胚胎解冻后移植患者确诊单胎妊娠。同年8月31日,生殖中心首例附睾取精ICSI患者妊娠。同年10月23日,首例三胞胎患者进行减胎术,保留双胞胎。2003年开诊完成取卵手术治疗周期146例。2004—2010年七年间取卵周期7 458例。2010年门诊量5.6万,跃居上海同行业年病例量、年取卵周期数首位。

【特色与成果】

辅助生殖科的重点特色技术——玻璃化冷冻技术于2006年10月1日由匡延平指导薛松果启动实验,同年12月用于临床并在国内成为首家完全放弃程序化冷冻,之后胚胎保存完全采用玻璃化冷冻技术的单位。2007年下半年,胚胎冷冻由D2期全面改为D3期冷冻。

自2006年起,医院辅助生殖科在国内率先开始自然周期与轻微刺激获卵方案的尝试,在国际上首创来曲唑应用于微刺激促排卵方案,并结合多种个体化促排卵方案与个体化移植策略,使得反复体外受精—胚胎移植失败、卵巢储备低下、多囊卵巢综合征、多囊状卵巢的病例累计妊娠率高达50%。现已形成以临床微刺激方案为中心的冷冻胚胎解冻移植特色。该治疗方案强调"安全、高效、少干扰",不放弃任何一名患者。

三、教学

2003—2010年,全国各地共有21人前来辅助生殖科进修学习。

2008年1月9日,成功举办玻璃化冷冻学习培训班,前来参加的全国各地同行35人。2010年9月匡延平招收了2名生殖医学科临床医学硕士。2010年10月13—16日,成功举办第一届"自然周期与微刺激IVF讲习班",国内外专家14人参与讲课,全国共有90余人次注册报名参会。

四、科研

【科研成果】

辅助生殖科主任匡延平1997年在澳大利亚阿德莱德大学进修辅助生殖技术。回国后成功建立一套独特的辅助生殖技术系统,先后创造多项新技术:超声下盆腔输卵管显影术、输卵管峡部栓堵术等,并自行设计研发出中国首台具有恒温、恒CO_2浓度的胚胎培养箱,设计的新型取卵针既提高采卵效率,又降低患者痛苦。获得国家专利,已由相关企业生产用于临床。匡延平在国内率先推广自然周期、轻微刺激技术;2009年,在国际上首先创建黄体期促排卵技术并用于临床。此后,在此基础上创建的一个月经周期可两次促排卵的"二次刺激技术"被业内期刊 *Reproductive Biomedicine Online* 命名为"上海方案"。

副研究员吕祁峰,2000年负责湘雅医院生殖医学中心的创建,2004年博士毕业于中南大学湘雅医学院医学遗传学国家重点实验室。2007年加入九院辅助生殖科,积极优化胚胎实验室技术,取得多项成果:研发模拟人类操作条件进行小鼠卵显微授精的新技术、结合临床探索胚胎发育机制、发现同卵孪生相关的内细胞团分裂诱发机制等。至2010年,主持国家自然科学基金面上2项、上海市自然科学基金专项1项。

2003年6月—2004年12月,在曹谊林领导下,由吴春芳、丛笑倩成功建立上海第一株、全国第四株"人类胚胎干细胞系"。2004年底已经传至第二十代,为组织工程科研及教学做出贡献。2006年12月建立玻璃化冷冻技术体系。

2010年10月13—16日,科室举办国内首次微刺激促排卵学术会议。上海市卫生局副局长李卫平、南开大学"973"首席科学家刘林、纽约大学妇产科学系主任戴维·基夫(David Keefe)、日本女子医院院长加藤修、香港试管婴儿之父梁家康等专家及来自全国各地百余位专家学者参加会议并作学术交流。

至2010年底,辅助生殖科共获得市级以上科研项目5项,其中由吕祁峰主持的国家自然科学基金面上项目2项(2009年、2010年),是当时上海6家辅助生殖同行中唯一获得国家自然科学基金的单位;吕祁峰主持的上海市科委实验动物专项基金1项(2008年);匡延平主持的上海市医学引导类项目1项(2009年);薛松果主持的上海市自然科学基金面上项目1项(2009年)。申请专利3项,科研成果转化3项。

表2-1-38　2008—2010年辅助生殖科所获市级及以上级别科研课题情况表

年　份	课题名称	来　源	负责人
2008	大鼠显微受精(ICSI)新技术的建立	上海市自然科学基金实验动物专项	吕祁峰
2009	以微刺激促排卵完成经济安全高效辅助生殖的系统研究	上海市自然科学基金医学引导类项目	匡延平
2009	囊胚异常孵化相关的同卵孪生发生机制研究	国家自然科学基金	吕祁峰
2009	人微量精子冻存及升降温相关的损伤机制研究	上海市自然科学基金	薛松果
2010	影响囊胚内细胞团正常凝聚的内外因素及其相关的同卵孪生发生机制研究	国家自然科学基金	吕祁峰

图2-1-19　2010年,匡延平(前排右五)和辅助生殖科医护团队

【技术创新】

辅助生殖科在技术方面拥有多项创新,并进行成果转化。2006年,匡延平设计验证一套新的胚胎玻璃化冷冻与解冻试剂,2010年始由国际辅助生殖行业著名试剂耗材生产商丹麦的Medicult公司生产并在国际市场销售。2008年,彭秋平研发微量及稀少精子冷冻技术,解决睾丸穿刺精子冷冻的一个业界难题。2008年,吕祁峰研发一种新的小鼠显微受精方法,通过简易途径解决小鼠卵等易于被显微穿刺致死的难题。2009年,匡延平研发一种新型取卵针,比常规穿刺针细,减轻患者疼痛与损伤,且有足够强度,已由相关企业生产并用于临床。

【学术任职】

匡延平曾任卫生部辅助生殖技术评审专家、上海辅助生殖技术专家组成员等职。

【发表论著】

2003—2010年,辅助生殖科发表论文13篇,其中SCI论文2篇。

五、生殖伦理

为加强辅助生殖医学科学管理,2003年2月21日,医院医学伦理委员会生殖医学组成立,张志愿为主任委员,简光泽、周礼明为副主任委员。2003年11月5日,医院成立生殖伦理委员会,成员有张志愿、简光泽、曹谊林、周礼明、阮洪、匡延平、杨菊贤、徐宗良、童剑云、张宏根、田卓平。审议通过伦理会议会的章程、职责。同年,先后召开3次生殖伦理会议,议题包括:审查辅助生殖科的组成人员、知情同意书、各项规章制度、诊疗常规是否符合伦理学原则;审核并停止自带供者进行供卵的试管婴儿;抽查病例。

2006年7月18日,调整伦理委员会成员,成员包括周礼明(主任)、田卓平(副主任)、王忠、刘建华、匡延平、李圣利、杜勤、阮洪、吴迪、邱祥兴、刘晓音。同年,先后召开3次伦理委员会议,议题包括:宣布新的生殖医学伦理委员会成员;讨论辅助生殖技术中涉及伦理方面的问题,包括技术操作规范、冻存胚胎、使用材料来源、生育证明、多胎妊娠减胎、IVF-ET/ICSI的相关适应证等方面的伦理问题,特别讨论关于多胎妊娠减胎问题。

2007年,所有伦理委员会成员参加1次医学伦理知识讲座和1次伦理学术会议。

2008—2010年,先后召开2次伦理会议,议题包括:工作总结;玻璃化冷冻对IVF的影响和该技术的实施;输卵管栓堵技术的实施;全胚冷冻防止辅助生殖并发症的讨论;卵子冷冻的伦理问题。

2003—2010年共召开伦理会议11次,讨论议题议案54项。通过加强医学伦理委员会建设,促进辅助生殖医学科学管理。

第二章 外科系统

第一节 妇产科

一、沿革

1920年,上海私立伯特利医院创立时,是一家以妇产科为主业的教会医院。由创立者石美玉医师和其胞妹石菲比医师主持医务,两人均为妇产科专家。办院初期,医院在租赁的房子里设门诊、手术室和数间病房,仅有4名医师和4名护士。1924年,制造局路639号新院建成后,医院稍具规模。抗战期间,医院被日本侵华军占领,遭到严重破坏。1938年5月,石美玉医师的弟媳、同为妇产科专家的石成志代院长在法租界伯赛仲路(今复兴西路)21号设立伯特利分院,连同设在八仙桥西藏南路169号的诊所勉强维持业务,仍以妇产科为主业。1945年,抗日战争胜利后,业务逐步恢复。

1948年,伯特利医院总院复业时,共有病房23间,床位100张,其中妇产科床位26张,婴儿床位10张;产室与婴儿室各一间。分院有妇产科床位28张。1951年,上海市军事管制委员会接办医院时,妇产科有陈锦凤、陈蘋光、蔡仲寰,以及医务主任梅国桢和代院长石成志等医师,护士、助产士共12人,由梅国桢兼管。1957年,上海第二医学院(以下简称"二医")儿科系迁来时,由田雪萍、黄祝令任妇产科正副主任。儿科系迁出后,郭奋英为科室实际负责人。1964年,薛培从新华医院调入主持科室工作。

表2-2-1 1921—2010年妇产科历任正、副主任情况表

任职时间	主任	任职时间	副主任
1921—1937	石成志	1954—1973	郭奋英
1951—1956	梅国桢(兼)	1957—1958	黄祝令
1957—1958	田雪萍	1964—1984	薛培
1984—1994	法韫玉	1978—1988	卢大明
1994—1995	陆培新	1988—1998	杨诞华
2000—	刘建华	1998—2000	王雪芬(主持工作) 刘建华
		2008—	陈鸣

1924—1950年,医院仅1栋病房楼,即南大门(现为一号门)南侧的假三层砖木结构楼房(旧1号楼,已拆除),妇产科病房设在2楼,门诊在1楼。1967年,口腔外科楼(现5号楼)建成,妇产科迁入底层,环境大为改善。1982年,进入生育高峰,曾在旧1号楼的三层阁增设妇科床位。1983年,这部分床位迁去旧2号楼的2楼与骨科相邻,设妇科病房一大间,约10张床位。1984年后,产科床位更加紧缺,医院将旧2号楼底层原内一病区腾出作为妇科病区,产科产房仍在5号楼底层,是时妇产科拥有两个病区。至1990年,妇产科共72张床位,同时设有计划生育研究室、计划生育手术

室、妇产科B超室等。全科共有医务人员100余人,其中主任医师2人、副主任医师3人、主治医师7人、住院医师11人、医技检验员5人。20世纪90年代后,产妇逐渐减少,1998年起,妇科病房合并回5号楼底层。2002年,医院关闭产科病房,保留妇科与计划生育业务。2005年,妇科病房搬迁至新建成的7号楼6楼过渡,2007年,搬迁至7号楼8楼。至2010年,科室核定床位40张,医师15人,其中主任医师1人、副主任医师6人、主治医师5人;硕士生导师1人,硕士9人。

二、医疗

【业务发展】

妇产科是伯特利医院的主业。抗战爆发前,医院年住院患者约1 200人,平均免费额约30%。总院与八仙桥诊所年门诊患者合计约5万人次。抗战时期建立的复兴西路分院,1938年8月—1950年3月,门诊患者15 043人次,住院5 715人次,其中一半以上是妇产科患者。1920—1950年3月,八仙桥诊所接诊患者108 920人次,其中半数为妇产科患者。

石美玉、石成志、石菲比3位医师均为产科专家,至1950年,姑嫂3人累计接生10 240次,处理流产1 460次,出诊6 520次,产后施诊17 550次,为患者减免费率约20%。

上海市军事管制委员会接办医院后,科室仍以妇产科常见病为主,诊疗水平逐渐提高。改革开放后,科室开展一系列新技术,主要有早早孕吸宫止孕、输卵管复通、生殖道整形、悬吊式免气腹腹腔镜手术等。

2010年,科室收治患者1 200人次,门诊量2万余人次,年均手术量1 000余台。

图2-2-1　20世纪80年代妇产科讨论工作。坐者左起:法韫玉、薛培、王雪芬

【产科】

妇产科早期业务以产科为主,主要工作是经阴道分娩的助产技术,包括平产接生和难产时产钳助产,在20世纪30年代就已开展剖宫产手术。

70年代起,逐步提高对危重产妇诊疗能力。改革开放后,薛培带领科室在计划生育方面开创多项新技术。80年代起,在国内首先开展早早孕吸宫止孕术,应用自制吸管终止早早孕,无需扩张宫颈,无创伤、出血少,是早、快、准的止孕方法。1980年,在国内首次开展输卵管绝育复通术,成功率达国际先进水平,第二次复通成功率亦达国际先进水平。基于在此领域的杰出贡献,1988年3月,薛培、法韫玉的《女性绝育显微输卵管再通术》论文获得第一届"杨崇瑞奖金"。1995年,浙江缙云县发生小学生春游沉船死亡事故,法韫玉、王雪芬为已行输卵管结扎的10余位家长行输卵管复通术,术后均成功怀孕。1982年5月,妇产科在世界医学领域首次将镍钛记忆合金用于绝育手术,效果良好,并于1989年通过鉴定。

1989年4月,成功救治出生体重分别为1.0千克、0.85千克、1.8千克的早产三胞胎,使当时医学上罕见的小三胞胎健康成长,在海内外传为美谈。20世纪80年代末,法韫玉请原妇产科医师陈珊球来科室开展B超检查,并培养一批年轻医师掌握B超基本技术,成立上海第一家设在妇产科的B超室,为临床诊疗提供极大帮助。1993年11月,产科成为当时上海市最早母婴同室的产科病房。1994年9月,国际爱婴医院评估团来院评估妇产科婴儿保健工作,医院被授予"爱婴医院"称号。90年代后因生育率下降且产妇多选择专科医院分娩,医院于2002年关闭产科病房,保留计划生育业务。

【妇科】

早期主要治疗妇科常见病。20世纪60年代初,科室应用高频电熨器治疗宫颈炎。70年代后期,运用冷冻技术治疗子宫颈炎、外阴白斑等妇科常见疾病,均获良效。80年代以后,经过薛培、法韫玉、刘建华等几代人的努力,在计划生育、生殖道整形、妇科微创手术等方面逐渐形成学科特色。对于各种女性生殖道先天及后天畸形的患者,根据其不同的疾病情况选择不同的手术方式并取各种自体或异体材料进行阴道再造,辅以手法压迫(Frank压迫法)阴道成型,均取得良好的效果,使患者能过上正常的家庭生活。2003年,科主任刘建华赴日本学习免气腹腹腔镜手术技术,回国后成为当时国内最早开展此项技术的科室。此后大力推广此项安全性高、器械成本低、基层医院易于培训掌握的手术技术,逐步推广发展至全国。妇科现为交大妇科肿瘤诊治中心、宫颈疾病诊治中心。

三、教学

伯特利医院时期妇产科是医院护校和产科学校学生的临床教学和实习带教主要科室,护校学生是病房护理工作的主力。1963年8月起,医院作为上海第二医学院口腔医学系临床教学基地,成立妇产科教研组,先后承担口腔医学院本科生、上海第二医科大学夜大学、黑龙江医专班、护校护生

图2-2-2 2010年,刘建华(前排左三)主持妇科病例讨论

的教学工作。

1995年,九院临床医学院成立,作为主干学科之一,妇产科承担临床医学本科生的教学任务。1998年、1999年、2002年,刘建华、法韫玉、毛娟虹分别获教学工作优胜奖、评教优胜奖、优秀教案奖。

2005年以后,根据新的教学大纲要求,参与完成标准化患者剧本、病例分析、技能操作评分等标准化试题题库的各项建设。积极参与PBL培训、撰写PBL教案、开展PBL课程。

1985年,薛培获硕士导师资格。2003年,刘建华开始招收硕士研究生。至2010年,培养硕士研究生8名。

2003年,刘建华从日本东京医科大学引进妇科悬吊式免气腹腹腔镜技术,并在国内率先开展应用,取得良好效果。2003年开始,妇产科每年举办"免气腹腹腔镜手术治疗"国家级继续教育学习班,邀请国内外专家授课、手术示教,接收全国各地医师参加培训,推广此项技术应用。

四、科研

1980年起,率先在临床应用放射免疫法准确测定是否怀孕,便于即刻终止妊娠,这一新办法填补了当时国内的空白。同时期首创早早孕吸宫止孕术,该成果在1983年通过市级成果鉴定。1980年,经过多年的动物实验成功后在国内首次开展放大镜下输卵管绝育复通术,使复通成功率达国际先进水平,论文在国外杂志刊登,并在国际会议宣读。1985年,薛培主持的"绝育术后显微输卵管再通术"通过市计生委科研项目鉴定。1986年7月,医院成立计划生育研究室,薛培任负责人。先后承担国家计生委"计划生育医用材料性能测验研究""镍钛记忆合金绝育夹"等研究项目。

1982年5月,妇产科在世界医学领域首次将镍钛记忆合金用于绝育手术。1989年薛培主持的"形状记忆镍钛合金输卵管绝育夹的临床研究"科研项目通过市计委鉴定。1992年,薛培的"聚氨酯输卵管弹力塞可逆性绝育的研究"科研项目通过上海市科委鉴定。1993年,王雪芳的"绝育五年以上输卵管复通术"科研项目通过上海市科委鉴定。1999年,法韫玉的"紫草辅助米非司酮抗早孕的机制探讨和临床应用研究"科研项目通过上海市科委鉴定。

至2010年,科室承担并完成国家人口和计划生育委员会、上海市科学技术委员会多项科研课题。

表2-2-2　1986—1995年妇产科获科研成果奖情况表

年　份	项　目　名　称	奖　　项	主持人
1986	早早孕吸宫止孕术	上海市科技进步奖二等奖	薛　培
1987	绝育后显微输卵管再通术	上海市科技进步奖三等奖	薛　培
1990	形状记忆镍钛合金输卵管绝育夹的临床研究	国家计划生育委员会科技进步奖三等奖	薛　培
1995	输卵管复通术在突发事件中的运用	上海市临床医疗成果二等奖	法韫玉

薛培任上海生物医学工程学会妇产科分会委员,并担任医院学位评定委员会委员(1991年)。1991—2010年,妇产科先后发表论文93篇,主编专著2部,并主编《临床实用药物及其药理基础》教材。

五、社会公益

1976年,王雪芬、章志霞等分批赴唐山大地震灾区,完成支援救治任务。1997年,姜启鼎、叶香参加援摩洛哥医疗队。2000年,田辉参加共青团上海市委赴滇扶贫接力活动,到云南省红河州金平苗族瑶族傣族自治县人民医院工作。2010年4月起,孙桦、张励先后参加沪滇对口支援帮扶工作,到云南省大理白族自治州祥云县人民医院帮扶。

六、荣誉

妇产科获上海第二医学院先进集体(1982年)、上海交通大学医学院文明班组(2006—2007年)。
薛培获上海市"三八"红旗手(1986年)、上海市巾帼奖(1986年)。
法韫玉获上海第二医科大学先进个人(1982年、1984年、1986年)、二医大"高尚医德奖"(1985年)。
刘建华获二医大先进个人(1998—1999年)、全国人口和计划生育科技工作先进个人(2006年)。

第二节 普外科

一、沿革

九院的前身伯特利医院创建时以妇产科为主,外科业务较少。1948年3月,医院恢复床位40张,设内、外科病床。1950年5月,东西向的2层钢筋水泥病房楼建成(旧2号楼,曾名"美玉外科院"),与伯特利老医疗楼(旧1号楼)呈直角相连。底层为内科病房,二层设外科病房和2间手术室,开展部分普外科手术及与抗痨有关的胸腔手术。1951年,医院有外科床位26张。

1951年8月,上海市军事管制委员会接办伯特利医院。1952年4月,上海市卫生局调派主任医师陈文镜任外科主任。接办后,在旧2号楼上加建第三层,同时在旧1号楼的南面,面对瞿溪路的围墙内建2层病房楼(旧3号楼),底层为内科,二层为外科,时称新内、外科,而旧2号楼二楼的外科病房称为老外科。20世纪50年代在外科内先后形成骨科、胸外和泌尿专业。1953年,外科合计床位83张。1967年,外科病房楼(5号楼)建成,新外科迁入第二层。1968年,30张骨科床位并入外科统计,外科床位达117张。1973年起,骨科床位单独统计,外科2个病区床位调整为100张。1980年泌尿外科和胸外科床位数从老外科划出,普外科床位缩减至59张。1982年整复外科大楼建成,泌尿外科和胸外科从老外科迁出,普外科床位增至84张。此后老外科改称外一病区,新外科改称外二病区。1983年,医院又在旧1号楼上加层做病房,次年外一病区迁入,普外科床位增至102张。1988年,在外一病房的西端靠制造局路侧加建外科监护病房。1993年,在外一病区内设立血管外科。1995年血管外科床位从普外分出,普外科床位调整至80张。2003年,新外科大楼(7号楼)建成启用,外一、外二和血管外科分别迁入7号楼,普外科在10、11层,设床位84张。

至2010年,普外科年门诊量近5万人次,年手术约4 500台,在编医师24人,其中高级职称10人、中级职称8人、初级职称6人、博士4人、硕士8人、博士生导师1人、硕士生导师4人。科内形成胃肠外科、肝胆胰外科、减重与代谢外科、疝和腹壁外科、甲状腺外科、乳腺外科、肛肠外科等亚专业。2010年,普外科成为第三批院级重点学科。

表 2-2-3　1952—2010 年普外科历任正、副主任情况表

任职时间	主任	任职时间	副主任
1952—1956	陈文镜	1955—1956	王兆云
1957—1958	何尚志	1964—1980	顾成裕
1959—1966	陈文镜	1984—1986	姚德成
1980—1984	顾成裕(第一主任)	1993—1994	唐思聪
1981—1986	孙建民	1994—1995	尚汉祚
1986—1994	姚德成	1994—1998	薛志祥
1994—1999	唐思聪	1998—1999	龚鼎铨
1999—2006	龚鼎铨	1999—2006	杜宽航　张伟
2006—	顾岩	1999—	刘文勇
		2003—2006	顾岩
		2008—	郭善禹

二、医疗

【业务发展】

20 世纪 50 年代初期,外科主要开展上腹部中小型手术。1957 年,何尚志随儿科系来院任普外科主任,带动外科业务发展,开展普外科和泌尿外科大型手术。1958 年 6 月,成功抢救一例被机器撞击头部引起严重脑部损伤,脑震荡、颅骨骨折的重危患者,受到卫生部的表彰。1964 年,顾成裕从广慈医院调来九院,主持普外科工作,以严格的科室管理、扎实细致的普外科技术以及对年轻医师的悉心培养,对科室业务水平的提高做出贡献。

1967 年,外科病房大楼(5 号楼)建成,手术条件有显著改善。在全面开展普外科手术的同时,将工作重点放在直肠肿瘤、胃癌、乳腺癌的治疗方面,开展肛肠疾病方面的临床和基础研究,制订诊疗常规,提高治疗效果,使这类患者的 5 年生存率明显提高,逐渐形成胃肠肿瘤、乳腺肿瘤的专业特色。1981 年,孙建民从仁济医院调来担任外科主任,外科在胃肠道疾病、胆胰疾病及血管疾病治疗方面有进一步发展。在此期间成立血管外科专业,以后发展成为独立的血管外科。在肝胆外科方面,开展肝癌规范切除、肝癌插管化疗等手术。开展 PTC 和 ERCP 的检查,应用纤维胆道镜治疗胆道

图 2-2-3　20 世纪 90 年代唐思聪(左二)指导青年医师

结石，探索经皮直接胆道穿刺置管方法，提高胆道疾病的诊疗技术水平。姚德成、尚汉祚等医师重点对坏死性胰腺炎进行临床研究，并成功降低其死亡率。孙建民、张培华医师进行高度选择性迷走神经切除术的研究，其研究成果获得1984年上海市科技进步奖三等奖。1984年，添置纤维结肠镜，提高大肠肿瘤的早期诊断率。20世纪80年代末，研究应用纤维结肠镜行阑尾腔插管造影诊断慢性阑尾炎，以提高诊断正确率，在国内外属首创。1999年4月，完成首例腹股沟疝lichtenstein修补术，成为国内最早应用补片技术进行腹股沟疝治疗的单位之一。1999年10月，完成首例乳腺癌改良根治术后一期TRAM乳房再造，走在国内该领域的前列。

2005年6月，成功实施1例全肝移植手术，至2010年患者仍健在。2007年5月，在国内最早采用生物材料进行腹壁缺损的修复重建。2009年6月，成功实施首例腔镜下肥胖患者的减重手术。2009年8月，为一例体重达210千克的17岁少女进行减重手术，获得良好效果。2010年，开展腔镜下甲状腺切除手术。

【医疗特色】

疝与腹壁缺损 科主任顾岩带领的核心团队运用微创技术、组织成分分离技术以及自体组织修复技术等，为复杂、疑难的疝与腹壁疾病患者提供理想的治疗手段，解决许多患者的长期困扰，提升他们的生活质量。在腹股沟疝、复杂腹壁疝以及腹壁肿瘤的诊治上处于国内领先地位。团队年均手术量500余台。科室牵头全面推广无张力疝修补技术，形成腹股沟疝和切口疝的标准化治疗方案，同时探讨和制订复杂腹壁缺损的临床治疗方案。顾岩就腹壁肿瘤的切除和腹壁缺损的修复重建技术在多次学术会议中交流介绍，引起专业同道的关注和重视，为以前视为临床难题的腹壁肿瘤和巨大腹壁缺损的病例，提供可靠的解决方案，推广相关技术在临床的应用。腹腔镜技术也在疝和腹壁外科领域得到更大的应用空间，腔镜手术在腹股沟疝无张力修补术中的应用比例达到50%，在切口疝无张力修补术中的应用比例达到80%。

2009年4月，上海交通大学疝与腹壁外科疾病诊治中心在九院挂牌成立。该中心由九院普外科作为牵头单位，由瑞金医院、仁济医院、新华医院、市六医院、市一医院以及市三医院的相关专业组共同组成。

减重与代谢 普外科的减重与代谢外科亚专业起始于2009年，针对病理性致死性肥胖、肥胖合并阻塞性呼吸睡眠暂停综合征、肥胖合并2型糖尿病、肥胖合并多囊卵巢综合征、肥胖合并高血压等代谢性疾病，开展腹腔镜Roux-en-Y胃旁路手术、腹腔镜胃袖状切除术、腹腔镜胃绑带术等多种手术方式。依托国家临床重点专科口腔颌面科，顾岩和王兵等组成的团队与睡眠呼吸障碍诊治专业组共同协作，初步构建肥胖合并OSAHS的临床诊治工作。减重外科亚专业还与内分泌代谢科联手，在手术麻醉科、消化内科、神经内科和放射科等科室的协助下，多学科合作，积极开展外科诊治肥胖合并2型糖尿病的临床工作。

乳腺癌 1999年，科室乳腺专业组创始人之一、科主任龚鼎铨最先在国内开展乳腺癌根治术后一期再造。普外科乳腺专业组联合外科、放疗、化疗、病理、影像诊断和基础医学等多门学科，已经举办多届乳腺癌术后乳房重建学习班。乳腺外科不但开展保留乳房手术和前哨淋巴结活检等先进技术，还在乳腺癌根治术后一期乳房重建中继续保持领先。对于局部晚期乳腺癌，重点开展以新辅助治疗为先、肿瘤切除与修复手术为中心，通过多学科综合治疗使许多求医无门的局部晚期患者获得治疗机会。乳腺专业组运用乳管内视镜和乳腺钼靶监察，使早期乳腺癌的检出率逐年提高。2008年，在乳腺影像学和微创活检方面开展乳腺MRI和B超筛查，并辅助穿刺活检。联合放疗科,开展乳腺癌保乳术后的放疗、适形放疗。

胃肠道肿瘤　胃肠外科是普外科的基础和传统优势专业,历经几代人的努力,科室与消化、影像、病理、放疗等多学科合作(MDT),对胃肠癌的手术和围手术期采取综合治疗,患者术后生存率及生活质量均显著提高。在传统的开腹肿瘤根治手术基础上,以腹腔镜胃肠道手术为专业突破口,大力发展微创外科技术,胃肠道腔镜手术的比例达到70%以上,并结合胃镜、肠镜,开展双镜、三镜联合手术,术中对于胃肠道肿瘤的定位与治疗更清晰、准确,提升治疗效果。特别是低位直肠癌的保肛率大大提高,5年生存率显著延长。胃肠外科承担国家自然科学基金、国家"十一五""863"计划重点项目子课题、国家卫生部重点项目子课题、上海市级科研基金等多项课题。

胆道疾病　普外科肝胆胰专业主要涵盖肝脏、胆道、胰腺、脾脏的外科疾病,尤其对胆石症及肝内外胆管结石、胰腺肿瘤、胰腺炎、肝脏肿瘤、门脉高压症等疾病的诊断与治疗积累了丰富的经验和成熟的技术。普外科开展肝胆胰外科所有手术并有优良的术后监护系统,保证手术患者的顺利康复。

腔镜技术推动普外科传统手术技术的提高。1995年,普外科开展腹腔镜胆囊手术,此后相继开展腹腔镜肝叶切除、肝囊肿开窗引流、胆总管切开取石、胆道探查等手术,配合胆道镜技术,为腹腔镜下胆总管切开取石手术保驾护航。与ERCP,即十二指肠镜检查及十二指肠镜下十二指肠乳头切开、胆道取石、胆道梗阻的内支撑引流等技术结合,诊治各类阻塞性黄疸患者,科室年均ERCP操作病例近150例。

大肠癌与肛肠疾病　科室常规开展结直肠肛管良恶性肿瘤、肠梗阻、直肠脱垂、痔疮、肛周脓肿、肛瘘等疾病的诊治;开展结直肠癌、肛管癌根治术,大肠次全切除术,结肠造瘘,混合痔PPH术等大中型手术。

普外科在大肠癌综合诊治和围手术期处理方面,除传统的根治性手术,如右半结肠切除术、左半结肠切除术、横结肠癌根治术、直肠全系膜切除术、超低位直肠癌的保肛手术、多原发大肠癌的手术切除术等复杂手术外,还开展保留盆腔植物神经的直肠癌扩大根治术,达到根治目的,又保留性功能。超低位保留肛门直肠癌切除术最大限度免除改道手术的不便。术后规范化疗,对于中晚期结直肠癌患者,开展规范的以草酸铂(乐沙定)为基础的FOLFOX方案的术前术后放、化疗,预防术后转移复发。科护士长胡敏、王萍带领护理队伍开展PICC置管,减少频繁静脉穿刺,避免化疗药物的外渗和对局部组织的刺激,减少患者的痛苦。

顾岩、刘文勇、郭善禹、王兵等作为腹腔镜技术的核心团队,运用腹腔镜技术开展大肠癌根治术、腹腔镜低位结直肠癌的保肛手术、直肠脱垂患者腹腔镜直肠悬吊术、中低位直肠癌术前新辅助放化疗配合直肠癌根治术等新技术。目前科室择期可切除大肠恶性肿瘤通过腹腔镜完成的比例超过90%。

科室常规开展肠镜和无痛肠镜的相关诊断和治疗,用血管夹为出血病变止血、闭合缺损组织及进行预防性止血;金属夹肠道肿瘤定位;电灼息肉;套扎息肉;在内镜下对原位癌等良恶性肿瘤进行黏膜下切除;内镜下放置金属内支架缓解肠道恶性肿瘤引起的肠腔狭窄。肠镜保持零穿孔并发症的纪录。

甲状腺　按照统一临床治疗路径规范化地处理各种甲状腺疾病,包括结节性甲状腺肿、甲状腺腺瘤、甲状腺功能亢进、甲状旁腺功能亢进、甲状旁腺腺瘤、甲状旁腺癌及甲状腺癌等。每年甲状腺及甲状旁腺手术约400余例,其中1/3为恶性。

传统甲状腺手术在颈丛神经麻醉下进行,患者需在清醒状态下保持颈部后仰体位,既给患者带来不适,又给手术操作带来不便。现甲状腺手术已全部在全麻下完成,患者较为舒适且术后并发症无差异。手术中常规使用超声刀,出血少,常规显露喉返神经以及甲状旁腺,避免损伤,减少术后声嘶、手足抽搐等并发症。术后6小时后即可进食流质或饮水,良性肿瘤患者术后第二或第三天就能出院。对所有患者均采用颈部低位、沿皮纹切口,并做美容缝合,外涂医用胶水,愈合后瘢痕非常轻微,无须拆线,且术后早期即可落水洗浴,减少对生活的影响。

对于甲状腺癌特别强调个体化治疗和功能保全的外科手术治疗。以发病率最高的甲状腺乳头状癌为例。根据甲状腺癌危险分层概念,对每一位患者的病理切片进行详细分析,同时结合患者的年龄、原发肿瘤大小等多种因素制订出最合适的手术方案。对于确实需要行颈淋巴结清扫的患者,在彻底切除病灶的基础上,注重保护喉上神经、喉返神经、甲状旁腺等重要结构,保证重要功能不受影响。

对于术后患者强调综合治疗,良性肿瘤术后内分泌替代治疗,并有严谨的随访,及时调整甲状腺素剂量。对于恶性肿瘤患者,术后行内分泌抑制治疗,根据年龄、性别、合并的内科疾病评估药物风险,达到个体化治疗,并长期随访,降低复发率,提高生存率。

腔镜下甲状腺手术是普外科的特色。采用微创技术使手术时间明显缩短,术中基本无出血、术后并发症极少,愈合后瘢痕隐蔽。另外,纳米碳标记淋巴结清扫、纳米碳应用保护甲状旁腺、术中神经监测技术保护喉返神经等高新技术均已开展。科室在良性甲状腺疾病的治疗、甲状腺癌的规范化综合治疗等方面均达到国内先进水平。

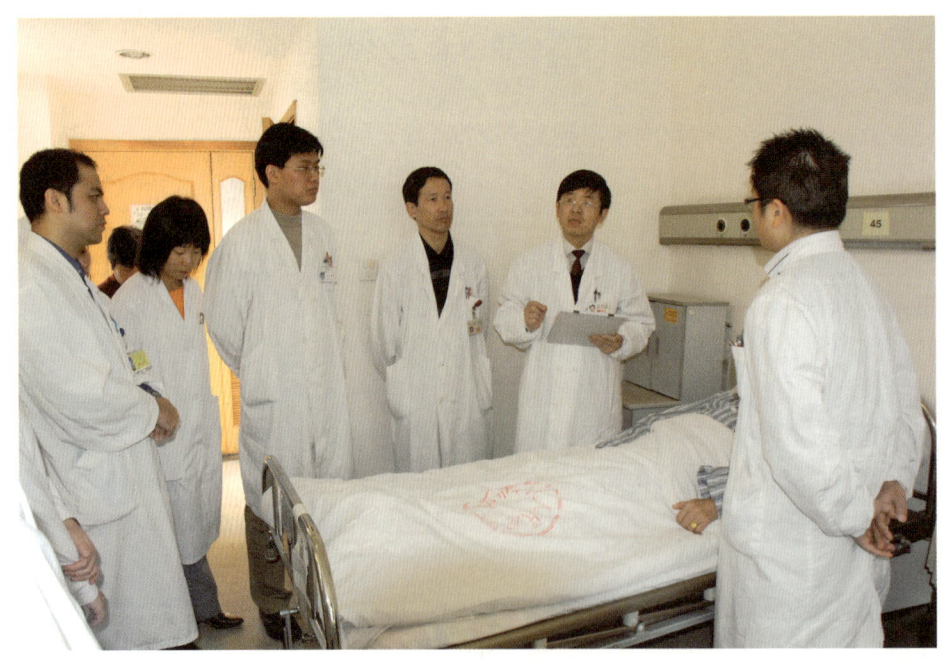

图 2-2-4 2007年顾岩(右二)在病房查房

三、教学

【学历教育】

1956年,儿科系迁来九院,成立外科教研室。1958年,儿科系撤离,一些骨干师资也迁往新华医院。此后科室曾承担安徽医学院学生的实习以及一些零星的实习带教任务。1965年,口腔医学系从广慈医院迁来九院,顾成裕担任外科教研组负责人。1972年,口腔系招收三年制医学生,外科教研组承担外科总论、动物外科和泌尿外科、骨科、胸外科等课程的教学和实习,并参与编写适合口腔系教学的外科学教材。1977年,高考恢复后,普外科教研室承担五年制口腔医学专业外科教学任务。1988年,外科教研室一分为二,普外科为第二教研室,承担外科课程的教学和见实习任务。1995年,九院临床医学院成立后,唐思聪任教研室主任,同时承担临床医疗五年制和口腔专业的外科教学任务。教学内容包括七年制、八年制、硕博士研究生及夜大学生的理论授课,双语教学、医学英语、PBL教学和临床实训等课程,以及临床实习带教、实验带教、毕业论文指导和新生导师工作。唐思聪、龚鼎铨和顾岩等一批资深教师以他们严谨的治学态度和渊博的知识指导学生。学科重视教学梯队建设,制订中青年教师培养计划,明确其职责和培养目标。至2010年底,普外科已经形成较强的师资队伍,博士生导师1人,硕士生导师4人,出国进修9人。普外科教学团队平均年龄在45岁以下,具备丰富的临床教学经验。至2010年完成教学课题5项,发表教学论文3篇。

【教学管理特色】

注重外科临床实训 顾岩担任外科教研室主任期间,编制一套规范的临床实训课程,先对青年医师进行培训,然后历经数年坚持严格要求医学生强化训练,成为科室医学生临床技能质量的品牌特色。

实行严格的三级查房 为加强医学生临床训练,安排一定比例的教学病种,实习生每人分管床位6~8张,实行24小时负责制。每天有严格的三级查房,每周还安排专门的教学查房。医学生经过12周的实习,临床综合分析能力和临床技能都得到很大提高。

严格毕业实习的出科考核 为坚持对医学生的认真带教、严格要求,外科教研组严格实行出科考核,即医学生在实习结束时,进行自我评价总结(包括业务学习、医德医风),带教老师逐一考核学生,然后教研组给予全面评定。

螺旋式逐步深入的基础和临床教学 2005年,为使医学生能够早期接触临床,科室采取基础与临床教学螺旋式逐步深入的方法,以疾病为主线,将前期的基础课和后期的临床课有机串联起来,进行多媒体课程建设和题库建设。

教学改革 2006年,针对即将进入临床课程学习的同学,探索新教学模式,分为病史采集、书面作业、拓展讨论三个阶段。在第一阶段,由同学和老师一起针对一二个临床病例,提出10个涉及疾病病因、病理、生化、生理、病理生理及临床诊断等问题。第二阶段要求同学自己查阅文献,开展小组讨论,完成书面答卷。在拓展讨论阶段,要求同学以小组为单位,上台汇报,老师点评,其他同学可发问或回答,最后由临床和基础部老师对所涉及的理论知识进行归纳和总结。这一教学模式有利于培养学生临床思维及分析问题、解决问题的能力。

【教学获奖】

戴谦诚获评"高露洁"口腔医学教育二等奖(2003—2004年),理论授课优胜奖(2006—2007年),上海医药临床医学教育二等奖(2007—2008年)。顾岩获评上海交通大学医学院优秀教师(2008—2009年)。朱晨芳获评上海医药教育一等奖(2009—2010年)。

【继续教育】

普外科开展继续教育的项目：2007年4月，乳腺癌保乳治疗和乳房再造，疝和腹壁缺损治疗新进展；2009年4月，疝和腹壁缺损治疗新进展；2010年4月，乳腺癌切除一期乳房修复与再造。

四、科研

1983—1993年，普外科科研项目获局级鉴定9项。

2008年，顾岩获得普外科首个国家自然科学基金：GH/IGF-1轴及其信号通路调控乳腺癌淋巴管生成的实验研究。此后科室相继获得部、委课题，市、局级课题。

1998—2010年，普外科获得国家自然科学基金课题1项、部级科研课题2项、市级科研课题11项、校级科研课题4项、横向合作科研课题8项。

表2-2-4 1998—2010年普外科承担校级及以上级别科研课题情况表

年份	课题名称	来源	负责人
1998	EMMPRIN与大肠癌侵袭转移性关系的研究	上海市教委	卜 文
2000	TRAIL联合CPT-11诱导胃肠肿瘤凋亡的作用和机制研究	上海市教委	郭善禹
2002	信号转导分子FAK表达阻断抑制肝癌转移的实验研究	二医大校基金	顾 岩
2002	信号转导分子FAK表达阻断抑制肝癌转移的实验研究	上海市科委	顾 岩
2005	应用SiRNA抑制MEKK3表达促进耐药乳腺癌细胞凋亡的分子机制研究	二医大校基金	郭善禹
2005	外源性生长激素与肝癌侵袭转移的关系及其信号转导通路研究	上海市卫生局	顾 岩
2006	高淋巴转移乳腺癌动物模型的建立与早期诊断的PET分子探针研究	上海市科委	顾 岩
2007	分离鉴定人胃肠道癌中肿瘤干细胞相关SP亚群的初步研究	上海市卫生局	刘文勇
2007	组织工程腹壁补片修复缺损及种子细胞的转归研究	上海市科委引导项目	汤 睿
2008	阻断乳腺癌CXCR4和HPC中VERFR-1表达抑制乳腺癌骨转移	上海市教委自然科学项目	郭善禹
2008	GH/IGF-1轴及其信号通路调控乳腺癌淋巴管生成的实验研究	国家自然科学基金	顾 岩
2008	奥沙利铂联合脱氧氟脲苷、丝裂霉素术前介入化疗预防结直肠癌术后肝转移的前瞻性、随机、对照、多中心临床实验	卫生部临床重点学科项目	顾 岩

(续表)

年份	课题	来源	负责人
2009	梯度加压联合生肌长皮膏和微波透热治疗下肢慢性疮疡	上海市科委中医药	郭善禹
2009	构建纳米钛可降解网片修补腹壁缺损的研究	交大医工交叉面上项目	顾岩
2009	乳腺癌淋巴管生成及淋巴转移机制研究	上海市卫生局	戚晓亮
2010	构建小肠黏膜下层基质VEGF碳纳米管组织工程支架修复腹壁缺损的实验研究	交大医工（理）交叉研究基金	汤睿
2010	腹股沟疝的前入路腹膜前无力张力修补术和临床路径的推广	申康适宜技术	顾岩
2010	无出血梗阻可切除结直肠癌合并不可切除肝转移的术前化疗方案效果研究	国家卫生部临床重点学科项目子课题	顾岩

【科研获奖】

1984年，孙建民、张培华主持的"高度选择性迷走神经切除术的研究"获得上海市科技进步奖三等奖。

1986年，孙建民主持的"壁细胞迷走神经末梢切断术治疗十二指肠球部溃疡"课题获得上海市科技进步奖三等奖。

2002年，顾岩主持的"短肠综合征肠道代偿的临床和实验研究"课题获得上海市科技进步奖一等奖。

【学术任职】

姚德成任九院学位评定委员会成员，《世界医学》编委。

顾岩任九院学术委员会成员，中国医师协会外科医师分会疝与腹壁外科医师委员会常务委员，中国研究型医院协会糖尿病与肥胖外科专业委员会常委，上海市医学会外科专科委员会疝与腹壁外科学组副组长，上海市中西医结合学会外科专业委员会常务委员、围手术期专业委员会常务委员等，也是国际内镜疝外科学会、欧洲疝外科协会、亚太疝外科学会、美国疝外科协会等国际学术组织的会员。

王兵任中国医师协会睡眠医学专业委员会常委，中国医师协会睡眠医学专业委员会减重外科学组组长，中国研究型医院学会肠外肠内营养学专业委员会常委兼秘书长，上海市医学会普外专业委员会减重与代谢手术学组副组长等职。

郭善禹任上海市医学会外科学分会肛肠外科专业委员会委员，上海市医师协会肿瘤学分会委员，上海市疾病预防控制中心肿瘤外科和跨学科治疗专业委员会委员，中国医师协会炎性肠病专业委员会委员，上海市中西医结合学会外科学分会委员等职。

【发表论著】

1920—1990年，普外科发表论文152篇，参编教材3本。

1991—2010年，普外科发表论文213篇，其中SCI论文59篇，中文核心期刊论文75篇。

五、社会公益

1996—1998年,刘文勇随医疗队赴瓦努阿图开展医疗援助工作。

1998—2000年,陶建随医疗队赴瓦努阿图开展医疗援助工作。

1997—1999年,刘同淮随医疗队赴摩洛哥开展医疗援助工作。

2006年8月,火海钟作为上海市青年志愿者赴滇扶贫接力队员,参加云南文山地区富宁县人民医院开展医疗援助工作。

2010年4月,楼晓楼作为医院第三批援滇医疗队队长,在云南祥云县人民医院开展医疗援助工作。

六、荣誉

【集体荣誉】

外一病区获评上海第二医科大学先进集体(2001年)、二医大文明科室(2002—2003年)、二医大样板病区(2000年)。外二病区护理组获评二医大"三八"红旗集体(1990年)、上海市卫生系统"文明行医,优质服务,满意在医院"先进集体(1992年)、上海市卫生系统先进集体(1995年),二医大先进集体、二医大文明科室(1991年、1993年、1995年)。外二病区获评上海市青年文明病区(1991年)。外科换药室获评上海市卫生系统"光华杯"达标竞赛规范服务窗口(1995年)。外科监护室获评二医大先进集体。

【个人荣誉】

张雪元获评上海第二医学院先进工作者(1979年)。孙建民获评二医先进工作者(1981—1983年)。刘文勇获评上海第二医科大学优秀教育工作者(1992年)。杜宽航获评二医大先进工作者(2001年)。火海钟获评上海市优秀青年志愿者(2005—2007年)、上海市卫生系统世博医疗卫生保障工作先进个人(2010年)。

第三节　眼　　科

一、沿革

1949年,上海私立伯特利医院开设眼科门诊,外聘专家定期应诊。1952年设立常规眼科门诊,1953年眼科开设病房,在加建的旧2号楼3层与耳鼻喉科共用一个楼面,设床位25张。1965年,眼科成立独立病房,设床位19张。1974年,床位增至24张。1986年,床位增至31张。2003年,迁入新建的外科大楼(7号楼)15楼整个楼面,核定床位39张(实际开放56张)。

1952年,丁希庆调入眼科任科主任,并有施康沂、高秀珍、胡曼丽3位医师在科室工作,聘请周诚浒为眼科顾问。1956年10月,王导先由第六人民医院调至九院眼科。1957年,筹建儿科系时调入曹福康、陆道炎、陈维真等医师。王导先于1963年定为卫生技术五级(正高级职称)。1964年12月26日,唐亿年从广慈医院调来任眼科副主任。"文化大革命"中,眼科的发展也受到很大冲击和破坏。"文化大革命"结束后科室业务逐渐恢复。1984年,奚渭清主任带领科室开展视觉电生理等新技术、新项目的研究,徐乃江致力于眼整形业务的开展。1993年后,科主任李海生带领科室在电生理、眼底病、白内障、青光眼等领域大力拓展业务范围。1989年,奚渭清成为硕士研究生导师。1998年,范先群担任眼科副主任并成为硕士研究生导师。2000年,范先群担任眼科主任,2002年成为博士研究生导师。

1988年,成立眼科视觉电生理研究室;1995年1月,成为首批院级重点学科;2003年成为医院第二期重点学科建设科室。2008年1月,眼科入选上海交通大学医学院重点学科(第三期),同年10月眼科入选上海市重点学科(第三期)。2009年,上海市重点学科(第三期)眼科学实验室建立,眼科进入快速发展阶段。

2010年眼科有医师25人,其中主任医师2人、副主任医师7人、主治医师10人、住院医师6人。

表2-2-5 1952—2010年眼科历任正、副主任情况表

任职时间	主任	任职时间	副主任
1952—1956	丁希庆	1956—1962	王导先
1957—1958	曹福康	1964—1970	唐亿年
1962—1964	王导先	1981—1984	奚渭清　高秀珍
1984—1991	奚渭清	1981—1991	徐乃江
1991—1993	徐乃江	1984—1999	张芸芸
1993—2000	李海生	1998—2000	范先群
2000—	范先群	1999—	罗敏

图2-2-5 20世纪90年代奚渭清(左三)、李海生(左一)和科室同事讨论工作

二、医疗

1952年,丁希庆任眼科主任,开设25张病床。当时在医院的各科中,眼科是业务较强的科室之一,手术方面已经能实行视网膜脱离、白内障、青光眼等眼科手术,技术水平在当时的区中心医院居于领先地位。丁希庆为上海市医学会眼科专科委员会委员、上海市卫生局眼科顾问。周诚浒任眼科顾问,定期来科指导。王导先在20世纪50年代创立"631/136"(6针3线1刀)矫正倒睫的手术方法,在全国推广。

1980年后,科室逐渐形成以眼底病和眼部整形为主的医疗特色。1985年起,开展在国内尚属起步阶段的视觉电生理研究。在奚渭清的带领下,科室在视觉电生理领域做出很大成绩,尤其是视觉电生理的微机检测及临床应用、视网膜电图主要成分的频谱分析及在视网膜循环障碍疾病的应用等,促进了我国眼科电生理研究的发展。

徐乃江长期从事眼部整形美容专业,为我国眼整形手术开拓者之一。擅长手术治疗各种眼部先天性畸形(如上睑下垂、眼睑缺损等)、外伤或肿瘤切除后缺损及畸形的修复。对美容性(双重睑、眼袋)眼整形手术尤其是术后失败的再修复经验丰富。率先在国内开展羟基磷灰石活动眼座的植入手术,对眼座植入各种术式及并发症的处理有独到的见解和丰富的经验。

1986年,开展眼底荧光造影检查。1993年,引进白内障超声乳化机,相继开展超声乳化白内障吸除术、视觉电生理检查以及放射切开治疗近视等医疗技术。

李海生在眼科手术、眼底病的治疗方面有丰富的临床经验,在视觉电生理、眼底病、角膜屈光、白内障、青光眼的研究和手术治疗方面开展了一系列的工作。

范先群擅长上睑下垂矫正、眼睑缺损修复、活动义眼座植入、眼窝狭窄成形和内眦畸形复位等整形手术;羊膜移植手术、角膜缘干细胞移植手术和角膜上皮移植手术等眼表重建手术;泪小管吻合、结膜泪囊鼻腔吻合和泪管旁道手术等泪道手术;双重睑、睑皮松弛和眼袋整形等美容手术。尤其专长于眼眶骨折修复、眼球内陷复位、眼眶畸形矫正、复合性眼眶骨折内窥镜导航修复、先天性小眼球和无眼球的整复、眼眶肿瘤摘除等眼眶手术。

随着眼科学的整体发展,眼科在白内障、眼视光、玻璃体视网膜病、眼表疾病、青光眼等亚专业基础上,结合医院特色,在徐乃江、范先群带领下,将眼科学的分支学科——眼整形学逐步发展壮大。进入21世纪,范先群作为学科带头人,努力探索新的研究方向和学科新的生长点,将眼科学和整复外科学进行学科交叉和优势互补,形成眼整形眼眶外科专业,并在国内处于领先地位。同时积极优化各专业并开展新项目,全面提高眼科的整体实力,使之达到国内先进水平。2008年,眼科成为上海市重点学科。

三、教学

【学历教育】

1965年,口腔系迁来九院,成立口腔系眼科教学组,唐亿年任组长。先后承担口腔系本科和试点班以及三年制口腔专业学生的眼科教学。1995年九院临床医学院成立,李海生任眼科教研室主任。眼科作为两个医学院的眼科教研室,同时承担口腔和临床五年制、口腔五年制、眼科学七年制的教学任务,同时接收七年制和二医大八年制学生的研究生阶段导师任务。

1989年,奚渭清获硕士生导师资格,先后招收视觉电生理方面的硕士研究生3人。1999—2010年,范先群共培养博士研究生20人、硕士研究生24人、博士后1人。

【住院医师培训】

眼科为第一批上海市眼科住院医师规范化培训基地。从2010年9月起招收眼科住院医师进行规范化培训,当年眼科已有住院医师2人,参加规范化培训的住院医师4人。培训实行临床模拟教学和床边教学相结合,建立显微技术临床技能培训中心,配备手术显微镜、训练头模和显微器械,住院医师可使用白内障手术仿真练习器进行临床实例操作前的训练。

【教学成果】

眼科教研室入选2007年度上海交通大学医学院精品课程建设计划,2009年入选上海市教委重点课程项目,同年被评为上海交大医学院优秀教学团队。

【进修医师培养】

20世纪70年代,眼科开始招收进修医师,1974—2010年,共培养进修医师379名,来自全国各省市及美国和澳大利亚,其中三甲医院进修医师占53.1%,高级职称医师占28%。

表2-2-6　1974—2010年眼科进修医师培养人数情况表

年　份	人　数	年　份	人　数	年　份	人　数
1974	2	1987	5	2000	16
1975	3	1988	7	2001	14
1976	4	1989	3	2002	15
1977	4	1990	4	2003	18
1978	8	1991	5	2004	21
1979	4	1992	7	2005	17
1980	8	1993	7	2006	20
1981	5	1994	8	2007	21
1982	8	1995	7	2008	17
1983	7	1996	8	2009	35
1984	6	1997	7	2010	27
1985	8	1998	6		
1986	7	1999	9		

四、科研

【课题与成果】

眼科紧密结合临床需求开展科研工作。1954年,王导先研发的"631/136"(6针3线1刀)矫正倒睫的手术方法在全国推广。1976年,眼科在国内首先开展前房型、虹膜面型人工晶体的研制和植入手术。1984年,徐乃江、俞守祥等曾开展人工晶体研制。奚渭清等曾与新华医院联合第九制药厂开发磷霉素眼膏、联合信谊药厂开发信利妥眼药水,成为眼科常用药。

1985年起,眼科开展在国内尚属起步阶段的视觉电生理临床检查研究,1986年与上海第二医科大学合作申请"视觉电生理检测仪的研制及临床应用",并于1988年获上海市科技进步奖三等奖。1988年成立院属视觉电生理研究室。1993年起研制国产电生理仪器,开办电生理学习班。李海生在宝山区工作期间就开始视觉电生理检测装置的研制和临床应用,调入九院后继续拓展相关工作,当时该研究室的视觉电生理研究在国内已属领先。

图2-2-6　2010年范先群(左四)主持眼科病房交班

1984年,徐乃江主持召开眼整形学术会议,眼科眼整形专业逐渐崭露头角。1988年起,奚渭清筹备和主持第一至第四届全国眼科新技术新疗法学术会议、首届全国视觉电生理学术会议。2010年11月20日,范先群牵头主办东方科技论坛第一百六十八次学术研讨会,就转化医学在眼科学中的应用进展、眼科医工结合、干细胞修复等展开学术讨论,共议眼科视觉科学研究的现状与挑战。

1988年奚渭清关于视网膜电图检测和信号分析的研究课题分别获上海市高教局和卫生局科研项目。1993年,李海生关于视神经病变的视觉电生理研究获上海高教局课题。2004—2010年,眼科共获得国家自然科学基金5项,总经费155万元。1997年以后范先群、李瑾等入选多个人才培养计划。2003—2010年,科室发表SCI论文28篇。1994年以来,科室一批科研项目先后获得卫生部和上海市的多个奖项。

表2-2-7　1988—2010年眼科承担的市级及以上级别课题情况表

年　份	项　目　名　称	来　　源	主持人
1988	视网膜电图振荡电位在视网膜循环视网膜循环障碍疾病的临床研究	上海市高教局	奚渭清
1988	视觉电生理信号时域频域分析程序	上海市卫生局	奚渭清

(续表)

年份	项目名称	来源	主持人
1993	稳态图像视觉诱发电位及其二次谐波——视神经病变的视觉电生理表现	上海市高教局	李海生
1993	暗视阈值反应的细胞起源频谱分析及临床应用研究	上海市卫生局	范先群
1997	眼眶骨折眼球内陷的整复治疗及视功能改变的研究	上海市启明星计划	范先群
1997	眶爆裂骨折眼球内陷的整复治疗及视功能改变的实验研究	上海市教委	范先群
2000	复合性眼眶骨折复位重建和视功能改善的研究	上海市启明星后	范先群
2001	干细胞和角膜上皮移植眼表重建的实验研究	上海市科委	范先群
2001	眼眶畸形整复和功能重建的系列研究	上海市卫生局"百人计划"	范先群
2002	兔虹膜色素上皮细胞培养及其自体移植的实验研究	上海市教委	罗 敏
2004	脱细胞基质载体和旋转培养技术体外角膜构建的实验研究	国家自然科学基金	范先群
2004	腺病毒介导的RNA干扰VEGF治疗睑板腺癌的实验研究	上海市科委	范先群
2005	RNA干扰VEGF抑制眼表损伤后角膜新生血管形成的实验研究	上海市卫生局青年基金	李 瑾
2006	脱细胞基质为载体培养角膜内皮前体细胞构建角膜后板层及其移植的研究	国家自然科学基金	范先群
2006	溶瘤腺病毒联合巩膜敷贴放疗治疗眼内期视网膜母细胞瘤	上海市科委生物医药处	范先群
2006	视网膜病及根管治疗中特殊问题的研究	上海市科委生物医药处	王志良
2006	角膜内皮前体细胞培养及其移植的研究	上海市教委	傅 瑶
2006	基于端粒酶靶向表达EpCAM小干扰RNA抑制视网膜母细胞瘤浸润和转移	上海市卫生局	贾仁兵
2006	PEDF基因转染虹膜色素上皮细胞移植治疗年龄相关性黄斑变性的研究	上海市卫生局	罗 敏
2007	构建血管化组织工程骨修复眼眶骨缺损的研究	上海市科委学科带头人	范先群
2007	缺氧调控的新型肿瘤特异性基因-siRNA共表达腺病毒载体的构建和应用	上海市科委基础重点	范先群
2007	眼眶病、眼整形外科(讲学)	上海市科委白玉兰科技人才基金	范先群
2007	组织工程骨研制及其修复眼眶骨缺损的研究	上海市卫生局	周慧芳
2008	抗体导向高内吞活性免疫毒素治疗葡萄膜恶性黑色素瘤的实验研究	上海市科委国际合作项目	范先群

(续表)

年份	项目名称	来源	主持人
2008	诱导骨髓内皮祖细胞并构建角膜内皮板层移植的研究	上海市科委基础重点项目	傅 瑶
2008	局部基因释放载体联合组织工程技术诱导眼眶骨再生的研究	上海市自然科学基金	周慧芳
2009	重离子协同腺病毒载体靶向杀灭肿瘤细胞的机制研究	国家自然科学基金	葛盛芳
2009	基因修饰干细胞控释在体构建眼眶骨壁的研究	国家自然科学基金	范先群
2009	缺氧调控微小RNA181b表达对视网膜母细胞瘤生长的影响及其作用机制	国家自然科学基金	贾仁兵
2009	视网膜干细胞的增殖及其分化的研究	上海市科委浦江人才计划	谷 平
2009	内窥镜导航系统在眼眶骨折修复中的应用研究	上海市领军人才地方队培养计划	范先群
2009	早期DR玻璃体视网膜界面ECM的改变	上海市卫生局	王志良
2010	骨髓内皮祖细胞重建角膜内皮层的研究	国家自然科学基金	陈 苹
2010	抗耐药溶瘤腺病毒联合化疗药治疗治疗视网膜母细胞瘤实验研究	国家自然科学基金	赵小平
2010	干细胞快速浓缩分离并高效融合生物材料修复眼眶骨缺损	国家自然科学基金	周慧芳
2010	P2Y2嘌呤受体活化对促进角膜内皮细胞增殖影响的研究	国家自然科学基金	傅 瑶
2010	微小RNA-9对视网膜干细胞增殖分化的影响及其作用机制的研究	国家自然科学基金	谷 平
2010	早期DR玻璃体视网膜界面ECM的改变	国家自然科学基金	王志良
2010	小干扰RNA协同腺病毒载体靶向杀灭肿瘤的机制研究	上海市科委基础重点项目	范先群
2010	应用虚拟现实技术治疗鼻眶筛骨折后泪道阻塞的研究	上海市科委医学引导	肖彩雯
2010	难治性眼表疾病的分类和系统治疗的研究	上海市科委白玉兰科技人才基金	范先群
2010	微小RNA影响视网膜干细胞增殖和分化的基础研究	上海市教委创新项目	谷 平
2010	γ干扰素诱导视网膜新生血管形成和神经节细胞凋亡的研究	上海市卫生局	李 瑾

表2-2-8　1997—2009年眼科入选的人才培养计划情况表

年份	培养计划	入选者
1997	上海市科委启明星计划	范先群
1998	上海市卫生系统百人计划	范先群

(续表)

年份	培养计划	入选者
2003	上海第二医科大学百人计划	范先群
2006	上海第二医科大学百人计划	李 瑾
2009	上海市领军人才	范先群
2009	上海市浦江人才计划	谷 平
2010	上海市科委启明星计划	贾仁兵

表2-2-9 1988—2008年眼科获奖课题情况表

年份	项目名称	奖项	获奖者
1988	视觉电生理检测仪的研制及临床应用	上海市科技进步奖三等奖	奚渭清
1993	视网膜电图频谱分析	上海市科技进步奖二等奖	奚渭清
1994	视觉电生理信号时域频域分析程序	卫生部优秀软件三等奖	李海生
1994	视网膜电图双谷a波形成机制研究	上海市科技进步奖三等奖	范先群
2001	眼眶骨折眼球内陷的整复治疗及视功能改变的研究	上海市科技进步奖二等奖	范先群
2005	角膜缘干细胞和角膜上皮移植眼表重建的实验研究	上海市医学科技奖三等奖	范先群
2007	鼻眶筛骨折的分类和功能重建的研究	上海市医学科技奖三等奖	范先群
2007	复合性眼眶骨折的计算机辅助设计及修复重建技术的开发和应用	上海市科技进步奖二等奖	范先群
2007	复合性眼眶骨折修复重建及眼球功能性复位的系列研究	中华医学科技奖三等奖	范先群
2008	眼眶骨折修复和眼球功能复位的基础研究、临床研究	教育部高等学校科技进步奖二等奖	范先群

【学术任职】

1953年,丁希庆主任担任中华医学会眼科学会上海分会委员。1988年,奚渭清担任医学名词审定委员会眼科三人组成员、中华医学会眼科学会新技术新疗法学组组长等;1989年,奚渭清任中华医学会上海分会委员、中西结合研究所上海分会眼科组副组长、上海市防盲指导组副组长、眼科学器械信息组五人小组成员、上海市卫生系统高级职称评审委员会眼科专业组成员。李海生曾任中华医学会眼科学会等多个学术团体的副主任委员。2008年,范先群任亚太地区眼整形外科学会主席、中国眼科内镜专家委员会副主席、上海市医学会眼科专业委员会副主任委员;入选上海市领军人才;荣获上海市窗口行业迎世博"微笑服务大使"称号,成为上海卫生系统优秀服务的形象代言人。

【期刊兼职】

1989年,奚渭清任《眼科通讯》副主编、《眼底病》编委。

2004—2010年,范先群任《中华眼视光学与视觉科学杂志》《中华眼科杂志》《中国实用眼科杂志》《上海交通大学学报(医学版)》《中华实用医药杂志》《实用防盲技术杂志》《临床眼科杂志》《眼科时讯》编委。

【发表论著】

1960年，王导先编著出版的《临床眼科手册》成为眼科界的常用工具书。此后眼科各位医师在不同年代陆续编著出版多部专业著作。徐乃江还参与美国1996年出版的眼整形专著 The Practice and Principle of Ophthalmic Plastic and Reconstructive Surgery 撰写，此书分上下2卷，由全球百余位专家参与编写，中国仅2人参编。

范先群主编的《眼整形外科学》是中国主要的眼整形外科学专著，2009年8月由北京科学技术出版社出版。该书邀请中、美、韩和新加坡等眼整形外科专家共同编写，国家科学技术学术著作出版基金资助10万。全书约130万字，1 400余幅插图，为中国眼整形学与国际全面接轨铺路架桥。

表2-2-10　1960—2009年眼科主编（主译）的主要学术著作情况表

出版年份	著作名称	出版社	主编
1960	临床眼科手册	上海科学技术出版社	王导先
1965	磺胺类和抗菌素在眼科的应用	上海科技教育出版社	奚渭清
1983	英汉眼科学词汇	人民卫生出版社	奚渭清
1987	实用眼整形手术学	浙江科技出版社	徐乃江
1990	实用眼科手册	上海科学技术出版社	奚渭清
1991	眼科整形手术技术	同济大学出版社	徐乃江
2002	视觉电生理的原理与实践	上海科学普及出版社	李海生
2003	实用眼整形美容手术学	郑州大学出版社	徐乃江
2007	眼整形美容手术	上海科技教育出版社	徐乃江　朱惠敏　罗敏
2008	临床眼科肿瘤学	上海科学技术出版社	范先群
2009	眼整形外科学	北京科学技术出版社	范先群

【学术交流】

2001—2010年，眼科派出在职人员及研究生长期出国学习进修共11人次，学习国外先进科研技术，借鉴国际上丰富的诊疗经验，极大地提高眼科的科研与临床水平，使之与国际接轨。

表2-2-11　2001—2010年眼科长期出国进修人员情况表

时间	人员	访问学习目的地	身份
2001.11—2002.2	范先群	美国哈佛大学医学院附属麻省眼耳鼻喉科医院	访问学者
2005.10—2005.11	范先群	美国梅奥诊所眼科	高级访问学者
2005.11—2005.12	范先群	美国巴斯科姆帕尔默眼科中心	高级访问学者
2005.12—2006.1	范先群	美国加州大学洛杉矶分校朱尔斯·斯坦眼科研究所	高级访问学者

(续表)

时　　间	人　员	访问学习目的地	身　　份
2008.1—2009.1	周一雄	美国巴斯科姆帕尔默眼科中心	共同培养博士
2008.11—2009.11	宋　欣	美国巴斯科姆帕尔默眼科中心	共同培养博士
2008.10—2009.10	李　瑾	美国南阿拉巴马大学	访问学者
2009.11—2010.11	傅　瑶	美国迈阿密眼表疾病中心	访问学者
2009.12—2010.12	王志良	美国路易斯维尔狮子眼科中心	访问学者
2010.1—2012.1	毕晓萍	美国匹兹堡大学	访问学者
2010.11—2011.12	季雍容	法国阿维森纳医院	住院医师

五、社会公益

眼科员工积极参加各项科普和健康宣教等公益活动。比较大型的有：1999年，林明参加共青团上海市委组织的第二批赴滇扶贫青年志愿者接力计划，在云南省红河哈尼族彝族自治州红河县人民医院服务半年，获2000年上海市优秀青年志愿者称号。2002年5月25日，爱眼日大型义诊活动，奚渭清、王仁缃、张芸芸、范先群为500余名眼疾患者开展眼科咨询，受到市民欢迎。

2009年7月20日，范先群、李政康、施沃栋等医师参加由上海交通大学医学院附属第九人民医院、新华医院等联合组织的"情系西藏，点亮光明"活动，赴西藏为藏民服务，并赠送价值5万余元的药品和人工晶体。眼科"情系西藏　点亮光明"活动入选2009年度上海市医务职工精神文明十佳好事。

2010年施沃栋作为上海市第七批援疆医生赴新疆维吾尔自治区喀什地区叶城县人民医院服务一年半。

2010年8月9日，参观世博园的台胞摔伤眼角，多方转诊后于医院眼科得到妥善医治，入选2010年上半年度九院精神文明十佳好事。

六、荣誉

【集体荣誉】

眼科视觉电生理研究室获上海市卫生局先进工作集体称号(1993年)。

眼科门诊获评上海第二医科大学"样板门诊"(1998年)。眼科获评上海市重大工程建设先进集体(2007年)。眼科"情系西藏　点亮光明"活动入选2009年度上海市医务职工精神文明十佳好事。

【个人荣誉】

丁希庆获评上海市先进工作者(1955年)。

高秀珍获评上海市先进工作者、"三八"红旗手(1960年)。

张芸芸获评上海市"三八"红旗手(1966年)。

奚渭清获评上海第二医科大学教育先进工作者(1987年)、上海市卫生局先进工作者(1994年)。

陈桂芳获评上海市卫生系统精神文明十佳好事(1990年)。

李海生获上海市卫生系统"高尚医德奖"(1996年)、中华眼科学会奖(1998年)。

范先群获评上海市优秀青年教师(1997年、1999年)、上海市卫生系统先进工作者(2002年)、上海市卫生系统第九届"银蛇奖"三等奖(2003年)、上海市"育才奖"(2007年)、全国卫生系统先进工作者(2007年)。

林明获评上海市杰出青年志愿者(1999年)。

沈勤获评上海市医务职工精神文明十佳好事、市教委系统精神文明十佳好事(1999年)。

罗敏获评上海市"三八"红旗手(2002年)、上海市重大工程建设先进个人(2007年)。

第四节 耳鼻咽喉科

一、沿革

1951年，伯特利医院开设耳鼻喉科门诊，外聘特约医师应诊。1952年，在外科病房内设6张病床。1953年，医院设耳鼻喉科病房，与眼科合用一个病区，共用床位25张。1960年，耳鼻喉科床位减少至5张并兼收口腔科患者。1973年，耳鼻喉科病区独立，设床位30张。1984年后调整至21张，耳鼻喉科病房长期位于旧2号楼的3层，与眼科病房合用一个楼面。2003年，7号楼建成，眼科迁去7号楼，耳鼻喉科使用整个楼面，床位增加至32张。2004年以后，1号楼动工，耳鼻喉科所在旧楼拆除，病房迁往5号楼的3楼。

1952年，外科主任陈文镜聘请国外返沪的何永照为耳鼻喉科特约顾问，并借调外科医师陈惠礼兼该科住院医师。1956年9月，从口腔科调胡桂芳至耳鼻咽喉科。1957年筹建儿科系期间，从仁济医院、广慈医院调毛承樾、徐涛及江敏来九院，毛承樾任耳鼻咽喉科副主任。1958年10月，毛、徐两位调去新华医院，江敏调去广慈医院，耳鼻咽喉科仅有胡桂芳1名医师。至1961年增加毕业分配来的陈元龙。1964年以后，为加强师资力量，分别从新华医院、广慈医院调来徐渊及沈洪山，开始接诊急诊患者。至1966年"文化大革命"时，该科共有5名医师。1972年，口腔系恢复招收三年制学生，为加强耳鼻喉科师资力量，医院从口腔科调来王瑞萍、沈惠英。1980年，从古田医院调来潘根长，此后逐年有新毕业医师分配来科。1988年底，从湖南医科大学一附院调来王泉良。

至2010年，耳鼻喉科有医师15人，其中主任医师1人、副主任医师2人、主治医师7人、住院医师5人。

表 2-2-12　1957—2010年耳鼻咽喉科历任正、副主任情况表

任职时间	主　任	任职时间	副主任
1978—1982	王瑞萍（负责人）	1957—1958	毛承樾
1982—1988	潘根长	1964—1966	徐　渊
1988—1990	王瑞萍	1978—1982	沈洪山
1989—2000	王泉良	1979—1982	徐　渊
2000—2003	汤君彦	1982—1989	王瑞萍
2005—	王珮华	1989—1990	王泉良

任职时间	主　任	任职时间	副 主 任
		1993—2000	汤君彦
		2000—2003	王珮华
		2003—2005	王珮华（主持工作）
		2003—	石润杰

二、医疗

【业务发展】

1951年，耳鼻咽喉科初建，不设固定病床，仅聘请特约医师开设门诊业务。1952年每月2天门诊、2天手术，设6张病床于外科病区内。开展扁桃体摘除、上颌窦穿刺、上颌窦手术、声带息肉摘除术、乳突手术、气管镜检查和气管切开术等常规手术和治疗。1953年门诊1 840人次。

20世纪70年代，科室陆续配备手术显微镜及电测听等专业设备，开展各类鼓室成形术，并与整复外科协作逐步开展耳鼻整形手术，包括全耳再造、外鼻整形等。80年代，科室陆续配置声阻抗测量仪、纤维喉镜等设备，加速开展耳鼻咽喉科常规手术。

1990年以后，在王泉良、汤君彦带领下，开展喉部分切除术、喉全切除术、上颌窦癌的上颌骨切除术、先天性耳道闭锁的听力重建与耳道成形术、下咽癌切除胃代食管术、咽旁隙肿瘤切除术、耳神经外科手术、功能性鼻内镜手术及鼻-颅底手术、侧颅底手术、视神经管减压手术、咽喉微创手术、鼾症手术等。开展以变应性鼻炎为主的慢性鼻炎临床研究工作。

随着业务水平的提高，科室对危急重症的处理能力及抢救成功率也有长足进步。1993年3月，在耳鼻喉科、内科、神外科通力协作下，经过5个多月治疗，成功抢救一名严重糖尿病高渗昏迷、鼻腔鼻窦霉菌感染，并发脑膜炎、脑脓肿、脑脊液鼻漏的患者。

1994年12月，医院成立耳鼻咽喉科研究室，王泉良任主任，进一步开展变应性鼻炎以及平衡相关疾病的研究。

2003年，王珮华、石润杰副主任充分依靠科内骨干力量，发扬团队精神，结合科室实际情况、医院的强项，以及国内、上海市耳鼻咽喉学科的发展情况，将"耳鼻功能与形态重建"作为大的临床和基础科研发展方向，在"耳鼻先天性和外伤性畸形"方面开展多项临床研究并逐渐形成特色。

2003年7月，在科室王珮华副主任（主持工作）、石润杰副主任以及前主任王泉良、汤君彦等人的积极努力下，"上海市耳鼻咽喉科专家咨询会诊中心"在医院挂牌。

2004年8月6日，医院激光美容中心主任陈锦安和耳鼻咽喉科副主任（主持工作）王珮华为"中国第一毛人"成功施行耳道整形术，解决患者的耳道被堵听力受损问题，帮助其恢复听力。

经过半个世纪的不懈耕耘，九院耳鼻喉科发展为由耳、鼻、咽喉和头颈外科3个亚专业组成，拥有多位资深专家、梯队比较完整，集医疗、教学和科研为一体的临床二级学科，是上海市住院医师规范化培训基地之一。2010年年门急诊工作量逾4万人次，手术数量则由20世纪90年代初的300余台增长至2010年的1 500余台。

【医疗特色】

外鼻畸形伴鼻功能障碍的功能与形态重建　鼻畸形伴鼻功能障碍疾病具有多变性和难治性。

科室数位医师拥有丰富的鼻整形手术经验和技巧,配合术前计算机辅助设计,术中应用各种自体和异体材料的充填修复,在鼻畸形伴鼻功能障碍的联合治疗方面,做到外形和功能的同步改善。

先天性小耳畸形伴外耳道闭锁的手术治疗 针对一些先天性小耳畸形患者还开展耳功能与形态同步重建方面的手术及研究工作,积累丰富的临床资料。可为3周岁的儿童施行外耳道成形术;6周岁的儿童可一期施行耳郭成形术+外耳道成形术,减轻患者多次手术的负担,取得良好的疗效。

耳鼻急诊创伤和组织缺损的Ⅰ期修复 鼻面部切口的精细缝合技术和应用各种皮瓣同期修复由外伤或肿瘤切除后遗留的组织缺损,尤其主张在条件允许的情况下进行Ⅰ期修复,在治疗患者疾病的同时最大限度地改善患者的心理创伤和容貌。因而耳鼻部创伤急诊量和患者数近年来快速增加。

耳鼻咽喉肿瘤切除后组织缺损的Ⅰ期修复 随着城市化进程的发展,耳鼻咽喉肿瘤的发病率不断增加,肿瘤切除后创面的缺损修复及功能重建直接关系到患者的生存期及生活质量。依托九院国家重点学科口腔颌面外科、整复外科优势,耳鼻咽喉科在致力于耳鼻咽喉肿瘤的外科治疗时,应用胸大肌皮瓣、股前外侧皮瓣、颏下岛状瓣、前臂皮瓣等对于肿瘤切除术后的缺损进行Ⅰ期修复,尽力提高患者的生活质量。

应用组织工程技术治疗萎缩性鼻炎 萎缩性鼻炎是耳鼻咽喉科的疑难杂症,疗效欠佳,严重影响患者生活质量。从组织工程的角度探索出新型的治疗方法,从患者体内抽取少量的骨髓干细胞,然后在体外培养,并经诱导向所需的组织细胞分化,当达到一定的数量并塑形后再回植到人体内,从而达到治疗与修复的目的。应用组织工程技术治疗30余例萎缩性鼻炎患者,克服以往手术的局限,取得良好效果。

鼻咽纤维血管瘤等头颈部血管性疾病的介入栓塞 鼻咽纤维血管瘤常因致死性的鼻出血成为本学科中的危重急症,长期以来外科手术一直以切除为主,但术中不可避免地出现大出血。近年来采用术前术中双重栓塞疗法合并手术切除肿瘤取得良好效果,大大降低手术的风险和创伤,所有患者都在没有输血的情况下就完成手术,最大的瘤体直径达8 cm(侵犯颅内)。

过敏性鼻炎的中西医结合治疗 开展过敏性鼻炎的综合治疗已有二十余年,遵循国际卫生组织制定的阶梯治疗原则,应用免疫治疗治本,辅以中西药物、激光、微波和雷火灸等对症治疗,逐渐形成多靶位、多方法、个性化的规范治疗特色。为患者提供个体化的治疗方案,已积累数千病例的丰富经验。

耳鼻咽喉科疾病的激光治疗 依托医院激光中心丰富的激光设备资源,在本学科开展针对耳鼻部小型肿瘤、各种鼻炎、鼾症等疾病的激光治疗。

三、教学

1965,口腔系迁入医院,成立耳鼻咽喉科教研组。徐渊、潘根长先后担任教研组负责人。沈洪山多次从医学院基础部借来各种教具模型,复制教学挂图,在口腔系本科、试点班、三年制学员的教学工作中起到很好的作用。

1994年,王泉良主任获得硕士生导师资格,耳鼻咽喉科成为硕士生培养点,先后培养4名硕士研究生。1995年,九院临床医学院成立,王泉良主任担任耳鼻咽喉科教研室主任,主要承担口腔医学院和九院临床医学院的教学任务。王珮华、石润杰、陈东等是科里的教学骨干。

2004年、2008年,石润杰、王珮华先后获得硕士生导师资格,开始招收硕士研究生。

四、科研

耳鼻喉科致力走临床和基础研究相结合的发展道路,形成良好的科研氛围,已获局级、院级科研基金资助及课题近十项。

1994年11月,耳鼻喉科医师郭毓卿的课题"前庭诱发电位记录技术研究"获国家卫生部科研立项资助。1994年12月,成立耳鼻喉科研究室,王泉良任研究室主任。2006年,上海第二医科大学成立"耳鼻咽喉科研究所",王珮华主任担任研究所副所长。下属的"耳鼻功能与形态重建研究室"挂靠医院,王珮华任研究室主任。2008年10月20日,上海交通大学医学院耳科学研究所授牌,王珮华任研究所副所长。

【学术任职】

王珮华曾任中国医师协会耳鼻咽喉科分会委员、常委,中国中西医结合耳鼻咽喉科分会委员,上海医学会耳鼻咽喉专业委会委员,上海医学会变态反应专委会委员,上海中医药学会耳鼻咽喉科分会委员。

【发表论著】

1991—2010年,耳鼻喉科发表论文93篇。毛承樾主编国内第一部儿科系《耳鼻喉科学》教材。王珮华副主编专著1部、参编专著多部,并担任《中国耳鼻咽喉头颈外科》等多本杂志编委。

五、荣誉

耳鼻喉科获评上海第二医科大学先进集体(1992年)。王瑞萍获评上海第二医学院"三八"红旗手(1978年)、上海市"三八"红旗手(1978年)。

图2-2-7 2010年王珮华(右四)主持病例讨论

第五节 整复外科

一、沿革

九院整复外科的前身是上海第二医学院附属广慈医院（今瑞金医院）的整形外科，由中国整形外科创始人之一的张涤生于1961年创立。1948年，张涤生被选派赴美学习整形外科学。1951年回国正逢抗美援朝，在长春建立战时"冻烧伤治疗中心"，救治志愿军伤病员。1958年在广慈医院参加抢救烧伤病员邱财康。这些工作是学科建立的基础。

建科时，科内有王德昭、杨增年、黄文义、王炜4名医生，隶属于广慈医院口腔外科病区，设床位26张，分颌面和躯干四肢泌尿2个专业组，王德昭和黄文义分别担任组长。后陆续有林熙（整形外科实验室）、卫连郡、丁祖鑫加入科室工作。

1966年5月，整形外科搬迁到上海第九人民医院，时有医师6名（后杨增年留在广慈，林熙去九院口腔系实验室）。因病房楼尚在建造中，科室借用老外科病区男女病房各1间，设20张床位。病房位于旧2号楼的2楼，手术室也在同一楼面。在这里，学科完成多例肢体创伤的修复。

1967年5月，外科病房大楼（今5号楼）建成，整形外科搬入新大楼3楼，刘宁珍任科室第一任护士长，时称组长。科室更名为"整复外科"，有固定床位40张，设有整复外科和手外科门急诊，收治部分早期烧伤、烧（创）伤后期整形、唇腭裂等先天性畸形修复，并有急诊手（四肢）创伤、断指再植等各类创伤修复。

由于床位有限加之医生紧缺，远不能满足社会的需求。1968年，利用当时的汽车间改为简易病房，设27张帆布床位，由卫莲郡分管。1969年前后，王德昭曾在大礼堂开设"6·26病房"。王炜协调用旧25号楼（伯特利时期的职员住宅楼）开设35张床位，设整复外科第二病区，从北京整形外科医院借调孙以鲁、黎冠瑜、宋秀英分管，关闭临时床位。1973年，整复外科共有床位80张。

1982年，由卫生部拨款建设的整复外科病房大楼建成并投入使用。科室扩展至4个病区，设164张病床和6间手术室。李维玉担任手术室护士长，龚中杰、鲁铮担任总护士长。大楼建成后，学科调整各楼层业务分工及人员分布，整复外科亚专业开始进入快速发展时期。4楼以烧伤整形为主，有卫莲郡、关文祥、金一涛、王恩远、符诗高、施耀明、钱云良、许礼根、曹惠萍等医师；5楼以四肢和躯干整形、显微外科修复与器官再造为主，并承担有关实验室研究工作，有王炜、黄文义、邹永华、徐春阳、陈守正、胡鸿泰、顾敬枚、王善良、陆正康、章云鹏、程开祥、蔡佩佩等医师；6楼以颌面外科和面部整形为主，有王德昭、丁祖鑫、冯胜之、周丽云、石重明、曹谊林、朱国献、胡群英等医师；7楼以美容整形为主，有赵平萍、刘根娣、朱昌等医师。以整复外科大楼为基地，来自全国各地的优秀医护人员和医学院优秀毕业生不断充实科室医护力量。1982年，整复外科设立外宾病房。

1984年，整复外科成为上海市第一批重点学科。1988年，成立上海市整复外科研究所。1995年，整复外科成为上海市医学领先专业。1996年，张涤生当选为中国工程院院士。1997年、2001年，整复外科分别获批国家"211"工程第一期和第二期重点学科。1999年、2005年，整复外科2次获得"973"项目，曹谊林任首席科学家。2002年，整复外科成为上海市修复重建外科临床医学中心和上海市医疗美容质量控制中心。2003年,王炜被聘为医院终身教授。

2007年,整复外科搬迁至新建的口腔与整复大楼(1号楼),6楼为整外门诊区域,设门诊手术室16间;10楼是整外手术室;16至18楼为普通病区,设164张床;19楼为整外研究所,21楼为特需病区。2008年,开设整外特需门诊。

至2010年,整复外科拥有临床医师75人,病床164张;设4个病区、4个门诊分部、1个上海市重点实验室。2010年,年门诊139 604人次,门诊手术43 044人次,住院5 157人次,病房手术3 974例次。

表2-2-13　1961—2010年整复(整形)外科历任正、副主任情况表

任职时间	主　任	任职时间	副主任
1961—1987	张涤生	1978—1987	王德昭
1987—1991	关文祥	1979—1987	关文祥
1991—1994	王　炜	1984—1990	王　炜
1997—2000	钱云良(兼)	1984—1993	金一涛
2000—2008	曹谊林	1987—1990	黄文义
2008—	李青峰	1987—1997	朱　昌
		1994—1996	杨　川(主持工作)
		1994—1997	钱云良
		1996—2008	孙宝珊
		1997—2000	范志宏
		1997—2008	李青峰
		1997—	董佳生
		2000—2008	钱云良
		2008—	祁佐良　张如鸿　张余光

说明:1966年5月之前科室在广慈医院(今瑞金医院)。

表2-2-14　1988—2010年上海市整复外科研究所历任所长情况表

任职时间	名誉所长	任职时间	所　长	任职时间	副所长
1999—2015	张涤生	1988—1999	张涤生	1988—1999	关文祥　王　炜
		1999—	曹谊林	1999—2002	商庆新
				2002—	刘　伟

图 2-2-8　1982 年 3 月整复外科大楼建成时科室合影。前排左九为张涤生

二、医疗

【业务发展】

1961—1966 年,科室在广慈医院初创时期,临床医疗以颌面整形和唇腭裂畸形修复为主要业务,并有部分肢体、阴部、淋巴水肿的患者诊治,以及烧伤和各类创伤畸形修复。修复手段主要是畸形矫正、皮片移植、带蒂皮瓣和皮管移植,手术繁杂,治疗周期长,修复效果不尽理想。这也是当时国际整形外科界的普遍状况。

1962 年起,开展隆鼻及除皱等美容外科手术,只用于文艺工作者等特殊专业人员。1963 年,陈中伟断肢再植成功后,上海成立"显微外科研究协作组",陈中伟、张涤生任组长,王炜、丁祖鑫作为副组长参加协作组。

1964 年,张涤生带领科室进行显微外科组织移植研究,王炜、林熙、王德昭、丁祖鑫等苦练显微手术技术,半年后家犬游离腹股沟皮瓣再植和移植取得成功。1965 年,此项工作在《中华外科杂志》被报道,成为世界上最早实验性皮瓣移植成功的报道之一。

1966 年 5 月,科室迁入九院,不久"文化大革命"开始,对科室发展造成极大冲击,但科室医务人员仍兢兢业业坚持为患者服务。20 世纪 70 年代,黄文义研发的"一见喜"油纱布、氯霉素冲洗液一直沿用至今。丁祖鑫主持显微外科急诊创伤修复,卫连郡创立面部和手部烧伤后整形多种术式及围手术处理方式。科室在烧伤早期处理及唇腭裂修复、泌尿生殖器畸形修复方面逐渐形成系统的经验。全国各地患者纷纷慕名来九院整复外科就医。

【医疗特色】

整复外科自建立以来,在重大创伤救治、体表器官再造、神经肌肉功能重建以及先天畸形诊治等多方面作出重要创新,创立的众多术式已成为国际公认的经典术式。至2010年,整复外科设有显微创伤整复、颅颌面外科、烧伤瘢痕整形再造、手外科、淋巴水肿、血管瘤与畸形、外生殖器整形再造、面瘫整形修复等21个亚专业,诊治量居国际同行前列。

淋巴水肿专业 1964年,尚在广慈医院的张涤生从泉州同行报道用木炭"烘烤治疗肢体淋巴水肿"得到启发,亲自设计并请协作厂制作"淋巴水肿电热治疗机",开始淋巴水肿综合疗法的探索。该法治疗肢体淋巴水肿百分百有效,包括治疗后淋巴水肿的肢体获得不同程度的周径缩小、淋巴漏不同程度改善,及间隙发作的肢体"丹毒"(淋巴管炎)次数减少、发作程度减轻等。1966年后,张涤生还曾探索微波治疗。1973年,王炜代表科室撰写"烘绑治疗肢体淋巴水肿500例",在中央卫生部第一届中西医结合学术交流会上报告。1985年,张涤生在泰国的第二届亚洲整形外科学术会议上作"1 045例象皮肿烘绑疗法"的报告,被评为大会最佳论文。20世纪60年代以来,先后有黄文义、徐碧云、干季良、李圣利等医生接力,致力于该专业的发展。2002年后,由刘宁飞主持,建立淋巴水肿实验室,逐步形成完整的淋巴水肿基础研究和临床综合治疗体系,是国内唯一的淋巴水肿治疗中心,也是国际上少有的几个中心之一。

刘宁飞创建运用磁共振淋巴管造影诊断淋巴循环障碍疾病的方法,建立淋巴循环障碍的形态和功能影像诊断标准,临床应用已超过3 000例,成为常规检查手段,并推广到国内外多家医院。这项技术被编入国际淋巴学会和国际血管联盟制定的《淋巴水肿诊断共识》中。2009年,刘宁飞开发出具有自主知识产权的新药"淋巴方",成为国内第一个治疗淋巴水肿的方剂,改变淋巴水肿无药可用的局面。"淋巴方"治疗的有效率达到80%以上。同时结合淋巴管畸形的硬化治疗和显微外科修复、远红外烘绑等技术对四肢及阴囊淋巴水肿、淋巴漏、淋巴管瘤及Kippel-Trenaunay综合征等开展综合治疗。

显微重建外科 1964年,科室率先开展和推广显微外科技术,将皮瓣带蒂移植演进为显微游离移植。20世纪80年代发起创立我国修复重建外科学会与《中国修复重建外科杂志》。显微外科技术的开展运用,使整复外科的组织修复能力得到提升,在实践中取得一系列成果。1965年,学科为登上珠穆朗玛峰的英雄们成功地完成鼻、手冻伤的整复治疗,发表鼻(尖)整形新经验论文。1973年,张涤生、王炜等在临床上取得第二足趾移植拇指再造成功。1974年,第一例腹股沟游离皮瓣移植成功。1975年,第一例足背岛状皮瓣移植成功。1977年,取得多种游离肠段移植再造食管成功,并陆续创造游离空肠移植食管再造、游离空肠襻移植食管再造、近端空肠带蒂、远端血管吻合移植颈胸段食管再造等术式,积累游离空肠移植食管再造并发症的预防和处理,以及各类肠移植食管再造围手术处理经验,为食管烧伤和食管癌治疗及再造开辟新途径。同年,扩大第二足趾移植获得成功,开创手部复合创伤治疗的新起点。同年游离大网膜移植修复头皮缺失取得成功。

1979年,学科创造游离颞浅筋膜移植加植皮治疗烧伤爪形手成功。经尸体解剖研究,创造携带腓浅神经和血管的跖趾关节游离移植,防止移植关节术后萎缩性病变,用于颞颌关节再造和掌指关节再造。20世纪70年代后期,先后取得前臂皮瓣游离移植成功、创造前臂逆行岛状皮瓣移植成功、前臂皮瓣游离移植鼻再造成功、异体大网膜游离移植实验获得成功。1983年初,张涤生创新应用显微前臂游离皮瓣移植再造阴茎外重建尿道获得成功。该方案将前臂皮瓣分成三个部分:一部分内卷形成尿道;一部分去除上皮组织,形成创面;大部分皮瓣向中央部卷成阴茎体。这是国际上第一例报道,受到国际同行广泛赞扬,称为"张氏阴茎再造手术"(Chang's Phalloplasty)。后写成7例报道,发表于美国《整形与重建外科杂志》(1984)。1986年"应用显微外科技术一次完成阴茎再造"获上海市科技进步奖三等奖。程开祥在此基础上改进,将阴茎残端部分剩余组织移植于人工阴茎末端,并做感觉神经吻合,获得进一步的外形改善和感觉恢复。论文发表后,被国际上称为"程氏手术"。同年,利用小腿内侧游离皮瓣修复6例手足部位组织缺损病例获得成功。这在国内外显微外科领域属首创。

1984年,整复外科举办中澳显微外科训练班,标志着科室在显微领域的学术造诣得到业内公认。1989年曹谊林采用显微外科技术取得国内首例撕脱头皮回植成功。1989年,王炜等运用超长神经血管的肌瓣跨面移植治疗晚期面神经瘫痪、腹内斜肌移植治疗面瘫获得成功。

1996年,张涤生从报纸上得知一小女孩的心脏突出胸腔外。张院士设法联系到患儿父母,安排多学科医师会诊,共同制定手术方案。4月2日张涤生、钱云良、戴尅戎和唐思聪等联合为患儿手术,历时6小时获得成功。这是国内首例胸骨裂手术取得成功,被国内外媒体广泛报道。

改革开放以后,学科在脸面再造、鼻再造、耳再造、乳房再造、阴茎再造等体表器官重建工作上取得系列成果,在国内形成广泛的声誉,达到国际领先水平。具体有:阴茎再造(PRS,1984年,1995年,1997年,程开祥等);脸面再造(Microsurg,2008年,李青峰等);乳房再造(PRS,2009年,董佳生等);耳再造(PRS,2009年,张如鸿等);额部劈裂皮瓣全鼻再造(PRS,2010年,李青峰等),先后获得上海市科技进步奖一、二等奖,中华医学科技进步奖一、二等奖。

颅面外科　1976年,张涤生在神经外科和麻醉科的协助下,为东北女孩金凤成功实施"眶距增宽矫正术",是我国首例此类手术,使我国成为继法、美、澳之后第四个能开展颅面外科手术的国家。1984年,张涤生运用人体足趾关节移植再造颞颌关节,治疗牙关紧闭症获得成功,使1位牙关紧闭20年的患者重新张口自如。同年,科室和澳大利亚阿德莱德儿童医院颅面外科治疗中心联手开展"中澳颅面外科学术交流计划",开展广泛的合作和交流。1987年,我国首例先天性面部腮弓畸形矫正术在学科获得成功。1994年,"严重颅颌面畸形的外科治疗研究"获上海市科技进步奖一等奖(张涤生等),1995年获国家科技进步奖三等奖(张涤生等),相关论文发表于国际著名杂志 J Craniofac Surg(1995)上。1999年,颅面外科学项目获卫生部科技进步奖二等奖(张涤生等),同年出版国内第一本颅面外科专著《颅面外科学》。2010年,正式成立"上海交通大学医学院颅面外科中心"。颅面外科在各类严重先天性颅面畸形的整复、颅面畸形的牵引成骨治疗、颅面肿瘤及其继发畸形的综合修复、计算机辅助的颅面部手术设计与个性化植入体的临床应用和颅面轮廓整形美容方面,形成学科特色与优势。至2010年,科室已完成4 000余例各类颅面畸形的治疗,是国内唯一的颅面外科中心。

烧伤整复外科　自1966年迁入九院后,科室收治大量的烧伤瘢痕患者。至2010年,科室已完成10余万例瘢痕治疗,开展多项瘢痕治疗新技术,并在实验研究上,率先开展瘢痕的细胞与分子生物学研究。在瘢痕疙瘩综合治疗方面,建立有效的治疗体系,其复发率远低于文献报道,治愈率显著提高,治疗方法在 Plastic and Reconstructive Surgery 和《中华整形外科杂志》发表。经过长期的治疗,瘢痕疙瘩基本达到痊愈。该治疗方案经过近十年和数千例患者的临床实践,已经成为瘢痕疙瘩的常规治疗手段,并推广至全国。至2010年,瘢痕疙瘩患者非上海地区病例占80%以上,科室已经成为国内最主要的瘢痕疙瘩诊疗中心之一。

美容外科　科室自20世纪60年代起开展美容外科手术。1985年初,举办全国首个美容外科进修班。1988年,张涤生主编出版国内第一部《实用美容外科学》。1997—2010年,内窥镜年轻化治疗、腹壁整形以及乳房整形与世界领先水平同步发展,获得良好效果。科室在皮肤医学美容、激光美容、微创美容等方面具有丰富临床经验，具有综合性诊疗特色。常规开展的美容项目包括眼睑整形、内外眦整形、眉部和眼窝整形、鼻部再造与整形、耳部整形、唇腭部整形、颊部整形、面部轮廓整形、面部皮肤提紧除皱术、注射美容术、瘢痕修整术、乳房与腋胸部整形、脂肪抽吸及体型塑形、颗粒脂肪填充术、注射异物取出、生殖整形、体表肿物切除整形。

手外科 1976年，提出并建立扩大的第二足趾移植拇指再造的手术方法，为拇手指再造的创新术式，被英国教科书收录。2010年，手外科逐步发育成形，在拇指旋转撕脱离断伤、一期骺板下截骨治疗多指畸形、拇（手）指再造、肌腱损伤修复等方面都获得长足进展。1983—2009年在权威杂志 *J Hand Surg* 上发表多篇论著。

图2-2-9 20世纪90年代科室病例讨论。坐者左起：钱云良、关文祥、张涤生、王炜、王善良；站立者左起：范志红、李青峰

血管瘤与血管畸形 1992年末，林晓曦在导师指导下，开始对血管瘤和血管畸形诊疗的研究。从早期的葡萄酒色斑光动力学治疗，到1995年开始介入栓塞治疗，再到1996年开展选择性激光治疗，逐渐形成从激光、介入、药物和外科手术相结合的系统治疗方案。1998年获得启明星计划等课题支持，开始血清血管瘤标志物等研究，并启动在血管瘤和脉管畸形发病机制方面的系列研究。

2004年，开始构建学科亚专业团队，开设专科病房，应用显微重建技术、颅颌面技术、介入技术、激光技术、美容外科技术及多种专病治疗技术，形成对各类血管瘤和血管畸形患者的个性化、序列化治疗，其中在血管内高选择性治疗和光动力学治疗效果达到国际先进水平，在主要血管畸形亚型上实现并超越国外报道的多学科合作模式的治疗效果。至2010年，团队共诊治血管瘤和脉管畸形病例近4万人次，会诊病例覆盖全国各省市，非上海地区病例占89%，成为国内最主要的血管瘤和脉管畸形诊疗中心之一，并以第一完成人获得教育部科技进步奖一等奖等6项省部级科技奖。

图 2-2-10　20 世纪 90 年代整复外科骨干团队

表 2-2-15　2010 年整复外科专业组设置及组长任职情况表

专业组名称	专业组长
显微重建——眼眶及烧伤瘢痕整形	张余光
显微重建——烧伤瘢痕整形	章一新
显微重建——小儿整形	王丹茹
显微重建——乳房重建	董佳生
显微重建——头颈重建	顾　斌
显微重建——淋巴外科、鼻整形、脂肪整形	李圣利
显微重建——头颈重建、鼻整形	刘　凯
显微重建——生殖泌尿整形重建	刘　阳
显微重建——面瘫整复	王　炜
烧伤瘢痕——体表肿瘤与上睑下垂	杨　军
手外科	王　斌
美容外科	余　力
足整形	祝　联
颅面外科	韦　敏
耳畸形整形与重建	张如鸿
血管瘤与脉管畸形科	林晓曦
瘢痕综合	刘　伟

(续表)

专业组名称	专业组长
淋巴专科——手法引流、药物治疗	刘宁飞
毛发移植	刘 清
激光美容	王 娟
整形康复	孙宝珊

表 2-2-16 2010 年整复外科各病区、门诊部收治病种情况表

病 区	主要收治病种	地 点
整一病区	瘢痕整形、显微外科、眼眶整形、体表肿瘤、上睑下垂	1号楼16层
整二病区	瘢痕整形、显微重建(乳房、泌尿)、手外科、淋巴外科、脂肪整形	1号楼17层
整三病区	颅颌面、血管瘤与血管畸形、面瘫修复、耳整形与再造	1号楼18层
整四病区	美容外科、乳房整形、唇腭裂整形	1号楼21层
整外门诊	美容外科、瘢痕综合、激光整形、淋巴综合、康复治疗	1号楼6层
浦东分院	各类整形美容手术	
虹梅路门诊、大沽路门诊、周浦分院	各类整形美容手术	各门诊部

三、教学

1984 年 9 月 15 日,上海第二医学院(以下简称"二医")批复同意成立医学院直属整复外科教研室。教学任务面向医学院,可承担各专业外科学中整复外科教学任务,也可以开设选修课,安排一部分实习生选科实习。同年,上海市高教局批准整复外科为市地方高等院校重点学科(专业)。

1995 年,九院临床医学院成立,张涤生任整复外科教研室首任主任。作为上海第二医科大学直属教研室,是全国唯一的对临床医学本科生和研究生进行系统整复外科学教学的基地。至 2010 年,教研室有教师 54 人,其中博士生导师 15 人、硕士生导师 17 人,师资力量雄厚,专业特色鲜明。教研室主任为李青峰,副主任张如鸿。

整复外科创始人张涤生历来重视学科建设、人才培养。建科初期,以自编教材为主,教育培养年轻医生。1979 年,张涤生担任主编,组织整复外科全科学术力量,编写国内整复外科第一本系统专业参考书——《张涤生整复外科学》,该书于 2002 年修订后出版第二版。1985 年,张涤生出版《显微修复外科学》,1997 年出版《颅面外科学》。1999 年,王炜主编的《整形外科学》出版,是国内篇幅最大的整形外科专业参考书。王炜后又主编《整形美容外科学全书》等专业参考书。这些专业参考书成为各个阶段临床医师实践的指导用书。2004 年,整复外科参加全国高等医药院校七年制和八年制规划教材《外科学》的编写。关文祥主编《英汉对照基础整形外科学》,王炜主编《鼻整形美容外

科学》《手部先天性畸形》等。2004年曹谊林主译《面部整形与重建外科》（第二版），2005年参编教材《外科学》。

表2-2-17 1995—2010年整复外科历任教研室正、副主任情况表

任职时间	主任	任职时间	副主任
1995—2001	张涤生	1995—2001	范志宏
2001—2007	钱云良	2001—2005	穆雄铮
2008—	李青峰	2005—2007	张余光
		2008—	张如鸿

【学历教育】

整复外科教研室承担上海交通大学医学院本科生，硕士、博士研究生的培养，以及全国整形外科专科医师的培训教学任务。开设的教学课程包括理论课程和见习课程。上海第二医学院英文班的整复外科课程由关文祥独自担任。关文祥编写中英文对照教材，供学生使用，并于1991年由上海科学技术文献出版社正式出版。2003年，开始尝试双语教学，七年制课程的一半更新为英语教学，并编制英语教材。为适应整复外科七年制学生教学，整复外科教研室设立两段制导师制度，为第四、五年学生配备专门的指导老师，进行临床工作和科研工作的指导。2008年起，九院临床医学院五年制本科生开设"医学科研设计和论文写作选修课"，旨在提升本科生的科研能力，刘伟担任课程负责老师，主讲大部分课程内容。

2010年，教研室共有博士生导师16人，硕士生导师33人。2010年共毕业研究生19人，其中博士12人（包括八年制1人、同等学力2人），硕士7人（包括七年制2人、留学生1人）。2010年共招生研究生26人，其中博士6人，硕士20人（七年制5人），安排教学讲课70学时。

【继续教育】

科室设主管教学的行政副主任，负责对住院医师培训及考核工作进行全程监督，定期抽查督导，参与培训质量评估；病区带教指导协助亚专业组，全面负责住院医师在基地学习，负责理论、临床操作的考试。通过系统的整形外科基本论理论和专科知识学习，严谨的临床手术带教，使学员掌握整形外科的基本诊治能力，达到外科学专业（整形外科）住院医师的标准。

1973年，科室受卫生部委托开办全国整形外科学习班、显微外科修班，累计培养学员300余名。历年来，整复外科接收大量来自全国各地的进修医师，以及境外和国外的进修医师。2010年，全年共培养进修医生71人，其中一年期进修医生38人、3个月期进修医生33人，并培养1名来自中国澳门地区的进修医生（半年期）。学科为保证进修医生的进修质量，除常规临床带教外，2010年全年共安排理论授课96学时。

1984年科室举办中澳显微外科训练班，标志着上海九院整复外科在显微领域的学术造诣在业内得到公认。从2005年开始，学科每年举办显微外科技术培训班，年招收学员35人，至2010年共培养显微外科技术人才200余人。

进入21世纪以来，科室积极举办继续教育学习班，招收来自全国各地的同行学习推广新技术、新理论，推动学术发展。

表2-2-18 2002—2010年整复外科举办的继续医学教育学习班情况表

时　　间	学　习　班　名　称	参加人数
2002.8.25—31	颅眶畸形的整复	32
2002.8.25—31	体表和腔穴大块组织缺损的显微外科修复	32
2003.9.22—30	颅眶畸形的整复	30
2004.10.11—24	体表器官和大块组织缺损的显微外科治疗	26
2004.10.11—24	颅眶部形态与功能的临床研究	26
2004.10.11—24	电击伤手功能重建	26
2004.10.11—24	创伤手功能康复	26
2005.9.15—22	电击伤手功能重建	29
2006.9.14—21	鼻亚结构组织缺损畸形的显微修复	31
2006.9.14—21	电击伤手功能重建暨手功能康复	31
2006.11.23—25	计算机辅助设计在颜面部整形中的应用	99
2006.11.23—25	面部和体型轮廓雕塑及其相关内窥镜微创技术	99
2007.4.17—19	计算机辅助设计在颜面部整形中的应用	137
2007.4.17—19	面部和体型轮廓雕塑及其相关内窥镜微创技术	137
2007.9.12—19	鼻亚结构组织缺损畸形的显微修复	33
2007.9.12—19	电击伤手功能重建暨手功能康复	33
2008.9.10—17	电击伤手功能重建暨手功能康复	27
2008.9.10—17	毛发移植技术进展	27
2008.9.10—17	血管瘤和血管畸形的基础研究及整形治疗	27
2008.9.10—17	鼻亚结构缺损及周边组织畸形的联合显微修复	27
2008.9.10—17	耳畸形及耳整复术学习班	27
2009.9.9—16	鼻缺损的修复与再造	40
2009.9.9—16	乳房整形及其相关内窥镜微创技术	40
2009.9.9—16	创伤后手功能康复的理论与临床进展	40
2009.9.9—16	血管瘤和血管畸形的基础研究及整形治疗	40
2010.9.8—15	鼻缺损的修复与再造	39
2010.9.8—15	乳房整形及其相关内窥镜微创技术	39
2010.9.8—15	计算机辅助颜面整形与三维设计	39
2010.9.8—15	血管瘤和血管畸形的基础研究及整形治疗	39
2010.9.6—19	组织修复、器官再造的新技术和新理念——穿支皮瓣	22

【教学成果】

作为整形外科专业最大的学历教育和继续教育专业基地，整复外科相关教学工作获得医学院好评,多次获得医学院级精品课程称号,九院临床医学院、上海医药医学教育奖、中国教师发展基金会立项培养的学生获得大学生创新性实验奖、圣约翰文霞奖学金、贺利氏古莎助学金以及上海市优秀论文等。

四、科研

学科的研究工作始于广慈医院初创时期。1963年起,开始显微再造外科方面的研究。1964年,开展显微外科皮瓣移植研究,同期研制"象皮肿烘疗机"。1965年,犬腹股沟皮瓣游离移植和再植研究取得成功,相关论文在《中华外科杂志》刊登。该研究成果当时属于世界领先,是整复外科显微外科发展的起点。

20世纪70年代,整复外科进行上睑板缺损修复改进的科研。1975年,学科深感大协作才能大发展,建议和起草制订研究计划,成立上海第二医学院显微外科协作研究组,由张涤生任组长,成员由吴晋宝(二医解剖教研室)、陶景淳(瑞金手外科)、胡清谭(新华骨科)、王惠生(仁济骨科)和王炜组成。经医学院批准,协作组南下广州、武汉巡回医疗,张涤生和王炜等参加多家医院的显微外科会诊和手术。1976年,进行尸体解剖,取得选择移植肠段最佳供、受区血管解剖的认识,在此基础上游离肠段移植动物实验取得成功。1977年,率先开展眶距增宽症研究及临床手术。1982年,张涤生赴美参加美国整形外科医师年会,获Maliniac Lecture Excellent Honor Esteem奖。1983年,报告前臂游离皮瓣移植阴茎再造科研及临床成果。80年代初,将黑布膏改剂型为瘢痕软化膏,并广泛对外推广。1987年,张涤生担任卫生部科学委员会委员。

1988年12月,经上海市卫生局批复,同意在医院成立上海市整复外科研究所,是国内最早从事整复外科基础研究的研究单位。研究所所长为张涤生,关文祥、王炜任副所长。下设显微外科实验室、颅面外科实验室、瘢痕实验室、淋巴医学等实验室。研究所依托整复外科强大的临床支持,将基础研究与临床应用密切结合,结出丰硕的科研成果:早期的游离空肠移植再造食道,趾关节移植治疗颞颌关节强直,中西医结合独创烘绑疗法治疗慢性肢体淋巴水肿,以及国内首例眶距增宽症的手术治疗等,均达到国内乃至国际先进水平。

1995年,科室成为上海市医学领先专业,王炜为学科带头人。1998年,学科获批为"211"工程重点学科(一期)外科学(整复外科学),项目负责人曹谊林、张涤生。1999年,整复外科获得首个"973"项目"组织工程的基本科学问题",曹谊林任首席科学家。同年,曹谊林获得整复外科首个科技部"863"项目"组织工程技术修复关节软骨缺损的实验研究"。2000年,学科获得上海市教委"重中之重"项目资助,课题负责人曹谊林。2002年,学科获批为"211"工程重点学科(二期)整复外科(含组织工程),项目负责人为曹谊林、张涤生。"211"项目的资助为科室的临床和基础研究提供良好的发展机遇。2005年,整复外科获得第二个"973"项目"组织工程的重要基础科学问题",曹谊林任首席科学家。

1999年,曹谊林任整复外科研究所所长,商庆新任副所长,2002年起,刘伟担任副所长。随着年轻一代的成长,研究规模和范围不断扩大,新建立细胞、分子生物学、干细胞等研究平台,成立颅面外科三维数字研究中心和组织工程研究中心,在国内外颇具影响。目标是与整复外科临床有机结合,在组织与器官的构建上,为整复外科的可持续发展增添动力。2010年曹谊林荣获Maliniac Lecture Excellent Honor Esteem奖。

2010年12月4日,学科主任李青峰为整合有限资源,防止研究领域低水平的重复和科研资源的浪费,培养多层次高水平的整形外科专业队伍,将研究成果普及到各级医疗机构,组织全国18家单位共同组建整形外科全国多中心研究平台并开展部分合作研究。这也是我国第一个全国性整形外科多中心合作研究平台。

【科研成果】

1961年,整形外科在广慈医院建科之初,以烧伤整形、淋巴水肿、显微重建和美容外科等为主要专业方向。1973年,学科在九院成功施行国内第一例颅面外科手术,至此学科拥有显微重建、颅面外科、淋巴水肿、烧伤整形和美容外科等五大专业特色。至2010年,随着血管瘤与血管畸形专业以及手外科的发展,学科七大专科群初具规模,并获得一系列科研成果。

1963年在广慈医院,学科开展显微外科研究,期间陆续发表晚期烧伤爪形手的治疗、鼻尖缺损修复的新方法、严重冻伤畸形及人造皮肤等论文。1965年报道了大块综合组织瓣游离再植和移植成功的实验性研究,为中国显微外科皮瓣移植成功的最早报道之一。1979年、1985年、1999年等年份,学科在显微重建外科上多次获国家发明奖、卫生部科技进步奖、国家教委科技进步奖等奖项。

1964年,在广慈医院期间,张涤生借鉴中国传统医学,创建了烘绑疗法治疗肢体淋巴水肿,一直沿用至今,为学科获得系列奖项。颅面外科在1994年获得上海市科技进步奖一等奖,1999年获得卫生部科技进步奖二等奖等。

2000年,学科在组织工程上的研究成果获得上海市科技进步奖二等奖,2004年、2005年连续两年获得上海市科技进步奖一等奖,并于2008年获得国家发明二等奖。

1961—2010年,学科发表论文1 200余篇,获得国家级、卫生部以及上海市各级科研项目300余项,获经费1.2亿元,并获得包括国家发明奖、科技进步奖,卫生部成果奖及上海市科技进步奖在内各级奖项近70项。在显微重建、淋巴水肿诊治方法、皮肤的牵张再生、血管瘤标志物检测、颅面三维数字模拟等领域,取得系列原创性成果。

表2-2-19　1991—2010年整复外科承担的重要科研课题情况表

年　份	项　目　名　称	来　　源	第一负责人
1991	断层分叶节段肌瓣移植一期治疗晚期面瘫	卫生部	王　炜
1992	瘢痕增生机制——细胞生长因子调控作用的实验研究	国家自然青年基金	商庆新
1993	扩张皮肤回缩机制的实验研究	国家自然科学基金	范志宏
1993	细胞免疫紊乱与淋巴丝虫病的因果关系及其调控的实验研究	国家自然科学基金	干季良
1994	多神经血管蒂的腹内斜肌瓣移植治疗晚期面瘫的研究	卫生部	王　炜
1994	淋巴结移植治疗肢体淋巴水肿的实验和临床研究	卫生部	蔡仁祥
1995	成纤维细胞收缩系统与瘢痕挛缩机制的实验研究	国家自然科学基金	钱云良
1996	反义寡核苷酸控制扩张皮肤挛缩的实验研究	卫生部	范志宏
1996	小肌肉移植重建电击伤手功能的应用研究	卫生部	李青峰

(续表)

年份	项目名称	来源	第一负责人
1997	瘢痕疙瘩成纤维细胞胶原基因和生长因子受体的实验研究	国家自然科学基金	商庆新
1997	组织工程化软骨组织的细胞与动物实验研究	卫生部	曹谊林
1998	组织工程技术的基础和应用研究	国家杰出青年科学基金	曹谊林
1998	自体组织工程化软骨预制和软骨细胞老化的动物实验	国家自然科学基金主任专项	曹谊林
1998	组织工程技术修复器官软骨缺损的实验研究	国家自然科学基金	曹谊林
1998	颅眶截骨扩张技术的设计、临床应用及基础研究	卫生部	穆雄铮
1999	组织工程基本科学问题	科技部"973"项目	曹谊林
1999	组织工程技术修复关节软骨缺损的基础和临床应用研究	科技部"863"项目	曹谊林
2000	神经再生条件液中神经生长调节因子的研究	国家自然科学基金	李青峰
2000	瘢痕组织中整合素基因表达的实验研究	国家自然科学基金	范志宏
2000	胚胎干细胞的培养、诱导分化及鉴定	教育部	曹谊林
2000	电击伤神经、肌肉的电生理学分类与功能重建	教育部	李青峰
2001	组织工程的基本科学问题	科技部"973"项目	曹谊林
2001	组织工程技术的基础和应用研究	国家杰出青年科学基金	曹谊林
2001	诱导同种异体组织工程软骨特异免疫耐受的实验研究	国家自然科学基金	曹谊林
2001	基因修饰雪旺氏细胞修复周围神经的实验研究	国家教育部回国人员基金	李青峰
2001	组织工程增生性瘢痕的基因治疗	国家教育部回国人员基金	刘伟
2002	皮肤成纤维细胞体外构建肌腱组织的相关技术和产品开发	科技部"863"项目	刘伟
2002	组织工程化软骨构建的相关技术研究和产品开发	科技部"863"项目	周广东
2004	确定一新的神经生长因子的研究	国家自然科学基金	李青峰
2004	缺氧与婴幼儿血管瘤增生机制的关系	国家自然科学基金青年基金	林晓曦
2004	可溶性转化生长因子β受体基因治疗皮肤瘢痕的实验研究	国家自然科学基金	刘伟
2004	TLP调控成纤维细胞内TGF-β1/Smad3信号转导通路及瘢痕形成的实验研究	国家自然科学基金青年基金	王丹茹
2004	同种异体全脸面移植的研究	教育部	李青峰
2005	组织工程学重要基础科学问题研究	科技部"973"项目	曹谊林
2005	组织工程技术体外构建腱鞘缺损的动物实验研究	国家自然科学基金	曹德君

(续表)

年份	项目名称	来源	第一负责人
2005	利用胚胎干细胞体外构建组织工程化血管	国家自然科学基金	张文杰
2005	人胚胎干细胞体外构建血管、软骨和骨的实验研究	教育部留学回国人员基金	张文杰
2006	共培养诱导人胚胎干细胞向软骨细胞分化作用与机制	国家自然科学基金	张文杰
2006	诱导表皮干细胞重建汗腺的实验研究	国家自然科学基金	曹谊林
2006	同种异体脂肪干细胞组织工程骨修复颅骨缺损及免疫调控机制	国家自然科学基金	崔磊
2007	重大危害性高发性创伤所致严重畸形的治疗研究	科技部卫生行业基金	李青峰
2007	预构皮瓣治疗性血管生成的研究	国家自然科学基金重点项目	李青峰
2007	炎症与淋巴管再生：Angiopoitein-2 的调控作用	国家自然科学基金	刘宁飞
2007	脂肪干细胞软骨潜能亚群的特异性分子标志	国家自然科学基金	周广东
2007	重编程脂肪干细胞构建人工皮肤的实验研究	国家自然科学基金	张群
2007	定制型全功能组织工程下颌支的在体构建及缺损修复的实验研究	国家自然科学基金	韩冬
2008	阻断转化生长因子β效应联合干细胞移植促进伤口皮肤再生	国家自然科学基金面上项目	刘伟
2008	抑制组织工程软骨血管化的研究	国家自然科学基金面上项目	刘凯
2008	FGF2/ERK 通路和 TGF-β1/Smad 通路相互作用在颅缝早闭中的机制	国家自然科学基金面上项目	韦敏
2008	人真皮多潜能成纤维细胞向胰岛素分泌细胞分化的体外及体内研究	国家自然科学基金青年基金	陈付国
2008	生长分化因子-9 在瘢痕疙瘩增生和侵袭中的作用及机制	国家自然科学基金青年基金	高振
2008	复合软组织皮瓣治疗性淋巴管生成治疗阻塞性淋巴水肿的实验研究	国家自然科学基金青年基金	蒋朝华
2008	血管瘤和血管畸形的早期监控和优化治疗	卫生部行业基金	林晓曦
2008	血管瘤和血管畸形的基础及临床研究	教育部新世纪优秀人才计划	林晓曦
2009	应用去铁胺治疗预购皮瓣部分缺血的应用基础研究	国家自然科学基金杰青项目	李青峰
2009	同种异体软骨细胞与自体 BMSCs 共培养构建组织工程化软骨	国家自然科学基金面上项目	刘天一
2009	骨髓源干细胞参与周围神经再生的实验研究	国家自然科学基金面上项目	祁佐良
2009	骨髓基质干细胞体外构建耳郭形态软骨	国家自然科学基金面上项目	周广东

（续表）

年份	项目名称	来源	第一负责人
2009	成软骨横向分化真皮成纤维细胞修复犬半月板缺损及横向分化细胞体内转归的研究	国家自然科学基金面上项目	崔 磊
2009	应用细胞抽提物重编程皮肤成纤维细胞转变为软骨细胞的研究	国家自然科学基金青年基金	谢 峰
2009	真皮干细胞中成骨亚群细胞的纯化研究	国家自然科学基金面上项目	祝 联
2009	应用脂肪源性干细胞构建小口径组织工程血管的关键技术研究与产品开发	科技部"863"项目	崔 磊
2010	光动力疗法预防病理性瘢痕增生的实验研究	国家自然科学基金面上项目	李 伟
2010	构建及筛选治疗性新型透瘢痕纳米级药物载体	国家自然科学基金面上项目	章一新
2010	婴幼儿血管瘤血清标志物的寻找、鉴定及临床应用研究	国家自然科学基金面上项目	林晓曦
2010	重编程人脂肪干细胞向表皮细胞分化与机制的研究	国家自然科学基金面上项目	张 群
2010	细胞形态和力学刺激在皮肤成纤维细胞向肌腱细胞转分化中的作用及分子机制研究	国家自然科学基金面上项目	刘 伟
2010	共培养技术构建人耳郭形态软骨的体外及大动物体内研究	国家自然科学基金青年基金	刘 豫
2010	重编程人毛囊干细胞仿生构建小口径人造血管的实验研究	国家自然科学基金青年基金	许志成
2010	基于干细胞的骨质疏松治疗和相关骨再生机理	科技部"973"项目子课题	张文杰

表2-2-20 1979—2008年整复外科重要科研成果获奖情况表

年份	项目名称	奖项	第一完成人
1979	足趾及足背中部大块复合组织游离移植在手功能重建中的应用	卫生部科技成果乙级奖	张涤生
1979	应用显微外科技术进行大网膜游离	卫生部科技成果乙级奖	张涤生
1985	应用带血管的跖趾关节移植治疗颞颌关节强直	卫生部科技成果乙级奖	丁祖鑫
1988	应用显微外科技术一次完成阴茎再造	国家发明三等奖	张涤生
1990	慢性淋巴水肿模型制作：淋巴管静脉压力测定及静脉移植桥接淋巴管的实验研究	国家教委科技进步奖一等奖	张涤生
1990	前臂皮瓣的进展	上海市科技进步奖三等奖	张涤生
1991	吻合血管神经移植治疗晚期面神经瘫痪	卫生部科技进步奖三等奖	张涤生
1993	超长蒂血管神经断层节段肌瓣移植一期治疗晚期面神经瘫痪	国家发明三等奖	王 炜
1993	超长蒂血管神经断层节段肌瓣移植一期治疗晚期面神经瘫痪	上海市科技进步奖二等奖	王 炜
1993	全头皮撕脱伤头皮再植术	上海市科技进步奖三等奖	程开祥

(续表)

年份	项目名称	奖项	第一完成人
1993	瘢痕成纤维细胞的体外培养、生长动力学研究和中药制剂对成纤维细胞生长抑制作用的探讨	上海市科技进步奖三等奖	关文祥
1994	严重颅颌面畸形的外科治疗研究	卫生部二等奖	张涤生
1994	严重颅颌面畸形的外科治疗研究	上海市科技进步奖一等奖	张涤生
1995	严重颅颌面畸形的外科治疗研究	国家科技进步奖三等奖	张涤生
1998	皮肤软组织快速扩张及扩张皮肤回缩机制的实验研究	国家教委科技进步奖三等奖	范志宏
1999	一期完成具有感觉功能和性功能阴茎再造术的研究	卫生部科技进步奖二等奖	程开祥
1999	颅面外科学	卫生部科技进步奖二等奖	张涤生
1999	一期完成具有感觉功能和性功能阴茎再造术的研究	上海市科技进步奖一等奖	程开祥
2000	自体组织工程化软骨构建的实验研究	上海市科技进步奖二等奖	曹谊林
2001	组织工程技术修复肌腱与关节软骨缺损的实验研究	中国高校科技进步奖二等奖	曹谊林
2002	骨与关节软骨组织工程的应用基础研究	上海市科技进步奖二等奖	曹谊林
2002	带蒂血管神经肌束移植使失神经肌肉再神经化的实验及临床研究	上海市科技进步奖三等奖	杨　川
2004	组织工程化肌腱的应用基础研究	上海市科技进步奖一等奖	曹谊林
2005	组织工程皮肤的体外构建、低温保存及临床应用	上海市科技进步奖一等奖	曹谊林
2005	周围神经损伤生物学修复的研究	上海市科技进步奖二等奖	李青峰
2006	颅外动静脉畸形的基础和临床研究	高等学校科学技术进步奖一等奖	林晓曦
2007	干细胞构建组织工程骨的基础研究与临床应用	教育部高校科学技术奖二等奖	崔　磊
2008	组织工程化组织构建关键技术研发与应用	国家发明奖二等奖	曹谊林
2008	颅颌面骨架修复重建的基础与临床应用研究	教育部科技进步奖二等奖	穆雄铮
2008	提高鼻再造疗效的应用基础和临床研究	上海市科技进步奖二等奖	李青峰

【人才培养】

整复外科重视人才培养，1981年以来，先后选派科室骨干近百人次，赴美、法、意、日等国进修学习。如1981年选派王炜赴美国俄勒冈州手外科中心学习1年；1982年刘宁飞赴波兰读博2年；1984年钱云良赴法国南锡大学学习1年；1997年李圣利赴意大利进修学习1年；1998—1999年李青峰赴美国学习等。这些被科室选中派往国外进修学习的医师，日后均成为各亚专业的领军人才。

至2010年，学科获得各类国家级及省部级人才项目29项，对学科人才培养起到重要的助推作用。获得的国家级人才项目：1998年曹谊林获国家杰出青年科学基金资助；2010年李青峰获国家杰出青年科学基金资助,并获国家教育部长江学者特聘。2004年和2009年,李青峰和林晓曦分别入选教育部跨世纪人才计划资助,开展"同种异体全脸面移植"和"颅外动静脉畸形的手术和血管内治疗的疗效与安全评价"系列研究。2010年,周广东入选国家教育部新世纪优秀人才计划。入选的重要的省部级人才项目:2008年,李青峰入选上海市科委优秀学科带头人计划;2009年,周广东入选上海市教委曙光计划;2005年、2010年,张文杰、王丹茹分别入选上海市科委浦江人才计划。

表 2-2-21　1995—2010年整复外科的重要人才项目与奖项情况表

年 份	项 目 名 称	入 选 者
1995	上海市领先学科带头人	王 炜
1996	中国工程院院士	张涤生
1996	上海市科委启明星(后)计划	范志宏
1996	上海市科委启明星计划	李青峰
1997	上海市科委优秀学科带头人计划	曹谊林
1997	上海市卫生局百人计划	李青峰
1998	国家杰出青年科学基金	曹谊林
1998	上海市白玉兰科技人才基金	曹谊林
1998	上海市科委启明星计划	林晓曦
1999	上海市医学领先学科带头人	曹谊林
1999	上海市科委曙光计划	商庆新
2000	上海市科委启明星计划	崔 磊
2001	国家级重点学科带头人	曹谊林
2001	上海市科委启明星(后)计划	李青峰
2001	上海市教委曙光计划	穆雄铮
2002	国家"十五"211工程重点学科带头人	曹谊林
2002	上海市临床医疗中心主任	曹谊林
2004	教育部新世纪优秀人才支持计划	李青峰
2004	教育部霍英东青年教师计划	崔 磊
2004	上海市优秀学科带头人计划	刘 伟
2004	上海市科委启明星跟踪计划	林晓曦
2004	上海市教委曙光计划	崔 磊
2004	上海市优秀青年医学人才培养计划	王丹茹
2005	上海市医学领军人才	曹谊林
2005	上海市医学领军人才	李青峰
2005	上海市科委启明星计划	周广东
2005	上海市科委启明星跟踪计划	崔 磊

(续表)

年份	项目名称	入选者
2005	上海市教委曙光计划	林晓曦
2005	上海市浦江人才计划	张文杰
2006	上海市教委曙光计划	张文杰
2008	卫生部有突出贡献中青年专家	李青峰
2008	教育部新世纪人才	林晓曦
2008	上海市科委优秀学科带头人计划	李青峰
2008	上海市教委曙光计划	周广东
2008	上海市教委晨光计划	高振
2009	国家杰出青年科学基金	李青峰
2009	长江学者特聘教授	李青峰
2009	上海市领军人才	李青峰
2009	上海市科委优秀学科带头人计划	崔磊
2009	上海市科委启明星跟踪计划	周广东
2009	上海市教委晨光计划	昝涛
2010	教育部新世纪优秀人才支持计划	周广东
2010	上海市浦江人才计划	王丹茹

【学术交流】

1979年,张涤生受邀赴罗马尼亚访问。1980年,张涤生参加在印度举行的国际手外科学术交流会,向大会报告学科在显微外科和手外科研究上的创新成果。会议期间,张涤生认识了美国手外科医生彼得·内森(Peter Nathan),促成王炜等赴美国、法国、日本等国家访问和交流。1982年5月3日,整复外科邀请法国的马夏克,在医院进行先天眶距增宽症成形术手术示范。6月,王炜在美国威拉姆斯大学讲学,当地报刊以1/4版面登载"中国显微外科专家结束美国访问回国"消息。同年,张涤生参加法国第七届国际显微外科大会和英国整复外科专业会议。

1983年,美国整形外科教育基金会与我国整形外科界建立学术交流关系。同年11月21—30日,美国肯塔基州大学教授鲁易威尔、手外科研究所所长列斯特来科室作手外科学术报告。1984年,医院派关文祥、金一涛赴美学术交流,共访问11个城市,获得好评。美国整形外科教育基金会主席布罗德邀请关文祥写访问感想,由有关杂志发表。1985年5月15日,日本东京昭和大学鬼冢卓弥访问科室,并作手术演示。17日,张涤生等应日本昭和大学、长崎大学和京都大学邀请赴日进行中日整复外科及显微外科学术交流。6月,张涤生主编 *Recent Advance in Burns & Plastic Surgery — The Chinese Experience*,由英国MTP出版公司出版。12月10日,波兰华沙医学中心整复外科代表团访问学科,这是多年来东欧国家首批医学访华团体。同年,印度整复外科学会主席安梯尔访问科室,称赞九院整复外科是世界优秀整复外科之一。从1985年起,整复外科与澳大利亚阿德莱德医院签订5年的颌面整形交流协定,并派以冯胜之为组长的4人小组赴该院培训颌面外科。该院每年派以戴维为首的医疗队来科室教学并示教手术。1987年3月15日,张涤生赴印度新德里参加第九届国际整容外科大会,印度总理辛格在会议期间接见他。大会在开幕式上赞誉张涤生及其学科对世界整复外科发展所作的贡献,并破例邀请张涤生参加3个专题的发言学术交流。

至2010年,整复外科出访并参加学术会议600余人次,接待国外同行来访200余人次,培养国外进修医师70人次,往来对象涵盖世界五大洲及地区。

【学术任职】

整复外科的学科主任及各专业组长长期担任上海市和全国主要整形外科学术团体主任委员、副主任委员等职,在国际整形外科学术团体亦有重要任职。至2010年,学科计有9人次担任省级及全国学术团体(名誉)主任委员,15人次担任副主委或专业期刊副主编,6人次担任常委,83人次担任委员,13人次担任专家顾问,2人次担任秘书长,29人次为学术团体成员。

1982年,中华医学会整形外科专业委员会在上海举行全国学术会议,并改选主任委员和副主任委员,张涤生以最高票数当选为主任委员,后根据工作惯例调整为副主任委员。2001年起,曹谊林任委员会常委,2005年起任第五、六届委员会主任委员,祁佐良任秘书长、李青峰任委员;2009年起,祁佐良候任主任委员兼秘书长,张如鸿任副秘书长。1984年,上海市医学会整形外科会成立,张涤生任主任委员,王炜等任副主任委员。2004年起,林晓曦任中华医学会上海分会医学美学与美容专科副主任委员。

1987年,张涤生创建中国康复医学会整复重建外科专业委员会和《中国修复重建外科杂志》,并任委员会主任委员,后长期担任顾问,同时担任杂志名誉主编。王炜续任主任委员至2008年,并于2008年起任名誉主任委员,同时长期担任杂志副主编。祁佐良2000年起任副主任委员,2004年起任常务副主任委员兼秘书长,2008年起任主任委员。1998年起,专业委员会在上海设立分支机构,钱云良任上海市康复医学会第二届修复重建外科专业委员会副主任委员。

2003年,张涤生、王炜任首届中国医师协会整形与美容医师分会名誉会长,曹谊林任副会长至2009年。2009年起,李青峰任副会长,并候任会长。

2004年,祁佐良任中国中西医结合学会第一届医学美容专业委员会副主任委员。2009年,中国整形美容协会成立,张涤生任名誉会长,李青峰任常委兼副秘书长。

在国际学术团体任职上,1980年起张涤生成为国际淋巴学会(International Society of Lymphology)会员。1997年起,刘宁飞任国际淋巴学杂志 *Lymphology* 编委。1998年起,曹谊林任《组织工程》(*Tissue Engineering*)编委。1999年起,穆雄铮任亚太颅面外科学会理事会(Asia-Pacific Society of Craniofacial Surgery)理事,2001年起任国际颅面外科学会常务会员。2005年起,曹谊林任《英国整形外科学杂志》(*British Journal of Plastic Surgery*)和《生物材料》(*Biomaterials*)编委。2008年起,曹谊林任《生物材料》(*Biomaterials*)执行编委;刘伟任编委并成为国际生物材料科学与工程学会联合会(International Union of Societies of Biomaterials Science and Engineering,IUSBSE)成员,每个国家只能选派2位成员;曹谊林任《组织工程》执行编委,刘伟任特刊编辑。2008年,李青峰参与发起成立美国重建移植学会,并任发起会员;章一新担任美国重建显微外科学会会员,及该学会主编的显微专业杂志亚洲编委。2010年,王炜任 *Plastic and Reconstructive Surgery* 海外编委。

表2-2-22　1980—2010年整复外科重要国内、国际学术团体任职情况表

姓　名	学　会　名　称	级　别	职　位
张涤生	国际淋巴学会(International Society of Lymphology)	国际	会员
	中国整形美容协会	一级	名誉会长
	中华整形外科学会	二级	副主任委员
	中国康复医学会修复重建外科专家委员会	二级	顾问
	中国修复重建外科学会	二级	主委、名誉主任委员
	中华显微外科学会	二级	副主任委员、名誉顾问
	中国医师协会美容与整形医师分会第一届委员会	二级	名誉主任委员
	上海市医学会整形外科专科分会第一届委员会	上海市	主任委员
关文祥	上海市医学会整形外科专科分会第二届委员会	上海市	主任委员
王　炜	中国康复医学会修复重建外科专业委员会	二级	主任委员
	中国康复医学会修复重建外科专业委员会第六届委员会	二级	名誉主任委员
	中国医师协会美容与整形医师分会第一届委员会	二级	名誉主任委员
	上海市医学会整形外科专科分会第二届委员会	上海市	副主任委员
	上海市医学会整形外科专科分会第三、四届委员会	上海市	主任委员
曹谊林	亚太地区TERMIS	国际	候任主席
	中华医学会整形外科学分会第四届委员会	二级	常务委员
	中华医学会整形外科学分会第五届委员会	二级	主任委员
	中华医学会整形外科学分会第六届委员会	二级	主任委员
	中国医师协会美容与整形医师分会第一届委员会	二级	副主任委员
	中国医师协会美容与整形医师分会第二届委员会	二级	副会长
	上海市医学会整形外科专科分会第五、六届委员会	上海市	主任委员
朱　昌	上海市医学会整形外科专科分会第三、四届委员会	上海市	副主任委员
钱云良	上海市康复医学会第二届修复重建外科专业委员会	上海市	副主任委员
	上海市医学会整形外科专科分会第四届委员会	上海市	副主任委员
孙宝珊	上海市医学会整形外科专科分会第五届委员会	上海市	副主任委员
穆雄铮	国际颅面外科学会(International Society of Craniofacial Surgery)	国际	常务会员
	亚太颅面外科学会理事会(Asia-Pacific Society of Craniofacial Surgery)	国际	理事
	远东整形美容外科学会(OSAPS)	国际	会员
祁佐良	中国康复医学会修复重建外科专业委员会	二级	常务副主任委员兼秘书长
	中华医学会整形外科学分会第六届委员会	二级	候任主任委员兼秘书长

（续表）

姓　名	学　会　名　称	级　别	职　位
祁佐良	中国康复医学会修复重建外科第三届专业委员会	二级	副主任委员
祁佐良	中国康复医学会修复重建外科专业第五届委员会	二级	常务副主任委员兼秘书长
祁佐良	中国康复医学会修复重建外科专业委员会第六届委员会	二级	主任委员
祁佐良	第一届医学美容专业委员会	二级	副主任委员
林晓曦	中华医学会上海分会医学美学与美容专科委员会	三级	副主任委员
林晓曦	上海医学会医学美学与美容学会	上海市	副主任委员
刘　伟	国际生物材料科学与工程学会联合会（International Union of Societies of Biomaterials Science and Engineering）	国际	成员
章一新	美国重建显微外科学会（American Society for Reconstructive Microsurgery）	国际	会员
李青峰	美国重建移植学会（American Society for Reconstructive Transplantation）	国际	发起会员
李青峰	中国整形美容协会	一级	常委兼副秘书长
李青峰	中国医师协会美容与整形医师分会第三届委员会	二级	副会长

表2-2-23　1987—2010年整复外科重要国内、国际专业学术期刊任职情况表

姓　名	学　会　名　称	级　别	职　位
张涤生	《中国修复重建外科杂志》编辑委员会	杂志	名誉主编
王　炜	《中国修复重建外科杂志》编辑委员会	杂志	副主编
王　炜	《中国实用美容整形外科杂志》	杂志	副主编
刘宁飞	《国际淋巴学杂志》（Lymphology）	国际	编委
曹谊林	《组织工程》（Tissue Engineering）	国际	编委
曹谊林	《英国整形外科学杂志》（British Journal of Plastic Surgery）	国际	编委
曹谊林	《生物材料》（Biomaterials）	国际	编委
曹谊林	《生物材料》（Biomaterials）	国际	执行编委
刘　伟	《生物材料》（Biomaterials）	国际	编委
曹谊林	《组织工程》（Tissue Engineering）	国际	执行编委
刘　伟	《组织工程》（Tissue Engineering）	国际	特刊编辑
章一新	《重建显微外科杂志》（Journal of Reconstructive Microsurgery）	国际	亚洲编委
王　炜	《整形与重建外科》（Plastic and Reconstructive Surgery）	国际	海外编委

(续表)

姓 名	学 会 名 称	级 别	职 位
曹谊林	《国际生物材料杂志》(The Open Biomaterials Journal)	国际	编委
曹谊林	《国际生物化学杂志》(Global Journal of Biochemistry)	国际	编委

表 2-2-24　2001—2010 年整复外科国内、外学术团体任职人次情况表　　单位：人次

年 份	主 委	副主委	常 委	委 员	专家顾问	秘书(长)	成 员
2001	3(名誉主委 2 人)	2	0	11	1	1	1
2002	3(名誉主委 2 人)	3	2	18	9	1	4
2003	5(名誉主委 4 人)	6	6	33	11	2	4
2004	5(名誉主委 4 人)	10	10	49	16	2	5
2005	6(名誉主委 4 人)	12	12	56	18	3	6
2006	6(名誉主委 4 人)	15	13	63	18	3	18
2007	7(名誉主委 3 人)	14(副主编 8 人)	14	75	18	3	23
2008	7(名誉主委 3 人)	15(副主编 9 人)	15	80	17	3	28
2009	6(名誉主委 2 人)	16(副主编 9 人)	13	72	14	4	28
2010	9(名誉主委 5 人)	15(副主编 10 人)	6	83(名誉委员 3 人)	13	2	29

五、荣誉

【集体荣誉】

整复外科获评上海第二医学院科研先进集体(1978 年)、先进集体(1979 年),上海第二医科大学文明科室(2002—2003 年),上海市医务职工"科技创新团队"(2009 年)。组织工程实验室获评上海市红旗班组、二医大文明科室(2001 年)。整一病区获评二医大文明科室(1999 年)、上海交大医学院文明科室(2004—2005 年)。整二病区获评二医大先进集体(1999 年)。整三病区获评二医大青年文明病区(1991 年)、二医大文明科室(1993 年)。整四病区获评二医大文明科室(1997 年)。

科室护理组获评上海第二医学院先进集体(1982 年),四病区护理组获评先进集体(1986 年),整外门诊手术室获评上海第二医科大学"三八"红旗先进集体(1986 年)。

【个人荣誉】

张涤生在广慈医院期间因参与抢救邱财康有功,获中央卫生部二等奖(1962 年);获评上海市科技先进工作者(1978 年、1980 年),全国科技先进工作者、上海市劳动模范(1981 年),二医大先进工作者(1997—1998 年、1981—1984 年),国家科委先进工作者(1981 年),全国高校科技先进工作者(1991 年),上海市"医学荣誉奖"(1998 年),国家科技部何梁何利基金科学与技术进步奖(2000

年)、波兰医学研究成就奖(2008年)。入选"上海解放60周年群英谱"(2009年)。

王炜获评院庆90周年特别荣誉奖(2010年)。

曹谊林获国家杰出青年科学基金、国家人事部优秀中青年专家、卫生部有突出贡献中青年专家(1998年)、国家杰出青年科学基金会"国家杰出人才基金"、上海十大科技精英(1999年)、全国优秀科技工作者(2000年)、全国杰出专业人才、全国"归侨侨眷先进个人"、全国高等学校十大科技创新奖(2002年)、杰出青年学者奖、全国"杰出留学回国人员"(2003年)、上海市劳动模范(2004年)、全国先进工作者(2005年)、上海市医务职工"科技创新标兵"(2005年)、二医大校长奖(科研)(2006年)。

李青峰入选卫生部有突出贡献专家(2008年)、教育部"长江学者"特聘教授(2009年)、上海交通大学特聘教授(2010年),获国家杰出青年科学基金(2009年)。

钱云良获评二医大优秀管理者(1992年)。程开祥获评上海市卫生系统高尚医德奖(1992年)。董佳生获评二医大先进工作者(2001年)。刘伟获评二医大校长奖(科研)(2005年)。刘宁飞获评波兰医学研究成就奖(2008年)。

护士长龚中杰获评上海第二医科大学先进工作者(1986年)、全国模范护士(1988年)。

第六节　骨　　科

一、沿革

1949年,上海私立伯特利医院开设骨科,特聘院外医师应诊,从属于大外科,无固定床位。1953年由外科医师傅中义兼骨科业务,在外科病区设10张床。1960年起,曾在旧1号楼底楼西侧半个楼面设30张骨科床位,与放射科相邻。后迁入原伯特利职员住宅楼(旧25号楼)。1968年8月骨科并入外科床位统计,撤销独立病区。1973年,在外一病区和肺科交界处恢复骨科床位28张。1983年,医院撤销肺科,旧1号楼2楼的原肺科病房装修后改为骨科病区,1986年,骨科床位增至46张。

2003年,7号楼建成启用,骨科病房迁入第十二、十三楼两个楼面,床位从46张增加至72张。2007年床位调整至3个楼面108张。

20世纪50—60年代初,骨科只有外科医师傅中义、陈惠利兼骨科业务,聘请仁济医院周连圻任骨科顾问医师。1965年,口腔系迁来时从广慈医院调入毛文贤作为骨科负责人。60年代后期增加吴仁寿,直至70年代,科内仅有吴仁寿和兼职的外科陈惠礼医师,只能开展简单的骨科业务。1975年,戴尅戎调来后,积极开展医疗和科研工作,骨科进入快速发展时期,陆续增加苑建新、孙月华、俞昌泰、侯筱魁等医师。此后逐年有本科毕业生和研究生加入,骨科医师队伍不断壮大。至2010年,全科有医师28人,其中主任医师6人、副主任医师6人、主治医师11人;有博士生导师4人、硕士生导师5人。

至2010年,骨科已发展成为集临床、科研与教学为一体的,全国一流的骨与关节诊治研究中心,设有上海市重点实验室、教育部数字医学工程中心以及《医用生物力学》杂志编辑部等,是国家重点学科、国家"211"工程重点建设学科,上海市医学领先学科,上海市关节外科临床医学中心和上海市教委重点学科建设单位。

表 2-2-25　1978—2010 年骨科历任正、副主任情况表

任职时间	主　　任	任职时间	副主任
1985—1998	戴尅戎	1978—1984	戴尅戎（主持工作）
1998—2002	侯筱魁	1979—1985	俞昌泰
2003—	朱振安	1998—2003	朱振安（其中 2002—2003 年主持工作）
		1998—	孙月华
		2004—	汤亭亭　王友
		2010—	赵杰

二、医疗

【业务发展】

20 世纪 50—60 年代，骨科主要业务为创伤、骨关节结核、小儿麻痹后遗症等骨科常见病种。70 年代以后，戴尅戎带领骨科开展一系列自主创新的技术和项目，如经皮穿刺螺纹钉固定治疗股骨上端骨折，形状记忆加压骑缝钉治疗经关节骨折，形状记忆锯齿臂环抱器治疗长管骨骨折，双杯型全髋关节表面置换术、多孔表面人工全髋和半髋置换术，脊柱侧凸矫正术，颈椎前、后路手术，急性膝关节损伤早期关节镜检查和手术，踝、腕等小关节镜检查和手术等。原创性的新技术、新材料的应用带动了骨科业务迅速发展。20 世纪末，又发展定制型人工全踝、全肩、髋、肘、腕与半骨盆置换术。

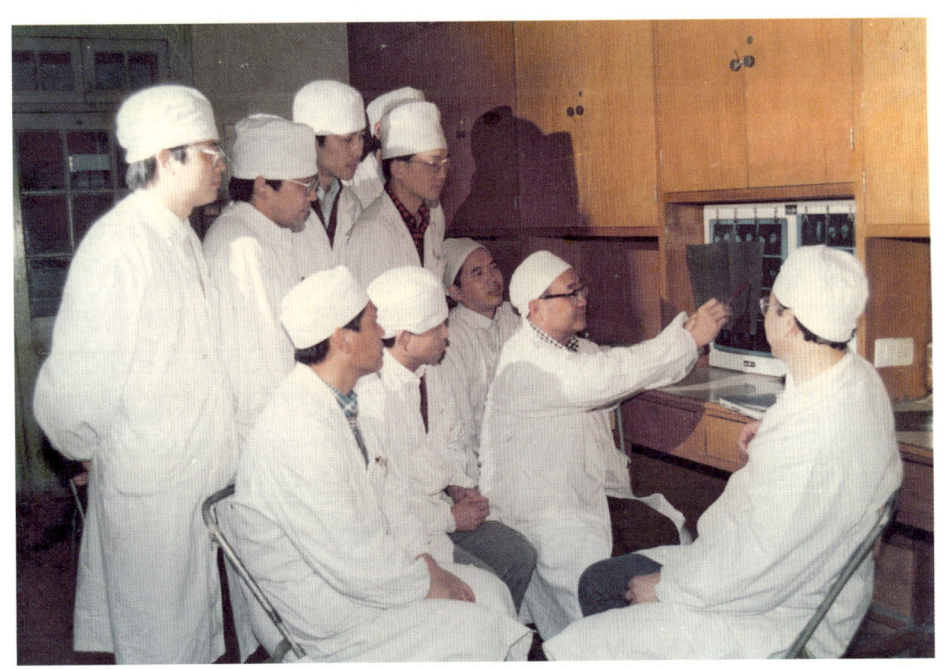

图 2-2-11　20 世纪 80 年代戴尅戎（右二）主持读片讨论

骨科年门诊量从最初有记录的1976年5 310人次增加到2000年的31 785人次，此后年门诊量逐年增加，至2010年，年门诊量增加到43 430人次。2010年骨科设三个病区，床位108张。收治入院患者数及手术量快速增长。年手术人次从1976年的358例次增长到2010年的2 176例次。其中三四级手术比例在50%以上，疑难脊柱手术及关节翻修手术比例在10%以上。收治病种几乎涵盖骨科所有亚专科。在国内较早将定制型假体、3D打印模型等技术应用于临床，并在2003年取得国内唯一的定制型人工关节生产许可证。

2003年骨科获批成为上海市关节外科临床医学中心，是上海市骨科三大临床医学中心之一。在医学中心建设期间，骨科与美国华盛顿大学联合成立骨科基因治疗研究室，与法国滨海（Littoral）大学联合成立中法生物材料与细胞治疗联合研究中心。2003—2010年，骨科举办年均250人次参加的人工关节学习班和关节镜学习班，在全国骨科界拥有一定的影响力。在上海关节外科临床医学中心框架内，骨科在国内率先开展定制型假体和国产骨科手术导航系统的临床应用。

【亚专业发展】

关节外科 1972年毛文贤曾尝试人工股骨头置换，限于当时的制造工艺，未能继续开展。20世纪80年代系统研发人工关节置换，先后由戴尅戎、朱振安等主持该项业务，是国内最早研发开展多孔表面人工关节，骨水泥改良与国产化，逆置型全肩、全踝、全距骨人工关节置换手术的单位。经不断改进技术，整体水平已居国内领先地位，科室成为上海市关节外科临床医学中心和上海市医学领先学科，是全国人工关节置换继续教育培训单位。学科以处理复杂疑难关节病为特色，全面开展各类关节病的诊治，包括骨关节炎、股骨头缺血性坏死、发育性髋关节发育不良、感染性关节炎、类风湿性关节炎、关节置换术后松动或感染等。

20世纪末，在戴尅戎带领下，骨科团队综合应用快速原型技术与计算机辅助设计及制作技术，在精确的病变骨盆模型上完成模拟切除手术，再设计、制造出能与残存的半骨盆和股骨精确衔接的半骨盆假体。该项原创性技术在国内最早将CAD/CAM、快速原型等技术用于定制型人工关节，创造性提出优先区定制、个体化人工关节等理念，研制出十余种新型人工假体并取得多项国家专利，获中华医学奖二等奖、上海科技进步奖一等奖、国家科技进步奖二等奖等奖项。订制型假体等成果转化后获高新技术成果认证，并获得医疗器械产品注册证4项。

科室以CAD/CAM快速原型技术，在国际上首先研发能提供多平面360°活动的新型人工肩关节、人工全距骨+全踝关节、多种髋臼支持托、四肢肿瘤假体、个体化半骨盆假体等，均成功用于临床。至2010年戴尅戎共主编出版关节外科专著15种，另主编、参编英文专著4种。

创伤骨科 20世纪70年代以来，骨科在戴尅戎、侯筱魁带领下，吴仁寿、苑建新、孙月华等配合下，先后开展一系列创伤方面的临床与科研工作，是上海市率先开展严重褥疮创面修复、肢体延长与肢体矫形的单位之一。1995年又率先开展长骨干骨折交锁髓内钉内固定。1997—2004年戴尅戎担任国际内固定学会（AO）理事，并于2001年起当选AO中国分会首届主席并任职8年。同期孙月华将微创接骨术理念引入国内，并开展临床应用。

至2010年，创伤、足踝与矫形外科亚学科拥有病床40张。骨科有主任医师1人，副主任医师5人，主治医师3人，住院医师3人。以诊治髋臼骨折、骨盆骨折脱位、四肢复杂骨关节创伤及足踝疾病为主，兼顾肢体矫形。科室瞄准创伤骨科国际发展前沿，不断提高创伤救治水平。在国内率先开展四肢骨折的微创手术治疗，是国内最早引进AO理念与技术的单位之一。在严重骨盆与髋臼骨折、复杂关节内骨折、急慢性骨关节感染、骨不连、节段性骨缺损、严重足踝部疾病、截骨矫形等方面处于国内领先水平。

创伤骨科治疗的业务范围：骨与关节的损伤与修复；严重复合伤及多发伤；小儿骨折及先天性畸形；各种骨病如骨关节感染、骨髓炎、骨不连、节段性骨缺损等。

开展的手术：各种复杂四肢骨干及关节内骨折切开复位内固定术；微创接骨术，包括肱骨干骨折、胫骨干骨折、股骨近端及股骨干骨折的微创治疗，以及骨盆、髋臼骨折微创手术内固定等；外固定架治疗骨不连、骨缺损、骨延长；骨病的病灶清除、植骨及固定术；各种畸形的矫形及功能重建术。

脊柱外科　20世纪70年代以来，戴尅戎带领骨科先后开展一系列脊柱方面的临床与科研工作，是上海市最早开展对腰腿痛、脊髓压迫、脊柱畸形等常见脊柱疾病诊疗的单位之一。1979年、1986年在脊柱外科临床研究方面2次获上海市卫生局科研成果二等奖。

80年代，戴尅戎在国内较早采用哈氏棒和卢氏棒进行青少年特发性脊柱侧凸畸形的矫形术。1993年，脊柱外科亚专业带头人侯筱魁赴美国艾奥瓦大学医学院骨科学习归来后，陆续开展腰椎间盘病变的微创治疗、腰椎前后路融合术、腰骶椎融合方法改良、下腰椎椎间孔入路手术、脊柱侧弯畸形矫正手术、颈椎前后路手术等多项手术，在复杂腰椎疾病的手术和综合治疗方面达到国内领先水平。其承担的国家自然科学基金课题"腰椎后部结构的动态观察和生物力学分析"通过市级鉴定，达到国际先进水平，分别获得1991年上海市卫生局科技进步奖二等奖和1993年上海市科技进步奖二等奖。1995—1997年完成第二项国家自然科学基金课题"脊柱手法中椎间盘和小关节动态力学的研究"，获1995年国家中医药管理局科技进步奖三等奖。

2003年8月，7号楼外科大楼投入使用，脊柱外科亚专业得到进一步发展。经张蒲及科室同仁的共同努力，在脊柱创伤（青壮年脊柱骨折脱位、脊柱脊髓损伤、胸腰椎骨质疏松性压缩骨折）、脊柱退行性疾病（腰椎间盘突出症、腰椎管狭窄、退变性滑脱、脊髓型颈椎病、腰椎峡部裂等）等方面逐渐形成具有九院特色的治疗体系，特别是新开展经皮椎体成形术和经皮椎体后凸成形术、经皮椎弓根螺钉固定治疗胸腰椎骨折等微创技术、经椎弓根截骨矫形术以及腰椎后路动态固定技术，进一步提高九院脊柱外科水平。

2007年7月，骨科床位增至3个楼面。2009年，脊柱外科专家赵杰调入科室，脊柱亚专业开始快速发展。诊疗病种涵盖脊柱创伤、退行性疾病、畸形、脊柱韧带骨化症、脊柱感染、肿瘤等。新开展枕颈部畸形的后路减压植骨融合术、上颈椎骨折脱位的前后路手术、颈椎前后路融合与非融合手术、椎管内外肿瘤的规范化治疗技术、脊柱肿瘤全椎体切除术、腰椎前路手术、腰椎退行性疾病的单侧椎弓根钉固定椎体间融合术、重度僵硬性脊柱侧后凸畸形的矫形术、颈腰椎翻修等手术。根据中国人的解剖学特点，赵杰采用创新性设计的斜向植入新型Z形椎间融合器，联合腰椎后路单侧椎弓根螺钉内固定技术，开展腰椎后路单边内固定技术。该技术使得椎弓根螺钉内植物的费用下降一半，显著减轻患者的医疗支出和社会的医疗负担，并取得较好疗效。

至2010年，九院骨科脊柱亚专业能够处理脊柱各种疑难疾病的诊断与治疗，并成为翻修手术中心之一。脊柱外科拥有术中导航、超声骨刀、高速气钻、脊柱内镜、射频消融、神经电生理监护等先进仪器，其业务覆盖亚专业各个领域，并积极开展与口腔颌面外科、神经外科、血管外科、头颈外科、感染科、整形外科之间的多学科合作，已形成对脊柱常见伤病的规范化、微创化诊疗，对脊柱疑难复杂疾病的多学科合作诊疗模式。

关节镜外科　微创手术发展是骨科重要组成部分，关节镜外科是微创手术走向成熟的主要标志。20世纪80年代后期，侯筱魁率先开展关节镜外科手术，包括临床和基础研究，"关节镜监视下治疗胫骨平台骨折"项目获得上海市医疗成果二等奖。侯筱魁主编《关节镜手术学》，并邀请韩国和我国香港、台湾地区专家参加编写。90年代初九院骨科创立关节镜培训中心,为国内培养一批关节镜医师以及博士和硕士。进入21世纪,科室的关节镜外科在王友带领下得到进一步发展,除膝关节之外,肩关节、踝关节、髋关节的运动医学微创技术也得到进一步发展。王友担任上海市医学会运动医学专科分会第九届委员会主任委员,并和朱振安主译《关节镜教程》。2003—2010年,骨科每年举办人工关节学习班和关节镜学习班,推动关节镜微创技术的发展。

足踝外科 20世纪80年代,戴尅戎带领科室开展正常人群的步态分析以及足病患者的步态研究,逐步开展先天性马蹄足、踇外翻畸形的矫形治疗。汤荣光、陈永强和史定伟等开始足踝外科的研究和临床治疗,并先后发表有关足踝伤病的论文。干耀恺研习足踝外科技术,在史定伟的推动下,足踝外科从创伤骨科中独立出来,建立以足踝畸形矫形为主体、足踝疾病和足踝运动创伤治疗为两翼,辅以3D打印足垫、足踝辅具的足踝疾病综合治疗的亚专业。2010年足踝外科有6张床位,2名足踝外科专职医师,1名足踝专职护士,1名足踝辅具定做工程师,1名足踝外科康复师,年手术量超过250台,足踝辅具制作超过100双/年。开展足踝疾病多维度步态分析,个性化打印人工假体进行足踝关节的置换,擅长足踇外翻、先天性马蹄足、扁平足、高弓足、脑瘫后遗症等足踝部畸形矫治,足踝运动损伤的综合治疗,以及下肢创伤畸形的修复,踝关节炎、踝关节骨软骨损伤的修复。

创伤、足踝与矫形外科以诊治髋臼骨折、骨盆骨折脱位、四肢复杂骨关节创伤及足踝疾病为主,兼顾肢体矫形。科室瞄准创伤骨科国际发展前沿,不断提高创伤救治水平。在国内率先开展四肢骨折的微创手术治疗,是国内最早引进AO理念与技术的单位之一,在严重骨盆与髋臼骨折、复杂关节内骨折、骨不连伴大段骨缺损、严重足踝部疾病、截骨矫形等方面处于国内领先水平。

骨与软组织肿瘤 骨与软组织肿瘤诊疗团队在戴尅戎、郝永强带领下,以个性化治疗理念为引领,医工结合,发挥九院整形科、血管外科等学科优势,多学科合作(MDT),在3D打印医学应用、复杂疑难骨和软组织肿瘤切除与保肢重建、转移性骨肿瘤多模式治疗等领域居于国内外领先水平,目前是上海市医学会骨肿瘤专业组长单位。主要特色:① 精准化 采用数字化与3D打印技术,精准切除复杂骨盆、骶骨肿瘤,保肢重建,复杂人工关节(肿瘤型)翻修;② 个性化 骨与软组织肿瘤个性化保肢,在新辅助化疗、放疗及免疫等综合治疗下,设计及3D打印个体化肿瘤型人工肩、髋、膝、肘、踝进行保肢重建;③ 微创化 倡导骨与软组织肿瘤的微创化治疗,在计算机导航、CT引导下,开展微创射频消融、骨水泥增强等治疗;④ 多模式 针对转移性骨肿瘤的不同特点及患者个体状况,积极开展进行肿瘤完整切除重建、微创手术(局部注射骨水泥、射频消融等)、预防或治疗病理性骨折的各种内固定、化疗、靶向治疗、放疗、免疫治疗、同位素、双膦酸盐、三阶梯镇痛等多模式与个性化治疗,以延长患者的生存时间,提高生存质量。

【医疗特色】

形状记忆合金在骨科应用 1981年9月,戴尅戎带领骨科率先在国际上将形状记忆合金制品用于临床,相继发明形状记忆加压骑缝钉、锯齿臂环抱器等四种内植物,获得专利并植入人体。全国先后有26个省、市的340家医院推广使用,取得巨大的社会效益,并引发形状记忆合金在医学领域中日趋广泛的应用。1989年,戴尅戎主持的"形状记忆加压骑缝钉"项目荣获国家发明奖二等奖,是该年度医药卫生方面唯一获得的二等奖项目,达到国际先进水平。1996年获得首届"上海发明家"称号,在日本名古屋召开的国际形状记忆合金学术会议上被授予奠基人金杯。

定制型人工关节应用 医院骨科是国内最早将CAD/CAM、快速原型(3D打印)技术用于定制型人工关节的单位,在国际上首先研发能提供多平面360°活动的新型人工肩关节、人工全距骨+全踝关节,多种髋臼支持托、四肢肿瘤假体、个体化半骨盆假体等,均成功用于临床。

20世纪末,戴尅戎带领骨科团队与工程技术人员合作,综合应用CAD/CAM快速原型技术与计算机辅助设计、制作技术,在精确的病变骨盆模型上完成模拟切除手术,再设计、制造出能与残存的半骨盆和股骨精确衔接的半骨盆假体,用于临床获得成功。该项技术创造性提出优先区定制、个体化人工关节等理念,研制出十余种新型人工假体并取得多项国家专利,先后获中华医学奖二等奖,上海科技进步奖一等奖、国家科技进步奖二等奖。成果转化后获高新技术成果认证,并获得医疗器械产品注册证4项。

微创技术及新型内植物的使用与推广 随着微创技术的发展以及对骨折愈合生物学环境认识的不断深入,骨折治疗从原来强调解剖复位、坚强固定达到一期愈合的生物力学观点,逐渐演变为保护骨折局部血运、间接复位的生物学内固定(BO)理念,强调微创技术的运用和保护骨折端局部血运的重要性。在新型内植物的设计上,逐渐重视BO理念的要求,不断革新、创造和研制用于骨折的新型内植物系统。创伤骨科学术带头人孙月华1999年赴德国蔡勒(Cell)创伤总医院进修,回国后开展骨折的微创手术,并注重新型内植物的使用和推广。

1. 微创钉板系统 在创伤骨科学术带头人孙月华带领下,九院骨科开展微创锁定接骨板内固定手术,治疗范围包括四肢长管状骨骨折及髋部等关节周围骨折等。

2. 髓内固定技术 九院骨科是国内率先应用髓内钉内固定治疗长管状骨骨折及髋部骨折的医院之一,在髓内钉内固定技术推广方面的工作卓有成效。

3. 骨质疏松性骨折的系列治疗 以老年髋部骨折的围手术期综合处理为中心,提高治愈率及生存率,减少并发症,改善生活质量。年收治高龄股骨颈骨折、粗隆间骨折等150余例。根据病例特点开展PFNA-Ⅱ、Gamma-Ⅲ、倒置LISS等各种治疗方式和早期康复训练,效果优良。

数字技术在创伤骨科中的应用 创伤骨科充分运用数字技术的发展成果,与传统骨科互相融合、互相促进、互相影响,逐渐形成具有时代特征的数字化骨科。包括医学影像处理与三维建模技

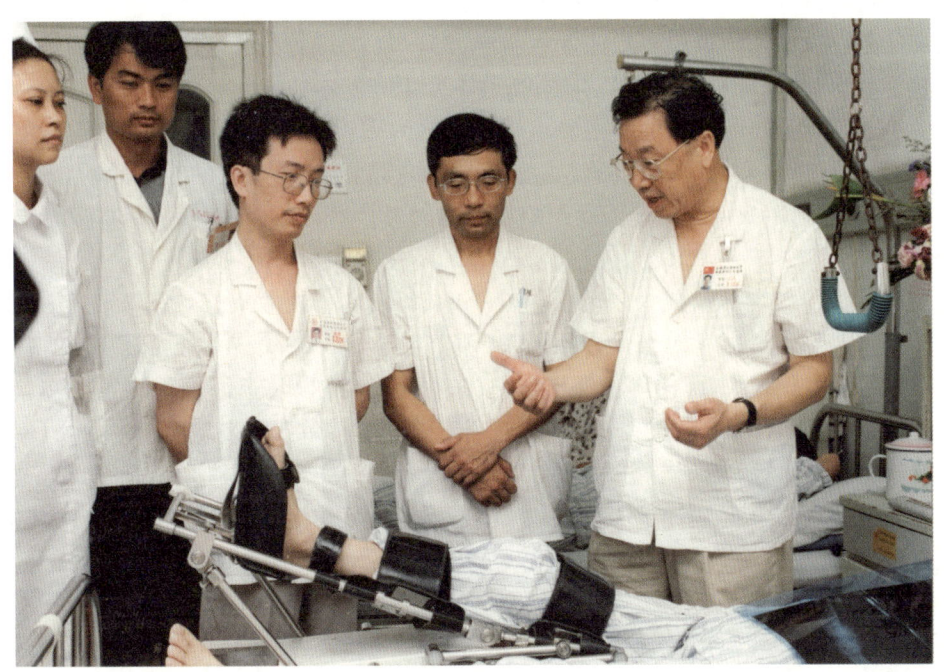

图2-2-12 20世纪90年代侯晓魁(右一)带领青年医师查房

术、计算机辅助设计与制造（CAD/CAM）技术、手术规划与虚拟仿真技术、手术导航与机器人辅助复位等。计算机软件系统（如 Mimics）利用患者术前的影像学数据重建骨块之间及邻近组织的三维空间模型，可直观地显示复杂骨折的实际情况，为复杂骨折的准确诊断和精确治疗提供良好的参考依据。同时，该类软件还可根据重建的三维模型进行有限元分析，从而计算局部受力情况、分析受伤机制、比较不同术式及固定物的力学特性等，提高诊断和治疗方案的科学性。

三、教学

1965年上海第二医学院口腔系迁来九院，骨科专业作为口腔系外科教研组成员参与教学工作。1989年戴尅戎任外科第一教研室主任，协调组织外科总论和骨科、泌尿、胸外、神外等临床专科的教学工作。承担口腔系、生物医学工程系、夜大学医疗系的课堂教学及上海中医学院和蚌埠医学院的实习带教，承担上海第二医科大学高级师资进修班的教学任务。1995年，戴尅戎创建九院临床医学院，任第一任院长。大力倡导对临床本科学生的素质教育和能力培养，支持开展学生自我管理、主动学习，自主社会调查、服务基层等多种教学形式，取得良好效果。

【学历教育】

本科生教学 骨科有着良好的教学传统，戴尅戎身体力行、言传身教，其教学团队治学严谨，而且具有良好的创新意识，重视对学生基本素质的培养，强调"一主二翼"的教学理念，即医学知识为主、计算机和外语学习为翼。鼓励和培养学生和青年医师的竞争意识、抗挫折能力和解决问题的能力。

骨科教学团队包括国内著名的脊柱专家赵杰、关节外科专家朱振安、创伤骨科专家孙月华，任课教师中多人在全国和上海市的各类医学专业学会中担任正副主任委员、委员。科室承担上海交通大学（以下简称"交大"）九院临床医学院的临床专业本科、口腔临床医学院口腔七年制和五年制的外科理论、医学英语双语课程教学、临床见习与实习医师的教学任务，以及交大医学院成人教育学院的教学任务。授课教师采用多媒体课程教学方式，紧扣大纲要求，重点突出，内容翔实。题库建设围绕教学要求，体现骨科临床的基本理论、基本知识和基本技能。

骨科对进入临床实习的本科生严格要求，积极指导，重视病床边辅导，手术台边学习。实习期间开展临床知识小讲课、病例讨论、教学查房、临床操作技能辅导等形式的教学活动，着重培养学生临床思维、分析问题与解决问题的能力。严格实施出科考核，做到逐人考核、面试笔试结合，教研组给予全面评定。

研究生培养 1979年骨科成为硕士培养点，1990年获博士招收资格，1997年成为博士后流动站。至2010年，九院骨科拥有博士生导师4人，硕士生导师5人，培养一批高质量的博士、硕士研究生。在学科带头人戴尅戎，历任科主任侯筱魁、朱振安、赵杰以及上海内植物重点实验室主任汤亭亭的悉心指导下，所有研究生均在国际重点期刊或国内核心期刊发表高质量的论文，完成临床培训，达到各级考核标准，顺利毕业。

至2010年，骨科已毕业硕士研究生50人、博士研究生73人、博士后出站6人。其中，七年制硕士生7人，不少人成为活跃在临床和科研第一线的业务骨干。

【毕业后教育】

住院医师培训 科室教学团队积极参与住院医师规范化培训。每年接收50余名外科基地规范化培训医师、骨科专科基地培训医师的实训和培养。每组由至少1名副主任以上医师和1名主治医师带领住院医师和进修医师,具体指导、监督撰写病史、临床体检、临床操作和手术教学指导等。

进修医师培训 20世纪80年代,随着骨科医、教、研的发展,辐射效应日渐显现,各地申请前来进修的医师逐渐增多,科内经常保持6~7名进修医师。至1990年已培养全国各地进修医师180余人,至2010年培训420名进修医师。

至2010年底,骨科已经成功举办38届国家级继续教育学习班"人工关节临床技术和基础研究新进展",召开4届"上海国际骨科前沿技术与临床转化学术会议",学员来自海内外和全国各地,促进医疗技术的进步与普及。

【教学成果及获奖】

骨科各级医师不断开拓进取,研究和探索新型教学模式,在戴尅戎带领下,主编参编教材和教学参考书,包括外科学教材、口腔医学临床教材等相关书籍。自2000年起,历年临床教学活动中均有年轻教师被评为优秀教师,在教学技能竞赛、实习带教等比赛中获奖,获得学生的好评。

四、学科与人才

【学科建设】

1990年,骨科被评为上海市高教局重点学科(第二批),戴尅戎为学科带头人。1999年骨科关节外科入选上海市医学领先专业第二轮建设计划。2001年,骨科被评为上海市教委重点学科(第四批),戴尅戎为学科带头人。2002年,骨科入选国家"211"工程重点学科(二期),戴尅戎为学科带头人。2004年,骨科被上海市卫生局批准为上海市关节外科临床医学中心,戴尅戎任中心主任。2006年,医院骨科联合六院骨科、瑞金骨科和新华骨科被列入国家重点学科建设计划,戴尅戎为学科带头人。2007年,骨科入选国家"211"工程重点学科(三期),朱振安为学科带头人。同年,骨科被评为上海市教委重点学科(第五批),朱振安为学科带头人。2008年,骨科入选上海高校创新团队(第一期),负责人为戴尅戎。2009年,骨科入选上海高校创新团队(第二期),负责人为赵杰。

1999年,上海第二医科大学—交大医学内植物工程联合研究所成立,戴尅戎任所长。2003年12月,上海第二医科大学骨科生物力学研究室正式更名为上海第二医科大学骨与关节研究中心。2006年,在原上海第二医科大学——交大医学内植物工程联合研究所基础上,成立教育部数字医学工程研究中心,戴尅戎任主任。2008年,上海市骨科内植物重点实验室成立,汤亭亭任重点实验室主任,戴尅戎任学术委员会主任。2010年6月,上海市骨科内植物重点实验室——国际华人骨研学会转化医学研究中心成立。1991年,《生物力学》杂志开始由九院主办,戴尅戎任主编;1992年,杂志更名为《医用生物力学》,2010年开始被美国工程索引(Ei Compendex)收录。

【人才培养】

骨科历来把人才培养作为振兴科室的重要工作,积极鼓励年轻医师申报各类人才培养计划,先后获得上海市优秀学科带头人培养计划、启明星计划、启明星跟踪计划、浦江计划、领军人才、曙光计划、曙光跟踪计划和国家留学基金委建设高水平大学计划等多项市级以上人才培养计划的资助。

表 2-2-26　1991—2010 年骨科所获人才项目情况表

年　份	人才项目名称	来　源	入选者
1991	启明星	上海市科委	裘世静
1993	启明星后	上海市科委	裘世静
1999	启明星	上海市科委	汤亭亭
2003	启明星后	上海市科委	汤亭亭
2005	曙光计划	上海市教委	汤亭亭
2006	浦江计划	上海市科委	卢建熙
2006	新世纪优秀人才	教育部	汤亭亭
2006	优秀学科带头人	上海市科委	朱振安
2007	浦江计划	上海市科委	谢幼专
2007	启明星	上海市科委	张晓玲
2009	上海市领军人才	上海市人力资源和社会保障局	汤亭亭
2009	百千万人才工程国家级人选	人事部	汤亭亭
2008	启明星	上海市科委	李慧武
2010	曙光跟踪计划	上海市教委	汤亭亭
2010	曙光计划	上海市教委	张晓玲

五、科研

骨科从 20 世纪 70 年代起，在戴尅戎带领下，克服简陋的环境，带领全科创造条件积极开展临床研究，经 30 余年努力，在骨科生物力学、骨科材料学、定制型人工关节、干细胞和再生医学等领域取得一系列成就，培养一大批人才。2003 年，戴尅戎当选为中国工程院院士。2008 年，骨科研究室入选上海市重点实验室建设计划。

【研究方向】

生物力学　骨科从 20 世纪 70 年代后期开始骨科生物力学的研究，研制成国内第一台微机化步态分析系统，开展步态研究、微机化平衡功能分析、股骨上段的几何学和生物力学研究、股骨上段骨折治疗的生物力学研究、脊柱生物力学、骨折愈合和骨骼的超微结构研究等，在步态与平衡功能定量测定、内固定应力遮挡效应、人工关节的基础研究、骨质疏松症等方面获创新性成果。

1986 年，戴尅戎创办九院骨科生物力学与功能重建研究室，是当时国内最早开展肌肉骨骼系统生物力学研究的专门机构；1987 年，骨科研制的我国第一台步态分析微机处理系统和肢体空气传导式微压力生理记录仪通过鉴定，可有效对步态异常患者进行功能评定和随访，也为人体骨骼肌肉系统的生理和生物力学研究提供可靠参数，获得高教局科技成果进步奖。1991 年，《医用生物力学》杂志开始由九院承办。1993 年 6 月，上海第二医科大学生物力学研究室成立。

骨科材料学　80 年代，骨科即开始人工肌腱、骨水泥的系列研究，并在国际上首先研发骨粒骨水泥。其植入骨腔后,新骨可长入骨水泥而兼具机械和生物学固定作用。1981年9月,戴尅戎在国际上首先将形状记忆合金制品用于人体内部,相继发明形状记忆加压骑缝钉、锯齿臂环抱器等4种内植物,获得专利并用于临床。全国先后有26个省、市的340家医院推广使用,取得巨大的社会效益,之后形状记忆合金在医学领域中得到日趋广泛的应用。为此,戴尅戎获1989年度国家发明二等奖和上海市首届发明家称号,并在日本名古屋召开的国际形状记忆合金学术会议上被授予奠基人金杯。1989年,戴尅戎负责的"形状记忆加压骑缝钉"项目获国家发明二等奖,是该年度医药卫生领域唯一获得的国家发明二等奖项目。

定制型人工关节 医院骨科在国内最早将CAD/CAM、快速原型等技术用于定制型人工关节,在国际上首先研发能提供多平面360°活动的新型人工肩关节、人工全距骨＋全踝关节、多种髋臼支持托、四肢肿瘤假体、个体化半骨盆假体等,均成功用于临床。

20世纪末,戴尅戎带领骨科团队综合应用快速原型技术与计算机辅助设计、制作技术,在精确的病变骨盆模型上完成模拟切除手术,再设计、制造出能与残存的半骨盆和股骨精确衔接的半骨盆假体。在国内首先将CAD/CAM、快速原型技术等用于定制型人工关节,创造性提出优先区定制、个体化人工关节等理念,研制出十余种新型人工假体并取得多项国家专利,先后获中华医学奖二等奖、上海科技进步奖一等奖、国家科技进步奖二等奖。定制型假体等成果转化后获高新技术成果认证,并获得医疗器械产品注册证4项。

干细胞和基因研究 医院骨科在国内首先开展人BMP-2基因治疗的研究,将基因工程技术与组织工程技术结合起来,重建骨缺损、治疗骨不连,并对这项技术的安全性进行实验观察,为临床应用奠定坚实基础。2003年2月,戴尅戎、汤亭亭和美国华盛顿大学医学院华裔学者楼觉人合作研发的"BMP-2基因给药技术促进骨再生"通过上海市科委专家组鉴定,其中大动物节段性骨缺损的研究成果被评定为国际领先水平。2003年,"细胞组织复合移植修复骨缺损的研究"获上海市科技进步奖二等奖;在此基础上,在国内首先利用骨髓富集干细胞技术,开展脊柱融合和骨不连患者的临床治疗。创建具有自主知识产权的富集装置,向全国推广。2008年,"基于干细胞的骨修复关键技术研究与应用"获上海市科技进步奖二等奖。2004年3月,戴尅戎通过竞争性答辩,经严格筛选在健康科学研究所设立骨科细胞与分子生物学研究组,2004年9月开始实体化运作,由戴尅戎任组长、张晓玲任副组长。健康科学研究所由中国科学院上海生命科学研究院与上海交通大学医学院(原上海第二医科大学)合作创立,在科研院、医学院和医院间形成良好的基础研究与临床应用研究联动体系。戴尅戎研究组聚焦干细胞研究及其临床转化,涉及骨科重大疾病(骨质疏松、骨关节炎等)的发病机理与治疗。以提高科技创新能力、解决临床治疗的关键问题,努力推进生物学基础研究与临床医学紧密结合的生物医学转化型研究,不断完善具有中国特色的、国际先进的生物医学转化型研究体系建设和复合型高级研究人才的培养机制。至2010年12月,研究组共获得国家科技部国际合作项目、国家自然科学基金重大项目、中国科学院干细胞先导专项等重要科技项目累计科研经费900余万元,在SCI期刊发表科研论文20余篇,已毕业博士生6人、硕士生7人。

【合作交流】

骨科积极参与国际交流和合作,与一批国内外大学和研究机构建立合作关系。2003年,上海第二医科大学和法国利多哈大学(Universite du Littoral d'Opale, ULCO)共建中法生物材料和细胞治疗联合研究室。同年,与中科院健康所合作,成立骨科细胞与分子生物学研究组。2010年,建立华人骨研学会骨科转化医学联合研究中心。2002年戴尅戎主办第二届亚太人工关节学会学术会议并当选为学会主席,2002年起担任常务秘书长10年,每年依次在上海、首尔、普吉岛、吉隆坡、果阿、孟买、沙巴、西安、北京组织学术会议,参会者来自世界五大洲。

【科研成果】

课题与获奖 1979—2010年,骨科承担各级科研课题220余项。2003—2010年,学科先后承担国家级、省部级科研项目70余项,其中国家级25项,包括"863"项目1项、"973"课题1项、国家自然科学基金20项、科技部国际合作3项;上海市科委23项。

表2-2-27 1985—2010年骨科承担的部委级及以上科研课题情况表

年份	项目名称	来源	负责人
1985	无机骨粒骨水泥的实验研究与临床应用	中国科学院	戴尅戎
1985	无机骨粒骨水泥的实验研究与临床应用	国家自然科学基金	戴尅戎
1988	微机化截瘫助行系统的基础理论和设计优化的研究	国家自然科学基金	戴尅戎
1990	接骨板诱发早期骨质疏松的组织形态测量及超微结构研究	国家自然科学基金	裘世静
1990	可变应力接骨板系统的实验研究	国际合作	戴尅戎
1991	计算机辅助人工髋部假体预制系统的研究与应用	卫生部	戴尅戎
1991	股骨上段显微结构的三维图像建立和定量组织学研究	国家自然科学基金	裘世静
1992	推拿时腰椎三维立体运动规律及其影响因素	国家自然科学基金	侯筱魁
1992	应力松弛接骨板系统对骨改建影响的实验研究	国家自然科学基金	戴尅戎
1992	接骨板固定对骨胶原纤维三维形态和骨强度影响的研究	国家自然科学基金	朱振安
1993	松质骨骨折愈合的三维形态及超微结构研究	国家自然科学基金	陈永强
1994	张应力对皮质骨骨痂生长和改建影响的实验研究	国家自然科学基金	朱振安
1995	应力松弛接骨板系统对骨折愈合影响的实验研究	国家自然科学基金	戴尅戎
1996	实验性骨折不连接修复中基质成分mRNA表达的研究	国家自然科学基金	王震宇
1996	骨科可吸收接骨钉板的开发研究	卫生部	倪诚
1997	脊柱手法中腰椎间盘和小关节动态力学的研究	国家自然科学基金	侯筱魁
1997	CTLA-4分子诱导骨移植免疫耐受的实验研究	国家自然科学基金	戴尅戎
1996	国产透明质酸钠预防硬脊膜外粘连的实验研究	卫生部A类项目	侯筱魁
1998	骨质疏松性骨折愈合的实验研究	国家自然科学基金	戴尅戎
1999	骨质疏松症结构和骨转换诊断标准研究	卫生部	孙月华

(续表)

年份	项目名称	来源	负责人
1999	自体骨髓基质干细胞复合导体骨移植增强成骨的研究	卫生部	汤亭亭
2000	增龄导致骨重建失衡的形态计量学和分子生物学研究	教育部	朱振安
2000	无机骨栓复合左旋聚丙交酯的生物活性和力学性能	博士后基金	王 立
2000	采用可注射生物材料防止骨质疏松症引起的骨折	中法先进研究计划	戴尅戎
2001	通过诱导免疫耐受防止异种骨移植免疫排斥的实验研究	国家自然科学基金	戴尅戎
2002	骨、软骨特异性干细胞的分离和纯化研究	科技部"973"项目子课题	戴尅戎
2002	新型医用低弹性模量钛合金研究	博士后基金	宁聪琴
2003	细胞-载体复合体系的建立及在骨科的临床应用	中法先进研究计划	戴尅戎
2003	聚乙烯颗粒诱导假体周围骨溶解分子生物学机理的研究	上海市科委	朱振安
2004	健康科学中心临床研究组	中国科学院	戴尅戎
2004	骨保素/骨保素配体系统在聚乙烯颗粒诱导假体周围骨溶解中作用的研究	国家自然科学基金	朱振安
2004	IL-1Ra 和 IL-10 联合基因治疗骨性关节炎的实验研究	博士后基金	张晓玲
2004	健康科学中心临床研究组	中国科学院	戴尅戎
2005	BMP-2 基因修饰的脂肪源性间充质干细胞修复骨缺损的实验研究	教育部	戴尅戎
2005	BMP-2 基因给药促进假体-骨界面骨整合	国家自然科学基金	严孟宁
2005	生物力学调节细胞分化和促进工程化组织形成的机理	科技部"973"专项组织工程学重要基础科学问题研究	戴尅戎
2006	利用生物反应器构建组织工程化骨修复骨缺损	科技部	戴尅戎
2006	脂肪源性间充质干细胞作为基因工程种子细胞的实验研究	国家自然科学基金	戴尅戎
2007	个体化人工关节的生物学优化及快速化制作和应用	科技部"863"项目	朱振安
2007	力学信号对骨髓间充质干细胞成骨分化调控的研究	国家自然科学基金	李慧武
2007	仿生灌注法构建大段组织工程化骨	国家自然科学基金	谢幼专
2007	生物玻璃/纳米羟基磷灰石梯度涂层促进假体的生物学固定	教育部重点项目	严孟宁 汤亭亭

(续表)

年份	项目名称	来源	负责人
2007	纳米天然纤维仿生支架促进骨再生的机理研究	科技部"973"子项目	戴尅戎
2008	特异性阻断CN/NFAT信号通路对磨碎颗粒诱导假体周围骨溶解影响的实验研究	国家自然科学基金	朱振安
2008	利用T7噬菌体展示技术寻找骨关节炎生物学标志物的研究	国家自然科学基金	王晓庆
2008	生长因子基因修饰干细胞的微囊化及其成骨效应研究	国家自然科学基金	汤亭亭
2008	去铁胺对BMP2诱导的骨髓间充质干细胞向成骨细胞分化的调控	国家自然科学基金	张晓玲
2008	我国"骨组织库准入标准"技术细节与骨组织库的安全	中国工程院	戴尅戎
2008	利用灌注式生物反应器构建大段组织工程化骨的微环境分析及数学模型构建	教育部博士点基金	戴尅戎
2009	构筑叶酸靶向非病毒纳米基因输送体系治疗关节炎研究	国家自然科学基金	戴尅戎
2009	聚合物纳米粒介导SiRNA关节基因转移的应用基础研究	国家自然科学基金	张晓玲
2009	C/EBP-alpha在骨髓间充质干细胞成骨分化中的表观遗传学调控	国家自然科学基金	张晓玲
2009	生物型骨水泥增强股骨近段骨质疏松性骨折内固定的生物力学研究	国家自然科学基金	汤亭亭
2009	骨髓间充质干细胞快速黏附机制的研究及在骨修复中的应用	国家自然科学基金	干耀恺
2009	智能型移动与搬运患者护理设备的试制与临床验证	科技部	顾冬云
2009	间充质干细胞免疫调节、分化调控的机制及临床应用研究	中科院方向性项目	张晓玲
2010	OPG/RANKL/RANK系统在关节软骨细胞分化阻滞解除及骨性关节炎发病中的作用	国家自然科学基金	朱振安
2010	人体膝关节体内运动学的性别差异研究	国家自然科学基金	岳 冰
2010	生物型人工关节涂层材料及批量化制备技术研究	中国科学院知识创新工程重要方向性项目	朱振安
2010	干细胞与再生医学基地	"985"工程三期项目	戴尅戎
2010	靶向Notch信号通道调控干细胞促进骨质疏松性骨折愈合的研究	国家自然科学基金	郝永强
2010	瘦素在椎间盘细胞终末分化和椎间盘退变病理机制中的作用	国家自然科学基金	赵 杰
2010	间充质干细胞影响骨肉瘤肺转移的作用机制研究	教育部博士点基金	汤亭亭

(续表)

年份	项目名称	来源	负责人
2010	抗结核生物陶瓷仿生人工椎体的构建及其生物学特性研究	国家自然科学基金	谢幼专
2010	GNAS基因突变导致纤维结构不良成骨分化障碍的分子机制研究	国家自然科学基金	范启明
2010	植入物周围骨显微损伤修复方式及其对骨生物力学性能的影响	国家自然科学基金	于志锋

改革开放以来，学科围绕主攻方向，以关节外科为中心，以理工医结合为切入点，以科研成果的产业化为目标，积极开展基础与临床研究工作，在人体运动功能的定量评定、内固定改良、人工关节磨损与骨溶解、骨质疏松症的显微构筑与生物力学、骨科新型生物材料的研制与开发、干细胞和给药促进骨与软骨再生研究等方面，取得一批具有国际、国内先进水平的临床和基础研究成果。

表2-2-28 1987—2008年骨科科研获奖项目情况表

年份	项目	奖项	第一负责人
1987	功能性电刺激在外伤性截瘫下肢功能重建中的应用	全国康复成果三等奖	戴尅戎
1988	无机骨粒骨水泥及骨水泥预涂的实验研究	上海市科技进步奖二等奖	戴尅戎
1988	步态分析系统的研制及中国人步态分析	上海市科技进步奖三等奖	戴尅戎
1989	多孔表面人工关节的实验研究	上海市科技进步奖三等奖	戴尅戎
1989	形状记忆加压骑缝钉	国家发明奖二等奖	戴尅戎
1990	形状记忆双杯型髋假体	上海市科技进步奖二等奖	戴尅戎
1991	腰椎后部结构的动态观察和生物力学分析	上海市卫生局科技进步奖二等奖	侯筱魁
1992	老年股骨上段骨折的发生机制及治疗研究	上海市科技进步奖二等奖	戴尅戎
1993	股骨上段几何形态、生物力学及其骨折发生机制和治疗原理的研究	国家教委科技进步奖一等奖	戴尅戎
1993	推拿时腰椎后部的动态观察和生物力学分析	上海市科技进步奖二等奖	侯筱魁
1994	接骨板诱发早期骨质疏松的组织形态及超微结构研究	上海市科技进步奖三等奖	裘世静
1995	坚硬接骨板取出后局部骨质疏松逆转的组织形态及超微结构研究	国家教委科技进步奖三等奖	朱振安等
1995	应用生物学固定原理提高人工关节长期稳定性的实验研究	教育部科技进步奖一等奖	戴尅戎
1996	应用生物学固定原理提高人工关节长期稳定性的实验研究	国家科技进步奖三等奖	戴尅戎
1996	原发性骨质疏松的发生机制研究	上海市科技进步奖三等奖	戴尅戎

(续表)

年份	项　目	奖　项	第一负责人
1997	内固定应力遮挡的不利效应及其预防研究	上海市科技进步奖二等奖	戴尅戎
1999	股骨上段内部显微结构和几何形态学研究	上海市科技进步奖二等奖	戴尅戎
1999	骨质疏松症及其骨质疏松型骨折的发生机制研究	教育部科技进步奖三等奖	戴尅戎
2000	骨折内固定的力学原理研究和新型骨折内固定器的研制与应用	中国高校科技进步奖二等奖	戴尅戎
2000	骨质疏松骨结构变化规律及骨折发生机制研究	上海市科技进步奖三等奖	戴尅戎
2000	形状记忆锯齿臂环抱内固定器的研制与推广	教育部科技进步奖三等奖	戴尅戎
2001	接骨板固定及取出后局部骨量、骨结构和骨强度的变化及机制研究	上海市科技进步奖三等奖	朱振安
2001	同种异体骨的成骨方式和生物力学研究	上海市科技进步奖二等奖	汤亭亭
2001	个性化骨关节假体CAD/CAM技术与临床工程系统	上海市科技进步奖一等奖	王成焘
2003	细胞组织复合移植修复骨缺损的研究	上海市科技进步奖二等奖	汤亭亭
2003	计算机辅助定制型人工关节的医学设计与应用	中华医学科技奖二等奖	戴尅戎
2003	计算机辅助定制型人工关节的医学设计与应用	上海医学科技奖一等奖	戴尅戎
2004	骨质疏松性骨折愈合方式和生长激素治疗的实验研究	上海市科技进步奖三等奖	戴尅戎
2006	可控性微结构磷酸钙多孔生物陶瓷	上海市科技进步奖二等奖	卢建熙
2006	BMP基因给药促进骨再生的实验研究	上海医学科技奖三等奖	戴尅戎
2008	颗粒诱导假体周围骨溶解的机制及预防研究	上海医学科技奖三等奖	朱振安
2008	基于干细胞的骨修复关键技术研究与应用	上海市科技进步奖二等奖	汤亭亭

【学术任职】

2002年经法国外交部与卫生部批准,戴尅戎被法国地中海大学授予亚洲地区首位荣誉博士称号。2007年又获澳大利亚西澳大学"Raine访问教授"荣誉称号。戴尅戎先后担任上海骨科学会副主任、主任,世界华裔骨科学会主席,亚洲太平洋人工关节学会主席和常务秘书长,国际多学科生物材料研究会副主席,国际内固定学会(AO)理事和中国分会首任主席,世界华人骨科研究会理事,中华骨科学会副主任委员等。

侯筱魁1993年赴美国艾奥瓦大学医学院骨科任客座教授。曾任中华医学会骨科分会骨外固定学组副主任委员、脊柱外科学组委员、国际创伤与矫形外科学会会员。1993年起享受国务院特殊津贴。

朱振安担任中华医学会骨科分会委员、上海医学会骨科专业委员会副主任委员、上海医学会骨科专业委员会关节外科学组组长、中国医师协会骨科医师分会常委、中国肢体残疾康复学会关节外科学组副主任委员、华裔骨科学会理事。担任《国际骨科学杂志》《中华骨科杂志》等9本杂志副主编和编委。

图2-2-13 2010年戴尅戎(右二)与青年医师讨论3D打印技术在骨盆肿瘤治疗中的应用

发表论著 至2010年,骨科以第一作者(含通讯作者)发表论文300余篇,其中SCI收录近100篇。1990—2010年,科室在戴尅戎带领下,各亚专业带头人主编、主译、参编30多部学术著作。

表2-2-29 1985—2010年骨科担任主编、副主编的学术著作

年　份	著作名称	出　版　社	编(译)者	编写形式
1985	骨骼系统的生物力学基础	学林出版社	戴尅戎	主译
1991	肩部外科学	人民卫生出版社	戴尅戎	主编
1993	人工关节的基础与临床研究	人民卫生出版社	戴尅戎	主编
1997	现代骨科手术学	科学出版社	戴尅戎	副主编
1998	人工关节外科学	科学出版社	戴尅戎	副主编
1998	骨科手术学(第二版)	人民卫生出版社	戴尅戎	主编之一
1998	名医谈百病——骨折	上海科学技术出版社	侯筱魁	主编
1999	四肢脊柱创伤	吉林科学技术出版社	戴尅戎	分册主编
2001	骨科基础科学骨关节肌肉系统生物学和生物力学	人民卫生出版社	戴尅戎	主译
2002	现代外科学	复旦大学出版社	戴尅戎	分科主编
2002	王正国创伤外科学	上海科学技术出版社	戴尅戎	分科主编
2003	骨折治疗的AO原则	华夏出版社	戴尅戎	主译
2003	现代骨科学	科学技术文献出版社	戴尅戎	主译
2004	矫形外科学	科学技术文献出版社	戴尅戎	副主编
2005	骨科手术学(第三版)	人民卫生出版社	戴尅戎	主编之一

(续表)

年份	著作名称	出版社	编(译)者	编写形式
2006	骨矿与临床	中国科学技术出版社	戴尅戎	荣誉主编
2007	现代关节外科学	科学出版社	戴尅戎	
2007	关节外科聚焦	人民军医出版社	戴尅戎	主编之一
2008	骨与关节疾病诊断学	天津科技翻译出版公司	侯筱魁	主译
2008	关节镜教程	人民军医出版社	朱振安 王友	主译
2009	骨科生物力学暨力学生物学	山东科学技术出版社	汤亭亭	主译
2009			戴尅戎	主审
2009	实用关节镜手术学	人民卫生出版社	戴尅戎	主审
2009	工程前沿(第十一卷)——数字医学的现状与未来	高等教育出版社	戴尅戎	荣誉主编
2009	骨质疏松症药效研究方法与技术	人民卫生出版社	戴尅戎	主审
2010	现代骨科学	复旦大学出版社	戴尅戎	主审
2010	中华骨科学系列	人民卫生出版社	戴尅戎	总主编
2010	关节炎与相关疾病(1—2卷)	天津科技翻译出版公司	侯筱魁	主译
2010	人工髋关节外科学	人民卫生出版社	戴尅戎	副主编

六、荣誉

改革开放以来,骨科在医、教、研各方面不断取得成绩,获得了一系列集体和个人荣誉。

表 2-2-30　1978—2010骨科所获校级及以上级别奖项和荣誉

集体获奖			
获奖部门	年份	奖项	颁奖机构
骨科	1978	科研先进集体	上海第二医学院
骨科	1981	科研先进集体	上海第二医学院
骨科	1989	先进集体	上海第二医科大学
骨科	1991	上海市劳动模范集体	上海市人民政府
骨科	1991	文明科室	上海市第二医科大学
骨科	1999	上海市卫生系统先进集体	上海市卫生局
骨科	1999	文明科室	上海市第二医科大学
骨科	2008	上海市卫生系统抗震救灾先进集体	上海市卫生局
骨科医师组	1993	先进集体	上海市第二医科大学
骨科医师组	1994	文明科室先进集体	上海市第二医科大学

(续表)

个人获奖			
获奖者	年　份	奖　项	颁　奖　机　构
戴尅戎	1978、1979、1981、1982	先进工作者	上海第二医科大学
	1986	上海市热爱残疾人先进个人	上海市民政局
	1988	全国卫生先进工作者	卫生部
	1990	全国高等院校科技先进工作者	国家教委、国家科委
	1990	全国有突出贡献的中青年专家	国务院
	1990	全国卫生系统优秀留学回国人员	卫生部
	1992	上海市侨界优秀知识分子	上海市人民政府侨务办公室
	1993	上海高教局选拔培养优秀青年教师受表彰导师	上海高教局
	1994	首届上海发展侨务事业基金"胡楚南侨界知识分子英才奖"	上海发展侨务事业基金
	1996	首届上海市发明家	上海发明协会
	1997	1997年香港中国杰出访问学人	香港理工大学
	1999	全国卫生系统先进工作者	国家人事部、卫生部、中医药管理局
	2000	我最爱戴的好教授	上海第二医科大学
	2003	上海市医学荣誉奖	上海市卫生局
	2004	何梁何利基金科学与技术进步奖	何梁何利基金会
	2004	徐光启科技荣誉奖	徐汇区政府
	2005	校长奖(科研)	上海第二医科大学
	2005—2007	上海市科技功臣	上海市人民政府
	2008	上海交通大学校长奖	上海交通大学
	2008	全国抗震救灾医药卫生先进个人	卫生部
俞昌泰	1978	先进工作者	上海第二医科大学
侯筱魁	1989	先进工作者	上海第二医科大学
	1992	优秀教育工作者	上海第二医科大学
	1998	俞卓伟式好党员	上海第二医科大学
郝永强	2007	杰出青年学者	第四届中国药学发展康辰骨质疏松医药研究奖(HOMA)
朱振安	2009	上海市卫生系统先进工作者	上海市卫生局
汤亭亭	2009	2007—2009年上海市医务职工科技创新新人奖	上海市卫生局
杨志英	2009	"三八"红旗手	上海交通大学
	2009	上海市模范护士	上海市卫生局

第七节 泌尿外科

一、沿革

伯特利医院时期没有专职的泌尿外科医师。1956年,上海第二医学院儿科系迁至九院,医学院从仁济医院调来何尚志,同时期还有安世源,以及进修回到医院的瞿祖德和宋宁家等,在普外科下成立泌尿外科专业,开设泌尿科门诊。1958年儿科系迁去新华,何尚志等也随去新华医院,仅留下宋宁家、刘振庸(后去支援三线建设)作为普外科的泌尿外科专业医师。何尚志、仁济医院的江鱼、广慈医院(现瑞金医院)的徐建业均为医院泌尿外科专业的顾问医师。

宋宁家长期担任泌尿外科专业负责人,1981年3月,任科副主任主持工作,1984年任泌尿外科主任。

泌尿外科病房长期在旧2号楼2楼的老外科病区内,与普外科合用床位。1980年起有固定床位21张。1982年整外大楼建成后,泌尿外科从普外分出,与胸外科合用整外大楼3楼一层楼面(时称"外三病区"),泌尿外科设床位24张。1983年床位增至26张。1997年病房调整,胸外、泌尿病房搬迁至2号楼底层。2007年泌尿外科成为医院院级重点学科,病房从原整复外科大楼搬迁至新外科大楼(7号楼)7楼整个楼面,床位调整至35张。2008年成为上海交通大学医学院重点学科,并成为医学院前列腺激光微创诊治中心、尿失禁及盆底重建诊治中心。2010年,泌尿外科床位调整至37张。

先后在泌尿外科工作过的医师有宋雪芳、程伟民、夏期长、苏邦孝、许灿华、姚德鸿、董国勤、张国强、应俊、蒋跃庆等。

至2010年,泌尿外科有医师10人,其中主任医师3人、副主任医师2人、主治医师3人、住院医师2人。护士8人。

先后担任泌尿外科护士长的有杨福秀、张仁香、平美娟、陈慧英等。

图2-2-14 20世纪90年代科主任姚德鸿(左二)主持病例讨论

表 2-2-31　1981—2010 年泌尿外科历任正、副主任情况表

任职时间	主　任	任职时间	副主任
1978—1981	宋宁家（负责人）	1981—1984	宋宁家（主持工作）
1984—1990	宋宁家	1988—1990	姚德鸿
1990—2000	姚德鸿	2000—2004	蒋跃庆（主持工作）
2004—	王　忠	2002—	董国勤
		2004—	蒋跃庆

二、医疗

20 世纪 50—70 年代，泌尿科以诊治泌尿系统多发病、常见病为主。当时主要治疗病种有肾结核、泌尿系结石、泌尿系的整形手术、前列腺手术等。1976 年以后在专业负责人宋宁家带领下开展一系列新业务。20 世纪 70 年代末至 80 年代初，曾在江鱼教授指导下开展 6 例肾脏移植手术均取得成功，同时期配合本院肾脏内科开展血液透析治疗。1983 年开展梗阻性无精症的显微外科手术。1985 年，宋宁家开展经尿道前列腺电切手术。1987 年，姚德鸿、蒋跃庆年开展低温精子冻存技术，为人工辅助授精技术做准备。1990 年，夏其长等开展输尿管镜手术。

1986 年后，姚德鸿专注于男科学业务的拓展，设立男科门诊，在国内率先开展阴茎海绵体血管活性药物注射治疗勃起功能障碍，共积累 4 000 余例治疗经验。1987 年，开展阴茎假体手术，曾与有关厂方合作自行研制硅制银芯杆状阴茎假体并取得良好效果。1991 年，《科学生活》刊登题为"最早开设男科门诊的医生"的文章，介绍科室开展外伤动脉性勃起功能障碍阴部内动脉造影检查和阴茎动脉显微外科手术。

1987 年，张国强开展体外震波碎石（ESWL）治疗尿石症。九院是当时上海第二家开展此项工作的医院，因患者多床位不够，曾经与南市区强生职工医院合作建联合病房。已累计有 20 000 余例尿石症 ESWL 的治疗经验。

1989 年，开展膀胱癌根治手术、肾癌根治术、半尿路切除术、经尿道前列腺电切术（TURP）。2003 年开展尿流动力学检查。

2004 年 5 月，师从泌尿外科教授吕泰福（Tom F. Lue）和劳伦斯（Laurerice S. Baskin）学习下尿路修复重建手术的王忠回国任医院泌尿外科主任，将"修复重建"理念引入泌尿和男科领域，着重开展下尿路、外生殖器畸形或创伤后形态修复和功能重建，带领科室开始快速全面的医疗技术更新和改良以及部分创新。如等离子前列腺剜除术、输尿管镜技术；前列腺癌根治术、大面积阴茎阴囊佩吉特病（Paget's disease）根治和一期创面修复术等。2005 年，开展阴茎硬结症的手术治疗和基础研究并向全国推广；2006 年，在上海率先开展腹腔镜下全膀胱切除原位新建膀胱术。此后相继开展腹腔镜下肾切除和全膀胱切除手术以及经皮肾镜碎石取石术（PCNL）、钬激光前列腺剜除术（HoLEP）等项目。2007 年，开展三件套阴茎假体植入术、女性泌尿手术如尿失禁尿道悬吊、阴道再造和复杂性女性尿瘘手术。

科室在国内最早提出剜除是治疗前列腺增生症的首选方案，也是上海大规模开展前列腺剜除治疗的医院。对钬激光前列腺剜除的手术器械、能量平台的工作参数以及剜除技术进行研发和优

化,从2007年开始在国内开展培训工作推广该项技术。2010年底开始在WHO临床实验平台注册并实施大型临床试验"钬激光与等离子治疗良性前列腺增生的疗效及安全性研究"。已手术治疗BPH患者近4 000例,其中最高年龄患者为96岁,剜除最大前列腺湿重285g,治愈率99%,并发症小于5%。平均住院天数从8.3天降至2010年的3.4天,术后三分之一的病例不需要膀胱持续冲洗。至2010年已成功举办6届全国继续教育学习班,创新和改良的剜除技术已在全国大型医院推广和应用。

表2-2-32　2001—2010年泌尿外科主要业务工作量情况表

年　份	门诊人次	急诊人次	门急诊合计	出院人数	手术人次
2001	15 686	1 335	17 021	499	344
2002	18 055	1 673	19 728	547	360
2003	16 908	1 693	18 601	444	375
2004	18 390	1 611	20 001	815	571
2005	17 974	1 410	19 384	1 069	749
2006	18 928	1 539	20 467	1 082	778
2007	20 246	1 491	21 737	1 099	757
2008	21 165	1 563	22 728	1 332	765
2009	22 712	1 818	24 530	1 706	750
2010	25 830	2 218	28 048	1 858	870

三、教学

1965年口腔系迁来九院后,泌尿外科专业作为普外科教研组的成员参与口腔系学生的教学工作。1988年后,外科系统设立第一教研室和第二教研室。第一教研室承担外科总论及胸、泌、骨各专科的教学内容。第二教研室则主要承担普外科的教学内容。1995年,九院临床医学院成立后,泌尿外科同时承担口腔医学院、九院临床医学院的本科教学任务。姚德鸿曾担任口腔医学院外科第一教研室副主任(1990—1993年),口腔医学院、九院临床医学院外科教研室主任(1993—2000年)。蒋跃庆在2000—2004年任外科教研室副主任。2005年,泌尿外科入选上海交通大学医学院教育教学基金项目,并率先进行双语教育,2006年度入选上海交通大学医学院精品课程建设计划,随后逐步开展PBL教学。2010年,王忠教授获得上海交通大学优秀教师。泌尿外科为上海市泌尿外科住院医师培养基地和第一批上海市泌尿外科专科医师培训基地。从2009年9月开始接收泌尿外科住院医师进行培训。2010年,正在培训的专科住院医师有3名。

姚德鸿于1995年获硕士研究生导师资格,开始招收泌尿外科研究生。2004年,王忠开始招收硕士研究生,2006年开始招收博士研究生。至2010年,泌尿外科共培养博士4人、硕士12人。2010年起,成为博士后流动站,博士后出站2人。

至2010年,学科已成功举办6届"下尿路修复与重建新进展"国家级继续教育学习班,吸引国内外泌尿外科2 000多名同道参会,包括众多国内外知名专家学者。

2004年以来,共接收进修医师培训120余名。依托中国男科手术培训中心,举办5期科主任研修班、泌尿外科和男科手术周,部分手术演示经网络全国直播。

图2-2-15　2010年科主任王忠(前排右二)主持病例讨论

四、科研

【科研成果】

姚德鸿较早开展男性病学研究工作,从事男子不育与男子性功能障碍研究,并开设男子专科门诊。1985年,率先在国内开展阴茎海绵体血管活性剂注射治疗阳痿。同时主编和参编《实用男子性障碍诊疗学》《不孕、不育治疗学》《性医学》《中国医学百科全书·计划生育分册》等男科学专著及科普书籍十余部。20世纪80年代起,先后发表科普文章2 800余篇,1980年荣获上海新长征优秀科普作品奖,2004年中国科普作家协会第四届理事会审定为科普编创学科带头人。

蒋跃庆在国内较早开展系列双功能超声阴茎血流动力学研究,推广至国内男科临床,并开展外伤动脉性阴部内动脉造影和显微阴茎动脉重建工作和阴茎血气分析工作。

2004年,王忠"良性前列腺增生发病中关键基因的筛选"申请到上海市科委上海市自然科学基金。2006年,申请到泌尿外科历史上第一个国家自然科学基金,随后泌尿外科的研究开始涉及良性前列腺增生、前列腺癌、尿道下裂相关基因、组织工程在尿道修复和膀胱再造中的应用等领域。

2004—2010年,泌尿外科承担市级及以上科研项目8项,获科研经费128万元。

表2-2-33　2004—2008年泌尿外科承担的市级及以上级别科研与人才计划项目情况表

年份	项目名称	来源	负责人
2004	良性前列腺增生发病中关键基因的筛选	上海市科委	王忠
2005	ATF3在尿道下裂发生与发展中的作用	上海市科委(基础重点项目)	王忠
2005	SHH、BMP4与前列腺增生症发病机制的关系	教育部留学回国人员基金	王忠
2005	表皮细胞作为种子细胞构建尿道的实验研究	上海市教委	傅强
2005	口腔黏膜上皮细胞作为种子细胞修复膀胱缺损	上海市卫生局	卢慕峻

(续表)

年份	项目名称	来源	负责人
2005	上海市浦江人才计划	上海市科委、上海市人力资源和社会保障局	王 忠
2006	ATF3 在尿道下裂发生中的作用	国家自然科学基金	王 忠
2008	尿道发育体外器官培养模型的构建和雌激素干预、ATF3 调控研究	上海市科委（基础重点项目）	王 忠
2008	含间质细胞的前列腺癌裸鼠模型的建立及效果评价	上海市科委	王 忠
2008	上海市良性前列腺增生症社区综合防治规范模式的探索与推广	上海市申康医院发展中心	王 忠

表 2-2-34　2007—2010 年泌尿外科获得的专利情况表

专利名称	专利号	专利类型	发明人
与尿道下裂发病相关的新基因	200710047595.6	发明	王 忠
黄芩苷在治疗阴茎硬结症中的应用	200710047597.5	发明	王 忠
一种阴道支撑模具	200710047599.4	实用新型	王 忠　潘连军
一种构建黏膜移植物的方法	200710171119.5	发明	卢慕峻
多功能病裤	200720069368.9	实用新型	陈慧瑛　阮 洪　王惠芬
一种医用悬挂器	200720066989.1	实用新型	陈慧瑛　阮 洪　刘 明　柯乐颖

表 2-2-35　2008 年泌尿外科获得的科技奖项情况表

年份	课题名称	奖项	主持人
2008	ATF3 在尿道下裂发生与发展中的作用	上海医学科技奖三等奖	王 忠
2008	尿道下裂发病机制及阴茎尿道体外发育模型的构建	上海市科技进步奖三等奖	王 忠
2008	尿道下裂发生机制的研究	教育部科技成果奖	王 忠

【学术任职】

宋宁家曾任上海医学会泌尿外科分会委员。

姚德鸿曾任中华医学会泌尿外科分会委员和中华医学会男科学分会委员，上海医学会男科分会副主任委员、顾问，上海医学会泌尿外科分会常务委员，上海医学会科普学会副主任委员、主任委员，上海医学会外科分会秘书等职。

蒋跃庆曾任上海医学会男科分会委员、顾问，上海市计划生育与生殖健康学会理事等职。

董国勤曾任上海医学会泌尿外科分会青年委员、委员。

王忠曾任中国医师协会泌尿外科分会委员，中国性学会性医学分会副主任委员，上海医学会男科分会副主任委员、泌尿外科分会委员，上海中西医结合分会泌尿男科分会主任委员，中华医学会男科学分会副主任委员，医用激光设备与技术专业委员会秘书长等职。

蔡志康曾任上海医学会男科分会委员、上海医学会泌尿外科分会委员、中华医学会男科学分会青年委员。

卢慕峻曾任上海医学会泌尿外科分会青年委员。

达骏曾任上海市中西医结合学会泌尿外科专业委员会委员、秘书，上海医学会泌尿外科分会青年委员。

【发表论著】

1999—2010年，泌尿外科发表论文192篇，其中SCI收录9篇。姚德鸿主编专著1部，王忠主编、参编《下尿路修复重建手术学》（人民卫生出版社，2000年）等专著12部。

五、社会公益

泌尿外科团队积极投入社会公益事业，鼓励临床医医师走进社区，普及科学知识，定期举办社区科普讲座。2010年3月，科室派出卢慕峻参加第一批援滇医疗队。同年10月，派出张克参加第二批援滇医疗队，赴云南祥云县人民医院组建泌尿外科并顺利开展业务。科室积极参与医院分院建设，分别在2007年帮助周浦分院、2008年帮助奉城分院成立独立的泌尿外科，造福当地民众。

六、荣誉

姚德鸿获全国优秀医学科普工作者（1993年）。王忠获评上海交通大学优秀教师（2010年）。

第八节 胸外科

一、沿革

1951年，上海伯特利医院已有肺痨科，设床位30张。医务主任梅国桢兼外科主任，和赵衍开展脓胸、肺叶切除等胸腔手术，此为胸外专业的起始。同年4月，肺痨科聘请苏世仪担任特约医师，定期来院门诊。同年8月，上海市军事管制委员会接办伯特利医院。1953年，医院计划发展胸外科，设14张床位，4张为手术床位设在外科，10张为术后恢复设在内科。患者按原发疾病不同，由肺科或外科医师管理。赵衍曾任胸外专业负责人，聘心胸外科专家顾恺时为肺科顾问，经常带着麻醉师和助手来医院手术。1956年，上海第二医学院儿科系迁来九院。1957年，胸外科独立建科，在普外科设床位12张。梁其琛任胸外科主任，有主治医师、住院医师各2人。肺科医师不再兼做胸外科工作。科室开展全肺切除、食管癌根治术、胸壁畸形纠治术等多种胸外手术。1958年，梁其琛随儿科系迁去新华医院。胸外科随之撤销，仅在普外科内零星收治食管癌、贲门癌和纵隔肿瘤，有1名普外科主治医师兼做胸外科业务。

1966年，普外科撤销胸外专业组，无人从事胸外科专业。

1975年，医院重建胸外专业组，由李耀永负责胸外专业组，并聘请瑞金医院胸外科主任宋祥明任顾问，有住院医师2人，在普外病区零星收治普胸患者，无固定床位。

1979年，医院恢复胸外科，时有主治医师、住院医师各2人，固定床位12张，仍设在普外病区内,每年收治患者150人次。

1982年,整复外科大楼(2号楼)建成,胸外科和泌尿外科从外一病区搬迁至整复大楼3楼,胸外科核定床位增至26张。有主任医师3人、副教授1名,主治医师3名、住院医师6名,每年收治患者250多人次。1985年,胸外科年门诊1 814人次。1989年病房搬迁至2号楼底楼。

1991年,胸外科除常规工作外,已逐步开展部分胸腔大血管介入手术。1992年,胸外科改名为心胸外科,并开展体外循环下心脏手术、贲门癌术后吻合口机械瓣置入防食管胃吻合口狭窄及反流性食管炎创新手术。

2003年,医院决定关闭胸外科病房,原有医护人员归入普外科,部分医师到中山医院胸外科进修。仅有陈昭明、梁析和倪峰轮流值班应对胸外科急诊,在普外科协助下,仅收治一些胸外科常见病和急诊患者。

2008年10月,医院调入管欣任胸外科主任,并筹建恢复胸外科病房。2009年6月,在5号楼的4楼重建胸外科病房,核定床位18张,其中重症监护4张。有主任医师1人、主治医师2人、住院医师2人。

表2-2-36　1953—2010年胸外科历任正、副主任情况表

任职时间	主　　任	任职时间	副主任
1953—1957	赵　衍(负责人)	1975—1979	李耀永(负责人)
1957—1958	梁其琛	1979—1991	李耀永
1979—1984	宋祥明(兼)	1979—1984	王相才
1984—1991	王相才	1982—1991	蒋惠人
1991—1992	蒋惠人	1991—1992	方立德
1992—2002	方立德	2002—2004	杜建伟(负责人)
2008—	管　欣		

二、医疗

伯特利医院时期,梅国桢就开展人工气胸治疗肺结核。胸外科初建时期,在科室顾问著名胸外科专家顾恺时带领下开展难度较大手术,如肺叶切除、全肺切除、胸廓成形术、食管癌切除术等。当时设床位14张,分别设在肺内科和外科。胸外科和肺内科医师共同查房管理病区,肺内科医师兼管胸外科患者,是国内唯一管理模式,在上海胸外科领域有一定影响。

1957年,科主任梁其琛对病房作出调整,肺内科医师不再兼任胸外科工作,原设在肺科病房内的床位撤销,胸外床位减为12张。开展全肺切除术、食管癌根治术、胸壁畸形纠治术和二尖瓣狭窄闭式分离术等多种胸外科手术。

1975年,重建胸外专业组后,收治普胸患者。1979年,除普胸疾病外,王相才同时少量开展心脏和血管外科手术,每年收治患者150人左右。曾与整复外科协作完成3例颈部食管癌切除后应用游离空肠显微外科吻合重建食管术。

1981年以后,随着床位增加,业务也得到发展。每年收治患者250多人次。食管癌、贲门癌手术切除率和并发症发生率均达到较好水平,吻合口瘘的发生率仅0.5%～0.7%。肺癌术后中西医结合治疗5年生存率也达到国内先进水平。1985—1989年,胸外科年均接治急诊者1 300余人

次。1989年,胸外科开设呼吸道病专科门诊。同年,胸外科有床位26张,当年收治患者187人。

1991年后,方立德带领胸外科曾开展体外循环下心脏手术、贲门癌术后吻合口支架置入防反流性食管炎(人工贲门)、单纯右胸进路食道癌根治术、人工食管、三腔空肠代胃术、心胸外科手术后监护及低温麻醉下心脏疾病纠治和气管切除术、气管支气管袖状切除术等手术。在介入诊疗方面开展心导管检查术、肺动脉插管术、肺动脉造影术、主动脉插管支气管动脉造影术和肺动脉留置插管肺癌化疗等项目。方立德研制的"人工食管"获2001年适应新型专利(专利号00263467.8)。1991—2000年,胸外科累计门诊患者14 608人次,住院治疗近2 000人次。

2008年,管欣带领胸外科逐步恢复业务,开展胸部疾病的手术治疗。包括肺叶切除、肺叶袖状切除、双袖式肺叶切除、全肺切除、气管肿瘤切除重建、隆凸切除重建、食管癌切除重建、纵隔肿瘤切除等手术,而且在九院开创性地完成胸腔镜下微创肺叶切除、全肺切除、肺大泡切除、食管癌切除重建、纵隔肿瘤切除等手术。对下行性坏死性纵隔炎进行新的临床分型并采用相应的治疗方法,使患者围手术期死亡率降低到10%;应用新型手术方式矫治复杂胸壁畸形获得满意效果;与头颈肿瘤外科合作开展颈胸交界部位肿瘤的复杂手术;与整复外科合作利用游离大网膜与周围血管吻合技术修复胸腹壁巨大缺损。至2010年,年住院人次为600余例,涵盖胸外科的几乎全部病种。

图 2-2-16　2010年胸外科主任管欣(坐者)和同事讨论病例

三、教学

口腔系迁来后,胸外科作为普外科的一部分,参加外科教研室的教学工作,承担口腔专业的学生胸外学教学内容。独立建科后,作为口腔系外科第一教研室成员,参与外科总论和动物实验课的教学任务。1995年,九院临床医学院成立后,开始参与临床医学系五年制的教学任务。理论授课内容为胸外科和心脏外科部分,并承担课间实习和临床实习教学任务。管欣和梁析在临床医学院率先开展食管癌的PBL教学课程,并先后获得医学院优秀教师奖。

1990年,胸外科开始招收硕士研究生,先后有3名硕士研究生如期毕业。

四、科研

胸外科结合临床实际积极开展研究工作。20世纪50年代,胸外科和肺科曾联合工作,主要围绕结核病治疗进行探索和总结。1952—1954年,朱尔梅、赵衍、陈伦元等探索支气管内抗结核药物滴入治疗结核空洞和脓胸,论文发表在《中华医学杂志》和《中华结核病科杂志》。1956年,顾恺时、赵衍等发表"结核性脓胸的纤维层剥除术"等论文。1985年,蒋惠人在总结临床病例资料基础上提出"食管癌、贲门癌的手术中吻合口瘘的预防措施",并对肺切除治疗支气管扩张症后残余症状的原因作分析探讨。1987年,王相才整理医院急诊胸部损伤病例临床资料,发表在"650例胸部损伤的临床分析"论文中,并对贲门癌全胃切除消化道重建的方式进行分析总结。方立德带领科室开展选择性肺动脉插管化疗治疗中晚期肺癌,创新性地开展胃癌、贲门癌切除术后的三腔空肠代胃术,并在学术会议上交流将临床经验。1993年,倪峰比较中西医结合治疗小细胞肺癌疗效与单纯手术治疗的比较,研究结果发表于《中国中西医结合杂志》。管欣曾在《中国肿瘤临床》杂志发表冠状动脉搭桥手术同时行肺癌根治术的论文并作文献综述,参编《成人心脏外科学》。2010年王峰的"CD34 Positive Cells Seeded on Small Caliber Man-Made Vascular Grafts Exhibit Increased Antithrombogenic Property Compared with Unfractioned Mononuclear Cells"文章在 *Journal of Cardiovascular Surgery* 上发表。1982—2010年,胸外科发表论文20余篇。

管欣任中华医学会上海胸外科专业委员会常委,中华医学会上海中西医结合分会胸外科专业委员会常委,中国研究型医院学会体外生命支持与循环专业委员会委员。

五、荣誉

平美娟获评上海第二医科大学优秀护士长(1997年),上海市卫生系统首届文明职工(2000年)。

第九节　血　管　外　科

一、沿革

九院血管外科前身为普外科血管外科专业学组。1981年7月,由普外科主任孙建民牵头成立。创立初期,周门诊约20人次左右,设10张床位,第一年手术量50余人次。1985年,年门诊1986人次。1993年11月,血管外科独立建科,有10名医师,其中1名主任医师、4名主治医师、5名住院医师。开设病床22张,同时,还在同仁医院开设联合病床20张,每周门诊数80余人,年施行手术800余例、1500余人次血管造影,在当时位居国内专业领域前列。1995年10月,血管外科入选院级重点学科,有病床28张。2007年,血管外科成为教育部"211"工程重点建设学科。2008年底,在交大医学院的大力扶持下,以九院血管外科为牵头单位,联合整合仁济、瑞金、市一、市三、市六和新华等医院血管外科科室,成立上海交通大学血管病诊治中心,由蒋米尔主任担任中心负责人,促进学科新技术、新知识的推广和应用。

至2010年底,血管外科拥有住院病床38张,年门诊量12 000余人次,年手术量1 500余台。科室有医师12人,其中高级职称6人、中级职称3人,全部具有硕士研究生以上学历。护士14人。

表2-2-37 1981—2010年血管外科历任正、副主任情况表

任职年份	主任	任职年份	副主任
1981—1993	孙建民	1981—1993	张培华 蒋米尔
1993—	蒋米尔	1993—	陆民

二、医疗

血管外科在国内较早开展多项周围动静脉外科手术,如深静脉瓣膜修复术、分期静脉动脉化等。首创经皮腘静脉穿刺插管造影术,为客观评价深静脉瓣膜功能提供"金标准"。

2000年后,科室顺应血管外科微创化的发展趋势,积极开展血管腔内介入技术,采用覆膜支架抢救,治愈腹主动脉瘤、胸腹主动脉夹层动脉瘤和主动脉假性动脉瘤数十例,在国内外学术界产生一定的影响。此外,血管外科还在国内率先成功开展内膜下血管成形术治疗动脉硬化闭塞症,低位浅组双向血流静脉动脉化治疗广泛性动脉闭塞症,相关研究成果获上海市科委鉴定。熟练掌握静脉曲张微创治疗方法如腔内激光、射频、微波、冷冻、腔镜等,部分技术在国际上处领先地位。科室在先天性血管畸形的诊断和治疗上有丰富的临床经验,采用个体化、手术联合微创治疗的方法已治愈数百例复杂的血管畸形患儿。在基础研究方面,科室紧密联系实际,以解决临床难题为目标,深入探索,开展腘静脉肌襻替代术和带瓣膜血管段移植的机制及适应证研究,分期静脉动脉化的机制及微循环的研究,股深动脉在动脉重建术中的应用价值、动脉再狭窄和血管壁重塑机制及信号传递等方面的研究,取得令人鼓舞的成绩。

至2010年,血管外科在原发性深静脉瓣膜功能不全(DVI)和深静脉瓣膜重建、下肢浅静脉曲张腔内激光治疗(EVLT)、深静脉血栓形成及后遗症诊治、髂静脉压迫综合征(cockett syndrome)的诊断和介入治疗,静脉动脉化治疗下肢广泛性动脉闭塞症,股深动脉重建下肢血液循环、经皮腔内球囊扩张血管成形术和血管支架置入术治疗动脉硬化闭塞性疾病等技术领域处于国际先进水平。2002年起,率先在国内进行EVLT治疗下肢浅静脉曲张,结合学科优势手术结合激光治疗,取得良好疗效,并在全国范围推广应用。在先天性周围血管疾病的诊治方面,对于静脉畸形-骨肥大-皮肤血管瘤综合征(KTS),通过较多病例数的治疗经验,积累丰富的诊断和治疗经验;系统研究先天性动静脉瘘的手术方式和手术方式选择的原则,先天性血管畸形的PVA颗粒或弹簧圈栓塞术及手术联合栓塞治疗,手术联合Nd:YAG激光治疗弥漫性海绵状血管瘤均已取得较好的临床治疗效果。床位学科的临床专长为国内同行所公认和接受。

血管外科成立初期,需要借用影像科的胃肠X线机器完成静脉造影的工作,条件甚为简陋。在孙建民带领下,张培华、蒋米尔等克服重重困难,在有限的条件下完成多项临床和基础课题的研究。科室陆续配备经皮氧、二氧化碳分压仪,激光多普勒,双向超声多普勒仪,光电血流仪,容积描记器,静脉瓣膜功能测定仪等先进设备,以用于下肢深静脉功能不全的测定及动脉粥样硬化闭塞症的足趾压力测定。

至2010年,血管外科拥有数字血管造影机1台以及Diomed半导体激光治疗仪、Nd:YAG激光治疗仪、西门子彩色多普勒超声等大型设备。

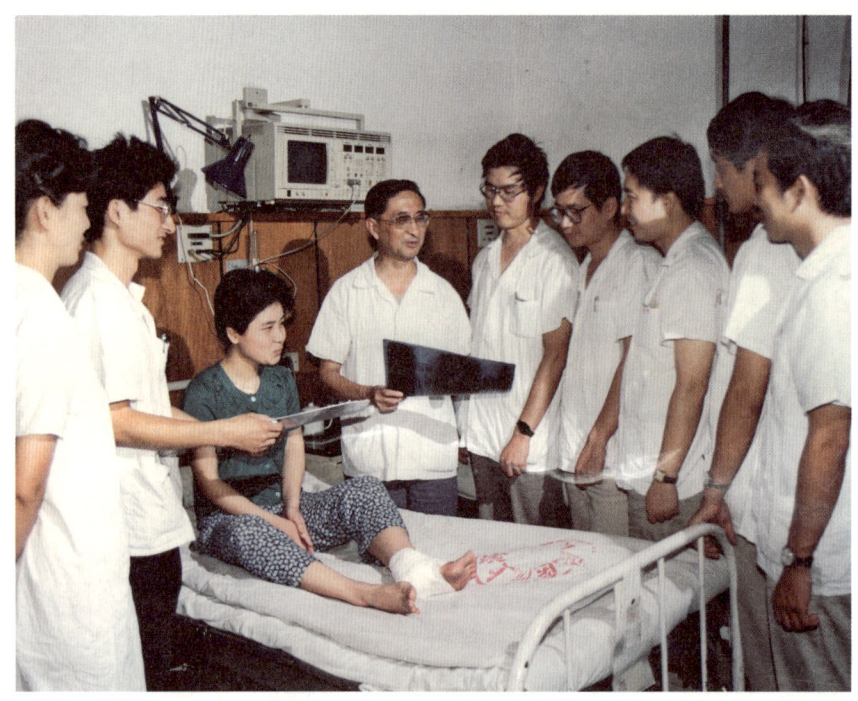

图 2-2-17　20 世纪 90 年代张培华(左四)带领青年医师查房

三、教学

【学历教育】

作为外科学教研室的一部分,参加口腔系学生的授课。1995 年,临床医学院成立后血管外科开始为临床医学生讲授外科学(周围血管疾病),并接受临床带教任务,是《黄家驷外科学》和高等院校统编教材《外科学》"血管外科"章节的撰写单位。同时,在张培华的带领下,科室完成血管外科学领域最早的专业书籍《临床血管外科学》,为目前最常用的血管外科医师教学参考书。

1997 年,学科成为上海第二医科大学硕士学位授予点(外科学),蒋米尔成为科室独立建科以来第一位硕士生导师。2001 年,又成为上海第二医科大学博士学位授予点(外科学),蒋米尔为学科第一位博士生导师,陆信武成为科室第一位博士生,研究方向为血小板高敏性的相关机制。至 2010 年,血管外科共有博士生导师 2 人,硕士生导师 2 人。学科也承担本科生、研究生、留学生和进修医师的教学及科研指导工作,已培养博士研究生 7 人;硕士研究生 26 人,在读 3 人;国家教育部委托培养留学生 1 人。

【继续教育】

作为国内较早规范化开展血管外科疾病治疗的专业科室,1987 年 2 月,科室作为普外科的亚专业组,承办第一届全国血管外科学习班。1992 年 10 月,承办第二届全国血管外科学习班。同年 11 月,举行上海市血管外科科研成果推广学习班。至 2010 年底,血管外科共举办全国性的继续教育学习班近 20 场,累计授课超过 500 学时,学员近 2 000 人次。至 2010 年,已培训来自全国各地进修医师 500 余人次,其中多人已成为国内外血管外科研究骨干,包括在英国伦敦大学、美国芝加哥大学和加拿大多伦多大学的研究骨干。

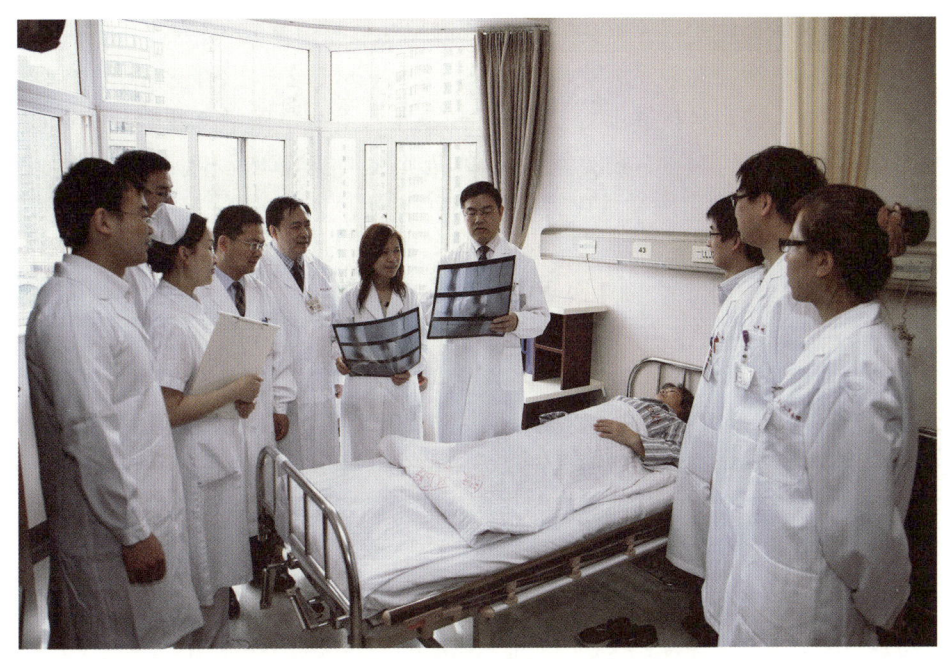

图 2-2-18 2010 年蒋米尔(右五)带领医师查房

四、科研

【科研发展】

科室成立初,即确定以治疗动静脉疾病为主要研究方向,开展多项国内外首创的新技术,在深静脉功能不全的基础及临床研究上更是填补国内空白。血管外科成立后开展一系列科研工作。1986年7月,成立血管外科研究室,孙建民任主任。此后重点研究下肢静脉疾病的组织学及血流动力学变化,在几代人的努力下,取得丰硕的结果。创始人孙建民在外科学及血管外科研究方面卓有成效,其主持研究的"清脉'791'恢复缺血肢体血液循环的实验和临床研究"获卫生部重大科技成果乙级奖(1983年),"壁细胞迷走神经末梢切断术治疗十二指肠溃疡"获上海市科技进步奖三等奖(1985年),"自体带瓣静脉段股浅静脉移植的实验和临床研究"获国家科技进步奖三等奖、上海市科技进步奖一等奖(1988—1989年),"静脉动脉化重建下肢的组织营养"获国家教委二等奖(1988年),"下肢静脉倒流性功能不全和瓣膜功能定位检测的研究"获上海市科技进步奖三等奖(1989年)。

由张培华主持研究的"股浅静脉瓣膜包窄术治疗下肢深静脉功能不全"获中国船舶工业总公司科技进步奖三等奖(1993年)、"动静脉转流术重建肢体血循环基础问题的研究"获国家教委科技进步奖三等奖(1993年),"下肢深静脉瓣膜功能检测和肌襻形成术推广应用"获上海市科技进步奖三等奖(1995年),"动静脉转流重建肢体血流循环的实验和临床研究"获中国人民解放军总后勤部科技进步奖二等奖(1995年)。

蒋米尔担任科主任以后,科室的科研实力得到进一步增强。其主持研究的"同种异体小口径血管移植实验研究"获上海卫生局科技进步奖二等奖(1997年),"下肢深静脉瓣膜功能检测和瓣膜重建术的推广应用"获国家教育部科技进步奖三等奖(1999年),"血管重建再狭窄中血管壁不适重塑的实验研究"获上海医学科技奖三等奖(2003年),"覆膜支架腔内修复术治疗主动脉夹层和腹主动脉瘤的研究"获第六届上海第九人民医院临床医疗成果奖(2005年),"下肢动脉严重缺血性疾病的实验以及临床应用"获上海市科技进步奖三等奖(2007年)、上海市医学科技奖二等奖(2007年)和中华医学科技奖三等奖(2007年),"下肢慢性静脉功能不全的实验研究和临床应用"获上海市科技进步奖三等奖(2009年)、上海市医学科技奖二等奖(2009年)。

科室近年来已有多人到美国、加拿大、法国、日本、意大利及比利时等国进修学习,并保持良好国际合作关系。其中与全美第二大临床医学中心梅奥诊所(Mayo Clinic)和法国图卢兹三大附属医院血管外科领域人才培养合作项目为学科进一步发展提供良好的基础。此外,学科和法国INSERM U466实验室(法国国家实验室)联合申请2002年中法先进研究计划(PRA)"活性氧族和兔髂动脉球囊扩张术后内膜增生的关系研究"(项目列B02－09)。依托该实验室雄厚的科研实力、在血管疾病信号传导及受体方面研究专长,论文发表立足于国际有影响的英语专业杂志的优势,以及学科的临床优势,为提高九院血管外科的科研层次和与国际接轨提供契机。

【科研成果】

至2010年,学科共承担国家自然科学基金、教育部、卫生部及上海市等科研课题33项,经上海市科委、上海市卫生局成果鉴定31项;获国家及各部委、上海市等科技进步奖28项,其中包括国家发明四等奖、中华医学科技奖、上海市科技进步奖一等奖和上海医学科技奖等。

表2-2-38 1991—2010年血管外科承担科研课题情况表

年 份	项 目 名 称	来 源	负 责 人
1991	恢复下肢深静脉倒流和回流障碍病变血流动力学状态研究	国家自然科学基金	张培华
1991	下肢深静脉病变的研究	卫生部	张培华
1992	同种异体血管移植段免疫、生理和物理性能	国家自然科学基金	张培华
1992	同种异体血管移植免疫、生理和物理性能的实验研究	上海市卫生局	张培华
1992	下肢深静脉瓣膜功能检测和肌襻形成术的推广	上海市卫生局	张培华
1993	腘静脉血液反流对小腿肌肉泵功能不全的研究	上海市高教局	蒋米尔
1993	小腿肌肉泵结构、功能变化和下肢静脉病关系的研究	上海第二医科大学	陆 民
1994	小腿肌肉泵结构、功能变化和下肢静脉病关系的研究	上海市高教局	陆 民
1995	VEGF基因重建下肢血液循环的实验研究	上海市教委	张培华
1998	腔内支架移植血管成形术治疗髂动脉硬化闭塞症的研究	上海市卫生局百人计划	蒋米尔
1998	血管形成调控异常及血管瘤发病机制的研究	上海第二医科大学校基金	蒋米尔
1999	组织工程技术修复血管缺损的实验研究	上海第二医科大学校基金	蒋米尔
2000	纤溶系统调控血管壁组织结构重新塑性机制的研究	上海市教委	蒋米尔

(续表)

年份	项目名称	来源	负责人
2001	血管重建再狭窄中血管壁塑性与纤溶系统激活的研究	上海市卫生局百人计划	蒋米尔
2002	反应性氧族(ROS)与血管内膜增生的实验研究	上海市教委	黄 英
2002	Amplatz血栓消融器(ATD)临床应用研究	上海卫生局	黄新天
2004	uPA/uPAR调控血管平滑肌凋亡和表型改变的实验研究	国家自然科学基金	蒋米尔
2004	和脉方剂防治兔髂动脉再狭窄的实验研究	上海市教委	蒋米尔
2005	活性氧生成调控与再狭窄关系的实验研究	上海市教委	黄 英
2005	内膜下血管成形术动物模型的基础研究	上海第二医科大学博士点基金	杨广林
2006	护理方式对下肢深静脉血液回流及舒适度的影响	上海交大医学院护理基金	卞薇薇
2007	慢性静脉功能不全患者血小板高敏性调控机制的研究	国家自然科学基金	陆信武
2007	复方冬红合剂防治动脉术后再狭窄机制的研究	上海市科委引导项目	黄 英
2007	单核细胞基因表达变化及其动脉再狭窄关系的实验研究	上海市教委重点项目	蒋米尔
2007	血管腔内治疗胫腓动脉闭塞所致的下肢严重缺血	上海市卫生局	陆信武
2008	结合转录组学与蛋白质组学的方法研究外周动脉硬化闭塞症的发病机制	上海市教委基础重点项目	蒋米尔
2009	FOXC2基因与下肢浅静脉曲张关系的实验研究	教育部留学回国人员基金	黄 英
2009	腹主动脉瘤腔内修复术后瘤内压力的无线测量	上海交大医工交叉面上项目	刘晓兵
2010	tPA介导的EBP和LRP-1/β1 Integrin信号通路改变在PTS多阶段管壁重塑中的调控作用	上海交大博士点基金	殷敏毅

表2-2-39 1988—2009年血管外科科研获奖情况表

年份	项目名称	奖项	负责人
1988	自体带瓣静脉段股浅静脉移植的实验和临床研究	上海市科技进步奖一等奖	孙建民
1988	静脉动脉化重建下肢的组织营养	国家技术发明奖四等奖	孙建民
1989	分期静脉动脉化重建下肢的组织营养	国家教委二等奖	孙建民
1989	自体带瓣静脉段股浅静脉移植的实验和临床研究	国家科技进步奖三等奖	孙建民
1989	下肢深静脉倒流性功能不全和瓣膜功能定位检测的研究	上海市科技进步奖三等奖	孙建民
1990	下肢静脉瓣膜结构和功能研究	国家教委科技进步奖二等奖	孙建民

(续表)

年份	项目名称	奖项	负责人
1990	自体带瓣静脉移植段组织学和血流动力学研究	国家教委科技进步奖二等奖	孙建民
1990	下肢静脉病变流行病学机制和治疗的研究	卫生部科技进步奖三等奖	孙建民
1990	下肢静脉病变机制和治疗的研究	上海市科技进步奖三等奖	孙建民
1991	下肢深静脉倒流性功能不全的研究	上海市科技进步奖三等奖	孙建民
1991	静脉动脉化重建下肢的阻止营养	首届上海市科技博览会银奖	孙建民
1992	动静脉转流重建肢体血循环基础问题的研究	国家教委科技进步奖三等奖	张培华
1994	股静脉瓣膜包窄术治疗下肢深静脉倒流性病变的临床研究	中国船舶工业总公司科技进步奖三等奖	张培华
1995	下肢深静脉瓣膜功能检测和肌襻形成术推广应用	上海市科技进步奖三等奖	张培华
1996	动静脉转流重建肢体血流循环的实验和临床研究	中国人民解放军全军科技进步奖二等奖	张培华
1998	同种异体小口径血管移植的实验研究	卫生局科技进步奖二等奖	蒋米尔
1999	下肢深静脉瓣膜功能检测和瓣膜重建术的研究和应用推广	国家教育部推广奖三等奖	蒋米尔
2001	静脉动脉化后血管内膜功能变化的实验研究	山东省教委科技进步奖	黄新天
2004	血管重建再狭窄中血管壁不适重塑的实验研究	上海医学科技奖三等奖	蒋米尔
2007	下肢动脉严重缺血性疾病的实验研究和临床应用	中华医学科技奖三等奖	蒋米尔
2007	下肢动脉严重缺血性疾病的实验研究和临床应用	上海市科技进步奖三等奖	蒋米尔
2007	下肢动脉严重缺血性疾病的实验研究和临床应用	上海医学科技奖二等奖	蒋米尔
2009	下肢慢性静脉功能不全的发病机制和外科治疗	上海市科技进步奖三等奖	蒋米尔
2009	下肢慢性静脉功能不全的发病机制和外科治疗	上海医学奖二等奖	蒋米尔

表2-2-40 1988—2007年血管外科首创的科研技术应用情况表

完成年份	成果名称	主要完成人
1988	静脉动脉化重建下肢的组织营养	孙建民 张培华 尚汉祚等
1989	自体带瓣静脉段股浅静脉移植的实验和临床研究	孙建民 张培华 尚汉祚等
1988	下肢深静脉倒流性功能不全和瓣膜功能定位检测的研究	孙建民 张培华 蒋米尔
1990	下肢静脉瓣膜结构和功能研究	孙建民 张培华 陆民 蒋米尔
1992	动静脉转流重建肢体血循环基础问题的研究	张培华

(续表)

完成年份	成 果 名 称	主 要 完 成 人
1999	下肢深静脉瓣膜功能检测和瓣膜重建术的研究应用推广	蒋米尔
2007	下肢动脉严重缺血性疾病的实验研究和临床应用	蒋米尔　陆　民　黄新天　陆信武等

【学术任职】

张培华曾任《临床外科杂志》副主编、《现代诊断与治疗》杂志特邀编委。蒋米尔曾任中华医学会医学工程学分会血管外科与组织工程专业委员会委员、中华试验外科学组委员。陆民曾任《临床外科杂志》编委。

【发表论著】

至2010年,血管外科共发表文章超过450篇,其中在国内外有影响的核心期刊共发表论文361篇,SCI收录10篇。蒋米尔、张培华主编4部专著,副主编1部专著。其中《临床血管外科学》一书,是《黄家驷外科学》和高等院校统编教材《外科学》"血管外科"章节的撰写单位。

五、荣誉

血管外科获评上海市卫生系统文明班组(2005—2006年)、上海交大医学院文明班组(窗口)(2008—2010年)。

蒋米尔获评上海第二医科大学优秀中青年科技人员(1992年),上海市卫生系统"银蛇奖"二等奖、上海市卫生局记大功(1993年),上海市卫生系统"十佳医生"提名奖(1997年),上海市卫生系统先进工作者(2003—2005年)。陆民获评二医大优秀青年教师(1995年)。刘晓兵获评上海市卫生系统世博医疗卫生保障工作先进个人(2010年)。

第十节　神　经　外　科

一、沿革

九院神经外科成立于1993年10月。在此之前,医院没有独立神经外科,急诊脑外伤的工作由普外科兼神外业务的尚汉祚、张雪元处理。

1993年9月,医院从仁济医院引进著名神经外科专家丁美修为核心的神经外科医师团队,加上张雪元,应届毕业生程华怡、侍行文以及丁美修的在读硕士研究生哈立德、田新华,组建独立的九院神经外科。护士长由李莉明担任,卞虹斌、王意、葛维君、蔡文蓓、倪爱伟、刘琦等组成护理团队。同年11月,王秉玉从仁济医院调入。次年,毛青从宝钢医院调入,形成了科室的基本团队。

1995年,神经外科开始鼓励年轻医生提升学历,包括在职职工,至2000年先后培养了6名硕士、博士,科室人员学历结构得到优化。

2000年建立神经外科电生理室。2008年科室成为上海交通大学颅神经联合诊治中心、垂体瘤联合诊治中心。

建科时，病房设在2号楼地下室，设14张病床。1年后，病房从地下室迁至原老病房楼。历经辗转，先后与小儿科、妇产科、神经内科合用一个病区，床位21张，包括重症病床4张。2004年神经外科病房迁至新建的外科大楼（7号楼）6楼，设病床36张，包括重症病室5张病床。

至2010年神经外科在职医护人员24人。10名医师，其中主任医师3人、副主任医师2人、主治医师2人、住院医师3人。医师中博士学历3人，硕士学历4名；5人有国外工作或进修经历。护理部中主管护师1人，护师4人，护士9人。建科以来，先后有李莉明、寿宇雁、陈惠芳、王意、赵燕担任科室护士长。2010年，神经外科门急诊7 426人次，住院人751次，手术318人次。

表2-2-41 1993—2010年神经外科历任正、副主任情况表

任职时间	主任	任职时间	副主任
1993—2002	丁美修	2002—2005	王秉玉（主持工作）
2005—2008	王秉玉	2002—2008	郭智霖
		2002—	吴逸群
		2006—	陈若平
		2008—	郭智霖（主持工作）

二、医疗

【业务发展】

神经外科有一支成熟的医师团队，建科后不仅满足了医院对专科业务的需求，而且将医疗服务的范围辐射到长三角地区，尤其是脑、脊髓血管病和脑、脊髓肿瘤等方面的工作进入全市三甲医院神经外科前列。

医院间合作　建科初期，由于医院添置的DSA、核磁共振等大型设备尚未到位，为了开展业务，1993年科室与胸科医院、纺织局第一医院等合作开展脑血管病的血管内介入诊疗工作，成为上海市首批拥有神经介入工作团队的5家医院之一。

科际合作　为了支持医院特色专科发展，神经外科积极开展科际合作。建立2支相对稳定的亚专业团队分别与口腔颌面外科和整复外科合作。与口腔颌面头颈肿瘤科合作成立九院最早的MDT团队，成功开展颅颌面恶性肿瘤的颅颌联合根治手术治疗，提出晚期颅颌面肿瘤患者救治的上海九院方案，在全国神经外科学界和口腔头颈肿瘤学界产生广泛影响。与整复外科合作，开展严重颅面畸形包括狭颅症、眶距增宽、克鲁宗综合征等先天性颅面畸形的外科治疗，形成一套跨学科合作的颅面畸形手术方法新模式。这些合作成果都获得国家和市级科技进步奖。

医疗设备配置　建科后，科室配置较齐备的医疗设备，其中包括手术显微镜、脑室镜、立体定向治疗仪、多功能电生理监护仪、经颅多普勒、CPT/C（感觉神经阈值测定仪）、常规脑电图仪、24小时脑电检测仪。

临床工作　丁美修是上海神经外科学界显微外科技术的倡导者，自科室创立起就将神经显微外科技术广泛应用于临床治疗，涵盖几乎所有颅内肿瘤、椎管肿瘤、脑动脉瘤、脑血管畸形以及各种颅神经疾病的手术治疗。神经外科建立后，致力于建立医院颅脑外伤及相关的复合创伤的急诊救

治体系,与急诊科、口腔颅颌面科和眼科等合作完善抢救流程和救治的原则,创建急救绿色通道。至 2010 年,神经外科的临床诊疗工作范围已涵盖神经肿瘤、脑血管病、颅底疾病、功能神经外科、脊髓脊柱疾病、先天性颅面畸形和颅脑外伤等各个亚专业领域。

1993 年开始神经介入诊疗工作,成功施行医院历史上第一例脑血管畸形栓塞术(1994 年)、颈动脉海绵窦瘘栓塞术、颅内动脉瘤栓塞术(1997 年)、颅颌面血管畸形栓塞术(1999 年)、脊髓血管畸形栓塞术(2000 年)、颅内动脉支架置入术(1999 年)和颈动脉狭窄支架置入术(2003 年)。至 2010 年,神经介入治疗已经占脑血管病治疗的 50% 以上。

依托医院口腔颌面外科和整复外科优势,神经外科在颅底颅内外沟通肿瘤、先天性颅面畸形、头面部巨大肿瘤治疗上,逐渐形成自己的技术特色。

图 2-2-19　2006 年丁美修(前排右四)主持科室业务学习

【医疗特色】

颅脑外伤　颅脑外伤以及重型颅颌面创伤的多学科救治体系和后期整复治疗是九院神经外科的一大特色。20 世纪 90 年代中期,开始与口腔颅颌面科和眼科合作,使重型颅颌面创伤急诊救治和二期颅眶,颅颌复合型骨折、缺损的修复纠治达到国内先进水平,逐渐形成稳定的外伤多学科合作模式。2009 年,又成功地与整复外科合作,完成重型颅颌面外伤的大面积软组织缺损皮瓣修复重建。

颅底肿瘤　神经外科突破对颅底肿瘤性疾病的传统认识,除传统的听神经瘤、脑膜瘤、脊索瘤等疾病的诊治外,与口腔颅面头颈肿瘤科合作,成功开展颅颌面恶性肿瘤的颅颌联合根治手术治疗,提出晚期颅颌面肿瘤患者救治的上海九院方案。应用颈动脉球囊阻断试验(BOT)技术,对肿瘤累及颈动脉的病例进行术前脑缺血耐受性评估,为避免手术并发脑缺血、制订科学合理安全的手术治疗方案提供可靠依据。在全国神经外科学界和口腔头颈肿瘤学界产生深刻的影响。

颅面畸形 师承世界颅面外科先驱戴维和布罗菲两位教授的神经外科颅面畸形团队,多年来在对各类严重先天性复杂颅面畸形(颅狭症、眶距增宽、克鲁宗综合征)等跨科联合整复手术治疗方面处于全国领先水平。自1999年手术后,丁美修和吴逸群于2005年再次采用独特的手术方案挑战罕见的经蝶鞍脑膜膨出畸形,成功为患儿实施回纳修复手术,经央视报道后在社会上引起较大反响,先后成功治疗11例该罕见疾病,是国内最大宗的病例组,积累了宝贵的临床经验。

三叉神经痛和面肌痉挛 微血管减压术(MVD)是颅神经疾病(三叉神经痛、面肌痉挛和舌咽神经痛)的标准功能神经外科术式,作为显微神经外科基本技能培训成果,神经外科高年资医师掌握率超过90%,到2010年,科室MVD手术量位列全市第三。

脑血管病 自建科时就开展脑、脊髓血管畸形和动脉瘤的手术治疗。1994年起,相继开始脑血管病的微创血管内介入治疗,如脑血管畸形、颅内动脉瘤的介入栓塞治疗,脊髓血管畸形、颈动脉海绵窦瘘的介入栓塞治疗,颅内动脉狭窄、颈动脉狭窄的支架置入治疗,颅内、颅底肿瘤超选择化疗等。1998年,开始小骨窗血肿清除治疗高血压脑出血病。2000年,开始立体定向的脑血肿清除术。

颈动脉阻断的缺血耐受试验 1997年,神经外科开始针对单侧颈内动脉阻断脑对缺血耐受的研究,至2010年已积累丰富经验,形成一套完整的颈内动脉球囊阻断试验评估流程。该项研究为脑血管病、颅底或颈部巨大肿瘤手术前,结扎一侧颈内动脉的预后判断提供客观依据,成为神经外科多学科合作的特色之一。

三、教学

承担口腔医学院和夜大学有关神经外科的教学任务。主要授课内容为颅脑损伤、颅高压、脑疝以及颅脑肿瘤。由科内指派高年资医生负责大班理论授课,科室教学干事小班带教,并参与教学大纲的编写和理论考试。

1994年,开始招收硕士研究生。1998年,开始招收博士研究生。至2010年,神经外科有博士导师1人,硕士导师1人,先后招收硕士研究生3人、博士研究生6人。

四、科研

神经外科科研工作主要涉及脑血管病等方面。承担国家自然科学基金资助课题"正常灌注压突破的实验研究"、上海市科委"三维CT在颅底手术入路设计运用"、上海市教委"脑缺血后微血管之变化"、卫生部"实验动脉瘤的血液动力学变化研究"等项目。

郭志霖完成国家级研究项目2项,王秉玉、吴逸群、程华怡、侍行文分别完成院基金课题4项。

与整复外科合作项目"严重颅面畸形的外科治疗研究"获上海市科技进步奖一等奖和国家科技进步奖三等奖。

科室与美国、法国、澳大利亚、日本等国同道建立学术交流关系,先后有4名高年资医生出国访问,5名医生出国进修。同法国克莱蒙费朗第一大学医学院附属医学中心以及澳大利亚皇家阿德莱德医院定期交流。郭志霖、樊宝华、施巍获法国外籍神经外科医师执照。

表 2-2-42 1993—2010 年神经外科承担的校、局级及以上级别科研课题情况表

年 份	课 题 名 称	来 源	负责人
1993	正常灌注压突破的实验研究	国家自然科学基金	丁美修
1994	颅面血管畸形生长和复发的解剖和分子生物基础	二医大校基金	丁美修
1995	颅底三维图像分析的数学模型及其在颅底肿瘤手术设计和不同手术方案比较的研究	上海市教委	丁美修
1998	腰椎间盘突出症计算机三维仿真模型的建立	卫生部 B 类项目	丁美修
1999	实验动脉瘤的血液动力学变化研究	卫生部	郭智霖
2000	等溶稀释疗法对低灌注性脑循环功能的影响	二医大博士点基金	丁美修
2001	颅底-颈静脉孔区显微解剖的量化研究	上海卫生局	吴逸群
2002	后颅底扩大根治手术径路的显微解剖研究	上海市教委	吴逸群
2005	早期切脉针刺对急性脑血管病治疗的相关研究	上海市科委中医现代专项	丁美修

【学术任职】

丁美修曾任中华医学会上海分会第四、五届神经外科专业委员会委员,医院学位评定委员会委员(1991 年)。

王秉玉曾任中华医学会上海分会第六届神经外科专业委员会委员,中华神经外科专业委员会第一届女神经外科医师常委。

郭志霖任中华医学会上海分会第七届神经外科专业委员会委员。

【发表论著】

1993—2010 年,神经外科发表论文 151 篇。

丁美修主编《急诊神经外科手册》,主译《减少交通事故——一项全球性的挑战》。

王秉玉共同主译《减少交通事故——一项全球性的挑战》,参编《急诊神经外科手册》。郭志霖参编《急诊神经外科手册》《新编神经外科学》《脑血管疾病的外科治疗》等。

吴逸群副主编《口腔颌面部肿瘤缺损的功能性重建手术图谱》《颅颌肿瘤手术及修复精要》,参编《颅底疾病的诊断和治疗》《急诊神经外科手册》《新编神经外科学》。

五、社会公益

2000 年起,与法国"希望之链"协会建立小儿神经外科领域的长期合作项目,并赴云南楚雄黎族自治州人民医院进行援滇工作。6 年里,"希望之链"的中外专家在楚雄地区共诊治患者 400 余人次,实施幼儿先天性脑积水、脑肿瘤等手术 80 余人次。2005 年 3 月 16 日,在滇成立神经外科临床协作中心,一年两次赴楚雄开展工作,并接受楚雄州医院选派的医疗技术骨干到上海第九人民医院神经外科免费培训进修。上海交大医学院举办 2 期云南楚雄地区干部培训班,王秉玉担任题为"我心目中的科主任"的培训课程。

2008 年 6 月,郭智霖担任汶川地震救灾九院医疗队队长,圆满完成抗震救灾医疗任务。

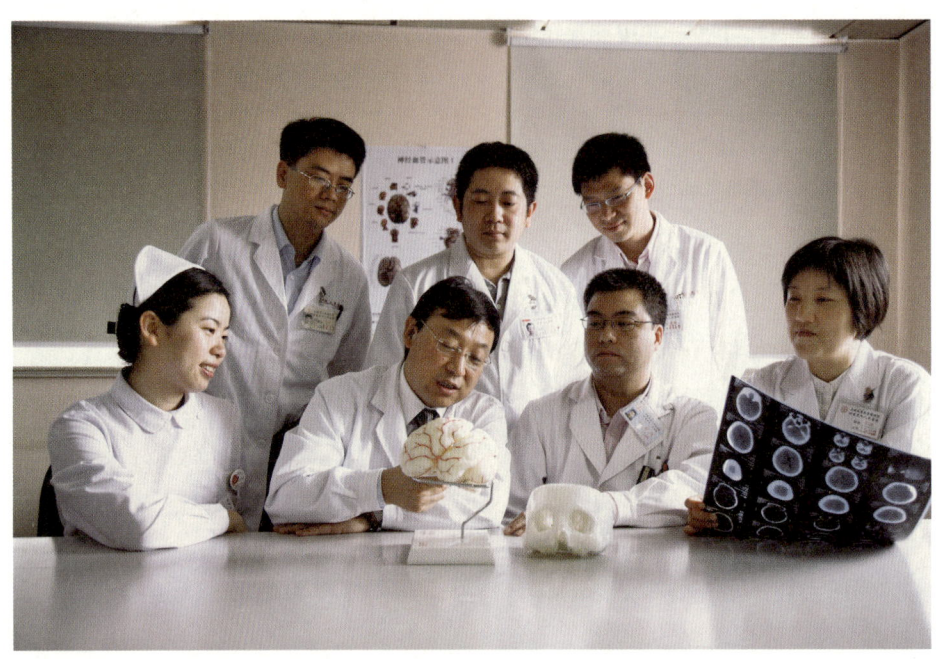

图2-2-20 2010年郭智霖(前左二)主持科室学习

六、荣誉

【集体荣誉】

神经外科援滇项目"希望之链在楚雄"荣获上海市医务职工精神文明十佳好事、上海市科教党委系统精神文明创建优秀项目(2006年),上海市医务工会十佳好事(2005—2007年)。科室获评上海市医务工会双十佳好事集体(2006年)。神经外科护理组获全国"三八"红旗集体(2006年)、上海市教育系统"巾帼文明岗"(2010年)。

【个人荣誉】

丁美修获评上海交大医学院院长奖(医疗)(2010年)。王秉玉获评上海第二医科大学"三八"红旗手(2001—2002年)。王意获评上海第二医科大学优秀护士(1997年)、上海交大医学院优秀护士(2005年)。郭智霖获评上海交大医学院"抗震救灾"先进个人(2008年)。樊宝华获新疆维吾尔自治区政府颁发的"第七批省市优秀援疆干部人才"奖。

第十一节 手术麻醉科

一、沿革

伯特利医院时期不设专职的麻醉人员。手术医师自己做麻醉,护士配合观察生命体征。医院被接办前的手术主要是剖宫产等妇产科手术和由梅国桢等做的部分胸腔和普外科手术。有些手术请外院专家(如顾恺时)带麻醉师来做。随着医院的发展,对专职麻醉人员的需求日益迫切。20世纪40年代末至50年代初,中国现代麻醉学的开拓者吴珏、李杏芳回国,开始上海麻醉学科的建设。1951年,医院从手术室护士中遴选3位业务技术好、工作责任心强的护士王淑真、陈丽珠、郑荷芳,经过短期进修培训学习,成为医院第一批专职麻醉人员。1952年,陆连奎加入麻醉小组,并担任负责人。1957年1月,上海第二医学院儿科系迁来医院,仁济医院麻醉科医师金熊元调至九院麻醉科工作,并聘请广慈医院麻醉科主任李杏芳和医师王鞠武担任顾问。同年,医院派郑荷芳到仁济医院和广慈医院短期进修。1958年,儿科系撤走,金熊元又调去新华医院,医院手术室仅有陆连奎及前述3位护士做麻醉。

1962年,医院派湘雅医学院毕业的印尼归侨外科医师沈建南去广慈医院进修麻醉,回来后正式建立外科麻醉组,并担任组长。此后,护士李凤英、孙根妹、胡凤玲、徐之华、刘萝、李莉相继进入麻醉队伍。1965年9月,沈建南考入上海第一医学院麻醉学专业研究生,师从著名麻醉专家吴珏,成为医院第一位麻醉专业研究生。1978年,在外科麻醉组的基础上成立麻醉科,由沈建南副主任主持工作。医师队伍也逐渐壮大:朱也森(1975年)、刘和平(1980年)以及1982年以后的王少谷、王家勇和徐辉等相继加入麻醉科。1987年,沈建南赴澳大利亚阿德莱德颅颌面外科中心进修学习麻醉技术,回国后开展颅颌面手术麻醉。

1984年,瑞金医院原麻醉科副主任王鞠武来九院麻醉科担任第二任科主任。1989年2月3日,根据卫生部《关于将麻醉科改为临床科室的通知》,规范麻醉的专业性质和工作范围。王鞠武对科室现状进行调查研究,并进行一系列的改革。着手制定多项科室管理制度,规范麻醉处理流程,加强专业知识、专业技能的培训。此后,每年均招聘医学院本科应届毕业生进入科室工作。

1992年,朱也森自法国斯特拉斯堡大学附属医院留学归国后担任第三任科主任。手术室和麻醉科合并成为手术麻醉科,被医院批准为首个人事制度改革试点。至1998年,科室人员93人,其中麻醉人员45人(中高级人员约占40%)、手术室护士48人。2002年,科室成为上海市医学会麻醉学专科分会副主任委员单位。2003年,科室成为医院重点学科。2006年,又成为上海交通大学医学院重点学科、上海市医学会急诊和危重病专科分会的副主任委员单位。2008年,成为中华口腔医学会口腔麻醉学专委会主任委员单位。

至2010年底,手术麻醉科已发展成为包括临床麻醉、危重医学和疼痛门诊的一级临床科室。科室共有医师60人,其中高级职称8人,中级职称18人,研究生以上学历占85%。有护士117名。

表2-2-43 1978—2010年麻醉科历任正、副主任情况表

任职时间	主任	任职时间	副主任
1978—1984	沈建南(负责人)	1984—1991	王鞠武　朱也森
1992—2008	朱也森	1984—1996	沈建南
2008—	姜虹	1992—	徐辉
		1993—2008	刘和平
		1998—2008	姜虹
		2008—	黄燕　陈志峰

二、医疗

【手术室】

1948年1月,伯特利医院复业,在医疗楼(旧1号楼)的2楼妇产科病房设有2间手术室。1950年5月,"美玉外科院"(旧2号楼)建成后,在2楼外科病房设有202、203两间手术室,205室是器械和更衣室,另有一小间作为敷料室。

1967年,外科病房楼(5号楼)建成,第五层设手术室,共设8间。1982年,整复外科楼(2号楼)建成,第二层设手术室,主要供楼内的整复外科、胸外科和泌尿外科的手术使用。1992年,开设苏醒室。1994年,5号楼加建第六层,增加6间手术室。2003年,外科综合楼(7号楼)建成启用,第三、四层为手术室,第二层为外科重症监护室和术后苏醒室。同年,开设上海首个麻醉诱导室,提高手术室的工作效率。

2006年,口腔、整复组织工程综合大楼(1号楼)建成,第九、十层为手术室,八楼为外科重症监护室和术后苏醒室。至此,医院的手术室全部搬迁至7号楼的三、四层以及1号楼的九、十层。至2010年底,共有层流手术室38间(不包括浦东分院的5间),2个外科重症监护室共20张床,并设有2间麻醉诱导室和2间术后苏醒室。

【医疗设备】

1952年,医院仅有2间手术室,1台简易的"陶根记"麻醉机(李杏芳参照从美国带来的麻醉机,请上海有关单位共同制造的国内首台紧闭麻醉机)。当时没有监护设备,全部依赖手工测量,条件十分简陋。

20世纪60—80年代,医疗设备改进不大。1991年起,上海103麻醉机逐步被淘汰,引进英国百斯、美国欧美达麻醉机。1991年,开始引进喉罩用于麻醉。1992年,引进国产心电监护仪,能够监测血压和心电图。1993年,开始引进氧饱和度监测仪和科林心电监护仪。1994年,引进纤维支气管镜用于困难气管插管。1996年,引进压力换能器,从而实现连续有创动脉压的监测。1996年,开展脑电图双谱分析用于全麻深度监测。随着临床业务的拓展和手术量的增加,科室的医疗设施、设备不断完善。

至2010年,学科共有多功能麻醉机50余台、监护仪100余台。配备TCI工作站、纤维支气管镜、血气分析仪、无创心功能检测仪、自体血回输机、疼痛理疗仪等设备,硬件配置达到国内较先进的水平。

【医疗技术】

1920—1950年,医院没有专职的麻醉人员,手术的麻醉操作均由外科医师和手术室护士实施。手术前由医师实施腰麻,随后交给手术室护士监护管理。1952年,麻醉小组成立,逐步开展乙醚开放滴入麻醉、单次普鲁卡因蛛网膜下腔阻滞、硫喷妥钠静脉麻醉。建立术前访视、术后随访和疑难麻醉讨论等临床制度,但月完成麻醉不足10人次。1955年,逐渐开展单次硬膜外阻滞麻醉和气管内插管全身麻醉。1957年,应用去极化肌松剂琥珀胆碱实施气管插管术用于开胸手术麻醉,同时开展各种神经阻滞麻醉,如颈丛、臂丛神经阻滞。1962年,开展氟烷吸入麻醉。1969年,口腔颌面外科及整复外科开展大量新手术,困难气管插管及经鼻腔气管插管增多,也陆续开展颅内压监测、控制性降压、低温麻醉、针刺麻醉及各种吸入麻醉(包括氟烷、氨氟醚、异氟醚、笑气)。20世纪80年代开展颈内静脉穿刺术、桡动脉穿刺术,进行有创直接动脉测压。1990年起,开展患者术后自控镇痛业务。1994年起开展纤维气管镜进行困难插管。1995年起,开设镇痛门诊,在星状神经节阻滞治疗偏头痛、头面部带状疱疹疼痛、面瘫、腰腿痛方面形成临床特色。针对口腔颌面外科和整复外科患者"困难气道"的棘手问题,学科研制出盲探气管插管装置,获得中国实用新型专利(1996年)、上海市卫生局医学科技成果重点推广项目(1997年)、上海市优秀发明奖、全国"挑战杯"大学生课外发明二等奖(2001年)、医疗器械生产许可证(2005年)。医院麻醉科开始逐渐形成以困难气道管理、口腔颌面和整复外科麻醉管理为核心的临床特色。除颅颌面外科麻醉和整复外科麻醉外,婴幼儿麻醉是学科另一大特色。2000年起,陆续开展无痛胃肠镜、无痛人流、整外门诊手术麻醉、痔科门诊手术麻醉等项目。

至2010年,每年完成包括口腔颌面外科、整复外科、骨科、普外科、泌尿外科、胸外科、血管外科、妇产科、神经外科、眼耳鼻喉科、小儿外科的手术麻醉2万多台。口腔颅颌面外科、整复外科和骨科的麻醉和围术期管理是本学科的优势和特色。每年完成各种颅内外联合径路肿瘤根治术、复杂的颌面畸形整复术、大关节置换术和脊柱外科手术的麻醉近万例,在该领域已居国内领先和国际先进水平。婴幼儿颅颌面肿瘤切除术和复杂畸形整复术的麻醉以及困难气道管理也是学科特色之一,累计病例数已居世界前列。

【重大高难度麻醉】

1976年,成功实施全国第一例颅颌面径路眶距增宽症矫正术的麻醉。1979年,在国内首次成功实施颅颌面联合根治术治疗晚期颌面部恶性肿瘤手术的麻醉。1983年,成功地为1名两岁半的幼儿实施眶距增宽症矫正术的麻醉,受到国内外麻醉学界的关注。1991年,参与1例头面部特大神经纤维瘤切除手术的麻醉管理。同年,还参与抢救南浦大桥建设者施工时严重挤压伤致肝右叶爆炸性碎裂的患者。1992年,参与抢救24岁的铁钉射中心脏、濒临死亡的伤者。1996年,参与救治国内首例胸骨裂畸形致心脏外凸的患儿。1997年,完成1例仅5个月大、面颈部长有1.3千克重巨型淋巴血管瘤的患儿的麻醉。2003年、2005年成功抢救2例全身麻醉诱发恶性高热患者。

三、教学

【学历教育】

作为口腔医学院外科学教研室的一部分,麻醉科为口腔专业学生讲授麻醉学,并接受临床带教任务。1991年,成立麻醉学教研室,朱也森任主任,姜虹任副主任,承担口腔医学院口腔、生物医学工程系及夜大学的麻醉教学任务,每年培养进修医师15人左右。参与编写麻醉与危重病学教学书籍。

1995年,九院临床医学院成立,教研室也开始承担临床医学系本科的教学工作。2008年,姜虹任麻醉与危重病教研室主任,同年参与组建上海交通大学医学院麻醉与危重病医学系,并担任主讲教师。

1994年,麻醉科成为上海第二医科大学(以下简称"二医大")硕士学位授予点,朱也森为学科第一位硕士生导师。2001年,又成为二医大博士学位授予点,朱也森为学科第一位博士生导师。至2010年,麻醉科共有博士生导师2人,硕士生导师2人。共培养博士研究生6人,硕士研究生18人。

【毕业后教育】

2009年，麻醉科成为上海市麻醉学住院医师专科规范化培训基地，参与制定麻醉学住院医师规范化培训的内容要求和考核指标。九院也成为上海市麻醉学住院医师规范化培训考核点，姜虹任考核点负责人。

科室发明的"盲探气管插管新技术"于2000年、2007年两次入选卫生部"面向农村和城市社区推广适宜技术十年百项计划"。在九院主办全国性学习班共12期，与福建省、新疆维吾尔自治区、云南省、湖南省和吉林省卫生厅、上海市麻醉质控中心、西安市麻醉学会、石家庄市卫生局联合举办学习班8期。2001年起科室每年举办国家级继续教育学习班"盲探插管新技术""口腔麻醉学进展"。2008年后，举办上海市继续教育学习班"麻醉护士培训班"。

2007年起，与护理部合作开展麻醉专科护士培训。

【教学成果】

"麻醉学——困难气管插管教学课件"获二医大优秀教学成果奖（2004年）。朱也森获评二医大优秀教师和优秀教育工作者（1993年）、上海市优秀教师（1993年）、高露洁口腔医学教育奖三等奖（1994年）。姜虹获高露洁口腔医学教育四等奖（1996年）、二医大研究生优秀奖学金二等奖（1997年）、宝钢教育基金上海市优秀学生奖（1997年）、西门子优秀研究生二等奖（1998年）。

四、科研

麻醉科的科研工作开始于20世纪80年代，当时多以临床经验总结为主。每年平均有一二篇论文在全国性杂志及全国麻醉学术会上发表或宣读。1986年朱也森和陈似莲在《中华麻醉学杂志》发表"自制前端能抬高的鼻气管导管用于小儿盲探插管1例报告"。1987年朱也森、沈建南和王鞠武在《中华小儿外科杂志》发表"小儿腭裂修复术的静脉麻醉体会"。1989年，王鞠武和沈建南在《临床麻醉学杂志》发表"3 156例小儿腭裂修复手术的麻醉中意外与并发症及其防治"。20世纪90年代起，麻醉科逐步开展动物实验和临床对照研究，每年发表论文十余篇。2008年麻醉科发表第一篇SCI论文（第一作者李启芳，通讯作者姜虹）。2008年，李启芳获麻醉科第一项国家自然科学基金（青年基金）。

至2010年，麻醉科共获得国家自然科学基金1项、上海市科委基金4项、上海市卫生局基金5项、上海市教委基金2项、校百人计划基金2项、校级基金3项。1991—2010年，发表论文186篇，其中SCI论文13篇。朱也森获中国实用新型专利1项。

朱也森主编《现代口腔颌面外科麻醉》（山东科学技术出版社，2001年）、"麻醉学高级系列专著"《头颈颌面部手术麻醉》（人民卫生出版社，2009年）。联合主编《实用纤维支气管镜下气管插管技术》（世界图书出版公司，2007年）、《中华口腔科学·口腔麻醉学》（人民卫生出版社，2009年）。

表2-2-44　1996—2009年麻醉科所获校级及以上级别科研课题情况表

年　份	项目名称及编号	来　源	负责人
1996	困难气管插管装置的研制及临床应用	上海市教委	朱也森
2000	食管气管引导管通气结合PCA技术避免口外术后气切的研究	上海市卫生局	朱也森

(续表)

年份	项目名称及编号	来源	负责人
2000	异丙酚实施患者自控镇静辅助口外术后气道管理的研究	横向课题	朱也森
2002	靶控输注用于盲探插管麻醉(02QB14020)	上海市科委青年科技启明星计划	姜 虹
2005	围手术期发生困难气道危险性及建立预测评估体系的研究(054051)	上海市卫生局	姜 虹
2007	异氟烷预处理的脑保护作用研究(2007Y34)	上海市卫生局	李启芳
2007	异氟烷预处理对急性肺损伤的保护作用及信号传导机制研究(07ZR14069)	上海市科委	姜 虹
2007	盲探气管插管新技术的推广应用(2007[卫通]第13号)	卫生部十年百项计划	朱也森 姜 虹
2007	食管气管引导管通气结合PCA技术避免口外术后气切的研究	上海市卫生局	朱也森
2008	异氟烷预处理对缺氧缺血性脑损伤的保护机制研究(08QA14044)	上海市科委青年科技启明星计划	李启芳
2008	HO-1在异氟烷预处理脑保护中的作用研究(08WC35)	上海市教委	李启芳
2008	低氧诱导因子在COPD发病机制中的作用及其早期诊断研究(074119626)	上海市科委	朱也森
2009	κ受体激动剂BRL52537对大鼠缺血性脑损伤保护作用及分子机制研究	上海市卫生局	徐 辉
2009	Toll样受体4在内毒素诱导的急性肺损伤纤维化过程中作用机制的实验研究(BXJ0923)	上海交通大学医学院博士创新基金	何征宇
2009	HO/CO系统在异氟烷急性肺损伤保护作用中的地位	上海交通大学重点项目	姜 虹
2009	异氟烷对创伤失血性休克后急性肺损伤的保护作用及机制	上海交通大学医学院	黄 燕
2009	HIF-1α在异氟烷预处理神经细胞保护中的作用和机制研究(30801079)	国家自然科学基金青年基金	李启芳

【获奖和专利】

1994年,《盐酸多沙普仑用于全麻催醒的临床观察》和《颌面部巨大肿瘤的麻醉处理》论文获中华医学会上海分会施思明奖。1996年《异丙酚用于小儿腭裂手术》获《麻醉与重症监测治疗杂志》论文评选三等奖。1997年,《异丙酚-芬太尼在小儿全麻术中的维持应用和血糖的监测》获异丙酚专利论文评选三等奖。2005年,由朱也森和姜虹主持的"围手术期困难气道的研究"获得上海医学科技奖三等奖,2006年该项目又获得中华医学科技成果奖三等奖和上海市科技进步奖二等奖。

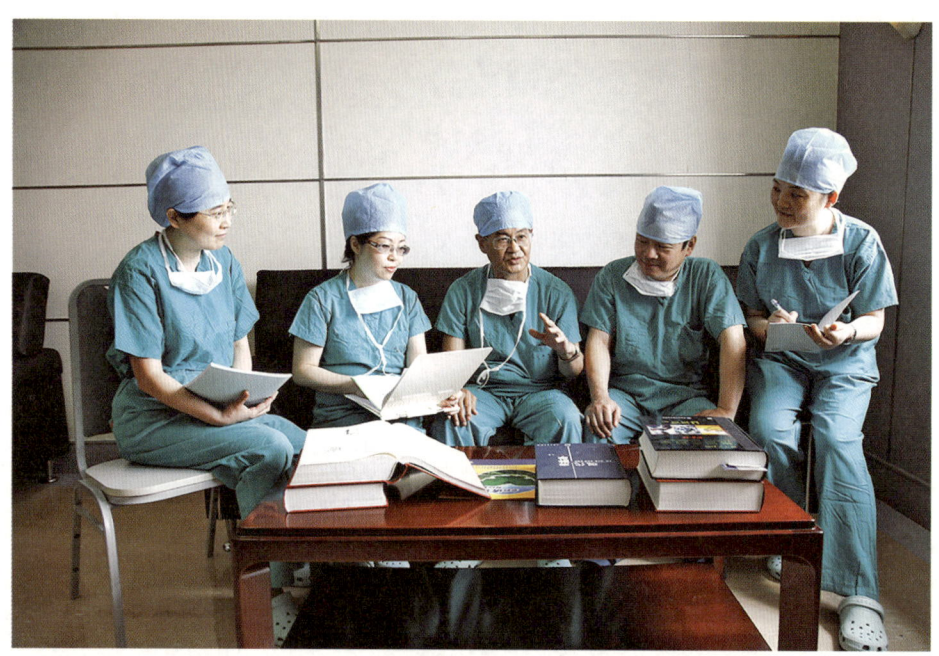

图 2-2-21 2010 年姜虹(左二)、朱也森(左三)等讨论科室工作

【学术交流】

1965年,麻醉科派遣沈建南赴澳大利亚阿德莱德颅颌面外科中心学习麻醉技术,为学科首次派遣医师出国学习。1987—1988年,王少谷赴澳大利亚学习;1990—1992年,朱也森赴法国斯特拉斯堡第一大学附属医院学习;1996—1998年,徐辉赴日本昭和大学病院学习;1997—1999年,施巍赴法国第五大学和第十二大学学习;2006年,姜虹赴美国圣路易斯华盛顿大学学习;2007—2008年,陈志峰赴美国维克森林大学医学中心学习;2009年,李启芳赴美国圣路易斯华盛顿大学学习。

1993年,医院主办中华口腔医学会第二次全国口腔麻醉专题学术交流会。2008年,科室牵头北京大学口腔医院、第四军医大学口腔医院、四川大学华西口腔医院、武汉大学口腔医院的麻醉科,成立中华口腔医学会口腔麻醉学专业委员会,朱也森担任首届主任委员。同年,中华口腔医学会口腔麻醉学专业委员会联合日本、韩国口腔麻醉学会创建亚洲口腔麻醉学会联盟(FADAS),朱也森作为创始人任轮值主席,成功地主办2次FADAS会议。

科室每年选派部分医师参加美国ASA年会、欧洲麻醉年会、FADAS会议、全国麻醉年会、全国口腔麻醉学术年会、上海麻醉年会和上海危重病年会。

【学术任职】

王鞠武曾任中华口腔医学会口腔颌面外科专委会麻醉学组组长(1989年)。

朱也森曾任上海市麻醉协会ICV组副组长、上海市医学会麻醉学专科分会副主委(2002—2010年)、中华口腔医学会口腔麻醉学专委会主任委员(2008年)、亚洲口腔麻醉学会联盟轮值主席(2008年)、上海市医学会急诊与危重病专科分会副主委(2006—2009年)。

姜虹曾任中华口腔医学会口腔麻醉学专委会副主任委员(2008年)、上海市医学会麻醉学专科分会委员(2006—2010年)。

五、社会公益

【援外工作】

1965—2001年,科室共有7名医务人员先后8次承担医疗援助索马里、摩洛哥和瓦努阿图任务:李凤英(索马里,1965—1967年),徐芝华(摩洛哥,1981—1983年),刘萝(摩洛哥,1989—1991年),王家勇(摩洛哥,1993—1995年;瓦努阿图,1999—2001年),陈娟娟(瓦努阿图,1996—1998年),蒋丽莉(摩洛哥,1997—1999年),李莉(摩洛哥,1997—1998年),为当地医学事业发展做出贡献。

【抗震救灾】

1976年7月,麻醉科医师蔡云彪参加第一批抗震医疗队赴唐山救援。2008年,陈志峰、林宇、朱勇敢参加医院第一批汶川抗震救灾医疗队赶赴汶川灾区,参与当地灾后救治。陈志峰由汶川抗震救灾返沪后不久再次作为交大医学院赴川博士团成员,赴都江堰参加灾后医疗救援工作。

【其他公益】

2008年,陈志峰受医院派遣,作为第一批对口支援云南省大理白族自治州祥云县人民医院医疗队开展对口医疗帮扶工作。2010年,严伟民作为第二批队员支援祥云县人民医院。

从上海第一届F1和摩托GP比赛以来,科室每年派遣高年资医师参与赛事保障。重大会议如亚太经济合作组织(APEC)、世博会等安保工作也有麻醉科医务人员参与。

六、荣誉

麻醉科获评上海第二医学院百日竞赛先进集体(1984年)。

袁庭芳获评上海第二医学院先进工作者称号(1981年)。

朱也森获上海交通大学医学院院长奖(医疗)(2006年)。

姜虹获评二医大先进个人(1997年),二医大"三八"红旗手(2001—2002年),上海交通大学"三八"红旗手(2005—2006年),上海市"三八"红旗手(2007—2008年)。

第十二节　九院浦东分院

一、沿革

1992年,经川沙县计划委员会批准,九院与严桥乡副业公司在杨高路邱家宅58号联合开办"上海第二医科大学附属第九人民医院浦东美容整复康复中心(暂名)",副院长钱云良为法定代表人。1993年3月获得执业证书,正式更名为"上海第九人民医院浦东美容整容康复分院"。

1996年5月16日,九院在杨高南路2345号成立"上海第二医科大学附属口腔医院新区口腔门诊部"。

1997年5月、8月,严桥镇政府2次向浦东新区社会发展局(简称"社发局")请示在由由社区内建立第九人民医院浦东分院,以提高当地居民生活质量。1997年10月,社发局批复同意设立"上海市浦东新区严桥镇由由医院"。

2000年5月,九院和由由集团达成合作协议,将九院浦东美容整容康复分院和口腔门诊部合并迁入由由医院,设为整复和口腔门诊部。同年6月18日,门诊部开始试运行。2001年4月,浦东新区社会发展局同意九院《关于第九人民医院美容整容康复浦东分院和二医大附属口腔医院新区口腔门诊部合并移址更名的请示》,在浦东新区设置整复口腔门诊部,地址是浦东新区严镇路166号。

在新区社发局的支持下,2001年9月30日上海市卫生局批准设置"上海第二医科大学附属第九人民医院浦东分院",性质为"非营利性医疗机构",设置床位20张(在九院核定床位数中划转)。同时获得执业证书。

2002年2月,上海市医保局批准上海第二医科大学附属第九人民医院浦东分院纳入医保联网结算。

2005年8—11月,因口腔肿瘤、整复患者大幅增加,医院在原有建筑的基础上进行改扩建,新增医疗用房约400平方米。2005年11月,分院名称更改为上海交通大学医学院附属第九人民医院浦东分院。2006年4月,总院口腔肿瘤化疗组借用浦东分院床位,收治口腔肿瘤化疗住院患者。2006年12月,因总院病房大楼建设,总院整复外科一病区整建制迁到分院过渡,为期1年。2007年12月,杨锋任浦东分院院长,张雪元任浦东分院顾问。2008年3月,分院信息网络系统完成第一次整体布局,共安装计算机43台,投入临床应用。2009年8月,因医疗形势及医疗管理需要,经总院领导同意,成立浦东分院核心领导小组,组长:杨锋;组员:毛国风、张红青、陈薇、张毅、高一明。2009年10月23日,总院党委批准成立中国共产党浦东分院党支部。支部书记:杨锋;组织委员:毛国风;宣传委员:陈薇。在职党员13人,入党积极分子10余人。2010年4月,总院为科研需要,在分院设立创面修复科并收治患者。2010年6月,举办分院10周年庆系列活动。

表2-2-45 2000—2010年九院浦东分院负责人情况表

任 职 时 间	职 务	负 责 人
2000—	法定代表人	张志愿
2000—2007	分院院长	张雪元
2007—	分院院长	杨 锋

图2-2-22 2001年浦东分院整复口腔门诊部开业

二、医疗

从当地居民的就诊要求和九院的实际出发,分院的科室设置形成"小综合、大专业"的特色,即内、外、妇、儿等科室以门诊为主,重点解决附近居民常见病、多发病的就诊。口腔、整形以住院手术为主,重点解决九院住院困难患者。专业设置涵盖九院临床各科。内科设呼吸内科、消化内科、神经内科、心血管、血液病、肾病、内分泌等专业;外科设普通外科、骨科、泌尿外科、烧伤科、整复外科等专业;还有妇科、小儿内科、眼科、耳鼻咽喉科、口腔各科、皮肤科、医疗美容科、麻醉科等科室;中医内、外、妇、儿、肿瘤、肛肠、针灸科、推拿等专业;以及康复医学、检验科、病理科、医学影像科、超声诊断、心电诊断等相关科室。

【特色专业科室】

口腔颌面外科 依托九院的技术优势以张陈平、孙坚、竺涵光领衔的口腔颌面头颈部肿瘤,徐兵领衔的颌面部骨折,杨驰领衔的颞下颌关节病;王国民、杨育生擅长的唇腭裂的综合序列治疗和小儿语音病理障碍;沈国芳领衔的正颌手术已成为分院最具特色的科室。

口外化疗病区开展的治疗项目包括口腔颌面头颈肿瘤的化疗、生物治疗、分子靶向治疗、冷冻、热疗、放射粒子种植治疗等几类综合治疗项目,是国内唯一的专门设置的口腔颌面头颈肿瘤内科病区。专业特色有:口腔癌的新辅助化疗和分子靶向治疗、恶性黑色素瘤的综合治疗、头颈部恶性淋巴瘤的化疗和生物治疗,以及头颈部各种恶性肿瘤的化疗和分子靶向治疗。

整复外科 整复外科在严重创伤整复、颅颌面畸形整复、鼻整形再造、耳整形再造、外生殖器整形再造、乳房再造、面瘫整形修复、唇腭裂Ⅱ期整复、血管瘤序列治疗、烧伤瘢痕治疗、美容外科等方面形成鲜明特色。

口腔综合科 科室形成集口腔修复、口腔内科、口腔齿槽外科、正畸科为一体,以口腔内科、牙体牙髓病诊断治疗为重点的综合性科室。拥有牙科综合治疗椅7台,配备镍钛根管预备系统、热牙胶充填系统、根管长度测定仪、超声洁牙机、光固化灯、牙髓活力测定仪、牙片机等先进的仪器设备。开展包括弯曲细小根管治疗、残根残冠综合治疗、外伤牙序列治疗。以根管治疗尤其是后方弯曲细小根管的处理、牙外伤等诊治等达到国内领先。

创面修复科 创面修复科是针对各类急、慢性创面疾病进行专业诊断和治疗服务的专门临床学科。急性创面主要包括急性烧(烫)伤和其他急性创伤导致的创面;慢性创面涵盖创伤后皮肤慢性溃疡、手术后残余创面、烧伤后皮肤慢性溃疡、糖尿病慢性创面、压力性溃疡(褥疮)、放射治疗或化疗后皮肤溃疡等慢性难愈性创面。自1999年以来,以"973"等重大科研项目为依托,研究创面愈合"失控"(即难愈创面和瘢痕过度增生)的发生机制,聚焦于糖尿病合并创面难愈和瘢痕过度增生的机制研究。以期阐明糖尿病合并创面难愈中局部代谢产物堆积对炎性细胞和修复细胞生物学行为的影响,提出"微环境污染"假说;阐明糖尿病合并难愈创面中修复细胞生物学功能与生长因子和活性细胞外基质成分的关系,发现并证实"生长因子糖基化效应";发现糖尿病皮肤组织在未损伤前就已存在组织学和病理生理学的改变,提出糖尿病皮肤"隐性损害"的概念;通过研究瘢痕过度增生发生的生物学机制,阐明真皮基质成分及其构成的"模板"对瘢痕形成的影响,提出并证实"真皮模板效应"。这一系列原创性研究成果,不仅为创面愈合机制研究开辟全新的视野,也为创面愈合领域的转化医学实践提供新的思路。这些研究成果,逐渐确立创面修复学科团队国内一流的地位,也为团队获得国际同行的认可。

创面修复科是在中华医学会创伤学分会组织修复学组的直接指导下、依托上海第九人民医院组织修复领域的优势学科支撑、以建设中华医学会组织修复学术委员会临床示范基地为目标的研究型临床学科。逐渐形成创面愈合研究的系列性和规模性优势。

【医疗业务量】

分院成立以来，满足当地居民的就医需求，同时有效缓解九院特色专科的住院难的矛盾，业务量不断增长。

表2-2-46 2002—2010年浦东分院门诊、住院人数、手术人次情况表

年　份	门诊人数	住院人数	手术人次
2002	25 123	1 303	1 082
2003	38 215	1 362	1 078
2004	44 446	1 708	1 558
2005	42 929	1 800	1 619
2006	44 502	2 557	2 186
2007	46 747	1 985	1 449
2008	58 938	2 531	1 899
2009	71 260	2 741	2 156
2010	74 167	3 342	2 425

表2-2-47 2001—2010年浦东分院人员情况　　　　单位：人

年　份	编制	人员总数	医生	护士	放射	化验	药房	心电图	财务	总务	行政	工人(食堂、门卫、水电、卫生员等)	定期轮转
2001	在编	15	4	5					3	1		2	14
2001	非在编	28	2	7	2	1	1		1		1	13	
2002	在编	26	7	13					4	1		1	61
2002	非在编	42	4	12	2	1	1		2		1	19	
2003	在编	31	9	14	1	1			5	1			66
2003	非在编	40	3	8		2	1		2			23	
2004	在编	35	9	16	1	1	2		5				76
2004	非在编	46	6	9		2			2		1	25	
2005	在编	36	9	18	1	2	2		4				102
2005	非在编	57	6	9		2			2		1	35	
2006	在编	39	9	21	1	2	2		4				53
2006	非在编	57	9	11	2	1			2	1	1	30	

(续表)

年份	编制	人员总数	医生	护士	放射	化验	药房	心电图	财务	总务	行政	工人(食堂、门卫、水电、卫生员等)	定期轮转
2007	在编	40	10	21	1	2	2		4				11
	非在编	62	10	14		2	1		2	1	1	30	
2008	在编	38	10	19	1	2	2		4				10
	非在编	77	12	16		2	2	1	2	1	1	40	
2009	在编	39	11	19	1	2	2		4				13
	非在编	85	11	20		3	1	1	6	1	2	40	
2010	在编	36	11	18	1		2		3				10
	非在编	90	13	22		4	2	1	7	1	2	38	

三、社会公益

浦东分院成立以来积极参与社会公益活动，与社区开展形式多样的各类共建活动，包括义诊、健康讲座、红歌展演、慰问社区贫困居民，慰问社区养老院等，这些活动受到社区居民的一致好评。为将这些活动长期化，并与相关机构签订共建协议、获得良好的社会效益。

分院开展"阳光驿站"活动，积极参与位于浦东新区花木由由小区所在社区开展的"高兴、放心、凝聚、覆盖"的党员先进性教育主题实践活动，为持有"爱心卡"的社区特困弱势群体提供部分免费优惠医疗服务，受到社区居民普遍赞誉。

第三章 口腔系统

上海第九人民医院口腔临床科室源于20世纪30年代震旦大学医学院牙医系在广慈医院开设的口腔诊断室和治疗室。1952年院系调整，上海第二医学院成立，震旦大学牙医系改为上海第二医学院口腔医学系，临床科室设在广慈医院，包括修复冠桥科、托牙科等口腔修复相关专业。1953年张锡泽调入广慈医院建立口腔颌面外科。1956年，医学院对口腔医学系所属科室进行调整，设立口腔内科学、口腔矫形学、口腔颌面外科学3个教研室及相应的临床科室。口腔颌面外科需要手术，设有门诊和病房。口腔内科和口腔矫形科都在门诊开展临床业务。教研室和相应的临床科室是同一实体。临床医师经培养考核，符合师资要求的可获得助教、副教授、教授等教学职称，成为教研室成员，除临床医疗工作外，还要承担教学、科研工作。在医学院的本部设有教学所需的实验室、教室和相应的专职教学人员。

1963年8月上海市人民政府批复同意将上海市第九人民医院划归上海第二医学院，作为口腔医学系教学基地。1964年起医院的财政经费关系划归医学院。

1965年6月，九院动工建造口腔门诊教学大楼（后改为8号楼），同年12月大楼建成。1966年2月，口腔各临床科室迁入医院。同时期，整形外科也迁入九院。因九院病房有限，口腔颌面外科和整复外科病房借用医院外科床位和搭建临时病房过渡。1966年5月，口腔病房楼动工。1967年7月，五层病房大楼建成启用，口腔颌面外科和整形外科分别设在四楼和三楼。这是1951年政府接办医院后的第二次重大基本建设，医院原有各科门诊和病房条件也得以改善。

改革开放以来，随着学科的发展和专业的精细化，口腔内科发展分化为口腔儿童预防科、口腔综合科、牙体牙髓科、牙周病科、口腔黏膜病科；口腔矫形科发展为口腔修复科、口腔正畸科；口腔颌面外科分化出口腔种植科。后又成立口腔干保特需科。口腔医学的临床、教学和科研在九院这片土地上不断发展，成长为中国口腔医学界的领军团队之一。

第一节 口腔颌面外科

一、沿革

1953年，美国留学回国后在上海中山医院工作的口腔外科教授张锡泽，调至广慈医院（现瑞金医院），成立口腔颌面外科。建科时人员还有刘善学、王德昭、蒋均泉、胡北平、谢永俊和施鼎淇等医师。这是我国较早的设立门诊和病房的口腔颌面外科，有住院病床10张，牙科治疗椅6台。

1955年，整形外科教授张涤生由同济大学医学院调入该科，同年还有北京医学院毕业生潘家琛、周曼丽，上海第二医学院毕业生林熙、朱丽华，四川医学院毕业生邱蔚六、刘寰勋等分配到该科工作。同年，张涤生出任口腔颌面外科主任、张锡泽任科副主任。

1956年，病房床位增至40张，门诊牙科治疗椅增至12张。

1961年，整形外科从口腔颌面外科中分出，成为独立的科室，设病床30张，张涤生任科主任；口腔颌面外科设床位34张，张锡泽任科主任兼任学科带头人。

1956—1965年,广慈医院口腔颌面外科医务人员逐渐增加,先后有黄文义、杨增年、王善昌、卢士南、袁文化、哈缉、陆昌语、谭毓钏、李士忠、张芸芸、吴士英、刁永全、潘可风等医师到该科工作。

1966年,广慈医院的口腔颌面外科搬迁到第九人民医院,门诊治疗椅增加到30台。1968年床位设60张。原来在第九人民医院口腔科工作的周正炎、马宝章,原口腔修复科林国础、原口腔基础教研室的刘世勋、原口腔内科的何荣根等医师先后调入该科。

1970年,建立口腔颌面外科的2个专业组,即口腔肿瘤外科和口腔颌面整复外科专业组。1982年,病房床位扩充到102张,科室分为2个病区,即口腔颌面部肿瘤病区和口腔颌面整复病区。

1993年,邱蔚六担任口腔颌面外科学科带头人。与此同时,科室基本形成3个亚专业组并明确各自负责人:林国础为口腔颌面部肿瘤组负责人,哈缉为口外门诊组负责人,袁文化为口腔颌面整复外科组负责人。此后,张志愿和张陈平、唐友盛、张志勇分别继任3个亚专业的负责人。2009年,张志愿担任口腔颌面外科学科带头人。

2001年,邱蔚六当选为口腔医学界第一位中国工程院院士。

2010年,口腔颌面外科病房有5个病区,设床位210张,门诊有牙科治疗椅60台。学科设有口腔颌面肿瘤、口腔颌面整复、口腔外科3个专业组,每个专业组下设若干亚专业组。口腔颌面部肿瘤亚专业组主要有肿瘤外科、肿瘤内科、肿瘤放疗、激光和冷冻治疗。口腔颌面整复外科亚专业组主要有正颌外科、唇腭裂外科、口腔颌面部创伤外科、呼吸睡眠暂停综合征诊治。口腔外科亚专业组主要有牙及牙槽外科、颞下颌关节、颌面神经、涎腺4个亚专业组。

2010年,全科有医护人员179人,其中,医生80人、护理人员79人、其他工作人员20人。高级职称41人;博士生导师13人,硕士生导师19人。

表2-3-1　1955—2010年口腔颌面外科历任正、副主任情况表

任职时间	主　任	任职时间	副主任
1955—1961	张涤生	1955—1961	张锡泽
1961—1984	张锡泽	1978—1984	邱蔚六　潘家琛　刘善学
1984—1993	邱蔚六	1982—1984	袁文化
1993—2001	林国础	1984—1993	袁文化(常务)　哈　缉　刘世勋　林国础
2001—2005	张志愿	1993—2001	张志愿　张志勇　唐友盛
2005—	沈国芳	2001—2005	沈国芳(常务)
		2001—2010	唐友盛
		2001—	张陈平　杨　驰
		2003—	王国民
		2008—	陈万涛

二、医疗

【业务发展】

1956年,口腔颌面外科在广慈医院建立之后,最具代表性的工作是张锡泽开展的颌骨切除术

图 2-3-1　20世纪90年代,张锡泽指导青年医师

后立即植骨获得成功,还有张涤生对唇腭裂手术的研究。这是我国首家开展该类复杂手术的科室,在国内产生很大影响。

1961年,口腔颌面外科和整复外科在广慈医院分科后,临床业务得到较快发展,其中"双侧根治性颈淋巴同期清扫术"治疗晚期口腔癌和"面部巨大神经纤维瘤切除手术"是当时的代表性成果;同时,口腔颌面部整复手术也有所发展,主要以皮瓣、皮管治疗口腔颌面部畸形及组织缺损;邱蔚六等应用全额隧道皮瓣一次整复口腔颌面部缺损获得成功;以外科手术治疗口腔肿瘤的技术基本成熟并得到国内同行的认同。此外,这期间还开展了动脉插管化疗及诱导化疗等综合治疗技术。

1964年,在广慈期间就开始临床研究和应用针刺麻醉手术。由邱蔚六任组长,陈绮云、王华勤等4位护士组成针麻小组,至20世纪70年代共对近2 000余例患者施术。提出口腔颌面部针麻手术常规以及"保全留针"的方法,于1989年获得国家中医药局科技进步奖二等奖。

1965年,邱蔚六在广慈医院与神经外科张天锡合作对1例框内神经纤维瘤病进行了颅内外贯通切除术。

1975年,邱蔚六等首先在国内开展手术治疗阻塞性睡眠呼吸暂停综合征(OSAHS)。

1979年,张锡泽、邱蔚六等和神经外科尚汉祚合作,在国内率先开展颅颌面联合根治术治疗晚期口腔颌面部恶性肿瘤,成果获得1979年卫生部科技成果乙级奖。

1979年,学科开始应用显微外科技术进行各种类型组织瓣的游离移植,立即修复口腔颌面部肿瘤切除后的缺损,该成果于1981年获上海市科技进步奖三等奖。在此基础上,开展了一次性修复口腔颌面部大型复合组织缺损,1988年获卫生部及上海市科技进步奖三等奖。完成的科研项目"游离前臂皮瓣软腭再造术"及"经关节镜滑膜下硬化疗法治疗颞下颌关节脱位"分别获国家发明三等奖(1996年)和四等奖(1997年)。

1988年,张志愿完成了经股动脉插管动脉栓塞+病灶手术切除+即刻整复,成功治疗难治性口腔颌面—头颈部动静脉畸形,并获得国家科技进步奖二等奖(2010年)。

2006年,张陈平改进相关理念与技术,完成下颌骨缺损功能重建系列研究,获得中华医学科技二等奖。2010年"下颌骨缺损形态与功能重建研究"获上海市科技进步奖一等奖。

近60年的建设和发展,学科的临床诊治水平达到了一个崭新的高度,得到国际和国内同行的赞誉。邱蔚六提出并实践的综合序列治疗策略使口腔颌面部鳞癌长期生存率达到国际同类水平(5年生存率64.7%),涎腺腺样囊性癌的10年生存率达到63%;功能外科治疗水平达到国际前沿水平,血管化游离组织移植2 000例以上,成功率达98%。实施颞下颌关节—正颌—正畸联合的综合序列治疗策略,完成颞下颌关节盘复位固定术2 400余例,成功率达98%以上。

【亚专业建设】

1966—1970年,口腔颌面外科领域的各种类型手术逐渐趋于成熟,初步建立了口腔颌面外科专业组专科病区。

1988年,建立了口腔颌面外科激光冷冻治疗室及数字图像室。

1989年,在上海市重点学科经费资助下,正式建立放射治疗室,王中和为负责人,为口腔颌面部恶性肿瘤综合治疗提供了重要手段。

1994年,上海第二医科大学唇腭裂治疗研究中心成立,袁文化任第一任主任,王国民为第二任主任。国内率先成立唇腭裂-正畸及正颌外科联合治疗组,后成立正颌正畸中心,负责人先后是袁文化、唐友盛和沈国芳。

2001年,口腔种植科从口腔颌面外科分出,张志勇任科主任。

杨驰继张志勇后担任口腔外科专业组负责人。2001年,口腔门诊专业组增加病床位10张,专业组更名为口腔外科组。

2002年,成立医院鼾症与睡眠呼吸障碍诊治中心,卢晓峰任负责人。

至2010年,学科建设规模和水平处于国内领先地位。学科的专业和亚专业已发展成熟,设有口腔颌面肿瘤、口腔颌面整复、口腔外科3个专业组,每个专业组下设若干个亚专业组。

【口腔颌面肿瘤专业组】

口腔颌面肿瘤专业组已成为国际规模最大、诊治水平最高的口腔肿瘤诊治中心之一。口腔颌面肿瘤外科是重点发展方向。此外,还有口腔颌面肿瘤内科、口腔颌面肿瘤放疗、口腔颌面肿瘤激光和冷冻治疗。

1986年,HOPE基金会提供价值约20万美金的监护设备,在病房建立了监护室,这在当时国内口腔颌面外科病房中属最高水平,改善了患者术后康复过程。1987年,医院进口1台加拿大^{60}Co治疗机,1989年正式建立肿瘤放射治疗室,并开始治疗口腔肿瘤患者。这是我国第一个以口腔颌面外科为依托的放射治疗科室。肿瘤内科亚专业自60年代起即开展口腔恶性肿瘤的化疗工作,并从70年代开始开展了微波热化疗、冷冻治疗等先进治疗手段。1999年,成立口腔颌面肿瘤内科病房,由郭伟和陈万涛负责。1975年,激光冷冻亚专业负责人马宝章应用激光治疗口腔颌面部血管瘤和表浅肿瘤等疾病。1988年,建立了口腔颌面外科激光冷冻治疗室,2000年起由周国瑜负责。

口腔颌面肿瘤术后缺损修复重建 1959年,张锡泽的"下颌骨肿瘤切除一次植骨术"论文发表于《中华口腔医学杂志》,是我国首家开展上述复杂手术的科室。1979年,开始应用显微外科技术进行各种类型组织瓣的游离移植,立即修复口腔颌面部肿瘤切除后的缺损,该成果于1981年获上海市科技进步奖三等奖。在此基础上,相继开展了一次修复口腔颌面部大型复合组织缺损,1988年,获卫生部及上海市科技进步奖三等奖。1983年,邱蔚六等应用全额隧道皮瓣一次整复口腔颌面部缺损,专业组相继开展了一次修复口腔颌面部大型复合组织缺损。1988年,邱蔚六、刘世勋等完成的"游离管肌皮瓣一次整复下面部大型复合组织缺损"项目获卫生部及上海市科技进步奖三等奖;1996年,"游离前臂皮瓣软腭再造术"获国家技术发明三等奖;经过专业组的集体攻关,张志愿领衔的"口腔颌面部肿瘤根治术后缺损的功能性修复",获2007年国家科技进步奖二等奖。2002年,张陈平发明了腓骨牙种植同期牵引专利技术,领衔的"下颌骨缺损的形态与功能重建"于2006年获中华医学科技奖二等奖,2010年获上海市科技进步奖一等奖。2007年孙坚领衔的"上颌骨大型缺损个体化功能性重建的临床研究"获教育部科技进步奖一等奖。

血管瘤及脉管畸形综合治疗 张志愿、范新东首创DSA引导下无水乙醇为主、辅以平阳霉素注射或手术整形的综合治疗方案,采用双介入栓塞治疗颌骨动静脉畸形,手术翻瓣后激光照射的新方法,治疗口腔颌面部血管瘤及脉管畸形。相关成果由张志愿领衔的课题组获2010年国家科学技术进步奖二等奖。

化疗、放疗、激光治疗及中西医结合治疗　1991年,邱蔚六对口腔颌面部鳞癌术前辅助化疗进行了基于医学循证的评价,为临床试验开展提供了依据,并开展了微波热化疗、冷冻治疗等先进治疗技术。自1975年起,马宝章应用激光治疗口腔颌面部疾病,1982年发表了4 000余例临床经验总结。1985年,"卟啉激光诊断和治疗口腔颌面部恶性肿瘤"获上海市科技进步奖;"氩离子激光自体荧光诊断恶性肿瘤的研究"获1986年上海市科技进步奖二等奖。1979年起科室和中医科联合,在口外门诊开设中西医结合肿瘤门诊,由邱蔚六、陆昌语、林国础和中医科的郭一钦承担。1996年,"中药'参阳'方综合治疗口腔鳞癌效果及对免疫功能影响的前瞻性研究"获上海市卫生局中医药科技进步奖二等奖。

【口腔颌面整复外科专业组】

口腔颌面整复专业组长期从事骨性牙颌面畸形的正颌正畸联合治疗、成人牙列畸形的矫治、颌面轮廓整形、唇腭裂序列治疗、语音治疗、颅颌面创伤急症救治及其继发畸形的综合序列矫治、睡眠呼吸疾病矫治,以及数字化外科、微创外科等领域的临床与基础研究。到2010年发展为4个在国内外有特色的亚专业：颅(牙)颌面畸形的正颌正畸联合治疗、唇腭裂及小儿颌面外科、口腔颅颌面创伤和睡眠呼吸障碍疾病。

颅(牙)颌面畸形的正颌正畸联合治疗　口腔颌面整复专业组在袁文化和唐友盛的带领下,在国内较早开展传统牙颌面畸形的正颌外科手术治疗。1995年在国内率先建立了正颌-正畸联合讨论及治疗模式,并逐步建立在国内及国际上独有的隶属于口腔颌面外科的正颌正畸医生团队,侧重于成人正畸与外科手术相关的正畸工作,并在国内率先将舌侧正畸技术应用于正颌正畸联合治疗。20世纪90年代中期紧随国际趋势开展了颌骨的牵引成骨技术,并率先应用于颅面外科手术。2001年沈国芳从香港大学回到科室后,引领了正颌外科的规范化发展,并逐步开展数字化技术的临床应用。2003年,沈国芳、王旭东、房兵等完成了大陆首例数字化导板应用于正颌外科病例;沈国芳、张诗雷、王旭东等开展了首例手术实时导航技术在颞下颌关节强直中的应用;2005年起,在国内率先规范化地开展"手术优先"正颌外科;2007年,王旭东、沈国芳完成了国内首例口内入路内镜辅助髁突骨软骨瘤切除同期正颌外科手术;2008年,王旭东、沈国芳等完成国内首例半侧下颌骨切除同期腓骨肌瓣下颌骨重建的数字化转移技术的临床应用。口腔颌面整复组立足于"多学科联合治疗"等现代治疗理念,将正颌正畸联合治疗技术在陈旧性颌面部骨折、颌骨畸形引起的睡眠呼吸障碍、唇腭裂继发颌骨畸形以及颌骨缺损继发严重畸形等病例中,取得了很好的疗效并在国内起到引领作用。

唇腭裂序列诊治　1994年,上海第二医科大学唇腭裂治疗研究中心成立,由袁文化任主任,在国内率先成立了唇腭裂—正畸及正颌外科联合治疗组。1995年,唇腭裂中心开发了"汉语语音清晰度测试字表"。1997年,王国民回国后建立了国内口腔院校首个语音病理实验室,先后主办唇腭裂治疗研究中心举办唇腭裂相关国家级继续教育学习班4次。

2003年,在国内率先开展对语言障碍患者的临床分类,并建立异常语言患者的诊治模式,应用行为治疗法治疗1 000余例语音不清患者,效果良好。2001年起,王国民对单侧唇裂经典的旋转推进法进行了重大改良,并于2008年在美国召开的国际唇腭裂基金会(IGPF)的国际会议上做了专题报告。

口腔颌面创伤诊治 1990年,姚隆浩及唐友盛成功组建口腔颌面外科创伤专业组,率先在国内运用小型及微型钛板用于颌骨坚固内固定。1995年,在国内率先将牵引成骨技术、大型复合组织瓣修复技术及正颌外科等技术应用于颌面创伤治疗,完成了一系列复杂创伤病例的诊治。2006年徐兵成为专业组学科带头人,当选为中华口腔医学会口腔颌面外科专业委员会创伤学组副组长。2006年率先研发虚拟手术及导航外科,并成功地将其应用在复杂、陈旧性颅颌面骨折及畸形整复中。

睡眠呼吸障碍疾病诊治 20世纪70年代中后期,邱蔚六等采用颞下颌关节再造+下颌前移方法治疗取得良好效果,开启了口腔颌面外科在该领域的诊疗之门。90年代中期,唐友盛等引进正颌、牵引成骨技术治疗颌骨畸形伴阻塞性睡眠呼吸暂停低通气综合征(OSAHS),取得圆满成功,其领衔的"颌骨畸形伴阻塞性睡眠呼吸暂停综合征(OSAS)外科治疗及评价"获1995年上海科技进步奖二等奖,"严重颌骨畸形牵引成骨治疗研究"获2002年上海科技进步奖三等奖和2003年中华医学三等奖。成立睡眠监测室并全面开展诊疗工作,开展非手术的口腔矫治器治疗、正压通气治疗;外科治疗对象也从颌骨畸形拓展到肥胖伴阻塞性睡眠呼吸障碍患者。卢晓峰等"颅颌面畸形伴睡眠呼吸障碍综合序列治疗"荣获2005年上海科技进步奖三等奖。

【口腔外科专业组】

2001年,口腔门诊专业组增加病床位10张,专业组更名为口腔外科组。杨驰继张志勇后担任口腔外科专业组负责人。

口腔外科专业组下设颞下颌关节、颌面神经、涎腺、牙及牙槽外科四个亚专业组,长期从事颞下颌关节病的非手术、手术治疗(内错乱、外伤强直、肿瘤等)、关节-咬合-颌骨畸形联合治疗,颌面神经疾病(三叉神经痛、咀嚼肌抽搐、面瘫、面肌抽搐、舌咽神经痛等)的手术及非手术治疗,涎腺非肿瘤性疾病的诊治,以及口腔外科领域的数字化医学、导航外科、微创外科等领域的临床诊治。

在专业组和亚专业组发展过程中,逐步形成特色鲜明的在国内外享有一定地位的专业诊疗特色技术。

颞下颌关节专科 20世纪60年代,在广慈医院期间就开设颞下颌关节专科,由胡北平负责。1975年起由哈缉负责。1994年后由杨驰负责。1987年,由邱蔚六、哈缉及胡勤刚等在国内率先开展颞下颌关节镜治疗。2001年,杨驰回国后,关节镜技术取得长足发展,在邱蔚六倡导下创立颞下颌关节外科。在关节镜下双针复位缝合关节盘、关节外伤、关节肿瘤及重建方面居国内外领先水平。2002年起,与房兵合作,率先建立了关节-咬合-颌骨联合治疗模式。

涎腺非肿瘤疾病专科 1960年,广慈医院期间开设涎腺专科,由胡北平负责。1998年,由俞创奇负责。初期进行中西医结合治疗涎腺非肿瘤相关疾病。1999年,开展内镜诊断阻塞性下颌下腺炎的临床工作,在诊断性涎腺镜的基础上开展了导管内结石震波碎石术、钳夹取石术、导管清扫术等,取得了令人满意的诊疗效果。

颌面神经专科 1983年,颌面神经专科归入口腔颌面外科,专科负责人潘可风。1995年,由张伟杰负责。2005年,由陈敏洁负责。1997年,在国内率先采用CT定位下行射频温控热凝术治疗三叉神经痛。2001年起,在口腔颌面外科领域率先开展了内镜辅助颅内微血管减压术,居国内领先。2008年,与放疗科合作开展半月神经节为靶点的X刀治疗三叉神经痛。

牙及牙槽外科 牙及牙槽外科专科始终是口腔颌面外科的基础专科。1994年,张志勇为学组负责人。2005年,自杨驰任学组负责人以来,在普通牙槽外科的基础上,结合了种植、正畸、骨引导、超声骨刀等技术,形成了新型的整合牙槽外科,所含专业有微创拔牙与即刻种植、正畸-种植联合诊治、牙槽骨保存与缺损修复等功能性外科。

三、教学

1965年,张锡泽任首任教研室主任,在历任教研室主任带领下,学科已成为国内外著名的口腔颌面外科教研室之一。

2010年,教研室首席教授为张志愿,其他5位教授为沈国芳、杨驰、张陈平、张瑛、张伟杰。每位教授下各有若干名中青年骨干教师作为本团队的中坚力量,承担了大部分教学工作,他们是何悦、季彤、王旭东、张诗雷、陈敏洁、蔡协艺、郑凌艳、张善勇等。

学科(教研室)是全国第一批博士学位授予点、医学博士后流动站;拥有博士生导师13人,硕士生导师19人。

学科拥有上海交通大学医学院教授6人:张锡泽、邱蔚六、张志愿、张陈平、沈国芳和陈万涛。1989年,邱蔚六被评为全国优秀教师。

表2-3-2 1965—2010年口腔颌面外科教研室人员情况表

任职时间	主 任	副主任	教学干事	教 辅
1965—1984	张锡泽			
1984—2000	邱蔚六			
2000—2005	林国础	张陈平	刘浩青	
2005—2008	沈国芳	杨 驰	季 彤	刘浩青
2008—	杨 驰	张 瑛 张伟杰	张善勇 房 笑	

【重点学科建设】

1982年口腔颌面外科被列为上海市重点学科(第一期)之一,张锡泽任学科带头人。1989年,第一期上海市重点学科通过专家验收。

1996年、2002年和2008年,口腔颌面外科先后进入全部的3期国家"211"工程重点建设学科,并全部以高分通过国家组织的专家组验收。

2001年,包括口腔颌面外科在内的口腔临床医学(二级学科),成为上海市首批临床口腔医学中心建设单位之一,中心主任为邱蔚六,张志愿为常务副主任。

2004年,口腔颌面外科通过上海市重点学科建设评估专家组的验收,评估结果为优秀。同年,口腔颌面外科建科50周年庆祝大会在上海顺利召开。

2005年,口腔颌面外科以第一期的"重中之重"学科,又作为优势学科以专项投入方式进行建设,学科带头人由张志愿担任。

【学历教育】

本科教学 口腔系建立后教学对象主要是口腔系本科生,1966年停止招生。1972年起招收三年制口腔医学生。1978年,恢复五年制本科招生。1988年开始,招收口腔医学七年制本科生。至2010年,学科授课专业有七年制本科阶段及研究生阶段的口腔颌面外科学授课,老年口腔医学授课,夜大、专升本的口腔颌面外科学授课等。口腔颌面外科的教学模式由原来的纯理论课教学,转变为理论与实践相结合的模式,进行相关的实验与见习、临床实习等。理论课双语教学占所有教学的30%,并且建立了临床前实训基地、实践和理论相结合的教学模式,培养高水平的口腔医学人才。

教材与课程建设　口腔颌面外科是全国规划教材《口腔颌面外科学》和《口腔科学》的主编单位。1977年,学科编写出版三年制《口腔颌面外科学》教材。1980年,张锡泽主编第一版全国五年制《口腔颌面外科学》规划教材,由人民卫生出版社出版,后由张锡泽和邱蔚六共同主编《口腔颌面外科学》(第二版)。

1997—2010年,邱蔚六主编第三版至第六版《口腔颌面外科学》规划教材。教材先后获得上海普通高等学校优秀教材一等奖、卫生部科技进步奖三等奖、上海第二医科大学优秀教材一等奖和全国高等学校优秀教材一等奖。

2001年,邱蔚六主持的"口腔医学五年制专业课程体系的改革研究"获上海市教学成果奖三等奖。

2005年,张志愿主编《口腔科学》(第六版)获全国统编优秀教材二等奖、上海市教学成果奖和上海交大医学院教学成果奖。同年,姚隆浩主持的"口腔解剖学教学法探索"获上海市级教学成果三等奖和上海交大医学院教学成果二等奖。

2006年,口腔医学专业成为国家教育部特色专业。2007年,教学课程口腔颌面外科学成为国家精品级课程,张志愿任首席教师。同年,张志愿获得上海市高校教学名师奖。口腔临床免疫学是上海市精品课程,其团队是上海交通大学医学院优秀教学团队,陈万涛任首席教师。

2008年,张志愿主持的"以师资队伍建设为基础构建口腔颌面外科学教学高地"荣获上海交通大学教学成果一等奖,"口腔颌面外科学"被评为上海市精品课程,口腔颌面外科教学团队获得上海市优秀教学团队称号。

2008—2009年,口腔颌面外科学分别获得本科教育高地第三期、第四期建设项目资助。

研究生培养　学科(教研室)是全国第一批博士学位授予点。1966年,张锡泽招收口腔颌面外科第一届副博士研究生(陆昌语)。1978年,张锡泽招收了"文化大革命"后、口腔颌面外科第一届硕士研究生邓琴楠和宁守诚。

1981年,学科成为全国第一批具有医学博士授予权单位,张锡泽出任国务院第一届学位评议组成员。1982—1983年,张锡泽招收改革开放后第一、二届博士研究生。1984年后,邱蔚六出任国务院第二至四届学位评议组成员。

1991年,科室成为医学博士后流动站,至2010年,科室拥有博士生导师13人,硕士生导师19人。

【继续教育】

2006年,科室成为卫生部委托的全国口腔颌面外科高级师资培训班及专科医师培训点。主办的国家继续教育学习班:张陈平主办的"显微外科在口腔颌面外科中的应用"和"下颌骨功能性重建"学习班;郭伟主办的"口腔颌面肿瘤的综合序列治疗"学习班;周国瑜主办的"面部激光医学与美容新技术进展"学习班;陈万涛负责的"口腔肿瘤转化研究新技术"学习班;唐友盛负责的"颅颌面畸形、缺损的诊断和牵引成骨治疗"学习班;卢晓峰负责的"睡眠呼吸障碍的诊断和治疗"学习班;沈国芳负责的"颅颌面畸形的诊断和正颌外科治疗"学习班;徐兵负责的"颅颌面创伤的诊断和治疗"学习班;王国民负责的"唇腭裂整复术以及语音治疗学"(2007年改为"唇腭裂及相关颌面部整形")学习班；房兵负责的"骨性错颌畸形的现代诊疗理念与实践"学习班；杨驰负责的"颞下颌关节外科"学习班。

2006年，科室通过由中华口腔医学会和国家医学考试中心组织的全国第一批口腔颌面外科专科医师培养试点基地的审核。

2010年，国际口腔颌面外科医师学会（IAOMS）的口腔颌面肿瘤与修复重建专科医师培训单位、国际内固定学会（AO）亚洲地区培训中心落户九院。

四、科研

科室创建以来聚焦的研究领域有口腔肿瘤发病机制、诊治基础研究和转化研究，口腔肿瘤术后缺损个性化功能修复转化和临床研究，脉管畸形诊治基础和临床研究等。在上述领域先后取得多项原创性成果和转化成果。

1976年，成立口腔颌面外科免疫实验室，陆昌语任负责人，工作人员有殷德民、陈莉娜，开展口腔癌免疫治疗基础及临床研究工作。

1980年，建立口腔颌面外科肿瘤生物学实验室，第一任负责人为何荣根，2000年主任为陈万涛。1984年，科室与美国HOPE基金会进行临床和科研合作。

2003年，在整合口腔颌面外科肿瘤生物学实验室、口腔微生物实验室和口腔组织工程实验室的基础上，上海市科学技术委员会批准建设上海市口腔医学重点实验室，张志愿任主任，陈万涛任常务副主任，邱蔚六任第一届学术委员会主任委员。

【科研项目】

1988—2010年，科室共获得各级科研项目258项，其中主持的国家和国家部委级项目91项。获得的重要科技项目：国家自然科学基金重点项目2项（负责人分别是陈万涛、张志愿）；"十一五"国家科技支撑计划1项（负责人张志愿）；国家"863"高技术研究发展计划2项（负责人张志愿和沈国芳）。

表2-3-3　1988—2010年口腔颌面外科承担的国家级及部委级科研课题情况表

年　份	课　题　名　称	来　　源	负　责　人
1988	口腔癌组织培养及药敏试验	国家自然科学基金	何荣根
1988	特征自体荧光诊断恶性肿瘤机制	国家自然科学基金	马宝章
1989	颌面肿瘤栓塞疗法机制的实验研究	国家自然科学基金	邱蔚六
1990	硒离子对口腔癌生长抑制的实验研究	国家自然科学基金	邱蔚六
1991	口腔鳞癌单克隆抗体ASC5的特性分析和应用研究	国家自然科学基金	何荣根
1991	涎腺腺样囊性癌生物学特性及组织发生研究	卫生部	何荣根
1993	中国腭裂术后患者异常汉语语音的机制及其分类研究	国家自然科学基金	王国民
1994	口腔癌基因治疗的研究	国家自然科学基金	张志愿

(续表)

年份	课题名称	来源	负责人
1994	Brdu 代替 3H-TdR 核标记及其应用研究	卫生部	何荣根
1994	颌面不对称畸形的综合诊治	卫生部	沈国芳
1994	聚-L-乳酸类可吸收材料合成及在口腔颌面外科的应用	卫生部	邱蔚六
1995	涎腺腺样囊性癌高转移性模型建立及机制研究	国家自然科学基金	何荣根
1996	TNF 基因修饰口腔癌 DNL 细胞的研究	国家自然科学基金	郭 伟
1996	维甲酸联合干扰素诱导分化口腔鳞癌作用机制研究	国家自然科学基金	何荣根
1996	放疗对同期血管化移植骨内牙种植体骨整合影响的实验研究	卫生部	黄远亮
1996	颈动脉重建术的实验和临床应用研究	卫生部	张志愿
1997	血管化移植骨内牙种植体植入前后放疗对骨整合影响的比较实验研究	国家教委回国人员基金	黄远亮
1998	HPV 感染与口腔鳞癌的细胞周期调节因子改变的相关研究	国家自然科学基金	张志愿
1999	HSV-tk 和 IL-2 基因共表达抗腺样囊性癌转移的实验研究	国家自然科学基金	孙春晓
1999	唇腭裂畸形上颌骨矫正的实验研究	国家自然科学基金	邱蔚六
1999	颞下颌关节骨关节炎与化脓性关节炎的相关性探讨	卫生部	杨 驰
1999	微机语音分析系统在腭裂语音诊治中的临床研究	卫生部	王国民
1999	腭咽闭合功能不全的非手术治疗方法的研究	国家教委回国人员基金	王国民
1999	预制自体复合组织瓣修复上颌骨缺损的实验研究	中国博士后基金	马 秦
1999	口腔癌转移潜能的逆转	中国博士后基金	邱存平
2000	头颈部恶性肿瘤侵犯高位颈动脉的切除与重建的临床研究	国家教委回国人员	孙 坚
2000	颈淋巴细胞转 TNF 基因治疗舌癌的实验研究	国家教委	郭 伟
2001	核酶抑制人乳头状瘤病毒转化口腔上皮细胞的实验研究	国家自然科学基金	张志愿
2001	口腔癌肺高转移相关抗原基因的筛选及其核酸疫苗的研究	国家自然科学基金	黄 丹

(续表)

年份	课题名称	来源	负责人
2001	口腔鳞癌细胞增殖、分化相关基因的克隆和鉴定	国家自然科学基金	陈万涛
2001	International Collaborative Project with NYU International Consortium for HN Cancer Molecular Taxonomy Research	中美国际合作项目	陈万涛 毛 力
2002	组织工程技术构建口腔颌面部骨组织的应用研究	"863"计划	张志愿
2002	人乳头状瘤病毒恶性转化口腔上皮细胞的基因表达谱分析	国家自然科学基金	张志愿
2002	人涎腺肿瘤PLAG1小鼠系的建立及其基因表达分析	国家自然科学基金	张陈平
2003	转基因小鼠组织特异性表达血管瘤模型的建立	国家自然科学基金	郑家伟
2003	人舌鳞癌组织切片原位纳米获取及其分子病理学研究	国家自然科学基金	季 彤
2003	口腔鳞癌顺铂耐药基因的筛选及作用机制的研究	国家自然科学基金	张 萍
2004	转基因小鼠组织特异性表达血管瘤模型的建立	国家自然科学基金	郑家伟
2004	口腔鳞状细胞癌诊治靶点基因的筛选和功能研究	国家自然科学基金(重点项目)	陈万涛
2004	三维导航技术在颅颌面骨畸形整复中的开发与应用研究	国家自然科学基金	沈国芳
2004	涎腺腺样囊性癌肺转移相关蛋白质的筛选和鉴定	国家自然科学基金	郭 伟
2004	Nell-1基因修饰的骨髓基质细胞促进颌骨缺损修复的实验研究	国家自然科学基金	蒋欣泉
2004	人唾液腺肿瘤PLAG1全身表达转基因小鼠模型的建立	教育部博士点基金	张陈平
2004	三维导航技术用于正颌外科手术的技术方法创建	教育部博士点基金	张志愿
2004	成骨细胞瘤细胞分子生物学特性研究	教育部回国留学人员基金	王旭东
2004	牵引成骨技术在上颌骨缺损修复中的应用	教育部	沈国芳
2005	钛表面纳米形貌影响成骨细胞生物学行为和分子机制的研究	国家自然科学基金	陈万涛

(续表)

年份	课题名称	来源	负责人
2005	机械因子和 $FgfR2$ 突变对成骨细胞成骨能力的影响	教育部博士点基金	邱蔚六
2006	口腔颌面部鳞癌个体化综合序列治疗多中心前瞻性研究	国家科技部支撑计划	张志愿
2006	口腔鳞癌分子发病机制与免疫治疗实验研究	国家自然科学基金重点项目	张志愿
2006	$RASAI$ 突变与 Sturge-Weber 综合征的关系研究	国家自然科学基金	郑家伟
2006	肿瘤转移相关基因 $ADAM9$、$ADAM10$ 的功能验证及转移机制研究	国家自然科学基金	徐 骎
2006	应用成体干细胞可塑性治疗颌骨放射性骨坏死的机制研究	国家自然科学基金	何 悦
2006	应用比较蛋白质组学筛选口腔鳞癌的肿瘤标志物	中国博士后基金	钟来平
2007	口腔鳞癌分子发病机制与免疫治疗实验研究	国家自然科学基金重点项目	张志愿
2007	头颈部鳞状细胞癌生物标志物的研究	教育部	陈万涛
2007	碳纳米管增强型复合神经导管促进周围神经再生研究	国家自然科学基金	张志愿
2007	唾液腺腺样囊性癌细胞中酸敏感离子通道的特性和功能研究	国家自然科学基金	张陈平
2007	口腔鳞癌干细胞亚群分子标志物的筛选和鉴定	国家自然科学基金	张 萍
2007	多形性腺瘤 PLAG1 转基因小鼠肿瘤干细胞研究及发病机理探讨	国家自然科学基金	杨雯君
2007	IGFBP3 及相关基因在口腔上皮细胞恶性转化中作用的研究	国家自然科学基金青年项目	钟来平
2007	PLAG1 转基因小鼠多形性腺样瘤干细胞的分离与鉴定	高等学校博士学科点	张陈平
2008	Nell-1、BMP-2 共表达阳离子聚合物基因给药系统促进成骨的实验研究	国家自然科学基金	蒋欣泉
2008	口腔鳞癌干细胞亚群分子标志物的筛选和鉴定	国家自然科学基金	张 萍
2008	计算机辅助颅颌面整形外科手术规划与高精度手术导航系统关键技术研究	国家自然科学基金	沈国芳
2008	光学导航定位多自由度机器人辅助颅颌面骨畸形整复的开发应用研究	国家自然科学基金青年基金	张诗雷
2008	基于组织工程化颌骨的种植修复与功能重建研究	教育部新世纪人才项目	蒋欣泉

(续表)

年份	课题名称	来源	负责人
2008	口腔鳞状细胞癌诊治靶点基因的筛选和功能研究	教育部	陈万涛
2009	MAL 基因在口腔鳞状细胞癌发生中作用的研究	国家自然科学基金	陈万涛
2009	正畸应力调控骨质疏松大鼠骨髓基质干细胞骨向分化的机制	国家自然科学基金	房 兵
2009	口腔鳞癌发生发展中 GDF15 与 p53、ERK1/2 信号通路作用关系的研究	国家自然科学基金	钟来平
2009	TGF-β1 介导的纤维萎缩机制在颌骨放射性骨坏死形成中的作用机制研究	国家自然科学基金	何 悦
2009	核心结合因子在正畸应力诱导大鼠骨髓基质干细胞骨向分化中的作用及其调控机制	国家自然科学基金青年项目	江凌勇
2009	口腔鳞癌分子发病机制及免疫治疗实验研究	教育部聘请外籍教师重点资助	陈万涛 张志愿
2009	Tapasin 在口腔鳞癌细胞系和肿瘤组织样本中的表达差异与机制研究	教育部博士点基金	张志愿
2009	多因子抑制剂联合抑制颞下颌关节囊内粘连形成的实验研究	教育部博士点基金	杨 驰
2010	Nell-1 过表达促进软骨发育成熟和组织工程再生的研究	国家自然科学基金	蒋欣泉
2010	正畸应力调控骨质疏松大鼠骨髓基质干细胞骨向分化的机制	国家自然科学基金	房 兵
2010	核心结合因子在正畸应力诱导大鼠骨髓基质干细胞骨向分化中的作用及其调控机制	国家自然科学基金	江凌勇
2010	颅颌面外科精确治疗机器人系统	"863"计划子课题	沈国芳
2010	基于染色体 22q11.2 候选基因与腭心面综合征表型的分子诊断研究	国家自然科学基金	王国民
2010	颞下颌关节盘移位对发育期髁突软骨内成骨的影响	国家自然科学基金	杨 驰
2010	YAP 基因对 Wnt/β-catenin 通路影响口腔上皮细胞癌的机制研究	国家自然科学基金青年基金	张 雷
2010	新型"时空可控"血管瘤动物模型的建立及其发病机制研究	国家自然科学基金	徐 骎
2010	血管瘤组织中肿瘤干细胞的成瘤作用及干预试验	国家自然科学基金	郑家伟

（续表）

年份	课题名称	来源	负责人
2010	Snail1蛋白介导的乳腺癌肿瘤转移的表观遗传学研究	国家自然科学基金	吴亚娣
2010	下颌骨髁状突束内骨折不同治疗方法的回顾性研究	教育部回国人员基金	何冬梅
2010	lasp-1蛋白表达异常在口腔鳞状细胞中的分子机制研究	教育部回国人员基金	潘红芽

【科研成果】

1980—2010年,学科获得各级科技和教学奖励81项。其中,省部级、国家级科技成果奖58项,包括国家科技发明奖2项,国家科学技术进步奖二等奖2项,国家教委科技进步奖一等奖1项,高等学校科技进步奖一等奖1项,上海市科技进步奖一等奖4项、二等奖5项、三等奖8项。获得国家发明专利9项。

表2-3-4　1980—2010年口腔颌面外科所获科技成果奖情况表

年份	课题名称	奖项	负责人
1980	颅颌面联合根治术治疗晚期颌面部恶性肿瘤	卫生部科学技术成果乙级奖	张锡泽
1981	口腔颌面部肿瘤切除术后缺损立即整复	上海市科技成果三等奖	张锡泽
1983	人舌鳞状细胞癌Tca8113细胞系的建立及基础物特性	卫生部科技成果乙级奖	何荣根
1985	卟啉激光诊断和治疗口腔颌面部恶性肿瘤	上海市科技进步奖	马宝章
1987	双侧"根治性"颈淋巴同期清扫术治疗晚期口腔颌面部恶性肿瘤	上海市科技进步奖三等奖	张锡泽
1988	游离骨肌皮瓣一次整复下面部大型复合组织缺损	卫生部科技进步奖三等奖	邱蔚六
1988	氩离子激光算体荧光诊断恶性肿瘤的研究	上海市科技进步奖二等奖	马宝章
1989	游离骨肌皮瓣一次整复下面部大型复合组织缺损	上海市科技进步奖三等奖	邱蔚六
1989	口腔颌面部针麻手术及实验研究	上海市卫生局针麻科研成果二等奖	邱蔚六
1990	4 250例口腔颌面部针麻手术临床实验研究	国家中医药科技进步奖二等奖	邱蔚六
1990	先天性唇腭裂综合治疗研究	上海市科技进步奖三等奖	袁文化
1991	先天性唇腭裂综合治疗研究	上海市科技博览优秀奖	袁文化
1992	涎腺癌的组织病理学分型及应用系列研究	国家教育科技进步奖三等奖	刘瑷如 邱蔚六 林国础

(续表)

年份	课题名称	奖项	负责人
1993	经颞颌关节镜滑膜下注射硬化剂实验研究及治疗习惯性颞颌关节脱位的临床应用	卫生部科技进步奖三等奖	邱蔚六
1993	腭成形术后远期疗效评价的综合研究	卫生部科技进步奖三等奖	袁文化
1994	腭裂伴牙颌畸形一次整复术及术后效果客观评定的研究	上海市科技进步奖三等奖	邱蔚六
1995	舌鳞状细胞癌生物学特性及其防治实验研究	国家教委科技进步奖一等奖	何荣根
1995	腺样囊性癌化疗增敏研究	教育部科技进步奖三等奖	邱蔚六
1995	颌骨畸形伴阻塞性睡眠呼吸暂停综合征治疗研究	上海市科技进步奖二等奖	唐友盛
1995	经导管颈动脉造影和栓塞技术的临床应用和实验研究	上海市卫生局科技进步奖二等奖	邱蔚六
1996	口腔颌面部功能整复和器官成形临床机制的研究	卫生部科技进步奖三等奖	邱蔚六
1996	游离前臂皮瓣软腭再造术	国家发明三等奖	邱蔚六
1996	口腔DNL细胞生物学特性及抗肿瘤的实验研究	国家教委科技进步奖三等奖	郭 伟
1996	口腔颌面部功能整复和器官的临床机制研究	卫生部科技进步奖三等奖	邱蔚六
1997	《口腔颌面外科学》	卫生部科技进步奖三等奖	邱蔚六
1997	《头颈肿瘤学》	卫生部科技进步奖二等奖	邱蔚六
1997	经关节镜滑膜下硬化疗法治疗习惯性颞颌关节脱位	国家发明四等奖	邱蔚六
1997	中药"参阳"方综合治疗口腔鳞癌效果及对免疫功能影响的前瞻性研究	上海市卫生局中医药科技进步奖二等奖	邱蔚六
1997	涎腺样囊性癌生物学特性研究	卫生部科学技术进步奖三等奖	何荣根
1999	颅颌面联合切除术治疗晚期口腔颌面部恶性肿瘤	上海市科委科技进步奖二等奖	邱蔚六
1999	颅颌面联合切除术治疗晚期口腔颌面部恶性肿瘤	卫生部科技进步奖三等奖	邱蔚六
1999	诱导化疗、免疫化疗治疗口腔癌研究	江苏省医学科技进步奖一等奖	邱蔚六
1999	诱导化疗、免疫化疗治疗口腔鳞癌的临床及基础研究	南京市科技进步奖二等奖	邱蔚六

(续表)

年份	课题名称	奖项	负责人
2000	舌鳞状细胞癌诱导分化治疗实验研究	上海市科技进步奖三等奖	陈万涛
2000	中国腭裂术后患者异常汉语语音的机制及其分类研究	上海市科技进步奖二等奖	王国民
2001	颌骨内置式牵引种植装置	上海市优秀发明选拔赛二等奖	张陈平
2002	《口腔颌面外科学》	上海第二医科大学优秀教材一等奖	邱蔚六
2002	《口腔颌面外科学》	全国高等学校优秀教材一等奖	邱蔚六
2002	颌面部血管瘤及血管畸形的分类选择综合治疗研究	中华医学科技进步三等奖	张志愿
2002	口腔癌根治术后立即整复加放射治疗的应用	教育部提名国家科技进步奖二等奖	邱蔚六
2002	颌面部血管瘤及血管畸形的分类选择综合治疗研究	上海市科技进步奖二等奖	张志愿
2002	严重上、下颌骨畸形患者牵引成骨治疗及评价研究	上海市科技进步奖三等奖	唐友盛
2002	《口腔颌面外科临床解剖学》	华东地区科技出版社优秀科技图书一等奖	邱蔚六
2003	严重上下颌骨畸形患者牵引成骨治疗及功能评价研究	上海市科技进步奖三等奖	沈国芳
2003	严重上、下颌骨畸形患者牵引成骨治疗及评价研究	中华医学科技进步三等奖	唐友盛
2003	腭裂术后创口处置和语音障碍治疗方法的临床研究（腭裂修复术后语音障碍治疗方法的临床研究）	上海第二医科大学第五届临床医疗成果奖三等奖	王国民
2003	腓骨垂直牵引同期种植重建下颌骨的临床研究	上海第二医科大学第五届临床医疗成果奖三等奖	张陈平
2004	严重上、下颌骨畸形患者牵引成骨治疗及评价研究	中华医学科技奖三等奖	沈国芳
2004	腭裂术后创口处置和语音障碍治疗方法的临床研究	上海市科技进步奖三等奖	王国民
2004	腭裂术后创口处置和语音障碍治疗方法的临床研究	上海医学科技奖	王国民
2005	颅颌面畸形伴睡眠呼吸障碍的综合序列治疗研究	上海市科技进步奖三等奖	沈国芳

(续表)

年份	课题名称	奖项	负责人
2005	高危型人乳头状瘤病毒与口腔黏膜癌病的相关性研究	教育部提名国家科技进步奖二等奖	张志愿
2005	DNL细胞转TNF基因治疗舌癌的实验研究	上海市科技进步奖三等奖	郭伟
2005	颅颌面畸形伴睡眠呼吸障碍的综合序列治疗研究	上海市科技进步奖三等奖	卢晓峰
2005	改良咽后壁瓣成形术和腭裂语音治疗的临床研究	上海第二医科大学临床医疗成果奖鼓励奖	杨育生
2005	《口腔科学》	全国高等学校医药优秀教材三等奖	张志愿
2006	口腔颌面部肿瘤根治术后缺损的功能性修复	上海市科技进步奖一等奖	张志愿
2006	上颌骨大型缺损个体化功能性重建的临床研究	高等学校科技进步奖一等奖	孙坚
2006	下颌骨缺损功能重建的系列研究	中华医学科技奖二等奖	张陈平
2006	颈动脉切除、重建术的实验与临床研究	上海医学科技奖一等奖	张志愿
2006	下颌骨缺损功能重建的系列研究	上海医学科技奖二等奖	张陈平
2006	下颌骨缺损功能重建的系列研究	中华医学奖二等奖	张陈平
2006	上颌骨大型缺损个体化功能性重建的临床研究	高等学校科技进步奖一等奖	孙坚
2006	口腔颌面部肿瘤根治术后缺损的功能性修复	上海市科技进步奖一等奖	张志愿
2006	口腔颌面部癌靶向生物治疗和化疗的基础及临床研究	上海市科技进步奖三等奖	陈万涛
2007	口腔颌面外科肿瘤根治术后缺损的形态与功能重建	国家科技进步奖二等奖	张志愿
2007	组织工程技术构建口腔颌面部骨组织的研究与应用	上海市科技进步奖一等奖	蒋欣泉
2007	上颌骨大型缺损个体化功能性重建的临床研究	教育部科技进步奖一等奖	孙坚
2007	微创(内镜)诊治颞下颌关节纤维性强直	上海医学科技奖三等奖	杨驰
2007	微创(内镜)诊治颞下颌关节纤维性强直	中华医学科技奖三等奖	杨驰
2008	牵引成骨技术在上下颌骨缺损修复中的应用研究	上海市科技进步奖三等奖	沈国芳
2009	口腔颌面部血管瘤与脉管畸形的基础研究与临床应用	上海市科技进步奖一等奖	张志愿
2009	纯种新西兰白兔口腔颌面部鳞癌细胞系的建立及其应用	第二十二届上海市优秀发明选拔赛优秀发明金奖	郭伟
2010	下颌骨缺损的形态与功能重建	上海市科技进步奖一等奖	张陈平

(续表)

年　份	课　题　名　称	奖　项	负 责 人
2010	口腔颌面部血管瘤与脉管畸形的临床治疗研究	国家科技进步奖二等奖	张志愿
2010	上颌骨大型缺损功能性重建的数字技术与临床应用	上海医学科技奖三等奖	孙　坚

【发表论著】

1988—2010年，在国内外专业杂志发表学术论文1 562篇，其中，发表在中华系列杂志和SCI收录论文346篇。主编和副主编专著(教材)42部。

五、学术交流

1984年，张锡泽、邱蔚六出访美国并在哈佛大学、加州大学洛杉矶分校和俄勒冈医学卫生大学学术交流。

1985年，由耳鼻咽喉科、口腔颌面外科和头颈外科共同发起成立中国抗癌协会头颈肿瘤外科分会。邱蔚六为发起人之一，并先后任正、副主任委员。

1986年，改革开放后，学科的国内外学术交流得到空前的加强和活跃，学科先后主(承)办了2次全国口腔颌面外科学术会议(上海)。

1987年，邱蔚六应邀参加在韩国举行的亚太口腔大会(APDC)，并作学术报告。由邱蔚六发起在中华医学会口腔科分会之下成立口腔颌面外科学组(后改为中华口腔医学会口腔颌面外科专业委员会)，由邱蔚六任组长。

1988年，与美国HOPE基金会联合主办中国第一次国际口腔颌面外科学术会议(上海)。

1989年，邱蔚六作为中国第一人应邀在美国第七十一届口腔颌面外科年会上作了"头颈部肿瘤的处理中国经验"的专题报告。

1991年，主办全国第三次头颈肿瘤外科会议(上海)。

1997年，承办中华口腔医学会全国第二次唇腭裂学术会议，袁文化任大会执行主席。

1998年，第二届中国国际暨第五届全国口腔颌面外科学术会议(上海)召开；上海—大阪齿科医学学术会议，邱蔚六和日本大阪齿科大学理事长、学长佐川宽典共同担任大会主席。

1999年，我国口腔颌面外科加入国际口腔颌面外科学会，邱蔚六出任第一届理事，以后理事由沈国芳接替。

2000年，承办国际暨第六届全国头颈肿瘤外科学术会议。

2003—2010年，先后主办4届上海(国际)口腔颌面部肿瘤基础研究学术研讨会，陈万涛任会议主席。

2006—2010年，先后主办5届全国口腔颌面头颈肿瘤学术大会，张陈平任大会主席。

2007年，卢晓峰等牵头成立了"中华口腔医学会口外专业委员会睡眠呼吸障碍协作组"并任第一届协作组组长。

2008年，承办第十二届国际口腔癌学术大会(上海)。同年，中华口腔医学会口腔颌面外科专业委员会还与美国第九十届口腔颌面外科共同主办了学术会议，专业委员会主任委员张志愿担任大会共同主席。

2009年,承办第十九届国际口腔颌面外科学术大会(上海),主席为邱蔚六,执行主席为张志愿。此次大会是国际口腔颌面外科医师协会首次在中国举办的国际口腔颌面外科会议,也是中国口腔颌面外科界迄今为止规模最大的一次盛会。共有来自世界各地76个国家和地区的1503名代表参加了本次会议,其中国外代表1058人。

2010年,国内成立"中国医师协会睡眠医学专家委员会",卢晓峰任副主委。

图2-3-2　20世纪90年代口腔颌面外科医护集体。坐者左起:袁文化、何荣根、林国础、张锡泽、唐友盛、邱蔚六、刘德、胡北平、哈骐

六、人才计划

学科历来重视人才培养和学科梯队建设,并取得了丰硕成果。

2001年,邱蔚六当选为中国工程院院士。邱蔚六还先后荣获国际口腔颌面外科医师学会"杰出会士"奖、全国优秀教师、全国卫生系统先进工作者、何梁何利基金科学与技术进步奖、首届中国医师奖、上海市劳动模范和上海市科教党委系统人才工作"伯乐奖"、中国医师协会睡眠医学终身成就奖和中国生物医学工程学会终身贡献奖等荣誉。

张志愿先后获全国优秀院长(2004年)、首届上海市领军人才(2005年)、第十届上海市科技精英奖(2007年)等人才计划和荣誉称号。

2008年陈万涛获新世纪百千万人才工程国家级人选,先后进入上海领军人才(国家队)(2007年)、上海市优秀学科带头人等人才计划(2010年)。

沈国芳获得上海市优秀学科带头人(2006年),上海市领军人才计划(2010年)。

张陈平先后获得上海市卫生局百人计划(2001年)、上海市优秀学科带头人(2008年)等。

学科引进的兼职国际专家毛力,先后获评教育部长江学者讲座(2008年)并入选国家"千人计划"。

至2010年,学科成员获得上海市科技启明星计划8人、曙光计划3人、浦江人才计划4人。

图 2-3-3　2010 年邱蔚六(右四)和他的部分学生

七、学术任职

随着学科学术地位的提高,学科先后有多位专家出任国内及国际学术组织重要职位。张锡泽、邱蔚六、张志愿曾担任中华口腔医学会上海市分会主任委员。

张锡泽是首届中国抗癌协会头颈肿瘤外科专业委员会名誉主任委员(1985 年)、国际牙医学院大师荣誉(M.I.C.D,1986 年)。

邱蔚六是中国抗癌协会头颈肿瘤外科专业委员会创建人之一,并分别任首届副主任委员和第六届主任委员。中华医学会口腔科学会口腔颌面外科学组创建人之一,并先后出任多次组长及主任委员(1986—1998 年)。中华口腔医学会副会长(1998 年),首任国际口腔颌面外科医师学会(IAOMS)理事。获国际牙医师学院大师(M.I.C.D)等称号,以及国际口腔颌面外科医师协会杰出会士奖。

林国础曾担任中国抗癌协会涎腺肿瘤协作组副组长、中华口腔医学会口腔颌面外科专业委员会涎腺疾病学组顾问等。

张志愿任第四届中华口腔医学会口腔颌面外科专业委员会主任委员、第五届中国抗癌协会头颈肿瘤外科专业委员会主任委员(2011 年)、中华口腔医学会副会长、首届上海市医学会口腔科专科委员会主任委员(1999 年)、上海市生物医学学会口腔生物医学工程专业委员会主任委员。

袁文化和王国民分别担任第一届(1993—1999 年)和第二届(1999—2005 年)中华口腔医学会唇腭裂协作(学)组组长,王国民还是国际微笑列车行动中国医疗委员会主席。

沈国芳担任国际口腔颌面外科医师协会常务理事、中华口腔医学会口腔颌面外科专业委员会副主任委员和正颌学组组长、上海市口腔医学会口腔颌面外科专业委员会主任委员。

陈万涛担任中华口腔医学会口腔生物医学专业委员会副主任委员、上海市口腔医学会口腔基础医学专业委员会主任委员。

张陈平担任中华口腔医学会口腔颌面外科专业委员会口腔颌面肿瘤学组组长,上海市口腔医学会口腔颌面头颈肿瘤专业委员会主任委员,并任中国抗癌协会理事、头颈肿瘤专委会副主委。

郭伟担任中华医学会口腔颌面外科专业委员会口腔颌面—头颈肿瘤内科协作(学)组长。

杨驰先后担任中华口腔医学会口腔颌面外科专委会常务委员、中华口腔医学会颞下颌关节病合学专委会副主任委员。

俞创奇担任中华口腔医学会口腔颌面外科学会涎腺疾病学组副组长。

唐友盛担任中华口腔医学会口腔颌面外科专业委员会正颌学组副组长和创伤学组副组长。

房兵担任中华口腔医学会口腔颌面外科专业委员会正颌学组副组长。

八、荣誉

【集体荣誉】

口腔颌面外科获上海市模范职工小家(1997年)、中华全国总工会全国模范职工小家(1998年)、上海市卫生系统先进集体(1999年)、上海市劳动模范集体(2004—2006年)、上海市卫生系统十大科技创新团队(2007年)、全国"五一"劳动奖状(2008年)等集体荣誉。

【个人荣誉】

张国萍获评上海市优秀护士(1981年、1989年)、上海市模范护士(1993年)。张锡泽获评上海市科研先进工作者(1977年)、上海市劳动模范(1983年)。邱蔚六获评全国先进教育工作者(1989年)、全国卫生系统先进工作者(2003年)、何梁何利基金科学与技术进步奖、上海市劳动模范(1997年)、上海市卫生局先进工作者(1995年、1997年)等荣誉。张志愿获评上海市优秀中青年医师(1992年)、卫生部"有突出贡献的中青年专家"(2002年)、全国优秀院长(2004年)、上海市科技精英(2007年)。沈国芳获评全国医药卫生系统先进个人(2010年)。

第二节 口腔修复科

一、沿革

1952年,上海第二医学院(以下简称"二医")口腔医学系,下设包括修复冠桥科、托牙科等口腔修复相关专业的科室。1956年,二医对口腔医学系所属科室进行调整,建立口腔内科学、口腔矫形学和口腔颌面外科学3个教研室及相应的临床科室。邱立崇任口腔矫形学教研室主任和口腔矫形科主任,周鲸渊主持医疗工作,樊森任教学干事,蒋蕴华任医疗干事,薛森任技术革新干事(后改称科研干事)。

口腔矫形学教研室受二医口腔医学系领导,口腔矫形科受二医附属广慈医院和口腔矫形学教研室双重领导。

上海第二医学院建院后,口腔医学系和口腔矫形科有很大发展。广慈医院4舍1~4层均为口腔矫形科;5舍1楼西侧为口腔内科,1楼东侧为口腔颌面外科。医学院校本部东院宿舍区域的8舍曾是口腔医学系的教学实验楼,先后作为教室、口腔病理科以及各类实验室。

口腔医学系和科室迁至九院后,口腔矫形科临床诊疗室在九院8号楼3楼东侧,技术室和口腔

图2-3-4　上海第二医学院8舍

矫形学教学实验室在4楼东侧，口腔生理实验室在5楼。口腔技术室根据临床需要，制作各种类型义齿，由临床医师为患者置入缺牙部位，恢复其美观和咀嚼、发音等功能。技术室由科室统一管理。

1984年，口腔矫形学教研室、口腔矫形科分为口腔修复学和口腔正畸学两个教研室和科室。1995年，口腔修复学科成为医院重点学科，薛淼担任重点学科负责人。

1996年，上海第二医科大学（以下简称"二医大"）生物材料和口腔修复重点学科建立，含上海生物材料研究测试中心、口腔材料学教研室、口腔修复学教研室和口腔生理学教研室，薛淼担任重点学科负责人。

2001年，口腔修复学科成为二医大重点学科，张富强担任重点学科负责人。

2005年，"口腔修复生物材料学"成为上海市重点（特色）学科，由口腔修复和生物材料两个学科共建，张富强担任重点学科负责人。

2007年，医院新门诊大楼（1号楼）建成并投入使用，口腔修复科由原8号楼3楼东侧搬迁至1号楼5楼，门诊区域面积较之前显著增大，牙科综合治疗椅增加至41张，并专门设置种植手术室，开展牙种植治疗。技术室仍位于8号楼4楼东侧。原口腔生理实验室扩大为口腔修复学实验室（包括生物力学实验室、口腔机能实验室、口腔材料实验室），位于8号楼5楼东侧，面积较前扩大。

至2010年，九院口腔修复科、口腔修复学教研室是全国口腔修复医疗、科研、教学中心之一，硕士、博士学位授予点，博士后流动站，是卫生部委托的口腔修复高级师资及医师培训点。全国高等院校规划教材《口腔修复学》的主要参编单位；中华口腔医学会口腔修复学专业委员会主任委员单位；中华口腔医学会口腔修复工艺专业委员会副主任委员单位；上海市口腔医学会口腔修复学专业委员会主任委员单位；上海市干部口腔修复保健医疗单位；全国医师资格考试命题委员会专家单位之一；全国中级医师考试命题委员会专家单位之一；亚洲口腔修复学会主席单位，具有重要的国际学术影响力。2010年,学科有医师41人,其中主任医师6人、副主任医师16人、主治医师14人、医师5人。具有博士学位者占医师人数的68%,博士研究生导师2人,硕士研究生导师12人。口腔修复科有护士11人,口腔技工制作中心有技工50人。

表2-3-5　1956—1984年口腔矫形科正、副主任情况表

任职时间	主　任	任职时间	副主任
1956—1966	邱立崇	1962—1966	周鲸渊
1974—1978	尤宝芸	1978—1984	周鲸渊　樊森　楼昭华
1978—1984	邱立崇	1982—1984	沈文微

说明:1966—1974年,口腔矫形科被撤销,医师并入其他各科。

图2-3-5　1981年邱立崇指导工作。左二起:薛淼、楼昭华、邱立崇

表2-3-6　1984—2010年口腔修复科正、副主任情况表

任职时间	主　任	任职时间	副主任
1984—1987	沈文微	1984—1987	叶秀芬
1987—1993	杨宠莹	1984—1993	高素娟
1997—2010	张富强	1987—1993	徐文俊
		1993—1997	张保卫(主持工作) 张富强　俞伟
		1997—2003	张建中
		1997—2005	张保卫
		2002—2010	郑元俐
		2005—2010	张修银
		2007—2010	蒋欣泉

表 2-3-7　1997—2010 年口腔技术室主任情况表

任职时间	主任
1997—2006	徐 侃
2006—2007	孙 健
2007—2010	徐 侃

二、医疗

【技术发展】

1953 年,在广慈医院的邱立崇成功开发出口腔修复用铸造不锈钢及相关工艺,将铸造不锈钢代替黄金用于制作义齿,并在国内广泛推广应用,在数十年中为国家节约大量宝贵的黄金,也为保持、发展我国口腔铸造修复技术创造条件。

20 世纪 80 年代,九院口腔修复科的杨宠莹、沈文微、蒋蕴华等开展对颞下颌关节紊乱综合征的功能性诊断和临床综合治疗,研究成果为颞下颌关节疾病的修复治疗提供规范化的诊疗程序。科室开设"颞下颌关节疾病修复治疗"特色专科门诊,每年诊治大量颞下颌关节疾病患者。

1992 年,科室在国内率先引进国外先进的瓷睿刻(Cerec) CAD/CAM 系统,用于全瓷固定修复体的设计加工,开启数字化口腔修复的新时代。目前科室已在牙体缺损、牙列缺损的固定修复、颌面赝复治疗、种植义齿修复治疗中广泛应用数字化技术,并开展活动义齿修复数字化设计、加工的相关研究。

20 世纪 80 年代末、90 年代初,张富强率先在国内将圆锥形套筒冠义齿用于牙列缺损患者,中、重度牙周炎患者的修复以及牙合重建修复治疗。主持的"套筒冠修复体对牙列保存的临床与基础研究"获卫生部科技进步奖三等奖、上海市科技进步奖二等奖、上海市卫生局临床医疗成果三等奖,并于 2002 年主编出版国内首部套筒冠义齿专著《圆锥形套筒冠义齿》,研究成果在国内广泛推广应用。

2007 年,科室在国内口腔修复专业率先开展牙种植治疗,积极推广"以修复为导向"的种植义齿治疗程序和理念,大大提升复杂牙列缺损、牙列缺失患者的修复治疗效果。

【医疗特色】

口腔修复科共有 6 个临床专业组,除采用固定或活动修复技术治疗牙体、牙列缺损及牙列缺失患者外,还开设许多特色医疗项目,如牙周病修复治疗、种植体支持固位全口义齿修复、残根残冠保存治疗、咬合重建修复治疗、颞下颌关节疾病修复治疗、颌面赝复治疗等特色专科门诊。如圆锥形套筒冠修复体保存牙列、磁性固位体的开发与临床应用、残根残冠的保存修复、全瓷修复、BPS 修复、种植全口义齿修复等项目都在临床上广泛应用,医疗水平处于国内领先水平,与国外先进口腔修复医疗技术同步。

【业务增长】

自 1984 年口腔矫形科分为口腔修复科和口腔正畸科以来,口腔修复科临床业务量不断增长,年门诊量从1985年的45 673人次增长到2010年的81 749人次,完成修复体件数从每年数千件增长到2010年的22 280件。科室临床诊疗水平居全国领先水平,除开设固定修复、可摘局部义齿修复、全口义齿修复等传统口腔修复治疗门诊外,还开设有"口腔颌面赝复治疗""颞下颌关节疾病修复治疗""牙周病修复治疗"等多个特色专科门诊。2007年,在国内口腔修复专业中率先开展"复杂牙列缺损、牙列缺失的牙种植治疗"专科门诊,每年吸引大量上海本地、国内其他省市以及海外患者前来就诊。

表2-3-8　2007—2010年口腔修复科临床业务量情况表

年　　份	修复体件数	门诊人次数
2007	27 899	70 288
2008	23 057	81 557
2009	22 968	82 115
2010	22 280	81 749

三、教学

1932年,震旦大学医学院牙医学系初建时,参考法、美学制,在1941年前已经开设数门属于现在口腔修复学范畴的课程:叶景甫、贾维霖先后讲授托牙学,徐少明讲授局部托牙学,梁北和讲授冠桥学。1948年初,受震旦大学医学院牙医学系主任沈国祚邀请,席应忠(时任上海医学院牙科教授兼中山医院牙科主任,专业为正畸学和颌面赝复学)担任震旦大学医学院牙医学系教务主任,并主讲正畸学、颌面赝复学;沈鹤臣、周继林、朱学灵在此前后分别应聘主讲冠桥学、托牙学和牙科材料学。

【教学组织】

1952年,上海第二医学院建院,邱立崇(山东省立医院牙科主任,专业为活动修复学和牙科材料学)受命任口腔医学系副主任兼托牙科负责人,兼任上海华东医院口腔科主任;周继林担任托牙科讲学和临床指导;樊森任托牙科和拔牙科专职教师;乌爱菊、邵家珏和蒋蕴华任修复冠桥科专职教师;朱学灵和周鲸渊任修复冠桥科兼职教师,不久都转为二医口腔医学系专职教师。

1956年,口腔医学系建立口腔内科学、口腔矫形学和口腔颌面外科学三个教研室,邱立崇任口腔矫形学教研室主任和口腔矫形科主任,全面负责教研室和科室工作。教研室当时的教师队伍包括口腔医学系主任席应忠(正畸专业),系副主任以及口腔矫形学教研室主任邱立崇(活动修复),副教授周鲸渊(固定修复),讲师樊森(教学干事、活动修复)、蒋蕴华(固定修复)。

20世纪60年代初期,因邱立崇健康状况不佳,由周鲸渊任口腔矫形学教研室副主任和口腔矫形科副主任,主持教研室和科室的日常工作。

1966年"文化大革命"开始后,已迁入九院的口腔矫形科被撤销,医师并入其他各科。1976年后,口腔各科原有体制恢复。1978年,口腔医学系副主任邱立崇兼任口腔矫形学教研室、口腔矫形科主任，周鲸渊、樊森、楼昭华任副主任。教研室、科室核心小组成员包括邱立崇、周鲸渊、樊森、楼昭华和薛淼。

1984年，口腔矫形学教研室分为口腔修复学和口腔正畸学两个教研室，樊森任口腔修复学教研室副主任主持教研室日常工作，沈文微、叶秀芬任口腔修复学教研室副主任。

1987年，杨宠莹任口腔修复学教研室主任，沈文微任口腔生理学教研室主任。

1997年，张富强担任口腔修复学教研室主任并任职至2010年。2010年蒋欣泉任口腔生物教研组组长。

【教材编写】

1953年，在广慈医院的邱立崇组织教师翻译当时苏联最新的《口腔矫形学》教材，由邱立崇主笔编写上海第二医学院第一批自编教材《口腔矫形学》。

1978年，樊森、杨宠莹参加《口腔矫形学》全国统一教材的编写。1978年，口腔矫形科护士长李璧莲带领护理部人员编写《口腔矫形护理手册》，对抽调至口腔矫形科的护理系毕业生进行专业培养。1984年，樊森、薛淼、杨宠莹参加卫生部全国统编教材《口腔修复学》（第一版）的编写。

2004年，张富强组织科室医师编写、出版《口腔修复基础与临床》一书，全面地介绍口腔修复学科的基础理论、研究进展和临床技术新发展，内容涉及口腔修复与牙合学、口腔修复与生物力学、口腔修复与色度学、口腔修复与微生态、口腔修复与计算机辅助设计/计算机辅助制作（CAD/CAM）、口腔修复与语音、口腔修复金属材料的腐蚀与防护、口腔修复与材料应用组织工程、口腔修复技术新发展等。张富强还分别于2001年、2002年、2006年，主编出版《牙缺损与缺失》《圆锥形套筒冠义齿》《附着体义齿》等多部专著。

2008年，教研室负责的"口腔修复学"课程通过上海市教委重点课程建设项目验收。蒋欣泉担任《中国实用口腔科杂志》第一届编辑委员会编委，并参加了《口腔颌面发育生物学与再生医学》《口腔颌面-头颈肿瘤学》及《口腔生物化学与技术》的编写。

2010年，教研室负责的"口腔修复学"课程成为上海市精品课程建设项目。

【研究生教育】

1979年，口腔矫形学科硕士点建立，邱立崇招收第一个硕士研究生沈健生。1984年，樊森、蒋蕴华、沈文微、杨宠莹遴选为硕士研究生导师。

1990年，上海第二医科大学（以下简称"二医大"）获批口腔科学—口腔修复学（含口腔材料）博士点，同年薛淼遴选为博士研究生导师，杨宠莹为副博士研究生导师，第一批招收的博士研究生有张修银和李亦文。

1993年，张富强、张建中遴选为硕士研究生导师。1997年，张富强遴选为博士研究生导师。张保卫和张修银分别于1996、1997年遴选为硕士研究生导师。2002年，郑元俐遴选为硕士研究生导师。

2006年，张富强指导的博士后胥春在澳大利亚布里斯班举行的第八十四届国际牙科研究会（IADR）大会上，以第一名的成绩获得国际牙科研究会青年修复学研究奖（IADR Arthur R. Frechette New Investigator Award），成为首位获此殊荣的中国青年学者。张富强的博士生焦婷撰写的学位论文《义耳修复CAD/CAM系统的开发研究》获得2006年上海市研究生优秀成果（学位论文）奖。

至2010年,口腔修复科共培养博士41人,硕士118人。

【继续教育】

1953年,科主任邱立崇带领教研室成功开发出口腔修复用铸造不锈钢后,口腔矫形科自1956年起连续多次举办全国铸造不锈钢学习班,为国内各院校、医院培养大量掌握口腔修复铸造不锈钢技术的医师和技工,为在全国范围内开展口腔修复用铸造不锈钢代替黄金制作义齿做出巨大的贡献。

2007年,口腔修复科开办"全瓷修复新技术"和"固定修复新技术"等2次国家级继续教育学习班。2008年主办现代口腔修复治疗中的关键技术学术会议。2009年作为中华口腔医学会第四届口腔修复学专业委员会主任委员单位,主办第六次全国口腔修复学术会议,并举办"全口义齿修复的现状与未来""固定——活动联合修复及颌面修复进展""全瓷修复技术""固定修复新技术"等多个国家级继续教育学习班。2010年,主办"可摘局部义齿的多样性设计""牙科种植和全瓷修复成功的秘密""固定-活动联合修复治疗规范"等学术会议以及"全瓷修复技术"国家级继续教育学习班。

口腔修复科、教研室在教学工作中的长期努力获得一系列的成果和奖项,并承担多项教学研究项目和大学生创新实验指导项目,对于提高教学水平、培养创新性人才起到积极的促进作用。

表2-3-9 2008—2010年口腔修复科承担的校级以上级别教学课题情况表

年 份	课 题	主 持 人
2008	上海交通大学第二批大学生创新性实验项目——牙科手机噪音检测及从业人员听力状况调查分析	孙 健
	上海交通大学第二批大学生创新性实验项目——比色仪、数码相机和目测法比色的双盲研究	陆尔奕
	上海交通大学第二批大学生创新性实验项目——印模托盘消毒方式对印模材料脱模情况及原理研究	焦 婷
2010	上海市精品课程建设项目	口腔修复学教研室
	国家大学生创新性实验计划——牙科手机水流状况对手机切削效率影响的实验研究	孙 健
	上海市大学生创新性实验计划	孙 健 焦 婷
	2010年度医学教育研究课题(中华医学会医学教育分会立项)——中外口腔医学教育比较研究	张修银

表2-3-10 2008—2010年口腔修复科所获校级以上级别教学工作奖项情况表

年 份	奖 项	获 奖 者
2008	上海高校优秀青年教师	蒋欣泉
2009	上海交通大学医学院优秀教学团队	口腔修复学教研室
	上海交通大学医学院优秀教学个人	张修银
2010	2009年度上海交通大学医学院夜大学优秀教师	潘 瑾

四、科研

【科研项目】

铸造不锈钢代替黄金 1953年，在广慈医院的邱立崇建立"铸造不锈钢应用研究"小组，成员包括樊森、薛淼、陈希贤、楼昭华、刘侃、麦宝琪等，致力于开发口腔修复用铸造不锈钢，代替传统用于制作义齿的黄金，成功开发出包括铸造不锈钢、铸造技术工艺以及相关辅助材料在内的口腔修复铸造不锈钢产品。自1956年起，口腔矫形科连续多次举办全国铸造不锈钢学习班。该研究成果在国内广泛推广应用后，中国人民银行不再向医疗单位配售口腔修复体铸造用黄金（黄金出售给患者价格按当时币值为人民币120元/两），在之后数十年中为国家节约大量黄金储备，也为保持、发展国内口腔铸造修复技术创造条件。邱立崇因此于1956年获上海市先进工作者称号。

口腔材料研究 1958年，在"教育与劳动生产相结合"教育方针的指引下，在口腔医学系副主任、口腔党总支书记邵明辉组织和领导下，由薛淼和口腔矫形科朱勤昌、石高义、吕全庚等技术员带领1960届和1961届学生陈冠英、俞守祥等，建立上海第二医学院东风口腔材料厂，把材料小组的研究成果，经1960—1962届学生的劳动课生产，形成产品向全国销售。口腔材料厂由口腔矫形学教研室直接领导，起初设在广慈医院，后迁往二医原室内体育馆位置。1960年，口腔材料研究进一步发展，成立上海第二医学院口腔材料研究室，地点设在医学院8舍一楼西侧原活动修复实验室。东风口腔材料厂也进一步专业化，迁往上海第二医学院12舍，行政隶属关系上改由口腔医学系直接领导，具体业务和人员仍由口腔矫形学教研室领导。口腔矫形学教研室尤宝芸兼任口腔材料厂厂长，薛淼担任技术指导，吕全庚专职业务经营。

1958年前后，由于在医疗、教学、科研和勤工俭学等方面全面、持续做出成绩，口腔矫形科连年获评"流动红旗"科室。1958年，邱立崇主持的"铸造不锈钢代替黄金应用于口腔修复"和"藻酸盐印模材料"2项成果在全国技术革命大会上获得"全国跃进先锋"奖状和奖章。

1966年，口腔矫形学教研室和口腔矫形科迁入九院，但口腔材料研究室和东风口腔材料厂仍留在上海第二医学院校本部。同年，口腔矫形学教研室开发的"铝镁中熔铸金"研制成功并通过鉴定，开始在第九人民医院以及嘉定马陆等地医院临床试用。

1979年，薛淼在医院首次建立由口腔矫形科牵头，包括口腔外科、整复外科、骨科、妇产科在内，由上海市教委立项的"形状记忆合金医学应用研究"重大项目。1982年，获得上海市首次评出的科技成果奖三等奖。

1976年后，口腔矫形学科恢复中断多年的科学研究工作。沈文微、杨宠莹、叶秀芬等进行下颌运动轨迹、颅颌功能系列肌电分析等实验研究；薛淼、施耀生等开展以硅橡胶材料进行颌面修复的实验和临床应用研究；林熙带领学生开展全口托牙快速成型的实验研究；沈文微、杨宠莹、薛淼等进行正中𬌗刺激器的实验和临床应用研究；蒋蕴华、沈文微、杨宠莹等在邱立崇指导下结合推拿进行颞下颌关节病的临床研究等。薛淼带领学生进行口腔颌面部标志以及牙、𬌗、颌关节运动的实验研究，其研究成果系列发表在复刊不久的《中华口腔医学杂志》上，并获得国家教委二等奖。

咀嚼功能研究 20世纪50年代，邱立崇带领蒋蕴华、沈文微、杨宠莹等开展咀嚼功能研究，席应忠建立"头颅颌面测量研究"小组，成员有楼昭华、彭适生等，分别开展相关领域的研究。

1984年杨宠莹任上海市口腔医学研究所副所长兼咀嚼功能研究室主任。1986年，开展肌测定仪、㗎力测定仪、下颌运动轨迹图及肌电图等研究,并对颞下颌关节紊乱综合征提出功能性诊断和临床综合治疗,研究成果之一"咀嚼肌电信号微电机处理系统"参加上海市口腔医学研究所在上海市高教局主持下进行的鉴定会,并获优秀应用成果奖。"咀嚼系统动态功能性诊断的生理基础研究"于1991年获国家教委三等奖。同年,学科主办第二次全国口腔牙合学学术会议。

套筒冠义齿技术 20世纪80年代末、90年代初,张富强在国内率先将圆锥形套筒冠义齿用于牙列缺损患者、中、重度牙周炎患者的修复以及牙合重建修复治疗。主持的"套筒冠修复体对牙列保存的临床与基础研究"获卫生部科技进步奖三等奖、上海市科技进步奖二等奖、上海市卫生局临床医疗成果三等奖。1999年张富强以"磁性附着体的开发与临床研究"获国家发明专利,并于2001年以"SJ-1型插销式附着体固定活动联合修复的开发与临床研究"成果获上海市科技进步奖二等奖。2002年、2006年分别主编出版国内首部套筒冠义齿专著《圆锥形套筒冠义齿》和《附着体义齿》一书,研究成果在国内广泛推广应用。

数字化技术应用 20世纪90年代初,张修银、罗建平等为实现口腔修复体设计、制作自动化,开展"CAD/CAM用于口腔修复技术的实验研究"。科室于1992年在国内率先引进Cerec CAD/CAM系统进行全瓷固定修复体设计加工,开展固定修复数字化技术的研究和临床应用,并于1995年主办"1995中日CAD/CAM在口腔修复领域应用专题研讨会"。科室在固定修复、颌面赝复、活动修复的数字化技术等方面开展基础和临床研究,研究水平和临床应用水平均居于国内同行领先水平。90年代后期,张富强在国内率先开展数字化口腔颌面赝复、数字化活动义齿修复的探索研究。焦婷、张富强等2004年在 International Journal of Prosthodontics 上发表采用CAD/CAM技术设计制作义耳修复体的研究报道,为国际上首篇数字化颌面赝复技术的研究报道,引起国际同行的关注。张富强开展的"牙列缺损修复设计的仿真系统开发"研究于2005年获得上海市科技进步奖二等奖。

张富强于2009年主编出版《快速成形在生物医学工程中的应用》一书,全面而完整地介绍快速成形技术在生物医学工程领域方面的应用及最新进展,进一步推动数字化技术在生物医学领域的应用。张富强主持的"三维视觉测量体系的研发及在颜面缺损数字化诊疗中的应用"研究荣获2009年中华口腔医学会口腔医学创新研究奖。

口腔再生修复的研究 针对口腔颌面软、硬组织缺损的再生与修复,蒋欣泉带领的团队探讨新型生物材料、干细胞以及组织工程技术在颌面部组织修复中的作用与机制。2007年,蒋欣泉主持的"组织工程技术构建口腔颌面部骨组织的研究与应用"获上海市科技进步奖一等奖,同年入选明治乳业生命科学奖。

【科研成果】

2007—2010年,口腔修复科申请到课题项目59项,其中国家级、市局级基金项目48项,多项科研成果获得各类奖项并申请专利。1991—2010年,口腔修复科发表论文529篇,主编、参编著作10余部。张富强曾任《上海口腔医学杂志》《口腔颌面修复学杂志》副主编。蒋欣泉任《上海口腔医学杂志》《中国实用口腔科杂志》《中国口腔医学年鉴》编委,并参加《口腔颌面发育生物学与再生医学》《口腔颌面·头颈肿瘤学》《口腔生物化学与技术》编写。1998年以来,口腔修复科获得一系列科研奖项和人才培养计划,对科室的发展和青年医师的成长起到积极的推动作用。

表 2-3-11 1991—2010 年口腔修复科承担的科研项目情况表

年 份	课 题 名 称	来 源	课题负责人
1991	口腔修复领域 CAD 系统的开发和 CAD 系统的研制	国家自然科学基金	杨宠莹
1992	根管治疗—桩核—冠系列工程治疗牙体严重缺损的研究	上海市卫生局	杨宠莹
1993	新型口腔固定修复用陶瓷材料的研究和临床应用	上海市科委	杨宠莹
1994	套筒冠修复体对牙保存的临床与基础研究	上海市教委博士点基金	张富强
1995	固定-活动联合修复体开发研究与临床研究	上海市科委	张富强
1995	纯钛铸造在口腔医学领域的应用	上海市科委	张建中
1995	口腔修复体与相关微生物关系的基础研究	上海市教委	张富强
1996	颜面增龄性变化规律及颌位重建模拟像系统的临床研究	卫生部	罗建平
1996	颌面修复的抗心脑血管病变关系的研究	上海市回国人员基金	罗建平
1996	磁性固位体开发、临床、基础研究	上海市科委	张富强
1997	铸钛技术的应用	国家教委回国人员科技基金	张建中
1997	玻璃离子黏固剂在口腔环境中稳定性的研究	上海市教委	高法章
1998	瓷修复体的无损检测微裂纹产生演化和预防的机制探讨	国家自然科学基金	张修银
1998	牙列缺损修复设计的仿真系统开发	上海市科委	张富强
2000	齿科铸造合金耐蚀性能的研究	上海市自然科学基金	张富强
2000	精密附着体的开发研究与临床研究	上海市科委	张富强
2001	可摘局部义齿相关结构对口腔软腭组织的力学影响	上海市教委博士点基金	张富强
2001	卡环固位力的测定与分析	上海市教委	郑元俐
2002	剩余牙槽嵴的组织工程重建	上海市科委(启明星)	阎俏梅
2002	萎缩牙槽嵴重建的实验研究	国家自然科学基金	张富强
2002	颌面功能性赝复系统的开发和临床应用研究	上海市科委	张富强
2002	纳米抗菌树脂的基础研究	上海市教委	张富强
2002	瓷修复体比配色系统的研究	上海市教委(重点项目)	张修银
2002	溶胶-凝胶法在齿科合金表面处理中的应用研究	上海市科委	胡 滨
2003	牙科纳米氧化锆可切削陶瓷粉体研制的实验研究	上海市科委	张保卫
2003	牙科可切削氧化锆基底陶瓷基础研究	上海市科委	张富强

(续表)

年份	课题名称	来源	课题负责人
2004	计算机辅助种植义齿导航系统的开发应用研究	上海市科委	张富强
	精密附着体应用于单侧上颌骨缺损(有基牙)的基础研究	上海市教委	焦 婷
2005	动态机械应变细胞加载装置的研制开发	上海市教委	张富强
	口腔固定修复体引起MRI伪影的临床基础研究	上海市教委	魏 斌
	牙科合金银钛涂层的制备及相关研究	上海市教委	胡 滨
	间隙连接细胞间通讯在人牙周膜成纤维细胞力学信号转导中作用的研究	中国博士后科研基金	胥 春
	口腔修复与生物材料学	上海市教委重点(特色)学科	张富强
2006	晶须增强牙用树脂的基础研究	上海市教委	张修银
	全颌覆盖种植义齿上部结构固位设计的研究	上海市教委	佘文珺
	颜面缺损CAD/CAM系统的开发应用研究	上海市教委	孙 健
	牙合架上全口义齿三维运动的数字化模拟研究	上海市教委	陆尔奕
	基于三维视觉测量的颜面缺损修复CAD系统的开发及其应用推广	上海市信息化委员会	张富强
	瓷全冠修复技术	卫生部	张修银
	釉原蛋白修饰纯钛表面仿生矿化的实验研究	国家自然科学基金	黄 慧
	黏结对不同全瓷材料微裂纹产生、演化影响的机制研究	国家自然科学基金	张修银
	口腔修复学	上海市教委重点课程建设	张富强
	全瓷冠的破坏机制研究	上海大学	张修银
2007	机械应变对人牙周膜细胞间隙连接、整合素-细胞骨架影响的研究	上海市自然科学基金	胥 春
	牙科氧化锆-磷酸镧陶瓷新材料开发与应用研究	上海市经委	陈丽萍
	义齿修复前后口腔微生态环境的研究	上海市科委科技攻关重点项目	张富强
	齿科精细陶瓷可加工性的检测方法（上海应用技术学院合作）	上海市科委	张富强
	全瓷冠修复体使用寿命的力学实验研究（上海大学力学系合作）	国家自然科学基金	张修银
2008	颌面缺损赝复数字化诊疗系统的开发及远程医疗服务与教育体系的建立	上海市信息委	张富强
	钛种植体表面TiO_2纳米管/仿生纳米HA修饰的实验研究	上海市科委(纳米专项)	张富强

(续表)

年 份	课 题 名 称	来　源	课题负责人
2008	纳米羟基磷灰石梯度涂层在牙种植体-Bio-Oss替代骨界面的骨整合研究	上海市科委(纳米专项)	陆尔奕
	力学刺激诱导人牙周膜细胞凋亡机制的研究	上海市科委	胥　春
	Nell-1、BMP-2非病毒基因协同修饰的组织工程化颌骨的研究	上海市科委(人才计划)	蒋欣泉
	新型非病毒基因给药系统在口腔颌面部骨组织工程中的研究与应用	上海市科委(募研计划)	蒋欣泉
	Nell-1、BMP-2共表达阳离子聚合物基因给药系统促进成骨的实验研究	上海市教委曙光计划	蒋欣泉
2009	基于多数字化信息采集的颌面部缺损赝复体系的研究	国家自然科学基金	熊耀阳
	Caspase酶在动态牵张应变诱导人牙周膜细胞凋亡中作用的研究	国家自然科学基金	胥　春
	Nucleolin介导EMMPRIN信号传递并参与小鼠下颌磨牙牙胚形态发生机制的研究	国家自然科学基金	谢　明
	Nell-1过表达促进软骨发育成熟和组织工程再生的研究	国家自然科学基金	蒋欣泉
	动态牵张应变诱导人牙周膜细胞凋亡机制的研究	上海市重点学科(口腔基础医学)科研项目	胥　春
	功能梯度牙种植体优化设计与数字微滴喷射成型的研究	上海市自然科学基金	熊耀阳
	基于图像融合技术的计算机辅助颌骨缺损赝复方法研究	上海交通大学医工交叉(面上)	熊耀阳
	功能梯度牙种植体优化设计与材料信息建模	上海交通大学医工交叉(面上)	孙　健
	低模量高强度钛合金的生物学相容性及生物力学相容性	上海交通大学医工交叉(面上)	傅远飞
	锶元素促进牙种植体骨整合的实验研究	上海市卫生局(青年)	傅远飞
	氮化钛涂层影响牙科合金耐蚀性能的研究	上海市教育发展基金	胡　滨
	磷酸钙及硅酸钙材料表面纳米化修饰对口腔组织干细胞的作用及其在组织再生中的应用	上海市科委(纳米专项)	蒋欣泉
	硼酸铝晶须-纳米ZrO_2颗粒复合增强抗菌牙科树脂的研究	上海市科委(基础重点)	张修银
	采用改性磷腈作为新型义齿软衬材料的研究	上海市科委(生药重点)	郑元俐

(续表)

年份	课题名称	来源	课题负责人
2009	齿科新型美学氧化锆陶瓷的研制及临床应用研究	上海市科委(生药重点)	张富强
	基于组织工程化颌骨的种植修复与功能重建研究	教育部	蒋欣泉
	RelyX Unicem 在 CEREC 3 全瓷系统的应用基础研究	上海市卫生局	翁维民
	口腔印模形变的标定与直接测量	上海交通大学医学院	魏 斌
	Designing Nanoparticles for Gene Delivery in Bone Diseases	加拿大地区政府国际合作基金（Alberta Advanced Education and Technology）	蒋欣泉（中方负责人）
2010	钛种植体表面 TiO_2 纳米管控释 rhBMP-2 的研究	国家自然科学基金	张富强
	潮湿力学环境下不同全瓷材料黏结裂解失效机制的研究	国家自然科学基金	张修银
	Nell-1 过表达促进软骨发育成熟和组织工程再生的研究	国家自然科学基金	蒋欣泉
	人牙周膜细胞机械力学信号转导途径的研究	上海市科委(上海市青年科技启明星计划)	胥 春
	基于呼吸功能数值模拟的阻塞器优化设计与个性化制作	上海市教委(重点)	焦 婷
	钛种植体表面 RGD 活性肽纳米阵列构建的实验研究	上海市科委(纳米专项)	张富强
	钛种植体表面 TiO_2 纳米管/KRSR 活性肽修饰的实验研究	上海市科委(基础重点)	张富强
	美容牙科美学指数(AICD)研发	上海市卫生局	葛起敏
	口腔技术室质量监测系统的研发	上海市卫生局	徐 侃
	以量子点示踪镍、铬离子体内代谢过程的动物实验研究	上海市卫生局	李 静
	新型纳米生长因子缓释系统促进口腔颌面部血管化骨组织再生的研究	上海市政府间国际科技合作项目	蒋欣泉
	含镁硅酸盐生物活性陶瓷材料复合口腔组织干细胞再生牙体与颌骨组织的研究	上海交通大学 Med-X 研究院合作	蒋欣泉

表2-3-12　1958—2009年口腔修复科科研获奖情况表

年份	项目名称	获奖名称	获奖等级	主持人
1958	铸造不锈钢代替黄金应用于口腔修复	全国跃进先锋		邱立崇
1958	藻酸盐印模材料	全国跃进先锋		邱立崇
1979	形状记忆合金医学应用研究	上海市科技成果奖	三等奖	薛森
1989	微机化口腔𬌗力仪	上海市高教局局级奖		钦逸仙
1990	咀嚼系统动态功能诊断的生理学研究	国家教委科技进步奖	三等奖	杨宠莹
1997	根管治疗—桩核—冠系列工程治疗牙体严重缺损的研究	上海市科技进步奖	二等奖	张保卫
1998	圆锥形套筒冠修复体对牙列保存的临床与基础研究	上海市科技进步奖	二等奖	张富强
1998	圆锥形套筒冠修复体对牙列保存的临床与基础研究	上海市卫生局临床医疗成果奖	三等奖	张富强
1998	圆锥形套筒冠修复体对牙列保存的临床与基础研究	卫生部科技进步奖	三等奖	张富强
2001	SJ-1型插销式附着体固定活动联合修复的开发与临床研究	上海市科技进步奖	二等奖	张富强
2001	人工牙与注塑基托结合力的初步研究	中华医药科技成果奖	一等奖	潘瑾
2003	JJ型磁性固位体的研制及其临床应用研究	上海市科技进步奖	三等奖	张富强
2005	牙列缺损修复设计的仿真系统开发	上海市科技进步奖	二等奖	张富强
2006	掺锶羟磷灰石固溶体锶含量与骨组织融合能力相关性研究	上海市科技进步奖	三等奖	陈德敏　傅远飞
2006	义耳修复CAD/CAM系统的开发研究	上海市研究生优秀成果(学位论文)奖		焦婷
2007	组织工程技术构建口腔颌面部骨组织的研究与应用	上海市科技进步奖	一等奖	蒋欣泉
2007	组织工程技术构建口腔颌面部骨组织的研究与应用	上海市科委明治乳业生命科学奖	科学奖	蒋欣泉
2009	三维视觉测量体系的研发及在颜面缺损数字化诊疗中的应用	中华口腔医学会口腔医学创新研究奖		张富强

说明：1965年之前的奖项为科室在广慈医院期间获得。

表2-3-13　1998—2010年口腔修复科所获校级及以上级别人才计划和奖项情况

年份	人才计划及奖项名称	入选者
1998	上海市卫生局百人计划	张建中
2004	上海市优秀青年医学人才培养计划	焦婷
2004	上海第二医科大学百人计划	陆尔奕

(续表)

年份	人才计划及奖项名称	入选者
2005	上海交通大学医学院百人计划	佘文珺
2006	卫生局优秀青年医学人才培养计划	焦婷
2006	上海交通大学医学院百人计划	朱梓园
2007	上海市曙光学者	蒋欣泉
2008	上海市科委白金兰科技人才基金	蒋欣泉
2008	上海高校优秀青年教师	蒋欣泉
2008	上海市启明星跟踪计划	蒋欣泉
2008	教育部新世纪人才	蒋欣泉
2008	上海交通大学医学院百人计划	胥春
2008	上海高校选拔培养优秀青年教师科研专项基金	谢明
2009	上海市卫生局先进工作者，记大功一次	蒋欣泉
2009	上海市领军人才后备队	焦婷
2009	上海交通大学医学院新百人计划	蒋欣泉
2009	SMC优秀青年教师B类计划	蒋欣泉
2009	上海市卫生系统"银蛇奖"一等奖	蒋欣泉
2009	中华口腔医学会优秀青年口腔人才奖	蒋欣泉
2009	上海高校选拔培养优秀青年教师科研专项基金	高燕
2010	上海市青年科技启明星计划	胥春
2010	上海市科学技术协会第五届上海青年科技英才	蒋欣泉
2010	上海高校选拔培养优秀青年教师科研专项基金	张松梅

表2-3-14　1999—2010年口腔修复科获授权专利情况表

年份	专利名称	专利号	第一发明人
1999	磁性固位体实用新型专利	99252230.7	张富强
2003	冠外附着体	022172106	张富强
2008	可切削着色氧化锆陶瓷及其用途(发明)	ZL 2006 1 0117627.0	张富强　黄慧
2008	骨形成蛋白4基因的反转录病毒载体及其应用(发明)	ZL 2004 1 0089245.2	蒋欣泉
2009	纳米氧化锆及羟基磷灰石复合粉体的原位制备方法(发明)	200710045510	张修银
2009	一种用于口腔活动修复体的微型存储装置(实用新型)	200810036663.3	魏斌
2010	数控机械应变细胞加载实验机(发明)	200610028095.3	胥春
2010	一种牙弓型双色咬合纸(实用新型)	200920208421.8	孙健
2010	一种石英纤维桩的制备方法(发明)	200710170709.6	张富强

图 2-3-6 2010年科室业务学习。前排左起：张修银、张保卫、张富强、郑元俐、徐侃；后排左起：陈丽萍、魏斌、聂溶冰

【学术任职】

杨宠莹曾任中华医学会口腔分会口腔修复学组组长、中华医学会口腔分会口腔修复学专业委员会主任委员等职。

张富强曾任国际牙医师学院院士、中华口腔医学会口腔修复学专业委员会副主任委员、中华口腔医学会口腔修复学专业委员会主任委员、中华口腔医学会口腔医学计算机专业委员会副主任委员、亚洲口腔修复学会主席。

张建中曾任中华口腔医学会口腔修复学专业委员会常务委员，杨宠莹曾任顾问。

蒋欣泉曾任亚洲口腔修复学会秘书长、中华口腔医学会第四届口腔修复学专业委员会委员及学术秘书。

张保卫曾任中华口腔医学会老年口腔医学专业委员会委员。

五、荣誉

【集体荣誉】

口腔修复科被评为二医大文明科室（1997年、2002—2003年）。

【个人荣誉】

邱立崇获评上海市先进工作者（1956年）。杨宠莹获评上海市"三八"红旗手（1988年）。张富强获评二医大校长奖（医疗）（2005年）、中央保健工作先进工作者（2005年）、卫生部突出贡献中青年专家（2006年）、庆祝建院90周年突出贡献奖（2010年）等荣誉称号。徐肖云获评二医大"三八"

红旗手(1998年)。张修银获评二医大优秀青年教师(2000年)、上海交通大学医学院优秀教学个人(2009年)。郑元俐获评二医大"三八"红旗手(2000年)。杨丹苓获评二医大"三八"红旗手(2005—2006年)。蒋欣泉获评上海高校优秀青年教师(2008年)。

第三节　牙体牙髓病科

一、沿革

牙体牙髓病科前身是口腔内科的专业组之一。

1949年以前，震旦大学医学院在广慈医院设口腔门诊部，由牙科学系主任沈国祚兼任门诊部主任和口腔内科主任。下设口腔诊断室、口腔治疗室。1955年有医生14人，技术员2人，护士5人，许国祺、乌爱菊任科副主任，综合治疗椅18台。口腔内科分为3个临床专业组：龋病牙髓根尖周病组、牙周黏膜病组和儿童牙病治疗预防组。

1965年随口腔医疗系由广慈医院迁入第九人民医院，黄宗仁任口腔内科主任，邵家珏、王晓仪任科副主任，有牙科综合治疗椅38台。随着学科发展，1984年、1986年口腔预防和儿童口腔先后独立成科。1990年口腔内科拥有36名医师，其中正、副教授10人，主任医师12人，住院医师等14人，技术人员7人，护士12人。曹宏康任科主任。1995年口腔内科被批准成为上海市医学领先专业，由市卫生局资助进行学科建设，学科带头人为刘正。

2007年，口腔内科分为牙体牙髓科、牙周病科和口腔黏膜病科3个独立科室，梁景平任科主任，科室为中华口腔医学会牙体牙髓专业委员会主任委员单位。2010年，牙体牙髓病科获评首批国家临床重点专科。

图2-3-7　20世纪90年代口腔内科门诊诊室。前排左起：曹宏康、胡纯贞、史慧宝、王晓仪

表 2-3-15　1940—2010 年口腔内科、牙体牙髓病科历任正、副主任情况表

科　　室	任职时间	主　　任	任职时间	副主任
口腔内科	1940—1952	沈国祚	1952—1958	沈国祚
	1978—1984	黄宗仁	1955—1966	许国祺　乌爱菊
	1984—1987	王晓仪	1978—1984	许国祺　乌爱菊 邵家珏　王晓仪
	1987—1990	刘　正	1978—1990	曹宏康
	1990—1998	曹宏康	1984—1990	袁诗芬
	1998—2001	冯希平	1991—1993	孔冬古
	2001—2007	周曾同	1991—1998	胡纯贞
			1993—2007	梁景平
			1998—2001	唐国瑶
			1998—2002	徐　晓
			2000—2007	翁雨来
			2002—2007	朱亚琴
			2003—2007	束　蓉
牙体牙髓科	2007—	梁景平	2007—2008	朱亚琴
			2007—	夏文薇

二、医疗

2007 年，由于学科发展需要，牙体牙髓科独立成科，并正式迁入新落成的 1 号门诊楼，拥有综合治疗椅 26 张，全科医护人员 40 余人。作为上海市乃至华东地区主要专科，能开展牙体牙髓专科的各项诊治技术，其中专科的弯曲细小根管诊治水平居国内领先。在此基础上，专科近年来依托学科优势，积极建设临床亚专科，重点开展微创龋病治疗、超声根管治疗、显微根管治疗、显微根尖外科手术以及椅旁 CAD/CAM 修复等新诊疗技术，临床上形成牙体微创美学修复、疑难根管治疗和根管再治疗，大面积牙体缺损修复以及牙齿美学漂白等治疗特色。年门诊量以 8%～10% 的速度递增。2007 年，门诊量为 5.8 万人次。2010 年，全年门诊人次已增至 7.5 万人次，其中约 40% 患者来源于周边地区，根管再治疗病例约占 30%。门诊诊断准确率大于 90%，初步建立患者随访制度。原发性根尖周炎治疗 2 年成功率 90% 左右，根管再治疗 2 年成功率约 80%，牙体修复 2 年成功率大于 97%。临床病历书写与处方每月定期抽查合格率 100%。尊重与积极维护患者权益，患者接受治疗知情同意签署率 100%，医患关系和谐，严格遵守口腔消毒与感染控制规范，历年患者满意度调查高于 90%。

三、教学

【学历教育】

本科教学　1952 年，上海第二医学院口腔医学系成立，参加教学工作的专职教师 12 人，教学地

点在上海第二医学院附属广慈医院,学制5年。1965年,口腔医学系迁入上海第九人民医院,九院口腔内科成立。牙体牙髓病学作为口腔内科教学的支柱专业之一。自口腔内科教研室1955年成立以来,一直承担口腔系本科生以及七年制本硕连读生的牙体牙髓病学教学实习任务,在教学方面有较完善的管理制度和方法,积极参与开展口腔系的教学改革。教研室1989年被评为上海市教学先进集体,1990年获评上海第二医科大学先进集体。

2007年,牙体牙髓科独立建制后,成立牙体牙髓病教研室,承担全日制本科的牙体牙髓病学理论授课。每学年125学时,指导教师有教授1人、副教授3人、讲师2人。教学内容涵盖牙体牙髓病学基本理论、牙体牙髓科常见疾病的诊断和治疗及预防。临床见习由2名讲师分组带教。牙体牙髓教研室的临床医师培训形式以临床实习为主,在教学门诊进行牙体牙髓科常见疾病的诊治,在培训结束时进行临床技能的操作考核。

研究生培养 1980年起,口腔内科设立硕士研究生培养点,1986年获准为博士研究生培养点。至分科之前,口腔内科牙体牙髓病学组拥有博士研究生导师2人,硕士研究生导师3人。

至2010年,牙体牙髓科有博士生导师、教授1人(梁景平),硕士生导师3人(夏文薇、唐子圣、黄正蔚)。2005—2010年期间,牙体牙髓科毕业的博士研究生11人,硕士研究生23人。

【继续教育】

1997—2000年,开展10项口腔医学国家继续教育项目。牙体牙髓科成立以来举办国家级继续教育项目4次。牙体牙髓病学获2007年上海交通大学医学院精品课程。同时,牙体牙髓科培养出一批优秀青年医师:黄正蔚于2006年6月入选校百人计划,并于2009年获得启明星计划资助;孙喆于2010年5月10日和2010年9月10日两次获得优秀临床青年医师,2009—2010年度获"高露洁"口腔医学教育奖一等奖。

作为规范化医师培训基地,每年培训8~10名住院医师。

【教材编写】

口腔内科1967年集体参加《口腔疾病防治学》教材的编写,曾参加《口腔内科学》《口腔科手册》等教材编写。2007年后,梁景平参加卫生部4部普通高等院校规划教材编写工作,并担任卫生部统编教材《龋病学》副主编。

四、科研

【研究成果】

口腔内科历届主任长期重视临床研究工作。20世纪60年代,在乌爱菊、邵家珏等主任的带领下主要致力于龋病的病因学和预防学研究,并居国内领先地位;刘正、王晓仪、梁景平等主任继续深入开展相关领域的研究。1982年,上海市口腔医学研究所成立以来,牙体牙髓病学组结合临床医疗工作在龋病致病菌以及致病机制研究方面,获得一批研究成果:"龋病病因研究——口腔变形链球菌血清学分析"获1982年上海市科技进步奖三等奖;"APFI防龋凝胶"获1985年上海市优秀新产品三等奖;"牙釉质及早期釉质龋和超微结构研究"获1986年卫生部科技进步奖三等奖;"龋病致病菌的研究"获1986年国家科委科技进步奖二等奖;"口腔菌斑染色片的研制及临床应用"获1987年上海市科技进步奖三等奖。王晓仪主持的科研成果"根管治疗-桩核冠系列治疗牙体严重缺损"

及"根管治疗系列研究"分别获上海市科技进步奖二等奖和国家教委科技进步奖三等奖。

牙体牙髓专科的临床研究方向为复杂根管治疗、牙体美学修复治疗、大面积牙体缺损修复治疗等领域。牙体病治疗中对弯曲细小根管的治疗已达到国内先进水平。1999年梁景平入选曙光学者计划。2009年1月,梁景平参与的国家"十五"科技攻关科研项目"我国成人根管形态特点与根管治疗质量及疗效关系的研究",由上海交通大学作为第二完成单位,获国家教育部科技进步奖一等奖。

2005—2010年,牙体牙髓科共立项国家自然科学基金研究课题6项、"十一五"支撑计划横向课题1项、其他省部级课题9项。获教育部科技进步奖一等奖1项、上海市医疗成果三等奖1项。获实用新型专利1项。

图2-3-8 2010年牙体牙髓科成员在诊室。前左二为梁景平

表2-3-16 2005—2010年牙体牙髓科承担的科研课题情况表

年 份	课 题 名 称	来 源	负 责 人
2005	牙菌斑特性与龋易感性关系研究	国家自然科学基金	梁景平
2005	未获培养的细菌在牙周病发病中的作用	上海市教育发展基金	梁景平
2005	不同牙本质黏结系统的黏结机制探讨及临床应用	上海市教育发展基金	夏文薇
2006	16SrDNA微阵列芯片检测牙周炎细菌的组成和分析	上海市教委	唐子圣
2006	根管显微镜在疑难根管治疗中的应用	上海市科委生物医药处	梁景平
2007	龋病、牙周病早期诊断及易感风险体系的建立与评估	上海市科委	梁景平 张富强
2007	口腔生物膜药膜渗透屏障的数字化分析	教育部回国人员基金	黄正蔚
2008	变形链球菌密度感应欺骗行为规避机制的研究初探	国家自然科学基金	黄正蔚
2008	感染根管生物膜特性及其致病机制研究	国家自然科学基金青年基金	姜云涛
2009	粪肠球菌活的非可培养状态与根管再感染关系初探	国家自然科学基金	梁景平
2009	牙龈卟啉单胞菌内毒素损伤血管内皮细胞机制的实验研究	上海市科委基础重点	梁景平
2009	头颈部肿瘤放疗对口腔生态系的干扰机制初探	上海市科委启明星	黄正蔚
2010	变异链球菌luxS代谢旁路的研究初探	国家自然科学基金	黄正蔚
2010	不同环境压力状态下粪肠球菌生物膜特性研究	国家自然科学基金青年基金	姜 葳
2010	高果糖玉米糖浆(HFCS)致龋力及致龋机制的实验研究	上海市科委基础重点	夏文薇

表2-3-17 2005—2009年牙体牙髓科获得的科研奖项和专利情况表

年份	课题名称	奖项	负责人
2005	变形链球菌耐氟菌株的特性及其胞膜ATP酶在突变中的作用探讨	上海医学科技奖三等奖	刘正
2007	釉基质蛋白促进牙周再生的应用基础研究	上海市科技进步奖二等奖	束蓉
2008	根管治疗临床和应用基础研究	上海医学科技奖三等奖	梁景平
2009	我国成人根管形态特点与根管治疗质量及疗效关系的研究（第二完成单位）	教育部科技进步奖一等奖	梁景平
2009	一种微量上样移液枪头(200920207908.4)	实用新型专利	黄正蔚

【学术交流】

牙体牙髓科注重开展国内及国际同行的学术交流与合作。1991年以来，口腔医学院先后与日本、美国、法国、荷兰等国以及中国香港地区的大学开展学术交流；有的还签署了合作协议。近十年以来，口腔医学院先后承担国内外各类学术研讨会十余次，促进学术交流。2010年，牙体牙髓病科获评首批国家临床重点专科，专科的学术水平、临床诊治技术、专业辐射能力得到认可。

梁景平为《牙体牙髓牙周病学》杂志副主编；《中华口腔医学》杂志编委、《中华口腔医学杂志》（电子版）编委、《中国口腔医学年鉴》编委、《上海口腔医学》杂志编委。科室近年来主办全国性学术会议"全国牙体牙髓2007年会""全国口腔生物学研讨会""全国牙体牙髓临床新技术研讨会"等学术会议。

【学术任职】

刘正任国际牙医学院（ICD）成员、国际牙科研究学会（IADD）会员、中华口腔医学会牙体牙髓专业委员会副主任委员、上海口腔医学会名誉主任委员等职务。王晓仪曾任中华医学会牙体牙髓病专业委员会顾问。梁景平曾任中华口腔医学会牙体牙髓专业委员会副主任委员、主任委员，上海口腔医学会牙体牙髓专业委员会主任委员等职。黄正蔚、孙喆曾任中华口腔医学会牙体牙髓专业委员会学术秘书等职。

【发表论著】

2007—2010年，牙体牙髓科发表SCI论文12篇，统计源期刊论文111篇。

五、社会公益

牙体牙髓科医生积极参与每年"爱牙日"活动，向市民作口腔常见病如龋病、牙髓病的科普宣传，同时牙体牙髓科积极参与援疆、援藏、援边等基层合作项目。

六、荣誉

【集体荣誉】

口腔内科获二医大文明科室（1991年、1995年）。

【个人荣誉】

邵家珏获全国"三八"红旗手(1979年)、二医大"三八"红旗手(1984年)。

乌爱菊获上海市巾帼奖二等奖(1986年)。

王晓仪获二医大先进教育工作者(1986—1987年)、二医大优秀青年教师和优秀教育工作者(1992年)、二医大"三八"红旗手(1994年)。

刘正获上海市优秀教育工作者、二医大先进教育工作者(1986—1987年)、二医大德育先进工作者(1989年)、全国卫生系统先进工作者(1994年)、上海市劳动模范(2000年)等荣誉称号,上海市第九人民医院终身教授(2001年)。

曹宏康获二医大先进个人(1991年)、第九人民医院90周年院庆特别荣誉奖(2010年)。

冯希平获二医大优秀青年教师(1995年)、上海市高校优秀青年教师(1997年)、上海市卫生系统青年管理十杰提名奖(1997年)、上海市育才奖(1997年)等荣誉称号。

周曾同获二医大优秀医院管理工作者(1996年)、二医大教学奖(2005年)。

梁景平被评为优秀曙光学者(2004年)、院庆90周年突出贡献奖(2010年)。

朱亚琴获上海市首批"医苑新星"(1999年)。

黄正蔚获上海交通大学医学院百人计划(2006年)、上海交通大学医学院优秀青年教师(2009年)。

孙喆获"高露洁"口腔医学教育奖一等奖(2009—2010年)。

第四节 牙周病科

一、沿革

1956年,广慈医院的口腔诊断室和治疗室更名为口腔内科,许国祺、乌爱菊任科副主任(科主任阙如)。口腔内科下设3个临床专业学组:龋病牙髓根尖周病组、牙周黏膜病组和儿童牙病治疗预防组。

1966年,口腔内科随上海第二医学院口腔系由广慈医院迁入第九人民医院,著名牙周病学专家黄宗仁任第一任口腔内科主任,邵家珏、王晓仪任副主任。1984年,刘正任口腔内科主任,王晓仪、曹宏康、袁诗芬(牙周病学专业)任副主任。1984年,口腔预防科与儿童口腔牙科从口腔内科划出。2007年,牙周病科独立建科,束蓉任主任,顾晶晶任副主任。

至2010年12月,牙周病科共有15台牙科综合治疗椅。医师13人,其中博士学历5人,硕士学历7人;博士研究生导师1人,硕士研究生导师2人;教授1人,副教授3人。护士8人。每年门诊量达5万人次以上,患者来自全国各省市自治区。

二、医疗

改革开放以来,牙周病学组在黄宗仁、袁诗芬、吴洁、胡纯贞、束蓉等临床专家的带领下,形成以中重度牙周炎的序列治疗为特色的专业学科。1995年,被批准为上海市医学领先专业。2007年,独立建制以来,牙周病科在传承中重度牙周炎的序列治疗特色和优势基础上,结合学科发展趋势,从牙周、牙列、咬合、牙龈协调等方面,与正颌正畸、口腔修复等学科进行学科交叉,形成集临床、科研和教学为一体,以中重度牙周炎序列治疗、牙周正畸修复综合治疗为优势的牙周专科特色,确立牙周病学学科在国内的领先地位。2007年以来,牙周病科患者数量快速上升。2010年,年门诊量已超过6万人次,大量的牙周病患者在牙周病科得到及时、有效的治疗。牙周病科积极开展富血小板血浆牙周再生治疗(PRP)技术、游离龈移植技术、结缔组织移植术、引导性骨组织再生术(GBR)、引导性组织再生术(GTR)、牙周辅助加速成骨正畸治疗(PAOO)、微创牙科手术以及牙种植术等先进牙周治疗技术,有效改善患者因牙周病造成的软硬组织缺损和牙列缺损,保存了大量牙周病患牙,攻克多项临床难题。

图2-3-9　20世纪90年代口腔牙周病门诊。前排左起：胡纯贞、束蓉、陶琦

表2-3-18　2007—2010年牙周病科年门诊人次情况表

年　份	人　次	年　份	人　次
2007	40 532	2009	52 471
2008	49 377	2010	54 494

三、教学

除承担本科生的专业课程与专业实习教学外,牙周病学专业于1980年开始招收口腔内科专业牙周病方向的硕士研究生(硕士生导师黄宗仁),1996年开始招收博士研究生(博士生导师刘正)。2010年本科生教学入选交大医学院精品课程,并入选上海市教委重点课程建设项目。多年来,牙周病学专业一直是卫生部本科生统编教材的参编单位。高水平的整体实力吸引来自全国各地的口腔科医师来牙周病科学习提高,每年近百名医师参加牙周病继续教育、系统进修、住院医师规范化培训等项目训练。1980—2010年,已培养硕士研究生43人,博士研究生22人,部分毕业生已经成为全国各级医院的骨干力量,服务于广大牙周病患者。

四、科研

【科研成果】

科室成立以来,努力建设临床研究与基础研究共同发展、科学研究与临床实践相结合的科研体系,打造一支结构合理的学术骨干队伍,并取得一系列成果。一批科研成果先后获得上海市高教局科技进步奖和上海市科技进步奖,编写的学术专著《牙周病微生物学》获国家教委科技进步奖二等奖(著作类)。2009年,随机临床试验研究通过美国FDA机构的项目检查,并获得国际同行的认可与好评,研究成果在国际专业期刊发表。项目负责人(PI)及其团队2010年完成上海市卫生局"牙周基础治疗及清创术的推广应用"项目,并获"优秀"考评结论。建科至2010年承担国家级及省部级课题14项。2008—2010年,牙周病科发表SCI收录论文18篇。

表2-3-19 2005—2010牙周病科(专业)承担的科研课题情况表

年 份	课 题 名 称	来 源	负 责 人
2005	Periowave光敏抑菌系统的临床应用研究	横向课题	束 蓉
2006	牙骨质附着蛋白及其抗体的制备与功能研究	上海市科委	束 蓉
2006	EMPs诱导人BMSCs定向分化为牙周组织的机制研究	交大医学院博士点	宋忠臣
2006	牙周致病菌与口臭相关因素的初探	横向课题	杨芸珠
2007	Amelogenin基因修饰骨髓基质细胞促进牙周再生的实验研究	国家自然科学基金	束 蓉
2007	结合上皮损伤再生的细胞生物学和分子生物学研究	国家自然科学基金	李德懿
2007	牙周基础治疗及清创术的推广应用	上海市申康基金	束 蓉
2008	古细菌群落在牙周病进程关系的初探	国家自然科学基金青年基金	李超伦
2008	牙周病与全身疾病相关关系及相应治疗方案研究	横向课题("十一五"支撑计划)	束 蓉
2008	牙龈卟啉单胞菌HU蛋白在动脉粥样斑形成中的作用	横向课题(德岛大学齿学部)	束 蓉
2008	环孢菌素A导致牙齿过度生长机制的研究	上海市自然科学基金	尹元正
2008	miRNA在TLRs介导牙周炎症中调控机制的研究	上海市科委(重点基础)	束 蓉
2009	Notch和Wnt信号的"对话"在EMPs作用骨髓基质细胞促进牙周再生中的调控机制研究	国家自然科学基金青年基金	宋忠臣
2009	牙龈卟啉单胞菌基因敲除菌株的构建及其生物特性的研究	上海市教委(科研创新)	刘大力
2009	低氧诱导因子-1α对人牙周膜细胞功能的调控作用	交大国防基金	宋忠臣
2009	牙龈卟啉单胞菌多糖生物合成基因与其临床毒力特性关系的研究	教育部新教师基金	刘大力

(续表)

年份	课题名称	来源	负责人
2010	miR-146a 和 miR-146b 调控牙周炎症 Toll 样受体信号传导通路机制的研究	交大博士点	谢玉峰
2010	牙龈卟啉单胞菌分子伴侣 Dnak 重组蛋白表达、纯化以及抗体制备	教育部回国人员基金	刘大力
2010	牙龈卟啉单胞菌毒力相关性多糖生物合成基因的研究	国家自然科学基金青年基金	刘大力

表 2-3-20　1986—2002 年牙周病科（专业）科研项目获奖情况表

年份	项目名称	奖项	第一获奖者
1986	局部药物缓释疗法治疗牙周病	上海市高教局科技进步奖	口腔内科
1998	口腔常见病生态环境及其抗菌控释药物	上海市科技进步奖三等奖	李德懿
1998	《牙周病微生物学》	国家教委科技进步奖二等奖（著作类）	李德懿
2002	口腔厌氧菌内毒素生物活性及其降解机制研究	上海市科技进步奖三等奖	李德懿

【学术任职】

黄宗仁曾任中华医学会口腔医学分会牙周病学组副组长。

袁诗芬曾任中华医学会口腔医学分会牙周病学组委员。

李德懿曾任中华医学会口腔医学分会牙周病学组委员、中华口腔医学会第三届牙周病学专业委员会常委。

束蓉曾任中华口腔医学会牙周病学专业委员会副主任委员、主任委员。

李超伦曾任中华口腔医学会牙周病学专业委员会常委。

束蓉曾任《中华口腔医学杂志》等 4 本杂志编委，《国际口腔医学杂志》《上海交通大学学报（医学版）》审稿专家。

五、荣誉

束蓉获上海市卫生局先进工作者（1997 年）、"邝安堃"奖学金（1998—1999 年）、上海第二医科大学"比翼双飞模范佳侣"（2001 年）、上海交通大学"三八"红旗手（2006 年）、上海市"三八"红旗手（2006 年）、上海交通大学医学院优秀共产党员（2010 年）等荣誉称号和奖项。

第五节　口腔黏膜病科

一、沿革

20 世纪 50 年代中期，上海广慈医院的口腔内科临床分为 3 个专业组：龋病牙髓根尖周病组、牙周黏膜病组和儿童牙病治疗预防组。牙周黏膜病组即为第九人民医院口腔黏膜病科的前身,是国内最早建立的、以研究和治疗口腔黏膜疾病为主的单位之一,由口腔内科教授沈国祚倡导并组建。1958年建立口腔黏膜病专科,许国祺是第一任专科负责人。

1966年,该科随口腔系由广慈医院迁入第九人民医院,1978年许国祺以组建全国"两病"(口腔白斑和口腔扁平苔藓)协作组为契机,将口腔黏膜病学列为口腔内科学的三大支柱学科之一。沈国祚和许国祺被口腔医学界誉为口腔黏膜病学的开创者和奠基人。

1986年7月,许国祺被国务院批准为第三批博士生导师,同时也是国内口腔黏膜病专业第一位博士生导师。许国祺于1987—1998年担任中华医学会口腔科学会口腔黏膜病专业学组的第一任组长。专科于2001年成为上海市中医特色专科,2004年通过上海市中医特色专科建设验收,2005年成为上海市卫生局医学重点学科。

2007年,因学科发展需要,口腔黏膜病科从口腔内科分出成为独立科室,周曾同任第一任主任。经过周曾同、蒋伟文等历届科主任的努力,2008年科室成为国家中医药局"十一五"重点专科(专病)建设单位。

至2010年12月,口腔黏膜病科有10台牙科综合治疗椅,专科医师11人。其中博士8人、硕士3人;博士生导师2人、硕士研究生导师2人;教授2人、副教授3人。护士2人。一周六天开设专科门诊和专家门诊。每年门诊量达7万余人次,患者来自全国各省市自治区和东南亚、日本、韩国、美国等国家和地区。

表2-3-21 2007—2010年口腔黏膜病科历任正、副主任情况表

任职时间	主任	任职时间	副主任
2007—2008	周曾同	2007—	周永梅
2008—	蒋伟文		

二、医疗

1983年,许国祺在国际上首例报道"瘙痒性唇炎"(pruritic cheilitis)。口腔黏膜病科一直以"口腔黏膜癌前病变的诊治研究"为主攻方向,持续进行中西医结合诊治黏膜病的研究。诊疗重点为中西医结合诊治口腔白斑病、口腔红斑、口腔扁平苔藓、盘状红斑狼疮;在黏膜-皮肤联发疾病和累及口腔黏膜的综合征等复杂疑难疾病、唇部疾病临床诊疗方面都积累丰富的经验。

癌化学预防天然药物筛选和验证 口腔黏膜病科在长期临床研究中形成天然药物治疗口腔黏膜病的特色。已研制4种天然药物的特色制剂:复方绞股蓝胶囊(复方灯盏细辛胶囊)、五白方、双花方、三叶汤。其中应用复方绞股蓝胶囊(复方灯盏细辛胶囊)治疗口腔白斑病等口腔黏膜潜在恶性疾病,实验和临床

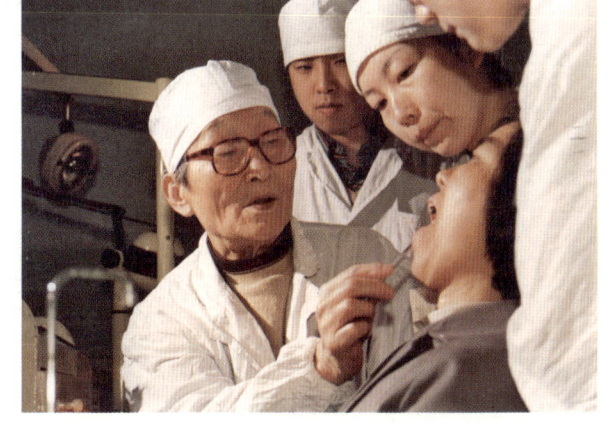

图2-3-10 20世纪90年代许国祺指导青年医师

证明对黏膜上皮异常增生有明显的改善趋势,获2001年度上海市科技进步奖三等奖、2003年中华中医药学会科学技术奖;采用自主研发的五白方、三叶方等中药外敷制剂联合微波,治疗慢性唇炎取得良好疗效,有效率和缓解率达70%。针对最常见的三种白斑证型,形成口腔黏膜白斑症的辨证施治诊疗方案;此外,采用天然药物联合西药系统治疗口腔扁平苔藓也取得显著疗效。

口腔黏膜病科在口腔白斑病、糜烂型扁平苔藓、慢性唇炎等黏膜常见病多发病方面已形成三套比较成熟的诊疗方案,其内容被中华口腔医学会口腔黏膜病专委会、中西医结合专委会采纳或编入全国与上海市的相关诊疗常规。

自身免疫性口腔黏膜病规范化诊疗 口腔扁平苔藓占本专科初诊病例的16.13%,居初诊患者的第二位。本专科从1978年开始建立包括口腔扁平苔藓在内的60个病种近2万例样本的临床资料库。参与讨论和制定我国第一个《口腔扁平苔藓诊疗指南(试行)》。2010年11月卫生部印发《口腔扁平苔藓临床路径》(2010年版)之后,率先探索口腔扁平苔藓的分型、分段式临床疗效评价的临床路径电子化管理,制订口腔扁平苔藓进入临床路径和出路径的标准以及临床路径变异处置的原则和方法。同时,将卫生部颁发的临床路径转换为上海本地可操作的临床路径表单,规范临床医疗行为,缩短疗程、提高疗效、合理控制费用,为以后在口腔门诊实行单病种管理提供相应的依据。对于口腔扁平苔藓伴发系统性疾病、精神因素、感染因素、遗传因素等多种致病因素的疑难病例,尤其擅长口腔扁平苔藓癌变的防治研究,发现口腔扁平苔藓癌变新的危险因素,指导临床应该密切注意口腔扁平苔藓损害色泽与形态上的变化,尤其是糜烂复发频繁的区域。

口腔潜在恶性疾病早诊早治 本亚专业包括口腔白斑、红斑、盘状红斑狼疮、光化性唇炎、黏膜下纤维性变、口腔扁平苔藓等病种,每年门诊人数逾25 000例。本亚专业在循证医学为基础的临床指南和临床路径指导下,应用药物、手术、理疗等技术,使口腔潜在恶性疾病患者得到适当治疗和管理。已开展口腔癌前病变切除活体检查术+黏膜补片术,使病损病理组织学检查更全面和准确,提高口腔癌前病变C4级诊断比率;局部手术、CO_2激光、黏膜封闭术、微波理疗等治疗。同时,在国内首先建立口腔黏膜病患者资源库,目前拥有口腔黏膜病患者临床信息18 000余人,样本数量1 000余人。对口腔黏膜病患者临床信息和生物样本的统一管理,为临床治疗和转化性研究提供强大支持和丰富的资源。

口腔黏膜感染性疾病的诊疗及临床药物试验 开展口腔念珠菌及病毒感染的多项检查,建立

图2-3-11 2010年口腔黏膜病科医师合影。坐者右起:唐国瑶、周曾同、蒋伟文、周永梅

口腔念珠菌感染以及口腔单纯疱疹、带状疱疹感染、慢性唇炎等疑难病例的诊疗常规。全面开展中西医结合治疗口腔感染性疾病,并率先开展中医药联合微波治疗慢性唇炎,前期完成上海市卫生局基金资助的课题"中医单病种质量控制标准——慢性唇炎"(2002—2003年),并制定中医药联合微波治疗慢性唇炎的质量控制标准,在临床实践中加以应用,效果良好。

口腔黏膜溃疡类疾病的诊疗 口腔溃疡类疾病是口腔黏膜病中最常见也是最重要的病种,门诊患者人次居首。科室针对复发性口腔溃疡制定临床路径指南及临床路径表单,实施该疾病的临床路径管理。对临床上难治性疾病如白塞病、克罗恩病、癌性溃疡、巨大创伤性溃疡等也建立诊断及治疗规范。自行研制的溃疡药物,如复方皮质散、氢考庆大霉素含漱液等取得显著疗效。

表 2-3-22 2008—2010 年口腔黏膜病科门诊人次情况表

年　份	年门诊人次
2008	50 256
2009	51 311
2010	58 238

三、教学

1980 年,许国祺编撰全国统编教材《口腔内科学》中"口腔黏膜病"章节。1983 年,许国祺被卫生部聘请为高等医药院校口腔专业教材编审委员会委员。在长期的临床病例收集中,口腔黏膜病科已积累 5 000 余幅口腔黏膜病病例图片、20 学时的教学课件资料,840 分钟的教学病例实录录像,为临床教学提供良好的支撑条件。唐国瑶为首任口腔黏膜病教研室主任。教研室每年承担口腔黏膜病专业理论课 33 学时。周曾同 1996 年被遴选为口腔黏膜病专业硕士生导师,1999 年被遴选为口腔黏膜病专业博士研究生导师。2005 年"口腔黏膜病学"入选上海市教委重点课程建设项目,先后成为上海交大医学院和上海市精品课程,2008 年入选国家级精品课程。周曾同作为副主编参与编写全国高等学校口腔医学专业第六轮卫生部规划教材。2003 年唐国瑶被遴选为上海第二医科大学(以下简称"二医大")硕士生导师。

科室多次获得口腔医学院教学奖励:2000 年度优秀教案奖,2000 年度授课优胜奖,黏膜病专业所在的口内教研室获 2002—2003 学年教研室工作优胜奖,2004—2005 学年第一学期医学院教研室工作优胜奖。周曾同获上海第二医科大学校长奖(教学)(2004 年)。

四、科研

【课题与成果】

口腔黏膜病科密切结合临床实际开展科研工作,在口腔黏膜癌前病变、口腔自身免疫性疾病、口腔黏膜组织工程学研究等方面形成主攻方向。1978 年,口腔黏膜专科作为成员单位参加全国性的口腔黏膜病研究协作组——口腔白斑与扁平苔藓及其癌变防治研究协作组(简称"两病"协作组),接受国家卫生部和总后卫生部下达的"口腔黏膜白斑和扁平苔藓及癌变的防治研究"重点科研课题。1979 年 11 月,许国祺被国家卫生部中央保健办公室任命为副团长,赴德国、英国、法国的 14

个知名学府和医院考察口腔黏膜病医疗、教学与科研的新进展。回国后许国祺潜心投入对"两病"的病因、临床诊断、实验室诊断（包括早期癌前诊断）与防治方面的研究，完成相关论文14篇。其中，对"两病"微循环障碍和血液流变学的研究，对扁平苔藓患者微量元素变化的研究，都为我国首创，也居于世界领先地位。1986年，上海第二医学院附属第九人民医院作为第四完成单位参与的"口腔黏膜白斑和扁平苔藓及其癌变的防治研究"，获卫生部重大医学卫生科技进步奖乙级成果奖。1993年，许国祺担任主编，出版专著《口腔癌前病变——白斑与扁平苔藓》。

在口腔白斑病、口腔扁平苔藓等癌前病变的中西医结合治疗，"分子标志物的筛选和开发具有癌化学预防作用的中成药"等方面取得成果。"上海市老年人口腔黏膜病的调查研究"获1990年上海市老年医疗保健成果三等奖。"复方灯盏细辛胶囊抗白斑的实验与临床研究"获2003年中华中医药学会科学技术奖，"复方绞股蓝抗白斑癌变及防治黏膜上皮异常增生的研究"获2001年上海市科技进步奖三等奖，"中西医结合治疗口腔黏膜癌前病变的基础和临床研究"获2007年上海市科技进步奖三等奖。学科主编、参编专著30余部。近年来，学科承担国家自然科学基金以及国家中医药管理局、国家科技部、上海市科委和上海市卫生计划生育委员会等科研项目十余项。2000—2012年在国内外专业学术期刊发表论文148篇，主编专著9部、参编专著1部。

表2-3-23　1992—2010年口腔黏膜病科课题情况表

年　份	课　题　名　称	来　　源	负　责　人
1992	系统背景性口腔黏膜白纹状损害的基础与临床研究	卫生部青年基金	唐国瑶
1993	绞股蓝总苷对金地鼠颊囊癌前病变细胞动力学影响的研究	上海市卫生局	周曾同
1995	绞股蓝影响金地鼠颊囊癌前病变过程中癌基因表达的研究	国家中医药管理局	周曾同
1996	灯盏细辛对金地鼠颊囊癌变过程中血管生成影响的研究	上海市科委	周曾同
1997	复方GP治疗口腔白斑的效果评价及其细胞动力机制研究	上海市卫生局	周曾同
1998	GP对白斑癌变过程中细胞增殖和凋亡的影响及其关系研究	国家自然科学基金	周曾同
1999	体外诱导人口腔上皮异常增生细胞系建立及癌变实验研究	国家自然科学基金	周曾同
1999	建立人口腔上皮异常增生细胞系及癌变实验研究	上海市科委优秀学科带头人计划	周曾同
2000	口腔白斑可疑致癌基因筛选及关联性研究	国家科委	周曾同
2001	应用组织工程技术构建口腔黏膜动物实验研究	上海市科委	周曾同
2001	口腔黏膜白念珠菌分子流行病学研究	上海市教委	唐国瑶
2002	中医单病种质量控制标准——唇风（慢性唇炎）	上海市卫生局	周曾同
2004	灯盏花对人口腔黏膜组织工程血管化的影响	国家自然科学基金	周曾同
2004	口腔黏膜病的临床研究——口腔白斑与口腔扁平苔藓的临床流行病学与分子流行病学研究	科技部"十五"攻关计划分课题	周曾同

(续表)

年　份	课 题 名 称	来　　源	负责人
2004	转染端粒酶基因构建人组织工程化口腔黏膜实验研究	上海市教委	周海文
2004	口腔念珠菌感染菌株的分子分型、耐药性及中药治疗研究	上海市卫生局	沈雪敏
2005	防御素 β2 和 β3 在组织工程化人口腔黏膜中的表达	国家自然科学基金	王海燕
2005	口腔扁平苔藓 T 细胞受体 Vβ 基因表达特征及其克隆性	上海市教委	唐国瑶
2005	黄芩苷等四味中药活性成分抑制舌鳞状上皮癌细胞增殖的药效研究	二医大肿瘤研究合作中心基金	周曾同
2006	活血化瘀类中药活性成分防治上皮源性口腔肿瘤的系统生物学机制	上海市科委基础重点	周曾同
2006	口腔扁平苔藓 T 细胞受体 Vβ 基因优势表达 CDR3 序列分析	上海市科委自然基金	唐国瑶
2007	三羧酸循环与口腔白斑癌变及绞股蓝总苷癌化学预防关系的实验研究	国家自然科学基金	葛姝云
2007	耳鼻咽喉（口腔黏膜白斑症）	国家中医药管理局	周曾同
2008	口腔白斑癌变的 miRNA 表达模型	国家自然科学基金	蒋伟文
2008	人 PD - L2 融合蛋白对角质形成细胞/T 细胞共培养模型作用的研究	国家自然科学基金	唐国瑶
2008	苦参碱对不同状态口腔白色念珠菌的抑制作用及机制的研究	教育部博士点基金	周曾同
2008	长三角地区口腔癌前病变资源库建设及管理	上海市自然基金	周海文
2008	五白汤治疗白色念珠菌性口糜的临床和实验研究	上海市卫生局中医处	周曾同
2008	苦参碱对体外白色念珠菌生物膜的抑制作用及机制的研究	交大博士点基金	吴　岚
2009	应用小动物 PET/CT 建立口腔黏膜癌前病变癌变动态研究平台初探	交大医工交叉面上项目	周海文
2010	口腔黏膜白斑症临床诊疗方案研究	上海市科委中药现代化	周曾同

表 2 - 3 - 24　1997—2007 年口腔黏膜病科科研获奖情况表

年　份	获 奖 项 目	奖　项	第一获奖人
1997	绞股蓝总苷对金地鼠颊囊癌前病变细胞动力学影响的研究	上海市科技进步奖三等奖	周曾同
1997	绞股蓝总苷对金地鼠颊囊癌前病变细胞动力学影响的研究	上海市卫生局中医药科技进步奖二等奖	周曾同

(续表)

年份	获奖项目	奖项	第一获奖人
2001	复方绞股蓝抗白斑癌变及防治黏膜上皮异常增生的研究	上海市科技进步奖三等奖	周曾同
2007	中西医结合治疗口腔黏膜癌前病变的基础与临床研究	上海市科技进步奖三等奖	周曾同

【学术交流】

口腔黏膜病科注重开展国内及国际同行的学术交流与合作。科室成功主办中华口腔医学会第二次全国口腔黏膜病学术会议和中华口腔医学会第六届全国口腔黏膜病学术会议等在内的多次全国口腔黏膜病学术会议，推动口腔黏膜病诊疗技术的发展。2001年6月起与本市同济大学口腔医院、华山医院、东方医院、曙光医院、市一医院、上海市口腔病防治院等单位进行口腔黏膜病的临床和科研协作。科室自2004年起举办国家级继续教育培训班，至2010年已举办6期，累计参加者200余人次。接收全国各地医院的进修和交流。科室多名医师还以高级访问学者和进修形式完成与美国、日本、德国、新加坡等国大学或医院的合作课题或学术交流，2004—2010年多次邀请美国、日本、韩国以及中国香港的学术界著名专家来院做专题报告和学术讨论。

【学术任职】

许国祺于1987担任中华医学会口腔科学会口腔黏膜病专业学组的第一任组长，是中华医学会口腔科学会老年口腔医学专业学组的成员。1998年，担任中华口腔医学会口腔黏膜病专业委员会第一届委员会名誉主任委员。2000年，担任中华口腔医学会老年口腔医学专业委员会第一届委员会顾问。

许国祺1984年担任《临床口腔医学杂志》特邀编委，1990年担任《实用口腔医学杂志》特邀编委，1992年担任《上海口腔医学》编委，1993年担任《华西口腔医学杂志》特邀编委。

周曾同2004—2008年担任中华口腔医学会第三届口腔黏膜病专业委员会主任委员，2009年为上海市口腔医学会第一届理事会会长、上海市口腔医学会口腔黏膜病专业委员会主任委员、口腔医院管理专业委员会副主任委员、中华口腔医学会中西医学组副组长、国际牙医学院院士等职。

唐国瑶于2000年4月担任中华口腔医学会第一届老年口腔医学专业委员会常委，2008年10月担任中华口腔医学会第四届口腔黏膜病专业委员会副主任委员。

五、荣誉

周曾同获二医大校长奖（教学）（2004年）、"宝钢教育奖"（2009年）。

第六节 口腔正畸科

一、沿革

1966年，上海广慈医院口腔科迁至九院，成立口腔矫形科，席应忠任科主任。1978年，在口腔矫形科框架下设立口腔正畸组。1984年,口腔正畸科独立建科,楼昭华任主任。有医师11人,护士2人,技工1人;牙科治疗椅7张。至2010年,口腔正畸科职工40余人,其中医师31人(高级职称13人),护理人员10人。口腔正畸科拥有诊室面积790平方米,牙科治疗椅位22张。

表 2-3-25 1965—2010 年口腔正畸科(矫形科)历任正、副主任情况表

科室	任职时间	主任	任职时间	副主任
口腔矫形科	1965—1984	席应忠	1978—1984	楼昭华
口腔正畸科	1985—1987	楼昭华	1988—1995	曹惠菊(其中1994—1995主持工作)
	1984—1994	刘侃	1988—1998	蔡中
	1995—1999	曹惠菊	2000—2005	钱玉芬
	2000—2005	沈刚	1995—2007	翁思恩
	2006—2007	钱玉芬	2008—	钱玉芬 陈荣敬
	2008—	沈刚		

二、医疗

建科初期,口腔正畸科业务范围包括错合畸形的活动矫治和牙列缺损缺失的义齿修复。20世纪80年代,口腔正畸科以活动矫治技术治疗各类错合畸形,年接诊新病例约400余例。1991年,开始使用固定矫治器,以Begg矫治技术为主。1993年,开始使用标准方丝弓矫治技术,年接诊病例约1 200余例。2000年,开始使用直丝弓矫治技术,年接诊病例约2 000余例。2001年,沈刚研发双槽沟矫治系统并应用于临床。2003年,开始使用自锁托槽矫治各类错合畸形;2005年开展隐形矫治技术;2008年开展舌侧矫治技术。2010年,科室年门诊量达57 000余人次。口腔正畸治疗项目涵盖口腔正畸学科各个层面,包括直丝弓技术、自锁矫治技术、无托槽隐形矫治技术、严重颌骨畸形的正颌外科术前术后矫治技术、唇腭裂正畸矫治介入、种植支抗技术、数字模拟个体化设计矫治技术、呼吸睡眠暂停综合征的口腔矫正器治疗技术等。口腔正畸科是中华口腔医学会口腔正畸专业委员会副主任委员单位、中华口腔医学会口腔颌面外科专业委员会唇腭裂学组成员单位、上海市口腔医学会口腔正畸专业委员会主任委员单位。科室现有中华口腔医学会口腔正畸专业委员会(COS)会员31人,世界正畸医师联盟(WFO)会员31人。

【医疗特色】

口腔正畸科的临床医疗范围包括唇腭裂正畸治疗、双槽沟矫治技术、颌骨生长矫形、外科辅助的快速正畸治疗、舌侧矫治技术、无托槽隐形矫治技术、正颌外科术前术后矫治技术等项目。口腔正畸学科与口腔其他学科始终保持常态合作,对伴有复杂口腔疾病的错合畸形疑难病例建立综合性矫治和序列矫治方案,如正颌外科术前和术后正畸、唇腭裂手术前的正畸序列治疗、外科辅助扩弓、严重埋伏阻生牙的牵引复位等。此外,牙周病患者正畸治疗中的监控、口腔修复及种植前后的联合治疗、青少年正畸患者的口腔健康预防保健等工作也日臻成熟。

唇腭裂正畸治疗 正畸治疗是唇腭裂综合序列治疗的环节之一,患者生长发育的各个阶段均需

要正畸矫治贯穿于序列治疗中。口腔正畸科开展的唇腭裂正畸治疗包括乳牙列期的矫形治疗,此期以颌骨矫形治疗为主,上颌骨前牵引矫形配合适当扩弓;混合牙列期的正畸治疗,矫正牙槽突裂隙两侧错位的骨段,纠正邻近裂隙区的个别牙扭转和异位;恒牙列期的正畸治疗,开展上颌牵张成骨;正畸手术去代偿治疗和正颌手术的正畸正颌联合治疗。口腔正畸科每年收治唇腭裂错合畸形患者200余例,并依托口腔颌面外科唇腭裂研究中心组建序列治疗医师团队,治疗范围逐渐扩大,涵盖唇腭裂序列治疗的整个过程。从2005年起唇腭裂小组与口腔颌面外科唇腭裂中心共同制定了例行病例讨论制度。

正颌正畸治疗 正颌手术和术前术后正畸联合治疗是治疗骨性错颌畸形的唯一途径。口腔正畸科通过计算机辅助头影测量及可视化面型预测分析,判断患者错颌程度,经与正颌外科医师协商手术方案后,以精确颌架完成面弓转移,进行模型外科设计,并制备术中及术后导板。术前去代偿矫治和术后精细正畸调整,全面参与及完成疑难骨性错合病例的治疗。近年开展如应用亚手术辅助手段和微、小种植体支抗技术等,在治疗正畸复杂病例和缩短矫治疗程方面形成规范的治疗方案体系。

颌面部生长矫形干预 口腔正畸科在国内较早开展严重安氏Ⅲ类错合的上颌骨牵引矫治术并形成颌面部生长矫形干预的体系。近年逐步完备了矫形干预诊断、矫形力设计、矫形装置精确制作及矫形干预程序化等一系列矫治方案。青春迸发期前安氏Ⅱ类骨性错合患者应用改良型功能性矫正器,矫形同期结合固定矫治技术,短期内改善患者颌面部生长发育及牙列美观;成人安氏Ⅱ类骨性错合应用全铸造式Herbst矫治器。

联合亚手术诱导正畸治疗 口腔正畸科使用有限的外科手段(亚手术)改变牙周组织的结构,激发牙周改建,从而加速牙齿移动或颌骨重塑,包括牙周改建加速正畸牙移动技术及外科辅助腭扩展技术。牙周改建加速正畸牙移动技术是通过翻瓣术暴露需要加速移动的牙段,使用超声骨刀或者球钻对骨皮质进行线状或点状损伤处理,并在骨质较缺乏区域进行植骨术。外科辅助腭扩展应用于牙弓宽度严重狭窄的成年患者。通过骨皮质切开及松解,减小上颌腭扩展时的骨皮质阻力,从而达到成人患者上颌牙弓横向扩展的目的。

数字化正畸系统 口腔正畸科构建数字化数据库收集储存临床资料并由专人管理和整理。应用计算机辅助数字化头影测量技术进行正畸诊断和矫治计划的制定。结合3D扫描技术,开展数字化正畸治疗前后模型的获取,逐步取代传统的石膏模型。结合数字化技术开展新型矫治手段,如目前国际流行的无托槽隐形矫治、个性化舌侧矫治等,应用计算机辅助椅旁排牙及间接黏接技术以实现个体化的矫治计划。应用三维摄影技术实现软、硬组织重叠,为正畸治疗后能精确预测软组织面型的变化提供临床依据。

表2-3-26 1987—2010年口腔正畸科门诊人次情况表

年 份	人 次	年 份	人 次
1987	37 560	1994	17 122
1988	26 420	1995	23 865
1999	28 378	1996	28 111
1990	27 327	1997	32 147
1991	20 221	1998	35 159
1992	18 619	1999	33 792
1993	16 728	2000	32 329

(续表)

年　份	人　次	年　份	人　次
2001	44 170	2006	69 902
2002	52 905	2007	67 872
2003	58 731	2008	71 653
2004	65 341	2009	71 809
2005	68 620	2010	71 941

三、教学

【学历教育】

1952年,上海第二医学院口腔医学系成立,参加教学工作的专职教师12人,教学地点在上海第二医学院附属广慈医院,学制5年。1965年,口腔医学系教学实习基地迁入上海第二医学院附属第九人民医院,口腔矫形科成立。科内设置口腔正畸小组承担口腔正畸学的教学工作。1984年,口腔正畸科独立建科后,口腔正畸学教研室成立并成为硕士学位授予点。2004年,成为博士学位授予点。

口腔正畸学教研室承担全日制本科的口腔正畸学理论授课,每学年30学时。指导教师为教授1人、副教授2人、讲师2人,教学内容涵盖口腔正畸学基本理论、诊断和经典正畸治疗技术原理,临床见习是由2名讲师分组带教学生完成头颅定位侧位片头影测量和石膏模型分析的训练。口腔正畸学教研室的临床医师培训形式以临床见习为主,一般安排住院医师进入副教授或教授的教学小组,教学内容是口腔正畸相关的临床操作,包括病例资料的采集、诊断设计、托槽黏接、弓丝弯制和功能矫治器的制作等,在培训结束时安排临床技能的操作考核。

口腔正畸科已逐步实现全英文教学,并在此基础上建立与美国矫正协会口腔正畸专科医师培训教学标准接轨的长学制口腔正畸理论教学与临床培训的教育架构;是上海交通大学口腔医学院进行PBL、CBL教学的专科之一。口腔正畸学科是上海九院国家重点学科——口腔临床医学的分支学科之一;口腔正畸学全英文临床教学方案是国家级和上海市双语教学示范课程,是全国规划教材《口腔正畸学》的参编单位。

2010年,口腔正畸学教研室有博士生导师1人(沈刚),硕士生导师5人(沈刚、钱玉芬、唐国华、陈振琦、潘晓岗),教授4人(沈刚、钱玉芬、唐国华、陈振琦),副教授9人,讲师13人,助教5人。博士9人,硕士16人。

【继续教育】

20世纪80年代,科室每年举办全国正畸进修班,为全国各省市培养口腔正畸专业人才。2005年以来,口腔正畸科承办国家级继续教育学习班5个。2005年,举办"采用拔牙与非拔牙的界定标准与临床应用技巧学习班"。2006年,举办"口腔正畸拔牙界定标准与矫治新技术研讨班"。2007年,举办"当代矫治理念与新技术研讨班"。2008年,举办"上海—洛杉矶—首尔口腔正畸前沿技术论坛暨第九期正畸继教学习班"。2009年,举办"口腔正畸前沿技术学习班"。

2010年,举办"上海口腔正畸疑难病例汇报与讨论学习班"。累计培训国内外口腔正畸专科医师100余人。2010年,口腔正畸科成为上海市口腔正畸科住院医师培养基地,接收口腔住院医师进行规范化培训。

图2-3-12　1980年口腔矫形、正畸进修班结业合影。二排左五起:潘家琛、樊森、周鲸渊、魏原樾、祝平、楼昭华、彭适生、高素娟

四、科研

【研究成果】

20世纪80年代,口腔正畸科的科研工作以临床研究为主,开展Begg细丝弓技术和正位器联合应用矫治前突深覆合畸形的效果评价研究;唇腭裂致错合畸形的分期正畸治疗研究。90年代,开展脉冲电磁场对大鼠牙移动影响和灯盏花加速兔牙移动等动物实验。2000—2009年,口腔正畸科的科研领域拓展至分子及基因水平,开展通过筛选功能蛋白来考察颅底骨间联合软骨的分子生物学特征及其在颌面部结构改建中的重要作用;应力介导Wnt信号通路的细胞凋亡在上颌骨缝改建中的作用和调控机制研究;牙槽突裂植骨术后正畸牙移入时机及对植入骨成活影响等研究方向。2001年,沈刚主持研发双槽沟托槽矫治技术并开始临床应用。口腔正畸科于2005年设立口腔正畸实验室。2005年以来,获得国家级、省部级、上海市级、局级和校级科研项目共47项(国家级5项,省部级9项,局级9项,校级24项),总经费达237.4万元。获得上海市级人才项目2人次,校级院级人才计划3人次;国家发明专利2项;国家实用新型专利1项。参编学术专著6部,2006年参编《口腔医学专题讲座》。口腔正畸科1991—2010年发表论文193篇,其中SCI收录论文22篇,统计源期刊收录论文81篇。

表 2-3-27　1985—2010 年口腔正畸科承担科研项目情况表

年　份	课 题 名 称	来　源	负责人
1985	生物力学在口腔正畸治疗中的应用研究	中国科学院	楼昭华
1990	中草药物离子导入法加速矫正牙移动的应用研究	上海市卫生局	刘　侃
1998	前牙反合计算机辅助诊治系统	卫生部	刘泓虎
1999	下颌前伸后髁突软骨内 10 型胶原的表达观察	上海市教委	沈　刚
2000	颌骨生长型改良技术的开发及临床研究	上海市教委	沈　刚
2002	双槽沟矫治技术系统的研制及临床效果观察	上海市科委	沈　刚
2003	唇腭裂患者上颌快速扩弓的生物力学研究	上海市教委	钱玉芬
2004	应用投影栅线技术建立三维数字化牙齿模型的研究	上海市教委	沈　刚
2004	应用 BMP-2 和 VEGF 加速扩弓后腭中缝成骨的研究	上海市教委	唐国华
2005	应力介导的细胞凋亡在上颌骨缝改建中的作用和调控机制研究	国家自然科学基金	唐国华
2005	常见疾病关键技术防治研究——严重牙颌畸形的临床诊断与治疗研究	国家"十五"攻关	沈　刚
2005	牙弓弓形绘制嵌入式系统的研究	上海市科委	潘晓岗
2006	Ihh 在上颌骨缝牵张成骨中的作用	上海市科委	唐国华
2006	牙槽突裂组织工程骨修复后正畸移入的实验研究	上海市卫生局	钱玉芬
2006	唇腭裂植骨后扩弓对植骨区改建影响的研究	上海市教育发展基金	钱玉芬
2007	牙槽突裂植骨术后正畸牙移入时机及对植入骨存活影响的研究	上海市科委	陈振琦
2008	Wnt/β-catenin 信号调控增强上颌骨缝牵张成骨稳定性的研究	上海市教委	唐国华
2008	上海地区青少年颈椎成熟度与上下颌骨生长量关系的研究	上海市卫生局	孙　燕
2009	张应力作用下颅底软骨联合的差异蛋白质组学研究	国家自然科学基金	沈　刚
2009	颅颌面生长发育的影响因素及功能性矫治的生长改良效应——双胞胎样本的研究	上海市科委	嵇国平
2010	应力耦合 Wnt 信号促进上颌骨缝生长改建的研究	上海市科委	唐国华
2010	牙槽骨骨细胞在正畸牙移动力——化学信号传导中的作用	国家自然科学基金青年基金	赵　宁
2010	正畸托槽定位导航系统的研究	尚美德横向课题	游清玲

表 2-3-28　2003—2008 年口腔正畸科所获专利情况表

年　份	专　利　名　称	专　利　性　质	负责人
2003	双槽沟口腔正畸固定矫正装置	实用新型专利	沈　刚
2008	双槽沟托槽矫治技术	国家发明专利	沈　刚
2008	一种正牙个体化牙弓弓形的绘制方法	国家发明专利	潘晓岗

表 2-3-29　2006—2010 年口腔正畸科所获人才计划情况表

年　份	人才计划名称	来　源	入选者
2006	上海市科学技术委员会启明星计划	上海市科委	唐国华
2008	上海市浦江计划	上海市政府	沈　刚
2010	上海市科学技术委员会启明星后计划	上海市科委	唐国华

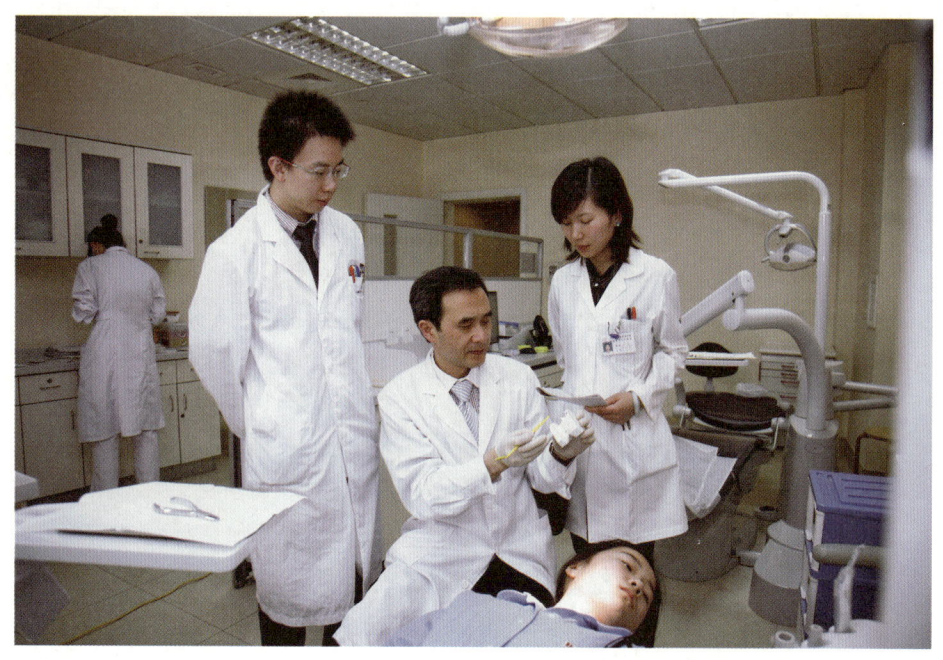

图 2-3-13　2010 年沈刚(坐者)指导青年医师

【学术任职】

沈刚是上海市"千人计划"特聘专家，中华口腔医学会口腔正畸专业委员会顾问，上海市口腔医学会口腔正畸专业委员会主任委员。

钱玉芬曾任中华医学会口腔正畸专业委员会副主任委员、中华口腔医学会口腔颌面外科专业委员会唇腭裂学组委员。唐国华曾为世界正畸医师联盟委员、国际牙科研究协会会员等职。

五、荣誉

钱玉芬获二医大"三八"红旗手称号(2001—2002 年、2007—2008 年)。

第七节 口腔预防儿童科

一、沿革

1946年,留美医学博士方连珍被聘到广慈医院口腔内科,开始儿童口腔诊疗业务。20世纪50—60年代相继有胡淦清、王瑞萍、石四箴、陶琦、李生惠等医师加入儿童口腔专业。1966年迁来九院后仍隶属于口腔内科,设一间儿童口腔诊室。1984年8月成立儿童口腔科,石四箴任科主任,当时有科室成员9人;口腔综合治疗椅位6台。1995年口腔门诊楼装修改造后,儿童口腔科得到全面发展,设口腔综合椅位13台,人员发展到19人。

儿童口腔医师在广慈医院时期就在小学生中开展牙病普查等口腔预防工作。1986年成立口腔预防科,科主任由当时担任口腔内科主任的刘正兼任,副主任李国樑主持日常科室管理工作,成员有冯希平、崔培芳、许立新。以实验室作为办公室,主要的工作场所是医院周围的学校和上海市总工会幼儿园,对学生进行口腔普查和治疗。1993年冯希平担任科主任。1995年口腔门诊楼改建后,口腔预防科开设了临床门诊,设口腔综合治疗椅位5台。

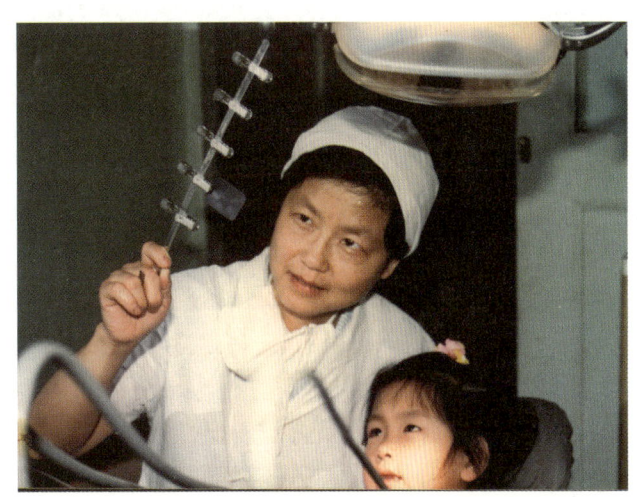

图2-3-14 20世纪80年代石四箴在为儿童看病

2002年,根据医院发展需要,口腔预防科和儿童口腔科合并成立口腔预防儿童科,科主任由冯希平担任。拥有口腔综合椅位9台,人员12人。2007年口腔预防儿童科迁入1号楼,口腔治疗综合椅位增加到16台,人员18人。

2010年,口腔预防儿童科有职工17人,其中博士生导师1人(冯希平),硕士生导师2人(汪俊、叶玮);副主任医师职称以上6人,主治医师4人,住院医师2人,主管技师1人,技师1人,护师3人。学历梯队:博士学位4人,硕士学位5人,大学本科3人,大专3人,中专2人。

表2-3-30 1984—2010年口腔预防儿童科历任正、副主任情况表

科　室	任职时间	主　任	任职时间	副主任
儿童口腔科	1984—1993	石四箴	1994—2000	李国樑(主持工作)
	2000—2002	李国樑	1994—2002	董建辉
口腔预防科	1986—1993	刘　正(兼)	1986—1994	李国樑(兼)
	1995—2002	冯希平	1993—1995	冯希平(主持工作)
口腔预防儿童科	2002—	冯希平	2003—	汪　俊

二、医疗

2007年初,口腔预防儿童科搬迁到1号楼,拥有口腔综合椅位16台。其中常规门诊治疗的综合治疗椅位有9台,教学医疗综合治疗椅位5台,专家门诊的治疗椅位1台,哭闹儿童特别治疗室及手术室治疗椅位1台,改善了患儿就诊环境。门诊工作量从原来平均每月1 600人上升至每月3 000人。2008年开设的口气专科门诊,2010年门诊量达300人。

临床医疗工作主要有两部分:儿童口腔和口腔预防。

【儿童口腔】

儿童口腔主要针对出生的婴儿至18岁以下青少年口腔疾病的诊断和治疗。如儿童龋齿的修复,牙髓根尖周病的诊治,牙外伤的诊断和处置,牙间隙管理,口腔黏膜疾病、牙龈和牙周病、唇及舌系带修整等。治疗范围从过去单纯补牙、拔牙,发展到根据儿童年龄、口腔状况,针对儿童心理、生理综合评价,提供全面的治疗计划。治疗对象从正常的儿童扩展到残疾儿童,使残疾儿童能得到良好的治疗。经过近几年的发展,逐步形成以下治疗特色。

儿童龋齿的修复 改变以往用硝酸银和银汞材料作为涂布和充填材料,采用与牙体颜色相近的牙色材料修复龋坏的牙体组织;对大面积龋坏的牙齿进行全冠修复,可较好地恢复牙齿的外形及咬合功能。

儿童牙髓根尖周病的诊治 包括:① 活髓切断术;② 根尖诱导成形术;③ 根管治疗术。

儿童牙外伤的诊断和处置 ① 外伤松动牙全牙列𬌗垫的固定:用全牙列𬌗垫固定外伤松动牙,可以大大缩减在患儿口腔中的操作时间,而且戴着舒适、容易清洁,对患儿进食影响较小。② 全脱位恒牙的再植:对从牙槽窝完全脱出的恒牙进行再植,可以在短时间内恢复患儿的美观及咬𬌗。③ 牙折片的再黏结:对牙外伤折断的牙折片进行再黏结,可以很好地恢复牙齿的形态。

儿童牙间隙管理 乳牙列及混合牙列期乳牙的龋坏、早失等均易导致牙间隙的减小甚或丧失,从而影响后继恒牙的萌出和排列。对此,科室开展了间隙保持、间隙扩展等项目,以阻止因乳牙早失或异位萌出等而使间隙丧失。

【口腔预防】

口腔预防主要从事儿童至老人的口腔疾病的预防,如口腔涂氟、APFI凝胶、窝沟封闭以及口腔卫生宣教等。同时以多种形式在学校、社区开展口腔健康教育和口腔健康咨询活动,每年到学校进行口腔普查及开展预防治疗的工作,受益人数约800人。每周到社区开展口腔健康咨询,将口腔保健知识不断推广,让社区居民在家门口得到服务。此外还进行口腔常见疾病诊断和治疗,服务对象从普通人群到特定人群,如对口腔癌的放疗患者提供口腔护理、对口气患者提供治疗及建议等。每年上海市组织的爱牙日活动,从1989年第一届起至今已举办22届,每年受益人数1 000余人。

窝沟封闭 窝沟封闭是目前世界上公认的最有效的防龋方法之一,口腔预防科是全国最早推广窝沟封闭的单位之一,已经使用20多年,有着丰富的临床经验和技巧。

口腔放疗防龋治疗 口腔放疗患者因放疗后唾液腺遭到破坏,牙齿极易龋坏,经过口腔涂氟或凝胶治疗后,改善口腔环境,防止龋齿。

口气专科 是全国最早开设专科门诊之一,运用专用仪器检测患者口气,并采用治疗和干预措施改善口气。

社区保健咨询 每年到学校进行口腔健康检查、治疗及预防。每周到蓬莱社区为居民提供口腔保健知识及口腔护理建议。

2002年,口腔预防儿童科初建时年门诊量28 173人次,至2010年增至41 369人次。

三、教学

口腔预防儿童科拥有2个教研室:口腔预防教研室和儿童口腔教研室。口腔预防教研室主任为冯希平,副主任叶玮;儿童口腔教研室主任为汪俊。

口腔预防医学教研室成立于20世纪80年代中期,是国内最早成立的口腔预防医学教研室之一。在学院的充分重视和大力支持下,在完善教学体系、优选课程内容、丰富教学方法、推进教学课件建设等方面取得显著成果。教研室完成一批市教委、医学院的教学研究课题和教材建设项目。

表2-3-31　2005—2010年口腔预防儿童科承担的校级及以上级别教学研究和教材项目情况表

年份	项目名称	来源	主持人
2005	上海市口腔人力资源调查与预测	上海交大医学院医学教育与发展基金	冯希平
2005	口腔临床流行病学	上海交大医学院教材建设项目	冯希平
2009	医学生职业认同现状及影响因素研究	上海市教委	冯希平
2010	口腔预防医学(精品课程)	上海交大医学院、上海市教委	冯希平
2010	CBL情景教学在预防口腔医学实验教学中的应用研究	上海交通大学医学院本科教育教学研究基金重点项目	王艳

发表《牙科人力资源研究现状》《口腔预防儿童科临床实习教学的几点体会》《上海市非公立医疗单位口腔卫生人力资源的调查》《上海市公立医疗单位口腔卫生人力资源的调查》《对国家大学生创新实验计划实践的思考》等教学论文5篇;指导多项上海交通大学医学院学生创新性实验项目,如乳磨牙根充装置,口镜除雾气,含西吡氯铵、二氧化氯和锌离子的新型配方漱口水抑制口臭的体外研究,新型舌苔菌斑清除凝胶的开发等。

口腔预防教研室为卫生部规范教材《口腔预防医学》第一至第五版编委单位,参与《中华口腔科学》、《口腔科学》、《国家执业医师资格考试——口腔医师应试指导》、《国家执业医师资格考试——口腔助理医师应试指导》、《口腔内科学——2007年全国卫生专业技术资格考试指导》、*Community Oral Health*等多部书籍的编写工作。此外主编二医大口腔七年制教材《口腔流行病学》,该教材1995年获得上海第二医科大学优秀教材三等奖。主编教材《口腔临床流行病学》用于口腔医学研究生的教学。2010年"口腔预防医学"获上海交通大学医学院精品课程,同年获上海市教委重点课程项目。

科室主要承担口腔本科生、七年制学生前期口腔预防医学理论授课16学时、实验课16学时和临床实习1年,以及七年制学生后期和研究生口腔临床流行病学理论授课15学时,实验课3

学时。采用多媒体、双语教学、PBL、情景教育等多种新方法进行教学,在近几年口腔医学院组织的教学质量评比中,多次获奖。2003年教学评估中,评估专家对口腔预防教研室的教学工作给予了高度评价。2000年科室成为博士点,冯希平任博士生导师,指导研究生的临床实践、论文写作,承担国家级口腔预防医学继续教育项目等。此外,教研室始终坚持教学和科研相结合的原则,既培养了学生独立的研究能力,又促进了教学内容随学科发展而不断更新。目前本课程已设立博士点。

儿童口腔教研室成立于20世纪80年代中期,是国内最早成立的儿童口腔医学教研室之一。教研室拥有一支结构合理、人员稳定、教学效果好的教师梯队。经过长久发展,教研室的儿童口腔医学课程建设在教学体系、课程内容与结构、教学方法、教材建设、课件建设等方面取得显著成果,成为国内一流的儿童口腔医学教研室。教研室是全国高等医学院校教材《口腔预防医学及儿童口腔医学》(第一版)"儿童口腔医学"部分主编单位,第三版的参编单位;参编研究生教材《口腔临床流行病学》,并申请课题1项;2006年,"儿童口腔医学"成为上海交通大学医学院精品课程,发表教学论文《口腔预防儿童科临床实习教学的几点体会》一篇。指导多项上海交通大学医学院大学生创新性实验项目。

科室承担了大学本科生、七年制学生前期儿童口腔医学理论授课26学时,实验课4学时和临床实习1年。1987年儿童口腔科成为硕士点,石四箴任硕士生导师。

科室承担国家级儿童口腔医学继续教育项目。儿童口腔医学采用多媒体、中英文双语教学,自编补充牙外伤章节的内容等多种新方法进行教学。在2003年底的教学评估中,评估专家对儿童口腔教研室的教学工作给予了高度评价。在近几年口腔医学院组织的专家听课、学生评教中,儿童口腔医学的任课教师多次受到好评,在每年底教学质量评比中多次获奖。

四、科研

【科研成果】

1990年,建立口腔预防实验室雏形,1995年搬迁后建立独立的口腔预防实验室,2010年成立口腔预防分子实验室和口腔临床实验基地。口腔预防科在建立之初就开展对龋病病因和氟化物防龋方面的研究,在乌爱菊、邵家珏、翁方敏等前辈学者带领下,取得了丰硕成果。1986年由冯希平研发的防龋材料离子增补酸性氟磷酸盐凝胶(APFI凝胶),应用于上海市10所小学,受益人数达到20 000余人。发表论文《离子增补酸性氟磷酸盐凝胶的临床防龋效果》《APFI凝胶一年临床防龋效果观察》等3篇。1986年与世界卫生组织合作开展上海市12个区县24所学校窝沟封闭术的推广,为以后全国开展窝沟封闭术提供了技术支持。2001年,绿茶多酚防龋涂膜通过上海市科技成果评审。2002年,幼儿猖獗龋发病机制和防治效果通过上海市科技成果评审。2004年,含茶多酚口香糖对龋病、牙龈炎的防治通过上海市科技成果评审。发明国家专利2项,分别是"绿茶多酚防龋涂膜"(2002年)和"一种制备唾液链球菌尿素酶基因的方法"(2009年)。先后申请国家自然科学基金课题1项——"构建含有尿素酶基因U35248的重组变形链球菌",市级以上课题15项。培养博士研究生5人,硕士研究生43人。口腔临床实验基地主要用于口腔保健品如牙膏等的临床检测,先后完成临床试验10项。至2010年,口腔预防儿童科获得国家教委科技进步奖1项、上海市科技进步奖3项、上海市产学研工程奖1项、上海市新产品奖1项,获发明专利3项。

1991—2010年,口腔预防儿童科发表论文160篇,其中SCI论文10篇。主编专著1部,参编专著15部。

表2-3-32 1997—2010年口腔预防儿童科承担的科研课题情况表

年 份	课题名称	来 源	负责人
1997	幼儿猖獗龋的流行病学研究	中国牙防基金	冯希平
1997	幼儿猖獗龋病因的细菌学和流行病学研究	上海市科委	冯希平
1998	绿茶多酚防龋涂膜的开发研究	上海市教委	冯希平
1999	幼儿使用含氟牙膏影响氟摄入量的因素	中国牙防基金	刘艳玲
2001	中华氟钙牙膏防龋效果研究	上海市科委	冯希平
2005	应用比较蛋白组学技术筛选口腔鳞状细胞癌药物靶标	上海市科委基金	冯希平
2005	牙髓牙本质复合体体外培养模型的建立及其生物学功能研究	上海市科委	冯希平
2006	构建含有尿素酶基因U35248的重组变形链球菌	国家自然科学基金	冯希平
2006	组合配方漱口水对口气治疗效果的研究	上海市教委	叶 玮
2008	上海市成人牙本质过敏症流行病学调查	中华口腔医学会	冯希平
2008	唾液链球菌尿素酶基因的精简调控表达	上海自然科学基金	王 艳
2009	唾液链球菌尿素分解活性在龋病预防中的基础研究	上海市重点学科（口腔基础医学）	冯希平 王 艳
2009	嗜酸乳杆菌和青春双歧杆菌牙周病生态防治作用研究	上海市科委	冯希平
2009	医学生职业认同现状及影响因素研究	上海市教委	冯希平
2009	牙周膜细胞接种对全脱位牙延时再植牙周重建的影响	上海市重点学科	汪 俊
2009	农村成人牙本质过敏流行病学调查	中华口腔医学会	叶 玮
2010	口腔预防医学重点课程项目	上海市教委	冯希平

表2-3-33 1986—2003年口腔预防儿童科所获科研奖项情况表

年 份	项 目	奖 项	负责人
1986	离子增补酸性氟磷酸盐凝胶（APFI凝胶）	上海市新产品三等奖	乌爱菊
1991	龋病发病的有关因素和预防机制的基础研究	国家教委科技进步奖三等奖	刘 正
1992	氟化物临床防龋效果和机制研究	上海市科技进步奖二等奖	乌爱菊等
1995	含氟防龋护齿液	上海市产学研工程项目优等奖	冯希平
2003	绿茶多酚防龋涂膜开发的实验与临床研究	上海市科技进步奖二等奖	冯希平

图 2-3-15 2010 年冯希平（前排居中）主持口腔预防儿童科业务学习

【学术任职】

石四箴曾任中华口腔医学会常务理事、全国牙病防治指导组副组长、中华口腔医学会儿童口腔医学专业委员会主任委员、中华医学会上海分会口腔学会委员兼秘书、上海市生物医学工程学会口腔医学工程专业委员会副主委。

冯希平曾任中华口腔医学会口腔预防医学专业委员会副主任委员、中华预防医学会口腔卫生保健专业委员会副主任委员、国家医师资格考试口腔类别试题开发专家委员会副主任委员、上海市口腔医学会常务理事、上海市口腔医学会口腔预防专业委员会主任委员，是国际牙科学院院士。《上海口腔医学》《广东牙病防治》《中华口腔医学杂志》《口腔材料器械杂志》等杂志常务编委、特约编委、编委。

汪俊曾任中华口腔医学会儿童口腔专业委员会副主任委员，《上海口腔医学》编委、《中华口腔医学》审稿专家。

叶玮曾任中华口腔医学会口腔预防医学专业委员会委员、中华预防医学会口腔卫生保健专业委员会委员。

五、荣誉

石四箴获评上海市"三八"红旗手（1988 年）、上海市巾帼建功奖（1991 年）。冯希平获上海市优秀青年教师（1997 年）、上海市"育才奖"（1997 年）荣誉。

第八节 口腔种植科

一、沿革

九院口腔种植科前身为口腔种植专业组。20 世纪 80 年代初，医院开始引进国际先进种植

（续表）

年份	项目	奖项	获奖者
2009		百人计划上海交大医学院	吴轶群
2009		"贺利氏古莎"教学奖三等奖	口腔种植教研室
2009		"高露洁"教学奖三等奖	口腔种植教研室
2010		"贺利氏古莎"教学奖三等奖	口腔种植教研室
2010	上颌骨大型缺损功能性重建的数字技术与临床应用	上海医学科技奖三等奖（参与）	吴轶群
2010	下颌骨缺损的形态和功能重建	上海市科技进步奖一等奖（参与）	吴轶群

【国际交流】

2006年,科室作为中华口腔医学会口腔种植医学专业委员会副主任委员单位及上海市口腔医学会口腔种植医学专业委员会主任委员单位,主办国际口腔种植学会第一届亚太区会议,来自美国、澳大利亚、日本、韩国、新加坡等国家和地区的1 000余名口腔种植专家出席会议。

【学术任职】

张志勇曾为中华口腔医学会口腔种植专业委员会副主任委员、国际口腔种植学会(ITI)中国分会主席、国际牙医学院院士、国际口腔种植学会专家组成员、上海市口腔医学会口腔种植专业委员会主任委员。

赖红昌曾为中华口腔医学会口腔种植专业委员会副主任委员、国际医疗器械评审委员会评审专家、国际口腔种植协会专家组成员、欧洲骨结合协会(EAO)成员。

图2-3-16　2010年张志勇（前排右三）主持口腔种植科业务学习

第九节 口腔综合科

一、沿革

九院口腔综合科成立于2002年8月30日,徐晓为第一任科主任,王海宁、李国樑为副主任。科室成立时,位于现8号楼底层西侧,有牙科综合治疗椅13台和独立的X线牙片室。主任医师徐晓、王海宁,副主任医师李国樑,主治医师董建辉、韩俊力、陶岚、何宏等,护师5人,技师2人。2002年11月8日,科室正式开诊,承担口腔常见病和多发病的门诊综合诊疗工作,开设牙体牙髓病专家门诊,参与和协调全院口腔急诊工作,承担口腔医学院理论授课和临床见、实习带教。

2003年,赵隽隽晋升为主治医师,应届硕士毕业生陶疆、马宏涛等11人加入口腔综合科,医师增至19人,此后每年都有1~2名新人加入科室。自2003年底开始,科室独立承担全院夜间和国定假日的口腔门急诊工作,门急诊量大幅提高,医疗工作逐渐步入常态。

2007年,1号楼建成,科室搬迁至1号楼1楼,椅位增加至25台。2008年6月,科主任徐晓调离,口腔综合教研室更名为口腔急诊学教研室,朱亚琴接任口腔综合科及口腔急诊学教研室主任。同年,调入主治医师杨娅。朱亚琴为博士生导师,科室成为博士生培养点,并首次获市级课题和发表SCI论文。

至2010年,口腔综合科为口腔临床医学硕士、博士研究生培养点和住院医师规范化培训基地,拥有医技护人员35人。其中医师25人,高、中、初级职称比例为3:14:8,博士学位5人,硕士学位11人。拥有牙科综合治疗椅25台,综合诊疗室4间、专家诊疗室2间以及急诊室和牙片室,有多种型号牙科显微镜、光固化机、多用途超声洁牙机、镍钛根管预备系统、热牙胶充填系统、根管长度测定仪、数字化牙片机、压膜成型机、高频电刀等现代仪器设备30余台。

表2-3-37 2002—2010年口腔综合科历任正、副主任情况表

任职时间	主任	任职时间	副主任
2002—2008	徐 晓	2002—2009	李国樑
2008—	朱亚琴	2002—	王海宁

二、医疗

2002年,科室成立之初,徐晓、陶岚、赵隽隽着重开展牙体牙髓病诊治工作,李国樑、董建辉、韩俊力、何宏着重开展儿童口腔疾病预防及诊治工作,王海宁着重开展口腔颌面外科工作;三方面互相交流融合,在保持特色的同时,逐渐向急诊、全科的理念和技能以及口腔综合诊疗培训过渡。

徐晓开设牙体牙髓病专家门诊,开展口腔牙体牙髓病治疗和牙体美容治疗。王海宁、董建辉等开展全骨埋伏牙拔除术等牙槽外科手术。

2003年,王海宁开展口腔颌面部软组织外伤皮瓣转移修复术及颌骨、颧弓骨折微创切开复位固定术,微创拔牙术以及处理院外及科内发生的牙齿或断根进入咽旁前间隙、上颌窦等组织间隙的术中术后并发症。

科室派出部分高中级职称骨干先后定期分赴虹梅路门诊部、浦东分院、公惠医院、周浦分院等基层单位支持协作工作。

2004 年、2005 年王海宁、董建辉等分别对突发呼吸心跳骤停患者实施及时的心肺复苏抢救。2006 年,韩俊力开展儿童咬合诱导工作。

2008 年,朱亚琴开设牙体牙髓病专家门诊,开展牙体缺损的治疗和美容修复,细小、弯曲、疑难根管病例的治疗,残根残冠的根管治疗——桩核冠修复等。逐步引进国际先进根管治疗设备和技术,开展显微根管治疗工作。

口腔综合科年门诊量逐年增加,从 2002 年的 2 584 人次增加到 2008 年的 74 247 人次。2010 年,全年门急诊 88 621 人次。其中门诊 66 277 人次,急诊 22 344 人次。

表 2-3-38 2002—2010 年口腔综合科门、急诊人次情况表

年　份	门 诊 人 次	急 诊 人 次	总 人 次
2002	2 584		2 584
2003	27 047	11 395	38 442
2004	37 521	11 811	49 332
2005	39 232	11 122	50 354
2006	43 961	12 134	56 095
2007	52 142	13 545	65 687
2008	58 711	15 536	74 247
2009	64 643	19 345	83 988
2010	66 277	22 344	88 621

【医疗特色】

口腔综合科是当时上海市唯一的 24 小时日夜开放的全年无假日口腔临床科室。科室成立以来,门急诊工作量逐年提高,年门、急诊人数近 9 万人次。开设的口腔急诊"绿色通道",可及时解除患者的急性病痛,深受患者的欢迎和好评。门诊着重采用口腔全科医学理念和技术对口腔常见病进行跨多专科的"一站式"诊疗服务,避免在不同专科之间往返和转诊给患者带来的种种不便。在临床业务上,口腔综合科除对口腔急症的应急治疗、口腔常见病多发病包含"补—拔—镶"等项目的综合治疗外,还开展牙齿美容治疗和修复、疑难根管治疗、残根残冠综合治疗、折裂牙综合治疗、保留牙齿的颌骨囊肿治疗等特色或疑难病治疗项目。

三、教学

【学历教育】

2003 年,成立口腔医学院口腔综合教研室,徐晓任教研室主任,王海宁为副主任。2008 年 6 月,徐晓调离,口腔综合教研室更名为口腔急诊学教研室,朱亚琴接任口腔急诊学教研室主任。

口腔本科教学　科室成立之初即承担徐晓在原口腔内科教研室的课堂教学任务,承担口腔专业本科生的临床实习带教工作,王海宁在口腔医学院作单次口腔急诊讲座。之后徐晓与王海宁着

手进行口腔急诊相关教材的编撰工作，申请口腔医学院口腔急诊学教材和课程建设项目，进行试讲、集体备课和题库建设等。

自2005—2006学年第二学期开始，教研室在口腔医学院开设"口腔急诊学"课程。口腔急诊学为口腔医学院口腔医学七年制选修课程，共15课堂授课学时，首批授课教师为徐晓、王海宁、韩俊力和陶岚，教材采用徐晓、王海宁主编的《口腔急诊学讲义》。同学年的口腔专业成人教育专升本口腔急诊学教学和部分实习任务亦由本科室承担，学时和内容略有增加，并趋向综合。

2008年，朱亚琴申请、承担并完成交大医学院口腔急诊学课程和建设项目，主编新教材、题库和实习指导，主讲口腔急诊学。

2009年，周卓君等承担上海市大学生创新性课题及医学院大学生创新性课题各1项。2010年起，王海宁承担(4～5名/学年)学生二段导师指导工作。徐晓、王海宁还参与口腔医学院专家评教工作。

研究生培养 2005年，徐晓开始招收口腔专业硕士研究生。2008年，朱亚琴开始招收口腔专业硕士、博士研究生。

【继续教育】

科室成立之初即承担进修生的培训工作及开展科内住院医师培训工作。2009年，由朱亚琴申请、建设并成为上海市住院医师规范化培训基地、牙体牙髓和口腔急诊培训科室，开展理论讲座及临床培训。

【教学成果及获奖】

至2010年，科室完成医学院课程建设、教材建设等项目7项，科室成立以来成功举办国家级继续教育项目2项7期，培训进修医师30名，其中5名已成为所在单位科主任。拥有市教委和医学院优秀青年教师1名，院优秀青年教师2名。10余人次获口腔医学院教学奖。

四、科研

口腔综合科根据自身的特点，重点对所诊疗的口腔急症、口腔常见病、多发病开展各项基础和临床科研工作。承担国家自然科学基金、教育部、市科委、市教委、市卫生局及院级等科研课题18项，发表论文75篇，其中SCI论文14篇，主编出版专著3部，主办全国性会议1次。

2003—2008年，科研重点在临床：韩俊力"生物玻璃在年轻恒牙牙体牙髓病治疗中的应用"，陶岚"氩激光治疗浅龋及釉质缺损"，徐晓"抗菌自凝羟基磷灰石盖髓研究"，王海宁"关于唾液隐血及牙髓活力检测"，赵隽隽"关于上海中小学教师对牙外伤认知调查"，何宏"关于牙科恐惧症的调查"等，陶疆"对恒牙发育的初步研究及利用牙三维CT进行牙龄测定"为后期的研究奠定基础。

2008年后，基础科研工作得到加强。朱亚琴等人主持的"牙髓CXCR4＋细胞的筛选、鉴定和诱导分化""人牙髓CXCR4＋细胞分析、鉴定和增殖能力研究""SDF－1/CXCR4轴在修复性牙本质形成中的作用机制研究"等一系列课题得到上海市科委或教委的资助。上海市科委或教委的课题还包括陶疆等关于"颗粒蛋白前体参与调节炎症反应的机制研究和颗粒蛋白前体参与炎症反应信号传导通路的机制研究"。在前期研究的基础上，陶疆等完成"牙龄的影像学司法鉴定标准"的初步研究，赵隽隽等"嗜酸乳杆菌和牙龈卟啉单胞菌相互作用对牙龈上皮细胞的影响"、廖骞等"锥束CT(CBCT)在上颌第一前磨牙牙根及根管形态中的研究"及一批基础及临床研究见诸文献。

2010年,杨娅、朱亚琴等关于"口腔白斑癌变过程中患者唾液中DNA的阶段性改变研究"获得科室第一个国家自然基金资助。

【学术交流】

2007年10月—2008年10月,作为上海交通大学—加拿大UBC大学联合培养博士,陶疆在国家留学基金委的资助下赴加拿大进行为期1年的临床与科研交流。

2010年10月,口腔综合科在上海成功承办和主持中华口腔医学会全科口腔医学专委会全国第二次学术会议。科室成为国内较具影响力的口腔综合科之一。

【学术任职】

朱亚琴曾任中华口腔医学会牙体牙髓病专业委员会常务委员、中华医学会医学美学与美容学分会青年学术委员、中华口腔医学会全科口腔医学专委会副主任委员、上海市口腔医学会全科口腔医学专委会主任委员。朱亚琴任《上海口腔医学》《口腔材料器械杂志》《国际口腔医学杂志》编委。

王海宁曾任上海市口腔医学会全科口腔医学专委会常务委员。

韩俊力曾任上海市口腔医学会全科口腔医学专委会委员。陶疆曾任上海市口腔医学会全科口腔医学专委会青年委员、秘书。杨娅、赵隽隽、马宏涛曾任上海市口腔医学会全科口腔医学专委会青年委员。

【发表论著】

2002—2010年,科室先后承担科研课题有国家自然基金1项、教育部1项、上海市科委1项、上海市教委3项、上海交大3项、院级9项。发表论文75篇,其中SCI论文14篇。主编专著3部,参编专著1部。

表2-3-39 2007—2010年口腔综合科承担的科研课题情况表

年 份	课 题 名 称	来 源	负责人
2007	运用牙三维CT进行青少年牙龄测定	上海交通大学医学院	徐 晓
2008	人牙髓CXCR4+细胞的筛选、鉴定和诱导分化	国家教育部留学回国人员基金	朱亚琴
2008	SDF-1/CXCR4轴在修复性牙本质形成中的作用机制研究	上海市科委基础研究重点项目	朱亚琴
2009	人牙髓CXCR4+细胞分选、鉴定和增殖分化研究	上海市教委科研创新重点项目	朱亚琴
2009	口腔急诊学	上海交通大学医学院课程建设项目	朱亚琴
2009	低氧条件下牙髓细胞HIF-1和SDF-1的表达研究	上海高校选拔培养优秀青年教师科研专项基金	江 龙
2009	颗粒蛋白前体参与调节炎症反应的机制研究	上海市教委	陶 疆
2010	牙龄的影像学司法鉴定标准的初步研究	上海交通大学医工交叉研究基金	陶 疆
2010	口腔白斑癌变过程中患者唾液中DNA的阶段性改变研究	国家自然科学基金	杨 娅

图 2-3-17　2009 年口腔综合科集体合影。二排左五为朱亚琴

五、社会公益

口腔综合科成立以来积极参加各种援疆援边扶助基层工作。2007 年,王海宁受派定期去奉城分院援助工作,指导分院口腔颌面外科病房、种植牙和门诊口腔疑难病诊治。2009 年 7 月,郭一波作为"西部行"成员在广西桂平市人民医院开展为期 3 个月的医疗援助工作。

六、荣誉

口腔综合科获上海交通大学医学院文明科室(2004—2005 年)、文明班组(2006—2007 年、2008—2010 年),上海交通大学文明班组(2009—2010 年)。

第十节　口腔干保特需科

一、沿革

九院口腔干保特需科的前身为干部口腔保健诊疗室,创建于 1996 年 11 月,初建时科室位于 8 号楼 4 楼,仅 1 间诊室 1 台牙科治疗椅位。不设专职诊疗医师,医师根据需要从各科室临时召集。配有 2 名专职护士。特需患者就诊时借用位于 10 号楼 7 楼的上海口腔医疗中心。

1999 年 11 月,干部口腔保健中心正式成立,诊疗地点位于 10 号楼 6 楼东南区,配置 7 台牙科治疗椅位,设有2个独立的干部口腔保健治疗室。有专职医师2名,专业分别为口腔内科及口腔修复科。兼职专家9名、专职护士5名。干部口腔保健中心是干部医疗保健工作的定点机构之一,由分管副院长直接领导。中心的专家在上海和北京曾为多位领导干部提供会诊和诊疗。1999年,中央保健局曾对邱蔚六等专家卓有成效的工作予以表彰。

2008年5月,医院成立口腔干保特需科,挂牌"口腔第一门诊",兼具口腔干保和特需医疗的职责。诊疗区域位于1号楼7楼,并根据干保工作要求设置诊室和通道布局。科室设有12台牙科综合治疗椅,其中包括有2个独立诊疗区,设有独立的牙片机、全景机和牙CT。医院为促进学科发展,任命原口腔综合科主任徐晓为口腔干保特需科主任,洪蔚任副主任。科室有专职医生4名,牙体牙髓专业3名,口腔修复专业1名。兼职专家13名,其中有国家工程院院士1名。所有医师均为高级职称。诊疗专业扩展为牙体牙髓、牙周、黏膜、口腔修复、口腔颌面外科、口腔正畸、口腔种植。同时配备专职四手护士9名,医技人员1名。

2009年,兼职专家增加至26人,其中主任医师21人、副主任医师5人,博导占46.7%。

二、医疗

口腔干保特需科诊疗范围包括牙体牙髓、牙周、黏膜、口腔修复、牙槽外科、口腔正畸、口腔种植等专业。实行"一站式"诊疗模式,即预约、登记、挂号、摄片、治疗、收费、记账、配药等1次完成。每位医生都配备四手护士,迎送接待。所有就诊人士在接受精细化、个性化治疗的同时,享受到更安全、便捷、安静舒适的服务。同时,每位就诊人员均建立个人诊疗档案,专人负责回访和定期随访工作。2008年获得上海市政府医疗设备项目支持,硬件设施得到很大改善。得以开展"显微根管治疗技术""椅旁数字化修复技术"等新技术,提升科室治疗质量和技术水平。

全科医护人员在医院领导的直接指导和关心下,积极努力工作,使得科室特需患者的就诊人次、服务质量都有很大的提高。同时干部保健工作顺利开展,每年干保治疗800余人次,包括外省市、自治区的干保对象。科室参与上级布置的重大社会活动保障,如2001年上海APEC(亚太经济合作组织)会议、2010年上海世博会等。

科室积极推行科学的口腔保健,提倡预防为主,引导公众树立口腔健康的意识,保持牙齿健全,提高健康水平。至2010年底,口腔第一门诊年门诊量达2万余人次。

三、科研

口腔干保特需科的医务人员在完成日常诊疗工作的同时,积极开展临床科研,1999—2010年,主持市、局级课题各1项,发表SCI论文1篇,中文核心期刊论文十余篇。

四、荣誉

邱蔚六获中央保健委员会颁发的"中央保健工作奖状"(1999年)。张富强获中央保健委员会颁发的"中央保健工作先进个人"(2005年)、卫生部"有突出贡献中青年专家"称号(2006年)。

图 2-3-18　2010 年口腔干保特需科人员。前排左三为徐晓

第十一节　口腔病理科

一、沿革

九院口腔病理科前身是上海第二医学院口腔系口腔病理科教研室,建立于 1953 年,负责人为黄锡璋,主要从事教学工作。1959 年,口腔病理科教研室并入口腔医学基础教研室,许国祺为主任。1966 年,口腔组织病理学教研室随口腔系迁入九院,成立口腔病理科,位于 8 号楼 5 楼。1967 年,口腔病理科与医院大体病理科合并为病理科,刘瑷如任科主任。

1982 年,口腔病理科与大体病理科分离,在原处成立独立的科室。口腔病理科的医师同时为口腔系口腔组织病理学教研室的教师,全面开展医疗、教学、科研工作。

1988 年,科室设置电镜室,主要服务于科研,承担九院及外院科研工作中的超微结构分析部分。同时,开始开展免疫组化实验,并逐步推广应用于临床病理的辅助诊断。2007 年,科室迁入 1 号楼 7 楼,同年成为博士学位授予点。在将近 60 年的发展中,口腔病理科已形成一个以医疗为主导、教学为基础、科研为支柱的三位一体的特色科室,隶属于国家重点学科(口腔临床医学)、国家重点(培育)学科(口腔基础医

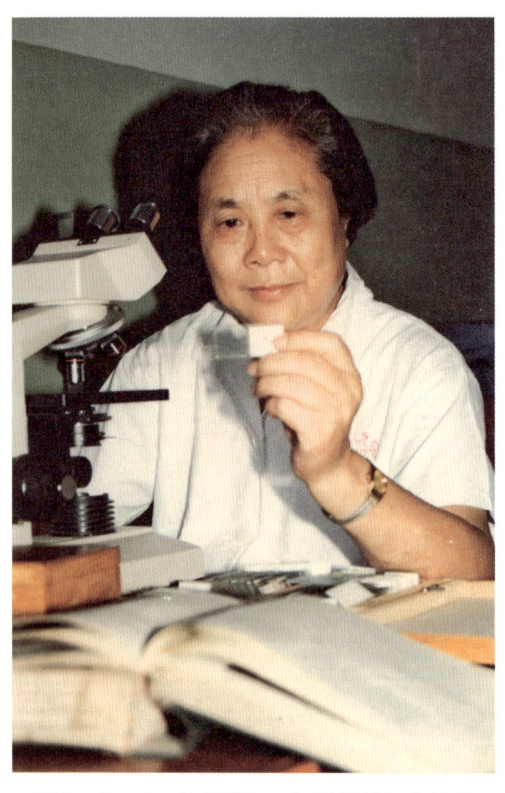

图 2-3-19　20 世纪 80 年代刘瑷如在读片

学)、上海市重点学科(口腔基础医学)、上海临床医学中心、卫生部规划教材《口腔组织病理学》编委单位。

表2-3-40　1953—2010年口腔病理科历任正、副主任情况表

任职时间	主任	任职时间	副主任
1953—1959	黄锡璋	1972—1973	刘　桢
1959—1966	许国祺	1978—1984	刘瑗如(兼)
1984—1993	刘瑗如	1984—1987	程　珺
1996—2000	张伟国	1988—1991	钱关庆
2003—	李　江	1993	夏伟亚
		1993—1996	张伟国(主持工作)
		2000—2003	李　江(主持工作)

二、医疗

科室自20世纪50年代开始开展医疗工作，常规病理诊断手段包括石蜡切片、冰冻切片、免疫组织化学染色等。科室开展的免疫组织化学染色已成为病理诊断不可缺少的技术，为病理诊断的准确性奠定基础。随着口腔颌面外科患者的增多，科室还开展细针穿吸诊断，作为术前诊断的辅助手段。这些技术的应用提高了科室的整体病理诊断实力。石蜡病例数从1966年的429例增加到2010年10 838例。每年从全国各地提交的口腔颌面部疾病病理会诊的数量也逐渐增多，病理会诊量从2002年401例发展到2010年740例。随着口腔颌面外科肿瘤患者、口腔黏膜病患者显著增加，使口腔病理科综合业务量从2002年的8 633例增至2010年的17 603例，增加约二倍。冰冻与石蜡切片诊断的符合率达到99%以上，未发生过医疗差错和事故。

至2010年，口腔病理科设病理诊断室、取材室、切片室、免疫组化实验室、分子实验室、资料室等，符合上海市病理质控的要求。科室有医师5人、技术员4人，其中2名博士、3名在读博士，技术员均达到大专及以上学历。

三、教学

【学历教育】

1953年，口腔病理科成立时，位于二医解剖室旁边。科室仅刘瑗如1名医师、1名技术员王梦若，主要从事教学工作，教授口腔组织病理学。该课程是解放后最早的口腔医学规划教材中的5项课程之一。1959年，二医口腔系成立口腔基础教研室，包括口腔组织病理学、牙解剖学及口腔局部解剖学三门学科。1964年，口腔基础教研室解散，三门学科分开，成立独立的口腔组织病理学教研室。

1972年，二医开始招收三年制学生，病理科恢复教学工作，承担三年制口腔专业大学生的教学任务。1977年，二医招收恢复高考后的第一批五年制口腔系本科生，口腔系成立口腔组织病理学教研室，开始口腔系本科生的教学工作。1978年，口腔(组织)病理学专业成为硕士学位授予点。1979年，开始招收恢复高考后第一届硕士研究生，并参与编写高等医药院校教材《口腔组织病理

学》(第一版)。

2005年,教研室获教材建设基金1项、课程建设基金1项。2006年,入选上海交通大学医学院精品课程建设。2007年,获上海交通大学医学院教材基金1项。2008年,获上海市教委重点课程建设项目。2009年,获上海交通大学医学院课程建设1项、示范性全英语课程建设1项。教研室充分依托上海九院具有全国最多的口腔病例量的优势,整理、补充大量实验用病理切片,至2009年,拥有教学切片50套、每套病种43例,示教切片103张,大体标本70例。制作《口腔组织病理学实验教学》视听教材及与实验指导相配套的实验教学图片资料库、拓展资料图库,两者共采集图片1 099幅,大量图片为口腔组织病理学教学起到事半功倍的效果。2010年,获上海市教委示范性全英语课程建设项目;同年,获上海交通大学教学成果一等奖("多样化教学手段在口腔组织病理学实验教学中的应用")、上海交通大学医学院优秀教学团队荣誉。多名教师荣获过口腔医学院的"高露洁""贺利氏古莎"医学教育奖,多次获学生评教优胜奖。

【继续教育】

1979年,学科被卫生部医教司指定为医学进修教学基地,举办3期(1981、1986、1987年)《全国口腔病理高级师资进修班》,刘瑗如、刘桢、钱关庆任教师。高师班为改革开放后中国培养的第一批口腔病理骨干,其中很多人成为目前国内口腔病理界中坚力量。学员高岩曾任中华口腔医学会口腔病理学专业委员会第三届主任委员。

图2-3-20　2007年李江(右二)主持口腔病理科业务学习

2010年,口腔病理科是上海市口腔住院医师规范化培训基地之一。同年9月起,接收口腔住院医师进行规范化培训。近年来,共培养进修医师14人,外籍访问医师3人。

【研究生教育】

至2010年,教研室有博士研究生导师1人(李江,2007年),硕士研究生导师1人(田臻,2008年)。

自1979年起招收第一届硕士研究生程珺,从事腺样囊性癌临床病理观察及超微结构和组织化学方面的研究。2009年招收第一届博士研究生胡宇华、夏荣辉。至2010年,共培养硕士研究生17人。

四、科研

【科研成果】

20世纪70年代,刘瑷如致力于牙釉质龋超微结构及唾液腺肿瘤的研究。1985年,张伟国在刘瑷如指导下,从事牙釉质人工龋及其再矿化和生物矿化与非胶原蛋白的研究。1987年,李江在刘瑷如指导下,开展牙本质龋的超微结构及显微硬度研究。1998年,在何荣根指导下开展颌面部骨肉瘤中非胶原蛋白表达与肿瘤分化研究。

至2010年底,口腔病理科先后承担科研课题14项,其中国家自然科学基金项目5项、省部级研究项目9项。口腔病理科已形成以唾液腺肿瘤、牙源性肿瘤、口腔癌等不同研究方向,与美国M. D Anderson癌症中心、马里兰大学口腔医学院,日本新泻大学齿学院、大阪齿科大学等建立良好的科研合作关系。科室有8人次参加国际口腔病理(IAOP)年会,李江在第四届亚洲口腔病理大会上进行大会发言。4人次赴美国进行6个月至2年的访问学习。1人入选上海交通大学医学院优秀青年教师,1人入选上海交通大学医学院"百人计划",2人入选九院优秀青年骨干,1人获明治乳业科学奖。

表2-3-41 1985—2010年口腔病理科承担的科研项目情况表

年 份	课题名称	来 源	负责人
国家级课题			
1987	牙釉质龋病的超微结构及微晶化学研究	国家自然科学基金	刘瑷如
1995	非胶原蛋白在生物磷灰石矿化作用的实验研究	国家自然科学基金	张伟国
2006	DNA去甲基化抑制腺样囊性癌生长、转移的实验研究	国家自然科学基金	李 江
2006	涎腺腺样囊性癌组蛋白修饰与基因沉默	国家自然科学基金	田 臻
2009	Ecadherin的遗传学、表观遗传学改变在涎腺多形性腺瘤发生、恶变中的作用	国家自然科学基金	李 江
部委、市级课题			
1985	早期釉质龋超微病理学研究	上海市重大科学技术研究和新产品试制项目	刘瑷如
1991	微量元素对老年根龋防治机制的研究——无机、有机及细菌代谢的影响	卫生部科学研究项目	刘瑷如
1996	细胞黏附相关蛋白在涎腺腺样囊性癌预后评估中的作用	卫生部科学研究基金	张伟国
1997	癌基因在不同恶性变倾向的口腔癌前病变中的表达	上海市曙光计划	张伟国
1999	镧系元素防治老年根龋的临床应用研究	上海市高等学习科学发展基金项目	张伟国

(续表)

年份	课题名称	来源	负责人
2002	特殊形态涎腺肿瘤的组织发生与生物学行为研究	上海市高等学校科学发展基金项目	李江
2002	涎腺巢状实体型肿瘤的生物学行为探讨	上海市高等学校科学发展基金项目	李江
2003	牙本质基质蛋白Ⅰ在牙本质形成中的作用和临床应用前景	上海市教委	王丽珍
2004	Toll样受体在牙周病发生发展中的作用及机制研究	上海市科委	李江

表 2-3-42　1988—2007 年口腔病理科所获科研奖项情况表

年份	项目名称	奖项	获奖人
1988	牙釉质及其早期龋的超微结构研究	卫生部科技进步奖三等奖	刘瑗如
1992	生物陶瓷的纳米结构特点	中国科学院自然科学三等奖	张伟国
1992	牙釉质龋的超微结构及微晶化学研究	上海市科技进步奖三等奖	刘瑗如
1993	涎腺癌的组织病理学分型及应用系列研究	国家教委科技进步奖三等奖	刘瑗如
1996	牙釉质及其早期龋的纳米结构研究	卫生部科技进步奖三等奖	刘瑗如

【学术任职】

刘瑗如曾任中华医学会口腔科学会口腔病理学组副组长。张伟国曾任中华口腔医学会第一届口腔病理学专业委员会委员、国际牙科研究会(IADR)会员。

李江曾任中华口腔医学会口腔病理专业委员会副主任委员、主任委员，中华口腔医学会理事，国际口腔病理学会(IAOP)会员，国际牙医学院院士，国家医师资格考试口腔类别试题开发专家委员会委员，上海市口腔医学会口腔基础医学专业委员会副主任委员。

【发表论著】

1991—2010 年，口腔病理科发表论文 143 篇，参编专著 17 部。

刘瑗如曾任全国高等医药院校《口腔组织病理学》(第一、二、三版)编写委员会委员，*Journal of Oral Pathology and Medicine*(哥本哈根)编委，《华西口腔医学杂志》《口腔材料器械杂志》《上海口腔医学》《口腔颌面外科杂志》杂志编委。参编的全国高等医药院校教材《口腔组织病理学》(第三版)获全国高等院校优秀教材奖。

张伟国曾任高等医药院校教材《口腔组织病理学》(第四版)编委、《上海口腔医学》杂志编委。

李江曾任高等医药院校教材《口腔组织病理学》第五、第六版编委，《上海口腔医学》《中国口腔颌面外科杂志》《诊断学理论与实践》等杂志编委，为《中华口腔医学杂志》《华西口腔医学杂志》审稿。

五、荣誉

口腔病理科获评上海交通大学医学院文明班组(2004—2005年,2006—2007年)。

刘瑗如获上海市"三八"红旗手(1982年)、上海市劳动模范(1985年)、全国"五一"奖章(1987年)、上海市优秀教师(1987年)、全国先进工作者(1989年)、全国"三八"红旗手(1989年)、全国先进教育工作者(1989年)等荣誉称号。

李江获上海市"三八"红旗手(2000年)。

第四章 医技科室

第一节 放 射 科

一、沿革

九院放射科前身为X光室。1947年,梅国桢主持伯特利医院复建工作,次年1月,伯特利医院恢复门诊,在肺痨科附设X光室,有刘光辉、方步云任X线技士。1949年,医院设立X光部,由医务主任梅国桢兼任X光室主任。1951年8月,上海市军事管制委员会接办医院后,又增加陶富玉、汪成开任X线技术员。1952年9月,医院聘沈成武为放射科特约顾问医师。1954—1955年,先后增加刘启明、徐振华任X线技术员。

1957年,医院划归上海第二医学院作为儿科系教学基地,由广慈医院(瑞金医院前身)及仁济医院抽调医务人员充实九院,放射科独立成为临床医技科室,广慈医院放射科主任朱大成兼任该科主任。1958年,二医儿科系迁往新华医院,医院归属上海市卫生局系统。1959年上海第二人民医院放射科主任赵东明调任九院放射科主任。1964年,医院再度划归上海第二医学院作为口腔系教学基地。1965年,叶新华任放射科副主任。1972年,原属口腔内科的牙片室划归放射科,由此逐步发展为与临床口腔优势学科相适应的口腔放射专业特色。1992年,随着医院第一台CT的引进,放射科开始增设专职护士岗位,胡贤妹成为放射科第一位护士长。

20世纪70年代起,放射科大部分机房、洗片室和读片室及办公室都设在伯特利时期建造的医疗楼底层(旧1号楼,已拆除)东半部。随着科室规模的扩展和管理的规范,科内成立技术组,1975年,设立技师长,封荣华为放射科第一任技师长。从此形成以诊断组负责影像诊断、技术组负责设备操作的人员配备模式。1982年,陈勇强任放射科技师长。1983年,肺科关闭后,放射科扩展至底层整个楼面。1993年,门急诊大楼(10号楼)建成,在底层设置急诊摄片室。口腔门诊大楼(8号楼)内设置口腔放射机房。1984年,放射科在南大门进院道路的北侧、行政楼东侧辟建新机房,安置胃肠透视机。1992年,医院将北墙内的原锅炉房改造为CT机房,安置第一台CT机。2003年,外科病房大楼(7号楼)建成后,放射科设在底层,总占地面积900多平方米。

至2010年,科室在职医师18人、技术员27人,其中主任医师3人、副主任医师3人、主治医师10人、主管技师10人。

表2-4-1 1948—2010年历任放射科正、副主任情况表

任职时间	主 任	任职时间	副主任
1948—1956	梅国桢(兼)	1965—1980	叶新华
1957—1958	朱大成	1984—1987	孙海雄
1959—1962	赵东明	1990—1991	余 强(主持工作)
1980—1984	叶新华	1992—1999	郭长根

(续表)

任 职 时 间	主 任	任 职 时 间	副 主 任
1984—1990	罗济程	1997—	夏蔚宗
1992—2002	罗济程	1999—	范新东
2003—	余 强	2002—	孙明华

二、医疗

1948年1月,伯特利医院设立X光室,主要用于胸部、四肢X线摄片。政府接办以后,随着医院就诊患者的增加,科室业务量也逐年增长。口腔系迁来后有增加了牙片业务。1972年,原属口腔内科的牙片室划归放射科时,配有1台牙片机和1台自行组装的头颅定位机,主要从事牙片、头颅定位X线摄片、诊断工作。1974—1975年,科室全体技术员分批前往上海第一医学院眼耳鼻喉科医院(现复旦大学附属眼耳鼻喉科医院)接受为期2周的头颈颌面部拍摄技术培训。1975年,口腔X线技术员张濑到北京大学口腔医院进修头颈颌面部拍摄技术。1975年和1976年,陈勇强先后到上海医学院眼耳鼻喉科医院、北京医学院口腔医院进修头颈颌面部放射诊断;1978年,孙大熙到北京医学院口腔医院进修头颈颌面部放射诊断,奠定科室口腔颌面的影像检查诊断特色基础。20世纪70年代末,放射科配合心内科在透视下开展永久性心脏起搏器植入手术。

1984年,放射科引进日本岛津800毫安胃肠透视机、1 250毫安血管造影机各1台。同年,九院放射科配合消化内科、心内科、胸外科、神经外科、口腔颌面外科等陆续开展胃肠系造影、胆系造影、泌尿系造影、椎管系造影、涎腺造影、TMJ造影、心血管造影等十几个常规和特色造影诊疗项目。邓杏郴在卫生部1980年举办的全国选拔出国进修生"消化系统影像诊断"项目考试中,以优异成绩获得世界卫生组织(WHO)奖学金。1982年11月—1983年12月,由卫生部公派到日本东京国立癌症中心研究部进修,师从顺天堂大学消化科主任、消化道双对比造影技术创建者白壁彦夫。1984年,邓杏郴学成回国进入医院放射科工作,在上海市较早开展对胃肠恶性肿瘤早期病变诊断具有重要意义的双对比胃肠造影检查诊断的临床应用。1988—1989年,叶新华与口腔颌面外科合作在国内率先将直接穿刺股动脉插管造影技术应用到口腔颌面部血管畸形诊断和治疗中。

至1990年,放射科年度摄片总数已达52 074张。据统计,放射科术前诊断与术后手术病理对照准确率达91.6%。

1992年,医院购进第一台CT机;1994年,医院引进安科公司0.15T永磁型MR机,由此,科室进入全身数字断层扫描成像诊断新领域。1998年,医院购置荷兰飞利浦Integris V3000 DSA机,放射科开始独立从事介入诊断和治疗,这标志着医院放射科从临床辅助科室转变为临床科室,并且配合心内科开展冠状动脉造影、冠脉支架、PTCA、心律失常射频消融等心脏介入手术。1999年,时任放射科副主任的范新东开始头颈部介入诊疗工作,在头颈部的血管畸形,特别是颌骨中心性血管瘤的永久性栓塞治疗以及头颈部动静脉畸形的介入治疗方面开创出新的业绩。

2000年,医院放射科在上海放射诊断质控中心组织的全市胸部X线片质控评比中名列第一。2003年始,医院投资300多万美元购置美国GE公司16排螺旋CT、1.5T MRI仪等设备。至2007年,科内普通X线机(包括牙片、全景摄片机)、造影摄片机陆续更新为GE的数字式CR、DR机,

CT、MR机升级换代为西门子或GE的多排螺旋CT、超导型MR。另外,科室还添置GE的DSA系统,实现设备的全数字化。在此基础上,科室构建医学影像存档与通信系统(picture archiving communication system,PACS),完成从拍摄、传输、调阅、诊断报告书写和输出的放射影像检查全程数字化,并最终与整个医院建设的放射学信息系统(radiology information system,RIS)、临床信息系统(clinical information system,CIS)、医院信息系统(hospital information system,HIS)联网运行。

至2010年,科室主要影像设备:2台MRI、2台CT、2台DSA、2台CBCT、2台DR、2台CR、3台曲面断层DR、3台数字式透视摄片机、1台乳腺摄片机、5台牙科X线摄片机。

经过多年设备的更新和科室员工的努力,医院放射科逐渐形成以诊断全身各系统疾病为主,并以诊断和从事介入性治疗口腔颌面颈部疾病为特长的综合性影像科室。放射科的研究优势和特色:① 以口腔和头颈部为重点的肿瘤、肿瘤样病变的综合影像诊断及成像基础研究;② 在口腔颌面部病变的介入治疗(包括颌骨中心性血管瘤的永久性栓塞治疗、青少年鼻咽纤维血管瘤术前辅助性栓塞治疗和口腔颌面部恶性肿瘤的动脉化疗等)方面为国内领先水平;③ 以心、脑血管病为重点的血管性病变的综合诊断和基础研究;④ 以脊柱和四肢关节为重点的骨关节影像诊断及临床基础研究。

三、教学

【学历教育】

1974年,上海第二医学院招收的医科三年制学员进入临床学习阶段,放射科归属医技教研组,开始承担口腔系的放射诊断教学任务。由叶新华、孙大熙、王士心及骆明彰负责理论授课,陈勇强和李立康负责读片实习带教。

1981年,国务院学位委员会批准上海第二医学院为首批博士、硕士学位授予单位。放射科叶新华、孙大熙相继获招收临床放射专业硕士研究生资格。1982年,叶新华作为导师指导1979届口腔专业研究生顺利通过毕业论文答辩。至2010年,科室拥有在职博士生导师1人,硕士研究生导师1人,已有8名硕士研究生、1名博士研究生毕业,并协同其他科室培养博士研究生数人。

1983年,三好中学高中部办起医卫职业班。1985年4月,上海市三好医卫职业学校揭牌,成为上海市教育改革的一个窗口。1983—1986年,在该校创办放射技士班(中专学历),九院放射科派出医技人员担任教师,先后培养学员23人。

1984年,成立放射诊断学教研室,负责口腔系本科生的放射诊断教学任务,叶新华、邓杏邨分别担任教研室正、副主任。1986年,罗济程担任教研室主任。1987年,成立上海第二医科大学口腔医学院,叶新华被聘请为名誉教授。1995年,成立上海第二医科大学九院临床医学院,共有15个教研室,罗济程任影像诊断教研室主任(含超声诊断),与临床各教研室共同承担临床医学本科、七年制和八年制、口腔医学本科和七年制、夜大临床医学专升本学生的临床理论授课及见习和实习工作。

2000年,放射、核医学、超声共同组成影像诊断教研室,罗济程任主任。2003年起,余强担任教研室主任。教研室承担临床和口腔专业大专、本科及研究生阶段的放射诊断教学任务。教研室配备专职教辅和兼职教学干事各1人,根据医学院的课时安排负责编制教学日历、教案归档及人员调配。理论授课由高年资主治医师及以上职称诊断医师担任,授课前由医学院组织评审专家听取试讲；相应的带教实习课程由低年资主治医师或高年资住院医师承担。所有教学人员均取得国家教师资格，统一采用吴恩惠主编、人民卫生出版社历年版《放射诊断学》《医学影像学》以及邹兆菊、马绪臣主编，人民卫生出版社历年版《口腔颌面X线诊断学》《口腔颌面医学影像诊断学》为主讲教材；按照医学院统一教学大纲，结合影像学特点，从最初手绘线图、翻拍胶片制作幻灯片，到统一模板制作教学PPT电子课件。教研室每年承担医学院教学课时200学时以上，涉及二医全日制及夜大学共8个不同专业。同时，每年接收上海市松江卫生学校（后并入上海市卫生学校）放射技士班、安徽蚌埠医学院医学影像专业、上海市职工医学院医学影像专业、上海医疗器械高等专科学校医学影像工程专业学生实习。

【继续教育】

1980年起，放射科不定期接收本市和国内各级医院放射诊断和技术专业人员进修学习（半年至两年）。1986年起，放射科承担本院各临床科室住院医师培养阶段轮转带教（1个月至半年）。2009年，科室专门制订住院医师培训计划，规范入科教育、每周小讲课、出科考核制度。2010年，上海市在国内率先实行住院医师规范化培训制度，根据《上海市住院医师规范化培训细则（试行）》，全市各三甲医院住院医师培训"统一模式、统一准入、统一考试"。放射科作为培训医院基地开始面向全国招录医学毕业生进行为期3年的培训。

【教学成果与荣誉】

科室参加我国第一部口腔医学影像诊断专业高等教育教材《口腔颌面X线诊断学》（人民卫生出版社，1987年第一版）、卫生部规划口腔医学专业高等教育必修教材《口腔颌面医学影像诊断学》（人民卫生出版社，1997—2008年第二～五版）的编写。

1999年，教研室开设"影像诊断技术进展"选修课，组织编写《医学影像诊断进展》作为上海第二医科大学九院临床医学院、口腔医学院教材。

余强作为教研室负责人组织的《核医学教学录像及教学病例图库》制作，入选2007年九院临床医学院课程建设项目。教研室承担九院临床医学院、口腔医学院"交互式影像医学教学系统"的研制。

表2-4-2　1985—2010年放射诊断学教研室（核医学）获得荣誉情况表

年　份	奖　项	获奖者
1985	二医教学先进（单项）奖	余　强
1993	九院教学基金奖三等奖	孙大熙
1997、1999、2003、2004、2010	口腔、九院临床医学院教辅工作优胜奖	毛美英
1997、1999、2003、2004、2007、2010	口腔、九院临床医学院教研室工作优胜奖	教研室
1998	上海柯达医学教学奖	罗济程
1999	上海柯达医学教学奖	张志良
1999	上海高露洁口腔医学教育奖一等奖	罗济程
1999	口腔、九院临床医学院理论授课优胜奖	刘德海

(续表)

年　份	奖　项	获奖者
2000	上海宝钢教育奖优秀教师	罗济程
2001—2002	口腔、九院临床医学院理论授课优胜奖	余　强
2003—2004	口腔、九院临床医学院理论授课优胜奖	李开成
2006	交大医学院夜大学优秀教师	毛美英

【留学进修】

孙海雄于1986年被公派前往日本长崎大学留学，是放射科首位公派留学人员。在长崎大学齿学部齿科放射科任助理教授，于1991年取得齿学博士学位。

1990—1991年，罗济程前往法国巴斯特医科大学进修。

四、科研

【社会合作】

20世纪80年代后期开始，放射科参加医院所在的上海市南市区卫生局委托区结核病防治所组织区内各医院中西内科和放射科成立的"肺结核早期发现网"，建立肺结核早期诊断病例信息登记制度。由每天当班核片医师负责诊断并通过医院防保科进行肺结核早期传报工作。在此基础上，指定高年资医师选取病例片子参加每月区内各医院共同出席的肺结核读片会。

1986年9月26日，上海市科学技术委员会重点科研项目——X线数字减影血管造影设备(DSA)，在市科委主持下通过科研鉴定。该项目由上海医疗器械厂和中国科学院自动化研究所共同研制，经第九人民医院放射科临床试用，从颅脑到肾脏等多种脏器的血管造影，经计算机数字减影处理后的影像质量、对比度及分辨率等主要技术指标均达到国际上同期水平，填补国内空白。

上海市卫生局2000年组织设立上海市放射诊断质量控制中心，罗济程以专家委员会成员参加质控督察，参与制定《上海市放射诊断质控中心放射诊断质量控制标准(2000—2002)》《上海市放射诊断质控手册》(2004年颁布)、《上海市放射诊断质控中心放射诊断质量控制标准》(2008年修订版)。

【课题与获奖】

范新东领衔的"颌骨中心性血管瘤介入治疗的临床研究"荣获2003年上海市第五届临床医疗成果奖三等奖。放射科与口腔外科、整复外科等临床科室合作开展多项医学研究，获得多项上海市和国家部委的奖项。2010年范新东领衔的"动静脉畸形酒精栓塞的实验研究"获批国家自然科学基金项目，实现放射科国家级科研项目申报零的突破。

表2-4-3　2002—2010放射科承担与合作的研究课题获奖情况表

年　份	课题名称	奖　项
2002	颌面部血管瘤及血管畸形的分类选择综合治疗研究(合作)	中华医学科学技术奖三等奖
2002	颌面部血管瘤及血管畸形的分类选择综合治疗研究(合作)	上海市科技进步奖二等奖

(续表)

年份	课题名称	奖项
2003	颌骨中心性介入治疗的临床研究(主持)	上海市临床医疗成果奖三等奖
2006	颅外动静脉畸形的基础和临床研究(合作)	教育部高等学校科学技术奖一等奖
2006	下颌骨缺损功能重建的系列研究(合作)	中华医学科学技术奖二等奖
2006	围术期困难气道的研究(合作)	中华医学科学技术奖三等奖
2006	颈动脉切除、重建术的实验与临床研究(合作)	上海医学科技奖一等奖
2007	微创(内镜)诊治颞下颌关节纤维性强直(合作)	中华医学科学技术奖三等奖
2007	颅外动静脉畸形的疾病基础和优化诊治(合作)	上海市科技进步奖三等奖
2009	口腔颌面部血管瘤与脉管畸形的基础研究与临床应用(合作)	上海市科技进步奖一等奖
2010	口腔颌面部血管瘤与脉管畸形的临床治疗研究(合作)	国家科技进步奖二等奖
2010	眼耳鼻咽喉影像学检查技术创新与临床应用(合作)	教育部高等学校科技奖一等奖
2010	下颌骨缺损的形态与功能重建(合作)	上海市科技进步奖一等奖

【学术任职】

1960年,放射科牵头上海第九人民医院所在的上海市南市区医学会成立放射学组,赵东明担任组长,李立康担任秘书。

朱大成(广慈医院)兼任放射科主任时,任上海市医学会放射专科分会副主任委员。叶新华为中华医学会上海分会放射学学组第二届(1984—1989年)、第三届(1989—1994年)副主任委员、理事。罗济程为中华医学会上海分会放射学学组第四届(1994—1998年)委员。余强为中华医学会上海分会放射学学组第五届(1998—2003年)、第六届(2003—2007年)、第七届(2007—2010年)委员。孙大熙任中华医学会口腔科学会口腔放射学组第一届(1987—1996年)、第二届(1996—2000年)副组长;中华口腔医学会口腔颌面放射专业委员会第一届(2000—2004年)、第二届(2004—2007年)和第三届(2007—2010年)顾问。余强为中华口腔医学会口腔颌面放射专业委员会第一届(2000—2004年)、第二届(2004—2007年)、第三届(2007—2010年)副主任委员。范新东为中华口腔医学会口腔颌面放射专业委员第二届(2004—2007年)、第三届(2007—2010年)常委。张志良和范新东为中华口腔医学会口腔颌面放射专业委员会第一届(2000—2004年)委员。王平仲为中华口腔医学会口腔颌面放射专业委员会第二届(2004—2007年)、第三届(2007—2010年)委员。陈勇强为中华医学会影像技术分会第四届(2005—2008年)MR成像技术学组组员,上海市医学会放射专科分会下设放射技术学组组员(2001—2006年),上海医学会影像技术分会第一届委员(2006—)。

【学术会议】

1997年起,放射科有论文入选北美放射学年会(Radiological Society of North America, RSNA),曾派代表参会。2000年7月4—9日,由中华口腔医学会口腔颌面放射专业委员会主办的第三届亚洲口腔颌面放射学大会在北京召开,孙大熙、余强作大会发言。2007年6月26—30日,中华口腔医学会口腔颌面放射专业委员会主办的第十六届国际口腔颌面放射学大会(ICDMFR)在北京举行,余强作大会发言。2008年11月20—22日,在日本奈良举行的第七届亚洲口腔颌面放射学大会,余强作特邀演讲,范新东、石慧敏、王韶颖在大会发言,王韶颖获得优秀青年医师论文奖。2010年11月13—16日,在韩国首尔举办的第八届亚洲口腔颌面放射学大会中,余强应邀担任分会场主席,朱凌参加此次会议的口腔疾病影像判读的比赛。

作为中华医学会口腔科学会口腔放射学组副组长、中华口腔医学会口腔颌面放射专业委员会副主任单位,放射科参加从1987年第一届全国口腔放射学学术会议到2009年第八次全国口腔颌面医学影像学专题研讨会的历届口腔放射学界全国性学术活动,都有代表在大会发言、交流论文以及继续教育学习班授课。

2004年3月28日,放射科承办上海第二医科大学第四届医学影像学进展研讨会,编印论文集。

【发表论著】
2002年,余强与邱蔚六共同主编国内第一本以图谱为重点、专门介绍颌面颈部疾病的影像学专著《颌面颈部疾病影像学图鉴》(山东科学技术出版社,2002年版)。2009年,由余强、王平仲主编,以放射科为主体,编写国家"十一五"重点规划出版项目"口腔医学精粹丛书"《颌面颈部肿瘤影像诊断学》(世界图书出版公司,2009年版)。

放射科作为影像检查、诊断协作科室,参与编写的《口腔颌面外科理论与实践》(邱蔚六主编,人民卫生出版社,1998年版),被卫生部教材办公室和卫生部口腔医学专业教材编审委员会推荐为本科生口腔颌面外科的配套重点参考书。参与血管外科组织的《临床血管外科学》(科学出版社,2003年,张培华主编第一版;2007年,张培华、蒋米尔主编第二版)部分章节的编写,李开成担任主编助理。

罗济程、余强、范新东先后担任《上海口腔医学》杂志编委。余强还担任《中华口腔医学杂志》《诊断学理论与实践》杂志编委。

1995年,孙大熙等在 *Oral Surgery*, *Oral Medicine*, *Oral Pathology*, *Oral Radiology*, *Endodontology* 上发表 "Computed tomography of pulmonary metastases from oral and maxillofacial tumors",是放射科第一篇被SCI收录的学术论文。自1980年起,放射科在国内外专业学术期刊发表论文100余篇,SCI收录30余篇。

五、管理

20世纪40年代末,放射科由医务主任兼管,并配备2名X线技士,以满足临床诊断需要。50年代初,由于患者增加,放射科又增加2名X线技术员。1953年起,在医院3年整顿期间,放射科制定《放射科工作制度》。1957年,放射科独立建科,日常管理渐趋完善。"文化大革命"中,医院管理制度被打乱,放射科正常工作秩序受到影响。1978年后,医院恢复行政领导体制,放射科修订《科室工作制度》,加强科室管理。1984年,放射科在二医系统率先实行摄片和造影取消限额,并在医院内首批试行超额提奖办法,调动职工劳动积极性,提高工作效率,改善服务态度,缓解"拍片难"的矛盾。1985年,放射科建立《放射科各级人员岗位责任制》及考核办法。1986年12月,放射科成为超额劳务补贴试点科室。1992年,在三级甲等医院评审中,放射科进一步修订《放射科工作制度》《工作人员职责》,修订《放射科质量考核手册》,加强规范化管理。1996年起,医院放射科积极参加医院"十大窗口"竞赛活动,加强科室管理,进一步提高医疗服务质量。

表 2-4-4　2010 年放射科主要业务项目情况表

检查项目	摄片工作量				
大体摄片	门诊 15 526(张)	急诊 14 560(张)	CR 5 586(张)	DR 33 454(张)	床边 3 786(张)
口腔摄片	牙片 103 174(张)	全景 54 895(张)	牙CT 2 118(人)		
CT 和 MR	64 排 CT 13 113(人)	16 排 CT 25 880(人)	MR 14 136(人)		
介入和造影	DSA 1 806(人)	消化道造影 319(人)	其他各类造影 2 012(人)		

六、社会公益

1974—1976 年,放射科先后派出 3 批医务人员参加医院组织的医疗队去安徽歙县巡回医疗,每批工作为期 1 年。

1974 年 9 月,放射科选派李立康参加由上海市卫生局组建的中国第一批援助柬埔寨医疗队,进入柬埔寨四一七医院从事放射诊断工作,为期 2 年。

1976 年唐山大地震发生后,放射科于 1976—1977 年先后派出 2 批医技人员参加上海抗震救灾医疗队,赴唐山丰润县执行医疗救助任务。

七、荣誉

放射科获二医大先进学习班组(1995 年)。

图 2-4-1　2010 年放射科读片讨论会。前排左起:余强、孙明华、罗济程

罗济程获二医大高尚医德奖(1985年、1988年)。罗济程、陈勇强、毛美英获上海市卫生系统首届文明职工(2000年)。陈勇强获上海市卫生系统先进工作者(1999年)。

第二节　药 剂 科

一、沿革

伯特利医院和诊所创建初期,即设有药房,由护士负责配发药。1948年,伯特利医院复建后,由陈希达担任药剂师。1950年,蓬莱区卫生科对医院药剂工作实施管理,建立健全药剂工作制度;同年9月,伯特利医院设立药剂部,总院有药剂师孙剑英和药剂生顾关君、八仙桥分诊所有药剂师钱菊芳、复兴西路分院有药剂生陈云龙,负责各处配发药。1951年8月,上海市军事管制委员会接办医院,钱菊芳任药剂部负责人。随着药品种类逐年增加,1952年,医院成立药剂科,下设取药处和调剂室,由取药处兼管病区小药柜,每天凭处方发药;同年,又增加药剂生刘支达、刘崇尧。1956年,药剂科下设门诊配方发药处、药库。同时,门诊药房对病房实行凭领药单发放公药。1957年,为满足自制制剂发展的需要,药剂科在调剂室基础上成立制剂室。1964年,药剂科下设门诊配方发药处、病房配方发药处、药库、制剂室。为减少药品在各病区分散和积压的情况,加强对病房用药管理,病房药房从门诊药房独立出来,并根据医嘱进行针剂排药。1969年,药剂科下设门诊药房、病房药房(针剂排药室)、制剂室(包括普通制剂室和灭菌制剂室)和药库。1974年,在制剂室增设药检室。1978年,药库从简易平房搬到小红楼底楼(旧5号楼),并成立中草药制剂室和灭菌制剂室。1985年,大礼堂改造后作药库。1988年,药剂科成立中药房和中药库,调配中成药和中药饮片,改变以前由南市药材公司在院内设点提供饮片和中成药的模式。1990年,为了方便急诊患者就近取药,医院增设急诊药房。1993年,制剂大楼落成(9号楼),成为沪上第一家达标的医院制剂楼;同年,临床药学室成立,药剂科开始向提供药学服务发展。1993年7月22日,上海市卫生局在医院召开全市药剂工作会议,听取九院药剂科工作的经验介绍。会上卫生局向医院药剂科配方部、西药库分别颁发A级合格证。1993年,药剂科实行电子计算机网络管理,8月试运转,10月投入正常应用。2000年,九院浦东分院成立,药剂科抽调职工在浦东分院设立药房,保证药品供应和配方服务。

药剂科自20世纪50年代后期宛志钧调离后一直未设科室主任,刘崇尧长期承担科室的实际管理工作。1981年,医院正式任命刘崇尧为科室副主任主持工作。1993年,医院在迎接等级评审期间曾聘内科主任徐济民兼任药剂科主任。

至2010年,医院药剂科已发展成为一个集医、教、研为一体的综合性药学部门,设有门急诊药房、病房药房、中药房、药库、制剂室、临床药学室、童涵春九院药房等多个分支部门。拥有职工67名,其中本科生20名、硕士生4名、博士生1名。

表2-4-5　1951—2010年药剂科历任正、副主任情况表

任职时间	主　任	任职时间	副主任
1951—1953	钱菊芳(负责人)	1981—1984	刘崇尧(主持工作) 姜先佑
1954—1958	宛志钧(负责人)	1984—1988	冯士民　杜慧全

(续表)

任职时间	主任	任职时间	副主任
1958—1981	刘崇尧（负责人）	1988—2001	宋世珍（主持工作） 金芝贵
1978—1984	刘崇尧（负责人） 顾关君（负责人） 金芝贵（负责人）	2001—	吴飞华
1984—1988	徐璧华		
1993—1995	徐济民（兼）		
2001—	金芝贵		

二、医疗

【药事业务】

门诊药房 解放前药品种类很少，配方工作是药房工作的全部内容。1952年，随着药剂科的成立，药品管理制度也相应建立，并对贵重药品实行管理，工作内容由单纯发药转向以配方服务和药品管理并重。1958年，门诊病房分设4个发药点，并且走出窗口发药。1964年，门诊药房根据上海市卫生局要求，实行麻醉药品、精神药品、毒药、放射性药品等特殊药品管理，建立危险品和贵重药品管理制度，建立片剂分袋工作以加快配药速度。1965年，8号楼建成，在2楼增设小药房，方便口腔科和耳鼻喉科、眼科、皮肤科患者取药。1979年，门诊药房实行三级管理，所用药品由二级库向一级库领出，然后再由药房二级库凭领药单发药，为此门诊药房增设二级库每月盘点，账物相符率达98%以上。1988年，门诊药房药品进行金额管理，实行超额提成责任制，每月额定为47万元，定额20人，配方实行检查核对制，配方合格率达99%以上。1990年，药房增设急诊小药房；门诊药房提供800余种药品。2010年，药剂科调配中西药处方共计150万张，药品销售金额达近4.969亿元。

病房药房 1952年，病区小药柜由门诊药房兼管，每天凭处方发配药。1956年，药房对病房实行按处方和公药凭领药单发药，仍由门诊药房兼管。1964年，成立病房药房，由制剂员1名对病房用药加强管理。为克服药品在各病区分散和积压现象，病房药房根据医嘱进行针剂排药，1979年，对病房用药实行贵重药品专方领用，麻醉药品专用处方，其他药品按卡及医嘱配给，并做到账物相符。1989年，病房药房除公药外，负责全院20个病区的针剂排药和供应中心小药房的片、水剂，并实行定额超劳务责任制。病房药房能供药品800余种，有工作人员3名，其中药师2名、药剂士1名。

药库 药库为日常供应全院临床各科用药和实验所用化学试剂的基地。1953年以后，随着药品种类的增多，附设药库，业务由药方配方处人员兼管。1964年，药库负责药品的采购供应工作，配会计1名、卫生员1名。1974年，药库移至原灭菌制剂室处，面积200平方米，供应药品600余种及化学制剂几十种，配有药剂士2人、卫生员1人。1978年，药库从简易平房搬到小红楼底楼；1985年，大礼堂改造后作药库。1990年，药库库存金额100余万元，药品流动量89万余元，能供给药品1 000余种，化学试剂100余种，配有主管药师1名、药剂师1名、卫生员1名。

中药房 1988年8月，药剂科成立中药房，调配中成药和中药饮片近1 000种，并实行定额责任承包制。同时设立中药库，负责全院的中药采购和供应，面积达65平方米，人员由3部分组成：医院抽调部分职工、市区药材公司借用人员、聘用老药工。2001年，中药房引进一套全进口煎药设备,开展全院门诊、住院患者的中药饮片代煎业务,平均每月煎药量达15 000帖,为患者提供方便。

制剂室 除市售药品,药剂科还为患者提供疗效确切、质优价廉的自制制剂。医院的自制制剂从小规模手工操作发展到较大规模现代化配制的过程。1952—1956年,制剂工作由门诊配方人员兼管,为临床处方调配粉剂、内服剂、外用软膏剂等十余种。1957年,药剂科在原有调剂室基础上成立制剂室,生产外用药水、软膏及局部麻醉注射剂等20余种,当时制剂设备简陋,调配均以手工操作为主。1958年起,普通制剂室同时承担药品检验工作,分析项目近十种,"文化大革命"中药检工作停顿。1960年,制剂室添置搅拌器和小儿合剂灌袋器各1台,配有药师1名、药剂士1名,并兼做部分药品检验工作。1968年以后,普通制剂以生产内服、外用制剂为主,共有品种近百种。

1978年,药剂科从上海中医学院引进中药学专业人才,在原同位素室和被服室旁进行改造,成立中草药制剂室,生产糖浆剂、注射剂、搽剂等30余种,全年产值2万余元,1980—1981年产值平均4万余元。

1978年,还建立灭菌制剂室,生产大输液和注射剂共有品种20多种。逐步增购洗瓶机、刷瓶器、安瓶清洗机、安瓶灌袋器等,以减少劳动强度,提高劳动生产力。1981年起,大输液生产采用微孔薄膜过滤。1985年,大礼堂改造后作药库,小红楼(旧5号楼)底楼药库旧址改作灭菌制剂室,条件得到改善。同年,灭菌制剂设备从加压过滤装置改为密封式装置,500毫升补液的每天生产能力从原来的1 600瓶增至2 000瓶。

1974年,为保证制剂质量,在制剂室内设立分析室,由1名专职药师负责。当时设备简陋,房屋面积仅8平方米,附设在原普通制剂室内。1978年,分析室迁至原中草药制剂室旁边,有2位药师开展药品检验工作,可分析项目30余种,配置有pH计、水分干燥仪、万分之一天平各1台。1985年,分析室随制剂室迁入小红楼底楼(旧5号楼),配置自动旋光仪、分光光度计、数字pH计、离心机、垂直式和水平式净化操作台以及霉菌培养箱、细菌培养箱、冰箱和干燥箱等设备。分析室配备无菌室和菌检室,可对制剂室配制的灭菌制剂和内服药进行灭菌检查和细菌检查。人员配备共3人,其中主管药师1人、药师2人。

1989年,制剂室实行定额超劳务责任制,生产品种增至130余种,全年产值25万元,平均每月2万余元,解决临床用药需要。工作人员有主管药师1人,药剂士1人。

1993年,制剂楼(9号楼)建成并投入使用,成为当时沪上第一家达标的医院制剂楼。制剂楼占地面积300平方米,共有5个楼面,建筑面积达1 620平方米。2000年8月7日,上海市药监局来医院进行制剂生产GMP验收,并获通过。2003年,制剂室配制防非典型肺炎中药汤剂"六味合剂",成为市药监局定点生产医院,为抗击非典型肺炎发挥积极作用。2010年,药剂科又对制剂大楼内部进行重新布局和改造,以适应医院制剂日益发展的需求,并达到GPP的严格要求。改建后的制剂楼共设6个楼面,建筑面积1 708平方米,其中配制制剂用面积810平方米,质量检验用房58平方米,净化面积300平方米,蒸馏水生产场所占270平方米,地下机房面积270平方米;其他包括消毒室、中药煎煮室、留样室等。配置有软膏分装机、软膏搅拌机、胶囊包装机、半自动胶囊填充机、高压消毒锅、多效蒸馏水机、二级反渗透装置、中药煎药浓缩组等设备,以及相关的检测分析仪器。

医院经上海市食品药品监督管理局批准的制剂文号总数45个,涉及剂型16种:苯酚滴耳液(1%)、苯酚滴耳液(2%)、硫酸镁涂剂、樟脑氧化锌散、硼酸醇溶液、冰醋酸溶液、碳酸氢钠漱口液、冰醋酸涂剂、乳酸依沙吖啶灭菌溶液、尿素乳膏、盐酸丁卡因溶液、舒肝祛脂胶囊、硫酸铜锌软膏、氯地松乳膏、亚硒酸钠卡拉胶胶囊、樟脑地塞米松搽剂、薄荷酚、薄荷脑樟脑滴鼻液、盐酸苯海拉明口服溶液、硝酸毛果芸香碱口服溶液、薄荷脑水杨酸搽剂、复方银杏胶囊、倍他米松乳膏、复方沙太合剂、紫归长皮软膏、磺胺醋酰钠溶液、氯霉素灭菌溶液、冰石长皮软膏、肾八味胶囊、复方绞股蓝胶囊、参阳颗粒、盐酸丁卡因滴眼液、复方碘甘油、硫酸阿托品滴眼液、硫樟乳膏、麝香草酚酊(25%)、麝香草酚酊(50%)、浓复方苯甲酸涂剂、盐酸丁卡因凝胶、盐酸麻黄碱溶液、苯麻滴鼻液、呋喃西林灭菌溶液、硫酸链霉素甘油滴鼻液、硫樟洗剂、氯霉素利多卡因滴眼液。

2010年，制剂室生产胶囊剂44 352 000粒，外用溶液剂105 600升，内服溶液剂10 557升，灭菌溶液剂132 000升，乳膏剂21 120升，软膏剂10 560公斤，涂剂10 560升，搽剂13 200升，洗剂10 549升，滴耳剂1 320升，滴鼻剂1 320升，合剂21 120升，滴眼液1 320升，醋剂7 920升，散剂10 560公斤，共计产值750万元。

制剂室与临床科室密切联系，积极研发新制剂。开发一批九院特色制剂如口腔颌面外科的参阳颗粒，口腔黏膜病科的复方绞股蓝胶囊、复方皮质散、五白湿敷剂、双花漱口液，血管外科的复方冬红合剂，整复外科的瘢痕软化膏，中医科的冰石长皮软膏、紫归长皮软膏等，基本满足临床诊疗需求，深受广大患者的欢迎。2010年，通过验收并获得《医疗机构制剂许可证》。

至2010年，制剂室有工作人员19人：制剂配制人员8人，检验人员3人，技术工人2人，卫生员6人。其中，高级职称2人，中级职称3人，初级职称6人。药剂科副主任吴飞华担任制剂室负责人。

【临床药学】

20世纪90年代后，药剂科逐步向提供临床药学服务发展，关注患者用药的安全与合理。1993年，临床药学室成立，最初位于医院老食堂北面，1995年，搬至旧5号楼（小红楼）1楼。2000年，临床药学室成为卫生部指定的口腔、血管外科临床药学基地。2005年，迁至9号楼2楼，拥有较为宽敞整洁的实验室。临床药学室是开展合理用药宣传和临床药学研究工作、推行"全程化药学服务"的新窗口，是药学工作人员与临床医护人员进行业务与信息交流的桥梁，致力于临床药物治疗水平的提高和合理用药的推广普及。工作包括：治疗药物监测、肿瘤化学药物敏感试验、药学信息服务（每季度编辑出版《九院药讯》）、药品不良反应监测、处方点评、卫生部抗菌监测网填报以及药师下临床。2005年，建立科室网站，为医师和患者提供最新、最快、最实用的药学信息服务。运行发现其稳定、速度快、维护方便，效果较为理想，已经成功登录百度、一搜、雅虎、3721等国内知名搜索引擎。2008年11月上海市卫生局医院管理年督查工作专家组对药剂科各项工作进行督查，专家认为药事管理中的"抗菌药物动态检测"工作很有特色，特别给予表扬。2009年4月18日，《九院临床药学》杂志首发。

三、药事管理委员会

1991—1993年，在医院上等达标工作期间，成立由医务处副处长杨锋任主任，金芝贵、尚汉祚、陈晔、张德星、任彩娟等为组员的医院药事管理委员会，制定医院药事管理委员会职责。委员会负责审定、监督本院用药计划，审查《医院药品管理规划》，修订九院《中西药品供应范围》，讨论并确定本院基本药品种，研究解决本院医疗用药中出现的重大问题。

1998年3月，为加强药品管理，医院调整药事管理委员会，由分管副院长担任主任，选部分临床科室主任和专家作为委员。药剂科作为常设机构，负责药事管理委员会的日常工作。药事管理委员会工作职责：认真贯彻执行《药品管理法》，组织制订本院相应的规章制度，检查《药品管理法》的执行情况;根据"医院用药品种目录",制订及调整本院基本用药目录和药物手册,定期审定需增加或淘汰的药品品种;审核各种申请购入的新药和新制剂,并按有关规定报上级备案或批准;审查药品采购计划及实际执行情况,决定特殊紧缺药品分配使用方案;定期组织检查各科药品使用和管理情况以及自制制剂的质量;组织药学教育、培训和监督,指导临床各科室合理用药;重视药物不良反应的监测和报告工作,定期进行分析和总结,确保用药安全;定期检查麻醉、精神药品的使用和管理情况,发现问题及时处理;支持医院药学工作的开展,指导和协助药物服务模式。

2007年4月,为了使临床医生能对医院药品结构有一个全面的了解,做到合理选用药物,药事管理委员会印发《上海交通大学医学院附属第九人民医院处方集》(第一版)(简称《九院处方集》)。副院长周礼明任主编,田卓平、金芝贵任副主编。2010年9月,随着临床治疗药物的种类越来越多,新药不断涌现,药事管理委员会又编写《九院处方集》(第二版),并附加《医院处方点评管理规范》(试行)。

四、教学

药剂科是复旦大学药学院药学专业、上海中医药大学中药学院中药学专业、上海市药剂学校学生实习基地,承担实习带教任务。2006年起承担上海交通大学七年制学生口腔临床药物学授课工作,2010年起承担上海健康医学院大专生临床药物治疗基础授课工作。

2002年起,科室每年组织员工培训,邀请有关专家讲课。培训内容包括学习和解读政府关于药政管理的规章制度、药品研发动态及新药临床应用知识、药事管理和药学服务的新理念新举措、临床药物不良反应的监测报告等多方面的内容。

图2-4-2 2006年药剂科组织职工培训后合影

五、科研

1990年以来,药剂科以第一负责人申请到上海市科委课题1项、上海市药学会科研基金项目5项、上海交通大学医学院医院药学科研基金1项、院级课题6项,参与局级课题12项。宋世珍、金芝贵、吴飞华、肖忠革分别主编4部专著,参编3部专著,发表论文100余篇。

表 2-4-6　2003—2009 年药剂科承担院级及以上级别科研课题情况表

年　份	课　题　名　称	来　　　源	负　责　人
2003	复方中药含漱液用于口腔黏膜病治疗的基础与临床研究	上海市科委	吴飞华
2007	抗菌药物合理用药动态监测分析系统的开发应用	上海市药学会科研基金项目	李允武
2008	临床药师培训方式及培养方案研究	上海市药学会科研基金项目	金　剑
2009	我院心血管系统疾病的临床用药分析	上海市药学会科研基金项目	李允武
2010	中药注射剂在心血管疾病中的合理应用及临床药师的干预	上海市药学会科研基金项目	金　剑
2010	白蛋白临床合理用药动态分析系统的开发应用	上海市药学会科研基金项目	李允武
2009	绞股蓝和参阳颗粒对口腔鳞癌基质金属蛋白酶-2,9 表达的影响	上海交通大学医学院医院药学科研基金	金　剑

表 2-4-7　1996—2010 年药剂科出版的专著情况表

年　份	专　著　名　称	出　版　社	主　编
1996	医院口腔制剂手册	上海科学技术出版社	宋世珍
2006	医院药事管理学	浙江科学技术出版社	金芝贵
2009	口腔药理学与药物治疗学	世界图书出版公司	肖忠革
2010	社区医院用药指导	浙江科学技术出版社	吴飞华

六、社会公益

药剂科积极参与社会公益活动。1970 年 5 月至 1971 年 5 月,药剂士裘秀珍加入医院组织的赴安徽医疗队,参与当地建设。1976 年,唐山大地震发生后,药剂科先后派出 3 批次职工参加九院赴唐山抗震救灾医疗队。1976 年 7 月 28 日,朱宝鼎与徐永成赴唐山市丰润县,参与伤病患者抢救工作及建立抗震医院工作。1976 年 9 月至 1977 年 6 月,陈国耀参加医院赴唐山抗震救灾医疗队工作。1977 年 7 月至 1978 年 3 月,朱宝鼎和金芝贵先后奔赴唐山震区参与抢救伤病员、抗震医院建设及保障抗震医疗急需药品供应。直至 1978 年 3 月将丰润抗震医院移交当地,唐山抗震医疗工作圆满结束。

七、荣誉

【集体荣誉】

药库获得上海第二医学院医疗先进集体(1979 年)。药剂科获得上海第二医院治保先进集体(1981 年)、先进集体(1982—1983 年),上海第二医科大学先进学习班组(1994—1995 年)、文明科室(2002—2003 年)、"抗击非典型肺炎"先进集体(2003 年),上海交通大学医学院文明班组(2006—2007 年)等荣誉称号。药剂科被评为上海市卫生局"先进药剂科"(1995 年)、上海市临床药事管理先进单位(2010 年)。

【个人荣誉】

顾关君获评上海第二医学院先进工作者(1978年)。赵晓郇连续3年获评上海第二医学院先进工作者(1981—1983年)。宋世珍获评上海第二医学院先进工作者(1982年)。金芝贵获评上海第二医学院先进工作者(1981、1983年)。

第三节 检验科

一、沿革

1948年,九院前身伯特利医院即设有化验室。1956年,检验科正式成立,当时仅有检验师1人、检验士10人及检验员6人,开展常规临床检验、生化检验及一般细菌培养。生化检验仅有15个项目。检验仪器仅有杜氏比色计及显微镜等设备。此后检验科逐步开展一些新项目,基本上做到院内检验项目在检验科检测。在生化检验方面,1958年,初步实现微量检测。至1990年,检验科有副主任检验师1人、主管检验师6人、主治医师1人、检验师20人及检验士18人,开展癌胚抗原(CEA)、载脂蛋白等检测。配备有全自动生化仪2台、光密度计1台、UV240型分光光度计1台等仪器设备。拥有实验用房650平方米,并分成临检、生化、免疫、微生物及血库5个专业组。1993年,初步建成检验科实验室计算机管理系统。浦东分院门诊部于1996年成立后不久即设立检验室。2003年,逐步提升科室自动化水平并建立HIV初筛实验室,同时规范检验科管理和服务。2008年,医院以原有的血库为基础成立输血科,胡宁克任科主任,成为业务相对独立的临床医技科室,人员编制5人(副主任技师1人,技师4人),实行24小时值班制度。在行政上仍隶属检验科统筹管理。2010年,检验科获得临床基因扩增实验室技术开展资格,成立分子诊断专业组。至2010年,检验科建筑面积为1310平方米,拥有包括博士生导师1人、教授1人、副主任检验师3人、主管检验师12人、博士4人、硕士5人、在读硕士2人等的检验人员44人。科室设有临床生化、微生物、临检、免疫及分子诊断专业组5个专业组。

表2-4-8 1956—2010年检验科历任正、副主任情况表

任职时间	主任(负责人)	任职时间	副主任
1956—1957	史博之	1960—1966	李龙官
1978—1984	丁玉珠 李龙官 邱锦华	1984—1992	赵梅金
1984—1993	李龙官	1989—1994	丁玉珠
1996—1997	徐伟人	1993—1996	徐伟人(主持工作)
2003—2008	周慧君	1994—2010	王玫琦
2008—	陈福祥	1997—2003	周慧君(主持工作)
		2003—	孙康德
		2008—	顾文莉 胡宁克(兼输血科主任)

二、医疗

1956年,检验项目仅有常规检验、一般的细菌培养及尿素氮、肌酐和尿酸等15个生化检验项目。1958年初步实现生化项目的微量化检验。20世纪90年代开展以癌胚抗原为代表的肿瘤标志

物的免疫学检测。90年代后期,检验科开展LAK细胞培养、柯萨奇病毒抗体检验,并引入LIS计算机管理系统。

20世纪90年代后期,由于检测流程不断变革、管理理念的不断更新,检验科根据临床需求及行业准入标准的改变,不断开展新的检测项目,并关停不符合管理要求的检测项目,科室工作量逐渐增长。分子诊断技术、流式细胞检测技术、细胞培养技术被陆续引入。2008年生化专业组成为上海市临床检验质量控制中心室间质评定值系统(DADE)参比实验室。

输血科在业务上除常规ABO血型检测,交叉配血外,还开展:① Rh血型检测 为Rh阴性(熊猫血)患者提供合适的血源;② 抗体筛查 筛查免疫性抗体阳性的标本;③ 交叉配血 由试管法过渡至凝胶法配血;④ 去除白细胞 滤除血制品中的白细胞成分,防止白细胞引发的输血反应的发生;⑤ 单采血小板 宣传、推广单采血小板在临床上的应用,降低输血反应的发生。2010年完成的全血、各种成分输血单位数是2007年的160%。

至2010年,检验科已形成以临床免疫学检测和分子诊断为特色的临床实验室,开展检测项目400余项,年业务量近4 000万。

三、教学

1972年,检验科参加三年制口腔系学员的实验诊断教学。1984年,检验科加入口腔系诊断学教研组,承担口腔系及生物医学工程专业的实验诊断教学工作。1987年起,开始承担上海第二医科大学检验系及三好职业学校检验专业教学工作。先后接收全国各地进修人员41人,培训生5人;接收福建大专班、镇江医学院检验系、上海第二医科大学检验系实习生共28人;每年接收中专实习生10～16人,培养了一批医学检验人才。

2003年,检验科加入九院临床医学院的诊断学教研室,科主任周慧君任教研室副主任。2008年,陈福祥获聘临床检验诊断学博士研究生导师,检验科成为临床检验诊断学博士培养点,使检验科教学能力得到提升。至2010年,检验科承担九院临床医学院诊断学教学及上海交通大学医学院检验系本科、上海市医药高等专科学校的教学及临床实习基地工作,陈福祥任上海交通大学医学院检验系临床免疫学教研室主任。

四、科研

2008年,陈福祥带领的研究团队分别获得国家教育部基金、上海市科委自然科学基金、上海市卫生局青年基金项目、上海市科委浦江人才培养资助计划和院"优秀青年骨干"人才培养计划。

表2-4-9 2008—2010年检验科所获科研项目和人才计划情况表

年 份	课 题 名 称	来 源	主 持 人
2008	TLRs在口腔鳞癌发生和免疫逃逸中的作用及其机制研究	上海市自然科学基金	陈福祥
2009	TLR激动剂对口腔鳞癌免疫治疗作用及其机制的研究	上海市浦江人才计划	陈福祥
2009	Poly(I:C)和CpG对口腔鳞癌治疗作用及其机制的研究	上海市口腔重点学科开放课题	陈福祥

(续表)

年份	课题名称	来源	主持人
2009	TLRs 和配体在口腔鳞癌免疫逃逸中的作用及其机制研究	国家教育部	陈福祥
2010	SENP3 在氧化应激下通过 p53 诱导口腔鳞状细胞癌发生的机制研究	国家自然科学基金	孙祖俊
2010	基于超顺磁性微球的全自动化学发光检测系统研制与临床检测	上海交通大学"医工（理）交叉研究基金"课题	陈福祥
2010	TLR 配体在口腔鳞癌免疫治疗中的作用研究	国家教育部留学回国人员科研启动基金	陈福祥
2010	新型脂肪酸结合蛋白检测联合平板运动试验早期诊断冠心病	上海市卫生局	王连升

【学术任职】

史博之曾任第一届上海医学会检验分会委员。李龙官曾任上海医学会检验分会委员。

周慧君曾任上海医学会检验分会委员。陈福祥任中华医学会检验分会临床免疫学组委员、上海医学会检验医学分会委员、上海市分子诊断技术准入及基因扩增检验技术评审专家、国家自然科学基金委专家和上海市科学技术委员会评审专家。Cancer Immunology Immunotherapy、《检验医学》等杂志的编审专家。

【发表论著】

1960年代初，检验科发表论文5篇，在市级医院学术交流会上做4次专题报告，并参编《实用临床检验》。至1990年，检验科发表论文22篇，在各级年会宣读论文33篇，参编《临床生化检验》。1990—2010年，检验科发表论文40篇。

五、社会公益

20世纪60—80年代，检验科积极参与上海市卫生局统一协调下的各级医疗队。1965年，李龙官参加由上海市卫生局组织的第一批卫生工作队赴嘉定参与防病治病工作。1966—1975年，章水凤、潘凤珠、潘宝珍、沈小韵、鲍玲珍、赵梅金等分别参加各级下乡、下厂医疗队工作。1974—1976年，张秀芳、刘玉华、章水凤、邱锦华、赵明志等参加皖南医疗队工作。1976年，丁玉珠、夏建国、王小萍、康巧云、高伯民等分别参加唐山抗震医疗队工作。1977—1979年，吴坚敏参加援摩洛哥医疗队工作。2009年，罗瑞君参加上海市青年志愿者赴滇扶贫接力队员活动。

六、荣誉

检验科获评二医大文明科室（1991年）、上海市卫生系统"兴华杯"达标竞赛规范服务窗口（1995年）、上海交大医学院文明班组（窗口）（2008—2010年）等荣誉称号。

李龙官获上海市文教系统先进工作者称号（1960年）。

图 2-4-3 2010 年检验科合影。左四为陈福祥

第四节 病理科

一、沿革

1959 年 11 月,医院开设病理科,时有科室成员 3 人,罗汉兰为科室负责人,另有技术员、医师各 1 人。1965 年,门诊大楼(8 号楼)建成后,病理科位于 5 楼的西端,设有取材室、切片室、诊断室、切片资料库等。1967 年起,医院病理科与口腔病理科(原上海第二医学院口腔组织病理学教研室)合并为新的病理科,由刘瑷如任科主任。1982 年起,口腔病理科从病理科分出独立建科。1983 年 2 月,韩忠镕由上海第二医学院调入医院病理科,1984 年起担任病理科主任。病理科承担医院除口腔科以外的各科室送检的手术标本(包括冰冻和石蜡切片检查)、细胞学涂片和尸体解剖的病理检查诊断以及科研标本的病理检查。时有医技人员 8 人,其中主任医师 1 人、副主任医师 1 人、主治医师 1 人、住院医师 2 人、技师 3 人。

1993 年,新门急诊大楼(10 号楼)建成并投入使用,病理科搬迁至 10 号楼 5 楼中区,占 5 个单间的面积。2009 年,病理科搬迁至 5 楼北区,扩展至约 300 平方米。设有病理诊断室、取材室、切片室、免疫组化实验室、细胞室、资料室等,达到上海市病理质控中心的要求。大量的临床病理诊断工作和不断进修学习,使科室的医师具备较强的专业素质,至 2010 年,有医师 4 人(医学博士 1 人)、技术员 3 人。

表 2-4-10　1959—2010 年病理科历任正、副主任情况表

任职时间	主　　任	任职时间	副 主 任
1959—1967	罗汉兰(负责人)	1993—2008	束木娟(其中 1993—1998 年主持工作)
1967—1984	刘瑷如		
1984—1993	韩忠镕		

(续表)

任 职 时 间	主　任	任 职 时 间	副 主 任
1998—2008	林梅绥		
2008—	束木娟(负责人)		

二、医疗

病理科实行病理报告分级负责制。每一病例均由住院医师初检,再由上级医师复核,如有疑难病例则提交科室讨论或请外院病理科专家会诊。建科早期工作主要是用常规苏木素伊红染色及各种特殊染色,帮助病理医师对各系统疾病做出病理诊断。在历任主任的领导下,科室业务在各个领域逐步发展,先后开展了活组织检查、细胞学检查、冰冻切片诊断、尸体解剖及诊断、外院病理会诊等工作。

科室对各级医师严格要求,除完成科室的临床病理诊断工作外,还积极参加院外各类业务学习和交流。1972年开始,参加上海第二医学院组织的病理读片会(每两周1次),以后还参加了上海市病理读片会(1年8次)以及上海市妇产专科病理读片会(每月1次)、淋巴瘤专科病理读片会(每月1次)、上海市临床病理读片会(每周1次)、软组织及骨肿瘤专科读片会(每月1次)等。在科内进行学习讨论并与其他医院同行进行交流,不断更新知识、开拓视野,提高诊断水平。

1983年2月,韩忠镕由上海第二医学院调至本科工作,以渊博的业务知识,耐心指导年轻医师提高诊断水平。自1958年9月以来,他亲手完成尸体解剖超过50例,对心脏病理和尸体解剖有较深的研究。2000年,指导完成了1例罕见的早老症(Hutchinson-Gilford Progeria Syndrome, HGPS)患者的尸体解剖,并将全部标本妥善长期保存,以供日后研究所用。

1993年5月,钱文牛开展免疫组织化学染色,建立免疫组化室,提高病理诊断及鉴别诊断水平,并开展了乳腺雌孕激素受体的测定。2010年完成821例免疫组化检查,成为病理诊断不可缺少的常规技术。1995年起,应临床要求按规范诊断格式,将胃镜诊断独立成项。

林梅绥从事病理诊断工作30余年,1991年获日本大阪大学医学部博士。任职10年间认真负责,在做好科室管理工作同时,加强科室人员的技术业务培养,使科室医师都能独立发报告。冰冻诊断报告由原来的口头电话报告改为书面传真报告,杜绝了误传、差错发生的可能。科室在上海市病理质控中心检查中多次被评为"优秀"。外检诊断的误诊及漏诊率均低于1‰,未发生过医疗差错和事故。平均发报告时间(石蜡及冰冻)均符合三级甲等医院的要求。2000年开始,实行"冰冻—外检"负责医师轮转制,避免冰冻病理诊断和外检诊断相脱离的情况。同年,科室开始使用电脑进行病理资料管理,使病理资料的管理更规范,检索更便捷。

束木娟医师长期从事病理诊断工作,积累了丰富的经验。在1994年、2008年主持病理科工作期间,克服人员紧缺的困难,带领科室人员努力满足临床科室需要,使科室业务稳步发展。

1982年分科时,完成石蜡标本病例数为3 340例/年;2010年,增加到13 349例/年。近10年来,随着医院的快速发展,患者数和手术人数均逐年增长,科室的综合业务量(包括石蜡、胃镜及细胞学检查等)也从2001年的8 032例/年,增至2010年20 541例/年,增加20.56倍。1983—1992年,完成尸体解剖102例。2005—2010年,还承接部分二级医院送检的病理标本,帮助他们完成病理诊断。

表2-4-11 2000—2010年病理科主要工作量情况表　　　　　　　　　　　单位：例

年　份	手术标本	胃镜标本	冰冻标本	细胞学标本	免疫组化分析
2000	5 051	3 141	811		211
2001	4 760	2 348	820		382
2002	5 109	2 348	848		474
2003	4 981	2 044	865		605
2004	6 811	2 286	1 248		788
2005	7 218	2 522	1 164	603	801
2006	7 729	2 464	1 251	549	749
2007	8 685	2 999	1 403	1 294	812
2008	9 190	3 390	1 373	3 151	734
2009	9 990	3 560	1 429	3 684	690
2010	10 067	3 286	1 658	5 209	829

表2-4-12 2005—2010年外院送检工作量统计表

日　期	送检医院	工作量(例)
2005.2—2009.11	卢湾区妇幼保健院	712
2005.5—2010.12	周浦医院	561
2005.11—2009.12	南汇中心医院	61
2008.3—2009.5	东南医院	2 426

三、教学

病理科参加了上海第二医科大学病理教研组的实验课带教，韩忠镕还参加了住院医师再教育学习中病理学的教学，并为江西上饶市立医院及常熟市中医院病理科提供病理医师的进修培养。病理科曾经承担九院护校及三好职业学校学生的病理教学工作，还与骨科、妇产科、血管外科、整复外科等协作科研，协助各科培养研究生。1991年10月，参与筹办全国首届病理组织学制片技术学习班，并提供实习场地和操作指导，获得学员的赞誉。

四、科研

【科研成果】

科室各种实验仪器向全院研究生开放，协助各科研究生完成科研工作。1993—2006年，科主任林梅绥带领病理科参与筹备及组织了每年一次的上海—大阪病理读片会，包括日程安排、接待及翻译等，共成功举办13届。

1987年、1990年，科室参加上海第二医科大学"七五"国家科研攻关项目"人巨细胞病毒

（HCMV）感染诱变致胎儿畸形的流行病学及其致畸机制的研究"的有关病理部分研究工作。

1987年、1990年，科室参加第二届、第三届全国儿科病理学术会，并在大会宣读论文。至2010年，科室先后发表学术论文38篇。

图2-4-4　2010年病理科合影。坐者为束木娟

【学术任职】

韩忠镕1994年2月被聘为九院专家委员会成员。林梅绥曾任中华医学会上海病理分会第五、六、七届委员，第三届上海市病理质量控制中心专家，上海市抗癌协会肿瘤病理专业委员会委员（2001），上海医学专家库成员。

五、荣誉

病理科在上海市第一届"华骏杯"病理医师基本操作与诊断技术评比中获优秀奖（1995年）。
韩忠镕获上海二医大1987—1988年度"高尚医德奖"。
束木娟获上海市卫生局先进工作者（1997年）、上海市卫生系统首届文明职工（2000年）。

第五节　超声诊断科

一、沿革

1959年，医院开展超声诊断业务，由宋宁家、郑慧君医师兼管。1982年，原妇产科医师陈珊球任超声科负责人。科室成立之初，位于二道门外的小儿科门诊2楼（旧8号楼），仅1间诊室，1台A型超声仪。1993年，门急诊综合楼（10号楼）建成，超声科与心电图室共用4楼东南区域，承担门诊、病房、急诊、干部保健和特需患者的日常超声工作。科室人员从建科之初的 4 名医技人员,至 2010 年有医师 9 人(其中高级职称 2 人、中级职称 4 人、初级职称 3 人),硕士生导师 1 人,其中硕士及以上学历占 70%。

表 2-4-13　1959—2010 年超声诊断科历任正、副主任情况表

任 职 时 间	主任(负责人)	任 职 时 间	副 主 任
1959—1982	宋宁家(兼) 郑慧君(兼)	1982—1988	陈珊球(主持工作)
1988—1994	燕　山	1994—1998	龚雷萌(主持工作)
2008—	徐秋华	1998—2008	徐秋华

二、医疗

【业务发展】

1959 年超声科初建时,设备简单,仅有 A 型超声诊断仪,每周仅开展半天门诊,A 超检查肝、胆、脾、肾和妇产科有无怀孕、肿块、葡萄胎等。1982 年,陈珊球医师去上海市第六人民医院学习后回院担任科室负责人。科室添置 B 型超声诊断仪,与临床科室合作开展多项检查。如与口腔外科合作开展腮腺肿块的检查,与整外合作检查隐睾的位置等。普外的肝、胆、胰、脾、肾和妇产科胎位、胎盘、早孕、宫外孕的检查等是主要业务,为临床科室的诊断和手术方案提供重要依据。20 世纪 80 年代末,陈珊球指导妇产科开展 B 超检查。1988 年后,科室增添超声设备,有 EUE-27、Aloka-630、Drasonie SPA-1000,在燕山带领下逐步开展对肝癌、胆囊癌、胰腺癌、肾癌的早期诊断和鉴别诊断方面的研究,并陆续开展眼科、颌面颈部、甲状腺、乳腺、阴囊、四肢软组织、肩关节、膝关节等浅表脏器的检查。1994 年,科室添置第一台彩色超声诊断仪器(百胜 AU-4),在继承和发展传统的基础上,开展颈部血管、腹主动脉和四肢血管等血管超声检查,使 B 超的形态学诊断发展为形态学和血流动力学相结合的综合诊断。之后科室陆续引进多台先进的彩色超声诊断仪器(百胜公司、GE 公司、飞利浦公司的多台仪器),除开展常规项目外,还开展骨质疏松的检查、颌骨病变检查、穿支血管、超声引导下肾囊肿穿刺硬化治疗、前列腺和肝肾穿刺取组织等,同时开展超声对比剂、弹性成像、三维成像检查。2010 年年检查患者数达到 47 235 人次。

科室初建时采用手写报告。1994 年,龚雷萌建立超声科的超声诊断报告的局域网系统,诊断报告单由计算机打印,同时图像资料由图像采集卡储存,做到规范、整洁和图文并茂,使科内病例管理实现计算机化管理,为以后的教学科研保存全部资料。2001 年,超声科的报告系统加入医院的信息平台。2008 年,建立科室的网站。

【医疗特色】

1988 年,科室结合医院特色,开展颌面颈部、甲状腺、乳腺等检查,在小器官疾病的超声检查方面逐渐形成特色。1992 年,"小器官的超声诊断研究"被上海市卫生局鉴定为国内领先水平。1994 年,科室添置彩色超声诊断仪器之后,结合超声对比剂、弹性成像和三维成像检查,浅表器官疾病的超声诊断水平进一步提高。科室依托医院在颌面外科等特色专科的学术背景,逐渐形成颌面部小

器官诊断的临床特色。同时开展相应部位的穿支血管、颌骨病变的检查,以配合各种皮瓣的移植和颌面部血管畸形的诊疗。

三、教学

20世纪70年代,科室担任三年制口腔系超声诊断部分的教学。恢复高考以后,超声诊断科先后担任上海第二医学院生物医学工程系、口腔医学院和临床医学院教学工作中的超声医学授课,授课对象包括七年制、五年制、夜大学的学生。

科室也承担进修医师的临床带教工作。1976—2010年,有进修人员约30人先后在超声诊断科进修学习。1995年,燕山获硕士生导师资格。同年招收超声诊断学研究生1名,同时协助指导研究生2名。2002年6月—2010年,科室共举办9届国家级"浅表器官超声诊断"继续医学教育学习班。

图2-4-5　2010年超声诊断科合影。首排为徐秋华

四、科研

【课题与成果】

科室多年来结合医院专业特色,专注于颌面颈部、眼科、甲状腺、乳腺等浅表器官超声检查的研究。至2010年,超声诊断科先后获得市卫生局、校级和院级等课题13项。

1981年,燕山获中国超声医学工程学会颁发的"先驱奖"。1991年,燕山获明治乳业生命科学奖。1994年,燕山承担的上海市卫生局课题"浅表器官疾病的超声诊断研究"获上海市卫生局科技进步奖三等奖;参编的《超声医学》获1996年卫生部科技进步奖二等奖;1999年获超声医学特殊贡献奖。

2008年熊屏主持的课题"超声功能影像对胃轻瘫模型动物胃排空功能定量评价的实验比对研究"、2009年徐秋华主持的课题"VEGF-C shRNA 靶向微泡联合超声辐照对裸鼠乳腺癌抑制效应的研究"先后获得上海交通大学医学院科技基金资助。

【学术任职】

燕山1993年10月起任职于医院专家委员会,曾任亚洲超声医学和生物学会联合会会员、中国超声医学工程学会诊断委员会委员、中国生物医学工程学会医学超声工程分会临床组组长、中国生物医学工程学超声研究会主任、中华医学会上海分会超声学会副主任、中国医学影像技术上海研究所副所长、上海市生物医学工程学会超声研究会主任、上海第二医科大学超声医学研究室副主任等职,并担任《中国超声医学杂志》常务编委、《中国医学影像技术》编委。

徐秋华曾担任上海声学学会超声专业委员会委员、上海交通大学学报《医学版》审稿专家、《中国医学影像技术》审稿专家。

【发表论著】

1991—2010年,超声诊断科共发表论文162篇。2004年,徐秋华的论文获评《中国临床康复》优秀论文一等奖,陆林国、燕山的论文获得上海青年超声优秀论文入围奖。

1986—2006年,燕山先后主编、参编《超声诊断三基问答》等十余部专著。其中1996年参与编写的《超声医学》获卫生部科技进步奖二等奖;1997年主编的《超声成像原理及腹部诊断》获得上海市科技成果证书;1998年主编的《汉英医用超声技术词汇》获科研成果证书。

徐秋华主编并出版《浅表器官超声诊断图鉴》(2005年)和《浅表器官超声动态图鉴》(2008年)。

五、荣誉

徐秋华获2000年上海市卫生系统首届文明职工称号。

第六节 核医学科

一、沿革

核医学科前身为20世纪70年代成立的同位素室。1972—1973年,医院派儿科医师张庆华、护士吴明娣及技术员翟春桃3人前往新华医院进修学习当时先进的核医学技术和理论,后又增加1名技术员钱仲安前往进修。1974年10月,医院设立同位素室,张庆华为负责人。建科初期科室位于医院东北角洗衣楼北面的1幢独立3层小楼内。科室初建时占用2楼部分,建筑面积约80平方米。科室成立后,部分职工又陆续前往瑞金医院、仁济医院等医院学习。至80年代初,科室基本具备核素显像、功能测定、体外检测等常规医疗服务的功能。科室面积增至约300平方米,包括放免室、肾图室、同位素扫描室、液闪室、同位素发生器室等各个检测室和功能室。

1982年,医院"同位素室"正式更名为"核医学科"。2002年,为配合医院建造7号楼,核医学科搬迁至原伯特利医院旧建筑小红楼(旧8号楼)工会办公室旧址,面积缩小至约50平方米。2006年11月,口腔整复大楼(1号楼)建成,医院在该楼的地下室东侧配置GE公司的核医学断层影像设备"单光子发射型计算机断层扫描仪器"(Infinia VC Hawkeye SPECT)(面积约135平方米),完成检查设备的更新。同年,医院拟拆除小红楼,核医学科搬迁至5号楼1楼。2008年,由于医院整体布局的变化,科室搬迁至2号楼的1楼,业务用房达300平方米,取得上海市公安局、卫生防疫站认可,发给工作许可证。

至2010年,科室已经发展成集医、教、研于一体的综合性学科,在职人员9人,其中医师5人、技师2人、护士2人。

表2-4-14　1974—2010年核医学科历任正、副主任情况表

任职时间	主任	任职时间	副主任
1974—1984	张庆华(负责人)	2000—2007	刘平安(主持工作)
1984—2000	张庆华	2007—2008	马玉波(主持工作)
2008—	马玉波		

二、医疗

科室主要功能和任务是利用核技术即同位素示踪技术,为临床科室和患者提供疾病诊断或治疗服务。建科后,科室各项工作稳步开展。1978年,完成甲状腺摄^{131}I功能测定1 267例、甲状腺扫描334例、肝扫描472例、肾图259例、甲胎蛋白放射免疫火箭电泳自显影978例。

至2010年,科室业务包括体外检测、功能测定、ECT诊断、核素治疗等门类,其中体外分析37 903例次、功能测定2 492例次、ECT检查1 474例、核素治疗213例。2010年,科室业务收入达9 066 293元。

【核素体内诊断】

1974年,建科伊始,逐渐开展甲状腺摄^{131}I率测定、腮腺功能测定、放射性肾图等器官功能检查。1974年、1978年,科室分别购入TS101型同位素扫描仪及TS203型彩色同位素扫描仪,陆续

图2-4-6　2008年核医学科合影。前排左起:袁素芬、马玉波、刘平安;后排左起:远奇、徐枫、顾爱春、翟春桃

拓展甲状腺、骨、脑、肾等脏器的同位素初级功能影像扫描以及亲肿瘤扫描、^{67}镓扫描等显像检查，为医生针对患者的疾病提供新的诊断途径和方法。同时，科室安装"^{99}钼-^{99m}锝"和"^{113}锡-^{113m}铟"同位素发生器，可以自行制备各种标记化合物（即示踪剂或显像剂）供临床显像应用，有力地促进同位素扫描和诊断在院内各临床科室的应用。在B超、CT和MRI国内应用尚未普及的年代，核素显像是临床重要的影像诊断手段，为医生和患者提供重要诊断信息，解决许多实际问题。

2006年，科室配置GE公司的核医学断层影像设备Infinia VC Hawkeye SPECT，即"单光子发射型计算机断层扫描仪器"，价值523万元，并于2007年3月正式开机运行，代替原先的核素扫描仪，仪器性能和检查项目都有飞跃式提高。主要进行肿瘤代谢显像、骨显像，及甲状腺、肾脏、唾液腺、心脏、肺等脏器功能显像，临床应用的科室更多，病种更丰富，诊断和临床应用价值更高。

【体外分析】

1976年起，科室开展同位素^{125}I体外放射免疫分析检测技术。从此开始，科室利用血液标本检测分析患者体内微量或极微量的生物活性物质，包括各种内分泌激素、肿瘤标志物等。这是以前的检测手段无法完成的任务，其检测水平最高可达到10^{-9}至10^{-12} g水平，定量分析的准确性与价值远超原有的生化检测等手段。当时主要分析项目有甲胎蛋白AFP、癌胚抗原CEA、促甲状腺激素TSH、甲状腺激素T3和T4等。同年^{125}I放射免疫分析又增加相对定量测定的甲状腺球蛋白抗体TGAb和微粒体抗体TMAb等项目，主要用于肿瘤诊断及评价甲状腺功能。

1998年，科室开展化学发光免疫检测，项目逐渐增加，包括定量测定的甲状腺球蛋白抗体TGAb、甲状腺过氧化物酶抗体TPOAb、前列腺特异性抗原PSA、肿瘤标志物CA-125、性腺和生殖激素系列等。

之后，科室重点拓展体外免疫分析手段和服务种类，化学发光免疫检测逐渐替代原先的体外放射免疫测定，并分别于2000年、2003年、2006年、2009年先后配置天津德普公司的Immulite，德国雅培公司的AXSYM、AXSYM Abbott Architech i2000SR，美国贝克曼公司的BECKMAN COULTER Access 2等多种型号的全自动发光免疫分析仪。检测项目逐渐增多，包括肿瘤标志物、甲状腺激素、甲状旁腺激素、垂体激素、性腺和生殖激素等五大类数十项指标，临床服务能力进一步提高。

此外，1990年代初，随着同位素"呼气试验"检测幽门螺杆菌(Hp)在全世界得到广泛应用，科室从1996年起，与深圳市中核海德威生物科技有限公司合作，开展幽门螺杆菌的同位素^{14}C-UBT检测项目（该项目是国际公认的幽门螺杆菌首选无创性诊断方法）。2009年起，科室又逐渐增加幽门螺杆菌^{13}C-UBT检测及Hp抗体检测项目，为成人及儿童消化性疾病的诊断和疗效评价提供无创的高灵敏度检测方法，拓展并完善核医学新的检测项目与临床应用。

【核素治疗】

20世纪80年代初，应临床工作的需要，同位素室开展甲状腺功能亢进（简称"甲亢"）的^{131}I治疗以及妇科肿瘤切除术后^{32}P胶体腔内治疗，主要由科主任张庆华负责。

2007年10月，马玉波从仁济医院调入医院，接任核医学科主任。马玉波为全国核医学会治疗学组委员和上海核医学分会委员，专业特长是核医学显像诊断和放射性核素治疗。同年底，科室开设核医学治疗门诊，门诊量逐年上升，核素治疗逐渐形成科室的特色。包括甲亢的^{131}I治疗、^{32}P敷贴治疗、注射治疗、^{99}Tc-云克治疗类风湿性关节炎、骨质疏松、^{90}Sr-^{90}Y敷贴治疗难治性瘢痕疙瘩和婴幼儿浅表性血管瘤，^{153}Sm-EDTMP、^{89}SrCl$_2$ 治疗骨转移癌等。

三、教学

1974年建科时，口腔系教学中的核医学课程由瑞金医院核医学教研室代理授课。两年后，由张庆华独立开课，每学期30学时。1976—1978年，科室还曾为南汇县中心医院培养医师1名，护士和技师各1名，并协助该院建设核医学科。1995年，九院临床医学院成立，张庆华任教研室主任。2000年，张庆华主任退休后，核医学并入影像医学教研室，核医学部分课程由瑞金医院核医学科授课。2008年起，随着年轻医师的成长及马玉波任科主任，教学工作重新由本科室全部承担，独立完成临床医学系和口腔医学系本科、专科、夜大教学，包括七年制教学以及实习和见习带教，每年共30学时。科室先后协助8名硕士研究生完成科研课题。

2010年起，科室开始承担住院医师规范化培训和专科培训工作，平均每年10名，每人平均1.8个月。

四、科研

在完成临床和教学工作的同时，科室结合医院口腔学科和整复外科的特点，应用放射性核素开展一系列研究工作。2008—2010年先后申请院基金课题3项，至2010年底，历年来科室在国内外核心期刊发表论文共33篇，参编著作2部。

1986年，科室与整复外科协作，在国内首先应用胶体^{198}Au进行慢性肢体淋巴水肿即象皮腿的淋巴显像，间接判断下肢淋巴管阻塞情况，并为象皮腿治疗提供决策依据和烘疗疗效的评价方法。

1986年，与口腔外科协作，在国内首先进行^{99m}Tc腮腺功能图像研究，对腮腺有关疾病的功能状态、病变程度、手术指征和疗效评价提供客观依据。与颌面外科协作，应用^{99m}Tc-MDP骨扫描评价颌面部肿瘤切除术后自体移植骨的成活情况；此外还开展颌面部肿瘤患者血清β$_2$-微球蛋白值和唾液腺EGF值的放免测定，并讨论两者与颌面部肿瘤疾病的关系；γIL-2激活的口腔鳞癌肿瘤杀伤细胞的实验研究；^{51}Cr释放试验和细胞集落抑制试验测定LAK细胞活性的比较研究；^{32}P测定颌面肿瘤患者的计数规律，探讨其良恶性，符合率达80%以上。与口腔免疫室协作进行口腔肿瘤患者的cAMP、cGMP测定，在国内首先进行口腔肿瘤病例的分子水平研究。该研究参与的"口腔癌DNL细胞生物学特性及抗肿瘤的实验研究"后被确认为上海市科技成果，并获得国家教育委员会颁发的科技进步奖三等奖。

1990年，与内科老慢支组协作，"^{113m}In-MAA肺灌注显像对100例老慢支患者活血化瘀的疗效评价"。与泌尿外科协作，"PSA放免分析测定精液中PSA浓度与精液黏度的关系"，该研究参与的"前列腺特异性抗原(PSA)临床应用研究"后被评为上海市科学技术成果。同年，与儿童口腔科协作开展唾液sIgA放免测定研究与3~4岁儿童龋齿腐蚀的关系，参加1991年国际儿童口腔病会议。

1995年，与口腔黏膜病理组协作：复发性阿弗他溃疡和白斑菌感染患者研究血清铁蛋白的变化；血清孕酮放免分析探讨女性RAU与月经周期关系；自制^{32}P薄膜进行口腔白斑患者的敷贴治疗（并发表SCI论文）；复发性阿弗他溃疡的血浆TXB2、6-K-PGF1α、cAMP和cGMP的研究等。

1995—2005年，科室对临床工作进行总结和研究。如：移动对心肌灌注断层重建图像及定量靶心图影响的模拟研究;甲状腺自身抗体检测的意义;甲状腺激素与瘦素分泌关系的探讨;$^{90}Sr-^{90}Y$ 敷贴治疗瘢痕疙瘩的满意度报告及疗效分析。还观察血清 TPOAb 动态变化对格雷夫斯病^{131}I 治疗效果及预后的评判价值,分析^{131}I 治愈格雷夫斯病方式的相关影响因素和疗效、^{131}I 活度与甲状腺质量比值在治疗格雷夫斯病中的价值、^{131}I 治疗后晚发甲减相关影响因素分析等。

2006 年,引进 SPECT 以后,科室逐渐加强相关仪器在临床应用领域的研究,先后发表一系列研究结果:SPECT/CT 鉴别头颈部可疑异位甲状腺的价值及在诊断椎体良恶性骨折中的价值;骨扫描在肺癌和前列腺癌骨转移疗效监测及预后判断中的应用价值;$^{18}F-FDG$ 符合线路显像在舌癌术后监测中的应用;利用骨显像评价^{89}Sr 治疗前列腺癌骨转移的效应;利用 SPECT/CT 图像融合技术分析及鉴别诊断疑似骨转移灶诊断的价值等。

五、荣誉

张庆华获评上海第二医学院科研先进工作者(1978 年)。

第七节 营养科

一、沿革

营养科前身是营养室,建于1949年,时有营养员和护士2名,由护理部管理,负责全院住院患者的膳食供应。1951年8月,上海市军事管制委员会接办医院后,在制造局路南大门旁围墙内修建营养室,与急诊室毗邻。同年,由营养员孙洁芳和护士2人专职负责住院患者营养工作。1955年,营养师汪嘉莹从第二劳工医院(现杨浦区中心医院)调入九院并担任营养室负责人。1958年10月,医院扩建病员食堂(营养室),担负全院住院患者的伙食供应。1960年,营养室被列为医技科室之一。1985年,营养室划归医务处管理。患者的饭菜实行包伙制,由病区卫生员预订饭菜,营养室根据预订数量配制并发放。每餐由病区卫生员用开饭车向营养室领取,根据预订饭菜进行发放。

1986年,正式成立营养室,直属于医疗院长领导,由赵晓郏任科副主任,负责756张床位住院患者的膳食供应和营养治疗工作。1988年,营养室改为营养科,设科长1名负责管理,营养科划归医务科领导,负责756张床位住院患者的膳食供应和营养治疗工作。1992年3月,张美芳任副主任主持工作。1993年,医院上等级期间,聘任吴万龄兼任营养科主任。

1997年5月,营养科迁入新建的生活综合大楼(3号楼)底楼,营养厨房面积增至600平方米,厨房区域布置趋于合理,设置粗加工区、烹饪区(包括普通饮食、治疗饮食、高干饮食、特需膳食等制备区域)、流质制作、点心加工、主食制作、成品领取、洗削、主副食品库房、冷库以及熟食备餐间和肠内营养配制室。2009年,营养科在5号楼1楼增加营养师办公区域,为开展临床营养及科研工作提供良好的环境。

至2010年底,营养科在职人员15人。其中营养师8人,有副高级职称1人、中级职称3人、初级职称3人,其中本科学历3人、大专学历5人。另有财务、管理员、库房保管各1人,厨师4人。营养师中有执业注册医师3人,从事院内会诊、营养门诊及住院患者的营养治疗工作。

表2-4-15　1955—2010年营养科(室)历任正、副主任情况表

任职时间	主　任	任职时间	副主任
1955—1981	汪嘉莹(负责人)	1986—1992	赵晓邨(主持工作)
1981—1983	汪嘉莹	1992—2000	张美芳(其中1995—2000主持工作)
1993—1995	吴万龄(兼)	2005—	张海峰
2000—	张美芳		

二、医疗

营养科作为医院医技科室之一,承担住院及门诊患者的医学营养治疗、膳食配制工作。

【营养治疗】

营养门诊　营养科于2000年起开设营养门诊,以中西医结合的治疗理念,针对不同疾病的营养代谢障碍,指导患者进行营养调理。就诊的有糖尿病、肾脏病、高脂血症等慢性非传染性疾病患者,也有留置鼻胃管进行肠内营养支持的脑血管疾病、头颈部肿瘤术后患者、亚健康人群。坐诊营养师对就诊者进行营养评价和人体成分测定,开展膳食调查,开具营养处方,进行饮食指导,并且根据检测指标调整营养治疗方案。每周开设半天门诊。

营养会诊　营养科接受临床科室及全院大会诊的邀请,对营养不良,特殊、疑难、危重及大手术患者进行营养状态评价,制订营养治疗方案,开具营养处方,包括静脉营养支持、肠内营养治疗、经口膳食等。营养科医师除开具静脉营养处方外,还根据临床营养药理学理论,协助临床医师合理使用营养相关性药品,如肠外营养用氨基酸、脂肪乳剂、矿物质、维生素等制剂。

2009年6月,医院整复外科收治1位因纵隔肿瘤术后致胸壁正中20 cm×15 cm溃疡,心脏外露,伴严重低蛋白血症、胸腔积液、绿脓杆菌感染的女性患者,营养科参与制订营养支持方案,给予静脉和肠内营养,保证能量供应、纠正低蛋白血症,使患者顺利耐受手术,康复出院。至2010年底,医院先后收治26例口腔间隙感染患者。营养科积极参与救治危重患者,给予营养支持,为临床治疗保驾护航。

营养查房　营养师定期进行营养查房,对接受营养支持的患者进行跟踪随访,根据营养治疗实际完成情况及病情变化及时调整营养支持方案。开展营养筛查,对具有营养风险的患者进行营养干预及指导。针对患者疾病、手术方法、胃肠道情况给予不同的肠内营养支持途径如鼻胃管、鼻肠管、胃及空肠造瘘,以及不同的营养配方如整蛋白、氨基酸、短肽型或专病配方型肠内营养制剂。重点对糖尿病、慢性肾脏病、心血管疾病住院患者进行个性化膳食营养治疗和出院宣教。对糖尿病、慢性肾脏病、心血管疾病等患者膳食指导及出院指导每年3万余人次。

营养病历　根据上海市临床营养质量控制中心要求,营养师自1997年开始书写营养病历,对糖尿病、慢性肾脏病等称重饮食患者及肠内肠外营养支持重点患者进行监测随访并书写营养病历,并在市质控中心检查中获好评。

【业务发展】

膳食营养　营养科自1960年起对有治疗膳食的科室实行包伙供应制,确保治疗饮食就餐率及

符合率均达100%,之后在整个医院全面实行包伙点餐制,为全院住院患者提供4种基本膳食和25种以上的治疗及试验膳食。每年设计春秋季标准食谱,1992年即开始利用电脑对食谱进行营养评价,评估提供给住院患者的膳食是否符合营养要求。

科室依托医院学科优势,在内分泌代谢性疾病、病态肥胖、肾脏疾病等方面做到依据患者特点设计个性化营养教育和营养治疗方案,并由治疗膳食厨师落实。患者住院后,营养师随即到病区了解患者饮食习惯,并根据其体质指数、相关生化指标进行人体营养状况评定,设计食谱,进行一对一的饮食指导。治疗饮食由经过上海市临床营养质量控制中心培训并取得合格证书的厨师按照膳食处方烹饪,整个过程由质控营养师监管,做到准确制备,配制数为每年7万余份。分管营养师到病区了解患者的进食情况,经过沟通和指导,患者对营养治疗的知晓率和依从性也不断增强,真正发挥营养科"第二药房"的作用。

1994年,科室加强营养师对分管病区患者进行营养宣教和听取患者对伙食意见的工作,在增加花色品种同时注意色、香、味,还坚持提供特需服务,解决不同层次患者的需求。患者对伙食满意率由原来的42%上升为92%~98%。

2008年5月12日,四川汶川发生8.0级地震。2008年5月29日,九院作为上海接收伤员的18家三级医院之一,接收13名伤员进入骨科、普外科和神经外科进行治疗。为了能让伤员及其家属尽快地适应上海的生活,营养科安排营养丰富、花色多样的膳食,让患者感觉到医院像家一样的温暖。之后的日子,营养师经常探望患者,了解饮食习惯和需求,烹饪专属于他们的带有地方特色的营养餐,不仅配合临床治愈患者的疾病,也把上海医务工作者的关心和爱带给他们。

肠内营养 营养科于1995年开始开展肠内营养支持工作,通过会诊形式对脑血管疾病、术前术后需要营养纠正的患者进行营养支持。随着临床医师对营养支持重要性认识的提高,肠内营养涵盖至重症监护、口腔科、整形科、骨科、五官科、神经内外科、普外科、胸外科、急诊科、血液科等十多个科室,有整蛋白、氨基酸、短肽等剂型,有糖尿病、肾病、低脂或无脂、高膳食纤维、高能量等配方。年肠内营养配置达15 000人次,并呈逐年增加趋势。

肠外营养 对重症患者以及肠内营养不能满足机体对能量及蛋白质的目标需要量的患者给予全肠外营养或补充性肠外营养,即通过静脉途径提供人体所需的各种营养素,以达到维持机体代谢所需。营养科医师以会诊形式开具静脉营养处方,并对临床所开不合理静脉营养处方及时指导。根据医疗副院长周礼明的要求,开展业务讲座和现场医嘱分析,协助临床医师合理使用各种肠外营养制剂。

质控成绩 1997年,上海市临床营养质量控制中心成立后,每年对上海市各大医院的营养科(室)进行质量考核,每年年底进行一次营养师的书面考核。营养科在历次检查考核中都名列前茅。1998—2000年经市卫生局医政处检查,医院营养科列入优秀行列。

表2-4-16 2004—2010年营养科获上海市临床营养质控中心督查成绩情况表

年　份	成　绩	排　名
2004	98.1	第一名
2005	97.7	第四名
2006	98	第二名
2007	97.6	第二名

（续表）

年　份	成　绩	排　名
2009	97.7	第三名
2009	98	第二名
2010	96.4	第二名

三、教学

汪嘉莹在任期间，和膳食组长肖顺泉一起制订厨师培养方案，开设营养卫生课程，开展对厨师的操作轮训。曾被聘为九院护校的授课教师，主讲疾病与营养治疗。1979—1981年由市卫生局推荐为岗前基础培训主讲带教教师之一，为全市医院营养室培养人才。

营养科成立以后，承担上海交通大学医学院、中医药大学、上海医药高等专科学校、苏州卫生职业技术学院等院校医学营养专业学生及进修生的带教任务，每年约30人次。

张美芳承担上海交通大学医学院临床系、上海震旦学院及上海医药高等专科学院营养专业学生的临床营养学授课工作，并参与公共营养师、营养指导师培训课程以及营养学会、营养质控中心、兄弟医院继续教育培训课程等的讲授。撰写多篇科普文章发表于各大报刊，并多次开展及参与义诊，在社区、学校和公司作科普讲座。

四、科研

汪嘉莹于1981年在美国营养学会（ADA）主办的学术杂志 *Journal of the American Dietetic Association*（January 1981 Volume 78，Number 1）发表"Chinese traditional food therapy"一文，论述祖国医学食疗在2 700多年前就以食疗作为养身保健的方法。中国古代的食疗与西方医疗中的营养学到现在成为疾病预防及治疗中不可缺的医食资源。该期杂志封面特地选用"宋代仕女图"以表示对中国食疗与作者的尊重。1982年6月，汪嘉莹将在天津召开的国际营养论坛大会上外国专家的专题报告翻译后，以《营养改变低能儿童智商的探索》为题，在上海《大众医学》杂志上发表，在社会上引起对儿童营养治疗的重视。

营养师定期开展科室业务学习，营造良好的学习氛围，学习新知识、关注新进展，不断开拓视野。科室鼓励并大力支持营养专业人员参与科研工作，多次与兄弟医院营养科开展联合科研项目。2005—2006年，科室参与上海住院患者营养风险筛查的多中心研究。2009年，张美芳以第二完成人参与上海科技委"低雄激素动脉粥样硬化大鼠模型的建立与验证"课题，并发表十多篇学术论文。以第四完成单位获得省部级科技奖励及学术荣誉称号。

表2-4-17　1990—2009年营养科发表专著情况表

年　份	专著名称	出　版　社	作　者	编写形式
1990	临床营养学	上海科学技术出版社	汪嘉莹	参编
1990	实用营养手册	天津科技出版社	汪嘉莹	参编

(续表)

年 份	专 著 名 称	出 版 社	作 者	编写形式
2006	营养师必读	人民军医出版社	张美芳	参编
2007	吃出健康来〈教您合理饮食〉	上海科技教育出版社	张美芳	主编
2009	实用营养师手册	人民卫生出版社	张美芳	副主编

【学术任职】

张美芳曾任第一、二届中国医师协会营养医师专业委员会委员,上海临床质控中心专家委员,上海营养学会第六、七届理事,上海市职业技能鉴定考评员(营养指导师)。

图 2-4-7 2010 年张美芳(左二)主持科室业务学习

五、社会公益

2007 年 10 月 2 日,在上海江湾体育场,伴随 2007 年世界特奥会的正式开幕,本次特奥会的重点项目——运动员健康计划同时启动。为期一周的特奥运动员健康计划包括明亮眼睛、灵敏听力、健康微笑、健美双足、提升营养和趣味健身等 6 个项目的筛查和健康教育。营养科张海峰作为志愿者全程参加该项活动。

2008 年 3 月 15 日,营养科张美芳和张海峰参加由上海市质量协会、静安区质量技术监督局主办,上海市静安区质量协会协办的"3.15"国际消费者权益保护日"坚持质量诚信,共建和谐社会——上海市用户满意明星为民服务活动",为该地区的职场人士及居民进行营养咨询。至 2010 年,该项活动已持续 3 年。

六、荣誉

【集体荣誉】

营养科获评上海市红旗文明岗(1997年)、上海市卫生系统"规范服务示范窗口"(1997年)、上海市卫生系统"兴华杯"达标竞赛示范窗口(1997年)、上海市卫生系统"世博服务品牌奖"(2010年)。上海第二医科大学"三八"红旗集体(1996年)、文明科室(1997年)、巾帼文明示范岗(2000年)、先进集体(2001年)。上海交通大学医学院文明班组(2006—2007年)。

【个人荣誉】

赵晓邨连续3年获得上海第二医学院先进工作者(1981—1983年)。张美芳获评上海第二医学院"青年新长征突击手"(1984年)、上海第二医科大学先进工作者(1995年)、上海市女职工"迈向新世纪双文明立功竞赛活动奖"(1998年)、上海市卫生系统首届文明职工(2000年)、上海市用户满意服务明星(2007年)。

第三篇 医护管理

概　　述

1920—1930年，上海私立伯特利医院作为中国人自创的基督教教会医院，以妇产科为主要业务。创建初期石美玉作为院长兼护校校长，和其胞妹石菲比共同主持院务，石美玉弟媳石成志任妇产科主任。医院重大事务由教会负责人胡遵理等一起商议决策，并无明确的行政管理机构，带有家族式管理的特点。抗战胜利后，1948年复业时，除科主任外，仅设1名总护士长统管护理和总务工作。1950年设立医务主任、护理主任和庶务主任。1951年军事管制委员会接办医院后，保留医务主任和护理主任，增设人事科、财务科、总务科。

医院被接办后，全面整顿医院管理，制定各项管理制度，加强医院管理，推动医疗服务质量提高，使之适应公办医院为大众服务的需要。

"文化大革命"中管理系统被撤销，代之以"业务组"统管医疗护理工作。运动后，各行政部门逐渐恢复。1960年，医院设立门办保健科。1965年设立门诊办公室，分管门急诊业务。1978年设立医务科，1987年升格为医务处。随着医疗管理的细化，相继设立防保科（1976年）、信息科（1990年）、医保办公室（1998年）、医疗质量控制办公室（2004年）、医院感染管理科（2006年）等部门。护理部自1951年设立以来，统管全院的护理队伍建设、护理质量、护理教学和科研等工作。

改革开放后，医院恢复科主任负责制，建立健全以岗位责任制为中心的各项规章制度。医院将医疗质量作为衡量医院服务思想、技术水平和管理水平的主要标志，制定《医疗工作制度》《医务人员的职责》等55项制度，明确各级各类人员工作职责，严格执行医疗护理常规和各项技术操作规程，提高医疗质量和服务态度，减少医疗差错，严防医疗事故的发生。

1991年开始的上等达标工作中，医院全面梳理修订医疗管理制度，成立专家委员会，完善三级查房、围术期管理、病案质量、院内感染、药事管理、护理质量等医疗关键环节的监督控制，显著提升医疗管理水平。

2002年，依托医院的整形和口腔医学优势，成立挂靠九院的上海市整形美容及口腔医学质控中心，实施行业化的专业监管，推动相关学科的医疗质量管理。

2005年开始的医院管理年活动以及随后的质量万里行督查中，医院每年根据实际情况确定工作重点，自查自纠存在问题，推动持续改进。管理部门依据相关医政法规监管各临床科室的医疗运行，控制医疗质量，维护医疗安全，改进医疗流程，修订完善管理制度并汇编成册。至2010年共汇编医疗工作制度79项。医院每月以《医疗工作简报》形式将医疗、医保工作关键质量和效率指标及医疗安全问题在干部例会讲评，促进管理改进。

严格、规范的医护管理使临床医疗工作得以高效并安全运行，为医疗业务的发展、医疗水平的提高提供基本保障。

第一章 住院管理

第一节 机构沿革

上海伯特利医院初创时期,由石美玉和她的妹妹石菲比主持医务工作,并未设专门部门。1938年石成志作为代院长管理分院和诊所的业务运营。1947年11月,梅国桢回国主持医院复建,任医务主任,统管医院的医疗工作。1949年,伯特利总院设医务部。

1951年8月,上海市军事管制委员会接办医院,并设立院部、医务室等管理部门,医务主任仍为梅国桢。1960年医务室升格为医务科。1968年8月,医院建立"革命委员会",下设"业务组"管理医疗事务。"文化大革命"后恢复行政领导体制,1978年医院恢复医务科。

1987年10月,医务科升格为医务处。2004年,在医务处下成立院医疗质量管理办公室,2009年改为质量控制办公室,正式列入行政编制,由医务处副处长兼任质量控制办公室主任。

医务处工作内容涉及医疗质量管理、医疗工作考评、医疗投诉与医疗纠纷处理、院内外会诊、药事管理、干部保健、医疗知识技能教育和培训、医师进修、医疗新技术申报、科室间工作协调、各种有关医疗业务的督查接待以及上级部门指派的临时性医疗任务和突发事件应急处理等。

表3-1-1 1947—2010年医务部门历任负责人情况表

任职时间	处(科)长	任职时间	副(科)处长
1947—1956	梅国桢(医务主任)	1973—1977	殷榴凤(工宣队) 傅中义(副组长) 刘德尊(副组长) 崇一华(副组长)
1969—1973	王 铭(业务组)	1978—1984	傅中义 杨莉英
1973—1977	魏原樾(业务组)	1984—1995	石 岚 杨 峰
1984—1986	徐春扬(兼)	1995—2000	张雪元
1988—1991	蒋惠人	1997—2001	田卓平
1991—1998	应秀玲	2000—2002	朱 健
1998—2000	孙宝珊	2001—2008	张少明
2001—	田卓平	2008—2009	魏 斌
		2009—	王毅敏 程 纯 杜 勤

第二节 伯特利时期的医疗工作

1920年9月,石美玉和胡遵理租借制造局路565号民居及院落,创建上海伯特利教会、医院和护校。为方便患者就诊，石美玉于1920年10月向上海慈善团租得西藏南路169—175号4间门面的2层楼房，一半设立伯特利八仙桥诊所。医院业务由石美玉和其胞妹、霍普金斯大学毕业的医学博士石菲比女士（Phebe Stone）共同主持。其弟媳、北京协和医学院医学博士石成志女士（Twenchih Stone），石美玉的学生伍哲英女士及一批随同来沪的九江但福德医院的同事和护校学生，同期加入上海私立伯特利医院工作。医院以妇产科为主，辅以内科、外科。3位石医师均为妇产科专家，当时称为伯特利医院的大医生、二医生、三医生。医院规模有限，行家族式的管理。

随着就诊患者增加，租赁的房屋不敷使用。1922年，石美玉筹资买下伯特利教会南面的一片土地及几间旧房，共计39.76亩。此后即在这片土地上建造房屋，扩建医院。1924年新院建成，设病床64张，门牌号为制造局路639号。石美玉任院长，院内旧房舍由附设护士学校使用，后又增设助产士学校，学生就在院内实习，承担日常护理工作。

伯特利医院以"救济贫病、服务人群"为宗旨，至抗战前，年住院患者约1200人，年门诊患者与八仙桥诊所合计约5万人，平均免费额约30％。1934年石美玉的堂外甥、美国霍普金斯大学毕业的医学博士梅国桢加入医院，还有熊德华、黄燕誉、黄孟如、陈锦凤、王裕美、钱修梅等医师先后来院工作。另聘有护士6名，员工3人。石菲比于1930年因结核病去世。

上海沦陷后，医院被迫停业。1938年8月石成志代院长在法租界伯赛仲路（今复兴西路）21号租房开设分院，设病床20张，勉力维持诊所和分院的医务。

1946年石美玉和胡遵理返沪视察被破坏的医院，决定去美国筹资复建医院。1947年梅国桢应邀回国主持复建。1948年1月先行恢复门诊，同年3月开始收治住院患者，设床位40张。开设内科、外科、妇产科、临产室、手术室、化验室、X光室。

抗战胜利后，复兴西路分院恢复了资金来源，新建一所活动房，增设病床8张。同时，伯特利孤儿院回迁至梵皇渡路，孤儿患病多在分院诊治。附近的健民义务学校有学生200余人，患病师生也多在分院诊治。八仙桥诊所邻近中法中学（后改为光明中学），常有师生来诊所就诊。

1949年3月，总院病床增至60张。增设儿科、眼科、牙科、骨科，聘请特约医师应诊。1949年5月上海解放时，总院、分院已有床位100张。1950年5月，位于总院的新外科楼建成，为钢筋水泥钢窗两层楼房，设有手术室。为纪念创办人石美玉女士，命名为"美玉外科院"。

1950年，上海私立伯特利医院举行建院30周年庆祝大会和美玉外科楼落成庆典。著名社会活动家颜惠庆题字"服务人民 功在社会"以表祝贺。

医院设门诊、住院、药房、手术、助产、X光、化验、防疫、保健、营养及护理部。总务有文书、社会服务、庶务、出纳、会计、膳食、机械、缝纫、浆洗各部门。伍哲英任护士学校校长。1950年2月总院有床位118张，分院有床位28张。设有内科、外科、妇产科、肺痨科病房。耳鼻喉科、胸外科、小儿外科、牙科、骨科均聘请特约医师应诊（非全职医师）。医院与江南造船厂、上钢三厂、电信工会等18个单位订有特约诊病合同，医院业务得到进一步的发展。1950年，医院业务总收入约3.3亿万元（旧币），支出约4.4亿万元（旧币），亏损部分由国外捐款弥补。

1950年总院有医师5人：院长石成志，医务主任梅国桢，主治医师徐以达、瞿祖德、陈巅光。聘请特约医师5人。护士长及护士8人，助产士3人，见习护士65人，以及化验、药剂、事务、工勤人员等共有员工124人。

分院有28张床，其中特等2张、头等8张、二等4张、三等14张。医师4人，其中主治医师为陈锦凤、蔡仲寰。另有护士6人，助产士2人，以及医技、事务、勤杂人员共35人。陈锦凤兼任八仙桥诊所医师,诊所尚有护士费静来、助产士陈芳蕙、药剂师钱菊芳。

伯特利医院设在平民区域,以救治爱护平民为宗旨,常给予贫困患者免费治疗。在复建后的29个月里,61%门诊患者免费,55%住院患者免费。凡贫民、难民、伤民、孤儿来院就诊,不但医药免费,甚至供应膳食,医院因此收到许多受惠患者的感谢信。伤民刘长美,上肢被炸,本应截肢,经多方救治,住院月余,用去药料费百万元(旧币),终于保全伤肢。因家贫无力承担,费用全由医院垫付。病孩张明珠,因急性阑尾炎延至腹膜炎,病情危重,经连夜手术,住院百余日得以救治。其父张春镒,系贫苦菜贩,无力缴费,也给予全免;其母愿意在院工作以抵医药费用,后予以留用,但仍付其工资。另有在院疗养年余的肺病患者何文朴、梅协喜、孙钢,经阑尾手术的潘秀英,治愈的杨仲卿、陈复新、郑延汉、王志和、李华昌,助产顺利的冯小妹、被炸伤获救的陈玉林等,都对医院感激不尽。江南造船所工会曾发来致谢函,代表4 000多工友致谢。

医院在战争中受到严重破坏,虽增设了分院,且经竭力恢复建设,但直至1950年,业务量尚未恢复到1936年。且人员流动频繁,医务力量薄弱,医师要兼顾分院与诊所的工作。

1950年5月伯特利医院庆祝建院30周年时,对业务量做了如下统计。

表3-1-2　1948年1月—1950年5月伯特利总院业务情况表

门诊人次	住院人次	住院天数	手术数	助产数	化验数
13 997	1 314	20 079	366	204	5 866
X线检查人次	种痘人次	防疫接种人次	门诊免费率	住院免费率	
643	8 197	28 402	61%	55%	

表3-1-3　1937年8月—1950年3月伯特利分院业务情况表

类别	科室	人次	类别	项目	人次
门诊	产科	4 661	诊疗	妇科手术	105
	妇科	2 668		化验	40 195
	儿科	2 827		大产出诊	1 314*
	内科	1 526		小产出诊	250
	外科	1 065		产后免费随访	1 444
	其他	2 296		诊病	737
	合计	15 043		种痘	1 105
住院	大产	2 323	孤儿院**	诊病	9 600
	小产	392		种痘	1 440
	妇科	131		种疫苗	4 860
	儿科	34			
	内科	112			
	外科	27			
	合计	5 715			

说明:1937年8月—1950年3月的住院总天数为57 603日;*大产出诊难产率8%,**孤儿院诊疗全部免费。

表 3-1-4　1937 年 8 月—1950 年 3 月伯特利分院减免情况表

门诊			住院			外出接生			出诊		
人次	半免费(%)	全免费(%)	天数	半免费(%)	全免费(%)	人次	半免费(%)	全免费(%)	人次	半免费(%)	全免费(%)
15 043	15	10	57 603	3	7	1 663	25	5	737	20	10

表 3-1-5　1920—1950 年八仙桥诊所业务量情况表　　单位：人次

产科	妇科	儿科	内科	外科	其他	总计
18 893	26 573	22 346	21 864	10 345	8 899	108 920

石美玉、石成志、石菲比 3 位医师均为产科专家，累计接生 10 240 次，接流产 1 460 次，出诊 6 520 次，产后施诊 17 550 次，减免费率约 20%。

表 3-1-6　1950 年伯特利总院、分院、诊所业务情况表

部门	门诊人次	住院天数	业务收入(元)	其他收入(元)	减免率(%)	支出(元)
总院	10 719	1 910	321 165 089	347 611 232	32	656 935 052
分院	2 420	318	297 475 372	20 820 000	5.8	304 956 363
诊所	1 873		39 826 850		17	45 195 027

说明：总院"其他收入"主要来自国内外慈善捐款，分院"其他收入"来自总院拨款，"元"均为旧人民币。

1950 年"二·六"轰炸时，伯特利医院员工与社会救济团体合作，积极参加救护工作。1949 年后，伯特利医院与附近多家工厂订立特约诊病优待合同。设立平民产院，以成本收费服务产妇。对于贫困患者予以减免费用，有时高达 70%，亏损部分由慈善团体捐款接济。1950 年主要工作包括筹办劳动集团保健；在蓬莱区卫生事务所领导下，开展妇婴保健及免费接生；深入工厂学校里弄开展接种牛痘及防疫注射；与防痨协会合作，设立卡介苗接种站；接收普益社诊所及浸会庄诊所转来的住院患者。

1951 年 5 月 8 日，经董事会、院方、工会三方讨论，一致请求政府接办。创办人石美玉也来信表示服从人民政府。同年 8 月，上海市军事管制委员会派员接办医院，医院进入新的历史发展时期。

第三节　医疗制度建设

一、整顿建设

1951 年接办初期，沿用伯特利医院总院的门诊规则、住院规则。1951—1956 年，医院先后制定医院工作制度，建立门、急诊工作制度等。1956 年后，医院先后制定医疗、行政方面的制度，包括《各级医务人员职责》《医院工作制度》《医疗事故、差错缺点处理暂行规定》《住院医师鉴定制度》《住院病史记录细则》等 22 项规章制度，加强医院管理和医务人员工作责任心，推动医疗服务质量的提高。

1964—1965 年，医院根据中央卫生部《综合性医院工作人员职责》和《工作制度》，建立健全《各类人员岗位责任制》《工作制度》《医疗、护理技术操作常规》和《病房住院病案卡》，加强医疗质量分析制度。"文化大革命"中，医院规章制度被视为"管、卡、压"而被废止。

二、制度建设

1978年，医院试行卫生部颁发的《全国医院工作条例(试行草案)》《医院工作制度与医院工作人员职责(试行草案)》，恢复科主任负责制，建立健全以岗位责任制为中心的各项规章制度。医院将医疗质量作为衡量医院服务思想、技术水平和管理水平的主要标志，逐步建立和修订医疗、行政工作的各项规章制度。重点制定医疗工作制度和医务人员的职责等55项制度，明确各级各类人员工作职责，严格执行医疗护理常规和各项技术操作规程，提高医疗质量和服务态度，减少医疗差错，严防医疗事故的发生。

1985年，《上海市医疗事故处理暂行规定实施细则》颁布，医务处以此为契机，加强岗位责任制和各项规章制度的执行。1986—1990年，医院在繁忙的医疗工作中未发生责任性医疗事故，医疗差错也明显减少。

1989年4月，医务处对18个临床科室主任试行《科主任管理手册》，促进科主任对科室管理的自我约束，督促科主任关心了解科室工作量和质量完成情况，组织抽查科内医务人员在岗以及门诊准时开诊时间，每月抽查部分门诊和病房病史质量，定期开展病例讨论和开展业务讲座，落实对住院医师的培养考核等。

1989年，医务处进一步加强病房麻醉药品和贵重药品大输液的管理，改变病区无计划领药的状态，拟定医院病区药品管理的具体措施，由医务处牵头，设立由医务处长任组长，护理部、财务处、结账处、药剂科为组员的医院药品管理改革领导小组。从1989年7月1日起，各病区开始试行药品管理改革措施，加强病区药品管理。

三、医院等级评审

1991年是医院争创三级甲等医院的关键年，根据卫生部《综合医院分级管理和医院等级评审办法》的要求，医院成立相关条线的专家委员会，医务处梳理各项医疗规章制度，补充、修订有关医疗管理制度并督促执行。

医院成立以应秀玲、潘佩华为主任，相关职能部门和主要科室负责人为成员的医疗护理质量管理委员会。负责制订全院医疗质量管理工作的规划和计划，并监督实行；汇总全院各科室的医疗质量管理信息，开展信息交流工作；监督检查有关职能部门及各科室质量管理工作，并给予具体指导；对医疗质量管理方面的问题认真分析，找出原因，并提出改进措施。委员会下设医疗事故鉴定小组，负责院内医疗事故的鉴定工作。

医院成立石岚为主任的病案管理委员会，制定《医疗病案管理委员会职责》《病案管理制度》，统一制订全院各科有关医疗统计的表格，讨论并确定疾病诊断和手术名称的统一命名，要求临床医师写好病案、用好病案资料。

医院成立防保科副科长郁小丽为主任的院内感染管理委员会，制定《感染管理条例》，包括《院内感染管理委员会职责》《院内感染组织结构》《院内感染监测网络》等制度，落实院内感染工作计划。检测医院感染发病情况，及时发现问题提出对策，考评管理效果，提出改进措施。对新建设施进行卫生学标准的审定。对医院感染管理人员进行业务培训，提供有关技术咨询。同时对全院相关人员进行有关医院感染的宣传。

医院成立由杨锋任主任，药剂科、门办及有关科室主任为成员的医院药事管理委员会，制订委员会职责，审查、修订《医院药品管理规划》，修订九院《中西药品供应范围》，讨论并确定本院基本药品种，决定增加或淘汰品种。严格药品检查，严禁购进和应用不合格的药品，及时研究解决本院医疗用药中出现的重大问题，参与合理用药的管理。新药、新制剂临床应用管理，确定科室专人负责，作出客观的药物评价，供有关方面参考。成立药物不良反应监测小组，由副院长赵佩琪担任组长，医务处处长应秀玲为副组长，主要科室主任为成员，加强用药安全管理。

1993年6月23日，经上海市医院等级评审团评审，医院全票通过三级甲等医院达标评审。

1994年，药事委员会制定《病区内领用药物规定》《医院内用药规定》《门诊自费药应用范围》等规定，有效阻止领用药物方面的漏洞。医务处起草制定《医疗应急抢救规定》，为提高危重患者抢救的成功率提供保障。建立《外出行医有关规定》，重新清理医院技术顾问、联合门诊、联合病房合同，对不符规定者予以废止。

1995年，医院修订《院内会诊制度》，严格外出行医制度的执行，提高病史书写质量。

1997年，医务处制定《总住院医师培养有关规定》《实施住院医师培养奖励基金有关规定》《三级查房质量考核评分表》《病史检查内容及考核办法》《平均住院日、周转率、使用率单项奖惩条例》等一系列规定和考评方法，对医疗服务全过程及关键环节设置相应的监控措施和评价标准。

1998年，医院强化二级管理，加强岗位知识及素质培训。规范科主任考核方式，实行每月计分考核。对照"百佳医院"的标准，修订医院的有关指标，如缩短平均住院天数的量化指标等。同时，对照上海第二医科大学有关创建样板病区的标准，创建样板病区。对六病区、整复外科二病区、口腔颌面外科二病区和眼科进行重点扶持，并通过样板病区的测评。修订各医技部门检查报告时间，全面修订医疗工作制度，针对医疗过程中出现的问题提出解决方案并落实治理措施。药事委员会提出"合理用药，合理检查"的对策，对部分药品的使用签字权限进行修订。召开药厂和供药商供销员会议，规范药品推销行为，制止药品使用和推销中的不正当行为。新增药品一律经药事委员会讨论。规范对医疗器械假体等材料的使用审批手续，杜绝"三无"及伪劣产品的流入。

2000年，医院加强临床科室医疗组责任制的管理，严格执行三级查房制度，规范诊疗行为。将医疗组责任制与医疗组长负责制作为加强科主任管理的重要措施，加以认真落实；定期进行检查、考核和评估。同时引入竞争机制，更好地培养青年医师，为患者提供优质的医疗服务。

2002年，医院制定《临床科室医疗质量考核条例》（包括考核项目、考核方法、结果评价与奖惩等）。召开专题科主任会议，学习国务院颁布的《医疗事故处理条例》，以及2002年8月13日上海市卫生局颁布的《关于本市医疗机构实施〈医疗事故处理条例〉》的若干办法。随着新的《医疗事故处理条例》的实施，原有的医疗工作制度不能适应新的形势，各临床科室根据诊疗常规，修订工作制度和医疗事故防范措施。尤其加强医务人员对患者的各项告知制度的落实，如签授权委托书、输血同意、有创检查、治疗与手术风险等告知。按照《医疗机构管理条例》和《国务院办公厅转发国务院体改办等部门关于城镇医药卫生体制改革指导意见的通知》要求及上海市卫生局制定的《上海市医疗技术临床应用准入管理办法》，加强对医院医疗技术临床应用的管理，保障医疗安全，提高医疗质量。

2002年起，医院每月以《医疗工作简报》形式将医疗和医保关键质量、效率指标、医疗安全、医院感染、护理管理、药事管理等主要情况在干部例会上公开讲评。

四、医院管理年活动规范制度建设

2005年，根据卫生部有关医院管理年的工作要求，医院修订12项核心医疗工作制度及卫生局要求的39项医疗工作制度,并结合病区工作的实际情况补充12项工作制度,汇编成册,抓制度落实。尤其对《医务人员外出管理制度》《会诊制度》各项告知制度,《住院医师规范化培养管理制度》以及抗生素规范性使用等制度的落实,保障医疗安全。2006年根据当年禽流感和重点传染病卫生防疫工作,医务处协助有关部门订预案、抓落实,强化发热门诊管理,及时确诊本市第一例禽流感患者,完成中央卫生部和市疾病控制中心布置的卫生防疫任务。

2006年8月,医院汇编《九院医疗工作管理制度》,医务处修订住院部医疗工作制度。以后逐年修订和增订完善系列制度,如《医院感染控制、管理制度》《住院医师规范化培养管理制度》《不良事件上报制度》《抗菌药物临床应用、管理制度》《关于制定手术分级及授权目录的规定》《关于提高病理检查质量的若干规定》《关于加强手术安全核查制度的规定》《九院手术安全核查制度操作规范》《非计划再次手术管理制度》《关于医院病房出院带药流程的规定》等。

2010年,医院在迎接三级复评审前,共修订、健全主要医疗工作制度79项,并根据统一编码规则编号。每年根据需要修订增补,每三年更新汇编。同时对全院各科室医疗管理制度及各项流程进行核对梳理,纳入电子化管理。

第四节　病房与床位设置

1920年9月,伯特利医院在制造局路565号创建时,仅有产妇病房数间。1924年,制造局路639号新院建成,设病床64张。1937年,淞沪抗战爆发后,总院被日军占领。1938年5月,伯特利医院代院长石成志租赁复兴西路21号开设伯特利医院分院,设立病床20张,以妇科、产科及婴儿为主。抗战胜利后,总院复建,1949年3月,总院病床增至60张。1949年5月,总院、分院已有床位100张。1950年1月,总院床位118张,其中内科26张、外科26张、妇产科26张、婴儿10张、肺痨科30张。分头等病室病床4张、二等病室病床22张、三等病室病床82张,婴儿病床10张;分院有床位28张。1951年总院床位分3个等级,其中头等床位4张,二等22张,三等92张。

表3-1-7　1951年2月伯特利总院床位分布情况表　　　　　　单位:张

内　科	外　科	妇产科	婴　儿	肺痨科	总　计
26	26	26	10	30	118

1953年,新建内、外科病房楼(旧3号楼),旧礼拜堂改为肺科病房,病床增至302张。增设眼科、儿科、耳鼻喉科病房,扩大了内科、外科、妇科、肺痨科。1956年,医院病床增至315张。1959年,通过挖潜力、增设简易病房等,病床增至359张。1964年,医院病床增至392张。1965年4月,因门诊大楼基建工程动工,撤销肺科病房。

1966年,外科病房楼(5号楼)建成,增加了口外和整外病房,开放床位调整至347张。

1976年,医院核定床位550张,设有内科、外科、妇科、儿科、产科、五官科、眼科、骨科、整复外科、口腔科、肝炎病房等病区。

1982年1月,整复大楼建成(2号楼),整外床位增至170张,口外床位增至106张。胸外科、泌尿外科从普外科分出,泌尿外科设21张床位,胸外科20张。全院开放床位增至758张。

1983年9月,医院撤销肺科。旧1号楼2楼肺科病房调整为骨科病房。结核患者转诊至南市区结防所。同年,旧1号楼加层,外一病区迁入。

表 3-1-8 1953—2002年九院病区与床位数变化情况表

单位：张

年份	合计	内科			外科		儿科	妇科	产科	眼科	耳鼻喉科	口腔科				骨科			整复外科				泌尿科	胸外	神内	神外	血外	干部病房	浦东		日间	肺科	肝炎	肠道	临时科室		
		一病区	二病区	三病区	一病区	二病区						一病区	二病区	三病区	四病区	一病区	二病区	三病区	一病区	二病区	三病区	四病区							二楼	三楼					脑炎	新医疗	简易
1953	302	57			83		24	40		25																											
1954	315	70			83		24	40		25																											
1955	315	70			83		24	40		25																											
1956	315	80			73		24	40		25																							73				
1957	315	80			73		24	12	28	25																							73				
1958	319	80			87		26	12	26	28																							73				
1959	359	80			112		40	14	26	19	5																						73				
1960	360	80			83		40	14	26	19	5																						73				
1961	367	80			87		40	14	29	19		5				30																	60				
1962	367	80			87		40	14	29	19		5				30																	63				
1963	392	84			87		40	35	29	19		5				30																	63				
1964	392	84			87		40	17	29	19		5				30																	63				
1965	392	84			87		40	17	29	19		5				30																	63				
1966	347	84			67		40	17	29	19	5	20				30			30														63		18	6	
1967	374	84			87		35	40		19	5	34				30			40														63		18		20
1968	417	84			117		40	40		19	5	60							52																		
1969	423	84			117		40	40		19	5	60							58																		
1970	490	84			104		40	40		19	5	112							50														40				
1971	470	84			104		40	40		19	5	112							50														40				
1972	500	84			124		40	40		19	5	112							60														40				
1973	526	74			100		40	40		20	30	54				28			80														40	14			6

378

（续表）

年份	合计	内科			外科		儿科	妇科	产科	眼科	耳鼻喉	口腔科		骨科	整复外科			泌尿科	胸外	神内	神外	血外	干部病房浦东		日间		肺科	肝炎	肠道	临时科室		
		一病区	二病区	三病区	一二病区	三病区						一二病区	三四病区	一二病区	一二病区	三病区	四病区						二楼	三楼	一	二				新医疗	脑炎	简易
1974	534		74		100		40	20	20	24	20	6	60	30		80											40	14				6
1975	522		74		100		40	20	20	24	20	6	50	30		84											40	14				
1976	550		77		100		35	20	20	34	16	54	30	30		80											40	14				
1977	550		77		100		35	20	20	27	23	54	30	30		80											40	14				
1978	558		84		100		26	20	20	27	23	54	30	37		83											40	14				
1979	558		106		100		20	20	20	27	23	54	30	34		65											45	14				
1980	558	38	33	35	59		20	20	20	27	23	54	30	34		65		21	20								45	14				
1981	558	38	33	37	57		20	20	36	23	19	54	22	43		56		21	20								45	14				
1982	758	38	33	33	84		21	20	42	23	23	106		41		164		24	28								45	14				
1983	752	38	33	33	30	54	25	8	62	27	23	42	50	41	48	48	20	26	26								45	14				
1984	733	38	33	33	48	54	25	20	52	27	21	50	50	41	48	48	20	26	26									14				
1985	733	38	33	44	48	54	25	20	52	27	21	50	50	41	48	48	20	26	26									14				
1986	758	38	34	44	48	54	40	20	52	31	21	50	50	46	48	48	20	26	26	14												
1987	758	38	34	44	48	54	40	20	52	31	21	50	50	46	48	48	20	26	26	14												
1988	758	38	34	44	48	54	40	20	52	31	21	50	50	46	48	48	20	26	26	14												
1989	758	38	34	44	48	54	40	20	52	31	21	50	50	46	48	48	20	26	26	14												
1990	758	38	34	44	48	54	40	20	52	31	21	50	50	46	48	48	20	26	26	14												
1991	758	38	34	44	48	54	40	20	52	31	21	48	52	46	48	48	20	26	26	14												
1992	758	38	34	44	48	54	40	20	52	31	21	48	52	46	48	48	20	26	26	14	8											
1993	736	38	34	44	48	54	40	24	26	31	21	44	48	46	48	48	20	26	26	14	8											
1994	728	38	34	44	48	54	24	24	26	31	21	44	48	46	48	48	20	26	26	14	16											

(续表)

年份	合计	内科 一病区	内科 三病区	外科 一二病区	外科 三病区	儿科	妇科	产科	眼科	耳鼻喉	口腔科 一二病区	口腔科 三病区	口腔科 四病区	骨科 一二病区	骨科 三病区	整复外科 一二病区	整复外科 三病区	整复外科 四病区	泌尿科	胸外	神内	神外	血外	干部病房	浦东三二楼	日间	肺科	肝炎	肠道	新医疗脑炎	临时科室简易
1995	728	38	34	26	54	24	24	26	31	21	44	48		46		48	48	20	26	26	14	16	22								
1996	728	38	34	26	54	22	24	26	31	21	44	48		46		48	48	22	26	26	14	16	22								
1997	753	38	34	26	54	22	24	26	31	21	44	48		46		48	48	22	26	26	14	16	22	25							
1998	729	38	34	26	54	22	16	10	31	21	44	48		46		48	48	22	26	26	14	16	22	25							
1999	760	37	42	25	45	8	16	10	31	22	44	46	22	38		48	42	22	26	26	16	28	28	25							
2000	737	35	42	20	45	8	18	10	31	22	44	40	22	46		48	48	22	26	26	16	24	28	25							
2001	737	35	42	20	45	8	18	10	31	22	44	40	22	46		48	48	22	26	26	16	24	28	25							
2002	737	35	42	20	45	8	18	10	31	22	44	40	22	46		48	48	22	26	26	16	24	28	25							

表 3-1-9 2003—2010 年九院病区与床位数变化情况表

年份	合计	内科 内分泌	内科 肾脏	内科 血液	内科 消化	内科 心血管一二	内科 呼吸	外科 一二病区	儿科	妇科	产科	眼科	耳鼻喉	口腔科 一二病区	口腔科 三病区	口腔科 四病区	骨科 一二病区	骨科 三病区	整复外科 一二病区	整复外科 三病区	整复外科 四病区	泌尿科	胸外	神内	神外	血外	干部病房	浦东三二楼	日间	肺科	肝炎	肠道	新医疗脑炎	临时科室简易
2003	859	20	20	18	18	40		39	39	3	26		39	32	39	36		33		48	48	22	26		31	26	25	15	45					
2004	840	20	20	18	18	40		36	36	3	26		36	32	36	35	12	36		48	48	22	26		31	23	25	15	45					
2005	781	19	19	18	18	40		36	36	3	12		36	34	35	36	12	36		48	48	22	24		31	20	25	30	50					
2006	853	19	19	18	18	40		36	36	3	12		36	34	35	36		36		48	48	22	35	18	31	20	25	30	50	8				
2007	844	19	19	18	18	40		36	36	3	29		36	22	36	39		34	38	48	48	22	35	18	31	29	27	5	15	8				
2008	898	32	28	19	31	18	36	36	3	21		36	15	36	39		35	39	36	36	18	35	14	21	35	27	20	20	12					
2009	959	32	28	19	31	18	36	36	3	35		36	34	36	39		36	38	36	36	22	37		35	39	27	20	20	12					
2010	1 019	35	29	32	20	36	14	41	41	3	37		36	32	40	42		36	40	36	36	22	37		35	31	27	20	20	16				

1983年11月,撤销肝炎门诊和病房,14张肝炎病床调整为内科病房,医院总的核定床位数仍为757张。确诊的南市区重症肝炎患者,由市传染病医院负责诊治;凡属南市区浦东地区确诊的急性肝炎患者(重症除外),由黄浦区传染病医院负责诊治;南市区浦西地区的急性肝炎患者则由南市区传染病医院诊治。

1985年,旧3号楼加层做儿科病区,儿科床位增至40张。1986年,设立神经内科病房,床位14张。1992年,住院科室有内科、外科、胸外科、泌尿外科、妇产科、儿科、眼耳鼻喉、整复外科、口腔科、骨科病房。1993年9月,神经外科成立。1995年,在外一病区内开设血管外科病房,设病床22张。

1997年,开设干部病房(老年病科)设病床25张。同年7月,原产科病区床位减至10张。1999年9月,开设口腔颌面外科三病区,是口腔颌面肿瘤的非手术治疗病房和唇腭裂畸形手术病房的联合病区,床位设22张。同月,原妇科病区床位减至18张。

2000年6月,儿科病区纳入儿科门诊,实现门诊病区一体化,床位减至3张。

2003年,内科一、二、三病区改为心血管内科设40张床、消化科设18张床、血液科设18张床、内分泌科设20张床、肾脏内科设20张床。2007年,医院设立呼吸科病房,设床位14张。2010年,九院核定床位增加至1000张。

第五节 病房质量管理

一、医疗质量督查

【病房医疗质量督查】

1990年起,医务处每周三对各病区例行现场督查。内容包括医师及时到岗、消毒隔离措施的落实、抗生素规范使用情况、病史质量、6本医疗台账记录情况和交接班情况等,并将督查结果现场反馈、及时沟通,推动医疗质量管理,规范医疗行为。

1991年,医院上等达标期间,医院成立以医务处长和护理部主任为负责人、相关职能部门和主要科室负责人为成员的医疗护理质量管理委员会。负责制定全院医疗质量管理工作的规划和计划,建立健全医疗质量管理标准与制度,组织培训和交流、督促检查医疗质量管理工作。对医疗质量管理方面的问题,认真分析,找出原因,并提出改进措施。委员会下设医疗事故鉴定小组,负责院内医疗事故的鉴定工作。

2004年,在医务处内设立医疗质量管理办公室(质管办),根据分管院长要求开始编制每月医疗简报,内容包括本月全院和分科效率指标:门急诊人次、出院人次、床位使用率、周转率、手术人次、术前等待天数、床均手术比、各科手术室使用率、医技科室工作量等;质量指标:在院与出院病史质量讲评、门诊病史抽查结果等;药事管理指标:处方点评、抗生素应用管理等;院内感染指标:手卫生抽查结果、全院及重症病房院感率、泛耐药菌感染监测等;插管患者检测医保政策执行情况通报以及每月的投诉缺陷分析。简报根据当时工作需要及时调整重点,每周在周会上由分管院长或医务处长宣讲,成为落实医政管理要求的重要抓手,促进了医疗质量和安全工作的持续改进。

2009年,在开展医院管理年活动基础上,质量管理办公室改为质量控制办公室(质控办),列入行政编制,隶属医务处,设主任1名,由医务处副处长兼任。质控办全面负责医疗质量和安全制度建设、措施落实、员工培训、日常督查、监管考核,编制医疗工作月度和年度报表等工作,把医疗质量管理纳入常态化管理。

医务处规定对高危患者、重大手术、非计划再次手术,科室须术前上报,由分管副处长逐一审核,对高风险手术医务处共同参与术前谈话,对于一些危重、疑难患者,由医务处组织全院大会诊,尽力保障医疗安全。

对于住院超过30天的患者,医务处要求科室进行讨论分析,总结经验,提出进一步诊疗方案,并将病例上报医务处。医务处对资料汇总分析,定期讲评。

医务处负责协调处理住院患者的医疗投诉和纠纷,缓解医患矛盾。通过医患双方协商、第三方调解和法院诉讼的方式及时化解医患矛盾,维护医院正常医疗秩序。

医务处按照《中华人民共和国执业医师法》,审核医师执业资格和范围,按科室归类登记。对暂未取得执业证书的医师,规定其必须在上级医师指导下诊治患者。

2010年,医务处根据医院实际情况,制定主要医疗工作制度79项,并汇编成册,供医护人员学习,要求广大医务人员严格按照规章制度从事医疗活动。

同年,参照上海市卫生局制定《重大突发事件院内救治应急预案编制指南》,医务处制定医院《医疗工作应急处置预案》,指导临床规范、科学、迅速、高效地做好突发事件导致的批量伤病员的院内应急医疗救治工作,降低突发事件造成的生命损失,保障公众身体健康和生命安全。

2010年7月10日,医院举行"医疗质量万里行"动员会,开展"医疗质量安全月"活动,要求各科室"三学三问一回顾":学"医疗质量万里行"活动方案、学《侵权责任法》等法律制度、学《医疗核心制度》;问何为本科室最大医疗风险、何为最容易疏忽的环节、何为避免疏忽降低风险的措施;回顾本科室近年来医疗安全事件,总结经验教训,消除安全隐患。在活动月总结会上,部分科主任介绍了医疗质量安全工作,并交流了经验。

【住院病史质量检查】

自1990年起,医务处采取科室自查、病区间互查和医务处督查等多种形式相结合,抽查各个科室的出院病史和在院病史,对检查中发现的问题及时发出整改意见书,并后续跟踪检查。同时,每月对一些共性的问题在《医疗简报》中予以公示,起到举一反三作用。每年还针对病史的内涵质量和告知落实、围手术期的告知、输血病案等情况进行专项检查,检查结果与科室考核相结合。

1998年3月,为加强医院病案质量管理工作,保证病案客观、真实、完整,根据《医疗机构管理条例》《医疗事故处理条例》等医疗法规精神,医院成立病案质量管理委员会,有成员8～10人,每届任期2～3年。病案质量管理委员会每年召开会议,在分管院长领导下,负责审核制定医院病案质量管理工作规划和标准,审核、修正、督促检查病案质量管理制度执行情况,开展病案质量专项检查和评比。同时聘请数位临床医师按比例抽查各科住院病史并计分,作为每月科室考核的重要组成部分。

【住院单病种管理】

2009年12月,医务处及质控办根据中央卫生部的统一部署,联系医院临床实际,启动单病种管理工作。至2010年1月,先后开展了首批5个单病种工作,即急性心肌梗死(心内科)、心力衰竭(心内科)、肺炎(呼吸科)、脑梗死(神经内科)、髋或膝关节置换术(骨科),每例单病种均严格按表单要求进行操作。科室有专人负责网络信息上报,每月将相应科室《单病种质量控制月报表》报送医院质控办。2010年,医院进行单病种控制并网络直报的病例数为393例。

2010年9月,为加强医院单病种质量管理工作,持续改进和提高医疗服务水平,保障医疗质量和安全,医院成立单病种质量管理委员会,有成员7人。单病种质量管理委员会负责制定单病种质量管理制度和培训计划,负责督促、检查、考核各科室(病区)单病种质量管理工作,分析指导、评价单病种质量控制指标及效果。

【住院用血管理】

1996年9月,医院成立血液管理委员会,有成员12~17人,每届任期2~3年。血液管理委员会审核年度用血计划,指导临床科室合理、科学用血,督促管理制度的落实。

2008年4月,为了进一步保证用血安全,在原有制度基础上,医务处修订完善了《临床用血审核制度》,规范临床用血申请、审批、领取、储存、使用等环节管理,保障患者合法、合理、安全用血。医务处还负责临床合理用血日常监管工作,检查制度落实情况,提高临床用血质量,保证临床用血安全。

【督查与整改】

医务处每年接待和陪同市卫生监督所、医学院医院管理处及各临床质量控制中心对医院医疗质量进行的检查,对专家提出的批评建议作总结归纳,及时反馈整改。每年还针对病史的内涵质量和各项告知落实等进行专项检查,检查结果与科室考核相结合。

二、医疗指标管理

1952年,医院开始实行医疗指标管理,以固定实有床位、入院人数、出院人数、治愈率(%)、病死率(%)、病床周转次数、床位利用率(%)、平均住院日(天)等作为完成临床工作的重要指标,定期进行分析,及时纠正存在的问题,保证医疗任务的完成。

表3-1-10 1953—2010年住院患者医疗指标统计情况表

年份	固定实有床位(张)	入院人数	出院人数	治愈率(%)	病死率(%)	病床周转次数	床位利用率(%)	手术人次	平均住院日(天)
1953						22.4	89.8		13.6
1956				53.6	4.3	21.7	92		15
1960				57.9	3.2	24.6	95		13.7
1965				63.06	2.7	22.2	83.9		14.2
1975				66.7	3.7	15.5	89.3		20.5
1978	558	8 219	7 162	70.90	2.90	15.40	87.70	4 813	20.80
1979	558	8 322	7 407	69.97	3.25	15.90	92.70	4 897	20.40
1980	558	9 145	8 298	69.60	3.00	16.90	98.80	5 014	18.88
1981	558	9 350	9 345	71.34	2.55	16.91	99.79	5 247	21.89
1982	758	10 176	8 513	75.64	2.71	15.90	95.65	6 077	21.69
1983	752	11 136	9 546	75.73	2.27	16.22	96.80	7 081	21.45
1984	733	11 292	9 881	77.09	2.02	16.26	96.93	7 426	21.79
1985	733	10 910	9 683	78.32	2.07	15.49	98.29	7 296	22.71

(续表)

年份	固定实有床位(张)	入院人数	出院人数	治愈率(%)	病死率(%)	病床周转次数	床位利用率(%)	手术人次	平均住院日(天)
1986	758	11 484	10 076	76.29	1.83	15.31	98.93	7 112	23.64
1987	758	11 318	9 949	74.96	1.76	14.93	97.90	6 809	23.87
1988	758	11 484	9 310	74.52	1.89	13.88	96.53	6 705	25.12
1989	758	11 318	9 382	78.45	1.62	14.28	97.60	6 849	24.57
1990	758	10 510	9 088	76.91	1.97	13.47	95.63	6 583	26.10
1991	758	10 825	8 876	77.32	1.99	13.07	95.73	6 511	26.86
1992	758	10 207	8 015	76.54	2.25	12.30	95.81	5 738	28.83
1993	736	7 962	8 010	78.28	2.15	11.97	92.90	5 314	28.10
1994	728	9 250	9 232	79.54	2.52	12.70	91.67	6 262	26.65
1995	728	9 590	9 669	78.59	2.23	13.61	89.03	6 483	24.09
1996	728	9 813	9 801	78.36	2.43	14.42	90.19	6 491	22.96
1997	753	11 564	11 544	76.09	2.20	16.79	92.10	7 215	20.28
1998	729	12 363	12 376	74.12	2.06	17.89	89.88	7 804	18.35
1999	760	13 675	13 649	73.10	2.10	19.16	90.29	8 320	11.49
2000	737	15 043	15 020	73.72	1.83	20.47	95.10	9 309	16.82
2001	737	15 516	15 529	74.02	1.99	21.21	98.79	10 096	16.75
2002	737	15 326	15 298	70.55	1.95	21.50	97.84	9 488	16.42
2003	859	16 346	16 308	72.11	1.94	20.73	93.19	11 373	15.95
2004	840	19 894	19 917	73.34	1.24	23.73	95.79	13 932	14.85
2005	781	21 614	21 648	71.76	1.39	25.86	95.66	14 790	13.62
2006	863	22 941	22 839	70.74	1.25	29.02	100.56	15 467	12.78
2007	844	27 068	26 984	73.34	1.19	33.15	109.28	18 437	12.06
2008	898	31 069	31 012	69.06	1.28	34.71	110.22	20 455	11.67
2009	959	35 859	35 871	65.40	1.32	38.90	111.82	22 668	10.55
2010	1 019	40 931	40 894	61.99	1.21	40.42	105.21	24 227	9.50

三、医疗新技术管理

2005年,上海市卫生局开展医疗新技术审核报批工作。医院由医务处组织科室申报、核实材料,并上报上海市卫生局审核。至2010年底,上海市卫生局核准医院开展29项医疗新技术临床试用和应用。

表 3-1-11　2005—2010 年医疗技术临床应用准入情况表

医疗技术名称、项目	准入日期	批准机构
骨科体外冲击波技术	2005.2.2	上海市卫生局
人类辅助生殖技术	2006.9.22	上海市卫生局
静脉曲张腔内激光治疗术	2007.11.8	上海市卫生局
血管瘤接触式半导体激光治疗	2007.11.8	上海市卫生局
静脉曲张腔内微波治疗术	2007.11.8	上海市卫生局
静脉射频闭合术	2007.11.8	上海市卫生局
筋膜下内镜交通静脉结扎术	2007.11.8	上海市卫生局
血液透析技术	2007.9.24	上海市卫生局
面部轮廓整形技术	2007.10.12	上海市卫生局
低温等离子射频技术在耳鼻喉科的应用	2008.7.1	上海市卫生局
无水酒精栓塞治疗脉管畸形	2008.10.9	上海市卫生局
口臭的综合诊断方法	2009.3.5	上海市卫生局
口腔修复材料 CAD/CAM 系统的临床应用	2009.3.10	上海市卫生局
妇科内镜诊疗技术	2009.12.31	上海市医协会
角膜移植技术	2010.4.29	上海市卫生局
冠心病介入诊疗技术	2010.5.5	上海市卫生局
起搏器介入诊疗技术	2010.5.5	上海市卫生局
妇科内镜诊疗技术（腹腔镜、宫腔镜）	2010.5.19	上海市卫生局
准分子激光角膜屈光手术	2010.6.11	上海市卫生局
髋、膝关节置换技术	2010.6.11	上海市卫生局
输尿管镜、钬激光碎石术、气压弹道联合超声碎石术、双频双脉冲激光碎石术	2010.6.22	上海市卫生局
口腔种植诊疗	2010.9.21	上海市卫生局
血管瘤接触式半导体激光治疗	2010.9.21	上海市卫生局
静脉曲张腔内微波治疗手术	2010.9.21	上海市卫生局
静脉曲张腔内激光治疗手术	2010.9.21	上海市卫生局
静脉射频闭合术	2010.9.21	上海市卫生局
起搏器介入诊疗技术	2010.11.9	上海市卫生局
心脏导管消融技术	2010.11.9	上海市卫生局
胰腺癌根治术（试行）	2010.12.16	上海市卫生局

四、医疗会诊管理

医务处负责协调和安排各类会诊，包括院外会诊（含跨省、市会诊及市内会诊）和院内会诊。

【院外会诊】

为规范跨省、市会诊,2007年,医院制定《关于进一步加强外出会诊管理的规定》,严格外出会诊规范和操作流程,并传达到每一名医师,要求签名确认。流程要求对于跨省、市院外点名会诊的专家,由科室主任、医疗副院长批准后在医务处登记,及时完成会诊。此后又制定《院外会诊申请表》,上传九院门户网站。请求会诊医院可下载填写后由该院分管领导批准,并声明该单位具有开展相关医疗项目资质,电传至九院医务处,以最大限度降低院外会诊和手术的风险。

对于上海市内的医院要求医院专家会诊,要求外院先与医务处联系,由医务处与有关科室联系安排出诊。各级医师未经医务处同意,不得私自赴外院会诊(包括手术)。各科在安排外出会诊任务时,应考虑被派医师的业务技术水平,以保证会诊质量。事后会诊医师应将会诊处理情况向科主任汇报。医务处同时负责邀请外院专家来医院协调会诊工作。

【院内会诊】

医务处负责院内会诊单的接收和登记在册,督促临床各科室按照医院的会诊制度,及时完成院内会诊。医务处随时对会诊的时间和质量予以监控,确保会诊流程顺利进行,提高医院院内会诊的效率和质量,满足现代化医院管理的要求。

表3-1-12　1989—2010年部分年份医务处安排院外会诊情况表

年　　份	院外会诊(人次)
1989	56
1994	43
1996	42
1997	97
2001	118
2002	166
2003	147
2004	160
2005	179
2006	242
2007	240
2008	165
2009	264
2010	400

五、"三基"培训和业务讲评

2006年,质控办开始组织针对全院医师的"基本理论、基础知识、基本技能"(简称三基)培训,内容包括心肺复苏、抗菌药物规范使用、输血、病案书写等基本课程。为保证培训质量,根据口腔科室和其他临床科室医师的业务特点安排不同的培训课程,使培训内容更具有针对性和实用性。同时,每年根据临床需求调整或新增课程,内容包括肠内、外营养、ECT 的应用、医疗安全与法律法规等。为了保证业务培训的出勤率,根据临床工作的特点,每次培训课程均举行两次,以便临床医师参加,取得了较好的培训效果。对部分课程进行书面考核。

2008 年开始,医务处组织收集医院医疗质量与医疗安全的材料,由医疗分管院长在院周会上讲评,内容涉及医院感染管理、输血质量管理、病案质量管理、《抗菌药物临床应用指导原则》的解读、管理年督查要求的解读、上海市病历质控中心《病历质量考核评价标准实施细则》的解读、《中华人民共和国侵权责任法》的学习等。

2010 年,使用 OA 网上传了相关安全警示,加强医务人员的临床安全意识,如"关于麻醉过程中防止损伤患者臂丛神经的安全警示""关于严防含酒精消毒液起火灼伤病人的安全警示""电外科器械(射频、高频、电凝、电切设备)使用安全警示"等。将典型的医疗案例挂在网上,让医务人员学习、讨论,并从中吸取教训,避免发生类似情况。同年,医务处协助内科系统定期开展病例讨论,如慢性病贫血、恶性组织细胞病、黄疸发热、横纹肌溶解综合征致急性肾损伤等,提供科室间交流学习平台,提高医务人员综合医疗诊疗水平。

六、住院医师培训

1988 年,上海市卫生局正式公布《上海市住院医师培养制度试行条例》和《关于实施中先行试点的通知》,医院被列入上海第一批承担住院医师规范化培训的试点单位。同年,医院成立住院(专科)医师管理委员会,由分管院长任主任,相关科主任为委员,下设工作小组负责具体管理日常工作,建立医院、科室管理网络,制订住院医师轮转计划。具体由医务处落实培训工作。

医院规定内科专业必须轮转 10~12 个三级学科,外科专业必须轮转 11~12 个专科,妇产科专业必须轮转 6~8 个相关临床科室,口腔门诊科室必须轮转 6~8 个专科,口腔颌面外科专业必须轮转 10~13 个专科,整形外科专业轮转 10 个专科,急诊科专业必须轮转 10~12 个科室。

本科毕业的住院医师必须参加第五年院级综合考核,总分 85 分以上为合格。医院制订了一系列的考核评分标准,分为大内科组、大外科组、口腔门诊科室组、口腔颌面外科组等,每组由 3~5 名专家、1 名管理人员组成,对每位住院医师进行考核并集体评分。考核具体内容有病史介绍、体检示范、病例分析、诊疗方案、基本操作。

2010 年医院成立住院医师规范化培训办公室,专门负责社会化住院医师的培训工作。

第六节 进修人员管理

20 世纪 50 年代,九院仅有零星来自街道、工厂、郊区的基层医务人员来院进修。口腔系和整复外科迁来后,进修医务人员逐渐增多。20 世纪 70 年代,进修科室涵盖医院医、技、护等各个部门,接收的进修人员来自全国各省、市、自治区。1972 年医院曾接收 2 名阿尔巴尼亚口腔医师来院进修。医院对进修生实行医务处和科室两级管理,医院制定《进修生管理条例》《进修生申请流程》《各临床科室进修培养计划》等制度,控制招录标准,规范管理,使医院的进修培训和管理有章可循。科室制订进修培训计划和考核办法,保证进修质量。改革开放以后,来进修的医护人员逐渐增加。1974—2010 年,医院所招收进修人员和开办专业学习班学员 7 000 余人次。

表 3-1-13　1974—2010 年九院进修人次情况表

年　份	进修人次	年　份	进修人次	年　份	进修人次
1974	92	1987	215	2000	187
1975	140	1988	152	2001	209
1976	148	1989	128	2002	237
1977	133	1990	150	2003	226
1978	133	1991	174	2004	291
1979	172	1992	223	2005	249
1980	189	1993	99	2006	234
1981	207	1994	95	2007	275
1982	179	1995	107	2008	289
1983	222	1996	105	2009	325
1984	168	1997	141	2010	377
1985	223	1998	164		
1986	200	1999	173		

表 3-1-14　1974—1989 年九院各科接收进修人员情况表　　　单位：人次

年份	内科	肺科	儿科	外科	心电图科	妇产科	麻醉科	骨科	口内科	口外科	口矫科	口修科	口正畸科	口病理科	眼科	五官科	整外科	检验科	放射科	中医科	药剂科	B超理疗科	同位素科	护士科	胸外科	泌外科	皮肤科	其他	总计
1974	29	1	4	13	2	2	5	1	2	7	2		1	2			7	5	9										92
1975	48	2	5	10	1	9	10	1	4	7	10				3	5	8	4	5	2	1			5					140
1976	52	2	5	16	3	6	11	2	3	8	3		1	4		6	7	5	3	1	2	2	6						148
1977	47	4	5	11	4	8	2	3	4	6	5				4	2	4	6	6		1	1		5					133
1978	41	3	5	9	4	9	9	3					2		8		6	6	3		1	3							133
1979	57	2	2	14	7	5	11	4	7	6	2				4	6	8	12	6		2	1		18					172
1980	54	1	6	16	4	2	10	5	7	15	25				2		8	9	3		2			5				1	189
1981	85	2	8	14	4	6	6	5	7	11	12				2	5	4	7	10	7				12					207
1982	46	1	4	12	2	7	5	5	8	2					3	8	8	11	12	5		3		9	6	4		2	179
1983	56	1	4	15	7	7	11	5	16	24			1		7		23	3	7	1	2			18	2	4		3	222
1984	32		6	7	1	5	15	5	5	13	9				2	6	3	28	3	9				13	3	3			168
1985	55		3	12	3	14	8	2	19	26					6		12							14	3	4			223
1986	29		3	9	1	5	11	4	18	22	14				7	3	36		14			1		18	3	1	1		200
1987	67		2	17	2	10	9	7	11	12					11		22	11			2			17	2	1			215
1988	15			2	2	2	6	4	13	22	5				7	3	22	5			1			15	1	4	1		152
1989	10			6	1	1	13	5		15			5	6	3	2	29	3	2		1			22		3	1		128
总计	723	19	60	183	42	76	160	72	97	186	143	38	17	20	89	45	244	93	110	17	13	15	3	180	20	26	4	6	2 701

第七节　医疗质量与成果评奖

1995年,上海市卫生局开展"上海市临床医疗成果奖"评选工作。同年,上海第二医科大学也开展校级临床医疗成果奖申报评定,以激励临床医务人员总结经验、积极创新,形成新的技术和诊疗方法,促进医学事业发展。医院鼓励科室申报各级奖项,扩大新技术、新成果的辐射效应,造福患者。医务处具体组织各科室积极申报,做好每次评选、初选、上报等各个环节的组织协调工作,获得了一系列奖项。

一、上海市临床医疗成果奖

1995年起,上海市卫生局开始评选临床医疗成果奖,每两年一届,评选上两年的临床医疗成果,共评选六届。至2002年,医院共有11项成果获奖。

表3-1-15　1993—2002年医院所获上海市临床医疗成果奖情况表

届次/时间	临床医疗成果名称	奖　项	申报科室	申请人员
第一届 (1993—1994)	显微输卵管复通手术是计划生育开展的保证——记显微输卵管复通手术在突发事件中的作用	上海市第一届临床医疗成果奖二等奖	妇产科	法韫玉
第二届 (1995—1996)	一期完成性感觉和性功能重建术在阴茎再造中的研究	上海市第二届临床医疗成果奖二等奖	整复外科	程开祥　黄文义 周　苏　王善良 张如鸿
第二届 (1995—1996)	圆锥形套筒可摘义齿对牙列保存的临床应用研究	上海市第二届临床医疗成果奖三等奖	口腔修复	张富强　束　蓉 杨宠莹　郑元俐
第三届 (1997—1998)	关节镜监视下微创治疗胫骨平台骨折	上海市第三届临床医疗成果奖三等奖	骨科	戴尅戎　侯筱魁等
第三届 (1997—1998)	人体体表器官预制与寄养移植	上海市第三届临床医疗成果奖二等奖	整复外科	董佳生
第四届 (1999—2000)	复杂颅面畸形中应用多向分层截骨的治疗研究	上海市第四届临床医疗成果奖二等奖	整复外科	穆雄铮等
第四届 (1999—2000)	计算机辅助订制型人工关节的临床应用	上海市第四届临床医疗成果奖三等奖	骨科	戴尅戎等
第五届 (2001—2002)	组织工程骨的初步临床应用研究	上海市第五届临床医疗成果奖三等奖	整复外科	柴　岗　曹谊林
第五届 (2001—2002)	颌骨中心性血管瘤介入诊治的研究	上海市第五届临床医疗成果奖三等奖	口腔放射	范新东等
第五届 (2001—2002)	腭裂术后创口处置和语音障碍治疗	上海市第五届临床医疗成果奖三等奖	口腔外科	王国民
第五届 (2001—2002)	腓骨垂直牵引同期种植重建下颌骨	上海市第五届临床医疗成果奖三等奖	口腔外科	张陈平

二、上海第二医科大学临床医疗成果奖

1995年起,上海第二医科大学对上两年的医疗成果进行评选颁奖,至2005年,医院共有15项医疗成果获得上海第二医科大学临床医疗成果奖。

表3-1-16　1993—2005年医院获上海第二医科大学临床医疗成果奖情况表

届次/时间	临床医疗成果名称	奖　项	申报科室	申请人员
第一届 (1993—1994)	吻合血管的撕脱头皮再植	二医大第一届临床医疗成果奖集体二等奖	整复外科	科室
	马鞍形人工关节治疗髋部巨大骨缺损	二医大第一届临床医疗成果奖一等奖	骨　科	戴尅戎
第二届 (1995—1996)	可摘式口矫发音辅助器的临床应用研究	二医大第二届临床医疗成果奖三等奖	口腔颌面外科	王国民等
第三届 (1997—1998)	口腔癌根治术后立即整复加放射治疗的应用研究	二医大第三届临床医疗成果奖三等奖	口腔颌面外科	邱蔚六　王中和等
第四届 (1999—2000)	复杂颅面畸形中应用多向分层截骨的治疗研究	二医大第四届临床医疗成果奖二等奖	整复外科	穆雄铮等
	计算机辅助订制型人工关节的临床应用	二医大第四届临床医疗成果奖三等奖	骨　科	戴尅戎等
	人工贲门移植术	二医大第四届临床医疗成果奖三等奖	胸外科	方立德等
第五届 (2001—2002)	血管瘤与血管畸形的诊疗体系	二医大第五届临床医疗成果奖三等奖	整复外科	林晓曦等
	组织工程骨的初期临床应用研究	二医大第五届临床医疗成果奖二等奖	整复外科	柴　岗等
	颌骨中心性血管瘤介入诊治的研究	二医大第五届临床医疗成果奖三等奖	口腔放射科	范新东等
	腭裂修复术和语言障碍治疗方法的临床研究	二医大第五届临床医疗成果奖三等奖	口腔颌面外科	王国民等
	胫骨肌瓣(游离移植,同期种植牵引功能性整复修复骨缺损的临床研究)	二医大第五届临床医疗成果奖三等奖	口腔颌面外科	张陈平等
第六届 (2005)	复合耳郭组织瓣显微血管桥式移植修复鼻亚结构缺损	二医大第六届临床医疗成果奖三等奖	整复外科	章一新
	改良咽后壁瓣成形术和腭裂语音治疗的临床研究	二医大第六届临床医疗成果奖鼓励奖	口腔颌面外科	杨育生
	以腹壁下动脉穿支(DLEP)供血的横行下腹部皮瓣在乳房再造中的应用	二医大第六届临床医疗成果奖二等奖	整复外科	董佳生

三、第九人民医院医疗成果奖

1993年起,医院设立院级医疗成果奖,鼓励医护人员总结经验、积极创新,不断提高临床医疗技术水平。至2010年先后评奖4次。

表3-1-17 1993—2004年九院医疗成果奖情况表

时　间	临床医疗成果名称	奖项级别	申报科室	申请人员
1993—1994	3.2 mm小切口摘出白内障折叠式人工晶体囊袋内植入术	医院个人奖	眼科	徐　庆
	逆引第一跖背血管蒂岛状皮瓣的临床应用	医院个人奖	整复外科	钱云良
	具有正常感觉神经支配和性功能的阴茎再造术	医院个人奖	整复外科	程开祥
	根尖周病系列诊治的研究	医院个人奖	口腔内科	王晓仪
	膝关节创伤的早期关节镜处理	医院集体奖	骨科	
	口腔颌面部血管瘤的非手术疗法	医院集体奖	口腔颌面外科	
	射频消融治疗室上性心动过速	医院鼓励集体奖	心内科	
	干粉吸入疗法防治小儿哮喘	医院鼓励集体奖	小儿科	顾宏亮
	周围血管栓塞性疾病的溶性治疗	医院鼓励集体奖	血液内科	
1997—1998	长皮骨结合皮瓣放长术治疗手指末节缺损	医院院级奖	中医科	程艳华
	超选择性肺动脉介入治疗肺癌	医院院级奖	胸外科	钱文标
	干粉吸入性激素防治儿童哮喘	医院院级奖	儿科	顾宏亮
	CT定位在射频温控热凝术治疗三叉神经痛中的临床应用研究	医院院级奖	口腔颌面外科	张伟杰
	心包膈动脉介入治疗冠心心绞痛	医院鼓励奖	胸外科	杜建伟
	静脉畸形骨肥大综合征诊治的研究	医院鼓励奖	血管外科	陆　民
	食管胃肠外翻一层吻合	医院鼓励奖	胸外科	陈彤宇
	雷公藤多苷对桥本氏甲状腺炎的治疗作用	医院鼓励奖	内科	杨裕国
2001—2002	微创手术治疗胫骨远端骨折	医院院级奖	骨科	孙月华等
	静脉内激光治疗下肢静脉曲张的临床研究	医院院级奖	血管外科	黄　英等
	多神经血管蒂腹内斜肌瓣移植治疗晚期面瘫的研究	医院院级奖	整复外科	祁佐良等
	腹壁下动脉穿支皮瓣乳房再造的研究	医院院级奖	整复外科	董佳生等
	上颌骨大型缺损功能性重建的临床研究	医院院级奖	口腔颌面外科	孙　坚

(续表)

时间	临床医疗成果名称	奖项级别	申报科室	申请人员
2001—2002	带蒂胸锁乳突肌转位术修复晚期面瘫的研究	医院院级奖	整复外科	杨川等
	乳腺癌改良根治术后应用带蒂背阔肌皮瓣移植一期乳房再造	医院鼓励奖	外科	龚鼎铨等
	预防无髓牙牙龈纵裂的研究	医院鼓励奖	口腔内科	洪瑾等
	前列腺特异性抗原（PSA）临床应用研究	医院鼓励奖	泌尿外科	应俊等
	超长蒂颞浅动脉筋膜岛状皮瓣修复鼻缺损	医院鼓励奖	整复外科	祁佐良等
	提高电击伤手功能重建疗效的研究	医院鼓励奖	整复外科	李青峰等
	交频率密度毫米波联合治疗息性肿瘤的临床研究	医院鼓励奖	口腔颌面外科	王中和等
	髁状突骨折后咀嚼功能的重建	医院鼓励奖	口腔颌面外科	徐兵等
	深部海绵状静脉畸形的手术翻瓣激光治疗	医院鼓励奖	口腔颌面外科	周国瑜等
2003—2004	覆膜支架腔内修复治疗主动脉夹层和腹主动脉瘤的研究	医院院级奖	血管外科	蒋米尔
	CRRT成功抢救横纹肌溶解合并多脏功能衰竭	医院院级奖	内科	张薇
	角膜缘干细胞和角膜上皮移植眼表重建的研究	医院院级奖	眼科	范先群
	恶性高热复苏成功两例	医院院级奖	麻醉科	朱也森
	内镜辅助微血管减压术治疗三叉神经痛	医院院级奖	口腔颌面外科	张伟杰
	二维CT图像分析对鼻中隔矫正术的疗效评价	医院鼓励奖	五官科	王珮华
	歪鼻畸形序贯治疗的临床研究	医院鼓励奖	五官科	陈东
	腭成形术和术后语音障碍治疗方法的临床研究	医院鼓励奖	口腔颌面外科	王国民
	放射性眼眶畸形的手术治疗	医院鼓励奖	整复外科	穆雄铮
	五白湿敷剂联合微波治疗唇风	医院鼓励奖	口腔内科	周曾同
	组织工程技术构建下鼻甲治疗萎缩性鼻炎的临床研究	医院鼓励奖	五官科	石润杰
	先天性小耳畸形的全耳整形再造	医院鼓励奖	整复外科	张如鸿

四、医院与社会合作评优

为表彰和奖励在临床医疗工作中有突出成绩的医务人员，充分调动和发挥广大医务人员的积极性和创造性,促进医院临床医学水平的发挥和提高,医院与社会企业合作设立评优奖项,有施贵宝奖励基金、联邦病案书写与管理奖、强生奖励基金等。评比由科室推荐优秀个人,医务处、护理部等职能部门组织评选。

表 3－1－18　1998—1999 年度"施贵宝奖励基金"青年医、技、护三十佳情况表

岗　位	科　室	姓　名
医　师	内　科	沈　波
	外　科	秦　坚
	血管外科	李维敏
	妇产科	刘建华
	泌外科	蔡志康
	神经内科	朱　宁
	眼　科	沈　勤
	耳鼻喉科	石润杰
	老年科	杜　勤
	整复外科	张如鸿
	口腔颌面外科	叶为民
	口腔正畸科	潘晓岗
	口腔内科	孙　喆
	口腔修复科	郑元俐
医　技	药剂科	李允武
	检验科	孙康德
	放射科	杨　新
	B超室	袁　方
	口腔病理科	李　江
	口腔技术	钱　琼
护　士	内　科	李宇红
	整复外科	潘亚男
	外　科	唐敏君
	口腔科	蔡　云
	六病区	朱　臻
	急诊科	环　琼
	骨　科	李　雯
	手术室	陈　菲
	儿科	武卫华
	神经外科	卞虹妩

表 3-1-19　1999—2000 年"联邦奖励基金"病案书写与管理奖获奖情况表

1999 年		2000 年	
科　室	姓　名	科　室	姓　名
内一科	杨裕国	内一科	陈瑾君
内三科	顾　燕	内三科	解玉水　郭郁郁
内二科	窦红菊	内二科	汪　蕾
神经内科	严为宏	神经内科	方　洁
眼科	刘海燕	骨　科	俞　超
泌尿外科	蔡志康	泌尿外科	卢慕俊　蒋跃庆　应　俊
急诊科	方　萍	急诊科	王　俏
急诊科	王闻怡	五官科	陈　东
普外科	周洪波	外一科	郭善禹
普外科	徐　宁	外二科	周洪波　龚鼎铨
口腔颌面外科	陈敏洁	口一科	何　悦
口腔颌面外科	陈　刚	口二科	李青云
六病区	陈朝婷	六病区	芮铭安
整复外科	刘　清	妇产科	吉怡君　陈　鸣
整复外科	金　蓉	医务处	沈铭钥
妇产科	吴冬云	整二科	刘　清
骨科	李　华		
血管外科	黄　英		

表 3-1-20　2000 年"强生奖励基金"优秀病案与管理奖获奖情况表

科　室	获奖者	科　室	获奖者
内二科	姚一云	整四科	余　力
内三科	朱文敏　顾　燕	眼科	李　瑾
神经内科	张　俊	外一科	王　兵
六病区	陈朝婷　成　静	外二科	刘文勇
急诊科	方　萍　张之龄	信息科	柏金喜
血管外科	刘晓兵	口一科	季　彤
泌尿外科	傅　强	口二科	卢晓峰
骨科	谢幼专	口三科	陈　阳
整一科	柴　岗	耳鼻喉科	汤君彦
整二科	曹卫刚		
整三科	方建蔺		

五、其他优秀成果奖

1987—2000年医院一批青年医师获得上海市医师类奖项。

表 3-1-21　1987—2000年青年医师获奖情况表

年　份	奖　项	获 奖 人 员	科　室
1987	上海市优秀青年医师	宋伯铮	口腔颌面外科
1987	上海市优秀青年医师	盛　净	内　科
1997	上海市优秀青年中医临床医师（希望之星）	高一明	中医科
2000	上海市医苑新星	顾　延	骨　科
2000	上海市医苑新星	朱亚琴	口腔内科

六、优秀青年医师奖

1987年起，医院设立"优秀青年医师奖"。1987—2010年，共有50余人次获评医院"优秀青年医师奖"。

表 3-1-22　1987—2010年医院"优秀青年医师"获奖情况表

年　份	获 奖 人 员	科　室
1987	曹惠萍	整外科
1987	张建中	口腔修复科
1987	胡国强	口腔正畸科
1987	范秋曦	眼科
1987	姜启鼎	妇产科
1987	王　卫	普外科
1987	程　珺	口腔病理科
1987	孙月华	骨科
1987	翁雨来	口内科
1987	钱耀琴	儿科
1987	严　怡	耳鼻喉科
1987	束木娟	病理科
1987	马优胜	儿童牙科
2000	张　俊　张　怡	骨　科
2000	何　悦　刘　琼	口腔外科

(续表)

年份	获奖人员	科室
2000	吴国芹	口腔门诊科
	易 南	口腔内科
	王丽珍	口腔病理科
	鲍泳扬	病理科
	戴谦诚 王 蓓	外 科
	韦 敏 许小萍	整外科
	吴 莘 李 雯 陈冬靖	急诊科
	邹丽芳 贾 琦 陆 懿	内 科
	陆 勤	神内科
	潘晓骅	检验科
	张海峰	营养科
	黄 英	血管外科
	蔡文玮	六区
	陈晓文	药剂科
	曹振东	中医科
	姜 虹	麻醉科
	傅 强	泌外科
	田 辉	妇产科
	王 萍	手术室
	陈向东	皮肤科
2010	许建忠	心内科
	黄 英	血管外科
	何 悦	口外科
	王应灯	肾内科
	曹振东	中医科
	汤 睿	普外科
	张 峻	骨科
	刘 凯	整外科
	王丽珍	口腔病理科
	孙 喆	牙体牙髓科

第二章 门急诊管理

第一节 机构沿革

1920年9月,石美玉创建上海私立伯特利医院,开设门诊和病房。同年10月,又租赁西藏南路169—175号街面房开设诊所。1924年,制造局路639号的新医院建成,也设有门诊业务。初期的医院规模有限,由石美玉、石菲比主持管理。1934年10月,石美玉的堂外甥梅国桢应邀回国加入伯特利医院工作,负责医疗业务。抗战期间,医院被日军占领,被迫停业。1938年5月,租赁法租界伯赛仲路(今复兴西路)21号房屋设立分院,分院及西藏南路诊所医疗业务由代院长石成志管理。抗战胜利后,伯特利总院、分院及西藏南路诊所陆续恢复医疗业务。1947年11月,梅国桢回国任医务主任,负责医院复建并主持医疗业务。1948年1月,总院经过修缮后重新开业,先行恢复门诊。1949年4月,伯特利医院设立门诊部,由医务部主任负责。1949年10月,伯特利医院成立董事会。院长下设医务部主任、护理部主任、总务部主任,门诊业务由医务部负责。1950年初,伯特利医院开设急诊业务,属医务部管理。

1951年8月,上海市军事管制委员会接办医院,梅国桢留任医务主任。1952年12月,上海伯特利医院总院改名上海市立第九人民医院,并设门诊部,由医务室负责门诊业务。同年6月,分院划归上海市第一妇婴保健院。同年9月,伯特利医院分诊所停止业务。1953年,医院设立急诊室,在南大门北侧围墙内的平房。1955年,急诊室配备一些专门急救设备,设立少量观察床。1960年,医院成立门办保健科,分管门诊业务。1965年10月,医院作为上海第二医学院附属医院设立门诊办公室,设副主任1人。1966年"文化大革命"开始,原有管理制度被打乱。1969年,医院"革委会"下设业务组,魏原樾任组长,负责全院医疗业务。1969年10月,设门诊部,有召集人3人,负责门诊业务。1970年,医院设立急诊抢救室。

1978年10月,医院恢复门诊办公室,设副主任2人。门诊办公室在院长领导下负责门急诊医疗组织协调和管理工作。同时,恢复和健全门诊各项规章制度,包括门诊病史卡抽、插、送制度,慢性病休假标准,疾病证明单盖章制度等,使门诊医疗工作逐步规范。1984年8月,门诊办公室设正、副主任各1人。1986年,医院成立急诊科,配备正、副科主任及护士长。为加强口腔门诊业务管理,1995年3月,设立口腔门诊办公室与医院门诊办公室合署办公,由门诊办公室副主任兼任口腔门诊办公室主任。

表3-2-1 1965—2010年门诊办公室历任负责人情况表

任职时间	主任	任职时间	副主任
1984—1990	谢德善	1965—1966	曹如英
1990—1991	应秀玲	1978—1982	秦祖康
1991—2008	任彩娟	1978—1984	谢德善
		1984—1990	吴涛

(续表)

任职时间	主　　任	任职时间	副主任
		1986—2000	李生惠
		1989—1990	应秀玲（主持工作）
		1991—1992	任彩娟（主持工作）
		2000—2007	胡国强
		2007—	汪新民
		2008—	张少明（主持工作）
		2010—	王毅敏

第二节　门急诊管理制度

上海私立伯特利医院建院初期，由创办人直接管理。医院制定有《医务人员服务规则》《门急诊制度》《住院规则》等。1948年10月，重新制定《伯特利医院章程》，逐步恢复医院工作秩序。

1951年8月，上海市军事管制委员会接办医院后，对医院进行整顿，健全行政管理体系，完善规章制度，改善医疗环境，使医院逐渐适应为社会大众服务的需求。1951—1963年，医院先后制定《会诊制度》《住院病人探访规则》《各级医务人员职责》《医院工作制度》《医疗事故、差错缺点处理暂行规定》《住院医师鉴定制度》《住院病史记录细则》等22项规章制度，对规范医院管理、加强医务人员工作责任、提高医疗服务质量起到很大的作用。1954年起，医院开始推行科主任负责制，进一步加强对门诊工作的领导。1955年2月，医院试行门诊部区域负责制。

1964—1965年，根据中央卫生部综合性医院工作人员职责和工作制度，医院建立各类人员岗位责任制，健全工作制度，订立和健全医疗、护理技术操作常规。"文化大革命"期间，各项制度被打乱，医疗秩序和医疗质量都受到严重影响。

1978年，医院试行卫生部颁发的《全国医院工作条例（试行草案）》《医院工作制度与医院工作人员职责（试行草案）》，恢复科主任负责制，建立健全以岗位责任制为中心的各项规章制度。1979年，党的十一届三中全会后，医院将医疗质量作为衡量医院服务思想、技术水平和管理水平的主要标志，逐步建立和修订医疗、行政工作的各项规章制度。重点拟定医疗工作制度和医务人员的职责等55项制度，要求各级医务人员认真执行以岗位责任制为中心的各项规章制度，明确各级各类人员工作职责，严格执行医疗护理常规和各项技术操作规程，建立良好的工作秩序，不断提高医疗质量和服务态度，减少医疗差错，严防医疗事故的发生。1980年，医院重点开展门急诊制度建设，加强门急诊管理。1981年，医院健全门急诊各项制度，制订包括各项制度和各科常见急诊诊疗常规的《急诊手册》。

1992年，修改、补充门急诊工作的规章制度与职责，并贯彻落实；修改各科病员须知、便民措施，门急诊各部门工作制度、工作人员职责、抢救操作规程等20余项制度，建立健全门急诊、病房质量考核标准。1996年，进一步健全、修订门急诊规章制度，如《加强急诊医务力量制度》《复合伤抢救制度》《整顿专家门诊》《内外科中午连续开诊制》等。2002年，为落实首诊负责制，补充修订首诊负责制意见，整理、修订和完善门急诊医疗工作制度、常规操作等。2003年，继续修订和整理门急诊有关工作制度和告示制度。2006年，和医务处共同修订和完善医院工作各项制度，按代码规则汇编,全年新增制度8项。

鉴于以往工作中容易发生疏漏、脱节的环节,急诊复合伤患者抢救制度做明确规定:对于不明确科别的复合伤、多发伤患者,急诊外科值班医师为首诊医师;有明确就诊科别的复合伤患者(整形、口腔、骨科等),该科值班医师为首诊医师。首诊医师全权负责现场抢救协调工作。

在急诊会诊、转诊、转院制度中规定:各科急诊患者,凡遇病情复杂需他科协助进一步明确或共同处理的,应及时提请会诊。值班医师在接到急诊呼叫后,必须在10分钟内到达抢救现场(麻醉科必须在3分钟内到达抢救现场)。转院病员须经急诊科(院总值班)与对方医院联系同意后,方可转出等。

针对大部分专业科室的医师采用轮班制,对急诊流程不尽熟悉的情况,医院规定,凡参加急诊室工作的医师,均应参加上岗前培训,熟悉有关注意事项和工作常规,并认真贯彻执行,提高医疗质量。培训由急诊科负责实施。

为避免对首诊概念的不同理解,明确急诊病历卡上首写的第一个科室为首诊科,同时挂号接诊的其他各科应遵照急诊医师职责、急诊会诊、急诊科缘疾病处理规范等制度规定,加强责任心、加强协作,服从指挥人员协调处理。

2010年,医院制定有门急诊管理制度三大类41项,包括工作职责类7项、工作流程类12项、治疗管理类22项。这些制度的建立和完善,对于提高门急诊质量、避免纠纷和医疗瑕疵,起到积极作用。

第三节　门急诊业务管理

一、门急诊科室设置

1947年11月,伯特利医院开始复建,次年恢复门诊业务,设内科、外科、产科、肺科门诊。1951年,聘请特约医师应诊耳鼻喉科、胸外科、小儿外科、牙科、骨科门诊,并与附近的江南造船所、上钢三厂、电信工会等18家单位订立《特约诊病优待合同》,方便工人就诊。

1951年8月,上海市军事管制委员会接办伯特利医院后,新建肺科门诊,扩建急诊室。1952年12月,改名"上海市立第九人民医院"。1953年5月,伯特利分院移交市第一妇婴保健院作为其分院。分诊所停办。医院通过门诊改造,扩大门诊用房。同年,建造急诊室,并设立急诊室,当时无急救设备和观察床。

1953—1956年,开设的门诊科室有内科、外科、肺科、妇产科、小儿科、眼科、耳鼻喉科、皮肤科、口腔科、中医内科等。1957年,新建新门诊二处。1959年增设肠道门诊。20世纪60年代,门诊开始开设专科门诊,由高年资医师进行临诊把关,并实行初诊预检制度。1962年,医院设立急诊观察室,设立床位4张,急诊医师由各科排班轮流值班,并增添抢救设备及少量观察床。

1964年,医院划归上海第二医学院,成为二医口腔系的教学基地。1965年12月,口腔门诊与教学楼(8号楼)建成并投入使用。大楼底楼设内科、外科、耳鼻喉科、外科、妇产科门诊。大楼二、三楼为口腔各科室门诊,设有口腔内科、口腔颌面外科、口腔矫形科,以及眼科、皮肤科、小药房、收费处。仍散布于医院旧建筑的门急诊部门有中医内科、伤科、针灸科、儿科门诊,以及放射、化验、心电图、脑电图、门诊治疗室、注射室、肠道门诊、急诊室等科室。1966年,急诊室观察床位扩至25张,外科设立扩创室。同年,广慈医院整形外科迁至九院,开设病房和门诊。1970年,九院设立急诊抢救室,添置抢救设备、洗胃机、人工呼吸机各1台、心电图仪EKG及心电监护机;急诊规模扩大,内、外科急诊医师实行三班坐班制工作,其他各科采取24小时值班制。

1980年，增设内科的消化、血液、肾脏、内分泌、呼吸、老年高血压，骨科长皮膏门诊，泌尿专科，外科胆道病、肿瘤，妇科早早孕，口腔黏膜病、神经疾患、牙周病、激光、颞颌关节病等各专科门诊，并相继增设脑电图、肌电图、口腔免疫室、同位素等辅助科室。

1983年，肺科撤销，肺科门诊随之关闭。1985年，开设门诊有内科、外科、妇产科、小儿科、眼科、耳鼻喉科、皮肤科、口腔科、中医内科、中医伤科、针灸科、整复外科、口腔内科、口腔外科、口腔修复科、口腔儿童科、泌尿外科、骨科、胸外科、血管外科、长皮膏、肝炎、肠道、职防门诊等科室。

1987年，正式成立急诊科，由正副主任及2名护士长负责急诊科日常行政、业务工作，设观察床位21张，有14个临床科室开设门急诊业务。1989年，医院实行医师首诊负责制。同年，撤销肝炎门诊。急诊室设外科、内科、口腔科、眼科、ENT、整复外科，配备抢救设施。

1993年5月，门急诊大楼（10号楼）建成并投入使用，使就医环境得到改善。同年9月，神经外科成立。1998年，九院对急诊室进行改扩建，扩大急诊用房和改善门诊就医环境。1999年，对门急诊挂号大厅进行改造，增设急诊输液室。2006年11月，口腔整复大楼建成并投入使用，口腔门诊迁入口腔整复大楼内，进一步缓解患者看病难问题。

至2010年，医院开设门诊的临床科室有内分泌科、肾脏内科、血液内科、消化内科、心血管内科、呼吸内科、神经内科、普外科、胸外科、泌尿外科、骨科、整复外科、血管外科、神经外科、妇科、辅助生殖科、儿科、眼科、耳鼻喉科、口腔干部特需科、口腔颌面外科、口腔综合科、口腔正畸科、口腔儿童预防科、牙体牙髓科、牙周病科、口腔黏膜病科、口腔种植科、口腔修复科、中医科、皮肤科、老年病科等。开设急诊的科室有急诊科、普外科、胸外科、泌尿外科、骨科、整复外科、血管外科、神经内科、妇科、儿科、眼科、耳鼻喉科、口腔综合科、口腔颌面外科等。

专科门诊有肥胖、糖尿病、甲亢、血透、乳腺、消化道肿瘤、肛肠、嵌甲、甲状腺、疝与腹壁、腋臭、角膜眼膜病、斜视弱视、口气、唇腭裂、颞颌关节、心血管拔牙、放疗、涎腺、口外激光、正颌正畸、颌面创伤、颌面畸形、针灸、中医伤外科、中医妇科、长皮膏、中医皮肤病、创面修复、骨科康复等。

二、门急诊布局

1924年，伯特利医院在制造局路639号建成新院，医疗业务主要在南大门入口的医疗楼，为一假3层楼房（旧1号楼，2003年拆除）。2楼是妇产科病房，门诊设在底楼。1948年，战后恢复时底层开设肺科病房和门诊。1950年，与旧楼成直角相连的新医疗楼建成（美玉外科楼，旧2号楼，2003年拆除），底层曾经作为部分科室的门诊。上海市军管会接办医院后，将肺科门诊迁至医院北面旧10号、11号楼。同时在院中陆续建造简易平房作为各科诊室，主要在旧7号楼区域。直至1960年代初期，医院门诊分布于院中各个年代搭建的平房中。1965年，5 000平方米的口腔门诊、教学大楼（8号楼）建成。此后一直到1989年建造10号楼之前，医院的门诊大致分为以下3个区域。

1. 8号楼 大楼底层为内科、外科、耳鼻咽喉科、妇产科，另有收费处、药房。二、三楼为口腔各科室门诊，以及眼科、皮肤科门诊、小药房及收费处。

2. 老门诊楼（旧14号楼） 底层设有门急诊检验、中西药房，2楼设有中医内科、伤科、保健科、门诊办公室等。与旧14号楼相连的旧12号楼平房设有针灸、整外、烘疗室、心电图室、脑电图室。

3. 旧8号楼和旧9号楼 二道门外的旧8号楼底层是儿科门诊，二楼是超声和理疗室。相邻的旧9号楼是门急诊放射室。此两幢房之间，在围墙内的连接处设肠道门诊，向围墙外开门，患者可从制造局路直接进入肠道门诊就诊。

图 3-2-1　1989 年医院门诊区域之一，挂 2 号门牌的是老门诊楼（旧 14 号楼）

图 3-2-2　1989 年医院门诊区域之二，右侧由远至近：儿科门诊（旧 8 号楼）、放射门诊（旧 9 号楼）、肠道门诊。左侧为旧 14 号楼

表 3-2-2　1989 年门诊设置情况表

科　　室	诊疗室	候诊处	其　　他
内科门诊	6	内走廊	护士工作站、护士更衣室
普外门诊	2	内走廊（合用）	外科换药室、检查治疗台、专科门诊治疗室、外科手术室
妇产科	2	内走廊（合用）	妇科检查床、计划生育手术室、早早孕实验室、厕所

(续表)

科　室	诊疗室	候诊处	其　他
耳鼻喉科	2	内走廊（合用）	咽喉喷雾治疗、手术室、电测听室、办公室、更衣室
皮肤科	2	内走廊（合用）	手术治疗室、更衣室、氧氖激光器
眼科	1	内走廊（合用）	手术室、暗室、治疗室、实验室、办公室、裂隙灯
口腔内科	6	内走廊（合用）	DX光室、暗室、X光摄影机消毒室、各专科门诊、收费窗口、药房窗口、特诊室牙周病、龋齿研究室
口腔儿童科	2	内走廊（合用）	消毒室、更衣室、特诊室
口腔外科	4	内走廊（合用）	激光治疗室、门诊手术室、消毒室、手术准备室、洗手间、男女更衣室、肿瘤研究室
口腔修复科	5	内走廊（合用）	消毒室、倒模抛光技工室、特诊室、咀嚼生理研究室
口腔修复技工室	4	操作室2间 技工实习1间	包埋、去蜡、充填热处理、抛光、铸圈烘烤、高频电弧铸造器烤瓷、烤塑设备
口腔正畸科	2	技工操作室1间	技工倒模、抛光室、消毒室、模型橱
门诊公用部门		合用大厅	收费处、门诊药房、门诊化验注射室、挂号处、预检、问讯处、病假盖章、公费处方审批处
病房、门诊共用辅助科室			放射科、生化室、同位素室、理疗、心电图、脑电图、超声波、口腔免疫室、口腔病理科、大体病理科
中医科（旧14号楼）	2	走廊	中医伤科、中医内科、针灸、药离子治疗骨刺、微循环
小儿科（旧8号楼）	2	走廊	小儿科、肠道科（另设通道）

医院的急诊室在被接办时设在旧1号楼底楼，仅一间诊室，接办后迁至南大门北侧的平房区域，扩展为3间平房。当时急诊室用敲钟方式召唤内外科医师前来接诊。1966年，急诊室搬迁至北

图3-2-3　1989年医院急诊区域（旧10号、11号楼）

大门内旧10号、11号楼原肺科门诊区域,设有内、外、耳鼻喉、眼等科室的急诊室,以及门急诊治疗室、扩创室、注射室等。急诊观察室床扩大到25张,有简易床单位用具及外科扩创室。这一布局一直延续到1989年底建造10号楼时拆除。

表3-2-3 1989年急诊设置情况表

科　室	诊疗室	主要设施	人员配置
急诊室(旧10、11号楼)	外科	扩创设施室、石膏台、诊疗床	医师三班轮换坐班制
	内科	急诊观察床25张	
	口腔科	牙科治疗椅、气涡轮机头	医师24小时值班制
	眼科	裂隙灯	
	ENT室	诊疗台、喉镜等	
	整外科		
	共用配置	预检台、急诊挂号、收费、药房、化验、注射室、抢救室	急诊、观察室护士约40人

1989年12月,12 120平方米的8层门急诊综合大楼动工建造(后编为10号楼)。1993年2月15日,门急诊综合大楼建成启用,门急诊患者的候诊环境得到显著改善。同年3月,设置抽血中心;4月,门急诊化验室搬迁并正式启用。1995年,调整儿科、普外科的布局,儿科门急诊从4楼搬至2楼,归为一个单元,方便病患就诊。同时,扩建挂号室,配置电子显示叫号仪,挂号人员的工作条件得以改善。

图3-2-4　1992年建成的门急诊楼(10号楼)。1998年喷水池和外楼梯被拆除

1995年,完成口腔楼(8号楼)的装修和布局调整工作,增加诊室,标志清晰。口腔各科患者挂号、配药、收费都能在楼内完成。

图3-2-5 2003年的口腔门诊楼(8号楼)入口及挂号收费处

1998年,10号楼急诊1~3楼改扩建,扩大急诊用房,增加床位20张,2楼生活区改成观察病房。1999年,10号楼底楼大厅改建,挂号预检搬到底楼,门前喷水池拆除,原2楼挂号厅改造后增设日间病房及门诊补液室,场地宽敞。6楼新增设口腔特需门诊和口腔干保门诊,开设皮肤激光中心,增设激光门诊。儿科病房、门急诊完成一体化改造。2001年,在10号楼6楼增设收费窗口,减少手术患者和其他患者付费的往返。为改善急诊补液患者的环境,克服困难,设法增设日间补液室(日间病房),并从2001年3月19日起实行24小时全天服务。2002年,口腔楼(现8号楼)完成口腔临床医疗中心的改建任务,所有诊室装修一新,环境更舒适,应用及流程更合理,所有标识、标牌更加醒目。底楼增加收费窗口,又增设电子显示屏,宣传介绍清晰明了。2003年,日间补液室面积扩大60平方米,椅位增加63张,将原分别在2楼和1楼的门急诊注射室合并搬到底楼。2006年,10号楼3楼新增收费窗口,1楼新增检验抽血窗口,同位素室和中心实验室共用。

2006年11月,新门诊大楼(1号楼,口腔、整形大楼)建成启用,将挂号、收费窗口合为一处,每个楼层均设有挂号收费窗口,在1楼新增抽血窗口。2008年,10号楼装修急诊重症监护室(EICU)和急诊病区,改善急诊病房的条件,并将急诊病房及EICU统一集中在2楼。对急诊室进行改造,更新急诊标识,抢救室及急诊室安装自动门,使急诊绿色通道更畅通、高效。同年完成眼科门诊、眼科手术室、辅助生殖科门诊的改建及搬迁工作。2009年,在10号楼6楼开设体检中心,口腔干保门诊搬迁至1号楼7楼。

表3-2-4 2010年10号楼门诊布局情况表

楼层	南东区	南西区	中区	北区
1	中西药房	急诊科	挂号、收费	检验科、门急诊放射
2	急一病区	急二病区	门诊输液室	儿科门诊
3	内科各科	呼吸科病房	普外、胸外科	泌尿外科、血管外科、神经内科、脑电图室

(续表)

楼层	南东区	南西区	中区	北区
4	超声诊断科,心电图、心功能室	骨科、康复科	中医科	内窥镜
5	眼科门诊、眼科手术室	耳鼻喉科	门办、门诊手术室、镇痛门诊、神经外科	病理科
6	体检中心	皮肤科	老年病科、特需门诊	激光美容
7	辅助生殖科	辅助生殖科	辅助生殖、激光美容	妇科

表3-2-5　2010年1号楼门诊布局情况表

楼层	科室
1	口腔综合科、口腔药房、放疗门诊、检验科、挂号收费、出入院处
2	口腔正畸科、口腔儿童预防科
3	口腔黏膜病科、牙周病科、牙体牙髓科、口腔放射
4	口腔颌面外科(颌面激光、正颌正畸)、口外门诊手术室
5	口腔修复科、口腔种植科
6	整复外科、整外门诊手术室
7	口腔干保特需科、口腔病理科

三、门急诊流程

伯特利医院创立以来一直以妇产科、儿科为主业,至抗战后复建时期逐渐增设内科、外科、肺科、骨科、胸外科等其他专科业务。1950年,医院积极开展各项新兴业务,筹办劳动集团保健,在蓬莱区卫生事务所领导下办理妇婴保健及免费接生,组织到工厂、学校、里弄开展接种牛痘及防疫注射,与防疫协会合作设卡介苗接种站,与普益社诊所及浸会庄诊所联系收治其所送来的住院患者。上海市军事管制委员会接办伯特利医院后,1953—1956年,医院进入3年整顿时期,进一步加强门急诊管理,设立急诊观察室,贯彻执行急诊室工作范围和转诊等制度。为克服门诊拥挤忙乱情况,建立门诊预约制,设立患者问讯处,简化门诊收费手续,改善门诊记账办法。

以后在各个历史时期都根据当时的具体情况,采取多项措施改进门急诊工作,以提升医疗质量,方便患者就诊。

"文化大革命"中,门诊"医护工"分工被打乱,形成"医护工一条龙"服务形式,严重影响正常医疗秩序和质量。党的十一届三中全会后,1979年2月,医院正式成立门诊办公室。门诊办公室在院长领导下统一协调工作,恢复和健全门急诊各种规章制度,使门急诊医疗工作逐步走向规范。

【挂号收费及预约诊疗】

1958年,曾取消门诊限额,实行24小时连续门诊及三班门诊制,门诊重点克服"三长一短"现象(挂号时间长、候诊时间长、取药时间长,就诊时间短),实行"流动挂号""分区候诊""柜台配方""收费配药一条龙"，减少患者往返时间，对行动不便的患者做到扶老携幼、代叫车辆，对重患者实行优先诊治。为提高门诊治疗，实行"门诊一贯制"和"专病门诊"。

1997年，门诊部分大病医保试运行。开展面向患者、方便患者活动。在内、外、妇、儿、口腔各科，中午设值班医师实行连续门诊制。门诊挂号、收费、检验、药房的窗口全部实行开放服务。1998年，门急诊就诊患者实行全部预检，由护士预检发号，减少患者挂错号的现象，且提高统计数据的正确率。挂号窗口也改变原按科挂号的现象，实行各窗口均可挂号。

2003年，与助医网、爱康国宾及"114"名医导航合作开展专家门诊预约诊疗，均采用付费会员制。2005年，预检和挂号提前15~30分钟开窗。2007年，开展定向转诊服务，制订定向转诊的流程和相关规定；实行上、下午专家同时挂号，取消预检号的发放。2008年，10号楼的收费挂号处改建，挂号、收费窗口合并。2009年，贯彻落实卫生部《关于在公立医院施行预约诊疗服务工作的意见》，进一步规范预约诊疗服务，制定预约诊疗服务的各项相关工作制度和操作流程，针对患者不同的需求，开展电话预约、现场预约、诊间预约等诊疗预约形式，在10号楼便民服务中心开展门诊现场预约服务。2010年，新增申康医联网预约的诊疗形式。至2010年底，医院已经开展4种预约诊疗途径(网络、电话、现场、诊间)。

【病卡及处方管理】

"文化大革命"期间，病卡由患者带回。党的十一届三中全会后，医院恢复门诊病史卡抽、插、送制度。1980年，对劳保病史实行建卡及回收工作，在病卡回收的基础上，定期进行门诊病史质量分析，以提高门急诊的医疗质量。2001年3月19日，取消原公费医疗制度，全部纳入医保运转，门急诊病史由患者保管。门诊办公室定期前往门急诊检查病史，每月进行质量考评。2007年，认真执行卫生部《处方管理办法》，医院以发文形式规定处方通用名的书写并加强处方规范化管理，开展处方点评工作，登记不合理处方。根据麻醉药品和精神类药品新的管理规定，制订和完善医院的麻醉药品和精神类药品的管理、使用及流程。

【门急诊信息管理】

1993年10月，为进一步提高医院管理工作，门急诊、挂号处、收费处、药剂科及财务处等部门实行计算机网络管理系统。2006年，医院对门诊大楼信息系统进行改建，根据医疗工作需要配置网络终端。2007年，在1号楼启用排队叫号系统，门诊大厅大屏幕显示当日专家门诊、出诊情况。内科医师电脑工作台先行运转。2008年，10号楼医师工作站在试运行半年后，推行到各科室门诊，全面实现门诊信息化。2009年，在10号楼门诊全面启用排队叫号系统，检验科及部分辅助检查科室实行无纸化。

【便民措施】

1958年儿科迁去新华医院，并带走一批业务骨干，九院回归卫生局成为区级医院，医院发展进入一段低谷期。医院党政班子大力抓医院管理，整顿秩序，严肃纪律，发扬先进。提出"建立社会主义医院的新型医患关系，把思想政治工作做到病人身上"，全院职工积极响应并付诸行动。要求门诊做到：① 安静，秩序好，无排队；② 做好宣传教育工作，从挂号到门诊各环节对患者都有宣传教育；③ 一切措施为患者着想。这些措施改变了医院面貌，振奋了员工精神。1959年7月24、25日，《解放日报》连续报道九院改进服务的工作经验，先后有19个单位、255人次来九院参观学习。1960

年医院被评为全国文教战线先进单位,由院长魏原樾代表医院赴北京出席文教战线群英大会。

20世纪80年代初,门诊建立咨询服务台,制订10项服务项目,加强服务台工作,安排有经验的问讯护士做好这项工作,利用空隙时间摘抄各医院地址、电话号码和车次以及各种化验正常值,做到有问必答。问讯处每天还坚持高峰时设流动服务,为老弱病残患者挂号、配药、叫车,为行动不便患者送入门诊大楼,热情地接待患者。1984年9月,建立与地段医院家庭病房挂钩制度,并定期对地段医院医师进行业务指导,这样既方便患者也提高急诊室周转率。1986年,对70岁以上老人实行一条龙服务;在门急诊窗口开展争创文明窗口活动;对空腹抽血患者减少排队和收费的往返;在门急诊有关科室设立家庭病床,对行动不便、残疾患者实行上门服务等。1992年,为方便患者,把X片摄片划价与收费合并为一个窗口,由收费处办理。1996年,强调以患者为中心,方便患者、一切为患者,抓窗口的规范化,各窗口提出方便患者的措施,如代寄化验单,代挂号、配药等。2002年,增设收费窗口,并在大显示屏上公示收费项目,方便患者就医流程,减少患者往返。化验报告由服务台集中发放。2005年,将门诊患者的就诊流程以图表宣传形式在大厅公示,便于患者了解;预检和挂号提前15~30分钟开窗,收费、药房窗口准时开窗并设咨询窗口,还增加中午及17点时窗口工作人员;放射科增加中午预约接待时间,B超、放射科CT、摄片等检查项目基本在当天完成。2008年,开设便民服务中心,开展医疗咨询、报告单查询与打印、导医、门诊各类审核及其他便民服务。

1997年,在内、外、妇、儿、口腔各科曾实行中午连续门诊制。2000年,为适应市场需要,开设一周7天门诊工作日;8月,先在口腔正畸、口腔儿童开设周日门诊,后逐步扩大,于10月份全院实行一周7天门诊工作日。2003年9月7日起,为落实市政府精神,又开设延长门诊(即夜门诊),内、外、眼、耳鼻喉科均已开设。2007年,根据患者需求,中医针灸科开设夜门诊。

2008年,10号楼作布局调整和装修,在底层大厅设置便民服务中心,提供就医咨询、化验放射等检查结果查询服务。

图3-2-6 2009年2月在10号门诊楼大厅的便民服务中心

四、门急诊人次

1920年，伯特利医院创立，医疗业务逐步发展，至抗战爆发时已达一定规模。1937年，伯特利医院总院及八仙桥分诊所门诊50 000人次/年。抗战爆发后，医疗工作遭受重大打击，总院被日军占据，仅靠八仙桥诊所和1938年在法租界设立分院勉强维持。1937年8月至1950年3月，伯特利医院分院门诊量15 043人次。1920至1950年，伯特利医院分诊所门诊量108 920人次。1948年1月至1950年5月，伯特利医院总院门诊13 997人次。1953年，医院门诊228 750人次/年，急诊14 268人次/年。1958年，医院平均月门诊36 190人次。

表3-2-6　1953—1989年各科门诊人次统计表（一）　　　　单位：人次

年份	内科	整复外科	妇科/产科	眼科	小儿科	耳鼻喉科	皮肤科	总数
1953	47 408		7 394/8 927	44 700	38 196	1 840	5 348	228 750
1956	41 112		6 876/5 091	38 552	33 226	5 226	11 513	236 460
1965	84 824		16 283/4 823	21 075	48 578	25 008	21 516	409 408
1975	132 452		189 920/4 165	45 016	22 725	43 090	42 377	673 195
1985	138 513	24 609	38 685	43 217	55 290	37 709	49 483	764 079
1986	137 096	28 427	45 402	43 772	51 623	40 210	50 467	793 446
1987	142 046	28 181	48 527	43 852	47 845	39 328	49 005	828 305
1988	112 282	21 952	42 099	36 885	33 363	33 703	42 535	706 042
1989	116 312	19 513	50 610	35 415	31 125	34 090	43 495	715 223

表3-2-7　1953—1989年各科门诊人次统计表（二）　　　　单位：人次

年份	口腔内科	口腔外科	口腔修复科	口腔正畸科	口腔儿童科	中医内科	中医伤科	针灸科
1953		5 514				1 118		
1956		12 320				5 901		
1965		16 900				48 779		19 216
1975		129 918				85 155		28 803
1985	71 404	54 798	45 673		9 001	48 517	30 948	7 101
1986	71 429	60 194	42 505		11 413	19 858	31 986	9 927
1987	71 187	16 683	37 560	16 189	10 659	18 991	30 961	12 484
1988	72 323	51 862	26 420	19 121	10 464	41 016	28 490	9 894
1989	78 425	52 985	28 378	17 885	19 964	42 666	19 768	7 328

表 3-2-8 1953—1989 年各科门诊人次统计表(三) 单位：人次

年份	泌尿科	骨科	胸外科	血管外科	长皮膏科	肝炎科	肠道科	职防科	体检科
1953									4 244
1956									2 419
1965								29 724	552
1975								1 423	1 017
1985	9 526	21 923	1 014	1 986	8 746	769	5 340	737	4 871
1986	11 059	22 039	1 858	1 620	12 086	892	5 203	191	3 392
1987	19 845	22 154	2 023	3 196	17 709	760	4 280	335	2 946
1988	17 360	19 125	1 677	2 889	11 963	9 747	3 550	64	3 701
1989	14 766	19 902	1 663	2 416	17 391		2 649	86	3 701

表 3-2-9 1953—1989 年各科急诊人次统计表 单位：人次

年份	内科	外科	整复外科	肺科	妇科	产科	眼科	儿科	耳鼻喉科	皮肤科	口腔科	中医科	肠道科	骨科	胸外科	泌尿科	观察人次	总计
1953	4 060	2 822		440	617	1 349	193	4 585	7	2	24	169						14 268
1965	18 605	9 780		211	591	967	1 674	35 565	1 119	1	561							69 074
1975	56 436	22 980		692	403	561	7 911	37 397	4 244		3 090							133 714
1985	55 196	24 001	769		1 438		7 533	72 961	7 906		7 831		8 618	1 021	227	1 918	11 339	200 758
1986	54 700	25 365	759		1 112		9 020	59 173	9 706		8 582		6 732	1 439	248	1 816	11 198	189 850
1987	51 143	6 380	1 073		2 125		8 224	56 472	9 700		8 423		5 839	1 621	286	2 122	11 711	165 119
1988	45 944	23 522	960		1 458		7 158	37 014	7 920		7 366		5 308	1 492	278	1 843	11 418	151 681
1989	35 657	23 455	1 199		1 361		5 672	37 921	8 171		7 195		3 906	1 468	273	1 521	7 090	134 889

表 3-2-10 1990—2010 年全院门急诊人次统计表

年　份	门诊人次	急诊人次	门急诊总人次
1990	698 051	127 367	825 418
1991	731 347	123 958	855 305
1992	698 320	128 665	826 985
1993	586 998	124 279	711 277
1994	516 952	98 963	615 915
1995	537 023	95 738	632 761
1996	577 755	96 201	673 956
1997	579 515	89 278	668 793
1998	613 422	91 526	704 948

(续表)

年 份	门诊人次	急诊人次	门急诊总人次
1999	691 658	98 300	789 958
2000	823 224	110 379	933 603
2001	779 811	73 911	853 722
2002	895 023	87 772	982 795
2003	947 017	103 671	1 050 688
2004	1 053 306	97 123	1 150 429
2005	1 070 338	99 086	1 169 424
2006	1 159 125	99 938	1 259 063
2007	1 347 646	106 954	1 454 600
2008	1 490 242	1 063 636	1 596 878
2009	1 645 457	1 034 970	1 780 427
2010	1 798 660	1 037 213	1 935 873

表3-2-11　2010年各科门急诊人次统计表

科 室	门诊人次	急诊人次	门急诊总人次
内　科	79 885	52 270	132 155
发热门诊		687	687
内分泌科	47 824		47 824
肾脏内科	16 574		16 574
血液内科	4 936		4 936
消化内科	34 426		34 426
心血管内科	70 877		70 877
呼吸内科	14 640		14 640
神经内科	29 362		29 362
普外科	33 108	6 965	40 073
胸外科	1 144	1 187	2 331
泌尿外科	25 830	2 218	28 048
骨　科	34 256	9 174	43 430
整复外科	130 064	3 508	133 572
血管外科	11 348	493	11 841
神经外科	3 870	3 556	7 426
妇　科	25 377	1 023	26 400

(续表)

科　　室	门诊人次	急诊人次	门急诊总人次
辅助生殖科	56 179		56 179
儿　科	24 981	13 737	38 718
眼　科	58 756	7 048	65 804
耳鼻喉科	31 918	8 002	39 920
牙体牙髓科	76 432		76 432
口腔外科	206 321	1 439	207 760
口腔修复科	81 749		81 749
口腔儿童预防科	41 369		41 369
口腔正畸科	71 941		71 941
口腔种植科	12 840		12 840
口腔综合科	66 275	22 344	88 619
牙周病科	54 494		54 494
口腔黏膜病科	54 825		54 825
肠道门诊		3 562	3 562
中医科	109 196		109 196
皮肤科	130 588		130 588
老年病科	5 495		5 495
干部保健	4 705		4 705
特需门诊	37 521		37 521
镇痛门诊	1 499		1 499
核医学科	519		519
康复医学	1 732		1 732
其　他	105 804		105 804
合　计	1 798 660	137 213	1 935 873

第四节　专科与专家门诊

一、专科、专病门诊

1949年初，私立伯特利医院医疗业务单一，医疗力量薄弱。上海市军事管制委员会接办医院后，上海市卫生局抽调一批业务骨干充实临床各科。1951—1953年，在全市卫生系统抽调一批专家教授担任内科、泌尿外科、胸外科、肺痨科、皮肤科、妇产科、骨科、牙科、耳鼻喉科、X光科特约（顾问）医师，充实门诊医疗力量。

表3-2-12　1951—1953年特约医师(顾问)情况表

年　份	专家姓名	临床科室	年　份	专家姓名	临床科室
1951	徐继和	外　科	1953	沈成武	X光科
1951	陶学熙	内　科	1953	俞永康	皮肤科
1951—1952	苏世仪	肺痨科	1953	顾恺时	胸腔外科
1951—1952	何永照	耳鼻喉科	1953	方子勤	肺　科
1951—1952	夏　铸	骨　科	1953	吴旭丹	内　科
1951	周连圻	骨　科	1953	郭清泉	妇产科
1951	赵立群	儿内科	1953	夏　铸	牙　科
1951	叶吉益	妇产科	1953	马永江	泌尿外科
1952	阎振田	妇　科	1953	吴绍青	肺　科

"文化大革命"中,医院打破"医护工"的分工,形成"医护工一条龙"服务形式,但内科的慢性支气管炎、冠心病、心肌炎、口腔肿瘤专科仍保持了每周一次专科门诊。1980年,又增设了消化、血液、肾脏、内分泌、呼吸、老年高血压等内科分科,骨科长皮膏、泌尿外科、外科胆道病、肿瘤、妇科早早孕、口腔黏膜病、神经疾患、牙周病、激光、颞颌关节病等各专科门诊。1987年,开设以口腔为主体的13个专家及泌尿男性专科门诊。1988年,增设内、外、妇科等20个专家门诊,共开设33个专家特色门诊;同年,口腔外科开设心血管拔牙专科门诊。1989年1月,长皮膏由骨科划归为中医科。1990年,医院共开设34个专家门诊,11个专病门诊。截至2010年,共设有59个专科、专病门诊。

表3-2-13　1989年各科专科、专家门诊情况表

科　别	专　科　门　诊	专　家　门　诊
内科	消化、慢性支气管炎、冠心病、血液、心肌炎、甲亢、肾病、肝炎	消化、冠心病、血液、心肌炎、内分泌、心理咨询
外科	肿瘤、胆道、血管外科、截瘫	
口腔颌面外科	颌面肿瘤、三叉神经痛、冷冻、激光、颞颌关节病、涎腺病、正颌、^{60}Co放疗	颌面部肿瘤、炎症、颞颌关节病、涎腺病、^{60}Co放疗
口腔内科	黏膜病、牙体病、牙周病	黏膜病、牙体病、牙周病
口腔修复	颞颌关节、颌面修复	全口托牙、固定桥修复、部分托牙修复、颞颌关节病
口腔正畸	各类牙列不齐	各类牙列不齐
整复外科	颌面组、瘢痕、四肢组、淋巴水肿	
耳鼻喉科	听力、鼻炎、耳病、肿瘤	耳鼻喉各类疾病
眼科	青光眼、中西医结合	
中医科	长皮膏、痔疮、骨刺药疗、推拿、中风预报	
儿科	小儿保健、小儿哮喘	
神内科	眩晕症	

（续表）

科　别	专　科　门　诊	专　家　门　诊
泌尿科	男性专病	
骨科	骨科各类疾病	
胸外科	呼吸道病	

表3-2-14　2010年专科、专病门诊情况表

科　室	专科、专病名称	门　诊　时　间
口腔颌面外科	颌面部肿瘤	周一上午、周二全天、周三下午、周四上午、周五上午
	牙颌面畸形	周一至周五全天、周六上午
	唇腭裂专科	周一至周三下午、周四周五全天、周六下午
	颞颌关节	周三上午、周四下午
	心血管拔牙	周二下午、周五下午
	重建修复	周一至周五上午
	颌面创伤	周五下午
	涎腺病	周一下午
口腔修复科	颌面赝复	周一至周四全天、周五上午
口腔正畸科	唇腭裂正畸	周三上午
口腔预防儿童科	口气专科	周一上午
整复外科	血管瘤	周一上午、周三上午、周四下午
	瘢痕疙瘩	周一全天、周二至周日上午
	颅颌面专科	周一上午
	外阴生殖器整形	周一上午
	面瘫	周二下午
	手外科	周一下午、周三下午、周五下午
	眼周整形	周三下午
	毛发种植	周四上午
	腋臭整形	周四下午
	唇部整形	周四下午
	淋巴水肿	周五上午
内科	营养病	周一上午
心血管内科	冠心病	周一全天
	心脏支架随访	周三全天
	心律失常专病	周二下午

（续表）

科　　室	专科、专病名称	门 诊 时 间
心血管内科	心衰专病	周四全天
	高血压专病	周五全天
神经内科	眩晕（耳石症）	周一下午
	头痛（偏头痛）	周三下午
普外科	腋臭	周二上午、周六上午
	肿瘤介入	周二上午
	嵌甲	周一下午
	减重	周一下午
	甲状腺	周一下午
	乳腺病	周一下午
	肛肠疾病	周二下午、周五下午
	疝专病	周三下午
泌尿外科	前列腺增生	周一上午，周三、周四下午
	泌尿结石	周四上午
骨科	肩关节专科	周二下午
神经外科	三叉神经	周二下午
血管外科	血栓性疾病	周一下午
	动脉瘤	周五下午
眼科	斜视弱视	周一、周三全天
	角膜病眼表疾病	周三下午
耳鼻咽喉科	鼾症和咽喉疾病	周三下午
	鼻窦炎	周四下午
	鼻窦内窥镜	周四下午
	过敏性鼻炎	周五下午
妇科	外阴白色病变	周四上午
	宫颈疾病	周四下午
皮肤科	脱发专病	周二下午
中医科	妇科	周三下午
	皮肤病	周四下午
儿科	消化系统疾病	周三上午
	哮喘	周六上午
康复医学科	颞颌关节康复	周五上午
	骨科康复	周六全天

二、专家门诊

1987年,医院开设以口腔为主的13个专家门诊。1988年,相继增设内、外、妇等专家门诊20个,合计有33个专家特色门诊。1990年,共设有34个专家门诊,11个专病门诊。2000年,新增专家专病门诊45个,当年有专家128名,并出台专家门诊及专家挂牌制。2001—2010年,新增专家门诊226个。2008年,为加强专家门诊的管理,针对以往专家门诊停诊较多的现象,实行填写停诊申请单制度。

表3-2-15 2010年专家门诊情况表

科 室	星期一		星期二		星期三	
	上午	下午	上午	下午	上午	下午
内分泌科			陆颖理	叶 林	林东平	杨裕国
神经内科	周翠娟		董幼镕			翟 宇
心血管内科	陈元美		杨菊贤		严毓勤	
肾脏内科	王应灯				张 薇	
消化内科				严 华	刘海林	
呼吸内科	任彩娟					
血液内科				朱 琦		胡钧培
老年病科		杜 勤		朱 健		成 静
儿 科	查健忠	查健忠	钱耀琴	钱耀琴	顾洪亮	查健忠
核医学科				马玉波		
普外科	龚鼎铨	王 兵	刘文勇	汤 睿	顾 岩	蔡忠方
	楼晓楼		毛旭明			
血管外科	黄新天			黄 英	李维敏	陆信武
骨 科	史定伟	郝永强	唐 坚	孙月华	张 蒲	朱振安
神经外科	王秉玉	郭智霖	吴逸群		郭智霖	程华怡
胸外科	管 欣				管 欣	
泌尿外科	姚德鸿	蒋跃庆	王 忠	卢慕峻	董国勤	董国勤
妇 科		陈 鸣	叶 香		屠 爽	孙 桦
眼 科	范先群	李政康	罗 敏	孙 英	范先群	李 瑾
	朱惠敏	王志良	林 明		李政康	刘海燕
	周激波				周激波	
	肖彩雯				肖彩雯	

(续表)

科　室	星期一		星期二		星期三	
	上　午	下　午	上　午	下　午	上　午	下　午
耳鼻喉科	刘　萍	陈　东		石润杰	王珮华	陈锦安
整复外科	张余光	刘宁飞	祁佐良	李　伟	孙宝珊	金　蓉
	钱云良	王毅敏	杨　群	濮哲铭	张　波	戴传昌
	张如鸿	章一新	林晓曦	刘　阳	李圣利	朱国献
	刘　伟	程开祥	余　力	王　斌		
		顾　斌	刘　清			
口腔颌面外科	杨　驰	邱蔚六	张伟杰	沈国芳	张志愿	张陈平
	胡永杰	徐　兵	陈万涛	竺涵光	王国民	卢晓峰
	张　桦	季　彤	叶为民	李　军	汪　湧	
	杨育生	张善勇	蔡协艺		杨雯君	
	顾基中		王中和		徐袁瑾	
	王旭东				俞创奇	
					范新东	
					涂文勇	
牙体牙髓科	唐子圣	夏文薇	孙　喆	张金宁	吴英娜	孙　喆
	潘益华			潘益华	夏文薇	
口腔修复科	邢国芳	胡　滨	张保卫	陈丽萍	张修银	张建中
	魏　斌		翁维民	陆尔奕		焦　婷
口腔儿童预防科	汪　俊	汪　隼	冯希平		汪　俊	
口腔正畸科	游清玲	潘晓岗	陈荣敬	沈　刚	张雷英	钱玉芬
			宫　耀		陈振琦	
牙周病科			顾晶晶	尹元正	刘晓峰	
口腔黏膜病科	周永梅	唐国瑶	周海文	周永梅	周永梅	周曾同
口腔综合科						
口腔种植科		吴轶群		赖红昌		张志勇
中医科	周阿高	胡　军	黄燕兴	洪　声	戚清权	黄　纲
					黄　纲	
皮肤科	汪蓓青		徐　慧		陈向东	刘健航

(续表)

科　室	星期四		星期五		星期六	
	上　午	下　午	上　午	下　午	上　午	下　午
内分泌科	乔　洁		隋春华			
神经内科	陆　勤	严为宏	李　威			
心血管内科		王长谦				
肾脏内科		沈　波	张　薇			
消化内科		张哲永	朱舜时			
呼吸内科	周龙女					
血液内科				邹丽芳		
老年病科			盛　净			
儿　科	钱耀琴	钱耀琴	张少明		顾洪亮	钱耀琴
核医学科						
普外科	郭善禹	戴谦诚	毛旭明	杜宽航		
		秦　坚	邬寿贞			
血管外科	陆　民	田卓平				
骨科		赵　杰	王　友	张　峻		
神经外科	王秉玉	欧阳火牛	吴逸群			
胸外科						
泌尿外科	蔡志康	王　忠	蒋跃庆	蔡志康		
妇　科		刘建华				
眼　科	罗　敏	刘海燕	林　明	李　瑾		
	孙　英		朱惠敏			
	王志良		周激波			
耳鼻喉科			周小屏			
整复外科	李青峰	柴　岗	施耀明	张　群	张　艳	祝　联
	董佳生	刘　凯	韦　敏	汪　希	王善良	曹德君
	穆雄峥	杨　军	曹卫刚	王丹茹		
		韩　冬	张如鸿			
口腔颌面外科	周国瑜	唐友盛	郭　伟	钟来平	陈　阳	
	孙　坚	张　瑛	陈敏洁	房　兵		

（续表）

科　室	星期四		星期五		星期六	
	上　午	下　午	上　午	下　午	上　午	下　午
口腔颌面外科	张诗雷	何　悦	徐立群			
	郑家伟		徐　兵			
	朱　敏		何冬梅			
	王中和					
牙体牙髓科		刘　正	唐子圣			
			吴英娜			
口腔修复科	蒋永林	郑元俐	徐　侃	佘文珺		
	甘　红	凌月华	陈玉琴	孙　健		
口腔儿童预防科	曹慧珍			池政兵		
口腔正畸科	陈林玲	蔡　中	唐国华			
	吴　军		翁思恩			
牙周病科						
口腔黏膜病科	周海文	周曾同	唐国瑶			
口腔综合科			朱亚琴			
口腔种植科		黄　伟				
中医科	周阿高		黄晓莺			
皮肤科			刘建航			

科　室	星期日	
	上　午	下　午
儿　科	查健忠	查健忠
整复外科	胡鸿泰	王　健
	王　炜	张　英

表3-2-16　2010年各科专家门诊人次情况表

科　室	专家门诊人次	科　室	专家门诊人次
内分泌科	4 065	心血管内科	2 968
肾脏内科	1 282	呼吸内科	1 588
血液内科	1 077	神经内科	3 624
消化内科	2 347	普外科	6 371

(续表)

科　室	专家门诊人次	科　室	专家门诊人次
胸外科	284	口腔正畸科	3 491
泌尿外科	11 057	口腔种植科	1 615
骨　科	7 931	口腔综合科	1 371
整复外科	82 912	牙周病科	6 473
血管外科	8 165	口腔黏膜病科	13 060
神经外科	3 384	中医科	11 102
妇　科	2 207	皮肤科	6 379
儿　科	7 213	老年病科	1 301
眼　科	18 228	干部保健	1 467
耳鼻喉科	3 399	特需门诊	2 429
牙体牙髓科	7 573	核医学科	305
口腔颌面外科	44 911	其　他	195
口腔修复科	35 280	合　计	308 865
口腔儿童预防科	3 703		

第五节　其他门急诊业务管理

一、传染性疾病防控

1951年，上海私立伯特利医院由政府接办后，传染性疾病的诊治由医务室统一管理。1950—1970年，除肺结核由肺科收治外，季节性传染病如流脑、乙脑、菌痢等，医院根据流行情况设置临时性隔离床位，由内科医师负责诊治。儿科按季节设有菌痢等疾病的隔离床位。20世纪50年代医院设立肠道门诊，20世纪70年代设立肝炎病房和门诊。2003年在抗击非典型肺炎工作中，医院开设发热门诊，并按要求成立感染性疾病科，由门诊办公室任彩娟兼任主任。根据医院工作特点，主要负责肠道门诊和发热门诊的人员安排、工作布置以及诊疗规范的落实。

【肠道门诊】

1959年，医院设立肠道门诊，在二道门外儿科门诊与门诊放射室之间沿围墙的平房内，仅在夏季肠道传染病多发时开设白天门诊。1974年护士吴又生调入肠道门诊，开始实行24小时接诊，由内科医师轮流值班坐诊。1976年以后肠道门诊全年开放。后几经搬迁，1989年，搬迁至11号楼1楼。2005年，医院对肠道门诊进行改扩建，使就医环境和设施得到明显改善，严格实行三区划分，做到检验、收费、发药不出区域，24小时急诊开放，负责急性肠道传染性疾病诊断治疗、护理、食物中毒急救以及传染病登记报告等事宜。2010年，肠道门诊有医师4名，观察床位4张。

表 3-2-17　1974—2010 年肠道门诊就诊人次情况表

年份	接诊人次	年份	接诊人次	年份	接诊人次
1974	5 308	1987	10 119	2000	3 555
1975	8 690	1988	8 858	2001	3 627
1976	9 620	1989	3 906	2002	3 792
1977	11 297	1990	7 086	2003	3 756
1978	7 681	1991	6 019	2004	4 142
1979	10 370	1992	5 789	2005	3 769
1980	10 782	1993	5 113	2006	4 999
1981	11 567	1994	4 956	2007	4 433
1982	12 423	1995	3 656	2008	3 467
1983	16 250	1996	4 069	2009	3 378
1984	13 953	1997	4 444	2010	3 562
1985	13 956	1998	3 617		
1986	11 938	1999	3 506		

【肝炎防治】

1973年医院开设肝炎病房,在旧2号楼底楼新内科(内二病区)西侧,设置14张床位。由范献群、陈海琼、鲍园华等医师主管。同时期开设肝炎门诊,承担肝炎患者出院后的随访,收治下级医院转来的肝炎患者。1988年1月,上海暴发甲型肝炎,医院在南市区国货路小学开设293张病床诊治患者,派出范献群、马菊珍、杨培林等医护人员负责诊治,肝炎门诊量达5 000余人次。随着流行肝炎得到控制,患者逐渐减少,1988年以后九院的肝炎患者转去南市区传染病医院就诊,医院派出医务人员参加接诊。2002年,经黄浦区卫生局同意,医院不再专设肝炎门诊,改为与黄浦区传染病医院合作,黄浦区传染病医院加挂"上海第二医科大学附属第九人民医院肝炎门诊"铭牌。

表 3-2-18　1973—1988 年肝炎门诊就诊人次情况表

年份	接诊人次	年份	接诊人次
1973	1 013	1981	1 416
1974	2 055	1982	1 148
1975	3 112	1983	1 752
1976	1 728	1984	992
1977	1 013	1985	769
1978	456	1986	892
1979	6 374	1987	760
1980	1 116	1988	9 747

【发热门诊】

2003年在抗击非典型肺炎工作中,医院按要求设置发热门诊,将沿制造局路街面原科技开发公司的二层门店改建成发热门诊和发热留观病房。按照患者和工作人员的隔离要求,门诊开向制造局路;设置了诊室和独立的标本采集、放射摄片和患者卫生间等设施;发热患者的急救和转运通道、观察室等系列用房,并组建发热门诊医护队伍。值班医师由内科系统轮流派出,门诊办公室负责排班,护士由护理部统一安排。医护人员严格按照消毒隔离要求操作,24小时值班,保证该工作正常有序运行。在此后的防治禽流感、甲型流感的工作中发挥了重要作用。

图 3-2-7 2003 年开设的发热门诊

二、体检工作

20世纪70年代,医院设有保健科、下厂组,对所属劳保、公费单位定期进行防病宣教、人员培训和专病普查。1980年,协助劳保厂托儿所进行体检工作。1998年,进行1949年以来首次市劳模体检,医院为815名劳模开展体检服务。体检工作由门诊办公室统一管理,日常开展入职体检、健康体检及驾驶员换证体检,体检项目在各相关科室诊间完成。2009年1月,医院组建的体检中心开始运行,中心位于10号楼6楼东南区,由任彩娟任体检中心主任。

图 3-2-8 2009年开设的体检中心

表 3-2-19 1987—2010年体检人次情况表

年　份	体检人次	年　份	体检人次
1987	1 897	1999	1 215
1988	2 081	2000	2 197
1989	2 732	2001	3 361
1990	2 772	2002	2 420
1991	1 725	2003	2 364
1992	3 227	2004	2 812
1993	5 131	2005	2 893
1994	4 396	2006	3 446
1995	3 962	2007	6 042
1996	3 261	2008	7 461
1997	3 261	2009	9 619
1998	3 546	2010	8 391

第三章 护理管理

第一节 护理管理组织

一、护理组织体系

【护理部】

伯特利医院创办初期，医院设总护士长1人统管全院护理工作。1930—1937年，由伍哲英任伯特利医院总护士长。1948年，伍哲英重新任伯特利医院总护士长。1950年，伍哲英任护理部主任。

表3-3-1　1950—2010年护理部历任正、副主任情况表

任职时间	主　任	任职时间	副主任
1950—1955	伍哲英	1955—1974	熊映君
1956—1984	刘德尊	1978—1989	张月楠
1984—1989	王世洪	1980—1984	王世洪
1989—2000	潘佩华	1988—1989	潘佩华
2000—	阮　洪	1988—1998	鲁　峥
		1992—1994	穆红珍
		1994—2000	沈美兰
		1996—2000	阮　洪
		1998—	王惠芬
		2002—	刘　明

【护士长】

20世纪30年代，私立伯特利医院除设总护士长1人，并设病房护士长3人、总事务护士长1人，分管3个护理单元。1951年，上海市军事管制委员会接办医院时，伍哲英任伯特利医院护理部主任，医院设5名护士长，分别管理5个业务单元：内外科病房、妇产和肺痨科病房、门诊部、手术室、药剂部。1952年，医院设7名护士长。20世纪80年代，护理部在病房按病区设护士长，门诊和急诊设一名护士长统管。20世纪90年代，病房每三个护理单元增设一名大科护士长。2003年后，随着门诊业务量增长和空间区域的扩大，门诊按大专业划分增设科护士长，有口腔门诊护士长、急诊护士长、大门诊护士长等。

表3-3-2　1951—2010年科护士长及护士长情况表

年　份	科护士长人数	护士长人数
1951		5
1952		7

(续表)

年　份	科护士长人数	护士长人数
1984		46
1990	7	34
1991	7	40
1994	7	32
2003	12	30
2004	12	27
2005	11	40
2006	11	40
2007	10	43
2008	12	50
2009	9	46
2010	12	56

1991年，为使护士长们系统地掌握医院管理的原理和重要方法，护理部开展了三期护士长管理学习班，对于全院聘任的47位护士长，尤其是新护士长进行上岗前管理专业培训，使其具备与管理职责相对应的管理专业知识和技能，推进护理管理规范化。

1999年，引进竞争机制，全院公开招聘护士长，通过打擂台的形式选拔学有专长、具有扎实理论和创新精神的年轻护士走上管理岗位，并通过引进竞争机制，使广大护理人员增强竞争意识，对医院护理事业的发展起到了重要作用。

2001年，护理部在加强护士长业务培训的基础上进行护士长管理知识的书面考核，合格率达95%，进一步调动了护士长学习的积极性，对于护士长工作质量的提升起到了重要的作用。

2002年，为规范护士长管理行为，提高管理效益，护理部定期举行护士长职能培训，内容包括管理知识考核、管理理念的阐述、临床各项操作的具体规程等。强化护士长管理意识，鼓励学习管理知识。通过定期召开全院护士长会议，进行病区护理质量评析、临床教育培训及考核、优质服务事例分享，以传授管理方法和提高管理技能。完善护士长考核体系及制度。护理部组织各病区护士长讨论，制定《护士长管理条例》，使护士长管理有据可查。

2007年，为了引导护理管理者成为学习型人才，举办了4期护士长管理培训班，邀请外院专家、院长及护理部主任进行管理的基本理论、管理新思维、医学研究与医学论文的写作及沟通技巧等方面的培训。

2008年，护理部举办多次护理管理培训，内容包括医疗市场的营销与管理、《护士条例》的解析、领导力培养、现代护理质量管理的技术与艺术等，促进了护士长尤其是年轻护士长突破管理者成长阶段的惰性，由任务导向型、作业导向型向竞争导向型和标旗导向型人才转化。

2009年，通过护士长培训，根据工作需要，护理部调整部分科室的护理管理岗位，修订《护士长岗位目标责任书》，将关键护理安全目标量化，在此基础上护理部完成了护士长的竞聘工作，并与护士长签订《护士长工作岗位目标责任书》。

2010年,护理部组织外院参观、交流护理管理经验,邀请专家进行管理和创新意识、护理质量管理的挑战与对策、医护沟通、领导艺术与专科护理发展等方面的授课,进一步提升护士长整体素质。各科护士长主动学习专科护理发展情况,结合各项单病种质量管理改进评价指标,修订专科护理常规并组织学习。

同年,护理部组织护士长进行了《护理安全与法实战交流》《护理伦理与法在临床中的运用反馈》等护理安全意识方面的学习。护理部主任深入临床进行护理安全排查,跟踪护理安全管理结果,根据结果再次进行相应的培训和考核。组织护士长进行了压疮评估及预防跌倒、坠床评估及预防的学习与考核,并进行全院护士长及护士的急、危重患者抢救能力的培训和考核。

二、护理管理体系

"文化大革命"中,护理工作制度被打乱,党的十一届三中全会后逐步恢复、健全了各项护理规章制度,建立护理体制,重新聘任各级护士长,病房实行护士长负责制,使病区管理开始走上有条理的管理,医疗护理工作逐步规范化。自20世纪80年代起,医院响应卫生部关于"加强护理工作领导,理顺管理体制的意见",护理工作实行院长领导下的护理部主任、科护士长、护士长三级负责的护理管理体制,使医院护理管理体系发展成为医院管理系统的重要组成部分,管理方式从经验型管理逐步向标准化、规范化、科学化管理过渡,管理指标体系不断完善。

1980年,为整顿护理队伍,健全护理工作体制,充分发挥护理部门的指挥管理效能,护理部建立了护理工作管理核心小组,由护理部正、副主任及科室护士长等组成医院管理学组、教学培养组、科技协作组、护理质量组、消毒隔离组等5个小组,每两周召开一次小组会议,讨论研究提升临床护理工作。

1984年,护理工作管理核心小组调整为病房管理组、护理质量组、护理科研组、教学培养组、消毒隔离组,设立各组组长,定期进行检查考核。

1985年,护理部首次对各护理管理核心小组的职责和要求进行明确界定。

表3-3-3 1985年护理管理核心小组职责和要求情况表

护理管理核心小组	职 责 与 要 求
病房管理组	负责指导、督促、检查病区规格化设置,十二项管理制度落实情况及岗位责任制开合情况。每季度第三个月检查。
护理质量组	负责指导、督促、检查责任制护理,护理书写及操作。常规正规化落实情况。做到患者、医生、自己三满意。每季度第二个月检查。
消毒隔离组	负责指导、督导、检查制订全院性消毒隔离工作,每季度第一个月检查。
教学培养	负责指导、督导、检查制订护士、护生和进修人员的培养计划(包括业务、政治素质)。
科研组	根据各科特点撰写护理论文。

2006年,护理部对护理管理组织体系进行进一步梳理,将护理管理工作划分为四个模块,分别建立质量管理委员会、职后教育管理委员会、教学管理委员会和科研小组,各委员会和科研小组直接对护理部主任负责。

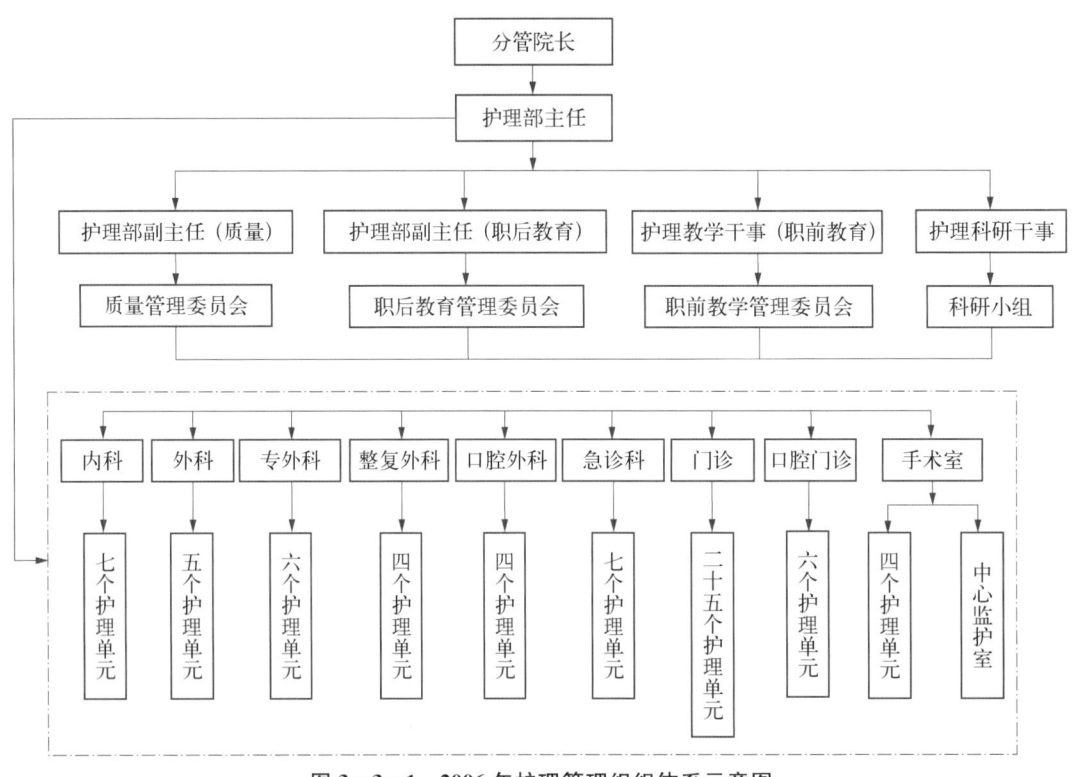

图 3-3-1 2006 年护理管理组织体系示意图

2010年,护理部将职前职后教育工作归总,形成质量管理委员会、教育管理委员会和科研小组三大模块。其中,质量管理中又将病房管理和门诊管理分开,分别由 2 位护理部副主任直接负责。

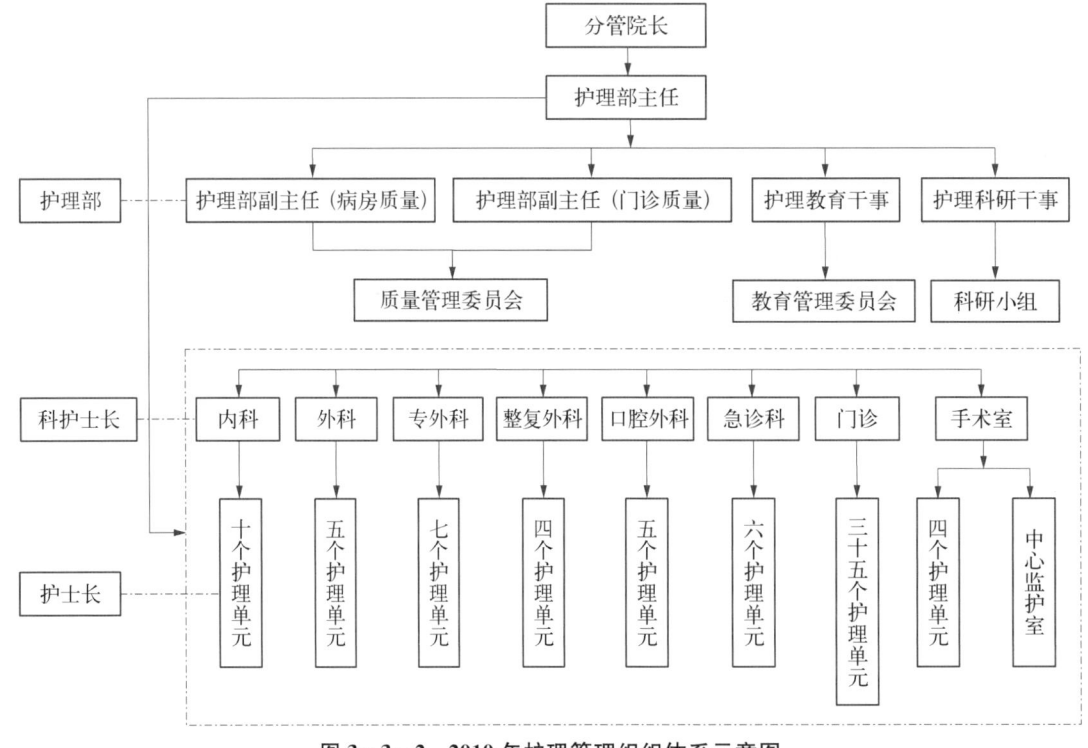

图 3-3-2 2010 年护理管理组织体系示意图

三、护理组织文化

【服务要求】

1980年起,护理部先后提出"三勤""四轻""四美""五心"的服务要求,即"口勤、手勤、脚勤";"走路轻、关门轻、说话轻、操作轻""语言美、环境美、仪表美、行为美""对病家要热心,对病人疾苦要关心,工作态度要耐心,护理病人要细心,接受意见要虚心"。强调护理人员应文明服务,具备较高的责任感和高度的同情心,关心、体贴患者,使患者对护理人员产生信任感、安全感。鼓励护士遵守医院文明服务公约,做到"十要十不":

"要礼貌待人,不得态度生硬;要方便病人,不得图己方便;要坚守岗位,不得擅离职守;要认真核对,不得粗枝大叶;要专心致志,不得闲谈嬉闹;要廉洁奉公,不得以权谋私;要分秒必争,不得贻误抢救;要仪表端正,不穿白制服进食堂;要团结合作,不得相互推诿;要爱院如家,不得损坏公物"。

1981年起,医院积极开展文明科室、文明护理小组活动。护理部发动各科室根据日常工作中经常接触到的语言,制定了护理工作文明礼貌常用语言52条,进一步规范护士日常工作用语。门诊预检、问询处等制订多项便民措施,全年好人好事累计2 000多件,儿科病房收到表扬信14封。

1986年,护理部组织对患者进行民意测验,了解患者对护理人员的服务态度是否满意,结果显示持满意态度的患者占95.9%。

除了加强宣传,护理部也非常重视护士医德医风教育,并将护士的职业道德纳入日常工作考察范围。为调动护士的工作积极性和对职业的热情,定期举行各种讲座、活动,如:1986年"5·12"护士节大会上邀请劳模李琦作"我爱护士这一行"的报告;邀请护校校长来院与护士一起探讨如何提升职业道德修养。1987年5月,组织全院开展"我是一名护士"大型演讲会,聆听护士的内心感言。1996年起,加强对青年护士职业规范服务的教育,组织青年护士参加"护士语言与举止""病员心目中的护士""白衣天使的素质""血的教训""病区文明规范服务""护士语言仪表规范""九院服务忌语"等各类讲座,内容丰富,形式多样。

1997年,根据卫生部创建整体护理模式的要求,护理部工作围绕"以病人为中心"的护理观念,深化改革,调整结构,统一认识,建立新的护理管理机制。通过组织护士学习现代护理学理论、邀请护理专家讲课、组织参观兄弟医院等多项措施,努力营造"以病人为中心"的护理服务观。

【护理组织识别系统】

1998年,护理部通过对医生、患者及护士群体进行问卷调查,重新审视护理管理现状,以医院护理理念为切入点、以服务方法为载体、以提升护理形象为目标,在目标指导下,进一步优化服务方法,在医院管理中引进企业形象识别系统理论,充实护理元素,开始医院护理形象识别系统的设计与实践。

护理组织识别系统(Nursing Corporate Indentity System,NCIS)是在企业形象识别系统理论指导下,加入护理元素而形成,使护理组织有意识、有计划地将护理组织及品牌的各种特征向社会公众主动展示与传播,使公众在市场环境中对护理这个特定的组织有一个标准化、差别化的印象,以便更好地识别并留下良好的记忆,达到社会效益和经济效益兼备的目的。NCIS分为三个方面:

护理理念识别(nursing mind identity,NMI) 九院护理理念包括护理远景——"健康、快乐、幸福"是我们共同的心愿;"微笑、服务、品质"是我们追求的目标;护理使命——帮助健康、提高生命质量;护理精神——敬业、追求卓越;护理核心价值观——"以人为本"。为实现护理理念的导入,护理部将"倒三角"的服务理念作为护理最高管理层的指导性思想;在护理系统运作中减少由于流程、环境、培训等因素造成护士临床护理中的困难和风险;给予护士长和护士培训和指导;为护士提供良好的成长环境。

护理行为识别(nursing behavior identity,NBI) 护理行为识别着眼于临床护理的组织形式,确立有效的患者护理制度、完善临床护理运行机制中护理的行为规范、护理教育培训和护理形象传播等。对内而言是建立完善护理的组织制度、管理、教育训练、福利制度与行为规范;对外则是透过社会公益性活动、社区健康关爱、健康教育活动等方式传达护理组织理念。

护理视觉识别(nursing visual identity,NVI) 1999年,医院以圆形护士帽代替原来的方形护士帽,锐角去除后的圆形弧线代表护士在临床护理中以护士的柔性关爱、体贴、无微不至地照顾患者,弧线的特性指导护士在临床中护理患者的态度、方法和技巧运用;护士帽弧线最高点,正是护士站立时正中最高点,象征进取、追求卓越的护理精神,展现护士不被困难所压倒,勇于向上并与医生并肩完成医疗健康服务的重任。在基本元素基础上,制服上的能级护士标记使医院内同仁和病患都能通过视觉,感受到护士的职业形象和成长形象,其应用要素即护士饱满的精神面貌、护理环境,以及护士与患者沟通中护理情感的流露等。护理形象视觉识别就是在上述静态与动态的统一中既概括、提炼九院护理的理念,又向护士和公众展示护理理念的所有外延部分。三者的交点是最完整的NCIS策略,这正是护理的目标形象:护士即患者健康的卫士,社会称之为白衣天使,是爱与智慧的载体。在护理患者时,不仅将患者生理最需要的第一手资料,以准确的数字提供给医生,并将医生的指令准确、及时地实施于患者;通过细致入微地观察,给予患者心灵安抚和生活照顾,达到全方位的整体护理。因此,护理患者需要护士投入爱与智慧,代表护理的形象目标,是护理组织形象识别系统设计的核心。

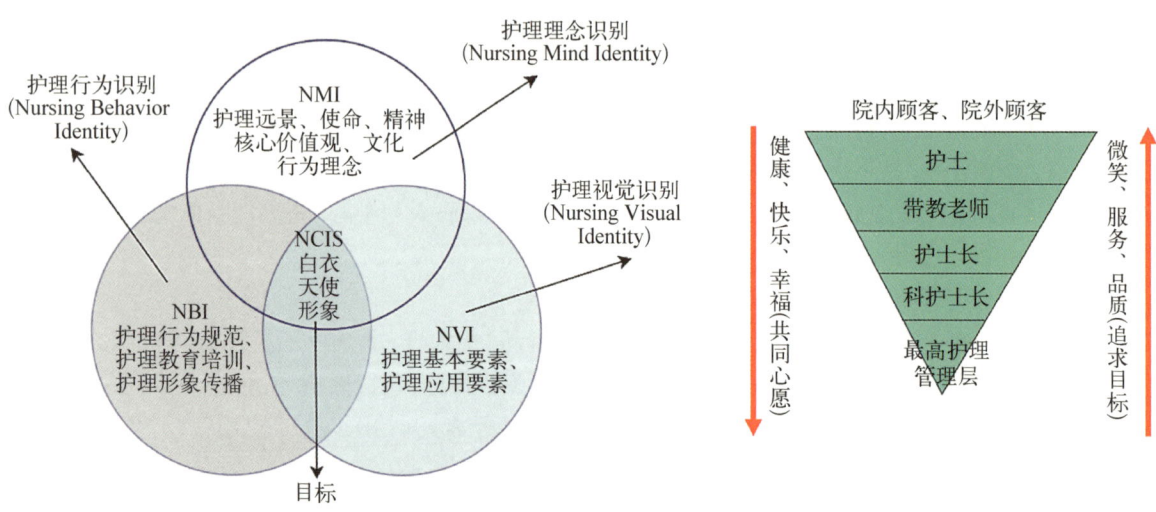

图3-3-3　NCIS框架结构示意图　　图3-3-4　"倒三角"服务理念示意图

随着医院护理理念的转变,护理管理人员日益重视护士的个人成长及职业生涯规划。1999年,护理部提出应该重视个人,了解每位护士与护士长的个性、期望和要求,发挥其主动性、积极性、创造性。积极组织护士参加院各项活动,以体现护士在医院中的作用。在全院营造注重技术创新、梯队建设,优化成才环境,保持自我发展后劲的继续教育氛围。

第二节 护理队伍发展

一、护士人数

1920年,私立伯特利医院建院初仅有4名护士,至1924年,有6名护士。医院日常护理工作主要由护校实习学生承担。抗战胜利后,1948年,伯特利医院复业时有护士14名,助产士2名。1951年,医院设护理主任1人,护士长5人,有护士37人,助产士4人。1951年8月,上海市军事管制委员会接办医院后,护理人员逐渐增加。1952年,全院有护士长7名,护士38名,助理护士43名,助产士12名。

1985年,医院护理人员总数为406人,医院总床位数为732张,口腔椅位110张。根据国家卫生部定编规则初步测定,缺编达150多人。

此后,护理队伍人数逐年得到增补,至2010年,全院护士人数已达845名,达到规范要求。

表3-3-4 1920—2010年护理人数变化情况表

年 份	护士总数	新招护士数	转编/调动人数	退休人数	辞职人数
1920	4				
1924	6				
1949	13				
1951	9				
1952	88(助理43)				
1985	406				
1987	433				
1990	471				
1995			3/25		4
1999	516				
2002	508	26	1/33	11	5
2004	559	47			14
2005	584	47	3	4	15
2006	637	80		8	19
2007	758	116		16	21
2008	789	71		14	26
2009	803	60		30	16
2010	844	70	2	18	13

表3-3-5　2010年医院各部门护士人数情况表　　　　　　　　　　　　　　　单位：人

门　诊		病　房	手麻科	急　诊		分　院	其　他
190		374	134	77		32	37
普通门诊	口腔门诊			急诊室	输液室		
101	89			63	14		

二、护士学历

私立伯特利医院创建初，护士主要来自伯特利助产学校、护士学校及各地护校毕业生。护理部建立初期，护士以中专、大专学历为主。1999年起，医院开始出现本科学历护士，占比逐渐增加。至2010年，本科学历护士占护士总数的13.8%。2010年起，开始招录硕士学历护士。

表3-3-6　1999—2010年护理队伍学历结构情况表

年　份	硕士(人)	本科(人)	大专(人)	中专(人)	本科以上护士所占比例(%)	大专以上护士所占比例(%)
1999		6	27	483	1.2	6.4
2002		12	62	433	2.4	14.2
2004		19	112	428	3.4	23.4
2005		20	112	452	3.4	22.6
2006		37	183	409	5.8	40.8
2007		62	243	465	8.2	40.2
2008		87	362	340	11.0	56.9
2009		91	392	320	11.3	60.1
2010	1	116	474	254	13.9	69.4

三、护士专业技术职称

1981年，为激励护理人员积极进取，促进人才成长和护理事业的发展，医院开展护士专业技术职称评定。通过专业技术职称评定，一支有专业技术职称、结构合理，即主任护师、副主任护师、主管护师、护师、护士的分级队伍初具规模。1983年，晋升了1名副主任护师。1987年，晋升了17名主管护师、43名护师。此后护士的专业技术职称评定和晋升工作成为主管部门的常规工作。

表3-3-7　1980—2010年护理队伍职称结构情况表　　　　　　　　　　　　　　单位：人

年　份	主任护师	副主任护师	主管护师	护　师
1980				11
1983		1		
1987		1	17	43
1990			32	153

(续表)

年 份	主任护师	副主任护师	主管护师	护 师
1991			33	97
1992			36	144
1993			37	163
1994			33	197
1995			39	210
1996		1	38	247
1997		1	37	277
1998		1	35	281
1999		1	35	282
2000		1	38	308
2002		2	33	343
2004		3	53	340
2005		4	60	325
2006		2	59	333
2007	1	3	62	357
2008	1	3	52	354
2009	1	3	50	366
2010	1	4	51	396

第三节 护理质量管理

一、护理模式改进

1980年以前，医院的护理工作模式基本沿袭传统的功能制护理模式，即将病房的护理工作按功能分为几个大类并以此分配护理人员岗位，定期轮换。如分为基本护理、医疗护理、医嘱整理等。其特点是分工明确，便于熟悉业务，方便排班；缺点是每人只对自己分管的一块业务负责，对于患者的情况则不甚了解。

1980年起，逐步建立、健全岗位责任制护理模式，即由1个护士负责患者从入院到出院的全过程。1986年，全院开展责任制护理的科室达到15个，1988年达到18个科室。责任护士对所负责的患者基本做到七知道（床号、姓名、诊断、病情、治疗原则、护理措施、心理状况）。1987年，上海市卫生局

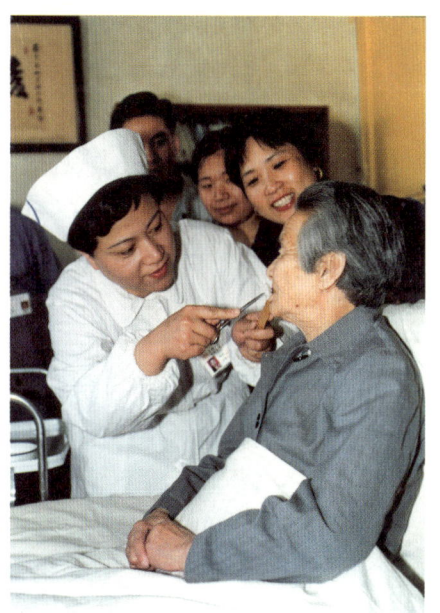

图 3-3-5 1997年上海市十佳护士潘小琴在护理患者

对医院护理体制、责任制护理有关内容进行调查显示,率先开展责任制护理模式的整复外科和口腔科床位,护士比分别为 1∶0.17 和 1∶0.24。

1991年是医院争创三级甲等综合性医院的关键性一年。在开展责任制护理的基础上,又建立了"优质护理"试点病区,进一步严格岗位责任制,加强晨晚间护理、生活护理,在提高护理质量的基础上进一步提升患者的满意度。其中,口腔一病区作为第一批"优质护理"病区,于6月接受市卫生局检查,护理工作得到了肯定,并在上海电视台新闻栏目中播出。

图3-3-6　20世纪90年代口腔内科护士长俞玉珍(左一)指导器械准备工作

1994年,医院按上海市各级医院组织机构及人员编制比例标准的有关规定,实行岗位责任制和综合目标承包制相结合的管理模式,设岗定编,病房实施分级护理管理,并于3月起在12个科室进行试行,在口腔病区、内科二病区、外科二病区、整复外科二病区、泌尿科病区建立了5个规范化病区,带动全院推行规范化服务。

1997年,医院顺应时代发展需要,积极响应中央卫生部及上海市卫生局号召,组织探讨和推广符合实际情况的整体护理模式,建立了口腔一病区、整形科一病区、泌尿科病区三个样板病房,各级护理人员积极开展整体护理模式的学习和落实。1998年,增扩口腔二病区、整形三病区、干部病房及骨科病房4个整体护理模式病房。1999年,全院病房整体护理模式覆盖率达90%。

2010年,全国卫生系统开展"优质护理服务示范工程"活动,护理部建立护理"示范工程"研讨小组,由副院长担任组长,护理部主任、副主任担任副组长,对优质护理服务进行了专题调研,制订了优质护理服务工作计划。至2010年底,共建立5个优质护理试点病房,占全院病区总数的15%。

图 3-3-7 2009年上海市模范护士、骨科护士长杨志英(左二)指导护理工作

二、护理制度建设

"文化大革命"中,医院护理制度被打乱。党的十一届三中全会后,逐步健全了各项护理规章制度,建立护理体制,重新聘任各级护士长,病房实行护士长负责制,使病区管理走上管理条理化、医疗护理程序化。在此基础上病房管理实行"三化",即病房设置规格化、护理管理制度化、技术操作正规化。

1980年,护理部牵头各科室制订了《病房护理人员岗位职责》,内容涉及科(病区)护士长、主班护士、治疗护士、巡回护士、中班护士、夜班护士,明确了各病区护理岗位职责。

1981年,为切实抓好护理质量,护理部健全了《护士记录书写标准》《病区交班本书写标准》《医疗文件书写标准及消毒隔离标准》。

1982年,护理部重新整理和修订了护理管理12项制度及护理操作常规12项。

1984年,为贯彻落实责任制护理,病房护士实行8小时在班、24小时负责制,保障护理的连续性,使护士对所包管患者的病情、治疗、思想都全面了解,在生活护理的基础上加强心理护理,使患者得到更多的关心和照顾。

1985年,进一步完善《护士长日、夜查房制度》,每周分别进行2次日查房、2次夜查房,了解中夜班护理工作情况、好人好事,并根据每次查房侧重内容进行督查,及时发现并纠正问题。

1991年,根据卫生部三级甲等医院标准,护理部先后完善质量评价标准6项,包括《护士长管理质量评分法》《护理文件书写评分法》《责任制护理评分法》《特护、一级护理质量评分法》《急救物品完整率评分法》《控制院内感染考核评分法》。重新修订护理核心制度12项,包括《交接班制度》《查对制度》《岗位责任制》《医疗文件管理制度》《分级护理管理制度》《差错事故分析管理制度》《被服管理制度》《消毒隔离制度》《药品管理制度》《爱国卫生管理制度》《探视陪伴管理制度》《饮食管理制度》,作为护理工作的指南。

1997年,为提高临床急危重症患者的抢救效率和护理质量,由护理部提名组建了抢救、特护护理班子,并对各科室危重患者的抢救工作进行了考察。

从2000年起至2010年护理部又陆续建立和修订了6大组织体系、20项基本制度、7项行政管理制度、14项安全制度、9项业务管理制度、5项教育科研制度;对全院护士从心肺复苏、除颤、吸氧、输液泵、推注泵、静脉输液,到气切吸痰、口腔护理、鼻饲,进行操作考核,使制度更加完善,操作更加规范。

2002年,进一步补充完善护理管理制度,修订了包括护理质量监控网络、《护理质量日常督查制度》及运作方式、《护理会诊制度》、《护理部三基考核制度》、《差错事故防范制度》、《护理道德规范常规制度》及实施措施、一次性物品处理原则、关于褥疮防范的措施及青霉素阳性患者的8个标记及注意事项等管理制度,同时还制订了有关护理文件书写规范、分级护理公示及护理新技术准入制度等。

2004年,为了进一步加强护理安全管理,增补及修订《护理能级晋升制度》、《质量监控制度》、《摔跤防范管理制度》(患者安全防范监控表、报告制度、患者跌倒预案流程)、《压疮登记报告制度》、《口服药发放流程》、《发中药流程》、《静脉滴注及注射给药流程》、《重大灾情应急预案流程图》。

2006年,根据中央卫生部要求,护理部动员全院护士,就身边每一个护理细节寻找问题,改进不合理流程,开展"让病人更方便,让医疗更安全"活动,修订和建立制度百余项,修订流程18项,新增9项。病房增加分级护理巡视及安全记录单,改进输血流程,口服药发放流程等。尤其对重危患者在科室与科室、手术室与科室运送中的流程做了改进,协调科际对接,强调易疏漏环节,降低运送中的风险因素,也加强了护理人员的责任心。在学习落实制度及流程运行的基础上,护理部重新将护理部、病房、急诊制度,各级护士职责,手术室、门诊护士职责及制度整理装订成册,供护士经常学习并落实。

2008年,根据市护理质控中心及医院的要求,以患者安全、危重护理、服务质量为重点进行质量督查,进一步修订完善了护理管理制度、护理安全管理流程、护理应急预案,其中包括《防跌倒、坠床,防导管脱落,防压疮的管理制度》《管理流程及应急预案》《疑难、危重、特殊病人的护理会诊》《查房及病例讨论制度、流程》《转科交接制度及流程》《患者身份识别制度及措施》《常备药品、麻醉药品及高危险药品的管理制度》等,使护士在操作中能做到有章可循,规范了护士的操作。为了确保口服给药的安全,护理部将口服药袋装管理的做法推广到全院,从根本上消灭了口服给药可能发生的错误。

2009年,根据卫生部下发的2009年"以病人为中心,以提高医疗服务质量为主题"的《医院管理年活动方案》与《病人安全目标》(2009版),护理部重新修订了护理管理制度,修订了压疮防范、报告、认定制度;特殊、疑难、危重患者的护理查房、会诊和讨论制度;跌倒、坠床防范、报告、认定评估制度等。新增危急值报告流程;手术室术前患者与手术部位确认制度;防止手术错误、病房术前确认制度及程序;重点药物观察制度及程序等。

三、护理质控措施

1980年,为整顿护理队伍,健全护理工作体制,充分发挥护理部门的指挥管理效能,护理部建立了护理工作管理核心小组,由护理部正、副主任及科室护士长组成医院管理学组、教学培养组、科技写作组、护理质量检查组、消毒隔离小组等5个小组。每两周召开一次小组会议,讨论研究护理工作,交流经验,保证了护理质量的不断提高。建立全院性护士长查房制度,进行护理质量督查,内容涉及岗位责任制的落实、护士守则遵守情况、差错事故分析、陪客制度落实、药品管理、药物分置保管、病室"整洁、安全、安静、舒适"8个字要求、护理质量、护士记录执行情况等内容。全年4次检查覆盖12个病区、手术室及门急诊,大部分科室评定等级为"优"。实施全院护士长夜查房,全面了解夜间护理人员的岗位责任制执行情况,发现好人好事,翌日向护理部汇报。病区管理方面,重在实现"三化"要求:病房设置规格化,病区管理制度化,护理技术操作正规化。此外,完善病区药品管理,要求做到"三定一专":定量配备、定点放置、定时检查,专人负责。麻醉药柜固定、上锁,专人负责保管,贴上标签,明显惹眼,且有登记。做到病区药物定期检查、核对、清点;内服、外用药分开放置,内服药一律用蓝标签,外用药一律用红标签,定点放置。进一步健全差错事故登记、分析制度,要求各科重大事故(包括事故苗子)应由护士长在事情发生后(当日)即向科主任、护理部汇报事故详细经过。

1981年,为更好地落实岗位责任制护理,护理部加强对交班制度、核对制度、基础护理制度和陪客制度的学习和督查力度,尤其重视重症患者的护理,要求做到"三预防"(预防褥疮、预防交叉感染、预防上呼吸道感染)、"三加强"(加强病情观察,加强出入水量的记录,加强对高热、昏迷患者的护理)、"四通畅"(输液通畅、呼吸道通畅、管道通畅、引流管通畅)。并且,通过定期三基巡查和全院性护理操作竞赛评比活动,统一护理操作常规,确保临床护理操作正规化。

1984年,护理部对护理质量检查指标进行量化评定:将护理书写量化成12项指标;门急诊、手术室"三化"建设量化成81项指标;病房"三化"建设量化成46项指标,并由5个质量管理小组进行定期检查和不定期抽查。为调动护理工作积极性,护理部制定了21条护士考核标准,内容涉及劳动纪律、工作作风、服务态度、护理质量、差错事故等多项内容,采取每人每月以自查与互查相结合,月终由护士长总评的考核方法完善护士绩效考核。护士长管理方面,实行护士长月报表制度,内容包括护理查房、好人好事、差错事故、褥疮的发生率、抢救病例、公休座谈会内容、护理人员的出勤率以及各项护理工作的量及执行情况。

1985年,护理部在月报表基础上进一步制定《护士长工作手册》,增加了每月工作计划、每周工作重点、晨间提问内容、业务学习、参加科主任查房或病理讨论、科护士长对病区工作检查记录等,使护士长工作每月有计划、有方向、有安排,护理部全面掌握各科开展工作的情况,获得信息,达到信息传递—反馈—再传递的目的。此外,在建立岗位责任制的基础上,全院各科执行考勤、考职工作,做到有岗位、有职责、有督查,并将考核结果与薪酬相挂钩,做到奖罚分明。

1986年,积极开展责任制护理模式,并在口腔科、外科试行护理病史书写,年底推广到15个科室,责任护士对所负责的患者基本做到"七知道":床位、姓名、诊断、病情、治疗原则、护理措施、心理状况。管理方面,护理部定期召开护士长会议,全年共召开22次会议,会上进行日常工作问题的交流、汇报和探讨。在管理核心小组的组织下,加强护理质量督查力度,定期进行全院性护理质量检查16次,促使病区管理逐步向设置规格化、操作常规化、管理制度化的"三化"管理方向发展。

1987年,为了解患者对护理服务的满意情况,从而有针对性地提高护理服务质量,各科开展出院意见征求工作,对每一位出院患者进行调查。全年共收到626张意见表,其中表扬护士的有484张,占77.3%。

1991年是医院接受等级评审的关键时期。根据医院等级评审要求,护理部制定了6项护理质量评分标准,完善了12项护理规章制度。在全院护理人员的努力下,医院在多项护理检查活动中获得优异成绩,获二医大系统质量检查第二名;市卫生局门急诊工作检查上半年度第三名,下半年度第二名,为医院上等级评审奠定了充分基础。

1993年,在医院等级评审基础上,为加强护理质量管理工作,医院成立护理质量监督控制办公室,常设在护理部,办公室设6个组,组员12人。

1994年,为深化护理管理改革,全院实施分级护理管理。首先要求各科各病区护理人员做到掌握各级护理指征和护理要求,3月在12个病区试行分级护理及质量考核。全院实行规范化服务,在口腔病区、内科二病区、外科二病区、泌尿科病区和整复外科二病区建立示范病房,并在全院推广学习。医院在年中三级甲等医院等级达标评审中护理质量全面达标。

1996年起,护理部对护士长管理质量及各病区护理质量进行定期跟踪考核和评比,在年终评出前3名以作表扬,通过这种方式激励护士长和一线护士进一步提高服务水平和患者满意度。

1997年,为适应医疗改革的需要,加强护理管理,提高护理质量,积极稳妥地推行整体护理,在医院整体服务理念的引导下,护理部就如何结合实际情况有组织地开展整体护理模式进行了深入探讨和研究。成立了3个整体护理"样板房",通过个别科室的试点摸索开展整体护理模式的经验,并在年底进行"整体护理"交流大会,鼓励各科护士进行经验交流和分享。同时,全院护士在护理部的组织下参加了多项不同层次的整理护理学习班,通过理论学习和参观学习指导临床实践,取得了良好的效果。年度各项护理质量评分均超过95分,上半年度上海市卫生局组织的质控考核成绩全市名列第三名。

1998年3月,医院成立护理质量管理委员会,设主任1人、副主任2人、组员14人。定期召开会议,通报护理质量管理工作状况,针对存在问题提出监管措施,以加强护理质量管理工作。医院整体护理模式开展从原先4个试点病区扩大到7个,并在五官科门诊和眼科门诊开展整体护理模式,进一步提高了整体护理模式的专业水准,巩固了"以病人为中心"的服务理念。是年,护理部接待来自上海公利医院、奉贤中心医院、东方医院,常州市钟楼医院,新疆克拉玛依市医院,安徽蚌埠医学院,芬兰护理学院等国内外各地医务人员来院参观整体护理模式病房,分享整体护理模式的经验,得到了同行们的一致认同,也为全国推进、推广整体护理模式添砖加瓦。

2002年7月,医院调整充实护理质量管理委员会,设主任1人、副主任2~4人、委员(组员)25~30人,每届任期1~3年,每年召开1次会议,以加强医院护理质量管理工作。下设护理质量管理办公室,常设护理部,设主任1人、副主任2~3人、组员2~9人,进一步加强护理质量管理工作。

2006年,为了跟踪护士在临床护理中护理质量标准的落实情况,护理部进一步调整质控人员,完善质控网络,建立质控人员工作职责,建立质控频数;结合NCIS理念,使一线管理人员及护士控制每一个护理环节中的质量标准,确保网络每一层的品质要求,规避风险。新的护士长手册要求将出现的质量问题,通过根源分析,进行跟踪培训,在多次培训及量化的基础上,促进护士养成良好护理习惯,以达到质量标准。

2008年,在护理质量控制三级网络机制下,每日实行病区护士长、科内督导员对科内质量的监控,每月科护士长及质量委员会抽查,一季度按质量标准全面覆盖。建立质量记录本,认真记录质量控制的结果并进行分析,对共性问题,委员会认真讨论,提出行之有效的整改措施,以促进质量标准的有效落实。进一步修订完善护理管理制度、护理安全管理流程、护理应急预案,其中包括《防跌倒、坠床,防导管脱落,防压疮的管理制度》《管理流程及应急预案》《疑难、危重、特殊病人的护理会诊》《查房及病例讨论制度、流程》《转科交接制度及流程》《患者身份识别制度及措施》《常备药品、麻醉药品及高危险药品的管理制度》等,使护士在操作中能做到有章可循、有法可依,规范了护士的操作。为了进一步确保口服给药的安全,护理部在原有口服给药实行药袋管理的基础上进行了全院推广,从根本上杜绝了口服给药错误。

2009年,为了进一步抓好护理环节质量,重点加强特殊、疑难、危重病例的护理会诊、护理查房及病例讨论制度的实施。护理部还营造良好的安全文化氛围,提倡非处罚性、不针对个人的方式,继续鼓励护理人员积极主动报告威胁患者安全的护理不良事件的具体案例,并从根源进行分析,提出整改措施,养成良好的工作习惯。护理质量管理委员会继续将安全信息与医院实际情况相结合,从医院护理管理体系、运行机制与规章制度上进行有针对性持续改进。

2010年,护理质量工作继续围绕医院管理工作目标,推进患者安全目标的落实,加强患者安全管理,保障患者安全,加强护士培训,提高各能级护士技能水平,开展满意服务,提高护理服务品质。根据患者安全目标及"医疗质量万里行"的要求,修订完善护理风险防范制度、医嘱转抄及执行时的核对制度及流程、危重患者护理常规等相关制度及流程。针对护理队伍年轻化、技术操作不熟练、解释问题不到位、专业知识不足、缺乏自我保护意识等,开展护理风险教育,提高护士法制意识。护士长对年轻护士加强业务培训,提高安全管理意识,保障患者的医疗安全。当年医院护理意外事件、差错发生率较去年减少64.3%。提高专科专病护理质量,制订及完善专科质量标准、专科护理常规、临床路径、单病种质量标准等;定期组织特殊、疑难病例的护理查房、讨论,护理会诊等,规范科内业务查房模式。以业务查房为提高护理人员医疗护理知识与技能的载体,促进医疗和护理的有机结合,提高了临床护士观察病情及解决问题的能力。

表3-3-8 2004—2010年护理质量及满意度得分情况表

年 份	病房质量得分	病房满意度得分	门诊质量得分	门诊满意度得分
2004			96.7	96.7
2005			96.7	96.7
2007	98.8	97.0	98.9	97.0
2008	99.2	96.6	99.1	96.7
2009	99.2	96.8	95.6	95.4
2010	99.2	96.8	95.6	95.4

表3-3-9 2002—2010年压疮预报登记及处理例数情况表

年 份	带入褥疮		预报褥疮	
	带入例数	治愈例数	预报例数	难免发生例数
2002	162	89	48	—
2004	295	98	116	39
2007	424	96	426	35
2008	424	98	356	30
2009	612	170	381	30
2010	686	170	369	19

第四节 护理科研

一、项目与课题

1996年起,护理部成立护理科研小组,由2名科护士长担任组长,负责医院护理科研工作的组织、培训和管理事宜。护理科研小组通过制订护理科研写作章程、邀请院外专家开设讲座、开展院内护理论文交流评比等多种方式,调动了护士撰写护理论文的积极性。

1998年,医院有4位护士参加了医院第一届院优秀青年的擂台赛,通过专家评审和院党政班子审核,护理部阮洪成为医院首批17位院级优秀青年之一。医院12名大专学历护士自发组成读书会,定期开展读书活动,并利用业余时间阅读学术杂志、参加科研讲座、学习专业外语,为医院培养护理人员提供了良好的平台。在此基础上,组织护士积极申报各级课题,开展护理研究。

表3-3-10　1999—2010年护理部所获课题与发明情况表

年　份	院级课题数(项)	校级课题数(项)	护理器具发明数(种)
1999	2		
2002	1		
2004	2	2	
2005	5		
2006	7	2	
2007	3	2	2
2008		1	
2009	5		
2010	6	4	

表3-3-11　1999—2010年护理部所获课题项目情况表

年　份	课题名称	来　源	负责人
1999	心理护理对老年抑郁情绪影响	九院院基金课题	梁燕仪
	护理程序在口腔外科肿瘤病人应用的研究	九院院基金课题	刘明德
2004	尿毒症顽固性皮肤瘙痒的治疗及护理新探	上海第二医科大学护理科研基金项目	苏慧珍
	人工髋关节置换术后引流管夹闭时间对引流量的影响	上海第二医科大学护理科研基金项目	杨志英
2005	心理护理对老年焦虑情绪的影响	九院首届护理科研基金项目	梁燕仪
	人工全髋置换术后引流管夹闭时间对引流量的影响	九院首届护理科研基金项目	杨志英

(续表)

年份	课题名称	来源	负责人
2005	卧位角度与头面部手术患者术后肿胀相关性分析	九院首届护理科研基金项目	王琳琳
	口腔脱污染治疗对昏迷患者医院获得性肺部感染影响研究	九院首届护理科研基金项目	王 意
	危重病人术后精神障碍的研究及护理干预	九院首届护理科研基金项目	阮蓓丽
2006	护理方式对下肢深静脉血液回流及舒适度的影响	上海交通大学医学院护理科研基金项目	卞薇薇
	髋关节置换术围手术期临床路径的研究	上海交通大学医学院护理科研基金项目	阮 洪
2008	唇腭裂患儿术后舒适度的探讨	上海交通大学医学院护理科研基金项目	陈利琴
2009	老年心血管疾病伴情绪障碍患者心理干预的研究	上海交通大学医学院护理科研基金项目	梁燕仪
2010	国外先进心血管疾病介入术的治疗与护理进展	上海交通大学医学院临床护理骨干师资培训项目	曹晨昱
	构建麻醉护理管理模式	上海交通大学医学院护理科研基金项目	王惠芬
	老年糖尿病病人家庭健康教育模式	上海交通大学医学院护理科研基金项目	朱春芳
	护生实践护理关怀的态度与行为研究	上海交通大学医学院护理科研基金项目	贾 琦

二、著作与论文

1982—1989年,医院护理人员共撰写论文230篇,其中刊登于各类护理杂志21篇,参加全国、上海市、南市区及二医大学术会议交流的文章有57篇。

1984年,医院有8篇护理论文参加市护理学会评选,其中2篇论文参加护理大会交流,2篇论文参加外科学组大会交流。22篇论文送区护理学会,其中10篇论文参加大会交流;15篇论文送第二医学院,其中3篇参加大会交流,6篇论文编入《护理论文摘要》一书。

1987年,护士撰写护理论文18篇,其中2篇论文参加二医大校庆35周年论文交流;5篇论文参加区论文交流,获得二等奖1名、三等奖2名。

1988年,共完成13篇护理论文的撰写,其中1篇论文参加全国优秀科普论文评选活动;1篇论文获市护理论文交流一等奖,1篇论文获鼓励奖;1篇论文获区护理论文交流二等奖,2篇论文获三等奖。

1991年,共撰写15篇护理论文,其中3篇在全国护理学术会议进行交流,3篇在市护理学会进行交流,2篇在区护理学会进行交流,发表论文2篇。此外,医院口腔科及整复外科参与了《中华护理全书》的撰写工作。

1995年,作为庆祝"三八"妇女节系列活动之一,有10篇护理论文进行了交流。

1997年,11名护理人员参加了1996年度南市区护理论文交流会,3篇文章获奖。2位护士在二医大医管处组织的护理论文交流大会上进行论文交流。

2007年,由阮洪主编、复旦大学出版社出版的《现代实用护理学》,为医院临床护理提供了较为完善的应用指南,同时也是培训护理人员的参考教材。

表3-3-12　1987—2010年医院护理论文及获奖情况表

年　　份	论文总数	院优秀护理论文数	院优秀管理论文	医学院优秀管理论文
1987	18			
1988	13			
1989	15			
1991	15			
1995	10			
1996	11			
1998				1
2002	76			
2004	22	8	1	1
2005	25			
2006	25	10		
2007	13			
2008	28			
2009	49	10		
2010	27	10		

表3-3-13　1988年医院护理论文情况表

论　文　名　称	发表刊物或交流学术会议	作　　者
45例前臂游离皮瓣一次再造阴茎术的体会	《实用护理杂志》,1989年第7期	吴本莉 龚中杰
护士的义务与良心	大会交流	孙　键
净化血液延年益寿	参加全国优秀科普论文评选、上海市护理学会交流	孙　键
体外震波治疗肾、输尿管结石病人的护理	上海市护理学会交流	黄瑶珠 平美娟
ICU在颌面外科手术后的初步应用	全国第二届口腔专业护理学术交流会大会交流	戴敏华
责任护理进展及心电监护在口腔护理中的应用	全国第二届口腔专业护理学术交流会大会交流	张国萍
完全唇腭裂婴儿早期正畸治疗的护理体会	全国第二届口腔专业护理学术交流会大会交流	泮松兰

(续表)

论 文 名 称	发表刊物或交流学术会议	作 者
儿童牙科的护理特点	全国第二届口腔专业护理学术交流会小会交流	陈炼鸳
联合化疗在临床应用的体会	全国第二届口腔专业护理学术交流会小会交流	胡 萍
免疫治疗的护理体会	全国第二届口腔专业护理学术交流会小会交流	张国萍
口腔颌面外科苏醒监护病情观察点滴	全国第二届口腔专业护理学术交流会小会交流	华慧娟
口腔颌面部光动力疗法(POT)的护理	全国第二届口腔专业护理学术交流会小会交流	茅林军
颌骨正畸手术的术前术后护理	全国第二届口腔专业护理学术交流会小会交流	陈笑晔

表3-3-14　1991年医院护理论文(部分)情况表

论 文 名 称	发表刊物或交流学术会议	作 者
饮食管理改革的初步尝试	全国护理学术会议交流，《实用护理杂志》第7期	徐莉瑛
病房聘用护工是完善护理工作结构、加强基础护理的有益尝试	全国护理学术会议交流	孙 键
浅谈整外病人的心理护理	全国护理学术会议交流	支菊娣
肾病综合征应用糖皮质激素后的严重不良反应及护理	《实用护理杂志》	徐莉瑛

表3-3-15　1995年医院院护理论文(会议交流)情况表

论 文 名 称	科 室	作 者
具有正常感觉和性功能的阴茎再造术的护理	整复外科	吴本莉
射频治疗前列腺增生症的护理体会	泌尿科	平美娟
把好发药关是提高医疗质量的重要一环	中心发药室	仇丽虹
浅谈临床教学方法	妇产科	梁燕仪
心血管病患者拔牙的护理	口外门诊	周爱国
选择性肺A灌注治疗肺癌的技术及护理	胸外科	徐 云
标准化管理、规范化服务	口腔病房	胡 萍
整颌外科的手术配合	手术室	姜慕雅
医院感染防治与供应室的应用	中心供应室	沈 洁
定职、定岗是深化护理改革的当务之急	内科	孙 键

表3-3-16　2001年医院发表护理论文情况表

论文名称	发表刊物	作者
实施分级管理网络，提高护理质量	《解放军护理杂志》第18卷（增刊）	王惠芬
论护理人力资源的合理配置与开发	《中华医院管理杂志》第17卷	阮　洪
1 391例口腔颌面游离组织移植术护理的研讨	《解放军护理杂志》第18卷（增刊）	刘　明
腹主动脉瘤围手术期的护理探讨	《解放军护理杂志》第18卷（增刊）	胡如新
牵引成骨技术治疗小颌畸形患者的护理	《中华护理杂志》第36卷第5期	徐竹梅等
门诊糖尿病患者915例的饮食管理	《解放军杂志》第18卷（增刊）	孙　键
手术后患者自控镇痛泵的应用和护理	《上海护理杂志》第1卷（增刊）	翁慧英
1 200例糖尿病患者首诊情况分析	《上海护理杂志》第1卷（增刊）	孙　键
急诊患者心理状态分析及护理对策	《上海护理杂志》第1卷（增刊）	袁卫军
护士心理品质培养之我见	《上海护理杂志》第1卷（增刊）	孙江彦
生物反馈治疗在临床的应用	《上海护理杂志》第1卷（增刊）	张　群
老年糖尿病患者的病足护理	《上海护理杂志》第1卷（增刊）	陈慧瑛等
浅谈急性脑血管意外患者鼻饲疗法的临床护理	《上海护理杂志》第1卷第3期	刘　敏等
血塞通静脉滴注的临床护理体会	《美国中华现代医学杂志》第2卷第1期	赵　燕
眶距增宽症修复术的护理	《上海护理杂志》第1卷（增刊）	袁雁军等
颌骨骨折结扎固定术的护理	《上海护理杂志》第1卷（增刊）	江琴华
拓展护士知识，推进整体护理	《解放军护理杂志》第18卷1期	潘亚男等
情景模拟在急诊教学中的应用	《上海护理杂志》第1卷第1期	丁　琴
大网膜游离移植术修复体表组织缺损的护理	《上海护理杂志》第1卷第2期	金　晶

表3-3-17　2002年医院发表护理论文情况表

论文名称	发表刊物	作者
试论管理者对投诉的认识与处理	《上海护理杂志》第2卷第2期	阮　洪
以病人为中心提供优质服务	《解放军护理杂志》第19卷（增刊）	王慧芬
浅谈护士长心理健康的自我管理	《解放军护理杂志》第19卷（增刊）	黄梅娟
护理工作中的人文关怀	《当代护士杂志》上半年版	郦　丽
急性动脉栓塞的急救措施及护理体会	《上海护理杂志》第2卷（增刊）	胡　敏等
复发性阴茎皮肤汗腺癌的护理体会	《上海护理杂志》第2卷第1期	张素群等
脑卒中与康复的研究与护理	《上海护理杂志》第2卷（增刊）	聂溶冰
口内外联合小切口下颌角截骨术的护理	《上海护理杂志》第2卷（增刊）	袁雁军

（续表）

论 文 名 称	发 表 刊 物	作 者
唇腭裂患儿手术前后贫血状况观察与喂养指导	《上海护理杂志》第2卷（增刊）	陈利琴
1例下唇鳞癌患者化疗同步微波的护理	《上海护理杂志》第2卷第1期	陈利琴
糖尿病的口腔健康教育	《上海护理杂志》第2卷（增刊）	陈解萍等
217例哮喘儿童变应原检测分析	《上海护理杂志》第2卷（增刊）	武卫华等
从护工需求看护士结构层次和护理教育方位	《解放军护理杂志》第19卷（增刊）	孙 键等

表3-3-18 2003年医院发表护理论文情况表

论 文 名 称	发 表 刊 物	作 者
护患纠纷产生的相关因素及对策	《解放军护理杂志》第20卷第8期	王惠芬
口腔颌面肿瘤术后呼吸道感染相关因素分析	《解放军护理杂志》第20卷第9期	刘 明等
加强自身培养，提高职业技能	《中华现代临床医药杂志》第4卷第3期	江 燕
先天性静脉畸形骨肥大综合征围手术期的护理	《解放军护理杂志》第20卷第1期	胡如新
1例阴茎阴囊皮肤完全撕脱伤修复的护理	《上海护理杂志》第3卷（增刊）	冯 岚等
人工全髋置换术后的早期康复护理	《中国护理学科理论与实践》	李 雯
全植入式肺动脉化疗泵的应用及护理	《中华国际医学杂志》第3卷第3期	项 玲
皮片移植术修复颈部瘢痕痉挛畸形的护理	《解放军护理杂志》第20卷第3期	潘亚男等
静脉自控镇痛在隆乳术中的应用与护理	《现代护理杂志》第9卷第1期	潘亚男等
63例头皮扩张法治疗瘢痕性秃发的护理	《上海护理杂志》第3卷第2期	庄雷岚等
急诊护士心理疲劳的原因分析与对策	《上海护理杂志》第3卷（增刊）	寿宇雁
循证护理——21世纪护理新理念	《世界医药学杂志》第3卷第2期	郦 丽
中药长皮膏加弹力绷带治疗"老烂脚"的疗效观察	《河南中医学院学报》第18卷	顾红维等

表3-3-19 2004年医院发表护理论文情况表

论 文 名 称	发 表 刊 物	作 者
舌再造术对患者的影响及护理措施	《中华实用医药卫生杂志》第1卷第1期	叶灵茶
374例毛发种植者的手术护理	《上海护理杂志》第4卷第2期	徐 莺
颅咽管瘤手术后的病情观察与护理	《上海护理杂志》第4卷第2期	朱 琦等
米力农治疗难治性充血性心力衰竭临床疗效观察及护理	《解放军护理杂志》第21卷第3期	梁燕仪等
老年人功能性消化不良药物及心理疏导	《中国临床康复》2004年7月第8卷第21期	梁燕仪

(续表)

论 文 名 称	发 表 刊 物	作 者
浅议护理人员实施心理护理的基本技能	《中国行为医学科学》第13卷第2期	梁燕仪等
双水平气道正压呼吸机在COPD急性加重期患者的应用和护理	《现代护理》第10卷第11期	刘 敏等
显微移植耳郭复合组织瓣修复鼻翼缺损患者的护理	《中华护理杂志》第39卷第6期	潘亚男等
胸锁乳突肌转位修复晚期面瘫围手术期护理	《上海护理杂志》第4卷(增刊)	王海荣
医院护理人员培训发展体系的建立	《上海护理杂志》第4卷第5期	阮 洪
压疮的持续质量监控	《解放军护理杂志》第21卷第6期	王惠芬
下颌骨重建术后骨肌瓣血供观察	《中国临床保健杂志》第7卷第2期	刘 明
护理文件书写质量现状分析及品质改进	《解放军护理杂志》第21卷第8期	刘 明
儿童脱敏治疗及健康教育和心理护理初探	《解放军护理杂志》第21卷第6期	陈碧芬等
前列腺特异性抗原误差的相关因素分析	《解放军护理杂志》第21卷第7期	张素群
新的医疗环境下增强护理人员法律意识的对策	《上海护理杂志》第4卷(增刊)	黄梅娟
阻塞性睡眠呼吸暂停综合征的围手术期护理	《上海护理杂志》第4卷(增刊)	徐竹梅等
腭裂咽成形术后患者语音治疗疗效评价	《上海口腔医学》第13卷第5期	蒋莉萍等
射频温控减容治疗阻塞性睡眠呼吸暂停综合征的护理体会	《中华综合医学》第2卷第9期	许建妹
72例全颌骨水平向骨切开术的护理配合	《中华护理杂志》第39卷第12期	姜慕雅
颞下颌关节镜手术患者的围手术期护理	《上海护理杂志》第4卷第4期	恽 白
下颌第三磨牙拔除时误入翼下颌间隙的护理	《上海护理杂志》第4卷第6期	周爱国

表3－3－20　2005年医院发表护理论文情况表

论 文 名 称	发 表 刊 物	作 者
改良灌肠法对尿道下裂患儿术前清洁灌肠效果的临床观察	《解放军护理杂志》第21卷第2期	王琳琳等
围手术期下肢静脉血栓的观察和护理	《中华国际护理杂志》第4卷第1期	项 玲
颞下颌关节镜术后应用被动张口运动患者的护理	《上海护理杂志》第5卷第1期	江琴华等
重型颅脑外伤后脑性盐耗综合征的观察与护理	《上海护理杂志》第5卷第1期	王 意
输液室护患纠纷原因分析及对策	《护理管理杂志》第5卷第2期	寿宇雁等
腭裂咽成形术后患者异常语音的发音特点研究	《中国口腔颌面外科杂志》第3卷第1期	蒋莉萍等
内科老年患者健康教育的体会	《中国临床保健杂志》第8卷第2期	徐伟进

(续表)

论 文 名 称	发 表 刊 物	作 者
对实习生基础操作的分析及带教对策	《解放军护理杂志》第22卷第5期	胡 敏
护理缺陷产生的相关因素及对策	《解放军护理杂志》第22卷第5期	王惠芬
佩皮劳人际关系模式应用于唇裂患儿及其家长的护理体会	《解放军护理杂志》第22卷第5期	王琳琳等
180例自体单只毛囊移植睫毛手术的护理配合	《中华临床医药与护理》第7期	徐 莺
种植义齿的随访和科学维护	《上海护理杂志》第5卷(增刊)	奚秋萍
对口腔护士"四手操作"的认识和探讨	《中华实用医学研究杂志》第1卷第8期	陈解萍等
加强护工管理对避免医疗纠纷的影响	《上海护理杂志》第5卷(增刊)	陈惠芳
在临床带教中对护生因材施教的策略	《上海护理杂志》第5卷(增刊)	胡 敏
1例男性双侧乳腺发育伴高血压的护理	《上海护理杂志》第5卷(增刊)	庄雷岚
牙合垫治疗颞下颌关节紊乱病的护理	《上海护理杂志》第5卷(增刊)	郁慧珍等
浅谈口腔科门诊护士的素质和修养	《上海护理杂志》第5卷(增刊)	徐伟进等
糜烂型口腔扁平苔藓的门诊护理	《解放军护理杂志》第22卷第8期	俞玉珍
阴道缩窄术112例的护理	《解放军护理杂志》第22卷第8期	李 萍
老年人根管治疗术"四手操作法"的护理	《中国临床保健杂志》第8卷第4期	朱操云等
鼻咽部血管纤维瘤患者围手术期的护理	《中国全科医学》第8卷第20期	叶灵荼
激光治疗下肢静脉曲张围手术期的护理	《齐鲁护理杂志》第11卷第9期	卞薇薇等
主动脉夹层动脉瘤的诊治与护理体会	《解放军护理杂志》第22卷第11期	成 咏等
供皮区创面愈合中后期应用干湿性敷料的疗效对比	《解放军护理杂志》第22卷第2期	潘亚男等

表3-3-21 2009年医院发表护理论文情况表

论 文 名 称	发 表 刊 物	作 者
唇癌微波热化疗的观察与护理	《上海护理杂志》第9卷第1期	汪东方等
学龄儿童急诊术后家长止痛护理参与的调查与分析	《解放军护理杂志》第26卷第1期A版	唐 军等
三氯异氰尿酸用于模型制备时的消毒作用研究	《第六次全国口腔修复学学术会议论文摘要汇编》	聂溶冰等
三种全耳再造术围手术期的护理体会	《解放军护理杂志》第26卷第3期A版	李 萍等
PDCA循环管理模式在临床护理教学中的实践	《当代护理》第96期	徐 蓓
住院老年人跌倒因素分析及干预措施	《中国临床保健杂志》第12卷第2期	黄梅娟

（续表）

论 文 名 称	发 表 刊 物	作 者
三点法阴道缩窄术的护理	《上海护理杂志》第9卷（增刊）	张红青
颌面部坏疽性脓皮病一例的护理	《解放军护理杂志》第26卷第6期A版	方 芳
100例唇腭裂整复术后并发症的预防及护理	《中华临床医学研究杂志》第17卷第6期	张晓琳
培养护理本科生临床管理能力的初探	《当代护理杂志》第97期	赵 燕
口腔外科门诊患者就医一项及相关因素分析	《中国实用护理杂志》第25卷增刊	方 芳等
乳腺癌根治术后行乳房重建的围手术期护理	《临床护理与医药荟萃》第108期	赵 燕
心理干预在急性胆囊炎保守治疗中的临床绩效	《中华医学护理》第9卷第8期	黄慧静
正颌手术患者的护理	《上海护理杂志》第9卷（增刊）	方 芳
A型肉毒素注射除皱并发症的护理	《上海护理杂志》第9卷第5期	江 雪
外科分层带教老师培训应用于临床带教效果观察	《齐鲁护理杂志》第15卷第12期	朱 琦
自体血回输器在人工关节置换术后的应用和护理	《上海护理杂志》第9卷第5期	王 蓓

三、成果与专利

1988—2010年，医院护理团队共获得7项市级学术奖励、12项区级学术奖励、8项校级奖励、37项院级学术奖项，并获得5项国家级专利，获奖人次达64多人。

表3-3-22　1988—2010年医院护理科研获学术奖励情况表

级别	年份	奖 项	获奖者
市级	1988	上海市青年护理论文第一名	穆红珍
	2001	上海市新时代女性精神征文优秀奖	叶宝玲
		上海市新世纪医务人员形象大讨论征文二等奖	何君燕
		上海市新时代女性精神征文鼓励奖	江 燕
		上海市新时代女性精神征文鼓励奖	马善奋
	2003	上海市护理学会第五届优秀护理论文鼓励奖	阮 洪等
	2005	上海市护理学会第六届护理论文四等奖	庄雷岚
区级	1995	上海市南市区护理论文交流一等奖	梁燕仪
		上海市南市区护理论文交流二等奖	吴本莉
		上海市南市区护理论文交流三等奖	徐 云
	1996	上海市南市区护理学会护理论文交流二等奖	胡 萍
		上海市南市区护理学会护理论文交流二等奖	潘亚男

（续表）

级别	年份	奖项	获奖者
区级	1996	上海市南市区护理学会护理论文交流三等奖	周红珍
	1998	上海市南市区护理论文一等奖	刘 明
		上海市南市区护理论文三等奖	吴本莉等
		上海市南市区护理论文三等奖	张素群等
	2002	上海市黄浦区护理论文交流三等奖	朱操云
	2003	上海黄浦区护理学会护理论文交流三等奖	王惠芬
	2008	上海黄浦区护理学会护理论文交流一等奖	王惠芬
校级	1989	上海中专卫校教学研究会论文三等奖	沈美兰
	1995	上海第二医科大学护理学术研讨会三等奖	孙 键
	1998	上海第二医科大学管理年会优秀论文奖	吴本莉等
		上海第二医科大学管理年会护理分会交流	刘 明
	1999	上海第二医科大学管理研究会第六次年会大会交流	阮 洪
	2001	上海第二医科大学年度优秀论文奖	陈解萍等
		上海第二医科大学年度优秀论文奖	胡 敏
	2004	上海第二医科大学医院管理研究会第十次年会论文二等奖	阮 洪

表3-3-23　2007—2009年医院护理科研获国家级专利发明情况表

专利号	专利名称	发明人
ZL 2007 2 0069369.3	多功能病袍	阮 洪　王惠芬　刘 明
ZL 2007 2 0066989.1	一种医用悬挂器	陈慧瑛　阮 洪　王惠芬
ZL 2007 2 0069368.9	多功能病裤	陈慧瑛　阮 洪　王惠芬　刘 明　柯乐颖
ZL 2008 2 0058880.8	整体一次性锁闭式抢救车	阮 洪　李 明　王惠芬　刘 明
ZL 2009 2 0212154.1	医用伤口保护支架	王惠芬　陈慧瑛　阮 洪

四、学术交流

【学术任职】

医院护理队伍在历任护理部主任、副主任的领导下，积极参加各类学术、专业组织，并在国家级、市级、区级护理学会中任职，为护理学科发展贡献了力量。1996年，中华护理杂志编辑委员会聘请潘佩华同志为《中华护理杂志》第五届全国编辑委员会特邀审稿员。2001年，中华护理杂志编辑委员会聘请阮洪同志为《中华护理杂志》特邀审稿员，《解放军护理杂志》《上海护理杂志》编辑委员会分别聘请阮洪为编委。2002年，护理部特设管理口腔护理领域的专职副主任，参加四川大学华西医学院《口腔护理学》的编委工作，为医院的口腔颌面外科护理在全国乃至国际学术领域的发展打下了坚实的基础。

表3-3-24 1926—2010年护理学术团体任职情况表

姓 名	年 份	组 织 名 称	担 任 职 务
伍哲英	1926	中华护理学会	会长
	1928	中华护士学会会长	会长
	1937	中华护士学会上海分会	理事长
	1951	上海市卫生局	护理顾问
刘德尊	1939	中华护士学会上海分会	常务理事
	1977	上海市南市区科学技术学会医卫学会	护理组组长
	1979	中华护士学会上海分会	常务理事、副理事长
	1981	中华护理学会上海分会	常务理事、副理事长
王世洪	1981	中华护理学会上海分会	理事
潘佩华	1983	中华护理学会上海分会	理事
		医学辨证学会	理事
		上海市南市区护理学会第三届理事会	副理事长
	1997	上海市南市区护理学会第五届理事会	理事
	1998	上海市护理学会第七届理事会	理事
张月南	1983	上海市南市区护理学会第三届理事会	秘书长
张国萍	1986	上海市南市区护理学会	理事、外科学组组长
	1987	中华护理学会上海分会口腔专委会	主任委员
沈美兰	1997	上海市南市区护理学会第五届理事会	理事
阮 洪	1997	上海市南市区护理学会第五届理事会	理事
	2002	上海市黄浦区护理学会第一届理事会	副理事长
	2003	上海市护理学会第八届理事会	理事
	2004	上海第二医科大学护士联谊会第一届理事会	理事、秘书长
	2008	上海市护理学会第九届理事会	理事
	2009	上海交通大学医学院护理专业学术管理委员会	主任
	2010	全国高等麻醉学教育研究会麻醉专科护士资格培训咨询委员会	委员
		全国护理伦理委员会	委员
		上海市护理学会五官科专委会	主任委员
		黄浦区护理学会理事会	副理事长
王惠芬	2002	上海市黄浦区护理学会第一届理事会	理事
		上海交通大学医学院护理专业学术管理委员会	委员
刘 明	2002	上海交通大学医学院护理专业学术管理委员会	委员

【对外交流】

1984年,护理部接待并邀请美国HOPE基金会医学硕士梅林·凯林及凯茜·海蒂斯作关于"病人心理学""护理组织的情况"以及"气管切开护理"等专题讲座。1985年,为了加强与国际护理界之间的信息交流,由护理部推荐1名护士于9月赴美国进行了为期9个月的学习进修。1996年,医院接收2名来自澳大利亚墨尔本大学护理系本科护生进行为期2周的临床实习,护理部设专人带教负责2名外籍学员的实习生活。1997年12月,在上海第二医科大学卫校的组织下,4名来自芬兰柯克拉护理学院的护生来医院进行参观学习。1998年,护理部邀请澳大利亚的玛丽教授来院进行"临终关怀护理"讲座。此外,手术室护士长阮蓓丽获香港玛丽医院护理部助学奖金,赴港进行为期1年的交流学习。

2007年5月,医院组织护理部7名科护士长赴新加坡中央医院学习交流护理管理经验,回沪后在医院护士长会议上作介绍。

第五节 护理教育

一、职前教育

1920年,伯特利医院建院初即创办护士学校,后增加助产专业,改为私立伯特利高级护士产科学校。在抗战爆发前已经毕业了600余名学生。1948年复校。1951年被接管后先后改名为上海市第二护校、第九人民医院护校,一直由医院管理,培养了大批护理人员,也是医院护理人员的重要来源。在此期间,护校学生在医院各科室见习、实习,医院各科护士长、护士承担着对护校学生的临床带教任务,理论教学主要由护校专职教师承担。20世纪80年代后,医院护理部根据护校要求配合承担部分理论教学工作。

1981年,为提升临床护理教学质量,护理部提出院校集体备课,由医院的教学护士参加卫校基础护理课及有关专科临床课程的备课、听课活动,并提倡在教学过程中积极开展"三带五认真"活动:带思想、带作风、带业务技术;认真备课、认真示教、认真辅导、认真检查、认真总结。

1984年,护理教学查房被纳入常规护理教学活动,查房内容以实习科室的常见病、多发病为主,采取查房形式,由实习护生负责重点介绍病情,其余护生进行全面系统的复习,带教老师结合临床实践、归纳总结、提出护理要点。这种方法形式多样、内容丰富、便于记忆,使理论知识与临床紧密结合起来,受到学生的热烈欢迎。

1985年,护理部组织各科室制定《护生实习手册》,进一步规范临床护生的带教学习工作。

1986年,进一步完善《护生实习手册》,根据各科特色制订护生教学实习计划,要求各科室根据计划执行教学任务。

1989年,九院护校划归二医大附属卫生学校,护校在校教学由卫校统管。医院护理部协助对护生的实习带教管理。

1991年起,医院开始承担大专学历护生的临床实习,首批学员来自蚌埠医学院高护系,共6人,实习时间为期1年,医院专设带教老师进行带教,制订了详细的带教及轮转计划。此后,相继承担夜大学和网络学院大专、专升本学历学生的实习带教工作。2002年起先后承担上海医药高等专科学校、上海交大护理学院等院校的部分护理学授课任务。

表3-3-25 1984—2010年职前护理临床教学学生数统计表

年 份	中专学生数	大专学生数	本科学生数	成人夜大及网络(专科)学生数	成人夜大及网络(专升本)学生数	接收进修人数
1984	158					11
1985	84					

（续表）

年 份	中专学生数	大专学生数	本科学生数	成人夜大及网络（专科）学生数	成人夜大及网络（专升本）学生数	接收进修人数
1986						12
1987	160					
1991		6				2
1994		8				
1995	203	8				
1996			2			5
2002	291		11	4	8	26
2004	52	99	16			32
2007	79	131	42	58	8	47
2008	68	222	47	20	2	40
2009	69	197	18	18	9	50
2010	28	243	19	14	34	44

表 3-3-26　2002—2010 年医院承担医学院校护理学授课情况表

年 份	授课内容	授课人次及授课数	学 校	授课老师
2002	差错事故分析	1人2学时	上海市医药高等专科学校	—
	护理心理学	1人4学时	上海市医药高等专科学校	—
	护理教育	1人2学时	上海市医药高等专科学校	—
	健康教育	1人4学时	上海市医药高等专科学校	—
	病房管理	1人4学时	上海市医药高等专科学校	—
	重症监护	1人4学时	上海市医药高等专科学校	—
2004	差错事故分析	1人4学时	上海市医药高等专科学校	—
	护理心理学	1人4学时	上海市医药高等专科学校	—
	护理教育	1人4学时	上海市医药高等专科学校	—
	健康教育	1人4学时	上海市医药高等专科学校	—
	病房管理	1人4学时	上海市医药高等专科学校	—
	重症监护	1人4学时	上海市医药高等专科学校	—
	护士礼仪	1人4学时	上海市医药高等专科学校	—
2007	内科护理学	1人80学时	上海市医药高等专科学校	王　韧
	基础护理学	1人50学时	上海市医药高等专科学校	贾　琦
	职业防护、法律知识	1人3学时	上海交大护理学院	刘　敏
2008	内科	2人80学时	上海市医药高等专科学校	方　芳　曹晨昱
	基础护理学	2人150学时	上海市医药高等专科学校	贾　琦　李宇红

(续表)

年份	授课内容	授课人次及授课数	学校	授课老师
2008	护理安全	1人8学时	上海交大护理学院	贾 琦
	PICC 进展	1人8学时	上海交大护理学院	胡 敏
	护理安全	1人8学时	上海交大护理学院	蔡伟宇
2009	内科学	2人80学时	上海市医药高等专科学校	方 芳　曹晨昱
	基础护理学	2人150学时	上海市医药高等专科学校	贾 琦　李宇红
	护理安全	1人8学时	上海交大护理学院	贾 琦
	PICC 进展	1人8学时	上海交大护理学院	胡 敏
	护理安全	1人8学时	上海交大护理学院	蔡伟宇
2010	外科护理学	1人210课时	上海医药高等专科学校	傅玲凤
	内科护理学	2人126课时	上海医药高等专科学校	蔡伟宇　任 懿
	基础护理学	2人110课时	上海医药高等专科学校	陆俊杰　陆 丹
	专科操作	2人50课时	上海医药高等专科学校	任 懿　秦丽敏
	应聘技巧	1人3课时	上海医药高等专科学校	任 懿
	护理安全	1人6课时	交大医学院附属卫生学校	任 懿
	就业指导	1人6课时	交大医学院附属卫生学校	任 懿
	口腔护理	3人40课时	上海医药高等专科学校	王 洁　潘国燕　唐敏君

二、继续教育

继续教育是入职后护士提高职业素养和技能的重要途径。医院注重对不同能级护士的持续培训,不断提高护理人员的专业素质和服务水平。

1980年,为强化护理队伍的业务水平和专业素养,护理部组织各级护理人员积极参加各层次护理培训共70人次,培训内容涵盖医学理论知识、护士长进修班、心血管疾病专科护理、中西医结合临床护理等多项内容。对于青年护士注重有计划的专科轮转,并开办"英语学习班",提高年轻护士的学习积极性和整体素质。

1984年起,各科室定期开展护理教学查房活动,内容以本科常见病、多发病为主;采取查房形式,由责任护士负责重点介绍病情,病区护士全面系统复习,护士长结合临床实践,归纳总结,提出护理要点。通过实践发现这种方法形式多样、内容丰富、便于记忆,使理论知识与临床紧密结合起来,同时也受到患者的欢迎。

1985年,继续教育重点是夯实护理专业基础,在护理部的组织下,进行全体护士护理知识竞赛。竞赛涉及面广,各科室在人人复习、人人参加比赛的基础上,选拔优秀护士参加院内比赛。除理论学习外,护理部首先在中、高年资护士及护士长层面开办医务英语初级班,吸引了50多名护士积极参加。

1986年起，为进一步提升业务学习的数量和质量。在护理部的组织下，除7、8、9三个月外，每月定期开展全院性业务讲座共9次，参加学习人数达900多人。护理部每季度定期召开护士教育会议，分析和交流好的经验和存在的问题。医院开办护士教学分部一班，由护理部全面负责18位护生的学习任务，派专职人员进行管理、组织、落实教学任务，保证教学质量。组织完成了全院性护理业务理论考试2次，覆盖护士人数达265人，在当年的上海市护理理论考试中全员通过，取得了良好的成绩。还进一步扩大英语学习班的招收范围，针对护士英文水平的不同，开设了3个不同程度的英文学习班，得到了150多名护士的积极响应和参加。全年中，护理部接待全院护士长学习班66人次的见习，接待外宾3次，接待外省市、外单位同行参观学习100余人次，并接收12位护士来我院进修。

1987年，护理部对职后培训提出量化指标，要求各科各病区每周进行2次晨间提问，每周一次护理教育查房，每月一次业务学习。是年，全院晨间提问共进行1 428次，护理教学查房373次，业务学习197次，接待外单位参观学习2批共30人，接待全国护士长学习班参观74人次。

1989年，护理部举办全国护士长进修班一期培训项目，课程历时3个月，共包括96学时的理论课学习、9学时的多媒体教学（录像），有15名学员参加。

1996年起，九院护理教育管理体系初现端倪，护理部设置护理总带教一职，对全院护理职后、职前教育工作进行全面管理。各大科各设置1名带教老师，负责各科护理教学相关管理工作。此外，医院接收5名来自"中美儿童医院"的护士进行为期半年的轮转进修。

1997年，医院4名护士获得首届护理专业自学考试毕业证书，3名护士获得上海市南市区卫校1997年度优秀带教老师称号。

1998年，职后教育重点在于全面提高护理素质培训、职后教学，广开学习渠道，提升护士学历学习概率，培养大专人才梯队。全年共98名护士报名参加大专课程的学习，占全院总人数的19%；共143人外出参加学习，占全院总人数的28%，全院护士职后学习的热情高涨。护理部建立护理教育委员会，确立护理教育委员会成员任务，进一步明确护理教育委员会成员职责，建立九院护理教育网络，将九院护理人员纳入护理教育网络范畴，使护理教育系统化。定期组织护理教育委员会成员进行培训，提高其教学能力。

为提高在职护士的学历、学位层次，增强护师创新能力，加快学科带头人和骨干护师培养，护理部组织了形式多样的带教培训，包括带教培训总动员、教育入门培训及实战课程培训；涵盖了护理伦理、法律、理念，临床带教老师的职业素质、角色，礼仪沟通的技巧与艺术，护理质量标准及实战分析，护理教育的管理体系及临床带教流程等。

护理部加强新职工培训力度，并设专人负责，建立新职工教育培训体系，病区内实行专人带教，由专人考核及评审，并记录在案，与临床转正相结合。进行新职工职后跟踪考核，内容包括内外科护理知识、护理常规及基础操作考核等。新职工来院进行岗前培训时，护理部会进行新职工培训，内容包括护理人员的生涯规划、护理伦理与法、护理风险规避、优质服务、有效沟通、护士服务礼仪、压疮的持续质量控制、护理文件书写等，使这些新职工对护理有了新的认知。重点加强对新入院护士、低年资护士的考核，强化基础护理知识。

护理教育委员会完善了临床带教老师的培训课程，将护理质量管理、护理安全管理的内容纳入教育培训课程，并将质量督查结果纳入教育培训结果；改变了教学方式，将临床带教老师被动的听课转变为主动的备课、授课，取得了良好的效果。

2001年10月，与上海市护理学会联合举办了国家级继续教育学习班"口腔护理新进展"。2007

年,举办国家级继续教育学习班"心身疾病的治疗及其护理新进展""护理组织形象识别系统的设计与实践"。2010年,护理部开设了"心身疾病治疗及其护理新进展继续教育"学习班,组织了护理关怀实践的培训及护理伦理培训。

表3-3-27　1989—2010年护理部继续教育学习班情况表

年　份	项　　　目	科　室	级　别	参加人数
1989	全国护士长进修班	护理部	国家级	15
2007	心身疾病的治疗及其护理新进展	内科	国家级	31
	骨科护理与康复	骨科	国家级	45
	NCIS继续教育学习班	护理部	上海市	15
2008	心身疾病的治疗及其护理新进展	内科	国家级	31
	骨科护理与康复	骨科	国家级	45
2009	心身疾病的治疗及其护理新进展	内科	国家级	30
2010	心身疾病的治疗及其护理新进展	内科	国家级	30

表3-3-28　1980—2010年继续教育工作统计表

年　份	院内业务学习		院内管理培训		院内带教培训		外出培训	
	次　数	人　数	次　数	人　数	次　数	人　数	次　数	人　数
1980							8	70
1984	3						8	61
1985			12				6	30
1986	9	900					1	8
1987	8							60
1988	4							26
1994								8
1995	8		3					87
1996			3					147
1997				4				45
1998	9							143
2002	16	1 894					33	65
2004	10	791					13	30
2006	13	1 580					15	22
2007	23	2 038			6	329	15	86
2008	27	2 805			11	1 205	18	67
2009	16	1 470	9	487	9	2 087	26	92
2010	19	1 560	8	486	6	240	20	51

第六节　社会公益

1997年起,医院护理部与南市区福利院、合庆镇文化老年院建立联系,每年定期选派临床资深护士长、护理人员深入护理社区进行业务讲座,开展健康、护理工作,与社区护理人员分享医院专科护理经验。

1999年起,组织人员到南市老年公寓、南市区社会福利院、黄浦区敬老院、千鹤老年院开展敬老服务。2001年,上海市举行亚太经济合作组织(APEC)会议时,医院护理人员朱超云、赵燕参加了市医疗队,为会议做好医疗保障工作。2003年,在开展"非典型肺炎"防治工作中,全院护理工作者积极参与抗击非典型肺炎,投入抗击非典型肺炎第一线。

2008年,"5·12"抗震救灾时,全院共有286名护士请战要求参加抗震救灾医疗队,王莉青、项娴静、朱勇敢、祁亮4名护士参加了赴四川汶川抗震救灾医疗队,并获九院抗震救灾先进个人。5月28日,四川地震灾区13名伤员转入医院骨科二病区治疗,在院各级领导关心下,经骨科全体医生护士的努力,伤员们治愈后安返家乡。

2010年,医院作为世博会定点医院,护理部护理人员贾琦、刘明、杨茹洁、金杉、唐圆、石嘉栋圆满完成世博医疗保障任务,获得上海市卫生系统世博医疗卫生保障工作先进个人奖。

第七节　荣誉与获奖

1974—2010年,医院护理队伍中,有2人获全国先进,50余人次受到市级表彰,12人次获区级表彰,40余人次获校级表彰,200余人次获院级表彰。

表3-3-29　1988—2006年获全国先进情况表

年　份	奖　项	获奖者/集体
1988	全国模范护士	龚中杰
2005—2006	全国"三八"红旗集体	神经外科护理组

表3-3-30　1956—1995年获上海市劳动模范情况表

年　份	奖　项	获奖者
1956	上海市劳动模范	邱菉勒
1984	上海市劳动模范集体	口腔颌面外科病房护理组
1995	上海市劳动模范	王惠芬

表3-3-31　1977—2010年获市级各类先进个人和集体情况表

年　份	奖　项	获奖者/集体
1977	上海市先进工作者	刘德尊
	上海市"三八"红旗手	谷行敏
	上海市"三八"红旗手	林文涛

（续表）

年　份	奖　项	获奖者/集体
1981	上海市优秀护士	皇甫银珠
	上海市优秀护士	谷行敏
	上海市优秀护士	龚中杰
	上海市优秀护士	金慧芳
	上海市优秀护士	张国萍
1984	上海市"三八"红旗手	张国萍
1989	上海市优秀护士	杨福秀　李凤英　蒋秀凤　孔卫娟 张国萍　杨美英　陈惠芳　吴咏梅
1990	上海市护理操作竞赛第一名	第九人民医院
1993	上海市模范护士	张国萍
	上海市优秀护士	王惠芬
1995—1996	上海市"三八"红旗集体	口腔外科病房护理组
1997	上海市优秀护士	胡　萍
	上海市十佳优秀护士	潘小琴
2001—2002	上海市"三八"红旗集体	骨科护理组
2003—2004	上海市"三八"红旗集体	神经外科护理组
2005	上海市第六届优秀护士	阮　洪
2009	上海市第七届模范护士	杨志英
2010	全国医药卫生系统先进集体	骨科护理组

表 3 - 3 - 32　1974—2001 年获区级护理先进个人和集体情况表

年　份	奖　项	获奖者/集体
1974	上海市南市区爱国卫生积极分子	刘德尊
1985	上海市南市区科学技术学会活动积极分子	张月南
1995	上海市南市区护理技术操作竞赛肌内注射单项第一名	王颖枫
	上海市南市区护理技术操作竞赛穿脱隔离衣单项第一名	胡艳群
	上海市南市区护理技术操作竞赛静脉输液单项第一名	俞丽雅
	上海市南市区护理技术操作竞赛团体第一名	护理部
1997	上海市南市区卫校优秀带教老师	郁慧珍　陈惠芳　袁卫军
1999	上海市南市区护理心肺复苏技术比武第一名	娄雅静
2001	上海市黄浦区第一届优秀护士	阮　洪　平美娟

表 3-3-33　1977—2008 年获校级护理先进个人和集体情况表

年　份	奖　项	获奖者/集体
1977	第二医学院先进教育工作者	刘德尊
1978	第二医学院先进工作者	潘佩华
1979	第二医学院医疗卫生先进工作者	刘德尊
1982	第二医学院先进护士	穆红珍
1982	第二医学院先进工作者	潘佩华　张国萍
1991	第二医科大学先进工作者	沈美兰
1992	第二医科大学先进集体	外科二病区护理组
1992	第二医科大学先进工作者	邵世珍
1992	第二医科大学先进工作者	袁雁军
1994	第二医科大学文明科室先进集体	外科二病区护理组
1995	第二医科大学优秀护士	胡　萍　吴本莉　单秀珍　陈文新
1995	第二医科大学先进学习班组长	俞玉珍　潘小琴　胡　萍
1995—1996	第二医科大学"三八"红旗集体	急诊预检护理组
1997	第二医科大学优秀护理部主任	沈美兰
1997	第二医科大学优秀护士	王　意
1997	第二医科大学优秀护士长	平美娟　单秀珍
1997—1998	第二医科大学"三八"红旗集体	神经外科护理组
1997—1998	第二医科大学"三八"红旗手	胡　萍
1999—2000	第二医科大学"三八"红旗集体	老年科护理组
1999—2000	第二医科大学"三八"红旗手	周金美
2001	第二医科大学优秀护士	阮　洪　平美娟　杨志英　韦　漪
2002	第二医科大学先进工作者	陈利琴
2003	第二医科大学优秀护士	陆月岑　胡如新　朱春芳　陈惠芳
2001—2003	第二医科大学"三八"红旗手	袁庭芳
2003—2004	第二医科大学"三八"红旗手	阮　洪　王　意
2003—2004	第二医科大学"三八"红旗集体	急诊一楼护理组
2004	第二医科大学十佳护士长	寿宇雁　孙江彦
2004	第二医科大学十佳护士	胡　敏
2004	第二医科大学十佳护士提名	杨悦来　张　怡
2005	上海交通大学医学院优秀护士	刘　明　王　意　阮蓓丽
2007—2008	上海交通大学"三八"红旗手	杨志英
2008	2006—2007年度上海交通大学医学院文明班组	护理部

第四章 医疗相关管理

第一节 病史档案与医疗指标管理

一、沿革

1949年,伯特利医院总院设立病历室,隶属于医务部。1951年8月,上海市军管会接办伯特利医院后,设立病史管理室,隶属于院长领导下的医务室,有3名工作人员,平房1间,3组卡片柜,开启医院统计工作。1953年始,病案由病史室集中保管。1954年,设立病史统计室。1960年,病史统计室调归医务科管理。

1976年,病史室建立统计工作和病案管理的各项制度,有4名工作人员。办公室设在沿制造局路围墙内的平房里,面积不足100平方米,隶属于医务科管理。1980年,病史室有7名工作人员。1986年,病史室用房面积增至150平方米。以往病史室工作人员缺乏统计专业资质,仅凭经验工作。1986年,毕业于医院统计专业的柏金喜被分配到病史室工作,是年,科室共有8名工作人员。1989年,梅蕴章获得统计专业中级技术职称。同年,病案管理专业毕业的陈雅珍进入病史室工作,病史室工作人员专业学历资质逐步提高。1989年科室配置首台IBM微型电子计算机。

1990年,医院成立信息科,下设计算机室、病史室和图书馆3个部门,病史室有7名工作人员。1992年,搬迁至南大门北侧新建行政楼底楼(2006年建1号楼时拆除),病案储存库房配置摇动式移动密集架,办公区域总面积近200平方米。2005年,柏金喜取得高级统计师职称资格。2006年,为配合医院基建改造,病史室搬迁至临时活动板房中,总面积近180平方米,有8名工作人员。2007年,科室有9名工作人员。2008年,病史室搬迁至8号楼底楼,配置手动自动一体的密集架和温度、湿度由电脑控制的病案库房,总面积达到400平方米。医院核定床位经上海市卫生局批复变更为1 000张。

至2010年,病史室有高级统计师1人、助理研究员1人,工作人员10人。

图3-4-1 2010年病史室

表 3-4-1　1984—2010 年病史室历任负责人情况表

任 职 时 间	主任（组长）	任 职 时 间	副主任（副组长）
1984—1989	钱　晖	1990—1999	梅蕴章
2001—	柏金喜	2008—	叶莉明

二、医疗指标统计

1952年始，由病史室负责统计医疗工作指标和业务数据。当时医院床位302张，每年出院人数约6 000人。医疗工作质量指标统计使用算盘和计算尺，完成每月向上海市卫生局上报的各科门、急诊工作量报表，各科出入院人数及手术工作量和工作质量报表等月度、季度和年度报表。1966年，急诊观察室进行扩建，床位增至25张。同年，病史室负责编制《急诊观察室工作量报表》。

1976年始，病史室建立各项统计台账，扩大统计范围，将各个医技科室的工作情况纳入病史室日常统计工作中。增加"八大率"——床位使用率和周转率、疾病未愈率、好转率、治愈率、诊断符合率，手术前后符合率和死亡率医疗指标及34种单病种统计工作。电子计算器逐渐替代算盘和计算尺成为主要计算工具。1989年，借助计算机数据录入和管理，制作首份《上海第二医科大学附属第九人民医院病床使用情况及病人动态表》。

1990年，实现门急诊、住院及观察室等13套医疗工作量和工作质量统计报表，按需求时段，均可采用计算机辅助管理和生成。1992年，启动库存历史数据整理工作，开启回顾性统计分析工作。1995年，添置微型电子计算机一台，统计分析工作逐步进入微机处理模式。1997年，完成第一份手工编制的干保报表《干部门诊、病房医疗质量、管理统计表》。1998年，完成计算机网络配置，通过网络获取基础统计数据。1999年，配合医院发展和管理需求，重新修订急诊观察室的工作量统计报表表式，配合临床科室科研和课题调查等项目，开启为临床科室提供动态数据分析的工作。

2000年，配合医疗制度改革，开始制作医疗业务工作量周报调查，每周向上海市卫生局上报门急诊人次数表、住院手术情况表、床位使用情况表、出院医疗费用表等报表，完善急诊观察室的统计分析表单。协助医保办编制医保情况调查表单，落实区医保局医保方案实施情况调查。2002年，开始实施卫生部制定的《中国卫生统计调查制度》（2002版）网络直报制度，首次启动年度全院有关医疗工作量和质量的综合数据指标的汇编工作。按门急诊、住院、财务及科研等分类，包括门急诊量、门诊手术、住院工作量和质量等一系列指标，做全面完整的同比分析。同年起浦东分院的医疗指标纳入病史室统一管理。科室为浦东分院订制统计应用软件，制定各项统计管理制度，并派人员定期至浦东分院完成统计数据的整理和录入工作，以及报表的产出及上报工作。

2003年，更新启用上海市卫生局下发的统计应用管理软件"上海市医院病案管理系统1.0"，健全和完善浦东分院医疗业务统计和分析工作。2006年，开始实施《死亡病例报告卡》网络直报制度。2007年，开始实施卫生部制定的《2007国家卫生统计调查制度》网络直报制度，按照《卫生部办公厅关于实施国家卫生统计网络直报工作的通知》的要求，组织并落实医院内统计数据的网络直报工作，并为浦东分院申请由市卫生局核发的医疗机构（组织）分类代码，协助完成统计数据的网络直报工作。2008年，完成第一张由计算机直接产出，并符合干保管理规范的干保报表《干部门诊、病房医疗质量、管理统计表》。

2010年,实施住院患者意外伤害的月度上报工作,病史室对临床医师作填报工作培训。

表3-4-2　1953—2010年医院主要医疗工作量情况表(含浦东分院)

年份	门急诊总数（万人次）	门诊手术数（万例）	开放床位（张）	出院人数（万人）	手术数（万例）	编制报表（份/套）	统计调查（项）
1953	24.3		302	0.6			
1954	22.7		315	0.6			
1955	24.6		315	0.7			
1956	26.1		315	0.7			
1957	28.7		315	0.7			
1958	46.3		319	0.9			
1959	60.6		359	0.9			
1960	63.2		360	0.6			
1961	59.3		367	0.9			
1962	50.9		367	0.8			
1963	53.0		392	0.8	0.4		
1964	50.1		392	0.7	0.4		
1965	47.9		392	0.8	0.4		
1966	59.7		347	0.7	0.3		
1967	72.5		374	0.7	0.3		
1968	69.8		417	0.8	0.3		
1969	82.1		423	0.8	0.3		
1970	73.7		519	0.4	0.3		
1971	73.0		470	0.7	0.3		
1972	74.4		500	0.7	0.3		
1973	76.6		526	0.9	0.4		
1974	82.8		534	0.9	0.4		
1975	80.7		522	0.8	0.4	372	
1976	78.2		550	0.8	0.4	372	
1977	76.2		550	0.9	0.5	372	
1978	76.0		558	0.8	0.5	372	
1979	75.6		558	0.8	0.5	372	
1980	84.9		558	0.9	0.5	377	
1981	92.4		558	0.9	0.5	377	
1982	92.6		758	1.0	0.6	377	

(续表)

年份	门急诊总数（万人次）	门诊手术数（万例）	开放床位（张）	出院人数（万人）	手术数（万例）	编制报表（份/套）	统计调查（项）
1983	97.6		752	1.1	0.7	377	
1984	93.8		733	1.1	0.7	455	
1985	95.3		733	1.1	0.7	455	
1986	97.3		758	1.1	0.7	455	
1987	100.2		758	1.1	0.7	455	
1988	84.6		758	1.1	0.7	455	
1989	84.3		758	1.1	0.7	455	
1990	82.5		758	1.0	0.7	455	
1991	85.5		758	1.0	0.7	498	
1992	82.7		758	0.9	0.6	498	
1993	71.1		736	0.8	0.5	498	
1994	61.6		728	0.9	0.6	498	
1995	63.3		728	0.9	0.6	498	
1996	67.4		728	0.9	0.6	498	
1997	66.9		753	1.2	0.7	533	
1998	70.5		729	1.2	0.8	533	
1999	79.0		760	1.4	0.8	533	
2000	93.4		737	1.5	0.9	533	1
2001	85.0	2.2	737	1.6	1.0	595	1
2002	98.3	2.4	737	1.5	0.9	595	1
2003	105.1	2.7	859	1.6	1.1	595	2
2004	115.0	3.8	840	2.0	1.4	595	1
2005	117.0	3.7	781	2.2	1.5	595	2
2006	125.9	4.2	863	2.3	1.5	615	4
2007	145.5	5.2	844	2.7	1.8	615	2
2008	159.7	5.3	898	3.1	2.0	657	3
2009	178.0	5.5	959	3.6	2.3	657	3
2010	193.6	5.1	1019	4.0	2.4	657	5

三、业务发展

病案管理和医疗指标统计业务随着人员专业素质的提高、技术手段的进步，政府主管部门对医疗统计等要求不断提高、临床医生对病案资料需求的增加，也在不断发展。

【技术提高】

20世纪50年代，病史室通过每天登记入出院患者的住院号、姓名和科室等信息，建立最初的患者信息检索卡片。采用美国医学会出版的《疾病与手术名称分类》标准，对出院病案首页上的疾病诊断和手术诊断在不同颜色的卡片上进行分类编码和索引。实行住院号唯一制，患者再次住院用前次住院号，使每位患者病案能集中保管。新生儿与其母亲合用一个住院号，且新生儿病案装订在母亲病案之后。

1976年始，建立以四角号码为检索方式的出院患者姓名索引卡、分科疾病诊断、手术索引卡。建立出院患者、死亡患者、再入院和病案借阅登记簿。疾病分类中按解剖部位排列，以交叉索引的方式为每一种疾病建立一张索引卡，以颜色和记号区分主要诊断或次要诊断；手术分类按系统、解剖部位的第一个字母排列，将部位编在前面，手术方式写在后面。

1990年，上海市卫生局要求逐步推广使用国际疾病分类（ICD-9）管理病案编码。病史室由陈雅珍牵头，开始使用国际疾病分类（ICD-9）标准，对出院病案首页上所有的疾病诊断和手术诊断进行分类编码并编写索引卡，以不同的颜色标识主要和次要诊断索引卡。

1994年，应用微缩技术，将1968—1978年共约12万份病案制作成微缩胶卷。1996年，将1990—1996年手工积累的疾病诊断、手术诊断分类编码进行收集整理，编制院内"常见疾病和手术代码库"，并嵌入"病案统计应用管理软件"中应用。1997年，实现病案首页项目完整内容计算机输入。1998年，通过医院内部局域网，实现出院患者基础数据的共享，提高病案信息检索资料的完整性。

2000年，实现病案借阅管理的计算机管理，取代原手工借阅登记方式，使借阅管理制度得以切实实施。启动疾病编码索引方式由国际疾病分类（ICD-9）转换为"疾病和有关健康问题的国际统计分类（ICD-10）"。2001年，实现"疾病和有关健康问题的国际统计分类（ICD-10）"编码，在已有计算机应用平台嵌入。2003年，启用上海市卫生局下发的病案管理软件"上海市医院病案管理系统1.0"，病案首页的疾病诊断和手术诊断使用全市统一的"疾病和有关健康问题的国际统计分类（ICD-10）"和《手术与操作ICD-9-CM-3临床修订本》标准。浦东分院的病案管理工作得到同步升级。2005年，参编上海市卫生局信息中心主编的《国际疾病手术分类编码手册（ICD-9-CM-3)》的编写和审核工作。2006年，作为上海市卫生局和上海市医疗保险局标准字典库专家单位，指导片属医院编码人员应用《上海市常见疾病和有关健康问题的国际统计分类（ICD-10）》和《国际疾病手术分类编码手册（ICD-9-CM-3）》所规定的编码规则，编制疾病编码和手术编码。

2007年，开始实施纸质病案数码化处理。将纸质病案用数码摄影方法逐页拍摄。此后在此基础上创建病案资料数据库，借助医院内部网络极大地方便临床医生的检索。

2010年，受上海市卫生局委托，科室主任柏金喜带队对全市部分医院进行"统计法和统计违法违纪行为处分规定贯彻执行情况"的督查，同时作为"九院医院等级评审工作小组"和"九院医疗质量万里行活动工作小组"成员，协助科室和院办落实自查自评、评审申报、配合复评审、材料汇总等工作。

【病案借阅与复印】

病案记录是医学研究和临床诊疗的珍贵资料。病史室在保管统计的同时，也承担着借阅的管理功能。2002年起按照政府要求，开始提供患者病案复印服务。1976—1999年，病案借阅采用手工登记,科研借阅填写科研申请单;2000—2002年,借阅经由电脑登记;2003年以后,在住院病案管理系统里设置借阅登记功能。

表3-4-3　1977—2010年病案收集、借阅和复印工作量情况表

年份	收集病案(份)	接待复印人数(人)	借阅病案数(份)	借阅病案用途分类(份)					
				再入院	医保	儿保	纠纷	科研	其他
1977	8 634		251	67					184
1978	8 219		231	63					168
1979	8 322		300	81					219
1980	9 145		411	102				153	156
1981	9 350		561	109				242	210
1982	10 176		824	154				350	320
1983	11 136		765	172				348	245
1984	11 292		926	156				418	352
1985	10 910		826	189				318	319
1986	11 485		989	179				445	365
1987	11 318		956	182				483	291
1988	10 510		935	123				400	412
1989	10 825		1 020	146				476	398
1990	10 207		1 263	153				579	531
1991	9 909		1 649	178				819	652
1992	8 797		2 259	165				1 142	952
1993	8 010		2 390	169				1 296	925
1994	9 232		2 543	187				1 333	1 023
1995	9 669		2 125	142				1 227	756
1996	9 801		6 010	196				4 580	1 234
1997	11 544		3 026	201				1 802	1 023
1998	12 376		2 568	194				1 440	934
1999	13 649		2 378	204				1 311	863
2000	15 020		2 330	394	137	69	7	328	395
2001	15 529		3 832	210	885	216	41	1 939	541
2002	15 298	1 085	7 749	150	3 000	14	85	4 000	500
2003	16 308	1 104	6 500	105	3 000	20	3	2 420	952
2004	19 917	1 405	4 639	139	1 215		7	2 030	1 248
2005	21 648	1 611	3 526	196	487	71	30	2 461	281
2006	22 839	1 906	4 557	289	467	76	12	2 449	264

(续表)

年份	收集病案（份）	接待复印人数（人）	借阅病案数（份）	借阅病案用途分类（份）					
				再入院	医 保	儿 保	纠 纷	科 研	其 他
2007	26 984	2 452	4 378	429	600	258	15	2 207	869
2008	31 012	2 912	4 165	351	515		32	2 364	903
2009	35 871	3 604	4 098	533	852	1	40	2 123	549
2010	40 894	4 059	3 895	557	610	4	40	2 051	633

四、教学工作

1990年起，病史室成为上海市卫校、职校病案管理和卫生统计等专业的实训基地，接收即将毕业的学生实习带教工作。2008年和2009年分别接待外省市医院及病案管理专业人员的参观和交流学习。

表3-4-4 1992—2010年病史室接收学生实习情况表

年　份	来源学校	专　业	人　数
1992	长宁区卫生学校	卫生统计专业	2
1993	振华职业技术学校	病案管理专业	3
1996	长宁区卫生学校	病案信息管理专业	2
1997	长宁区卫生学校	病案信息管理专业	3
2006	第二工业大学	统计学专业	1
2007	第二工业大学	统计学专业	1
2008	上海思博学院	卫生信息管理专业	2
2009	上海健康医学院	卫生信息管理专业	2
2010	上海健康医学院	卫生信息管理专业	1

五、科研工作

【科研项目】

20世纪80年代，病史室以卡片查找方式协助临床医师提取病案首页资料及病种数据，开展相关数据的处理和统计分析，并参与相关的课题申报。1989年7月，柏金喜应用DbaseⅢ语言编写首套"病案统计应用管理软件"，将患者床头卡片资料输入电脑，生成初步的统计报表。1994年，进一步充实"病案统计应用管理软件"功能，增加数据分析等功能模块。1995年，增加病案首页部分信息录入、检索等模块，使病案管理方式逐渐脱离手工填卡的模式。1996年，将院内"常见疾病和手术代码库"嵌入软件中，使诊断名称和编码等数据字段内容标准化。1997年，搭建病史室内部应用的小型计算机局域网络，完善部分模块并优化算法，实现病案首页项目内容计算机全录入。1998

年,结合信息技术的提高和临床的实际需求,优化小型计算机局域网络配置,完成新版的"住院病人疾病检索及统计应用系统"软件的设计和编写工作,实现与出入院、结账系统的网络链接和数据共享。通过实时采集入、出院患者的基本信息、诊疗和费用等数据,提高数据采集的可靠性和实时性,有利于各类统计表单、报表和分析数据及时产出,更有利于病案资料、统计数据校核和检索的完整性。1999年,检测修改"住院病人疾病检索及统计应用系统"软件的原程序文件和算法模块150多个,解决应用系统中存在的"千年虫"问题。

2000年,完成病案借阅管理模块设计和编写,完成疾病编码索引方式由国际疾病分类(ICD-9)转换为"疾病和有关健康问题的国际统计分类(ICD-10)"的应用系统的嵌入工作,实现"住院病人疾病检索及统计应用系统"软件的升级。

【学术任职】

病史室工作人员积极参加有关学术交流活动,参加相关学术团体。其中柏金喜是中国卫生统计学会医院统计专业委员会委员,担任《中华实用医药杂志》(2004年)、《中华医药杂志》(2005年)、《中华医药杂志》(2005年)的常务编委,是第一届上海市医院协会病案管理专业委员会副主任委员(2009年)、第二届中国卫生信息学会医院统计专业委员会常务委员(2009年)、上海市卫计委医院统计专家咨询组组长(2010年)。

【发表论著】

1998年,柏金喜代表医院参加中华医院管理学会病案管理第八届学术会议,携论文《计算机网络管理在现代病案管理和统计工作中的应用》在大会交流。2000—2005年,柏金喜先后在《中国医院》《中国卫生统计》《中国病案》《医学信息》等杂志上,发表《病案资料储存方式的发展趋势》《病案管理与医疗信息质量控制的现状》等论文11篇。2000年,参编《白内障超声乳化吸除术》一部。2002年,参编《临床常见疾病诊断国际疾病分类编码手册(ICD-10)》(内科、外科、妇幼、耳鼻喉分册)专著一部。2004年,柏金喜在《中国现代临床医学杂志》发表的《150例肺部感染病案分析》论文获优秀论文奖。2005年,病史室柏金喜和陈雅珍撰写的论文《加强统计分析提高病案信息的利用》,在全国医院统计与医院管理学术交流会上被评为优秀论文。

第二节　预防保健与医院感染控制

一、沿革

1949年,伯特利医院设立保健部,负责对产妇的家庭访视和妇幼保健的指导,联系特约工厂的职工保健工作、周边街道居民的防疫接种等工作。1952年医院设有保健科,有傅积仁1名医生。20世纪60年代,保健科负责职工保健和劳保、公费单位的联系事宜。1968年,医院"革命委员会"下设业务组(医务处的前身),分管保健科工作。承担附近地区、街道和劳保工厂以及院内职工的保健、防病、治病工作,以及传染病、肿瘤、慢性病监测和管理工作。1976年,医院成立预防保健科(简称防保科)。1990年起,防保科工作中增加院内感染监测。1998年,职业病防治科(简称职防科)撤销,职防科的放射防护工作归入防保科,由俞秦麟负责。

20世纪50年代,保健科曾先后设在二道门外的平房里和旧11号楼的楼上(此楼后为急诊科所用,1989年造10号门诊楼时拆除)。20世纪60年代,搬迁至旧14号楼的2楼与中医科相邻。1989年,建造10号楼时搬迁至钴-60楼上,10号楼建成后迁至该楼的4楼。2008年,迁入8号行政楼。

1991年,医院感染管理纳入防保科职责,2006年医院设立医院感染管理科(简称院感科),与防保科合署办公,由防保科主任兼任院感科主任。2010年,院感科共有专职人员4人,其中副高1人、中级2人、初级职称1人。

表3-4-5 1976—2010年防保科(保健科)历任负责人情况表

任职时间	科　　长	任职时间	副科长
1976—1985	刘宪章	1952—1966	傅积仁
1986—1990	杨莉英	1986—1998	郁小丽
1990—1994	朱宗益	1998—1999	邱海凤
1998—2004	郁小丽	2004—2006	俞　红
2006—	俞　红 (兼院感科主任)	2006—	俞秦麟

二、预防保健工作

1950—1970年,九院的预防保健工作主要是组织医务人员下工厂、下地段、下农村开展防病治病和本院职工医疗保健。1964年以后,增加二医编制的职工、学生和护校职工的医疗保健。逐步开展传染病的管理、肿瘤报告、红十字会工作、计划生育、卫生宣传、放射防护、体格检查、消毒隔离、医院感染管理工作、公共卫生突发事件报告等工作。

【下地段保健】

1952年,九院承担半淞园地区的预防保健工作。由医务室、护理室派3人下地段,在居民委员会(居委)设点开展儿童预防接种,按照儿童家庭地址,上门打预防针。1957年,医院派出下地段人次增至10人,帮助承建居委保健所,还专门为保健站培训业务人员10人,为建立居委保健站打下基础。居委保健站成立后,工作形式由单纯的打防疫针发展到组织爱国卫生活动。在预防接种方面,建立儿童一人一卡制,定期接种各类疫苗。加强传染病管理,对麻疹、菌痢、疟疾、肝炎等及时预防、治疗,加强给水站、土井等饮水卫生的管理和宣教。1958年,医院帮助筹建半淞园地段医院,从人力、物力上给予资助。医院一方面继续下地段搞预防保健工作,另一方面积极扶持地段医院,并逐步把预防保健工作移交给地段医院。1964年,医院划为第二医学院附属医院后,才终止下地段预防保健工作。

【下工厂防治工作】

1972年,医院成立下厂组,派出医护人员对35家直属劳保工厂进行大范围的肿瘤普查工作。下厂组多次召开劳保工厂后勤组和保健站负责人座谈会,根据"地区相近,自愿结合"原则,成立九院直属劳保工厂联防组,35家工厂分成6个医院联防所。医院下厂组定期下联防所活动,每个联防所每周活动一次。

1972—1975年,各工厂的传染性肝炎发病率较高,下厂组把预防肝炎当作中心任务来抓,组织联防所相互对口检查,重点检查消毒隔离不严等问题。着重抓消毒隔离制度、食堂卫生工作、肝炎患者的管理和传染病报告等3个环节,指导各工厂制订各项规章制度,有效降低肝炎发病率。

1976年,为解决医院外科门诊小手术积压的矛盾,下厂组增派外科医师在南市发电厂建立手术室,每月开展一次手术,当年共计做70例小手术,患者创口全部一期愈合,无一例感染。此后这项工作坚持长达5年之久,有效缓解劳保工厂病员登记外科小手术时间长的矛盾。

1990年前后,九院下厂服务的劳保工厂有72家,按区域分为7个组,浦东有周浦组、杨思组、耀华组(含新建机器厂、助剂厂、第三印染厂、溶剂厂、港机厂等单位);浦西有同兴袜厂组、上袜五厂组、第21漂染厂组、上无29厂组(含南市自来水厂、南市发电厂、液压件三厂等单位)。

下厂组根据各单位的具体情况,逐步建立健全各项规章制度,包括《常见病病假处理标准》《消毒隔离制度》《传染病报告制度》《疫点处理制度》《发病率、因病缺勤率统计制度》《新进厂职工及食堂、托儿所、冷饮制作人员体检制度》《食品验收验发制度》《保健站岗位责任制度》,制作"职工保健卡""慢性病卡"等,这些制度和措施有效地保证和促进工厂防病工作的开展。医院下厂组每年组织各劳保工厂医务室和食堂对口检查,年终进行评比。医院的72家劳保工厂全部达到合格保健站标准。1985—1990年,劳保工厂食堂全部被区卫生局评为一类食堂。下厂组每年组织医务人员对劳保工厂的食堂、托儿所、冷饮制作人员进行体格检查。1972—1990年进行20次较大规模体检。共计127 754人次,发现恶性肿瘤15人,良性肿瘤1 420人。

【职工医疗保健】

1952年1月,九院订立《保健科工作制度》,开始实行国家工作人员的公费医疗预防制度,医院全体职工开始享受公费医疗的待遇。当时医院规模较小,门诊量每天约100次,医务人员不到300人,而且平均年龄较小,职工的医疗保健比较简单,由1名内科医师专职担任职工医疗保健。1964年,医院成为第二医学院附属医院后,医务人员成倍增加,1980年,医院职工的总数达1 300人,医疗保健内容不断增加。除本院职工保健工作以外,还要承担二医、护校编制的职工及二医在医院实习的大学生保健工作。为方便诊治,防保科设内科保健医生,由内科医生轮流担任内科的诊疗工作。防保科配备1名挂号人员兼简易处方门诊。对一般常见病,简易处方即可解决;较复杂的疾病通过挂号后到各科就诊。各科都设有1名兼职保健医生负责本院职工的疾病诊治。职工的病假单由防保科每月定时统计列表,报送院长,使院长能及时掌握职工的健康情况和缺勤率。在每天的保健门诊中就发现的慢性病、新发病、住院职工,及时做好登记。职工的保健卡存放在防保科内,保证职工的病史完整,建立职工的保健档案。每年的夏、冬两季是皮肤病的多发季节,防保科内自己备痱子药水或清凉油、尿素霜或淀粉甘油等,解决职工的需求。为加强职工的公费医疗管理,医院设立公费医疗领导小组,制订各种措施,做到既对职工保健负责,又不超支或少超支有限的医疗费用。1986年,卫生部实行公费医疗改革,在保证职工医疗保健且不浪费的前提下,采取药费与个人利益适当挂钩的办法。医院从1987年4月1日起实行公费医疗改革,每年按不同年龄发给职工医药费备用金,35岁以下8元,35～50岁10元,51以上12元;每次就诊医药费自付10%,如医疗费超过200元,自付部分给予报销。2001年起,实行医疗保险制度,防保科的职工医疗保健工作取消。至2010年底,仍保留职工病假的统计工作,每月向人事处转报。每年组织医院膳食从业人员进行体格检查,发现传染病及时报人事处调整工作岗位。

【传染病与肿瘤报告管理】

医院建立传染病报告的组织网络,各科发现的各种传染病登记后及时汇总防保科。经常检查各科室部门的传染病报告落实情况,定期向院长汇报。对新进职工及进修医师及时发给传染病报告制度,让临床医务人员都知道"传报"的意义。由于传染病报告制度层层把关落实,保持医院传染病无漏报的声誉。在做好"传报"的同时,配合肿瘤研究所做好各种肿瘤的报告工作。2000年,黄浦区成立疾病预防控制中心后,肿瘤报告定期向黄浦区疾病预防控制中心报告。

2003年,根据上海市防治非典型肺炎各阶段的文件精神要求,医院制订"防非"工作有关制度,包括《SARS监测报告制度》《SARS监测报告工作流程》《预防SARS医院感染控制工作制度》《预防SARS医院感染控制措施》《发热门诊SARS隔离留观病房废弃物处理措施》《预防SARS医院环境消毒措施》等,并作"防非"常态长效管理阶段的工作小结。每天对门急诊预检、发热门诊、留观察的预检登记、各项消毒隔离进行督查。

【疫情监测报告】

2004年,实行传染病网络直报,严格按照规定的时间节点和内容要求执行疫情报告制度,每天进行《上海市传染性非典型肺炎监测日报表》(即"零"报告制度及呼吸道发热门诊总数)登记。通过网上及传真双轨制,一份报区疾控,一份报二医大医管处,并做好监测报告登记。

2006年,严格按照规定的时间节点和内容要求执行禽流感疫情监测报告制度。同年3月21日,医院发现1例禽流感病例,在处理过程中,防保科完全按照应急预案要求,每天进行上海市禽流感疫情监测日报表、传真和网络直报双轨制(即"零"报告制度及呼吸道发热门诊总数),信息报告及时,预防措施到位,与市、区有关部门信息沟通顺畅,5月17日,进入常态常效管理。

2009年,开展甲型流感的防控工作,及时调整发热门诊的甲流监测要求和医院感染的防控工作,并经常到现场督查指导落实情况。根据市甲型流感防控工作小组要求,每天报告发热门诊病例数。2009年5月至2010年12月,共报告发热患者数9 965人次。

在此期间共启动8次甲型流感应急预案,通过区CDC最终检测,医院共确诊1例甲型流感重症病例,排除7例甲型流感疑似病例。组织一线医护人员接种甲流疫苗105人。

【计划生育】

1983年7月,医院建立计划生育领导小组,由1名副院长担任组长,防保科长担任副组长,防保科董依敏负责职工计划生育工作。领导小组每月召开一次会议,研究和制订计划生育目标管理计划。在院领导小组领导下,各科有52名医务人员组成计划生育宣传网络。宣传网的职责是及时宣传计划生育政策、汇总各部门职工生育情况,每月填报本科室、部门计划生育自查表,掌握本科每月的生育相关动态,如新婚、怀孕、出生、人流、领独生子女证有关情况,协助支部、工会、共青团做好职工产后家访工作,落实节育、避孕措施。1990年后,随着相关政策的常态化实施,专职性工作逐渐淡化。

【卫生宣传教育】

1983年以前由院业务组负责卫生宣传工作。1983年起,防保科开始负责此项工作,主要是在医院大门口的宣传栏内每季度一期宣传约8 000字的防病治疗的卫生常识,每期的宣传内容根据各季节特点、发病情况而变化。因医院改造,在医院内宣传画廊内设4块版面为卫生宣传专用,每季度更换一次,每期1500字左右。1985年,医院建立宣传网络,各科指定专职人负责,在门诊候诊室、病房走廊,以黑板报、壁报、放录音等各种形式,结合各科业务特点出版、宣传卫生常识。1987年,在病区内设专门卫生宣教橱窗25块,使卫生宣教与环境美相结合,提高卫生宣教的质量。

图3-4-2　1991年防保科工作人员合影

【红十字工作】

1966年前,九院是上海市红十字会团体。1980年5月,医院恢复红十字会团体,组织形式逐步健全:会长由1名副院长担任,副会长由防保科、医务处负责人担任,委员由防保科、团委、工会、后勤、武装部负责人担任,小组长由各学习小组长兼任。主要开展社会福利、社会宣传募捐、会务活动、心肺复苏、救护包扎培训等各项红十字会活动。1987年,市红十字会组织开展"为了儿童健康"活动,医院派口腔科的专家、教授在上海市少年宫开设义务医疗咨询。1988年"88国际体育援助"活动中,医院组织会员募捐。同时,上街在豫园设点进行医疗咨询和募捐,共募捐人民币1 425元。在募捐灾民活动中,医院会员募捐2 058件衣服,募捐人次504人。在敬老助残活动中,医院向南江护理院赠送心电图仪、血气分析仪等医疗设备,为该院提供医疗物质条件。1990年,医院多次组织专家、教授在本院和周浦部队医院、南浦大桥、海岛、大兴街、江边码头、蓬莱公园、豫园、老西门等地进行义务医疗咨询,咨询人数达近万人次。

三、医院感染管理

1984年前由护理部负责院内消毒隔离监管工作。1984年3月起,防保科负责管理全院的消毒隔离、监督监测工作。防保科配置专人定期到各科检查隔离消毒制度的落实,指导做好隔离门诊消毒工作。定期对各医疗器械、消毒液等进行细菌学检测,对检查结果阳性的,协助有关科室找出原因并落实改进措施。同时协助新建、改建科室完善消毒隔离布局,使之合理化。

1988年11月，卫生部《建立健全医院感染管理组织的暂行办法》颁布，其中明确要求：300张床以上的医院设医院感染管理委员会，在院长领导下，全面负责医院感染的监控管理工作。1989年11月，卫生部《医院分级管理（试行草案）》颁布，首次将医院感染预防与控制工作纳入医院分级评审标准，从组织管理、制度建设、合理使用抗生素等八个方面对医院感染预防与控制工作提出明确要求。1990年，九院开展院内感染的监控工作。指定1名专职人员，对每月出院病史作院内感染的回顾性调查和统计。同时期防保科对临床科室的消毒卫生等工作进行指导和督促。1991年6月，该专职人员划归防保科。

1991年在医院上等达标工作期间，医院成立防保科副科长郁小丽为主任的院内感染管理委员会，制定《感染管理条例》《院内感染管理委员会职责》《院内感染监测网络》等制度，落实院内感染管理工作计划。管理委员会在院长亲自主持下确定工作计划及奖惩制度并开展培训，以提高护士长及各科主任对医院感染防控的认识。

1991年6月—1999年，医院感染管理工作起步，逐步在全院开展医院感染全面综合性监测。当时是回顾性调查，感染病例信息主要由病区医生报告和专职人员到病史室查出院病史获得。每月进行医院感染发病率和漏报率的分析汇总，并上报医务科和二医大有关部门。专职人员每季度对全院空气、物体表面、工作人员手的消毒效果进行监测和技术指导。

2000年，上海市成立医院感染质控中心，医院感染工作进入发展阶段，随着医院床位数的不断增加，专职人员也相应增加。在中心的指导下，医院感染工作重点放在重点人群、重点环节和重点部门的管理，从回顾性调查逐渐向前瞻性、目标性监测转变。2004年，在全面综合性监测的基础上又开展ICU的目标性监测。

2005年，组织开展围术期抗菌药物预防性应用自查。根据卫生部颁发的《抗菌药物临床应用指导原则》，按照上海市医院感染质控中心的要求，对各手术科室该年5月、10月份出院的无合并感染患者围术期抗菌药物预防性应用，组织开展2次自查。通过初查反馈、整改提高、再复查，围术期抗菌药物预防性应用趋于规范。抗生素带入手术室使用的占比由5月份的25.41%提高到89.56%（要求100%），术后抗生素使用控制在1~3天内的符合率比5月份提高12个百分点，为39.01%。2次自查情况均及时向院领导和各科主任反馈。为提高医护工作者对医院感染和消毒隔离的重视，根据《医院感染管理规范》和上级要求，2005年，举办5次培训。特别对洗手指征及方法进行重点培训（各水龙头旁都贴有"洗手六步法"图片演示）。以后作为常规工作一直延续。

2006年，医院成立医院感染管理科。医院感染管理已经成为评价医院医疗质量的一个重要指标，相关指南和规范也先后出台，"医院管理年"和"医疗质量万里行"都把医院感染管理作为一项重要的检查内容。医院感染管理已从原先的监测为主逐渐转为重点科室、重点部门、重点环节和人群的干预管理。这一年医院感染管理科以《医院感染管理办法》及其他相关文件为依据，根据市医院感染质控中心的要求，重新制订和修订各项规章制度，把员工的职业安全防范作为工作重点。根据《医务人员艾滋病病毒职业暴露防护工作指导原则（试行）》的文件精神，制定《医务人员职业暴露报告处理制度》《医务人员职业安全防护制度》《利器伤处理及报告程序和标准预防措施》，并对医务人员进行职业卫生安全及安全防护的指导和督查，尽可能降低职业暴露和职业伤害的风险，保障医务人员的安全。

2007年，根据《上海市医疗废物卫生管理规范》的文件精神，对医院医疗废弃物处置、分类、贮存、收集重新作规定，并在工作中不断完善。医院因医疗废物管理严格、规范而成为黄浦区的样板单位。

2007年,根据上海市医院感染质控中心要求,制订医院感染控制(SOP)23项,包括《呼吸机及其配件的清洁与消毒SOP》《血培养、痰培养、尿液标本采集与运送SOP》《手术切口感染标本采集与运送SOP》《软式内镜清洗和消毒SOP》等规则。

2008年,根据卫生部相关文件要求,对10月21日的所有住院患者进行医院感染现患率调查,患者962例,实查962例,实查率100%;存在医院感染21例,医院感染现患率2.18%,符合卫生部要求。根据医院感染质控中心要求,增订控制MRSA(耐甲氧西林金黄色葡萄球菌)的SOP、医务人员HIV职业暴露防护等12个SOP并组织实施,同时根据实际情况对已制定的23个SOP进行修订。同年,开展医务人员职业暴露报告和指导。10月,为规范植入型医疗器械管理,防止因植入型医疗器械灭菌不当引起的医院感染,保障医疗安全,医院制定《关于植入型医疗器械灭菌效果检测的规定》。11月,规范血糖采集装置,以一次性的采血装置代替采血笔,防止采血笔因多人使用而造成的交叉感染。

2008年,发生汶川大地震后,为防止灾后疫情暴发,医院感染管理科主任俞红作为上海市医院感染质控中心10人专家组成员赶赴四川汶川地震灾区进行抗震救灾。

2009年,建立医院感染内网,对住院患者的医院感染暴发实时监控。在信息科帮助下,设计建立医院感染的内部网络系统,包括ICU三根导管的目标性监测、耐药菌监测及住院病史及病原体的查询功能。通过定期上网查询住院患者的病原学监测结果,可以在第一时间发现某科室感染暴发的苗子。同年9月,通过内网监测发现口二病区有鲍曼不动杆菌集聚病例,即下病房调查,对患者采取接触隔离,指导医护人员的手卫生。由于措施到位,感染患者好转出院,未发生其他患者的交叉感染。通过网络,可及时发现病区耐药菌的分布范围,指导病区护士,对这些患者进行接触隔离。该年共监测到耐药菌感染患者134人,均下病区指导隔离措施。同时完善ICU的目标性监测,ICU的同期感染例次率为1.90%,日医院感染(例次)发病率为5.26‰。其中与动静脉插管相关的血液感染发病率为0.96‰,与尿道插管相关的泌尿道感染发病率为1.95‰,与使用呼吸机相关的肺部感染发病率7.03‰。2009年,完善职业暴露预防用药领用流程,医院免费提供必需药品。该年,工作人员在工作中发生职业暴露共36人。其中,发生锐器刺伤31例次,黏膜的职业暴露损伤5例次,均根据暴露情况进行指导。给予16人次乙肝免疫球蛋白或疫苗进行预防用药。

2009年,根据《上海市医疗废物管理规范》要求,对医院医疗废物交接三联单进行规范化,重新设计表格并在全院进行推广。9月,区CDC在九院举办现场交流会介绍医疗废物管理经验。

2010年,加强对医院感染重点部门、重点环节、重点人群的督查管理。每月对内窥镜室、ICU、血透室、中心供应室、手术室等重点科室进行督查。累计督查200余例次,发现不少问题并已落实解决。ICU的口镜全部做到一次性使用,避免储存中污染。全院呼吸机螺纹管和配件全部集中送中心供应室进行消毒,保证消毒质量。为保证微生物生物安全,防止标本运送途中污染环境,设计我院标本送检袋用于急诊送检标本等。对全院医务人员手卫生依从性督查390人次,经提醒后手卫生依从性达到92.31%,其中护士依从性比医生高。为提高医务人员在操作治疗时对手卫生的重视,防止因手污染而传播疾病,10月,设计制作"5个必须洁手时刻"的醒目标示,在全院医生护士办公室、治疗室和换药室进行张贴宣传,共张贴400余张;在每个洗手池张贴"六步洗手法",指导医务人员正确洗手。

医院感染管理科主任俞红自2007年起连任三届上海交通大学医学院医院感染专业学术管理委员会副主任。

四、放射防护工作

1998年,职业病防治科(职防科)撤销,职防科的放射防护工作归入防保科,主要由俞秦麟负责。

放射防护工作是指放射人员的职业防护。至2010年主要工作为:① 放射工作人员每两个月一次个人剂量监测。2008年发现3起个人剂量超标,均及时进行调查。追查结果是当事人防护器具佩戴不妥造成超标。② 两年一次放射健康体检,上岗、离岗前均需体检。③ 两年一次参加市区卫监组织的放射培训。2006年开始,环保局要求两年一次辐射安全培训,机房每年接受CDC泄漏检测。④ 办理放射工作人员上岗证。至2010年,九院放射从业人员116人。⑤ 每年组织20年以上工龄的放射从业人员进行放射疗养。2010年九院20年以上工龄的放射从业人员有29人。

除放射人员防护外,2007年,医院放疗科设备更新,报废^{60}Co源。钴源在绝对安全的情况下进行拆除:俞秦麟在医院领导的支持下联系环保局、放射研究所、公安局,利用星期天医院流动人员少,确保安全拆除并运至上海城市废物库。

2007年放射防护另一工作重点是医院《放射诊疗许可证》的申请。随着1号楼的建成,医院新添置直线加速器、SPECT等大型设备,经过多方努力完成《放射诊疗许可证》申领。并协助浦东分院、虹梅门诊部申领《放射诊疗许可证》。2008年工作重点是向市环保局申领医院的《辐射安全许可证》。

五、创建全国无烟医院

2010年3月,九院与上海市健康教育所签署《创建全国无烟医院2010年项目协议书》,防保科作为项目执行科室,在医院领导支持下,负责制定医院控烟各项规章制度、方案,并组织实施。开展重点人群医生400名基线调查和终末调查,借助医院控烟组织构架,充分发挥护理部、总务处、宣传科等部门的作用,依托呼吸科的技术支撑,有序有效地在全院开展创建全国无烟医院的工作。完成所有申报工作,并成功接受中国控烟协会对九院创建无烟医院工作的整体评估,领到"全国无烟医院"的铜牌。

六、荣誉

2008年,因在汶川抗震救灾中表现突出,俞红获得上海科教党委抗震救灾优秀共产党员、上海交通大学医学院抗震救灾优秀共产党员、上海市卫生系统抗震救灾先进个人等荣誉称号。

第三节 职业病防治

一、沿革

1970年5月,根据上海市卫生局要求,每个区都要有一家市级医院成立职业病防治组,负责所辖区域企业的职业病防治工作。医院抽调内科周畯、皮肤科刘霞和保健科傅积仁3位医师,成立职业病防治组,隶属业务组(医务处前身)领导。1984年,升格为职业病防治科(简称职防科)。

1998年后,随着劳保体系的改革和职业病防治形势的变化,医院不再设立职业病科,部分功能如医院职工的放射防护归入防保科,偶有疑似职业病患者则向专科医院转诊。

表3-4-6　1970—1998年职防科(组)历任负责人情况表

任职时间	主任	任职时间	副主任
1970—1983	周　畯(组长)	1984—1988	刘　霞(主持工作)
1988—1989	刘　霞	1989—1991	杨培林
1991—1998	杨培林		

二、防治

医院职防组与南市区防疫站合作,积极开展职业病调查、预防、诊断和治疗工作。区防疫站负责环境样本检测,职防组负责对南市区(包括浦东部分地区)患者的诊断和治疗。

科室成立后,对医院所属劳保工厂68家单位的58 172名工人中从事有害有毒作业者10 364名职工的职业危害(包括3个地段医院)经常进行调查研究,掌握情况,并定期进行监护性体格检查、预防性体检和普查工作。所涉及的工业生产相关职业病包括锰、汞、镍、锌等急慢性金属中毒,氰化物、氯气等有毒气体的中毒,以及苯、甲苯、二甲苯等有机化合物的危害等。

科室人员不顾粉尘、有害气体危害,坚持下厂下车间第一线作实地考察,深入南市区里浦西浦东260多家大小工厂作现场调查。向企业领导宣讲职业病防治的重要性,对工业生产中的喷砂作业、焊接作业、电镀作业等提出了工艺改进和劳动保护建议,有效改善了工人的作业条件,减轻其对健康的影响。为了及时准确诊断职业病,科室与检验科合作,研究开展了尿锰、粪锰、发锰测定以及蛋白结合碘测定等检验项目,提高了诊断的科学性。通过数百例的尿锰、粪锰、发锰、血清蛋白结合碘的测定,结合临床分析,提出了早期诊断锰中毒的指标。经医院诊断的2例锰中毒患者,经治疗,轻度中毒者治愈,重度中毒者显著好转。

1985—1988年,职防组协助对南汇县3 104名工人进行体检,并去南汇县工厂进行现场调查,共诊断慢性轻度苯中毒6例,慢性轻度含苯化学物中毒6例,慢性轻度铅中毒5例,铬鼻病43例,经治疗后均已痊愈或好转。20多年中,对职业病诊断基本做到无漏诊、无误诊。

为了治疗职业病患者,在医院的支持下,设置部分内科床位收治患者。对慢性轻度锰中毒患者,该科研究通过头皮针、水针、中草药治疗等多种治疗法,取得较好效果。如遇有急性铅、苯、锰等中毒,组织有关科室参与治疗。

医院职防科还负责南汇、川沙县的职业病诊断和治疗工作,以及医院各科及区域内单位转来的疑似患者的诊断和劳动力鉴定、确诊患者的上报工作。院内各科都有专职或兼职人员负责上报,专册登记,形成职业病的防控网络。1986年,建立和健全了68家劳保工厂的劳动卫生职业病档案资料。

因工作业绩显著,经上海市卫生局批准,于1984年将九院的职防组升格为职业病防治科,刘霞任副主任主持工作。

20世纪90年代后,随着环保标准的提高,内环线内部分工厂企业外迁远郊,医院不再承担南汇、川沙的职业病防治工作,业务量减少。但科室仍组织定期下厂,监测南市区里浦东浦西沿江相关企业的有毒有害气体对职工的健康影响。如溶剂、助剂厂生产过程的气体污染,以及制造企业电焊时有毒有害气体对职工健康的影响。上海港机厂、电力修造总厂、新建机器厂、环球饰品厂等是重点监测单位。20世纪90年代中期组织医院将放射科和核医学工作人员的放射防护定期体检归入职防科业务。

20世纪90年代后期,随着职防知识的普及和相关单位对各种有害因素检测的常规化,职防科业务量进一步减少。1998年医院撤销职防科,职工的放射防护工作归入防保科。

三、教学

1975—1979年,职防组承担医院的二医口腔系三年制学生的职业病防治的教学和实习。1977年以后,承担对上海市卫生学校职业病教师的学习班授课,医院护校和区卫生学校的授课,以及对所属劳保厂保健医生、地段医院医师的培训,与瑞金医院合作举办"职业病医师进修班"。

根据实际工作需要和下厂调查的结果,编写了一批实用性很强的讲义和调查报告,如《锰中毒》《生产塑料工程中的有毒有害气体对人体影响》《职业病性皮肤病》《合成树脂和塑料生产中职业病防护》《乡镇电镀业的铬危害调查》《苯乙烯对人体的危害》等。

四、临床研究

科内有计划、有重点地开展职业病及职业因素引起的多发病、常见病的临床研究工作。科室先后参加了上海市锰中毒协作组,上海第二医学院的大气污染对职工健康的影响调查协作组、苯乙烯中毒调查协作组的科研调查工作。撰写了《锰中毒的防治》、《中西医结合治疗锰中毒》、*Prevention of Occupational Disease* 等中英文论文,在华东六省一市职业病防治会议做大会交流。论文《如何早期诊断锰中毒和防止苯中毒》在北京召开的全国职业病检验学习班上交流。"乡镇电镀业铬危害调查""苯乙烯对人体的危害"1986年被中华医学会职业病分会在沈阳主办的"全国职业病学组第一次职业病学术交流会"录用,并作大会发言。科室先后在中英文学术刊物发表论文17篇。

刘霞曾任上海市职业病疑难病例诊断小组成员、南市区职业病诊断小组组长、南市区卫生医药学会劳动卫生职业病学组副组长。

第四节　医疗保险管理

一、沿革

1998年7月,医院设立医疗保险管理办公室(简称"医保办")。医疗保险办公室设3~4人,其中医保事务接待1人,张连红任医保办主任。医保办在医院医保领导小组领导下,在医保工作小组配合下,认真贯彻市、区两级医保管理部门的医保政策,制定医院医保制度,管理医保基金。通过落实政策制度、运用数据分析核查等方法,发现医保管理过程中涉及的问题,反馈给日常管理部门,从而协同相关部门改善医疗流程,规范医疗收费等行为。

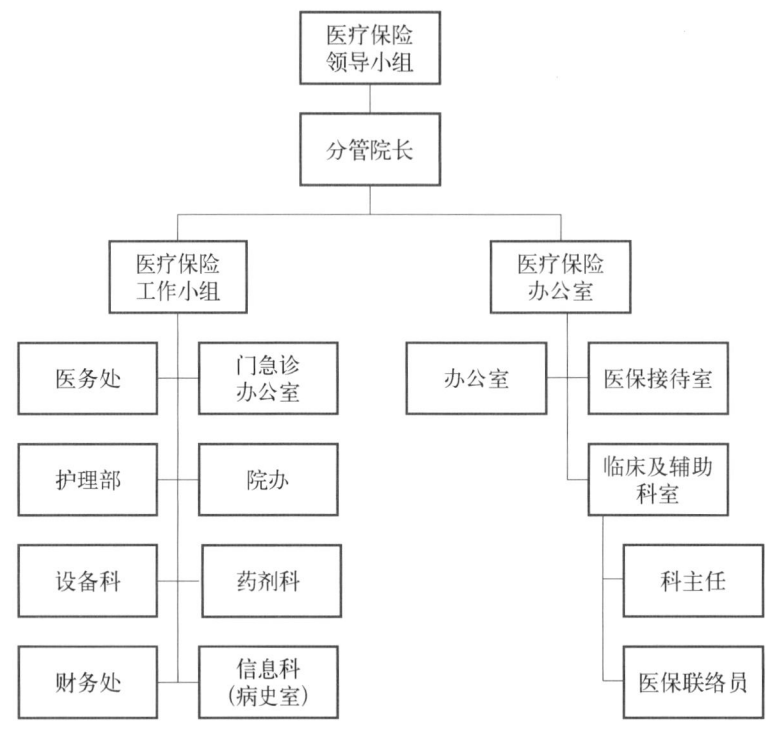

图 3-4-3　2010年医院医疗保险管理体系图

二、医保管理

【贯彻医保政策】

1998年,在全市统一的医疗服务收费标准基础上,医保办协助和指导临床科室合理使用医保基金。根据上级医保部门要求开展各类基础性工作,比如部分病种费用情况调研,通过病史室指导临床各科正确填写出入院诊断,纠正将入院诊断替代出院诊断而由此造成的部分病种费用"冒高"的不实现象,由出院对账处负责督促核对正确的出院诊断,完成月报表。使医疗机构各职能部门与临床科室联动,医务人员逐步适应医保改革的新要求。

2000年,医保办为配合医保政策出台,在医保管理办公室设咨询电话,在挂号大厅设医保咨询台,向患者宣传医保政策;编写医保病员须知,加强政策宣传力度。2001年,是实施《上海市贯彻〈国务院关于建立城镇职工基本医疗保险制度的决定〉的实施方案》的过渡年,医保覆盖面继续扩大,年中相继出台若干关于计划生育、门诊大病结算、离休干部结算方法等补充文件。医保办公室为落实文件精神,对各咨询窗口进行政策宣讲,方便患者咨询,并对医院职工宣传医保政策在医院的运行;及时向上级部门汇报医院医保政策执行情况,协调处理医保运行中出现的问题;按照文件精神,根据医院实际情况,制订出行之有效的操作流程。

2002年,医保覆盖人群扩大,自由职业人员和个体经济组织业主及其从业人员纳入医保范围,并要求对参保对象实行《门急诊就医记录册(自管)制度》。为规范医疗行为,制订《门诊部分项目(大病医保)管理规定》《关于实行医保病人处方及各类申请单审核的规定》《医保基本医疗服务规定》《关于医保病人重复住院的规定》等操作规定。

2003年，调整部分收费标准，并对部分项目实施分类自负，医保办与财务部门合作对相关项目进行信息设置，为2004年度统一使用新的结算报表打好基础。与药剂科根据《医保药品目录》（2003版）编写医院在用的"上海市基本医疗保险药品限制支付使用品种"目录，使临床医生能及时了解药品目录中的有关规定。首次在新职工学习班上进行医疗保险政策与规定的培训。

2004年，小城镇医疗保险费用实施网上结算；医保住院实行按病种付费试点；完善医保费用的日对账核对工作，实行医院医保费用明细上传与日对账核对工作相结合。

2006年，在完成与上海市医保签订《上海市基本医疗保险定点医疗机构服务协议》的基础上，通过第二批基本医疗保险诊疗项目约定服务的申报，医院约定服务项目由原来的5项增加至7项；同时，上海市医保对医院第一批基本医疗保险诊疗项目约定服务进行评估和通报后，血透由"支付"降级为"暂不予支付"，放疗由"支付"降级为"暂予支付"。根据少儿住院基金颁布的"不予支付药品目录"，对医院在用药品进行梳理。

2007年，完成血透诊疗项目约定服务评议、评估的申报工作，血透从"暂不予支付"改为"暂予支付一年"；为完善尿毒症透析综合管理，建立门诊透析治疗专用就医记录卡，将有资质的肾内科执业医师名单上报医保局信息库备案，并要求严格按照《血液透析治疗医保约定服务规范》操作。

2008—2009年，市物价局先后颁布《关于规范和调整本市部分大型医用设备检查治疗价格的通知》《关于规范和调整本市中医服务价格的通知》《关于规范和调整本市综合类医疗服务价格的通知》《关于规范和调整本市医技诊疗类医疗服务价格的通知》。为执行好文件，医保办积极配合财务做好临床收费价格医保相关支付方式的梳理落实工作，并将部分特护支付方式、一次性使用及植入性医用材料信息及时下发到相关科室，及时确定内容，由财务部门设置代码，按规定进行支付。2009年，参与建立本市医保定点医疗机构执业医师信息库，实施执业医师医保服务管理的试点工作。

【监管医保基金合理使用】

医保办成立初期，在信息科的支持下，与门急诊收费处、住院结账处进行信息联网，并有计划地每月查阅住院患者医保病史若干，从中了解各临床科室在执行医保政策过程中存在的问题；月底根据即将上报的费用报表，对金额高、费用结构不合理的账单，即刻检查，对不合理基金支付予以自纠，反馈至财务等相关职能部门，以进一步指导临床科室按市收费标准合理收费。

1999年，以分管院长挂帅，医保管理办公室负责具体操作，各职能部门共同协调，以科主任、总住院医师、护士长为核心的临床医保管理网络体系形成，使得医保政策以及各类医保工作中存在的问题能够在第一时间传达至各相关部门。同时，医保办在每月初将每个科室的医保费用情况及时传达至科主任，使科主任对科室上一个月的费用情况有所了解和比较，做到事前有目标、事中有监督、事后有检查。当年实现网络实时监控临床科室费用情况。

2000年初，全市医保费用有上升趋势，特别是3月份各级医院医保住院总费用、门急诊总费用普遍上扬，市医保局要求力争4月份费用有所下降。根据这一严峻形势，联合各职能部门，对收费、用药、检查、化验、材料和仪器使用、重复出入院等各环节违反医政、医药、收费、医保等规定的行为进行专项治理。

2001年，对当月医保费用超过5万元的住院患者进行费用审查，对高费用原因进行分析，力求下降费用。对少儿住院基金费用实行全部审核。

2002年，加强部分贵重药物管理，控制贵重药物使用，提倡使用价廉物美的替代药品；取消套餐式化验项目，有针对性地开出检查项目，降低医疗费用，医保办积极参与和联动。

2004年,为规范医疗行为,做到"合理用药、合理检查、合理治疗、合理收费",由医保工作小组讨论并公布《关于加强医保工作管理的若干措施》(沪九院院字[2004]23号),决定采用经济杠杆的作用对科室费用进行考核,促使医院医保费用合理增长。

2005年,加强医保信息监测与反馈,重点对不合理的药品费用增长进行调控。

2008年,根据上海市医保监督所例行检查结果,由分管院长、门办、信息科、浦东分院、财务科等参与讨论,并制定《关于重申严格执行医保收费规定的通知》《关于加强临床检验工作管理的通知》,旨在规范医院收费行为,从而保障医保基金合理使用。

2010年,费用控制工作重心放在医保药费控制方面,信息科制作动态监控软件,药剂科每天监控数据变化,动态控制药品种类和数量;同年根据药剂科窗口举报,有可疑人员持多张医保卡取药情况,因此医保办、药剂科、保卫科于7月16日、7月19日、7月20日,对可疑人员采取行动,抓获5人,后移交上海市医保监督所和黄浦区半淞园街道警署做进一步处理。

【医保指标管理】

2002年,上海市医保办开始本市医保定点医疗机构医保支付费用试行"总额控制、按月预留、年度考核",医保办公室每月将医保报表以及儿保报表统计汇总,并及时作出基本情况和费用情况说明,为医保领导小组的决策提供资料;同时为配合总额考核办法,年内召开医保协调会议17次,基本确定:根据实际情况,围绕医保总控目标,依据科室历史数据,测算和制定当年科室门诊均次费用、住院均次费用考核指标;年终按月对科室进行考核,对超出考核指标部分费用按比例扣罚至科室。当年累计扣罚20余万元。

2003年,在2002年试行医保支付费用总额预算控制工作的基础上,实施"总额预算、按月预付、按季结算、风险分担"的结算办法。年初,根据2002年总量完成情况以及科室反馈情况,在测算当年考核指标的同时,将麻醉费用从手术科室费用中剥离单独考核,并将麻醉科、浦东分院纳入考核范围。当年还将科室考核方式调整为"按月考核、按季汇总清算",考核时比照相关定额,针对超标部分,分析原因、制订相应措施,同时对执行较好的科室给予一定的奖励。

2004年,上半年度医保总量、均次费用均创历史新高,为遏制不合理的费用增长,经各职能、临床部门讨论,院务会通过《关于加强医保工作管理的若干措施》,加强医保信息监测与反馈及考核力度。医保办实行每十天对各科室出院患者均次费用进行统计,并及时反馈至临床各科室和相关职能部门,对不合理的费用增长进行调控。

2006年,上海市医保办对医保定点医疗机构医保支付费用方法在2002—2006年的基础上调整为"按月预付、分类缓付、通报公示、年终清算",进一步强化预算约束机制。当年医保办通过测算上半年数据后发现,数据结构较往年不同,及时上报分管领导,并向市医保局总控办就医院2006年度医保费用指标调整情况予以报告,得到市医保局应允,将住院总量1 280万转移到门诊总量,从而使全年医保数据得以平衡。

2009年,由于医院核定床位增加至1 000张,收治患者增加,医保总量指标受到极大冲击。虽在努力下,市医保办年末追加总量379万元,但只是杯水车薪,当年医保超额量、分担量均为历史最高。

2010年,增加"药费总量封顶"考核的政策,同时市医保在三级医院进一步扩大医保费用总额预付制试点,医院在贯彻"双控"过程中,重点放在"药费控制"。1—4月医院医保药费增长创历史新高,在分管院长的领导和支持下,多次召开医保工作小组和临床科主任会议统一思想;医保办测算并下发药费总量指标到科室;信息科制作动态监控软件;药剂科每天监控数据变化,动态控制药品种类和数量;每月对临床科室进行考核,超指标部分直接从科室奖金中扣除;在加强内部控制的同时,又积极向市医保办申请增加总量 529 万元,其中药品费 347 万元。

表 3-4-7　2002—2010 年医院医保总量完成情况表

年 份	总额预算（万元）	总额完成数（万元）	预算超额率(%)	完成额增长率(%)	超预算医院分担金额(万元)
2002	11 495.73	13 428.80	16.82	—	407.12
2003	13 352.88	14 356.66	7.52	6.91	303.83
2004	14 728.11	16 760.83	13.80	16.75	288.10
2005	16 374.98	17 936.75	9.54	7.02	589.65
2006	19 090.67	19 529.66	2.30	8.88	372.75
2007	21 009.02	21 706.74	3.32	11.15	68.82
2008	24 752.06	25 713.84	3.89	18.46	233.92
2009	28 227.00	32 038.03	13.50	24.59	989.86
2010	33 963.54	36 373.67	7.10	13.53	681.11

表 3-4-8　2002—2010 年医院医保门急诊完成情况表

年份	门诊金额（万元）	门诊人次	人次增长率(%)	门诊均次	均次增长率(%)	门诊复诊率(%)	复诊率增长率(%)
2002	6 128.43	464 512	—	159.46	—	1.59	—
2003	7 170.88	516 138	11.11	176.42	10.64	1.66	4.40
2004	7 975.79	534 615	3.58	195.92	11.05	1.61	−3.01
2005	8 802.13	535 703	0.20	218.6	11.58	1.57	−2.48
2006	10 264.66	590 179	10.17	225.4	3.11	1.59	1.27
2007	10 962.89	713 013	20.81	199.74	−11.38	1.7	6.92
2008	12 705.13	823 381	15.48	197.42	−1.16	1.73	1.76
2009	15 988.56	909 202	10.42	225.79	14.37	1.75	1.16
2010	17 086.35	996 530	9.60	219.99	−2.57	1.79	2.29

表 3-4-9　2002—2010 年医院医保住院完成情况表

年 份	住院金额（万元）	住院人次	人次增长率(%)	住院均次	均次增长率(%)
2002	5 882.58	7 404	—	9 457.73	—
2003	5 473.80	6 967	5.90	9 351.92	−1.12
2004	6 946.51	8 506	22.09	10 123.15	8.25
2005	7 198.44	9 031	6.17	9 936.16	−1.85
2006	7 303.19	9 037	0.07	9 882.00	−0.55
2007	8 730.70	10 340	14.42	10 364.93	4.89
2008	10 629.95	12 221	18.19	10 618.93	2.45

(续表)

年　份	住院金额（万元）	住院人次	人次增长率(%)	住院均次	均次增长率(%)
2009	13 078.90	14 200	16.19	11 213.89	5.60
2010	16 329.09	15 897	11.95	12 567.62	12.07

三、荣誉

2002—2004学年第九人民医院被评为上海少儿住院基金先进集体。

2004年,医疗保险管理办公室主任张莲红被评为2002—2004学年上海少儿住院基金先进个人。

2005学年被评为上海少儿住院基金均次费用考核奖励单位。

2006年,第九人民医院荣获1996—2006年上海少儿住院基金"奉献奖"。

第五节　医院信息管理

一、沿革

1990年2月,医院成立综合信息科,由病史室、图书馆和计算机室三个部门组成。当时计算机室不足20平方米,正式员工3人,主要利用3台电脑和1台打印机,完成医院财务处的工资核算、人事处的职称晋升、病史室的病案录入以及相应的报表打印。成立初期,主要协调相关部门之间的工作程序、明确岗位职责、制订并完善科室各项规章制度。通过调研相关医院信息化现状与本医院业务流程,调研相关科室业务需求及信息化需求,制订项目建设任务书,初步实现医院信息化管理的模式。1998年,因工作需要增加3名员工。

2003年11月,医院成立院信息安全应急领导小组,由常务副院长陈章达担任组长,副院长周礼明担任副组长,组员包括院办、医务、护理、门办、信息、财务、保卫、药剂等主要职能部门负责人。职责是负责全院突发事件的"紧急预案"实施,全院信息系统日常安全运行管理的组织协调及决策工作。2007年12月,调整信息安全应急小组,继续由陈章达院长担任组长,郭莲、周礼明副院长担任副组长。2010年12月,经院务会讨论决定,再次调整九院信息安全应急领导小组,由郭莲副院长担任组长,周礼明副院长担任副组长。

2007年5月,成立第九人民医院信息化建设与管理委员会,并设立办公室。由陈章达担任主任,郭莲、周礼明、沈国芳担任副主任。委员会职责:审议医院信息化建设总体规划和设计、规范及标准;参与有关信息建设项目的投标、评标工作;协调、组织并监督医院信息化建设的各个系统,督促信息部门及时提供医院信息系统工作质量和网络安全运行情况报告;协助跨部门、跨科室工作的协调沟通;收集业务科室、职能部门关于信息化建设的合理建议和信息化需求,并向院务会提出决策建议;促进医院信息化建设逐步制度化、规范化、科学化。2010年,调整九院信息化建设与管理委员会,由陈章达担任主任,郭莲、周礼明、沈国芳担任副主任。同年,根据卫生部文件《卫生部关于开展电子病历试点工作的通知》和上海市卫生局文件《关于开展上海市电子病历试点工作的通知》,成立九院电子病历试点工作领导小组,组长为张志愿院长,副组长由田卓平、郭莲担任。

表 3-4-10　1990—2010 年信息科历任负责人情况表

任 职 时 间	科　　长	任 职 时 间	副 科 长
1990—1998	范启勇	1998—2000	陆　耀
2000—	陆　耀	2000—2003	薛　峻

表 3-4-11　2003—2010 年信息化管理机构情况表

任 职 时 间	机 构 名 称	组　长	副 组 长
2003—2010	信息安全领导小组	陈章达	周礼明
2010—	信息安全领导小组	郭　莲	郭　莲
2007—2010	信息化建设与管理委员会	陈章达	郭　莲　周礼明　沈国芳
2010	电子病历试点工作领导小组	张志愿	田卓平　郭　莲

至 2010 年，医院已开发 HIS、CIS、LIS、PACS、EMR、OA 以及部门管理系统，拥有服务器 80 多台，交换机 120 多台，网络终端 1 100 多台，打印机近 400 台，全院铺设千兆光纤进 9 栋楼宇。

二、医疗流程及服务平台

【医院信息管理系统】

1993 年，构建医院信息局域网，建立以财务为中心的 HIS 系统一期工程项目。完成门急诊挂号管理系统、门急诊收款管理系统，主要包括门诊挂号、门诊收费、门诊报表查询打印。主要职责是确保整个网络系统运行正常，确保每台机器都能正常工作；及时协调医院、科室及系统开发公司间的横向沟通，发现问题及时解决；根据医院的发展要求，科学制订信息化发展计划，并积极参与实施。

1996 年，开发"住院登记结账系统"，完成住院登记、住院收费、患者转科、出院结账、科室费用、医师工作量、患者住院综合查询等网络化管理。1998 年，上海市医疗保险制度出台，医院的医保联网结算工程正式启动，对原有网络系统分阶段进行升级改造，添置专业级的 PC 服务器，构建以 Windows 操作系统 SQL-SERVER 为数据库的系统平台，在 1999 年、2000 年分别完成医院"门急诊挂号收费系统""住院结账系统"，包括集成配置计算机网络系统设备、软件系统原数据的升级、新老系统的数据交换接口，并配合医保局实现全市医保联网结算。在系统改造的过程中，同时加入基于管理要求的功能模块，如各类就诊患者的信息统计、各科患者就诊数量及费用统计、医院医保患者信息统计等。

2001 年，根据医保局的要求，启动医院"病区医嘱管理系统""病房药房药品管理系统"，实现患者住院"一日清"查询；同时建立医院"药库药房管理系统"及"麻醉药品管理系统"，对医院药品进行统一管理，并和医保局联网，实时维护药品的医保代码，提供全院药典管理、药品价格管理和完整的药品出入库记录、调价管理以及药品会计核算、账务报表打印输出、查询统计等功能。在各医技部门及门诊手术室建立"费用确认系统"，确保患者在真正实施检查和手术的同时才记费用，明确患者的费用明细情况。对"入出院网络管理系统"进行升级改造，包括住院登记、住院收费、患者转科、出院结账、科室费用、医师工作量、患者住院综合查询等，实行网络化管理。2002 年增加"手术室及麻醉科管理系统",并逐步分流结账处费用的输入,辅助完成血库管理系统,设计医教、护理、门办、医保管理系统,同时对原有的应用软件根据医院及科室的要求,不断加以修改,完成医保三期接口的修改和卫生局信息上报软件的调试。

2003年,开发医技部门住院患者费用输入系统。2004年,进一步加强和完善医院药品管理软件,实行医院药品三级联网,启用药品从采购、入库、病房药房、门诊药房、门诊药房窗口等计算机管理软件,逐步完成医院对药品的财务统计。2005年,开发"营养科管理系统",主要包括饮食医嘱的自动统计、每日菜谱的订制、各科室饮食需求的登记、每日饮食及配料单的生成、每日厨师炒菜清单的生成、用膳情况统计等功能。还能查询患者饮食医嘱、更改情况及每日入出院情况,以便及时调整配膳策略,使临床营养治疗实现计算机化、网络化、系统化和普及化。完成"病案管理系统",主要是对病案首页和相关内容及病史室工作进行管理,包括病案数据管理、病案借阅管理、住院动态日报、住院病案首页、门急诊数据转入、工作量登记和统计、卫生局上报报表、本院上报报表、自制报表、数据导入导出、数据逻辑校对审核、各类相关查询统计打印等。2006年,开发实施"浦东分院信息系统软件",内容包括门诊医师工作站、住院医师工作站、临床用药决策支持系统、院长查询管理系统、门诊药房管理系统、住院药房管理系统、检验科管理系统等。

2007年,开发实施"同位素室管理系统",主要用于医院同位素室和中心实验室管理。通过专门为每台医疗仪器编制的接口程序可以接收医疗仪器传出的检验数据,按照系统设定自动审核报告、给出诊断参考、防止差错。应用于检验数据的采集、分析、统计、查询。同时完善、细化、优化各种医学统计分析,对患者资料进行管理,随时提供所需要的查询和报表。开发实施"门诊诊间管理系统""临床用药决策支持系统",完成诊间医师以及科室的业务管理。对就诊患者的病历、检查、治疗类信息进行方便有效的记录和查询,最大限度实现病员病历资源的充分利用和医疗信息的资源共享。

2008年,建立"麻醉临床信息系统",并在手术麻醉科及所有手术间全面展开应用,实现麻醉记录的电子化及手术流程的电脑化管理、手术麻醉费用的全面控制管理,全面提高手术麻醉科的管理水平及质控质量。其主要包括手术计划接收、手术排班、术前访视、诱导室信息、术中自动麻醉监护、术后麻醉总结登记、PACU信息、手术护理、麻醉医疗文书打印、数据维护和检索、统计报表、镇痛管理、血气分析、麻醉评分、临床专业科研和决策支持模块、手术麻醉报警、家属区手术进程公告、麻醉质量控制、麻醉科数字化业务管理、手术费用关联控制等。

2009年,完成医院人事财务系统的建设改造,即"人事工资管理系统"应用软件。主要包括工资设定、工资审核、工资发放、工资查询、公积金设定、考勤设定、节假日设定、考勤管理、员工维护、部门维护、人事奖金计算、考勤报表、绩效考核、工资报表等。2010年,建立数字心电管理系统项目的功能建设,以计算机作为心电图存储、显示、打印和传输的平台,将心电图数字化,并在计算机上集中保存,通过院内外联网进行心电图的院内和院外会诊;将心电系统纳入医疗管理体系,达到心电档案电子化的目的。

【检验科信息系统】

1996年,建立"检验科管理系统",完成包括患者信息、检验结果的输入和修改,细菌报告输入和统计,当天标本完成情况统计,科室职工基本信息。网络系统主要基于PC服务器,NOVELL系统的DOS工作站的管理模式。2000年,完成"检验科网络管理系统"的升级,包括集成配置计算机网络系统设备、软件系统原数据的升级和新老系统的数据交换接口,并配合医保局实现全市医保联网结算。在系统改造的过程中，同时加入基于管理要求的功能模块。2004年，实现化验报告网络传输、调阅。2010年，实现LIS报告自助打印服务。

【影像归档和通信系统】

2002年，建立"B超室和放射科影像系统"，完成B超、PACS图像及报告的网络传输，从而实现区域间影像报告资源共享。2008年，根据申康"医联工程"二期关于医院PACS系统建设的要求，开展全院升级改造工程。主要包括医院放射科原PACS/RIS系统软、硬件升级改造，医院门急诊、老CT、DSA、口腔放射的PACS/RIS系统软硬件升级改造，信息中心PACS/RIS系统临床发布中心数据库的建设，临床科室图像及报告系统的全面应用，医联工程影像系统数据的采集上传。完成"医联工程"HIS/CIS/LIS及PACS/RIS信息资源的上传，实现23家医院患者信息资源的共享，并在临床全面应用。2009年4月，完成超声科、内窥镜室医学影像存储与传输系统，该系统软件主要提供影像数据存储管理服务、数据传送服务、数据备份管理服务等功能以及RIS软件，实现与影像检查互联的科室内、全院的基础信息，检查科室的门诊收费审核，门诊住院检查申请、检查预约结果、检查报告数据及影像等业务信息和管理信息的整合与共享的标准接口开发。

【电子病历系统】

2005年4月，开发、实施"住院电子病历管理系统"，包括病历管理、首次病程记录、日常病程记录、出院小结、病案首页、体温单、手术病程记录、成组医嘱维护、病区医嘱维护、手术通知单、病历记录状态查询、权限药品查询、病区医嘱查询等。它的应用是辅助临床病案诊断、提高工作效率，奠定医院临床医学路径管理的一个重要基础。

【门户网站】

2009年，开设九院门户网站http://www.9hospital.com.cn/。建立医院信息发布的集中窗口，提供医院医疗特色、专家介绍、就医指南、服务种类、诊疗时间及在线咨询服务等多项功能；建立患者检查报告网上查询功能；展示医院的科研能力和成果，搭建医院与国内外医学、科学界的交流平台。

【特色功能】

2003年，为医院各部门增设宽带接口，并根据医院的发展形势及时调整医院的网络通信铺设。2005年，以光纤方式将医院接入上海科技网(STNC)的城域网，并通过该网络连通国内、国际互联网。2007年，完成医院中心机房的改建，应用监控软件，加强网络计算机的应用安全建设。完成口腔整形大楼排队叫号系统的建设，规范患者就医流程。2009年，建立便民服务中心病理、检验报告集中打印系统，增加自助挂号、自助检验报告查询打印、全院预约中心管理平台、防保科综合查询等，以及医疗项目价格查询及"一日清"查询。

三、医院管理平台

【协同办公平台】

2009年，启动医院办公自动化(OA)一期建设，内容包括：信息门户、个人工作站、公文办理、通知公告、简报管理、会议管理、邮件管理、共享日历，统一通讯录、统一沟通、统一消息子系统等；同时实施医院档案管理系统开发应用。

【辅助决策系统】

2009年，完成"院长查询系统"一期建设，能实时、动态地查询药房划价、门诊收费、住院结算、药库管理等各系统的运行、收入情况，各部门收入支出明细、汇总情况，医院工作情况，医疗质量控制情况；建立医院管理辅助决策系统，通过对业务运营、医疗数据、人员信息等统计分析，建立商务智能（BI）操作功能，提供精细化管理。2010年加强申康成本核算系统在医院的建设应用。

四、医疗资源共享平台

【区域信息共享】

2007年，申康医联建立区域网络平台及应用系统，通过数据上传实现院际间信息共享。2009年，委托专业公司提供数据专网服务，用于医院内部网数据通信，通过网络拓展建立与浦东分院及院外各医疗点的数据共享；启动"干部保健全市联网系统"。

【物资管理系统】

2010年，开发"物资设备资产管理及流程应用系统"，改进和完善医院物资管理工作的组织流程、结构和管理制度，规范当前采购操作流程；确保医院物资合理供应，库房账目的清晰、正确、实时查询，满足医院业务活动正常开展；理顺医院固定资产管理流程，建立固定资产信息档案系统；完善医院物资的进销存管理流程，提供方便、实时、快捷地信息查询、统计、分析；提供对资产设备的维修、保养历史，库存状况，采购预算等的实时查询、分析。

【医联中心】

2007年，申康成立医疗中心，搭建区域数据平台，为满足医联工程的整体需求，实时查阅相关患者在医联中心的数据，完成HIS/CIS/LIS及PACS/RIS信息资源的上传，并逐步推进医院"银医通"、病员服务、电子病历、临床路径、移动医疗等信息系统建设。2009年，完成申康医联项目关于ICU、CCU等监护系统电子化管理的建设，加强医联工程建设及在医院内的应用，主要包括监护护士工作站、监护医师工作站、医嘱处理模块、护理基本业务、危重评分、设备接口、科室事务管理、科研统计等。

五、荣誉

2010年12月，信息科工作获得全国信息数据中心建设十佳医院荣誉称号。

第六节 干部保健工作

一、沿革

1997年，九院被批准为上海市干部保健定点医院。党政一把手作为干部保健工作第一责任人,分管领导(分管院长或分管书记)任A角。分管领导全面负责干部保健工作开展。医务处内设1名干部保健专管员任B角,落实具体工作。医院建立干部保健专家网络,原则上由各相关临床科室正、副主任担任。同时根据市干保局要求,A、B角行动电话24小时开机,各主要部门设干部保健信息专管员、财务专管员。

根据统一布置,干部保健病区定名为老年病科。1996年,医院派张德星主任筹建老年病科。1997年2月,老年病科(干部保健病区)正式运行,

1996年11月成立干部口腔保健诊疗室,配有2名专职护士。1999年11月干部口腔保健中心正式成立。2008年5月,随着中心发展及重要口腔干保任务数增长,医院成立口腔干保特需科,挂牌"口腔第一门诊"。

二、业务发展

【老年病科】

1996年,医院派张德星主任筹建老年病科。1997年2月,老年病科(干部保健病区)正式运行,核定床位数25张,位于整复外科大楼(2号楼)6楼。老年病科人员配置:医师人数10人,正高职称1人,副高职称1人,主治医师及住院医师8人,护士13人。1997年,上级批准九院为上海市干部保健定点医院,核准九院干部保健定点对象约250人。2007年10月,老年科病房搬入1号楼20楼,核定床位25张,实际开放床位34张,占地面积1393平方米;干部保健定点对象约300人。老年病科历任科主任为张德星、郑慧君、盛净。

老年病科是上海交通大学医学院附属第九人民医院院级重点学科,全国统编教材《老年医学》的参编单位,上海市全科医学临床医师培训基地,为硕士学位授予学科。老年病科主要服务对象是定点保健对象,同时参与保障大量口腔重要保健任务的完成。

【口腔第一门诊】

口腔第一门诊(口腔干保特需门诊)的前身为干部口腔保健诊疗室,创建于1996年11月,位于8号楼4楼,仅1间诊室、1台牙科治疗椅位。无专职诊疗医师,医师根据需要从各科室召集。配有2名专职护士。重要保健对象就诊时借用位于10号楼7楼与港商合资开办的上海口腔医疗中心。

1999年11月干部口腔保健中心正式成立,位于10号楼6楼东南区,共配置7台牙科治疗椅位,其中设有2间独立的VIP诊室。有专职医师2名,专业分别为口腔内科及口腔修复科。兼职专家9名,专职护士5名。诊疗专业包括牙体牙髓、牙周、黏膜、口腔修复、牙槽外科、口腔正畸等。所有口腔专业治疗操作均为"四手操作",中心日常工作由分管医疗的副院长直接领导。

2008年5月,随着中心发展及重要口腔干保任务数增长,医院决定成立口腔第一门诊(口腔干保特需科),位于1号楼7楼,占地面积1200余平方米,并设立VIP专用通道,完善干保的安保问题。科室设有12台牙科综合治疗椅,其中包括有2个VIP的独立诊疗区。同时,医院考虑学科发展的需要,任命原口腔综合科主任徐晓为口腔干保特需科主任,主任医师洪瑾任口腔第一门诊副主任,负责口腔干部保健工作和特需医疗服务。科室有专职医师4人,牙体牙髓专业3人、口腔修复专业1人。兼职专家13人,其中国家工程院院士1人。所有医师均为高级职称。诊疗专业扩展为牙体牙髓、牙周、黏膜、口腔修复、口腔颌面外科、口腔正畸、口腔种植。同时配备专职四手护士9人、医技人员1人,开展较完备的一门式服务模式。

口腔第一门诊服务对象除了定点九院的干部保健对象，还承担大量本市及外省市副部级以上的重要口腔治疗任务。

三、荣誉

医院从1997年被确定为干部保健定点医院以来，除完成日常干部保健医疗相关工作，还参与大量重要干部保健任务，圆满完成国家级 VIP 的口腔重要保障任务 10 项，圆满完成市干保局布置的涉外元首级的 VIP 随队医疗保障任务 5 项。全体干部保健工作人员始终牢记医院的院训——团结、严谨、求实、创新，以"一切以病人为中心"的服务理念努力辛勤工作，精益求进，追求卓越。历年来获得多项奖项和荣誉：中国工程院院士邱蔚六获中央保健局先进个人（1999年）；老年科主任盛净获上海优秀中青年骨干（2001年）；张富强获中央保健局先进个人（2006年）；田卓平获上海市卫生系统世博医疗卫生保障工作先进个人（2010年）；干保专管员江漪获上海世博会窗口服务先进个人（2010年）。

第七节　上海市口腔临床质量控制中心

一、沿革

2002年1月30日按照上海市卫生局的统一部署，经过申报和评审，成立上海市口腔临床质量控制中心，挂靠在上海交大医学院附属第九人民医院。中心主任由周曾同担任。

表 3-4-12　2002—2010 年上海市口腔临床质量控制中心负责人情况表

任 职 时 间	主　　任	专 职 秘 书	兼 职 秘 书
2002—2010	周曾同	胡惠芳	胡国强

2002年2月4日按照上海市卫生局《关于组建质控专家委员会的若干说明》指示，成立上海市口腔临床质量控制中心专家委员会，由11名专家组成。2003—2009年增补3名专家委员，其余同上届。他们分别是邹德荣（上海市第六人民医院）、马光曙（浦东新区公立医院）、王一霖（浦东新区浦南医院）。2009—2010年有2位专家委员更替，即刘月华（同济大学附属口腔医院）、李国强（上海市口腔病防治院），其余同上届。

表 3-4-13　2002—2003 年上海市口腔临床质量控制中心专家委员会

职　务	姓　名	单　位
主　任	周曾同	上海交通大学医学院附属第九人民医院
委　员	宋　萌	上海市第一人民医院
	陈开祥	华东医院
	林自强	上海市口腔病防治院
	顾章愉	上海复旦大学医学院附属中山医院
	张　瑛	上海交通大学医学院附属第九人民医院

(续表)

职　务	姓　名	单　位
委　员	朱傅倬	上海中医药大学附属曙光医院
	潘可风	同济大学附属口腔医院
	姜晓钟	第二军医大学第一附属医院
	黄远亮	上海市东方医院
	周　毅	上海市静安区牙病防治所

二、片区与质控网络

口腔医疗单位面广、量大且分散，为了加强管理，2003年6月中心成立后即向上海市卫生计生委（原市卫生局）递交《关于分片设立口腔分中心的请示报告》。以黄浦江为界，黄浦江以东为东分区；浦西以苏州河为界，其南设立南分区，以北设立北分区。各分区成立分中心，各设分中心主任1名，由本地区口腔业务影响力较强的单位作为挂靠单位。东区分中心设立在东方医院，主任由黄远亮担任，下设浦东新区、南汇区、奉贤区、金山区口腔质控小组；南区分中心设立在上海市口腔病防治院，下设静安区、卢湾区、长宁区、徐汇区、黄浦区、闵行区、松江区、青浦区口腔质控小组；北区分中心设立在同济口腔医院，下设虹口区、闸北区、杨浦区、普陀区、嘉定区、宝山区、崇明县口腔质控小组，形成质控网络。

表3-4-14　2002—2010年上海市口腔临床质量控制分中心主任

任职时间	挂靠单位	分中心	主　任
2002—2010	上海市东方医院	东区	黄远亮
2002—2009	上海市口腔病防治院	南区	林自强
2010—	上海市口腔病防治院	南区	李国强
2002—2009	同济大学附属口腔医院	北区	潘可风
2010—	同济大学附属口腔医院	北区	刘月华

表3-4-15　2002—2010年口腔科公立、民营、私立单位统计表

年　份	公立单位数	民营、私立单位数	共　计
2003	400*	500*	900*
2008	432	607	1 039
2010	410	718	1 128

说明：*表示数量为约数。

在每年的例行督查中，市口腔质控中心重点督查三级、二级、部队、职工医院及牙防所，并对分中心及区口腔质控小组督查的部分单位进行抽查、复核。三个分中心重点抽查东区、南区、北区内的一级医院，民营、私立诊所，形成质控网络。

三、质控培训

质控中心与上海市卫生监督所、上海市疾控中心、上海市院内感染质控中心一起,组建培训联合讲师团,制订质控培训计划和授课大纲,共同编写教材,开展对19个区、县口腔医务人员的培训。2004年编制培训教材,拍摄"口腔手机的消毒灭菌和维护保养"影像;2006年编制培训教材,拍摄"高压蒸汽灭菌器操作与保养"影像资料等。

【培训内容】

根据各阶段的工作重点安排培训内容,并编写培训教材,内容包括① 国家卫生计生委(原卫生部)及上海市卫生计生委(原市卫生局)相关文件、规范;②《口腔诊疗器械消毒技术操作规范督查评分标准》、口腔诊疗规章制度;③ 督查表解读等;④ 口腔各专业的"三基"内容。

【培训对象】

市专家组成员,各区口腔质控小组成员,口腔诊疗单位的科主任、护士长,口腔临床医师及消毒灭菌专职护师。为了统一督查内容,特邀市、区两级卫监所,CDC派员参加培训班旁听。每年开设培训班数6~18次,培训人次每年有增加,2010年参加人次达1 200人次。

【培训方法】

由市口腔质控中心、市院感质控中心、市卫监所、市CDC、市病历质控中心等专家组成的"培训联合讲师团"负责讲授。组织学员进行讨论并考试。培训后到示范单位实地参观。

【培训特点】

① 集中培训与下基层培训相结合;② 一般培训与专业培训相结合;③ 面上培训与整改单位重点培训相结合。

表3-4-16　2003—2010年口腔质控中心开展培训情况

年　份	期　数	参加人次	培　训　内　容
2003	18	1 000多(全市)	《上海市医疗机构口腔诊疗消毒管理基本要求》(沪卫医政[2003]13号);到规范单位实地参观。
2004	3	64(质控小组)	《上海市医疗机构口腔诊疗消毒管理基本要求》(沪卫医政[2003]13号),口腔质控督查评分标准等;到规范单位实地参观。
2005	4	354(全市)	卫生部《医疗机构口腔诊疗器械消毒技术操作规范》(73号文件)及"口腔手机的消毒灭菌与维护保养"等内容;到规范单位实地参观。
2006	1	150(质控小组等)	卫生部《医疗机构口腔诊疗器械消毒技术操作规范》(73号文件)及口腔质控督查评分标准等;到规范单位实地参观。
2007	7	189(全市)	卫生部《医疗机构口腔诊疗器械消毒技术操作规范》(73号文件)、"高压蒸汽灭菌器操作与保养"及口腔质控督查评分标准解读等;到规范单位实地参观。

(续表)

年 份	期 数	参加人次	培 训 内 容
2008	6	900(全市)	《医源性法律法规》文件,及口腔质控督查评分标准解读等;到示范单位实地参观。
2009	6	1 100(全市)	《上海市医疗机构口腔诊疗消毒隔离管理工作规范(试行)》及口腔质控督查评分标准解读等;到示范单位实地参观。
2010	4	1 201(全市)	《上海市医疗机构口腔诊疗消毒隔离管理工作规范(试行)》,卫生部医疗技术临床应用管理文件、口腔种植标准等解读;统一口腔质控消毒灭菌规范记录等;到示范单位实地参观。

四、质控督查

【年度质控督查】

按照上海市卫生计生委(原市卫生局)要求,进行一年二次全覆盖督查。按计划每年完成重点单位的督查,即三级、二级医院69家,牙防所12家,共计81家单位。第一战役"口腔交叉感染控制"质控督查的主要依据是卫生部《医疗机构口腔诊疗器械消毒技术操作规范》(73号文件)。由质控中心主任、秘书带队,组织部分专家委员,每组3~4人,前往各医疗单位,进行飞行督查。对督查不合格单位,下发《口腔诊疗消毒管理督查整改通知书》。

督查重点内容:① 规章制度,医务人员防护与手卫生;② 口腔消毒室的"三区划分"(污染区、清洁区、消毒区);③ 器械设备及消毒流程;④ 口腔科诊疗环境清洁及模型消毒;⑤ 灭菌检测及器械包装;⑥ 废弃物处理及放射防护情况;⑦ 放射设备配备情况。

【督查分工】

市口腔质控中心重点督查二、三级医院,部队、职工医院及牙防所,并对分中心及区口腔质控小组督查的部分单位进行抽查、复核。

三个分中心重点抽查东区、南区、北区内的一级医院及民营、私立诊所。为保证督查评分宽严的一致性,每年抽取一部分单位由三个分区互换专家进行互查。督查工作的特点为统一标准、培训先导、要求明确、区市结合、分片包干、当场反馈、集中讲评、评选先进。

建立中心与分中心的督查复核制度和反馈会议制度。建全全市口腔质控网络,布置和归总各分区质控小组的督查完成情况。南区:承担督查352家单位;北区:承担督查302家单位;东区:承担督查127家单位。市质控中心对各分区督查质量进行复核抽查。

建立全市口腔质控分中心督查反馈汇报会议制度,并邀请各区医政科领导参加。市口腔质控中心主任和秘书参加各分中心反馈会议并进行点评和讨论。

制定《口腔诊疗器械消毒技术操作规范督查记录册》。内容包括:① 诊疗环境清洁消毒记录;② 石膏模型消毒记录;③ 压力蒸汽灭菌器运行情况记录;④ 压力蒸汽灭菌器生物监测记录;⑤ 消毒液浓度测试记录;⑥ 医疗废弃物分类、回收记录;⑦ 上海市口腔科医务人员锐器损伤登记。

制订口腔科防止交叉感染的八项基本制度。按卫生部《口腔诊疗器械消毒技术操作规范》

文件要求,制订口腔科八项基本制度。包括:① 口腔诊疗消毒隔离制度;② 院内感染防范知识培训制度;③ 口腔诊疗器械清洗灭菌操作规范;④ 手卫生规范及职业卫生安全防护制度;⑤ 消毒灭菌状况、监测制度;⑥ 医疗废物处置制度;⑦ 岗位管理制度;⑧ 消毒产品采购、验收制度。

2008年上海市口腔临床质量控制中心与上海市卫监所、上海市疾控中心、上海市院内感染质控中心共同制定《上海市医疗机构口腔诊疗消毒管理基本要求示范单位评选章程》,并进行联合督查,评选出14个上海市医疗机构口腔诊疗消毒管理基本要求示范单位。它们是上海交通大学医学院附属第九人民医院、上海交通大学医学院附属瑞金医院、上海交通大学附属第六人民医院、同济大学附属口腔医院、同济大学附属第十人民医院口腔医疗保健中心、同济大学附属东方医院、解放军411医院南京军区口腔中心、上海市口腔病防治院、上海市徐汇区牙病防治所、上海泓虎口腔门诊部、上海缔浦口腔门诊部、上海浦东医院、上海市闵行区牙病防治分所、上海市虹口区牙病防治所。2009年市口腔临床质量控制中心又与上海市疾控中心、上海市卫生监督所联合评选示范单位,评选出18个示范单位。(当年增加5个示范单位,撤销1个单位。增加的单位:中国人民解放军第二军医大学附属长海医院、上海第七人民医院、奉贤区牙病防治所、上海现代齿科万博口腔门诊部、上海杨思医院。)2010年与上海市疾控中心、上海市卫生监督所、院内感染质控中心联合评选示范单位,评选出23个示范单位。(当年增加5个示范单位:复旦大学附属华山医院、上海市第八人民医院、上海市浦东新区人民医院、上海市静安区牙病防治所愚园门诊部、上海市杨浦区牙病防治所通北口腔门诊部。)

五、制订行业标准

在上海市卫生计生委(原市卫生局)领导下,每年组织专家开展口腔临床质量控制专题研讨会,学习口腔消毒管理条例,集体制订行业标准,编写口腔质控手册(分册)、督查评分标准等。

在编写前先作基本情况调查,然后由专家委员会讨论起草质控手册,报上海市卫生计生委批准后试行或执行。例如,在编写《上海市口腔诊疗消毒灭菌质控手册》(第一分册)时,先对上海地区111所单位开展现状调查。在编写质控手册第二分册时,先对上海地区68所医院口腔科开展4个项目的调查,即"口腔科专职人员结构状况调查分析""口腔科牙科治疗与牙科综合治疗状况调查分析""口腔科消毒室及压力蒸汽灭菌器配备的调查分析""口腔科X室及牙片机、全景机的调查分析",在完成调查报告的基础上形成质控手册。至2010年已完成的质控手册有《上海市口腔诊疗消毒灭菌质控手册》(第一分册)、《上海市医疗机构口腔诊疗消毒隔离管理工作规范》(第二分册)。

2006年,根据上海市卫生计生委要求,在调研的基础上撰写《上海市医疗机构口腔专业设置准入基本标准》,市质控中心对76所医院开展4项口腔病种状况摸底调查。调查项目有:① 上海市口腔医疗机构根管治疗业务情况;② 上海市口腔医疗机构烤瓷修复治疗业务情况;③ 上海市口腔医疗机构正畸治疗业务情况;④ 上海市口腔医疗机构种植牙治疗业务情况。

2010年,根据上海市卫生计生委要求,组织专家对10个口腔专业的临床路径内容进行修改,并书面成文上报上海市卫生计生委。10个病种中含口腔黏膜专业4个,儿童口腔专业3个,口腔修复专业3个。

表 3-4-17 2002—2010 年口腔质控中心部分重要调研报告情况表

年份	调研内容	单位	调查报告名称
2002	上海市口腔诊疗消毒灭菌状况	三级医院(含口腔专科)18 所,二级医院 33 所,一级医院 19 所,牙防所 12 所,民营口腔 11 所,私立口腔诊所 18 所	《上海市口腔诊疗消毒灭菌质控手册》(第一分册)
2003	上海市口腔医疗器械消毒设备调查	三级医院(含口腔专科)9 所,二级医院 42 所,职工部队医院 8 所,一级医院 16 所,牙防所 11 所,牙防分所 3 所,民营口腔 9 所,私立口腔诊所 17 所	《上海地区 68 所医院口腔科专职人员结构状况调查分析》《上海地区 68 所医院口腔科牙科治疗与牙科综合治疗状况调查分析》《上海地区 68 所医院口腔科消毒室及压力蒸汽灭菌器配备的调查分析》《上海地区 68 所医院口腔科 X 室及牙片机、全景机的调查分析》
2006	①上海市口腔医疗机构根管治疗业务情况;②上海市口腔医疗机构烤瓷修复治疗业务情况;③上海市口腔医疗机构正畸治疗业务情况;④上海市口腔医疗机构种植牙治疗业务情况	口腔专科医院 2 所,三级医院 21 所,二级医院 40 所,二级牙防所 13 所	《上海市医疗机构口腔专业设置准入基本标准》
2008	根据 2006 年第四项调研内容"上海市口腔医疗机构种植牙治疗业务情况"开展调查		《口腔种植体质量控制标准》,参与全国口腔种植规范制定
2010	对 10 个口腔专业的临床路径内容进行修改,并书面成文上报上海市卫生计生委		

六、交流与合作

在口腔交叉感染控制管理过程中,上海市口腔临床质量控制中心发现与兄弟质控中心以及卫生监管部门有一部分工作范围交叉重叠,在某些标准的细节和督查评分上不一致。为了统一标准,减少被督查单位无所适从的困惑,中心积极开展与兄弟单位的合作。例如,在交叉感染控制方面,与院感、疾控、卫监等进行"统一标准、统一培训,联合督查、统一评价"。2008 年,上海市口腔临床质量控制中心与上海市卫监所、上海市疾控中心、上海市院内感染质控中心共同制订《上海市医疗机构口腔诊疗消毒管理基本要求示范单位评选章程》;进行联合督查,自 2008 年起每年共同评选上海市医疗机构口腔诊疗消毒管理基本要求示范单位。

2006 年多次与兄弟省市进行口腔质控经验交流,包括湖北武汉、江苏南京、昆山等地。2007 年与新疆口腔质控中心进行口腔质控经验交流。

七、荣誉

在上海市卫生计生委医政医管处历年来对全市质控中心质控工作所开展的评比中,口腔临床质控中心从2003—2010年,除2007年,每年被评为优秀质控中心。

经过多年的努力,上海市口腔质控工作初见成效,主要表现在:① 各诊疗单位对口腔交叉感染控制的意识增强,督查各项指标的合格率由原来的60%～70%提高到90%以上。在连续几年市卫监所独立检查后的统计报告中也反映出,口腔行业交叉感控的整体水平有明显提高,与我们质控中心督查结果符合。② 口腔诊疗单位的就医环境,消毒场所的设备、诊疗器械质控整体提升。全市在这些项目的更新改进中所投经费达几千万。③ 基本解决了主控医院(卫生局要求督查的三级医院、二级甲等医院、职工医院、部队医院及牙防所)的口腔交叉感染隐患问题。

第八节　上海市医学美容质量控制中心

一、沿革

2001年,根据上海市卫生局的部署,在医政处的领导下,经过全市选拔,由第九人民医院整复外科承担组建"上海市医学美容质量控制中心"的任务,九院为挂靠单位。2002年在九院挂牌正式成立"上海市医学美容质量控制中心"(以下简称"质控中心")。质控中心的主任为曹谊林,秘书为孙宝珊、江漪。质控中心专家组成员为亓发芝(中山整形)、邢新(长海整形)、林子豪(长征整形)、张杏梅(八五整形)、石重明(曙光整形)、沈道理(一院整形)、郑志忠(华山皮肤)、冯信忠(瑞金皮肤)等专家教授。

随着质控工作的开展,一批老专家退出专家组,新的专家陆续进入。2010年的专家组成员包括整形外科专家:亓发芝(中山)、薛春雨(长海)、江华(长征)、杨松林(六院)、欧阳天祥(仁济)、范志宏(仁济)、沈华(一院);皮肤科专家:付雯雯(华山)、刘建航(九院)、陈磊(瑞金)、顾军(长海)、章伟(皮肤病医院)。

曹谊林担任中心的主任,负责质控中心的总体指导和任务分配。孙宝珊负责质控中心的日常工作。具体任务如下:

(1) 全面负责上海市医学美容质控中心的理论研究、构思形成质控理念和方法。

(2) 了解当前上海市的医疗美容状况,提出针对性措施并负责实施。

(3) 联络上级部门和各组专家,协调、提出工作计划并落实,对督查的数据作统计和分析,写出督查报告和当年的质控总结报告并向上级部门上报。

(4) 组织质控中心各质控组,每年两次对全市医疗美容机构进行督查,并分管一个组对所分管区域的各级医疗美容机构进行抽查和督查。

(5) 召集和召开质控中心专家组会议,提出质控方面存在的问题,组织讨论上海市医疗美容的现状和质控重点,并提出针对性措施落实到督查中。

(6) 组织全市性医疗美容从业机构的质控培训大会,对全市各医疗美容机构的质控状况进行分析、点评并提出质量控制要求。

(7) 对质控中心的工作人员进行质控理念和质控督查方法的培训,使全体参与质控管理的人员都能了解质控理念,熟练掌握质控督查方法。

(8) 协助建立区级医疗美容质控组,完善质控网络,协调市、区两级质控队伍,形成市区两级质控联动。

(9) 协助上海市卫生局有关医学美容方面的专业、政策和法规等多方面的咨询和研讨;参与卫计委和卫监所举办学习班,做医疗美容方面管理和质控等方面的报告或讲课。

（10）协助卫生执法机构对相关医疗美容机构的检查和执法，参与卫生局对新申请医美机构进行审批时提供专业意见等。

（11）交流和介绍。在全国的多个医疗美容大会上广泛介绍上海市医疗美容质控经验，与全国的同行进行深入交流。上海市的医疗美容质控是走在全国前列的，受到同行们的关注，一些省市的同行希望向他们提供上海的质控经验，从质控理念到质控督查的具体方法，供其参考。目前已有多家省市的质控组织（如浙江、湖北、河南等省）前来学习和交流有关医疗美容的质控经验，中心均无私地向他们提供了有关质控的具体方法。

医务处江漪主要负责文件的收集和发送、联络上级部门、联络质控组和各位专家以及全市各医疗美容机构；分配各组的督查机构名单；管理质控中心的财务管理等事项。

随着医疗美容业务的发展，医疗美容机构数量增长迅速，2003年全市的医疗美容机构仅有65家，2010年已发展到134家。质控中心成立之初有九院、中山、长征、长海、一院等5个质控组，为适应美容机构迅速发展的情况，质控中心适时增加质控组划分区域管理，以便于分片区管理。经过多年的发展，至2010年共形成8个质控组，分别挂靠8家三甲医院：九院、长征、长海、中山、六院、仁济、一院、新华。

二、质量控制中心工作

【成立初期主要工作】

基线调研、规范告知 经过2002年的调研摸底，中心对上海市的医疗美容现状有了初步了解。2003年中心从规范手术告知等项目为主要抓手开始质控中心的质控督查。在质控规范方面，要求各机构医师合格、机构硬件达到标准、整形美容材料和仪器的三证齐全，各种规章制度完善，尤其是告知方面要全面、准确、不隐瞒实际风险。孙宝珊编写和制定了《上海市医疗美容术前告知暨手术同意书》，内容包括美容外科的12个类型的手术，涵盖了当时绝大部分的美容外科手术。2003年质控中心将编写完成的《上海市医疗美容术前告知暨手术同意书》，通过卫生局，以下发文件的形式，向全市各医疗美容机构推荐，质控中心将告知书制成光盘免费发给全市医疗美容机构，使上海率先在全国做到了全市医疗美容机构统一使用规范化的告知书，使全市的医疗美容告知工作达到了比较规范的水平，在全国起到很好的示范作用。随着医疗美容市场的发展，原有的告知书已经远远不能满足医疗美容业务的新发展和新要求，需要不断地推陈出新。目前上海市美容外科的告知书已经推出了第三版，涵盖了美容外科18个种类的手术和治疗。全国各地有相当多的医疗美容机构在借鉴使用上海市医疗美容质控中心推出的术前告知书。

探索质控理论 2003年，孙宝珊率先提出了医学美容"医疗质量三要素"，即合格的医务人员、规范的管理措施和完善的设施硬件，是医疗美容质量的三大要素。

2004年，孙宝珊提出将杜绝虚假、诚信服务加入医疗美容质量控制的基本理念，又进一步提出"医疗质量四要素"，即合格的医务人员队伍、正确和规范的管理理念和水平、出色的医疗技术和真实诚信的信息与沟通。四要素相互协同、相互依存，缺一不可。"医疗质量四要素"完善医疗美容质量控制的理论，打破以前重技术、轻管理的狭隘片面的质控理念。在实践中以这"四要素"为基础制定的历年质控督查条款和项目，较全面地反映了医疗美容行业的实际情况，使我市医疗美容质量控制走上正轨。这些质控的基本理念和内涵后来也反映在上海市医疗质量控制事务中心设计的"质控督查评分表"中。

确立督查形式和内容 在实践中按照"质量控制四要素"制定督查条款和质控督查表,并且每年根据上海市医疗美容市场的特点,对督查条款的内容和权重进行部分调整。在督查的组织形式上,中心将质控队伍分成5个组,分别对所管控区域的医疗美容机构进行督查。在督查的形式上采取抽查、普查和相互交叉检查的方式,各组根据督查表的要求对各机构进行督查评分,对于各个质控组所挂靠的医院也按照统一的质控标准进行严格督查。督查结果由质控中心汇总,排出各机构的名次,对优秀的机构给予表扬和肯定,对评分不佳的机构则指出问题、提出整改,对有严重质量问题甚至出现违规违法现象的机构上报医疗执法机构予以执法。督查结果上报市卫生局备案并在卫生系统通报。

【常规工作与项目】

常规工作 (1)专家组会议:专家组会议通常一年两次,也可以根据当时的具体情况不定期临时召开。会议的主要议题是研讨当前医疗美容行业的情况、影响医疗美容质量的因素、各质控组督查中遇到问题、对前阶段质控工作进行回顾并提出改进措施。

(2)全市性医疗美容质控培训大会:对全市各医疗美容机构进行质控培训,提出具体的质控要求,使各级医疗美容机构的质控工作有目标、有方向。会上对前一次的督查结果进行点评,表扬质控做得较好的机构,并在大会上做交流;批评质控工作问题突出的机构,以引起重视。在会上还传达市卫计委的有关监管工作要求,传达市质控事务委员会在质控方面的指示等。

(3)举办质控人员培训班:为了质控督查的规范进行,使各组对质控标准的掌握相对统一,使参与质控督查的工作人员熟悉质控理念、掌握质控标准,中心定期举办质控督查人员培训班,以提高督查人员的业务素质,增强数据的可比性,提升质控质量。特别是各组的质控工作人员有一定的流动性,同时医疗美容市场发展迅速、情况多变,要求及时跟上新的形势,不断改进工作方式方法,所以定期培训是必需的。通过培训使全体质控人员对质控理念、质控方法和各项质控条款的细则有全面理解,更全面地掌握质控督查的内容,统一质控评分标准、减少评分误差、熟练质控方法,对于保证质控质量具有重要作用。

(4)质控督查:质控督查工作是质控中心日常主要工作,中心通常采取一年两次的督查频率对全市的医疗美容机构进行检验。上半年是常规性抽查,主要针对以往督查不合格或评分排名较后的机构,也抽查那些新成立的医疗美容机构,通常抽查全市30%的医疗美容机构。下半年的督查是对全市性医疗美容机构的普查,通常督查覆盖全市约70%的医疗美容机构。督查时质控中心的各组分头到所管辖的区县进行飞行督查,当场评分,并告知被督查机构所存在的问题,对于有严重质量安全问题或不及格的机构发出整改通知,并上报主管部门。

重点工作 (1)完善自身建设。在市医疗质控事务中心的指导下,医疗美容质控中心先后制定出各种规章制度,例如《质控人员工作职责》《质控中心财务规则》《质控督查人员行为规范》等,对质控中心的运行和操作做出规定。从2003年向全市推出《上海市医疗美容术前告知暨手术同意书》之后,经过2次较大规模的修订和完善,2010年已推出第二版术前告知书,全市各医疗机构均在使用。

(2)根据整形美容市场的现状,提出当年重点质控内容,重点质控项目可以是单项,也可以是多项。例如查处三无产品、抵制虚假宣传、提高医师专业执业标准等。重点项目通常可以灵活采取一票否决、提高分数的权重等多种形式。

重点督查项目 (1)质控督查规范术前告知。根据2002年医疗美容市场的调研发现,医疗美容行业中存在告知严重缺陷的特点,主要原因在于许多从业者认为如果如实地把手术风险告知患者,可能会使患者恐惧,从而放弃手术。因此不主动把手术风险告知患者是当时的普遍现象。为此中心着手制定美容外科术前告知书,共分 12 个大类,并制成光盘,免费发给全市各医疗美容机构使用。2003 年开始的质控督查也就是以规范医疗美容手术的术前告知作为主要抓手。这项工作取得显著效果:患者得到较全面的告知,对手术的风险等有明确的概念,各机构间也消除生怕工作全面告知就会流失患者的心理。随着整形美容技术的发展,原有的告知书显得不足,因此中心在 2009 年对告知书做全面修订,形成第二版。

(2) 抵制违规整形材料。在督查初期,发现整形美容材料使用不规范十分常见,没有经过国家批准的各种整形美容材料比比皆是,三无美容仪器也充斥着市场。在历年的督查中以一票否决来体现对虚假伪劣产品的抵制。

(3) 提升行业内医师专业资质。针对这种情况,中心在质控中就加强对人员专业素质的要求,大幅提高对医师专业和职称方面的权重。对于没有经过整形外科培训的低水平医师说不!各机构也认识到在招聘整形美容医师时要看重医师的专业培训过程。在中心的引导下,目前各机构对医师的专业化和高级化要求已成为上海整形美容界的追求,为医疗质量和安全提供了基本保障。

(4) 抵制虚假宣传和不诚信服务。从 2005 年起中心就开始将诚信服务和抵制虚假广告列入质控要求,并逐年加大权重。中心经讨论明确哪些广告属于虚假宣传,哪些属于不诚信行为。2010 年随着互联网的发展,中心增加在互联网上的监督和检查,力争做到不留死角。近年来上海市的非法广告和虚假宣传有明显下降,质控工作取得初步的成绩。

(5) 抵制"咨询师"非法行医、抵制营销代替门诊的不良行为。质控中心对咨询师这一形式的非法性向上级监管部门多次反映,在质控督查中对使用咨询师坐诊门诊的现象予以扣分,并不断加大扣分权重,使那些以咨询师代替医师的做法有了初步收敛。目前这一毒瘤还远远没有被铲除,质控中心会持之以恒地对咨询师现象进行打击。

(6) 提高医疗安全意识,完善抢救设施,加强手术安全监护。中心从 2005 年开始,要求所有的医疗美容机构必须配备一定的抢救设施,如心律、血压和氧分压的监护设备;必须备有静脉切开包、气管切开包和抢救药品,要有氧气和吸引器的配备。目前全市的医疗美容机构在这方面已经达成共识,各机构都按照要求配备基本的设备和药品。此外还发现有少数机构为减少开支、降低成本,在做较大的整形美容手术时,不做麻醉监控,使患者在手术中一直处于危险状态。对此,从 2004 年开始,质控中心作出规定:实施较大型的整形美容手术时,必须实施麻醉监护。

(7) 设置专项技术准入,减少医疗安全隐患。质控中心于 2008 年向上海市卫生局提出要对面部轮廓骨整形设置专项技术准入的表格,并着手制定准入标准。为了最大限度地保证安全,标准对开展面部轮廓骨整形的机构、医师以及麻醉和复苏都提出严格要求:轮廓整形手术只能在得到批准的二级以上综合性医院或整形美容专业医院进行;主刀实施手术的医师必须经过培训,并具有副高以上整形外科职称,通过医学会所组成的专家评审;手术中必须实施插管全身麻醉,对复苏和拔管等方面也做了具体的要求,其中只要有一项不符合要求即终止准入。中心的报告很快就得到上级部门的批准,早在"王贝事件"之前,2009 年上海市医疗美容质控中心就推出关于面部骨骼轮廓整形的专项准入规定,这是全国出台的第一个此类准入规定,也是第一个医学美容的专项准入标准。2009 年标准颁布后,很快就刹住了一窝蜂开展此类手术的危险势头,使该项手术在上海得到良性开展,有效保护了患者的健康和生命安全。这项准入标准得到国家和全国各省同行的好评并成为很多地区的参照标准。

三、协助合作

由于进入医疗美容市场的社会资本强烈的逐利性,营运中产生各种违法违规现象,非法行医、虚假信息、服务不诚信、医师素质不高、过度医疗等比比皆是,给政府主管部门带来巨大压力。质控中心发挥专业优势,协助卫监所等部门对有关政策进行解读和说明,对一些模糊的概念进行澄清,对医疗美容和生活美容进行明确区分,对于某些机构的行为进行分析和定性。质控中心每年都接受各级卫监所的邀请,对民营医疗美容机构进行技术性评介、专业设施检验和专业能力的评估。质控中心的工作协助卫监部门,提高监管的有效性、针对性和科学性。质控中心和卫监部门联合督查,使得督查兼具权威性和专业性。质控中心也和医学会、医师协会和整形美容协会等社会团体密切合作,多次和医学会、医师协会和整形美容协会合作推出管理论坛,多次在全国或上海市的医疗美容大会上介绍上海市的医疗美容质控情况,促进整形美容事业的健康发展。

医学美容质控中心是政府管理的助手,也是行业管理的核心团体。质控中心有一支具有权威性的专家组,一直发挥着政府卫生行政部门智囊团的作用,向政府部门提供大量本行业的市场状况、管理理念及各医疗美容机构情况,为政府行政部门解答有关医疗美容方面的专业问题,积极参与政府组织的与医疗美容有关的各种会议并做出报告。质控中心还大力协助卫生行政部门培训医疗美容方面的监管人员,增加他们在医疗美容方面的监管知识并提高水平。

第五章　医疗援助与救助

第一节　市郊巡回医疗队

医院被人民政府接办后,在各个年代多次承担上海市郊的卫生防疫工作。20世纪50年代,医院派出内科医师谢德善、周畯与护士鲍园华等参加仁济医院王铭新为队长的医疗队,赴青浦县诸翟乡开展血吸虫病防治工作。20世纪60—70年代,为加速发展农村卫生事业,在上海市卫生局统一部署下,医院组织巡回医疗队到上海郊县开展防病治病(常见病、血吸虫病、肠道传染病、地方病等)、计划生育、妇女病普查普治、培训基层医务人员的工作。1964—1977年,医院先后派出15批次的卫生工作队,赴金山、松江、嘉定、青浦、奉贤、南汇等郊县开展防病工作。

表3-5-1　1964—1977年医院派遣下乡卫生工作队情况表

批　次	时　间	地　点	人　数
第一批卫生工作队	1964	廊下、松江	40
	1965.11.17	嘉定(华亭、塘行、曹王)	45
第二批卫生工作队	1966.6	嘉定(华亭、塘行、曹王)	49
第三批卫生工作队	1966.11	嘉定(华亭、塘行、曹王)	103
第四批卫生工作队	1967	嘉定(华亭、城东、徐行)	48
第五批卫生工作队	1967.11	嘉定(华亭、城东、徐行)	51
第六批卫生工作队	1968.10	郊县	30
第七批卫生工作队	1969.11	青浦	34
第八批卫生工作队	1970.11	奉贤(光明、钱桥)	30
第九批卫生工作队	1971.12	南汇(航头,下沙)	30
第十批卫生工作队	1972	南汇	28
第十一批卫生工作队	1973	南汇(部分下厂)	21
第十二批卫生工作队	1974.8.19	南汇(部分下厂)	29
第十三批卫生工作队	1975.8.11	郊县	10
	1975.10	郊县	18
第十四批卫生工作队	1976.10.23	郊县	19
第十五批卫生工作队	1977.1	南汇	12
支援三线建设	1969.6—1971.1	安徽	3
第一批战备医疗队	1970.2—1971.5	安徽宁国霞西卫生院	8

(续表)

批　次	时　间	地　点	人　数
第二批战备医疗队	1971	安徽宁国	11
第三批战备医疗队	1972.4.20	安徽	9

1964—1965年医院第一批卫生工作队名单：
屠善之　周昭玲　李耀永　范献群　郑慧君　法韫玉　陈福妹　高秀珍　卢其成　刘玉贵
夏　翔　王国珠　支菊娣　洪美英　王爱华　石玉珍　钱立卿　陈文芳　田树敏　沈姳玥
周　畯　哈　祺　徐文俊　潘可风　席应忠　曹宏康　林　熙　蒋蕴华　张彩霞　余慧文
潘锦绣　吴伟铭　曹雪玲　胡志康　张锡泽　黄文义　钱关庆　王淑志　邵家珏　胡贵俊
曹如英　张明珠　杨莉英　门官三　钱道韫　王仁缎　乐路加　徐慧丽　柳月娥　冯月莉
吴又生　杜惠全　田桂香　汤惠琴　李国俊　张如兰　骆光祖　刘宁珍　张素珍　李　莉
周悦儿　高景恩　吴韵秋　潘宝珍　刘　霞　卢大明　谢遐康　李元良　黄士伟　鲍园华
郭曼华　罗惠玉　陈绮云　倪红娣　周关麟　李龙官
参加仁济组队员：苏邦孝　周娉嫦　张惠良　苏惠娟
参加广慈组队员：胡智康　胡贵俊
参加仁济手术队：徐之华　刘根娣　刘　萝

1966年医院第二批卫生工作队名单：
曹如英　李　莉　李元良　黎泽遂　刘　侃　郝以明　乌爱菊　朱丽华　卫莲郡　胡纯贞
朱凯丽　张星大　李文珍　苏惠娟　邵汉樱　包玉琴　朱兆贞　陈海琼　宋文芳　王文安
钱丽娟　杨莉英　董梅芳　陈文镜　杨诞华　胡曼丽　冯蕙娟　杨福秀　陈健英　王佩芳
姚月珍　曹美蓉　胡淦清　沈姳玥　田树敏　汤惠琴　彭莲英　郭奋英　陈家照　陈福妹
蔡　剑　谢道丰　马桂珍　范芷园　钱学洪　张仁香　孙根妹　杨维嵩　潘可风

1966年医院第三批卫生工作队名单：
王耆龄　谢德善　李远琴　夏永康　汪汉英　彭莲英　王青姣　陈巧云　周　洁　徐玫珍
谢庭松　张光保　潘振华　宋宁家　王世洪　孙亦娟　王宣珍　周　云　魏美珍　钱丽珍
应嫒雯　石　岚　薛　培　施炎政　邱箓勒　王妙仙　周若琳　邱犹兴　吴韵萧　郑琪霞
陈丽珠　孙　坚　刘阿华　张　征　徐　哲　顾　杰　鲁招娣　成建华　王云芳　万瑞音
尤鲁珍　周雅珍　李维玉　倪世英　翁兰兰　冯　鸣　崔如昭　邓川澜　陈绍东　王士心
陈国萍　刘光辉　傅积仁　张霞云　林文涛　黄爱娣　陈元龙　罗月华　王　瑛　顾慧英
顾关君　蔡仁尧　黎泽遂　虞有香　马慧芳　洪金秋　朱培建　刘文亚　吴少鹏　尤宝芸
王晓仪　何荣根　章　程　李秀弟　吴　洁　陈思德　刘　正　樊　森　谭毓创　王瑛琪
杨宠莹　俞守祥　滕维明　徐亚贤　石四箴　蒋柔洁　施秀娟　朱勤昌　钮秉权　倪家琪
刘善学　郭怀冰　刘瑷如　刘定汉　薛　淼　周鲸渊　胡　萍　王德昭　沈美兰　胡家坤
叶澄忠　汪嘉莹　徐梅仙

1967年医院第四批卫生工作队名单：
朱宗益　黄丽娟　楼昭华　姚德成　李立康　茅蓉艳　王瑞萍　郑逸冰　聂光秀　尤宝莹

高素娟	吕全庚	金慧芳	章水凤	李生惠	林国础	陈巧云	张庆华	陈国耀	应嫒雯
刘世勋	吴新梅	方秀娣	李克桂	宋世珍	张秀珍	李惠文	赵勇珍	唐亿年	刘 侃
钟顺光	孙 坚	彭瀛西	张贞修	杨美英	马宝章	丁祖鑫	王玲宝	李传福	陈笑晔
李美芳	郑光榕	朱承芳	王梅君	顾宝珍	许国祺	桂世明	洪秀珍		

1967年医院第五批卫生工作队名单：
夏 翔	顾成裕	张锡泽	胡贵俊	陆昌语	梁荷仙	胡凤琳	郑爱如	陈为兮	张重植
王华荣	张华江	王林康	蒋蕴华	柴慈宠	余慧文	曹刍芳	王国英	俞翠珍	潘凤珠
潘佩华	郭育芳	陈惠礼	许杏英	张兰如	孙大熙	郑何芳	王素琴	庞爱珍	吴伟铭
哈 祺	钱仲安	陈秋心	田飞秋	胡智康	冯 筠	胡贤妹	范宝华	林 熙	周国英
冯桂萍	沈锦坤	沙啟岳	李士忠	倪 红	周静芳	葛乃青	张月南	王鹤美	赵明珠
王 炜									

1968年医院第六批卫生工作队名单：
袁文化	吴志敏	张 征	刘 霞	刘玉贵	杨菊贤	刘 正	周 黎	王淑英	柴慈宠
卫莲郡	吴惠民	桂世明	彭适生	郭月娣	裘秀珍	邵家珏	何福珍	吉秀芳	龚中杰
李月泽	潘 咏	杨顺年	苏邦孝	刘古梅	沈洪山	叶秀华	杨仲芳	张国萍	缪世荃

1969年医院第七批卫生工作队名单：
叶奕昌	毛秀芳	崔思瑜	孙佩波	郁斯清	周 洁	马慧芳	陈绍东	孙 益	金曾穗
黄瑶珠	尤珏娣	尹家宁	王物华	赵秋提	张涤生	朱学灵	钟逸仙	鲍 慧	陈金保
刘浩青	徐文俊	竺瑞余	吴士英	卢大明	袁佩玉	胡爱军	乌爱菊	平美娟	崔瑞坤
顾曼华	费露茜	崇爱主	付雅蟾						

1970年医院第八批卫生工作队名单：
胡家坤	郝以明	吴仁寿	张宏英	许国祺	吴秀英	陈伦元	王梅丽	陈凤菊	陈美英
陈蔚华	汤翠英	严荷琴	曹爱华	胡丽华	曹宏康	蒋栾洁	伍行娣	熊映钧	杜德荣
孔昭震	周正奕	胡桂芳	魏美珍	韩研丽	范献群	岳继馥	王淑贞	法韫玉	黄 琨

1971年医院第九批卫生工作队名单：
张彩霞	奚培蕾	杨诞华	陈惠礼	郑荷芳	岑 予	杨小娟	李克桂	李传福	朱兆珍
杨秀海	李德新	李凤珍	胡纯贞	黄士伟	石四箴	陈绮云	何士俊	陈秀瑾	刘善学
胡淦清	张莉莉	朱月琴							

表3-5-2 1972年医院第十批卫生工作队情况表

工作队去向	姓 名
下乡	潘可凤 宋宁家 王晓仪 沈兰英 吴培然 唐素梅 吴又生 郭曼华 童杏珍 卢鹤美 徐之华 程伟民 陈文芳 徐碧华 田桂香 唐彩英 许金本 徐振华 薛 森 王仁缌 洪秀珍 钮秉权
下厂	徐慧丽 支菊娣 朱月星 潘宝珍 汤景秀 苏惠若

表3-5-3　1973年医院第十一批卫生工作队情况表

工作队去向	姓　名
下乡	哈　祺　钱　晖　吴少鹏　沈建南　张培华　樊　森　倪家琪　姚杏秀　陈秋心　刘　正 沈小韵　孙　键　罗冬英　奚渭清　王云芳　莊萍萍　蒋五梅
下厂	张仁香　陆玲玲　刘文亚　史风珍

表3-5-4　1974年医院第十二批卫生工作队情况表

岗　位	姓　名
南汇卫生工作队	
指导员	沈美兰
队长	郁斯清
副队长	李凤英
队员	鲍玲珍　周慧芳　林珠芬　杨美英　朱圣敏　杜惠全　劳文珍　卢月华　陈希贤
带教	陆裕生　姚德成　陈海琼　刘　正　樊　森　马宝章　吴少鹏
医院下厂卫生工作队	
队长	顾关君
队员	刘宁珍　孙玉仙　邓后媛
下厂防治	洪美英　王梅君　谢道丰　赵秋媞
下厂组	范献群　黄　琨

表3-5-5　1975年医院第十三批卫生工作队情况表

岗　位	姓　名
指导员	俞宁葆
队长	李秀娣
副队长	郑霞琴　戴爱莉
队员	朱佩杰　徐爱娜　马　惠　胡国英　费丽娟　林慧芳　方瑞英　苑建新　赵梅金　钱云良 张国顺　蔡佩佩　朱美容　郭月娣　李维玉　鲍　慧　徐玉明　严　永　潘凤珠　许康民 李桂春　李传福　崇一华　冯月莉

1976年医院第十四批卫生工作队名单：

施志清　朱国献　田树敏　李庆宝　孙根妹　胡琪良　金慧芳　孙广芳　陈　猷　倪世英
宋世珍　周　黎　倪红娣　张国萍　付琪玮　张　濒　张国珍　陈　晔　周翠娟

1977年医院第十五批卫生工作队名单：

指导员：王雪芬

队长：董梅芳　副队长：夏永康

队员：傅中义　盛申祥　袁雁军　苏惠娟　陈汕伦　吕菊英　郭怀冰　周爱国　钱道韫

第二节　支内、下放、支援三线厂矿及援藏、援疆

一、支内、下放、支援三线

为支援三线建设，备战备荒，经组织动员，自1966—1972年，全院共有44人参加支内、下放农村及参加农村医疗队。

1966年2月，医院有11名医务人员响应号召参加支内，分别赴安徽黄山茶林场、上海宝山人民医院、陕西西安工厂等地支援建设。

1970年2—11月，医院有6名医务人员响应号召参加支内，分别赴安徽池州、南陵，浙江诸暨，贵州遵义，南京9424厂支内。

1972年，医院有22名医务人员响应号召，作为城市卫生人员下放农村安家落户及参加农村医疗队工作，有5名医务人员响应号召参加支援三线厂矿建设。

表3-5-6　1970年2—11月医院支内人员情况表

姓　名	性　别	职　务	政治面貌	迁往地点	出发日期
冯生娟	女	护士	团员	安徽池州机械厂	1970.2
黎　泽	男	检验士	团员	贵州遵义一机部第二设计院	1970.6
谭　钊	男	医师	团员	南京9424厂	1970.8
钱菊芳	女	护士	团员	安徽南陵	1970.8
魏　卫	女	护士	群众	浙江诸暨	1970.10
王玲宝	女	护士	群众	安徽池州	1970.11

表3-5-7　1972年医院下放农村及支援三线厂矿人员情况表

三线厂矿人数	下放农村人数	合　计
5	22	27

二、援藏医疗队

1953年医院派出外科医师傅中义参加康藏公路建设。1973年3月—1977年，医院先后派遣6名医师分3批参加每批为期2年的援藏医疗队。在开展诊疗工作的同时，为当地培训医务人员，提高当地医务人员医疗技术水平。

表 3-5-8 医院派遣援藏医疗队员情况表

姓 名	性别	职 务	援助地区	援助时间
傅中义	男	外科医师	华东区康藏公路医疗队	1953—1955
曹宏康	男	口腔内科医师	西藏	1973—1975
林国础	男	口腔外科医师		1973—1975
何荣根	男	口腔外科医师		1975—1977
顾洪亮	男	儿科医师		1977—1979
张雪元	男	外科医师		1977—1979
王德康	男	口腔内科医师		1977—1979

三、援疆医疗工作

1998—2010年医院先后派出4名医疗骨干支援新疆医疗工作,他们全身心为当地病人服务,积极开展新技术,传播新知识。同时承担科室管理职责,推行科学管理,带动医院发展,得到受援单位的高度评价和病人的衷心感谢。

表 3-5-9 1998—2010年医院派遣支援新疆干部情况表

批 次	姓 名	专 业	援助单位及任职	援助时间
上海市第二批援疆干部	顾斌	整复	阿克苏地区第一人民医院外二科副主任	1998.3—2000.12
上海市第四批援疆干部	解玉水	心内	阿克苏地区第一人民医院急诊科副主任	2002.7—2005.7
上海市第七批援疆干部	樊宝华	神外	喀什地区第二人民医院神经科主任	2010.11—
	施沃栋	眼科	叶城县人民医院眼科主任	2010.11—

整复外科医师顾斌在受援医院率先开展严重创伤的显微修复工作。成功开展该院首例组织瓣游离移植、首例断指再植、首例游离腓骨瓣移植等手术,为该院修复重建外科的发展作出显著贡献,连续三年被受援医院评为先进工作者。

心内科医师解玉水带领该院急诊医务人员积极投入抗击"非典"工作。在心内科独立开展冠脉造影100余例,特别是开展桡动脉冠脉造影30余例,填补该院空白。多次收到病人表扬信和锦旗。被受援医院誉为"医德高尚、医术精湛的上海专家"。

神经外科医师樊宝华在受援医院开展脑血管造影及血管内栓塞等新技术,并完成颅底肿瘤等高难度高风险手术。后被新疆维吾尔族自治区政府评为"优秀援疆干部人才"。

眼科医师施沃栋接手受援医院新建立的眼科,提出多项建设性意见,添置专用手术器械,完成白内障复明手术200多例,为近200例病人成功施行眼部整形等眼眶外科手术。精心带教当地医务人员,提高科室业务水平,后被喀什地委表彰为"优秀援疆干部"。

第三节 安徽医疗队

1954年长江流域发生特大洪水。8月13日,根据上海市卫生局部署,医院派出李伯亭、姚淑华、缪承喜、虞金妹、周静芳、俞素娥、朱品芳、郭一钦、周栋材等人组成的医疗队赴安徽潜山地区参加防汛救灾。

图3-5-1 1954年医院派出赴安徽救灾医疗队部分队员。前排左起为郭一钦、周静芳、虞金妹;后排左一为缪承喜

1969年,九院派出谢德善、张培华、陶琦3位医师和新华医院联合组队赴安徽开展支援三线医疗工作。

1970年5月,上海市卫生局组织战备医疗队。上海第二医学院为大队,各附属医院成立中队,由二医秦祖康、乔六任指导员,宁国县是二医大队部所在地。医院派出的第一批8人由王青皎任队长,在当地开展医疗援助工作15个月。队员有计宏、裘秀珍、潘咏、郑光榕、楼昭华、杨仲芳、张平。

1971年赴安徽第二批战备医疗队名单:
袁诗芬 屠善之 章 程 陈笑晔 冯桂萍 刘崇尧 施炎政 施乐中 冯 筠 张贞修 李 珉

1972年赴安徽第三批战备医疗队名单:
高秀珍 朱凯丽 洪秀珍 钱仲安 朱文淦 张爱珍 沈铭玥 郭曼华 郑琪霞

1973年后,各医院单独组队,每年派出一批医务人员去安徽绩溪、歙县等地开展乡村医疗工作。至1977年6月,医院先后派出赴皖南医疗队4批次128名医务人员,赴安徽宁国等皖南地区农村巡回医疗,并为三线工厂职工防治疾病,在当地公社卫生院带教医务人员,帮助提高医疗技术水平。

表 3-5-10 1973 年 6 月 27 日—1974 年 5 月 29 日第一批皖南医疗队情况表

姓　名	性　别	岗　位	姓　名	性　别	岗　位
沈文微	女	医师、队长	袁莹萍	女	教师
王士心	男	医师、副队长	袁旭敏	女	护士
付中义	男	医师、指导员	干莉珍	女	护士
汪汉英	女	医师	许杏英	女	医师
高景恩	女	护士	张如兰	女	医师
周悦儿	女	护士	孙　坚	女	护士
彭沄西	男	医师	方秀娣	女	护士
徐　瀛	男	医师	黄桂珍	女	护士
邵汉英	女	护士	张惠良	男	医师
仇兰英	女	医师	姚月根	男	医师
曹山红	女	医师	朱夕芳	男	医师
沈晓玲	女	护士			

表 3-5-11 1974 年 6 月 27 日—1975 年 5 月 28 日第二批皖南医疗队情况表

姓　名	性　别	岗　位	姓　名	性　别	岗　位
彭莲英	女	护士长、指导员	徐宝妹	女	护士
杨鹏飞	男	医师、副指导员	黄红梅	女	护士
尹家宁	女	医师	沈东平	女	护士
金曾穗	女	医师	赵本道	男	医师
胡晓玲	女	护士	蔡仁贵	男	药剂士
熊美宝	女	护士	骆明新	男	医师
陈健英	女	护士	朱培健	男	检验技士
梁荷仙	女	护士	沈舟国	男	放射技士
周雅珍	女	护士	张秀芳	女	检验技士
陈月萍	女	护士	姚彩英	女	药剂士
门官三	男	医师	王淑英	女	护士
孙佩波	男	医师	刘月琴	女	护士
达治人	男	医师	尤宝莹	女	医师
陈丽珠	女	护士长	袁庭芳	女	护士
顾晓玉	女	护士	卢彐莉	女	医师
王亚宝	女	护士	贾露茜	女	医师
孙亦娟	女	护士	刘定汉	男	技士
钱丽珍	女	护士			

表3-5-12　1975年6月27日—1976年5月28日第三批皖南医疗队情况表

姓　名	性　别	岗　位	姓　名	性　别	岗　位
王　炜	男	医师、指导员	刘玉华	女	化验技士
封荣华	男	放射技士、副指导员	章水凤	女	检验技士
郑慧君	女	医师、队长	吴小妹	女	护士
杨福秀	女	护士、副队长	胡秀好	女	医士
沈凤英	女	护士	陈巧云	女	护士
程艳华	女	医士	张洁辉	女	护士
唐翠芳	女	医师	陈敏华	女	护士
汤锦秀	女	护士	孙　娟	女	护士
金巧华	女	医士	苏雪娟	女	医师
杨士华	女	医师	赵一飞	男	放射技士
朱秀珍	女	医士	徐永成	男	药剂士
张克保	男	医师	郑毓秀	女	药剂士
翁银妹	女	护士	冯康泰	男	医士
陈定宝	女	护士	翁雅美	女	护士
庞爱珍	女	护士	郭莉华	女	护士
金炜玉	女	护士	阎凤娣	女	护士
何福珍	女	医师	张霞云	女	护士
胡凤琳	女	护士			

表3-5-13　1976年6月27日—1977年5月28日第四批皖南医疗队情况表

姓　名	性　别	岗　位	姓　名	性　别	岗　位
陈锦安	男	医师、队长	周梅芳	女	护士
吴志敏	女	医师、副队长	尤钰娣	女	护士
马菊珍	女	医师	陈桂芳	女	护士
周银娣	女	工宣队、指导员	陈解萍	女	护士
赵宗慕	女	医师、副指导员	仇丽红	女	护士
卢大明	男	医师	邱锦华	女	检验技士
卢其成	男	医师	袁素芬	女	护士
陈秋心	女	医师	钱玲珍	女	护士
魏春宝	男	医士	沈凤琳	女	护士
丁燕君	女	医士	陆群芳	女	护士
郝丽萍	女	医士	周美英	女	护士
金慧芳	女	护士	任林珍	女	护士

(续表)

姓　名	性别	岗　位	姓　名	性别	岗　位
胡爱华	女	护士	冯　鸣	男	放射技士
陈惠芳	女	护士	陈国平	男	放射技士
王凤云	女	护士	夏　萍	女	药剂士
刘　萝	女	护士	华天隆	男	药剂士
林文涛	女	护士	赵明志	男	检验技士
金丽娟	女	护士			

第四节　援外医疗队

1965—2010年，根据上海市卫生局下达的派遣任务，医院先后派出47名医务人员和后勤保障人员参加援非医疗队。为保证医疗质量，医院派出的援非医疗队队员专业技术职称为医师（副主任医师、主治医师、医师）、护士（主管护师、护师、护士等）、技师（主管技师、技师）等。医疗队设队长1人，同时，随队配备翻译、厨师等后勤保障人员协助工作。参加援非医疗队的科室有内科、外科、骨科、妇产科、儿科、中医科、五官科、膳食科、人事科、放射科、检验科、麻醉科等。援助地区包括索马里、阿尔及利亚、摩洛哥、利比亚、瓦努阿图、突尼斯等国家。另外，1975年有1名员工参加支援柬埔寨的医疗服务工作。

为保证援外任务的顺利完成，医院通过选拔、报名等方法挑选援非医疗队队员。出国前，组织参加半年时间集中培训，学习国家外交政策、安全保密纪律、医疗队规章制度、出国工作注意事项以及外语等相关知识。援非医疗队员在国外工作期间，牢记祖国重托，发扬国际主义和人道主义精神，和当地医务人员密切配合，诊治大量常见病、多发病，治愈不少疑难病症，挽救患者生命。1998年，援摩医疗队在当地医生密切配合下，成功抢救1名上海驻阿加迪尔渔业公司因公负伤的重伤员。1999年，援瓦努阿图医疗队在当地医生密切配合下，成功抢救1名严重脱水、生命垂危的1岁婴儿。医院人事处干部陈勇龙先后4次参加援非医疗队，于2000年被上海市卫生局授予"先进援外医疗队员"荣誉称号。

表3-5-14　1965—2003年参加援外医疗队人员情况表

姓　名	性别	岗　位	援外国家	出国日期	回国日期
李凤英	女	护士	索马里	1965.5	1967.11
杨顺年	男	内科医生	阿尔及利亚	1972.4.22	1974.5
李立康	男	放射技师	柬埔寨	1975.9	1977.10
肖顺泉	男	厨师	摩洛哥	1975.9.9	1977.9
邵世珍	女	护士			
陈绍东	男	针灸医生	摩洛哥	1977.9.20	1979.10.22
鲍忠洁	女	护士			
吴坚敏	女	检验技师			

(续表)

姓　名	性　别	岗　位	援外国家	出国日期	回国日期
姚法成	男	外科医生	摩洛哥	1979.9.10	1981.11
胡爱军	女	护士			
屈卢会	男	厨师			
邱绿勤	男	妇产科医生	摩洛哥	1981.4.28	1983.5.5
陈学友	男	厨师	摩洛哥	1981.11.3	1983.12.22
徐芝华	女	麻醉技师			
沈洪山	男	五官科医生	摩洛哥	1985.11.12	1986.11
薛志祥	男	外科医生	摩洛哥	1987.11.1	1989.11.16
陈勇龙	男	翻译	摩洛哥	1988.9.13	1990.10.4
陈守正	男	骨科医生	利比亚	1989.4.17	1991.9.26
戚清权	男	针灸医生			
刘萝	女	麻醉技师	摩洛哥	1989.10.28	1991.11.5
汤君彦	男	五官科医生			
孙月华	男	骨科医生			
姚月根	男	针灸医生	摩洛哥	1991.10.15	1993.11.17
甘建珊	男	厨师			
陈勇龙	男	翻译	摩洛哥	1992.12.8	1993.7.14
王家勇	男	麻醉技师	摩洛哥	1993.11.2	1995.11.29
余梅英	女	针灸医生			
刘文勇	男	外科医生			
陈娟娟	女	麻醉技师	瓦努阿图	1996.11.19	1998.12.10
孔敏	女	中医医生			
张雪元	男	外科医生			
王以友	男	骨科医生			
黄国范	男	内科医生			
刘同淮	男	外科医生			
叶香	女	妇产科医生	摩洛哥	1997.11.2	1999.11.21
蒋丽莉	女	麻醉技师			
龚伟华	男	骨科医生			
徐伟立	男	厨师			
李莉	女	麻醉技师			1998.8.2
姜启鼎	女	妇产科医生			1998.9.8

(续表)

姓　名	性别	岗　位	援外国家	出国日期	回国日期
陈勇龙	男	翻译	摩洛哥	1998.9.27	2000.11.2
严毓勤	男	内科医生	瓦努阿图	1999.1.12	2001.1.20
查健忠	男	儿科医生			
王家勇	男	麻醉技师			
余梅英	女	针灸医生			
陶　健	男	外科医生			
陈勇龙	男	翻译	突尼斯	2001.8.12	2003.10.31

第五节　重大医疗保障活动

一、东亚运动会

1993年5月9—18日,第一届东亚运动会在中国上海举行。医院作为东亚运动会的指定医院,承担了运动员的医疗保障任务,重点负责田径项目组的医疗保障。由副院长徐春杨负责组建现场医疗队和布置医院应急救治工作。按统一要求做到运动场、住宿宾馆和医院"三定点"保障。医疗队由医师杜宽航、沈洁涛、朱振安、董佳生、陈永强、陈祥华及护士陆遐、陈慧、陈惠芳、王林凤等医务人员组成,携带药品、器材在运动场和驻地待命。医院急诊科储备了急救器材和药品,做好转运伤员的救治准备。从运动员入驻训练至运动会闭幕前一个多月,前、后方严阵以待,圆满完成了医疗保障任务。

图3-5-2　1993年5月东亚运动会期间工会主席徐春扬(左一)看望医疗队员

二、F1赛事

2004年起,F1大奖赛在中国举行。作为高危运动项目,该项赛事的医疗保障由上海多家三甲医院共同承担。医院自2004年起每年派遣骨科、普外科、神经外科医师2~3名,参与F1赛事医疗保障,提供各种紧急医疗服务,圆满完成历年F1赛事保障任务。

三、世博会医疗保障

2009年9月,医院成为世博定点医院,医院成立以张志愿院长为首的九院世博领导小组和以医疗副院长周礼明为组长的九院世博工作小组,医务处长田卓平为总联络人。在医院年度工作会议上,党委书记简光泽做专题动员,传达2010年上海市卫生工作会议暨迎世博动员大会的主要精神,落实世博园区医疗站和定点医院工作要求。世博会工作组每周开例会,党政班子会议每周听取和研究工作准备。

【人员保障】

医院号召开展"世博志愿者行动",共有400余名医护人员报名,在此基础上,医院成立"园区医疗站"队伍:4组×4人/组;应急医疗组:4组×3人/组;应急机动医疗队:2组×15人/组。医疗站每组设立组长,负责医疗站工作,每日消毒清洁,器材、药品清点登记。建立工作日志、药品使用登记,与医院专人保持联系,随时转诊、转送。

医院还成立"世博1号门医疗小组""定点医院应急医疗救援队""VIP医疗保障小组""口腔保障小组""世博首席护士"等医疗保障队伍,设立世博专人值班。

【设施保障】

医院开辟世博专用诊室、VIP专用诊室;"世博专用病房"设置世博医疗器械、设备专用存储间;制作世博优先就诊标识。

【机制保障】

医院根据上海市卫生局指示,结合世博会和医院具体情况,制定的保障方案包括世博会医疗工作保障方案、传染病及院感防控方案、后勤工作保障方案、食品安全卫生保障方案、信息安全保障方案等。

制定预案包括突发事件应急预案、医疗急救应急预案、化学中毒应急预案、世博期间医疗用血保障工作预案、传染病防控应急预案、信息网络故障应急预案、灾害性气候应急方案、总务后勤应急预案等。

制定世博会医疗事件工作流程、"世博绿色通道"流程、干保重要人物医疗工作流程、世博优先就诊工作流程、世博急诊绿色通道工作流程、世博医疗队应急出动召集流程、批量伤员来源急救流程等多项工作规范。

【培训演练】

自2010年1月开始,根据上海市卫生局部署,医院的世博保障管理人员和医护人员参加一系列培训和演练。

表 3-5-15　2010 年医院参加世博保障工作培训情况表

日　期	培训人员与内容
1月20日	周礼明等6人参加市疾病控制中心组织的上海市卫生系统"防控不明原因疾病桌面推演"
1月27日	田卓平等参加世博局的"世博会外部服务岗位骨干人员"培训
2月3日	张少明和应急救援队30人到急救中心参加应急救援培训
3月4—5日	干部保健专管员江漪等参加世博会外部服务岗位骨干人员第二次培训
3月9日	医院70名相关人员参加世博保障"应急队伍拉动及批量伤员救治演练"培训,观看长征医院演练录像
3月11日	张少明、江漪和驻园区医疗点12名医护人员在宛平宾馆参加"输入性和新发传染病"培训
3月16日	田卓平、江漪和驻园区医疗点12名医护人员到青松城参加世博礼仪培训
3月17日	医院和门急诊大楼工地进行"世博保障应急队伍拉动及批量伤员救治演练"
3月23日	操作、测试院内紧急呼叫系统,确保该系统时刻处于备用状态
3月25日	医疗队夜间紧急集合测试
3月31日	信息科柏金喜,驻园区医疗队许建忠、郭明皓到市CDC参加相关软件测试
4月8日	孙康德、唐勇参加上海世博会传染病防控工作研讨会
4月9日	周礼明参加长海医院"防恐高峰论坛"
4月9日	周礼明带领救援队到世博园区参加市卫生局应急办组织的应急救援演练
4月12日	信息科、驻园区医疗队等17人到上海市电信培训中心参加世博园区信息系统培训
4月14日	田卓平、驻园区医疗点和机动医疗队17名医护人员到曙光东院参加世博园区内常见疾病诊疗常规及医疗站点工作规范培训
4月23—24日	田卓平等59名医护人员到曙光东院参加"三防"培训

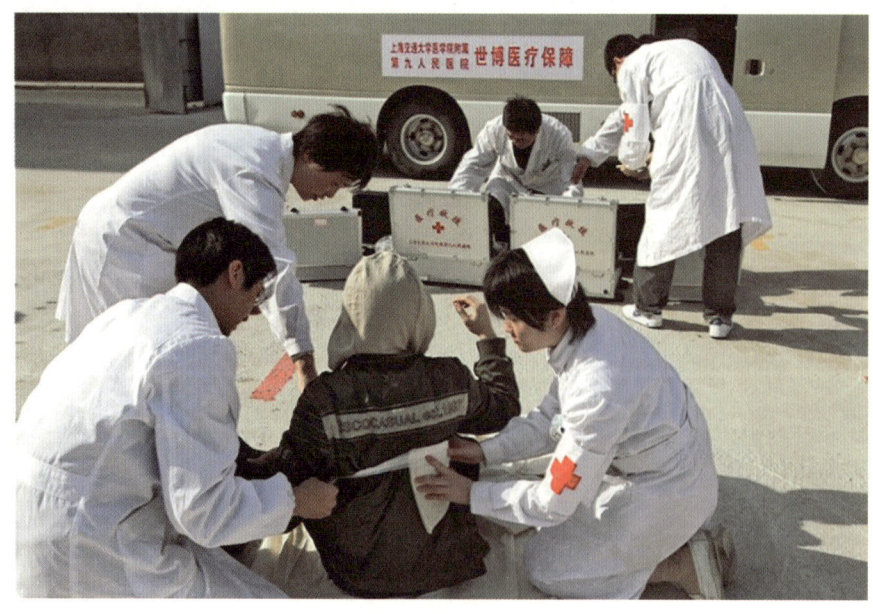

图 3-5-3　世博保障医疗队急救演练

图 3-5-4　世博保障医疗队夜间紧急集合演练

九院不仅是世博会定点医院,而且被上海市卫生局定为世博局工作人员定点就诊医疗机构。医院为此开设世博专用诊室,建立世博首席护士制度,为世博会游客及相关工作人员提供优先就诊、检查或住院等"绿色通道"便利。

整个世博会开展期间,D区医疗站共接诊11 508人次,其中转院216人。医院急诊世博首席护士共接待世博相关患者148人,外籍患者7人,住院16人。在世博医疗保障工作中,医院获得上海市卫生系统世博服务贡献奖(优质服务)贡献奖、上海市卫生系统世博工作优秀集体;医院医疗保障队获得上海市世博工作市工人"先锋号"、上海市卫生系统世博医疗卫生保障工作先进集体。还有一批部门和医护人员分别受到各级表彰。

第六节　抗震救灾

一、唐山抗震救灾

1976年7月28日凌晨,河北唐山发生大地震,当天医院召开紧急会议布置医疗队组建任务,晚上9点即上报医疗队名单。医院党总支成立抗震救灾领导小组,成员有钟瑞龙、魏原樾、陈德堃、余乐山(工宣队)、蒋金娣。根据上海市卫生局要求,29日医院组建的第一批医疗队24名医务人员出发,奔赴地震灾区参加救灾。同时,医院在职工中动员,及时传达震情灾况,组建后备医疗队,为医疗队补充衣物和医药物品器材。

8月20日,医院调整抗震救灾领导小组,成员有张义勇、钟瑞龙(军宣队)、马加良(工宣队)、许雅芳、魏原樾、蒋金娣(工宣队)、余乐山(工宣队)、宋振先(工宣队)、王铭、王炜、袁莹萍。设立抗震救灾工作机构,明确分工。

(1) 抗震救灾办公组:陈如花、袁莹萍、陈祖亮。负责传达情况,检查工作落实情况,汇报工作动态。

(2) 政宣组:陈德堃、徐岳君(工宣队)。

(3) 武保组:余乐山、李庆宝。负责维持秩序、安全保卫,安排民兵值班巡逻等工作。

(4) 业务组:魏原樾、殷榴凤(工宣队)。负责派出医疗队,接收病员,疏散病员,调配仪器设备等。

（5）后勤组：蒋金娣（工宣队）、高三郎。负责物资供应、水电检修抢修、运输等。

1976年9月24日，组织第二批医疗队20名医务人员赴地震灾区开展医疗救护。1977年6月20日，陈勇强、高伯明、袁佩玉、朱惠珍作为第三批医疗队先遣队先行出发；7月7日，第三批医疗队其余25名队员赴地震灾区开展医疗救护。至1977年7月，医院共派出3批次73名医疗队员赴唐山地震灾区开展医疗救护。灾区医疗条件简陋，设施不全，医疗队克服种种困难救治伤病员。当手术患者急需输血时，医院医疗队员金芝贵、沙瑛曾为手术台上的患者输血，挽救了患者生命。医院副院长魏原樾曾任丰润抗震医院院长，主持医院的筹建工作。

表3-5-16　1976年7月29—9月26日第一批赴唐山抗震救灾医疗队员情况表

姓　名	性别	岗　位	姓　名	性别	岗　位
祝　平	男	书记	付中义	男	医师
邱春华	男	工宣队	林国础	男	医师
丁玉珠	男	医技	邱蔚六	男	医师
张秀芳	女	医技	俞守祥	男	医师
徐永仁	男	医技	程伟民	男	医师
朱宝鼎	男	医士	蔡永彪	男	医师
顾洪亮	男	医师	李　莉	女	护士
相顺年	男	医师	倪　峰	男	医师
简光泽	男	医师	张祖悦	男	教辅员
张庆华	男	医师	鲍忠洁	女	护士
陈巧云	女	护士	胡运平	男	技士
潘佩华	女	护士	丁洪锦	男	办事员

当时正在医院实习的1976届口腔班陈志兴、王华新、郑如华、步兵红、刘淑香、刘家桦、高寿林、盛意和等8位学员也加入第一批医疗队赴唐山救治伤员。

图3-5-5　1977年九院第三批唐山抗震医疗队。最后一排左四为魏原樾

表3-5-17　1976年9月24日—1977年7月11日第二批赴唐山抗震救灾医疗队员情况表

姓　名	性　别	岗　位	姓　名	性　别	岗　位
陈德堃	男	队长	贺福珍	女	护士
宁　维	女	指导员	沈洁明	女	护士
应秀玲	女	医师	吴亚萍	女	护士
郭一钦	女	医师	夏建国	男	检验技士
王云芳	女	护士	王小萍	女	检验技士
潘家琛	男	医师	张国昌	男	放射技士
徐之华	女	护士	陈国耀	男	药士
刘　黎	女	护士	唐远明	男	行政
章志霞	女	护士	康巧云	女	炊事员
曹伟娟	女	护士	陈爱丽	女	卫生员

表3-5-18　1977年7月7日—1978年6月20日第三批赴唐山抗震救灾医疗队员情况表

姓　名	性　别	岗　位	姓　名	性　别	岗　位
沈德恩	男	医师、队长	朱宝鼎	男	药剂士
魏原樾	男	副院长	徐成荣	男	医师
沈姳玥	女	医师	高伯民	男	化验
唐永华	女	护士	程伟民	男	医师
沙　瑛	女	护士	袁佩玉	女	护士
屠秀敏	女	护士	马桂珍	女	护士
郑　琦	女	护士	戎玉兰	女	护士
胡惠萌	女	护士	朱惠珍	女	护士
潘小琴	女	护士	王妙仙	女	护士
潘可凤	男	医师	朱宝芳	女	护士
孙剑秋	女	护士	黄纪芳	女	护士
江琴华	女	护士	徐琍君	女	护士
陈勇强	男	放射技士	廖银娣	女	护士
凌永发	男	放射技士	顾凤珍	女	护士
金芝贵	男	药剂士			

二、汶川抗震救灾

2008年5月12日下午14时28分，四川汶川发生特大地震。接市卫生局通知，副院长周礼明会同医务处连夜组建抗震救灾医疗队。5月13日上午，院党政领导召开紧急会议，指示医务处、药剂科、总务处等部门紧急为医疗队备妥急救药品和器械,配齐个人生活用品,随时准备出发。5月13日,口腔内科党支部全体党员向四川汶川县灾区人民发出慰问信,并捐出医院第一批抗震救灾款5 700元。

图3-5-6　2008年5月14日医院第一批医疗队在凤凰山机场。左起:朱勇敢、林宇、郭智霖、王莉青、项娴静、张峻、陈志峰

医院党委做出了"关于积极做好支援四川地震灾区抗震救灾相关工作的意见",提出:全力组织医疗救援队进入灾区进行医疗救助,认真组织支援四川地震灾区捐款捐物的工作。医院成立抗震救灾领导和工作小组,全院共有300多名医护人员自愿报名参加医疗救援队,许多党团员及医务员工向党组织写下"请战书",以表决心。

5月14日,由神经外科医师郭智霖任队长,张峻(骨科)、陈志峰(麻醉科)、林宇(麻醉科),护士王莉青(神经内科)、项娴静(急诊科)、朱勇敢(中心监护室)为队员的首批赴汶川抗震救灾医疗队整装出发,在虹桥机场会合,当晚乘飞机抵达凤凰山机场待命。5月17日,医疗队赶赴北川重灾区安县晓坝镇建立医疗点,实施救援。

5月14日下午,院党委召开党支部书记、工会干部会议,院党委书记简光泽、常务副院长陈章达分别就开展向灾区募捐活动进行动员,号召全院职工以实际行动支援灾区。5月16日,九院举行向汶川地震灾区募捐活动,全院2 000多名医务员工参加"情系地震灾区,奉献天使爱心"募捐活动,捐款61.6万元,口腔科护士王悦平个人捐款1万元。

5月18日,第二批医疗队员俞红(防保科)、张春炳(急诊科),前往成都市郊青白江区灾民安置点德阳抗震救灾临时医院,执行卫生防疫和医疗救援工作。

5月19日,第三批医疗队员、护士祁亮(血透室)前往绵阳参与伤员血透治疗工作。5月20日,首批医疗队从灾区撤离返沪,由陈志峰继任医疗队长。

5月21日,全体党员踊跃自愿缴纳"特殊党费",捐款23万余元,用于支援四川汶川抗震救灾。5月22日,院团委书记王丹茹主持召开抗震救灾座谈会,号召全院团员青年以实际行动支援灾区,并提出为灾区群众做十件事。

5月26日,受卫生部委托,中国工程院院士戴尅戎作为卫生部抗震救灾3人专家组成员前往地震灾区,连续9天辗转于成都、绵阳、绵竹、广元等6个城市的成都华西医院、四川人民医院所属成都急救中心等16家医院,对灾区重症患者的医疗救治情况进行评估,提出重症伤员救治和转送意见,还直接

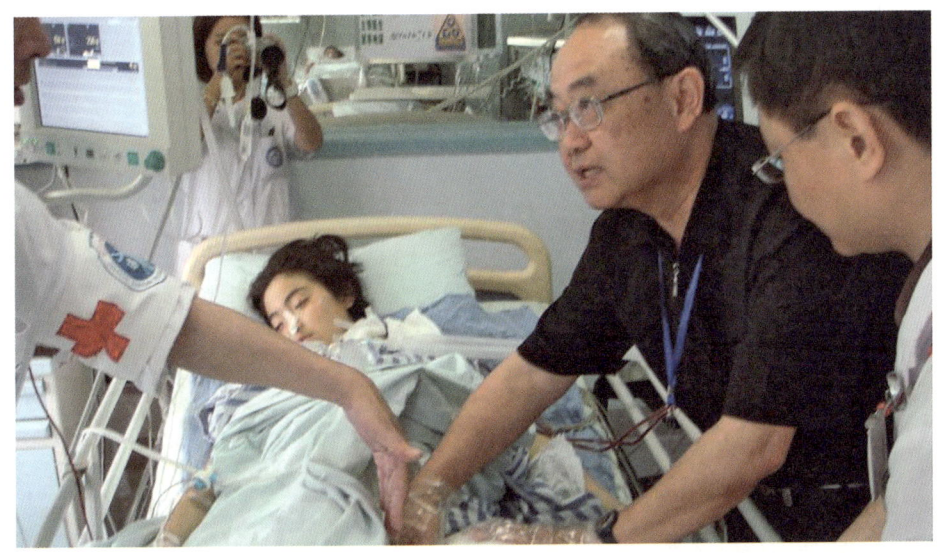

图 3-5-7　2008 年 5 月 30 日卫生部专家组成员戴尪戎(右二)在评估伤员情况

参与 1 例重危伤员的抢救,向卫生部陈竺部长汇报工作,并主持了四川省卫生厅专家会议。

至 5 月 28 日,九院医疗队不畏艰险,冒着余震的危险,先后在灾区救治患者、伤员 1 237 人,其中重伤患者 40 人,圆满完成上级下达的医疗救援任务。

5 月 28 日晚医院接收 13 名来沪治疗的灾区伤员。医院为每位伤员配备手推车和医务人员,快速通过伤员运送通道进入伤员专用病房。院领导陈章达、郭莲等亲自为伤员送上热饭热菜。60 多名医务青年报名成为爱心陪护志愿者。当天晚上,医院为伤员进行全面仔细地检查,并由专家会诊。

5 月 29 日,院团委举行赈灾爱心义卖活动,近千人次团员青年以及医护人员参加义卖,共募捐 12 000 余元,由上海市红十字会转交灾区。

5 月 29 日—6 月 3 日,骨科医务人员先后为 5 位伤员进行手术。经过精心治疗,6 月 9 日,伤员孟寿会成为康复离院第一人。7 月 30 日,最后一名伤员康复离院,重返家乡。

5 月 30 日,上海市人大常委会主任刘云耕、副主任胡炜,市人大常委会秘书长姚明宝,市卫生局局长徐建光及申康医院发展中心主任陈建平等,在医院党委书记简光泽、院长张志愿陪同下,前来慰问伤病员,慰问参与救治伤员的医护人员,对医务人员所作努力和无私奉献表示感谢。

6 月 13 日,院党委召开"众志成城,守望相助"——抗震救灾医疗队报告会,隆重表彰赴川抗震救灾的医学专家、医疗队全体成员。上海交通大学党委副书记、交大医学院党委书记赵佩琪和院党政领导一起为医疗队员佩戴光荣花。医疗队队长郭智霖在会上介绍了医疗队奋战在抗震救灾第一线的感人事迹,卫生部医学专家组成员、骨科教授戴尪戎院士作题为"人在希望就在"赴川抗震救灾报告。

6 月 17 日,中共中央政治局委员、上海市委书记俞正声,市委副书记、市长韩正亲切接见从灾区返回的医疗队成员戴尪戎院士等。

7 月 23 日,陈志峰作为交大医学院赴川博士团成员重返都江堰,参加灾区后续医疗救援工作。8 月 4 日,康复理疗师蔡斌参加上海救助灾区医疗队前往四川成都市骨科医院进行为期一个月的医疗康复工作,为灾区伤员进行康复治疗。

8 月 7 日,九院举行欢迎仪式,热烈欢迎来自四川地震灾区都江堰中小学 22 位学生前来参观学习,副院长周礼明代表医院向小朋友们赠送纪念品。

8月7—19日，院工会响应市总工会号召，在全院范围开展"伸出援手，情系灾区——为都江堰市民捐书活动"，各部门职工积极参与捐书活动。

在院党委的领导下，大力弘扬抗震救灾精神，积极营造"万众一心、众志成城，迎难而上、百折不挠，共同夺取抗震救灾胜利"的院内氛围。《九院报》以抗震救灾专刊形式对医疗队赴汶川抗震救灾医疗救援工作作了大篇幅纪实性报道。8月，医院编辑发行九院抗震救灾工作纪实《人在希望就在》一书。

表3-5-19　2008年医院赴四川汶川抗震救灾医疗队情况表

姓　名	科　室	岗　位	时　间
郭智霖	神经外科	医师，第一批医疗队长	2008.5.13—23
张　峻	骨科	医师，第一批医疗队员	2008.5.13—23
陈志峰	麻醉科	医师，继任医疗队长	2008.5.13—28
林　宇	麻醉科	医师，第一批医疗队员	2008.5.13—28
王莉青	神经内科	护士，第一批医疗队员	2008.5.13—28
项娴静	急诊科	护士，第一批医疗队员	2008.5.13—23
朱勇敢	中心监护室	护士，第一批医疗队员	2008.5.14—28
俞　红	防保科	医师，第二批医疗队员	2008.5.18—6.4
张春炳	急诊科	医师，第二批医疗队员	2008.5.18—6.3
祁　亮	血透室	护士，第三批医疗队员	2008.5.19—31
戴尅戎	骨科	专家，第四批医疗队员	2008.5.26—6.3
蔡　斌	骨科	医师，第五批医疗队员	2008.8.4—9

第七节　沪滇对口支援

一、组建队伍

2010年2月为贯彻落实国家医改方案中关于城乡医院对口支援工作精神，在交大医学院医管处协调下，确定上海第九人民医院与云南大理州祥云县人民医院（二级乙等医院）开展对口支援。同年3月8日，上海市卫生局和云南省卫生厅在昆明召开沪滇对口医疗援助签约大会，九院副院长周礼明和祥云县人民医院院长杨兆伟代表各自医院签订第一轮3年对口支援协议。

医院成立了以院党政主要领导为正、副组长的对口支援工作领导小组，和以医疗副院长、医务处、人事处处长为正副组长的对口支援工作办公室，由医务处副处长杜勤具体负责实施。

分管副院长周礼明率队，对云南大理州祥云县人民医院进行了实地考察。在听取考察汇报后，九院党政班子确定"一个目标、一个重点、二个促进、二个结合"的援助方案，即：以二甲为建设目标，以规范医院管理为重点；以医疗项目促进学科建设，以学科建设促进医院发展；定点支援与派出进修相结合，常驻与机动支援相结合。2010年3月30日，医院派出以门诊办公室副主任张少明为队长的第一批医疗队，至2010年底，已派出2批10人的医疗队。

表3-5-20 2010年派出的援滇医疗队人员情况表

姓　名	专　业	支援科室
第一批(2010.3.30—2010.9.28)		
张少明	儿科、医疗管理	儿科、质管办
孙　桦	妇产科	妇科
陈志峰	麻醉	手术麻醉科
卢慕峻	泌尿外科	外五科(泌尿外科)
张　峻	骨科	外二、外四科(骨科)
第二批(2010.10.7—2011.3.28)		
楼晓楼	普外科(队长)	外一、外三科(普外科)
龚伟华	骨科	外二、外四科(骨科)
张　励	妇产科	妇产科
张　克	泌尿外科	外五科(泌尿外科)
严伟民	手术麻醉科	手术麻醉科

图3-5-8 2010年10月第二批援滇医疗队出发。前排左起：杜勤、张励、张克、楼晓楼、龚伟华、严伟民；后排左起：蒋秀凤、张少明、周礼明、戴尪戎、王忠、朱振安、田卓平、孙月华

二、援建工作

上海九院专家帮助祥云医院整理修订管理制度，严格规范医疗流程管理，加强安全教育。在各

受援科室开展一批新技术、新项目。至2010年底,2批医疗队已开展教学查房150余次,会诊及疑难病例讨论90余次,业务培训180余次,手术示教150余次,学术讲座70多次。

【医疗项目】

第一批医疗队到达的第二天,医疗队员就在祥云医院大厅开展义诊,来自祥云和附近县的200多名患者接受了上海专家的义诊服务。医疗队员们还深入祥云县孤儿院、边缘贫困山区、学校,为贫困儿童和贫困学生赠送学习用具,免费为贫困儿童体检,向他们送去温暖和关爱,送去医务人员的深情厚谊,在当地群众中留下良好印象。

第一批医疗队开展的医疗项目有妇科腹腔镜手术、麻醉清醒插管术、肾囊肿去顶减压术、尿道下裂成形术、人工髋关节置换术、锤状指的锚钉固定术等。在帮扶的半年里,九院专家亲自完成妇科手术83台次、骨科手术52台次、麻醉科192台次、泌尿外科131台次。在九院泌尿外科专家卢慕峻的帮扶下,祥云医院泌尿外科于5月8日正式成立开科。至2010年12月即收治泌尿外科患者992人次。

第二批医疗队开展的新技术新项目包括普外科：ERCP下的微创手术如十二指肠乳头切开术、鼻胆管置入术等,低位直肠癌的保肛根治术、小切口甲状腺手术、乳房癌标准手术及改良术式、双镜联合微创胆道手术等新技术;妇科：输卵管整形术及输卵管绝育后显微复通手术,双侧输卵管整形术和盆腔粘连分解术,盆底功能重建术,如经阴道全子宫切除术、阴道前后壁修补术等;骨科：指导处理复杂的创伤外科手术,如肱骨近端严重粉碎骨折、尺骨鹰嘴入路治疗肱骨远端粉碎骨折、后侧入路治疗胫骨平台粉碎骨折、肩胛骨以及髋臼骨折的治疗,PILON骨折、LISFRANC损伤、LISS钢板内固定手术、各类骨不连手术治疗等;泌尿外科：常规腔内手术如经尿道前列腺电切、输尿管镜下钬激光碎石、经尿道膀胱肿瘤切除等,其他开放性手术如半尿路切除术等,建立前列腺穿刺活检术的操作程序,开展B超引导下的经皮肾镜碎石、腹腔镜手术,以及泌尿外科整形手术如尿道下裂修复手术等;麻醉科：开展有创监测技术、光导盲探气管插管技术及硬膜外自体血填充技术,规范麻醉操作流程,制定麻醉前的评估与决策程序等。其中ERCP术在全省县级医院属于首创。

【重大抢救病例】

2010年4月,医疗队孙桦与外科专家合作,在视野限制、操作难度高的情况下,圆满地将患者15厘米直径的骶骨结节囊肿完整切除。

8月中旬,外院转来一名嫁入云南的缅甸妇女,因盆腔脓肿导致输卵管积脓坏死,中毒性休克。在孙桦指导下为患者成功实施手术。患者12天后康复出院。

1名97岁高龄的患者粗隆间骨折,如不手术预后很差。医疗队龚伟华为他做了微创股骨粗隆间骨折闭合复位PFNA内固定手术,手术仅耗时15分钟。该患者也为当地医院历史上手术患者年龄最长者。患者1周后就顺利出院。

1名3个月的患儿,腹部手术拆线后切口裂开,小肠突出切口外,情况危急。由于切口裂开前已有进食,麻醉风险很大。医疗队陈志峰在全面分析评估麻醉风险后果断选择胃肠减压下的插管全麻,患儿安全度过2小时的急诊手术,不久就恢复出院。

【科研与管理】

祥云医院领导赋予医疗队员相应科室部门挂职负责人职责,参加医院行政会议,请医疗队参与祥云医院的医疗管理,积极献计献策,向院领导、科主任提出多项有针对性的建议。如医政分离、科主任全权负责制、院领导监督制度、部分财政下放至科室、医疗器材管理制度等,受到院领导的重视。

为帮助祥云医院同道提高临床研究水平,医疗队专门做了"科研选题、查新和论文撰写"的讲座,指导当地医师完成2篇核心期刊论文。在医疗队的帮助下,受援科室的多项临床科研课题获得当地科研项目经费支持,打破了科研项目"零"的局面。2010年的多项临床科研课题还荣获县、州科技进步奖。

【来沪培训】

同时期九院免费接收祥云医院3名骨干医师(普外科、妇科、心血管彩超)6个月的进修培训。一批科主任、护士长在九院接受为期1个月的轮训。这在祥云医院历史上是第一次。

【技术辐射】

2010年7月24日,在大理州卫生局支持下,九院骨科主任朱振安等5位专家赴滇举办大理州骨科学术讲座,来自大理州11个县市约200名骨科医师到祥云县人民医院参加学术讲座。专家们作"全髋置换治疗DDH伴OA的髋臼重建策略"等10个专题的讲课。参会学员认真听讲,并就平时工作中碰到的问题与专家进行讨论,获益匪浅。大理州第一次举行这样水平的学术活动,使得帮扶一家医院的行动,其学术影响辐射至全州各医院。5位专家除了学术讲座外,还在祥云县医院义诊了76名骨科患者。大理州多家新闻媒体报道医疗队的工作,扩大了对口支援工作的影响力。

图3-5-9　2010年7月24日医疗队和九院骨科专家在大理州召开骨科学术讲座

医疗队赴滇后,医院党委书记简光泽、副院长周礼明等分别前往云南祥云县人民医院慰问指导医疗队工作,从工作上、生活上、政治上给予关心。2010年10月,副院长周礼明、医务处长田卓平率领第二批医疗队,和祥云医院领导一起栽下友谊树。11月5日,医院举行第一批援滇医疗队工作汇报表彰会议,授予张少明等5名队员九院"援滇医疗工作先进个人"荣誉称号。

图3-5-10 2000年10月医疗队和祥云医院领导一起栽下友谊树。左五左六为：高兰英、杨兆云，左八左九为卢慕峻、陈志峰，右一至右六为：龚伟华、张少明、田卓平、周礼明、张克、楼晓楼

第八节 危重疑难抢救病例和公共卫生事件

1951年，医院被上海市军事管制委员会接办后，逐步从较单纯的妇产科为主的区域性医院向综合性医院发展。1965年，口腔系迁入后，在医院综合业务能力不断提高的同时，形成以口腔和整复专业为特色的市级综合性医院的科室布局和业务结构，诊断并抢救了大量危重、疑难患者。

【危重、疑难抢救病例】

1958—1960年医院抢救了危重患者898人，抢救成功722人，占80.4%

1958年6月12日，江南造船厂青年工人徐伟因被机器撞击头部，引起严重脑部损伤、脑震荡、颅骨骨折。经外科和全院各科医务人员奋力抢救，于10月14日痊愈出院，为此医院获得中央卫生部的表彰。

1959年，抢救成功7例严重颅脑创伤的患者；肺科抢救成功2800毫升的大咯血患者；眼科对严重眼球穿孔伤患儿进行精心医疗、护理，视力恢复到0.5后出院。

1991年1月12日，江苏女工因工造成全头皮撕脱，伤后10小时被送入医院。院整复外科采取抗感染、抗休克等措施后，在高倍显微镜下，经过13小时精细操作，患者动静脉接通、伤口吻合，整个头皮全部复位缝合。手术获得成功。

同年，南浦大桥建设者邹师傅在施工时被电梯严重挤压，送至九院，在外科、麻醉科、手术室、血库、院总值班全体人员奋力抢救下，清除腹腔积血，止住肝右叶爆炸性破裂，52位献血者主动献血，终于抢救成功。

1992年1月10日晚，江苏盐城扎花厂19岁女工时某被轧花机筒卷入，右面部连同整个耳朵撕脱。口外医师竺涵光主刀,以显微外科技术,将背阔肌皮瓣游离移植于右面部缺损,获得成功。2月7日,武警上海消防总队高级工程师黄某突发性腹腔大出血,失血量达4 000毫升,血压降至零,被送至医院。在多科协作下奋力抢救成功。10月,24岁外来务工者顾某被操作的铁钉射中心脏,濒临死亡。在胸外科、麻醉科的配合下,取出铁钉,修补受损心肌,抢救成功。11月19日,口腔颌面外科医师为患者成功切除长了25年的特大血管瘤,手术获得成功。

1993年,血管外科张培华、蒋米尔主刀,为严重动脉粥样硬化的退休工人黄某施行多段长距离血管搭桥术,手术获成功。同年,因恋爱纠葛惨遭硫酸严重毁容的潘某在整复外科接受治疗,分期手术整复。同年,神经外科成功抢救1名遭车祸脑部严重受伤的女孩夏某。2月17日,急诊科在吴万龄主持下,奋力抢救成功糖尿病混合性昏迷的华东师大旅游专业女大学生孙某。3月,在耳鼻喉科、内科、神经外科通力协作下,经过5个多月治疗,抢救成功1名严重糖尿病高渗昏迷,耳鼻腔鼻窦霉菌感染,并发脑膜炎、脑脓肿、脑脊鼻漏的患者。3月9日,口腔颌面外科为一右腮腺恶性肿瘤患者顺利切除肿块,并通过游离移植胸大肌皮瓣修复缺损,再造外耳。9月14日,整复外科全力抢救成功1名遭130吨大卡车碾压的10岁孩童陈某,保住右腿。

1994年3月14日,68岁黄某急性肠系膜上动脉栓塞,呼吸、心脏、肾脏三大功能衰竭。在血管外科为首的抢救小组奋力抢救下,手术获成功,康复出院。8月,血管外科成功救治一濒临截右小腿的青年工人何某,后被诊断为罕见的急性动脉栓塞引起的骨筋膜室综合征。

1995年3月28日,福建省乐县一颌骨中央性血管瘤患儿拔牙后动脉血管破裂而大出血,送至医院。在口腔颌面外科林国础、张志勇为首的抢救小组抢救下,手术获得成功。1995年12月,震惊全国的新疆克拉玛依"12.8"特大火灾中烧伤的7名小伤员来整复外科接受治疗。12月23日,国内首例胸骨裂畸形的湖北9岁患儿吴青,在中国工程院院士张涤生指导下,全院组织医疗组成功为其施行胸骨裂畸形修复术,使其外露心脏得以保护,受到全国各界人士和新闻媒体关注。同年12月,口腔颌面外科医生成功采取"包抄技术",为黑龙江农民成功剥离巨大蔓状血管瘤。

1997年9月,口腔颌面外科医师敢冒风险,成功为一出生才5个月、面颈部长有13公斤巨型淋巴血管瘤男婴手术切除肿块。

1998年3月14日,鞍山毛女刘某在医院接受激光脱毛治疗,张涤生亲自会诊,脱毛术获成功,轰动全国。第一疗程激光脱毛后,患者容貌一新。6月11日,整复外科施行颅面整形手术,成功治疗1名患罕见的先天性尖头畸形症10岁女孩。6月,整复外科为一左前臂中段以下被压铸机压扁的四川籍外来务工人员成功施行断指寄养足背、足趾改作手指,制成"无掌手",恢复部分功能。8月,血管外科为江西农民黄某头颈部动静脉瘘做手术,治疗获得成功。

1999年3月,口腔颌面外科医师成功地为患者施行高难度高位颈动脉重建术,完整摘除肿瘤。10月21日,医护人员全力抢救来自南市区劲松中学1名被10吨卡车从左胸腹部辗过的初二学生施某。经十多个昼夜奋战,奇迹般活下来。

2000年3月14日,整复外科以张涤生为首的治疗小组成功地为3年前不幸掉进油锅惨遭严重烫伤的海南小姑娘符某施行3期整形手术,解决大、小便排泄,膝关节后部、左手瘢痕挛缩问题。4月,整复外科为被中宣部、公安部授予全国见义勇为的先进人物,哈尔滨出租车司机赵某成功施行整形手术。6月6日,神经外科专家成功救治1例患有罕见的颅底脑膜膨出症脑组织长入口腔的江西患儿。6月28日,口腔颌面外科专家为72岁的单女士成功切除折磨她整整50年的颌面部巨大肿瘤。7月5日,血管外科专家施行超声消融术,开通闭塞的血管,成功救治左小腿濒临坏死的方某。10月31日,急诊室成功抢救来自江苏高邮大咯血的21岁女大学生。

2001年1月2日　医院口腔颌面外科以孙坚为首的医疗小组,大胆采用国际上先进的保存性、功能性外科理念,在相关科室配合下,为来自江苏常熟的霍女士成功切除巨大咽旁肿瘤。手术不仅摘除危及生命的巨大瘤体,而且恢复功能,患者已像正常人一样生活。

2001年5月11日,医院收治严重创伤工人沈某,神经外科、口腔颌面外科、麻醉科、眼科、五官科、骨科医护人员齐心协力抢救110天,沈某终于伤愈出院。5月11日,整复外科专家成功救治来自福建晋江的特大型头面皮撕脱伤的小群群。这是当时世界上最大面积的头面皮撕脱伤2期修复。7月11日,口腔颌面外科张志愿、张陈平、胡永杰等在麻醉科姜虹低温全麻配合下,为来自嘉定的44岁宣女士成功地切除重达3公斤的特大颌面部神经纤维瘤。8月22日,整复外科医师在曹谊林带领下、关文祥现场指导下、麻醉科徐辉的默契配合下,为13岁湖北武穴市女孩陈某成功切除背部10公斤重的巨瘤。

2002年1月24日,口腔颌面外科专家成功为来自江苏扬州的夏女士摘除15年来挂在下巴上的重达1.5公斤的下颌骨巨瘤。4月2日,由院长张志愿主刀,口腔颌面外科张陈平和胡永杰配合,成功为14岁患者切除右面颈部柚子般大的巨瘤,手术获成功。5月16日,整复外科专家成功为来自苏州的19岁陶某切除面部巨大血管瘤。5月31日,由骨科戴尅戎主刀,在朱振安、孙月华配合下,为来自江西九江56岁患者程某施行手术,切除罕见的骨盆巨大肿瘤。上海的医学专家、科研人员、工程人员和台湾专业人员合作,免费为他"度身定制"了"人工半骨盆",使他免于截除右下肢和右侧臀部,重新站立起来。6月13日,普外科龚鼎铨、刘文勇在麻醉科配合下,经6个多小时手术,为82岁陆老太切除颈部长了50多年的巨大肿瘤。术后患者康复出院。6月21日,泌尿外科专家成功为来自安徽的28岁吴某切除后腹膜巨大肉瘤。8月13日,82岁奚先生巨大腹主动脉瘤破裂,失血2 000余毫升,处于休克、多脏器功能衰竭状态。血管外科蒋米尔、陆信武、黄英紧急手术,切除破裂血管,用人造血管重建血运,成功抢救患者生命。9月,整复外科为严重颅面畸形、眼球突出20年的患者小范成功进行手术矫治。此手术需要颅骨和颜面分离、面具式前移,重建颅骨、眼眶、上颌骨,难度极大,属国内"零"的突破。10月7日,口腔颌面外科专家成功为来自云南大理11岁的彝族小姑娘李某切除面颈部的3公斤巨瘤。10月10日,口腔颌面外科专家成功救治被粗钢筋穿透下巴的建筑工地工人李某。10月24日,整复外科专家成功为38岁林女士切除背部10公斤巨瘤。12月5日,整复外科专家成功为来自山东东营的小张摘除面部3.5公斤巨瘤。

2003年2月24日,口腔颌面外科成功为出生仅19天的新生儿小鸣鸣摘除面部巨瘤。5月28日,口腔颌面外科、神经外科、麻醉科专家协力奋战21小时,为来自昆明的32岁陈某成功切除侵犯颅底,累及颈、椎动脉的复发恶性颈动脉体瘤,并施行国内首例颅内、外颈动脉搭桥术,手术获成功。6月18日,口腔外科患者王某在麻醉中发生恶性高热,并发肾功能衰竭及多器官损伤。经持续血液透析、过滤等多种救治措施,奋力抢救2个多月,终于挽回患者生命。这是国内首次抢救成功恶性高热患者。11月25日,普外科和泌尿外科专家成功为一患者切除了重达17斤的巨大腹膜后脂肪肉瘤。同年12月,妇科收治1位患盆腔底部血管母细胞瘤而多处求医无着的患者。经充分讨论准备,12月7日,妇科专家从腹腔和会阴两路切口,经仔细分离血管神经,成功切除这例罕见的肿瘤,创造了奇迹。

2004年4月16日,急诊收治1名从6楼坠楼的18岁中学男生。伤者有腰椎、骨盆、四肢多处骨折,肝破裂、心包出血,当时处于休克状态。经普外、胸外、手术麻醉等多学科全力抢救,最终救治成功并出院。7月1日,普外科专家成功为74岁吴老太切除巨大腹壁疝。9月28日,泌尿外科专家成功治疗3例疑难病例:摘除罕见恶性淋巴瘤;切除巨大阴囊皮肤汗腺瘤;为德国患者施行输精管结扎15年后的再通术,使其有望重获生育能力。12月3日,浙江15岁少年手术中发生恶性高热,并继发多脏器功能损伤,经医务人员60天的持续努力,抢救成功。

2005年2月28日,整复外科专家应用显微外科技术移植耳郭复合组织瓣修复鼻子缺损畸形获得成功。28例鼻子缺损患者经整复治疗,效果良好。4月29日,整复外科专家先后16次手术,重塑被大火严重烧伤的殷某。5月24日,神经外科专家成功救治1例罕见的脑膜膨出症患者。6月2日,普外科在麻醉等多个科室配合下,为51岁李女士做同种异体肝移植,经6个多小时的手术及术后2个多月的精心治疗和护理,患者康复出院。6月,整复外科李圣利在张涤生指导下,用大网膜移植重建左上肢的淋巴回流通路,为左侧乳腺癌术后淋巴回流障碍、左上肢肿胀溃烂三年余的广东李女士施行手术。在普外科医生合作下,经6个多小时显微缝合,手术获圆满成功。6月14日,整复外科、口腔颌面外科联合施行"换脸"手术,成功救治一名罕见着色性干皮病患者。

2006年2月28日,泌尿外科在相关科室的密切配合下,成功施行了1例同种异体肾移植手术。3月26日,泌尿外科专家成功为1名阴茎几乎断离的患者进行移植,手术获成功,而且各项功能也得以恢复。3月31日,骨科中国工程院院士戴尅戎等医务人员施行1例高难度手术,为来自江苏盐城的王某成功切除巨大骨肉瘤。7月31日,泌尿外科、整复外科专家为1位92岁高龄患者成功切除罕见的巨大阴茎囊皮肤湿疹样癌。8月31日,口腔颌面外科成功为11月龄婴儿切除巨大血管瘤。8月13日,整复外科专家成功为患有罕见的骨膜增生性厚皮症的19岁少年小新江施行整形手术,还原其青春容貌。12月11日,整复外科历经7小时,成功为广西"象人"欧某切除罕见巨大神经纤维瘤,还其正常容貌。近20家新闻媒体现场采访,东方卫视工作小组在医院守候拍摄,在整点新闻节目中连续直播手术进程。美国华人报刊《明报》也作了报道,中央电视台经济频道《生活》栏目也对此作了30分钟的专题片。

2007年1月29日,激光美容科成功为一患有罕见遗传性家族性色素沉着病的湖北13岁"黑孩"褪色。2月1日,整复外科为被严重烧伤的江西六龄女童成功施行整形修复手术,获得成功。3月14日,口腔颌面外科成功为患者切除罕见的巨大颈动脉体瘤,创造了奇迹。4月19日,整复外科成功救治川沙某饮食店店员小辛,保住了其被绞进绞肉机的左手。7月20日,七旬老翁巨大腹主动脉瘤破裂,血管外科专家应用人工血管搭桥重建其生命通道。7月20日,整复外科专家为被称为"世界第一巨手"的刘某施行整形治疗,切除部分巨指达5.1公斤。9月25日,口腔颌面外科竺涵光教授等以高超的医技为4月龄女婴施行巨大肿瘤切除术获得成功。12月12日,神经外科、口腔颌面外科、麻醉科众专家齐心奋战,成功为云南女孩摘除巨瘤。

2008年4月7日,普外科为患者王某成功摘除腹壁巨大肉瘤。10月24日,口腔颌面外科专家为百岁老人成功施行口腔肿瘤切除术。

2009年3月10日,口腔颌面外科专家为一"脆骨症"女孩成功切除下颌骨肿瘤。6月30日,骨科戴尅戎等专家成功施行高难度畸形腿矫正术,使"螺旋腿"患者不仅免于截肢,而且终于站起来了。

2010年2月28日,胸外科专家为一高危高龄患者成功切除巨大食管肉瘤。8月6日,整复外科为12岁少年成功切除长48厘米、宽35厘米、厚度4厘米的血管瘤体。12月31日,普外科专家为患者成功施行巨大复杂腹壁肿瘤切除与腹壁重建手术。

【突发公共卫生事件】

甲型肝炎暴发 1988年1月,上海市甲肝暴发期间,医院经政府协调部署,将南市区国货路小学改为肝炎临时隔离病房,设床位293张,由内科范献群、马菊珍、杨培林等医生管理。医院先后接诊肝炎患者9 000多人次。先后抽调67名医务人员,顺利完成甲肝防治任务。

上海地区首例禽流感病例　2006年3月21日中午,女患者李某因持续高热、呼吸困难来院急诊。急诊医师方萍接诊。因患者有禽类接触史,病情进展较快,怀疑为"不明原因肺炎"。医院立即启动应急预案,分管院长召集院内专家会诊。在不能排除此可能的情况下,于下午3时30分电话报告区疾控中心,同时对患者进行隔离治疗。患者于当晚6时45分死亡。区专家组会诊口头诊断:考虑重症肺炎(不明原因)、ARDS。区疾病控制中心负责人与在座专家商量后决定:考虑此患者流行病学调查依据不足,为慎重起见,暂不网络直报,待样本结果出来后通知医院,医院再网络直报。

3月22日上午7时40分,接区疾病控制中心电话及检验报告传真,患者禽流感病毒核酸检测阳性,要求医院进行传染病网络直报,病名定为"不明原因呼吸道死亡病例"。8时30分完成网络直报。下午1时30分医学观察密切接触者16人血样送市微生物细菌实验室。下午3时30分医学观察病例登记网络直报。下午6时30分将1名密切接触发热的医务人员咽试标本送到市微生物细菌实验室。晚上10时将12名一般观察者名单传真至区疾病控制中心。3月23日凌晨,"关于一例不明原因肺炎病人消毒处理工作汇报"传真至区疾病控制中心、市疾病控制中心。后接区疾病控制中心传真,12名一般观察者上升为密切接触者医学观察。

根据预案,医院对急诊大厅、急诊2楼病房、走廊、医护办公室等患者和相关医护人员经过的区域地面、墙面、物体表面,患者使用过的物品、仪器、敷料、引流物等,所有医务人员使用过的物品、衣物等进行了彻底消毒。密切接触者做了规范管理和观察。整个过程报告及时、处置到位,密切接触者均未受感染。

抢救重症甲型流感患者　2009年12月15日,患者朱某,男性,54岁,因咳嗽6天,伴发热气促3天,胸片显示两下叶肺炎被收治入院。入院后气促咳嗽持续加重,查流感病毒阳性。根据患者临床表现及实验室检查结果,经黄浦区甲型H1N1流感病例区级专家组专家会诊后,考虑诊断其为甲型H1N1流感重症(重症肺炎、1型呼吸衰竭)。医院设置独立病房予以隔离治疗。呼吸科医务人员冒着被传染的风险,对其密切观察、积极治疗。以抗病毒、抗炎及各种辅助治疗,BIPAP辅助呼吸等多种手段治疗后,患者病情逐渐好转,于2010年1月19日出院。

第四篇 医学教育

概　　述

1920年，石美玉与其友人美国传教士胡遵理，租赁上海制造局路565号创立伯特利教会和医院，同时也办起伯特利护士学校。1922年在制造局路639号置地建造房屋扩大医院和护校，嗣后增加助产专业，护校改为护士和产科学校，护校的学生在医院内学习和实习。军管会接办后，护校几经改名，仍由医院管理。1989年9月，上海第二医科大学附属的三所卫校、护校合并为"上海第二医科大学附属卫生学校"，与医院脱离隶属关系。

医院的本科教学始于1957年。是年1月，第九人民医院划归上海第二医学院，作为儿科系教学基地，九院建立了初步的教学体系。但仅过了一年余，1958年10月儿科系教学基地移去新华医院，并带走一批师资。九院划归上海市卫生局，成为蓬莱区卫生局所属的区级医院。

1963年8月，第九人民医院再次划归上海第二医学院，作为口腔医学系教学基地，并改名为上海第二医学院附属第九人民医院（以下简称九院）。

1966年，设在广慈医院的口腔医学系部、口腔内科、口腔外科、口腔矫形科以及整复外科等教研组和教师及其医护技术人员先后迁至九院，并相继组建了内、外、妇、儿等教研组。1972年后口腔系（口腔医学院）曾先后招收三年制、四年制、五年制、六年制、七年制等不同学制的学员，培养了大批口腔医学人才，很多校友成为当地口腔医疗机构的骨干或学术带头人，成为我国口腔医学事业发展的生力军。

1985年6月15日，上海市人民政府批准上海第二医学院更名为上海第二医科大学（以下简称二医大）。1987年10月23日，二医大口腔医学系升格为上海第二医科大学口腔医学院。1995年，二医大批准九院成立临床医学院，同年8月2日，召开上海第二医科大学九院临床医学院成立大会。

2005年7月，上海第二医科大学与上海交通大学合并，成为上海交通大学医学院（以下简称上海交大医学院），同年10月，上海第二医科大学口腔医学院和上海第二医科大学九院临床医学院，分别更名为上海交通大学口腔医学院和上海交通大学九院临床医学院。

九院的硕士研究生培养始于1978年，1981年开始招收博士研究生。医院科教处在学位评定委员会指导下设专人负责研究生招录与培养工作。至2010年九院已有13个博士点，156人先后担任硕士、博士生导师。毕业的硕士、博士生成为医院各学科的医、教、研工作骨干，也为社会输送了一大批高质量的研究性医学人才。

第一章 口腔医学院

第一节 沿 革

一、震旦大学医学院牙医系(1932—1952年)

1932年,位于卢家湾吕班路(今重庆南路)毗邻广慈医院的震旦大学获教育部批准立案,将医科升格为医学院。1932年初,震旦大学常务校董才尔孟(German G. S. J)决定在震旦大学医学院内增设牙医系,并聘请天津的法国牙医博士勒乔爱(Le Goaer)来沪筹建和主持牙医系工作。

1933年10月,在广慈医院开设牙医系附属门诊部,由震旦大学直接管辖。门诊部仅有牙椅5台,脚机6台,电机1台,X线机1台。学制为四年,1936年新教学大楼落成。首届牙医系毕业生2人,沈国祚为其中之一。

1938年7月,勒乔爱回国,才尔孟聘用沈国祚接替主持门诊日常工作,当年已有3届毕业生共9名。1940年,任命沈国祚为牙医系主任,为第一任中国籍系主任。

1941年,日军占据广慈医院作为战时野战医院,牙科诊所迁至Paster研究院动物实验处。1945年抗战胜利,诊所迁回原地广慈医院。1948年春,牙医系将学制四年改为六年,名称改为震旦牙医学院。同时,又招聘席应忠(正畸学专业)任教并兼任系副主任。

1950年春,因中华人民共和国成立后急需医生,学院将学制改回至四年,震旦牙医学院改回为震旦大学医学院牙医系。1936—1950年,累计毕业生不足100人。1951年,根据华东高校教育处指令,司徒博主办的私立上海牙医专科学校(以下简称牙专)并入震旦大学医学院牙医系,牙专教师司徒学、黄宗仁、王德昭等加入震旦工作,该校30名在校学生一起进入震旦大学医学院牙医系学习。

二、上海第二医学院口腔医学系(1952—1987年)

1952年9月1日,根据华东区高等学校院系调整委员会的决定,华东军政委员会卫生部派医学教务处科长胡易到圣约翰大学,召集圣约翰大学医学院、震旦大学医学院和同德医学院的代表开会,宣布由这3所医学院合并组建为上海第二医学院,并以震旦大学校址为院址。牙医系则改为上海第二医学院口腔医学系,设在广慈医院,席应忠为系主任,邱立崇为系副主任,后增设张涤生为系副主任。学制四年,有17台牙椅,但无专业实验室。部分学生送往南京、杭州等地实习。1952年10月24日,"上海第二医学院成立大会暨首届开学典礼"在大礼堂隆重举行,华东军政委员会教育部部长孟宪承到会祝贺。

1953年4月8日,中央人民政府高等教育部、卫生部联合通知,上海第二医学院由华东卫生部领导改为由中央卫生部直接领导。

1955年2月21日,上海第二医学院成立基础医学部、医疗系和口腔医学系,并于6月10日任命席应忠为口腔医学系主任,邱立崇为副主任。

院系调整以后，口腔系的专家教授在医疗、教学和科研方面取得了一系列成就。1954年口腔矫形科主任邱立崇等在国内首先以铬镍不锈钢铸造工艺代替黄金的应用，并向全国推广。1956—1957年，苏联口腔医学教授柯什赫先后两次来口腔医学系进行学术讲座，全系按苏联模式进行医学教学改革。原12门学科归纳成3门，即口腔内科学、口腔颌面外科学和口腔矫形学。

1956年，根据卫生部关于"为了提高和保证教学质量，组织编写切合于我国目前高等医药院校实际需要的简明教科书"的决定，学校制定教材编写规划。席应忠受聘参加编写《口腔矫形学》，沈国祚受聘参加编写《口腔内科学》，张涤生受聘参加评阅《口腔颌面外科学》《口腔科学》。

1960年4月，上海第二医学院党委确定口腔医学系为教学改革试点单位，探索综合教学体系，设立综合学科，提高教学质量。1960年口腔医学系试点编写新的教学大纲和新的教材，以及实验室现代化构想。5月，口腔医学系获"上海市文教战线先进集体"称号；邱立崇作为代表被推选出席"全国文教战线群英会"。1961年，口腔医学系集体编著《口腔疾病防治学》作为专业教材，由上海科学技术出版社出版。

1961年，口腔颌面外科正式分为口腔颌面外科和整形外科2个科室。口腔颌面外科在张锡泽领导下开展各种口腔颌面部肿瘤手术。

1962年11月15日，上海第二医学院院务委员会讨论通过各系（部）务委员会组成人选，席应忠任口腔医学系（部）务委员会主任委员，邱立崇、张涤生为副主任委员。

1964年，张锡泽带领口腔颌面外科在国内率先施行双侧根治性颈淋巴同期清扫术治疗晚期口腔颌面部恶性肿瘤获得成功。

1963年8月，经上海市人民政府文教办公室批准，第九人民医院划归为上海第二医学院附属医院，作为口腔医学系教学基地。

为适应口腔教学工作需要，1965年底九院建成近5 000平方米的5层门诊大楼（8号楼），于1966年底建成了3 500平方米的5层口腔和外科病房楼（5号楼）。在门诊楼四楼及五楼设有四间教室及实验室、实习室、教师办公室等教学用房。1966年2月，广慈医院的口腔医学系、口腔内科、口腔颌面外科、口矫以及整形外科等教研组和教师及其医护技术人员先后搬迁至第九人民医院，增补吴少鹏、黄宗仁为系副主任。门诊设口腔椅位110台。次年，外科病房楼建成，四楼为口腔颌面外科病区。

1966年，"文化大革命"开始，口腔所有分科合并为1个综合治疗科室，正常的教学秩序和教研工作被打乱。

1972年，按上级布置，口腔医学系开始招收三年制"工农兵"学生。第一年招生80名，以后每年招生100名左右学生。1975年，首届三年制学生毕业，至1976年共招收五届"工农兵学员"。1973年，医院在原护校教室顶上加建第三层作为口腔系教室和系部办公室，在原大礼堂顶上（6号楼）加建两层学生宿舍，以适应教学和学生生活所需。

1977年，全国恢复高考后，口腔医学系恢复本科五年制教育。1978年，口腔医学恢复招生硕士生。1978年8月，上海第二医学院党委决定席应忠任口腔医学系第一主任，张锡泽任系主任。1979年，国务院学位委员会委任张锡泽为学位委员会委员。

1981年，教育部批准首批恢复招生博士研究生点，张锡泽是首批导师之一，以后陆续批准许国祺、邱蔚六、刘正、薛淼等教授分别担任口腔颌面外科、口腔内科、口腔修复科博士研究生导师。首批硕士研究生毕业（口腔内科、口腔颌面外科和口腔材料专业各1人，共3人）。

拨乱反正，激发了专家教授的工作激情，带来了教学事业的蓬勃发展。1977年由上海第二医学院署名主编的全国协作教材《口腔颌面外科学》，在上海人民出版社出版。1978年，全国科学技术大会上，口腔材料专业张彩霞等研制的"新型硅橡胶印膜材料"获全国科学大会部级成果奖；同时还获1978年上海市重大科技成果奖。1980年，由上海第二医学院口腔系主编，由张锡泽、邱蔚六负责编写的全国统编教材《口腔颌面外科》第1版，在人民卫生出版社出版。

1979年2月，口腔颌面外科张锡泽、邱蔚六等在国内首创颅颌面联合根治术治疗晚期颌面部恶性肿瘤取得成功，并获1979年卫生部科技成果乙级奖和1979年上海市重大科研成果三等奖。1982年，口腔颌面外科何荣根等建立国内第一株人舌鳞状细胞癌Tca8113细胞系，获1982年卫生部科技成果乙级奖。1982年，口腔颌面外科被列为上海市高教局首批重点建设学科之一。

1982年4月，上海市口腔医学研究所成立，张锡泽兼任所长，黄宗仁和崔华峰任副所长，下设龋病、牙周病、口腔黏膜病、口腔颌面外科、口腔矫形科、口腔组织病理、口腔材料7个研究室及1个资料室。

1984年6月，上海第二医学院口腔医学系领导班子调整，邱蔚六任系主任，张锡泽为名誉系主任，刘正、黄克新任系副主任。黄宗仁任口腔医学研究所所长，杨宠莹、袁文化任副所长。

1985年6月15日，上海市人民政府批准上海第二医学院更名为上海第二医科大学。

三、口腔医学院（1987—2010年）

1987年7月20日，上海市高教局发文同意上海第二医科大学成立口腔医学院。1987年10月23日，上海第二医科大学举行建校35周年庆祝大会。当日，上海第二医科大学口腔医学系更名为上海第二医科大学口腔医学院，并举行成立大会。各兄弟院校代表和各届校友近700人，以及美国哈佛大学牙医学院教授道根等应邀参加了大会。王一飞副校长宣布邱蔚六为口腔医学院首任院长，张锡泽为名誉院长，副院长为石四箴、黄克新。

1988年，根据国家教委关于整顿医科学制的通知，学校按七年、五年、三年学制规定，编订各专业新的教学计划。1988年6月11日，国家教委批准上海第二医科大学为试办七年制（本硕连读生）的高校之一，试办专业为临床医学（30名）、口腔医学（15名）。并规定试办学校，其五年制本科各专业均列入首批录取新生。

1988年，在第三届全国口腔学术会议上，邱蔚六任中华医学会口腔分会副主任委员，张锡泽任顾问；上海第二医科大学口腔医学院作为组长单位的有：口腔材料学组组长薛淼、口腔黏膜病学组组长许国祺、口腔颌面外科学组组长邱蔚六、口腔儿童学组组长石四箴。

1989年，应美国口腔颌面外科医师协会学术委员会邀请，邱蔚六参加在旧金山举行的美国第七十一届口腔颌面外科年会，并作了学术报告。这是中国学者首次在此会议上作报告，报告得到大会高度评价。

1990年，上海二医大口腔医学院主办了第一届国际儿童牙科学术会议，石四箴副院长担任大会主席。

1991年，口腔医学院领导班子换届，邱蔚六任口腔医学院院长，石四箴和潘可风任副院长。由张锡泽、邱蔚六主编的全国统编教材《口腔颌面外科学》（第二版），在人民卫生出版社出版。

1991年，上海二医大口腔医学院的口腔医学被国家人事部、全国博士后管理委员会批准为博士后流动站之一，从1992年开始招录。

1992年10月，上海市卫生局同意第九人民医院加挂上海第二医科大学附属口腔医院牌子，实行两块牌子、一套班子的管理体制。

1993年，医院新门急诊大楼启用（8层楼、12 120平方米，现为10号楼）。七楼北区为教学区域，设3个大教室，面积有所扩大。1994年1月，口腔医学院领导班子换届，邱蔚六任口腔医学院院长，潘可风和张志愿任副院长。

1995年，学校从95级新生开始，试行学年学分制和辅修制。1996年，口腔医学院领导班子调整，由邱蔚六任名誉院长，张志愿任院长。

2000年，九院购置制造局路833弄12号6层楼房，建筑面积4 690平方米，作为教学用房。口腔医学院和九院临床医学院从制造局路639号院本部迁出，迁入新教学楼。教学环境得到进一步改善。教学面积扩大，共有4个大教室和1个楼面的口腔实验室、4个楼面的学生寝室。

2001年2月，医院召开科教大会，邱蔚六、戴尅戎、刘正、薛淼四位教授被授予九院终身教授，同年12月，邱蔚六当选为中国工程院院士。以九院口腔临床科室为建设整体的上海市临床口腔医学中心成立，邱蔚六任中心主任，张志愿任中心副主任。口腔颌面外科被上海市人民政府批准为上海市重点学科，学科带头人张志愿；口腔临床科室为建设整体被批准为国家级重点学科，学科带头人邱蔚六。同年经上级批准，口腔医学院开始停招五年制本科生，全部招收七年制本硕连读生。

2002年10月，口腔颌面外科被批准为国家"211工程"二期建设重点学科。

2003年，口腔医学专业教学大纲再次修订。11月，国家教育部普通高等教育七年制和本科教育教学工作评估专家组来院检查，对教育教学工作表示肯定。2004年，为了加强口腔学生临床实习的操作能力，成立口腔临床前实训中心。

2005年7月，上海第二医科大学与上海交通大学合并，同年10月，上海第二医科大学口腔医学院正式更名为上海交通大学口腔医学院。

在教学条件不断改善的同时，教学软件质量也在不断提升。1995年，在首届七年制（1988级）毕业前，国家教委专家组来学校进行七年制教育教学、学位评定工作检查，结果良好。1996年，邱蔚六主编的全国统编教材《口腔颌面外科学》（第三版），由人民卫生出版社出版。2001年，刘正主编的全国规划教材《口腔生物学》、张志愿主编的全国规划教材《口腔科学》（第五版），由人民卫生出版社出版。2002年，邱蔚六院士主编的《口腔颌面外科学》（第四版）获全国高等医药院校优秀教材一等奖。2005年刘正主编的《口腔生物学》（第二版）、张志愿主编的《口腔科学》（第六版）同获全国高等医药院校优秀教材二等奖。

2006年，口腔医学院外籍教师陈斌为2001级学生讲授Comprehensive Diagnosis & Treatment Planning Class，进行Problem-solving Learning and Process-based Learning教学方法的尝试。口腔颌面外科学获2006年度国家精品课程项目立项，"口腔医学"获上海市高水平特色建设项目。同年，口腔医学院网站建立并开通运行。2007年，"口腔颌面外科学"获国家精品课程建设立项，"口腔医学"获评教育部特色专业。

2008年，"口腔黏膜病学"获国家精品课程，"口腔医学"获上海市第三期本科教育高地建设项目。张志愿院长带领的口腔颌面外科学教学团队被评为上海市优秀教学团队，张志愿获第十届上海市科技精英。

2009年，口腔医学院在教育部2009年高校学科评估排名中名列第二。同年，由口腔颌面外科主办的第十九届国际口腔颌面外科学术会议在上海隆重召开，邱蔚六院士获IAOMS最高奖——杰出会士奖。"口腔解剖学"入选2009年度国家精品课程。

2010年，口腔颌面外科教学团队获国家级教学团队，沈刚主持的"口腔正畸学"获国家级双语教学示范课程。

表 4-1-1　1932—1987 年历任口腔系正、副主任情况表

震旦大学牙医系			
任 职 时 间	系 主 任	任 职 时 间	系 副 主 任
1932—1938	Le Goaer（法国牙医博士）	1948—1952	席应忠
1938—1940	沈国祚（主持门诊工作）		
1940—1952	沈国祚		
上海第二医学院口腔医学系			
1952—"文化大革命"	席应忠	1952—"文化大革命"	邱立崇
1973—1976	李铁庵（九院党总支书记兼）	1955—1964	邵明辉
1978—1984	席应忠（第一主任）张锡泽（主持工作）	1955—1965	张涤生
1984—1987	张锡泽（名誉系主任）邱蔚六	1965—"文化大革命"1973—1978	吴少鹏　黄宗仁
1987—2004	张锡泽（名誉院长）	1973—1977	宋振先（工宣队）
		1978—1984	邱立崇　吴少鹏　黄宗仁
		1984—1987	刘　正　黄克新

表 4-1-2　1987—2010 年口腔医学院正、副院长情况表

任 职 时 间	院　　长	任 职 时 间	副 院 长
1987—1996	邱蔚六	1987—1991	黄克新
1996—	张志愿 邱蔚六（名誉院长）	1987—1994	石四箴
		1991—1994	潘可风
		1994—1996	张志愿
		1995—1998	孙大麟
		1995—2002	张建中
		1995—2007	周曾同
		1999—2003	郭　伟
		2002—	张建中（常务副院长）
		2003—2007	郭　莲
		2006—	冯希平

说明：2005 年，上海第二医科大学口腔医学院更名为上海交通大学口腔医学院。

第二节　师资队伍与教研室

一、口腔医学师资队伍

1932年初,在震旦大学医学院内开始增设牙医系。当时牙医系的课程设置和学科分类结构均是按欧美牙医学系的模式。师资主要聘请外籍牙科专家和牙医系留校毕业生担任。1945年,牙医系先后聘请留学英、美、加、法、日等一流大学毕业的颜遂良(牙体牙髓学)、叶景甫(托牙学)、卢佳(矫形学)、方连珍(儿童牙科学)、梁北和(冠桥学)、贾维霖(牙周病学)和徐少明(局部托牙学)等七位教师,基本上达到各分科都有专门教师。1948年,又陆续聘请席应忠(正畸学),陈绍周(口腔外科)、沈鹤臣(冠桥学)、周继林(托牙学)、朱学灵(牙科材料学)、司徒学及桑德斯、培福特、昆德奈等10余名教员任教。

1951年,根据华东高校教育处指令,司徒博主办的私立上海牙医专科学校并入震旦大学医学院牙医系,原牙专师资司徒学、黄宗仁、王德昭医师进入震旦工作。1952年9月,院系调整时,由圣约翰大学医学院、震旦大学医学院和同德医学院3所医学院合并组建为上海第二医学院,三校所属教师也同时并入。牙医系改为口腔医学系,有张锡泽、许国祺、乌爱菊、黄锡璋等专职教师12人。此后,历年有本系及外校的优秀毕业生进入口腔医学教师队伍。1953年,张锡泽在广慈医院创建口腔颌面外科,建科时有刘善学、王德昭、蒋均泉、胡北平、谢永俊等医师。1955年,张涤生调入该科工作。同年有本校毕业生林熙、朱丽华,北京医学院毕业生潘家琛、周曼丽,四川医学院毕业生邱蔚六、刘寰勋等分配到该科。1956年,黄培喆医师从北京调入该科。当时病床增加至20张。

1955年,教育部批准上海第二医学院开办研究生教育,学制二至三年。口腔医学成为第二医学院12个副博士研究生招生学科之一,张锡泽任副博士研究生导师。"文化大革命"结束后,1978年,口腔医学恢复招生硕士生。1979年,国务院学位委员会委任张锡泽为学位委员会委员。

1981年,教育部批准首批博士研究生点,张锡泽是首批导师之一。以后陆续批准许国祺、邱蔚六、刘正、薛淼等分别担任口腔颌面外科、口腔内科、口腔修复科博士研究生导师。

1991年,上海第二医科大学口腔医学院的口腔医学被国家人事部、全国博士后管理委员会批准为博士后流动站之一,从1992年开始招录。

至2010年,口腔医学院已有中国工程院院士邱蔚六(2001年),终身教授刘正(牙体牙髓病学)和薛淼(口腔材料学)。张志愿(口腔颌面外科学)、张富强(口腔修复科学)是卫生部突出贡献中青年专家。1991—2010年,先后有26位口腔医学专业资深教师获得国务院特殊津贴。

口腔教学事业伴随着口腔学科建设的发展不断取得成果:口腔临床医学是国家重点学科,并任组长单位(2001年、2006年),口腔基础医学是国家重点培育学科(2006年)。口腔临床医学和口腔颌面外科是国家"211"工程的重点建设学科。口腔修复和生物材料学(2005年)、口腔基础医学(2008年)是上海市重点学科。

2010年,口腔医学院共有教师285名,大部分为兼职教师,同时是口腔临床各科的业务骨干。其中教授和主任医师等正高级职称教师41人(14.4%),副教授和副主任医师等副高级职称教师67人(23.5%),讲师和主治医师等中级职称教师98人(34.4%),助教和住院医师等初级职称教师79人(27.7%)。

2010年，口腔医学专业有博士后流动站1个，博士点专业6个，硕士点专业6个；有博士生导师29人，硕士生导师47人。

表4-1-3　2010年口腔医学研究生招生点情况表

硕　士　点	博　士　点	博士后流动站
口腔内科	口腔内科	口腔医学
口腔颌面外科	口腔颌面外科	
口腔修复	口腔修复	
口腔正畸	口腔正畸	
口腔种植	口腔材料	
口腔病理	口腔病理	

表4-1-4　1978—2010年口腔医学研究生导师情况表

专　业	博士生导师	硕士生导师
口腔颌面外科	张锡泽　邱蔚六　何荣根 张志愿　王中和　王国民 张陈平　郭　伟　杨　驰 孙　坚　陈万涛　沈国芳 郑家伟　毛　力　张　萍 俞创奇	张锡泽　邱蔚六　刘善学　马宝章　何荣根　袁文化 刘世勋　陆昌语　王中和　林国础　哈　缇　唐友盛 张志愿　潘可风　姚隆浩　王国民　郭　伟　张陈平 沈国芳　杨　驰　孙　坚　房　兵　蔡以理　卢晓峰 周国瑜　杨育生　俞创奇　陈万涛　郑家伟　张　瑛 张　萍　王旭东　季　彤　徐　兵　朱　敏　何　悦 蔡协艺　杨雯君　张伟杰　钟来平　张善勇　徐　骎 何冬梅　任国欣　涂文勇
口腔内科	许国祺　刘　正　石四箴 周曾同　李德懿　束　蓉 梁景平　冯希平　翁雨来 朱亚琴	黄宗仁　邵家珉　乌爱菊　许国祺　曹宏康　刘　正 王晓仪　石四箴　李德懿　冯希平　束　蓉　周曾同 梁景平　朱亚琴　翁雨来　唐国瑶　李鸣宇　汪　俊 徐　晓　尹元正　夏文薇　黄正蔚　唐子圣　周海文 叶　玮　蒋伟文　洪　瑾
口腔修复科	张富强　赖红昌　蒋欣泉	周鲸渊　邱立崇　樊　森　沈文微　蒋蕴华　杨宠莹 宋兆俊　张建中　张富强　罗建平　张保卫　张修银 郑元俐　赖红昌　柴　枫　焦　婷　胡　滨　魏　斌 蒋欣泉　黄　慧　陆尔奕　孙　健　佘文珺
口腔正畸科	沈　刚	楼昭华　彭适生　刘　侃　曹惠菊　蔡　中　沈　刚 钱玉芬　唐国华　陈振琦　潘晓岗
口腔材料	薛　森　张彩霞　孙　皎 陈德敏	薛　森　张彩霞　宁　丽　李亦文　孙　皎　陈德敏
口腔病理科	李　江	刘瑷如　张伟国　李　江　田　臻
医院管理		吴正一

二、口腔医学教研室

1955年2月，上海第二医学院成立基础医学部、医疗系和口腔医学系。9月，学校公布调整教研组设置方案，口腔专业后期课程由口腔内科学、口腔颌面外科学、口腔矫形学3个教研组承担，其他医学和临床课程如内科、外科、妇产科、儿科、眼科、耳鼻喉科均由医疗系相关教研组承担。

1956年，高等教育全面学习苏联，口腔医学系按苏联模式进行医学教学改革，原12门学科归纳成3门学科，并组建成相应的3个教研组：口腔内科学教研组，包括牙体修复、牙周病、黏膜病、儿童牙科等；口腔颌面外科学教研组，包括牙槽外科、颌面整形（唇腭裂治疗）、口腔肿瘤等；口腔矫形学教研组，包括冠桥学、义齿、正畸学、口腔材料等。

20世纪60年代初，曾组建成立口腔基础医学教研组，许国祺为主任，刘瑗如为副主任。"文化大革命"后，口腔基础医学教研组撤销，其中口腔病理学、口腔解剖生理学分别独立建立教研室。

1966年后，随着口腔医学系全部迁入第九人民医院，医学院先后从附属广慈、仁济和新华医院的内科、外科、妇产科、儿科、眼科、耳鼻喉科、皮肤科、放射科等专业抽调一批师资到医院工作，充实九院临床各科的师资力量，以适应口腔医学教学的需要。并先后设立相应的临床医学教研组：内科学、外科学、妇产科、儿科学、五官科学、眼科学、中医学、放射诊断学、诊断学等。

"文化大革命"中各教研组活动停止。1976年开始恢复教研组工作，上海第二医学院统一将教研组改称为教研室，并恢复一批"文化大革命"前教研组负责人的职务。1984年，因口腔矫形科分为口腔修复科和口腔正畸科，随后相应成立两个教研室。2000年，再次成立口腔基础医学教研室，由口腔生理学、口腔解剖学、口腔病理学、口腔免疫学、口腔生物学、口腔药理学、口腔材料学、口腔专业外语八个教学小组组成。

表4-1-5　1978—2010年口腔医学院（系）教研室正、副主任情况表

教研室（教学小组）	任职时间	主　任	任职时间	副主任
口腔内科学	1978—1984	黄宗仁	1978（恢复）—1984	许国祺　乌爱菊
	1984—1992	刘　正	1978—1984	邵家珏　曹宏康
	1992—1998	曹宏康	1978—1988	王晓仪
	1998—2001	冯希平	1984—1988	石四箴
	2001—2008	周曾同	1988—1991	史慧宝
	2008—	束　蓉	1988—1992	曹宏康
			1991—1998	胡纯贞
			1992—1994	孔冬古
			1998—2008	束　蓉
			2002—2003	梁景平（常务） 徐　晓　翁雨来
			2008—	梁景平　蒋伟文

(续表)

教研室(教学小组)	任职时间	主任	任职时间	副主任
口腔颌面外科学	1978(恢复)—1984	张锡泽	1978—1984	潘家琛 邱蔚六 刘善学
	1984—1994	邱蔚六	1984—1988	刘世勋
	1994—2001	林国础	1984—1994	袁文化
	2001—2003	张志愿	1991—1992	刘世勋
	2003—2008	沈国芳	1988—1994	哈 缇 林国础
	2008—	杨 驰	1994—2000	张志愿
			2000—2001	张陈平
			2001—2008	杨 驰
			2002—2003	沈国芳(常务)
			2008—	张 瑛 张伟杰
口腔矫形学	1978(恢复)—1984	邱立崇	1978(恢复)—1984	周鲸渊
			1978—1984	樊 森 楼昭华
口腔修复学	1988—1998	杨宠莹	1984—1988	樊 森(主持工作) 沈文微
	1998—	张富强	1984—1991	叶秀芬
			1988—1998	张保卫
			1991—1994	高素娟 徐文俊
			1994—1998	张富强
			1998—2003	张建中
			2002—2003	徐 侃
			2002—2005	郑元俐
			2005—	张修银
口腔正畸学	1984—1988	楼昭华	1988—1998	蔡 中
	1988—1994	刘 侃	1994—1998	曹慧菊(主持工作)
	1998—2000	曹慧菊	2000—	钱玉芬
	2000—	沈 刚		

(续表)

教研室(教学小组)	任职时间	主任	任职时间	副主任
儿童口腔医学	1988—1994	石四箴	1988—1992	陈文菊
	2000—2003	李国梁	1994—2000	李国梁
			2002—2003	董建辉
口腔预防医学	1990—1994	刘 正	1994—1998	冯希平
	1998—2003	冯希平		
口腔预防、儿童医学	2003—	冯希平	2003—	汪 俊
口腔基础学			1978—1984	刘瑷如
口腔病理学	1984—1994	刘瑷如	1988—1991	钱关庆
	1998—2000	张伟国	1994—1998	张伟国
口腔解剖学	1984—1991	刘善学	1991—1998	孙大麟
	1991—1994	潘可风		
	1998—2000	孙大麟		
口腔生理学	1988—1990	杨宠莹	1998—2000	叶少波
	1990—1995	沈文微		
口腔材料学	1988—1991	薛 淼	1988—1991	张彩霞
	1991—2000	张彩霞	1992—2000	宁 丽
口腔免疫学	1992—1996	陆昌语	1988—1992	陆昌语
	1998—2000	郭 伟		
口腔药理学	1992—1996	陆昌语	1990—1992	陆昌语(兼)
			1998—2000	肖忠革(负责)
口腔微生物学	1988—2000	刘 正		
口腔综合学	2003—2008	徐 晓	2003—2008	王海宁
口腔急诊学	2008—	朱亚琴	2008—	王海宁
口腔种植学	2008—	张志勇	2008—	赖红昌
口腔基础医学	2000—2005	郭 伟	2000—2008	李德懿
	2005—2008	郭 莲	2000—	李 江
	2008—	孙 皎	2001—2005	姚隆浩
			2003—2008	孙 皎
			2008—	陈万涛
医学英语(2003年独立)	2003—	郑家伟	2003—	王 友
思想政治	1995—2006	简光泽	1995—2003	孙大麟
	2006—2008	励永明	1995—2003	周礼明

(续表)

教研室(教学小组)	任职时间	主　任	任职时间	副主任
思想政治	2008—	范先群	2003—2006	励永明　陈章达
			2003—2008	赵玉龙
			2008—	张建中

表 4-1-6　1965—1995 年口腔医学院(系)临床医学教研室主任情况表

教研室(教学小组)	任职时间	主　任	任职时间	副主任
内科学	1965—"文化大革命" 1978(恢复)—1984	王眘龄	1984—1988	杨景文
	1984—1988	徐济民	1984—1994	杨菊贤
	1988—1994	郑慧君	1988—1994	张德星
	1994—1995	杨菊贤	1994—1995	金嘉翔　吴士尧
诊断学	1991—1995	张德星	1988—1991	张德星
			1991—1995	谢冠群
外科学 (1988 分为两个外科学教研室)	1965—"文化大革命"	陈文镜	1978—1983	顾成裕
	1978(恢复)—1981	张涤生		
	1981—1988	孙建民		
外科学(第一)	1988—1994	戴尅戎	1991—1994	沈建南　姚德鸿
	1994—1995	姚德鸿	1994—1995	侯筱魁
外科学(第二)	1988—1994	姚德成	1988—1994	尚汉祚
	1994—1995	唐思聪	1994—1995	蒋米尔
妇产科学	1965—"文化大革命"	薛　培(组长)	1978(恢复)—1984	薛　培
	1984—1988	薛　培	1978—1988	卢大明
	1992—1995	法韫玉	1984—1988	法韫玉
			1988—1995	杨诞华　毛娟虹
儿科学	1965—"文化大革命"	邱犹兴(组长)	1978—1986	吴志敏
	1988—1994	张如兰	1984—1988	张如兰
	1994—1995	陈　晔	1988—1994	陈　晔
眼科学	1965—"文化大革命"	唐忆年(组长)	1982—1984	奚渭清
	1984—1994	奚渭清	1984—1994	徐乃江
	1994—1995	李海生	1988—1995	张芸芸

（续表）

教研室（教学小组）	任职时间	主　任	任职时间	副主任
耳鼻喉科学	1965—"文化大革命"	徐　渊（组长）	1988—1992	沈惠英
	1982—1988	潘根长	1992—1993	王瑞萍
	1988—1992	王瑞萍	1994—1995	汤君彦
	1992—1995	王泉良		
放射学	1965—"文化大革命"	叶新华（组长）	1984—1988	邓杏邨
	1984—1988	叶新华	1988—1992	郭长根
	1988—1995	罗济程	1992—1995	余　强
			1994—1995	龚雷萌
中医学	1965—"文化大革命"	卢其成（组长）	1978—1984	夏　翔
	1991—1992	陈绍东	1984—1988	卢其成
			1988—1990	胡国庆
			1992—1995	戚清权
皮肤病学	1991—1994	郑逸冰	1994—1995	刘健航
麻醉学	1994—1995	朱也森	1994—1995	沈建南
整复外科学（直属第二医科大学）	1984—1989	张涤生	1984—1989	王德昭
	1989—1992	关文祥		
	1992—	王　炜		

1995 年，九院临床医学院成立。口腔医学院除口腔专业以外的临床医学教学任务，均由九院临床医学院的相关教研室承担。

第三节　学制、课程设置与招生

一、口腔专业学制和学生人数

【创建至院系调整】

1932 年，震旦大学医科升格为医学院之际，同时增设牙医专业（系），学制四年。1936 年，首届牙医系毕业生 2 人，其中 1 人为沈国祚。1936—1938 年，已有 3 届毕业生共 9 人。1936—1945 年，10 年中实际只有 8 届（其中有 2 年，即 1939 年、1940 年没有毕业生）共计毕业生 32 人，其中外籍学生 7 人：法国 3 人、印度尼西亚 1 人、泰国 1 人、越南 2 人。

1948 年春，牙医系将学制四年改为六年，名称改为震旦牙医学院。1950 年春，因学生要求，中华人民共和国刚成立又急需医生，学院将学制改回至四年，震旦牙医学院改回为震旦大学医学院牙医系（故这一时期实际没有口腔六年制学生毕业）。1936—1950 年，历届毕业生不满 100 人。1951 年，毕业 16 名学生。

1951 年初，根据华东高教处指令，司徒博主办的私立上海牙医专科学校并入震旦大学医学院牙医系，30 名原牙医专科学校的学生进入震旦大学牙医系学习。

【院系调整至"文化大革命"结束】

1952年9月1日,由圣约翰大学医学院、震旦大学医学院和同德医学院3所医学院合并组建为上海第二医学院,设医疗、口腔两个本科专业(口腔学制四年),以原震旦大学校址为院址。

1952年10月16日,中央卫生部下达通知,指定上海第二医学院增设内科、外科、口腔三个专修科,学制三年。故1952年口腔专业招收60名四年制本科生,于1956年毕业54名学生。同时招收了60名专修科生,仅此一届口腔大专班,于1955年毕业48名学生。

1952—1957年,口腔本科均为四年制毕业生;1957年7月,中央卫生部同意上海第二医学院口腔专业从在读生开始,学制延长为五年制(故1958年没有毕业生)。1959—1966年口腔本科均为五年制毕业生。

1962年,口腔专业开始招收六年制本科生,故1967年没有毕业生。1968—1971年为六年制本科毕业生(因"文化大革命"影响了学生的学业,"文化大革命"结束后进行了必要的"回炉"再学习)。1966年起,因"文化大革命"上海第二医学院口腔专业同全国高校一样暂停招生,直至1971年。

1972—1976年上海第二医学院口腔医学系招收了5届"工农兵学员",学制为三年,生源来自全国各地工矿企业、农村和部队的知识青年。第一届招生80人,于1975年毕业。1976年最后一届招收104名学员,于1979年毕业。

【恢复高考至2010年】

1977年,全国恢复高考,上海第二医学院开始招收高考生,口腔专业首届招收100名学生,于1978年2月入学,本科学制为五年制,于1982年底毕业。1977—1980年共招收4届五年制本科口腔专业学生。

1981年,口腔专业开始招收六年制本科学生,故1986年没有毕业生,1981—1987年共招收7届六年制本科口腔专业学生。

1988年6月11日,国家教委批准上海第二医科大学为试办七年制(本硕连读生)的高校之一,口腔医学为试办专业之一,每年15个名额。当年,口腔医学院首届招收口腔专业七年制(本硕连读生)15人,同时招收口腔专业五年制本科生55人,形成五、七年制同校格局。2001年,经上级主管部门批准,口腔医学院停招五年制本科生,全部招收七年制本硕连读生。

表4-1-7 1952—2010年口腔医学院(系)每届毕业生人数和学制情况表

毕业年份(届)	学制(年)	毕业生人数
1952	四	11
1953	四	46
1954	四	54
1955	四	47
	三	48
1956	四	54
1957	四	59
1958		
1959	五	65

(续表)

毕业年份(届)	学制(年)	毕业生人数
1960	五	60
1961	五	56
1962	五	61
1963	五	71
1964	五	58
1965	五	51
1966	五	59
1967		
1968	六	46
1969	六	43
1970	六	39
1971	六	59
1972		
1973		
1974		
1975	三	80
1976	三	96
1977	三	106
1978	三	94
1979	三	104
1980		
1981		
1982	五	100
1983	五	94
1984	五	87
1985	五	93
1986		
1987	六	80
1988	六	77
1989	六	79
1990	六	75
1991	六	62
1992	六	65

(续表)

(续表)

毕业年份(届)	学制(年)	毕业生人数
1993	六	55
	五	58
1994	五	45
1995	五	54
	七	14
1996	五	46
	七	10
1997	五	43
	七	7
1998	五	47
	七	13
1999	五	39
	七	11
2000	五	58
	七	13
2001	五	43
	七	13
2002	五	42
	七	
2003	五	45
	七	14
2004	五	52
	七	15
2005	五	39
	七	15
2006	五	5
	七	14
2007	五	4
	七	20
2008	五	6
	七	36
2009	五	5
	七	36

（续表）

毕业年份（届）	学制（年）	毕业生人数
2010	五	3
	七	32

恢复高考后上海第二医学院的招生范围，主要是华东六省（福建、江西、浙江、江苏、安徽、山东）和上海市。口腔专业还承接上海市政府与兄弟省份协作或援助项目任务（委托培养口腔医学本科生），包括云南省、四川省、山西省、宁夏回族自治区、新疆维吾尔自治区等。

2005年，上海第二医科大学并入上海交通大学，成为上海交通大学医学院，其招生范围进一步扩大，逐步面向全国。

表4-1-8　2007—2010年上海交通大学口腔医学院七年制（本硕连读生）生源地情况表　　单位：人

年份	上海	北京	江苏	浙江	福建	江西	安徽	山东	湖北	湖南	河南	四川	辽宁	吉林	黑龙江	河北	山西	重庆	云南	青海	天津	港澳台	合计
2007	21	2	2	2	2	3	2		1	2	1	1	1										42
2008	24	2	2	2	1	1	1		1	1	1	2										2	41
2009	18	1	4	3	1		2	1	1		1	1	1	1	1	1	1	1					43
2010	10	1	2	2	1		1	2	1	2	1							1	1	1	1	1	30
合计	73	6	10	9	5	6	6	3	5	4	4	5	2	1	1	1	1	2	1	1	1	3	156

二、口腔专业课程设置

【口腔专业三年制课程】

1972—1976年，口腔专业招收三年制"工农兵学员"，其课程设置如下。学制3年；课程安排：政治教育课（20%），劳动教育课（5%），军体课（5%）和专业课（70%）；口腔专业设22门专业课，即正常人体学、卫生学、中医学基础及新医疗法、农村常见病防治、内科学、外科学、妇产科学、儿科学、皮肤科学、数学、医用物理、医用化学、药物学、疾病学基础、口腔内科学、口腔外科学、口腔矫形科学、口腔器械与材料、眼、耳、鼻、喉科学、外文、诊断学基础、外科手术学。

表4-1-9　1975届口腔医学系三年总体教学安排情况表

阶段划分		周数	教学基地	主要内容
补文化课		17	院部	政治、外文、体育、数理化、正常人体学等
第一学年	第一学期	8	农村、公社大队	政治、外文、常见病、药理学、卫生学
		5	院部	政治、外文、体育、正常人体学
		15	院部	政治、外文、体育、正常人体学、药理学、疾病学基础
	第二学期	15	附属医院	政治、外文、体育、正常人体学（头颈部局介）、中医、诊断学、手术学、五官科、口腔专业课

(续表)

阶段划分		周数	教学基地	主要内容
第二学年	第一学期	20	附属医院	政治、外文、体育、中医(新医)内外妇儿眼耳鼻喉、口腔
	第二学期	28	农村	政治、外文、体育、内科、外科、妇科、儿科、眼耳鼻喉、口腔专业、公社卫生院巡回医教(包括劳动)
第三学年		48	附属医院、挂钩医院、工厂	政治、外文、内科、外科、妇科、儿科、皮肤科、眼耳鼻喉科、口腔专业科、口腔器械与材料(包括工厂劳动)

表4-1-10　1975届口腔医学专业(三年制)课程设置和教学进程表

序号	课程	学习时间	补习文化课时间	第一学年 第一学期	第一学年 第二学期	第二学年 第一学期	第二学年 第二学期	第三学年	备注
1	政治	1 064学时	119学时	56学时 35学时	105学时 105学时	140学时	182学时	322学时	
2	体育	196学时	18学时	16学时 10学时	30学时 30学时	40学时	52学时		
3	外文	278学时	26学时	24学时 15学时	45学时 30学时	40学时	52学时	46学时	
4	数学	48学时	48学时						
5	物理	48学时	48学时						
6	化学	100学时	60学时	40学时					
7	正常人体学	227学时	48学时	35学时	88学时 24学时			32学时	第一学年第二学期后15周为头颈部局介
8	常见病	192学时	72学时	120学时					
9	卫生学	48学时		32学时				16学时	第三学年为工业卫生
10	药理学	142学时		64学时/16学时	42学时			20学时	理论课64学时,实验课16学时
11	疾病学基础	132学时			100学时			32学时	第一学年中寄生虫学20学时
12	中医(包括新医)	172学时	8学时		60学时	2周/52学时	2周/52学时*		
13	诊断学基础	88学时			60学时			28学时	第三学年为放射诊断
14	外科手术学	24学时			24学时				
15	内科	302学时				2周/52学时	2周/52学时* 3周/78学时	4周/120学时	
16	儿科	112学时				1周/26学时	1周/26学时	2周/60学时	

(续表)

序号	课程	学习时间	补习文化课时间	第一学年 第一学期	第一学年 第二学期	第二学年 第一学期	第二学年 第二学期	第三学年	备注
17	外科	246学时				2周/52学时	2周/52学时* 2周/52学时	3周/90学时	
18	妇产科	138学时				1周/26学时	2周/52学时	2周/60学时	
19	皮肤科	30学时						1周/30学时	
20	眼耳鼻喉科	324学时			48学时	2周/52学时	4周/104学时	4周/120学时	
21	口腔内科	405学时			48学时	25周/65学时	2周/52学时	8周/240学时	口腔专业课第三学年各有4周在挂钩医院实习
22	口腔外科	465学时			48学时	25周/65学时	2周/52学时	10周/300学时	各有4周在挂钩医院实习
23	口腔矫形科	606学时			72学时	5周/130学时	4周/104学时	10周/300学时	口腔组织、解剖、生理、病理包括在专业课中
24	口腔器械与材料	60学时						2周/60学时	另劳动2周,共4周
25	公社卫生院巡回医疗							6周	内、外、中医各2周,另劳动2周,共8周)
	劳动	7周		2周	1周		2周	2周	
	假期	10周			4周		4周	2周	
	机动	4周				2周		2周	
	教学	152周	17周	8周	5周	15周	15周	20周 26周	46周
	合计	5 447学时							第三学年中基础课、讲座学时数为4×32=128

说明:*表示相关学时数是在公社卫生院进行的。

【口腔专业六年制课程设置】

1981—1987年,口腔专业招收六年制本科生,其课程设置如下。学制六年;六年按312周计算,其中,入学教育1周、教学246周、考试10周、假期43周、劳动与军训6周、中期考和毕业考4周、毕业分配教育2周;总学时4 616(不包括口内、口外、口矫、内科、外科等实习时数);基础课(包含普通基础课,医学基础课)两年半;临床课1年9个月;毕业实习(采取双轮制)84周;理论课与实验课之比约为1.32∶1;周学时:24~27;每学时50分钟。

表 4-1-11　口腔医学专业(六年制)各学年教学周数分配表　　　　　单位：周

学年	教学	考试	入学/毕配教育	劳动、军训	毕业实习	中期/毕业考	假期	合计
一	36	3	1	2			10	52
二	36	4		2			10	52
三	38	1		2		1*	10	52
四	40	2					10	52
五	12				36	1*	3	52
六			2		48	2		52
总计	162	10	3	6	84	4	43	312

说明：＊ 表示第三学年第二学期之前、第五学年第一学期之前各安排一周进行综合考试(基础课程综合考试、临床课程综合考试)。

表 4-1-12　口腔医学专业(六年制)课程设置和教学进程表(第一至三学年)

编号	课程名称	学时			第一学年		第二学年		第三学年	
		总学时	讲授	实验/见习	第一学期每周学时数	第二学期每周学时数	第三学期每周学时数	第四学期每周学时数	第五学期每周学时数	第六学期每周学时数
1	政治	216	162	54	4		4		4	
2	德育	60	60			2				
3	体育	180	54	126	2	2	2	2	2	
4	外语	468	234	234	5	5	4	4	4	4
5	高等数学	54	54		3					
6	物理学	108	54	54	3/3					
7	算法语言	36	28	8				2		
8	基础化学	108	54	54	3/3					
9	有机化学	108	54	54		3/3				
10	生物学	54	36	18	2/1					
11	医用统计学	36	24	12			2			
12	人体解剖学	162	54	108		3/3			0/3	
13	组织胚胎学	108	54	54		3/3				
14	生物化学	90	72	18			4/1			
15	生化实验	72		72					0/4	
16	生理学	180	108	72			6/4			
17	微生物学	90	54	36					3/2	
18	寄生虫学	54	36	18					2/1	
19	病理解剖学	126	72	54					4/3	

(续表)

编号	课程名称	学时			第一学年		第二学年		第三学年	
		总学时	讲授	实验/见习	第一学期每周学时数	第二学期每周学时数	第三学期每周学时数	第四学期每周学时数	第五学期每周学时数	第六学期每周学时数
20	病理生理学	36	36						2	
21	药理学	90	54	36					3/2	
22	诊断学	120	50	70						2.5/3.5
23	外总、外科手术学	100	60	40						3/2
24	口腔病理学	80	40	40						2/2
25	口腔解剖学	80	40	40						2/2
26	口腔X线学	40	20	20						1/1
27	医学遗传学	54	54							
28	法医学	40	40							
29	卫生学	18	18							
30	口腔药理	20	20							
第一至三学年合计		2 988	1 696	1 292	29	27	27	30	24	23

说明：1. 斜杠前为理论学时数，斜杠后为实验或见习学时数。
2. 遗传学54学时安排在第四学期；法医学40学时，卫生学18学时，口腔药理20学时均安排在第五学期。
3. 德育课60学时（其中品德30学时，医德30学时）。
4. 外语课468学时，开设英语。包括拉丁语20学时在内。
5. 人体解剖学162学时（其中系统解剖108学时，局部解剖54学时，主要讲授头面部、颈部的解剖内容）。
6. 外总、外科手术学100学时（其中外总60学时，手术学40学时）。
7. 卫生学18学时（主要讲授与口腔有关内容）。

表4-1-13　口腔医学专业(六年制)课程设置和教学进程表（第四至六学年）

编号	课程名称	学时			第四学年		第五学年		第六学年	
		总学时	讲授	实验/见习	第七学期每周学时数	第八学期每周学时数	第九学期安排	第十学期安排	第十一学期安排	第十二学期安排
2	德育				2					
4	外语				2	2	第一轮毕业实习48周（分四组轮转）		第二轮毕业实习48周	
31	X线诊断学	40	20	20	1/1					
32	内科学	160	80	80	4/4					
33	外科学	80	40	40	2/2					
34	妇产科学	30	30		1.5		修复、正畸12周		口矫12周，口内12周，口外12周，基层/科研/选修12周	
35	儿科学	30	30		1.5					
36	眼科学	30	30		1.5		口内6周，口外6周			
37	耳鼻喉科学	30	30		1.5					

(续表)

编号	课程名称	学时			第四学年		第五学年		第六学年	
		总学时	讲授	实验/见习	第七学期每周学时数	第八学期每周学时数	第九学期安排	第十学期安排	第十一学期安排	第十二学期安排
38	皮肤科学	20	20		1		内科6周 外科6周		48周实习中插入系统讲座72学时，内容包括：免疫学、临床生化、临床药理、口腔基础等	
39	口腔微生物学	20	20			1				
40	牙体牙髓病	60	30	30	1.5/1.5					
41	牙周病	60	30	30	1.5/1.5					
42	黏膜病	60	30	30		1.5/1.5				
43	儿童齿科	40	20	20		1/1				
44	口腔预防	20	10	10		0.5/0.5				
45	口腔颌面外科学	240	120	120	5/7		眼科2周 耳鼻喉科2周 皮肤2周 放射2周 儿科2周 儿齿2周			
46	口腔修复学	200	100	100	4/6					
47	口腔正畸	60	20	40		1/2				
48	口腔材料	40	20	20		1/1				
49	中医学	60	60			3				
50	核医学	20	10	10	0.5/0.5					
	第四至六学年合计	1 300	750	550						
	第一至六学年合计	4 288	2 446	1 842						

说明：1. 斜杠前为理论学时数，斜杠后为实验或见习学时数。
2. 第五学期结束进行医学基础课程综合考试，第八学期结束进行临床课程综合考试。
3. 核医学20学时（主要讲授同位素口腔医学上的应用）。
4. 第一至第五学年间，开设16门选修课。

【口腔专业七、五年制课程设置】

1988年，口腔专业开始同时招收七年制本硕连读生和五年制本科生，其课程设置分别如下。

口腔专业七年制课程设置

学制七年，总学时4 590。其中，必修课47门，学时数为3 924；选修课666学时。理论课与实践课之比为1.1：1。周学时23～28学时。

七年制教学分为三个阶段。第一阶段为2年（4学期），主要开设人文社会科学及医学基础学科，使学生具有较广泛的人文社会科学知识，较宽厚的自然科学知识和较深厚的医学基础知识。第二阶段为2年（4学期），主要开设"临床医学"的临床课程和"口腔医学"的基础及临床课程，使学生基本掌握临床医学和口腔医学的基本理论和基本技能，并具备有一定的临床思维能力。第三阶段为3年（6学期），主要开设口腔医学临床专业各课程，对学生进行系统深入口腔专业有关的临床学科课程理论和临床技能训练。其中：第三阶段初期为半年（1学期），完成"临床医学"临床实习；第三阶段中期为1年（2学期），安排口腔医学临床二级学科定向专业课程学习；第三阶段后期为1年3个月（2.5学期），进行口腔医学专业毕业实习。第三阶段的最后3个月（0.5学期），学生定向撰写论文。毕业前夕，进行毕业论文答辩。

表4-1-14　1988年口腔医学专业（七年制）课程设置和教学进程表（第一至三学年）

编号	课程名称	学　时			第一学年		第二学年		第三学年	
		总学时	讲授	实验/见习	第一学期学时	第二学期学时	第三学期学时	第四学期学时	第五学期学时	第六学期学时
1	政治	216	162	54		54	54		54	
2	德育	36	26	10	36					
3	体育	144	36	108	36	36	36	36		
4	外语	432	216	216	72	72	36	36	72	36
5	高等数学	54	40	14	54					
6	算法语言	36	18	18		36				
7	医学统计学	36	27	9					36	
8	物理学	90	45	45	90					
9	医用化学	180	90	90	108	72				
10	医用生物学	54	36	18	54					
11	解剖学	144	54	90		144				
12	组织胚胎学	72	36	36		72				
13	生物化学	90	90	0				90		
14	生化实验	72	0	72				72		
15	生理学	126	72	54			126			
16	微生物学	72	36	36			72			
17	病理解剖学	90	54	36				90		
18	药理学	90	54	36				90		
19	病理生理学	36	27	9				36		
20	医学遗传学	36	27	9				36		
21	口腔生物学基础	36	18	18					36	
22	口腔解剖学	90	54	36				90		
23	口腔生理学	36	18	18					36	
24	口腔微生物学	18	9	9					18	
25	口腔组织病理学	90	54	36					90	

（续表）

编号	课程名称	学时			第一学年		第二学年		第三学年	
		总学时	讲授	实验/见习	第一学期学时	第二学期学时	第三学期学时	第四学期学时	第五学期学时	第六学期学时
26	口腔药理学	18	9	9					18	
27	诊断学	126	54	72					126	
28	外总外科手术学	90	45	45						
29	内科学	162	108	54						
30	儿科学	36	27	9						
31	眼耳鼻喉科学	36	27	9						
32	皮肤病学	18	12	6						
33	中医学基础	36	27	9						
34	口腔颌面影像诊断学	36	18	18					36	
第一至三学年合计		2 934	1 626	1 308	450	486	486	468	468	414
				周学时	25	27	27	26	26	23

表4-1-15　1988年口腔医学专业(七年制)课程设置和教学进程表(第四至七学年)

编号	课程名称	总学时			第四学年		第五学年		第六学年		第七学年	
		共计	讲授	实验/见习	第七学期学时	第八学期学时	第九学期学时	第十学期学时	第十一学期学时	第十二学期学时	第十三学期学时	第十四学期学时
1	政治							54				
2	德育											
3	体育											
4	外语								72	36		
35	外科学	90	54	36	90						实习9周*,学科定向实习25周**,专业定向实习20周**,毕业论文准备12周,答辩2周,毕业分配教育2周	
36	口腔生物力学基础	36	18	18		36						
37	口腔免疫学	18	9	9		18						
38	口腔材料学	36	18	18		36	实习22.5周*					
39	口腔技工工艺学	54	9	45	54							
40	牙合学	36	18	18		36						
41	口腔内科学	162	72	90	126	36						

（续表）

编号	课程名称	总学时			第四学年		第五学年		第六学年		第七学年	
		共计	讲授	实验/见习	第七学期学时	第八学期学时	第九学期学时	第十学期学时	第十一学期学时	第十二学期学时	第十三学期学时	第十四学期学时
42	口腔修复学	180	72	108	72	108						
43	口腔颌面外科学	180	72	108	72	108						
44	口腔正畸学	36	27	9		36						
45	儿童口腔医学	36	27	9		36						
46	口腔预防医学	18	9	9	18							
47	口腔医学进展	108	54	54					72	36		
48	选修课最低时数	666							306	360		
第四至七学年合计		990	459	531	432	450			504	432		
第一至七学年合计		4 590			882				936			
		周学时			24	25						

说明：＊表示本科阶段实习，包括内、外科实习及部分口腔专业实习。＊＊表示学科定向和专业定向实习为研究生阶段实习。

【口腔专业五年制课程设置】

学制和时间分配：学制五年；五年按260周计算，其中，入学教育1周、教学144周、考试16周、假期37周、劳动与军训各4周、社会实践2周、毕业实习48周、毕业考试2周、毕业分配教育2周；总学时3654学时，周学时24～27学时；基础课（包含普通基础课，医学基础课）5学期；临床课3学期；毕业实习2学期；理论课与实践课之比为1.22∶1。

表4-1-16 口腔医学专业（五年制）课程设置和教学进程表

编号	课程名称	学时			第一学年		第二学年		第三学年		第四学年		第五学年
		共计	讲授	实验/见习	第一学期学时	第二学期学时	第三学期学时	第四学期学时	第五学期学时	第六学期学时	第七学期学时	第八学期学时	
1	政治	162	108	54		54	54		54				毕业实习45周，选修讲座2周，共47周；口腔内科9周
2	德育	36	26	10	36								
3	体育	144	36	108	36	36	36	36					
4	外语	324	216	108	72	72	36	36	72	36			
5	高等数学	54	40	14	54								

（续表）

编号	课程名称	学时			第一学年		第二学年		第三学年		第四学年		第五学年
		共计	讲授	实验/见习	第一学期学时	第二学期学时	第三学期学时	第四学期学时	第五学期学时	第六学期学时	第七学期学时	第八学期学时	
6	算法语言	36	18	18		36							
7	医学统计学	36	27	9					36				
8	物理学	90	60	30	90								
9	医用化学	180	90	90	108	72							
10	医用生物学	54	36	18	54								
11	解剖学	144	54	90		144							
12	组织胚胎学	72	36	36		72							
13	生物化学	90	90	0			90						
14	生化实验	72	0	72			72						
15	生理学	126	72	54			126						口腔颌面外科9周,口腔修复科9周,儿童齿科4.5周,口腔正畸科4.5周,内科4.5周,外科4.5周,选修36学时,讲座2周;毕业临床能力考核
16	微生物学	72	36	36			72						
17	病理解剖学	90	54	36				90					
18	药理学	90	54	36				90					
19	病理生理学	36	27	9				36					
20	医学遗传学	36	27	9				36					
21	口腔生物学基础	36	18	18					36				
22	口腔解剖学	90	54	36					90				
23	口腔生理学	36	18	18					36				
24	口腔微生物学	18	9	9					18				
25	口腔组织病理学	90	54	36					90				
26	口腔药理学	18	9	9					18				
27	口腔生物力学基础	36	18	18							36		
28	口腔免疫学	18	9	9							18		
29	口腔材料学	36	18	18							36		
30	口腔技工工艺学	54	9	45							54		
31	𬌗学	36	18	18							36		

(续表)

编号	课程名称	学时			第一学年		第二学年		第三学年		第四学年		第五学年
		共计	讲授	实验/见习	第一学期学时	第二学期学时	第三学期学时	第四学期学时	第五学期学时	第六学期学时	第七学期学时	第八学期学时	
32	诊断学	126	54	72					126				
33	外总外科手术学	90	45	45						90			
34	外科学	90	54	36							90		
35	内科学	162	108	54						162			
36	儿科学	36	27	9						36			
37	眼耳鼻喉科学	36	27	9						36			
38	皮肤病学	18	12	6						18			
39	中医学基础	36	27	9						36			
40	口颌面影像诊断学	36	18	18					36				
41	口腔内科学	162	72	90							126	36	
42	口腔修复学	180	72	108							72	108	
43	口腔颌面外科学	180	72	108							72	108	
44	口腔正畸学	36	27	9								36	
45	儿童口腔医学	36	27	9								36	
46	口腔预防医学	18	9	9							18		
47	选修课（最低达到学时）	126	126										
	合计	3 654	1 992	1 662	450	486	486	468	468	414	432	450	
	周学时				25	27	27	26	26	23	24	25	47周

【口腔专业七年制课程设置】（2005年版）

1995年，首届七年制本硕连读生毕业前夕，口腔医学院接受了国家教委专家来校对七年制教育教学、学位评定检查，结果良好。事后，口腔医学院领导和专家们就七年制教育进行了专题研讨。根据上海第二医科大学要求，试行学年学分和辅修制，口腔医学院重新修订了口腔专业教学计划。1995年没有招收口腔七年制学生。

1996—1998年，口腔专业七年制本硕连读生的学期安排，前期二年半与上海第二医科大学临床医学"英七班"合班上课。第一年安排在复旦大学学习人文社会科学和基础课程;后一年半在基础医学院学习医学基础课程。后期在口腔医学院(九院),学习口腔专业课程。2001年,口腔专业全部招收七年制本硕连读生。

2005年,上海第二医科大学与上海交通大学合并,学校重新修订了口腔专业七年制教学计划,其课程设置具体如下。

修业年限和时间分配:修业年限为七年;

时间安排:公共基础课程在闵行校区,时间1年;医学基础、口腔医学基础、内外科临床理论、口腔临床理论和见习相互交叉融合,时间3年;口内、口外、口修及内科、外科等临床实习,时间1年;口腔二级学科培养,时间2年。

必修课:开设49门,总计298.1学分。选修课:要求学生在前五年学习期间必须修满26学分(军训2学分,社会实践2学分,人文社会科学类6学分,基础医学类2学分,口腔医学类14学分)。
第三学期指定选修:口腔医学导论2学分(结合早期接触临床);口腔医学类选修课(14学分):口腔医学导论24学时,医学科研设计与论文写作22学时,眼科学16学时,儿科学30学时,皮肤性病学15学时,中医学30学时,口腔肿瘤放疗学15学时,口腔内科学进展10学时,口腔急诊学15学时,口腔颌面外科学进展10学时,口腔设备学15学时,口腔修复学进展10学时,口腔医学美学27学时。

口腔医学硕士学位课程(5.5学分):颌面部影像诊断进展27学时,口腔流行病学18学时,口腔材料学前沿21学时,老年口腔学16学时。

表4-1-17 2005年口腔医学专业(七年制)课程设置和教学进程表(第一至七学期)

课程类别	课程名称	总学分	总学时	学时类型分配				按学期学时分配						
				讲课	实验见习	实习	毕业设计	第一学期学时	第二学期学时	第三学期学时	第四学期学时	第五学期学时	第六学期学时	第七学期学时
人文社会科学课程	思想道德修养	2.8	51	27	24			51						
	毛泽东思想概论	2.0	36	27	9					36				
	马克思主义哲学原理	3.0	54	36	18						54			
	法律	1.9	34	28	6						34			
	马克思主义政治经济学原理	2.2	40	32	8							40		
	邓小平理论概论	3.9	70	36	34								70	
	医学伦理学	1.7	30	20	10								30	
公共基础课程	体育	9.3	168	8	160			36	36	36	36	12		12
	大学英语	18.0	324	162	162			72	72	72	72	36		
	高等数学	8.0	144	144				72	72					
	大学物理学	7.5	135	108	27			54	81					
	化学	10.0	180	126	54			81	99					

（续表）

课程类别	课程名称	总学分	总学时	学时类型分配				按学期学时分配						
				讲课	实验见习	实习	毕业设计	第一学期学时	第二学期学时	第三学期学时	第四学期学时	第五学期学时	第六学期学时	第七学期学时
公共基础课程	计算机文化基础	4.0												
	程序设计基础	4.0	72	36	36				72					
	医学文献检索与利用	1.1	20	12	8						20			
	医学统计学	2.0	36	24	12							36		
医学基础课程	生物学概论	3.0	54	54				54						
	细胞生物学	5.0	90	54	36				90					
	人体解剖学	6.0	108	63	45					72	36			
	组织学	4.0	72	48	24					72				
	生物化学	7.0	126	91	35					126				
	生理学	7.0	126	81	45						126			
	医学免疫学	3.0	54	42	12						54			
	病原学（微生物学）	3.6	64	52	12						64			
	医学心理学	2.0	36	30	6						36			
	病理学	3.6	64	40	24								64	
	病理生理学	2.0	36	36								36		
	药理学	4.0	72	60	12								72	
	医学遗传学	2.0	36	36								36		
临床医学课程	诊断学	4.2	76	41	35								76	
	医学影像学	3.3	60	36	24									60
	外总外科手术学	4.0	72	40	32								72	
	内科学	5.0	108	72	36									108
	外科学	4.0	72	54	18									72
	耳鼻咽喉科学	0.9	16	16										16
口腔医学课程	口腔解剖生理学	4.0	72	40	32								72	
	口腔组织病理学	4.0	72	38	34								72	
	口腔材料学	1.7	30	26	4								30	
	口腔工程技术学	2.0	36	20	16								36	
	口腔颌面外科学	8.0	144	70	74									144

(续表)

课程类别	课程名称	总学分	总学时	学时类型分配				按学期学时分配						
				讲课	实验见习	实习	毕业设计	第一学期学时	第二学期学时	第三学期学时	第四学期学时	第五学期学时	第六学期学时	第七学期学时
口腔医学课程	口腔内科学	8.1	145	72	73									145
	口腔修复学	11.1	200	68	132									200
	口腔专业英语	2.1	38	38										38
	口腔生物学	1.7	30	24	6								30	
	选修	26.0	330					30	30	60	30	30	30	15
第一至七学期合计		223.7	3 833	2 168	1 335			450	588	546	530	504	556	554
平均周学时								25	32.7	30.3	28.4	28	30.9	30.8

表 4-1-18　2005 年口腔医学专业(七年制)课程设置和教学进程表(第八至十四学期)

课程类别	课程名称	学分	学时	学时类型分配				按学期学时分配					
				讲课	实验见习	实习	毕业设计	第八学期学时	第九学期学时	第十学期学时	第十一学期学时	第十二学期学时	第十三学期学时	第十四学期学时
口腔医学课程	口腔解剖生理学							临床实习 45 周(口腔内科 9 周、口腔颌面外科 9 周、口腔修复 9 周、口腔预防/放射/口腔综合 9 周、外科 4.5 周、内科 4.5 周),学位课程/综合考试			导师安排专业课,二级学科轮转实习,毕业论文答辩,毕业考试			
	口腔组织病理学													
	口腔材料学													
	口腔工程技术学													
	口腔颌面外科学													
	口腔内科学													
	口腔修复学													
	口腔专业英语													
	口腔生物学													
	预防口腔医学	1.8	32	16	16			32						
	口腔正畸学	2.0	36	26	10			36						
	𬌗学	1.7	30	18	12			30						
	儿童口腔医学	1.7	30	25	5			30						
	口腔临床免疫学	1.7	30	20	10			30						
	临床实习	45.0				45 周								
	本科学位考试	4.0												
	选修							75	60					

(续表)

课程类别	课程名称	学分	学时	学时类型分配				按学期学时分配						
				讲课	实验见习	实习	毕业设计	第八学期学时	第九学期学时	第十学期学时	第十一学期学时	第十二学期学时	第十三学期学时	第十四学期学时
	硕士学位课程	16.5	280							280				
	第八至十四学期合计	74.4	438	105	53			233		340				
	第一至十四学期合计	298.1	4 271	2 273	1 388	45 周								

三、2010 年口腔教学

2010 年，口腔医学院学生均为口腔医学七年制学生。后期教学有本科阶段学生：2007 级（三年级）39 人，2006 级（四年级）38 人，2005 级（五年级）41 人，还有这三个年级的留学生 50 余人。研究生阶段学生：2004 级（六年级）38 人，2003 级（七年级，毕业班）32 人。后期教学阶段，共有中国学生五届 188 名学生。

口腔医学院为三、四年级学生开设 21 门必修课：医学伦理学、诊断学、内科学、外总外科手术学、外科学、医学影像学、耳鼻喉咽科学、口腔解剖生理学、口腔组织病理学、口腔材料学、口腔工程技术学、口腔颌面外科学、口腔内科学、口腔修复学、预防口腔医学、口腔正畸学、殆学、儿童口腔医学、口腔专业英语、口腔生物学、口腔临床免疫学，共 1 359 学时。同时开设选修课 10 门：口腔医学导论、眼科学、皮肤病学、儿科学、中医学、口腔肿瘤放疗学、口腔急诊学、口腔医学美学、口腔种植学、医学科研设计与论文写作。为六年级学生开设学位课程 4 门：颌面部影像诊断进展、口腔流行病学、口腔材料前沿、老年口腔学。

五年级学生完成本科阶段 50 周实习：口腔内科 10 周，口腔颌面外科门诊 5 周、病房 5 周，口腔修复科 10 周，口腔预防、儿童科 5 周，口腔综合科 5 周；内科 4 周、外科 4 周、口腔放射科 2 周。

六、七年级学生完成研究生阶段口腔各临床科室实习轮转，七年级学生完成学位论文和答辩，毕业。

四、口腔医学留学生

1992 年，口腔医学院开始招收口腔医学五年制本科留学生，马来西亚留学生 1 人。1998 年、2000 年各 1 人，2002—2003 年每年为 4～5 人，2004—2010 年每年为 10～20 人不等。1992—2010 年，口腔医学院共招收培养口腔专业留学生 110 多人；已毕业 37 名口腔五年制本科留学生，其中主要来源于韩国、菲律宾、马来西亚、阿尔巴尼亚等国家，以及来自美国、加拿大、澳大利亚、新西兰等国家的外籍华裔子女等。

五、成教院口腔教学任务

改革开放后，二医成人教育学院恢复招生。1982 年，口腔医学系招收了业余学习的口腔专业本科生25人,学制五年,主要招收已是口腔中专毕业、在上海市口腔行业内的工作者,于1982年春入学,至1987年春有18名口腔专业本科毕业生。

1997—2010年,口腔医学院培养了业余学习的口腔大专班毕业生,学制四年,1997级38人,1998级31人,2000级46人,2002级43人,2004级35人,共计193名口腔大专毕业生。

2005—2010年,口腔医学院还培养了业余学习的口腔专升本毕业生,学制三年,2005级31人,2006级34人,共计65名口腔专升本毕业生。

六、上海市三好医卫职业学校

1982年2月,九院和口腔医学系、卢湾区三好中学联办职业班,首先开设临床检验士专业。1983年,又增设口腔卫生士、口腔技士、放射技士和营养士等专业。1985年4月1日,经上海市教育局批准,正式挂牌为"上海市三好医卫职业学校"。并联办牙科预防保健门诊部和牙科修复门诊部,经上海市卫生局批准,分别于1984年4月和1987年7月对外应诊,作为学生的实习训练基地。

这一办学形式先后得到上海市委、市府及国家教委和卫生部的肯定和社会的认可。1985年7月11日,中共上海市委书记芮杏文、上海市市长江泽民到学校视察并题词。1986年11月25日,卫生部副部长陈敏章到该校视察和题词。1985年11月13日和1987年9月22日国家教委职教司司长孟广平和副司长闻友信分别来该校视察。上海市副市长谢丽娟及卫生局局长王道民也曾多次到该校视察。该校还得到美国友人的支持。1985年12月,美国密苏里堪萨斯大学牙科卫生士学校校长马克辛·希蒂教授和莱教授被聘为学校名誉顾问。

口腔医学系副主任、口腔研究所所长黄宗仁为办好"三好"职业教育做了大量工作。1986年,黄宗仁被评为上海市职业技术教育先进工作者。

1982—1990年,共招收:临床检验士30人,毕业25人;放射技士31人,毕业31人;营养士31人,毕业30人;口腔技士209人,毕业106人;口腔卫生士134人,毕业104人;合计招生435人,毕业296人。因国家劳动人事部职业系列未设口腔卫生士职业,1990年后停止招生。

第四节 教学研究与获奖

一、教学研究

口腔医学院历来重视教学研究及教改工作。1956年,苏联口腔医学教授柯什赫两次来牙医系进行学术讲座,全系按苏联模式进行医学教学改革,原12门学科归纳成3门,即口腔内科学、口腔颌面外科学、口腔矫形学。1960年5月,学校在口腔医学系进行教改试点,制定口腔专业五年制教改方案,探索综合教学体系。1983年起,与国外大学开展教育研究和教学师资交流。

自20世纪90年代起,口腔医学院积极发展教育教学新技术,开发口腔培训用虚拟仿真系统,用于操作技能的教学、培训和考核。

从1993年起,加强基础实验室建设,增加基础课程,加强外文教学,自编教材。1995年,根据中共中央、国务院关于《中国教育改革和发展纲要》和全国及上海市教育工作会议精神,学校从1995级新生开始,试行学年学分制和辅修制。从2001年起,开展临床综合考试多选题题库建设和实验课多媒体教学仿真系统建设。改革课程教学内容,加强教材建设,在课程设置、教学方法、教学手段、培养模式等方面进行改革。并将教学中心由教师为主转向以学生为主,全面提高学生的科研能力、英语能力和临床技能。改革教师培养和使用机制,加强专业教学团队建设。改革实验教学,建设先进实验教学体系,加强教学改革与研究教学管理体系建设。鼓励教师从事实验教学。口腔医学院并修改教学大纲,压缩教时,按学分制要求增加选修课。

2010年,口腔医学院实行整合课程教学改革,将口腔医学基础课程与临床课程整合为4个模块,采用理论课与实验实训课平行推进,并融入PBL教学。学生对知识掌握由理论考试成绩、平时实验实训课成绩和PBL讨论成绩根据单元教学要求按比例合为总成绩。

1989—2010年,口腔医学院承担各类教学研究、教学改革课题13项,发表教学研究论文77篇,获各种教学奖励项目88项,其中国家级10项、省部级41项、校级37项。

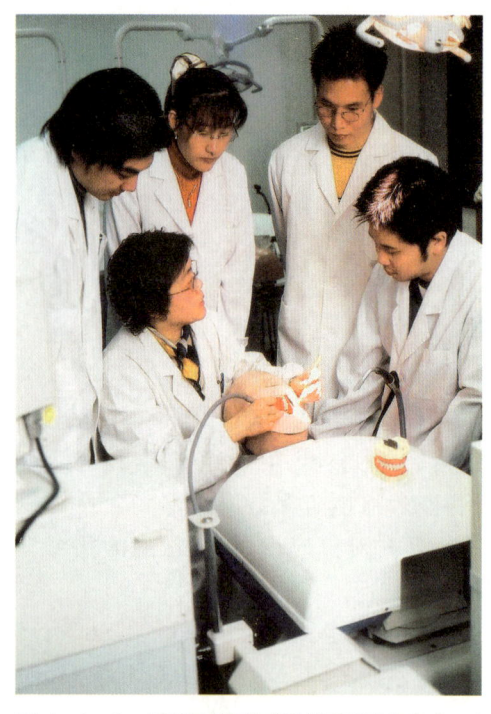

图4-1-1 口腔医学院副院长郭莲(坐者左一)为学生示范操作

表4-1-19 2007—2010年口腔医学院承担的国家级教学研究项目情况表

年　份	项　目　名　称	负　责　人
国家教育部特色专业		
2007	口腔医学	张志愿
国家级精品课程建设		
2007	口腔颌面外科学	张志愿
2008	口腔黏膜病学	周曾同
2009	口腔解剖学	郭　莲
国家级教学团队		
2010	口腔颌面外科	张志愿等
国家级全英语教学示范课程建设		
2010	口腔正畸学	沈　刚

表4-1-20 2006—2010年口腔医学院承担的上海市级教学研究项目情况表

年　份	项　目　名　称	负　责　人	备　注
上海市教委高校项目建设			
2006	口腔医学——高水平特色项目	张志愿	
2008	口腔医学——第三期本科教育高地	张志愿	
2009	口腔医学——第四期本科教育高地	张志愿	

(续表)

年　份	项目名称	负责人	备　注
上海市全英语教学示范课程建设			
2009	口腔正畸学	沈　刚	
2010	口腔组织病理学	李　江	
上海市教委高校课程建设			
2005	口腔黏膜病学	周曾同	重点课程
2006	口腔修复学	张富强	重点课程
2007	口腔解剖学	郭　莲	重点课程
2008	口腔组织病理学	李　江	重点课程
2009	口腔正畸学	沈　刚	重点课程
2010	口腔预防医学	冯希平	重点课程
上海市教育科学研究项目			
2009	医学生职业认同的现状及影响因素研究	冯希平	
上海市精品课程建设			
2010	口腔修复学	张富强	

二、教材建设

作为全国口腔教学的主要单位,为实现高等学校教材的本土化,口腔医学院从20世纪50年代起就承担专业教材编写任务。先后编写一批高质量的教材,供华东地区及全国的口腔专业院校参考和使用。1956年,席应忠参编《口腔矫形学》,沈国祚参编《口腔内科学》,张涤生审阅《口腔颌面外科学》《口腔科学》。1961年,口腔系集体编著《口腔疾病防治学》作为专业教材,由上海科学技术出版社出版。1980年,由张锡泽、邱蔚六主编,人民卫生出版社出版全国五年制口腔医学统编教材《口腔颌面外科》第1版。

口腔医学院曾承担卫生部规划教材编写工作,主编卫生部"十一五"全国高等学校规划教材:《口腔颌面外科学》《口腔生物学》《口腔科学》《口腔颌面—头颈肿瘤学》《口腔黏膜病学》《口腔生物材料学》等6部教材。同时还承担一批上海市和校级(上海第二医科大学/上海交大医学院)教材建设和课件建设项目。

表4-1-21　2003—2006年口腔医学院编著的课件情况表

年　份	项目名称	出版社	负责人
2003	圆锥形套筒冠义齿	人民卫生出版社	张富强
2004	牙体解剖学	人民卫生出版社	郭　莲 黄　靖

(续表)

年份	项目名称	出版社	负责人
2005	常见错合畸形的矫治-深覆盖	人民卫生出版社	钱玉芬
	颧骨及颧弓骨折	人民卫生出版社	徐 兵
2006	瓷全冠的修复与制作	人民卫生出版社	张修银

表4-1-22　2001—2009年获得上海市教委课题建设项目情况表

年份	项目名称	负责人
2001	口腔专业临床综合考试多选题题库的建立	郭 伟
2001	《口腔临床免疫学》	郭 伟
2001	口腔解剖学实验课程多媒体教学仿真系统的建立	郭 莲
2003	口腔生物学多媒体教学课件和实验课程建设	李德懿
2003	口腔正畸学	钱玉芬

表4-1-23　2001—2010年获得校级课程建设项目情况表

年份	课程建设名称	负责人
2001	口腔专业外语	郑家伟
2001	窝沟封闭术	曹慧珍
2001	牙体硬组织非龋性疾病	徐 晓
2001	牙周病	尹元正
2001	口腔黏膜病	周曾同
2002	牙周病基础治疗	刘晓峰
2002	儿童口腔多媒体教学	汪 俊
2002	牙髓病学	夏文薇
2002	全口义齿修复（音像教材）	杨丹苓
2002	口腔颌面外科学	张伟杰
2002	口腔黏膜病	周曾同
2005	口外-局麻、牙及牙槽外科	张伟杰
2005	口腔实验课程标准化考核指标的建立	郭 莲
2005	儿童口腔	汪 隼
2005	口腔组织病理学	李 江
2005	肿瘤放射治疗学	王中和
2005	上海交大医学院精品课程——口腔正畸学	钱玉芬
2005	上海交大医学院精品课程——口腔修复学	张富强
2006	口腔颌面外科肿瘤	张陈平　孙 坚

（续表）

年　份	课程建设名称	负　责　人
2006	上海交大医学院精品课程——儿童口腔病学	汪　俊
2006	上海交大医学院精品课程——口腔组织病理学	李　江
2007	上海交大医学院精品课程——牙体牙髓病学	梁景平
2007	口腔医学临床病例 CBL 全英语教学法探索和应用	郑家伟
2007	口腔超声诊断多媒体教学建立	徐秋华
2008	上海交大医学院精品课程——口腔生物学	李德懿
2008	口腔医学导论	徐袁瑾
2008	口腔急诊学	朱亚琴
2010	上海交大医学院精品课程——口腔预防	冯希平
2010	上海交大医学院精品课程——牙周病学	束　蓉
2010	上海交大医学院精品课程——口腔免疫学	陈万涛
2010	全英语教学示范课程	蒋伟文

三、荣誉与获奖

在长期的教学改革研究和教材建设中，口腔医学院取得一系列成果，多名教师在教书育人的工作中获得国家部委和上海市政府的多项褒奖和荣誉。

表 4-1-24　1989—2005 年口腔医学院获得的国家级教学工作奖项情况表

年　份	项目名称	奖　项	等　级	获奖者（负责人）
1989		全国先进教育工作者		邱蔚六
2001	我国高等口腔医学教育课程体系和教学模式改革	高等教育国家级教学成果奖	一等奖	郭　伟（第四完成人，与北京大学口腔医学院、四川大学华西口腔医学院联合完成）
2002		教育部骨干师资资助计划		孙　皎
2002	《口腔颌面外科学》（第四版）	全国高等医药院校优秀教材	一等奖	邱蔚六
2005	《口腔科学》（第六版）	全国高等医药院校优秀教材	二等奖	张志愿
2005	《口腔生物学》（第二版）	全国高等医药院校代表教材	二等奖	刘　正

表 4-1-25　2001—2008 年口腔医学院获得的上海市教学奖项情况表

年　份	项目名称	奖　项	等　级	获奖者（负责人）
2001	口腔医学五年制专业课程的改革研究	上海市教学成果奖	三等奖	邱蔚六等
2003	《口腔颌面外科学》（第四版）	上海普通高校优秀教材奖		邱蔚六

(续表)

年份	项目名称	奖项	等级	获奖者（负责人）
2005	口腔解剖学教学法探索	上海市教学成果奖	三等奖	姚隆浩 郭 莲等
2008	高水平口腔医学教学体系的建立	上海市教学成果奖	三等奖	张志愿等
2008	口腔颌面外科学	上海市优秀教学团队		张志愿

表4-1-26 2005—2010年口腔医学院获得的校级教学奖项情况表

年份	项目名称	奖项	等级	获奖者（负责人）
2005	构建口腔修复学教育新体系	上海交通大学医学院教学成果奖	三等奖	张富强等
2006	以精品课程为抓手，整体提高口腔医学专业课程教育水平	上海交通大学教学成果奖	一等奖	张志愿等
2007	以师资队伍建设为基础构建口腔颌面外科学教学高地	上海交通大学教学成果奖	一等奖	张志愿等
2007	口腔颌面外科	上海交通大学医学院优秀教学团队		张志愿
2008	口腔医学全英语教学探索与实践	上海交通大学教学成果奖	二等奖	郭 莲等
2008	口腔黏膜病学	上海交通大学医学院优秀教学团队		周曾同
2009	口腔修复学	上海交通大学医学院优秀教学团队		张富强
2010	口腔基础	上海交通大学医学院优秀教学团队		陈万涛 李 江

表4-1-27 1986—2009年口腔医学院教师获得的上海市教育工作奖项情况表

年份	奖项	获奖者
1986—1987	上海市优秀教育工作者	刘 正
1996	上海市育才奖	曹慧菊
1997	上海市育才奖	冯希平
1997	宝钢教育奖	宁 丽
2002	上海市育才奖	周曾同
2004	上海市育才奖	沈国芳
2004	上海市高校优秀辅导员	张丽莉
2005	宝钢教育奖	郭 莲

(续表)

年　份	奖　项	获奖者
2007	上海市教学名师	张志愿
2008	上海市高等教育专业委员会优秀实验室个人奖	张建中
2009	宝钢教育奖	周曾同
2009	上海市育才奖	张建中
2009	上海市高校优秀青年教师	蒋欣泉

表4-1-28　1978—1987年个人获得校级教学奖项情况表

年　份	奖　项	获奖者
1978	上海第二医学院教学先进工作者	徐世贤
1978	上海第二医学院教学先进工作者	杨菊贤
1978	上海第二医学院教学先进工作者	邓德铨
1978	上海第二医学院教学先进工作者	刘　桢
1979	上海第二医学院教学先进工作者	张涤生
1979	上海第二医学院教学先进工作者	戴尅戎
1979	上海第二医学院教学先进工作者	刘　桢
1979	上海第二医学院教学先进工作者	张锡泽
1979	上海第二医学院教学先进工作者	卢大明
1981	上海第二医学院教学先进工作者	张锡泽
1986	上海第二医科大学教学先进工作者	刘善学
1987	上海第二医科大学教学先进工作者	石四箴
1987	上海第二医科大学教学先进工作者	刘　正
1987	上海第二医科大学教学先进工作者	黄克新

表4-1-29　2001—2010年个人获得校级教学奖项情况表

年　份	奖　项	获奖者
2001	上海第二医科大学优秀青年教师	张修银
2003	上海第二医科大学优秀青年教师	李　江
2003	上海第二医科大学优秀青年教师培养考核优秀奖	张修银
2004	上海第二医科大学校长奖(教学奖)	周曾同
2004	上海第二医科大学校长奖(医疗奖)	张富强
2005	上海交通大学医学院校长奖(管理奖)	励永明
2006	上海交通大学医学院高尚师德奖	张建中

(续表)

年　份	奖　项	获奖者
2007	上海交通大学优秀实验室集体和个人奖	张建中等
2007	上海交通大学医学院院长奖(特别奖)	张志愿
2007	上海交通大学医学院优秀教师	张志愿
2008	上海交通大学医学院优秀教师	周曾同
2008	上海交通大学医学院我最喜爱的导师	张志愿
2008	上海交通大学医学院我最喜爱的老师	张建中
2009	上海交通大学医学院优秀教师	张修银
2009	上海交通大学医学院"吾爱吾师"奖	陈万涛
2009	上海交通大学医学院优秀青年教师	徐　骎
2009	上海交通大学医学院优秀教务管理者鼓励奖	曹　霞
2010	上海交通大学医学院优秀教师	沈国芳
2010	上海交通大学医学院优秀教务管理者	徐袁瑾

图4-1-2　2006年口腔医学院学生为民工子弟小学学生作口腔健康检查

第五节　对外交流

改革开放以来,口腔医学院积极开展国际和港澳地区教学交流,与境外口腔教育领域专家教授保持经常性的交流和互访,与一批学校建立常年合作交流关系。鼓励并选送青年教师出国参访开展学习交流活动。这些交流有效地推动口腔教学工作的发展和教学水平的提高。

表4-1-30　1983—2010年口腔医学院建立的国际和港澳地区教育交流合作关系情况表

序号	协议名称	签署日期	外方签署单位	外方签署人	中方签署单位(部门)	中方签署人	有效期
1	学术交流	1983年11月3日	日本大阪齿科大学	森政和	上海第二医学院	院长兰锡纯	3年
2	学术交流	1984年6月	美国HOPE基金会		口腔医学系	主任邱蔚六	短期
3	学术交流	1985年5月7日	日本大阪齿科大学	白数美辉雄	上海第二医学院	院长兰锡纯	3年
4	协议书	1986年6月8日	日本九州大学齿学部	部长田代英雄学	口腔医学系	主任邱蔚六	短期
5	学术交流	1986年6月	美国HOPE基金会		口腔医学系	主任邱蔚六	短期
6	学术交流	1986年12月	日本昭和大学第一口腔外科	道健一	口腔医学系	主任邱蔚六	短期
7	学术交流	1986年	美国凯洛克基金会		上海第九人民医院	副院长陈志兴	3年
8	学术交流	1989年7月	日本大阪齿科大学	稗田丰治	上海第二医科大学	校长王一飞	3年
9	上海第二医科大学和大阪齿科大学两校学术交流联系协议	1992年4月1日	日本大阪齿科大学	稗田丰治	上海第二医科大学	校长王一飞	3年
10	上海第二医科大学与美国印第安纳大学牙学院间的友谊及合作协议	1992年5月19日	美国印第安纳大学牙学院	H. William Gilmore	口腔医学院	院长邱蔚六	长期
11	上海第二医科大学与美国纽约大学牙学院合作备忘录	1993年11月	美国纽约大学牙学院	院长Edward G. Kaufman	口腔医学院	院长邱蔚六	长期
12	上海第二医科大学和大阪齿科大学两校学术交流协议	1995年5月	日本大阪齿科大学	佐川宽典	上海第二医科大学	校长王一飞	长期
13	上海第二医科大学口腔医学院和艾克斯-马塞第二大学马塞口腔医学院合作协议书	1997年	法国艾克斯-马塞第二大学马塞口腔医学院	院长Andre Salvadori	口腔医学院	院长张志愿	5年

(续表)

序号	协议名称	签署日期	外方签署单位	外方签署人	中方签署单位(部门)	中方签署人	有效期
14	上海第二医科大学口腔医学院与香港大学牙学院学术合作协议书	2000年10月11日	香港大学牙学院	院长施范德	口腔医学院	院长张志愿	5年
15	上海第二医科大学口腔医学院与韩国庆北国立大学牙学院合作协议书	2001年11月6日	韩国庆北国立大学牙学院	院长景熙文	口腔医学院	院长张志愿	5年
16	日本长崎大学和上海第二医科大学关于学术交流与合作协议书	2003年3月10日	日本长崎大学	校长齐藤宽	上海第二医科大学	校长范关荣	5年
17	上海第二医科大学口腔医学院与加州大学洛杉矶分校牙学院文化交流与学术研究的合作协议书	2003年	美国加州大学洛杉矶分校牙学院	院长 No-Hee Park	口腔医学院	院长张志愿	5年
18	关于上海第二医科大学口腔医学院和日本国福冈齿科大学缔结友好校际关系的同意书	2004年4月14日	日本福冈齿科大学	校长本田武司、理事长田中健藏	口腔医学院	院长张志愿、名誉院长邱蔚六	3年
19	关于上海第二医科大学口腔医学院和昭和大学齿学部缔结友好院际关系的同意书	2005年4月29日	日本昭和大学齿学部	部长官崎隆	口腔医学院	院长张志愿	3年
20	上海交通大学口腔医学院与瑞典哥德堡大学牙学院合作意向书	2006年8月31日	瑞典哥德堡大学牙学院	院长 Jan Olsson	口腔医学院	院长张志愿	无
21	上海交通大学口腔医学院与香港大学牙学院学术合作的延展协议	2007年11月18日	香港大学牙学院	院长 Lakshman Samaranayake	口腔医学院	副院长郭莲	5年
22	上海交通大学口腔医学院与新加坡国立大学牙学院合作谅解备忘录	2007年12月3日	新加坡国立大学牙学院	院长 Tan Beng Choon Keson	口腔医学院	院长张志愿	2年

（续表）

序号	协议名称	签署日期	外方签署单位	外方签署人	中方签署单位（部门）	中方签署人	有效期
23	上海交通大学口腔医学院和日本大阪齿科大学两校学术交流协议	2008年11月13日	日本大阪齿科大学	川添尧彬	口腔医学院	院长张志愿	长期
24	上海交通大学口腔医学院与泰国宋卡王子大学牙学院进一步合作意向书	2009年5月25日	泰国宋卡王子大学牙学院	Wilad Sattayasanskul	口腔医学院	院长张志愿	3年
25	上海交通大学口腔医学院与美国马里兰大学牙学院合作意向备忘录	2009年7月10日	美国马里兰巴尔的摩大学牙学院	院长 Christian S. Stohler	口腔医学院	院长张志愿	无
26	上海交通大学口腔医学院与日本福冈齿科大学缔结友好校际关系	2009年8月7日	日本福冈齿科大学	校长北村宪司、理事长田中健藏	口腔医学院	院长张志愿	长期
27	上海交通大学医学院附属第九人民医院与德岛大学齿学部学术交流协议	2010年6月25日	日本德岛大学齿学部	部长林良夫	上海第九人民医院	院长张志愿	5年
28	上海第九人民医院和加拿大安大略省多伦多市微笑中国计划谅解备忘录	2010年8月16日	加拿大安大略省多伦多市微笑中国项目	黄家海	上海第九人民医院	院长张志愿	2年
29	上海交通大学口腔医学院与泰国朱拉隆拉大学牙学院谅解备忘录	2010年11月23日	泰国朱拉隆拉大学牙学院	院长 Wacharaporn Tasachan	口腔医学院	院长张志愿	5年

第二章　九院临床医学院

第一节　沿　革

一、早期临床医学教学

九院早期本科医学教学可追溯至 20 世纪 50 年代。1957 年 1 月，第九人民医院划归上海第二医学院，作为儿科系教学基地。1957 年 7 月 20 日医学院批复儿科系增设教研组。医学院调来一批专家充实医院各科力量，并建立相应的教研系统。这些专家指导医院各科开展教学准备工作，以迎接儿科学生的到来。同时带来教学医院的工作规范，指导九院的年轻医师开展教学查房、病例讨论、外语文献阅读，对临床业务水平的提高起到显著的促进作用。1958 年 10 月以后儿科系决定迁往杨浦区筹建新华医院，这批专家全部撤离，还抽调部分医院的业务骨干支援新华医院建设。儿科系专家带来的学术风气对医院发展留下深远的影响。

表 4-2-1　1957 年 7 月—1958 年 10 月筹建儿科系时期教研系统人员情况表

部　　门	主任（组长）	第二主任	副　主　任
儿科系	高镜朗	富文寿（兼）	苏祖斐（兼）　李丕光（兼） 曹裕丰（兼）
内科学教研组	李丕光（兼）		何致雄
外科学教研组	梁其琛		何尚志
妇产科学教研组	田雪萍		
皮肤科学教研组	杨天籁		
耳鼻喉科学教研组	毛承樾		
眼科学教研组	曹福康		
放射诊断学教研组	朱大成		

1958 年 10 月以后，上海第二医学院将儿科系调整到新华医院，医院重新划归市卫生局，属蓬莱区领导。此后九院也承担上海第一医学院和安徽医学院部分学生在九院实习的教学任务，医师在临床工作中有指导实习医生的任务，但未建立系统的教学组织。

1963 年 8 月，医院再次划归上海第二医学院，作为口腔医学系教学基地，并更名为上海第二医学院附属第九人民医院。自此开始作为医学院附属教学医院的发展历程。

1965 年 12 月，随着原设在广慈医院的口腔医学系教学机构和师资搬迁到医院，医学院陆续从附属广慈、仁济和新华医院抽调一批骨干师资到医院的内科、外科、妇产科、儿科、眼科、耳鼻喉科、皮肤科、放射科等科室工作,以加强医院各个学科的建设,适应口腔医学教学的需要,使医院从一个区中心医院发展成为医教研全面发展的市级综合性教学医院。

1985年6月15日,上海市人民政府批准上海第二医学院更名为上海第二医科大学。医院也随之更名为上海第二医科大学附属第九人民医院。

二、九院临床医学院建立

1994年3月1日,经上海市卫生局组织评审并批准第九人民医院为三级甲等医院。同年6月24日,上海第二医科大学决定,撤销瑞金、仁济、新华和市六医院的各临床医学系,成立相应的各临床医学院,保留口腔医学院。同时,在医院院长戴尅戎的倡导下,经上海第二医科大学批准,医院开始筹建上海第二医科大学九院临床医学院。

1994年6月和11月,上海第二医科大学分别任命九院院长戴尅戎兼任九院临床医学院院长,九院心内科副主任医师周礼明任九院临床医学院副院长。根据临床医学本科教学要求,在长期承担口腔医学专业临床部分教学的基础上,九院在教学组织、教学设施、教学管理、师资队伍等方面开展全面的筹建工作。

1995年5月15日,由上海第二医科大学及各临床医学院的有关领导和专家组成的教学管理、办学条件和教学实施三个评审组对九院临床医学院筹建工作进行评审。

1995年7月12日,上海第二医科大学决定:成立上海第二医科大学九院临床医学院。1995年8月2日,在医院门急诊楼(10号楼)8楼多功能厅召开"九院临床医学院成立大会暨临床师资培训系列讲座首讲式"。上海第二医科大学党委书记余贤如、副校长朱明德出席会议并讲话,并与九院院长戴尅戎、口腔医学院院长邱蔚六一起为九院临床医学院揭牌。华东师范大学教授唐国安作高等院校教师基本教学规范的演讲。

上海第二医科大学九院临床医学院的成立,依托于第二医科大学附属第九人民医院的临床各专业学科的医疗教学师资和临床教学资源。医院作为以口腔、整形、骨科为特色,内、外、妇、儿等各科室齐全的大型三级甲等综合性医院,共有25个临床科室,15个医技科室,核定床位数757张。1995年,医院年门诊537 023人次,急诊95 738人次,出院9 669人次,住院手术6 483例次。为临床医学教育提供丰富的教学资源。

2005年7月,上海第二医科大学和上海交通大学两校合并后,上海第二医科大学更名为上海交通大学医学院。同年10月,上海第二医科大学九院临床医学院更名为上海交通大学九院临床医学院。

2007年12月,上海交通大学医学院任命戴尅戎院士担任九院临床医学院名誉院长,九院党委副书记范先群兼任九院临床医学院院长。

表4-2-2 1995—2010年九院临床医学院历任院长情况表

任职时间	院　　长	任职时间	副院长
1995—2007	戴尅戎	1995—2003	周礼明
2007—	范先群　戴尅戎(名誉院长)	2003—2007	张伟
		2007—	陈元美

三、九院临床医学院发展

【临床医学师资队伍】

九院临床医学院拥有两位中国工程院院士：张涤生（1996年当选，整复外科专业）和戴尅戎（2003年当选，骨科专业）；有我国组织工程学研究"973"项目的首席科学家曹谊林教授（1999年11月），医院终身教授王炜（2003年5月）。1991—2010年，先后有27位临床医学专业资深教师获得国务院特殊津贴。

九院临床医学院有上海市整复外科临床医学中心（2002年）和上海市关节外科临床医学中心（2004年），整复外科学（2001年）和骨科学（2006年）是国家重点学科（组长单位）；整复外科学、骨科和血管外科学是国家"211工程"的重点建设学科，骨科是国家卫生部临床重点专科（2010年），组织工程学是上海市"重中之重"学科（2000年），眼科学是上海市重点学科（2008年）。并设有上海市整形外科研究所和上海市医疗美容质量控制中心（2002年），皮肤科和妇产科是上海市重点学科"黏膜病学"的组成单位。

1995—2010年，通过引进学科带头人、老中青传帮带、国内外培养、进修等方式，九院临床医学院师资队伍得到快速发展，促进临床教学水平的提升。

2010年，九院临床医学院有老、中、青教师436人。其中教授和主任医师等正高级职称教师70人（16.1％），副教授和副主任医师等副高级职称教师103人（23.6％），讲师和主治医师等中级职称教师263人（60.3％）。

2010年，九院临床医学专业有博士后流动站2个，博士点专业10个，硕士点专业16个。有博士生导师34人，硕士生导师51人。

表4-2-3　2010年临床医学专业研硕、博士点情况表

硕士点	博士点	博士后流动站
骨科	骨科	临床医学
整复外科	整复外科	基础医学
普外科	普外科	
眼科	眼科	
麻醉学	麻醉学	
神经外科	神经外科	
泌尿外科	泌尿外科	
内科学	内科学	
老年医学	影像医学	
妇产科学	检验诊断学	
神经病学		
耳鼻喉科		
皮肤病与性病		

硕 士 点	博 士 点	博士后流动站
影像医学与核医学		
检验诊断学		
护理学		

表4-2-4　1978—2010年临床医学研究生导师情况表

专　业	博士生导师	硕士生导师
整复外科	张涤生　关文祥　王　炜　曹谊林　商庆新 刘宁飞　刘　伟　穆雄铮　李青峰　崔　磊 祁佐良　钱云良　林晓曦　董佳生　章一新 张文杰　张如鸿　张文杰　张余光　周广东 杨　军	张涤生　王德昭　关文祥　黄文义　王　炜 钱云良　曹谊林　干季良　商庆新　杨　川 李青峰　范志宏　董佳生　林晓曦　邹丽剑 祁佐良　穆雄铮　刘　伟　崔　磊　张余光 张如鸿　曹卫刚　戴传昌　刘宁飞　韦　敏 李圣利　余　力　李　伟　张文杰　章一新 杨　军　王丹茹　张　群　柴　岗　张　艳 祝　联　周广东　王　健　刘　凯　曹德君 韩　冬　王　斌
内科	刘海林　陆颖理　王长谦	徐济民　杨菊贤　张德星　吴万令　朱舜时 刘海林　盛　净　吴士尧　胡钧培　杜　勤 张　薇　李　威　蔡文玮　陆颖理　程　纯 乔　洁　王应灯　高泽立
外科	蒋米尔　顾　岩　陆信武	孙健民　姚德成　张培华　蒋米尔　唐思聪 张　伟　顾　岩　龚鼎铨　郭善禹　黄新天 陆信武　陆　民　刘文勇　黄　英　王　兵 汤　睿
胸外科		方立德
泌尿外科	王　忠	姚德鸿　傅　强　王　忠　卢慕峻
神经外科	丁美修	郭智霖
骨科	戴尅戎　侯筱魁　朱振安　汤亭亭　赵　杰	毛文贤　俞昌泰　戴尅戎　裘世静　侯筱魁 汤荣光　朱振安　汤亭亭　陈永强　王　友 顾　延　薛文东　郝永强　谢幼专　顾冬云
眼科	范先群　葛盛芳	奚渭清　徐乃江　李海生　张芸芸　范先群 罗　敏　李　瑾　王志良　周激波
五官科		王泉良　王珮华　石润杰
妇产科		薛　培　刘建华　匡延平
麻醉科	朱也森　姜　虹	朱也森　姜　虹　徐　辉
皮肤科		陈向东　刘建航
放射科	范新东	孙大熙　罗济程　余　强　范新东
检验科	陈福祥	陈福祥
B超室		燕　山　熊　屏
护理管理		阮　洪

【临床医学教研室】

九院临床医学院教研室组织是在口腔医学教学的基础上发展起来的。自1964年医院作为口腔教学基地以来，医院口腔专业以外的临床科室先后成立相应教研（组）室，承担口腔医学系学生内科、外科、妇科、儿科等临床医学课程的教学任务。

1995年，九院临床医学院成立后，临床医学教研室组织得到充实和完善。共有诊断学、内科学、外科学、妇产科学、儿科学、眼科学、耳鼻喉科学、皮肤病学、麻醉学、中医学、影像诊断学、核医学、神经病学、思想政治以及上海第二医科大学直属整形外科学等共15个教研室。临床医学教研室同时承担九院临床医学院和口腔医学院的双重教学任务。

表4-2-5　1995—2010年九院临床医学院历任教研室主任情况表

教研室	任职时间	主　任	任职时间	副主任
诊断学	1995—1997	张德星	1995—1997	谢冠群
	1998—2005	田树敏	1998—	周龙女
	2005—	黄震华	2000—2005	黄震华
			2003—2008	周慧君
			2008—	陈福祥
内科学	1995—2000	杨菊贤	1995—2000	金嘉翔　吴士尧
	2000—	吴士尧	2000—2008	杨裕国　胡钧培
			2000—	张　薇　刘海林 陆颖理
			2005—	程　纯
			2008—	朱　琦
外科学（一）(2000合并)	1995—2000	姚德鸿	1995—1997	方立德　丁美修
			1995—2000	侯筱魁
外科学（二）(2000合并)	1995—2000	唐思聪	1995—2000	蒋米尔
外科学	2000—2003	侯筱魁	2000—2003	龚鼎铨
	2003—2005	龚鼎铨	2000—	蒋米尔
	2005—2008	张　伟	2003—2005	蒋跃庆
	2008—	顾　岩	2003—	朱振安
			2005—	王　忠
			2008—	郭智霖（由神外科并入）
妇产科学	1995—2001	法韫玉	1995—2008	毛娟虹

(续表)

教研室	任职时间	主任	任职时间	副主任
妇产科学	2001—	刘建华	2003—2008	王雪芬
			2008—	孙桦
儿科学	1995—2000	陈晔	1998—2000	康宏庄
	2000—2008	顾洪亮	2000—	钱耀琴
	2008—	查健忠		
麻醉学	1995—2008	朱也森	1995—1997	沈建南
	2008—	姜虹	2000—2008	姜虹
			2008—	徐辉
整复外科学	1995—2000	张涤生	1995—2000	范志宏
	2000—2008	钱云良	2000—2005	穆雄铮
	2008—	李青峰	2005—2008	张余光
			2008—	张如鸿
眼科学	1995—2000	李海生	1995—2000	张芸芸
	2000—2008	范先群	2000—2008	罗敏
	2008—	罗敏	2008—	李瑾
耳鼻喉科学	1995—2000	王泉良	1995—2000	汤君彦
	2000—2003	汤君彦	2000—2003	王珮华
	2003—	王珮华	2003—2005	石润杰
			2005—	周小屏
神经病学 (2000—2008)	2000—2005	丁美修	2000—2005	李威
	2005—	李威	2003—2005	王秉玉
			2005—2008	郭智霖
			2005—	董幼镕
中医学	1995—2003	戚清权	2003—	戚清权
	2003—	周阿高		
皮肤病学	1995—2008	刘健航	2003—2008	陈向东
	2008—	陈向东	2008—	汪蓓青
影像诊断学 (1995—2000)	1995—2000	罗济程	1995—1997	龚雷萌
			1995—2000	余强
核医学 (1995—2000)	1995—2000	张庆华	1995—2000	钱仲安

(续表)

教研室	任职时间	主任	任职时间	副主任
影像诊断学（含核医学）	2000—2003	罗济程	2000—2003	余 强
	2003—	余 强	2001—	范新东
			2003—2008	刘平安
			2008—	马玉波
社区医学（教研组）	1995—2000	杨培林		
医学英语	2003—	郑家伟	2003—	王 友
思想政治	1995—2006	简光泽	1995—2003	孙大麟　周礼明
	2006—2008	励永明	2003—2006	励永明　陈章达
	2008—	范先群	2003—2008	赵玉龙
			2008—	张建中

第二节　教学管理与教改实践

一、教学规范与制度建设

1995年，九院临床医学院刚成立，就邀请上海第二医科大学副校长朱明德、华东师范大学教授唐国安等专家来医院进行师资培训及教学基本规范的培训讲座。

九院临床医学院认真贯彻执行上海第二医科大学的各项教学规章制度，还根据自身的实际情况和教学实践制定了各项日常教学活动规范，在实践中不断修改完善，于2000年6月汇编成《教师工作手册》，对教学活动的各个环节制定了规则，包括教师教书育人守则、课堂教学、见习和实习带教，以及实习中的小讲课、教学查房、教学病例讨论等教学活动的具体规范和要求。2003年10月又扩充成为《教学管理相关文件汇编》。这对九院临床医学院教学工作的规范化建设和教学质量的提高起到了积极的指导作用。

九院临床医学院规定授课老师必须持有高等学校教师资格证书。严格执行新教师"三关二评"

图4-2-1　1998年张涤生院士在九院临床医学院第一届学生临床教学开学典礼上讲话

制度,即教研室的审核关:对新教师进行理论授课前必须本人提出申请,经教学小组和教研室试讲并推荐;医学院的试讲关:由九院临床医学院组织专家对新任课教师作试讲点评;医学院的审批关:最后由医学院根据专家意见决定批准与否。"二评"是采用专家评教与学生评教相结合的方式对教师课堂教学效果进行评价。在见习和实习教学中,要求教师认真填写见习和实习教学计划,由学生组长进行教学活动记录。学生轮转进入新的科室实习,由各科室开展入科教育,并安排各项临床教学活动。九院临床医学院每学期进行一次教研室工作考核,同时依据专家、学生评教,分别进行教研室工作、理论授课、见习和实习带教等各项教学工作优胜评选和奖励。

为了完善教学质量保障体系,九院临床医学院专门成立了教学督导专家组,并要求各教研室主任积极参与,对教学的整个过程、各个环节进行定期督导,包括理论课听课,学生病史质量检查,临床教学活动包括小讲课、教学查房、教学病例讨论的检查、期中或期末教学检查、学生毕业考试巡查等,发现问题和改进建议,及时向临床各教研室反馈。

表4-2-6 1999—2010年九院临床医学院教学督导专家组情况表

任 职 时 间	姓 名	专 兼 职
1999—2003	陈家照 陈 晔	专职
	郑慧君 金嘉翔	兼职
1999—2006	田树敏	兼职
1999—	周翠娟	兼职
2003—2006	张慧中	专职
2006—	田树敏	专职
	杨裕国	兼职

二、教学改革与实践

为保证教学质量、提升教学效果,更好地培养学生的临床思维能力、拓展学生的临床综合素质,九院临床医学院积极探索临床教学方式的创新和改革,并取得初步效果。

【"三个一"教学实践活动】

为实行九院临床医学院创办人戴尅戎教授一贯提倡的以健全学生人格、培养学习能力、提高综合素质为目标的教学理念,九院临床医学院从1995级第一届学生起,就在临床学习阶段开展"三个一"教学实践活动,即要求每位学生在校期间完成一次社会调查、一份综述习作、一篇病例报道。在活动中锻炼融入社会、合作互助、主动学习的能力。"一次社会调查"即要求学生以自选课题、自主组队、自选指导老师,通过答辩评审获得立项的方式,以团队形式在暑期完成一项社会调查。学院给予适当资助,课题完成后写出调查报告在班上向老师和同学汇报,择优予以奖励。重点在于培养团队协作精神和社会沟通能力。"一份综述习作"要求学生对自己感兴趣的知识点自主寻找中外文献资料,整理成综述报告。重点在于学习对文献资料的查阅、归纳方法,锻炼自主学习能力。"一篇病例报道"即要求学生对见、实习中感兴趣的病例,系统整理临床数据,结合文献资料整理成病例报道。重点在于促进临床观察能力的提高,锻炼对临床资料的综合分析能力,在实践中掌握病例报道的书写格式。

九院临床医学院始创的"三个一"教学方法,获得上海第二医科大学教学评优专家们的高度赞扬。2001年,副院长周礼明主持的"医学生综合能力培养系列工作法"课题获上海第二医科大学教学成果三等奖。

2007年,由上海交大医学院副院长黄钢带队,医学院教务处、各临床医学院和教务办公室负责人等一行十余人来医院,就九院临床医学院对本科阶段学生配备指导老师、学写医学文献综述和进行答辩等系列教学方法进行现场交流会,这一做法受到领导及专家们的肯定,经专家讨论达成共识并由教务处下文,要求每位交大医学院临床医学本科生从2003级开始,在毕业年(2008年开始)的3月底前完成一篇医学文献综述或疑难病例报告或论文,并通过答辩。

图4-2-2　团总支书记周辉红(二排左一)带领1996级学生参加二医大运动会

【学生临床工作能力培养】

2000—2005年,为促进理论教学和临床实践的融会贯通,在学生临床毕业实习阶段,九院临床医学院定期邀请本院及瑞金医院的资深专家教授,开展系列"名师主持临床教学病例讨论",着重培养学生的临床分析问题和解决问题的能力,受到学生欢迎。

2003年,九院临床医学院建立上海第二医科大学临床实训中心的分中心,充分利用模拟人体等开展临床基本技能训练。副院长张伟组织教师自编《临床实训》教材,其中包括实训教学大纲和诊断、护理、内外妇、麻醉等各学科的临床基本操作的规范和要求。2005年底,从2002级开始,安排《临床实训》课程48学时作为指定选修课,安排专职教师带教,并在实践中不断完善教学方式,以加强培养学生的临床操作能力,获得较好的教学效果。2006年由副院长张伟领衔的团队因此项"《临床实训》课程建设与教学实践"获得上海交通大学教学成果一等奖。

2008年起,九院临床医学院组织人力培养标准化患者(SP)10余人,撰写SP剧本。2009年起,将 SP 逐步应用于《临床实训》课程教学,应用于客观结构化临床技能考试(OSCE)以及住院医师培养等的临床技能考试和临床操作训练。

【教学实践】

九院临床医学院在理论课教学中广泛应用多媒体教学,并积极开展双语教学。妇产科学教研室于 2001 年就开始探索试行"以病例为引导的教学法(case based learning,CBL)",以后与 PBL 教学方法(problem based learning)结合,更进一步注重启发式教学、提高学生主体积极性和主动性。

2010 年九院临床医学院已有 2 个学科开展 2 个案例的 PBL 教学实践。另有 8 位临床骨干教师参与上海交大医学院 2007 级八年制的基础医学 PBL 教学实践,合作负责 2 个学生组、8 大系统(即 8 个案例),每个案例 6 个学时的教学活动,两组总共 96 学时。

2009—2010 年,九院临床医学院已通过国外境外学习培训 8 名 PBL 教师,另外还通过国内学习培训 18 名 PBL 教师,为进一步开展 PBL 教学打下良好基础。

第三节 教学任务与学生

一、教学任务

九院临床医学院承担上海交通大学医学院,临床医学本科五年制、七年制(本硕连读生)、八年制(本博连读生一贯制或 4+4 模式)和口腔医学本科五年制、七年制(本硕连读生)等学生的临床理论授课,见、实习带教和长学制学生的研究生阶段培养等教学工作。

除此之外,九院临床医学院还承担上海交大医学院继续教育学院的教学任务,临床医学专升本学生的临床理论授课,见、实习带教等教学工作。

1995—2010 年,上海交通大学医学院临床医学本科五年制学生分两阶段培养,即前期、后期各二年半。

前期二年半,1995—2004 年第一至第五学期在基础医学院(即重庆南路校区)完成。2005 年二医大与上海交通大学合并后,临床医学专业五年制学生有 1 学期或 2 学期在上海交通大学闵行校区学习公共基础课程,此后的 4 个学期或 3 个学期在基础医学院学习医学基础课程。后期的二年半,第六至第十学期在各临床医学院(即附属医院)学习临床专业课程和临床见习、实习,本科生直至毕业。

临床医学长学制(七年制或八年制)学生的第三阶段,是在完成本科学业后选择研究生阶段的导师,随后到导师所在各临床医学院继续研究生阶段的培养和实习轮转,直至完成学位论文并通过答辩毕业。

1998—2010 年,九院临床医学院根据学校教务处的教学计划,在后期二年半的临床专业学习阶段,为临床医学生开设医学伦理学、诊断学、医学影像学、外科总论及手术学、内科学、外科学(各论)、妇产科学、儿科学、神经病学、精神病学、核医学、康复医学、传染病学、中医学、眼科学、耳鼻咽喉科学和皮肤病与性病等 17 门必修课程,共 1 100 多学时数。在理论授课中,高级职称教师授课比例平均大于 65%。主干学科理论授课中,双语教学比例为 11%~28%。九院临床医学院中医学教研室主任周阿高主编的《中医学》,被交大医学院选为各临床医学院临床医学专业学生的教材,使用后反映良好。

1998—2010年,学校教学计划有所变动,课程设置基本保持稳定,各学科课程的学时数有所调整或减少,以便开展教学改革实践和选修课等。九院临床医学院先后开设15门选修课,并在完成教学计划规定的内、外、妇、儿等52周实习后,再安排同学第二轮选科实习5～6周(眼科、耳鼻喉科、皮肤科和麻醉科、整复外科等为3～4周,周浦医院2周)。

表4-2-7 1998—2010年九院临床医学院选修课程情况表

选 修 课 程	学 时 数
医学科研方法导论	21
医学生物力学概况	12
影像诊断技术进展	18
心血管介入诊断技术	15
肿瘤放射治疗	15
男性学	12
身心医学及其临床应用	12
神经外科学	9
血管外科学	9
口腔医学概论	18
医学英语	36
整复外科学概论	21
临床实训	48
急诊医学	20
医学营养学概论	15

九院临床医学院的临床理论课和见习、实习主要在医院进行。长期合作的临床教学医院(基地)有上海市儿童医院、上海国际和平妇幼保健院、上海市精神卫生中心、上海瑞金医院传染科和康复科以及老西门社区卫生服务中心等。

九院临床医学院的各教研室,每年还承担口腔医学院学生的诊断学、内科学和外科学等8门临床医学课程(共430余学时数)的教学任务以及口腔毕业班同学在内科(4周)、外科(4周)和放射科(2周),共计10周的实习带教任务。

二、历届学生与毕业人数

九院临床医学院首届学生为上海第二医科大学当年入学的临床医学专业本科95级5大班32名同学,自第六学期(1998年2月)开始进入九院临床医学院临床阶段学习,于2000年7月全部顺利毕业。

1996—2000年九院临床医学院教学对象为临床医学本科五年制学生。2001、2003和2005年均为临床医学七年制(本硕连读生),每年学生30名左右。2002、2004年以及2006—2010年恢复为临床医学本科五年制学生。

与此同时,九院临床医学院还每年分别接受上海交大医学院长学制学生研究生阶段的教学任务:七年制硕士阶段学生和八年制(4+4模式)博士阶段学生的教学。

1996—2010年,九院临床医学院共培养530多名本科、硕士和博士毕业生。其中五年制本科学士毕业生419名,七年制硕士毕业生99名,2006—2010年毕业4+4模式八年制博士生13名。

表4-2-8　2000—2010年九院临床医学院本科毕业生人数情况表

毕业年份	学制(年)	毕业人数
2000	五	32
2001	五	54
2002	五	55
2003	五	41
2004	五	58
2005	五	39
2006	(七)	24
2007	五	30
2008	(七)	24
2009	五	31
2010	(七)	31

说明:表中的学制(七)仅表示该七年制学生本科阶段结束(即学士毕业)。

表4-2-9　1996—2010年九院临床医学院七年制(本硕连读)毕业生情况表

毕业年份	毕业人数
1996	3
1997	6
1998	5
1999	3
2000	3
2001	4
2002	4
2003	6
2004	3
2005	6
2006	7
2007	8
2008	23
2009	11
2010	7

表4-2-10　2006—2010年九院临床医学院八年制(4+4模式)毕业生情况表

毕业年份	毕业人数
2006	5
2007	3
2008	3
2009	1
2010	1

1997—2010年,九院临床医学院还承担上海交大医学院成人教育学院,临床医学专升本学生的理论授课和实习带教任务,共培养(1997—2007级)11届541名临床医学专升本毕业生。

表4-2-11　2000—2010年九院临床医学院临床医学专升本(三年制)毕业生情况表

毕业年份	毕业人数
2000	44
2001	55
2002	72
2003	65
2004	46
2005	56
2006	44
2007	37
2008	47
2009	43
2010	32

第四节　教学研究与获奖

九院临床医学院积极鼓励教师参加校级和市级的课程建设和教学研究,并设立院级教学研究基金,通过答辩评审,每年资助多项预初性的教学研究课题,为更高层次的课程建设和教学研究课题做好基础工作。

表4-2-12　2003—2010年九院临床医学院承担的课程和教材建设项目情况表

年份	项目名称	项目负责人
	人民卫生出版社出版的教材	
2003	眼睑病	范先群

(续表)

年份	项目名称	项目负责人
	上海市教委课程建设	
2007	外科学[重点课程(合作)]	戴尅戎 李宏为
2009	眼科学(重点课程)	范先群
	上海市教委教材建设	
2003	临床实用药物及其药理基础	毛娟虹 唐迪生
2003	中医学	周阿高 任秋华
	上海交通大学医学院精品课程建设	
2005	泌尿外科学	王 忠
2005	神经病学	李 威 周翠娟
2006	外科学	戴尅戎
2006	泌尿外科学	王 忠
2007	眼科学	范先群
2008	整形外科学	钱云良
	上海交通大学医学院教材建设	
2005	中医学	周阿高
2005	临床实训指导	张 伟
	校级课程建设和教学研究项目	
2000	标准体格检查	周礼明
2001	临床教学基本行为规范	周礼明
2001	以病例为引导的教学法	刘建华
2001	学生管理、考试成绩分析系统	周礼明
2001	皮肤病多媒体教学软件	陈向东
2002	神经病学	翟 宇
2002	麻醉学教学多媒体(困难插管示教)	朱也森
2005	临床实训	张 伟
2007	核医学教学录像及教学病例图库	余 强 刘平安
2008	医学生生涯规划	范先群
	上海交大医学院医学教育发展与研究基金资助的教学研究项目	
2005	临床教学阶段医学生思想政治教育及管理的研究	赵玉龙
2005	临床教师教学工作量评估体系的建立	张 伟
2005	泌尿外科住院医师综合培养	王 忠
2007	医学院本科教学质量保障体系研究	陈元美
2009	问题导向联合病例教案法在心血管疾病教学应用和探索	陈元美
2009	PBL和传统教学法对学生记忆效果的影响	管 欣

表 4-2-13 1997—2010 年九院临床医学院教师获得的奖项情况表

年　份	奖　项	获奖者
上海市级奖项		
1997	上海市优秀青年教师	范先群　商庆新
1999	上海市育才奖	周礼明
2000	宝钢教育奖	罗济程
2000	上海市优秀青年教师	刘海林
2002	宝钢教育奖	周礼明
2006	宝钢教育奖	张　伟
2007	上海市育才奖	范先群
校级奖项		
2002	上海第二医科大学高尚师德提名奖	周礼明　范先群
2005	上海交通大学医学院校长奖(医疗奖)	丁美修
2006	上海交通大学医学院校长奖(医疗奖)	朱也森
2007	上海交通大学医学院校长奖(管理奖)	周礼明
2007	上海交通大学医学院优秀教师	范先群
2008	上海交通大学医学院我最喜爱的导师	曹谊林
2008	上海交通大学医学院我最喜爱的老师	黄震华
2009	上海交通大学医学院优秀教师	顾　岩
2009	上海交通大学医学院优秀教学团队	眼科学　范先群
2009	上海交通大学医学院优秀教务管理者鼓励奖	蔡良骏
2010	上海交通大学医学院优秀教师	王　忠
2010	上海交通大学医学院优秀教务管理者鼓励奖	沈道洁

表 4-2-14 2001—2010 年获得的教学成果奖情况表

年　份	课题名称	奖　项	获奖者
2001	医学生综合能力培养系列工作法	上海第二医科大学教学成果奖三等奖	周礼明
2006	《临床实训》课程建设与教学实践	上海交通大学教学成果奖一等奖	张　伟
2009	中医学	上海交通大学第十二届优秀教材奖二等奖	周阿高

第三章 教学管理与学生工作

第一节 教学管理机构

口腔医学院和九院临床医学院除教务、学籍管理按各自专业要求实施外,其他工作均实行一个团队的共享管理。两个医学院均隶属于九院党政的领导,是医院的教学管理部门,由1名医院副院长分管教学工作。两个医学院设有副院长若干人具体负责教学管理工作。共设1个医学院办公室,1位办公室主任和1位副主任分别负责两个医学院的日常管理和学生工作,另有2名办公室副主任分别负责两个医学院的教务工作。设班主任3名以及成人教学、文书、电脑室(系统)、实验室等教学管理人员若干。

两个医学院承担的是上海交通大学医学院和成人教育学院布置的教学任务。

表4-3-1 2008—2010年口腔医学院、九院临床医学院主要教学管理人员情况表

职　　务	口腔医学院	九院临床医学院
名誉院长	邱蔚六	戴尅戎
院长(兼)	张志愿	范先群
教学党总支书记(兼)	郭　莲	
副院长	张建中(常务副院长、兼教工党支部书记) 冯希平	陈元美
院长助理	郑家伟	
办公室主任、教学党总支副书记	徐袁瑾	
办公室副主任(学生工作)兼口腔学生辅导员	张丽莉(兼口腔学生党支部书记)	张丽莉
办公室副主任(教务)	曹　霞	蔡良骏(兼临床学生党支部书记)
学生辅导员(长学制为主)	张　妍	
学生辅导员	朱　琼	
学生辅导员	孙　韬	
教学督导专家	乐福媛 姚隆浩	田树敏 周翠娟(兼职) 杨裕国(兼职)

第二节 学 生 工 作

一、学生党建

2000年，成立医院党委领导下的教学党总支，设教工党支部、口腔和九院临床2个学生党支部，分别负责2个医学院的学生党建及思想政治等工作。学生党支部书记由负责学生工作的老师或学生辅导员担任，选出不同年级的学生党员担任支部委员。

在学生党建工作中，党支部严格按照学校和医院党委的要求、按照党员发展的流程工作，坚持学生必须德、智、体全面发展和"成熟一个发展一个"的原则。党支部每年输送提过入党申请报告的同学参加二级党校（九院业余分党校）学习。在此基础上，团支部根据班团集体工作、党章学习小组等活动和学生各方面表现，每学年经团内民主评议确定本团支部中1~2名团员为"推优入党"对象。党支部在"推优"对象中选择若干名作为入党积极分子，输送参加三级党校（校级业余党校）学习。再从中选拔表现优秀的积极分子作为发展对象，进行1年考察，并发展为共产党预备党员。预备党员进行1年考察后转为正式党员。

表4-3-2 2000—2010年九院教学党总支书记情况表

任职时间	书 记	任职时间	副书记
2000—2004	励永明	2000—2002	蔡荣芬
2004—2007	赵玉龙（专职）	2002—2004	赵玉龙（专职）
2007—	郭 莲	2004—2006	张 伟
		2007—	徐袁瑾

表4-3-3 2006—2010年口腔医学院党建情况表

年 份	发展学生党员数	转正预备党员数	医学院学生总数
2006	3	2	155
2007	3	6	178
2008	11	4	192
2009	2	12	190
2010	6	7	188

表4-3-4 2006—2010年九院临床医学院党建情况表

年 份	发展学生党员数	转正预备党员数	医学院学生总数
2006	3	3	100
2007	2	3	119
2008	5	3	121
2009	3	3	105
2010	6	5	97

二、校园文化

自建院以来,在不同历史时期,九院学生开展了多种形式、生动活泼的校园文化生活,在多年的实践中,已逐渐形成一批相对稳定的校园文化活动项目,如学雷锋纪念日活动、端午节游园会、金秋晚会、师生迎新年联欢会、英语演讲比赛等。有效地丰富了校园生活,在组织和策划活动的过程中也锻炼和提高了学生的自立自主能力。

【学生组织】

1959年6月18日,在广慈医院的上海第二医学院口腔系研究生、上海市民主青年联合会副秘书长杨增年参加中国民主青年联合会代表团,出席在奥地利首都维也纳举行的第七届世界青年与学生和平友谊联欢大会。

2005年7月,上海第二医科大学与上海交通大学合并后,口腔、九院临床医学院产生了第一届团学会班子,2006年举行了第一次学生代表大会,2007年增补。之后每两年召开1次学代会,隔年进行增补。

【校园刊物】

1995年,由口腔医学院92级学生自发创办的杂志《牙语》诞生,名字取自"牙牙学语"之意,又蕴含"口腔专业学生的心声"之双重含义,是上海第二医科大学各临床医学院中最早的学生刊物。1999年,九院临床医学院96级学生创办了季刊《心音》,共出了7期。2001年,为了集中力量办好刊物,实现资源共享,"牙语"和"心音"合并为《九院大学生》。

《九院大学生》保持每年出刊2期,并和交大医学院各临床医学院学生会交换分享。编辑工作均由学生承担,并由1名教师担任指导老师。主编、副主编每年随学生会换届进行改组,发动同学积极投稿。2001—2010年,《九院大学生》已编印了20期。

【开学典礼】

自1998年第一届临床医学专业学生进入后期学习开始,九院临床医学院就举行临床阶段的开学典礼。由学生自己组织策划、自己主持,以生动活泼的形式向医院领导和老师汇报本班级在前期医学基础课阶段学习情况,并有教师代表给予勉励并提出希望。开学典礼现已成为两个医学院共同工作,促进了学生在后期临床阶段与医院的融合。

三、社会实践

【暑期社会调查】

为了鼓励学生尽早融入社会了解国情民意,口腔、九院临床医学院组织学生积极参加社会实践和大学生创新性实验以及志愿者服务。

九院临床医院成立之初,就在1995级学生中试行暑期社会调查活动。以学生自主选题、自行设计方案、自由组队方式开展工作。经过由学生和老师共同参加的方案评审,通过的方案给予适当资助。调查完成后写出调查报告,并召开汇报总结会。2004年以后,根据《中共中央国务院关于进一步加强和改进大学生思想政治教育的意见》和教育部、共青团中央等部门《关于进一步加强和改进大学生社会实践的意见》精神,学院每年组织学生开展暑期社会实践,取得较好成绩。

表4-3-5　2000—2010年九院师生获得的上海市暑期社会实践表彰项目情况表

年　份	项目及奖项	获奖者
2000	上海市城市设施养老现状及展望(优秀项目)	1997级临床五年制班
2000	暑期社会实践先进个人	郭　瀚(1997级口腔七年制) 刘厚娟(1997级临床五年制)
2001	"8020"现况调查(优秀项目)	口腔王宇华等8人
2002	医患矛盾的现状调查及寻找医患关系的平衡点的探索性研究(优秀项目)	于　泉(1999级口腔七年制)
2002	活跃在社区——黄浦区小东门街道挂职锻炼活动(优秀项目)	阎仲珩(1999级临床五年制)
2002	暑期社会实践先进个人	江莉婷(2000级口腔五年制) 于　泉(1999级口腔七年制)
2003	汇聚在党的光辉旗帜下——小东门"三个代表"社会实践服务团(优秀项目)	团学会
2003	暑期社会实践先进个人	潘　琴(2000级临床五年制) 张任秀(2001级口腔七年制)
2005	浙江东阳马宅农村经济情况调查与医疗服务(优秀项目)	2002级口腔七年制班
2005	暑期社会实践先进个人	张青青(2002级口腔七年制)
2005	暑期社会实践优秀指导老师	张　伟
2010	《江苏省连云港市赣榆县农村中年农民口腔保健意识及就医行为调查》(上海市优秀项目)	2007级口腔七年制班
2010	上海市暑期社会实践优秀指导老师	冯希平

【创新性实验】

2007年上海交通大学医学院开始启动大学生创新性实验计划,口腔、九院临床医学院组织学生积极申报国家级、市级项目,取得较好的成绩。

表4-3-6　2007—2010年九院大学生获得的创新性试验计划情况表

立项年份	立项数量	国家级项目数	市级项目数
2007(第一期)	6	4	2
2008(第二期)	12	2	7
2009(第三期)	5	1	4
2010(第四期)	7	1	6

【志愿者服务】

口腔、九院临床医学院鼓励学生以各种形式服务社会、奉献社会,发挥学生的自主能动性,开展各种志愿者服务活动。

2002年,口腔、九院临床医学院与上海黄浦区小东门街道团工委签订合作协议,正式建立了以小东门居民为服务对象的志愿者服务基地。2009年九院与小东门的合作获得上海市阳光社区青少年事务中心肯定,被授予2008年度的"上海市青少年事务工作优秀共建单位"称号。2009年3月,在合作基础上,社区—学校联建的模式得到社会肯定,上海大学生科学商店的推出,进一步加强了双方的合作,口腔医学院成为上海交通大学医学院第一批服务部,小东门街道成为第一个服务门店。

四、获奖与荣誉

1960年3月8日,在广慈医院的口腔系五年级学生袁文化荣获上海市"三八"红旗手称号。

1980年9月12日,上海第二医学院召开1980年度"学雷锋、争三好"总评授奖大会。口腔系1977级大班被评为上海市"三好"集体(这是上海第二医学院恢复高考后第一届,五大班为口腔系大班,共100名同学)。该大班陈锦坤、姜宝岐和口腔系1978级钱经纺等上海第二医学院7名学生被评为上海市"三好"学生。

1982年9月10日,上海第二医学院党委召开1981年度"学雷锋、创三好"总结授奖大会。口腔系1977级大班再次被评为"上海市先进集体"。口腔系1977级孙海雄和1978级孙大麟等上海第二医学院9名学生被评为上海市"三好"学生。

1984年4月3日,上海第二医学院3个学生寝室在全市"文明寝室"表彰大会上被授予"文明寝室"称号,其中口腔系1979级大班301室被树为市标杆"文明寝室"。

1987年6月,口腔系学生党支部荣获"上海市大学生先进党支部"称号。

1994年10月24日,口腔医学院颁发首届高露洁奖学金,李静等9位品学兼优的同学获此奖励。

1997年和1998年,1993级口腔班(包括五年制47名同学、七年制13名同学)先后获得"上海市1996年度大专院校先进集体"和全国先进集体。

从2000年起,先后有9名同学获得上海市三好学生、优秀学生干部称号,他们是:1997级临床五年制缪岚、1997级口腔五年制刘斌、2000级临床五年制潘琴、2001级口腔七年制俞昳丽、2002级口腔七年制徐晓岑、2002级临床五年制钱雪雅、2003级口腔七年制陆珮珺、2004级临床五年制杨晓笙以及2006级口腔七年制陈惠。

至2010年,有3名同学获得上海市奖学金:2007年2005级口腔七年制学生徐子卿、2008年2005级临床七年制学生索燕、2009年2006级临床五年制学生徐正良。

有9名同学获得国家奖学金:1999级口腔七年制学生应艳、1999级口腔五年制学生边益明、2000级临床五年制学生邵春益、2000级口腔五年制学生臧晔、2002级口腔七年制学生王国英、2002级口腔七年制学生马志贵、2004级口腔七年制学生张微云、2004级临床五年制学生朱婧芸、2006级口腔七年制学生陈惠。

第四章 研究生教育

1978年,国家恢复研究生招生培养制度,医院作为上海第二医学院的研究生培养单位,研究生管理部门设在医务科,由医务科兼管,1984年划入医院院长办公室。1985年,医院正式成立科研科,科研、教育作为科研科两大职能,设专人负责研究生的教学与生活管理。经过20多年的努力,研究生管理职能包括招生、培养、学位管理、学生思想政治工作、生活管理等逐步规范完善,研究生的教育得到迅速发展,培养规模不断扩大。截至2010年,医院已为国家培养和输送1 500多名医学博士、硕士生,成为在国内具有重要影响的医药卫生高层次人才培养的重要基地之一。

第一节 研究生导师队伍建设

一、硕士生导师

1978年7月,口腔医学和整复外科专业恢复招收硕士研究生。张锡泽、许国祺、张涤生于同年招收硕士研究生。1979年,戴尅戎、顾成裕、刘瑷如、徐济民、俞昌泰招收硕士研究生。随着医院医、教、研工作快速发展,招收硕士研究生的学科逐年递增,至2010年共有34个专业具有招生资格,其中包括护理和管理等专业,有硕士生导师234人。

表4-4-1 2010年医院硕士点科室情况表

学 科	科 室
口腔临床医学	口腔外科、口腔内科、口腔修复科、口腔正畸科、口腔种植科
口腔基础医学	口腔病理
外科学	整复外科、普外科、骨外科、神经外科、泌尿外科
眼科学	眼科
内科学	内科、老年科
其他专业	放射科、检验科、行政部、护理部、麻醉科、妇科、神经内科、耳鼻咽喉科、超声科、皮肤科

表4-4-2 2010年各科室在职硕士生导师情况表

科 室	硕士生导师
骨科	谢幼专 顾冬云 王 友 郝永强
整复外科	余 力 李 伟 李圣利 曹卫刚 韦 敏 王丹茹 张 群 柴 岗 张 艳 祝 联 王 健 韩 冬 王 斌 刘 凯 曹德君
普外科	郭善禹 张 伟 刘文勇 黄 英 黄新天 王 兵 汤 睿 陆 民

(续表)

科　室	硕士生导师
眼科	罗　敏　李　瑾　王志良　周激波
妇科	刘建华
辅助生殖科	匡延平
耳鼻咽喉科	石润杰　王珮华
神经外科	郭智霖
老年科	盛　净　杜　勤　蔡文玮
神经内科	李　威
泌尿外科	卢慕峻
内科	张　薇　吴士尧　程　纯　乔　洁　王应灯
皮肤科	陈向东
放射与超声	余　强　熊　屏
护理部	阮　洪
口腔内科	尹元正　徐　晓　夏文薇　李鸣宇　黄正蔚　唐子圣　周海文　蒋伟文　叶　玮 洪　瑾　唐国瑶　汪　俊
口腔外科	杨育生　周国瑜　卢晓峰　季　彤　徐　兵　王旭东　朱　敏　张伟杰　蔡协艺 钟来平　张善勇　徐　骎　何冬梅　任国欣　杨雯君　何　悦　房　兵　涂文勇
口腔修复科	郑元俐　张修银　张保卫　焦　婷　胡　滨　魏　斌　陆尔奕　黄　慧　孙　健 佘文珺
口腔病理科	田　臻
口腔种植科	赖红昌
口腔正畸科	钱玉芬　唐国华　陈振琦　潘晓岗
行政部	吴正一
麻醉科	徐　辉
检验科	陈福祥

二、博士生导师

1981年，口腔医学口腔颌面外科被国务院学位委员会批准为国内第一批招收培养口腔医学博士研究生点，张锡泽为医院首位博士生导师。1981—1990年，医院共有4个博士点学科，包含口腔临床医学、口腔基础医学、外科学（整形、骨外）专业，共有博士生导师8人。1995年，在医院临床专业发展的基础上，成立临床医学院，扩大博士点的申报。1991年至2000年，博士点专业增加至6个，包含口腔临床医学，口腔基础医学，外科学（整形、骨外、神外、普外），新增博士生导师17人。2001—2010年，医院新增至13个博士点专业，包含口腔临床医学，口腔基础医学，眼科学，内科学

（消化系病、心血管病、内分泌与代谢病），外科学（整形、骨外、神外、普外、泌尿外），临床检验诊断学，麻醉学，新增博士生导师40人。

表4-4-3　1981—2010年医院博士点分布情况表

时　间	博　士　点
1981—1990	口腔临床医学，口腔基础医学，外科学（整形、骨外）
1991—2000	口腔临床医学，口腔基础医学，外科学（整形、骨外、神外、普外）
2001—2010	口腔临床医学，口腔基础医学，眼科学，内科学（消化系病、心血管病、内分泌与代谢病），外科学（整形、骨外、神外、普外、泌尿外），临床检验诊断学，麻醉学

表4-4-4　2010年各科室在职博士生导师情况表

科　室	博士生导师
骨科	戴尅戎　朱振安　汤亭亭　赵　杰
整复外科	张涤生　王　炜　曹谊林　刘宁飞　李青峰　董佳生　钱云良　林晓曦　刘　伟　崔　磊　祁佐良　章一新　张如鸿　张文杰　张余光　周广东　杨　军　穆雄铮
口腔外科	邱蔚六　张志愿　沈国芳　杨　驰　张陈平　孙　坚　王国民　郭　伟　陈万涛　郑家伟　毛　力　张　萍　俞创奇　范新东
口腔内科	许国祺　刘　正　周曾同　李德懿　梁景平　束　蓉　冯希平　朱亚琴
口腔修复	张富强　蒋欣泉
口腔正畸	沈　刚
口腔材料	薛　淼　张彩霞　孙　皎　陈德敏
口腔病理	李　江
口腔种植	赖红昌
内科学	刘海林　陆颖理　王长谦
普外科	顾　岩
血管外科	蒋米尔　陆信武
眼科	范先群　葛盛芳
麻醉学	姜　虹
泌尿外科	王　忠
检验科	陈福祥

表4-4-5　1981—2010年历年研究生导师数情况表

年　份	博士生导师人数	硕士生导师人数	合　计
1981	1	11	12
1982	1	14	15
1983	1	16	17
1984	2	16	18

(续表)

年　份	博士生导师人数	硕士生导师人数	合　计
1985	2	19	21
1986	4	22	26
1987	4	46	50
1988	4	46	50
1989	4	47	51
1990	8	47	55
1991	8	44	52
1992	8	41	49
1993	8	53	61
1994	14	47	61
1995	14	41	55
1996	16	50	66
1997	16	50	66
1998	19	49	68
1999	20	46	66
2000	25	54	79
2001	26	54	80
2002	32	81	113
2003	33	83	116
2004	42	111	153
2005	49	111	160
2006	52	123	175
2007	56	123	179
2008	49	103	152
2009	49	103	152
2010	59	97	156

三、学位评定委员会

根据《中华人民共和国学位条例》和国务院学位评定工作的精神，1991年8月28日，医院学位评定委员会成立，职责是负责审查各学科硕士、博士学位的授予资格，促进医学教育科学发展，保证研究生培养质量。

学位评定委员会成员：邱蔚六（口外）任主任，刘正（口内）任副主任；樊森（口修）、薛淼（口腔材料)、姚德成(普外)、徐济民(心内)、戴尅戎(骨科)、薛培(妇产科)、刘侃(正畸)、奚渭清(眼科)等组成。倪诚、丁永敏任委员。

1991年9月16日,调整后的委员增加刘瑷如(口腔病理)、关文祥(整外)、刘世勋(口外)3位教授。

1998年3月25日,经院务会讨论,调整医院学位委员会,戴尅戎(骨科)任主任,邱蔚六(口外)、刘正(口内)、张志愿(口外)任副主任,薛淼(口腔材料)、关文祥(整外)、何荣根(口外)、丁美修(神外)、李海生(眼科)、王炜(整外)、杨菊贤(内科)、张富强(口修)任委员,祁佐良(整外)任秘书。

2005年,医院与交大进行同步调整,成立分委会,张志愿(口外)任主任,邱蔚六、戴尅戎任副主任,刘正、丁美修(神外)、王炜(整外)、曹谊林(整外)、周曾同(黏膜病)、朱也森(麻醉)、范先群(眼科)、张富强(口修)、蒋米尔(血管外科)、盛净(老年科)等任委员,冯漪、丁燕君任秘书。

2009年,医院调整学术委员会,由张志愿任主任,简光泽、曹谊林、范先群任副主任,陈万涛(口外)、陈元美(心内)、陈章达、戴尅戎、冯希平(儿童、预防)、顾岩(普外)、郭莲(牙解剖)、胡滨(党办)、姜虹(麻醉)、蒋米尔(血管外科)、蒋秀凤、李青峰(整外)、刘海林(消化)、刘伟(组织工程)、梁景平(牙体牙髓)、陆尔奕(科研处)、陆颖理(内分泌)、邱蔚六(口外)、沈刚(正畸)、沈国芳(口外)、孙皎(材料)、汤亭亭(骨科)、田卓平(医务处)、王忠(泌尿外科)、吴正一(院办)、张富强(口修)、张建中(医学院)、张玲毅、郑家伟(医学院)、周礼明、周曾同(口腔黏膜)任委员,许锋任秘书。同时,制定九院学术委员会章程,章程包括7个章节,其中规定职责与任务、组织机构与组成人员、委员的资格与产生、委员的权利与义务、工作制度等31条。

第二节 研究生招录与培养

学科点申报和研究生指导教师增列,是研究生管理工作的重要内容。为了扩大研究生招生数,医院从国内外引进人才或从优势学科培养人才,遴选研究生导师,积极推进符合条件的学科申报硕士、博士点。同时定期对研究生导师进行评审考核,不断提高医院研究生招生与培养的数量和质量。

一、研究生招录

自1978年恢复研究生招生至2010年止,医院共招生了1607名研究生,其中博士616人,硕士933人。另外,2005—2008年招收硕博连读生,4届共招收58人。

表4-4-6 1978—2010年招收硕士、博士研究生情况表

年 份	硕士生人数	博士生人数	硕博连读人数	合 计
1978	6			6
1979	12			12
1980	3			3
1981	1			1
1982	19	1		20

(续表)

年　份	硕士生人数	博士生人数	硕博连读人数	合　计
1983	8			8
1984	11			11
1985	16	1		17
1986	18	1		19
1987	20	4		24
1988	17	5		22
1989	16	5		21
1990	15	3		18
1991	22	9		31
1992	12	18		30
1993	19	14		33
1994	15	14		29
1995	18	18		36
1996	16	16		32
1997	16	16		32
1998	24	17		41
1999	22	16		38
2000	28	27		55
2001	35	28		63
2002	40	36		76
2003	38	41		79
2004	42	36		78
2005	54	44	11	98
2006	55	38	15	93
2007	51	48	14	110
2008	80	52	18	147
2009	96	57		167
2010	88	51		157
合　计	933	616	58	1 607

二、研究生培养

研究生的培养实行全程培养、医学院和医院及导师分段负责的管理方式。围绕研究生课程设置,研究生培养方案及研究生论文开题、中期检查、预答辩和受理博士、硕士学位申请等培养环节,医院建立和逐步完善相应的规章制度,如开题报告制度、中期审查制度、论文评审制度等。

医院制定了《上海交通大学医学院附属第九人民医院研究生管理实施细则》,有6个章节49条,其中包括研究生的权利与义务、学籍管理、奖励与处分,保证了研究生在校期间的每一阶段都能循序渐进,顺利通过学业。

2005年以来,一批研究生的论文获得优秀博士、硕士论文奖,一批研究成果获得国家级及上海市、高校、交大等各类表彰和荣誉。如:曹谊林的博士研究生罗旭松的论文"组织工程气管再造"获全国大学生挑战杯科技作品一等奖;张志愿的博士研究生姜虹的论文"盲探气管插管装置"获全国大学生挑战杯科技作品二等奖和上海市高校生三枪杯优秀发明奖;整复外科杨娴娴的论文"定向曲面牵引成骨技术及其在颅眶部的应用"获第十一届"挑战杯"全国大学生课外学术科技作品竞赛二等奖、上海市特等奖及上海市青少年科技创新市长奖十佳荣誉称号。周曾同的博士研究生杨娅和张陈平的博士研究生阮敏的毕业论文分获2008年、2010年全国优秀博士论文提名奖。

表4-4-7 2005—2010年医院优秀博士、硕士论文获奖情况表

年份	获奖级别	论文题目	学位	作者	导师	一级学科
2005	上海市	义耳修复CAD/CAM系统的开发研究	博士	焦 婷	张富强	口腔医学
2006	上海市	人唾液腺肿瘤PLAG1转基因小鼠模型建立及其基因表达研究	博士	杨雯君	张陈平	临床医学
2007	上海市	颞下颌关节囊内粘连的影像学与内镜诊断的比较研究	硕士	张善勇	杨 驰	口腔医学
2007	上海市	活血化瘀药和血管抑制剂对白斑癌变的影响	博士	杨 娅	周曾同	口腔医学
2007	上海市	人真皮间充质干细胞的诱导、鉴定及初步应用	博士	陈付国	曹谊林	临床医学
2008	国家级提名	活血化瘀药和血管抑制剂对白斑癌变的影响	博士	杨 娅	周曾同	口腔医学
2009	上海市	紫草素在口腔鳞癌NF-B信号通路中作用机制的研究	博士	阮 敏	张陈平	口腔医学
2010	国家级提名	紫草素在口腔鳞癌NF-B信号通路中作用机制的研究	博士	阮 敏	张陈平	口腔医学
2010	上海市	比较不同脂质体在增生性瘢痕中的透皮作用	硕士	毛小慧	章一新	临床医学

第五章 毕业后教育

第一节 住院医师规范化培训

一、沿革

1982年,恢复高考后的第一批毕业生分配来院,医院非常重视对他们的指导和培养。在医院用房非常紧缺的情况下,仍在当时的浴室楼顶搭建活动房提供宿舍,要求住院医师时期住院3年。各科室安排高年资医师作为指导老师,在工作安排上也根据各科室特点作布置,但尚无统一的培养和考核计划。1988年上海市卫生局正式公布《上海市住院医师培养制度试行条例》和《关于实施中先行试点的通知》,医院被列入上海第一批承担住院医师规范化培训的试点单位。同年,医院成立住院(专科)医师管理委员会,由分管院长任主任,相关科主任任委员,下设工作小组负责具体管理日常工作,建立医院、科室管理网络,制定住院医师轮转计划,具体由医务处落实培训工作。

1993年,卫生部公布《关于实施临床住院医师规范化培训试行办法》的通知,要求医院实施住院医师规范化培训:第一阶段是基础培养,进行二级学科培训,为期3年;第二阶段是专业培养,进行专科培训,为期2年,其中最后一年为住院总医师或相当于住院总医师工作的培养。

2005年,上海交通大学医学院正式启动住院医师规范化培训,统筹管理各附属医院的住院医师培训工作。

2010年,上海市根据《中共中央、国务院关于深化医药卫生体制改革的意见》中"建立住院医师规范化培训制度"的总体要求,全面推行住院医师规范化、社会化的培训制度。医院对住院医师的管理开始由"单位人"转变为"行业人",按照统一标准、统一平台、统一考核的规范化培训模式,实行"招募、培训、考核"标准流程,考核合格成为取得执业资格的基本条件之一。

医院由医疗副院长分管住院医师培训工作,在职住院医师培养阶段由医务处管理,开始社会化住院医师培训后成立"住院医师规范化培训办公室"专职管理。

二、基地建设

2005年,经评审,医院心血管内科等20个学科确定为第一批上海交通大学医学院临床住院医师规范化培训基地。2009年,医院内科(心血管内科、消化内科、内分泌科、血液内科、肾脏内科),外科(普通外科、骨科、泌尿外科、神经外科、整复外科),急诊科,神经内科,眼科,耳鼻咽喉科,麻醉科,医学影像科,口腔科等确认为上海市专科医师培训基地。2010年九院作为第一批上海市住院医师规范化培训医院,内科、外科、急诊科、神经内科、眼科、耳鼻咽喉科、麻醉科、医学影像科、口腔科等9个学科开始招募住院医师。

三、组织管理

住院医师规范化培训实施初始,医院制定住院医师规范化培训各项管理规章制度,2009年成立专科医师培养管理委员会和专科医师培养专家委员会,后更名为毕业后医学教育委员会和毕业后医学教育专家委员会。医务处是住院医师培训的管理部门,负责安排住院医师的轮转、考核等工作。

2010年医院设立九院住院医师规范化培训办公室,专职负责住院医师规范化培训组织和管理工作,张伟任办公室主任,先后制定"住院医师规范化培训管理实施办法""师资管理和培训办法""培训质量管理办法""各类人员岗位职责"等一系列规章制度。严格按照要求遴选带教医师,带教医师与住院医师比例不低于1∶2。医院强化培训环节管理,各培训基地严格按照《上海市住院医师规范化培训细则》的培训要求,重点加强培训计划的制定、科室轮转、各种教学活动、技能培训和培训质量监控等培训过程管理。

四、培训实施

1990年医院开始对分配来院的应届医学生实行规范的培训。医院规定:内科专业必须轮转10~12个三级学科,外科专业必须轮转11~12个三级专科,妇产科专业必须轮转6~8个相关临床科室,口腔门诊科室必须轮转6~8个专科,口腔颌面外科专业必须轮转10~13个专科,整形外科专业轮转10个专科,急诊科专业必须轮转10~12个科室。

本科毕业的住院医师必须参加第五年院级综合考核,总分85分以上合格。医院制定一系列的考核评分标准,分为大内科组、大外科组、口腔门诊科室组、口腔颌面外科组等,每组由3~5名专家和1名管理人员对每位住院医师进行考核并集体评分。考核具体内容:病史介绍、体检示范、病例分析、诊疗方案、基本操作。

1988—2000年,本科毕业住院医师实行五年规范培养模式:实施400学分考核制,包括政治思想、医疗道德优良评价;实践时间120学分;专业技术160学分;医学理论120学分。

2001—2004年,继续本科毕业住院医师五年培养模式。实施对住院医师规范化培训500学分制,分为二阶段:第一阶段300学分,包括政治思想、医疗道德优良评价,临床工作时间90学分,专业技能150学分,专业理论60学分;第二阶段200学分,包括政治思想、医疗道德优良评价,临床工作时间60学分,专业技能100学分,专业理论40学分。

2005—2010年,本科、硕士、博士毕业住院医师全部纳入上海交通大学医学院规范化培养,分二阶段考核。利用医学院的教学资源,将住院医师培训与攻读硕士学位研究生课程结合起来,提升住院医师规范化培训的质量和水平。

医院严格按照卫生部和上海市卫生局《临床住院医师规范化培训大纲》《上海交通大学医学院临床住院医师规范化培训细则》和《上海交通大学医学院阶段考核方案》的要求对住院医师实施培训登记、轮转培训和阶段考核,加强并提高住院医师的临床基本技能和操作能力。理论课程包括公共必修课(医学英语、医学文献检索),公共专业(选修)课(预防医学、卫生统计学、流行病学等),专业主课和专业选修课,考试通过获得相应学分。

2010年开始,住院医师规范化培训考核包括公共科目考核(综合知识和重点传染病防治知识);日常综合考核(医德医风、出勤情况、劳动纪律、服务态度、病史质量、医疗差错等);出科考核:基本理论(机考)、病史采集、体格检查、病例分析、临床技能操作或手术操作;以及年度考核和结业综合考核。其中公共科目考核和结业综合考核由上海市统一组织,各项考核合格并取得执业医师资格者获卫生部统一颁发的《住院医师规范化培训合格证书》。

五、培训成效

1990—2004年,医院共有274名住院医师参加上海市卫生局(毕业后医学教育委员会)统一组织的住院医师规范化培训,已结业获卫生部统一颁发的《住院医师规范化培训合格证书》有273人。

2005—2009年,医院参加上海交通大学医学院统筹管理培训的住院医师有213人;经第一、二阶段考核合格,获卫生部统一颁发的《住院医师规范化培训合格证书》者145人;培训期间转岗或辞职人员6人;尚未结业62人(其中第一阶段25人,第二阶段37人)。上海交通大学医学院住院医师规范化培训未包括在内的学科如中医科、检验科、药剂科等由上海市毕业后医学教育委员会考试中心培训考核。2005至2009年参加上海市毕业后医学教育委员会考试中心培训的有18人、合格者13人、辞职1人、在培4人。

2010年,医院招录住院医师85人,其中博士23人、硕士49人、本科13人。本科中具有临床医学硕士专业学位研究生和住院医师双重身份者10人,完成培训考核,通过论文答辩,同时获硕士研究生学历和临床医学硕士专业学位证书。

【上海市口腔住院医师考核】
2002年,上海市卫生局确定九院为上海市住院医师规范化培训口腔科学临床技能考核定点医院。医务处协助口腔医学院组织考核,每年对上海全市参加住院医师规范化培训第三年的口腔科住院医师(包括二、三级医院的参加培训医师)进行考核。分口腔科、口腔外科、口腔修复科、口腔正畸科4大专科考核,考核形式有理论笔试(40分)和临床技能(60分),包括:病例分析、病史书写、口试、相应专业技能操作(自带1名预约治疗患者)。

第二节　继续医学教育

一、管理机构

根据1996年上海市卫生局关于成人教育文件精神,医院从1996年开始着手开展继续医学教育的培训工作。医院调整成人教育委员会,院长戴尅戎任组长,周曾同任副组长,委员有赵佩琪、张志愿、徐春阳、董国芬、应秀玲、倪诚、孙孝刚、沈美兰,张玲毅任秘书。同时,成人教育工作划入科教处,有专人管理。医院对本院职工参加成人教育学习班及对已被批准举办的国家级、市级继续医学教育项目制定相关原则和规定,从而在组织、经费、时间三方面为成人教育工作开展奠定基础。

二、继续医学教育项目

医院口腔和整形专业历来临床和科研能力都比较强,因此继续教育的开展起初也以这些重点特色专业为主。随着医院学科综合实力的发展,其他专业的水平不断提高,新的技术成果也不断涌现。医院可推广可发展的项目也越来越多,申请批准的继续教育学习班数量逐年上升,从1996年的18个至2010年的35个。内容除口腔、整形、骨科外,逐步扩展到血管外科、手麻科、眼科等。尤其是2003—2010年,医院更多的临床科室,如B超、皮肤激光、耳鼻咽喉科、儿科、泌尿外科、内分泌科、普外科、生殖中心及档案、护理部等开展的继续教育课程先后被批准为国家级和市级项目。

自1996—2010年,连续开展的项目有口腔医学专业张陈平主讲的"显微外科技术在口腔颌面外科中的应用"、郭伟主讲的"口腔颌面部恶性肿瘤讲习班"、张志勇主讲的"口腔颅颌面种植学习班"、孙坚主讲的"功能性外科在口腔颌面部肿瘤治疗中的应用"、卢晓峰主讲的"睡眠呼吸障碍"、张富强主讲的"固定-活动联合修复新技术的临床应用"等。

三、教学效果

通过继续教育的开展,医院的医疗新技术和临床科研成果及时推向全社会,特别对一些信息相对闭塞的地区,起到有效的辐射作用。2000—2010年,范先群领衔整合眼科与整形两大块,发展成一个新的项目,扩大眼科的诊疗范畴,应对社会的需求,每次学习班都吸引全国各地的专业人员参加,学员人数几乎每次都过百,最高达到251人,同时还多次走出上海,把先进技术辐射至内地或边远医疗水平相对落后的地区,借此帮助他们获取新技术、新理念。

"盲探气管插管新技术"是医院的一项专利,曾被卫生部列入"十年百项"推广计划。从1999年开始,至2010年已经持续十年余,已进入第二轮的项目负责人。类似进入第二轮项目负责人的专业有"唇腭裂""牙体病""人工关节""关节镜"。超声诊断科从2003年开办继续教育学习班"浅表器官超声诊断",经久不衰。该科充分发挥科室的特长,凭借丰富的病例资料和临床经验形成自身特色,获得同行赞誉,每年的学员遍布全国各地,参与的本市同人也不断增多。

近年来,医院作为一家三级甲等综合性医院,不仅保持原有的特色,临床医学也在不断地发展,医疗水平与手段也在不断地提高,2003年,刘建华主任从日本东京医科大学引进妇科悬吊式无气腹腹腔镜技术,并在国内率先开展运用该项技术。该技术易于掌握、手术操作方便,避免气腹的并发症,有剖腹手术经验的妇科医师在短期培训后即可开展手术。医院妇科在腹壁悬吊式无气腹腹腔镜手术治疗方面积累一定的经验,并在临床工作中取得很好的效果,于2007年开始举办学习班推广该项技术。

医院心内科在冠心病治疗上,于2010年举办心内科心血管病秋季论坛暨心血管疾病诊治继续教育学习班(Ⅱ类学分),学习班针对稳定性冠心病规范化诊断、治疗及预防,长期管理等重点专题进行解读与讨论,同时也针对心血管领域的其他热点议题,如冠心病新的高危因素评价、慢性稳定性心绞痛高危信号及再血管化治疗、炎症与动脉粥样硬化等进行研讨和讲解。学习班采用理论讲座、手术观摩、病例讨论等多种学习形式,内容涵盖冠心病基础、心血管介入、心力衰竭、血脂异常等治疗领域。学习班还特别邀请基层医院提供真实病例参与,专家结合指南、共识进行点评,并与学员进行互动,做到既普及又提高,突出实用性。对于提高一、二级医院临床第一线的医护人员专业素养起到积极的推动作用。同时申请下一年度国家级继续教育学习班"稳定性冠心病规范化管理学习班"。

表4-5-1 1997—2010年医院开展继续医学教育项目情况表

年 份	国家级项目数	省市级项目数	参加人数	年 份	国家级项目数	省市级项目数	参加人数
1997	5	6	340	1999	14	6	750
1998	5	1	211	2000	14	10	765

(续表)

年 份	国家级项目数	省市级项目数	参加人数	年 份	国家级项目数	省市级项目数	参加人数
2001	17	2	862	2006	34	3	1 801
2002	15	8	949	2007	44	3	2 393
2003	8	4	487	2008	37	1	2 261
2004	24	3	938	2009	34	1	2 101
2005	15	3	1 275	2010	35		2 516

第六章 九院护校

第一节 沿　革

一、创建与复校

第九人民医院护士学校前身为上海伯特利医院附设的高级护士职业学校。1920年,伯特利医院创办时即附设护校。同年,伍哲英与石美玉的胞妹石菲比医师带领20余名医务人员和护校学生离开九江但福德医院(石美玉等创建于1896年,后改为九江市妇幼保健院),来沪加入伯特利医院,伍哲英任伯特利医院总护士长兼护校校长。1922年,石美玉买下邻近制造局路639号房屋及周围39亩空地,将原有古旧房屋作为医院,在空地上兴建医院、校舍、住宅等。1923年,上海伯特利护校第一届学生毕业。同年,兼办产科学校,培养助产士。1924年,医院新院舍落成,将旧房归护士学校所用。

1937年,抗日战争爆发,医院和学校遭到日军严重破坏,护校被迫停办。尚未毕业的学生分别转至仁济医院及西门妇孺医院等护士学校继续学业。伍哲英率领部分护生到伤兵医院参加救护工作。部分人员加入医务主任梅国桢医师带领的医疗队,辗转赣湘滇缅等地救护抗日军民。抗战胜利后,医院与护校开始复建。1948年医院聘请正在美国的伍哲英回国主持护校的复校工作,从美国学习归来的护士吴梅兰为校长助理,并组建护校董事会。1948年3月,护校改名为上海私立伯特利高级护士职业学校,并恢复招生,吴梅兰任教务长,护士学校有教职工6人。1950年,护校董事会改组,校长为伍哲英,教务长为吴梅兰,文书员徐士芳。护校有医院兼职及外聘教员14人。

表4-6-1　1920—1989年护士学校沿革情况表

年　份	学　校　名　称
1920	上海私立伯特利医院附设护士学校
1924	上海伯特利医院护士学校,后改名护士产科学校
1937	护士产科学校停办
1948	上海私立伯特利高级护士职业学校
1951	上海市第二护士学校
1952	上海市立第九人民医院护士学校
1958	上海市第九人民医院护士学校
1964	上海第二医学院附属第九人民医院护士学校
1985	上海第二医科大学附属第九人民医院护士学校
1989	合并入上海第二医科大学附属卫生学校

表4-6-2　1948年伯特利护校董事会成员情况表

职　　务	姓　　名	社　会　身　份
董事长	陈蔡卓民	社会人士
董事	沈克非	中山医院院长
董事	张福星	同仁医院院长
董事	凌宪扬	沪江大学校长
董事	萧薛艺	国防医学院护校校长
董事	朱碧辉	上海市立护校校长
董事	赵晋卿夫人	社会人士
董事	梅云英	抚育工儿院院长
董事	蓝如溪	香港伯特利神学院院长
董事	胡美琳	伯特利中学校长
董事	胡遵理	伯特利教会负责人
董事	韩文信	中美医院牙科博士
董事	蒋国芳	伯特利医院副院长、律师
董事	徐铭信	社会人士
董事	林纪庸	社会人士

表4-6-3　1950年改组后的伯特利护校董事会成员情况表

职　　务	姓　　名	社　会　身　份
董事长	张福星	同仁医院院长
董事	朱碧辉	中央护士学校原校长
董事	萧薛艺	护理教育家
董事	梅石云英	抚育工儿院院长
董事	沈克非	中山医院院长
董事	蒋国芳	法学士
董事	韩文信	牙科专家
董事	陈永富	天成玻璃厂经理
董事	蓝如溪	伯特利神学院校长
董事	胡美林	伯特利中小学校长
董事	石成志	伯特利医院院长
董事	梅国桢	伯特利医院医务主任

二、接管与归并

1951年8月,上海市人民政府接办医院和护校。医院隶属上海市卫生局,护士学校仍由医院管理,校长由伍哲英担任。1952年11月,经上海市政府批准,伯特利护士学校改名为上海市第二护士学校,1958年又改名为第九人民医院护士学校(以下简称"九院护校"),仍由医院管理。

接办后,新建与大礼堂毗邻的2层教学楼,增加了3间大教室、图书室和3间教师办公室。1953年,四明护士学校并入九院护校。1962年,徐汇护校并入九院护校。

1966年5月,"文化大革命"开始,九院护校停止招生。1970年后,护校曾举办各种类型的培训班。1977年,高考恢复后护校也开始作为中等专科学校招收应届中学毕业生。1964年,护校改名为上海第二医学院附属第九人民医院护士学校。1984年5月,护校改名为上海第二医科大学附属第九人民医院护士学校。

1989年9月,根据上海第二医学院教学改革统一部署,经上级主管部门批准,原附属上海第二医学院的瑞金、九院、新华三所卫校、护校合并改名为"上海第二医科大学附属卫生学校",总部设在新华医院,与所在医院脱离行政隶属关系。

表4-6-4　1920—1989年九院护校历任正副校长情况表

任职时间	校　　长	任职时间	副校长
1920—1937	伍哲英	1952—1954	伍哲英
1948—1952	伍哲英	1953—1955	路美丽
1952—1954	李　焜(兼)	1954—1956	里　冰
1954—1956	伍哲英	1957—1966	朱淑媛
1956—1966	刘德尊	1978—1982	朱淑媛
1978—1984	刘德尊	1978—1984	黄瑶珠
1984—1988	黄瑶珠	1978—1989	宋荷香
		1984—1988	夏培玲
		1988—1989	夏培玲(主持工作)

图4-6-1　1949年5月伯特利护校学生合影,坐者右起:伍哲英、吴梅兰

第二节 教师与教学

一、创建初期

伯特利护士学校学生在医院内学习和实习,承担了医院大部分护理工作。为弥补教材缺乏,石美玉亲自动手编写教材,把英文医学书刊翻译成中文,伍哲英承担多门课程教授及实习指导。

伯特利护校分预备科与高级科,预备科课程有《护士历史略记》《护士历史演变》《护理伦理学》等。高级科课程有《小儿科护病学》《小儿耳鼻咽喉病学》《眼科护病法》《传染病护病法》《外科护病法》《护理产科学》《心理学》等。

1934年10月,梅国桢回国加入伯特利医院工作,同时兼任伯特利护士产科学校药物学和外科学教学。1936年,伯特利护士产科学校发行纪念年刊,列出曾经以及当时在护校任教和在病房指导实习的教师名录。

表 4-6-5 1936 年伯特利护士产科学校在任及曾经任职教师情况表

姓 名	毕业院校及学历	专业及职务	担任职务及工作情况
石美玉	密歇根大学医学博士	妇产科	创办人、院长
胡遵理		宗教	伯特利教会共同创办人
石成志	北京协和大学医学博士	妇产科	院长助理
石菲比	约翰斯·霍普金斯大学医学博士	妇产科	妇产科教师
石成志	北京协和大学医学博士	妇产科主任	护校校监
伍哲英	约翰斯·霍普金斯大学	护理	护校校长
熊德华	广东夏葛医科学院		在四川创办医院
黄燕学		妇产科	南昌妇幼医院院长
黄孟如		妇产科	主持南京幕慈医院
钱修梅	北京协和大学	妇产科	南昌盱南医院院长
王裕美	北京协和大学	产科主任	儿科及妇科教师
陈锦凤	北京协和大学医学博士	内科及儿科主任	解剖及药物学教师
梅国桢	约翰斯·霍普金斯大学医学博士	妇产科、外科、肺科	外科学、药物学
石张安怡			英文教师
梅维美			揉捏术及记录学教师
伍英芳			教务主任暨护理学教师
段青莲			总事务护士长

(续表)

姓　名	毕业院校及学历	专业及职务	担任职务及工作情况
冯月华			手术室主任及外科教师
李金兰			产科室主任
吴梅兰			门诊室主任
程婉兰			化验室主任
费静来			外接生助手
庞静华			外接生助手
程芳蕙			实习指导教师
陈云英			实习指导教师
张锡恩			实习指导教师
胡美源			实习指导教师
姚莲宝			病房护士长
丁允兰			病房护士长
徐昌言			公民课教师
陈先智			文书员

其他在护校工作的人员还有餐食管理员、宿舍管理员等。护校作为伯特利教会所属事工，还聘有圣经教师。

二、接办后

日军占领对医院和学校造成严重破坏，复校后的时局动荡也影响了学校的工作。1951年8月，医院被接办后，上海市卫生局将伯特利护士和产科学校，改名为上海市第二护士学校。1951年10月，护士学校仅有正式职工6人，其中教务主任1人、教员1人、文书员1人、事务员1人、工友2人。之后经历年调入充实以及改革开放后随着知识分子政策落实，教师的自身努力，在学校中逐步形成一支以老中青为骨干的师资队伍，知识水平、教学质量不断得到提高，到1989年已有27名教师，有大专本科毕业教师5人，通过各种渠道学习、进修已达到相当大专和本科水平的教师14人，10名被评为讲师。这些教师在教学和编写教学资料和教材方面都取得了一定成绩。

1951年接办时学校只有1间教室、4张练习床用于技能操作教学。接办后卫生局每年拨给一定的经费，学校陆续添置了教学仪器设备。1989年时有7间教室和实验室，60架显微镜，实验时做到每个学生1架显微镜。各科教学都按照教学大纲规定的要求开展，解剖学内容还根据专业需要有所增加。随着电化教学开展，添置了一些教学所需的电化设备进行教学。由于领导重视，因地制宜开展电化教学工作，取得显著成效。1981年11月，上海卫生系统中等专业学校在九院护校召开现场会，交流教学经验。

图 4-6-2 1977年护校被评为优秀集体,前排左起:密蓓蓓、夏培玲、朱惠英、黄梓玲、宁丽、张敏明,后排左起:黄寿康、芮敏、沈隆威、邓德铨

第三节 护校学生

伯特利护校学生来自全国各地,尤其是产科专业,因为毕业后取得资格可以独立执业,吸引了各地的学生,甚至有来自缅甸、印尼、檀香山的华侨。1932年学校在中华护士协会立案。1934年梅国桢回国后医院开始接诊男患者,也招收男护士。

至1936年7月抗战爆发前夕,已毕业435名学生,尚有在校生230人。毕业生均获得中华护士会证书。抗战爆发后,未毕业的学生分别被介绍到仁济医院护校、西门妇孺医院护校等继续学业并陆续毕业,加上抗战前毕业的,共毕业学生600余人。1940年12月梅国桢从医疗队回沪接受新队员,曾和第二十届伯特利护校毕业生合影。1948年3月复校至1951年卫生局接管前毕业学生155人。至接办时有在校学生55人。

表 4-6-6　1921—1936年伯特利护校历年毕业生人数情况表

年　　份	毕业人数	年　　份	毕业人数
1921	10	1926	28
1922	3	1927	11
1923	13	1928	11
1924	23	1929	35
1925	15	1930	14

(续表)

年　　份	毕业人数	年　　份	毕业人数
1931	52	1934	45
1932	47	1935	41
1933	15	1936	72

图4-6-3　1940年12月14日伯特利护校毕业合影,二排右五起:梅国桢、伍哲英

1951年至1966年5月,毕业护生1186人,均为三年制。1966年5月后停止正规招生。1971年4月,为弥补医务人员的短缺,按照上级统一部署,招收了一批市郊选拔的知识青年,开办第一届医务人员培训班,1972年10月结业。1971年10月,又从分配到九院的应届中学毕业生中选拔一部分学生开办第二届培训班,1973年10月结业。两届培训班学员除少数分配至上海第二医学院系统其他单位外,大部分充实到九院的医技部门和临床科室。1972年开始,在上海市中学生毕业分配中增加了二年制中专护校这一去向,成为护校的固定生源。1976年曾经从市郊农场招收一批知识青年作为医士班培训1年,分口腔、中医两个专业;1975年从应届中学生中招收口腔技工、护理专业;两批学生同时在1977年毕业。至1979年,九院护校及所办的各类卫技班、培训班毕业713人。

1977年恢复高考,护校也作为中专院校纳入统考志愿。首届统考后的学生于1978年入学,1980年毕业。此后学制改成三年制,1979年因基建停招一年,因此1981、1982年无学生毕业。除1980、1983、1984届招收高中生外,其他年份均招收初中毕业生。1980年时,九院护校有3个年级、6个班级近300名护生,有校舍1837平方米。1985年后,学校曾开办职业中专班,为宝钢医院办了2届护士专业班,又举办了职工中专班,为各医院、农场、郊县培养中等护理人才,毕业学生542人。

1952年至1989年,九院护校共毕业3000多名学生。校友遍布全国各地,北到长白山、满洲里,西到青藏高原,西北到内蒙古,南到广西、江西、湖南等地,都有九院护校的毕业生,为祖国的医疗卫生事业做出了贡献，留校学生也多成为医院护理骨干。如1926年毕业的陈云英，中华人民共和国成立后长期担任门急诊护士长，并于1964年被评为上海市文教先进个人。1951年，正逢伯特利医院被接管，当年毕业的12名学生全部留院。历年来九院护校的毕业生成为九院临床护理队伍的主力，很多是业务骨干。其中王世洪、潘佩华、阮洪、王惠芬等先后担任护理部主任、副主任。各科室的护士长也几乎都由具丰富经验的优秀校友担任，为科室管理和发展发挥了重要作用。

至2010年，历年九院护校校友中有1人被评为上海市劳动模范，10余人被评为上海市"三八"红旗手、上海市优秀护士。

图4-6-4 1953年部分1951届毕业生送别范瑶珠，前排左起：张美珍、郑荷芳，范瑶珠、龚映环，二排左起：虞文源、杨均玲、柯如卿、王世洪、施乐中，后排左起：李惠文、陆文亚、翁同瑞、赵某某

表4-6-7 九院护校1953—1989届毕业生情况表

毕业年份	专　业	甲/1班人数	乙/2班人数	丙/3班人数	丁/4班人数	总人数
1953	护理(中专)	59				59
1954	护理(中专)	89				89
1955	护理(中专)	48				48
1957	护理(中专)	94				94
1958	护理(中专)	42				42
1959	护理(中专)	40	48			88
1960	护理(中专)	53	51			104
1961	护理(中专)	47	48			95
1962	护理(中专)	49	49	48	44	190

(续表)

毕业年份	专业	甲/1班人数	乙/2班人数	丙/3班人数	丁/4班人数	总人数
1963	医技、护理、保育	21(医技)	49(护理)	101(保育)		171
1964	护理(中专)	46	48	48		142
1965	护理(中专)	55				55
1966	护理(中专)	41	41			82
1967	护理(中专)	51	57			108
1968	护理(中专)	51	51			102
1974	护理(中专)	50	50			100
1975	护理(中专)	42	40			82
1977	医士、口技、护理	45(医士)	29(口技)	38(护理)		112
1979	护理(中专)	33	32			65
1980	护理(中专)	42	42			84
1983	护理(中专)	30	30			60
1984	护理(中专)	30	30			60
1985	护理(中专)	41				41
1986	护理(中专)	40	40			80
1987	护理(中专)	40				40
1988	护理(中专)	39	41	40	18	138
1989	护理(中专)	38	37	41		116
合计						2 447

表4-6-8　1971—1988年职工培训班毕业人数情况表

职工培训班名称及时间	专业	毕业生人数
第一期培训班(1971.4—1972.10)	护理、医技	75
第二期培训班(1971.10—1973.10)	护理	43
	医技	30
	口腔护士	10
	行政	3
第一期护理职工班(1986年)		50
第二期护理职工班(1987年)		68
第三期护理职工班(1988年)		29
合计		308

第五篇 医学研究

概　　述

医院自成为上海第二医学院附属医院以来,为提高医学教育和临床医疗质量,不断开展医学科学研究工作。1965年,医院门诊大楼建成后,改善了科研工作条件。1966年成立的颌面部针刺麻醉临床及实验研究室,是医院最早成立的临床实验研究室。"文化大革命"期间,科研工作陷于停顿。从1976年起,医院重建科研队伍,增加科研设备,逐步恢复科研工作。20世纪80年代起,医院加大科研经费投入和管理力度,加强国内外学术交流,积极开展医学科学研究,先后建立20个研究室、4个研究所、15个实验室、6个研究中心等一批研究机构,其中有上海市口腔医学研究所、上海市整复外科研究所、上海市组织工程重点实验室、上海市口腔医学重点实验室、上海市骨科内植物重点实验室及上海交通大学医学院眼科视觉科学研究所。

20世纪90年代后,医院相继创办或主办《医用生物力学》(1991年)、《上海口腔医学》(1999年)、《组织工程与重建外科杂志》(2005年)、《口腔材料学》(2009年)等学术期刊,为医学研究人员提供学术交流平台,并成为中国科技论文统计源期刊、中国科技核心期刊。2010年,《医学生物力学》杂志正式被美国EI数据库(工程索引)收录。

1991—2010年,医院获国家"973"项目、国家"863"计划、国家自然基金重点项目、国家科技支撑计划、国家自然基金项目等各级各类纵向科研项目1 260项,经费总计28 404万元。

1978—2010年,医院获各级各类科技成果奖500多项。1958—2010年,发表论文9 540篇,其中被国际SCI收录学术论文324篇。2004年度被Medline收录论文数量居全国医疗机构排名第一位。中国科学技术信息研究所公布的2008年度中国科技论文统计结果,九院被SCI收录论文90篇,排名全国医疗机构第17位。2000—2010年,获科研成果奖数量在交大医学院系统位列第二名。2010年,医院的SCI论文在全国医院排名第20位。

第一章 机构与职能

第一节 机构沿革与基本职能

一、机构沿革

【科研处】

1978年前,医院只有少量自选课题和协作课题,缺乏系统的科研工作。科室科研任务一般由主任和高年资临床医师来承担,以各学科临床医生作为科研主体力量,青年医师通过参与课题研究,提高自身临床学术水平。医院科研科成立前,科研工作管理职能由医务科、院长办公室承担。

1978年,为贯彻落实全国科学大会精神,医院确定以计划生育、血液病、激光治疗、显微外科、颅面外科、淋巴医学、口腔颌面肿瘤、龋病防治、口腔面部生理标志、人工肌腱等作为医院研究重点,并组织科研项目和课题投标。医院大量增订国内外医学期刊和医学图书,从1978年起,先后由医务处、院长办公室及科教处负责科研及研究生管理工作。

1985年10月底,医院依据《上海教卫办、市卫生局、高教局对瑞金、仁济、新华、九院四所附属医院设立科研科并任命科长的通知》精神,成立科研科,制定科研发展规划,并把科研工作列为医院重要工作,各临床学科开展医疗技术革新,科研工作蓬勃发展。1989年底,医院成立科研办公室,设主任1人,主持科研工作的管理。

1991年,医院成立科教办公室,1992年,更名为科教处,统一规划和管理科研工作,积极推进基础研究工作,大力支持科研创新。

20世纪90年代,医院继续加大科研经费投入和管理力度,提出"深化改革、依托科研、创新发展"的科研管理新思路,陆续建立一些研究机构和重点学科,通过临床与基础研究结合,使医院科研工作蓬勃发展,医院各级各类科研项目、科研课题申请方面获资助金额逐年增长,各学科依托科研成果,拓宽人才培养渠道,促进学科可持续发展,并在临床研究领域取得一系列进展。期间,医院科研课题、科研成果及获奖数量与名次,多次位居上海高校系统、上海市卫生系统、上海第二医科大学系统前列。

表5-1-1 1985—2010年科研处(科)历任负责人情况表

科　室	任职时间	正　职	任职时间	副　职
科研科			1985—1990	洪启文
科研办公室	1990—1992	洪启文		
科教办公室			1990—1992	曹谊林
			1990—	吴英娜
科教处	1992—1997	倪　诚	1993—1999	张玲毅
	1998—1999	祁佐良	1999—2003	冯　漪

(续表)

科　室	任职时间	正　职	任职时间	副　职
科教处	1999—2003	张玲毅	2003—2008	丁燕君
	2003—2008	冯　漪	2003—2009	陆尔奕
	2009—	陆尔奕		

【医学伦理】

1998年3月,第九人民医院医学伦理委员会成立。医学伦理委员会下设伦理办公室,由科教处管理,负责所有对外业务(包括检查、认证、培训、咨询、应对受试者的投诉等)和院内伦理项目的管理工作。

第一届医学伦理委员会由22人组成,戴尅戎任名誉主任委员,张志愿任主任委员,委员由法务人员、社区代表以及伦理学教授等组成。

表5-1-2　1998—2010年医学伦理委员会正、副主任,委员情况表

届次(时间)	主任、副主任、委员
第一届 (1998.3—2002.5)	名誉主任:戴尅戎 主任委员:张志愿 副主任委员:简光泽　周曾同 委员:张敏明　陈章达　应秀玲　赵宗慕　刘振珊　祁佐良　任彩娟　阮　洪　孙宝珊　冯承忠　杨菊贤　王　炜　林国础　曹开宾(伦理学)　钱维清(法律顾问)　陈　缨(社区代表)
第二届 (2002.5—2005.5)	名誉主任:戴尅戎 主任委员:张志愿 副主任委员:简光泽　周礼明 委员:陈章达　励永明　赵宗慕　俞　军　冯　漪　任彩娟　阮　洪　田卓平　周曾同　杨菊贤　王　炜　金嘉翔　袁莹萍　吴正一　张富强　曹开宾(伦理学)　童剑云(法律顾问)　陈　缨(社区代表)
第三届 (2005.5—2007.12)	主任委员:张志愿 副主任委员:简光泽　陈章达 委员:励永明　俞　军　冯　漪　任彩娟　阮　洪　田卓平　杨菊贤　金嘉翔　袁莹萍　张玲毅　吴正一　徐宗良(伦理学)　童剑云(法律顾问)　张宏根(社区代表)
第四届 (2008.1—2009.12)	主任委员:张志愿 副主任委员:简光泽　陈章达 委员:励永明　俞　军　冯　漪　任彩娟　阮　洪　田卓平　杨菊贤　金嘉翔　胡　滨　张玲毅　吴正一　徐宗良(伦理学)　童剑云(法律顾问)　张宏根(社区代表)
第五届 (2010.1.1—　　)	主任委员:张志愿 副主任委员:简光泽　陈章达 委员:周礼明　张玲毅　俞　军　陆尔奕　张少明　阮　洪　田卓平　周曾同　胡　滨　徐宗良(伦理学)　王　海(法律顾问)　张宏根(社区代表)　吴正一

二、基本职能

科教处自成立以来,全面负责医院科学研究、学科建设、科研项目、科研成果、科研机构、科研伦理、研究生教育、学术期刊等日常组织管理工作,是医院科学研究管理的职能和服务部门。主要的工作职责包括:制订医院科学研究、科技发展、研究生教育和学科建设的中长期规划,并组织实施;制定和完善有关的科研管理工作和研究生教育管理的文件和规章制度;各级各类科研项目和课题的申报、立项、验收管理工作;组织各类科研成果的登记、申报和评审工作;制定重点实验室、重点研究基地等科研机构的建设与规划;负责研究生招生、培养、学位管理以及导师遴选与考核。

第二节 制度建设与管理

医疗科研制度建设是医疗科研工作的重要保证。1985年,科研科成立后,在分管院长领导下,负责制定科研工作规章制度,制订医院科研发展规划并组织实施。先后制定研究室、实验室各级人员岗位职责、科研项目管理、科研经费管理、成果鉴定管理、动物房管理等一系列规章制度。

一、重点学科管理

在重点学科的管理方面,医院根据国家中长期学科和技术发展规划的总体目标,同时兼具医院的学科特色,通过加强学科建设的顶层设计,在现有的体系基础上建立国家级—市级—局级—院级,四级重点学科体系,按照不同层次的目标进行重点学科建设。正因为有了学科发展的梯次网络,优化了学科布局,提高了可持续发展能力和学科整体水平。

1991年,制订《院级重点学科发展基金管理条例》《市领先学科管理制度》《院级重点学科评审操作程序》。

二、科研项目管理

在课题管理方面,科教处开展课题申报辅导、组织科研开题、中期考核、结题评审、成果考核等科研工作的全过程管理。课题完成后关注成果的临床应用和新技术、新项目的使用推广。

1987年后,医院科研课题大幅度增长,各层次课题由最初10余项发展到1 000余项。

20世纪90年代,随着医学研究的发展,科教处相继制定一系列规章制度。包括《九院课题基金管理条例》《院级基金科研工作评分表》。至2010年,科教处进一步完善各项科研管理制度,先后制定《新技术新项目管理制度》《人才培养院级基金管理办法》等。

三、科研经费管理

根据各级部门对科研项目的管理要求,医院制定多项制度,例如《国家重点基础研究专项经费管理办法》,对科研项目实施管理。

为鼓励医务人员参与科研工作，1985年在科研科成立后，制定《科研奖励办法》《院科研编制人员分配方案》，1999年制定了《科研奖励及论文发表费报销试行办法》。

医院鼓励科室在各类项目发布申请指南后积极申报，并采取全透明的公开受理流程。对于上级部门有限项要求的项目，医院组织专家对项目进行统一评审，通过院内评审的项目，再进一步上报各相关部门。项目获得资助后，由财务处设立相应的科研经费账户，专款专用，由课题负责人组织项目的具体实施。医院科教处负责督促其完成项目，包括科研项目立项材料、工作进展、经费使用的管理等。

医院科教处和财务处采用手工及电子化手段相结合的方式及时登记监督项目经费使用情况，为后续全面启用信息化手段进行科研经费管理奠定基础。

四、医学伦理管理

医院的医学伦理委员会成立于1998年3月，委员会下设伦理办公室，负责所有对外业务（包括检查、认证、培训、咨询、应对受试者的投诉等）和院内伦理项目的管理工作（项目形式审查、协调快速审查、SAE/SUSAR/PD等受理、召集会议审查、准备会议资料、整理会议记录、出具批件、现场访视、档案整理等具体事务）。从医学伦理委员会成立之初，就建立完整而全面的管理制度，并随着医学伦理的发展，2次更新SOP。至2010年，制定5大类制度、30项SOP。

医学伦理委员会将申办方发起的临床试验和研究者发起的临床研究，纳入医学伦理的监管范畴。通过严格规范的审查，保护患者和受试者的合法权益，规范临床试验的管理，提高临床试验的质量。医学伦理的监管，推动生物医学研究的持续发展，为医务人员的医学研究合法合规开展提供伦理保障。医学伦理委员会持续地开展院内外培训使伦理委员保持伦理知识及时更新，胜任对各类型涉及医学伦理问题的审查。

五、基地平台管理

从1976年起，医院重建科研队伍，增加科研设备，恢复科研工作，科研工作蓬勃发展。1985年后，对院内各级科研机构建立评估制度，确立评估指标，定期组织考核。制定科研档案管理制度，加强科研档案管理，逐步进行科研档案整理。各研究所、实验室负责做好各类资料收集与管理。各研究所设有专职科研人员，从事基础研究或应用研究。对于贵重仪器设备，从1981年起实行专管公享制度。1987年后，医院科研课题大幅度增长，科研设备逐年增加。一些贵重科研仪器设备相继向全院开放。至2010年，前后三次修订《贵重仪器设备管理制度》。

六、科研成果管理

在科研成果管理方面，科教处组织对科研成果的评价鉴定，对成果的科学价值、经济价值、社会价值、应用可能性等进行审查评议，做出恰当的评价或鉴定意见。为鼓励医务人员参与科研工作，在1985年科教科成立后，制定《科研奖励办法》《院科研编制人员分配方案》，1999年制定了《科研奖励及论文发表费报销试行办法》。

科教处以临床需求为立足点，围绕临床常见病、多发病，加强了科研成果的总结，逐渐开始申报各级各类奖项,特别是口腔科、整复外科、骨科、血管外科。1988年九院获得2项国家技术发明奖。

2000年以后,随着科技理念和技术的发展,更着重于临床和基础研究相结合及医科和工科的结合。科教处全面协调和统筹成果管理的各类环节,激发科研人员的积极性,进一步完善科研成果的管理规范,以及科研成果鉴定和科研成果归档流程。

第二章　重点学科与科研基地平台

第一节　重点学科

2001年起,国家根据国民经济建设和社会发展对高级专门人才的需求、科技发展的趋势和国家财力的可能,在高等院校开展重点学科建设。择优确定并安排重点建设的学科,在高等教育学科体系中占据骨干和引领地位,在高层次人才培养、科学研究和国际竞争力方面体现示范和带头作用。上海交通大学医学院附属第九人民医院是一所具有鲜明学科特色的三级甲等综合性教学医院,学科门类齐全。科教处具体负责重点学科酝酿、初审、申报等各环节的组织协调工作,对建设过程实施追踪与中期评估,以保证建设目标的实现。医院先后有多个学科获得各级各类重点学科支持,其中既有口腔临床医学、整复外科、骨科等国家重点学科,又有部委级、市局级重点学科。医院还设立院级重点学科平台,支持医、教、研水平提升较快的潜力学科,涵盖内科、外科、妇科、儿科及临床医技科室,促使科室在建设中提高学术水平,为争取进入更高层次的学科建设项目创造条件。

至2010年,口腔临床医学、外科学(整形重建与修复外科)、外科学(骨科)为国家重点学科,心血管内科为国家重点学科组员单位(牵头单位瑞金医院),口腔基础医学为国家重点培育学科。口腔医学、外科学(整形重建与修复外科)、外科学(骨科)为教育部"十二五""211工程"重点学科。口腔黏膜病科为国家中医药管理局"十二五"重点专科。医院拥有3个上海市临床医学中心(口腔临床、整复外科、关节外科),组织工程学为上海市"重中之重"学科,口腔颌面外科为上海市重点学科(优势学科),口腔修复生物材料学为上海市重点学科(特色学科),口腔基础医学和眼科学为上海市第三期重点学科。同时有7个学科(次)进入上海交大医学院重点学科建设体系,10个学科(次)成为医院重点学科建设项目。

表5-2-1　1998—2007年医院获国家及部委级重点学科情况表

重点学科级别	学 科 名 称	批准年份	学科带头人
教育部国家重点学科	口腔临床医学	2001	邱蔚六
教育部国家重点学科	口腔临床医学	2006	张志愿
教育部国家重点学科	外科学(整形外科)	2001	曹谊林
教育部国家重点学科	外科学(整形外科)	2006	曹谊林
教育部国家重点学科	外科学(骨科)	2006	戴尅戎
教育部国家重点培育学科	口腔基础医学	2006	张志愿
教育部"211工程"重点学科(第一期)	口腔临床医学	1998	邱蔚六
教育部"211工程"重点学科(第一期)	外科学(整形外科)	1998	张涤生
教育部高等学校重点学科	口腔临床医学	2001	邱蔚六
教育部高等学校重点学科	外科学(整形外科)	2001	张涤生

（续表）

重点学科级别	学 科 名 称	批准年份	学科带头人
教育部"211工程"重点学科（第二期）	外科学（骨科）	2002	戴尅戎　杨庆铭　邓廉夫
教育部"211工程"重点学科（第二期）	口腔颌面外科	2002	邱蔚六　张志愿
教育部"211工程"重点学科（第二期）	整形外科（含组织工程）	2002	张涤生　曹谊林
教育部"211工程"重点学科（第二期）	外科学（血管外科）	2002	蒋米尔
教育部"211工程"重点学科（第三期）	外科学（骨科）	2007	戴尅戎　朱振安　邓廉夫
教育部"211工程"重点学科（第三期）	口腔医学	2007	张志愿
教育部"211工程"重点学科（第三期）	整形外科与组织工程学	2007	曹谊林
国家中医药管理局"十一五"重点专科（专病）	口腔黏膜白斑病	2007	周曾同

表5-2-2　1984—2009年医院获市局级重点学科情况表

重点学科级别	学 科 名 称	批准年份	学科带头人
上海市高教局重点学科（第一批）	口腔颌面外科	1984	张锡泽　邱蔚六
上海市高教局重点学科（第一批）	整复外科学	1984	张涤生
上海市高教局重点学科（第二批）	骨科学	1990	戴尅戎
上海市医学领先学科	口腔内科	1992	刘　正
上海市医学领先学科	整复外科	1995	王　炜　曹谊林
上海市医学领先学科	骨关节外科学	1998	戴尅戎　侯筱魁
上海市"重中之重"重点学科	组织工程学	2000	曹谊林
上海市教委重点学科（第三批）	口腔颌面外科	1995	邱蔚六
上海市教委重点学科（第四批）	骨科学	2001	戴尅戎
上海市教委重点学科（第五批）	骨关节外科学	2007	戴尅戎　朱振安
上海市临床医学中心	口腔临床医学中心	2001	邱蔚六
上海市临床医学中心	整复外科临床医学中心	2002	曹谊林
上海市临床医学中心	关节外科临床医学中心	2003	戴尅戎
上海医学重点学科	中西医结合黏膜病特色专科	2003	周曾同
上海医学重点学科	中医创面修复特色专科	2003	李青峰　戚清权
上海市重点学科（第二期）优势学科	组织工程学	2005	曹谊林
上海市重点学科（第二期）优势学科	口腔颌面外科学	2005	张志愿　邱蔚六
上海市重点学科（第二期）特色学科	口腔修复和生物材料学	2005	张富强
上海市重点学科（第三期）	口腔基础医学	2008	陈万涛
上海市重点学科（第三期）	眼科	2008	范先群

(续表)

重点学科级别	学科名称	批准年份	学科带头人
上海市高校创新团队(第一期)	外科学(骨科)	2008	戴尅戎
上海市高校创新团队(第一期)	外科学(整形)	2008	曹谊林
上海市高校创新团队(第一期)	口腔临床医学	2008	张志愿
上海市高校创新团队(第二期)	外科学(骨科)	2009	赵 杰
上海市高校创新团队(第二期)	外科学(整形)	2009	韦 敏
上海市高校创新团队(第二期)	口腔临床医学	2009	沈国芳
中医优势学科	中医科	2008	周阿高 戚清权

表5-2-3 1996—2008年医院获校、院级重点学科情况表

重点学科级别	学科名称	批准年份	学科带头人
上海第二医科大学重点学科(第一期)	生物材料与口腔修复	1996	薛 淼
上海第二医科大学重点学科(第一期)	口腔医学修复学	2001	薛 淼
上海第二医科大学重点学科(第二期)	眼科学	2003	范先群
交大医学院重点学科(第三期)	眼科学	2008	范先群
交大医学院重点学科(第三期)	手术麻醉学	2008	姜 虹
交大医学院重点学科(第三期)	泌尿外科学	2008	王 忠
交大医学院重点学科(第三期)	内分泌代谢病学	2008	陆颖理
交大医学院重点学科(第三期)	普外科学	2008	顾 岩
九院院级重点学科(第一批)	血管外科	2001	蒋米尔
九院院级重点学科(第一批)	眼科	2001	奚渭清
九院院级重点学科(第一批)	口腔修复科	2001	薛 淼
九院院级重点学科(第二批)	手麻科	2004	朱也森
九院院级重点学科(第二批)	口腔正畸科	2004	沈 刚
九院院级重点学科(第二批)	神经外科	2004	丁美修
九院院级重点学科(第三批)	普外科	2007	顾 岩
九院院级重点学科(第三批)	泌尿外科	2007	王 忠
九院院级重点学科(第三批)	内分泌科	2007	陆颖理
九院院级重点培育学科(第三批)	肾脏内科	2007	张 薇

第二节 科研基地平台

一、研究所与研究中心

1982—2010年，医院先后获批上海市级和校级研究所5个，国家级、市级、校级研究中心8个。各中心、研究所人员由医院实行统一管理，实现资源共享。

表 5-2-4　1982—2010 年医院获批的研究所情况表

成立年份	研究所名称	首任负责人
1982	上海市口腔医学研究所	张锡泽
1988	上海市整复外科研究所	张涤生
1998	上海第二医科大学内植物工程联合研究所	戴尅戎
1999	上海第二医科大学-上海交通大学医学生物工程联合研究所	戴尅戎
2010	上海交通大学医学院眼科视觉科学研究所	范先群

表 5-2-5　1989—2010 年医院获批的研究中心情况表

成立年份	研究中心名称	首任负责人	备注
1989	上海生物材料研究测试中心	薛淼	
1994	上海市唇腭裂治疗研究中心	袁文化	
1997	上海第二医科大学组织工程研究中心	曹谊林	1997 年归入组织工程重点实验室
2001	上海市组织工程研究中心	曹谊林	2005 年功能归入国家工程研究中心
2005	组织工程(上海)国家工程研究中心	曹谊林	
2006	教育部数字医学工程研究中心	戴尅戎	
2010	上海交大医学院颅颌面研究中心	沈国芳	
2010	上海市骨科内植物重点实验室-国际华人骨研学会骨科转化医学联合研究中心	汤亭亭	

二、上海市重点实验室

在上海市科委的支持下,1997 年 7 月,经批准,医院成立国内第一家专门进行组织工程研究的中心与基地——上海市组织工程研究重点实验室。2003 年 12 月,医院成立上海市口腔医学重点实验室,成为口腔教学和科研活动的重要基地。2008 年 10 月,整合上海市范围内骨科、机械工程、生物力学、细胞学和分子生物学的相关力量,建立起医用内植物研究的技术平台,成立上海市骨科内植物重点实验室。这些重点实验室作为组织高水平基础研究和应用基础研究、培养优秀医学人才的重要研究基地,对学科发展、推动医院整体科研水平起到重要作用。

表 5-2-6　1997—2008 年市级重点实验室情况表

成立年份	实验室名称	首任负责人
1997	上海市组织工程重点实验室	曹谊林
2003	上海市口腔医学重点实验室	张志愿
2008	上海市骨科内植物重点实验室	汤亭亭

三、校级、院级研究室

1961年口腔系成立上海第二医学院口腔材料研究室，1986—1994年，医院相继成立计划生育研究室、血管外科研究室、骨科生物力学与功能重建研究室、眼科视觉电生理研究室、内科心血管疾病研究室、血液流变学与血栓研究室、耳鼻喉科研究室等院级研究室。这些研究室为临床科室的医学研究提供基本平台，其中部分研究室日后发展成为校级、市级研究室或中心。

1993年，骨科生物力学与功能重建研究室升格为二医大生物力学研究室。1994年，由眼科主任奚渭清创建的眼科视觉电生理研究室升格为上海市视觉检测研究中心（二医大第三眼科研究室），李海生任主任。

表 5-2-7 1961—1994 年校级、院级研究室情况表

成立年份	研究所名称	备注
1961	上海第二医学院口腔材料研究室	1989年归入上海生物材料研究测试中心
1966	颌面部针刺麻醉临床及实验研究室	
1982	上海第二医学院生物医学材料研究室	1989年归入上海生物材料研究测试中心
1986	计划生育研究室	
1986	血管外科研究室	
1986	骨科生物力学与功能重建研究室	1993年升格为二医大生物力学研究室
1988	眼科视觉电生理研究室	
1988	内科心血管病研究室	
1993	上海第二医科大学生物力学研究室	2003年更名为上海第二医科大学骨与关节研究中心
1994	血液流变学与血栓研究室	
1994	耳鼻喉科研究室	

第三节 上海市口腔医学研究所

一、沿革

1982年6月2日，经上海市科委和上海市卫生局批复同意成立上海市口腔医学研究所。1982年7月16日，上海市口腔医学研究所举行成立大会，二医口腔系主任张锡泽担任所长，所址设在第九人民医院。上海市科委、高教局、卫生局、二医和各附属医院、兄弟医院的领导、口腔科专家、医务人员共300余人参加大会。

1982年成立时，上海市口腔医学研究所下设龋病、牙周病、口腔黏膜病、口腔颌面外科、口腔矫形科、口腔病理、口腔材料等7个分支研究室，附设口腔医学情报资料室、口腔临床免疫实验室。口腔颌面外科研究室设立口腔肿瘤生物学实验室。

表 5-2-8 1982 年口腔研究所属分支研究室及负责人情况表

研 究 室	主 任	副 主 任
龋病研究室	乌爱菊	邵家珏
牙周病研究室	黄宗仁	
口腔黏膜病研究室	许国祺	曹宏康
口腔颌面外科研究室	邱蔚六	马宝章
口腔矫形科研究室	邱立崇	楼昭华　杨宠莹
口腔病理研究室	刘瑗如	
口腔材料研究室	邱立崇	薛 淼

1984 年，口腔矫形科分为口腔修复科和口腔正畸科，同时新成立口腔修复科实验室。口腔材料研究室于 1989 年独立成为上海生物医用材料研究测试中心。

2003 年，研究室结构调整，新成立口腔生物工程实验室，负责人为蒋欣泉；龋病研究室、牙周病研究室及口腔黏膜病研究室合并为口腔微生物实验室，负责人为梁景平；口腔修复科实验室扩大，负责人为张富强；新成立口腔正畸科实验室，负责人为沈刚。2007 年，口腔分子预防实验室成立，负责人为冯希平。2009 年口腔生物工程实验室更名为口腔生物工程和再生医学实验室。

2003 年，上海市科委正式立项建设上海市口腔医学重点实验室，下设口腔肿瘤生物学实验室、口腔微生物实验室、口腔生物工程实验室、口腔修复学实验室、上海生物材料研究测试中心、口腔病理学实验室，张志愿任主任，陈万涛任常务副主任，邱蔚六任第一届学术委员会主任委员。2006 年通过上海市科委专家组验收并正式挂牌。2008 年通过上海市科技评估中心组织的专家评估。

口腔医学研究所历任负责人由口腔学科的学科带头人或专科主任等担任，自成立以来先后调整 3 届。

表 5-2-9 1982—2010 年口腔医学研究所历任正、副所长情况表

任职年份	所 长	副 所 长	顾问/名誉所长
1982—1987	张锡泽	黄宗仁　崔华峰	邱立崇　乌爱菊 许国祺　周鲸渊
1987—1990	黄宗仁	袁文化　杨宠莹　蔡 中	
1990—2001	刘 正	蔡 中　张伟国	
2001—2010	张志愿（兼）	冯希平（常务、兼） 周曾同（兼） 张富强（兼）　沈 刚（兼）	刘 正

1991 年，孙大麟任口腔研究所党支部书记兼纪检委员，夏伟亚任组织委员兼统战、治保委员，吴英娜任宣传委员兼青年委员。1993 年，增补李江为口研支部委员。1996 年研究所与医学院成立教研支部，孙大麟任书记，兼管统战、纪检工作，蔡良骏和李江任委员，分别负责组织、治保工作和宣传、青年工作。

图 5-2-1 2010年口腔医学研究所班子研讨工作，左起：沈刚、张福祥、周曾同、张志愿、刘正、冯希平

二、研究项目

【课题与经费】

上海市口腔医学研究所建立伊始以口腔常见病防治为主要研究方向，以科研项目管理为中心工作，组织各研究室积极申报科研项目，获得的项目和经费资助逐年增加，形成良好的科研管理平台。

1982年，研究所刚成立，同年获得上海市卫生局、高教局和国家卫生部的项目，研究经费6万余元，1983年科研经费已增加至10万元，截至2010年，总立项科研经费达1700余万元。

表 5-2-10 1982—1990年上海市口腔医学研究所承担科研项目情况表

年 份	课 题 名 称	来 源
1982	激光感生组织自体荧光诊断恶性肿瘤的研究	上海市高教局
	人口腔癌细胞株建立和应用	上海市卫生局
	口腔黏膜白斑和扁平苔藓防治的研究	卫生部
1983	激光—血卟啉诊治口腔恶性肿瘤	国家教委
	与TMJ病的研究	上海市高教局
	牙石抑制与牙骨结骨内毒素的研究	上海市卫生局
	口腔基托材料标准研制	卫生部
1985	先天性唇裂防治研究	上海市卫生局
	早期釉质龋超微病理学研究	上海市卫生局
1986	正畸生物力学	国家自然科学基金
	颅颌功能生物力学实验模型研究	上海市高教局

(续表)

年份	课题名称	来源
1986	黏性放射菌分离、培养和菌株毒力研究	上海市高教局
	经导管栓塞疗法在口腔颌面部疾病临床应用机理研究	上海市高教局
	氟化物临床防龋效果和机制研究	上海市卫生局
	人工颌骨、人工颞颌关节的实验与临床	上海市高教局
1987	口腔颌面鳞癌单克隆抗体制备与血清学研究	上海市高教局
1988	口腔癌组织培养及药敏试验	国家自然科学基金
	老年人根面龋发病和预防机制	国家自然科学基金
	特征自体荧光诊断恶性肿瘤机制	国家自然科学基金
	各种卟啉制剂与激光作用的基础研究	上海市科委
	血管化骨移植和单纯骨移植愈合机制的比较	上海市科委
	功能性腭成形术与传统性腭成形术效果的比较研究	上海市高教局
	腭裂体牙颌畸形一次整复及腭成形术效果客观评定的研究	卫生部
1989	口腔厌氧菌内毒素生物活性及其防治的研究	国家自然科学基金
	颌面肿瘤栓塞疗法机理的实验研究	国家自然科学基金
	腺样囊性癌化疗的增敏研究	国家自然科学基金
1990	头颈部恶性肿瘤中晚期中医治疗	上海市卫生局
	硒离子对口腔癌生长抑制的实验研究	国家自然科学基金
	口腔变形链球菌黏附机理研究	上海市高教局
	口腔颌面部鳞癌浸润性淋巴细胞过继免疫治疗的实验研究	上海市卫生局
	牙菌斑中非产酸菌与龋病的关系	国家自然基金
	口腔癌单克隆抗体的制备与应用研究	国家自然基金
	口腔颌面部功能性整复和器官成形的临床及机制研究	上海市科委

1986年,开始组织和申报国家自然科学基金项目,获自然基金项目1项。2003年,陈万涛领衔的"口腔鳞状细胞癌诊治靶点基因的筛选和功能研究"获国家自然科学基金重点项目资助,总经费125万元。2006年,张志愿领衔的"口腔鳞癌分子发病机制与免疫治疗实验研究"获国家自然科学基金重点项目资助,总经费150万元。同年,张志愿作为第一负责人的"口腔颌面部鳞癌个体化综合序列多中心前瞻性研究"获国家科技部科技支撑计划立项资助,总经费200万元。2010年口腔研究所立项国家自然基金项目达16项,为建所以来国家自然基金项目数最多年份。

表5-2-11 1991—2000年上海市口腔医学研究所承担科研项目情况表

年份	课题名称	来源
1991	涎腺腺样囊性癌生物学特性及组织发生研究	卫生部
	颞下颌关节盘前移位硬化剂滑膜下注射的实验研究和临床应用	上海市高教局

(续表)

年 份	课 题 名 称	来 源
1991	微量元素对老年根面龋防治机制的研究	卫生部
	口腔修复领域CAD系统的开发和CAD系统的研制	国家自然科学基金
	口腔特殊生态环境及其抗菌控氧疗法的研究	上海市高教局
1992	磷脂壁酸在口腔变形链球菌黏附中的作用	国家自然科学基金
	中国腭裂术后患者异常汉语语音的机制及其分类	国家自然科学基金
	系统背景性口腔黏膜白纹状损害的基础与临床研究	卫生部青年基金
	根管治疗-桩核-冠系列工程治疗牙体严重缺损的研究	上海市卫生局
	颌骨畸形伴OSAS的正颌外科方法及其疗效评价	上海市高教局
1993	口腔癌基因治疗的研究	国家自然科学基金
	牙周病的牙槽骨吸收和修复机制研究	国家自然科学基金
	新型口腔固定修复用陶瓷材料的研究和临床应用	上海市科委
	中国人、日本人口腔黏着性细菌的鉴定和生物学性状的研究	上海市科委
	抗Brdu单克隆抗体生产及Brud渗入免疫组织技术建立	上海市高教局
	人工口腔模型在龋病病因学研究和预防中的应用	上海市教委
	绞股蓝总苷对金黄地鼠颊囊癌前病变细胞动力学影响的研究	上海市卫生局
1994	涎腺腺样囊性癌高转移性模型建立及机制研究	国家自然科学基金
	非胶原蛋白在生物磷灰石矿化中作用的实验研究	国家自然科学基金
	Brdu代替3H-Tdr核标记及其应用研究	卫生部
	颌面不对称畸形的综合诊治	卫生部
	聚L-乳酸类可吸收材料合成及在口腔颌面外科的应用	卫生部
	正常人群生理性腭咽闭合不全参数的研究	上海市高教局
	术后放疗对于游离皮瓣影响的研究	上海市高教局
	钴-60照射对下颌骨损害的实验研究	教育部博士点基金
	套筒冠修复体对牙保存的临床与基础研究	教育部博士点基金
1995	口腔厌氧菌内毒素降解机制研究	国家自然科学基金
	绞股蓝影响金黄地鼠颊囊癌前病变过程中癌基因表达的研究	国家中医药管理局
	固定—活动联合修复体开发研究与临床研究	上海市科委
	聚乙噁酮可吸收生物膜的合成及在牙周病治疗中的应用	上海市科委
	纯钛铸造在口腔医学领域的应用	上海市科委
	偏颌畸形颌面形态和功能的系列研究	上海市教委
	口腔修复体与相关微生物关系的基础研究	上海市教委
1996	黏性放线菌菌毛的黏附作用机制研究	国家自然科学基金
	维甲酸联合干扰素诱导分化口腔鳞癌作用机制研究	国家自然科学基金

(续表)

年份	课题名称	来源
1996	TNF-α 基因修饰口腔癌 DNL 细胞的研究	国家自然科学基金
	细胞黏附相关蛋白在涎腺腺样囊性癌预后评估中的作用	卫生部
	颜面增龄性变化规律及颌位重建模拟成像系统的临床研究	卫生部
	牙科银汞合金能否导致慢性中毒的研究	卫生部
	放疗对同期血管化移植骨内牙种植体骨正颌影响的实验研究	卫生部
	颈动脉重建术的实验和临床应用研究	卫生部
	磁性固位体开发、临床、基础研究	上海市科委
	灯盏细辛对金黄地鼠颊囊癌变过程血管生成影响的研究	上海市科委
	颈动脉重建术的实验和临床应用研究	上海市科委
	唇腭裂继发牙颌面畸形矫治的序列研究	上海市科委
	黏性放射菌菌毛的黏附作用机制研究	上海市教委
	颌面修复体的抗心脑血管病变关系的研究	上海市回国人员基金
	幼儿猛性龋危险因素的流行病学研究	中国牙病防治基金会
1997	HPV 感染与口腔鳞癌的细胞周期调节因子改变的相关研究	国家自然科学基金
	血管化移植骨内牙种植体植入前后放疗对骨整合影响的比较实验研究	国家教委回国人员基金
	纯钛铸造中熔合金的临床应用	国家教委回国人员基金
	经颞颌关节镜植软骨治疗骨关节病的机理研究	上海市科委启明星
	毫米波循环传导联合放疗对人鳞癌细胞的实验研究	上海市科委
	幼儿猛性龋病因的流行病学和细菌研究	上海市科委
	PB 生物活性材料应用于人工牙根即刻种植实验及临床研究	上海市科委
	口腔保健品有效性评价程序的建立及完善	上海市教委发展基金
	玻璃离子黏固剂在口腔环境中溶出机制的研究	上海市教委青年基金
	癌基因在口腔黏膜癌前病变恶变倾向预测中的作用	上海市教委曙光计划
	聚乳酸载体复合骨形成蛋白/多肽-15 修复颌骨缺损的实验研究	上海市教委
	复方 GP 治疗口腔白斑的效果评价及其细胞动力机制研究	上海市卫生局
1998	变形链球菌耐氟突变中胞膜 ATP 酶的作用探讨	国家自然科学基金
	HSV-tk 和 IL-2 基因共表达抗腺样囊性癌转移的实验研究	国家自然科学基金
	GP 对白斑癌变过程细胞增殖和凋亡的影响及其关系研究	国家自然科学基金
	瓷修复体的无损检测及微裂纹产生、演化和预防的机制探讨	国家自然科学基金
	唇腭裂畸形上颌骨矫正的实验研究	国家自然科学基金
	前牙反合计算机辅助诊治系统	卫生部
	青少年牙周炎的发病机制研究	卫生部

(续表)

年份	课题名称	来源
1998	颞下颌关节骨关节炎与化脓性关节炎的相关性探讨	卫生部
	微机语音分析系统在腭裂语音诊治中的临床研究	卫生部
	腭咽闭合功能不全的非手术治疗方法的研究	国家教委回国人员基金
	人牙本质涎磷蛋白基因的克隆	上海市科委
	毫米波循经传导抗大鼠诱发肝癌的实验研究	上海市科委
	局限型青少年牙周炎相关基因的分析研究	上海市科委
	牙列缺损修复设计的仿真系统开发	上海市科委
	牙体整复和功能重建的开发	上海市科委
	三氧化二砷经动脉导管介入治疗口腔恶性肿瘤的基础和临床应用研究	上海市科委
	绿茶多酚防龋涂膜的开发研究	上海市教委
	DNL 细胞转 TNF 基因治疗舌癌的实验研究	上海市教委曙光计划
	预防龋病有效中药的筛选	上海市卫生局
1999	P-选择素及其配体影响 ACC-M 细胞转移的实验研究	国家自然科学基金
	体外诱导人口腔上皮异常增生细胞系建立及癌变实验研究	国家自然科学基金
	黏性放线菌Ⅰ型菌毛单克隆抗体功能基因的研究	上海市科委
	建立人口腔上皮异常增生细胞系及癌变实验研究	上海市科委
	转基因小鼠建立口腔颌面部血管瘤动物模型	上海市科委
	下颌前伸后髁突软骨内10型胶原的表达观察	上海市教委
	镧系元素防治老年根龋的临床应用研究	上海市教委
	异常语音音声特征的研究和音声图谱的建立	上海市教委
	$RAR\beta/RA$ 基因抗口腔鳞癌实验研究	上海市教委
	下颌骨升支矢状劈开移位术对颞颌关节影响的生物力学研究	上海市教委
	根治性颈清术重建斜方肌功能的比较研究	上海市教委
	牙周病早期诊断的生物学指标研究	上海市教委
	口腔癌淋巴转移模型的建立	上海市教委
	黏性放线菌Ⅰ型菌毛单克隆抗体抗黏附基因片段的研究	上海市教委曙光计划
	预制自体复合组织瓣修复上颌骨缺损的实验研究	中国博士后基金
	口腔癌转移潜能的逆转	中国博士后基金
	骨形成蛋白2基因转染的牙周膜成纤维细胞	中国博士后基金
	头颈部恶性肿瘤侵犯高位颈动脉的切除与重建的临床研究	国家教委回国人员基金
2000	核酶抑制人乳头状瘤病毒转化口腔上皮细胞的实验研究	国家自然科学基金
	BMP 和 TGF-β 基因共转染牙周膜成纤维细胞系列研究	国家自然科学基金

（续表）

年 份	课 题 名 称	来 源
2000	微生态角度研究牙周病与龋病关系	国家自然科学基金
	口腔癌肺高转移相关抗原基因的筛选及其核酸疫苗的研究	国家自然科学基金
	口腔白斑可疑致癌基因筛选及关联性研究	国家科委
	颈淋巴细胞转 TNF 基因治疗舌癌的实验研究	国家教委
	PLAGI 转基因小鼠系的建立及其致瘤作用的研究	上海市科委
	精密附着体的开发研究与临床研究	上海市科委
	齿科铸造合金耐蚀性能的研究	上海市科委
	表达 BMP-2 的牙周膜成纤维细胞用于牙周组织修复的实验研究	上海市博士后基金
	口腔疾患引起语音障碍的音声特点和临床治疗学的研究	上海市教委曙光计划
	绿原酸、鞣酸和植酸对牙髓炎的抑菌和杀菌作用	上海市教委
	颌骨生长型改良技术的开发及临床研究	上海市教委
	含茶多酚口香糖对龋病、牙龈炎的防治	上海市卫生局

表 5-2-12　2001—2010 年上海市口腔医学研究所承担的科研项目情况表

年 份	课 题 名 称	来 源
2001	口腔鳞癌细胞增殖、分化相关基因的克隆和鉴定	国家自然科学基金
	牙种植优化设计的基础研究	国家教委回国人员基金
	细菌生物膜中密度感应信号对细菌抗药性的影响	国家教委回国人员基金
	热塑性牙胶的研制及应用基础研究	上海市科委
	新型光敏药物联合氪激光光动力治疗鲜红斑痣的研究	上海市科委
	"参阳方"治疗头颈部鳞癌疗效评价及其作用药效学研究	上海市科委
	应用组织工程技术构建口腔黏膜动物实验研究	上海市科委
	弯曲根管根尖 1/3 预备的研究	上海市科委启明星
	牵引成骨技术在下颌骨缺损修复中的应用研究	上海市教委
	口腔黏膜白念珠菌分子流行病学研究	上海市教委
	卡环固位力的测定与分析	上海市教委
	可摘局部义齿相关结构对口腔软腭组织的力学影响	上海市教委
	微创（内镜）诊治颞下颌关节纤维性强直	上海市卫生局
	钬激光经内镜诊治口腔后缘肿瘤的应用研究	上海市卫生局
	釉基质蛋白对 MC3T3-E1 成骨细胞生物学特性的影响	上海市卫生局
2002	组织工程技术构建口腔颌面部骨组织的应用研究	"863"计划
	人乳头状瘤病毒恶性转化口腔上皮细胞的基因表达谱分析	国家自然科学基金
	感染根管细菌检测基因芯片平台构建和临床应用初步研究	国家自然科学基金

(续表)

年　份	课　题　名　称	来　　源
2002	萎缩牙槽嵴重建的实验研究	国家自然科学基金
	人涎腺肿瘤 PLAG1 小鼠系的建立及其基因表达分析	国家自然科学基金
	人乳头状瘤病毒恶性转化口腔上皮细胞的基因表达谱分析	上海市科委
	颌面功能性赝复系统的开发和临床研究	上海市科委
	剩余牙槽嵴的组织工程重建	上海市科委启明星
	双槽沟矫治技术系统的研制及临床效果观察	上海市科委
	下颌骨缺损功能性整复的临床与实验研究	上海市科委
	牵引成骨技术在上颌骨缺损修复中的应用	上海市教委曙光计划
	玻璃离子窝沟封闭剂与传统树脂窝沟封闭剂的性能及有关成本效益比研究	上海市科委白玉兰基金
	口腔癌增殖、转移相关功能基因筛选和鉴定	上海市引进国外人才基金
	瓷修复体比配色系统的研究	上海市教委(重点项目)
	特殊形态涎腺肿瘤的组织发生及生物学行为研究	上海市教委
	溶胶-凝胶法在齿科合金表面处理中的应用研究	上海市教委
	纳米抗菌树脂的基础研究	上海市教委
	组织工程修复牙周炎骨缺损的动物实验研究	上海市教委
	涎腺巢状实体型肿瘤的组织发生及生物学行为探讨	上海市教委
	上颌骨大型缺损的功能性重建的临床研究	上海市教委
	汉语腭裂语音多媒体数据库的建立	上海市教委
	口腔鳞癌耐药相关基因差异表达的分析	上海市教委
	微创手术治疗三叉神经痛和面肌抽搐的实验与临床研究	上海市教委
	颌骨动静脉畸形永久性栓塞治疗的临床研究	上海市教委
	中药(SS糖浆)治疗口干燥症的临床应用研究	上海市卫生局
	抗菌自凝羟基磷灰石盖髓研究	上海市卫生局
	中医单病种质量控制标准——唇风(慢性唇炎)	上海市卫生局
2003	口腔鳞状细胞癌诊治靶点基因的筛选和功能研究	国家自然科学基金重点项目
	转基因小鼠组织特异性表达血管瘤模型的建立	国家自然科学基金
	丹参、灯盏花和ZD6474防治白斑癌变及对血管生成的比较	国家自然科学基金
	人舌鳞癌组织切片原位纳米获取及其分子病理学研究	国家自然科学基金
	口腔鳞癌顺铂耐药基因的筛选及作用机制的研究	国家自然科学基金
	口腔鳞癌诊断、耐药基因筛选和应用研究	上海市科委(国际合作)
	牙科纳米氧化锆可切削陶瓷粉体研制的实验研究	上海市科委
	盐酸米诺环素口腔缓释软膏的研制与应用基础研究	上海市科委

(续表)

年份	课题名称	来源
2003	纳米载体在牙周袋局部用药中的研制与临床应用	上海市科委
	鼠白斑癌变相关靶基因及 Eb、Gp、Vb 应答基因的动态研究	上海市科委
	涎腺腺样囊性癌肺转移相关蛋白质的筛选鉴定	上海市科委
	三维导航技术在正颌外科的开发应用研究	上海市科委
	牙科可切削氧化锆基底陶瓷基础研究	上海市科委
	种植牙软组织缺损修复的临床研究	上海市科委
	口腔癌发生及转移机制与应用研究	上海市科委白玉兰基金
	基因修饰的组织工程化骨修复颌骨缺损的研究	上海市自然科学基金
	中医药治疗牙周病的机制研究	上海市自然科学基金
	唇腭裂患者上颌快速扩弓的生物力学研究	上海市教委
	牙本质基质蛋白1在牙本质形成中的作用和临床应用前景	上海市教委
	颌骨内置式种植牵引器的开发与临床研究	上海市教委
	根管治疗期间疼痛的发生机制研究	上海市教委
	口腔生物学多媒体教学课件和实验课程建设	上海市教委课程建设基金
	口腔正畸课程建设基金及基金配套教材	上海市教委课程建设基金
	口腔黏膜上皮细胞及成纤维细胞与PGA的生物相容性研究	上海市教委博士点
	三维导航用于正颌外科手术的技术方法创建	上海市教委博士点
	跟骨骨密度与侵袭性牙周炎关系的探讨	上海市卫生局
	口臭诊断检测指标的建立	上海市卫生局
2004	灯盏花对人口腔黏膜组织工程血管化的影响	国家自然科学基金
	三维导航技术在颅颌面骨畸形整复中的开发与应用研究	国家自然科学基金
	涎腺腺样囊性癌肺转移相关蛋白质的筛选和鉴定	国家自然科学基金
	Nell-1基因修饰的骨髓基质细胞促进颌骨缺损修复的实验研究	国家自然科学基金
	变形链球菌 $luxS$ 基因在种属间密度感应中作用的初探	国家自然科学基金
	结合上皮体外培养及损伤再生研究	国家自然科学基金
	口腔黏膜病的临床研究——口腔白斑与口腔扁平苔藓的临床流行病学与分子流行病学研究	国家科技部"十五"攻关计划分课题
	我国成人根管形态特点与根管治疗质量及疗效关系的研究——我国成人根管治疗标准制定	国家科技部"十五"攻关计划分课题
	龋齿患者的牙菌斑特性与宿主反应的关系研究——儿童健康牙与龋患牙牙菌斑特性研究	国家科技部"十五"攻关计划分课题
	牙周病防治研究	国家科技部"十五"攻关计划分课题

（续表）

年　份	课　题　名　称	来　源
2004	牙列缺损与牙列缺失的种植修复临床研究	国家科技部"十五"攻关计划分课题
	人唾液腺肿瘤PLAG1全身表达转基因小鼠模型的建立	教育部博士点基金
	三维导航技术用于正颌外科手术的技术方法创建	教育部博士点基金
	成骨细胞瘤细胞分子生物学特性研究	教育部出国留学人员基金
	牵引成骨技术在上颌骨缺损修复中的应用	教育部
	变形链球菌 *lux*S 基因在种属间密度感应中作用的初探	中国博士后基金
	Nell-1缓释纳米材料复合骨髓基质细胞修复颌骨缺损的实验研究	上海市科委
	防治口腔癌新药复方冬菊胶囊临床前研究	上海市科委
	阻断Cyclin D1、MAPK26、ASNS及其相关基因表达逆转口腔鳞癌耐药性的研究	上海市科委
	牙菌斑生物膜耐药的分子机制探讨	上海市科委
	Toll样受体在牙周病发生发展中的作用及机制研究	上海市科委
	应用组织工程化软骨修复髁突软骨面缺失的实验研究	上海市科委启明星
	颞下颌关节镜缝合固定技术及其相关器材开发	上海市科委启明星后
	计算机辅助种植义齿导航系统的开发应用研究	上海市科委
	医用材料表面纳米结构修饰对其生物兼容性影响的研究	上海市科委
	基于嵌入式系统的超声辐射热疗技术开发及临床应用研究	上海市科委
	口腔鳞状细胞癌诊治靶点基因的筛选和功能研究	上海市科委白玉兰基金
	口腔癌相关基因的确定和功能研究	上海市引进国外技术管理人才项目计划
	头颈肿瘤的分子生物学研究	上海市引进国外管理人才项目计划
	应用投影栅线技术建立三维数字化牙齿模型的研究	上海市教委
	牙周细胞体外愈合模型的建立和评价	上海市教委
	成人严重OSAHS计算机辅助三维导航的牵引成骨治疗研究	上海市教委
	精密附着体应用于单侧上颌骨缺损（有基牙）的基础研究	上海市教委
	Nell-1基因修饰的骨髓基质细胞促进成骨的实验研究	上海市教委
	应用BMP-2和VEGF加速扩弓后腭中缝成骨的研究	上海市教委
	转染端粒酶基因构建人组织工程化口腔黏膜实验研究	上海市教委
	绞股蓝苷、黄芩苷、丹参酚酸、灯盏花素及其配伍对舌鳞状上皮细胞增殖活性的药敏研究	上海市卫生局
	根尖周状况和根管治疗质量的X线影像分析	上海市卫生局

（续表）

年 份	课 题 名 称	来 源
2004	上颌骨大型缺损功能性重建的数字技术与临床研究	上海市卫生局
	口腔念珠菌感染菌株的分子分型、耐药性及中药治疗研究	上海市卫生局
	变形链球菌 luxS 基因在种属间密度感应中作用的初探	上海市博士后基金
2005	钛表面纳米形貌影响成骨细胞生物学行为和分子机制的研究	国家自然科学基金
	牙菌斑特性与龋易感性关系研究	国家自然科学基金
	防御素 β2 和 β3 在组织工程化人口腔黏膜中的表达	国家自然科学基金
	应力介导的细胞凋亡在上颌骨缝改建中的作用和调控机制研究	国家自然科学基金
	构建含有尿素酶基因 U35248 的重组变形链球菌	国家自然科学基金
	DNA 去甲基化抑制腺样囊性癌生长、转移的实验研究	国家自然科学基金
	常见疾病关键技术防治研究——严重牙颌畸形的临床诊断与治疗研究	"十五"攻关
	机械因子和 FgfR2 突变对成骨细胞成骨能力的影响	教育部博士点基金
	NELL-1 与骨形成蛋白2协同促进成骨的实验研究	上海市科委启明星
	应用比较蛋白组学技术筛选口腔鳞状细胞癌药物靶标	上海市科委重点实验室专项
	牙髓牙本质复合体体外培养模型的建立及其生物学功能研究	上海市科委
	新基因 Nell-1 促进口腔颌面部骨组织再生的基础和应用研究	上海市科委
	牙骨质附着蛋白及其抗体的制备与功能研究	上海市科委
	钛生物力型下颌骨(BMM)的研制和实验研究	上海市科委
	组织工程支架材料的制备、表征及其在骨和血管组织工程中的应用	上海市科委
	牙弓弓形绘制嵌入式系统的研究	上海市科委
	动态机械应变细胞加载装置的研制开发	上海市教委
	口腔固定修复体引起 MRI 伪影的临床基础研究	上海市教委
	牙科合金银钛涂层的制备及相关研究	上海市教委
	未获培养的细菌在牙周病发病中的作用	上海市教委
	不同牙本质黏结系统的黏结机制探讨及临床应用	上海市教委
	口腔扁平苔藓 T 细胞受体 Vβ 基因表达特征及其克隆性	上海市教委
	正畸-正颌联合治疗对颞颌关节(TUJ)影响的定量分析研究	上海市教委
	快速原型结合反求技术在颌面部后天骨缺损修复中的应用	上海市卫生局
2006	口腔颌面部鳞癌个体化综合序列治疗多中心前瞻性研究	国家科技部支撑计划
	口腔鳞癌分子发病机制与免疫治疗实验研究	国家自然科学基金重点项目
	涎腺腺样囊性癌组蛋白修饰与基因沉默	国家自然科学基金
	Amelogenin 基因修饰骨髓基质细胞促进牙周再生的实验研究	国家自然科学基金

(续表)

年 份	课 题 名 称	来 源
2006	RASA1 突变与斯德奇-韦伯（Sturge–Weber）综合征的关系研究	国家自然科学基金
	结合上皮损伤再生的细胞生物学和分子生物学研究	国家自然科学基金
	釉原蛋白修饰纯钛表面仿生矿化的实验研究	国家自然科学基金
	肿瘤转移相关基因 ADAM9、ADAM10 的功能验证及转移机制研究	国家自然科学基金
	应用成体干细胞可塑性治疗颌骨放射性骨坏死的机制研究	国家自然科学基金
	黏结对不同全瓷材料微裂纹产生、演变影响的机制研究	国家自然科学基金
	根管显微镜在疑难根管治疗中的应用	上海市科委登山计划
	中国人群口腔鳞癌发病、治疗和预防的多中心研究	上海市科委
	晶须增强牙用复合树脂及 PMMA 的基础研究	上海市科委
	钛种植体表面塑性变形纳米化影响成骨细胞生物学效应与安全性研究	上海市科委
	活血化瘀类中药活性成分防治上皮源性口腔肿瘤的系统生物学机理	上海市科委
	Ihh 在上颌骨缝牵张成骨中的作用	上海市科委启明星
	牵引成骨结合组织工程化软骨重建山羊颞下颌关节的实验研究	上海市科委启明星后
	口腔扁平苔藓 T 细胞受体 $V\beta$ 基因优势表达 CDR3 序列分析	上海市自然科学基金
	基于三维视觉测量的颜面缺损修复 CAD 系统的开发及其应用推广	上海市信息委员会
	新型配方漱口水对口气治疗效果的研究	上海市教委
	下颌髁突间接损伤及治疗的动态力学分析和模拟仿真研究	上海市教委
	16SrDNA 微阵列芯片检测牙周炎细菌的组成和分析	上海市教委
	唇腭裂植骨后扩弓对植骨区改建影响的研究	上海市教委
	用于根管消毒的复方中药制剂的临床基础研究	上海市卫生局
	预成氧化锆根管桩-树脂核系统的研究	上海市卫生局
	牙槽突裂组织工程骨修复后正畸移入的实验研究	上海市卫生局
	上颌第一磨牙牙齿三维结构重建的研究	上海市卫生局
	腺样囊性癌转移相关基因 ADAM9、ADAM10 的功能验证及转移机制研究	上海市浦江人才计划
	应用比较蛋白质组学筛选口腔鳞癌的肿瘤标志物	教育部博士后基金
2007	头颈部鳞状细胞癌生物标志物的研究	教育部
	碳纳米管增强型复合神经导管促进周围神经再生研究	国家自然科学基金
	唾液腺腺样囊性癌细胞中酸敏感离子通道的特性和功能研究	国家自然科学基金
	口腔鳞癌干细胞亚群分子标志物的筛选和鉴定	国家自然科学基金

(续表)

年份	课题名称	来源
2007	Nell-1、BMP-2共表达阳离子聚合物基因给药系统促进成骨的实验研究	国家自然科学基金
	多形性腺瘤PLAG1转基因小鼠肿瘤干细胞研究及发病机制探讨	国家自然科学基金
	三羧酸循环与口腔白斑癌变及绞股蓝总苷的癌化学预防关系的实验研究	国家自然科学基金青年基金
	古菌群落在牙周病进程关系的初探	国家自然科学基金青年基金
	IGFBO3及相关基因在口腔上皮细胞恶性转化中作用的研究	国家自然科学基金青年基金
	耳鼻咽喉（口腔黏膜白斑症）	国家中医药管理局
	龋病、牙周病早期诊断及易感风险体系的建立与评估	上海市科委
	颌面骨整形导航外科系统的研发	上海市科委
	功能性组织工程化颌骨的再生研究	上海市科委创新基地
	口腔白斑症的抑癌基因启动子高甲基化研究	浦江计划
	应用骨髓干细胞再生技术治疗颌骨放射性骨坏死	上海市科委启明星
	口腔鳞癌干细胞亚群的筛选和鉴定	上海市科委启明星
	牙槽突裂植骨术后正畸牙移入时机及对植入骨存活影响的研究	上海市科委（医学引导科技项目）
	儿童龋齿风险临床研究与儿童OSDB患者颌面组织、骨牵引器及诊断治疗模拟系统的开发研究	上海市科委（医学引导科技项目）
	机械应变对人牙周模细胞间隙连接、整合素-细胞骨架影响的研究	上海市自然科学基金
	牙周基础治疗及清创术的推广应用	上海市申康基金
	齿科精细陶瓷可加工性检测方法研究	上海市科委重点技术标准专项
	牙科氧化锆/磷酸镧陶瓷新材料开发与应用研究	上海市经委
	骨内种植体周围神经结构、功能及影响因素研究	上海市教委（重点）
	Nell-1、BMP-2共表达非病毒基因给药系统促进颌骨再生的研究	上海市教委（曙光计划）
	应用比较蛋白质组学筛选口腔黏膜上皮癌变相关蛋白的研究	上海市教委（晨光计划）
	缺血后处理对组织瓣缺血再灌注损伤的影响及其机制的研究	上海市卫生局
	口腔颌面部多间隙感染的诊断与治疗	上海市卫生局
	再感染根管细菌学研究及其治疗	上海市卫生局
2008	口腔白斑癌变的miRNA表达模型	国家自然科学基金
	人PD-L2融合蛋白对角质形成细胞/T细胞共培养模型作用的研究	国家自然科学基金
	变形链球菌密度感应欺骗行为规避机制的研究初探	国家自然科学基金
	E-cadherin的遗传学、表遗传学改变在涎腺多形性腺瘤发生、恶变中的作用	国家自然科学基金

(续表)

年份	课题名称	来源
2008	计算机辅助颅颌面整形外科手术规划与高精度手术导航系统关键技术研究	国家自然科学基金
	Notch和Wnt信号的"对话"在EMPs作用骨髓基质细胞促进牙周再生中的调控机制研究	国家自然科学基金青年基金
	感染根管生物膜特性及其致病机制研究	国家自然科学基金青年基金
	光学导航定位多自由度机器人辅助颅颌面骨畸形整复的开发应用研究	国家自然科学基金青年基金
	基于组织工程化颌骨的种植修复与功能重建研究	教育部新世纪人才项目
	口腔鳞状细胞癌诊治靶点基因的筛选和功能研究	教育部
	舌尖接触(牙合)在全口义齿与种植全口义齿的力学研究	教育部回国人员基金
	核仁素在小鼠下颌磨牙造釉器发育过程中的表现及功能	教育部回国人员基金
	口腔生物膜药膜渗透屏障的数字化分析	教育部回国人员基金
	人牙髓CXCR4＋细胞的筛选、鉴定和诱导分化	教育部回国人员基金
	下颌前导在不同年龄阶段对髁突软骨内成骨的作用	浦江计划(D)
	新型非病毒基因给药系统在口腔颌面部骨组织工程中的研究与应用	上海市科委(国际合作)
	口腔肿瘤及癌前病变资源库的建立与共享	上海市科委(平台建设专项)
	miRNA在TLRs介导牙周炎症中调控机制的研究	上海市科委(基础重点)
	SDF-1/CXCR4轴在修复性牙本质形成中的作用机制研究	上海市科委(基础重点)
	第一鳃弓畸形发生机制的研究	上海市科委(基础重点)
	基于分子药理诊断的口腔鳞癌个体化靶向治疗研究	上海市科委(基础重点)
	钛种植体表面TiO_2纳米管/仿生纳米HA修饰的实验研究	上海市科委(纳米专项)
	Nell-1、BMP-2非病毒基因协同修饰的组织工程化颌骨的研究	上海市科委启明星后
	膜联蛋白A1在口腔鳞癌发生发展中的机制研究	上海市科委启明星
	早期舌体鳞癌颈部淋巴结转移的临床与基础研究	上海市科委(学科带头人)
	唾液链球菌尿素酶基因的精简与调控表达	上海市自然科学基金
	长三角地区口腔癌前病变资源库建设及管理	上海市自然科学基金
	环孢菌素A导致牙齿过度生长机制的研究	上海市自然科学基金
	骨质疏松大鼠正畸应力诱导骨改建机制的实验研究	上海市科委生物处
	青少年颞下颌关节盘移位至颌骨畸形的综合诊断研究	上海市科委生物处
	基于人类染色体区域基因型与腭心面综合征表型关系的分子诊断和临床研究	上海市科委生物处
	力学刺激诱导人牙周膜细胞凋亡机制的研究	上海市科委生物处
	新西兰白兔舌鳞癌细胞系的建立及生物学特性研究	上海市科委(动物研究)

(续表)

年 份	课 题 名 称	来 源
2008	牙龈卟啉单胞菌基因敲除菌株的构建及其生物特性的研究	上海市教委
	Wnt/β-catenin信号调控增强上颌骨缝牵张成骨稳定性的研究	上海市教委
	人牙髓CXCR4细胞分选、鉴定和增殖分化研究	上海市教委(重点)
	负责任研究行为：医学科研中伦理缺陷评估和对策研究	上海市教委科研创新项目
	五白汤治疗白色念珠菌性口糜的临床和实验研究	上海市卫生局
	复方中药制剂用于乳牙感染根管充填的疗效观察	上海市卫生局
	益气养阴解毒法防治涎腺腺样囊性癌转移的临床研究	上海市卫生局
	上海市口腔医疗人力资源调查与分析	上海市卫生局(学科带头人)
	颞下颌关节囊内粘连的形成机制研究	上海市卫生局
	锶元素促进牙种植体骨整合的实验研究	上海市卫生局
	上海地区青少年颈椎骨成熟度与上下颌骨生长量关系的研究	上海市卫生局
	颌面缺损赝复数字化诊疗系统的开发及远程医疗服务与教育体系的建立	上海市信息委
2009	张应力作用下颅底软骨联合的差异蛋白质组学研究	国家自然科学基金
	MAL基因在口腔鳞状细胞癌发生中作用的研究	国家自然科学基金
	粪肠球菌活的非可培养状态与根管再感染关系初探	国家自然科学基金
	Nell-1过表达促进软骨发育成熟和组织工程再生的研究	国家自然科学基金
	正畸应力调控骨质疏松大鼠骨髓基质干细胞骨向分化的机制	国家自然科学基金
	口腔鳞癌发生发展中GDF15与p53、ERK1/2信号通路作用关系的研究	国家自然科学基金
	TGF-β1介导的纤维萎缩机制在颌骨放射性骨坏死形成中的作用机制研究	国家自然科学基金
	Caspase酶在动态牵张应变诱导人牙齿周膜细胞凋亡中作用的研究	国家自然科学基金青年基金
	基于多种数字化信息采集的颌骨赝复系统的建立	国家自然科学基金青年基金
	nucleolin介导emmprin信号传递并参与小鼠下颌磨牙牙胚形态发生机制的研究	国家自然科学基金青年基金
	核心结合因子在正畸应力诱导大鼠骨髓基质干细胞骨向分化中的作用及其调控机制	国家自然科学基金青年基金
	牙龈卟啉单胞菌毒力相关性多糖生物合成基因的研究	国家自然科学基金青年基金
	口腔鳞癌分子发病机制及免疫治疗实验研究	教育部聘请外籍教师重点资助
	Tapasin在口腔鳞癌细胞系和肿瘤组织样本中的表达差异与机制研究	教育部博士点基金
	多因子抑制剂联合抑制颞下颌关节囊内粘连形成的实验研究	教育部博士点基金
	牙龈卟啉单胞菌多糖生物合成基因与其临床毒力特性关系的研究	教育部新教师基金

(续表)

年份	课题名称	来源
2009	嗜酸乳杆菌和青春双歧杆菌牙周病生态防治作用研究	上海市科委(基础重点)
	硼酸铝晶须-纳米 ZrO_2 颗粒复合增强抗菌牙科树脂的研究	上海市科委(基础重点)
	牙龈卟啉单胞菌内毒素损伤血管内皮细胞机制的实验研究	上海市科委(基础重点)
	功能梯度牙种植体优化设计与数字微滴喷射成型的研究	上海市自然科学基金
	颅颌面生长发育的影响因素及功能性矫治的生长改良效应——双胞胎样本的研究	上海市科委(医学引导)
	磷酸钙及硅酸钙材料表面纳米化修饰对口腔组织干细胞的作用及其在组织再生中的应用	上海市科委(纳米专项)
	个体化三维钛网和计算机导航技术在复合性眼眶骨折治疗中的应用	浦江计划(D)
	头颈部肿瘤放疗对口腔生态系的干扰机制初探	上海市科委启明星
	钛种植体材料表面形貌及表面自由能对功能性骨结合的影响机制研究	上海市科委(生药重点)
	采用改性膦腈作为新型义齿软衬材料的研究	上海市科委(生药重点)
	齿科新型美学氧化锆陶瓷的研制及临床应用研究	上海市科委(生药重点)
	抗癌新药新藤黄酰乙氧乙胺的临床前研究	上海市科委(生药重点)
	CpGODN 激活免疫对兔舌鳞癌放疗效果的影响	上海市教委
	颗粒蛋白前体参与调节炎症反应的机制研究	上海市教委
	基于分子药理诊断的口腔鳞癌个体化靶向治疗研究	上海市领军人才
	导航外科在颌面骨轮廓整形中的应用研究	上海市卫生局
	基于人工神经网络模型的老年口腔癌患者外科临床决策分析	上海市卫生局
	RelyX Unicem 在 CEREC 3 全瓷系统中的应用基础研究	上海市卫生局
	计算机辅助口腔颌面部动静脉畸形非线性血流动力学研究	上海市卫生局(青年)
	口腔颌面肿瘤的综合序列治疗与功能重建	上海市教委(暑期学校)
2010	颅颌面外科精确治疗机器人系统	"863"计划子课题
	基于染色体 22q11.2 候选基因与腭心面综合征表型的分子诊断研究	国家自然科学基金
	颞下颌关节盘移位对发育期髁突软骨内成骨的影响	国家自然科学基金
	CCL2/CCR2 信号轴调控口颌面炎性疼痛——基于牙移动疼痛模型的诠释	国家自然科学基金青年基金
	YAP 基因对 Wnt/β-catenin 通路影响口腔上皮细胞癌的机制研究	国家自然科学基金青年基金
	新型"时空可控"血管瘤动物模型的建立及其发病机制研究	国家自然科学基金
	血管瘤组织中肿瘤干细胞的成瘤作用及干预试验	国家自然科学基金
	Snail1 蛋白介导的乳腺癌肿瘤转移的表现遗传学研究	国家自然科学基金

(续表)

年份	课题名称	来源
2010	钛种植体表面 TiO$_2$ 纳米管控释 rhBMP-2 的研究	国家自然科学基金
	牙槽骨骨细胞在正畸牙移动力-化学信号转导中的作用	国家自然科学基金青年基金
	口腔白斑癌变过程中患者唾液中 DNA 的阶段性改变研究	国家自然科学基金青年基金
	FAK-PI3K/Akt 通路对钛材料骨结合的影响及其调控机制研究	国家自然科学基金
	重组 Amelogenin 和 EMPs 诱导骨髓基质细胞成骨分化及其调控机制的比较研究	国家自然科学基金
	变异链球菌 luxS 代谢旁路的研究初探	国家自然科学基金
	不同环境压力状态下粪肠球菌生物膜特性研究	国家自然科学基金青年基金
	DNA 修复蛋白及其基因启动子甲基化与涎腺腺样囊性癌化疗耐药性研究	国家自然科学基金
	潮湿力学环境下不同全瓷材料黏结裂解失效机制的研究	国家自然科学基金
	下颌骨髁状突束内骨折不同治疗方法的回顾性研究	教育部回国人员基金
	牙龈卟啉单胞菌分子伴侣 Dnak 重组蛋白表达、纯化以及抗体制备	教育部回国人员基金
	lasp-1 蛋白表达异常在口腔鳞状细胞中的分子机制研究	教育部回国人员基金
	口腔鳞癌早期分子诊断和个体化综合序列治疗随机、多中心研究	上海市科委（生药重大）
	高果糖玉米糖浆（HFCS）致龋力及致龋机制的实验研究	上海市科委（基础重点）
	Wnt1-Cre 介导 Dlx2 基因在小鼠颅神经嵴细胞特异性过表达参与第一鳃弓畸形发生的机制研究	上海市科委（基础重点）
	钛种植体表面 TiO$_2$ 纳米管/KRSR 活性肽修饰的实验研究	上海市科委（基础重点）
	基于纳米控释技术的血管化组织工程颌骨及功能重建研究	上海市科委（研发基地）
	国产种植牵引装置应用方法和相关技术研究	上海市科委（科学仪器）
	建立基于口腔鳞癌体外细胞癌变模型的动物模型	上海市科委（动物研究）
	膈-舌下神经传导协调性改变及髁突软骨生长改建机制——OSAS 动物模型研究	上海市科委（动物研究）
	血清多肽的纳米磁珠质谱在口腔癌早期诊断中的研究	上海市科委（纳米专项）
	钛种植体表面 RGD 活性肽纳米阵列构建的实验研究	上海市科委（纳米专项）
	TiO$_2$ 纳米管负载 HA 修饰钛表面系统的研发及其调控成骨过程的机制研究	上海市科委（纳米专项）
	口腔颌面-头颈恶性黑色素瘤疫苗防治转移的基础及临床研究	上海市科委（国际合作）
	新型纳米生长因子缓释系统促进口腔颌面部血管化骨组织再生的研究	上海市科委（国际合作）
	口腔颌面部鳞癌分子分型诊断方法的应用研究	上海市科委（学科带头人）
	人牙周膜细胞机械力学信号转导途径的研究	上海市科委启明星
	应力耦合 Wnt 信号促进上颌骨缝生长改建的研究	上海市科委启明星后

(续表)

年份	课题名称	来源
2010	口腔黏膜白斑症临床诊疗方案研究	上海市科委（中药现代化）
	解剖特异性与下颌下腺涎石形成的相关基础研究	上海市科委（医学引导）
	颗粒蛋白前体参与炎症反应信号传导通路的机制研究	上海市科委（医学引导）
	外科手术辅助上颌骨快速扩弓的生物力学机制研究	上海市自然科学基金
	VEGFR抑制剂联合TGF-β及FGF-2抗体阻断TMJ粘连形成的实验研究	上海市自然科学基金
	诱导性多潜能干细胞修复骨缺损的实验研究	上海市自然科学基金
	TGF-β1介导的纤维萎缩机制在放射性颌骨坏死形成中的作用机理研究	上海市教委（曙光计划）
	基于呼吸功能数值模拟的阻塞器优化设计与个性化制作	上海市教委（重点）
	美容牙科美学指数（AICD）研发	上海市卫生局
	口腔鳞癌上皮细胞间质转型相关miRNA的筛选及功能验证	上海市卫生局
	口腔技术室质量监测系统的研发	上海市卫生局
	以量子点示踪镍、铬离子体内代谢过程的动物实验研究	上海市卫生局
	口腔颌面鳞癌干细胞表面标志物的筛选及临床意义的研究	上海市卫生局（青年）
	基于优化正畸临床治疗研究P2X3受体调控牙移动疼痛	上海市卫生局（青年）
	牙龈组织中microRNA表达谱及miR-146调控牙周炎症TLR信号机制的研究	上海市卫生局（青年）
	牙颌面畸形的正颌—正畸联合治疗	上海市申康基金（适宜技术）

【国家药品临床研究基地与机构】

1998年，口腔研究所牵头申报口腔专业国家药品临床研究基地；当年口腔研究所、二医大高血压研究所、瑞金医院、仁济医院被国家卫生部确认为首批临床药理基地。

2005年，医院取得国家食品药品监督管理局药物临床试验机构资格认定，其中认定专业为口腔、心血管、神经内科、耳鼻咽喉、整形外科、骨科。口腔专业药物临床试验负责人为周曾同，口腔专业的该项工作纳入口腔医学研究所管理。

三、对外交流

研究所成立以后，积极开展学术交流和科研合作。重要的有HOPE项目、国际学术研讨会和口腔器材展览会等。

【HOPE项目】

1984年，口腔研究所与日本大阪齿科大学及美国HOPE基金会建立科研合作，其中口腔颌面外科、口腔肿瘤、颌面部整形、牙周病/口腔卫生教育课程、口腔矫形、口腔病理、口腔修复及材料为HOPE项目,口腔药理为大阪项目。

【首届中国国际口腔医学研讨会】

1997年,由二医大、中华口腔医学会和国际牙科研究协会共同主办首届中国国际口腔医学研讨会,会上交流的161篇学术论文表明,我国口腔医学领域的研究已广泛应用生物和计算机技术,进入细胞和分子水平。来自中国、美国、德国、爱尔兰等7个国家和地区的130余名中外口腔专家参加学术研讨会,口腔医学院名誉院长邱蔚六担任大会主席。

【中国国际口腔器材展览会暨学术研讨会】

1994年,经国家科学技术部批准,中国科学技术协会、中华口腔医学会和上海市口腔医学会支持,中国国际科技会议中心、二医大附属第九人民医院和上海市口腔医学研究所共同主办首届中国国际口腔器材展览会暨学术研讨会,至今已连续举办15届。1994年,展出面积约3 500平方米,90家参展商,参展人数达4 000~5 000人次;2010年,展览面积已达32 000平方米,参展商达500余家,参观人数达65 000人次,学术会议注册人数达2 200多人。

四、研究成果与获奖

口腔医学研究所成立以来有一大批成果获国家教育部、卫生部、教委、科委等机构以及上海市政府的各类奖项。

1982年,项目"人舌鳞状细胞癌Tca8113细胞学的建立及其生物特性"(完成人:何荣根、徐秀琪、周晓健、邱蔚六、张锡泽等)获卫生部科技成果乙级奖。

1995年,项目"舌鳞状细胞癌生物学特性及其防治实验研究"(完成人:何荣根、邱蔚六、张锡泽、周晓健等)获国家教委科技进步奖一等奖,这是口腔医学研究所自1982年成立后第一次获国家部级一等奖。

1996年,项目"游离前臂皮瓣软腭再造术"(完成人:邱蔚六、唐友盛、刘世勋、沈国芳)获国家科委发明奖三等奖,这是口腔研究所成立以来第一次获国家级科研奖项。

2005年,蒋欣泉在美国巴尔的摩召开的第八十三届国际牙科研究学会(IADR)大会上,获IADR/Unilever Hatton Award大奖,是中国首位获此殊荣的青年科学家。

张志愿主持的"口腔颌面部肿瘤根治术后缺损的形态与功能性修复"课题分别于2006年和2007年获得上海市科技进步奖一等奖和国家科技进步奖二等奖。

2007年,蒋欣泉作为第一完成人领衔"组织工程技术构建口腔颌面部骨组织的研究与应用"获得上海市科技进步奖一等奖。

张志愿领衔的"口腔颌面部血管瘤与脉管畸形的基础研究与临床应用"课题分别于2009年和2010年获得上海市科技进步奖一等奖和国家科技进步奖二等奖。

2010年,张陈平牵头完成"下颌骨缺损的形态与功能重建"获得上海市科技进步奖一等奖。

表 5-2-13　1979—1990 年口腔医学研究所获奖项目情况表

年份	获奖项目	奖项
1979	颅颌面根治术治疗晚期颌面部恶性肿瘤	卫生部科技成果乙级奖
1980	颅颌面根治术治疗晚期颌面部恶性肿瘤	上海市科技进步奖三等奖
1982	人舌鳞状细胞癌 Tca8113 细胞系的建立及其生物学特性	卫生部科技成果乙级奖
1982	口腔颌面肿瘤切除术后缺损立即修复	上海市科技进步奖三等奖
1982	龋病病因研究——口腔变形链球菌血清学分析	上海市科技进步奖三等奖
1986	氙离子激光激发自体荧光诊断恶性肿瘤的研究	上海市科技进步奖二等奖
1987	牙釉质及早期釉质龋的超微结构研究	卫生部科技进步奖三等奖
1987	双侧根治性颈淋巴清扫术治疗晚期口腔颌面部恶性肿瘤	上海市科技进步奖三等奖
1988	游离骨肌皮瓣一次整复颌面部大型复合组织缺损	卫生部科技进步奖三等奖
1988	游离骨肌皮瓣一次整复颌面部大型复合组织缺损	上海市科技进步奖三等奖
1989	口腔菌斑染色片的研制及临床应用	上海市科技进步奖三等奖
1990	先天性唇裂综合治疗研究	上海市科技进步奖二等奖
1990	425 例口腔颌面部针麻手术临床及实验研究	国家中医药管理局中医药科技进步奖二等奖
1990	龋病发病的有关因素和预防机理的基础研究	国家教委科技进步奖二等奖
1990	咀嚼系统动态功能诊断的生理学研究	国家教委科技进步奖三等奖

表 5-2-14　1991—2010 年口腔医学研究所获奖项目情况表

年份	项目名称	奖项	等级	第一完成人
1991	氟化物临床防龋效果和机制研究	上海市科技进步奖	二等奖	乌爱菊
1991	生物陶瓷-超声波对牙髓病根尖周病治疗的应用研究	上海市科技进步奖	三等奖	翁雨来
1992	牙釉质龋病的超微结构及微晶化学研究	上海市科技进步奖	三等奖	刘瑷如
1992	涎腺癌的组织病理学分型及应用系列研究	国家教委科技进步奖	三等奖	刘瑷如
1993	经颞颌关节镜滑膜下注射硬化剂实验研究及治疗习惯性颞颌关节脱位的临床研究	卫生部科技进步奖	三等奖	邱蔚六
1993	腭成形术后远期疗效评价的综合研究	卫生部科技进步奖	三等奖	袁文化
1994	腭裂伴牙合畸形一次整复及腭成形术效果客观评定的研究	上海市科技进步奖	三等奖	邱蔚六
1994	根尖周病诊治的系列研究	上海市科技进步奖	二等奖	王晓仪
1995	老年人根面龋发病和预防机制	卫生部科技进步奖	三等奖	刘　正
1995	颌面畸形伴阻塞性睡眠呼吸暂停综合征治疗研究	上海市科技进步奖	二等奖	唐友盛
1995	舌鳞状细胞癌生物学特性及其防治实验研究	国家教委科技进步奖	一等奖	何荣根

(续表)

年份	项目名称	奖项	等级	第一完成人
1995	腺样囊性癌化疗的增敏研究	国家教委科技进步奖	三等奖	邱蔚六
1996	经导管颈动脉造影和栓塞技术的临床应用和实验研究	上海市卫生局科技进步奖	二等奖	邱蔚六
1996	口腔颌面部功能整复和器官的临床机制研究	卫生部科技进步奖	三等奖	邱蔚六
1996	游离前臂皮瓣软腭再造术	国家技术发明奖	三等奖	邱蔚六
1996	口腔癌DNL细胞生物学特性及抗肿瘤的实验研究	国家教委科技进步奖	三等奖	郭 伟
1996	牙釉质及其早期龋的纳米结构研究	卫生部科技进步奖	三等奖	刘瑷如
1997	口腔鳞癌中药治疗效果及其免疫功能的评价	上海市卫生局中医药科技进步奖	二等奖	邱蔚六
1997	绞股蓝总苷对金黄地鼠颊囊癌前病变细胞动力学影响的研究	上海市卫生局中医药科技进步奖	二等奖	周曾同
1997	绞股蓝总苷对金黄地鼠颊囊癌前病变细胞动力学影响的研究	上海市科技进步奖	三等奖	周曾同
1997	涎腺腺样囊性癌生物学特性研究	卫生部科技进步奖	三等奖	何荣根
1997	经关节镜滑膜下硬化疗法治疗习惯性颞颌关节脱位	国家发明奖	四等奖	邱蔚六
1997	根管治疗-桩核-冠系列工程治疗牙体严重缺损的研究	上海市科技进步奖	二等奖	张保卫
1997	腭成形术后远期疗效评价的综合研究	国家教委科技进步推广奖	二等奖	袁文化
1997	根尖周病诊治的系列研究	国家教委科技进步推广奖	三等奖	王晓仪
1998	口腔常见病生态环境及其抗菌控释药物研究	上海市科技进步奖	三等奖	李德懿
1998	脂磷壁酸在口腔变形链球菌黏附中的作用	国家教委科技进步奖	三等奖	刘 正
1998	圆锥形套筒冠修复体对牙列保存的临床与基础研究	上海市科技进步奖	二等奖	张富强
1998	圆锥形套筒冠修复体对牙列保存的临床与基础研究	卫生部科技进步奖	三等奖	张富强
1999	颅颌面联合切除术治疗口腔颌面部晚期恶性肿瘤	卫生部科技进步奖	三等奖	邱蔚六
1999	颅颌面联合切除术治疗口腔颌面部晚期恶性肿瘤	上海市科技进步奖	二等奖	邱蔚六
2000	牙菌斑中菌间作用的研究	中国高校自然科学奖	二等奖	刘 正
2000	中国腭裂术后患者异常汉语语音的机理及其分类研究	上海市科技进步奖	二等奖	王国民
2000	舌鳞状细胞癌诱导分化治疗实验研究	上海市科技进步奖	三等奖	陈万涛

(续表)

年份	项目名称	奖项	等级	第一完成人
2001	SJ-I型插销式附着体的开发与临床研究	上海市科技进步奖	二等奖	张富强
2001	颌骨内置式牵引种植装置	上海市科技发明奖	二等奖	张陈平
2001	髂骨复合瓣移植供区并发症及肢体功能障碍的临床研究	山西省科技进步奖	二等奖	唐友盛
2001	复方绞股蓝抗白斑癌变及防治黏膜上皮异常增生的研究	上海市科技进步奖	三等奖	周曾同
2002	放疗对口腔癌根治后立即整复的影响（获奖名：口腔癌根治术后立即整复加放射治疗的应用）	教育部提名国家科技进步奖	二等奖	邱蔚六
2002	黏性放线菌菌毛的黏附作用机制研究	上海市科技进步奖	三等奖	梁景平
2002	颌面部血管瘤及血管畸形的分类选择综合治疗研究	中华医学科技奖	三等奖	张志愿
2002	颌面部血管瘤及血管畸形的分类选择综合治疗研究	上海市科技进步奖	二等奖	张志愿
2002	严重上、下颌骨畸形患者牵引成骨治疗及评价研究	上海市科技进步奖	三等奖	唐友盛
2002	口腔厌氧菌内毒素降解机制研究	上海市科技进步奖	三等奖	李德懿
2003	复方灯盏细辛胶囊抗白斑的实验与临床研究	中华中医药学会科技进步奖	三等奖	周曾同
2003	JJ-型磁性固位体的研制及其临床应用研究	上海市科技进步奖	三等奖	张富强
2003	绿茶多酚防龋涂膜的开发研究（成果名称：绿茶多酚防龋涂膜开发的实验与临床研究）	上海市科技进步奖	二等奖	冯希平
2003	严重上、下颌骨畸形患者牵引成骨治疗及评价研究	中华医学科技奖	三等奖	唐友盛
2004	腭裂术后创口处置和语音障碍治疗方法的临床研究（腭裂修复术后语音障碍治疗方法的临床研究）	上海医学科技奖	三等奖	王国民
2004	腭裂术后创口处置和语音障碍治疗方法的临床研究（腭裂修复术后语音障碍治疗方法的临床研究）	上海市科技进步奖	三等奖	王国民
2005	肿瘤引流区淋巴结细胞TNF基因治疗口腔癌的基础及初步临床应用研究	上海市科技进步奖	三等奖	郭伟
2005	牙列缺损修复设计的仿真系统开发	上海市科技进步奖	二等奖	张富强
2005	变形链球菌耐氟突变中胞膜ATP酶的作用探讨	上海医学科技奖	三等奖	刘正
2005	颅颌面畸形伴睡眠呼吸障碍的综合序列治疗研究	上海市科技进步奖	三等奖	卢晓峰

（续表）

年份	项目名称	奖项	等级	第一完成人
2005	高危型人乳头状瘤病毒与口腔黏膜癌病的相关性研究	教育部提名国家科技奖自然科学奖	二等奖	张志愿
2006	颈动脉切除、重建术的实验与临床研究	上海医学科技奖	一等奖	张志愿
2006	下颌骨缺损功能重建的系列研究	上海医学科技奖	二等奖	张陈平
2006	下颌骨缺损功能重建的系列研究	中华医学科技奖	二等奖	张陈平
2006	上颌骨大型缺损个体化功能性重建的临床研究	高等学校科技进步奖	一等奖	孙 坚
2006	口腔颌面部肿瘤根治术后缺损的功能性修复	上海市科技进步奖	一等奖	张志愿
2006	口腔颌面部癌靶向生物治疗和化疗的基础及临床研究	上海市科技进步奖	三等奖	陈万涛
2007	口腔颌面外科肿瘤根治术后缺损的形态与功能重建	国家科技进步奖	二等奖	张志愿
2007	微创（内镜）诊治颞下颌关节纤维强直	上海医学科技奖	三等奖	杨 驰
2007	微创（内镜）诊治颞下颌关节纤维强直	中华医学科技奖	三等奖	杨 驰
2007	组织工程技术构建口腔颌面部骨组织的研究与应用	上海市科技进步奖	一等奖	蒋欣泉
2007	釉基质蛋白促进牙周再生的应用基础研究	上海市科技进步奖	二等奖	束 蓉
2007	中西医结合治疗口腔黏膜癌前病变的基础与临床研究	上海市科技进步奖	三等奖	周曾同
2008	根管治疗临床和应用基础研究	上海医学科技奖	三等奖	梁景平
2008	牵引成骨技术在上下颌骨缺损修复中的应用研究	上海市科技进步奖	三等奖	沈国芳
2009	口腔颌面部血管瘤与脉管畸形的基础研究与临床应用	上海市科技进步奖	一等奖	张志愿
2010	上颌骨大型缺损功能性重建的数字技术与临床应用	上海医学科技奖	三等奖	孙 坚
2010	口腔颌面部血管瘤与脉管畸形的临床治疗研究	国家科技进步奖	二等奖	张志愿
2010	下颌骨缺损的形态与功能重建	上海市科技进步奖	一等奖	张陈平

第四节　上海市整复外科研究所

一、沿革

上海市整复外科研究所的发展历史最早可追溯至1964年。那年，学科开始在广慈医院开展系列研究，包括显微外科皮瓣移植研究、象皮肿烘疗机的研制等。1965年，犬腹股沟皮瓣游离移植和再植研究取得成功,相关论文在《中华外科杂志》刊登。该研究是属于当时名列世界前沿的研究成果,是整复外科显微外科发展的起点。

20世纪70年代,整复外科进行上睑板缺损修复改进的科研。1975年,各学科间深感大协作才能大发展,遂制定研究计划,成立上海第二医学院的"显微外科协作研究组",张涤生任组长,成员由吴晋宝(二医解剖)、陶景淳(瑞金手外科)、胡清潭(新华骨科)、王惠生(仁济骨科)和王炜(九院整复外科)组成。经医学院批准,协作组南下广州、武汉巡回医疗。张涤生和王炜等参加多家医院的显微外科会诊和手术。1976年,游离肠段移植动物实验取得成功,进行尸体解剖,取得选择移植肠段最佳供、受区血管解剖的认识。1977年,率先开展眶距增宽症研究及临床手术。1982年,张涤生赴美参加美国整形外科医师年会,获Maliniac Lecture Excellent Honor Esteem奖,曹谊林于2010年再获该奖。1983年,报告前臂游离皮瓣移植阴茎再造科研及临床成果。20世纪80年代初,将"黑布膏"方改剂型为"瘢痕软化膏",并广泛对外交流。1987年,张涤生担任卫生部科学委员会委员。

历经25年的积累,1988年,经上海市卫生局批复同意成立九院上海市整复外科研究所,是我国最早从事整复外科基础研究的研究单位。研究所所长为张涤生,关文祥、王炜任研究所副所长。下设显微外科实验室、颅面外科实验室、瘢痕实验室、淋巴医学等实验室。研究所依托整复外科强大的临床支持,将基础研究与临床应用密切结合,丰硕的科研成果应运而生,早期的游离空肠移植再造食道,趾关节移植治疗颞颌关节强直,中西医结合独创烘绑疗法治疗慢性肢体淋巴水肿,以及国内首例眶距增宽症的手术治疗等科研成果,均达到国内乃至国际先进水平。1993年,"超长蒂血管神经断层节段肌瓣移植一期治疗晚期面神经瘫痪"项目获国家技术发明三等奖(王炜、张涤生)。1995年,"严重颅颌面畸形的外科治疗研究"项目获国家科技进步奖三等奖(张涤生)。

1998年,外科学(整复外科学)获批为"211工程"重点学科(1期),项目负责人为曹谊林、张涤生。1999年,整复外科"组织工程的基本科学问题"获得首个973项目,曹谊林任首席科学家。同年,曹谊林获得整复外科首个科技部863项目"组织工程技术修复关节软骨缺损的实验研究"。2000年,学科获得上海市教委"重中之重"项目资助,课题负责人为曹谊林。2001年,整复外科(含组织工程)获批为"211工程"重点学科(2期),项目负责人为曹谊林、张涤生。211项目的资助为科

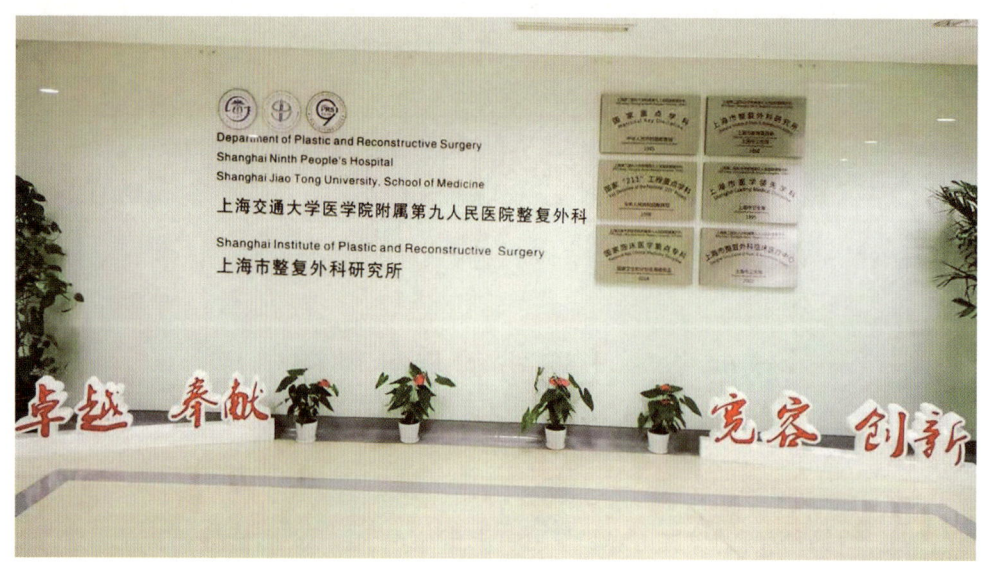

图5-2-2 上海市整复外科研究所

室的临床和基础研究提供良好的发展机遇。2005年,整复外科"组织工程的重要基础科学问题"获得第二个973项目,曹谊林任首席科学家。

1999年,曹谊林任研究所所长,商庆新任副所长;2002年起,刘伟担任副所长。随着年轻一代的成长,研究的规模以及研究范围在不断扩大,新建立细胞、分子生物学、干细胞等研究平台,成立颅面外科三维数字研究中心和组织工程研究中心,在国内外颇具影响,有望与整复外科临床有机结合,在组织与器官的构建上,为整复外科的可持续发展增添动力。2008年,"组织工程化组织构建关键技术研发与应用"获国家技术发明二等奖。

2010年12月4日,学科主任李青峰为整合有限资源,克服研究领域低水平的重复和科研资源的浪费,培养多层次高水平的整形外科专业队伍,并将研究成果普及到各级医疗机构,组织全国18家单位共同组建整形外科全国多中心研究平台,并已开展部分合作研究,这也是我国第一个全国性整形外科多中心合作研究平台。

表 5-2-15　1988—2010年上海市整复外科研究所正、副所长情况表

任职时间	名誉所长	任职时间	所　　长	任职时间	副 所 长
1999—	张涤生	1988—1999	张涤生	1988—1999	关文祥　王　炜
		1999—	曹谊林	1999—2002	商庆新
				2002—	刘　伟

二、主要成果

上海市整复外科研究所成立后,在医学院、医院各级领导的大力支持和不懈努力下,在整复外科的医疗、科研领域取得丰硕成果,累计获得国家级、卫生部以及上海市各级科研项目近300项,2001—2010年获国家自然科学基金项目28项,并获得包括国家发明奖、科技进步奖、卫生部成果奖及上海市科技进步奖在内各级奖近50项。在淋巴水肿诊治方法、皮肤的牵张再生、血管瘤标志物检测、颅面三维数字模拟等领域,取得一系列原创性成果。

至2010年,研究所共设有6个实验室(含筹建),承担多项国家与上海市重点研究项目。同时,学科不断开拓创新,加强国内外学术交流与合作,努力提高我国整复外科的学术水平。

表 5-2-16　2010年上海市整复外科研究所主要实验室及负责人情况表

实验室名称	负　责　人
重建显微外科实验室	董佳生　章一新
淋巴水肿实验室	刘宁飞
瘢痕实验室	刘　伟
颅颌面数字医学实验室	韦　敏
血管瘤与脉管畸形实验室	林晓曦
组织再生与构建实验室(筹)	李青峰　小林英司　朱宁文

表 5-2-17　2002—2010 年研究所承担的重大项目情况表

序号	项目名称	负责人	起止年月	经费(万元)	来源
1	整复外科学——应用去铁胺治疗预构皮瓣部分缺血的应用基础研究	李青峰	2010.1—	200	国家自然科学基金
2	颅外动静脉畸形的手术和血管内治疗的疗效与安全评价	林晓曦	2009.1—	50	教育部新世纪优秀人才计划
3	应用脂肪源性干细胞构建小口径组织工程血管的关键技术研究与产品开发	崔磊	2009.1—	176	国家科技部"863"计划
4	预构皮瓣治疗性血管生成的研究	李青峰	2008.1—	150	国家自然基金重点项目
5	组织工程与再生医学及其他临床科研资源共享平台建设	曹谊林　刘伟	2008.1—2010.12	300	申康平台建设项目
6	血管瘤和血管畸形的早期监控和治疗优化研究	林晓曦	2008.11—	188	国家中长期公益性行业科研专项
7	EPCs 在预构组织中转归机制及调控的研究	李青峰	2008.7—2010.7	40	上海市科委优秀学科带头人
8	颅颌面严重创伤治疗中关键问题及功能、形态修复重建的临床研究	穆雄铮	2008.10—	40	上海市科委生物医药重点
9	重大危害性高发性创伤所致严重畸形的治疗研究	李青峰	2007.11—2009.11	255	国家中长期公益性行业基金
10	组织工程学重要基础科学问题研究	曹谊林	2005.10—2010.9	3 000	国家级
11	生物力学调节细胞分化和促进工程化组织形成的机理	刘伟	2005.10—2010.9	650	国家级
12	骨组织工程关键技术研究与标准化(重点实验室)	崔磊　曹谊林	2004.12—2007.12	100	上海市科委重点实验室
13	胚胎干细胞血管内皮诱导分化和血管构建异体骨髓干细胞成骨研究及永生化骨髓干细胞的鉴定	刘伟　戴尅戎	2003.12—2005.12	120(50)	上海市科委重点
14	组织工程化软骨、骨组织构建和临床应用	曹谊林	2002.12—2003.12	700	上海市科委
15	基于图像分析和重建的医学影像处理及其临床应用	杨杰　穆雄铮　耿道颖	2002.5—2004.4	70(25)	上海市科委重点

表 5-2-18　1980—2009 年研究所获得的科研奖项情况表

年份	项目名称	奖项
1980	应用显微外科技术完成大网膜游离移植加植皮修复头皮缺损	卫生部乙级科技成果荣誉
1980	足趾皮足背中部大块复合组织游离移植在手功能重建中的应用	卫生部乙级科技成果荣誉

(续表)

年份	项 目 名 称	奖 项
1986	烘绑疗法治疗肢体慢性淋巴水肿、微波烘疗器研制及临床应用	上海市科技进步奖二等奖
1986	淋巴水肿动物模型的制作及作用	上海市科技进步奖三等奖
1986	应用显微外科技术一次完成阴茎再造	上海市科技进步奖三等奖
1991	吻合血管神经的游离胸小肌移植治疗晚期面瘫	卫生部科技进步奖三等奖
1994	严重颅颌面畸形的外科治疗研究	上海市科技进步奖一等奖
1994	严重颅颌面畸形的外科治疗研究	卫生部科技进步奖二等奖
1998	微波治疗丝虫病晚期象皮肿及自体淋巴结复合组织瓣移植实验研究	上海市科技进步奖三等奖
1998	一期完成性感觉和性功能重建术在阴茎再造术中的研究和应用(程氏阴茎再造术)	第二届上海市临床医疗成果奖二等奖
1999	利用组织工程学的方法制备人耳郭形态软骨	教育部科学技术委员会
1999	皮肤软组织快速扩张及扩张皮肤回缩机制的实验研究	中华人民共和国教育部
1999	一期完成具有感觉功能和性功能阴茎再造术的研究	上海市科技进步奖一等奖
1999	一期完成具有感觉功能和性功能阴茎再造术的研究	卫生部科技进步奖二等奖
2000	自体组织工程化软骨构建的实验研究	上海市科技进步奖二等奖
2001	复杂颅面畸形中应用多向分层截骨的治疗研究	第四届上海市临床医疗成果奖二等奖
2001	组织工程技术修复肌腱关节软骨缺损的实验研究	中国高校科技进步奖二等奖
2002	带蒂血管神经肌束移植使失神经肌肉再神经化的实验及临床研究	上海市科技进步奖三等奖
2002	分层截骨和影像叠加技术在复杂颅面畸形整复中的应用	上海市科技进步奖二等奖
2002	骨与关节软骨组织工程的应用基础研究	上海市科技进步奖二等奖
2002	骨组织工程基础及临床应用研究	上海医学科技奖二等奖
2002	软骨组织工程的基础及临床应用研究	中华医学科技奖二等奖
2002	提高电击伤手功能重建疗效的研究	上海市科技进步奖三等奖
2002	应用分层截骨和影像叠加技术在复杂颅面畸形整复中的研究	上海医学科技奖三等奖
2002	组织工程骨的初期临床应用研究	第五届上海市临床医疗成果奖三等奖
2004	伤口愈合和瘢痕增生基因治疗的实验研究	上海市科技进步奖三等奖
2004	修复骨组织缺损的组织工程学基础与临床应用研究	中华医学科技奖三等奖
2004	血管瘤与血管畸形的序列整形治疗	第五届上海第二医科大学临床医疗成果奖二等奖
2004	血管瘤与血管畸形的增生发展机制及临床应用研究	上海市科技进步奖三等奖

(续表)

年份	项目名称	奖项
2004	血管瘤与血管畸形的增生发展机制研究及其临床应用	上海医学科技奖三等奖
2004	血管瘤与血管畸形的增生发展机制研究及其临床应用	中华医学科技奖三等奖
2004	组织工程骨的初期临床应用研究	第五届上海第二医科大学临床医疗成果奖二等奖
2004	组织工程化肌腱的应用基础研究	上海市科技进步奖一等奖
2005	复合耳郭组织瓣显微血管桥式移植修复鼻亚结构缺损	第六届上海第二医科大学临床医疗成果奖三等奖
2005	慢性肢体淋巴水肿微波治疗机制研究及显微淋巴外科治疗的实验和临床研究	上海市科技进步奖三等奖
2005	吻合血管的复合组织瓣移植及带瓣膜静脉—淋巴管吻合治疗肢体淋巴水肿的实验和临床研究	上海医学科技奖三等奖
2005	以腹壁动脉穿支(DIEP)供血的横行下腹部皮瓣在乳房再造中的应用	第六届上海第二医科大学临床医疗成果奖二等奖
2005	周围神经损伤生物学修复的研究	上海市科技进步奖二等奖
2005	组织工程皮肤的基础和应用研究	上海医学科技奖二等奖
2005	组织工程皮肤的体外构建、低温保存及临床应用	上海市科技进步奖一等奖
2006	放射后眼眶畸形一期整形的手术治疗研究	上海医学科技奖二等奖
2006	基于组织工程化角膜基质构建的角膜缺损修复研究	上海医学科技奖二等奖
2006	颅外动静脉畸形的基础和临床研究	高校科技进步奖一等奖
2007	穿支皮瓣的临床应用与实验研究	上海医学科技奖三等奖
2007	干细胞构建组织工程骨的基础研究与临床应用	高校科技进步奖二等奖
2007	颅外动静脉畸形的疾病基础和优化诊治	上海市科技进步奖三等奖
2008	颅面整形外科三维可视化诊断分析与手术模拟设计技术临床应用研究	广东省科技进步奖三等奖
2008	提高鼻再造疗效的应用基础和临床研究	上海市科技进步奖二等奖
2008	头面部严重畸形的计算机辅助救治技术	广东省科技进步奖二等奖
2008	腕部功能重建的基础与临床研究	江苏省科技进步奖一等奖
2008	战创伤面部畸形的救治新技术研究	中国人民解放军科技进步奖二等奖
2008	周围神经损伤生物学修复的基础和临床研究	中华医学科技奖三等奖
2008	组织工程化组织构建关键技术研发与应用	国家技术发明奖二等奖
2009	颅颌面骨架修复重建的基础与临床应用研究	高校科技进步奖二等奖
2009	颅颌面骨架修复重建的基础与临床应用研究	中华医学科技奖二等奖
2009	肢体淋巴水肿诊断和治疗的基础和临床研究	上海市科技进步奖三等奖
2009	肢体淋巴水肿诊断和治疗的基础和临床研究	上海医学科技奖三等奖

第五节 上海生物材料研究测试中心

一、沿革

上海生物材料研究测试中心的发展历史最早可追溯到1954年,当时上海第二医学院口腔医学系系副主任、口腔修复学及材料学专家邱立崇成功研发高温铸造铬镍不锈钢代替黄金,并应用于口腔修复临床。1958年,成立上海第二医学院附属东风口腔材料厂。1960年,受到国家卫生部的嘉奖,授予"技术革命跃进先锋"的奖状和奖章。并以此推动口腔材料的开发研究和临床应用工作的开展,其中包括水胶体印模材料、自凝塑料、黏性充填材料、硅橡胶印模材料等一系列与口腔临床应用密切相关的口腔材料的研制。1960年,创建上海第二医学院口腔医学系口腔材料研究室,均位于重庆南路280号的上海第二医学院内。研究室由邱立崇任主任,薛淼参与口腔材料研究室的创建并主持工作,口腔材料研究室成为上海第二医学院第一批建立的6个研究室之一。

20世纪60年代,上海第二医学院口腔医学系基地迁至九院,邱立崇、张锡泽等一批著名教授调到九院,但口腔材料厂和口腔材料研究室仍位于上海第二医学院校内。1982年,医学院批准成立上海第二医学院生物医学材料研究室,与口腔材料研究室为同一实体,由邱立崇担任研究室主任,薛淼任副主任(1988年任主任)。1986年,学科搬迁至斜土路716号的上海第二医学院分部,主要人员有薛淼、吕全庚、张彩霞、徐淑卿、孙皎、陈德敏、励永明、陈世浩、刘义荣、宁丽等;口腔材料厂划归上海第二医学院,主要人员有徐大年等。1988年,学科点成为中华医学会口腔材料学组和中国生物医学工程学会口腔材料学组的组长单位,组长为薛淼。

1989年6月,经上海市科学技术委员会批准,在上海第二医学院口腔材料研究室和上海第二医学院生物医学材料研究室的基础上,成立上海生物材料研究测试中心(同时撤销原两个研究室),薛淼出任首任主任。宁丽(1994年)和孙皎(1998年)分别担任中心副主任,2003年,孙皎接任上海生物材料研究测试中心主任。

1992年学科创建《口腔材料器械杂志》,薛淼任主编,张彩霞、孙皎任副主编,陈德敏任编辑部主任。编辑部挂靠于上海生物材料研究测试中心。

1995年10月,学科与口腔修复科一起被评为首批院级重点学科之一。1996—2001年,学科成为上海第二医科大学校级重点学科(薛淼为学科带头人)。2001年,医院授予薛淼为终身教授。

2006—2008年,成为上海市教委重点(特色)学科的分支(孙皎为学术带头人)。2009—2011年,成为上海市口腔基础重点学科的分支(孙皎为学术带头人)。至2010年,科室共有职工13人,其中正高级职称2人(孙皎、陈德敏)、中级职称4人(陆华、黄哲玮、丁婷婷和薛旸)、技术员7人。

表5-2-19 1982—2010年口腔材料学研究室(上海生物材料研究测试中心)历任正、副主任情况表

任职时间	主　任	任职时间	副主任
1982—1987	邱立崇	1982—1988	薛　淼
1988—2003	薛　淼	1994—1999	宁　丽
2003—	孙　皎	1998—2003	孙　皎

二、教学

【教学组织】

20世纪50年代以来,口腔材料研究室的教师一直作为口腔基础教研室成员,参加口腔专业本科和三年制学生的教学工作。1987年7月20日,上海第二医科大学口腔系口腔材料学教研室成立。同年,薛淼担任口腔材料学教研室主任。1991年,张彩霞任口腔材料学教研室主任。2000年,口腔医学院决定将口腔多个基础学科的教研室统一归并,成立含6个教研组的口腔基础教研室,孙皎担任副主任,口腔材料教研室改为教研组(孙皎兼任组长)。2008年,孙皎担任口腔基础教研室主任。

【教材建设】

1961年,在开门办学基础上,口腔系组织各专业教师自编教材,由学校印刷厂印刷发行。口腔材料研究室自编的《口腔材料学》也作为主要教材之一在教学工作中得到应用。在教材建设方面,自1995年起,张彩霞和孙皎先后参与由陈治清主编的卫生部规划教材《口腔材料学》(1995年第一版、2000年第二版、2003年第三版和2008年第四版)的编写。

【研究生培养】

1990年,薛淼被批准作为口腔修复学、口腔材料学专业的第一批博士研究生导师。1993年,张彩霞被批准为博士生导师。1995年,建立上海第二医科大学口腔修复学博士后流动分站。1997年,博士后流动站首位工作者万乾炳博士后出站,导师为薛淼。1999年,孙皎入选国家教育部骨干教师培养计划。2000年时,科室有博士生导师2人(薛淼、张彩霞),硕士生导师4人(宁丽、孙皎、陈德敏、李亦文)。2004年,孙皎和陈德敏被批准为博士研究生导师。2007年,孙皎竞聘成为上海交通大学首批教授。至2010年,学科已培养口腔材料领域28名博士研究生、24名硕士研究生和2名博士后。

图5-2-3　1981年邱立崇(右)和薛淼(左)讨论工作

三、科研

【研究项目】

自1978年起,在积极开展口腔材料研究的技术积累基础上,口腔材料研究室的研究领域已从单一口腔材料逐步扩展为口腔和医用生物材料。1978年,薛淼在医院内组织口腔颌面外科、整复外科、口腔矫形科、骨科、妇产科和二医病理教研室,开展镍钛记忆合金医学应用研究,之后获得上海市高教局立项。20世纪80年代初,获上海市首批科技成果奖。学科重点开展生物(口腔)材料的应用基础、生物材料与机体相互作用、生物材料和医疗器械的安全性评价及标准化等方面的研究，先后负责承担国家自然科学基金11项（负责人：薛淼2项、张彩霞2项、宁丽1项、李亦文1项、孙皎4项、陈德敏1项）、"七五"和"八五"国家攻关各1项（负责人均为薛淼）、国家"863"计划2项（负责人分别是宁丽和孙皎）等国家级课题以及省部级科研项目近30项，获得各级科技成果奖近20项。其中具有突出成就的有：（1）20世纪80—90年代期间，薛淼主持的国家"七五"和"八五"攻关项目"计划生育高分子材料生物学性能评价方法"及"输卵管栓堵新材料的研究"；（2）20世纪90年代后期，薛淼、宁丽（共同）和孙皎先后主持的国家"863"计划"皮肤再生膜的生物安全性评价研究"以及"聚DL乳酸可吸收生物降解医用高分子材料的生物安全性评价研究"；宁丽在国内率先开展医用生物材料的分子生物相容性的研究；孙皎围绕可降解生物材料的生物相容性问题，创建一系列的生物降解性和安全性的评价技术，成功建立行业标准，并分别获得国家发明专利和上海市科技进步奖二等奖（生物降解类材料的生物降解性和安全性评价技术的建立）；（3）2003年以来，针对纳米材料的安全性这一国际社会关注的前沿科学问题，孙皎率先开展纳米颗粒的毒理学和生物安全性方面的系列研究，相继获得3项国家自然基金项目资助，取得重要的科研成果，相关成果发表11篇SCI收录的文章，申请4项国家发明专利。特别是有关纳米颗粒可能存在直接或间接损伤中枢神经元潜在风险的研究发现，被刊登在具有高影响力的国际期刊上（IF＝11.421）。

表5-2-20 1977—2010年口腔材料室获得部委、市、局级科技成果奖情况表

项目名称	奖项	等级	负责人
新型硅橡胶印模材料	1977年上海市科学大会科技成果奖		张彩霞等
人工器官及其医用材料今后十二年规划	1985年卫生局科技进步奖	二等奖	薛 淼等
医用生物材料及制品的生物学性能评价方法	1987年高教局科技进步奖		薛 淼等
口腔颌面部标志的研究	1988年国家教委科技进步奖	二等奖	薛 淼等
计划生育医用材料性能的测试研究	1990年上海第二医科大学"七五"攻关	表彰奖	薛 淼等
计划生育用高分子材料的生物学性能评价方法的研究	1991年上海市科技进步奖	三等奖	薛 淼等
体外器官培养评价生物材料生物相容性的实验研究	1991年卫生局科技进步奖	二等奖	张彩霞等
镍钛形状记忆合金生物安全性研究	1992年国家教委科技进步奖	三等奖	薛 淼等
镍钛形状记忆合金植入研究的临床推广	1992年上海市科技进步奖	推广奖	薛 淼
体外细胞培养评价生物材料安全性的系列研究	1995年国家教委科技进步奖	三等奖	张彩霞等
医用生物材料生物性能评价研究	1995年卫生部科技进步奖	三等奖	薛 淼等
树脂-羟磷灰石复合材料的研制及理化、生物学性能检测	1996年上海市科技进步奖	三等奖	刘义荣等
磷灰石陶瓷的骨结合机理及其生物力学性能的系列研究	1996年国家教委科技进步奖	三等奖	薛 淼等
掺锶磷灰石固溶体锶含量与骨组织融合能力相关性研究	2005年上海市科技进步奖	三等奖	陈德敏等

(续表)

项　目　名　称	奖　　项	等　级	负责人
生物降解类材料的生物降解性和安全性评价体系	2010年上海市医学科技奖	三等奖	孙　皎等
生物降解类材料的生物降解性和安全性评价技术的建立	2010年上海市科技进步奖	二等奖	孙　皎等

【成果转化】

1996年起，学科将研究成果转化成为我国的国家标准和行业标准（已颁布实施）。如：作为标准起草单位参与制定中华人民共和国国家标准GB/T 16175—1996《医用有机硅材料生物学评价试验方法》（薛淼、孙皎等人）、作为主要起草人起草行业标准YY/T 0511—2009《多孔生物陶瓷体内降解和成骨性能评价试验方法》（孙皎等人），这些标准已直接被行业所应用，产生显著的社会效益。

1998年，由上海市教委出资220万元，上海生物材料研究测试中心个人集资22万元，由上海市教委和医院共同签约，在张江高科技园区成立上海高校（浦东）重点实验室生物材料项目实验室，主要承担科研成果的产品"孵化"和产业化工作，薛淼为项目实验室首任主任。2000年3月，由陈德敏接任。期间，学科研究开发的EH复合型人工骨（2004年）和羟基磷灰石生物陶瓷（2005年）先后获得SFDA的产品注册证，2010年12月转让。

1999年，在薛淼主任的指导和支持下，孙皎负责建立医疗器械和生物材料生物学性能评价的对外检测服务平台，使学科将自1983年以来所开展的系列生物材料生物学性能研究成果及时转化为对社会服务的检测项目，这些研究成果的主要参加者有薛淼、张彩霞、孙皎、张爱武、孙志林、吕晓迎、纪再思等。1999年3月，上海生物材料研究测试中心顺利通过上海市技术监督局计量认证（CMA）。2004年和2006年，又先后分别获得中国合格评定国家认可委员会（CNAS）和国家食品药品监督管理局（SFDA）的资质认可，成为名副其实的第三方检测机构。中心在医疗器械/齿科器材和生物材料的生物学评价方面，具有与ISO同步的检测能力，检测范围涉及体外细胞毒性试验、迟发型超敏反应、刺激试验、全身毒性试验、遗传毒性试验、致癌性试验、血液相容性试验、免疫毒性试验、植入后局部组织反应试验、生物降解试验等系列项目。该机构成为上海唯一一家针对医疗器械和生物材料生物学评价的专业服务机构，为医疗器械市场准入前的生物安全性评价做出重要贡献。2010年，在孙皎的主持下，中心又获得上海市科委首批"上海市生物医用材料测试专业技术服务平台"。该平台对支撑和促进医疗器械产业发展、保障人体应用安全发挥关键性的作用。

【学术交流】

1991年12月10日，由口腔材料研究室主办、日本大阪大学齿学部协办的为期2天的"中日口腔材料学术交流会"在上海召开，薛淼为大会主席。

1997年，上海生物材料研究测试中心与韩国大邱庆北大学生物材料研究所签订合作研究协议（薛淼与金教汉），并于2005年续签（孙皎与金教汉）。

2001—2010年，上海市生物医学工程学会生物材料专业委员会与上海市康复医学会修复与重建专业委员会联合主办"上海地区医用生物材料学术研讨会",每年1次,并连续10年主办学术年会。

作为中华口腔医学会口腔材料专业委员会主任委员单位,多次主办全国性学术会议。2002年9月16日—20日,主办的第五届全国口腔材料学术交流会(CSDM-5)在四川成都召开;2005年6月1日—6月4日,主办的"口腔新材料临床应用技术研讨会"在湖北宜昌召开;2007年9月9日—9月11日,主办"第六届全国口腔材料学术交流会"在西安召开。

图5-2-4 2010年科室成员合影,前排左三起为张彩霞、薛淼、孙皎

【学术任职】

薛淼曾任中国生物医学工程学会生物材料学组组长,中华口腔医学会口腔材料专业委员会主任委员,中国生物医学工程学会生物材料分会副主任委员,全国医疗器械生物学评价技术委员会副主任委员,中国生物医学工程学会人工器官分科学颅颌面种植学组主任委员,上海口腔医学工程研究会常委,上海市医用材料和制品质量评审组组长,美国材料试验学会成员等职。

孙皎曾任中国生物医学工程学会生物材料分会副主任委员,中华口腔医学会口腔材料专业委员会主任委员,全国医疗器械生物学评价标准化技术委员会副主任委员,全国口腔材料、器械设备标准化技术委员会委员,德国TüV医疗器械生物兼容性评价专家(中国唯一),全国计划生育器械标准化技术委员会主任委员,国际牙医师学院(ICD)院士,上海市生物医学工程学会生物材料专业委员会主任委员。

张彩霞曾任中华口腔医学会口腔材料专业委员会顾问。宁丽曾任中华口腔医学会口腔材料专业委员会常委兼秘书长。陆华曾任中华口腔医学会口腔材料专业委员会委员兼秘书长。

【发表论著】

1982—2010年,口腔材料研究室发表论著300余篇,其中发表SCI收录的文章11篇。

四、荣誉

薛森荣获全国计划生育科技先进工作者（1995年）、上海市计划生育先进工作者（1988年、1996年），2001年被聘为第九人民医院终身教授。

宁丽获上海"十大优秀职业女性"（1996年）。

孙皎获上海市"三八"红旗手（2005年）、中国女医师协会"五洲女子科技奖基础医学科研创新奖"（2009年）、上海市"五一"巾帼创新奖（2009年）。

第六节　上海市组织工程重点实验室

上海市组织工程研究重点实验室是上海市科委领导下的组织工程基础与应用研究实验室。实验室依托上海交通大学医学院附属第九人民医院，为九院的公共平台实验室，负责向九院各科有关组织工程与再生医学基础和应用研究者提供实验支持，同时也对上海市和全国相关领域研究者提供合作研究平台，并接受海外的合作研究者来实验室进行短期合作研究。

一、沿革

1992年，曹谊林由美国整形外科基金会资助，到美国各主要大学的整形外科进行交流学习。1996年，曹谊林在国际组织工程研究的开创者Joseph Vacanti教授实验室完成裸鼠背上的人耳郭形态软骨组织构建的研究（发表于1997年美国《整形外科杂志》）。该项成果展现组织工程技术在组织器官的缺损修复方面所蕴藏的广阔的应用前景，有望从根本上颠覆修复重建领域"以创伤修复创伤"的治疗模式，是再生医学领域的革命性成果。该项成果一经发表，就迅速在全世界引起轰动，各国重要新闻媒体争相报道，被誉为国际组织工程研究的里程碑式的成就。

1997年6月，曹谊林专程回国，向上海市科委有关领导汇报组织工程研究的意义和研究现状，建议中国即刻立项，尽快开展组织工程研究，力争在短时期内赶超国际先进水平，使中国在国际组织工程研究领域占有一席之地。

上海市科委领导在听取曹谊林的汇报后，决定给予立项资助，同意在上海第九人民医院内成立上海市组织工程研究重点实验室。曹谊林任实验室主任，商庆新任副主任。同年7月，市科委第一批建设经费50万元到位，实验室建设正式启动。医院在当时的整复外科大楼（2号楼）9楼整形外科研究所开辟2间组织工程实验室，面积约80平方米。人员包括科研人员曹谊林、商庆新、夏万尧，技术员吴娟娟、钟斌，以及后勤管理李秀珍。同年，招收第1名硕士研究生陈付国。当年即在国内核心期刊发表我国最早的2篇组织工程科研论文，向国内医学界介绍国际组织工程研究的现状和实验室正在开展的工作，使组织工程的基本原则和应用前景等方面的知识在全国相关领域得到广泛的传播，吸引国内众多单位的优秀人才进入这一研究领域，促使组织工程研究在我国迅速开展，为我国在国际组织工程领域占领学术高地奠定基础。

1998年下半年，实验室首次改造，扩建至400平方米，建立细胞培养室、综合实验室、生物力学实验室。引进上海第二医科大学刘德莉副主任技师加入实验室。曹谊林获得国家杰出青年称号，并被聘为长江学者。

1999年10月,实验室在上海南汇县惠南镇主办国内首届组织工程学术交流大会,曹谊林担任大会主席。此次大会吸引当时国内几乎所有的组织工程研究机构和相关研究人员,有力地推动全国组织工程研究队伍的发展和壮大,为中国组织工程研究的可持续发展奠定基础,进一步扩大并巩固我国组织工程研究队伍的人才储备。

1999年12月,实验室根据以往研究成果和未来的发展方向,联合国内这一领域的专家学者,共同申请科技部题为《组织工程的基本科学问题》的国家重点基础发展研究规划项目("973"项目),并于当年获得科技部批准立项,成为全国组织工程领域第一个"973"项目,曹谊林任首席科学家。这一项目的实施,培养起国内一批组织工程研究团队,建设多个组织工程研究基地,为推动我国组织工程研究和成果转化奠定科学基础,并实现大量的专业人才储备。

同月,经过两年半的软硬件建设,增设分子生物学实验室,添置细胞培养、组织学及分子生物学相关仪器设备。实验室通过市科委的评估,正式成为首批上海市重点实验室。同年,曹谊林还获得实验室首个组织工程"863"项目"组织工程技术修复关节软骨缺损的实验研究"和首个国家自然科学基金面上项目"组织工程技术修复全层器官缺损的实验研究"。

2000年,留美博士刘伟加入组织工程团队,主要负责肌腱组织工程研究、实验室学术研究管理和论文发表,以及对外学术交流。同时加入研究团队的还有崔磊(后担任实验室副主任)及技术员殷德民等。同年,实验室首次派团参加在美国奥兰多举办的国际组织工程学会(Tissue Engineering Society International,TESI)第三届年会,在曹谊林的率领下,研究团队首次在国际上展示中国组织工程研究的进展和取得的成果。

2001年,实验室首次接受上海市科委对于全市重点实验室运行情况的评估,被评为优秀实验室,并入选上海市十大"重中之重"重点学科。同年,获得"211"工程重点学科(二期)整复外科(含组织工程),项目负责人为曹谊林、张涤生。同年,实验室引入胚胎干细胞研究团队,包括丛笑倩、汪铮、刘晓音、吴春芳等,建立胚胎干细胞实验室;技术人员增加陈瑾君、陆峻泓、李卿等。

2002年,实验室启动组织工程颅骨及齿槽裂骨缺损临床修复研究,周广东、刘伟、崔磊、杨光辉分别承担软骨、肌腱、骨、皮肤等4项"863"项目。

2003年,曹谊林引进匡延平,在医院创立辅助生殖科,与丛笑倩研究员团队合作开展人胚胎干细胞建系和相关基础研究工作。同年,商庆新离职,崔磊接任上海组织工程研发中心副主任。同年,周广东博士毕业,并留实验室成为专职科研人员,任软骨研究小组组长和首席研究员(Principle Investigator,PI)。

2004年,上海市组织工程实验室进行扩建改造工作,面积扩大到800平方米,新增胚胎干细胞实验室、组织学实验室、分子生物学实验室、生物力学实验室等,并添置超速离心机、流式细胞仪、Micro CT、生物反应器、激光共聚焦、激光显微切割、纺锤体观测仪等系列大型仪器设备。细胞培养实验室扩大至120平方米,并分为普通细胞培养室和胚胎干细胞专用培养室。同年,实验室引进留日博士、留美博士后张文杰,重点负责干细胞的基础研究,包括胚胎干细胞和成体干细胞,并担任干细胞研究小组组长和PI,唐郑雅加入胚胎干细胞研究团队。同年7月,实验室创办《组织工程与重建外科》杂志,成立第一届《组织工程与重建外科杂志》编委会,曹谊林任主编。同年,实验室第一部组织工程专著——《组织工程学理论与实践》出版,曹谊林为主编。2004年底,"973"项目"组织工程的基本科学问题"结题,多项研究成果在国际上发表,被专家组评为"973"项目优秀课题。

2005年,再次获得"973"二期项目"组织工程重要基础科学问题"立项,曹谊林再次担任首席科学家。同时,实验室获得国家发改委立项,在上海市闵行区紫竹科技园区筹建组织工程国家工程中心,项目总金额1.2亿,占地24 000平方米。同年,实验室承办国际组织工程学会的第八届年会(The 8th TESI Annual Meeting),曹谊林担任大会主席,刘伟担任学术委员会主席。600多名来自世界各国的知名学者和国内400多名组织工程研究人员齐聚一堂。这是国际组织工程学会(Tissue Engineering Society International,TESI)首次在发展中国家举办的年度学术盛会,时任国际组织工程学会主席的J. P. Vacanti称赞此次大会"学术一流、组织一流、效果一流"。大会的成功举办,为我国组织工程学界和本实验室赢得重要的国际声誉。

2006年,实验室团队成员周广东、刘伟、刘广鹏、杨光辉以组织工程国家工程研究中心为依托,再次承担软骨、肌腱、骨、皮肤等4项"863"项目。

2007年,上海市重点实验室评估获上海市第一名。《组织工程与重建外科》杂志进入科技核心期刊行列。同年,实验室进入上海市申康临床科研开放平台。

2008年,实验室科研项目"组织工程化组织构建关键技术研发与应用"项目获国家技术发明奖二等奖。同年,实验室出版第二部专著——《组织工程学》,曹谊林为主编。

2009年11月,周广东以优异的科研成绩,被破格晋升为研究员。同年,组织工程皮肤开展临床应用研究。

2010年10月,在美国整形外科学会年会上,曹谊林荣获Maliniac Lecture excellent honor esteem国际整形外科界的至高荣誉,并进行题为"Tissue Engineering Research from Bench to Bedside"的演讲,介绍组织工程研究从基础到临床应用的中国经验和成果。同年,周广东获得博士研究生导师资格。并且,在实验室培养的众多博士、硕士中,有很多参与到其他各个研究中心成为技术骨干,也有很多参加到各个整形外科临床中心,展示实验室在人才培养方面取得丰硕的成果。

1997年至2010年,在曹谊林的指导和推动下,实验室重点开展利用组织工程技术构建骨、软骨、肌腱、皮肤等方面的研究,并迅速完成由裸鼠—小动物—哺乳动物的跨越,部分项目进入临床前期研究。此外,还陆续开展气管、血管、膀胱、牙齿等的组织构建研究,以及生物材料、3D细胞打印等前沿性研究,取得大量的研究成果,赢得国际声誉,使得实验室一直位居国际组织工程研究领域的前沿位置,成为全国组织工程研究的领军团队和杰出代表。

图5-2-5 曹谊林(正面坐者)指导实验室工作

二、科研项目

实验室成立以来,积极申报各级政府提供的研究经费,获得国家自然科学基金、科技部以及上海市科委等部门组织的一系列研究项目的资金支持,这些项目对于推动组织工程领域的研究起到极大的推动作用。

表 5-2-21　1999—2010 年组织工程实验室获得的研究课题情况表

序号	项目名称	项目来源	负责人	立项年份	经费(万元)	项目编号
1	组织工程的基本科学问题	科技部"973"计划	曹谊林（首席）	1999	3 000	G19990543
2	组织工程技术修复关节软骨缺损的实验研究	科技部"863"计划	曹谊林	1999	50	102-09-05-01
3	组织工程技术修复全层器官缺损的实验研究	国家自然科学基金	曹谊林	1999	26	C03030304
4	伤口愈合和瘢痕增生基因治疗的实验研究	上海市科委重点项目	刘伟	2000	25	00JC14032
5	软骨、骨、肌腱、皮肤组织工程	科技部"863"计划	曹谊林	2001	84	
6	种子细胞老化规律研究和胚胎干细胞作为种子细胞的可行性研究	科技部"973"计划子项目	刘伟	2001	402	G1999054304
7	组织工程技术修复关节软骨全层缺损	科技部"973"计划子项目	周广东	2001	108	G1999054308
8	组织工程肌腱产品的研发与产业化	科技部"863"计划	刘伟	2002	240	2002AA205031
9	组织工程化软骨构建的相关技术研究与产品开发	科技部"863"计划	周广东	2002	800	2002AA205021
10	诱导同种异体组织工程特异免疫耐受的实验研究	国家自然科学基金	曹谊林	2002	18	30170969
11	胚胎干细胞、骨髓间充质干细胞诱导分化的实验研究	上海市科委重点项目	刘伟	2003	120	03DJ14021
12	骨组织工程关键技术研究与标准化	上海市科委	曹谊林	2004	100	04DZ11604
13	骨髓基质细胞成软骨分化最佳诱导因素的探讨	国家自然科学基金青年项目	周广东	2004	19	30300353
14	组织工程学重要基础科学问题研究	科技部"973"计划	曹谊林（首席）	2005	3 000	2005CB522700
15	组织工程化组织形成与转归机制	科技部"973"计划	崔磊	2005	560	2005CB522701
16	组织微环境对干细胞形成特定组织的影响及其作用机制	科技部"973"计划子项目	周广东	2005	560	2005CB522702

(续表)

序号	项目名称	项目来源	负责人	立项年份	经费(万元)	项目编号
17	生物力学调节细胞分化和促进工程化组织形成的机理	科技部"973"计划子项目	刘伟	2005	747	2005CB522703
18	组织工程的基础与应用研究	科技部国际合作	曹谊林	2005	60	2004DFA02500
19	可溶性转化生长因子-β受体基因治疗皮肤瘢痕的实验研究	国家自然科学基金	刘伟	2005	21	30471794
20	组织工程肌腱体外构建及产品研制与开发	科技部"863"项目	刘伟	2006	454	2006AA02A127
21	基于成体干细胞体外构建的组织工程软骨产品研发	科技部"863"项目	周广东	2006	474	2006AA02A126
22	利用胚胎干细胞体外构建组织工程化血管	国家自然科学基金	张文杰	2006	28	30571925
23	诱导表皮干细胞重建汗腺的实验研究	国家自然科学基金	曹谊林	2007	29	30672191
24	共培养诱导人胚胎干细胞向软骨细胞分化作用与机制	国家自然科学基金	张文杰	2007	30	30671051
25	同种异体脂肪干细胞组织工程骨修复颅骨缺损及免疫调控机制	国家自然基金	崔磊	2007	29	30672190
26	组织工程与再生医学及其他临床科研资源共享平台建设	上海市申康	曹谊林 刘伟	2007	300	SHDC12007206
27	基因标记组织工程种子细胞的体内示踪效率的实验研究	上海市科委	陈瑾君	2007	5	07zr14068
28	瘢痕和血管/淋巴管畸形诊治的基础与应用研究	"211工程"三期子项目	刘伟	2007	300	
29	脂肪干细胞软骨潜能亚群的特异性分子标志	国家自然科学基金	周广东	2008	28	30772264
30	应用脐带血干细胞修复骨组织缺损研究	上海市科委	张文杰	2008	15	75407072
31	阻断转化生长因子-β效应联合干细胞移植促进伤口皮肤再生	国家自然科学基金	刘伟	2009	34	30872694
32	组织工程功能支架材料及有序血管网络的构建	国家自然科学基金重点项目(合作)	周广东	2009	90	50830105
33	成软骨横向分化真皮成纤维细胞修复犬半月板缺损及分化细胞体内转归的研究	上海市科委	崔磊	2009	40	09xd1402800
34	干细胞在骨衰老与再生中的作用及关键信号分子调控——基于干细胞的骨质疏松治疗和相关骨再生机理	科技部"973"计划子项目	张文杰	2010	348	2011CB964704

(续表)

序号	项目名称	项目来源	负责人	立项年份	经费(万元)	项目编号
35	应用脂肪源性干细胞构建小口径组织工程血管的关键技术研究与产品开发	科技部"863"计划	崔磊	2010	176	2009AA02Z110
36	骨髓基质干细胞体外构建耳郭形态软骨	国家自然科学基金	周广东	2010	35	30973131
37	成软骨横向分化真皮成纤维细胞修复犬半月板缺损及横向分化细胞体内转归的研究	国家自然科学基金	崔磊	2010	30	30970743

三、人才培养计划

实验室成立以来,经严格的审核和竞争程序,获得一批重大人才培养资助项目支持,这些项目以研究课题为引领,以人才培养为目标,有力地推动组织工程研究的深入,促进研究人才的成长。

表 5-2-22　1998—2010 年组织工程实验室获得的人才培养项目情况表

年份	课题名称	入选项目	入选人	经费(万元)
1998	组织工程技术的基础和应用研究	国家自然科学基金杰出青年项目	曹谊林	80
2001	伤口愈合和瘢痕增生基因治疗的实验研究	教育部回国留学人员基金	刘伟	2
2003	质粒DNA介导的可溶性TGF-β受体瘢痕基因治疗	上海第二医科大学"学科骨干师资"基金	刘伟	21
2004	可溶性TGF-β受体基因治疗皮肤瘢痕的实验研究	上海市优秀学科带头人	刘伟	22
2004	可溶性TGF-β受体基因治疗皮肤瘢痕的实验研究	上海市优秀青年教师	周广东	9
2005	诱导分化人胚胎干细胞构建组织化软骨	上海市科委浦江人才计划	张文杰	20
2005	脂肪干细胞生物学特性及纯化技术研究	上海市科委启明星	周广东	10
2005	真皮成纤维细胞向软骨细胞表型的诱导分化机制与软骨组织工程构建研究	上海市科委启明星后	崔磊	15
2006	生物力学调节细胞分化和促进工程化肌腱组织形成的作用	上海市卫生局医学领军人才计划	曹谊林	50
2009	骨髓基质干细胞体外构建人耳郭形态软骨	上海市科委启明星后	周广东	20
2009	应用于细胞体外构建个性化人耳郭形态软骨	曙光计划	周广东	15
2009	软骨组织工程的基础与应用研究	上海交通大学医学院新百人计划项目	周广东	15
2010	骨髓基质干细胞体外构建耳郭形态软骨	教育部"新世纪"优秀人才	周广东	50

四、论文与专利

实验室成立以来,在国内核心期刊发表论文333篇,SCI论文76篇,获得授权发明专利20项,并主编、参编多部专著和教材。

表5-2-23　1997—2010年实验室发表的论文和获得的专利情况表

年　份	SCI论文数量	核心期刊论文数量	申请专利数量	授权专利数量
1997		2		
1998		2		
1999		2		
2000		9		
2001		21		
2002	2	27	10	
2003	3	50	2	
2004	3	59	3	
2005	8	38	5	
2006	6	30	4	
2007	12	33	2	
2008	10	21		
2009	8	27	3	
2010	24	12	3	3

五、科研成果与荣誉

实验室有多项课题和成果获得上海市和国家颁发的奖项,这些经过严格评比和审核的成果和奖项,体现了实验室的专业水准和研究成果的水平。同时,实验室的研究人员也获得政府和社会团体授予的各种奖项,表现出国家和社会对科研人员卓越成就的褒奖。

表5-2-24　1999—2008年实验室获得的重大奖项情况表

年　份	获奖项目	奖　项
1999	利用组织工程学的方法制备人耳郭形态软骨	国家教育部全国高校十大科技创新奖
2000	自体组织工程化软骨构建的实验研究	上海市科技进步奖二等奖
2002	组织工程技术修复肌腱与关节软骨缺损的实验研究	中国高校科技进步奖二等奖
	软骨组织工程的基础及临床应用研究	中华医学科技奖二等奖

(续表)

年 份	获 奖 项 目	奖 项
2003	骨与关节软骨组织工程的应用基础研究	上海科技进步奖二等奖
	骨组织工程基础及临床应用研究	上海医学科技奖二等奖
	组织工程骨的初期临床应用研究	第五届上海市临床医疗成果奖三等奖
	组织工程化骨、肌腱、血管	上海国际工业博览会创新奖
2004	修复骨组织缺损的组织工程学基础与临床应用研究	中华医学科技奖三等奖
	组织工程化肌腱的应用基础研究	上海市科技进步奖一等奖
	伤口愈合和瘢痕增生基因治疗的实验研究	上海市科技进步奖三等奖
2005	组织工程皮肤的体外构建、低温保存及临床应用	上海市科技进步奖一等奖
	组织工程皮肤的基础和应用研究	上海医学科技奖二等奖
2006	基于组织工程化角膜基质构建的角膜缺损修复研究	上海医学科技奖二等奖
2007	人真皮间充质干细胞的诱导、鉴定及初步应用	上海市研究生优秀成果
2008	组织工程化组织构建关键技术研发与应用	国家技术发明奖二等奖
	干细胞构建组织工程骨的基础研究与临床应用	中国高校科技进步奖二等奖
	表皮细胞作为种子细胞构建尿道的实验研究	上海医学科技奖三等奖

表 5 - 2 - 25　1998—2010 年实验室研究人员获得的荣誉情况表

年 份	获奖人与奖项
1998	曹谊林美国整形外科 James Barrett Brown 奖
	曹谊林获国家自然科学基金委员会国家杰出青年人才奖
	曹谊林获上海市白玉兰基金会科技人才奖
1999	曹谊林获求是科技基金会杰出青年学者奖
	曹谊林获上海市科委上海市科技精英奖
	曹谊林获人事部中青年有突出贡献专家
	曹谊林获上海市科技精英
	曹谊林获上海市有突出贡献专家
2001	曹谊林获全国优秀科技工作者
2002	曹谊林获全国杰出专业人才
2003	曹谊林获留学回国人员成就奖
	曹谊林获全国归侨侨眷先进个人荣誉称号
	曹谊林获上海市劳动模范称号
	曹谊林获上海市优秀留学回国人才称号

（续表）

年　份	获奖人与奖项
2003	周广东获上海市优秀青年教师
	周广东获中国生物医学工程青年优秀论文
2004	曹谊林获全国归侨侨眷先进个人荣誉称号
	曹谊林获上海市劳动模范称号
	曹谊林获上海市优秀留学回国人才称号
	周广东获上海市优秀青年教师
2005	曹谊林获全国先进工作者称号
	曹谊林获上海市侨界十杰
	曹谊林获济南专业技术拔尖人才
	刘伟获首届上海第二医科大学校长奖（科研）
	周广东获上海市卫生系统第十届"银蛇奖"三等奖
	周广东获上海市卫生局先进工作者
	周广东获上海市新长征突击手
2006	曹谊林获上海交通大学医学院"院长奖"
	曹谊林获"上海发明家"称号
	曹谊林获上海市医务职工科技创新标兵
	周广东获明治乳业生命科学奖优秀奖
2007	周广东获全国卫生系统青年岗位能手
2008	曹谊林获吴阶平医学研究奖
	周广东获上海市优秀青年教师
2009	曹谊林获全国侨界"十杰"提名奖
2010	曹谊林获 Maliniac Lecture Excellent Honor Esteem 奖
	周广东获教育部新世纪优秀人才

六、教学

【本科生教育】

2004年起，九院临床医学院开设整形外科学选修课，其中包含"组织工程学"3学时，由刘伟主讲。

2008年起，九院临床医学院五年制本科生开设"医学科研设计和论文写作选修课"，旨在提升本科生的科研能力，刘伟担任课程负责老师，主讲的课程内容包括：① 课题设计与摘要书写；② 医学实验基本要素；③ 医学科学论文与综述的撰写；④ 医学文献检索和科研论文导读。

2009年起，交大医学院八年制外科总论中，开设组织工程学（1学时），刘伟担任主讲教师。

【研究生教学】

实验室自1998年开始,招收首位硕士研究生和首位博士研究生,导师为曹谊林。至2010年实验室拥有硕士生导师6人,博士生导师5人;共招收硕士研究生27人,博士研究生82人,博士后6人;已毕业硕士研究生22人,博士研究生59人,博士后出站4人。

表5-2-26 上海市组织工程实验室研究生导师情况表

博士生导师	任职年份	硕士生导师	任职年份
曹谊林	1998	曹谊林	1997
商庆新	2000	商庆新	1996
刘 伟	2004	刘 伟	2002
崔 磊	2006	崔 磊	2004
张文杰	2008	张文杰	2006
周广东	2010	周广东	2008

表5-2-27 1998—2010年实验室硕士研究生培养情况表

导 师	研 究 生
曹谊林	崔一民 丁小邦 石润杰 黄 昕 艾 爱
商庆新	舒朝锋 杜 鸣 易智强 于海莹 武晓莉 王爱丽 许志成 邓辰亮 袁 捷 许 锋
刘 伟	邓 丹
崔 磊	刘 波 杨 平 伍耀豪 吴莹琛 谷辉杰
张文杰	石伦刚 陆 阳 王书军 王 玲
周广东	丁金萍 何爱娟

表5-2-28 1998—2010年实验室博士研究生培养情况表

导 师	研 究 生
曹谊林	蔡 霞 刘方军 胡洪亮 曹德君 沈 干 胡晓洁 祝 联 周广东 张 英 张 杰 李 东 王晓云 肖开颜 柳向东 柴 岗 王 敏 刘天一 付 强 魏 娴 陈付国 杨光辉 王 彦 武晓莉 穆罕默德 杨 军 胡学庆 吕晓杰 许志成 张 群 袁 捷 谢 峰 张 艳 刘广鹏 张艳青 刘 凯 卢慕峻 邓辰亮 刘 霞 岳 伟 皮庆猛 张 路 罗旭松 李 琼 孙恒赞 周 栩 赵贵庆 张莹莹 薛继鑫 龚铁一 徐 梁 段惠川 刘 浥 付 炜 陈 瑶 郑 蕊 朱月倩 刘 豫 马晓昀 谭林花 戴婷婷 陈 诚
刘 伟	高 振 金羽青 许 锋 蒋 婷 宋 楠 王 斌 张延洁 夏玲玲 蒋永康 朱 吉 陈 博 李 洁 邓 丹 刘 科 何 晶 陆 阳 熊 尧
崔 磊	刘齐海 王 琛

表5-2-29 1998—2010年实验室博士后培养情况表

导 师	研 究 生
曹谊林	刘 阳 陈际达 陈 炜 姜 浩 包柳郁

七、学术交流

实验室成立以来,把学术交流作为重要工作,积极参加国内外该领域的学术会议,并在1999年主持召开首届全国组织工程年会(上海)。2005年,成功主办第八届国际组织工程年会(上海)。在这些学术会议上实验室成员多次被邀请为特邀发言。

表5-2-30 1997—2010年实验室成员作特邀发言的学术会议情况表

序号	年份	发言者	大会名称	报告题目	地点
1	2001	曹谊林	The 3rd International Symposium on Tissue Engineering in Conjunction with Celebration for the Foundation of Korean Tissue Engineering Society	Advances in Tissue Engineering	韩国首尔
2	2001	曹谊林	The 1st International Conference on Biomaterials	Advance in Bone and Cartilage Tissue Engineering	中国北京
3	2001	曹谊林	Stem Cell in Wound Healing and Tissue Engineering	Advances in Tissue Engineering	新加坡
4	2001	曹谊林	International Symposium on Recent Advances in Cellular and Tissue Engineering	Tissue Engineering of Bone, Cartilage, Tendon and Others	韩国光州
5	2001	曹谊林	The 12th Japan-China Joint Meeting on Plastic Surgery 2001	Advances in Tissue Engineering	日本东京
6	2002	曹谊林	The 4th International Congress Asian Pacific Federation of Societies for Surgery of the Hand	Advances in Tissue Engineering	韩国首尔
7	2002	曹谊林	第十三届中日整形外科学术交流会	Recent Advance in Tissue Construction and Related Research	中国南京
8	2002	曹谊林	中国国际高新技术成果交易会	组织工程学:21世纪医学科学的高新技术	中国深圳
9	2002	曹谊林	中国工程院医药卫生工程学部2002年医学科学前沿"炎症与修复"高级学术研讨会第三届全国创伤修复(愈合)与组织再生学术交流会	组织工程:21世纪的再生医学及其在组织修复中的应用	中国广州
10	2002	曹谊林	第三届国际暨第六届全国口腔颌面外科专业委员会	Application of Tissue Engineering in the Dental Field	中国昆明
11	2002	曹谊林	The 5th International Meeting of TES	Advances in Tissue Engineering and Its Potential for Clinical Application	日本
12	2003	曹谊林	第二届日本再生医疗学会总会	From Laboratory Bench to Clinical Application Tissue Engineered — A New Model for Regenerative Medicine in 21st Century	日本神户

(续表)

序号	年份	发言者	大会名称	报告题目	地点
13	2003	曹谊林	The 57th Annual Meeting of the Japanese Stomatological Society	Clinical Application of Tissue Engineered Bone in Oral Maxillofacial Surgery	日本福冈
14	2003	曹谊林	The 2nd Annual Meeting of the European Tissue Engineering Society	Advance on Tendon Engineering Research	意大利
15	2004	曹谊林	The 6th Asian Symposium on Biomedical Materials	Application of Different Biomaterials into the Engineering of Different Tissue Types	中国成都
16	2004	曹谊林	The 1st International Clinical Conference of Chosun University Hospital	Tissue Engineering: from Animal Experiment to Clinical Application	韩国光州
17	2004	曹谊林	The 14th APOA Triennial Congress	Tissue Engineering of Cartilage and Bone and Their Repair of Orthopaedic Related Tissue Defects	马来西亚
18	2004	曹谊林	第十四届中日整形外科学术交流会	Plastic Surgery and Tissue Engineering — A Combination of Art and Science	中国北京
19	2004	曹谊林	The 11th Asia Pacific League of Associations for Rheumatology Congress	Cartilage Engineering and Its Related Research	韩国济州
20	2004	曹谊林	世界华人生物医学工程研究会	Tissue Engineering: from Animal Experiment to Clinical Application	中国北京
21	2004	曹谊林	Tissue Engineering Society International 7th Annual International Conference & Exposition	In Vivo and in Vitro Cartilage Engineering	瑞士洛桑
22	2004	曹谊林	国家杰出青年科学基金实施10周年	组织工程研究进展	中国北京
23	2005	曹谊林	2004 Annual Symposium Abstracts	Tissue Engineering: from Animal Experiment to Clinical Application	中国江阴
24	2005	曹谊林	2005 Annual Meeting of Formosa Association of Regenerative Medicine	Tissue Engineering: from Animal Experiment to Clinical Application	中国台湾
25	2005	曹谊林	2005全国烧伤及创伤外科医学研讨会	组织工程—创伤修复的新途径	中国张家界
26	2005	曹谊林	2005上海诺奖大师论坛	In Vivo and in Vitro Cartilage Engineering	中国上海
27	2005	刘伟 曹谊林	China-France Medicine Symposium 2005 Cell and Tissue Therapy: from Engineering to Patients	Application of Stem Cells in Tissue Engineering	中国武汉

（续表）

序号	年份	发言者	大会名称	报告题目	地点
28	2005	曹谊林	中国科协2005年学术年会	我国组织工程的进展	中国乌鲁木齐
29	2005	曹谊林	The 27th Annual International Conference of the IEEE Engineering in Medicine and Biology Society（EMBC 2005）	Advance in Cartilage Engineering Research	中国上海
30	2005	曹谊林	首届中国现代医学研究方法暨学科交叉创新研讨会	组织工程学：从动物实验研究到临床应用	中国广州
31	2005	曹谊林	The 8th Annual Meeting of Tissue Engineering Society International	From Bench to Bedside：Bone Tissue Engineering Research and its Clinical Application	中国上海
32	2005	曹谊林	The 15th Japan-China Joint Meeting on Plastic Surgery 2005	Tissue Engineering a New Approach for Regenerative Medicine in the 21st Century	日本东京
33	2006	曹谊林	The 40th Anniversary of Hiroshima University Faculty of Dentistry — Hiroshima Conference on Education and Science in Dentistry	Recent Advances in Tissue Engineering of Cartilage, Bone and Tendon	日本广岛
34	2006	曹谊林	The 1st AO European CMF Advanced Symposium	Tissue Engineering：What Has Been Done, Where Are We?	德国
35	2006	曹谊林	第一届全国口腔组织工程与再生医学会议	组织工程研究进展	中国西安
36	2006	刘伟	第一届全国口腔组织工程与再生医学会议	组织工程种子细胞的研究	中国西安
37	2006	曹谊林	2006年浙江省整形外科与医学美容学术会议	组织工程学进展	中国湖州
38	2006	曹谊林	International Symposium for the Foundation of Chungbuk Bio-Medi Park	Development Trend of Tissue & Bioartificial Organ in China	韩国
39	2006	刘伟	The 8th Annual Meeting of Korean Tissue Engineering and Regenerative Medicine Society	Recent Progress in Tendon Engineering	韩国首尔
40	2006	刘伟	Advances in Applied Bioscience and Bioengineering & China-UK Workshop on Tissue Engineering and Bioprocessing	Bone Engineering：Large Animal Studies and Clinical Application	中国青岛
41	2006	曹谊林	The 7th Asian Symposium on Biomedical Materials	Biomaterial and Tissue Construction	韩国济州岛
42	2006	刘伟	The 7th Asian Symposium on Biomedical Materials	In Vitro and in Vivo Tendon Engineering	韩国济州岛
43	2006	曹谊林	第十六届中日整形外科学术交流会	The Advance in Tissue Engineering	中国哈尔滨

(续表)

序号	年份	发言者	大会名称	报告题目	地点
44	2006	曹谊林	湖南省第六届烧伤整形外科学术会议	组织工程学研究进展与趋势	中国长沙
45	2006	刘伟	中英生物材料研讨会	中国组织再生生物材料研究概况	中国成都
46	2006	曹谊林	Kuala Lumpur International Conference on Biomedical Engineering 2006	In Vivo an in Vitro Engineering of Cartilage	马来西亚吉隆坡
47	2007	曹谊林	2007 International Workshop on Biomaterials and Nanomaterials	Tissue Reconstruction and Repair Using Tissue Engineering Approach	韩国光州
48	2007	曹谊林	The 50th Annual Meeting of Japan Society of Plastic and Reconstructive Surgery	Tissue Engineering and its Application in Plastic Surgery	日本东京
49	2007	曹谊林	The 2nd Shanghai International Plastic Surgery Conference	Introduction of Plastic Surgery Department at Shanghai 9th People's Hospital and Tissue Engineering Research	中国上海
50	2007	曹谊林	The 14th International Congress of the International Confederation of Plastic, Reconstructive and Aesthetic Surgery	Tissue Engineering and Tissue Repair in Immuno-competent Animals: Tissue Construction and Repair	德国柏林
51	2007	曹谊林	Biomaterials & Tissue Engineering Group (BITEG) Showcase Meeting	From Bench to Bedside: Bone Tissue Engineering Research & Its Clinical Application	英国韦克菲尔德
52	2007	刘伟	BBSRC Sponsored UK-China Partnership Launch Meeting	Introduction of National Tissue Engineering Center and Related Research	英国伦敦
53	2007	刘伟	The 4th Meeting of the Wound Healing Society	Transdifferentiation of Dermal Fibroblasts Into Other Cell Types After Implantation Outside Skin	新加坡
54	2007	刘伟	Tissue Engineering Regenerative Medicine International Society 2007 TERMIS-EU Chapter Meeting	Skin Cells, Skin Engineering and Beyond Skin	英国伦敦
55	2007	曹谊林	第九次全国整形外科学术会议	组织工程学研究进展与趋势	中国长沙
56	2007	曹谊林	The 34th Annual International Meeting of the Israel Society for Plastic Surgery	Tissue Engineering and Its Application in Plastic Surgery	以色列特拉维夫
57	2007	曹谊林	TERMIS-AP 2007	Recent Progress on Tissue Engineering Research	日本东京
58	2007	曹谊林	The 1st Asian Biomaterials Congress	Application of Biomaterials in Tissue Engineering	日本筑波

(续表)

序号	年份	发言者	大会名称	报告题目	地点
59	2008	刘伟	Biologic Scaffold for Regenerative Medicine 5th Symposium	Tissue Engineering: from Bench to Bedside	美国凤凰城
60	2008	曹谊林	The 2nd Hong Kong International Burns & Wound Healing Symposium	Introduction of Tissue Engineering Research	中国香港
61	2008	曹谊林	2008第一届口腔麻醉学高峰论坛——外科、麻醉、危重医学	组织工程学研究进展与趋势	中国上海
62	2008	刘伟	The 2nd International Congress on Stem Cells and Tissue Formation	Tissue Engineering of Corneal Strom with Dermal Fibroblasts: phenotypic and Functional Switch of Differentiated Cells in Cornea	德国
63	2008	张文杰	The 2nd Malaysia Tissue Engineering Regenerative Medicine Scientific Meeting 2008	Dermal Fibroblasts, An Old Population in New Environments	马来西亚
64	2008	刘伟	The 16th Annual "Advances in Tissue Engineering" Short Course	Tissue Reconstruction and Repair Using a Tissue Engineering Approach	美国休斯敦
65	2008	曹谊林	The 18th China-Japan Joint Meeting on Plastic Surgery	Introduction of Tissue Engineering Research	中国西安
66	2008	曹谊林	XIX Congress of the European Association for Cranio-Maxillo-Facial Surgery	Tissue Engineering Research: from Bench to Bedside	意大利博洛尼亚
67	2008	刘伟	The 2nd SCAR Meeting	New Potential Anti-Scarring Approaches	法国蒙彼利埃
68	2008	曹谊林	The 3rd Regional Conference in Dermatological Laser and Facial Cosmetic Surgery	Tissue Engineering Research and its Potential Application in Cosmetic Surgery	中国香港
69	2008	曹谊林	首届北京国际整形外科学术会议;第一届全球华裔整形外科医师大会;第三届国际乳房整形与再造专题研讨会	组织工程(Tissue Engineering: from Animal Experiment to Clinical Application)	中国北京
70	2008	刘伟	首届北京国际整形外科学术会议;第一届全球华裔整形外科医师大会;第三届国际乳房整形与再造专题研讨会	干细胞研究(Stem Cell Research)	中国北京
71	2008	张文杰	2008天津国际干细胞论坛	Tissue Engineering: from Animal Experiment to Clinical Application	中国天津
72	2008	曹谊林	Proceeding of the 23rd Annual Research Meeting of the Japanese Orthopaedic Association	Tissue Engineering Research on Cartilage and Bone	日本
73	2008	曹谊林	TERMIS-AP 2008	Research Progress on Tracheal Cartilage Engineering	中国台湾

(续表)

序号	年份	发言者	大会名称	报告题目	地点
74	2008	刘伟	TERMIS-AP 2008	In Vivo and in Vitro Tendon Engineering Using Dermal Fibroblasts	中国台湾
75	2008	曹谊林	台北整形外科医学会第九届 Noordhoff演讲	The Advances in Tissue Engineering	中国台湾
76	2008	曹谊林	第一届广州国际干细胞与再生生物学前沿论坛	Introduction of Tissue Engineering Research	中国广州
77	2009	刘伟	The 1st Alexandria International Congress on Tissue Engineering	Introduction of National Tissue Engineering Center of China and Its Research Work	埃及亚历山大
78	2009	曹谊林	Biomaterial Asia 2009 Meeting	Tissue Engineering in the Musculoskeletal System	中国香港
79	2009	曹谊林	北京2009再生医学国际会议（Regenerative Medicine）	The Advances in Tissue Engineering Research	中国北京
80	2009	刘伟	The 1st European Plastic Surgery Research Council	Repair of Tendon Defect with Adipose-derived Stem Cells Engineered Tendon in A Rabbit Model	德国汉堡
81	2009	刘伟	TERMIS 2nd World Congress	The Role of Mechanical in Tendon Engineering in Vitro and in Vivo	韩国首尔
82	2009	曹谊林	TERMIS 2nd World Congress	Cartilage Tissue Engineering and Its Mechanism Study	韩国首尔
83	2009	曹谊林	第十次全国整形外科学术会议	整形外科的发展及未来	中国南京
84	2009	刘伟	第十次全国整形外科学术会议	整形外科基础理论研究进展	中国南京
85	2009	曹谊林	The 19th Japan-China Joint Meeting on Plastic Surgery	Tissue Engineering Research and Its Potential Application in Cosmetic Surgery	日本横滨
86	2009	刘伟	International Forum on Plastic Surgery	Tissue Engineering Research and Its Application in Plastic Surgery	匈牙利布达佩斯
87	2009	刘伟	The 1st International Congress of Aesthetic Surgery (ISAPS)	Tissue Engineering Research and Its Potential Application in Aesthetic Plastic Surgery	中国北京
88	2009	曹谊林	The 15th World Congress of the International Confederation for Plastic, Reconstructive and Aesthetic Surgery	Bone Tissue Engineering: from Bench to Bedside	印度新德里
89	2009	曹谊林	第十二届全国生物材料学术会议	组织工程研究进展	中国广州
90	2009	刘伟	第十二届全国生物材料学术会议	纺丝纤维支架材料用于组织工程肌腱构建	中国广州

(续表)

序号	年份	发言者	大会名称	报告题目	地点
91	2010	刘伟	The 3rd International SCAR-CLUB Meeting	Surgical Vs Non-Surgical Treatment of Scarring: the Rational Thought Behind	法国蒙彼利埃
92	2010	曹谊林	全国生物材料大会	组织工程的进展	中国成都
93	2010	刘伟	全国生物材料大会	聚羟基乙酸(PGA)纤维支架在组织工程肌腱和其他软组织构建中的应用	中国成都
94	2010	曹谊林	2010中美临床与转化医学研究国际论坛	组织工程学的临床研究应用	中国北京
95	2010	曹谊林	陕西省医学院2010年烧伤整形年会	组织工程在烧伤整形中的应用	中国西安
96	2010	曹谊林	第四届广州血管病学论坛	血管组织工程研究	中国广州
97	2010	周广东	Tissue Engineering & Regenerative Medicine International Society 2010 Asia Pacific Meeting	In Vitro Engineering of Human Ear-Shaped Cartilage Assisted with CAD/CAM Technology	澳大利亚悉尼
98	2010	曹谊林	Symposium on Medical Sciences and Public Health	Recent Advances in Tissue Engineering of Cartilage, Bone and Tendon	中国上海
99	2010	曹谊林	Plastic Surgery 2010 (Maliniac Lecture)	Tissue Engineering Research from Bench to Bedside	加拿大多伦多
100	2010	刘伟	The 1st ISCT (Asia-Pacific Regional Meeting)	Engineering of Various Tissues in Large Animal and Their Potential for Clinical Applications	日本
101	2010	曹谊林	香山会议(组织再生中的转化医学问题——基础研究与临床应用的激烈碰撞)	组织工程中的转化医学	中国北京
102	2010	周广东	The 2nd Annual Stem Cells Asia & Regenerative Medicine Congress	Exploring the Advances in Cartilage Regeneration and Reconstruction	韩国首尔
103	2010	曹谊林	The 2nd World Congress for Plastic Surgeons of Chinese Descent(第二届全球华裔整形外科医师大会)	Recent Advances in Tissue Engineering	中国台北
104	2010	曹谊林	The 2nd World Congress for Plastic Surgeons of Chinese Descent(第二届全球华裔整形外科医师大会)	Training in China	中国台北
105	2010	刘伟	The 2nd World Congress for Plastic Surgeons of Chinese Descent(第二届全球华裔整形外科医师大会)	Tendon Engineering and Its Application in Tendon Tissue Repair	中国台北
106	2010	刘伟	Asian Scar Forum 2010	Surgical Treatment and Chemotherapy of Keloids	中国上海

(续表)

序号	年份	发言者	大会名称	报告题目	地点
107	2010	曹谊林	2010 Sino-American Summit Forum on Burn Injuries and Trauma(2010年中美烧伤创伤高层论坛)	The Advances in Tissue Engineering	中国重庆
108	2010	刘伟	International Scar Meeting	Surgery and Chemotherapy of Keloids	日本东京

第七节　上海市口腔医学重点实验室

一、沿革

上海市口腔医学重点实验室(以下简称实验室)于2004年1月正式立项建设,2006年6月20日通过上海市科学技术委员会专家组验收并正式挂牌,2008年通过上海市科技评估中心组织的专家评估。在实验室全体成员的努力下,已跻身上海市重点实验室第一梯队。实验室参加上海市科委对上海市全部生物医药领域重点实验室的审核和评估,2010年(28家重点实验室排名第3)被评为优秀实验室。

上海市口腔医学重点实验室实行学术委员会指导下的实验室主任负责制。学术委员会负责实验室研究方向和发展规划的制定和执行监督,重点实验室主任主要负责人事和财务工作,重点实验室副主任负责对外学术交流和分支实验室间的工作协调。

表5-2-31　2006—2010年实验室学术委员会成员情况表

任职时间	学术委员会主任	学术委员会委员
2006—2009	邱蔚六	贺　林　程书钧　毛　力　王存玉　王松灵　边　专　韩泽广 马　端　陈方安　俞光岩　黄洪章　王铸钢　周学东　赵铱民 钱关祥　曾凡一　张志愿　陈万涛
2010—	贺　林	程书钧　马　端　王铸钢　胡立宏　黄洪章　韩泽广　王佐林 边　专　汤其群　俞光岩　曹　彤　王松灵　孙树汉　陈红专 周学东　赵铱民　程金科　曾凡一　张志愿　陈万涛

表5-2-32　2004—2010年实验室负责人情况表

任职时间	主任	任职时间	副主任
2004—	张志愿	2004—	陈万涛(常务)
		2008—	蒋欣泉

二、研究方向

实验室成立以来,主要聚焦以下4个主要研究内容,期望实现有限目标的重点突破:

图5-2-6 2010年口腔重点实验室副主任蒋欣泉（中）指导研究工作

（1）口腔肿瘤的分子诊疗新技术、口腔肿瘤个性化药物研发及临床转化平台

通过建立和完善以大规模系统性PDX模型为基础的个性化药物疗效和安全性预测平台，发展口腔颌面头颈恶性肿瘤数据的多层次间关联和集成分析，建立药物评估临床转化高效率的一体化体系，为口腔头颈部恶性肿瘤患者个体化医疗策略的制定提供有力支撑。

（2）功能性颌骨再生研发技术平台

依据颌骨特异性的发育和生理性修复模式，聚焦"颌骨再生精准诱导""快速血管化诱导""个性化设计与功能性修复"3个关键科学问题，筛选并优化用于颌骨再生的细胞、因子、材料及相关技术等各要素，从而获得颌骨仿生理性再生的新型调控手段并明确相关调控机制。

（3）口腔—全身性疾病联合研究平台

以系统生物学的全新视角，在分子水平、细胞水平、动物水平、临床患者等不同层面探索多元一体化的口腔—全身性疾病发病模式。建立口腔慢性感染性疾病—全身性疾病联合研究队列，通过前瞻性队列研究，检验口腔微生物群落在疾病发生及治疗预后中的预警效能。

（4）智能化口腔重大疾病信息管理服务平台

通过组建多学科交叉、数字化口腔大数据整合集成云服务平台，实现区域性"口腔医学临床转化研究联合体"内研究资源的有效集成和规范化质控、管理，从而高效链接基础研究和转化应用，保障高质量临床研究的顺利开展以及对于基层口腔医疗机构开展规范化的医师远程培训。

三、研究成果

2004—2010年，实验室在以下领域取得重要成果：

（1）口腔颌面部血管瘤与脉管畸形的临床治疗研究。制定出国内首部《口腔颌面部血管瘤和脉管畸形治疗指南》。研究成果获国家科技进步奖二等奖。

(2) 口腔颌面部肿瘤术后组织缺损修复和功能重建。率先将 CAD/CAM 技术、辅助导航技术、显微外科技术用于口腔颌面部缺损重建。成果获得国家科学技术进步奖二等奖。

(3) 口腔颌面部肿瘤预防、分子分型研究及靶向药物开发。成功制作能对口腔鳞癌分子诊断、转移和耐药性判断的个体化基因芯片,建立口腔肿瘤靶向药物筛选模型平台。研究成果获教育部高等学校自然科学奖二等奖及上海市科技进步三等奖。

(4) 口腔再生医学研究。研究团队提出全新的生长因子复合细胞膜片的概念。创建生物活性或生物降解类陶瓷材料体内降解率和新骨生成能力的定量评判技术。研究成果获得上海市科技进步奖二等奖。

(5) 数字化颅颌面外科与导航手术。研究团队首创性的开展数字化外科修复重建颅颌面缺损与畸形的基础与临床研究。研究成果获得上海市科技进步奖二等奖。

实验室成立至 2010 年,累计获得国家级科研项目 73 项,省部级科研项目 123 项,局级项目 135 项;发表 SCI 论文 678 篇。

四、人才培养与交流

口腔医学重点实验室积极培养、引进优秀科研人才。至 2010 年整个研究团队共有固定人员 51 人,其中研究生以上学历 47 人(92.2%);高级职称 39 人(76.5%);40~60 岁人员 35 人(68.6%),30~39 岁人员 14 人(27.5%);博士生导师 34 人(66.7%)。

实验室自身培养的国家级人才包括:邱蔚六当选中国工程院院士;陈万涛入选"百千万人才工程国家级人选"。

实验室引进国际水平的学者包括:教育部"长江学者"讲座教授、国家中组部"千人计划"专家毛力。

五、科研成果及获奖

实验室成立以来取得一批重要科研成果,获得国家部委和上海市政府的一系列奖项,反映实验室研究在学科领域的先进水平。

表 5-2-33　2004—2010 年实验室获国家、省部级科技奖情况表

年份	项目名称	奖项	等级	第一完成人
2004	腭裂术后创口处置和语音障碍治疗方法的临床研究(腭裂修复术后语音障碍治疗方法的临床研究)	上海市科技进步奖	三等奖	王国民
2005	DNL 细胞转 TNF 基因治疗舌癌的实验研究(成果名称:肿瘤引流区淋巴结细胞 TNF 基因治疗口腔癌的基础及初步临床应用研究)	上海市科技进步奖	三等奖	郭　伟
2005	牙列缺损修复设计的仿真系统开发	上海市科技进步奖	二等奖	张富强
2005	颅颌面畸形伴睡眠呼吸障碍的综合序列治疗研究	上海市科技进步奖	三等奖	卢晓峰

(续表)

年份	项目名称	奖项	等级	第一完成人
2005	口腔科学	全国高等学校医药优秀教材奖	二等奖	张志愿
2005	口腔生物学	全国高等学校医药优秀教材奖	二等奖	刘 正
2005	高危型人乳头状瘤病毒与口腔黏膜癌病的相关性研究	高等学校科技奖自然科学奖	二等奖	张志愿
2006	下颌骨缺损功能重建的系列研究	中华医学科技奖	二等奖	张陈平
2006	上颌骨大型缺损个体化功能性重建的临床研究	高等学校科技进步奖	一等奖	孙 坚
2006	口腔颌面部肿瘤根治术后缺损的功能性修复	上海市科技进步奖	一等奖	张志愿
2006	口腔颌面部癌靶向生物治疗和化疗的基础及临床研究	上海市科技进步奖	三等奖	陈万涛
2007	口腔颌面外科肿瘤根治术后缺损的形态与功能重建	国家科技进步奖	二等奖	张志愿
2007	微创(内镜)诊治颞下颌关节纤维强直	中华医学科技奖	三等奖	杨 驰
2007	组织工程技术构建口腔颌面部骨组织的研究与应用	上海市科技进步奖	一等奖	蒋欣泉
2007	釉基质蛋白促进牙周再生的实验研究(获奖名称：釉基质蛋白促进牙周再生的应用基础研究)	上海市科技进步奖	二等奖	束 蓉
2007	中西医结合治疗口腔黏膜癌前病变的基础与临床研究	上海市科技进步奖	三等奖	周曾同
2008	根管治疗临床和应用基础研究	上海医学科技奖	三等奖	梁景平
2008	牵引成骨技术在上下颌骨缺损修复中的应用研究	上海市科技进步奖	三等奖	沈国芳
2009	口腔颌面部血管瘤与脉管畸形的基础研究与临床应用	上海市科技进步奖	一等奖	张志愿
2009	我国成人根管形态特点与根管治疗质量及疗效关系的研究	教育部科技进步奖(第二完成单位)	一等奖	梁景平
2010	口腔颌面部血管瘤与脉管畸形的临床治疗研究	国家科技进步奖	二等奖	张志愿
2010	下颌骨缺损的形态与功能重建	上海市科技进步奖	一等奖	张陈平
2010	颞下颌关节疾病的基础与临床	河北省科技奖(第二完成单位)	三等奖	杨 驰

第八节　组织工程(上海)国家工程研究中心

一、沿革

2005年5月,经国家发展和改革委员会批准,在上海市人民政府的大力支持下,成立组织工程国家工程研究中心。中心位于上海闵行区紫竹科技园,南临黄浦江,项目总投资1.2亿元人民币,占地24 600 m²(约37.5亩)。同年11月,组织工程国家工程研究中心Ⅰ期工程开始动工。2007年2月完成主体土建工程,建设面积为10 386 m²。2009年12月完成配套设施建设。建成组织工程专用的万级GMP洁净车间、医用聚羟基乙酸(PGA)支架材料生产线、符合专业要求的临床前大动物实验中心,以及配套的产品质检与质控中心。

2010年6月,中心正式启用。中心以企业(上海国睿生命科技有限公司)为实体依托单位,肩负着引领我国组织工程研究向临床及产业转化的重要目标,是目前中国组织工程领域唯一的国家级工程研究中心,同时也是国际组织工程与再生医学学会亚太分会主席单位。

二、研究方向

中心在骨、软骨、肌腱、皮肤等结构性组织构建方面已取得突破性进展,达到国际领先水平:已经在国际上率先实现各类组织工程软骨的临床转化,其中国际首例基于组织工程技术的人耳再造成果已发表于 eBiomedicine 杂志(Lancet 和 Cell 子刊),被国际同行评价为"组织工程领域的里程碑",并被CNN、BBC等国际主流媒体相继报道。软骨膜片及可注射软骨项目已经启动产业转化进程。骨组织工程技术也已开展50多例临床试验,并取得良好的骨组织修复效果。此外,中心也研发一系列拥有独立知识产权的新型生物材料,包括生物可降解的PGA纤维生物材料,以及用于美

图5-2-7　2010年组织工程(上海)国家研究中心外貌

容整形的透明质酸等。中心还带头编制国内唯一的临床组织工程技术平台标准《临床组织工程技术平台基本要求》,同时还获得多种细胞及生物支架材料的安全性检测认证,使组织工程技术全面达到临床转化规范要求,对于推动组织工程行业的临床转化及产业化做出贡献。

三、研究项目

中心作为我国组织工程及再生医学先进技术的重要转化平台,2005—2010年间陆续承担"863""973"等国家重要项目10余项。

表5-2-34　2005—2010年组织工程国家中心承担的科研项目情况表

年份	项目名称	来源	负责人	项目编号	经费(万元)
2005	组织工程学重要基础科学问题研究	科技部"973"计划	曹谊林	2005CB522700	3 000
	组织工程化组织形成与转归机制	科技部"973"计划子课题	崔　磊	2005CB522701	560
	组织微环境对干细胞形成特定组织的影响及其作用机制	科技部"973"计划子课题	周广东	2005CB522702	560
	生物力学调节细胞分化和促进工程化组织形成的机理	科技部"973"计划子课题	刘　伟	2005CB522703	747
	组织工程相关生物材料的基础科学问题研究——血管组织工程材料的生物学评价、组织构建及其动物试验研究	上海市2005年度重大基础研究项目子课题	赵　莉	05DJ14005	500
2006	组织工程肌腱体外构建及产品研制与开发	科技部"863"计划	刘　伟	2006AA02A127	454
	基于成体干细胞体外构建的组织工程软骨产品研发	科技部"863"计划	周广东	2006AA02A126	474
	含附属器的组织工程皮肤构建的关键技术研究与产品开发	科技部"863"计划	杨光辉	2006AA02A120	371
	基于成体干细胞的组织工程骨构建的关键技术研究与产品开发	科技部"863"计划	刘广鹏	2006AA02A123	353
	基于牙齿发育原理的牙齿构建与再生	科技部"973"计划子课题	岑　莲	2010CB944804	449
	多孔磷酸钙双相生物陶瓷的孔结构与细胞相互作用的研究	上海市自然科学基金	赵　莉	06ZR14158	10
2010	干细胞在骨衰老与再生中的作用及关键信号分子调控——基于干细胞的骨质疏松治疗和相关骨再生机制	科技部"973"计划	张文杰	2011CB964704	348
	应用脂肪源性干细胞构建小口径组织工程血管的关键技术研究与产品开发	科技部"863"计划	崔　磊	2009AA02Z110	176
	符合皮肤双层结构特点的壳聚糖—明胶复合纤维支架的应用研究	上海市自然科学基金	赵　莉	10ZR1424400	20

四、获奖项目

中心在2005—2010年间获得5项国内外重要科研奖项。

表5-2-35　2005—2010年组织工程国家中心获得的科研奖项情况表

年份	项　　目	奖项及等级	主要完成人
2005	组织工程皮肤的体外构建、低温保存及临床应用	上海市科技进步奖一等奖	曹谊林　杨光辉　华泽钊　刘伟　崔磊　杨军
2005	组织工程皮肤的基础和应用研究	上海医学科技奖二等奖	曹谊林　刘伟　崔磊　杨光辉　刘德莉　杨军　邓辰亮
2008	组织工程化组织构建关键技术研发与应用	国家技术发明奖二等奖	曹谊林　崔磊　刘伟　周广东　李宏　张文杰
2008	干细胞构建组织工程骨的基础研究与临床应用	中国高校科技进步奖二等奖	崔磊　曹谊林　柴岗　刘广鹏　刘伟　翁雨来　尹烁　袁捷　赵莉　祝联
2010	梅莱尼杰出贡献奖（Maliniac Lecture excellent honor esteem）	国际整形外科界的至高荣誉	曹谊林

五、人才培养

中心拥有一支高水平人才队伍，全面涵盖基础科学研究、应用转化研究、临床治疗新技术以及产业运营管理等方面。中心技术团队来自其创始单位——上海市组织工程研究重点实验室，由我国组织工程领域创始人之一曹谊林兼任中心主任及首席科学家，周广东兼任中心常务副主任，刘伟兼任中心总工程师，张文杰兼任中心技术总监。中心各技术部门均配有专职首席研究员（PI），包括来自新加坡国立大学的岑莲博士（生物材料）、英国牛津大学的刘豫博士（组织工程软骨）、中国科学院上海硅酸盐研究所的赵莉博士（生物材料），以及上海交大医学院的杨光辉博士（组织工程皮肤）等。中心技术团队在2005—2010年间获得人才计划9项。

表5-2-36　2005—2010年组织工程国家中心获得的人才计划情况表

年　份	项目名称	来　源	入选人
2005	上海市青年科技启明星	上海市科委	崔磊
2005	上海市青年科技启明星	上海市科委	周广东
2007	浦江人才计划	上海市科委	岑莲
2009	上海市科技启明星后项目	上海市科委	周广东
2009	曙光计划	上海市科委	周广东
2009	闵行高级人才专项基金	上海市闵行区科委	崔磊
2009	上海市青年科技启明星	上海市科委	邓丹

(续表)

年　份	项目名称	来　源	入选人
2010	上海市青年科技启明星	上海市科委	尹　硕
	"新世纪"优秀人才计划	教育部	周广东

六、标志性成果

中心致力于应用组织工程技术构建人体组织并修复因疾病、创伤、遗传等因素所造成的组织器官损伤或缺失的研究,在维持和提升我国组织工程领域国际学术地位和国际影响力方面具有重要作用。中心在2005—2010年间获得的系列标志性成果主要包括:2006年,周广东等成功利用干细胞在大动物体内实现关节软骨缺损修复。该研究应用BMSC修复猪膝关节软骨缺损,发现软骨微环境对干细胞成软骨分化的作用,提出干细胞与成熟细胞共培养再生软骨策略并用于实践(Zhou G, et al. Tissue Eng 2006),已被引用262次;2007年,曹谊林带领团队应用BMSC成功修复犬下颌骨节段性缺损,并长期随访,不仅证实应用组织工程技术可修复功能性骨缺损,同时也为再生组织的长期转归提供重要证据(Yuan J, et al. Biomaterials,2007),已被引用281次;2008年,曹谊林带领团队应用生物反应器提供动态扩张力学刺激,成功在体外构建出具有良好生物力学性能及结构的组织工程血管(Xu Z, et al. Biomaterials, 2008),是体外再生活体组织的经典案例,成为该领域重要文献,已被引用85次;2009年,由曹谊林、周广东团队牵头制定的全国行业管理规范《组织工程化组织移植治疗技术管理规范(试行)》正式发布实施。刘豫等率先利用CAD/CAM在体外构建出具有精确人耳形态且形态可量化评估的组织工程软骨(Liu Y, et al. Biomaterials. 2009),为基于组织工程技术的外耳再造打下基础,至今已被引用92次,也为临床转化奠定基础;2010年,人自体骨髓基质干细胞获得中国食品药品检定研究院检测合格报告。中心PI陈凡凡等在国际上率先成功构建组织工程表皮并用于修复患者供皮区创面(Chen F, et al. Plast. Reconstr. Surg, 2010),斯坦福大学整形外科教授戈特纳(Gurtner)评价其为组织工程领域的重要贡献,至今已被引用26次。

七、学术交流

中心与山东、湖南、浙江、北京等地多家高校及三甲医院积极合作,设立联合实验室及省级临床分中心,每年接收当地研究生或实习研究员开展组织工程组织再生技术专业培训,促进组织工程技术在全国各地的推广,为中心组织工程技术临床转化建立多中心临床试验基地。同时,中心与美国、加拿大、英国、澳大利亚、新加坡等海外著名的干细胞、组织工程与再生医学研究中心建立长期的学术合作关系,积极开展联合学生培养、学术互访与交流。

第九节　数字医学临床转化教育部工程研究中心

一、沿革

2006年6月28日,国家教育部发布同意立项建设"数字医学教育部工程研究中心"的通知,戴戴尅戎为数字医学中心主任。在通知中,教育部明确工程研究中心是国家创新体系(大学)的技术创新基地,是"985工程"和"211工程"科技创新平台建设的重要组成部分,建设经费从所在高校的"985工程"和"211工程"科技创新平台建设经费中支出。

2008年3—12月,工程中心在上海交通大学徐汇校区教三楼(后改为MED-X研究院)开始本部基地建设。

2009年6月1日,工程中心成立第一届技术指导委员会。第一届技术指导委员会主任是王威琪和邱蔚六,委员由常江等16位来自高校和企业的专家教授组成。

2009年6月和2010年6月,工程中心成功举办两届骨科转化研究与前沿技术国际研讨会,积极推动转化医学的研究,促进数字医学等科研成果快速转化成临床应用。

2010年7月,泰国诗琳通公主殿下访问工程中心。

2010年11月,瑞典国王卡尔十六世·古斯塔夫率瑞典皇家技术考察团来访工程中心。

2011年12月9日,教育部组织专家对数字医学教育部工程研究中心进行现场验收。验收组组长:卢世璧;副组长:侯春林;专家成员有:钟世镇、王正国、潘明荣、严壮志、王刚、常江、宋志坚。专家组经听取中心主任汇报和现场考察后一致同意中心建设达到预期目标,通过验收,并建议中心名称改为"数字医学临床转化教育部工程研究中心"。戴尅戎为中心主任、顾冬云为中心常务副主任、王威琪为技术指导委员会主任。

二、研究目标与方向

以实现现代医学"个性化、微创化、精确化和远程化"的发展方向为目标,重点开展数字化医学内植物技术、数字化临床技术、康复医学工程与智慧医疗、骨肌系统生物力学领域的研究与临床转化,承担和参与国家、地方重点重大科技项目,发挥教育部工程研究中心的技术与服务平台优势,促进科研成果的临床转化。通过海外人才引进,举办各类国际学术会议,加强国际合作交流,提高中心科研发展水平,培养高层次专业人才,促进临床骨科、生物医学工程等临床医学与医工交叉学科的发展。

【研发方向】

数字化内植入物技术研究与临床转化 重点开展3D打印技术的临床研究,开发新型人工关节和个性化人工关节。建立3D打印医学创新中心和全国联盟,参与全国3D打印医学应用标准制定。

数字医学临床技术研发与转化 重点开展计算机辅助术前手术规划、术中导航与手术机器人的研究与开发工作,提高临床手术的精度、效率与安全。申报医疗器械注册证,实现研发成果转化。

康复医学工程与智慧医疗系统研究与转化 重点开展康复机器人的研究与开发,包括上、下肢康复机器人,建立云平台下的面向康复医学需求的智慧医疗服务系统,实现临床转化。

骨肌系统生物力学研究与临床应用转化 重点开展骨肌系统、老年人运动障碍疾病的生物力学基础与临床研究,开发可穿戴智能医疗辅助设备,建立人体步态与运动大数据,实现临床转化。

三、平台建设

中心已建成可支撑新型医学内植物产品设计与试制的技术服务平台,具有为其他研究机构和企业提供相关技术服务的能力,拥有计算机辅助设计和制造技术、数控加工技术、快速成型技术和反求技术等系列先进加工与制造新技术;配套仪器设备有 DMU 数控万能铣床、快速成型机、三坐标测量仪等。

中心已初步建成具有生物材料测试和分析能力的技术平台,可广泛应用于新型医学内植物和新型生物材料的研发及功能评价,拥有新型医学内植物和新型生物材料等生物力学、生物相容性、骨-内植物界面评价等技术服务能力;配套仪器设备有生物力学实验系统、扫描电子显微镜、Micro CT、流式细胞仪、Real time PCR 仪、显微镜系统等。

中心已建立可支撑新型医疗器械研发、医学内植物产品设计、人体骨骼系统研究等领域的生物力学与运动学仿真模拟技术平台,开发并拥有具有自主知识产权的临床应用型系列计算机软件,包括手术导航和手术规划软件、虚拟手术规划软件、计算机辅助诊断软件及中国大型虚拟人建模和力学分析软件等,该技术平台将为开发具有我国自主知识产权的计算辅助手术导航设备、虚拟手术训练系统、计算机辅助诊断系统等提供重要的技术支撑;配套设施有个性化内植物设计与制造研发平台、人体骨骼问诊系统、手术导航规划系统、三维步态分析系统等。

中心已初步建立国内首个集失效内植物材料、周围组织标本、生物样本、相关实验分析数据及患者影像病历信息为一体的骨科内植物实体库及其信息管理支撑系统,既为骨科疾病的生物学和机械学研究构建良好平台,又为研究骨科内植物失败原因、促进医学内植物产品的改进及创新研发提供重要临床支持;配套设施有骨科临床内植物与组织标本库(OCITB)及数据信息支持系统,生物材料评价及分析平台等。

四、研究成果

工程研究中心围绕主攻方向,在 2006 至 2010 年度共承担国家级、省部级和其他各类科研课题 34 项,包括国家"863"计划、国家科技支撑计划、"973"计划子项目、国家自然科学基金重大项目、上海市重大项目、上海市重点项目等;已发表研究论文 280 余篇,其中 SCI/EI 文章 121 篇;已授权专利 30 个、申请专利 33 个;获批软件著作权 16 个。

中心的数字化设计与制造技术服务平台已向科研院所、医院、企业等单位提供技术服务 30 余次,技术服务内容涉及医疗仪器关键零部件加工、医学内植入物的加工、精密模具加工、汽车检具加工、实验工具加工等精密复杂的零件和产品;中心的生物材料测试和分析技术平台已向科研院所、医院、企业等单位提供技术服务 26 余次,技术服务内容涉及新型生物材料等生物力学、生物相容性、骨-内植物界面评价等。

中心研发的计算机辅助诊断软件,即骨折分类与治疗提示软件是面向临床需求,有助于提高骨科医生对创伤骨折疾病诊疗水平的实用型医学软件,自 2008 年以来已相继推出 3 个升级版本,在全国包括台湾和香港的 29 个省市和地区,近 400 家医院获得应用与推广。

第十节　上海市骨科内植物重点实验室

一、沿革

1986 年 7 月,戴尅戎在九院成立骨科生物力学与功能重建研究室,是当时国内最早开展骨科生物力学研究的机构之一。1993年6月,上海第二医科大学生物力学研究室成立,戴尅戎任主任。1999年10月,上海第二医科大学批准成立"上海第二医科大学—交大医学内植物工程联合研究所",旨在促进个性化人工关节等的生产和应用,戴尅戎任所长。2001年3月,和圣路易斯美国华盛顿大学(Washington University in St. Louis)教授楼觉人合作开展骨再生的基因治疗研究,同时成立第九人民医院骨科基因治疗研究室。2003年12月"上海第二医科大学骨科生物力学研究室"正式更名为"上海第二医科大学骨与关节研究中心"。2004年9月,上海第二医科大学和法国利多哈大学(Universite du Littoral d'Opale,ULCO)批准成立中法生物材料和细胞治疗联合研究室。同年,戴尅戎应邀在中国科学院健康科学研究所内成立"骨科细胞与分子生物学研究组"。2006年,在"上海第二医科大学—交大医学内植物工程联合研究所"基础上成立教育部数字医学工程研究中心,戴尅戎任主任。

2008年11月,为适应骨科重点学科建设的需要,医院正式批复成立上海市骨科内植物重点实验室第一届学术委员会,指导上海市骨科内植物重点实验室的建设。经院务会讨论同意,汤亭亭担任实验室主任,戴尅戎担任重点实验室学术委员会主任。

2008年上海市骨科内植物重点实验室学术委员会有主任:戴尅戎;副主任:奚廷斐、朱振安;委员:王成焘、侯春林、郑诚功、张志愿、秦岭、卢建熙、常江、李刚、汤亭亭、范存义、丁建东、王友;秘书:冯漪。

该实验室以上海交通大学医学院骨与关节研究中心为基础,整合上海市范围内的相关研究力量,包括中科院健康科学研究所骨科细胞与分子生物学研究组、张江医学内植物工程联合研究所等,向上海市科学技术委员会申请"上海市骨科内植物重点实验室建设"项目计划并获得正式批准,上海市科委给予200万人民币的经费支持,开展为期2年(2009—2010年)的建设。

2009年12月,实验室提前通过上海市科委组织的专家验收,顺利完成重点实验室的建设任务,成为上海市科委生物医药领域的28个重点实验室之一。

图5-2-8 上海市骨科内植物重点实验室

2008—2010年期间,实验室共有固定人员27人,主要包括九院骨科的博士生导师、硕士生导师及部分科研骨干,其中专职科研和技术人员11人,包括九院8人(汤亭亭、顾冬云、薛文东、张双燕、于志锋、张书红、范启明、徐琦),健康所3人(张晓玲、黄研、戴黎鸣)。实验室还是《医用生物力学》杂志的编辑部所在地,戴尅戎为杂志主编,于志锋、徐琦负责日常编辑工作。

二、研究方向

项目开始实施后,在戴尅戎的亲自指导和规划下,实验室确定新型骨科植入物的设计与应用、新型骨科生物材料的研制和评价、细胞和基因治疗的关键技术等3个主攻方向,并组成以戴尅戎、朱振安和汤亭亭为学术带头人的研究团队,在这3个主攻方向上获得一批达国际先进水平和具有自主知识产权的研究成果,如个性化人工关节的研制和应用、磨损颗粒诱导骨溶解的细胞和分子机制、促进骨修复和再生的干细胞治疗技术的发展等,在国内外交流与合作、学术梯队建设和人才培养方面都提前完成原定建设计划。

三、研究成果

2008—2010年实验室建设期间,汤亭亭入选新世纪百千万人才工程国家级人选和上海市领军人才计划,岳冰入选上海市青年科技启明星培养计划。在科研成果上,2008—2010年期间,重点实验室共获得各级基金项目44项,经费2 638.8万元;发表论文176篇,其中SCI收录论文52篇;获得国家专利授权9项;汤亭亭获得上海市科技进步奖二等奖1项,朱振安获得上海市医学科技三等奖1项。实验室还建立生物力学和力学生物学分析、骨显微影像和骨形态计量学分析、骨科细胞学与分子生物学分析等3大技术平台,提供对外技术服务和测试4 646例次,接受合作研究人员14人次,为实验室自身研究的开展以及其他单位的骨科内植物研究提供重要技术支撑。

表5-2-37 2008—2010年实验室获得的国家级课题情况表

年 份	课 题 名 称	来 源	负责人
2008	特异性阻断CN/NFAT信号通路对磨损颗粒诱导假体周围骨溶解影响的实验研究	国家自然科学基金	朱振安
2008	利用T7噬菌体展示技术寻找骨关节炎生物学标志物的研究	国家自然科学基金	王晓庆
2008	生长因子基因修饰干细胞的微囊化及其成骨效应研究	国家自然科学基金	汤亭亭
2008	去铁胺对BMP-2诱导的骨髓间充质干细胞向成骨细胞分化的调控	国家自然科学基金	张晓玲
2009	构筑叶酸靶向非病毒纳米基因输送体系治疗关节炎的研究	国家自然科学基金	戴尅戎
2009	聚合物纳米粒介导SiRNA关节基因转移的应用基础研究	国家自然科学基金	张晓玲
2009	C/EBP-α在骨髓间充质干细胞成骨分化中的表观遗传学调控	国家自然科学基金	张晓玲

(续表)

年份	课题名称	来源	负责人
2009	生物型骨水泥增强股骨近段骨质疏松性骨折内固定的生物力学研究	国家自然科学基金	汤亭亭
2009	骨髓间充质干细胞快速黏附机制的研究及在骨修复中的应用	国家自然科学基金	干耀恺
2009	智能型移动与搬运病人护理设备的试制与临床验证	科技部国际合作	顾冬云
2010	OPG/RANKL/RANK 系统在关节软骨细胞分化阻滞解除及骨性关节炎发病中的作用	国家自然科学基金	朱振安
2010	人体膝关节体内运动的性别差异研究	国家自然科学基金	岳冰

表 5-2-38 2008—2010 年实验室获得的国家专利情况表

年份	专利名称(编号)	专利类型	负责人
2008	双球型人工肩关节(ZL200510025287.4)	发明专利	王钧 戴尅戎 王成焘
2008	一种促进骨再生的微胶囊及其应用(ZL200510110750.5)	发明专利	汤亭亭 丁惠锋 戴尅戎 楼觉人
2010	超长规格 X 线放射影像的校准与拼接方法(ZL200810038202.X)	发明专利	顾冬云
2010	一种用于骨折固定增强的动力髋螺钉和装置(ZL200920209687.4)	实用新型	于晓巍 汤亭亭
2010	自体骨髓血回输装置(ZL200920075638.6)	实用新型	干耀恺 戴尅戎 方怡
2010	半自动骨髓采集装置(ZL200920075635.2)	实用新型	干耀恺 戴尅戎 汤亭亭
2010	骨髓间充质干细胞离心富集分选仪(ZL200920209909.2)	实用新型	干耀恺 戴尅戎 汤亭亭 卢建熙
2010	循环式在体细胞复合器(ZL200920075633.3)	实用新型	秦安 干耀恺 戴尅戎
2010	一种髋臼翻修杯(ZL201020126634.9)	实用新型	朱振安 戴尅戎 毛远青 李慧武 严孟宁 裴晓宏 朱凯

表 5-2-39 2008—2010 年实验室获得的人才项目与获奖情况表

年份	项目	奖项	承担人
2008		上海市青年科技启明星计划	李慧武
2008	基于干细胞的骨修复关键技术研究与应用	上海市科技进步奖二等奖	汤亭亭
2008	颗粒诱导假体周围骨溶解的机理及预防研究	上海医学科技奖三等奖	朱振安
2009		新世纪百千万人才工程国家级人选	汤亭亭
2009		上海市领军人才计划	汤亭亭
2010		曙光跟踪计划	汤亭亭
2010		曙光计划	张晓玲

表 5-2-40　2008—2010 年实验室发表的 SCI 论文情况表

年份	论　文	发表杂志及其相关信息	前三位作者
2008	Immunomodulatory and Osteogenic Differentiation Effects of Mesenchymal Stem Cells by Adenovirus-Mediated Coexpression of CTLA4Ig and BMP2	J Orthop Res. 2008, 26(3): 314-321	Zhang X, Zhang C, Tang T
2008	In Vitro Proliferation and Differentiation of Human Mesenchymal Stem Cells Cultured in Autologous Plasma Derived From Bone Marrow	Tissue Eng. 2008, 14(3): 391-400	Sun XJ, Gan YK, Tang TT
2008	Evaluation of the Zein/Inorganics Composite on Biocompatibility and Osteoblastic Differentiation	Acta Biomater. 2008, 4(5): 1360-1368	Qu ZH, Wang HJ, Tang TT
2008	Promotion of Osteogenesis Through β-catenin Signaling by Desferrioxamine	Bbrc. 2008, 30; 370(2): 332-337	Qu ZH, Zhang XL, Tang TT
2008	Baduanjin Alleviates the Symptoms of Knee Osteoarthritis	J Altern Complem Med. 2008, 14(2): 167-174	An B, Dai K, Zhu Z
2008	Stimulation of Osteogenic Differentiation and Inhibition of Adipogenic Differentiation 2 in Bone Marrow Stromal Cells by Alendronate Via ERK and JNK Activation	Bone. 2008, 43(1): 40-47	Fu L, Tang T, Miao Y
2008	Inhibition of the Development of Collagen-Induced Arthritis in Wistar Rats Through Vagus Nerve Suspension: A 3-month Observation	Inflamm Res. 2008, 57(7): 322-328	Zhang P, Han D, Tang T
2008	Influence of Mouse Genetic Background on Wear Particle-Induced in Vivo Inflammatory Osteolysis	Inflamm Res. 2008, 57(5): 211-215	Zhang C, Tang T, Ren W
2008	Effects of Dextran on Proliferation and Osteogenic Differentiation of Human Bone Marrow-Derived Mesenchymal Stromal Cells	Cytotherapy. 2008, 10(6): 587-596	Li D, Dai K, Tang T
2008	The Clinical Use of Enriched Bone Marrow Stem Cells Combined with Porous Beta-Tricalcium Phosphate in Posterior Spinal Fusion	Biomaterials. 2008, 29: 3973-3982	Gan YK, Dai KR, Zhang P
2008	Letting Minimally Invasive Surgery Be Safe and Efficacious	Chin Med J (Engl). 2008 Aug 5, 121(15): 1351-1352	Dai KR
2008	Gene Therapy of Arthritis and Orthopaedic Disorders: Current Experimental Approaches in China and in Canada	Expert Opin Biol Ther. 2008 Sep, 8(9): 1337-1346. Review	Dai KR, Zhang XL, Shi Q
2008	The Shape of the Acetabular Cartilage Surface: A Geometric Morphometric Study Using Three-Dimensional Scanning	Med Eng Phys. 2008 Oct, 30(8): 1024-1031	Gu D, Chen Y, Dai K

(续表)

年份	论文	发表杂志及其相关信息	前三位作者
2008	Ectopic Osteogenesis by Ex Vivo Gene Therapy Using Beta Tricalcium Phosphate as a Carrier	Connect. Tissue Res. 2008, 49(5), 343-350	Han D, Sun XJ, Zhang XL
2008	Zein/Inorganics Composite on hMSCs Biocompatibility and Osteoblastic Differentiation	Bone. 2008, 43, S57-S57	Zhang XL, Qu ZH, Tang TT
2008	Biocompatibility and Membrane Strength of C3H10T1/2 Cell-Loaded Alginate-Based Microcapsules	Cytotherapy. 2008, 10(1): 90-97	Zhang WJ, Li BG, Zhang C
2009	The Effect of Simvastatin on the Differentiation of Marrow Stromal Cells from Aging Rats	Pharmazie. 2009 Jan, 64(1): 43-48	Liu M, Wang K, Tang T
2009	The Immunologic Properties of Undifferentiated and Osteogenic Differentiated Mouse Mesenchymal Stem Cells and Its Potential Application in Bone Regeneration	Immunobiology. 2009, 214(3): 179-186	Zhang XL, Tang TT, Shi Q
2009	Effect of Body Fat Stores on Total and Regional Bone Mineral Density in Perimenopausal Chinese Women	J Bone Miner Metab. 2009, 27(3): 341-346	Yu Z, Zhu Z, Tang T
2009	Augmentation of Screw Fixation with Injectable Calcium Sulfate Bone Cement in Ovariectomized Rats	J Biomed Mater Res B Appl Biomater. 2009 Apr, 89(1): 36-44	Yu XW, Xie XH, Yu ZF
2009	Increased Number of Mesenchymal Stem Cell-Like Cells in Peripheral Blood of Patients with Bone Sarcomas	Arch Med Res. 2009 Apr, 40(3): 163-168	Bian ZY, Li G, Gan YK
2009	The Destruction Evaluation in Different Foot Joints: New Ideas in Collagen-Induced Arthritis Rat Model	Rheumatol Int. 2009 Apr, 29(6): 607-613	Zhang P, Han D, Tang T
2009	Proliferation and Osteoblastic Differentiation of Human Bone Marrow Stromal Cells on Hydroxyapatite/Bacterial Cellulose Nanocomposite Scaffolds	Tissue Eng Part A. 2009 May, 15(5): 1091-1098	Fang B, Wan YZ, Tang TT
2009	Effect of 1, 25-Dihydroxy Vitamin D3 on Fracture Healing and Bone Remodeling in Ovariectomized Rat Femora	Bone. 2009 May, 44(5): 893-898	Fu L, Tang T, Miao Y
2009	Effect of Berberine on Staphylococcus Epidermidis Biofilm Formation	Int J Antimicrob Agents. 2009 Jul, 34(1): 60-66	Wang X, Yao X, Zhu Z
2009	Human Mesenchymal Stem Cells (hMSCs) Target Osteosarcoma and Promote Its Growth and Pulmonary Metastasis	Cancer Lett. 2009 Aug 18, 281(1): 32-41	Xu WT, Bian ZY, Fan QM
2009	Inhibition of Titanium Particle-Induced Osteoclastogenesis Through Inactivation of NFATc1 by VIVIT Peptide	Biomaterials. 2009, 30: 1756-1762	Liu F, Zhu Z, Mao Y

（续表）

年份	论 文	发表杂志及其相关信息	前三位作者
2009	The Role of CCAAT/Enhancer Binding Protein（C/EBP）α in Osteogenesis of C3H10T1/2 Cells Induced by BMP-2	J Cell Mol Med. 2009, 13(8B), 2489-2505	Fan QM, Tang TT, Zhang XL
2009	Regulation of Osteoblast Differentiation by Slit2 in Osteoblastic Cells	Cells Tissues Organs. 2009, 190(2): 69-80	Sun HL, Dai KR, Tang TT
2009	Enhancement of Bone Formation by Genetically-Engineered Bone Marrow Stromal Cells Expressing BMP-2, VEGF and Angiopoietin-1	Biotechnol Lett. 2009 Aug, 31(8): 1183-1189	Hou H, Zhang X, Tang T
2009	In Vitro and in Vivo Evaluation of Akermanite Bioceramics for Bone Regeneration	Biomaterials. 2009 Oct, 30(28): 5041-5048	Huang Y, Jin X, Zhang X
2009	Effects of Flow Shear Stress and Mass Transport on the Construction of A Large-Scale Tissue-Engineered Bone in A Perfusion Bioreactor	Tissue Eng Part A. 2009, 15(10): 2773-2783	Li D, Tang T, Lu J
2009	The in Vivo Bone Formation by Mesenchymal Stem Cells in Zein Scaffolds	Biomaterials. 2009 Sep, 30(26): 4369-4376	Tu J, Wang H, Li H
2009	Berberine Inhibits Staphylococcus Epidermidis Adhesion and Biofilm Formation on the Surface of Titanium Alloy	J Orthop Res. 2009 Nov, 27(11): 1487-1492	Wang X, Qiu S, Yao X
2009	Expansion of CD14（+）CD16（+）Peripheral Monocytes Among Patients with Aseptic Loosening	Inflamm Res. 2009 Sep, 58(9): 561-570	Wu W, Zhang X, Zhang C
2009	Evaluation of Damage to Trabecular Bone of the Osteoporotic Human Acetabulum at Small Strains Using Nonlinear Micro-Finite Element Analyses	Chinese Med J-Pekin. 2009, 122(17): 2041-2047	Ding H, Zhu ZA, Dai KR
2009	Progress and Prospects of Chitosan and Its Derivatives as Non-Viral Gene Vectors in Gene Therapy	Curr Gene Ther. 2009, 9: 495-502	Tong HJ, Shi Q, Fernandes JC
2009	Effects of Age and Gender on the Likelihood of Hip Fracture in the Elderly Population in Shanghai, China	Saudi Med J. 2009, 30(11): 447-449	Hao YQ, Hao GL, Qiu SJ
2009	Osteoclast Injection: A Promising Approach of Cell Therapy to Obtain Higher Bone Union Ratio	Med Hypotheses. 2009 Aug, 73(2): 161-162	Cao X, Ren F, Zhang P
2010	Reconstruction of Peri-Implant Bone Defects Using Impacted Bone Allograft and BMP-2 Gene-Modified Bone Marrow Stromal Cells	J Biomed Mater Res A. 2010, 93A: 304-313	Yan MN, Dai KR, Tang TT
2010	Normal Lower-Extremity Alignment Parameters in Healthy Southern Chinese Adults as a Guide in Total Knee Arthroplasty	J Arthroplasty. 2010 June, 25(4): 563-570	Wang Y, Zeng Y, Dai K

(续表)

年份	论 文	发表杂志及其相关信息	前三位作者
2010	Promotion of Bone Formation by Naringin in A Titanium Particle-Induced Diabetic Murine Calvarial Osteolysis Model	J Orthop Res. 2010, 28(4): 451-456	Zhou X, Zhang P, Zhang C
2010	Tetracyclines Inhibit Rat Osteoclast Formation and Activity in Vitro and Affect Bone Turnover in Young Rats in Vivo	Calcified Tissue Int. 2010, 86: 163-171	Zhou X, Zhang P, Zhang C
2010	In Vitro Responses of Human Bone Marrow Stromal Cells to a Fluoridated Hydroxyapatite Coated Biodegradable Mg-Zn Alloy	Biomaterials. 2010 Aug, 31 (22): 5782-5788. Epub 2010 May 10	Li J, Song Y, Zhang S
2010	Adjustment of the Antibacterial Activity and Biocompatibility of Hydroxypropyltrimethyl Ammonium Chloride Chitosan by Varying the Degree of Substitution of Quaternary Ammonium	Carbohyd Polym. 2010, 275-283	Peng ZX, Wang L, Du L
2010	Enhanced Osteointegration of Orthopaedic Implant Gradient Coating Composed of Bioactive Glass and Nanohydroxyapatite	J Mater Sci-Mater M. 2010, 21: 2165-2173	Xie XH, Yu XW, Zeng SX
2010	Human Bone Marrow-Derived Stromal Cells Cultured with a Plasma Sprayed CaO-ZrO_2-SiO_2 Coating	J Biomed Mater Res B Appl Biomater. 2010 Oct, 95(1): 192-201	Yang F, Xie Y, Li H
2010	Human Mesenchymal Stem Cells Promote Growth of Osteosarcoma: Involvement of Interleukin-6 in the Interaction Between Human Mesenchymal Stem Cells and Saos-2	Cancer Sci. 2010 Dec, 101(12): 2554-2560	Bian ZY, Fan QM, Li G
2010	Effects of Magnesium Alloys Extracts on Adult Human Bone Marrow-Derived Stromal Cell Viability and Osteogenic Differentiation	Biomed Mater. 2010 Aug, 5(4): 045005. Epub 2010 Jun 23	Yang C, Yuan G, Zhang J
2010	Effects of Impaction on Gene-Modified Cells Seeded on Granular Bone Allografts in Vitro and in Vivo	Chin Med J. 2010, 123(21): 3055-3060	Yuan Z, Mao YQ, Zhu ZA
2010	Bone Morphogenetic Protein 2 Promotes Transforming Growth Factor 3-Induced Chondrogenesis of Human Osteoarthritic Synovium-Derived Stem Cells	Chin Med J. 2010, 123(21): 3040-3048	Rui YF, Du L, Wang Y
2010	Enhancement of Osteoblast Differentiation that is Inhibited by Titanium Particles Through Inactivation of NFATc1 by VIVIT Peptide	J Biomed Mater Res A. 2010 Dec 1, 95(3): 727-734	Li MQ, Zhu ZA, Liu FX

四、学术交流

2008—2010年,实验室还开展广泛的国际、国内合作,与美国哈佛大学、加拿大蒙特利尔大学等国际著名研究机构开展科研合作和人员交流,有3个项目"智能型移动与搬运病人护理设备的试制与临床验证"(项目编号:2009DFA32500;负责人:顾冬云),"构筑叶酸靶向非病毒纳米基因输送体系治疗关节炎的研究"(项目编号:30811120440;负责人:戴尅戎),"间充质干细胞与骨肉瘤细胞相互作用规律的研究"(项目编号:10410711100;负责人:汤亭亭)分别入选科技部、国家自然基金委和上海市的国际合作计划。主办第118期(2008年10月)和127期(2009年4月)东方科技论坛,承办国际硬组织学会(后改名为国际华人骨研学会)领导人峰会(Leadership Retreat,2008年10月)。2009年9月,实验室与国际华人骨研学会共同成立上海市骨科内植物重点实验室——国际华人骨研学会转化医学联合研究中心,2010年6月举行揭牌仪式。2010年10月,上海市科学技术委员会委托上海市科技项目(评估)管理中心组织对全市28个生物医药领域重点实验室的评估,上海市骨科内植物重点实验室获得良好成绩。

第十一节　上海交通大学医学院眼科视觉科学研究所

2010年11月21日,上海交通大学医学院眼科视觉科学研究所在上海交通大学医学院附属第九人民医院挂牌成立。第九人民医院眼科为牵头单位,联合上海交通大学医学院附属瑞金医院、新华医院、仁济医院、第三人民医院、第六人民院等眼科共同组建"上海交通大学医学院眼科视觉科学研究所",所长为范先群。研究所下设:眼底病变及激光技术研究室(瑞金)、小儿视网膜病变研究室(新华)、屈光与眼肌研究室(仁济)、晶状体疾病与房水代谢研究室(六院)、上海市重点学科眼科实验室(九院)。

研究所与多家国内外著名大学、研究机构保持着密切的交流合作关系,注重临床和基础研究的紧密结合,已形成眼整形眼眶外科、玻璃体视网膜疾病、眼科激光和青光眼四大主攻方向为鲜明特色,眼视光、白内障和眼表重建等专业紧跟其后发展的综合性学科。

上海交通大学医学院眼科视觉科学研究所,拥有一批先进的科学仪器设备,具有良好的研究实验条件,主要研究方向为:干细胞和眼组织修复(眼眶、角膜、视网膜);眼组织工程(眼眶、角膜);眼肿瘤基因治疗(RB、UM、眼眶肿瘤);新生血管生成和干预(角膜、脉络膜、视网膜)。研究所拥有博士生导师19人、硕士生导师22人,每年培养硕士和博士研究生30余人。

2009—2010年,上海交通大学医学院眼科视觉科学研究所承担国家自然科学基金14项、"973"计划子课题1项、"十一五"国家重大专项子课题1项、国际合作项目1项、科委课题10项,发表SCI收录论文46篇,国内核心期刊百余篇。完成卫生部CAI课件项目"眼睑病"和"眼科检查学",编写出版《眼整形外科学》《眼科专科医生培训教材》《研究生全国统编教材》《眼科激光新技术》《眼科激光基础与临床》《现代临床视野检查与解释》和《新生血管性眼病》等多部眼科专著。

第十二节　药物临床试验机构

一、沿革

1998年,国家药品监督管理局对原卫生部临床药理基地重新检定确认,更名为"国家药品临床研究基地"。依托卫生部属临床药理基地——上海第二医科大学药理研究中心的学术优势,上海市口腔医学研究所作为下设的11个基地专业之一,于1999年8月通过临床药理基地资格的认证。

1999年12月，上海第二医科大学国家药品临床研究基地获批，上海第九人民医院口腔医学是获批的9个专业之一。2002—2005年，口腔专业先后负责和参与口腔药物临床Ⅱ、Ⅲ、Ⅳ期试验10项。有32名口腔专业从事药物临床试验的医师接受GCP培训。

2005年，根据国家食品药品监督管理局颁布的国食药监安《药物临床试验机构资格认定办法（试行）》的要求，对"国家药品临床研究基地"进行重新认定，并更名为"国家药物临床试验机构"。

上海第九人民医院于2005年开始筹建国家药物临床试验机构，由分管医疗工作的副院长周礼明和分管口腔研究所的周曾同共同担任机构负责人，医务处处长田卓平担任机构办公室主任，药剂科副主任药师肖忠革担任机构办公室副主任。

医院经国家食品药品监督管理局组织专家评审，于2006年获得国家药物临床试验机构资格认定证书，认定专业有6个，分别是口腔、整复外科、骨科、耳鼻咽喉、心血管、神经内科。

由周曾同兼任口腔专业负责人，口腔专业的该项工作纳入口腔医学研究所管理。李青峰任整复外科专业负责人，朱振安任骨科专业负责人，王珮华任耳鼻咽喉专业负责人，吴士尧任心血管专业负责人，李威任神经内科专业负责人。

二、管理运行

为保障药物临床试验的规范开展，机构办公室制订32项管理制度，包括：药物临床试验运行管理制度、药物管理制度、仪器设备管理制度、人员培训制度、文件管理制度、合同管理制度、财务管理制度、数据管理制度、质量控制制度、实验室管理制度、档案资料室管理制度等；7项设计规范：药物临床试验方案设计规范、病例报告表设计规范、知情同意书设计规范、药物临床试验总结报告规范、药物临床试验设计的具体技术要求、数据统计方法设计规范、多中心药物临床试验的设计规范等；32项标准操作规程：药物临床试验SOP的SOP、对药物临床试验项目审核SOP、药物临床试验方案设计SOP、合同签订SOP、受试者招募与筛选SOP、受试者知情同意SOP等。

机构成立以后，至2010年共承担44项国内、国际多中心的药物临床试验，33项器械临床试验。例如口腔专业承担"云南白药胶囊减少正颌外科围手术期出血随机双盲安慰剂对照、多中心临床研究"，心血管专业承担"MK-0524A用于原发性高胆固醇临床试验"，骨科专业承担"仙灵骨葆治疗绝经后骨质疏松症疗效和剂量相关性观察""特立帕肽和降钙素治疗男性和绝经后妇女骨质疏松症的比较"，耳鼻咽喉专业承担"双盲、随机、安慰剂对照临床试验评价氨溴索含片20 mg治疗病毒性咽炎患者咽部疼痛的疗效和安全性"等项目。

2010年，耳鼻咽喉专业王珮华承担的"双盲、随机、安慰剂对照临床试验评价氨溴索含片20 mg治疗病毒性咽炎患者咽部疼痛的疗效和安全性"项目顺利通过国家食品药品监督管理局的现场核查，医院药物临床试验的实施质量与研究水平得到认可。

第三章 研究项目与学术成果

第一节 课题立项与鉴定验收

一、课题立项

1980年以来,医院制定"科技兴院"的战略目标,科教处制定学科建设、人才培养、科研基金和奖励的一系列制度,营造良好的科研氛围,形成竞争机制和可持续发展的科研势头。口腔医学、整复外科(组织工程)、骨科这三大学科不但在自己的领域实现了开创性的突破,而且带动眼科、泌尿外科、血管外科等其他学科的临床研究工作,形成新的学科增长点。自1991年起至2010年,全院获国家"973"项目、国家"863"计划、国家自然基金重点项目、国家科技支撑计划、国家自然基金项目等各级各类纵向科研项目1 260项,经费总计28 404万元。

表5-3-1 1991—2010年医院各级各类科研项目及经费情况表

项目类别	项目数	经费数(万元)
国家"973"项目(含子课题)	5	6 858.1
国家"863"项目(含子课题)	10	1 705
国家自然科学基金委重点项目	3	425
国家科技支撑计划	1	200
卫生部行业基金	2	453
国家自然科学基金(不含重点项目)	214	4 797.2
部委级项目	112	954.95
上海市资助项目	362	8 829.9
局级科研项目	315	3 283.1
其他	236	897.49
合计	1 260	28 404

表5-3-2 1991—2010年医院各级科研项目中标情况表

年份	国家级		部委级		市级		局级		其他		小计	
	项目数	资助经费(万元)	项目数	资助经费(万元)	项目数	资助经费(万元)	项目数	资助经费(万元)	项目数	资助经费(万元)	项目数	资助经费(万元)
1991	5	18.05	5	21.5	2	14.6	6	15.4	1	0.3	19	69.85
1992	5	24	2	16.3	2	26	5	14.2	0	0	14	80.5
1993	6	30.1	1	1.1	3	12.5	9	24.5	10	12.8	29	81

（续表）

年份	国家级		部委级		市级		局级		其他		小计	
	项目数	资助经费(万元)	项目数	资助经费(万元)	项目数	资助经费(万元)	项目数	资助经费(万元)	项目数	资助经费(万元)	项目数	资助经费(万元)
1994	4	26	6	17.5	2	15	4	10	3	3	19	71.5
1995	3	25	2	10	4	16	8	30	2	1.35	19	82.35
1996	6	58	9	23.1	9	159	9	31	3	9	36	280.1
1997	5	65	6	14	8	123	11	42.5	1	1	31	245.5
1998	9	163	12	17.2	12	209.5	17	95	2	19	52	503.7
1999	7	3 124	1	2	14	178	14	75.5	10	39	46	3 418.5
2000	7	115	9	106.5	14	563	10	44	6	35.34	46	863.84
2001	3	381.8	4	9.5	12	192	19	121	11	70	49	774.3
2002	8	1 058	0	0	14	171.3	23	89.5	7	14	52	1 332.8
2003	10	394	1	20	20	400.5	21	128	13	49	65	991.5
2004	14	227	14	241.6	30	776.8	26	95.5	11	18.5	95	1 359.4
2005	10	3 231	6	89.6	22	897	22	86.5	22	59.1	82	4 363.2
2006	20	988	1	6	23	515	22	1 025.5	21	41.5	87	2 576
2007	19	1 080.3	5	66.95	24	664	23	524	21	104.5	92	2 439.8
2008	23	754	11	130.45	48	1 436.2	28	317	22	55.2	132	2 692.9
2009	25	992	11	133.65	47	1 019.5	14	117	33	194.5	130	2 456.7
2010	46	1 634	6	28	52	1 441	24	397	37	170.4	165	3 670.4
合计	235	14 438	112	954.95	362	8 829.9	315	3 283.1	236	897.49	1 260	28 404

二、科研项目鉴定验收

科研项目鉴定验收是以任务合同书约定的内容和考核目标为基本依据。成果鉴定是评价科研成果质量和水平的方法。1979—2010年，医院科研项目鉴定验收511项。自2003年起，科研项目由鉴定改为验收。

表5-3-3　1979—2010年鉴定验收的科研项目情况表

年份	鉴定项目	承担科室	负责人
1979	人工肌腱	骨科	俞昌泰
	"617"复合树脂补牙材料	口腔材料	张彩霞
1980	瘢痕软化膏	整复外科	张涤生
	股骨距的解剖研究及其临床应用	骨科	戴尅戎

(续表)

年份	鉴定项目	承担科室	负责人
1981	前尿道延伸术一期修复阴茎体型尿道下裂、尿道狭窄或瘘孔	整复外科	张涤生
	SNPH-骨水泥的研制和临床应用	骨科口腔	戴尅戎
1982	NT-2形状记忆合金（变形件）器件研制、医学检查和临床研究	口腔材料	薛 淼
	上海市人工器官及其应用材料今后十年预测	口腔材料	薛 淼
1983	早早孕吸宫止孕术	妇产科	薛 培
	淋巴水肿动物模型的制作及其应用	整复外科	张涤生
	肌瓣代瓣膜术治疗下肢静脉功能不全	外科	孙建民
	应用显微外科技术一次完成阴茎再造	整复外科	张涤生
	清脉"791"恢复缺血肢体血液循环的实验和临床研究	外科	孙建民
	中国六城市居民神经系统疾病的流行病学调查	神经内科	王晋元
1984	壁细胞迷走神经末梢切断术治疗十二指肠溃疡	外科	孙建民
	体外L株细胞培养法评价生物材料的毒性研究	口腔材料	张彩霞
	应用带血管的跖趾关节移植治疗颞颌关节强直	整复外科	张涤生 丁祖鑫
	可硬化氢氧化钙护髓基衬	口腔材料	张彩霞
1985	体表希氏束实时检测结束及应用	内科	徐济民
	MFNS治疗仪应用截瘫病人的康复效果	骨科	俞昌泰
	睑缘及睑板缺损修复新方法	整复外科	张涤生
	复杂性鞍鼻畸形的修复	整复外科	周丽云
	烘绑疗法治疗肢体慢性淋巴水肿微波烘疗器的研制及临床应用	整复外科	张涤生
	绝育术后显微输卵管再通术	妇产科	薛 培
	APFI防龋凝胶	口腔微生物	乌爱菊
1986	CSB-1超声水疗器的研制及其在康复医疗中的应用	骨科	戴尅戎
	肢体气传导式微压力生理记录仪的研制和临床应用	骨科	戴尅戎
	医用高分子材料生物性能测试方法的研究	口腔材料	薛 淼
	步态分析系统的研制和中国人正常步态分析	骨科	戴尅戎
	血卟啉激光诊断治疗口腔和面部恶性肿瘤及癌前病变的研究	口腔外科	马宝章
	咀嚼肌肌电信号微机处理系统	口腔修复	邱立崇
	中药厚朴的防龋研究	口腔微生物	乌爱菊
	根治性双侧颈淋巴一次切除术初步探讨	口腔外科	张锡泽
	牙釉质及早期釉质龋和超微结构研究	口腔病理	刘瑷如
	局部药物缓解疗法治疗牙周炎	口腔内科	袁诗芬
	静脉动脉化重建下肢的组织营养	外科	孙建民
	中西医结合长皮膏治疗开放性手指损伤2 000例	骨科	毛文贤

(续表)

年份	鉴 定 项 目	承担科室	负 责 人
1987	微机化口腔合力参数测定仪	医学工程室	钦逸仙
	微波加热联合化疗治疗口腔和面部鳞癌的实验和临床应用	口腔外科	张锡泽
	游离骨肌皮瓣一次完成整复下面部大型复合组织缺损	口腔外科	邱蔚六
	后牙牙折银氯合金充填修复周围设计的临床研究与远期疗效观察	口腔内科	胡智康
	国产涤纶网支托再造下颌骨的研究与应用	口腔外科	邱蔚六
	口腔菌斑染色片的研制及临床应用	口腔儿童	石四箴
	JQ-1型生物材料精密切片机的研制和应用	骨科	戴尅戎
	自体带瓣静脉移植的实验和临床研究	外科	孙建民
	MCC-1功能性点刺激器的研究和应用	骨科	戴尅戎
	微电脑控制的全导联心电监护自动转换仪	医学工程室	陆 轶
	上肢运动功能评定系统及中国人的上肢功能测定	骨科	戴尅戎
	多孔表面人工关节的实验研究	骨科	戴尅戎
	无机骨粒骨水泥加压预涂的实验研究	骨科	戴尅戎
1988	下肢深静脉倒流性功能不全和瓣膜功能测定位检测的研究	外科	孙建民
	前臂皮瓣的进展	整复外科	张涤生
	形状记忆合金在骨科中的应用:加压骑缝钉、形状记忆双杯型髋假体	骨科	戴尅戎
	涎腺癌的手术治疗	口腔外科	林国础
	唇腭裂综合治疗	口腔外科	袁文化
1989	静脉移植治疗实验性肢体淋巴水肿	整复外科	傅凯丁
	吻合血管神经的游离胸小肌移植治疗晚期面瘫	整复外科	曹谊林
	测定咀嚼功能新方法的系统研究	口腔修复	叶秀芬
	心血管疾病患者的安全拔牙	口腔外科	王中和
	沙培林(链球菌722制剂)治疗口腔鳞癌的临床和实验室研究	口腔免疫	陆昌语
	磷酸钙陶瓷修复牙周骨肌缺凝研究	口腔内科	郑主刚
	经导管颈动脉造影和栓塞技术的实验研究和临床应用	口腔外科	邱蔚六
	口腔药膜治疗116例复发性阿弗他溃疡	口腔内科	曹宏康
	黏性放线菌的分离、培养、鉴定及其菌株毒力的研究	口腔内科	刘 正
	荧光剂对人舌癌细胞光动力学杀伤及吸收光谱的研究	口腔外科	马宝章
	吸收性甲硝唑明胶海绵的研制及其在牙周病的应用	口腔内科	黄宗仁
	形状记忆镍钛合金输卵管夹的临床研究	妇产科	薛 培
	上海市周围血管病流行病学的调查研究	外科	孙建民
	下肢静脉病变机理和治疗的研究	外科	孙建民

(续表)

年份	鉴定项目	承担科室	负责人
1989	分期动静脉转流基础问题的实验研究和临床研究	外科	孙建民
	羟磷灰石生物陶瓷的研制及其作为种植材料的基础研究	口腔材料	陈德敏
	体外器官培养评价生物材料生物相容性的实验研究	口腔材料	张彩霞
	三角游离皮瓣在颌面部的应用	整复外科	
1990	灯盏花注射液抗心肌缺血的实验和临床研究	内科	徐济民
	不同接骨板固定后骨折愈合的超微结构研究	骨科	裘世静
	有机骨粒骨水泥的实验研究	骨科	裘世静
	LI-I型氦氖激光棒	口腔外科	马继壮
	生物陶瓷—超声波对牙髓病根尖周病治疗的应用研究	口腔内科	翁雨来
	老年人根面龋发病和预防机理	口腔内科	刘 正
	牙釉质龋病的超微结构及微晶化学研究	口腔病理	刘瑷如
	腭裂术后病员腭咽闭合功能检测方法的研究	口腔外科	张志勇
	计划生育用高分子材料的生物性能评价方法的研究	口腔材料	薛 淼
	下肢深静脉倒流性功能不全的研究	外科	孙建民
	口服强的松治疗婴幼儿血管瘤	整复外科	赵平萍
	手外伤后提高手功能恢复的研究	整复外科	张涤生
	皮瓣验证存活血供条件及最低阈值研究	整复外科	王 炜
	程序控制大功率微波机重量肢体慢性淋巴水肿及其机制研究	整复外科	张涤生
1991	经导管颈动脉造影和栓塞技术的实验研究和临床应用	口腔外科	邱蔚六
	经颞颌关节滑膜下注射硬化剂实验研究及治疗习惯性颞颌关节脱位的临床应用	口腔外科	邱蔚六
	腭成形术后远期评价的综合研究	口腔外科	袁文化
	推拿时腰椎后部结构的动态观察和生物力学分析	骨科	侯筱魁
	动物体内骨及其置换材料主要力学性能的动态遥测研究	生物材料	薛 淼
	瘢痕成纤维细胞的体外培养、生长动力学研究和中药制剂对成纤维细胞生长抑制作用的探讨	整复外科	关文祥
	微机化截瘫助行系统的基础理论和设计优化	骨科	戴尅戎
	冻干照射生物血管移植的实验研究	外科	张培华
	应用视觉电生理频谱分析法对眼底病的研究	眼科	奚渭清
	带神经血管的肌束使瘫痪肌肉恢复神经支配的研究	整复外科	杨 川
1992	输卵管栓堵新材料的研究	测试中心	薛 淼
	同种异体血管移植段免疫、生理和物理性能	血管外科	张培华
	瘢痕增生机制——细胞生长因子调控作用的实验研究	整复外科	商庆新

(续表)

年份	鉴定项目	承担科室	负责人
1992	松质骨骨折愈合的三维形态及超微结构研究	骨科	陈永强
	脂磷壁酸在口腔变形链球菌黏附中的作用	口腔内科	刘 正
	中国腭裂术后患者异常汉语语音的机理及其分类	口腔外科	王国民
	系统背景性口腔黏膜白纹状损害的基础与临床研究	口腔内科	唐国瑶
	老年骨质疏松的发生机理及防治研究	骨科	戴尅戎
	聚安酯输卵管弹力塞可逆性绝育的研究	妇产科	薛 培
	同种异体血管移植免疫、生理和物理性能的实验研究	血管外科	张培华
	下肢深静脉瓣膜功能检测和肌袢形成术的推广	血管外科	张培华
	根管治疗-桩核-冠系列工程治疗牙体严重缺损的研究	口腔修复	杨宠莹
	颌骨畸形伴OSAS的正颌外科方法及其疗效评价	口腔外科	唐友盛
	新补牙用合金——镓合金的研制及医学	测试中心	张彩霞
1993	医用高分子的化学物质溶出试验和安全性试验的相关研究	测试中心	薛 淼
	形状记忆锯齿臂环抱内固定器治疗长骨骨折的实验与临床应用研究	骨科	戴尅戎
	异体带瓣静脉段和动静脉瘘治疗下肢深静脉病变的研究	血管外科	张培华
	扩张导管经皮胆囊穿刺造口在胆道疾患中的应用研究	外科	李祖怡
	视网膜电图双谷a波形成机理研究	眼科	范先群
	严重颅颌面畸形的外科治疗研究	整复外科	张涤生
	口腔厌氧菌内毒素生物活性及其防治研究	口腔内科	李德懿
	鳄梨伴牙颌畸形一次整复及腭形成术效果客观评定的研究	口腔外科	邱蔚六
	根尖周病诊治的系列研究	口腔内科	王晓仪
	中药加速正畸牙移动的实验及临床研究	口腔正畸	刘 侃
1994	绝育五年以上输卵管复通术	妇产科	王雪芬
	应力松弛接骨板系统对骨改建影响的实验研究	骨科	戴尅戎
	骨内腔三维图形重建与预制型髋假体的基础研究	骨科	戴尅戎
	人体完整腰椎后部结构的三维运动研究	骨科	侯筱魁
	推拿时腰椎三维立体运动规律及其影响因素	骨科	侯筱魁
	股骨上段骨小梁系统和股骨距的三维形态和超微结构研究	骨科	裘世静
	树脂-羟磷灰石复合材料的研制及理化、生物学性能的测试	材料中心	刘义荣
	下肢深静脉瓣膜功能检测和肌袢形成术推广应用	血管外科	张培华
	微量元素硒与口腔癌实验研究和初步临床观察	口腔外科	邱蔚六
	颌骨畸形伴阻塞性睡眠呼吸暂停综合征正颌外科手术方法及疗效评定	口腔外科	唐友盛
	生物材料和医用装置生物评价项目选择评价方法	材料中心	薛 淼

(续表)

年份	鉴定项目	承担科室	负责人
1995	口腔颌面部功能整复和器官临床机理研究	口腔外科	邱蔚六
	口腔特殊生态环境极其抗菌控释疗法的研究	口腔内科	李德懿
	镧系元素对老年人龋齿防治机理的研究	口腔病理	刘瑗如
	颞颌关节镜硬化疗法及牵引缝合治疗内错乱的临床与实验研究	口腔外科	邱蔚六
	根管治疗-桩核-冠系列工程治疗牙体严重缺损的研究	口腔修复、口腔内科	杨宠莹 王晓义
	口腔鳞癌中药治疗效果极其免疫功能的评价	口腔外科	邱蔚六
	骨质疏松的发生机理及防治研究	骨科	戴尅戎
1996	涎腺腺样囊性癌生物学特性研究	口腔外科	何荣根
	套筒冠修复体对牙列保存的临床与基础研究	口腔修复	张富强
	暗视阈值反应的细胞起源、频谱分析及临床应用研究	眼科	范先群
	绞股蓝总苷对金黄地鼠颊囊癌前病变细胞动力学影响的研究	口腔内科	周曾同
	JH-1型除泵净化台	科技开发公司	陈锦安
1997	绿茶多酚防龋涂膜基础及临床研究	口腔内科	刘 正
	复合型可塑性人工骨在颅面外科中的应用和基础研究	整复外科	穆雄铮
	细胞免疫紊乱与淋巴丝虫病的因果关系及其调控实验研究	整复外科	干季良
	扩张皮肤回缩机制的实验研究	整复外科	范志宏
	淋巴结移植治疗肢体淋巴水肿实验和临床研究	整复外科	干季良
1998	牙菌斑中菌间作用的研究	口腔内科	刘 正
	脂磷壁酸在口腔变形链球菌黏附中的作用	口腔内科	刘 正
	牙周病的牙槽骨吸收和修复机理研究	口腔内科	李德懿
	放疗对口腔癌根治后立即整复的影响	口腔外科	邱蔚六
	SJ-1型插销式附着体固定活动联合修复的开发与临床研究	口腔修复	张富强
	颅颌面联合切除术治疗晚期口腔颌面部恶性肿瘤	口腔外科	邱蔚六
	生物矿化与非胶原蛋白-氟和地塞米松对其影响的实验研究	口腔病理	张伟国
	颅颌面种植材料羟基磷灰石骨性结合界面与临床研究	材料中心	薛 淼
	对纯钛-骨结合机制及影响骨整合因素的研究	整复外科	邹丽剑
	一期完成具有感觉功能和性功能阴茎再造术的研究	整复外科	程开祥
	脑血管自动调节功能及正常灌注压突破的实验研究	神经外科	丁美修
1999	扩张后皮肤损伤和挛缩机制的实验研究	整复外科	范志宏
	股深动脉重建下肢组织血供的研究	血管外科	蒋米尔
	成纤维细胞收缩系统与瘢痕挛缩机制的实验研究	整复外科	钱云良
	中国腭裂术后患者异常汉语语音的机理及其分类研究	口腔外科	王国民

（续表）

年份	鉴 定 项 目	承担科室	负 责 人
1999	射频温控热凝术在治疗三叉神经痛中CT定位方法学研究	口腔外科	张伟杰
	关节镜监视下微创治疗胫骨平台骨折	骨科	侯筱魁
	舌鳞状细胞癌诱导分化治疗实验研究	口腔外科	陈万涛
	同种异体骨的成骨方式和生物力学研究	骨科	汤亭亭
	骨质疏松时骨结构变化规律及其机理研究	骨科	戴尅戎
	颅底三维图像分析的数字模型及其在颅底肿瘤手术和不同手术方案比较研究	神经外科	丁美修
	紫草辅助米非司酮抗早孕的机理探讨和临床应用研究	妇产科	法韫玉
	灯盏细辛对鼠颊囊癌变过程中血管生成影响的研究	口腔内科	周曾同
	唇腭裂继发牙颌面进行矫治的系列研究	口腔外科	沈国芳
	带血供趾肌腱游离移植的解剖学研究和临床初步应用	整复外科	李青峰
2000	自体组织工程化肌腱形成及应用组织工程技术修复肌腱缺损的实验研究	整复外科	曹谊林
	自体组织工程化骨修复颅骨缺损的实验研究	整复外科	曹谊林
	瘢痕疙瘩成纤维细胞生长因子受体表达及增殖抑制的研究	整复外科	商庆新
	组织工程技术修复猪关节软骨全层缺损的实验研究	整复外科	曹谊林
	人工关节的CDA/CAM技术及计算机辅助临床工程系统	骨科	戴尅戎
	眼眶骨折眼球内陷的整复治疗及视功能改变的研究	眼科	范先群
	JJ-型磁性位体的研制及其临床应用研究	口腔修复	张富强
	颌骨放射性损害的研究	口腔外科	邱蔚六
	高功率密度毫米波联合放射治疗恶性肿瘤的实验与临床研究	口腔外科	王中和
	黏性放线菌菌毛的黏附作用机制研究	口腔内科	梁景平
	微波辐射对金地鼠颊囊癌前病变的阻断实验研究	口腔内科	周曾同
	氪激光光动力治疗鲜红斑痣的临床及相关研究	口腔外科	周国瑜
	建立重大医疗档案的可行性研究	档案室	陈祖亮
	口腔黏膜上皮癌变过程中细胞增殖凋亡异常的研究	口腔病理	张伟国
2001	同种异体组织工程化软骨组织的动物实验研究	整复外科	曹谊林
	骨质疏松症骨结构和骨转换诊断标准研究	骨科	孙月华
	绿茶多酚防龋涂膜的开发研究	口腔预防	冯希平
	微创手术植不同组织修复颞下颌关节面缺损的比较研究	口腔外科	杨驰
	颌面部血管瘤及血管畸形的分类选择综合治疗研究	口腔外科	张志愿
	GP对白斑癌变过程细胞增殖和凋亡的影响及关系研究	口腔内科	周曾同
	预防无髓牙牙根纵裂的实验研究	口腔内科	洪瑾

(续表)

年份	鉴定项目	承担科室	负责人
2001	HPV感染与口腔鳞癌细胞周期调节因子改变的相关研究	口腔外科	张志愿
	DNL细胞转TNF基因治疗舌癌的实验研究	口腔外科	郭 伟
	非管状组织工程神经构建及消防神经缺损的实验研究	整复外科	戴传昌
	血管形成相关基因在血管瘤中的表达规律及意义	整复外科	林晓曦
	严重上、下颌骨畸形患者牵引成骨治疗及评价研究	口腔外科	唐友盛
	细胞组织复合移植消防骨缺损的研究	骨科	汤亭亭
2002	骨髓基质干细胞体外诱导和体内成骨作用的应用研究	整复外科	曹谊林
	人体软骨细胞的体外生长代谢及成软骨作用的应用基础研究	整复外科	曹谊林
	口腔癌药敏检测方法及检测方法建立健全应用研究	口腔外科	陈万涛
	壳聚糖作为细胞载体材料在软骨组织工程技术中的应用	整复外科	夏万尧 曹谊林
	优先区定制型人工关节的设计与应用	骨科	戴尅戎
	应用基因治疗技术修复复杂创伤的实验研究	整复外科	钱云良
	带蒂胸锁乳突肌转位术修复晚期面瘫的临床研究	整复外科	杨 川
	应用影像叠加和分层截骨技术在复杂颅面畸形修复中的研究	整复外科	穆雄铮
	用国产纯钛种植体修复面部严重缺损畸形的临床应用研究	整复外科	邹丽剑
	掺锶羟磷灰石固体含量与骨组织融合能力相关性研究	口腔材料	陈德敏
	牙列缺损修复设计的仿真系统开发	口腔修复	张富强
	三氧化二砷治疗口腔鳞癌的基础和临床应用研究	口腔外科	张志愿
	口腔厌氧菌内毒素降解机制研究	口腔内科	李德懿
	TK、IL2RARB基因治疗口腔癌的基础研究	口腔外科	陈万涛
	牙科银汞合金充填体能否导致慢性汞中毒的研究	口腔内科	刘 正
	口腔固定修复CAD系统的实验研究和CAM研制途径的探讨	口腔修复	张修银
	电击伤神经肌肉病理研究与功能重建	整复外科	李青峰
	齿科铸造合金耐蚀性能的基础研究	口腔修复	张富强
	人类永生化口腔上皮细胞系HIOEC的建立和应用	口腔外科	张志愿
	体外诱导人口腔上皮异常增生细胞系建立及癌变实验研究	口腔内科	周曾同
	猛性龋病因和预防方法研究	口腔预防	冯希平
	几丁质体内外生物降解性和安全性的研究	口腔材料	孙 皎
	前列腺特异性抗原PSA临床应用研究	泌尿外科	应 俊
	国产消旋聚乳酸在下颌内固定骨缺损及即可种植中的实验研究	口腔外科、口腔内科	邱蔚六 束 蓉

(续表)

年份	鉴定项目	承担科室	负责人
2003	BMP 基因给药促进骨再生的实验研究	骨科	戴尅戎
	PLAG1 转基因小鼠系的建立	口腔外科	张陈平
	耐顺铂人舌鳞状细胞系(Tca8113)耐药细胞系的建立及机理研究	口腔外科	周晓健
	腭裂术后创口处置和语音障碍治疗方法的临床研究	口腔外科	王国民
	静脉-淋巴管-脂肪筋膜瓣治疗阻塞性淋巴水肿	整复外科	曹卫刚
	伤口愈合和瘢痕增生基因治疗的实验研究	整复外科	刘 伟
	转基因小鼠血管瘤动物模型建立	口腔外科	张志愿
	口腔白斑癌变相关基因的筛选	口腔内科	周曾同
	黏性放线菌Ⅰ型菌毛单克隆抗体抗黏附基因片段的研究	口腔内科	梁景平
	血管重建再狭窄中血管壁不适重塑的实验研究	血管外科	蒋米尔
2004	生物降解材料的生物降解性和安全性研究	口腔材料	孙 皎
	反义核酸对黑素细胞色素相关基因的调控研究	整复外科	张余光
	骨质疏松性骨折愈合特征及生长素治疗的实验研究	骨科	戴尅戎
	干细胞和羊膜上皮移植眼表重建的实验研究	眼科	范先群
	周围神经损伤生物学修复方法的研究	整复外科	李青峰
	中药"参阳方"辅助治疗口腔鳞癌疗效评价及其药学研究	口腔外科	邱蔚六
	变形链球菌耐氟突变中胞膜 ATP 酶的作用探讨	口腔内科	刘 正
	微生物角度研究牙周病与龋病关系	口腔内科	李德懿
	颜面部结构定位甄别与人机交互模式研究	整复外科	穆雄铮
	SJ-Ⅱ型铰链式冠外附着体的研制和应用基础研究	口腔修复	张富强
	预防龋病有效中药的筛选	口腔内科	李鸣宇
	含茶多酚口香糖对龋病、牙龈炎的防治	口腔预防	冯希平
2005	组织工程皮肤的基础和应用研究	整复外科	曹谊林
	应用组织工程技术构建角膜组织的实验研究	整复外科	曹谊林
	对纯钛种植体表面的活性化处理研究	整复外科	邹丽剑
	应用于干细胞和基因给药技术促进骨修复和再生的研究	骨科	汤亭亭
	转导 CDMP 与 COLⅡ 基因诱导成纤维细胞的软骨组织工程研究	整复外科	崔 磊
	静脉腔内激光治疗下肢浅静脉曲张的研究	血管外科	蒋米尔
	口腔颌面部鳞癌和高转移腺样囊性癌基因表达谱的研究	口腔外科	陈万涛
	应用组织工程技术构建口腔黏膜的实验研究	口腔内科	周曾同
	颌面功能性赝复系统的开发和临床应用研究	口腔修复	张富强
	颅颌面畸形伴睡眠呼吸障碍的综合序列治疗研究	口腔外科	卢晓峰
	颈动脉切除、重建术的实验与临床研究	口腔外科	张志愿

(续表)

年份	鉴定项目	承担科室	负责人
2005	下颌骨缺损功能重建的临床与实验研究	口腔外科	张陈平
	上颌骨大型缺损个体化功能性重建的临床研究	口腔外科	孙 坚
	微创（内镜）诊治颞下颌关节纤维强直	口腔外科	杨 驰
	化脓性颞下颌关节炎的临床和实验研究	口腔外科	杨 驰
	内镜辅助微血管减压术治疗三叉神经痛	口腔外科	张伟杰
	内镜辅助下诊治慢性阻塞性涎腺炎临床研究	口腔外科	俞创奇
	植入表皮细胞的胶原筋膜在尿道缺损修复中的实验研究	泌尿外科	傅 强
	绿茶多酚防龋机制的研究	口腔内科	刘 正
	显微微型耳郭复合组织瓣相关桥式移植重建鼻亚结构	整复外科	钱云良
2006	周围先天性动静脉畸形的病理机制及临床应用	整复外科	林晓曦
	可控性微结构多孔生物陶瓷作为组织工程支架的研制及应用	骨科	卢建熙
	脱细胞机制载体和旋转培养技术体外角膜构建的实验研究	眼科	范先群
	鼻眶筛骨折的分类和功能重建的研究	眼科	范先群
	釉基质蛋白促进牙周再生的实验研究	口腔内科	束 蓉
	基因修饰的组织工程化骨修复颌骨缺损的研究	口腔修复	蒋欣泉
	口腔疾患引起语音障碍的声音特点和临床治疗学的研究	口腔外科	王国民
	内膜下血管成形术治疗下肢动脉硬化闭塞症的研究	血管外科	蒋米尔
	纳米抗菌树脂的基础研究	口腔修复	张富强
	围术期困难气道的研究	麻醉科	朱也森
2007	根管治疗临床和应用基础研究	口腔内科	梁景平
	口腔黏膜上皮细胞作为种子细胞修复膀胱缺损	泌尿外科	卢慕峻
	牵引成骨技术在上下颌骨缺损修复中的应用研究	口腔外科	沈国芳
	鼠白斑癌变相关靶基因及 $E6/Gp$、Vb 应答基因的动态研究	口腔内科	周曾同
	牙科可切削氧化锆基底陶瓷基础研究	口腔修复	张富强
	盐酸米诺环素口腔缓释软膏的研制与应用基础研究	口腔内科	梁景平
	口腔念珠菌感染菌株的分子分型、耐药性及中药治疗研究	口腔内科	沈雪敏
	根尖周状况和根管治疗质量的 X 线影像分析	口腔内科	朱亚琴
	口臭诊断检测指标的建立	口腔预防	冯希平
	牙科纳米氧化锆可切削陶瓷粉体研制的实验研究	口腔修复	张保卫
	种植牙软组织缺损修复的临床研究	种植科	赖红昌 张志勇
	涎腺腺样囊性癌肺转移相关蛋白质的筛选和鉴定	口腔外科	郭 伟
	口腔鳞癌诊断、耐药基因筛选和应用研究	口腔外科	陈万涛

(续表)

年份	鉴定项目	承担科室	负责人
2007	三维导航技术在正颌外科的开发应用研究	口腔外科	沈国芳
	阻断 Cyclin D1、MAPK26、ASNS 及其相关基因表达逆转口腔鳞癌耐药性的研究	口腔外科	张志愿
	中药(SS糖浆)治疗口干燥症的临床应用研究	口腔外科	俞创奇
	牵引成骨技术在上颌骨缺损修复中的应用	口腔外科	沈国芳
	牙釉质附着蛋白及其抗体的制备与功能研究	口腔内科	束 蓉
	计算机辅助种植义齿导航系统的开发应用研究	口腔修复	张富强
	干细胞构建组织工程化骨的基础研究与临床应用	整复外科	曹谊林
	复合性眼眶骨折的计算机辅助设计及修复重建技术的开发和应用	眼眶科	范先群
	颅面不对称畸形计算机辅助三维映射建模及临床应用研究	整复外科	韦 敏
	自体脂肪移植技术的研究	整复外科	李青峰
	颈外动脉结扎后口腔颌面部 AVM 再出血的介入治疗	口腔外科	范新东
	淋巴管发育和再生机理探讨——Ang2/Tie2 和 VEFG-C/VEGFR3 的双重调节作用	整复外科	刘宁飞
	利用 RNA 干扰技术研究缺氧诱导因子与血管瘤增殖的关系	整复外科	林晓曦
	诱导分化人胚胎干细胞构建组织工程化软骨	整复外科	张文杰
2008	人骨髓基质干细胞诱导构建耳郭软骨	整复外科	曹谊林
	组织工程的基础与应用基础研究	整复外科	曹谊林
	真皮成纤维细胞向软骨细胞表型的诱导分化机制与软骨组织工程构建研究	整复外科	崔 磊
	严重脸面畸形治疗方法的研究和临床应用	整复外科	李青峰
	应用脂肪干细胞体外构建组织工程化血管的实验研究	整复外科	崔 磊
	骨组织工程关键技术研究与标准化	整复外科	崔 磊
	脂肪干细胞生物学特性及纯化技术研究	整复外科	周广东
	真皮源性细胞的成骨机理研究	整复外科	祝 联
	预制骨肿瘤长骨缺损的临床研究	整复外科	祝 联
	在 PC 机上建立颅颌面外科的模拟手术系统及其临床应用	整复外科	张如鸿
	腹壁下动脉穿支皮瓣(DIEP)乳房再造的方法改进及相关研究	整复外科	董佳生
	可溶性 TGF-β 受体质粒局部应用质粒皮肤瘢痕	整复外科	刘 伟
	基因治疗和纳米技术在瘢痕治疗中的应用研究	整复外科	钱云良 刘 伟
	VEFG-C 基因治疗要点淋巴管形成的量化研究	整复外科	曹卫刚
	颅面部三维数字化分层标定与配准研究	整复外科	穆雄铮

（续表）

年份	鉴定项目	承担科室	负责人
2008	功能性三维 MRI 显像在淋巴循环障碍疾病中的应用	整复外科	刘宁飞 曹卫刚
	基于影像电子病历的诊断与共享系统的应用研究	骨科	戴尅戎
	应用干细胞富集技术和新型可降解生物陶瓷促进骨修复和再生的研究	骨科	戴尅戎
	人工关节磨损颗粒对破骨细胞分化影响的分子信号研究	骨科	朱振安
	生物玻璃/纳米羟基磷灰石梯度涂层促进假体的生物学固定	骨科	汤亭亭
	骨软骨再生的细胞和基因治疗	骨科	汤亭亭
	可吸收性生物陶瓷椎间融合器的实验研究及临床应用	骨科	唐 坚
	新型羟基磷灰石涂层促进骨整合的临床研究	骨科	谢幼专 陆尔奕
	人工全髋置换术后引流管夹闭时间对引流量的影响	骨科	杨志英
	溶瘤腺病毒联合巩膜敷贴放疗眼内期视网膜母细胞瘤	眼科	范先群
	胰腺癌早期诊断特异性蛋白质标志物的筛选和鉴定	消化科	刘海林
	组织工程技术构建下鼻甲骨资料萎缩性鼻炎的临床研究	耳鼻咽喉科	石润杰
	GRKs 调控炎症介导肾脏内皮细胞功能损伤的研究	肾内科	张 薇
	颅底-颈静脉孔区显微解剖的量化研究	神经外科	吴逸群
	围术期发生困难气道危险性及建立预测评估体系的研究	麻醉科	姜 虹
	Ad－CMVeNOS 基因转染抑制新生内膜增生的实验研究	老年科	盛 净
	糖尿病性血管内皮 COX－2 途径的炎症性损伤机理研究	内分泌科	陆颖理
	防治口腔癌新药复方冬菊胶囊临床前研究	黏膜病	周曾同
	NELL－1 缓释纳米材料复合骨髓基质细胞修复颌骨缺损的实验研究	口腔外科、 口腔修复科	张志愿 蒋欣泉
	应用比较蛋白组学技术筛选口腔鳞状细胞癌药物靶标	口腔预防、 口腔外科	冯希平 张志愿
	新基因 Nell－1 促进口腔颌面部骨组织再生的基础和应用研究	口腔修复、 口腔外科	蒋欣泉 张志愿
	Nell－1 与骨形成蛋白 2 协同促进成骨的实验研究	口腔修复、 口腔外科	蒋欣泉 张志愿
	牙弓弓形绘制嵌入式系统的研究	口腔正畸科	潘晓刚
	颞下颌关节镜缝合固定技术及其相关器材开发	口腔外科	杨 驰
	牙菌斑生物膜耐药的分子机制探讨	口腔内科	刘 正
	Toll 样受体在牙周病发生发展中的作用及机理研究	口腔内科	束 蓉
	应用组织工程化软骨修复髁突软骨面缺失的实验研究	口腔外科	王旭东
	钛种植体表面塑性变形纳米化影响成骨细胞生物学效应与安全性研究	口腔外科	陈万涛

(续表)

年份	鉴定项目	承担科室	负责人
2008	口腔扁平苔藓 T 细胞受体 Vβ 基因优势表达 CDR3 序列分析	黏膜病	唐国瑶
	上颌骨大型缺损功能性刺激的数字技术与临床研究	口腔外科	孙 坚
	腺样囊性癌转移相关基因 ADAM9、ADAM10 的功能验证及转移机制研究	口腔外科	徐 骎
2009	生物反应器研制及其在组织工程化组织构建中的应用	整复外科	刘 伟 李 宏
	组织工程技术构建淋巴管的实验研究	整复外科	李圣利
	严重创伤治疗的应用基础研究	整复外科	李青峰
	胸肩峰动脉肌穿支皮瓣的血供基础研究与临床运用拓展	整复外科	章一新
	个体化人工关节的优化与推广应用	骨科	戴尅戎
	利用原位诱导包膜促进大段骨缺损修复的研究	骨科	谢幼专
	间充质干细胞对骨肿瘤的趋向性研究	骨科	汤亭亭
	视网膜病及根管治疗中特殊问题的研究	眼科	王志良
	构建血管化组织工程骨修复眼眶骨缺损的研究	眼科	范先群
	分离鉴定人胃肠道癌中肿瘤干细胞相关 SP 亚群的初步研究	普外科	刘文勇
	外源性生长激素与肝癌侵袭转移的关系及其信号转导通路研究	普外科	顾 岩
	单核细胞基因表达谱变化及其动脉再狭窄关系的实验研究	血管外科	蒋米尔
	肝脏卵圆细胞分离、培养再生 β 细胞	内分泌科	陆颖理
	异氟烷在缺氧缺血性脑损伤中的作用及分子机制研究	麻醉科	李启芳
	无机纳米颗粒的生物学效应及安全性评价体系的研究	材料中心	孙 皎
	纳米涂层颗粒的生物学效应及安全性评价体系的研究	材料中心	孙 皎
	生物活性涂层体内降解性能评价标准的研究	材料中心	孙 皎
	调节性 T 细胞在寻常型天疱疮发病中的作用	皮肤科	陈向东
	长皮膏对四肢创面愈合的随机、双盲、对照、多中心临床研究	中医科	周阿高
	牵引成骨结合组织工程化软骨重建山羊颞下颌关节的实验研究	口腔外科	沈国芳
	口腔鳞癌干细胞亚群的筛选和鉴定	口腔外科	张 萍
	应用骨髓干细胞再生技术治疗颌骨放射性骨坏死	口腔外科	何 悦
	功能性组织工程化颌骨的再生研究	口腔外科	张志愿 蒋欣泉
	计算机辅助颅颌面整形外科手术规划与高精度手术导航系统关键技术研究	口腔外科	沈国芳
	钛生物力型下颌骨(BMM)的研制和实验研究	口腔外科	张陈平
	活血化瘀类中药活性成分防治上皮源性口腔肿瘤的系统生物学机理	口腔黏膜病科	周曾同
	绞股蓝总苷、黄芩苷、丹参酚酸、灯盏花素及其配伍对舌鳞状上皮细胞增殖活性的药敏研究	口腔黏膜病科	周曾同

(续表)

年份	鉴定项目	承担科室	负责人
2009	口腔白斑症的抑癌基因启动子高甲基化研究	口腔黏膜病科	蒋伟文
	Ihh 在上颌骨缝牵张成骨中的作用	口腔正畸科	唐国华
	牙髓牙本质复合体培养模型的建立及其生物学功能研究	口腔儿童预防科	冯希平
	用于根管消毒的复方中药制剂的临床基础研究	牙体牙髓科	夏文薇
	晶须增强牙用复合树脂及 PMMA 的基础研究	口腔修复科	张修银
	基于三维视觉测量的颜面缺损修复 CDA 系统的开发及其应用推广	口腔修复科	张富强
2010	唇腭裂患儿全麻术后舒适度的探讨	护理科	陈利琴
	抗体导向高内吞活性免疫毒素治疗葡萄膜恶性黑色素瘤的实验研究	眼科	范先群
	真空等离子喷涂钛涂层表面改性促进假体-组织界面整合研究	骨科	李慧武
	严重创伤治疗的应用基础研究	整复外科	李青峰
	EPCs 在预构组织中转归机制及调控的研究	整复外科	李青峰
	胚胎原始成血管细胞皮下移植建立血管瘤模型	整复外科	李 伟
	肝星状细胞靶向性纳米微粒基因载体的制备及应用	消化内科	刘海林
	血管腔内治疗胫腓动脉闭塞所致的下肢严重缺血	血管外科	陆信武
	PEDF 基因转染虹膜色素上皮细胞移植治疗年龄相关性黄斑变性的研究	眼科	罗 敏
	医疗器械生物学评价体系建设及服务能力的提升	材料中心	孙 皎
	上海市骨科内植物重点实验室	骨科	汤亭亭
	上海市前列腺增生症社区综合防治规范模式的探索与推广	泌尿外科	王 忠
	含间质细胞的前列腺癌裸鼠模型的建立及效果评价	泌尿外科	王 忠
	κ 受体激动剂 BRL52537 在大鼠缺血性脑损伤中的作用及分子机制研究	麻醉科	徐 辉
	自体毛囊干细胞-壳聚糖表皮膜片重建皮肤色素系统脱失治疗中的应用研究	整复外科	杨 军
	应用脐带血干细胞修复骨组织缺损研究	整复外科	张文杰
	脂质体纳米粒药物对于瘢痕组织渗透机理和动物抗瘢痕效果的实验研究	整复外科	章一新
	组织工程骨研制及其眼眶骨缺损的研究	眼眶科	周慧芳
	根管显微镜在疑难根管治疗中的应用	牙体牙髓	梁景平
	齿科精细陶瓷可加工性检测方法研究	口腔修复科	张 骋　张富强
	牙周基础治疗及清创术的推广应用	牙周科	束 蓉
	Nell-l、BMP-2 非病毒基因协同修饰工程化颌骨的研究	口腔修复科	蒋欣泉
	膜联蛋白 A1 在口腔鳞癌发生发展中的机制研究	口腔外科	钟来平

(续表)

年份	鉴定项目	承担科室	负责人
2010	新型肺病毒基因给药系统在口腔颌面部骨组织工程中的研究与应用	口腔修复科	蒋欣泉
	骨内种植体周围神经结构、功能及影响因素研究	口腔种植科	赖红昌
	钛种植体表面 ToO_2 纳米管/仿生纳米 HA 修饰的实验研究	口腔修复科	张富强
	早期舌体鳞癌颈部淋巴结转移的临床与基础研究	口腔外科	张陈平
	颞下颌关节囊内粘连的形成机制研究	口腔外科	张善勇
	再感染根管细菌学研究及其治疗	牙体牙髓科	姜云涛

第二节　学术论文与著作

1958—2010 年，全院共发表论文 9 540 余篇，其中 SCI 收录论文 342 篇。2004 年度 Medline 收录论文数量居全国医疗机构排名第一位。中国科学技术信息研究所公布的 2008 年度中国科技论文统计结果，医院被 SCI 收录论文数达 90 篇，全国医疗机构排名第十七位，2010 年更是"表现不俗"SCI 论文全国排名第二十位。全院从 1958—2010 年仅主编出版科技著作 214 部，其中张涤生院士主编《唇裂与腭裂的整复术》是医院第一部科技著作，邱蔚六院士主编的《口腔颌面外科学》自 1998 年出版第一版后不断更新，至 2008 年共出了 6 版 40 次印刷，发行量约 32.7 万册。

表 5-3-4　2002—2010 年医院发表 SCI 论文情况表

序号	第一作者	通讯作者	题　名	刊　名	年卷期页码	部门（科室）	影响因子
1	刘彦春		Repairing Large Porcine Full-Thickness Defects of Articular Cartilage Using Autologous Chondrocyte-Engineered Cartilage	Tissue Engineering	2002, 8(4): 709-721	整复外科	3.04
2	刘伟		A Closer View of Tissue Engineering in China: The Experience of Tissue Construction in Immunocompetent Animals	Tissue Engineering	2003, 9(1): 17-30	整复外科	3.04
3	刘宁飞		Hyaluronan-binding Peptide Can Inhibit Tumor Growth by Interacting with bcl-2	International Journal of Cancer	2004, 109(1): 49-57	整复外科	4.23
4	唐国华	A.B.M. Rabie	A Mechanotransduction Mediator in Condylar Cartilage	Journal of Dental Research	2004, 83(5): 434-438	口腔正畸科	3.13
5	冯希平	冯希平	MS Colony Analysis in Children with Different Feeding Modes	Journal of Dental Research	2004, Vol. 83. special Issue A	预防儿童科	3.13
6	蒋欣泉	张志愿	Ectopic Study of Tissue-Engineered Bone With hBMP-4 Gene Transfer	Journal of Dental Research	2004, (Spec Iss A), Marc	口腔外科	3.13

(续表)

序号	第一作者	通讯作者	题　名	刊　名	年卷期页码	部门（科室）	影响因子
7	王旭东	王旭东	The Diagnosis Value of MR Arthrography on TMJ Intra-Articular Adhesion	Journal of Dental Research	2004, JDR supp	口腔外科	3.13
8	李江	毛力	Promoter Methylation of P16INK4a, RASSF1A, and DAPK Is Frequent in Salivary Adeniod Cystic Carcinoma	Cancer	2005, 104（4）：771-776	口腔病理科	4.80
9	刘宁飞		Noncontrast Three-Dimensional Magnetic Resonance Imaging vs Lymphoscintigraphy in the Evaluation of Lymph Circulation Disorders: A Comparative Study	Journal of Vascular Surgery	2005, 41(1)：69-75	整复外科	3.51
10	胡晓洁		Tissue Engineering of Nearly Transparent Corneal Stroma	Tissue Engineering	2005, 11(11/12)：1710-1717	整复外科	3.20
11	沈刚	沈刚	The Adaptive Remodeling of Condylar Cartilage — A Transition From Chondrogenesis to Osteogenesis.	Journal of Dental Research	2005, 84：691-699	口腔正畸科	3.19
12	唐国华	A. B. M. Rabie	Runx2 Regulates Endochondral Ossification in Condyle During Mandibular Advancement	Journal of Dental Research	2005, 84(2)：166-171	口腔正畸科	3.19
13	周曾同	周曾同	The Preventive Effect of Salvianolic Acid B on Malignant Transformation of DMBA-Induced Oral Premalignant Lesion in Hamsters	Carcinogenesis	2006, 27(4)：826-832	口腔黏膜病科	5.37
14	杨娅	周曾同	Effect of Genistein on DMBA-induced Oral Carcinogenesis in Hamster	Carcinogenesis	2006, 27(3)：578-583	口腔黏膜病科	5.37
15	谢幼专	卢建熙	Evaluation of the Osteogenesis and Biodegradation of Porous Biphasic Ceramic in the Human Spine	Biomaterials	2006, 7（13）：2761-2767	骨科	5.20
16	孙红立	戴尅戎	Proliferation and Osteoblastic Differentiation of Human Bone Marrow-derived Stromal Cells on Akermanite-Bioactive Ceramics	Biomaterials	2006, 27（33）：5651-5657	骨科	5.20
17	翁雨来	翁雨来	Repair of Experimental Alveolar Bone Defects by Tissue-Engineered Bone	Tissue Engineering	2006, 12（6）：1503-1513	口腔外科	3.73
18	蒋欣泉	Xinli Zhang	The Study of Nell-1 Gene Modified Goat Bone Marrow Stromal Cells	Tissue Engineering	2006, 12(4) sup：1034	口腔研究所	3.73
19	谢幼专	卢建熙	Three-Dimensional Dynamic Culture System for Stem Cell Proliferation inside the Massive β-TCP Scaffold	Tissue Engineering	2006, 12（12）：3535-3543	骨科	3.73

(续表)

序号	第一作者	通讯作者	题　名	刊　名	年卷期页码	部门（科室）	影响因子
20	翁雨来 王　敏	曹谊林	Repair of Experimental Alveolar Bone Defects by Tissue-Engineered Bone	Tissue Engineering	2006, 12（6）: 1503-1513	整复外科	3.20
21	曹德君 刘　伟	曹谊林	In Vitro Tendon Engineering with Avian Tenocytes and Polyglycolic Acids: A Preliminary Report	Tissue Engineering	2006, 12（5）: 1369-1377	整复外科	3.20
22	刘　伟	曹谊林	Repair of Tendon Defect with Dermal Fibroblast Engineered Tendon in a Porcine Model	Tissue Engineering	2006, 12(4): 775-788	整复外科	3.20
23	祝　联	曹谊林	Tissue-Engineered Bone Repair of Goat Femur Defects with Osteogenically Induced Bone Marrow Stromal Cells	Tissue Engineering	2006, 12(3): 423-433	整复外科	3.20
24	周广东	曹谊林	Repair of Porcine Articular Osteochondral Defects in Non-Weightbearing Areas with Autologous Bone Marrow Stromal Cells	Tissue Engineering	2006, 12（11）: 3209-3221	整复外科	3.20
25	张文杰	曹谊林	Tissue Engineering of Blood Vessel	Journal of Cellular and Molecular Medicine	2007, 11(5): 945-957	整复外科	6.56
26	陈付国 张文杰	曹谊林	Clonal Analysis of Nestin-Vimentin+Multipotent Fibroblasts Isolated From Human Dermis	Journal of Cell Science	2007, 120(Pt 16): 2875-2883	整复外科	6.54
27	蒋伟文	Joseph. A. Califano	Alterations of GPI Transamidase Subunits in Head and Neck Squamous Carcinoma.	Mol Cancer	2007, 6(1): 74	口腔黏膜病科	5.36
28	袁　捷 崔　磊	曹谊林	Repair of Canine Mandibular Bone Defects with Bone Marrow Stromal Cells and Porous β-Tricalcium Phosphate	Biomaterials	2007, 28（6）: 1005-1013	整复外科	5.20
29	崔　磊	曹谊林	Repair of Cranial Bone Defects with Adipose Derived Stem Cells and Coral Scaffold in a Canine Model	Biomaterials	2007, 28（36）: 5477-5486	整复外科	5.20
30	刘　伟	曹谊林	Application of Scaffold Materials in Tissue Reconstruction in Immunocompetent Mammals: Our Experience and Future Requirements	Biomaterials	2007, 28（34）: 5078-5086	整复外科	5.20
31	余优成	张志愿	Suppression of Salivary Adenoid Cystic Carcinoma Growth and Metastasis by ErbB3 Binding Protein Ebp1 Gene Transfer	International Journal of Cancer	2007, 10.1002/ijc.22541	口腔外科	4.69

(续表)

序号	第一作者	通讯作者	题名	刊名	年卷期页码	部门（科室）	影响因子
32	张春叶	李江	Promoter Methylation As a Common Mechanism for Inactivating E-cadherin in Human Salivary Gland Adenoid Cystic Carcinoma	Cancer	2007, 110(1)：87-95	口腔病理科	4.58
33	宋爱梅	束蓉	A study of Enamel Matrix Proteins on Differentiation of Porcine Bone Marrow Stromal Cells into Cementoblasts	Cell Proliferation	2007, 40：381-396	牙周科	4.49
34	崔磊	曹谊林	Expanded Adipose-Derived Stem Cells Suppress Mixes Lymphocyte Reaction by Secretion of Prostaglandin E2	Tissue Engineering	2007, 13(6)：1185-1195	整复外科	3.73
35	王忠	Laurence S. Baskin	Up-regulation of Estrogen Responsive Genes in Hypospadias: Microarray Analysis	Journal of Urology	2007, 177(5)：1939-1946	泌尿外科	3.59
36	戴尅戎	戴尅戎	Estimation of Resource Utilization Associated with Osteoporotic Hip Fracture and Level of Post-Acute Care in China	Current Medical Research and opinion	2007, 23(12)：2937-2943	骨科	3.06
37	干耀恺	戴尅戎	The Clinical Use of Enriched Bone Marrow Stem Cells Combined With Porous β-Tricalcium Phosphate in Posterior Spinal Fusion	Biomaterials	2008, 29：3973-3982	骨科	6.65
38	刘齐海	崔磊	A Comparative Study of Proliferation and Osteogenic Differentiation of Adipose-Derived Stem cells on Akermanite and β-TCP Ceramics	Biomaterials	2008, 29(36)：4792-4799	整复外科	6.65
39	王斌	曹谊林	Engineering of Extensor Tendon Complex by an Ex Vivo Approach	Biomaterials	2008, 29(20)：2954-2961	整复外科	6.65
40	刘凯	曹谊林	The Dependence of in Vivo Stable Ectopic Chondrogensis by Human Mesenchymal Stem Cells on Chondrogenic Differentiation in Vitro	Biomaterials	2008, 29(14)：2183-2192	整复外科	6.65
41	许志成 张文杰	曹谊林	Engineering of an Elastic Large Muscular Vessel Wall with Pulsatile Stimulation in Bioreactor	Biomaterials	2008, 29(10)：1464-1472	整复外科	6.65
42	范先群	范先群	Surgical Management and Outcome of Tessier Number 10 Clefts	Ophthalmology	2008 Dec, 115(12)：2290-2294.e3	眼科	5.30

(续表)

序号	第一作者	通讯作者	题 名	刊 名	年卷期页码	部门（科室）	影响因子
43	刘大力	Yumoto.H	The Essentiality and Involvement of Streptococcus Intermedius Histone-Like DNA–Binding Protein in Bacterial Viability and Normal Growth	Molecular Microbiology	2008, 68（5）: 1268-1282	牙周科	5.21
44	张艳青 张文杰	曹谊林	Tissue Engineering of Corneal Stromal Layer with Dermal Fibroblasts: Phenotypic and Functional Switch of Differentiated Cells in Cornea	Tissue Engineering (Part A)	2008, 14(2): 295-303	整复外科	4.70
45	孙晓江	戴尅戎	In Vitro Proliferation and Differentiation of Human Mesenchymal Stem Cells Cultured in Autologous Plasma Derived from Bone Marrow	Tissue Engineering	2008, 14（3）: 391-400	骨科	4.70
46	张晓玲	戴尅戎	Zein/Inorganics Composite on hMSCs Biocompatibility and Osteoblastic Differentiation	Bone	2008, 43: S57-S57	骨科	4.15
47	富灵杰	戴尅戎	Stimulation of Osteogenic Differentiation and Inhibition of Adipogenic Differentiation 2 in Bone Marrow Stromal Cells by Alendronate via ERK and JNK Activation	Bone	2008, 43(1): 40-7	骨科	4.15
48	金云波	林晓曦	Sclerotherapy After Embolization of Draining Vein: A Safe Treatment Method for Venous Malformations	Journal of Vascular Surgery	2008, 47（6）: 1292-1299	整复外科	3.77
49	曲志虎	戴尅戎	Evaluation of the Zein/Inorganics Composite on Biocompatibility and Osteoblastic Differentiation	Acta Biomater	2008, 4(5): 1360-1368	骨科	3.73
50	戴尅戎	戴尅戎	Gene Therapy of Arthritis and Orthopaedic Disorders: Current Experimental Approaches in China and in Canada	Expert Opinion on Biological Therapy	2008 Sep, 8(9): 1337-1346	骨科	3.48
51	李德强	戴尅戎	Effects of Dextran on Proliferation and Osteogenic Differentiation of Human Bone Marrow-Derived Mesenchymal Stromal Cells	Cytotherapy	2008, 10(6): 587-596	骨科	3.47
52	徐 骎	陈万涛	Antisense Oligonucleotides and All-trans Retinoic Acid Have a Synergistic Anti-Tumor Effect on Oral Squamous Cell Carcinoma	BMC Cancer	2008, 8: 159 doi: 10.1186/1471-2407-8-159	口腔外科	3.09

(续表)

序号	第一作者	通讯作者	题名	刊名	年卷期页码	部门（科室）	影响因子
53	乔 洁	宋怀东	A Splice Site Mutation Combined With A Novel Missense Mutation of LHCGR Cause Male Pseudohermaphroditism	Human Mutation	2009，30（9）：E855－65	内分泌科	7.03
54	岑 莲	崔 磊 曹谊林	Labeling of Adipose-Derived Stem Cells by Oleic-Acid-Modified Magnetic Nanoparticles	Advanced Functional Materials	2009，19：1158－1166	整复外科	6.81
55	蒋欣泉	蒋欣泉	Mandibular Repair in Rats With Premineralized Silk Scaffolds and BMP－2－Modified bMSCs	Biomaterials	2009，30：4522－4532	口腔修复科	6.65
56	王绍义	蒋欣泉 张志愿	Vertical Alveolar Ridge Augmentation With β－Tricalcium Phosphate and Autologous Osteoblasts in Canine Mandible	Biomaterials	2009，30：2489－2498	口腔修复科	6.65
57	晏 丹 周广东	曹谊林	The Impact of Low Levels of Collagen IX and Pyridinoline on the Mechanical Properties of in Vitro Engineered Cartilage	Biomaterials	2009，30(5)：814－821	整复外科	6.65
58	赵贵庆	崔 磊 曹谊林	In Vitro Engineering of Fibrocartilage Using CDMP1 Induced Dermal Fibroblasts and Polyglycolide	Biomaterials	2009，30（19）：3241－3250	整复外科	6.65
59	崔 磊	崔 磊	Repair of Articular Cartilage Defect in Non-Weight Bearing Areas Using Adipose Derived Stem Cells Loaded Polyglycolic Acid Mesh	Biomaterials	2009，30（14）：2683－2693	整复外科	6.65
60	屠锦雯	张晓玲	The in Vivo Bone Formation by Mesenchymal Stem Cells in Zein Scaffolds	Biomaterials	2009，Sep；30（26）：4369－4376	骨科	6.65
61	黄 研	戴尅戎	In Vitro and in Vivo Evaluation of Akermanite Bioceramics for Bone Regeneration	Biomaterials	2009，Oct；30（28）：5041－5048	骨科	6.65
62	刘凤祥	朱振安	Inhibition of Titanium Particle-Induced Osteoclastogenesis Through Inactivation of NFATc1 by VIVIT Peptide	Biomaterials	2009，（30）：1756－1762	骨科	6.65
63	张 赫	葛盛芳	Enhanced Therapeutic Efficacy by Simultaneously Targeting Two Genetic Defects in Tumors	Molecular Therapy	2009，17(1)：57－64	眼科	5.97
64	范启明	戴尅戎	The Role of CCAAT/Enhancer Binding Protein（C/EBP）α in Osteogenesis of C3H10T1/2 Cells Induced by BMP－2	Journal of Cellular Molecular Medicine	2009，13（8B）：2489－2505	骨科	5.11

(续表)

序号	第一作者	通讯作者	题 名	刊 名	年卷期页码	部门（科室）	影响因子
65	周晓健	张 萍	Inhibition of Cyclin D1 Expression by Cyclin D1 ShRNAs in Human Oral Squamous Cell Carcinoma Cells Is Associated With Increased Cisplatin Chemosensitivity	International Journal of Cancer	2009, 124: 483-489	口腔外科	4.73
66	刘齐海	曹谊林 崔 磊	The Role of the Extracellular Signal-Related Kinase Signaling Pathway in Osteogenic Differentiation of Human Adipose-Derived Stem Cells and in Adipogenic Transition Initiated by Dexamethasone	Tissue Engineering (Part A)	2009, 15 (11): 3487-3497	整复外科	4.70
67	李德强	戴尅戎	Effects of Flow Shear Stress and Mass Transport on the Construction of a Large-Scale Tissue-Engineered Bone in a Perfusion Bioreactor	Tissue Engineering	2009, 15 (10): 2773-2783	骨科	4.70
68	方 波	戴尅戎	Proliferation and Osteoblastic Differentiation of Human Bone Marrow Stromal Cells on Hydroxyapatite/Bacterial Cellulose Nanocomposite Scaffolds	Tissue Engineering	2009 May, 15(5): 1091-1098	骨科	4.70
69	赵 君	蒋欣泉 张志愿	Apatite-Coated Silk Fibroin Scaffolds to Healing Mandibular Border Defects in Canines	Bone	2009, 45: 517-527	口腔修复科	4.15
70	王绍义	蒋欣泉 张志愿	Systematic Evaluation of A Tissue-Engineered Bone for Maxillary Sinus Augmentation in Large Animal Canine Model	Bone	2009.9.8	口腔修复科	4.15
71	关呈超	蒋欣泉	Sonic Hedgehog Alleviates the Inhibitory Effects of High Glucose on the Osteoblastic Differentiation of Bone Marrow Stromal Cells	Bone	2009, 45 (6): 1146-1152	口腔修复科	4.15
72	富灵杰	戴尅戎	Effect of 1, 25-Dihydroxy Vitamin D3 on Fracture Healing and Bone Remodeling in Ovariectomized Rat Femora	Bone	2009 May; 44(5): 893-898	骨科	4.15
73	汤 睿	顾 岩	Immediate Repair of Major Abdominal Wall Defect After Extensive Tumor Excision in Patients with Abdominal Wall Neoplasm	Annals of surgical Oncology	2009, 16 (10): 2895-2907	普外科	3.90

(续表)

序号	第一作者	通讯作者	题名	刊名	年卷期页码	部门(科室)	影响因子
74	何征宇	姜虹	Inhibiting Toll-Like Receptor 4 Signaling Ameliorates Pulmonary Fibrosis During Acute Lung Injury Induced by Lipopolysaccharide: an Experimental Study	Respir Res	2009, 10(1): 126	麻醉科	3.87
75	童海骏	张晓玲	Progress and Prospects of Chitosan and Its Derivatives as Non-Viral Gene Vectors in Gene Therapy	Current Gene Therapy	2009, 9: 495-502	骨科	3.86
76	刘宁飞	刘宁飞	Anatomic and Functional Evaluation of the Lymphatics and Lymph Nodes in Diagnosis of Lymphatic Circulation Disorders with Contrast Magnetic Resonance Lymphangiography	Journal of Vascular Surgery	2009, 49(4): 980-987	整复外科	3.77
77	陈辉	林晓曦	Patients with Intralesional Hemorrhage in Venous Malformations: Diagnosis and Embolosclerotherapy	Journal of Vascular Surgery	2009, 49(2): 429-433	整复外科	3.77
78	马利民	王忠	Estrogen Effects on Fetal Penile and Urethral Development in Organotypic Mouse Genital Tubercle Culture.	Journal of Urology	2009, 182(5): 2511-2517	泌尿外科	3.59
79	张萍	陈万涛	Side Population in Oral Squamous Cell Carcinoma Possesses Tumor Stem Cell Phenotypes	Cancer Letters	2009, 227-234	口腔外科	3.50
80	徐文停	汤亭亭	Human Mesenchymal Stem Cells (hMSCs) Target Osteosarcoma and Promote Its Growth and Pulmonary Metastasis	Cancer Letters	2009 Aug 18, 281(1): 32-41	骨科	3.50
81	张晓玲	戴尅戎	The Immunologic Properties of Undifferentiated and Osteogenic Differentiated Mouse Mesenchymal Stem Cells and Its Potential Application in Bone Regeneration	Immunobiology	2009, 214(3): 179-186	骨科	3.46
82	孙红立	戴尅戎	Regulation of Osteoblast Differentiation by Slit2 in Osteoblastic Cells	Cells Tissues Organs	2009, 190(2): 69-80	骨科	3.32
83	王晓庆	朱振安	Berberine Inhibits Staphylococcus Epidermidis Adhesion and Biofilm Formation on the Surface of Titanium Alloy	Journal of Orthopaedic Research	2009 Nov, 27(11): 1487-1492	骨科	3.11
84	何地	陈万涛	The nf-κb Inhibitor, Celastrol, Could Enhance the Anticancer Effect of Gambogic Acid on Oral Squamous Cell Carcinoma	BMC Cancer	2009, 9: 343	口腔外科	3.09

(续表)

(续表)

序号	第一作者	通讯作者	题名	刊名	年卷期页码	部门（科室）	影响因子
85	王晓庆	朱振安	Effect of Berberine on Staphylococcus Epidermidis Biofilm Formation	International Journal of Antimicrobial Agents	2009 Jul, 34(1)：60－66	骨科	3.07
86	刘 昕	孙 皎	Endothelial Cells Dysfunction Induced by Silica Nanoparticles Through Oxidative Stress via JNK/P53 and NF－kB Pathway	Biomaterials	2010，31（32）：8198－8209	口腔材料	7.37
87	张建军	葛盛芳	Targeted Knockdown of Bcl2 in Tumor Cells Using a Synthetic TRAIL 3'－UTR microRNA.	International Journal of Cancer	2010，126（9）：2229－2239	眼科	4.73
88	姜 虹	李启芳	Inflammatory Stimulation and Hypoxia Cooperatively Activate HIF－1 in Bronchial Epithelial Cells: Involvement of PI3K and NF－B	American Journal of Physiol Lung Cellular and Molecular Physiology	2010，298：L660－L669	麻醉科	4.21
89	张 萍	葛盛芳	Tumor-Specific, Hypoxia-Regulated WWOX Expression Adenovirus Inhibits Human Non-Small Cell Lung Cancer Growth in Vivo	Human Gene Therapy	2010 Jan, 21(1)：27－39	眼科	4.10
90	宋 欣	范先群	Inhibition of Retinoblastoma in Vitro and in Vivo with Conditionally Replicating Oncolytic Adenovirus H101.	Investigative Ophthalmology and Vision Science	2010 May, 51(5)：2626－2635.	眼科	3.77
91	张海娇	谷 平	Functionalization of Multi-Walled Carbonnanotubes Via Surface Unpaired Electrons	Nanotechnology	2010，21（8）：8570－8576	眼科	3.73
92	谢广平	孙 皎	Biodistribution and Toxicity of Intravenously Administered Silica Nanoparticles in Vivo	Arch Toxicol	2010，84（3）：183－190	口腔材料	3.31
93	彭兆祥	汤亭亭	Adjustment of the Antibacterial Activity and Biocompatibility of Hydroxypropyltrimethyl Ammonium Chloride Chitosan by Varying the Degree of Substitution of Quaternary Ammonium.	Carbohydrate Polymers	2010，275－283	骨科	3.17
94	周一雄	Li Wei	Efficient Identification of Tubby-Binding Proteins by an Improved System of T7 Phage Display	Journal of Molecular Recognition	2010 Jan-Feb, 23(1)：74－83.	眼科	3.16
95	周小小	朱振安	Promotion of Bone Formation by Naringin in a Titanium Particle-Induced Diabetic Murine Calvarial Osteolysis Model	Journal of Orthopaedic Research	2010，28（4）：451－456	骨科	3.11
96	吴正一	张志愿 蒋欣泉 郭 莲	Comparison of Dental Education and Professional Development Between Mainland China and North America	European Journal of Dental Education	2010，14：106－112	院办	管理类论文

表 5-3-5　1991—2010 年医院各科发表论文数情况表

科　室	论文数	科　室	论文数
整复外科	1 283	生殖中心	13
骨科	710	激光中心	3
血管外科	226	药剂科	93
普外科	213	检验科	52
泌尿外科	192	护理部	53
神经外科	151	营养	2
胸外科	27	口研所医学院	94
妇产科	93	口腔内科	718
耳鼻咽喉	93	口腔颌面外科	1 360
眼科	259	口腔修复	529
手麻科	186	口腔正畸	193
内科	1 275	口腔儿童预防	160
老年科	143	口腔综合科	46
儿科	77	口腔种植	35
急诊科	98	口腔特需	4
中医科	129	口腔病理	81
皮肤科	44	材料中心	260
放射科	172	口腔解剖	32
超声波	162	行政	245
病理科	33	分院	3

表 5-3-6　1958—2010 年医院出版专著情况表

序号	著作名称	出版社	作者	编写形式	年份
1	唇裂与腭裂的整复术	上海卫生出版社、上海科学技术出版社	张涤生	主编	1958
2	显微外科（第一版）	上海科学技术出版社	陈中伟　杨东岳　张涤生	主编	1978
3	整复外科学	上海科学技术出版社	张涤生	主编	1979
4	Microsurgery	上海科学技术出版社、斯普林格出版社	张涤生　陈中伟	主编	1982
5	显微外科（第二版）	上海科学技术出版社	陈中伟　杨东岳　张涤生	主编	1985
6	显微修复外科学	人民卫生出版社	张涤生　朱盛修　王忠诚	主编	1985
7	Principles, Techniques And Application in Microsurgery	世界出版社（新加坡）	张涤生	主编	1986
8	口腔颌面外科临床手册（第一至二版）	人民卫生出版社	邱蔚六	主编	1986—2001

（续表）

序号	著作名称	出版社	作者	编写形式	年份
9	中国医学百科全书外科学基础	上海科学技术出版社	裘法祖　张涤生　吴在德	主编	1987
10	口腔颌面外科学（第二至六版）	人民卫生出版社	邱蔚六	主编	1988—2008
11	实用美容外科学	上海科学技术出版社	张涤生	主编	1990
12	实用心身疾病学	新疆科技卫生出版社	杨菊贤	主编	1991
13	黄家驷外科学	人民卫生出版社	张涤生	分主编	1992
14	口腔医学进展讲座	上海科学技术出版社	邱蔚六	主编	
15	行为医学研究	湖南科学技术出版社	杨菊贤	主编	
16	人工关节的基础与临床研究	人民卫生出版社	戴尅戎	主编	1993
17	口腔矫形技术工艺学	上海科学技术出版社	樊森	主编	
			高素娟	副主编	
18	行为医学理论与临床	北京科技大学出版社	杨菊贤	主编	1994
19	实用眼科手册	上海科技教育出版社	奚渭清	主编	
20	牙周病微生物学	天津科学翻译出版社	李德懿	主编	
21	中老年疾病自我诊疗	上海人民出版社	周曾同	主编	
			戚清权	副主编	
22	美容健身指导	光明日报出版社	朱昌	主编	
23	显微外科学刚要	湖南科学技术出版社	张涤生	副主编	
24	自我保健医学	上海科学技术文献出版社	周曾同	主编	1995
			徐济民	副主编	
25	口腔颌面外科手术图解	江苏科学技术出版社	邱蔚六	主编	
26	整复外科手术图谱	湖北科学技术出版社	张涤生	主编	
27	整形手术外科图解	江苏科学技术出版社	张涤生　冷永成	主编	
28	实用心律失常学	成都科技大学出版社	杨菊贤	主编	
29	汉英医用超声技术词汇	黑龙江科学技术出版社	燕山	主编	
30	口腔微生物	南京出版社	刘正	主编	
31	女性疾病自我诊疗	上海人民出版社	周曾同	主编	1996
			法韫玉	副主编	
32	临床实用新药手册	上海科学技术出版社	徐济民	主编	
33	整形外科手术图解	江苏科学技术出版社	张涤生	主编	
34	口腔颌面外科学试题及题解选编	安徽医科大学出版社	邱蔚六	主编	

(续表)

序号	著作名称	出版社	作者	编写形式	年份
35	口腔颌面外科手术图解	江苏科学技术出版社	邱蔚六	主编	1996
36	拇指外科学	河南科学技术出版社	王 炜	主审	
37	骨科超声诊断学	世界图书出版公司	燕 山	编著	
38	口腔正畸学	天津科技翻译出版公司	蔡 中	译者	
39	临床实用药物及其药理基础	复旦大学出版社	毛娟红	主编	1997
40	颅面外科学	上海科学技术出版社	张涤生	主编	
41	颌面医学美容学	上海科技教育出版社	钱云良	主编	
42	超声成像原理及腰部诊断	上海交通大学出版社	燕 山	主编	
43	常见口腔疾病诊治图谱	山东人民出版社	邱蔚六	主编	
			刘 正 杨宠莹	副主编	
44	口腔科手册	上海科学技术出版社	刘 正	主编	
			杨宠莹	副主编	
45	口腔颌面外科理论与实践	人民卫生出版社	邱蔚六	主编	1998
46	标准方丝弓矫正技术及典范病例精选	厦门大学出版社	刘泓虎	主编	
47	骨科手术学(上、下册)	人民卫生出版社	戴尅戎	主编	
48	四肢脊柱创伤	吉林科学技术出版社	戴尅戎	主编	
49	名医谈百病——骨折	上海科学技术出版社	侯筱魁	主编	
50	现代骨科手术学	科学出版社	戴尅戎	主编	
51	人工关节外科学	科学出版社	戴尅戎	主编	
52	口腔应用材料学	天津科技翻译出版社	薛 淼	主编	
			张彩霞	副主编	
53	默克诊疗手册	人民卫生出版社	刘 正	编译	
54	临床医学试题及题解·内科学分册	人民卫生出版社	杨菊贤	主编	1999
55	前列腺炎与前列腺增生	上海科学技术出版社	姚德鸿	主编	
56	资质脊柱创伤	吉林科学技术出版社	戴尅戎	主编	
57	整外外科学	浙江科学技术出版社	王 炜	主编	
58	外科诊疗常识	上海科学技术出版社	王 炜	主编	
59	口腔科、皮肤性病科诊疗常规	上海科学技术出版社	刘 正	主编	
60	名医谈百病——龋齿与牙周病	上海科学技术出版社	刘 正	主编	
61	美容牙医学	科学出版社	蔡 中	主编	
62	名医谈百病——冠心病	上海科学技术出版社	徐济民	主编	

(续表)

序号	著作名称	出版社	作者	编写形式	年份
63	口腔生物学·卫生部规划教材	人民卫生出版社	刘 正	主编	
64	口腔颌面外科学(第四版)	人民卫生出版社	邱蔚六	主编	
65	整形外科手术失误及处理	云南科学技术出版社	张涤生	主编	
66	静脉曲张与小腿溃疡	上海科学技术出版社	蒋米尔	主编	2000
67	名医谈百病——牙列不齐	上海科学技术出版社	曹惠菊	主编	
			翁思恩 潘晓岗	副主编	
68	白内障超声乳化吸除术	上海科技教育出版社	徐 庆	主编	
69	张涤生整复外科学	上海科学技术出版社	张涤生	主编	
70	冠心病自我保健	华东理工大学出版社	杨菊贤	主编	
71	现代口腔颌面外科麻醉	山东科学技术出版社	朱也森	主编	
72	心律失常	上海远东出版社	徐济民	主编	
73	临床实用新药手册	上海科学技术出版社	徐济民	主编	
74	患了肝病怎么办	上海科学技术出版社	刘海林	主编	
75	性医学	上海科技教育出版社	姚德鸿	主编	
76	静脉曲张与小腿溃疡	上海科学技术出版社	蒋米尔	主编	
77	颧骨外科学	第二军医大学出版社	孙 坚	主编	
78	口腔颌面外科临床解剖学	山东科学技术出版社	邱蔚六	主编	
79	口腔颌面肿瘤手术彩色图谱	山东科学技术出版社	张志愿	主编	
80	口腔科学	人民卫生出版社	张志愿	主编	2001
81	袖珍口腔科用药手册	上海科学技术出版社	蔡以理	主编	
82	牙缺损与缺失	上海科学技术出版社	张富强	主编	
83	唇腭裂防治指南	世界图书出版公司	李青云	主编	
84	现代根管治疗学	人民卫生出版社	王晓义	主编	
85	口腔溃疡	上海科学技术出版社	周曾同	主编	
86	口腔白斑与扁平苔藓	上海科学技术出版社	周曾同	主编	
87	中华口腔科学——口腔微生物学	人民卫生出版社	刘 正	主编	
88	骨科基础科学骨关节肌肉系统生物学和生物力学	人民卫生出版社	戴尅戎	主译	
89	颌面颈部颈疾病影像学图鉴	山东科学技术出版社	邱蔚六 余 强 燕 山	主编	

(续表)

序号	著作名称	出版社	作者	编写形式	年份
90	口腔颌面外科临床手册（第二版）	人民卫生出版社	邱蔚六　张志愿	主编	
91	口腔颌面外科临床解剖学	山东科学技术出版社	邱蔚六	主编	
92	口腔自我保健丛书	人民卫生出版社	邱蔚六	主编	
			刘　正　周曾同	副主编	
93	医院领导	上海科学技术出版社	周曾同	主编	
94	口腔颌面部肿瘤基础研究新进展	湖北科学技术出版社	何荣根	主编	2002
			李　江	副主编	
95	圆锥形套筒冠义齿	上海科学技术出版社	张富强	主编	
96	冠心病自我保健	华东理工大学出版社	杨菊贤　朱　健	主编	
97	视觉电生理原理与实践	上海科学普及出版社	李海生	主编	
			范先群	副主编	
98	骨折	香港南粤出版社	侯筱魁	主编	
99	现代外科学	复旦大学出版社	戴尅戎	分科主编	
100	现代骨科学	科学技术文献出版社	戴尅戎	主译	
101	老年口腔医学	上海科学技术出版社	邱蔚六　刘　正	主编	
102	做个好男人——男子性比较释疑	复旦大学出版社	姚德鸿	主编	
103	前列腺炎、前列腺增生症与前列腺癌	上海科学普及出版社	姚德鸿	主编	
104	外科并发症学	世界图书出版社	邱蔚六	主编	
			张志愿	分篇主编	
105	中国口腔医学年鉴（第10卷）	四川科学技术出版社	邱蔚六	主编	2003
			张志愿	副主编	
106	眼球和眼眶手术、眼睑病	人民卫生电子音像出版社	范先群	主编	
107	现代手术并发症学·眼科学分册	世界图书出版社	范先群	主编	
108	实用眼整形美容手术学	郑州大学出版社	朱惠敏	主编	
			范先群　罗　敏	副主编	
109	颌面功能性外科学	第二军医大学出版社	孙　坚	主编	
110	口腔生物学	人民出版社	刘　正	主编	
111	口腔临床免疫学	复旦大学出版社	郭　伟	主编	
112	整复外科学	上海科学技术出版社	张涤生	主编	

(续表)

序号	著作名称	出版社	作者	编写形式	年份
113	关节镜手术学	上海科学技术出版社	侯筱魁	主编	2003
114	骨折治疗的 AO 原则	华夏出版社	戴尅戎	主译	
115	现代骨科学	科学技术文献出版社	戴尅戎	主译	
116	临床实用药物及药理基础	复旦大学出版社	毛娟红	主编	2004
117	妇科悬吊式腹腔镜手术	人民卫生出版社	刘建华	主编	
118	手部先天性畸形	人民卫生出版社	王炜	主编	
119	面部整形与重建外科	山东科学技术出版社	曹谊林	主编	
120	临床学血管外科学	科学出版社	张培华	主编	
121	口腔修复与临床	上海科学技术出版社	张富强	主编	
			张保卫　张建中	副主编	
122	中国口腔医学年鉴(第11卷)	四川科学技术出版社	邱蔚六	主编	
			张志愿	副主编	
123	口腔颌面肿瘤学	山东科学技术出版社	张志愿	主编	
			张陈平　孙坚	副主编	
124	现代正畸片段弓矫正技术	上海科学技术文献出版社	房兵	主译	
125	现代颅颌面整复外科	浙江大学出版社	邱蔚六	名誉主编	
126	临床技术操作规范·口腔医学分册	人民军医出版社	邱蔚六	主编	
127	组织工程学理论与实践	上海科学技术出版社	曹谊林	主编	
			刘伟　崔磊	副主编	
128	浅表器官超声诊断图鉴	上海科学技术出版社	徐秋华　陆林国	主编	2005
129	专家解答——肝病	上海科学技术文献出版社	刘海林	主编	
130	现代颅颌面整复外科	浙江大学出版社	张涤生	名誉主编	
131	骨科手术学(上、下)	人民卫生出版社	戴尅戎	主编	
132	骨关节炎——诊断与治疗	天津科技翻译出版公司	侯筱魁	主译	
133	口腔医学专题讲座	郑州大学出版社	邱蔚六　刘正　周曾同　张志愿　张富强	名誉主编	
134	附着体义齿	上海科学技术文献出版社	张富强	主编	
135	放射先杀灭癌细胞——癌症的放射治疗及预防新知	上海世界图书出版社	王中和	主编	
136	中医学	上海科学技术出版社	周阿高	主编	2006
137	专家解答——心律不整	上海科学技术文献出版社	徐济民	主编	

(续表)

序号	著作名称	出版社	作者	编写形式	年份
138	骨科与临床	中国科技出版社	戴尅戎	主编	
			郝永强	副主编	
139	创伤骨科学	天津科技翻译出版公司	侯筱魁	主编	
			张　峻	副主编	
140	浅表器官超声诊断	东南大学出版社	燕　山	主编	
141	医院药事管理学	浙江科学技术出版社	金芝贵	主编	
142	口腔医学精粹丛书·保存牙科学	世界图书出版公司	刘　正　王晓义	主编	2006
143	现代根管治疗学(第二版)	人民卫生出版社	王晓义　朱亚琴	主编	
144	口腔医学精粹丛书·口腔生物材料学	世界图书出版公司	薛　淼	主编	
			孙　皎　张修银	副主编	
145	临床诊疗指南(口腔分册)	人民卫生出版社	邱蔚六	副主编	
146	感音神经性听力损失眩晕及耳鸣诊断指南	第二医科大学出版社	王珮华	副主编	
147	"口腔医学精粹"丛书	世界图书出版公司	邱蔚六	主编	2006—
148	实用眼整形美容手术学	上海科技教育出版社	徐乃江　罗　敏　朱惠敏	主编	
			范先群	副主编	
149	内科医生眼中的心理障碍	上海科学技术出版社	杨菊贤	主编	
150	实用淋巴医学	人民军医出版社	张涤生	主编	
			李圣利	副主编	
151	现代关节外科学	科学出版社	戴尅戎	主编	
152	人工膝关节手术学	第二军医大学出版社	王　友	主译	2007
153	关节外科聚焦	人民军医出版社	戴尅戎	主编	
154	口腔生物学(第三版)	人民卫生出版社	刘　正	主编	
155	可摘局部义齿修复学	人民军医出版社	张富强	主译	
156	中国口腔医学年鉴(2006年卷)	四川科学技术出版社	邱蔚六	主编	
			张志愿	副主编	
157	头颈部血管瘤与脉管畸形	世界图书出版公司	张志愿	主编	
			郑家伟	副主编	
158	肿瘤放射治疗临床手册	世界图书出版公司	王中和	主编	

(续表)

序号	著作名称	出版社	作者		编写形式	年份
159	临床血管外科学（第二版）	科学出版社	张培华	蒋米尔	主编	2007
			田卓平 黄新天 黄英	陆民 陈福真	副主编	
160	实用纤维支气管镜下气管插管技术	世界图书出版公司	朱也森		主编	
161	张涤生院士学术述评集	上海交通大学出版社	张涤生		主编	
162	内科医生眼中的心理障碍	上海科学技术出版社	杨菊贤		主编	
163	口腔科学（第七版）	人民卫生出版社	张志愿		主编	2008
164	邱蔚六口腔颌面外科学	上海科学技术出版社	邱蔚六		主编	
165	新编唇腭裂整复术	山东科学技术出版社	张涤生		名誉主编	
166	组织工程学	科学出版社	曹谊林		主编	
167	口腔临床流行病学	世界图书出版公司	冯希平		主编	
168	口腔颌面外科临床手册（第三版）	人民卫生出版社	张志愿	沈国芳	主编	
169	口腔疾病的生物学诊断与治疗	世界图书出版公司	郭伟		主编	
170	骨与关节疾病诊断学	天津科技翻译出版公司	侯筱魁		主译	
			汤亭亭	朱振安	副主译	
171	邱蔚六口腔颌面外科学	上海科学技术出版社	邱蔚六		主编	
172	浅表器官超声动态图鉴	上海交通大学出版社	徐秋华		主编	
173	关节镜教程	人民军医出版社	朱振安	王友	主译	
174	中国口腔医学年鉴（2007年卷）	四川科学技术出版社	邱蔚六		名誉主编	
			张志愿		副主编	
175	口腔颌面外科学（第六版）	人民卫生出版社	邱蔚六		主编	
			张志愿		副主编	
176	临床眼科肿瘤学	上海科学技术出版社	范先群		主编	
177	新编实用骨科学（第二版）	军事医学科学出版社	戴尅戎	侯筱魁	副主编	
178	现代瘢痕学（第二版）	人民卫生出版社	刘伟副		主编	
179	口腔药理学与药物治疗	上海世界图书出版公司	肖忠革	周曾同	主编	2009
180	口腔医学（综合）精选模拟习题集	人民卫生出版社	朱亚琴		主编	
181	可摘局部义齿修复学	世界图书出版公司	张富强		主编	
182	快速成形在生物医学工程中的应用	人民军医出版社	张富强		主编	
			孙健		副主编	

(续表)

序号	著作名称	出版社	作者	编写形式	年份
183	口腔颌面种植修复学	世界图书出版社	张志勇	主编	2009
			赖红昌	副主编	
184	下颌骨重建的基础与临床	上海科技教育出版社	张陈平	主编	
185	口腔颌面外科临床手册（第三版）	人民卫生出版社	张志愿 沈国芳	主编	
186	口腔临床免疫学实验技术	上海交通大学出版社	陈万涛	主编	
187	口腔疾病生物学诊断及治疗	世界图书出版公司	郭伟	主编	
			任国欣	副主编	
188	麻醉学高级系列专著——头颈颌面部手术麻醉	人民卫生出版社	朱也森	主编	
189	中华口腔科学——口腔麻醉学	人民卫生出版社	朱也森	主编	
190	健康百岁不是梦	第二军医大学出版社	杨菊贤	主编	
191	眼整形外科学	北京科学技术出版社	范先群	主编	
192	新编神经外科学	世界图书出版公司	丁美修	主编	
193	骨科生物力学暨力学生物学	山东科学技术出版社	汤亭亭	主译	
			戴尅戎	主审	
194	实用关节镜手术学	人民卫生出版社	戴尅戎	主审	
195	工程前沿——数字医学的现状与未来（第11卷）	高等教育出版社	戴尅戎	荣誉主编	
196	现代骨科学	复旦大学出版社	戴尅戎	主审	
197	中华骨科学系列	人民卫生出版社	戴尅戎	主编	
198	关节炎与相关疾病	天津科技翻译出版社	侯筱魁	主译	
199	临床病例会诊与点评——整形外科分册	人民军医出版社	张涤生	主编	
200	口腔临床免疫学	上海交通大学出版社	陈万涛	主编	2010
201	口腔医学（综合）精选模拟习题集	人民卫生出版社	朱亚琴	主编	
202	口腔黏膜病药物治疗精解	人民卫生出版社	周永梅	主编	
203	颌面颈部肿瘤影像诊断学	世界图书出版社	余强 王平仲	主编	
204	口腔黏膜病学	人民卫生出版社	周曾同	主编	

第三节 专　　利

医院重视知识产权的保护和专利的申请，支持临床医生和科研人员申报各类专利，努力推进医务人员的科技自主创新能力,促进知识产权管理的质量和水平不断提高。依照上海市知识产权示范考核标准,医院加强管理体系建设,完善知识产权工作机制,落实各项措施,强化宣传培训,营造良好的知识产权保护氛围,提升知识产权保护能力,推动工作取得实效。全院2000—2010年申请专利125项,其中发明专利93项、实用新型32项;授权专利66项,其中发明专利28项、实用新型38项。其中"五白湿敷剂""双花含漱液""唇干Ⅱ号""瘢痕霜"等,都是完全由医务人员自主研发的知识产权成果,已经作为院内调配制剂投入生产,为广大临床病患带来福音;曹谊林因为拥有大量知识产权和核心技术,获得国家发明奖二等奖,社会效益显著。2010年,医院被列为卫生系统知识产权示范单位。

表5-3-7　2000—2010年医院申请、授权专利数量情况表

年份	申请		授权		合计
	发明	实用新型	发明	实用新型	
2000		1		2	3
2001		4		1	5
2002	8	2		1	11
2003	7	4		2	13
2004	8	3		2	13
2005	14		1	6	21
2006					
2007	12	4	9		25
2008	14	1	6	7	28
2009	19	9	6	7	41
2010	11	4	6	10	31
小计	93	32	28	38	191
合计	125		66		

表5-3-8　2000—2010年医院授权专利(发明)情况表

专利名称	授权号	发明人
绿茶多酚防龋涂膜	ZL02137042.7	冯希平
万向节式人工肩关节	ZL01113386.4	王成焘　戴尅戎
可吸收煅烧骨的制备方法	ZL02145493.0	徐小良　汤亭亭　戴尅戎
一种移植材料的制造方法	ZL03136597.3	曹谊林　胡晓洁　王　敏
组织工程复合皮肤及其制备方法	ZL200310108001.X	曹谊林　张　杰　崔　磊　刘　伟
一种反应停有效干预口腔癌动物模型的方法	ZL200510028307.3	周曾同
一种丹酚酸B有效干预口腔癌动物模型的方法	ZL200510028311.X	周曾同
一种预防口腔癌药物及其制备方法	ZL200510110087.9	周曾同
一种防晒、治疗眼部皱纹的膜片	ZL200510030270.8	李青峰

(续表)

专利名称	授权号	发明人
一种眼部皱纹治疗膜片	ZL200510030269.5	李青峰
一种可生物降解医用材料标记物及其制备	ZL200410089244.8	孙 皎
骨形成蛋白4基因的反转录病毒载体及其应用	ZL200410089245.2	蒋欣泉 张志愿
一种含有聚乙烯醇PVA-124的组合物及其应用	ZL200510030397.7	李青峰 奚 菁
可切削着色氧化锆陶瓷及其用途	ZL200610117627.0	张富强 黄 慧
纯种新西兰白兔口腔颌面部鳞癌细胞系的建立及应用	ZL200510025748.8	郭 伟
一种促进骨再生的微胶囊及其应用	ZL2005100110750.5	汤亭亭 丁惠峰 戴尅戎
双球型人工肩关节	ZL200510025287.4	戴尅戎 王 钧
治疗肝癌的药物胶囊、水丸、蜜丸及其制备方法	ZL200610026281.3	周阿高 张 勇 孔德云
一种治疗肝癌的药物及其制备方法	ZL2006100262878.1	周阿高 张 勇 孔德云
一种用于检测细胞分化功能模型的建立方法	ZL200610028508.8	束 蓉
一种体外检测口腔白斑癌变相关基因表达水平差异的方法	ZL200510029622.8	周曾同 葛姝云
一种制备唾液链球菌尿素酶基因的方法	ZL200610118037.X	冯希平 王 艳 谢幼华
纳米氧化锆及羟基磷灰石复合粉体的原位制备方法	ZL200710045510.0	张修银 朱帮奇 于卫强 李 翔
一种复方全反式维甲酸乳膏及其制备方法和应用	ZL200710036435.1	刘 伟 武晓莉 高 振
一种治疗眼部皱纹的三维立体眼膜及其制备方法	ZL200510030287.3	李青峰 奚 菁
自体脂肪移植装置	ZL200410053050.2	李青峰 雷 华 郑丹宁
组织工程化肌腱	ZL02136840.6	曹谊林

表5-3-9 2000—2010年医院授权专利(实用新型)情况表

名 称	授权号	发明人
一种颌骨牵引器	ZL200620140176.8	沈国芳
一种用于口腔活动修复体的微型存储装置	ZL200810036663.3	魏 斌 潘 瑾
测量尺	022834141	杨 驰
内窥镜电切一体器	ZL02261715.9	余 力 徐 霆
旋转杆装置	ZL200420081002.X	李青峰 雷 华 郑丹宁
水平层流分离器	ZL200420081001.5	李青峰 雷 华 郑丹宁
锥状夹层离心机	ZL200420081003.4	李青峰 雷 华 郑丹宁
一种被动张口训练器	ZL03210788.9	杨 驰

(续表)

名　　称	授权号	发明人
一种手术用固定缝合线	ZL200320122251.4	杨　驰
绿茶多酚防龋涂膜	ZL02137042.7	冯希平
整形种植体	ZL03255476.1	邹丽剑
双槽沟口腔正畸固定矫正装置	ZL03229330.5	沈　刚
冠外附着体	ZL02217210.6	张富强
颌骨内置式牵引种植装置	ZL01238497.6	张陈平
磁性固位体	ZL99252230.7	张富强
肩锁关节与锁骨固定器	1253271.1	戴尅戎　孙月华　郝永强
一种单肢阴茎支撑体	ZL200720198681.2	王　忠　潘连军
一种阴道支撑模具	ZL200720076807.9	王　忠　潘连军
多功能病裤	ZL200720069368.9	陈慧瑛　阮　洪
多功能病袍	ZL200720069369.3	阮　洪　王惠芬
一种医用悬挂器	ZL200720066989.1	陈慧瑛　阮　洪
口腔开口器	ZL200720106926.4	沈国芳
一种可拆卸的颅颌骨牵引器	ZL200720107208.9	沈国芳
一种降温眼贴	ZL200820058017.2	柴　岗　邱培琼
整体一次性锁闭式抢救车	ZL200820058880.8	阮　洪　李　明　王惠芬　刘　明
医用锚固钉	ZL2008201560830.3	杨　驰　张善勇　陈敏洁
皮肤扩张器	ZL200820158211.8	孟繁君　翁　瑞　李青峰
用于皮肤扩张器的注水壶	ZL200820158210.3	沈国雄　孟繁君　李青峰
骨水泥颅耳角支撑支架	ZL200820057760.6	张如鸿
循环式在体细胞复合器	ZL200920075633.3	秦　安　干耀恺　戴尅戎
自体骨髓血回输装置	ZL200920075638.6	干耀恺　戴尅戎　方　怡
半自动骨髓采集装置	ZL200920075635.2	干耀恺　戴尅戎　汤亭亭
髓间充质干细胞离心富集分选仪	ZL200920209909.2	干耀恺　戴尅戎　汤亭亭　卢建熙

第四节　科研成果与获奖

经过医院科研人员的不懈努力，医院科研成果从无到有、从少到多，20世纪的科研成果基本上都是围绕临床常见病多发病进行的临床研究，尤以口腔、整复外科、骨科、血管外科临床成果为多。

20世纪80年代，在国内首次开展颅颌面联合切除术治疗晚期颌面部恶性肿瘤，开展同期双侧淋巴清扫术治疗口腔颌面晚期癌症；建立第一株人舌鳞状细胞癌TCa8113细胞系；开展第一例眶距增宽症的整复外科手术；应用显微外科技术进行第一例肠段移植修复食道缺损；应用显微外科技术首创一期阴茎再造；首次提出应用静脉动脉化重建下肢组织营养，开展自体带瓣膜静脉移植治疗下肢深静脉功能不全症。发明"形状记忆加压骑缝钉"，首先将形状记忆合金应用于人体内部并用于治疗骨关节疾病；应用生物学固定原理提高人工关节长期稳定性。

20世纪90年代应用超长蒂血管神经断层节段肌瓣移植首创一期治疗晚期面神经瘫痪；国内外首创游离前臂皮瓣软腭再造术；首创经关节镜滑膜下硬化治疗法治疗习惯性颞颌关节脱位等。

2000年以后，随着科技理念和技术的发展，更着重于临床和基础研究相结合及医科和工科的结合。开展个性化骨关节假体CAD/CAM技术与临床工程系统的研究；口腔颌面外科肿瘤根治术后缺损的形态与功能重建、口腔颌面部血管瘤与脉管畸形的临床治疗研究及组织工程化组织构建关键技术研发与应用；组织工程技术构建口腔颌面部骨组织的研究等方面都取得令人瞩目的成绩。随着医院推进三级学科建设，使得基础和临床学科不断发展，获奖的成果也不再局限于原来的口腔、整形、骨科三大学科，眼科、血管外科、手术麻醉科、泌尿外科、生物材料中心等学科均有获奖。

1988—2010年共获国家级奖项14项，其中，国家科技发明奖7项、国家科技进步奖7项（2项为第二完成单位），省部市级奖项192项（其中国家教委科技进步奖一等奖4项，教育部高校科学技术奖一等奖2项；上海市科技进步奖一等奖11项），局级奖项57项。医院科研获奖成果在全市高校和医院名列前茅。1993年，医院获科研成果奖在全市高校中列为第八位，在二医大系统中名列第一位，在卫生系统中名列第二，被评为上海市高校科研先进集体。

表5-3-10　1980—2010年全院获科研成果奖励情况表　　单位：项

年份	国家级				省部市级				局级					其他		合计
	一等奖	二等奖	三等奖	四等奖	一等奖	二等奖	三等奖	推广奖	一等奖	二等奖	三等奖	推广奖	进步奖	企业奖	个人称号	
1980							3									3
1981																0
1982							3									3
1983																0
1984							1									1
1985																0
1986						2	4									6
1987					1	1	5						1			8
1988		1		1	2		2									5
1989	1	1				1	3		1				2			9
1990					1	5	6									12
1991						2	5		1	1				5		14
1992					1	2	5	1		1	1			1		12
1993		1				2	4									7
1994					1	2	5		1				1			10
1995		1			1	3	6		2							13

(续表)

年份	国家级				省部市级				局级					其他		合计
	一等奖	二等奖	三等奖	四等奖	一等奖	二等奖	三等奖	推广奖	一等奖	二等奖	三等奖	推广奖	进步奖	企业奖	个人称号	
1996			2		1	7				1	1				1	13
1997				1		5	4			2						12
1998					2	6			1	2				2	4	17
1999					1	5	3		1					2	2	15
2000						5	1		1						2	9
2001						4	3				1		1		1	10
2002						4	6			1			2		2	15
2003						4	4		1	1	1		1			13
2004					1		5				3				3	12
2005					1	4	3			1	3				2	14
2006					3	3	2		1	3	2				3	17
2007		2			2	4	6			1	4				3	21
2008		2				3	4				4				2	14
2009					1	1	2			1	1				1	7
2010		1			1	1					2					6
小计	0	4	6	2	17	66	108	1	3	16	30	1	7	11	28	302
合计	14				192				57					11	28	302

表 5-3-11　1988—2010 年医院获得国家级奖项情况表

年份	项目名称	奖项	等级	第一完成人
1988	应用显微外科技术一次完成阴茎再造	国家技术发明奖	三等奖	张涤生
1988	静脉动脉化重建下肢的组织营养	国家技术发明奖	四等奖	孙建民
1989	形状记忆加压骑缝钉	国家技术发明奖	二等奖	戴尅戎
1989	自体带瓣静脉段股浅静脉移植的实验和临床研究	国家科技进步奖	三等奖	孙建民
1993	超长蒂血管神经断层节段肌瓣移植一期治疗晚期面神经瘫痪	国家技术发明奖	三等奖	王　炜
1995	严重颅颌面畸形的外科治疗研究	国家科技进步奖	三等奖	张涤生
1996	游离前臂皮瓣软腭再造术	国家技术发明奖	三等奖	邱蔚六
1996	应用生物学固定原理提高人工关节长期稳定性的实验与临床研究	国家科技进步奖	三等奖	戴尅戎
1997	经关节镜滑膜下硬化疗法治疗习惯性颞颌关节脱位	国家技术发明奖	四等奖	邱蔚六

(续表)

年份	项目名称	级别	奖项	第一完成人
2007	口腔颌面外科肿瘤根治术后缺损的形态与功能重建	国家科技进步奖	二等奖	张志愿
2007	个性化骨关节假体CAD/CAM技术与临床工程系统(医工合作)	国家科技进步奖	二等奖	戴尅戎（第二完成单位）
2008	组织工程化组织构建关键技术研发与应用	国家技术发明奖	二等奖	曹谊林
2008	叶酸和丁酸盐在胃癌发生与防治中的作用	国家科技进步奖	二等奖	朱舜时（第二完成单位）
2010	口腔颌面部血管瘤与脉管畸形的临床治疗研究	国家科技进步奖	二等奖	张志愿

表5-3-12　1986—2008年医院获得卫生部、教育部奖项情况表

年份	项目名称	奖项	等级	第一完成人
1986	牙釉质及早期釉质龋和超微结构研究	卫生部科技进步奖	三等奖	刘瑗如
1986	游离骨肌皮瓣一次完成整复颌面部大型复合组织缺损	卫生部科技进步奖	三等奖	邱蔚六
1989	分期动静脉转流重建下肢组织营养	国家教委科技进步奖	二等奖	孙建民
1990	针麻在颌面肿瘤手术中的应用	国家中医药管理局科技进步奖	二等奖	邱蔚六
1990	形状记忆镍钛合金输卵管绝育夹的临床研究	国家计生委科技进步奖	三等奖	薛培
1990	咀嚼系统动态功能诊断的生理学研究	国家教委科技进步奖	三等奖	杨宠莹
1990	慢性淋巴水肿模型制作，淋巴管静脉压力测定及静脉移植桥接淋巴管的实验研究	国家教委科技进步奖	一等奖	张涤生
1990	龋病发病的有关因素和预防机理的基础研究	国家教委科技进步奖	三等奖	刘正
1990	下肢静脉瓣膜的结构和功能研究	国家教委科技进步奖	二等奖	孙建民
1990	自体带瓣静脉移植段组织学和血液流动力学研究	国家教委科技进步奖	二等奖	孙建民
1990	下肢静脉病变流行病学机理和治疗的研究	卫生部科技进步奖	三等奖	孙建民
1991	老年股骨上段骨折的发生机理和治疗研究	卫生部科技进步奖	三等奖	戴尅戎
1991	吻合血管神经移植治疗晚期面神经瘫痪	卫生部科技进步奖	三等奖	张涤生
1992	动静脉转流重建肢体血循环基础问题的研究	国家教委科技进步奖	三等奖	张培华
1992	股骨上段几何形态生物力学及其骨折发生机理和治疗原理的研究	国家教委科技进步奖	一等奖	戴尅戎
1992	镍钛形状记忆合金生物安全性研究	国家教委科技进步奖	三等奖	薛淼
1992	涎腺癌的组织病理学分型及应用系列研究	国家教委科技进步奖	三等奖	刘瑗如
1993	腭形成术后远期疗效评价的综合研究	卫生部科技进步奖	三等奖	袁文化
1993	经颞颌关节镜滑膜下注射硬化剂实验研究及治疗习惯性颞颌关节脱位的临床应用	卫生部科技进步奖	三等奖	邱蔚六

(续表)

年份	项目名称	奖项	等级	第一完成人
1994	接骨板诱发早期骨质疏松的组织形态及超微结构研究	卫生部科技进步奖	三等奖	裘世静
1994	严重颅颌面畸形的外科治疗研究	卫生部科技进步奖	二等奖	张涤生
1994	视觉电生理信号时域与频域分析程序	卫生部卫生系统优秀软件	三等奖	奚渭清
1995	应用生物学固定原理提高人工关节长期稳定性的实验研究	国家教委科技进步奖	一等奖	戴尅戎
1995	舌鳞状细胞癌生物学特性及其防治实验研究	国家教委科技进步奖	一等奖	何荣根
1995	体外细胞培养评价生物材料安全性的系列研究	国家教委科技进步奖	三等奖	张彩霞
1995	接骨板取出后局部骨质疏松逆转的组织形态和超微结构研究	国家教委科技进步奖	三等奖	朱振安
1995	腺样囊性癌化疗增敏研究	国家教委科技进步奖	三等奖	邱蔚六
1995	推拿时腰椎后部结构的运动学研究	国家中医药管理局科技进步奖	三等奖	侯筱魁
1995	医生物材料生物学性能评价研究	卫生部科技进步奖	三等奖	薛 淼
1995	老年人根面龋发病和防治机理的研究	卫生部科技进步奖	三等奖	刘 正
1996	磷灰石类陶瓷的骨结合机理及其生物力学性能的系列研究	国家教科委进步奖	三等奖	薛 淼
1996	心理行为因素对心血管疾病发生发展影响的研究	国家教科委进步奖	三等奖	杨菊贤
1996	口腔癌 DNL 细胞生物学特性及抗肿瘤的实验研究	国家教科委进步奖	三等奖	郭 伟
1996	牙釉质及其早期龋的纳米结构研究	卫生部科技进步奖	三等奖	刘瑷如
1996	口腔颌面部功能整复和器官的临床机理研究	卫生部科技进步奖	三等奖	邱蔚六
1997	根尖周病诊治系列研究	国家教委科技进步奖（丙类）	三等奖	王晓仪
1997	腭成形术后远期疗效评价的综合研究	国家教委科技进步奖（丙类）	二等奖	袁文化
1997	涎腺腺样囊性癌生物学特性研究	卫生部科技进步奖	三等奖	何荣根
1997	《口腔颌面外科学》	卫生部科技进步奖（著作类）	三等奖	邱蔚六
1997	《头颈肿瘤学》	卫生部科技进步奖（著作类）	二等奖	邱蔚六
1997	《脊柱外科手术学》	卫生部科技进步奖（著作类）	二等奖	戴尅戎
1998	脂磷壁酸在口腔变形链球菌黏附中的作用	国家教委科技进步奖	三等奖	刘 正
1998	皮肤软组织快速扩张及扩张皮肤回缩机制的实验研究	国家教委科技进步奖	三等奖	范志宏

(续表)

年份	项目名称	奖项	等级	第一完成人
1998	骨质疏松症及其骨质疏松性骨折的发生机理	国家教委科技进步奖	三等奖	戴尅戎
1998	牙周病微生物学	国家教委科技进步奖（著作类）	二等奖	李德懿
1998	圆锥形套筒修复体对牙列保存的临床与基础研究	卫生部科技进步奖	三等奖	张富强
1999	形状记忆锯齿臂环抱内固定器的研制与推广	国家教育部推广奖	三等奖	戴尅戎
1999	下肢深静脉瓣膜功能检测和瓣膜重建术的研究和应用推广	国家教育部推广奖	三等奖	蒋米尔
1999	一期完成具有感觉功能和性功能阴茎再造术的研究	卫生部科技进步奖	二等奖	程开祥
1999	颅面外科学	卫生部科技进步奖	二等奖	张涤生
1999	颅颌面联合切除术治疗口腔颌颌面部晚期恶性肿瘤	卫生部科技进步奖	三等奖	邱蔚六
1999	超声医学	卫生部科技进步奖	二等奖	燕 山
2002	口腔癌根治术后立即整复加放射治疗的应用	教育部题名国家科技进步	二等奖	邱蔚六
2005	高危型人乳头状瘤病毒与口腔黏膜癌病的相关性研究	教育部提名国家科技进步奖	二等奖	张志愿
2006	上颌骨大型缺损个性化功能性重建的临床研究	高等学校科技进步奖	一等奖	孙 坚
2006	颅外动静脉畸形的基础和临床研究	高等学校科技进步奖	一等奖	林晓曦
2007	干细胞构建组织工程骨的基础研究与临床应用	教育部高校科学技术奖	二等奖	崔 磊
2007	眼眶骨折修复和眼球功能复位的基础和临床研究	教育部高校科学技术奖	二等奖	范先群
2008	颅颌面骨架修复重建的基础与临床应用研究	教育部高校科学技术奖	二等奖	穆雄铮

表5-3-13　1980—2010年医院获得上海市科技进步奖情况表

年份	项目名称	奖项	等级	第一完成人
1980	颅颌面根治术治疗晚期颌面部性肿瘤	上海市科技进步奖	三等奖	张锡泽
1980	47121镍钛合金在人体内应用研究	上海市科技进步奖	三等奖	薛 淼
1980	应用显微外科技术进行肠段移植修复食道缺损	上海市科技进步奖	三等奖	张涤生
1982	前尿道延伸术——一期修复阴茎体型尿道下裂	上海市科技进步奖	三等奖	张涤生
1982	口腔颌面肿瘤切除术后缺损立即修复	上海市科技进步奖	三等奖	张锡泽
1982	龋病病因研究——口腔变形链球菌血清学分析	上海市科技进步奖	三等奖	乌爱菊
1984	NT-2形状记忆合金器件研制医学基础和临床研究	上海市科技进步奖	三等奖	薛 淼

(续表)

年份	项目名称	奖项	等级	第一完成人
1986	氩离子激光激发自体荧光诊断恶性肿瘤的研究	上海市科技进步奖	二等奖	马宝章
1986	早早孕吸宫止孕术	上海市科技进步奖	二等奖	薛　培
1986	淋巴水肿动物模型的制作及其应用	上海市科技进步奖	三等奖	张涤生
1986	应用显微外科技术一次完成阴茎再造	上海市科技进步奖	三等奖	张涤生
1986	壁细胞迷走神经末梢切断术治疗十二指肠球部溃疡	上海市科技进步奖	三等奖	孙建民
1987	双侧根治性颈淋巴清扫术治疗晚期口腔颌面部恶性肿瘤	上海市科技进步奖	三等奖	张锡泽
1987	烘绑疗法治疗肢体慢性淋巴水肿微波烘疗器研制及临床应用	上海市科技进步奖	二等奖	张涤生
1987	静脉动脉化重建下肢的组织营养	上海市科技进步奖	一等奖	孙建民
1987	绝育后显微输卵管再通术	上海市科技进步奖	三等奖	薛　培
1988	无机骨料骨水泥与骨水泥加压预涂的实验研究	上海市科技进步奖	一等奖	戴尅戎
1988	步态分析系统的研制和中国人正常步态分析	上海市科技进步奖	三等奖	戴尅戎
1988	游离骨肌皮瓣一次整复颌面部大型复合组织缺损	上海市科技进步奖	三等奖	邱蔚六
1989	自体带瓣静脉段股浅静脉移植的实验和临床研究	上海市科技进步奖	一等奖	孙建民
1989	多孔表面人工关节的实验研究	上海市科技进步奖	三等奖	戴尅戎
1989	口腔菌斑染色片的研制及临床应用	上海市科技进步奖	三等奖	石四箴
1989	下肢深静脉倒流性功能不全和瓣膜功能定位检测的研究	上海市科技进步奖	三等奖	孙建民
1990	前臂皮瓣的进展	上海市科技进步奖	三等奖	张涤生
1990	下肢静脉病变机理和治疗的研究	上海市科技进步奖	三等奖	孙建民
1990	先天性唇腭裂综合治疗研究	上海市科技进步奖	二等奖	袁文化
1990	形状记忆双杯型髋假体	上海市科技进步奖	二等奖	戴尅戎
1991	氟化物临床防龋效果和机理研究	上海市科技进步奖	二等奖	乌爱菊
1991	计划生育用高分子材料的生物学性能评价方法的研究	上海市科技进步奖	三等奖	薛　森
1991	老年股骨上段骨折的发生机理和治疗研究	上海市科技进步奖	二等奖	戴尅戎
1991	生物陶瓷—超声波对牙髓病根尖周病治疗的应用研究	上海市科技进步奖	三等奖	翁雨来
1991	下肢深静脉倒流性功能不全的研究	上海市科技进步奖	三等奖	孙建民
1992	灯盏花注射液抗心肌缺血的实验和临床研究	上海市科技进步奖	三等奖	徐济民
1992	镍钛形状记忆合金植入研究的临床推广	上海市科技进步奖	推广奖	薛　森
1992	视网膜电图主要成分的频谱分析及其在视网膜循环障碍疾病的研究	上海市科技进步奖	二等奖	奚渭清

(续表)

年份	项目名称	奖项	等级	第一完成人
1992	牙釉质龋病超微结构及微晶化学研究	上海市科技进步奖	三等奖	刘瑗如
1993	瘢痕成纤维细胞的体外培养、生长动力学研究和中药制剂对成纤维细胞生长抑制作用的探讨	上海市科技进步奖	三等奖	关文祥
1993	超长蒂血管神经断层节段肌瓣移植一期治疗晚期面神经瘫痪	上海市科技进步奖	二等奖	王炜
1993	全头皮撕脱伤头皮再植术	上海市科技进步奖	三等奖	程开祥
1993	推拿时腰椎后部结构的动态观察和生物力学观察	上海市科技进步奖	二等奖	侯筱魁
1994	腭裂伴牙颌畸形的一次修复及腭成形术效果客观评定的研究	上海市科技进步奖	三等奖	邱蔚六
1994	根尖周病诊治的系列研究	上海市科技进步奖	二等奖	王晓仪
1994	接骨板诱发早期骨质疏松的组织形态及超微结构研究	上海市科技进步奖	三等奖	裘世静
1994	视网膜电图双谷α波形成机理研究	上海市科技进步奖	三等奖	范先群
1994	严重颅颌面畸形的外科治疗研究	上海市科技进步奖	一等奖	张涤生
1995	下肢深静脉瓣膜功能检测和肌袢形成术推广应用	上海市科技进步奖	三等奖	张培华
1995	颌骨畸形伴阻塞性睡眠呼吸暂停综合征治疗研究	上海市科技进步奖	二等奖	唐友盛
1996	树脂—羟磷灰石复合材料的研制及李华、生物学性能测定	上海市科技进步奖	三等奖	刘义荣
1996	原发性骨质疏松的发生机理和临床研究	上海市科技进步奖	三等奖	戴尅戎
1997	根管治疗-桩核-冠系列工程治疗牙体严重缺损的研究	上海市科技进步奖	二等奖	张保卫
1997	内固定应力遮挡的不利效应及其预防研究	上海市科技进步奖	二等奖	戴尅戎
1997	绞股蓝总苷对金黄地鼠颊囊癌前病变细胞动力学影响的研究	上海市科技进步奖	三等奖	周曾同
1998	圆锥形套筒修复体对牙列保存的临床与基础研究	上海市科技进步奖	二等奖	张富强
1998	微波治疗丝虫病晚期象皮肿及自体淋巴结复合组织瓣移植实验研究	上海市科技进步奖	三等奖	干季良
1998	口腔常见病生态环境及其抗菌控释药物研究	上海市科技进步奖	三等奖	李德懿
1999	一期完成具有感觉功能和性功能阴茎再造术的研究	上海市科技进步奖	一等奖	程开祥
1999	股骨上段内部显微结构和几何形态学研究	上海市科技进步奖	二等奖	戴尅戎
1999	颅颌面联合切除术治疗口腔颅颌面部晚期恶性肿瘤	上海市科技进步奖	二等奖	邱蔚六
2000	自体组织工程化软骨构建的实验研究	上海市科技进步奖	二等奖	曹谊林
2000	中国腭裂术后患者异常汉语语音的机理及其分类研究	上海市科技进步奖	二等奖	王国民

(续表)

年份	项 目 名 称	奖 项	等 级	第一完成人
2000	骨质疏松骨结构变化规律及骨折发生机理的研究	上海市科技进步奖	二等奖	戴尅戎
2000	舌鳞状细胞癌诱导分化治疗实验研究	上海市科技进步奖	三等奖	陈万涛
2001	同种异体骨的成骨方式和生物力学研究	上海市科技进步奖	二等奖	汤亭亭
2001	眼眶骨折眼球内陷的整复治疗及视功能改变的研究	上海市科技进步奖	二等奖	范先群
2001	SJ-I型插销式附着体固定活动联合修复的开发与临床研究	上海市科技进步奖	二等奖	张富强
2001	复方绞股蓝抗白斑癌变及防治黏膜上皮异常增生的研究	上海市科技进步奖	三等奖	周曾同
2001	接骨板固定及取出后局部骨量、骨结构和骨强度的变化及机理研究	上海市科技进步奖	三等奖	朱振安
2002	骨与关节软骨组织工程的应用基础研究	上海市科技进步奖	二等奖	曹谊林
2002	颌面部血管瘤及血管畸形的分类选择综合治疗研究	上海市科技进步奖	二等奖	张志愿
2002	带蒂血管神经肌束移植使失神经肌肉再神经化的实验及临床研究	上海市科技进步奖	三等奖	杨　川
2002	严重上下颌骨畸形患者牵引成骨治疗及功能评价研究	上海市科技进步奖	三等奖	唐友盛
2002	黏性放线菌菌毛的黏附作用机制研究	上海市科技进步奖	三等奖	梁景平
2002	口腔厌氧菌内毒素生物活性及其降解机制研究	上海市科技进步奖	三等奖	李德懿
2003	细胞组织复合移植修复骨的研究	上海市科技进步奖	二等奖	汤亭亭
2003	绿茶多酚防龋涂膜的开发研究	上海市科技进步奖	二等奖	冯希平
2003	分层截骨和影像叠加技术在复杂颅面畸形整复中的应用	上海市科技进步奖	二等奖	穆雄铮
2003	JJ-型磁性固位体的研制及其临床应用研究	上海市科技进步奖	三等奖	张富强
2003	提高电击伤手功能重建疗效的研究	上海市科技进步奖	三等奖	李青峰
2004	组织工程化肌腱的应用基础研究	上海市科技进步奖	一等奖	曹谊林
2004	腭裂术后创口处置和语音障碍治疗方法	上海市科技进步奖	三等奖	王国民
2004	伤口愈合和瘢痕增生基因治疗的实验研究	上海市科技进步奖	三等奖	刘　伟
2004	血管瘤与血管畸形的增生发展机制及临床应用研究	上海市科技进步奖	三等奖	林晓曦
2004	骨质疏松骨折愈合特征及生长激素治疗的实验研究	上海市科技进步奖	三等奖	戴尅戎
2005	组织工程皮肤的体外构建、低温保存及临床应用	上海市科技进步奖	一等奖	曹谊林
2005	周围神经损伤生物学修复的研究	上海市科技进步奖	二等奖	李青峰
2005	牙列缺损修复设计的仿真系统开发	上海市科技进步奖	二等奖	张富强

(续表)

年份	项目名称	奖项	等级	第一完成人
2005	DNL 细胞转 TNF 基因治疗舌癌的实验研究	上海市科技进步奖	三等奖	郭 伟
2005	颅颌面畸形伴睡眠呼吸障碍的综合序列治疗研究	上海市科技进步奖	三等奖	卢晓峰
2005	掺锶磷灰石固溶体锶含量与骨组织融合能力相关性研究	上海市科技进步奖	三等奖	陈德敏
2005	慢性肢体淋巴水肿微波治疗机理研究及显微淋巴外科治疗的实验和临床研究	上海市科技进步奖	三等奖	曹卫刚
2006	口腔颌面部肿瘤根治术后缺损的功能性修复	上海市科技进步奖	一等奖	张志愿
2006	围术期困难气道的研究	上海市科技进步奖	二等奖	朱也森
2006	可控性微结构多孔生物陶瓷作为组织工程支架的研制及应用	上海市科技进步奖	二等奖	卢建熙
2006	口腔颌面部癌靶向生物治疗和化疗的基础及临床研究	上海市科技进步奖	三等奖	陈万涛
2007	组织工程技术构建口腔颌面部骨组织的研究	上海市科技进步奖	一等奖	蒋欣泉
2007	复合性眼眶骨折的计算机辅助设计及修复重建技术的开发和应用	上海市科技进步奖	二等奖	范先群
2007	釉基质蛋白促进牙周再生的应用基础研究	上海市科技进步奖	二等奖	束 蓉
2007	下肢动脉严重缺血性疾病的实验研究和临床应用	上海市科技进步奖	三等奖	蒋米尔
2007	颅外动静脉畸形的疾病基础和诊治优化研究	上海市科技进步奖	三等奖	林晓曦
2007	中西医结合治疗口腔黏膜癌前病变的基础与临床研究	上海市科技进步奖	三等奖	周曾同
2008	基于干细胞的骨修复关键技术研究与应用	上海市科技进步奖	二等奖	汤亭亭
2008	提高鼻再造疗效的应用基础和临床研究	上海市科技进步奖	二等奖	李青峰
2008	牵引成骨技术在上下颌骨缺损修复中的应用研究	上海市科技进步奖	三等奖	沈国芳
2008	尿道下裂发病机制及阴茎尿道体外发育模型的构建	上海市科技进步奖	三等奖	王 忠
2009	口腔颌面部血管瘤与脉管畸形的基础研究与临床应用	上海市科技进步奖	一等奖	张志愿
2009	肢体淋巴水肿诊断和治疗的基础与临床	上海市科技进步奖	三等奖	刘宁飞
2009	下肢慢性静脉功能不全的发病机制和外科治疗	上海市科技进步奖	三等奖	蒋米尔
2010	下颌骨缺损的形态和功能重建	上海市科技进步奖	一等奖	张陈平
2010	生物降解类材料的生物降解性和安全性评价体系	上海市科技进步奖	二等奖	孙 皎

表 5-3-14　2002—2009 年医院获得中华医学奖情况表

年份	项目名称	奖项	等级	第一完成人
2002	软骨组织工程的基础及临床应用研究	中华医学奖	二等奖	曹谊林
2002	颌面部血管瘤及血管畸形的分类选择综合治疗研究	中华医学奖	三等奖	张志愿

(续表)

年份	项目名称	奖项	等级	第一完成人
2003	计算机辅助定制型关节的医学设计与应用	中华医学奖	二等奖	戴尅戎
2003	修复骨组织缺损的组织工程学基础和临床应用研究	中华医学奖	三等奖	曹谊林
2003	严重上、下颌骨畸形患者牵引成骨治疗及评价研究	中华医学奖	三等奖	唐友盛
2004	血管瘤与血管畸形的增生发展机制及临床应用研究	中华医学奖	三等奖	林晓曦
2006	下颌骨缺损功能重建的系列研究	中华医学奖	二等奖	张陈平
2006	围术期困难气道的研究	中华医学奖	三等奖	朱也森
2007	复合性眼眶骨折修复重建及眼球功能性复位的系列研究	中华医学奖	三等奖	范先群
2007	下肢动脉严重缺血性疾病的实验研究和临床应用	中华医学奖	三等奖	蒋米尔
2007	微创(内镜)诊治颞下颌关节纤维强直	中华医学奖	三等奖	杨驰
2008	周围神经损伤生物学修复的基础和临床研究	中华医学奖	三等奖	李青峰
2009	颅颌面骨架修复重建的基础与临床应用研究	中华医学奖	二等奖	穆雄铮

表5-3-15 1996—2010年医院个人获得其他高水平科技奖项情况表

年份	个人称号	获奖者
1996	上海市发明家	戴尅戎
1999	求是科技基金会杰出青年学者奖	曹谊林
1999	上海市科技精英	曹谊林
2000	何梁何利基金科学和技术进步奖	张涤生
2001	全国优秀科技工作者	曹谊林
2002	全国杰出专业人才	曹谊林
2002	卫生部有突出贡献中青年专家	张志愿
2004	何梁何利基金科学和技术进步奖	邱蔚六
2004	何梁何利基金科学和技术进步奖	戴尅戎
2006	青年科技创新人才奖	汤亭亭
2006	上海市发明家	曹谊林
2006	卫生部有突出贡献中青年专家	张富强
2007	上海市科技功臣	戴尅戎
2007	上海市科技精英	张志愿
2008	第七届光华工程科技奖	张涤生
2008	卫生部有突出贡献中青年专家	李青峰
2010	中国睡眠科学技术终身成就奖	邱蔚六
2010	上海市十大科技英才	蒋欣泉

第四章 学术团体与杂志任职

第一节 国际学术团体任职

1983—2010年,医院有多名专家教授当选国际学术团体院士或担任国际学术团体会长、主席等职务,促进与国外科学合作交流。

表5-4-1 1983—2010年医院专家教授在国际学术团体任职情况表

姓 名	国际学术团体	职 务	时 间
张涤生	国际颅面外科学会	终身荣誉会员	曾任
	亚太地区颅面外科学会	创始人之一	曾任
	美国整形外科学会	荣誉会员	2007.9—
	国际美容外科协会	荣誉主席	曾任
曹谊林	国际组织工程与再生医学学会亚太分会(Tissue Engineering and Regenerative Medicine International Society, Asia-Pacific Chapter)	特别主席暨亚太分学会创始委员	2006—
	亚太地区TERMIS	后任主任	2009.1—
	国际亚太地区组织工程与再生医学学会	主席	2010—
穆雄铮	亚太颅面外科学会理事会(Asia-Pacific Society of Craniofacial Surgery)	理事	1999—
	国际颅面外科学会(International Society of Craniofacial Surgery)	常务会员	2001.7—
张锡泽	国际牙医学院	大师(Master of I.C.D.)	1983—
邱蔚六	国际形状记忆合金医用学会	副主席	曾任
	International college of dentists (F.I.C.D)	院士	1986—
	American society of TMJ Surgeons	国际会士	1988—
	国际牙医学院	大师	2010—
	International Association of Dental Research (IADR)	会士	2000—
张志愿	国际牙医学院	院士	2002—
	英国爱丁堡皇家牙医学院	院士	2002—
王国民	美国国际微笑行动中国整形外科医生组组长	组长	2000.5—
沈国芳	国际口腔颌面外科医师协会教育委员会	教育委员	2002—
	国际口腔颌面外科医师协会执行委员会	执行委员	2007—

(续表)

姓　名	国际学术团体	职　务	日　期
张陈平	英国皇家外科学院	院士	2004—
	国际牙医学院	院士	2007—
郑家伟	国际脉管性疾病研究学会（ISSVA）	Active Member	2007—
张志勇	国际牙医学院	院士	2007—
	国际口腔种植学会	专家组成员	2008—
	国际口腔种植学会中国分会	主席	2008—
周曾同	国际牙医学院	院士	2002—
刘　正	国际牙医学院	院士	曾任
石四箴	国际儿童口腔医学学术交流会议	主席	1990—
	日本东京齿科大学	客座教授	曾任
张富强	国际牙医师学院	院士	曾任
	亚洲齿科修复学会	主席	2009—
	国际卫生管理培训中心	执行委员	曾任
	国际形状记忆合金医用学会亚太地区执行委员会	秘书长	曾任
孙　皎	国际牙医师学院	院士	2007—
朱也森	亚洲口腔麻醉学会联盟（FADAS）	轮值主席	2008—
范先群	亚太地区眼整形外科学会	主席	2008.6—
	亚太地区眼整形外科学会	副主席	2006.6—2008.6
戴尅戎	国际形状记忆合金医学应用学会	执行委员	曾任
	世界华裔骨科学会	会长	1997—2000
	亚洲太平洋人工关节学会	会长	2000—2002
	亚洲太平洋人工关节学会	永久秘书长	2002—
	国际内固定学会（AO）	理事、中国分会主席	1997—2004
	国际多学科生物材料研究会	副会长	2002—
杨菊贤	国际中华心理卫生学会	常务委员兼理事	曾任
朱大成	美国辛辛那提大学医学院放射系	荣誉成员	曾任

第二节　国内学术团体任职

1984—2010年，全院有80多位专家教授在国内学术团体担任有影响力的顾问、主席、主任委员等职务，通过开展学术交流，有力推动国内学术交流与合作，促进学科发展，推动自主创新。

表 5-4-2　1984—2010 年医院专家教授在国内学术团体任职情况表

姓　名	国内学术团体	职　务
张涤生	中国修复重建外科学会	主任委员、名誉主委
	中华显微外科学会	副主任委员、名誉顾问
	中华整形外科学会	副主任委员
	第十届国际显微外科学术会议	主席
	中国康复医学会修复重建外科专家委员会	顾问
	中华医学会上海分会整形外科学会	顾问
	中国工程院医药卫生工程学部	院士
	全国颅颌面外科协作组	组长
	澳门外科学会	名誉顾问
	中国医师协会美容与整形医师分会第一届委员会	名誉主任委员
	中国康复医学会修复重建外科专业委员会颅颌面外科学组第一届	荣誉顾问
	中国医师协会美容与整形医师分会第一届委员会	名誉主任委员
	医疗美容主诊医师培训与考试专家委员会	名誉主任委员
	中国整形美容协会	名誉会长
	上海医学会整形外科分会第一届委员会	主任委员
	上海医学会整形外科分会第二届委员会	顾问
关文祥	上海市医学会整形外科分会第二届委员会	主任委员
王　炜	中国康复医学会修复重建外科专业委员会	主任委员
	上海市医学会整形外科分会第二届委员会	副主任委员
	中波整形外科周 Wrocrow 地区交流会	主席
	上海市医学会整形外科分会第三、四届委员会	主任委员
	华东六省一市整形外科协会	主任委员
	中国医师协会美容与整形医师分会第一届委员会	名誉主任委员
	中国康复医学会第二届委员会	专家委员
	中国康复医学会修复重建外科专业委员会第六届委员会	名誉主任委员
钱云良	上海市医学会整形外科分会第四届委员会	副主任委员
	上海市康复医学会第二届修复重建外科专业委员会	副主任委员
朱　昌	上海市医学会整形外科分会第三、四届委员会	副主任委员
孙宝珊	上海市医学会整形外科分会第五届委员会	副主任委员
杨　川	上海修复重建外科学会	副主任委员
曹谊林	中国生物材料委员会第二届委员会	副主席
	中国医师协会美容与整形医师分会第一届委员会	副主任委员

(续表)

姓　名	国内学术团体	职　　务
曹谊林	首届全国组织工程学专业委员会组织工程学组	组长
	中华医学会整形外科学分会第五届委员会	主任委员
	中国医师协会美容与整形医师分会第二届委员会	副会长
	中国生物材料委员会第三届委员会	副主席
	中华医学会上海分会第六届整形外科专科委员会	主任委员
	中国生物医学工程学会第七届理事会	副理事长
	中华医学会整形外科学分会第六届委员会	主任委员
	上海市医学会整形外科专科分会第五、六届委员会	主任委员
李青峰	上海市医学会整形外科分会	主任委员
	国家自然科学基金	评委、终身评委
	中国整形美容协会	常委、副秘书长
	中国医师协会美容与整形医师分会第三届委员会	副会长
祁佐良	中国科协科技人才交流中心医学美容专业委员会	副主任委员
	中国康复医学会第三届修复重建外科专业委员会	副主任委员
	中国康复医学会第四届修复重建外科专业委员会	常务副主任委员
	中国康复医学会修复重建外科专业委员会	常务副主任委员
	第一届医学美容专业委员会	副主任委员
	中华医学会整形外科分会第五届委员会	常务委员兼秘书长
	中国康复医学会修复重建外科专业委员会第六届委员会	主任委员
穆雄铮	中国医师协会美容与整形医师分会颅颌面亚专业委员会	副主任委员
林晓曦	上海医学会医学美学与美容学会	副主任委员
	中华医学会上海分会医学美学与美容专科委员会	副主任委员
余　力	中华医学会整形外科学分会第六届委员会青年委员会	副主任委员
张如鸿	中华医学会整形外科学分会第六届委员会	委员兼副秘书长
张锡泽	中华医学会口腔科学会第一届口腔颌面外科学组	名誉顾问
	第二届上海市生物医学工程学会口腔医学工程专业委员会	名誉主任委员
	中华医学会口腔科学会第三届口腔颌面外科学组	名誉顾问
	中华口腔医学会第一届口腔颌面外科专业委员会	顾问
	中华口腔医学会	顾问
	全国牙病防治指导组	顾问
	中华医学会口腔科学会上海市分会	主任委员、顾问
	中国抗癌协会头颈肿瘤外科学会	名誉主任委员

(续表)

姓　名	国内学术团体	职　　务
何荣根	上海市口腔医学会口腔颌面外科学专委会	顾问
袁文化	中华口腔医学会唇腭裂协作(学)组	组长
	中华口腔医学会口腔颌面外科专业委员会唇腭裂学组	顾问
	上海市口腔医学会口腔颌面外科学专委会	顾问
林国础	全国抗癌协会头颈外科涎腺协作组	副组长
潘可风	中华医学会医学美学会口腔学组	副组长
	上海口腔医学研究会	副秘书长
	第二届上海市生物医学工程学会口腔医学工程专业委员会	秘书长
马宝章	上海市激光学会	副理事长
	医用激光专业委员会	主任委员
邱蔚六	中华医学会上海分会	理事、副会长、顾问
	中国抗癌协会	理事、顾问
	中国抗癌协会头颈肿瘤外科专业委员会	副主任委员、主任委员、名誉主任委员
	上海市牙病防治指导组	副组长
	上海市口腔医学会	主任委员
	中华医学会口腔科学会第五届委员会	副主任委员
	第二届上海市生物医学工程学会口腔医学工程专业委员会	副主任委员
	中华口腔医学会	副会长
	中华口腔医学会口腔颌面外科专业委员会	主任委员、名誉主任委员
	首届中华口腔医学会口腔颌面外科专业委员会	主任委员
	第三届中华口腔医学会口腔颌面外科专业委员会	主任委员
	卫生部高等医学教材口腔医学评审委员会	副主任委员
	中国抗癌协会头颈肿瘤外科专业委员会	主任委员
	中华口腔医学会第二届理事会	副会长
	中国工程院	院士
	上海市临床口腔医学中心	中心主任
	中华口腔医学会口腔颌面外科专业委员会第二届委员会	主任委员
	第六届中国抗癌协会头颈肿瘤外科专业委员会	主任委员
	上海市口腔医学会口腔基础医学专业委员会	名誉主任委员
	上海市口腔医学会口腔颌面外科学专业委员会	名誉主任委员
张志愿	上海市医学会口腔科专科委员会	主任委员
	中国抗癌协会头颈肿瘤外科专业委员会	副主任委员

(续表)

姓　名	国内学术团体	职　务
张志愿	中国抗癌协会头颈肿瘤外科专业委员会	主任委员
	中华口腔医学会	副会长
	中华口腔医师协会	副主任委员
	中华口腔医学会口腔颌面外科专业委员会	主任委员
	中华口腔医学会口腔颌面外科专业委员会	名誉主任委员
	上海市口腔医学会	会长
	上海市口腔医学会	名誉会长
	上海市生物医学工程学会口腔专业委员会	主任委员
	上海市高级职称评审委员会口腔专业组	组长
	上海市医学会口腔专科委员会	会长
	上海市医学会口腔科学会	会长
	中华口腔医学会第三届理事会	副会长
	上海市口腔医学会口腔颌面外科学专业委员会	名誉主任委员
王国民	中华口腔医学会口腔颌面外科专业委员会唇腭裂学组	副组长
	中华口腔医学会口腔颌面外科专业委员会唇腭裂学组	组长
沈国芳	中华口腔医学会口腔颌面外科专业委员会	常务副主任、委员
	口腔颌面外科专业委员会副主任委员和整复学组	组长
	上海市口腔医学会口腔颌面外科学专业委员会	主任委员
张陈平	中华医学会口腔颌面外科专业委员会第二届口腔颌面-头颈肿瘤学组	组长
郭　伟	中华医学会口腔颌面外科专业委员会口腔颌面-头颈肿瘤内科协作组	组长
陈万涛	中华口腔医学会口腔生物医学专业委员会	副主任委员
	第一届上海市口腔医学会口腔基础学专业委员会	主任委员
杨　驰	中华口腔医学会颞下颌关节病及殆学专业委员会	副主任委员
	上海市口腔医学会口腔颌面外科学专业委员会	副主任委员
张志勇	第一至第三届中华口腔医学会口腔种植专业委员会	副主任委员
	上海市口腔医学会口腔种植专业委员会	主任委员
许国祺	中华口腔医学会口腔科学会第一届口腔黏膜病专业学组	组长
	中华口腔医学会口腔黏膜病专业委员会	名誉主任委员
	中华口腔医学会老年口腔医学专业委员会	顾问
周曾同	中华口腔医学会第一届口腔黏膜病专业委员会	副主任委员
	中华口腔医学会医院管理专业委员会	副主任委员
	中华口腔医学会第二届口腔黏膜病专业委员会	副主任委员

（续表）

姓　名	国内学术团体	职　务
周曾同	中华口腔医学会第三届口腔黏膜病专业委员会	主任委员
	中华口腔医学会第四届口腔黏膜病专业委员会	主任委员
	第七届上海市口腔医学会	会长
	上海口腔医学会第一届理事会	会长
	中华口腔医学会中西医学组	副组长
	中华口腔医学会第一届中西医结合专业委员会	主任委员
唐国瑶	中华口腔医学会口腔黏膜病专业委员会	副主任委员
王晓义	第二届上海市生物医学工程学会口腔医学工程专业委员会	顾问
刘　正	中华口腔医学会第二届预防口腔医学会专业委员会	顾问
	中华口腔医学会第三届牙体牙髓病学专业委员会	顾问
	中华口腔医学会第一届牙体牙髓病学专业委员会	副主任委员
	中华口腔医学会第一届预防口腔医学会专业委员会	顾问
	全国流行病调查技术指导组	副组长
	中华预防医学会口腔保健卫生专业委员会	名誉委员
	中华口腔医学会牙体牙髓专业委员会	副主任委员
	上海口腔医学会	名誉主任委员
梁景平	中华口腔医学会牙体牙髓病学专业委员会	副主任委员
	中华口腔医学会第三届牙体牙髓病学专业委员会	主任委员
	上海市口腔医学会牙体牙髓病学专业委员会	主任委员
朱亚琴	中华口腔医学会第一届全科口腔医学专业委员会	副主任委员
	第一届上海市口腔医学会全科口腔医学专业委员会	主任委员
	第二届上海市生物医学工程学会口腔医学工程专业委员会	副主任委员
石四箴	中华口腔医学会	常务理事
	全国牙病防治指导组	组长
	中华医学会口腔学会儿科学组	组长
	中华口腔医学会儿童口腔医学专业委员会	主任委员
冯希平	中华口腔医学会口腔预防医学专业委员会	副主任委员
	中华口腔医学会口腔卫生保健专业委员会	副主任委员
	中华口腔医学会口腔卫生保健专业委员会	主任委员
	上海市口腔医学会口腔预防学科专业委员会	主任委员
汪　俊	中华口腔医学会儿童口腔医学专业委员会	副主任委员
	上海市口腔医学会儿童口腔学科专业委员会	主任委员

（续表）

姓　名	国内学术团体	职　务
黄宗仁	第二届上海市生物医学工程学会口腔医学工程专业委员会	顾问
	中华医学会口腔医学分会牙周病学组	副组长
束　蓉	中华口腔医学会牙周病学专业委员会	副主任委员、主任委员
	上海市口腔医学会牙周病学专业委员会	主任委员
樊　森	第二届上海市生物医学工程学会口腔医学工程专业委员会	顾问
杨宠莹	中华医学会上海口腔分会口腔修复学组	组长
叶秀芬	上海市南市区医药卫生学会口腔学组	组长
张富强	中华口腔医学会修复学专业委员会	副主任委员
	中华口腔医学会口腔医学计算机专业委员会	副主任委员
	上海市口腔修复学组	组长
	上海市口腔医学会第一届理事会	副会长
	中华口腔医学会第四届修复学专业委员会	主任委员
	上海市口腔医学会口腔修复学专业委员会	主任委员
刘　侃	中华口腔医学会修复工艺学专业委员会	副主任委员
楼昭华	中华医学会口腔正畸学组	组长
钱玉芬	中华口腔医学会口腔正畸专业委员会	副主任委员
	上海市口腔医学会口腔正畸学专业委员会	副主任委员
沈　刚	中华口腔医学会口腔正畸专业委员会	顾问
	上海口腔医学会	秘书长
	上海市口腔医学会口腔正畸学专业委员会	主任委员
薛　森	上海医用材料和制品评审组	组长
	中华医学会口腔学会口腔材料组	组长
	上海市生物医学工程学会生物材料专业委员会	主任委员
	中华口腔医学会第一届口腔材料专业委员会	主任委员
	中华口腔医学会第二届口腔材料专业委员会	名誉主任委员
	中华口腔医学会第三届口腔材料专业委员会	名誉主任委员
	全国医疗器械生物学评价标准技术委员会	副主任委员、顾问
	中国生物医学工程学会生物材料学会	副主任委员、顾问
	中国生物医学工程学会生物材料学口腔材料学组	组长
	上海市口腔医学会	顾问
	上海生物医学工程学会生物材料委员会	主任委员、名誉主委

(续表)

姓　名	国内学术团体	职　务
张彩霞	中华口腔医学会第一届口腔材料专业委员会	顾问
	中华口腔医学会第三届口腔材料专业委员会	顾问
	上海市生物医学工程学会生物材料专业委员会	顾问委员
陈志兴	上海市南市区医药会	副理事长
孙　皎	上海市生物医学工程学会生物材料专业委员会第四届委员会	主任委员
	中华口腔医学会第二届口腔材料专业委员会	主任委员
	上海市生物医学工程学会生物材料专业委员会第五届委员会	主任委员
	中华口腔医学会第三届口腔材料专业委员会	副主任委员
	中国生物医学工程学会生物材料分会	副主任委员
	全国计划生育器械标准化技术委员会	主任委员
	上海市生物医学工程学会生物材料专业委员会第六届委员会	主任委员
刘瑗如	中华医学会口腔科学会口腔病理学组	副组长
李　江	中华口腔医学会口腔病理专业委员会	副主任委员
	上海市口腔医学会口腔基础医学专业委员会	副主任委员
郭　莲	中华口腔医学会口腔医学教育专业委员会	副主任委员
朱也森	上海市麻醉协会ICU组	副组长
	中华口腔医学会口腔麻醉学专业委员会	主任委员
	上海医学会麻醉科专科分会	副主任委员
	上海市急诊和危重医学会	副主任委员
	上海市医学会危重病专科分会第三届委员会	副主任委员
王鞠武	全国口腔麻醉学组筹备组	组长
姜　虹	中华口腔医学会口腔麻醉学专业委员会	副主任委员
范先群	上海市医学会眼科专业委员会委员	主任委员
	上海市医学会眼科专科分会第八届委员会	副主任委员
	中华医学会眼科学会眼整形眼眶病学组	组长
奚渭清	中华医学会眼科学会原医学工程学组	主任委员
	中西结合研究所上海分会眼科组	副组长
	上海市防盲指导组	副组长
	中华医学会上海分会新技术新疗法学组	组长
王仁绶	眼科学会新技术新疗法组视觉电生理专业组	副组长
李海生	上海市医学会眼科专业委员会	副主任委员
戴尅戎	中华骨科学会	副主任委员
	上海骨科学会	主任委员

(续表)

姓　名	国内学术团体	职　　务
戴尅戎	上海康复医学工程研究会	副理事长
	第二届华裔骨科学会	会长
	全国骨质疏松学会	副主任委员
	上海假体医学工程研究会	主任委员
	中国工程院	院士
	上海康复医学工程研究会	理事长
侯筱魁	中华医学会骨科分会骨外固定学组	副主任委员
朱振安	上海市医学会骨科分会	副主任委员
	上海医学会骨科专业委员会关节外科学组	组长
	中国肢体残疾康复学会关节外科学组	副主任委员
王　友	上海运动医疗专业委员会	副主任委员
蒋米尔	中华医学会医学工程学分会血管外科与组织工程专业委员会	副主任委员
姚德鸿	第一至第三届中华医学会男科学会上海分会	副主任委员兼秘书长
	上海医学科学创作研究会	主任委员
	中国科普作家协会医学专业委员会	副主任委员
王　忠	中华医学会上海分会第四、五届男科专科委员会	副主任委员
	中国性学会第四届性医学专业委员会男科学组	副组长
吴万龄	上海医学会内分泌学分会	副主任委员
	上海医学会内分泌、糖尿病及受体病专家会诊中心	副主任
	上海医学会内分泌学分会	顾问
杨菊贤	中华传统医学仪器学会行为医学研究会	副理事长
	上海康复医学会心血管专业委员会	副主委
	中华医学会行为医学分会	主任委员、副主任委员、名誉主任委员
	上海市行为医学专业委员会	主任委员、顾问
	上海市心身医学学会	名誉主任委员、顾问
应秀玲	中华医学会医学美学学组	副组长
胡钧培	上海中西医结合学会血液内科专业委员会	副主任委员
周阿高	上海中医药学会肿瘤分会	副主任委员
	上海市中西医结合学会诊断专业委员会	副主任委员
	上海市中西医结合学会消化专业委员会	副主任委员
	上海市抗癌协会传统医学专业委员会	副主任委员

(续表)

姓 名	国内学术团体	职 务
周阿高	上海市生物医学工程学会超声研究会	主任
	中华医学会上海分会超声学会	副主任
	中国医学影像技术上海研究所	副所长
	中国生物医学工程学会医学超声工程分会委员兼临床组	组长
朱大成	中华医学会上海放射分会	主任委员
	中华医学会放射学会儿科放射学会	顾问
叶新华	中华医学会上海分会放射学组	副主任委员
余 强	中华口腔医学会口腔放射专业委员会	副主任委员

第三节　国际和国内学术杂志任职

1990—2010年，医院有24名专家教授在国际和国内杂志担任顾问、主任、主编职务，以推动学术交流，促进科学研究工作。

表5-4-3　1990—2010年医院专家教授在国际和国内杂志任职情况表

姓 名	杂 志 名 称	职 务
张涤生	《生命时报》	特聘顾问
	《中国修复重建外科杂志》	名誉主编
	《中国实用美容整形外科杂志》	名誉主编
	《大众医学》	顾问委员会委员
	《美国中华淋巴与肿瘤学杂志》(Editorial Committee of U.S. Chinese Journal of Lymphology and Oncology)	名誉顾问
	《整形再造外科杂志》	第一届编辑委员会主编
	《中华外科杂志》	第十一届编辑委员会顾问
	《中国实用美容整形外科杂志》	名誉主编
	《组织工程与重建外科杂志》	第一届编辑委员会名誉主编
	《中国修复重建外科杂志》	第四届编辑委员会名誉主编
	《环球时报·生命周刊》	高级医学顾问
	《解剖与临床》	第四届编辑委员会学术顾问
	《组织工程与重建外科杂志》	第二届编辑委员会名誉主编
	《中国美容医学》	第六届编辑委员会名誉主编
	《美国整形外科年鉴》	1985年1~2期特邀主编

(续表)

姓　名	杂　志　名　称	职　务
王　炜	《中国修复重建外科杂志》	副主编
	《中国美容整形外科杂志》	副主编
	《中国实用美容整形外科杂志》	副主编
	《中国康复医学杂志》	副主编
	《组织工程与重建外科杂志》	第二届编辑委员会顾问委员
	《中国解剖与临床》	副主编
曹谊林	《组织工程》(Tissue Engineering)	副主编
	《整形再造外科杂志》	第一届编辑委员会副主编
	《国外医学生物医学工程分册》	第四届编辑委员会副总编辑
	《组织工程与重建外科杂志》	第一届编辑委员会主编
	《中国生物医学工程学报》	第六届编辑委员会副主编
	《组织工程与重建外科杂志》	主编
	《生物材料》(Biomaterials)	副主编
	《中华整形外科杂志》	第四届编辑委员会总编辑
	《中国美容医学》	第五届编辑委员会副主任委员
	《中华整形外科杂志》	主编
	《整形重建与美容外科杂志》(Journal of Plastic, Reconstructive & Aesthetic Surgery)	顾问编委
	《韩国组织工程与再生医学杂志》	海外编委
	《组织工程与重建外科杂志》	第二届编辑委员会主编
	《上海交通大学学报(医学版)》	第七届编辑委员会副主编
	《生物材料学》(Biomaterials)	副主编
	《中国美容医学杂志》	第六届编辑委员会副主任
	《中华损伤与修复杂志》(电子版)	第二届编辑委员会专家顾问
李青峰	《中国美容医学杂志》	副主编
	《中国生物美容》	副主编
	《中国医学整形美容杂志》	副主编
	《人工器官》(Artificial Organs)	审稿专家
	《整形外科年鉴》(Annals of Plastic Surgery)	编委
刘　伟	《整形再造外科杂志》	第一届编辑委员会副主编
章一新	《重建显微外科杂志》(Journal of Reconstructive Microsurgery)	亚洲编委
祁佐良	《中国美容医学杂志》	副主编
	《中国修复重建外科杂志》	第五届编辑委员会副主编

(续表)

姓　名	杂　志　名　称	职　　务
刘宁飞	《美国中华淋巴与肿瘤学杂志》(Editorial Committee of U.S. Chinese Journal of Lymphology and Oncology)	副主编
	《淋巴学》(Lymphology)	编委
张锡泽	《中华医学百科全书口腔分册》	副主编
	《口腔医学年鉴》	副主编
	《上海口腔医学》	名誉主编
潘可风	《上海口腔医学》	副主编
邱蔚六	《中国修复重建外科杂志》	副主编
	《上海口腔医学》	主编
张志愿	《上海口腔医学》	副主编
	《上海口腔医学》	主编
	《中华口腔医学》	副主编
	《中国口腔颌面外科》	副主编
	《口腔医学年鉴》	副主编
	《上海口腔医学》	主编
周曾同	《口腔黏膜病学》	主编
	《临床口腔医学》	第三届编辑委员会副主编
刘　正	《上海口腔医学》	副主编
张富强	《上海口腔医学》	副主编
	《口腔颌面修复》	副主编
薛　淼	《口腔材料器械》	主编
张彩霞	《口腔材料器械》	副主编
孙　皎	《口腔材料器械》	常务副主编
	《口腔材料学》	主编
奚渭清	《眼科通讯》	副主编
范先群	《中华眼视光学与视觉学》	第一届编辑委员会副总编辑
戴尅戎	《生物力学杂志》	副主编
	《医用生物力学》	主编
	《透析与人工器官》	副主编
	《临床骨科杂志》	主　编
	《中华骨科杂志》	副主编
	《中华创伤杂志》(英文版)	副主编
	《中华关节外科杂志》	主　编

(续表)

姓　名	杂　志　名　称	职　　务
戴尅戎	《中国骨质疏松杂志》	副主编
		名誉主编
朱振安	《国际骨科学杂志》	副主编
	《生物骨科材料和临床研究》	副主编
	《中华关节外科杂志》	副主编
张培华	《临床外科》	副主编
姚德鸿	《中国男科学杂志》	副主编
杨菊贤	《美国中华心身医学杂志》（洛杉矶）	副总编辑
	《中国行为医学科学》	总编辑
	《国际中华临床医学杂志》（纽约）	副总编辑

第四节　学术文化活动

一、年度科教大会

1990年起，为促进医院科研工作发展，科教处与医学院联合在每年年初举行全院科教大会，科教处将一年来全院获得的科研项目、鉴定成果、获奖科研成果、发表的论文等编撰成年度《学术榜》。出席会议的有：院士；医院、医学院正副院长；院各职能部门领导及正科以上干部；临床科室、教研室正副主任；党支部书记；科教干事、教辅；各研究所、实验室负责人、所有研究生导师；所有副高以上科技人员；所有研究生。会议由医院副院长主持，分管科研的副院长作科研及研究生教育、医学继续教育年度工作报告；医学院副院长作教学工作报告；主持人宣读医院科研、教学成果奖励名单，随后颁发各类奖项，最后由医院院长做总结报告。

二、科技文化活动

2009年9月26日，在医院建院90年周年之际，科教处、研究生会举办首届医院研究生科技文化学术周，期间通过一系列的学术互动，拓展研究生的知识领域和视野，深化研究生对医学科学问题的认识，通过各类社会适应能力相关的讲座及经验交流，展开对信息学、心理学、社会学、摄影学以及研究生教育的新理念和新方法等的学习和深入探讨，提高研究生的综合素质水平，帮助广大研究生在医疗、临床及科研领域拥有更强的竞争力。

文化学术周邀请到众多专家来到九院进行讲学，其中包括南京医科大学校长吴观陵、新华医院骨科教授戴力扬、九院整复外科教授刘伟、二医大老校长王一飞、统计教研室教授仇玉兰、交大医学院副院长陈红专、上海心理咨询中心教授张海音，此外还有众多优秀研究生代表，及在专业领域有所造诣的老师也参加了此次讲学交流活动。

在学术周开幕式上，吴观陵校长深入浅出地讲述如何进行研究生的学习与指导；戴力扬和刘伟共同演绎如何撰写SCI文章；王一飞以他睿智的思维，从社会、健康发展的层面为我们分析医学科学的发展发现；戴尅戎院士深入浅出地论述如何走好科研第一步；陈红专讲授科学理念、科学诚信问题。此次的活动选题紧抓实际，在广大研究生和导师中产生很大的号召力，场场爆满，很多同学不得不站立几个小时听完讲座，很多导师也抽时间到场聆听，受益匪浅。

第五章 学术期刊与医学图书馆

第一节 《上海口腔医学》杂志

一、沿革

《上海口腔医学》(Shanghai Journal of Stomatology)于1992年创刊。1992年初即开始筹备,同年9月,获得上海市新闻出版局颁发的内部准印证,正式发行。创刊时为季刊,每季度末25日出版,小16开64页。1996年初获得国家科委期刊管理处的正式刊号,并获得上海市工商行政管理局的广告许可证,可以刊发广告。杂志于1998年加入《中国学术期刊光盘版(CAJ-CD)》(CNKI),1999年被选入科技部中国科技论文统计源期刊,并全文上网。2000年被美国《化学文摘》(CA)收录,2003年成为中国科技核心期刊,并被Index Medicus和MEDLINE收录,2007年被美国EBSCO收录。

二、编撰工作

该刊是由上海交通大学医学院附属第九人民医院主办,上海交通大学口腔医学院、上海市口腔医学会共同承办的口腔医学综合性学术期刊,杂志的办刊宗旨是及时报道国内外口腔医学领域的新成果和新进展。主要栏目有基础研究、临床研究、专栏论著、临床总结、综述、学术讲座等,适宜从事口腔医学的各级临床医师、教学和科研人员参阅。

在第二届(1996—1999年)编委会中增加部分中年技术骨干力量,还特邀美国、日本等国家及中国香港、台湾等地区的7名编委加盟。1996年荣获上海市优秀科技期刊称号。1999年,杂志编委会换届,吸收上海市及全国老中青知名专家,第三届编委会成立,郑家伟教授担任常务副主编。杂志由原来的小16开64页改为大16开64页,于1999年底进入国家科技部中国科技论文统计源期刊,2000年被美国化学文摘(CA)收录,2001—2002年各期的杂志页码由原来的64页增加至96页。从2003年第1期开始,杂志由原来的季刊改为双月刊,页码为80页。为增加办刊经费,在企业、公司的协助下,从2001年开始,成立刊务委员会,广纳会员,互惠互利。2003年10月16日,美国国立医学图书馆正式通知,《上海口腔医学》杂志被Index Medicus和MEDLINE批准收录,成为第二本同时被CA和MEDLINE收录的中文口腔医学专业学术期刊。2003年10月,成立第四届编委会。

随着稿件的不断增加,从2006年第1期开始,正文页码由原来的80页增加至112页,每本定价由原来的8.00元调整为10.00元。

2007年8月,与美国著名出版公司EBSCO Publishing签署协议,杂志全文数据进入EBSCO文献数据库。

2007年11月,成立第五届编委会。新一届编委会由145名老中青专家组成,同时成立由国内外知名专家组成的审稿委员会,以确保稿件的学术水平。

2009年1月1日,正式启用网上投稿审稿系统,所有稿件均通过网上投寄和评审,既方便读者和审稿人,又可节约成本,提高工作效率、管理水平和办公自动化水平。

2010年1月22日,经第九人民医院院务会议讨论通过,决定每年给予杂志10万元办刊经费,支持杂志的软硬件建设,使杂志向着更高层次发展。

表5-5-1 1992—2016年《上海口腔医学》编辑委员会正、副主编情况表

届次	年份	主编	副主编
第一届	1992—1995	邱蔚六	石四箴　刘　正　王文崔　胡北平
第二届	1996—1999	邱蔚六	石四箴　刘　正　王文崔　胡北平
第三届	2000—2003	邱蔚六	刘　正　张志愿　姜晓钟　郑家伟　潘可风
第四届	2004—2007	张志愿	边　专　姜晓钟　潘可风　俞光岩　张富强　赵铱民 周学东　周曾同　郑家伟
第五届	2008—2011	张志愿	边　专　姜晓钟　王佐林　俞光岩　张富强　赵铱民 周学东　周曾同　郑家伟
第六届	2012—2015	张志愿	边　专　黄洪章　王佐林　徐　韬　张富强　赵铱民 周学东　周曾同　郑家伟
第七届	2016—	张志愿	郑家伟　沈国芳　王佐林　张富强　周曾同

表5-5-2 2001—2010年《上海口腔医学》历年影响因子情况表

年份	影响因子	学科内排名
2001	0.133	9/10
2002	0.198	11/12
2003	0.217	12/13
2004	0.196	13/14
2005	0.284	12/15
2006	0.408	4/15
2007	0.378	6/15
2008	0.452	4/16
2009	0.522	5/17
2010	0.433	10/17

第二节 《中国口腔颌面外科杂志》

一、沿革

《中国口腔颌面外科杂志》为中华口腔医学会口腔颌面外科专业委员会的官方刊物(会刊),属

于中央级专业性学术类科技期刊,国内外公开发行,主要介绍口腔颌面外科及相关医学领域的新成果和新经验,供口腔颌面外科及相关学科的中高级临床医师、教学及科研人员参阅。

《中国口腔颌面外科杂志》的申请工作始于2001年下半年,经逐级上报中华口腔医学会、卫生部办公厅、科学技术部、新闻出版总署并获得批准。2002年11月8日科学技术部正式批文(国科财函[2002]30号),同意创办《中国口腔颌面外科杂志》,刊号CN 11-4980/R。随即于北京市新闻出版局办理相关登记、注册手续,在国家图书馆申请并获得ISSN号(1672-3244),在北京市工商管理局获得广告经营许可证(京海工商广字第0225号,与《中国口腔医学继续教育杂志》共用)。2004年获准上海市邮政局邮发(邮发代号4-759)。

二、编撰工作

《中国口腔颌面外科杂志》从创办之初,即坚持高起点、高标准、严要求,力求向世界反映中国口腔颌面外科事业的发展水平。杂志的特色是编委及论文的国际化程度高,重要论文后附评述、争鸣,及时刊登专业委员会及学组信息、会议纪要,介绍国内外知名人物,开展循证医学教育和研究。在排版和印刷方面,力求版面整洁、美观;彩图随文印刷,图、表说明中英文对照。杂志一经出版,即被美国化学文摘(CA)收录,同时被中国期刊网、重庆维普(天元数据网)收录。

2003年12月1日,中国口腔颌面外科网开通运行,专辟《中国口腔颌面外科杂志》栏目,杂志实现全文上网,允许口腔颌面外科专业委员会会员登录网站,浏览、下载全文,实现信息的最快传播和最大利用。2005年初,经中国科学技术信息研究所组织专家严格评审,批准《中国口腔颌面外科杂志》从2004年第1期开始,进入中国科技论文统计源期刊。

从2006年第一期始,杂志改为双月刊,正文页码由原来的64页增加至80页,出版日期改为单月25日,每期定价也相应调整为8.00元。

2007年8月,与美国EBSCO出版社签署协议,杂志全文被EBSCO数据库收录。

从2008年第1期开始,正文页码由原来的80页增加至96页,每期定价调整为12.00元。

从2009年1月1日开始,正式启用网上投稿审稿系统,所有稿件均通过网上投寄和评审,既方便读者和审稿人,又节约成本,提高工作效率、管理水平和办公自动化水平,为不断提升杂志的影响力和质量,提供强有力的技术支撑。

第一届编委会主要由中华口腔医学会口腔颌面外科专业委员会委员组成,并邀请12名海外知名学者担任特邀编委。

2007年11月8日在上海召开换届会议,成立《中国口腔颌面外科杂志》第二届编委会。第二届编委会由98名老中青专家组成,同时成立由国内外知名专家组成的审稿委员会,以确保稿件的学术水平。

2010年1月22日,经医院院务会议讨论通过,决定每年给予杂志10万元办刊经费,支持杂志的软硬件建设,使杂志向着更高层次发展。

2010年1月25日,经上级主管部门批准,同意成立《中国口腔颌面外科杂志》杂志社(CN:11-4980/R;ISSN:1672-3244),杂志社拥有法人资格,实现转制。

至2010年底,共出版8卷共42期。

表 5-5-3 2003—2010 年《中国口腔颌面外科杂志》编委会正、副主编情况表

届 次	年 份	主 编	副 主 编
第一届	2003—2007	邱蔚六	王大章 张震康 刘宝林 李金荣 张志愿 俞光岩 郑家伟
第二届	2008—	邱蔚六	王大章 张震康 刘宝林 李金荣 张志愿 俞光岩 郑家伟

表 5-5-4 2004—2010 年《中国口腔颌面外科杂志》历年影响因子情况表

年 份	影响因子	学科内排名
2004	0.323	8/14
2005	0.393	7/15
2006	0.533	2/15
2007	0.395	5/15
2008	0.380	10/16
2009	0.569	3/17
2010	0.391	13/17

第三节 《组织工程与重建外科杂志》

一、沿革

《组织工程与重建外科杂志》创刊于 2005 年，由上海交通大学医学院附属第九人民医院主办，上海交通大学主管，在国内公开发行。办刊宗旨是积极反映组织工程学和修复重建领域基础研究与临床应用研究成果，及时介绍整形重建外科重大进展、新技术和新动态，推动国内外学术交流，促进医、理、工各学科相互了解和合作。本刊主编为上海交通大学医学院附属第九人民医院整复外科专家、组织工程研究开拓者之一曹谊林。

本刊为中国科技论文统计源期刊（中国科技核心期刊），还是中国学术期刊综合评价数据库（CAJCED）统计源期刊、中国期刊全文数据库（CJFD）全文收录期刊、万方数据—数字化期刊群收录期刊、中文科技期刊数据库（全文版）收录期刊。

国际组织工程研究始于 20 世纪 80 年代，由美国 Langer 和 Vacanti 两位教授创立。20 世纪 90 年代初，曹谊林在哈佛大学教授 Vacanti 的实验室做访问学者期间，用组织工程技术在裸鼠体内成功构建人耳郭形态软骨，在国际上引起轰动。之后，曹谊林将组织工程研究引入国内，在上海市科委的支持下，于 1997 年建立了我国第一个组织工程专业研究中心——上海市组织工程研究重点实验室。此后，曹谊林引导了国内一大批同行开展了相关研究，并于 2000 年被国家"973"项目正式立项（曹谊林为首席科学家）。曹谊林还在上海组织召开了第一届全国组织工程学术大会，促成了我国组织工程研究的高潮。经过充分的酝酿，《组织工程与重建外科杂志》于 2005 年 2 月正式创刊，

双月刊。编辑部设在上海交通大学医学院(原上海第二医科大学)附属第九人民医院,当时是上海第二医科大学主办,上海市教委主管。首届编委54人,包括生物材料、组织工程基础研究、整形外科临床以及修复重建外科等领域的专家;主编曹谊林;名誉主编张涤生。本刊重点报道组织工程基础研究、修复重建外科基础研究和临床进展;栏目包括论著、述评、综述、病例报道等。

2006年经中国科技信息研究所专家考核研究后,于2007年正式成为中国科技论文统计源期刊(中国科技核心期刊)。

2007年,进一步规范了刊载论文的排版样式,增加了中图分类号和文献标识码,以便读者能够更快捷地查阅到本刊发表的论文。此后又引进了doi编码,为每一篇文章建立了单独的电子编码。doi是指数字对象唯一标识符,是云计算背景下最佳的大数据样本存储和应用技术,用于IKE进行协商SA协议统一分配。doi的优点有唯一性、持久性、兼容性、互操作性及动态更新。

同时,本刊在《稿约》中明确规定各类别文章都必须附中英文摘要以及3～8个关键词,摘要采用目的、方法、结果、结论四段结构格式书写。刊载论文均参考国际通用格式增加英文标题、摘要和关键词以及英文的作者姓名和单位的标注,文后附有参考文献,且参考文献严格执行国家标准的著录格式,以促进刊载论文在各大数据库中的检索。在每篇论文篇尾增加了收稿日期、修回日期等相关信息。文中表格全部中英文对照,均采用标准三线表,所有图片尽量采用彩图,图例同样要求中英文对照。

2009年组成第二届编委会,共有编委56人,另增设顾问委员17人(其中院士7人),主编和名誉主编仍由曹谊林和张涤生担任。

2010年1月22日,经医院院务会议讨论通过,决定每年给予杂志10万元办刊经费,支持杂志的软硬件建设,不断提高杂志质量。

至2010年12月,本刊共出版6卷(36期)。本刊国内统一连续出版物号:CN 31-1946/R,标准刊号:ISSN 1673-0364。大16开铜版纸印刷,双月末出版。

二、创刊以来各项统计数据汇总

创刊以来,刊物的核心影响因子逐步上升,被引频次也逐年增加。

表5-5-5　2007—2010年《组织工程与重建外科杂志》核心影响因子与总被引频次情况表

年　份	核心影响因子	核心总被引频次
2007	0.133	35
2008	0.298	101
2009	0.364	148
2010	0.344	185

第四节　《医用生物力学》杂志

《医用生物力学》杂志创刊于1986年,原名《生物力学》,1992年起改为现名。杂志由上海交通大学主办,中华人民共和国教育部主管,是国内唯一公开发行,反映医学生物力学基础研究与应用研究成果,推动国内外学术交流,促进医、理、工各学科相互了解和以合作为目的学术性刊物。报道内容主要包括医学生物力学领域中有关固体力学、流体力学、流变学、运动生物力学等方面的研究论文。杂志主编为上海交通大学医学院附属第九人民医院骨科教授、中国工程院院士戴尅戎。至2010年已出版至第25卷共计91期。

杂志为中国科技核心期刊和中文核心期刊,已分别入编国家科技部中国科技论文统计源期刊(CSTPC)、北京大学图书馆《中文核心期刊要目总览》、《中国学术期刊综合评价数据库》(CAJCED)、《中文生物医学期刊文献数据库》(CMCC)、《中国期刊全文数据库》(CJFD)、《中国核心期刊(遴选)数据库》、《中国科学引文数据库》(CSCD)、荷兰《文摘与引文数据库》(Scopus)、美国《剑桥科学文摘》(CSA)、英国公共卫生数据库(Global Health)、波兰《哥白尼索引》(IC)、俄罗斯《文摘杂志》(AJ)、美国《化学文摘》(CA)等多家国内外著名数据库。

杂志国内统一连续出版物号:CN 31-1624/R,国际标准连续出版物号:ISSN 1004-7220,邮发代号:4-633。

一、沿革

【初创阶段】(1986—1991年,半年刊)

20世纪70年代末,在美籍华裔学者、生物力学专家、美国工程科学院院士冯元帧(Y. C. Fung)教授的大力推动下,生物力学作为一门新兴的交叉学科在我国起步。20世纪80年代中期,为反映我国生物力学方面的科研成果,开展国内外学术交流,促进生物力学的研究和发展,创办一本以"生物力学"命名的学术期刊已成为学科发展的迫切需要,也成为众多生物力学专家学者的强烈愿望。经过充分的酝酿,《生物力学》杂志于1986年7月15日正式出版发行,半年刊,每期定价1.20元,全年2期2.80元(包括邮费)。编辑部设在上海科技大学(上海市嘉定南门),主编王生洪时任上海市政府教卫办主任、党组副书记,上海科技大学副校长,计算力学教授。戴尅戎担任副主编。杂志辟有专栏:研究简报、文献索引、综述、经验交流、连载讲座、消息与动态,内容包括生物固体力学、生物流体力学、流变学、运动生物力学等,并侧重于生物固体力学、骨科实用生物力学、脊柱、人工关节,生物力学实验方面的科学研究成果。

1986年5月11日—13日,《生物力学》杂志首届编委会在杭州召开。会议由杂志主编王生洪主持并致辞,来自全国各地的20余位编委出席了会议,大家对如何办好杂志开展了热烈的讨论和献计献策。

根据杂志发展情况和需要,经有关部门协商,从1991年起,杂志编辑部迁移到上海第二医科大学附属第九人民医院骨科生物力学研究室内办公。

【发展阶段】(1992—2007年,季刊)

1992年,为了加强刊物的实用性,突出对临床实践和科学研究有指导意义的论文的刊载,经出版部门批准,《生物力学》改名为《医用生物力学》,季刊出版,大16开,每期64页,国内统一刊号为CN31-1624/R,国际标准刊号为ISSN 1004-7220,邮发代号4-633,每期定价9.8元,全年定价39.2元。同年,《医用生物力学》杂志第二届编辑委员会成立,由我国骨科和骨科生物力学专家、中国工程院院士戴尅戎担任主编。

1992—2004年,杂志的主办单位是中国力学学会/中国生物医学工程学会生物力学专业委员会,主管单位是上海第二医科大学;2005—2007年,杂志的主办、主管单位分别为上海第二医科大学和上海市教育委员会。

在此阶段,杂志对原先半年刊期间设置的栏目进行精简,保留了论著(基础研究、应用研究、实验研究)以及述评、综述三大栏目,并通过消息栏目的形式发布会议征文、会议通知、征订启事等各类信息。杂志进一步规范了刊载论文的排版样式,增加了中图分类号和文献标识码,以便读者在图书馆能够更加快捷地查阅到本刊发表论文。同时,在《稿约》中明确规定论著类文章必须附300字左右的中英文摘要以及2~5个关键词,摘要采用目的、方法、结果、结论四段结构格式书写;刊载论文均参考国际通用格式增加英文标题、摘要和关键词以及作者的英文姓名和单位的标注,文后附有参考文献,且参考文献严格执行国家标准的著录格式,以促进刊载论文在各大数据库中的检索;在每篇论文首页左下角以脚注的形式增加了收稿日期、修回日期、基金项目、作者简介、通讯作者介绍等相关信息。2005年,杂志对原有封面重新进行设计,由原先分别在封二、封底刊登的当期中文和英文目次,调整为在封二后第一页刊登,各自独占一页,更加符合国际通用的目次编排格式,并全部采用铜版纸印刷,杂志装帧质量进一步提高。

从1992年起,杂志先后入选《中国学术期刊综合评价数据库》(CAJCED)、《中文生物医学期刊文献数据库》(CMCC)、《中国期刊全文数据库》(CJFD)、《中国核心期刊(遴选)数据库》、美国《剑桥科学文摘》(CSA)、波兰《哥白尼索引》(IC)、俄罗斯《文摘杂志》(AJ)、美国《化学文摘》(CA)等国内外多家著名数据库,在《生物医学工程学杂志》《中华生物医学工程学杂志》《中国生物工程杂志》等同类期刊中脱颖而出,成为国内生物力学领域中具有一定学术影响力的重要科技期刊。

【提高阶段】(2008—,双月刊)

从2008年起,杂志改为双月刊,双月25日出版,由上海交通大学主办,中华人民共和国教育部主管。随着互联网、电子信息的发展,在各届编委会的共同努力下,杂志进入以数字化、网络化为标志的全新发展时期,稿源迅速增长的同时,稿件刊出周期明显缩短,出版质量和学术水平不断提高。

从2008年第1期开始,正文页码由原来的80页增加至96页。独立域名的杂志官方中文网站(www.medbiomechanics.com/www.mechanobiology.cn)开通,读者可通过关键词、标题、作者名字、作者单位、摘要、基金项目等信息进行论文检索,浏览论文摘要。

从2009年开始,杂志正式启用北京勤云科技发展有限公司在线稿件处理系统,稿件处理从收稿、初审、送审、评审到退修、复审、录用、退稿均可在线完成,作者也可通过网站实时查询审稿进程,既高效快捷,也增加了稿件处理的透明度。为保证稿件质量,编辑部严格执行编辑初审、专家或编委复审和主编终审的"三审"制度,稿件录用率进一步降低。为进一步缩短论文的发表时滞,编辑部为具有国际领先水平的创新性科研成果或国际首报论文开辟了"快速通道",提供快速同行审稿,并在审稿通过后快速发表。

从2010年起,杂志成为全球最大的文摘和引文数据库Scopus的来源期刊,并被北京大学图书馆《中文核心期刊要目总览》收录为基础医学类核心期刊。

2010年1月22日,经医院院务会议讨论通过,决定每年给予杂志10万元办刊经费,支持杂志的软硬件建设,使杂志向着更高层次发展。

二、编委组成与杂志影响因子

《医用生物力学》杂志创刊以来,先后四次调整编委班子。在主编戴尅戎院士和历届编委会专家的共同努力下,杂志办刊水平和学术影响力不断提高。

表5-5-6 1986—2010年《医用生物力学》杂志正、副主编情况表

届次	年份	主编	副主编
第一届	1986—2001	康振黄	王以进　何福保　张懋　戴尅戎
第二届	2002—2004	戴尅戎	王以进　方如华　何福保　柳兆荣
第三届	2005—2007	戴尅戎	王以进　许世雄　麦福达　郑诚功　姜宗来
第四届	2008—2010	戴尅戎	樊瑜波　姜宗来　麦福达　许世雄　郑诚功

表5-5-7 2006—2010年《医用生物力学》杂志引证指标情况表

年份	影响因子	总被引频次	载文量
2006	0.1835	82	64
2007	0.2308	109	87
2008	0.3245	152	93
2009	0.4444	212	87
2010	0.2667	189	90

第五节 医学图书馆

一、沿革

九院医学图书馆的前身为图书室。1951年,上海市军事管制委员会接办医院后,于1952年设置图书室,初期与病史室合为一个部门,藏书量很少,归属医务室管理。1965年,口腔门诊教学大楼(8号楼)建成后,医学图书室与病史室分开,受院部直接领导。图书室位于门诊楼4楼西侧,设有阅览室和书库。1990年,图书室归属于综合信息科,此后"图书室"改称"图书馆"。1994年图书馆搬迁至新建成的门诊大楼10号楼8楼西南区域,占地面积扩大至350余平方米,馆内现有电子阅览室、期刊阅览室、中外文书库、期刊合订本库、借阅书窗口、图书馆工作室。

表5-5-8 1970—2010年医院医学图书馆历任负责人情况表

任职时间	负责人
1970—1980	陈天朴　陈珊球
1981—1985	孔繁钢
1986—1990	胡世群
1991—	吴灶晖

至2010年，医院医学图书馆工作人员5人，包括馆员（中级）4人，副主任医师1人，受院、科（信息科）两级领导。

二、图书管理

图书馆对图书的分类编目，原采用中国科学院图书馆图书分类法对图书进行分类编目，从1992年底开始采用中国图书馆分类法对图书进行分类编目。

1998年起，开设了光盘式文献检索。2008年开始添置了5台电脑可以进行互联网数据库文献检索。至2009年新辟了电子阅览室，共有20台电脑可以同时查阅文献。在信息科的大力支持下，查阅、下载速度逐年有所提升，目前已基本能满足本院临床医务人员及医学生的医、教、研的工作需要。

2001年起，从传统的手工操作借还图书等业务工作发展至采用北京丹诚公司软件管理馆内多项业务，并逐年升级，包括可以利用电脑管理系统进行电脑藏书、藏刊的快速检索，以及统计读者借书册数、到期人数、入馆人数等多项服务内容。

2001年起，逐步建立并逐年完善医学图书馆规章制度：包括九院图书馆工作总则、书刊采编工作条例、借阅制度、信息服务制度、电子阅览室规章制度等。

2009年，医院医学图书馆加入"交通大学医学图书馆联盟"后逐步实现与17家联盟单位开展图书及文献的馆际互借服务，并每年参加相关业务会议，不断提升服务质量与扩充数据库文献量。

从2010年起，配合住院医师培训工作，运用图书馆的局域网建立了网上考试系统，引进南京品德网络信息技术有限公司考试软件，开展对住院医师、新职工招聘的专业知识机上考试。软件每年升级2次。

2010年起通过医院建立的OA网，图书馆可发短信催还逾期图书、提供新书介绍及预约。医护人员也可通过OA网发邮件实现图书续借及预约，这对员工和研究生的工作带来了很大的便利。

至2010年馆内藏书总量（包括中英文期刊合订本）约为21 000册，并与交通大学图书馆共享电子医学图书逾10万册。常年订阅中文医学杂志148种，外文杂志22种，并开通了网上查阅功能。年入馆人数7 000余人次，并呈递增趋势。

第六篇 人力资源管理

概　　述

上海私立伯特利医院时期，医院并无专门人事管理机构，职工聘用由院长等高层管理人员决定。历经战乱破坏，1951年，上海市军事管制委员会接办医院时，总院本部仅有全职医生4名、护士及助产士8名。接办以后，医院健全管理机构，政府逐年调派干部和医护人员充实人员配置，至1963年，已有员工425名，医师、护士分别为93名和100名。1963年8月，医院成为上海第二医学院附属医院后，调入一批专家教授，加强临床各科室的师资力量，以适应教学工作需要。改革开放之前，人事管理的主要工作是人员录用和退休、干部培养、选拔与调动、制定组织机构和人员编制、工资福利、人事档案与统计，以及执行上级制定的各项社会医疗援助任务。

1987年，人事科升格为人事处，人事处重新修订职责范围，增加技术职称评聘、人员培训、师资培养、职工年度考核、技术档案管理、外调接待等工作内容。

2000年以后，医院引入现代化管理理念，在人力资源管理方面进行改革和创新，增加人力资源发展规划、人力资源开发、人才引进、学科发展与人才培养计划、劳动合同与聘任合同管理、人事信息系统建设、员工培训等管理职能。

学科建设和人才培养成为医院建设的核心工作，对应上级各部门的人才项目，人事处积极制定和实施医院师资培养的规划，协同有关部门抓好"学科骨干师资"等有关学科梯队人才选拔、培养和考核工作，并设立"九院优青培养计划""院级重点学科"等院级人才培养项目作为苗圃，取得丰硕成果。

1996年，张涤生成为中国工程院院士，并在1997年被聘为二医大终身教授。此后邱蔚六、戴尅戎、张志愿相继当选为中国工程院院士。2000年10月，医院聘任邱蔚六、戴尅戎、刘正、薛淼4位教授为医院终身教授。2003年5月，聘任王炜为医院终身教授。

"人才资源是第一资源。"人才队伍建设和学科建设始终是相辅相成的。人才资源是学科建设、医院发展的根本保证。至2010年，医院有长江学者3人，获国家杰出青年科学基金资助者2人，入选新世纪百千万人才工程国家级学者2人，卫生部有突出贡献中青年专家4人，国家人事部优秀中青年专家1人，获得国务院特殊津贴专家53人，上海领军人才计划6人，市、局级人才计划共计150人次。中青年医学人才梯队的成长为医院学科发展和核心竞争力的提高提供了坚实的人才基础。

第一章 机构与职能

第一节 机构沿革与基本职能

一、机构沿革

上海私立伯特利医院时期，人员招录由院长及主要管理人员决定，并无专门机构。医院被上海市军事管制委员会接办后，医院设立人事科（股），1951年8月，王瑚为首任人事股长。20世纪50—60年代，医院用人实行计划管理，从医生护士、行政人员到工勤人员均由上海市卫生局（归属二医后由医学院）调动分配。"文化大革命"中，革委会下设"组织组"负责人员管理。"文化大革命"后恢复人事科。1987年1月，医院升格为副局级单位，人事科改为人事处。1992年7月，医院被上海市卫生局批准为劳动人事制度改革试点单位。同年12月，人事处成立人才开发调节办公室，顾月明任办公室主任。

表6-1-1 1951—2010年人事管理部门历任负责人情况表

任 职 时 间	处（科）长	任 职 时 间	副处（科）长
1957—1958	刘乐智	1951—1953	王　瑚（股长）
1978—1984	俞曾娴	1953—1956	李春郊
1984—1988	史慧宝	1958	曹禄洪
1988—1991	赵佩琪	1958—1961	屠善之
1991—2001	董国芬	1962—1967	俞曾娴
2002—2003	张修银	1978—1984	朱承芳
2003—	蒋秀凤	1984—1986	简光泽
		1988—1991	董国芬
		1992—2003	陈勇龙
		2000—2010	徐平儿
		2001—2002	张修银（主持工作）
		2004—2009	顾月明

表6-1-2 1997—2003年人事处获得各类荣誉情况表

年　份	荣 誉 称 号
1997	上海第二医科大学文明科室
1998	上海第二医科大学文明科室
1999	上海第二医科大学巾帼文明示范岗

(续表)

年　　份	荣　誉　称　号
1999	上海第二医科大学"三八"红旗集体称号
1998—1999	上海第二医科大学文明科室称号
2000—2001	上海第二医科大学文明科室
2002—2003	上海第二医科大学文明科室

二、基本职能

20世纪50年代起，人事科管理职能主要是干部培养与选拔、出国人员政审、人员调动、制定组织机构和人员编制、工资福利、人事档案与统计、员工奖惩等，以及干部考核、治安保卫等事项。随着医院管理体制变化，一部分管理职能转移。

1987年，医院人事科升格为人事处，人事处重新修订职责范围，增加技术职称评聘、人员培训、师资培养、职工年度考核、技术档案管理、外调接待工作等内容。

2000年以后，医院引入现代化管理理念，在人力资源管理方面进行改革和创新，增加了人力资源发展规划、人力资源开发、人才引进、学科发展与人才培养计划、劳动合同与聘任合同管理、人事信息系统建设、员工培训等管理职能。人力资源处工作职责明确为：① 制定和实施医院师资培养的规划，协同有关部门抓好"优青""学科骨干师资"等有关学科梯队人才选拔、培养和考核工作，组织实施医院专业技术职务评议和聘任工作；② 制定医院各部门的用人编制和岗位设置，实施医院的定编定岗工作，规范实施全员职工聘任制，开展各类人员岗位培训，职工年度考核工作；③ 人力资源开发和工资福利工作，负责各类人员的聘任、调配和待聘人员的管理工作，负责各类人员工资、职称的调整，负责调资后数据的汇总与上报；④ 负责各类出国人员培训的选拔、政审、报批等管理工作；⑤ 按政策办理各类人员的进院、离院及院内调动手续，办理高级专家延聘的申报及管理工作；⑥ 为到龄职工办理相关退休手续，办理职工抚恤金、丧葬费的核算发放，做好职工和离退休人员的工资、福利、保险等日常工作；⑦ 管理人事档案，工作调动时，做好人事档案交接工作。

第二节　人事档案管理

1997年1月，中共中央组织部在全国实行干部人事档案工作目标管理，医院人事处于1997年申报获批干部人事档案工作目标管理三级单位。此后，经过努力建设，分别于2001年、2009年通过二级和一级单位评审。

【申报干部人事档案管理二级单位】

根据上海市委组织部关于转发中共中央组织部《关于印发〈干部人事档案工作目标管理暂行办法〉和〈干部人事档案工作目标管理考评标准〉的通知》的文件精神，医院对原有干部人事档案工作前后经历了1年多的整改，并在此基础上于2000年3月进行了自查：

基本情况　保管人事档案总数2 539卷。其中在职干部1 612卷、工人248卷、离退休人员490

卷,留职停薪、辞职、出国留学人员34卷,死亡人员155卷。现有专职档案管理人员2名,做到库房、阅档、办公三室分开,库房面积40平方米,"六防"措施落实,办公设备齐全。

领导、管理体系 干部人事档案工作由党委副书记、分管人事的副院长亲自领导,人事处处长直接负责。医院拨付15万元用于库房建设、添置设备和档案整理。并制定《第九医院1998年—2001年干部人事档案工作规划》,建立和完善了档案查(借)阅、收集等八项制度,接受档案(材料)等七种登记簿。

档案材料收集和利用 建立收集联系制度和收集网络,采取重点收集,定期收集和零星收集相结合的办法,对档案材料及时收集并归入个人档案内。档案装订做到分类准确、编排有序、目录清楚、加工合理、装订整齐。为使档案的保密和利用结合起来,坚持无阅档介绍信不查,非党员不查,涉及本人及亲属不查,未经领导批准不查等,"四不查"制度和个人带档不转,没有调令不转,地址不详不转,材料不全不转等"六不转"制度。档案的转递必须通过机要局或专人送取。同时,医院努力进行人事档案管理的现代化管理建设,扩大信息量并加强数据信息库的建设,以不断提高档案的利用率。

2001年4月20日,医院获中共上海市委组织部批准为干部人事档案工作"目标管理二级单位"。

【申报干部人事档案管理一级单位】

2006年4月,医院人事处根据市科教党委组织干部处《关于开展科教党委系统干部人事档案审核工作的通知》的要求,对在职干部人事档案进行审核工作,至2009年5月,自查干部人事档案工作已达到目标管理一级标准。

基本情况 医院人事档案室共保管各类人事档案2847卷。其中:在职干部档案1686卷、工人档案132卷、离退休人员档案768卷、死亡人员档案261卷。

整理情况 按照教卫党委的要求,对在职干部人事档案逐卷审阅,逐页鉴别,逐项核对;对干部档案中所缺材料进行催讨与收集,按计划和时间节点于2009年4月通过交大医学院的预审。医院设专职档案管理员1名,中共党员,本科学历,干部人事档案工作经历4年。

库房与设施 档案室面积60平方米,库房设备有档案铁柜120只、空调1台、专用电脑1台、激光打印机1台、去湿机1台、温湿度计1个、切纸打洞机2台、电动缝纫机1台、吸尘机1台、红外线监测器1台、灭火器1个。"六防"措施落实,并做到库房、阅档、办公三室分开。

领导与管理体系 医院党政领导重视干部人事档案管理工作,专门调整档案库房,扩大库房面积,添置并更新工作台、文件柜和档案柜等设备。现已基本达到人事档案目标管理达标的硬件要求。

医院干部人事档案工作由党委副书记、主管人事院长分管,人事处处长直接负责,各部门积极配合,按规定收集交送有关归档材料,人事档案管理员按人事档案归档要求收集、整理案卷材料。

医院干部人事档案工作严格按照中组部、中共上海市委组织部的有关规定,做到制度上墙,设立7本登记本,并认真登记填写。制定《2009—2011年干部人事档案管理工作规划》,经全面整理,使医院的干部人事档案工作管理水平上了新台阶,为实现干部人事档案工作制度化、规范化、科学化创造条件,使干部人事档案的归档率、完整率、合格率达到新标准。

科室安排干部人事档案管理人员参加市委组织部和交大医学院组织的培训,使干部人事档案管理人员在业务上有很大的提高。干部人事档案管理干部在工作中能坚持原则、遵守制度、保守秘密。

档案材料收集和利用 根据《干部人事档案材料收集归档规定》要求,充分发挥材料收集网络作用,及时收集干部人事档案材料,对档案中所缺材料进行及时催讨收集。

根据干部人事档案工作条例,人事档案包括:履历类材料,自传和思想类材料,考核鉴定类材料、学历学位、专业技术职务（职称）、学术评鉴和教育培训类材料，政审、审计和审核类材料，党、团类材料，表彰奖励类材料，违规违纪违法处理处分类材料，工资、任免、出国和会议代表类材料，其他可供组织参考的材料，如毕业就业报到证等。

医院严格按照要求来整理干部人事档案，按照十大类要求对档案进行全面仔细核对和整理，逐卷审阅、逐页鉴别、逐项核对。对干部姓名、年龄、参加工作时间、入党时间和学历学位等信息进行重点核对，及时纠正。根据档案中的关联信息对学历学位、培训、职称晋升、考察任免、奖励、工资等材料进行查漏补缺，医院在收集的过程中严格把关，不能遗漏签名、盖章，对档案材料的内容、形成时间、页数与档案目录进行逐一核对，保证一致、准确，有利于查看检索。对材料内容中的折角、破损、乱孔、纸张不规则等进行平整、裱糊、折叠、缝制等技术加工，保证材料齐全、美观。做到分类准确，装订符合要求。按要求使用中共上海市委组织部统一的新型档案夹和CPRS档案管理软件。档案保管严格按照"六防"要求（防火、防潮、防蛀、防盗、防光、防高温）。

人事档案是人才信息的重要载体，是人才的主要信息源。这项工作是组织人事管理工作必不可少的基础性工作。除了在干部选拔、考察、政审、调资、职称晋升、工龄证明、离退休人员待遇等方面发挥重要作用外，也为上级部门、公证处、公安局等部门提供凭证。从2006年起，医院应用CPRS干部人事档案信息管理软件，熟练应用干部人事档案信息的接收、收集、借查阅和转递工作，做到信息能迅速、准确地提供利用。同时在档案管理中把好出、入口关，对新进人员档案做到及时催讨，认真核对，发现遗漏材料马上补齐。对转出人员的档案做到材料齐全，归类准确，及时转给接收单位，办好转递签收登记。每年度认真做好档案的统计工作。

医院人事处于2009年12月获中共上海市委组织部批准为干部人事档案工作"目标管理一级单位"。

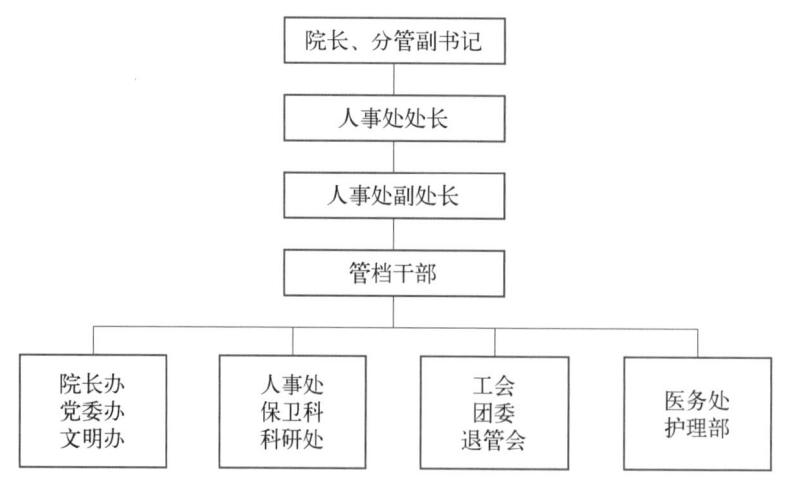

图6-1-1　2001年医院干部人事档案人员联系网络图

第三节　劳动人事制度改革

一、医务人员

党的十一届三中全会以来，医院在劳动人事用工、职改、分配等制度方面进行了改革与探索，在医务人员中先后推行干部职务和专业技术职务聘任制度、劳动用工合同制,以及内部分配按劳计奖等改革措施。

1985年,中央卫生部下发《医疗卫生事业单位工作人员工资制度改革实施方案》后,医院制定了《各级人员考核办法》《实行浮动岗位津贴考核办法和实施细则》,并认真加以实施。1992年,医院制定《分配制度改革试行办法》。1993年,医院开始实行员工分配制度改革。1989—1993年,全院有15名医务人员受到行政奖励升级。

1988年,医院实行人事聘用制度。人事聘用制度包括竞争上岗,公开招聘,签订聘用合同,定期考核、解聘、辞聘等制度。为此,医院建立劳动争议仲裁委员会。同年,医院对大中专生签订聘用合同。20世纪90年代,实行毕业生分配就业制度改革,医院开始向社会公开招聘医技护人员,择优录用。

1993年,医院实行内部劳动人事制度改革,引入竞争机制,行政干部实行公开招聘、竞争上岗。同时,进一步健全完善职称改革的评聘制度,实行评聘分离、低聘、高聘。

1995年,医院根据上海市人事局印发《上海市事业单位工作人员考核试行意见》的通知精神,对员工进行德、能、勤、绩考核。1998年,医院有24人晋升高级职称,其中主任医师7人、研究员1人、副主任16人,至此全院高级职称人员达181人。1999年,护理部引入竞争机制,公开招聘护士长、带教老师,选拔4位优秀青年护士担任护士长职务。2000年,医院聘任18个临床科室正副主任、19个教研室主任。2001年,医院出台劳动人事分配制度改革文件:《聘用合同制实施方案》《岗位聘任工作管理办法》《聘用合同管理办法》《离岗待岗管理条例》《院内提前退岗位休养管理办法》《人事争议调解暂行办法》《科室经济分配方案》。

2002年3月22日,医院九届六次职代会通过制定了《上海第二医科大学附属第九人民医院岗位聘任工作管理办法》。医院成立院科二级岗位聘任组织。其中业务科室聘任组织(简称科聘任小组)由行政科主任、科副主任、护士长、所属党支部书记、部门工会主席组成。由科行政主任负责召集。科聘任小组组成人员需上报院部批准。同年,医院制定《专业技术岗位聘任实施意见》。同年12月,医院开展定员定编工作。

2003年,医院举行护士长聘任仪式,聘任40余名护士长。同年5月,医院举行高级职称应聘自荐会,有130余名教授参加应聘。医院实行评聘分离,高级职称聘任中,有6人低职高聘、4人高职低聘。受聘人员中,医学专业207人、高级政工师3人、副研究馆员1人、高级会计师1人、管理研究员2人。2004年,医院对12个科室行政职能部门负责人进行述职考核。2005年,医院开展科副主任及高级职称聘任工作,实行公平、公正、公开的竞争,经过本人自荐、高聘委评审,聘任高级职称99人、副高级职称178人。竞聘上岗后,医院每年对科主任进行考核。同年,医院实行全员聘用合同制,并统一填写《上海市事业单位人员聘用手册》。在推进聘用合同制度的过程中,医院实行用人制度改革,采用人事代理、派遣等方法。2008年,医院举行科主任述职考核,对41名科主任进行考核。同年,医院聘用科主任40人、科副主任48人。截至2010年,医院聘用医师749人,其中正高级职称106人、副高级职称172人、中级职称265人。

在收入分配方面,1999年,医院制定《奖金分配若干规定》。2001年,医院制定《科室经济分配方案》。2006年,医院实行收入与分配制度改革,进一步完善分配制度。

二、工勤人员

1920年,医院建院时仅有2名工勤人员;1951年有工勤人员近20人。20世纪50年代,由劳动局介绍失业工人到医院担任工勤人员,少量的由医院职工介绍入院、上级调配及系统外富余人员调入充实工勤岗位。1966年有工勤人员95人。20世纪70年代,根据当时政策,招录一批医院退休员工的子女、征地农民工、待业青年,以及通过招工录用一批农场工,充实近百名工勤人员。因医院业务扩大,工勤人员中技术工种缺少,医院从系统外通过商调形式引入技术工种,充实工勤维修人员。至1989年,医院有工勤人员257人。2000年,医院有工勤人员269人。2000年,医院实行后勤社会化改革,实行待退休制度,工勤人员逐步减少。

2001年8月,上海市卫生局为贯彻市政府办公厅转发的《上海市贯彻〈关于城镇医药卫生体制改革的指导意见〉的实施意见》和市卫生局《关于深化本市公立医疗卫生机构后勤服务社会化改革的意见》,全面推进本市公立医疗卫生机构的后勤服务社会化改革,结合本市卫生系统的实际,就公立医疗卫生机构后勤服务社会化改革中人员分流政策,对各医学院校给出关于本市公立医疗卫生机构后勤服务社会化改革中人员分流的意见。

2002年7月10日,医院召开有关医院工人编制职工待退休工作协调会议。会上,由人事处顾月明作工人编制职工待退休后有关工资待遇问题解释及具体操作手续,围绕以上问题以及政策出台后工人编制职工中反映出的几个热点问题进行了讨论,并统一认识。2002年7月底制定《工人编制职工院内提前退岗休养实施办法》,2002年12月出台《工人编制职工院内提前退岗休养实施办法》的补充意见。

【工勤人员分流基本原则】

工勤人员分流的指导思想是:根据上海市卫生事业单位人事制度改革的总体要求,按照公立医疗卫生机构管理体制和运行机制改革的需要,调整卫生事业单位人员结构。工勤人员分流的基本原则是:坚持后勤管理与服务职能相分离,以实事求是、多渠道分流安置为原则。明确目标,分步实施,精心操作,平稳推进。逐步使卫生事业单位后勤服务人员从单位人向社会人转变。

【工勤人员分流政策】

(1)原卫生事业单位工勤人员规范分离后转入企业,原则上按企业化管理并享受企业待遇。转制时原单位可按后勤人员的不同职务(等级)及工作年限发给一次性补贴,补贴标准由各单位自定。

(2)对规范分离前与原卫生事业单位签订无固定期限合同的后勤人员,转制进入企业后,可实行"老人老办法",编制保留在原单位,退休时由原单位按卫生事业单位待遇办理退休手续。

(3)鼓励工龄满5年以上的工勤人员自谋职业或到其他单位工作,对于经组织批准辞职自谋职业的人员,分别按不同工龄一次性发给退职金(退职金可根据工作年限由各单位自定)。

(4)距法定退休年龄10年以内,且连续工龄10年以上的后勤原固定制职工因单位服务功能、岗位设置等调整或本人体弱多病等原因难以坚持正常工作的,可实行在原单位内部提前退岗休养。提前退岗休养人员原则上根据实际工龄参照退休人员的退休费计算办法领取退养金,到达国家法定退休年龄时,按有关规定由原单位办理退休手续。

(5)由于各种原因造成未聘待岗的人员,在原单位待岗期满6个月后,可由市卫生人才交流服务中心实行委托管理,托管期限为2年。在托管期间,市卫生人才交流服务中心提供上岗机会。委托期满,由市卫生人才交流服务中心转交市人才交流服务中心或市职业介绍所。

(6)由事业性质改制为企业性质的,参照《办理退休手续人员养老金计发办法的通知》(沪社保业一发[1998]7号)精神办理,即事业性质改制为企业后达到退休年龄的人员,按企业办法退休,其中,改制时工作年限满25年的人员,养老金按改制前本市对事业单位退休人员规定的待遇及其改制后个人养老金保险账户储存额增量的1/120计算。

表6-1-3 2002年9月工人(包括聘干)编制办理待退休汇总情况表

类别	已办人数	未办人数	总人数	百分比(%)
工人	158	8	166	95
聘干	20	8	28	71
合计	178	16	194	91

表6-1-4 2002年9月工人(包括聘干)编制办理待退休汇总情况表

	对象	男≥50岁			女≥45岁			合计		
		实际人数	已办人数	百分比(%)	实际人数	已办人数	百分比(%)	实际人数	已办人数	百分比(%)
符合第一条件	工人	21	21		61	61		82	82	100
	聘干	5	3		12	11		17	14	82
	合计	26	24	92	73	72	97	99	96	97
	对象	男<50岁			女<45岁			合计		
		实际人数	已办人数	百分比(%)	实际人数	已办人数	百分比(%)	实际人数	已办人数	百分比(%)
符合第二条件	工人	46	41		38	35		84	76	90
	聘干	7	2		4	4		11	6	55
	合计	53	43	81	42	39	93	95	82	86

三、聘用合同制

根据2003年《上海市人民政府关于印发上海市事业单位聘用合同办法的通知》和关于实施《上海市事业单位聘用合同办法》有关问题解释的通知,医院从2005年1月1日后实行全员聘用合同制,对全院1838名职工,根据不同情况分别签订了无固定期限合同和中、短期合同。统一填写《上海市事业单位人员聘用手册》,记载受聘人员的个人情况和在单位的工作情况,作为工作经历和社保的证明。在办理200名续签合同的工作中,与用人科室密切联系,依据个人的工作表现来确定续聘期限的长短,对个别考试考核成绩不合格的职工,根据聘用合同规定,终止聘用合同,解除劳动关系。2010年,成立院岗位设置与聘任领导小组和工作小组,进一步完善和推进聘用合同制度,并积极探索和开展多元化的用人途径,如人事代理、派遣、外用人员等,真正实现用人制度改革。

第二章 医务员工管理

第一节 员工来源与结构

一、员工来源

【医生】

1920年,医院建院初,仅有4名医生和4名护士。1924年,医院新址完成扩建,附设护士学校及助产士学校,以产科为主,设有内、外科,共有9名医生、6名护士、2名工人。1937年,"八·一三"淞沪抗战爆发,医院遭受严重破坏。1938年5月,石成志代理院长在法租界伯赛仲路(今复兴西路)21号设立分院,主要收治妇科、产科及婴儿,先后在此工作的医生有10余人。

1945年,抗战胜利后,上海私立伯特利医院开始复建。1947年,梅国桢回国任医务主任主持医院复建工作。1948年,护士学校复校。在联合国善后救济总署等机构资助下,医院进行扩充,添聘工作人员,设立内科、外科、妇产科、手术室等。1949年,医院增设儿科、牙科、骨科等。1951年,石成志任院长,梅国桢为医务主任,并增设肺痨科、耳鼻喉科、胸外科、小儿科等。

由于战乱影响,人员流动频繁。1951年2月,伯特利医院登记时,有主治医生7人,特约医师5人。同年8月,上海市军事管制委员会接办医院后,上海市卫生局调派外科专家陈文镜、儿科专家万正华、肺科专家朱尔梅、眼科专家丁希庆等来院加强医疗业务。

1956年,医院成为上海第二医学院儿科教学医院。1957年,青年留学人员朱大成、史博艺调入医院放射科、检验科,又从仁济、广慈医院调入徐涛、江敏等医师。1958年,儿科迁至新华医院,一批业务骨干调往新华医院。

1964年,医院成为上海第二医学院附属医院,口腔系、医疗系迁来医院。张锡泽、张涤生、邱蔚六、邱立崇、许国祺等一批医学专家先后调入医院。同时顾成裕、王耆龄等专家调入医院,充实内、外、妇、儿等科师资力量。

1979—1981年,整形外科专家关文祥从仁济医院调入医院,金一涛、符诗高等从北京整形外科医院调入医院。1980年,孙建民从仁济医院调入医院外科。1988年,王泉良从湖南医大一院调入医院耳鼻喉科。

20世纪60—70年代补充的医科毕业生基本上来自上海第二医学院。20世纪90年代起,医学生就业分配制度改革,毕业生实行自主择业的就业制度,医院公开向社会招聘毕业生。同时,也从口腔医学院、九院临床医学院毕业生中招聘部分应届生。

1993—2000年,新分配毕业生285人,引进人才4人。2000年后,医院除招收应届医科毕业生外,还面向社会进行人才招聘。1980—2010年,医院先后公派出国医务人员300余人陆续学成回国,返回医院工作。

表6-2-1　1951年2月伯特利医院主治医生及护士、化验、药剂负责人情况表

职　位	姓　名	性　别	年　龄	毕业学校及专业
总　院				
院长	石成志	女	71	北京协和医学院
副院长	蒋国芳	男	50	东吴大学法科（律师）
医务主任	梅国桢	男	45	美国约翰斯·霍普金斯大学医科
主治医师	徐以达	男	58	济南齐鲁大学医科
主治医师	瞿祖德	男	33	上海同德医学院
主治医师	陈蘋光	女	45	上海同德医学院
护士主任	伍哲英	女	60	美国约翰斯·霍普金斯大学护士科
诊　所				
主治医师	陈锦凤	女	55	北京协和医学院
护士主任	费静来	女	50	伯特利护士产科学校
助产士	陈芳蕙	女	44	伯特利护士产科学校
药剂师	钱菊芳	女	31	中法大学药科
分　院				
主治医师	蔡仲寰	女	40	同德医学院
药剂生	陈云龙	男	30	上海药剂生职业学校
化验员	陈婉兰	女	43	伯特利护士产科学校
护士主任	段青莲	女	48	伯特利护士产科学校

说明：不含特约医师。

表6-2-2　1920—2010年部分年份医生人数与职称情况表

年　份	医生人数	正高人数	副高人数	中级人数
1920	4	—	—	—
1965	109	—	—	—
1985	411	0	42	100
1990	526	39	58	152
1995	559	34	75	247
2000	540	57	98	227
2005	634	98	166	211
2010	749	106	172	265

【护士】

1920年，伯特利医院建院初，仅有4名护士。建院后，伯特利医院设护士学校，由石美玉负责。1924年，医院完成扩建时有护士6人，附设伯特利护士及产科学校，由石美玉兼任护士学校校长。

护校学生在院内实习,承担日常护理工作。毕业生一部分留医院工作,其余为上海市及各省市一些医院所录用。

1937年,"八·一三"淞沪抗战爆发,医院遭受严重破坏。1938年5月,伯特利医院在法租界伯赛仲路(今复兴西路)21号租用房屋设立分院,一部分护士到分院及分诊所工作。

1945年,抗战胜利后,伯特利医院逐渐恢复业务。1948年3月,附设的私立护士学校复校,由石成志代院长并代护士学校校长。1951年,护理部主任伍哲英兼任护士学校校长。

1951年8月,上海市军事管制委员会接办医院时,有护士及助产士8人、护生55人。护士学校改名为上海市第二护士学校,仍由医院管理。护校毕业生成为医院护理人员的重要来源。

1951—1966年5月,护士学校共毕业护生1186人,部分留院工作。1964年,为适应口腔系迁来的需要,应届护校毕业生留院22人。1966年,医院有护士152人。

1989年7月,上海第二医科大学实行教改,九院护士学校与其他三所卫校、护校合并,改名为第二医科大学附属卫生学校。医院时有护士406人。

20世纪90年代,随着毕业生分配就业制度改革,实行自主择业,医院护士来源除了从第二医科大学附属卫生学校、上海医药高等专科学校以及部分各区级卫生学校护理专业学生招录毕业生,还向社会公开招聘护士,以满足医院发展需要。

表6-2-3 1985—2010年部分年份护士总数与职称情况表

年 份	护士人数	正高人数	副高人数	中级人数
1985	374	—	—	0
1990	527	0	1	39
1995	510	0	2	42
2000	548	0	3	41
2005	617	0	5	66
2010	833	1	4	57

【医技人员】

1948年,医院设有药房、化验室、X光室,配有4名医技人员。1952年,医院划归市卫生局,医院更名为"上海市立第九人民医院",医技人员来源以毕业生分配和上级调配为主。

20世纪60年代,医技人员来源以上海第二医学院医技专业毕业生分配录用和系统内调配为主,基本满足医技专业需要。1966年,医院有医技人员56人。20世纪80年代后,医技人员来源稳定,至1989年,医院有医技人员113人。20世纪90年代,毕业生就业分配制度改革后,毕业生自主择业,医院实行公开招聘,医技毕业生来源增多,医院择优录用,充实医技人员。

表6-2-4 1951—2010年部分年份医技人员数量和职称情况表

年 份	医技人数	正高人数	副高人数	中级人数
1951	5	—	—	—
1966	56			
1975	117			

(续表)

年　　份	医技人数	正高人数	副高人数	中级人数
1985	211		1	6
1990	270	1	3	18
1995	289	1	4	58
2000	256	1	2	56
2005	287	2	9	65
2010	267	3	6	70

【行政人员】

医院建院初,由伯特利教会人员管理。1950年院庆30周年时,医院管理人员有:院长石成志;医务主任梅国桢;护理主任伍哲英;庶务主任李翠芳;秘书陶庸拂;事务员刘克忠、徐士芳、郭振德等人。

1951年8月,上海市军事管制委员会派军代表李焜接办医院。20世纪50年代,医院党政管理人员由上海市政府、上海市卫生局委派或调入,从军队转业干部以及医务人员中培养提拔。20世纪60年代起,医院从医师中培养提拔干部担任行政管理工作。医院并在知青中招聘财会、行政人员,录用后经过短期培训考核合格后正式分配工作,陆续补充行政及财会人员。

20世纪80年代,根据干部"四化"要求,干部队伍新老交替,医院从有文化、有专业知识的中青年医师中选拔一批干部进入医院各级行政部门担任管理干部。20世纪90年代初,医院开始招录应届医学管理专业毕业生,补充行政管理人员。同时,通过跨系统或系统内调干、吸收部队转业干部来充实行政管理人员。2000年后,医院管理人员不限于医学管理专业,面向社会招聘管理专业人才,使行政管理专业人员门类更为齐全,以提高医院管理水平。

表6-2-5　1956年医院员工、业务量与接管前比较情况表

项　　目	接 管 前	接管后(1956年)
行政人员人数	9	47
医师人数	5	65
护士人数	11	79
助产士人数	2	11
助理护士人数	2	41
技术人员人数	6	32
工务员人数	32	89
合计人数	57	364
床位数	90(1949年)	315
日门诊人数	100	705
月出院人数	—	485

(续表)

项 目	接 管 前	接管后（1956年）
劳保单位（家）	33	91
劳保门诊每月人数	—	8 030
劳保出院每月人数	—	224

【工勤人员】

1920年建院初，医院仅有2名工勤人员；1951年，医院有工勤人员近20人。20世纪50年代，由劳动局介绍失业工人到医院担任工勤人员，少量的由医院职工介绍入院、上级调配及系统外富余人员调入充实工勤岗位。1966年，医院有工勤人员95人。20世纪70年代，根据当时政策，招录了一批医院退休员工的子女、征地农民工、待业青年，以及通过招工录用一批农场工，充实了近百名工勤人员。因医院业务扩大，工勤人员中技术工种缺少，医院从系统外通过商调形式引入技术工种，充实工勤维修人员。至1989年，医院有工勤人员257人；2000年，医院有工勤人员269人。2000年，医院实行后勤社会化改革，后勤服务实行外包，同时，医院实行待退休制度，工勤人员逐步减少，正式编制工勤人员仅有一小部分。

二、员工结构与流动

【员工结构】

伯特利医院时期，医院规模有限，员工总数徘徊在40～50人左右。接办后，医院进入快速发展期。1966年底，医院有职工总人数471人，其中医生108人、护理人员152人、医技人员56人、行政人员60人、工勤人员95人。医院设有11个临床科室和10个医技科室。1980年，职工人数增至1 771人。1989年，职工总人数1 703人，其中医生484人、护理人员538人、医技人员113人、行政人员141人、工勤人员257人、其他工作人员170人。医院设有18个临床科室和18个医技科室及后勤部门。

1995年，医院有职工总人数1 805人。2000年，医院有职工总人数1 823人，其中医生540人、护理人员548人、医技人员256人、行政人员209人、工勤人员251人。截至2010年，医院有职工总人数2 263人，其中医生749人、护理人员833人、医技人员267人、行政人员129人、工勤人员114人。

表6-2-6 1920—2010年医院职工分布情况表

年 份	职工总数	医生人数	护士人数	卫技人数	工勤人数	行政人数
1920	20	4（外聘1）	11	4	1	4（兼）
1924	23	9	6	—	2	4（兼）
1948	30	5	17	1	7	2（兼）
1949	40	5	11	3	7	4
1950	37	5（外聘5）	15	3	10	4

(续表)

年　份	职工总数	医生人数	护士人数	卫技人数	工勤人数	行政人数
1951	55	9	8(助产士3)	5	28	5
1952	183	31	93	17	10	32
1953	306	54	100	16	108	32
1955	364	53	93	28	—	—
1956	364	—	—	—	28	—
1957	420	107	124	—	27	—
1959	—	—	—	—	61	—
1961	460	109	143	65	60	89
1963	425	93	100	93	63	52
1964	447	99	126	97	75	50
1965	503	101	152	95	105	50
1966	471	108	152	56	95	60
1967	601	171	196	87	87	60
1969	630	173	198	89	90	80
1970	642	171	189	88	91	78
1974	863	148	269	140	185	89
1975	929	211	304	117	200	97
1976	949	211	304	118	—	—
1979	1 151	—	—	—	88	72
1980	1 177	285	386	138	267	101
1981	1 164	253	385	172	257	97
1982	1 217	285	372	178	280	102
1983	1 380	354	406	199	313	108
1984	1 203	246	386	197	279	95
1985	1 410	411	374	211	277	137
1986	1 454	436	391	209	279	139
1987	1 574	473	448	264	254	135
1988	1 620	500	450	250	256	132
1989	1 533	551	471	113	257	141
1990	1 676	526	527	270	250	103
1991	1 751	590	534	260	262	105
1992	1 705	583	515	253	246	108
1993	1 769	567	522	291	269	120

(续表)

(续表)

年　份	职工总数	医生人数	护士人数	卫技人数	工勤人数	行政人数
1994	1 776	587	525	208	259	121
1995	1 805	604	510	289	258	144
1996	1 844	619	492	307	256	170
1997	1 824	590	485	277	252	220
1998	1 835	595	513	267	249	211
1999	1 830	581	524	250	247	228
2000	1 823	540	548	256	251	209
2001	1 811	560	529	297	216	209
2002	1 759	530	550	213	209	257
2003	1 763	534	557	194	220	258
2004	1 709	570	559	295	169	108
2005	1 941	634	617	287	188	108
2006	1 994	—	—	—	—	—
2007	2 155	724	762	299	156	114
2008	2 244	747	797	299	150	139
2009	2 250	779	798	294	127	136
2010	2 263	749	833	267	114	129

【员工流动】

改革开放前,医院专业技术干部的来源主要有以下几个方面:一是伯特利医院原有职工;二是历年医学院校分配来院的毕业生和九院护校历届留校学生;三是由上级部门从外单位调入。如1951年接办后,上海市卫生局陆续调入一批医生和干部。1965年后,从广慈、仁济、新华等医院调入一批医学骨干等,为医院发展奠定了基础。"文化大革命"前期,人员流动近乎停顿。1970年后,医院开办医生试点班和护士、医技人员的培训班,补充一部分人力。1972年后,医院开始招收三年制学员使医生有了相对稳定的来源。恢复高考后,每年应届毕业的博士生、硕士生、本科生以及每年招收的护士,成为医院职工的主要来源。1958—2010年,医院招收毕业生2 318人,外单位调入1 011人,调出1 340人。

表6-2-7　1958—2010年医院人员流动情况表　　　　　　　　　　　　　　单位:人

年　份	入　院			离　院			
	毕业分配	调　入	总　计	调出(含辞职)	离退休	死　亡	总　计
1958	31	30	61	18	23	2	43
1959	5	23	28	18	0	3	21
1960	18	12	30	18	0	0	18

(续表)

年份	入院			离院			
	毕业分配	调入	总计	调出(含辞职)	离退休	死亡	总计
1961	23	5	28	9	3	1	13
1962	9	20	29	4	11	0	15
1963	13	5	18	20	1	2	23
1964	24	13	37	6	1	3	10
1965	15	22	37	7	0	0	7
1966	40	17	57	12	9	1	22
1967	0	15	15	0	1	2	3
1968	0	0	0	1	1	1	3
1969	0	1	1	0	0	0	0
1970	0	0	0	7	1	3	11
1971	32	0	32	7	0	6	13
1972	104	55	159	9	8	0	17
1973	80	13	93	8	18	0	26
1974	45	5	50	3	3	0	6
1975	40	7	47	3	3	0	6
1976	63	9	72	21	9	0	30
1977	63	3	66	6	5	5	16
1978	30	40	70	23	13	0	36
1979	44	87	131	31	58	0	89
1980	105	54	159	19	6	1	26
1981	5	69	74	13	21	3	37
1982	63	72	135	6	17	0	23
1983	63	29	92	20	14	1	35
1984	58	22	80	33	54	2	89
1985	61	30	91	33	6	0	39
1986	76	29	105	14	10	1	25
1987	91	18	109	23	25	3	51
1988	110	13	123	27	38	0	65
1989	104	27	131	42	28	2	72
1990	91	7	98	29	41	2	72
1991	62	15	77	64	30	2	96
1992	66	13	79	55	24	2	81

(续表)

年 份	入 院			离 院			
	毕业分配	调 入	总 计	调出(含辞职)	离退休	死 亡	总 计
1993	86	24	110	41	17	1	59
1994	85	21	106	39	31	1	71
1995	43	7	50	58	16	2	76
1996	81	6	87	56	25	1	82
1997	52	3	55	30	23	0	53
1998	78	15	93	40	20	0	60
1999	51	5	56	38	25	1	64
2000	68	3	71	41	32	1	74
2001	39	6	45	47	36	0	83
2002	44	6	50	33	35	0	68
2003	106	10	116	33	21	0	54
2004	97	12	109	30	35	1	66
2005	106	10	116	32	34	3	69
2006	140	20	160	37	40	0	77
2007	159	61	220	41	48	1	90
2008	163	56	219	43	76	2	121
2009	140	24	164	55	76	5	136
2010	187	14	201	42	61	2	105

三、员工职称分布

【医生】

1920年,伯特利医院创立初期,共有医生4人。1951年,上海市人民政府接办医院时有医生7人。1989年,医师数已达484人,其中主任医师23人、副主任医师70人、主治医师105人、住院医师240人、医士2人。2010年,医院有医师749人,其中正高级职称106人、副高级职称172人、中级职称265人。

表6-2-8　1920—2010年医生高、中级职称结构变化情况表

年 份	正高人数	副高人数	中级人数	医生总数
1920	—	—	—	4
1965	—	—	—	109
1985	0	42	100	411
1990	39	58	152	526

(续表)

年　份	正高人数	副高人数	中级人数	医生总数
1995	34	75	247	559
2000	57	98	227	540
2005	98	166	211	634
2010	106	172	265	749

【护士】

1920年,伯特利医院创立初期,有护士4人。1950年,医院有护士15人。1965年,医院有护士100人、助产士12人、护理员4人。1989年,医院有护士538人。2005年,医院有护士617人,其中副主任护师5人、主管护师66人。截至2010年,医院有护士833人,为历年护理人员数的最高峰,其中主任护师1人、副主任护师4人、主管护师57人。

表6-2-9　1965—2010年护士高、中级职称结构变化情况表

年　份	正高人数	副高人数	中级人数	总　数
1965	—	—	0	104
1985	—	—	0	374
1990	0	1	39	527
1995	0	2	42	510
2000	0	3	41	548
2005	0	5	66	617
2010	1	4	57	833

【医技人员】

1951年8月,上海市军事管制委员会接办医院时,有医技人员5人。1955年,医院有医技人员28人。1959年,医院有医技人员61人。1965年,医院有医技人员95人。1975年,医院共有医技人员117人。1989年,医院有医技人员113人。1995年,医院共有医技人员289人。2005年,医院有医技人员287人。截至2010年,医院有医技人员267人。

表6-2-10　1951—2010年医技人员高、中级职称结构变化情况表

年　份	正高人数	副高人数	中级人数	总　数
1951	—	—	—	5
1965	—	—	—	95
1985	0	1	6	211
1990	1	3	18	270
1995	1	4	58	289

(续表)

年　份	正高人数	副高人数	中级人数	总　数
2000	1	2	56	256
2005	2	9	65	287
2010	3	6	70	267

第二节　定编与聘用

一、定编

卫生事业单位编制标准的制定工作始于20世纪50年代，1956年6月，国务院编制工作委员会与卫生部联合颁发《医院、门诊部组织编制原则》。1956年起，医院根据上级要求开始实施定编工作，以医院床位数为基础进行定编计算。1978年，中央卫生部颁布《县级以上综合性医院组织编制原则(试行草案)》，规定医院人员编制确定原则，基本上是按床位定人。1982年，医院统一制定《机构设置和人员编制》。1985年，中央决定进行工资改革，取消事业单位编制，实行全员合同聘任制，但保留事业单位性质。医院制定《各级人员考核办法》《定编测算报告》。1990年，经上海市编制委员会批准，医院人员编制数增加至1700人。1992年5月29日，上海市编办研究同意医院编制，由1700名编制增加至1800名。2000年后，根据上海市卫生局、上海市职改办《关于进一步做好专业技术岗位设置工作》要求，医院从实际出发，自主设置专业技术岗位。卫生专业技术岗位数量及各类人员之间比例主要按照医院床位数、机构设置等加以确定。此外，教学、科研、行政编制数主要按照工作任务、机构设置等确定。机构设置和人员编制确定后，由人事处具体进行日常管理。

至2010年，医院共有6类编制人员，分别是医学院编制、医院编制、人事代理、派遣、住院医师基地规范化培训以及后勤外包的工勤人员。

【医学院编制人员】

上海交通大学医学院提供给医院58个事业单位编制，医学院提供基本工资，其他福利、津贴和奖金等由医院承担。

【医院编制人员】

1992年，上海市机构编制委员会办公室提供医院事业单位编制1800个。当编制有空缺时，部分人事代理人员经过筛选转入医院编制。

【人事代理】

医院于2003年开始招聘人事代理人员，也称非在编人员。医院委托上海黄浦区人才交流中心代为管理人员档案和代办社会保险，每月支付其管理费，并由其代缴社会保险统筹费。非在编人员工资福利等由医院承担。

【派遣人员】

2004年开始,医院委托上海黄浦龙腾人才发展有限公司(简称龙腾公司)招聘派遣人员。该类人员需与龙腾公司签订劳动合同,医院承担派遣人员的所有工资福利等。

【住院医师基地规范化培训学员】

2010年,由上海市卫生局组织开展住院医师规范化培训,应届医学院校医学毕业生,必须经过住院医师基地培训后才能招聘进医院工作。该类人员与医院签订劳动合同,由上海卫生人才交流服务中心发放工资,其余福利、津贴和奖金由医院承担。

【后勤外包工】

1985年3月,医院管理体制改革,后勤实行承包制,后勤服务社会化。2002年11月,进一步深化医院改革,开展保洁竞标工作,至此保洁用工完全社会化,由医院总务处管理。

二、聘用

1988年,医院实行人事聘任制、聘用制、离岗原地待配制,并成立劳动争议仲裁委员会。同年,医院对326名大、中专、职技学校毕业生签订聘用合同,对8名工人签订1~3年合同制。为引进竞争机制、健全医院合理的用工制度,促进学科梯队建设,1995年,根据市人事局《关于印发〈上海市事业单位实行聘用合同制暂行办法〉的通知》及2000年上海市卫生局《关于本市卫生事业单位开展聘用合同制工作的意见(试行)》等文件精神,2002年3月,医院召开九届六次职代会,通过《医院岗位聘任管理办法》《医院聘用合同制实施方案》,人事处制定了《岗位聘任工作管理办法》《专业技术岗位聘任实施意见》等制度。方案适用于医院在职在编职工。医院成立院科二级岗位聘任组织。其中业务科室聘任组织(简称科聘任小组)由行政科主任、科副主任、护士长、所属党支部书记、部门工会主席组成,由科行政主任负责召集。科聘任小组组成人员名单需上报院部批准。

2003年,根据《上海市人民政府关于印发上海市事业单位聘用合同办法的通知》精神和2004年关于实施《上海市事业单位聘用合同办法》有关问题解释的通知,2005年年初,根据2003年《上海市人民政府关于印发上海市事业单位聘用合同办法的通知》精神和有关法律法规对全院1 838名职工,根据不同情况分别签订了无固定期限合同和中、短期合同。在办理200名续签合同的工作中,依据个人的工作表现来确定续聘期限的长短,对个别泡病假、工作表现服务态度差、考试考核成绩不合格的职工,根据聘用合同规定,终止聘用合同,解除劳动关系。从2005年1月1日后实行全员聘用合同制,对原固定制职工签订聘用合同。确定聘用关系、实施解聘辞聘和合同终止、建立人员流动机制,加强人员调配管理。统一填写《上海市事业单位人员聘用手册》,记载受聘人员的个人情况和在单位的工作情况,作为工作经历和社保的证明。2010年,医院成立岗位设置与聘任领导小组和工作小组。在推进聘用合同制度的过程中,医院开展多元化的用人途径,如人事代理、派遣、外用人员等。

三、退休回聘

1981年后,根据上海市政府颁发《关于聘用退休工人任技术指导若干问题的暂行规定》,医院专业技术人员退休回聘采用医院回聘、科室回聘2种。1995年后,医院按规定为达到退休年龄的专家办理延长退休手续,并对退休人员回聘的申请、审批程序及待遇等作出相应规定。

四、终身教授

为了充分肯定和褒奖对医院和学科建设有突出贡献的老专家,进一步发挥他(她)们在学科建设和医院建设中的楷模作用,促进优秀中青年医学人才的培养和重点学科梯队的建设,医院于2000年制定并实施医院终身教授制度,对已达到退休年龄的正教授,曾经是或目前是我院主要重点学科创始人、奠基人、带头人,为学科建设继续做出特殊贡献,学术造诣深,在国内外享有崇高声誉的老专家,经过遴选为医院终身教授。自终身教授制度实行以来,医院聘任5位专家为医院终身教授,另有1位专家为上海第二医科大学聘任终身教授,共有6位终身教授。

五、待退休

2001年8月,上海市卫生局为贯彻市政府办公厅转发的《上海市贯彻〈关于城镇医药卫生体制改革的指导意见〉的实施意见》和上海市卫生局《关于深化本市公立医疗卫生机构后勤服务社会化改革的意见》,全面推进本市公立医疗卫生机构的后勤服务社会化改革,对后勤人员实行分流政策。2002年7月底,医院制定了《工人编制职工院内提前退岗休养实施办法》。同年12月,又出台《工人编制职工院内提前退岗休养实施办法》的补充意见,使得医院后勤社会化工作顺利地铺开。至2002年底,医院工人编制职工90%以上办理待退休手续。

第三节 专业技术职务评聘

1953年,医院在临床科室实行科主任负责制,专业技术职称分为主任医师、主治医师、住院医师等。20世纪50年代末,医院实行的是技术职务任命制度。20世纪60年代初期,这种制度基本停顿。1978年后,医院恢复技术职称评定工作。1979年,中央卫生部颁发《卫生技术人员职称及条例(试行)》,卫生技术人员分为四类:医疗防疫人员、药剂人员、护理人员、其他技术人员。1985年起,二医大进行专业技术职务聘任制试点工作,由晋升转变为专业技术职务评聘结合的制度。1986年,医院报批的高级职称晋升人数共70人,其中教授主任医师12人、副教授副主任医师34人、副主任医师23人、副主任药师1人。1990年,获晋升的有正高20人、主任医师19人、副主任医师15人、主治医师36人、住院医师38人。1991年,医院成立专业技术职务任职资格评审委员会,开展评审工作。2003年,医院为强化和完善高级专业技术职务聘任制度,成立医院高级职称聘任委员会,并制定医院专业技术岗位聘任实施意见等。

一、卫生系列专业技术职务评聘

1951—1967年,医院专业技术职务晋升对象主要是主任医师、副主任医师、主治医师和住院医师。1978年,医院恢复技术职称晋升工作,恢复原有科主任、主治医师及护士长,并提升科主任7名、科副主任23名、主治医生49名。20世纪80年代,进行专业技术职称改革后,科主任、护士长、科护士长、总护士长为行政职务。1979年,中央卫生部颁发《卫生技术人员职称及晋升条例(试行)》。1980年,经二医批复,有28人晋升主治医师、1人晋升主管药剂师、1人晋升主管技师。1981年,经二医党委批复,有5人为科副主任。

1988年,经上海第二医科大学专业学科组评审,校高级职务评审委员会审定,有32人具有副主任医师任职资格,1人具有主任技师任职资格。1988年,医院对专业技术人员实行逐级聘任和差额聘任,院长聘任高级专业技术职称108人,科主任聘任中级职称以下232人。

1989年,上海市职称改革办公室制定《高级专业技术职务任职资格评审的若干规定》。1990年,医院首次专业技术职务评聘卫生系列正高级20人、副高级16人、中级56人、初级168人,共计260人。2003年,经医院高评委、院务会决定,聘任207名高级职称人员,做到评聘分离。

1999年,上海市人事局印发《上海市专业技术职称(资格)评定与专业技术职务聘任相分离的暂行办法》,对初级职称(资格)实行以考代评、只聘不评方法;中级职称(资格)实行以考代评方法;高级职称(资格)采取资格评审的方法。对于有突出贡献的专业技术人员,予以破格评审。2008年起,医院专业技术职称(资格)评审由评聘分离转为评聘结合,同年,为加强高级专业技术职务聘前考核工作,实行评聘分离,医院设立考核小组,开展聘前考核工作。2010年,医院首批聘任中级职称专业技术人员50余人。

【资格考试】

1989年起,上海市卫生局每年统一组织外语水平考试,考试成绩列为评聘技术职务的依据之一。

1993年起,上海市委组织部、上海市人事局决定把外语、计算机技术培训作为干部培训考核内容,凡考试合格者统一发给合格证书,作为参加专业技术职务任职资格评审已具备外语、计算机等级水平的依据。

根据上海市人事局、上海市职称改革领导小组办公室下发通知精神,从1993年起,本市对企事业单位在职专业技术人员实行继续教育证书制度,采用学分制登记。

根据上海市卫生局文件规定,1999年起,每年5月举行住院医师规范化培训理论考试,考试成绩列为晋升条件。

【定期工作】

1999年,根据上海市卫生局要求,医疗机构卫生中级专业技术人员到农村和城市基层医疗机构定期工作,参加援外、援疆、援藏等医疗队工作3个月以上的医务人员,不再承担定期工作任务。

2002年,上海市卫生局印发《关于加强本市医疗机构卫生中级专业技术人员到郊区和城市基层医疗机构定期工作的意见》,规定从2003年起,凡需申报"副主任医师"资格评审的人员,必须完成定期工作任务。

二、教师系列专业技术职务评聘

1964年起,医院作为上海第二医学院附属医院,开始有教学职称。初期有教学职称的医师均由广慈、仁济、新华等医院调入,1966年,"文化大革命"开始后,专家教授成为"学术权威"批判对象。1978年,医院恢复教师技术职称晋升工作,恢复教授2人、副教授3人、讲师62人,并提升一批教研室主任、副主任。1981年,医院有正副教授22人。1982年,经市教授职称评审委员会评审,高教局党组审查,有6人晋升为副教授。1985年,根据国家教委教师评审管理文件规定,经上海第二医科大学校教师学衔委员会评审通过,有24人具有副教授任职资格。

1986年,经上海市高校教师学衔委员会评审通过,有9人具有教授任职资格。1988年,新增教授1人、副教授22人。

1994年,医院提升1位教研室主任、4位教研室副主任。2000年,医院提升19位教研室主任。2001年,根据上海市教委《关于印发上海市教师资格条例实施细则的通知》和上海第二医科大学人事处部署,医院开始教师资格认定工作。2001年,医院聘任2位教研室主任、3位教研室副主任。2005年,医院聘任22位教研室主任。2007年,根据上海交通大学医学院部署,医院开始教师职务聘任工作。

2008年,根据《医院专业技术岗位聘任实施意见》,经过个人申报、科室审核、相关部门考核,专家评审,有正高级职称95人、副高级职称188人进入续聘考核评审。

1985—2010年,新增高级讲师5人、讲师7人、助教2人。截至2010年,医院有教授52人、副教授83人、讲师69人。

三、非卫生系列专业技术职务评聘

医院非卫生系列职称有会计、统计、馆员、工程、翻译等。1980年起,根据国务院规定,增加经济、图书档案资料等社会科学类专业干部技术职称。1991年,医院首次开展专业技术职称评聘,共评聘非卫生系列中级职称1人、初级职称5人。2003年,医院制定会计系列、图书档案资料系列和工程系列专业技术岗位聘任条件。

1991—2010年,医院共评聘非卫生系列高级职称49名、副高级职称32名、中级职称112名、初级职称187名。

1990年,技术工人等级聘任工作开始,上海市卫生系统进行技术工人技师评聘试点。1991年,上海市卫生局下发《关于开展评聘首批工人技师的通知》,首批评聘工人技师的工种有水电工、汽车驾驶员、制冷维修工、机修钳工。

1995年,上海第二医科大学制定《技术工人培训考核和实行技术等级聘用制补充办法》,技术工人分为高级技师、技师职务以及高、中、初级工三个技术等级。为进一步提高职工队伍技术能力和水平,促进技术进步,鼓励职工钻研业务,不断提高技术水平,医院开展工人技师资格评聘工作,由工人技师资格评聘委员会负责工人技师资格考核、评定和聘任工作。

表6-2-11 1978—2010年初级职称聘任情况表

年份	医士人数	中医士人数	护士人数	助产士人数	技士人数	检验士人数	教辅技士人数	药士人数	技术员人数	会计员人数	管理员人数	经济员人数	统计员人数
1978	23	8	121	3	53	14	6	19					
1979					1	4		2					
1980					16								
1991			31		7			3				1	2

（续表）

年份	医士人数	中医士人数	护士人数	助产士人数	技士人数	检验士人数	教辅技士人数	药士人数	技术员人数	会计员人数	管理员人数	经济员人数	统计员人数
1992			23		7			1		9		1	
1993			7		7	2		1		1			
1994			21		1			2		3			
1995			20		12			3		1			
1996			25		6					3		1	1
1997			24		8			2		3	1		
1998			23		2			2		1			
1999			18		8								
2000			15		4			1					
2001			22		2					2			
2002			11		1								
2003			22		1								
2004			58		5			1		1	3		
2005			34		8			2		1	5		
2006			39		5			1	3	1			
2007			49		4					6	1		1
2008			102		8			2	2	9	2		1
2009			73		10			4	1	6			
2010			55		7			1		7			

表6－2－12　1979—2010年初级职称聘任情况表

年份	住院医师人数	护师人数	技师人数	检验师人数	研究实习员人数	助教人数	药师人数	助理工程师人数	助理会计师人数	助理馆员人数	助理经济师人数	助理统计师人数	助理政工师人数	翻译人数
1979	39													
1980		11												
1981	27													
1982		35												
1983	22													
1985	99				7	1	2	2						
1986	37				1									
1987	1	5												

（续表）

年份	住院医师人数	护师人数	技师人数	检验师人数	研究实习员人数	助教人数	药师人数	助理工程师人数	助理会计师人数	助理馆员人数	助理经济师人数	助理统计师人数	助理政工师人数	翻译人数
1988	31		2					3						
1991	30	85	4	1			2	1	1					
1992	25	35	7				3		19	1			3	
1993	27	37	34		2		8	4		1	3			
1994	49	17	8		1		1	1						
1995	43	32	5		3	1	2	2						1
1996	34	32	11		1		5							
1997	33	4			1									
1998	30	1	3			1			1					
1999	23	7	5				1	1	3				2	
2000	25	25	4		1	1	4		3					
2001	22	24	2		1		1	3					2	
2002	23	27	5			1	2		3			1		
2003	30	31	3			2	2	1		1				
2004	45	7			2		1							
2005	34	31	6		3	1	1	2		2				
2006	56	7	7		3				1	4	1			
2007	47	14	6		9		2	2		1				
2008	77	33	4		7		2	3	4	2				
2009	60	32	12		3		3	6	4	1				
2010	36	48	7		6	1	1	3	2			1		

表6-2-13　1978—2010年中级职称聘任情况表

年份	主治医师人数	主管护师人数	主管技师人数	助理研究员人数	讲师人数	主管药师人数	工程师人数	会计师人数	馆员人数	经济师人数	统计师人数	政工师人数
1978	49				62							
1980	29											
1982			6									
1986	64			4	1	3		3				
1987	1	17			2							
1990	33	6	9	2		5	1					

(续表)

年份	主治医师人数	主管护师人数	主管技师人数	助理研究员人数	讲师人数	主管药师人数	工程师人数	会计师人数	馆员人数	经济师人数	统计师人数	政工师人数
1991	4								1			
1992	33	3	7				4					
1993	50	5	10	2		4	3			4		2
1994	45		11	2		5	2	1	1			
1995	21	19	6	1		2	1		1			
1996	22	2	2	2			1					3
1997	26		1	1	2	1			1			
1998	25	1	1	2					1			
1999	35	2		3			1					
2000	61	8	4			2			1			3
2001	33	7	2				1		1			2
2002	3			2								
2003	247	47	44	8		13	1	1	1			
2004	21	8	1	1		1		1				
2005	233	64	55	9		12	7	7	6	2	1	6
2006	43	2	2	1		2	1	2				1
2007	41	4	6	2		2		1				
2008	220	64	59	17		13	9	9	6	1	1	3
2009	30	10	7	4		3				1		
2010	42	9	3	2	2	5		1	1			

表6-2-14 1978—2010年副高级职称聘任情况表

年份	副主任医师人数	副主任护师人数	副主任技师人数	副研究员人数	副教授人数	副主任药师人数	高级工程师人数	高级会计师人数	副研究馆员人数	高级统计师人数	高级政工师人数
1978	8				3						
1979	2										
1980					11						
1982	31		1		6						
1985	31				31						
1986	4		1		13	1					
1987	1			2	1						

(续表)

年份	副主任医师人数	副主任护师人数	副主任技师人数	副研究员人数	副教授人数	副主任药师人数	高级工程师人数	高级会计师人数	副研究馆员人数	高级统计师人数	高级政工师人数
1988	5		1								
1989	7										
1990	15	1									
1991	10			1	1	1					
1992	7	1		3	1	2					
1993	22			1							
1994	16		1	1							
1995	13		1		1						
1996	14	1		1					1		1
1997	16		1	3							
1998	19		1								
1999	13			3							3
2000	15			4	1	1					
2001	49	1	2	5		2			1		1
2002	21		2								
2003	124	2	6	5	1	4	1	1	1		4
2004	22	1		1			1				1
2005	149	5	6	8	1	4	1	1	1	1	3
2006	48			2							1
2007	38	1		1							
2008	176	3	5	15		3	1	1	1	1	4
2009	1										
2010	19	1		2							

表6-2-15　1982—2010年正高级职称聘任情况表

年　份	主任医师人数	主任护师人数	主任技师人数	研究员人数	教授人数	主任药师人数	转评教授人数
1982		1			2		
1985	11						
1986	3				14		
1987	1				1		
1988	32		1				

(续表)

年 份	主任医师人数	主任护师人数	主任技师人数	研究员人数	教授人数	主任药师人数	转评教授人数
1989	2						
1990	19						20
1991	7			1			
1992	1					1	
1993	14						
1994	5						
1995	7						
1996	6			1			
1997	10			1			
1998	7			2			
1999	7			2			
2000	7		1				
2001	13			2			
2002	12			3			
2003	63		1	10			
2004	15						
2005	87		1	10		1	
2006	1						
2007	10	1					
2008	88	1	2	13		1	
2010	25		1	4			

表6-2-16　1956—2010年医院历年聘任教授情况表

姓 名	性 别	科 室	聘任时间
张锡泽	男	口腔外科	1956.6
张涤生	男	整复外科	1956.7
邬爱菊	女	口腔内科	1982.8
许国祺	男	口腔内科	1982.8
孙建民	男	外　科	1986.5
戴尅戎	男	骨　科	1986.5
王耆龄	男	内　科	1986.5
薛　培	女	妇产科	1986.5

(续表)

姓　名	性　别	科　室	聘任时间
叶新华	男	放射科	1986.5
邱蔚六	男	口腔外科	1986.5
刘瑷如	女	口腔病理科	1986.5
马宝章	女	口腔颌面外科	1986.5
周鲸渊	男	口腔修复科	1986.5
徐济民	男	内　科	1986.12
刘善学	男	口腔解剖科	1986.12
黄宗仁	男	口腔内科	1986.12
樊　森	男	口腔修复科	1986.12
邵家珏	女	口腔内科	1986.12
刘　正	女	口腔内科	1987.8
沈建南	男	麻醉科	1990.11
孙大熙	女	放射科	1990.11
卢其成	男	中医科	1990.11
王鞠武	男	麻醉科	1990.11
奚渭清	男	眼　科	1990.11
杨宠莹	女	口腔修复科	1990.11
黄文义	男	整复外科	1990.11
曹宏康	男	口腔内科	1990.11
石四箴	女	口腔儿童科	1990.11
王晓仪	女	口腔内科	1990.11
楼昭华	女	口腔正畸科	1990.11
沈文薇	女	口腔修复科	1990.11
杨菊贤	男	内　科	1990.11
彭适生	女	口腔正畸科	1990.11
吴万龄	男	内　科	1990.11
关文祥	男	整复外科	1990.11
薛　淼	男	口腔材料科	1990.11
刘　侃	男	口腔正畸科	1990.11
张德星	男	内　科	1990.11
姚德成	男	外　科	1990.11
周阿高	男	中医科	1998.11
曹谊林	男	整复外科	1997.11

(续表)

姓　名	性　别	科　室	聘任时间
张志愿	男	口腔颌面外科	2007.1
张陈平	男	口腔颌面外科	2007.1
孙　皎	女	口腔材料科	2007.1
张富强	男	口腔修复科	2007.1
范先群	男	眼　科	2007.1
李青峰	男	整复外科	2007.1
周曾同	男	口腔黏膜病科	2007.1
王　忠	男	泌尿外科	2007.12
束　蓉	女	牙周病科	2007.12
陈万涛	男	口外实验室	2009.12
刘　伟	男	组织工程科	2009.12
王长谦	男	心血管内科	2010.12
朱振安	男	骨　科	2010.12
汤亭亭	男	骨　科	2010.12
沈　刚	男	口腔正畸科	2010.12
沈国芳	男	口腔颌面外科	2010.12

表 6-2-17　1978—2010 年医院历年聘任副教授情况表

姓　名	性　别	科　室	聘任时间
黄宗仁	男	口腔内科	1978.11
刘瑗如	女	口腔病理科	1978.11
邵家珏	女	口腔内科	1978.11
徐济民	男	内　科	1980.12
顾成裕	男	外　科	1980.12
王德昭	男	整复外科	1980.12
俞昌泰	男	骨　科	1980.12
叶新华	男	放射科	1980.12
樊　森	男	口腔修复科	1980.12
戴尅戎	男	骨　科	1980.12
邱蔚六	男	口腔颌面外科	1980.12
马宝章	女	口腔颌面外科	1980.12
刘善学	男	口腔解剖科	1980.12
孙建民	男	外　科	1980.12

（续表）

姓　名	性　别	科　室	聘任时间
楼昭华	女	口腔正畸科	1982.7
刘　正	女	口腔内科	1982.7
曹宏康	男	口腔内科	1982.7
王晋源	女	神经内科	1982.7
毛文贤	男	骨　科	1982.7
薛　培	女	妇产科	1982.7
王鞠武	男	麻醉科	1985.11
沈建南	男	麻醉科	1985.11
蒋惠人	男	胸外科	1985.11
宋宁家	男	泌尿外科	1985.11
关文祥	男	整复外科	1985.11
黄文义	男	整复外科	1985.11
杨菊贤	男	血液内科	1985.11
吴万龄	男	内　科	1985.11
奚渭清	男	眼　科	1985.11
徐乃江	男	眼　科	1985.11
邓杏村	男	放射科	1985.11
孙大熙	女	放射科	1985.11
刘　侃	男	口腔正畸科	1985.11
王晓仪	女	口腔内科	1985.11
沈文薇	女	口腔修复科	1985.11
杨宠莹	女	口腔修复科	1985.11
郝以明	女	口腔内科	1985.11
彭适生	女	口腔正畸科	1985.11
胡北平	男	口腔颌面外科	1985.11
薛　淼	男	口腔材料科	1985.11
何荣根	男	口腔外科	1985.11
张彩霞	女	口腔材料	1985.11
陆昌语	男	口腔免疫室	1985.11
郑雪琴	女	妇产科	1985.11
王　炜	男	整复外科	1985.11
李传福	男	内　科	1985.11
张德星	男	内　科	1985.11

（续表）

姓　名	性　别	科　室	聘任时间
陈海琼	女	内　科	1985.11
王仁缎	女	眼　科	1985.11
石四箴	女	口腔儿童科	1985.11
袁文化	女	口腔外科	1985.11
姚德成	男	外　科	1986.7
尚汉祚	男	外　科	1986.7
张培华	男	血管外科	1986.7
法韫玉	女	妇产科	1986.7
金一涛	男	整复外科	1986.7
郑慧君	女	老年科	1986.7
杨景文	女	血液内科	1986.7
张如兰	女	小儿科	1986.7
刘世勋	男	口腔外科	1986.7
哈　琪	女	口腔外科	1986.7
袁诗芬	女	口腔内科	1986.7
高素娟	女	口腔修复科	1986.7
叶秀芬	女	口腔修复科	1986.7
燕　山	男	B超室	1987.10
陈志兴	男	口腔解剖科	1991.12
周曾同	男	口腔内科	1992.11
孙大麟	男	口腔解剖科	1995.11
郭　莲	女	口腔解剖科	2000.6
唐国华	男	口腔正畸科	2007.1
顾　岩	男	普外科	2007.1
陆信武	男	血管外科	2007.1
朱亚琴	女	口腔综合科	2007.1
张如鸿	男	整复外科	2007.1
盛　净	男	老年科	2007.1
姜　虹	女	麻醉科	2007.1
李　江	女	口腔病理科	2007.1
蒋欣泉	男	口腔修复科	2007.1
何　悦	男	口腔颌面外科	2007.1
刘海林	男	消化内科	2007.12

(续表)

姓　名	性　别	科　室	聘任时间
黄正蔚	男	牙体牙髓科	2009.12
张　萍	女	口外实验室	2009.12
徐　骎	男	口外实验室	2010.12

第四节　员工定级与考核

一、员工定级

员工定级开始于1950年，医院将职别分为院长、科主任、医师、护士长、护士和其他人员，共有职别人员80余人。1951年，职别又增加医技、药剂、行政人员和工勤人员，共有职别人员180余人。1955年后，根据中央政务院规定，医院实行全国统一工资标准，在评级基础上进行定级或调级，逐步过渡到工资制。1956年，国家首次对教学卫生人员进行评级评薪，席应忠、张锡泽、张涤生被评为二级教授。至1984年，医院先后有二级教授3人、三级教授4人。

职工转正定级工作开始于1979年，对新录用应届毕业生实行见习期，满1年经考核合格的给予按期转正定级，经考核有的给予调整工作岗位或延长试用期（见习期）。2003年后，医院制定专业技术职务岗位聘任条件。2010年起，医院进一步完善各级各类专业技术职务岗位聘任条件。

二、考核与奖惩

【考核】

20世纪50—60年代初期，医院制定《各级各类医务人员职责》《医院工作制度》等制度，并对员工进行考核。"文化大革命"前，医院对员工考核主要依据员工思想小结，群众评议。1979年，又相继制定《医疗工作制度和医务人员的职责》《关于考勤、考核、评奖办法的草案》。1981年，医院建立健全各项规章制度，并执行《岗位责任制》。80年代末，二医大下发通知开始进行年度考核。1990年，医院对行政干部、专业技术干部、技术工人等首次开展年度工作考核，以德、能、勤、绩作为考核内容，考核结果分为好、较好、一般和较差四个等级，并作为评审、晋升、续聘的重要依据。1991年，医院首次制定《奖惩条例》，加强对员工考核。

为了正确评价事业单位工作人员德才表现和工作实绩，为工作人员奖励、培训、辞退以及调整工作岗位和晋升工资提供依据，1995年，医院根据上海市人事局印发《上海市事业单位工作人员考核试行意见》的通知精神，进一步完善职工考核制度。职工的考核内容包括德、能、勤、绩四个方面，重点考核工作实绩。德：指政治、思想和道德品质的表现；能：指业务知识和工作能力；勤：指工作态度和勤奋敬业的表现；绩：指工作数量、质量、效益和贡献。分为优秀、合格、不合格3个等次，各等次的基本标准是，优秀：正确贯彻执行党和国家的路线、方针、政策、模范遵守各项规章制度，熟悉业务，工作积极，能够完成工作任务；合格：正确贯彻执行党和国家的路线、方针、政策、模范遵守各项规章制度，熟悉或比较熟悉业务，工作积极，能够完成工作任务；不合格：政治、业务素质较差，难以适应工作要求,或工作责任心不强,不能完成工作任务,或在工作中造成严重失误。

同时,为高效管理,设定日常考勤与年度考核。截至2010年底,共有考勤员134人,根据医院制定的《考勤制度暂行条例》进行考勤。为正确评价事业单位工作人员德才表现和工作实绩,为工作人员奖赏、培训、辞退以及调整工作岗位和晋升工资提供依据,结合本市实际情况,自1995年接到沪人[1995]113号关于印发《上海市事业单位工作人员考核试行意见》的通知,医院贯彻落实此文件精神,规范职工考核制度。职工连续两年年度考核被确定为不合格等次的,应予以辞退。

年度考核严格坚持标准,被确定为优秀等次的人数,掌握在本单位工作人员总数的百分之十以内,超过百分之十的应由上级主管部门审核批准,但最多不得超过百分之十五。

考核办法:对职工的考核可采取领导与群众相结合、平时与定期相结合、定性和定量相结合的方法。考核分为平时考核和年度考核,年度考核要以平时考核为基础。

考核结果:在当年年度考核被确定为优秀的工作人员中,做出突出贡献的专业技术人员可提前晋升或越级晋升职务工资档次。职工年度考核连续两年被确定为合格以上等次的,按国家规定可晋升一个职务工资档次。职工在年度考核中被确定为合格等次的,按国家规定在年终发给一次性奖金,奖金数额为本人当年12个月份的基本工资(含津贴部分)。

职工年度考核被确定为不合格等次的,可给予调整工作岗位或降职,调整工作岗位或降职后,其工资待遇按新任工作岗位重新确定。职工连续2年年度考核被确定为不合格等次的,应予以辞退。考核结果的处理于2006年7月工改后停止实施。2004年,医院首次制定《员工手册》,并作为员工考核的重要内容。

【奖惩】

20世纪50年代,医院制定各项规章制度。1979年,医院制定《关于考勤、考核、评奖办法的草案》,对员工奖惩进行管理。1989—1993年,医院根据《国务院关于国家行政机关工作人员的奖惩暂行规定》,给予16名员工行政奖励升级。

表6-2-18 1989—1993年医院给予行政奖励职工情况表

年　　份	行政奖励升级名单
1989	张培华　戴尅戎　冯承忠　屈芦会
1991	曹谊林　皇甫银珠　唐林宝
1992	邱蔚六　曹宏康　杨福秀　朱也森　赵佩琪
1993	董国芬　罗济程　张芸芸　王惠芬

20世纪50年代,员工惩处主要是违反劳动纪律,而受到处罚。20世纪80年代,奖惩工作列为人事管理工作范畴。1991年,医院制定《奖惩条例》,2004年,医院制定《员工手册》,使奖惩工作有章可循。1986年后,医院人事管理进行改革,对员工实行年度考核,并列入考核表,经部门领导签署考核意见,作为员工奖惩考核依据。20世纪80年代末,有2名员工因违法犯罪被医院除名,20世纪90年代后期,有多名员工因违反劳动纪律或职业纪律而受到行政处罚。

三、评选先进

20世纪50年代以来,为了表彰先进,树立榜样,医院开展评选院级医、教、研、管理方面的先进个人和集体。在此基础上推选区、市和国家级的先进个人和集体。成为上海第二医学院附属医院后,又参与了学校的先进评选。历年来有一大批优秀员工和集体获得"先进工作者"、"三八"红旗手、社会主义建设积极分子等荣誉称号。20世纪70年代后,医院获评全国妇幼卫生先进单位及"五一"劳动奖章、全国优秀教育工作者、全国先进工作者、全国"三八"红旗手、全国模范护士、上海市卫生系统服务明星、十佳护士、十佳医生提名奖等荣誉称号。

1985—2000年,经推选,刘瑷如、曹谊林等获全国劳动模范称号,张涤生、刘瑷如、张锡泽、王惠芬、邱蔚六、曹谊林、刘正等获上海市劳动模范称号。

四、人员流动

人员流动是指人们离开原来的工作岗位,走向新的工作岗位的过程,从一个单位流动到另一个单位,包括上级调动、个人辞职、免职等。

【入院】

20世纪50年代初期,人员流动主要是上级调配、私人担保介绍入院。20世纪70年代,解决一部分医院职工夫妻分居两地问题。20世纪70—80年代初期,根据当时政策,采取退休职工子女顶替方式招录一部分员工。20世纪80年代,医院实行改革,采取聘任制和调配制,加快人才流动。2000年后,医院实行聘用合同制,促进人才引进。1980—2010年,医院调入职工702人。

【离院】

20世纪50年代起,员工离院主要是调离、退休、辞职、退职等原因。20世纪70年代,经本人申请离职,单位批准同意,办理离职手续。20世纪70年代末,离退休、退职需统一填写审批表。1980—2010年,职工调离医院的有841人。20世纪80年代起,职工因工或因病经过丧劳鉴定,属于完全丧失劳动能力的可以提前办理退休手续。

第五节 工 资 与 福 利

一、职工工资

【1950—1952年工资制度】

中华人民共和国成立初期,全国尚未建立统一的工资制度。国家机关及其直属事业单位的工作人员和人民解放军指战员,实行供给制。只是对建国后参加工作的一部分机关工作人员实行工资制。形成了供给制和工资制并存的状况。

1952年,政务院两次提高全国实行供给制人员的津贴标准,后又修订各级人民政府供给制工作人员的津贴标准,确定以"工资分"作为全国统一的工资计算单位,并统一"工资分"的实物品种和数量。"工资分"是以一定种类和数量的实物为计算基础,以货币进行支付的工资计算单位。每一"工资分",按照当时一般职工基本生活的实际需要,可以折合成粮食、布匹、食油、食盐和煤炭等5种实物。当时全国有350个"工资分"区。同年7月,政务院颁布了《各级人民政府机关技术人员暂行工资标准表》等9种工资标准表。共分29级,最高的一级为2 200个"工资分",最低的一级为85

个"工资分"。

1952年,医院人事科接受上海市卫生局布置的工资津贴调整工作,制定工资调整方法,按步骤实施工资调整。经人事科、各部门和科室,党政工团会议几上几下讨论,完成了此次调整。

这次调整工资按照规定,医院行政人员增加1%,医技人员增加1.16%,共控制有851.89个工资分,卫生局补贴23级以下医技人员408个工资分,共计有1 259.89个工资分。调整67人须增加348个工资分,减去抵消保留工资分,实际增加1 204个工资分,余留55.89个工资分。

【1963—1979年工资调整】

1963年,根据中央和上海市委关于"巩固精简成绩,严格控制城镇人口和职工人数增加,大力提高生产率,在1963年调整工资基础上安排好职工生活"的方针和"增产不增人,少增人,不断提高劳动生产率"的指示精神,进行了工资调整。

1971年,国务院决定,从当年7月1日起对一部分工人和工作人员的工资进行适当的调整。这次升级人数共95人,77人升一级,18人升二级,10人属于第一档升二级不到等级线,8人属于第二档升二级到等级线,13人靠档,103人填平补全,36人定级。1972年9月,共增加工资:1 081.33元。1971年7月—1972年8月,共增加工资15 156.12元,总共增加工资16 237.45元。

1977年,国务院下发《关于调整部分职工工资的通知》,医院在党总支领导下,经学习、动员、评议、汇总四个阶段,顺利完成调整。共调整1971年底以前参加工作的一级工、1966年底以前参加工作的二级工及相似人员共115人,靠档24人。1971年底以前参加工作的其他职工(不包括十七级及以上干部和工资相当的其他干部)也调整一部分。调整工资的人数不得超过这部分职工人数的40%。医院实际共调整386人(其中5人冲保留工资),约占可调整范围的50%,以上3档总共调整金额2 324.81元/月。

从1979年11月起,给40%的职工调资升级,并由教育部报经国务院批准市委同意,各增加8%的升级面,用于高级讲师以上教学人员、医院主治医师以上业务人员和护士长的择优升级。这是粉碎"四人帮"以来3年中第二次较大范围地给职工增加工资。

【1985年工资改革】

1985年,党中央、国务院决定,对国家机关和事业单位工作人员的工资制度进行改革。国家机关和其他事业单位从1985年7月1日起执行新的工资制度。改革的主要内容:国家机关行政人员、专业技术人员均改行以职务工资为主要内容的结构工资制,即将现行的标准工资加上副食品价格补贴、行政经费节支奖金,与这次改革增加的工资合并在一起,按照工资的不同职能,分为基础工资、职务工资、工龄津贴、奖励工资四个组成部分。

1985年8月30日,国家卫生部发文,制定医疗卫生事业单位行政管理人员、卫生技术人员实行以职务工资为主要内容的结构工资制。医院工改工作自1986年9月中旬开始至1986年11月中旬,历时2个月,经学习领会精神,掌握政策,反复核对全院职工的工龄年限及查阅部分人员的档案,顺利完成调整。全院1 453人,按规定列入工改范围1 333人,不包括卫校,总的增资额为234 150.25元,工龄津贴10 627.5元,平均每人增资17.57元,工人通过考核转正定级共11名。

【1985—1993年工资调整】

1990年5月,上海市人事局根据《国务院批转人事部、国家计委、财政部1989年调整国家机关、事业单位工作人员工资实施方案的通知》和《人事部关于贯彻〈一九八九年调整国家机关、事业单位工作人员工资的实施方案〉若干问题的规定》，提出全市国家机关、事业单位工作人员1989年解决工资突出问题的实施办法。此次实施办法主要用于解决专业技术人员、行政人员、工人和应届毕业生工资中的突出问题，并对4类人员的提高工资的标准进行了明确的限定。医院于1990年7月完成此次工资调整。至1989年9月底医院共有1718人，其中，符合升级1601人，月增资9666.5元；符合再升一级人数1386人，月增资10582.5元，总增资金额20249元。其中未定级大中专生95人，月增资1187.5元。

1990年10月根据国务院文件规定，对医院部分行政、工人、专业人员进行工资调整。医院中符合条件175人，月增资额1278.5元。1991年5月，上海市政府对机关事业单位部分工作人员实行临时职务（岗位）津贴，医院符合实行津贴人数1616人，金额30140.00元。

1991年7月20日，全市调整机关、事业单位职工的奖金，事业单位计发奖金的月平均工资，从1991年1月起由135元调整为145元。

1991年10月，调整本市机关和全民所有制企事业单位职工定期生活困难补助标准。

1992年，政府规定对出国期间的援外医疗队员，拟保留人头经费中扣除车贴、副食品补贴中8元外的所有待遇，国家额定的年标准奖金及福利待遇等，保持单位平均水平。

1993年1月，为维护单位内部的治安秩序，加强安全保卫工作，规定保卫干部岗位津贴标准，按每人每天1元，日计月发。

1985—1993年期间，医院根据有关规定和医院内部标准多次调整工资，明显地提高了职工的生活水平，共享改革开放成果，调动了大家的积极性。

【1993年工资制度改革】

1993年12月，根据国务院《事业单位工作人员工资制度改革方案》，全国进行了又一次的重大工资改革，这次事业单位工资制度改革方案的实施范围，限于事业单位中1993年9月30日在册的正式职工，并对全额拨款、差额拨款、自收自支3种不同类型的事业单位，实行分类管理。医院属于差额拨款单位，其工资构成中固定部分应占60％，浮动部分占40％。这些单位可根据经费自立程度和国家有关规定，实行工资总额包干或其他符合自身特点的管理办法。

医院1993年9月30日在册的固定职工、合同制职工1768人，参加这次工改1702人。套改前工资总额6000023.5元，套改后工资总额为769112.5元，其中职务工资346358元，津贴219464元，套改增资额169089元。另享受10％护士工资的有507人，金额为4577.5元，经工改后，享受10％护士工资的人数不变，金额为9084.2元，比原来增加4506.7元。

【2006年工资制度改革】

根据沪人［2007］6号《关于印发〈上海市事业单位工作人员收入分配制度改革实施意见和若干具体问题的处理办法〉的通知》，改革事业单位收入分配制度，事业单位实行岗位绩效工资制度。岗位绩效工资由岗位工资、薪级工资、绩效工资和津贴补贴四部分组成，其中岗位工资和薪级工资为基本工资。岗位工资主要体现工作人员所聘岗位的职责和要求，分为专业技术岗位、管理岗位和工勤技能岗位。薪级工资主要体现工作人员的工作表现和资历。

医院有1891人参加2006年7月工资调整，调整前职务工资及津贴工资（30％）为1569388元，调整后的岗位工资及薪级工资为2164940元，每月增资595552元，人均月增加315元。

二、奖金

20世纪50—70年代,职工收入主要以工资为主,有时发放一次性奖金。1979年后,医院制定《奖惩条例》,并根据条例规定进行奖惩。1980年,医院开始发放奖金,最初几年人均每月5元左右奖金,以后奖金发放水平逐年增加,对调动职工积极性起到一定作用。

1986年,根据上海市卫生局沪卫医改86年第15号《关于本市医疗单位实行超额、劳务补贴试点办法》通知精神,医院根据各科实际情况采用定额超劳务提奖,由科室和医院签订"三定一创"的考核指标,定工作量、经济指标、工作质量和创文明科室,医、教、研、三位一体。经济指标的核定采用科室一年的月平均数,与全科工作直接有关项目(住院费、治疗费、手术费、敷料费、护工费等)挂钩。1988年,医院制定《关于奖金分配的若干规定》《超劳务提奖扣发细则》《分配制度改革试行办法》,并组成有医院领导及各行政部门领导参加的考核小组进行考核,各部门成立党政工领导参加的考核小组,通过考核后进行奖金分配。同年6月开始在骨科、超声波室、口内、放射试行后逐步扩大到各科室。奖金分配的改革提高了工作效率,改善服务质量。1999年,医院制定《奖金分配的若干规定》,2001年,医院制定《科室经济分配方案》,进一步规范科室奖金分配制度。

三、员工津贴与福利

【员工津贴】

员工津贴主要有卫生津贴、岗位职务津贴、副食品价格补贴等。1965年,职工开始享受交通费补贴。1995年,医院提高交通费补贴标准。1987年起,医院开始发放卫生津贴。1995年起,医院根据上级规定,对有毒、有害部门职工发放特殊工种津贴。1999年起,医院实行饭贴制度。

【员工福利】

员工福利主要有医疗保健、职工疗休养、困难补助、独生子女补贴、职工死亡补贴等,按照国家规定予以办理。2000年后,医疗保健、困难补助并入社会保险、社会救济。在社保方面,1993年1月起,医院按照国家规定为职工缴纳"五险一金",即养老保险、医疗保险、失业保险、工伤保险、生育保险和住房公积金。

第三章 员工队伍建设

第一节 专业人才建设

一、人才培养

20世纪50年代后期至60年代初,医院开始把师资和青年医师的培养列入医院发展计划。1965年,张锡泽、张涤生、邱立崇等一批著名教授调来医院。医院开始挑选一批优秀教师作为骨干进行重点培养。在青年医师培养方面,医院通过住院医师培养,老教授"传、帮、带",定期举行学术讲座、疑难病例讨论、总查房,开办培训班、进修班等形式,促进青年医师成长。

【师资培养】

1978年,医院制定《关于在职人员攻读硕士博士学位研究生的若干意见》,1985年起,医院鼓励各类人员报考在职研究生及学历提升。1984—2010年,全院攻读硕士学位249人,攻读博士学位198人。

20世纪80年代后期,医院制定《院优秀青年骨干师资培养鼓励办法》《优秀研究生西门子奖励基金管理章程》,加大院优秀青年骨干师资培养力度,医院通过临床医师考核晋升的途径,破格晋升一批青年医师为正副教授,有56人晋升正副教授,至2000年,全院形成一支有正副教授209人、中级职称医师400人的人才梯队。

1978—2010年,医院遴选博士研究生导师70人、硕士研究生导师97人,在医院口腔颌面外科、整复外科、骨科奠基人或创始人张锡泽、张涤生、邱蔚六、戴尅戎及一批专家教授培养指导下,一批重点培养的骨干师资发展成为学科带头人,如张志愿、曹谊林、朱振安、蒋米尔、王忠、刘海林、陆颖理等分别成为口腔颌面外科、整复外科、骨科、血管外科、眼科、泌尿外科、消化内科、内分泌科等学科带头人。

【人才工程】

1997年,医院通过打擂台竞争,挑选骨干师资、市校优青13人,获市"千百万工程"3人,跨世纪学科带头接班人3人。1998年,医院重点实施"人才工程"包括:百人计划,曙光计划,启明星计划,市、校、院级优青计划。医院投入100万元,作为3年院优青培养基金,制定《优青管理及考核办法》,首届挑选17名优青进行培养。

2000年,医院加强学科梯队建设,积极鼓励各层次人才申报院外各级各类人才项目,共获各级优青培养113人。医院还举办各类培训班,加快人才培养步伐,使各类人才脱颖而出。1991—2010年,医院中享受国务院政府特殊津贴专家有53人;1999—2007年,医院有3人获"长江学者奖励计划"特聘教授;有2人获"新世纪百千万人才工程"国家级人选;2005年后,医院有2人获上海市引进海外高层次留学人员专项资金资助,有3人获上海市优秀青年医学人才培养计划;有4人获上海人才发展资金资助计划;有62人获上海高校选拔培养优秀青年教师科研专项基金;1991—2008年,有17人获上海市优秀青年教师;1998—2008年,有4人获卫生部有突出贡献中青年专家;有一人获霍英东教育基金会高等院校青年教师基金;有 1 人获"上海市优秀导师";有 1 人获上海市医学领先专业第三批建设项目学科带头人;有 1 人获上海市"千人计划";1997—2009 年,有 4 人获"上海市育才奖";2005—2009 年,医院有 6 人获上海市领军人才。

2007 年,医院有 1 人获上海交通大学医学院优秀学科带头人培养计划;1991—2009 年,医院有 45 人获二医大优秀青年教师,有 45 人获二医大优秀青年教师;1995—2003 年,有 5 人获二医大学科骨干师资;2003—2009 年,有 78 人获二医大"百人计划",有 3 人获上海交通大学晨星青年学者奖励计划。2010 年,医院有 3 人获上海交通大学王宽诚医学奖励基金。至此,医院基本形成市、校、院三级优青梯队结构。

【出国学习】

"文化大革命"期间,人才培养工作陷于停顿。党的十一届三中全会召开后,医院开始陆续派出一批人员出国进修攻读学位,通过自费公派和自费留学两种形式出国学习。公派出国进修、学习交流成为医院人才培养的一条重要途径。

20 世纪 80 年代,医院通过与美国、日本、澳大利亚等国家院校建立合作关系,为国际医学交流学习搭建起交流平台。

表 6-3-1　1980—2010 年公派出国进修人数情况表

时　间	人　数	占员工总数(%)
1980—1985	16	1
1986—1990	47	2.6
1991—1995	33	1
1996—2000	44	2
2001—2005	61	3
2006—2010	105	4
总　计	306	

表 6-3-2　1980—2002 年长期公派出国人员情况表

派出科室	姓　名	职　称	前往国家	培　训　时　间
口腔材料	张彩霞	副主任医师	日本	1980.10.1—1981.4.1
整复外科	王　炜	副主任医师	美国	1981.4.1—1982.6.1
口腔材料	李一鸣	住院医师	美国	1982.1.1—1983.1.1
放射科	邓杏邨	副主任医师	日本	1982.11.19—1983.11.21
骨科	戴尅戎	主任医师	美国	1983.7.25—1984.12.10
口腔材料	沈健生	住院医师	美国	1984.6.1—1986.6.30
泌尿科	张国强	主治医师	法国	1984.9.1—1986.1
病理科	陈锦坤	住院医师	美国	1986.6.1—
整复外科	施耀明	主治医师	澳大利亚	1985.6.1—1988.9.1

(续表)

派出科室	姓　名	职　称	前往国家	培　训　时　间
口腔外科	钱经坊	住院医师	法国	1985.7.1—1987.7.1
手术室	杨云衣	护师	美国	1985.9.1—1986.5.1
整复外科	陈守正	主治医师	澳大利亚	1985.9.1—1986.9.1
整复外科	朱　昌	主治医师	日本	1985.10.1—1986.10.1
整复外科	许礼根	主治医师	美国	1985.12.1—1986.6.1
整复外科	李　珍	技士	美国	1985.12.1—1986.6.1
整复外科	杨晓虹	技士	美国	1985.12.1—1986.6.1
整复外科	王善良	主治医师	法国	1986.1.1—1987.4.1
整复外科	冯胜之	主治医师	澳大利亚	1986.4.23—1987.4.23
整复外科	毛玉贞	护士	澳大利亚	1986.4.23—1987.4.23
放射科	孙海雄	主治医师	日本	1986.5.1—1989.5.1
口腔材料科	吕晓迎	住院医师	联邦德国	1986.7.1—1987.7.1
口腔材料科	徐淑卿	助理研究员	美国	1986.7.1—1988.6.30
口腔外科	王国民	住院医师	日本	1986.7.1—1990.3.31
口腔内科	陈一平	主治医师	丹麦	1986.8.2—1987.2.2
口腔外科	王中和	主治医师	美国	1986.9.1—1988.12.1
整复外科	顾敬枚	主治医师	美国	1986.10.1—1988.10.1
妇产科	丁应青	住院医师	芬兰	1986.10.3—1987.10.3
口腔修复科	杨克怡	住院医师	美国	1987.2.1—1988.2.1
整复外科	石重明	主治医师	日本	1987.3.1—1988.9.1
麻醉科	王少谷	住院医师	澳大利亚	1987.4.1—1988.10.1
口腔正畸科	刘　侃	副教授	日本	1987.5.1—1987.12.31
口腔内科	郁　浩	住院医师	日本	1987.5.1—1992.3.1
整复外科	钱云良	主治医师	法国	1987.5.26—1988.6.1
内科	郁斯清	主治医师	美国	1987.6.1—1988.6.1
骨科	徐乃明	助理工程师	美国	1987.7.1—1988.7.1
病理科	程　珺	主治医师	日本	1987.8.1—1990.8.1
口腔外科	薛晓帆	主治医师	美国	1987.8.23—1988.8.23
口腔修复科	杨强华	主治医师	美国	1987.11.1—1989.11.1
口腔外科	刘世勋	副教授	法国	1987.12.1—1990.9.3
口腔修复科	张建中	住院医师	日本	1988.3.1—1989.3.25
口腔外科	宁守诚	主治医师	美国	1988.6.1—1991.6.1
口腔修复科	王用达	住院医师	瑞典	1988.7.1—1989.7.1

(续表)

派出科室	姓　名	职　称	前往国家	培　训　时　间
口腔材料科	吴曙春	住院医师	荷兰	1988.9.1—1991.9.1
口腔外科	李　宁	住院医师	日本	1988.10.1—1990.9.6
口腔内科	陈伟裕	主治医师	加拿大	1988.10.1—1989.10.30
口腔外科	罗伟华	主治医师	英国	1988.10.1—1991.10.1
口腔外科	何荣根	副教授	荷兰	1988.11.1—1989.11.30
内科	秦海峰	主治医师	澳大利亚	1988.11.1—1990.11.1
口腔外科	宋伯铮	主治医师	美国	1988.12.1—1990.12.30
整复外科	顾承洁	住院医师	法国	1989.1.19—1990.1.19
眼科	陶礼新	住院医师	法国	1989.4.1—1990.4.1
口腔正畸科	翁思恩	主治医师	日本	1989.8.30—1990.8.30
外科	钱水贤	主治医师	日本	1989.8.30—1996.8.28
口腔外科	刘　晖	主治医师	美国	1989.9.19—1992.12.1
口腔内科	王冬生	主治医师	加拿大	1989.10.8—1990.10.8
内科	杨晓明	住院医师	法国	1989.10.24—1990.10.24
口腔内科	郑主刚	主治医师	加拿大	1989.12.3—1990.12.3
口腔材料	张爱武	助理研究员	联邦德国	1989.12.11—1990.12.11
口腔修复科	张富强	主治医师	日本	1989.12.26—1990.9.28
麻醉科	朱也森	主治医师	法国	1990.1.23—1992.1.23
口腔外科	王济民	助理研究员	英国	1990.5.16—1991.5.16
内科	黄震华	主治医师	美国	1990.6.13—1991.6.20
中医科	胡国庆	主治医师	日本	1990.6.29—1992.6.29
口腔材料	陈德敏	助理研究员	日本	1990.9.6—1992.5.30
骨科	顾嘉瑜	助理工程师	美国	1990.10.3—1991.7.22
口腔病理科	张晓珊	主治医师	美国	1990.10.17—1991.10.17
放射科	罗济程	副主任医师	法国	1991.1.8—1992.1.9
骨科	汤荣光	主治医师	英国	1991.1.30—1992.2.8
口腔修复科	杨宠莹	教授	美国	1991.3.16—1991.7.20
口腔内科	王晓仪	教授	美国	1991.3.16—1991.7.20
口腔修复科	张保卫	主治医师	美国	1991.3.16—1991.7.20
口腔正畸科	钱玉芬	主治医师	日本	1991.4.26—1992.5.8
口腔内科	朱　华	主治医师	澳大利亚	1991.7.9—1995.8.9
口腔修复科	蒋永林	主治医师	日本	1991.8.19—1992.9.3
口腔修复科	岳　斌	技士	日本	1991.8.19—1992.9.3

(续表)

派出科室	姓名	职称	前往国家	培训时间
口腔修复科	王 炼	技士	日本	1991.8.19—1992.9.3
整复外科	曹谊林	副教授	美国	1991.9.11—1997.9.1
外科	薛志祥	主治医师	法国	1991.10.1—1992.7.16
整复外科	朱 昌	主治医师	美国	1991.12.5—1993.4.10
口腔外科	袁文化	主任医师	美国	1992.3.4—1992.6.29
口腔正畸科	蔡 中	副主任医师	美国	1992.3.4—1992.6.29
口腔外科	姚隆浩	副主任医师	美国	1992.3.4—1992.6.29
儿童口腔科	石四箴	教授	日本	1992.6.1—1993.3.31
内科	周礼明	主治医师	美国	1992.6.12—1994.1.5
口腔修复科	张建中	主治医师	日本	1992.6.19—1994.6.26
检验科	刘爱国	技师	日本	1992.11.14—1993.11.19
骨科	侯筱魁	副主任医师	美国	1993.2.6—1993.8.18
内科	严毓勤	主治医师	日本	1993.4.4—1994.3.30
骨科	薛文东	助理工程师	日本	1993.6.2—1993.11.16
口腔材料科	宁 丽	副研究员	日本	1993.8.21—1994.12.11
口腔外科	黄远亮	主治医师	美国	1993.9.30—1995.11.11
口腔外科	陈纪伟	副主任医师	美国	1994.9.1—1996.11.1
骨科	裘世静	研究员	美国	1994.10.12—1995.10.12
口腔外科	张志愿	主任医师	美国	1995.3.31—1996.3.23
口腔正畸科	沈 刚	主治医师	澳大利亚	1995.4.2—1996.4.2
血管外科	蒋米尔	副主任医师	日本	1995.8.8—1996.2.6
口腔外科	王国民	副主任医师	日本	1995.10.2—1996.6.2
神经内科	李 威	副主任医师	法国	1996.2.9—1998.4.30
内科	朱瞬时	主任医师	美国	1996.4.18—1996.6.26
麻醉科	徐 辉	主治医师	日本	1996.5.16—1998.1.7
口腔中心	徐维宁	主任医师	加拿大	1996.6.25—1996.7.19
整复外科	汪 希	住院医师	法国	1996.10.30—1998.10.5
神经外科	毛 青	主治医师	澳大利亚	1997.4.9—1997.10.1
整复外科	董佳生	副主任医师	南斯拉夫	1997.6.19—1997.9.24
口腔外科	孙 坚	副主任医师	法国	1997.6.25—1998.6.8
整复外科	穆雄铮	主治医师	法国	1997.8.30—1998.3.14
口腔技术室	岳 斌	技师	日本	1997.9.25—1997.10.21
整复外科	李圣利	主治医师	意大利	1997.9.28—1998.1.12

(续表)

派出科室	姓　名	职　称	前往国家	培　训　时　间
麻醉科	施　巍	住院医师	法国	1997.10.22—1999.10.24
内科	刘海林	主治医师	日本	1997.10.23—1998.10.18
骨科	王　友	主治医师	法国	1998.2.20—1998.8.12
口腔正畸科	陈荣敬	主治医师	日本	1998.4.2—1999.3.22
整复外科	李青峰	副主任医师	美国	1998.7.1—1999.7.3
整复外科	杨　群	副主任医师	日本	1998.8.11—1999.3.22
口腔病理科	张伟国	副主任医师	美国	1998.11.29—2000.11.29
口腔修复科	赖红昌	主治医师	法国	1999.3.22—2000.11.3
口腔内科	冯希平	主任医师	英国	1999.3.28—1999.9.17
口腔外科	张陈平	副主任医师	美国	1999.3.29—1999.9.4
口腔材料科	黄晢玮	助理研究员	法国	1999.7.5—2000.3.5
骨科	张　蒲	主治医师	美国	1999.7.18—2000.7.7
骨科	孙月华	副主任医师	德国	1999.9.8—1999.11.26
内科	朱瞬时	主任医师	美国	1999.9.24—1999.11.17
放射科	周　军	住院医师	法国	1999.10.23—2001.10.25
骨科	顾　延	主治医师	美国	2000.1.13—2000.7.14
神经内科	朱　宁	住院医师	加拿大	2000.3.27—2000.9.26
口腔外科	杨育生	主治医师	日本	2000.4.21—2001.3.27
口腔修复科	张修银	副主任医师	法国	2000.4.25—2000.12.31
骨科	朱振安	副主任医师	澳大利亚	2000.6.10—2000.11.18
整复外科	董佳生	副主任医师	新加坡	2000.6.28—2001.7.4
口腔外科	杨　驰	副主任医师	美国	2000.7.13—2001.3.13
骨科	陈永强	副主任医师	英国	2000.9.1—2001.2.15
B超	张成伟	住院医师	法国	2000.9.4—2001.10.25
口腔儿童科	严　焱	主治医师	美国	2000.9.14—2001.7.30
血管外科	黄　英	住院医师	法国	2000.9.15—2001.8.26
口腔外科	房　兵	副主任医师	美国	2000.10.2—2001.7.8
干部病房	陈　谊	住院医师	法国	2000.10.28—2001.11.1
口腔正畸科	唐国华	主治医师	香港	2000.10.28—2003.11.14
骨科	薛文东	工程师	德国	2000.11.9—2001.1.8
神经内科	陆　勤	主治医师	新加坡	2001.1.5—2001.10.7
口腔材料科	孙　皎	研究员	美国	2001.3.29—2001.10.26
门办	胡国强	主治医师	日本	2001.4.2—2002.3.29

(续表)

派出科室	姓　名	职　称	前往国家	培　训　时　间
口腔内科	夏文薇	主治医师	法国	2001.6.9—2001.11.9
整复外科	张如鸿	副主任医师	法国	2001.9.7—2001.11.19
整复外科	余　力	主治医师	法国	2001.9.12—2001.12.19
口腔外科	王旭东	主治医师	美国	2001.10.9—2002.10.23
神经外科	郭智霖	副主任医师	法国	2001.10.28—2002.10.6
骨科	顾　延	主治医师	美国	2002.1.13—2003.1.13
口腔内科	周曾同	主任医师	美国	2002.3.6—2002.4.5
口腔种植科	赖红昌	副主任医师	法国	2002.4.2—2002.8.30
神经外科	欧阳火牛	主治医师	美国	2002.6.16—2002.11.29
神经外科	樊宝华	主治医师	法国	2002.10.31—2003.10.18
内科	贾　琪	护师	美国	2002.11.11—2003.8.21
内科	周　烨	护士	美国	2002.11.11—2003.8.21
口腔内科	束　蓉	主任医师	美国	2002.12.4—2003.8.1

表6-3-3　2003—2010年长期公派出国人员情况表

派出科室	姓　名	职　称	前往国家	前往单位	培　训　时　间
血液科	朱　琦	主治医师	新加坡	新加坡总医院	2003.2.14—2003.8.15
口腔医学院	郭　伟	主任医师	美国	美国密歇根大学	2003.2.18—2003.7.6
口腔修复科	阎俏梅	主治医师	美国	美国加州大学旧金山分校	2003.7.15—2004.6.30
口腔外科	徐袁瑾	主治医师	日本	日本大阪齿科大学	2003.7.20—2004.1.17
口腔外科	李青云	主治医师	加拿大	加拿大金士顿医院	2003.7.25—2004.4.8
口腔病理科	李　江	副教授	美国	美国纽约西奈山医学院	2003.8.30—2004.3.30
口腔外科	徐　锓	主治医师	美国	美国密歇根大学	2003.10.19—2005.7.12
口腔内科	周曾同	副教授	美国	美国南卡罗来纳州大学	2003.11.27—2004.3.27
口腔内科	梁景平	主任医师	美国	美国塔夫茨大学健康研究中心	2004.3.4—2004.9.17
口腔修复科	柴　枫	住院医师	法国	法国里尔第二大学医学院生物材料研究所	2004.3.20—2005.3.14
口腔正畸科	钱玉芬	主任医师	美国	美国加州大学洛杉矶分校	2004.4.25—2004.10.3
老年科	杜　勤	副主任医师	澳大利亚	澳大利亚新南威尔士大学	2004.6.3—2005.1.16
整复外科	张如鸿	副主任医师	美国	美国加州大学洛杉矶分校	2004.6.28—2004.12.9
口腔外科	卢晓峰	副主任医师	美国	美国密歇根大学	2004.7.14—2005.1.13
骨科	汤亭亭	研究员	瑞士	瑞士AO研究所	2004.9.2—2004.11.20

(续表)

派出科室	姓名	职称	前往国家	前往单位	培训时间
整复外科	张余光	主任医师	美国	美国宾夕法尼亚大学盖森格医学中心	2004.9.17—2005.12.30
普外科	顾岩	副主任医师	美国	美国加州大学洛杉矶医疗中心	2004.11.21—2005.5.20
口腔外科	季彤	主治医师	美国	美国密歇根大学	2004.12.13—2005.6.2
小儿科	李冰冰	副主任医师	以色列	以色列特拉维夫大学	2005.1.1—2005.3.23
整复外科	金晶	主管护师	澳大利亚	澳大利亚凯斯林大学	2005.2.17—2005.12.30
整复外科	林晓曦	主任医师	美国	美国耶鲁大学	2005.2.20—2005.5.19
口腔预防科	汪俊	副主任医师	美国	美国哈佛牙医学院	2005.3.1—2005.8.28
科研处	陆尔奕	主治医师	美国	美国哈佛牙医学院	2005.3.1—2005.8.28
血管外科	陆信武	副主任医师	荷兰	荷兰阿姆斯特丹医学中心	2005.3.30—2005.9.29
口腔正畸科	潘晓岗	主治医师	澳大利亚	澳大利亚悉尼大学	2005.4.10—2005.7.3
口腔内科	朱亚琴	副主任医师	美国	美国密歇根大学牙医学院	2005.5.8—2006.5.3
口腔修复科	徐侃	副主任医师	美国	美国纽约大学牙医学院	2005.5.17—2005.8.16
神经外科	施巍	主治医师	法国	法国克莱蒙费朗大学医学中心	2005.5.29—2006.4.30
泌尿外科	傅强	副主任医师	美国	美国国际健康中心	2005.5.31—2005.9.2
口腔外科	张萍	副研究员	日本	日本和歌山县立医科大学	2005.6.1—2006.1.8
口腔修复科	焦婷	副主任医师	美国	美国加州大学洛杉矶分校	2005.6.16—2006.7.3
口外正颌	朱敏	副主任医师	美国	美国加利福尼亚大学洛杉矶分校牙学院	2005.6.27—2005.12.29
口腔研究所	蒋欣泉	助理研究员	美国	美国加州大学洛杉矶分校牙科学院	2005.7.26—2005.10.16
普外科	刘文勇	主任医师	美国	美国明尼苏达州罗切斯特医疗中心	2005.8.22—2006.2.22
口腔颌面外科	俞创奇	副主任医师	瑞士	瑞士日内瓦大学医院	2005.8.27—2005.10.17
口腔外科	徐兵	副主任医师	美国	美国洛杉矶凯撒永久医疗集团	2005.9.6—2006.1.20
放射科	范新东	主任医师	荷兰	荷兰阿姆斯特丹大学牙学院	2005.9.11—2005.10.27
血管外科	黄英	副主任医师	美国	美国明尼苏达州罗切斯特医疗中心	2005.10.8—2007.8.1
眼科学	范先群	主任医师	美国	美国加州大学洛杉矶分校眼科研究所	2005.10.14—2005.12.30
院办	郭莲	副教授	美国	美国印第安纳大学医学院	2005.10.16—2006.1.19
内科	陈元美	主任医师	美国	美国得克萨斯大学医学部	2005.11.8—2006.3.24

(续表)

派出科室	姓名	职称	前往国家	前往单位	培训时间
口腔内科	周海文	主治医师	美国	美国密歇根大学牙医学院	2005.12.10—2006.6.1
口腔研究所	蒋欣泉	助理研究员	美国	美国加州大学洛杉矶分校牙科学院	2005.12.15—2005.4.3
口腔外科	徐立群	副主任医师	新加坡	新加坡国立大学医院	2006.4.15—2006.10.8
整复外科	王炜	副主任医师	美国	美国东弗杰尼亚医学院显微外科中心	2006.5.31—2007.7.6
党办	胡滨	副主任医师	澳大利亚	澳大利亚昆士兰大学公共卫生学院	2006.6.24—2006.8.22
口腔内科	朱亚琴	主任医师	美国	美国密歇根大学牙医学院	2006.7.5—2006.11.28
整复外科	章一新	副主任医师	美国	美国杜克大学医学中心整形外科	2006.7.12—2007.8.14
骨科	张峻	副主任医师	澳大利亚	澳大利亚皇家纽卡斯尔公立医院	2006.7.13—2006.9.22
麻醉科	姜虹	副主任医师	美国	美国圣路易斯华盛顿大学医学中心	2006.7.14—2006.10.18
神经外科	陈若平	副主任医师	美国	美国纽约州立大学医学院附属医院	2006.9.6—2007.8.22
科研处	陆尔奕	副主任医师	美国	美国哈佛大学牙医学院	2006.9.13—2007.9.21
肾脏内科	张薇	主任医师	日本	日本金泽医科大学	2006.9.17—2007.2.7
口腔外科	潘红芽	住院医师	美国	美国密歇根大学牙科学院	2006.9.26—2008.7.12
口腔内科	黄正蔚	副研究员	法国	法国科学院应用科学研究院	2006.11.14—2007.11.9
放射科	邵滋旸	主治医师	法国	法国利摩日大学附属医院	2006.11.24—2007.7.25
口腔外科	徐立群	副主任医师	新加坡	新加坡国立大学牙学院	2006.11.27—2007.12.28
心血管内科	严毓勤	主任医师	法国	法国加恩心脏诊治中心	2006.12.3—2007.2.15
肾脏内科	卢建新	住院医师	日本	日本东海大学医学部附属医院	2007.4.2—2008.4.4
口腔颌面外科	陈万涛	研究员	美国	美国得克萨斯大学MD安德森癌症中心	2007.6.13—2007.10.4
口腔正畸科	龚昕	主治医师	美国	美国加州大学洛杉矶分校	2007.6.28—2007.12.27
口腔正畸科	宫耀	副主任医师	美国	美国加州大学洛杉矶分校	2007.6.28—2007.12.27
整复外科	王丹茹	副主任医师	美国	美国杜克大学医学中心	2007.6.30—2008.7.21
钴-60室	蔡以理	主任医师	美国	美国得克萨斯大学MD安德森癌症中心	2007.7.29—2007.10.1
口腔医学院	徐袁瑾	副主任医师	澳大利亚	澳大利亚昆士兰科技大学	2007.8.9—2007.9.7
口腔修复科	孙健	副主任医师	日本	日本福冈齿科大学	2007.9.23—2008.3.16

(续表)

派出科室	姓名	职称	前往国家	前往单位	培训时间
院办	吴正一	主治医师	加拿大	加拿大多伦多大学诺贝尔环境和平学院	2007.10.15—2007.12.31
口腔综合科	陶疆	主治医师	加拿大	加拿大英属哥伦比亚大学联合培养博士研究生	2007.10.15—2008.10.9
血管外科	黄新天	主任医师	德国	德国纽伦堡医学中心血管外科	2007.10.19—2008.1.16
口腔外科	张萍	副研究员	美国	美国匹兹堡大学	2007.10.24—2008.1.22
泌尿外科	卢慕峻	副主任医师	美国	美国加州大学旧金山分校	2007.11.18—2008.5.25
骨科	严孟宁	主治医师	德国	德国汉堡 ENDO - KLINIK 医院	2007.11.19—2008.1.17
核医学	刘平安	主治医师	瑞士	瑞士日内瓦大学医院	2007.11.20—2008.4.30
神经内科	孙旭红	住院医师	法国	法国里昂神经科学研究中心	2007.11.22—2009.1.4
消化科	刘海林	主任医师	美国	美国科罗拉多大学健康科学中心	2007.12.15—2008.6.27
口腔外科	季彤	副主任医师	新加坡	新加坡国立大学医院	2007.12.15—2008.9.13
口腔外科	王旭东	副主任医师	美国	美国罗切斯特大学口腔生物学中心	2007.12.18—2008.4.22
麻醉科	陈志峰	副主任医师	美国	美国维克弗斯特大学医疗中心	2007.12.26—2008.3.28
口腔外科	何悦	副主任医师	德国	德国法兰克歌德大学附属医院	2008.1.6—2008.4.1
骨科	王晓庆	主治医师	法国	法国利多哈大学生物材料与生物技术研究室	2008.1.19—2009.1.20
口腔颌面外科	陈万涛	研究员	美国	美国得克萨斯大学 MD 安德森癌症中心	2008.1.28—2008.4.21
口腔正畸科	陈振琦	副主任医师	日本	日本昭和大学齿学部	2008.4.1—2008.7.26
神经内科	董幼镕	副主任医师	澳大利亚	澳大利亚皇家医院	2008.4.21—2008.10.31
血管外科	刘晓兵	主治医师	意大利	意大利米兰医疗健康科学研究中心圣拉斐尔医院	2008.5.3—2008.10.27
耳鼻咽喉科	石润杰	副主任医师	美国	美国洛杉矶豪斯耳科研究所	2008.6.12—2008.9.7
口腔病理科	田臻	副主任医师	美国	美国得克萨斯大学 MD 安德森癌症中心	2008.6.19—2008.12.29
整复外科	杨军	副主任医师	美国	美国杜克大学医学中心	2008.7.26—2009.7.28
口腔外科	蔡鸣	住院医师	联邦德国	德国斯图加特马林医院	2008.8.6—2009.2.12
口腔外科	翁雁秋	主治医师	美国	美国南卡罗莱纳医学院	2008.8.12—2009.9.24
整复外科	谢芸	主治医师	法国	法国斯特拉斯堡人民医院	2008.9.1—2009.1.1

(续表)

派出科室	姓名	职称	前往国家	前往单位	培训时间
口腔外科	杨雯君	副主任医师	新加坡	新加坡国立大学	2008.9.10—2009.9.21
骨科	岳冰	住院医师	美国	美国哈佛大学医学院附属麻省总医院骨科生物工程实验中心	2008.10.2—2010.1.18
骨科	李慧武	住院医师	美国	美国明尼苏达州梅奥医学中心	2008.10.21—2009.2.8
超声科	陆林国	主治医师	美国	美国天普大学牙医学院口腔颌面放射科	2008.11.2—2009.10.28
口腔内科	周海文	副主任医师	新加坡	新加坡国立大学	2008.11.14—2009.9.21
普外科	王兵	副主任医师	美国	休斯敦卫理公会医院	2008.11.29—2009.4.12
血管外科	赵海光	主治医师	比利时	比利时安特卫普大学附属医院	2009.1.14—2010.3.7
神经外科	郭智霖	主任医师	美国	美国南加州生命健康科学学院	2009.2.28—2009.3.19
耳鼻咽喉科	王珮华	主任医师	美国	田纳西州大学、宾夕法尼亚大学、威斯康星大学	2009.3.7—2009.5.31
医学院	徐袁瑾	副主任医师	美国	美国波士顿塔夫茨大学牙医学院	2009.4.15—2009.8.23
眼科	李瑾	副主任医师	美国	美国南阿拉巴马大学	2009.4.28—2009.10.15
整复外科	刘凯	副主任医师	美国	美国密歇根大学	2009.6.3—2009.11.19
口腔外科	余杨	住院医师	美国	美国艾奥瓦大学牙科学院	2009.6.10—2010.9.25
普外科	张贝利	住院医师	法国	法国斯特拉斯堡大学	2009.6.28—2010.1.1
心血管内科	解玉水	主任医师	新加坡	新加坡国立大学心脏中心	2009.7.7—2009.9.2
口腔修复科	朱梓园	主治医师	加拿大	加拿大多伦多大学牙医学院	2009.7.29—2010.1.29
麻醉科	李启芳	住院医师	美国	美国华盛顿大学	2009.8.1—2011.8.2
内分泌科	陆颖理	主任医师	美国	美国明尼苏达州梅奥医学中心	2009.8.19—2010.3.3
整复外科	刘阳	副主任医师	美国	美国密歇根大学医学中心	2009.8.25—2010.8.17
整复外科	祝联	副主任医师	美国	美国杜克大学医学中心	2009.8.28—2010.8.31
口腔种植科	吴轶群	副主任医师	瑞士	瑞士伯尔尼大学牙学院	2009.9.28—2010.1.1
骨科	郝永强	主任医师	美国	美国纽约斯隆-凯特琳癌症纪念中心	2009.10.1—2009.12.29
心血管内科	陈启稚	主治医师	美国	美国罗切斯特大学Aab心血管研究所	2009.10.1—2010.10.3
牙体牙髓科	唐子圣	副主任医师	美国	美国加州大学洛杉矶分校牙学院	2009.10.5—2009.12.31
神经内科	孙旭红	主治医师	法国	法国里昂神经科学研究中心	2009.10.28—2010.6.29

（续表）

派出科室	姓名	职称	前往国家	前往单位	培训时间
口腔外科	陈敏洁	副主任医师	奥地利	奥地利维也纳医科大学	2009.11.5—2010.1.30
口腔外科	蔡协艺	副主任医师	奥地利	奥地利维也纳医科大学	2009.11.5—2010.1.30
眼科	王志良	副主任医师	美国	美国路易斯维尔大学眼科中心	2009.11.27—2010.2.26
口腔外科实验室	张萍	副研究员	美国	美国马里兰大学牙学院	2009.11.29—2012.6.6
眼科	傅瑶	主治医师	美国	美国迈阿密眼表中心	2009.12.10—2010.12.12
口腔修复科	郭瑜	主治医师	新加坡	新加坡国立大学牙医学院	2009.12.12—2010.12.9
口腔外科	张善勇	主治医师	奥地利	奥地利维也纳医科大学	2009.12.20—2010.12.27
血管外科	殷敏毅	主治医师	美国	美国克利夫兰医学中心	2010.1.13—2010.7.13
眼科	毕晓萍	住院医师	美国	美国匹兹堡大学	2010.1.23—2012.1.19
普外科	汤睿	副主任医师	美国	美国芝加哥大学	2010.1.25—2010.6.18
门办	戴星	主治医师	美国	美国密歇根大学公共卫生学院	2010.3.10—2010.5.28
口腔修复科	胥春	副主任医师	美国	美国北卡罗来纳大学教堂山分校牙学院	2010.3.28—2011.3.16
口腔黏膜病科	王海燕	主治医师	日本	日本东京医科齿科大学	2010.3.30—2011.3.31
口腔外科	张诗雷	副主任医师	美国	美国纽约大学医学院	2010.4.7—2010.6.6
组织工程	周广东	研究员	美国	美国匹兹堡大学医学中心	2010.4.28—2010.6.22
整复外科	濮哲铭	副主任医师	美国	美国得克萨斯大学西南医学中心	2010.5.4—2010.7.7
整复外科	张英	副主任医师	美国	美国杜克大学整形外科颅颌面及美容外科	2010.8.8—2011.2.15
骨科实验室	于志锋	助理研究员	澳大利亚	澳大利亚西澳大学	2010.9.11—2010.12.17
牙周科	宋忠臣	主治医师	美国	美国杜兰大学	2010.9.24—2012.6.14
口腔预防儿童科	陈曦	住院医师	美国	美国塔夫茨大学牙科学院	2010.9.26—2011.3.30
口腔病理科	胡宇华	主治医师	美国	美国塔夫茨大学牙科学院	2010.9.26—2011.12.30
血管外科	刘晓兵	主治医师	美国	美国得克萨斯大学	2010.9.28—2012.10.5
泌尿外科	达骏	主治医师	美国	美国罗切斯特大学	2010.10.14—2010.11.1

表6-3-4　1993—2010年长期公派赴港澳台地区人员情况表

派出科室	姓名	时任职称	前往地区	前往单位	培训时间
口腔外科	沈国芳	主治医师	香港	—	1993.4.4—1994.4.7
口腔外科	夏炯	助理研究员	香港	—	1995.11.14—1997.5.14

(续表)

派出科室	姓　名	时任职称	前往地区	前 往 单 位	培 训 时 间
口腔正畸科	游清玲	主治医师	香港	—	1996.11.7—1998.2.7
口腔正畸科	沈　刚	主治医师	香港	—	1996.11.28—2000.3.1
口腔内科	杨云珠	主治医师	香港	—	1997.4.3—2000.3.1
口腔外科	张陈平	副主任医师	香港	—	1997.12.20—1998.3.20
口腔外科	沈国芳	副主任医师	香港	—	1998.3.10—2001.3.10
整复外科	周　苏	副主任医师	澳门	—	1997.12.8—1998.12.8
口腔材料	李亦文	副研究员	香港	—	1998.8.30—1999.8.31
口腔预防儿童科	陆海霞	住院医师	香港	—	2007.8.29—
肾脏内科	卢建新	住院医师	香港	香港中文大学附属威尔斯亲王医院	2008.8.1—
口腔正畸科	吴　军	副主任医师	台湾	台湾长庚纪念医院	2008.12.15—2009.2.28
口腔外科	吴忆来	主治医师	台湾	台湾长庚纪念医院	2008.12.15—2009.3.28
口腔正畸科	冯　静	主治医师	香港	香港大学牙医学院	2010.3.2—2010.8.19
整复外科	李圣利	主任医师	台湾	台湾长庚纪念医院	2010.3.8—2010.4.9
骨科实验室	张书红	研究实习员	香港	香港中文大学	2009.4.6—2009.7.2

【在职研究生培养】

1978年，国家恢复研究生招生，医院制定《关于在职人员攻读硕士、博士学位研究生的若干意见》，有计划、分批选派已列入梯队培养人员进行在职学历教育。1984—2010年，全院在职人员攻读硕士、博士人员数达457人。

表6-3-5　1984—2010年在职人员攻读硕士、博士人数情况表

年　份	攻读硕士人数	攻读博士人数	年　份	攻读硕士人数	攻读博士人数
1984	1		1994		6
1985	7	1	1995	6	4
1986	2	1	1996	1	7
1987	1		1997	3	9
1988	3	1	1998	6	2
1989	3		1999	8	3
1991		2	2000	15	15
1992		3	2001	19	11
1993	1	1	2002	27	9

(续表)

年　份	攻读硕士人数	攻读博士人数	年　份	攻读硕士人数	攻读博士人数
2003	17	19	2007	18	19
2004	23	12	2008	16	12
2005	24	10	2009	19	16
2006	27	11	2010	12	23

【优青基金项目】

1998年,医院设立"院优青骨干培养基金",成立由医院党政领导和专家组成的考评小组,遴选条件有:具有良好的政治素质和职业道德,爱岗敬业,事业心强;具有博士、硕士学位,熟悉掌握一门外语,医教研全面发展;长期在临床教学科研第一线工作。经本人申请,科室推荐,专家评审,领导审核,最后确定培养名单。首批从60名推荐名单中选拔出17名院优青培养名单,进行为期3年的跟踪培养,至2010年,共遴选5批77名院优青骨干,与市、局级优青,校、院级优青形成人才梯队优势。

二、人才引进

20世纪60年代,朱大成、邱立崇等从国外回国定居工作。20世纪90年代,国家相继建立人才引进相关政策,1997年,上海市人民政府发布《上海市引进海外高层次留学人员若干规定》的通知。2004年,人事部印发《关于鼓励海外高层次留学人才回国工作的意见》的通知。2008年,中共中央办公厅转发《中央人才工作协调小组实施海外高层次人才引进计划的意见的通知》。海外留学人员是医院人才资源的重要组成部分,医院党政领导十分重视人才引进工作。为此,医院先后制定了《人才培养基金鼓励条例》《关于人才培养基金实施的通知》等一系列人才引进政策和制度,对于留学归国人员给予政策上支持。1991—2010年,医院共引进国内外高层次专业技术人才18人。其中,曹谊林获"全国优秀留学回国人员""留学回国人员成就奖",张建中获国家教委、上海市回国人员科研启动基金。

表6-3-6　1991—2010年医院引进博士学位人才及岗位情况表

年　份	引进岗位	姓　名	职　称
1991	病理科主任	林梅绥	主任医师
1993	神经外科主任	丁美修	主任医师
1994	口腔修复科副主任	张建中	主任医师
1994	口腔病理科主任	张伟国	主任医师
1997	整复外科副主任	李青峰	主任医师
1999	口腔正畸科副主任	沈　刚	主任医师
2000	口腔内科副主任	翁雨来	主任医师
2001	口腔病理科主任	李　江	主任医师

(续表)

年　份	引进岗位	姓　　名	职　称
2002	口腔颌面外科副主任	沈国芳	主任医师
2002	生殖中心主任	匡延平	主任医师
2002	中医科主任	周阿高	主任医师
2004	泌尿外科主任	王　忠	主任医师
2005	普外科主任	顾　岩	主任医师
2006	内分泌科主任	陆颖理	主任医师
2006	胸外科主任	管　欣	主任医师
2010	心血管内科主任	王长谦	主任医师
1999	整复外科重点实验室主任	曹谊林	主任医师
2000	整复外科研究所副所长	刘　伟	主任医师
2008	检验科主任	陈福祥	主任医师
2010	骨科主任	赵　杰	主任医师

第二节　人才建设成果

一、学术地位与荣誉

1956年，国家对教学卫生人员进行评级评薪，张锡泽、张涤生、席应忠被评为二级教授。1979年上海市高教局公布上海市高等学校一、二级教授名单和1984年上海市重新公布卫生事业单位一、二级教授名单，被评为二级教授的有曹裕丰、王耆龄、朱尔梅，曾经在医院工作过的二级教授还有李丕光、丁希庆、曹福康、朱大成、何尚志。

20世纪80年代，国家恢复学位制度，张锡泽被聘为国务院第一届学位评审委员会委员、卫生部医学教育专家委员会委员；张涤生被聘为卫生部科学委员会委员；邱蔚六被聘为第二届国务院学位委员会口腔医学学科评议组第一召集人、卫生部口腔医学教材评审委员会主任委员、全国临床医学专业学位指导委员会委员；陈志兴被聘为卫生部政策与管理专家委员会委员；2002年，张志愿被聘为国务院学位委员会第五届学科评议组（口腔医学评议组）成员、国家自然科学基金二审专家、国家医师资格考试命题委员会委员。

1996年，张涤生成为中国工程院医药卫生工程系院士。2001年，邱蔚六成为中国工程院院士。2004年，戴尅戎成为中国工程院院士。

1990年起，国家对有特殊贡献的知识分子颁发政府特殊津贴，首批5名专家获得享受特殊津贴，至2010年，医院共有53名专家享受特殊津贴。1997年，经遴选，张涤生成为二医大终身教授。

2000年10月，为充分肯定和褒奖对医院和学科建设有突出贡献的老专家，进一步发挥他们在学科和医院建设中的楷模作用，医院通过《关于实行医院终身教授的暂行规定》，并于当年聘任邱蔚六、戴尅戎、刘正、薛淼4位教授为医院终身教授。2003年5月，聘任王炜为医院终身教授。

表6-3-7　1991—2010年医院获人才建设成果情况表

荣誉	年份	获得者	颁发部门
中国工程院院士	1996	张涤生	中国工程院
	2001	邱蔚六	
	2004	戴尅戎	
国务院政府特殊津贴	1991	张涤生　刘瑗如　邱蔚六　戴尅戎　张锡泽	国务院
	1992	王　炜　黄文义　袁文化　乌爱菊　马宝章　杨宠莹 薛　森　刘　正　孙建民　薛　培　张培华　关文祥 张培华　关文祥　邵家珏　樊　森　王耆龄　许国祺	
	1993	张德星　曹宏康　王仁缎　何荣根　徐济民　法韫玉 石四箴　蒋米尔　黄宗仁　卢其成　刘德尊　奚渭清 李海生	
	1994	裘世静　侯筱魁　王晓仪	
	1995	张彩霞　丁美修	
	1996	张志愿　唐友盛　冯胜之	
	1997	杨菊贤　林国础	
	1998	张富强	
	1999	曹谊林	
	2000	周曾同	
	2001	商庆新　王国民	
	2002	范先群	
	2004	汤亭亭　冯希平	
	2010	陈万涛	
卫生部有突出贡献中青年专家	1998	曹谊林	卫生部
	2002	张志愿	
	2006	张富强	
	2008	李青峰	
国家教育部骨干教师	1999	李青峰　商庆新　郭　伟　朱振安　孙　皎	教育部

二、人才计划

【国家部委及市、局、院、校级人才计划】

20世纪90年代以来,国家相关部委设立多个人才培养计划项目,上海市政府和相关委、办、局也设立青年人才培养计划。医院党政班子高度重视人才培养,将此作为医院发展的战略规划的主要组成部分,人力资源处和科研处具体负责实行该项工作。通过对医院各学科具有潜力的年轻医生的分析，按照既有基础和年龄层次，指导申报，组织内部遴选，专家评审，先后获得了多项国家级、省部级和局级人才计划项目，为医院的发展，造就一支医、教、研骨干队伍。

表6-3-8　1998—2009年医院获得的国家级人才计划项目情况表

项目名称	年份	入选者	主管部门
长江学者特聘教授	1999	曹谊林	教育部
	2009	李青峰	
长江学者讲座教授	2008	毛　力	教育部
新世纪百千万人才工程国家级人选	2007	陈万涛	教育部
	2009	汤亭亭	
新世纪优秀人才计划	2004	李青峰	教育部
	2006	汤亭亭	
	2008	蒋欣泉　林晓曦	
霍英东教育基金会高等院校青年教师基金	2007	崔　磊	教育部
国家杰出青年科学基金项目	1998	曹谊林	国家自然科学基金委员会
	2009	李青峰	

表6-3-9　1991—2010年医院获得的省部级人才计划项目情况表

项目名称	年份	入选者	主管部门
上海市领军人才	2005	张志愿	上海市人事局
	2008	李青峰　焦　婷（后备队）　陈万涛	
	2009	汤亭亭　范先群	
	2010	沈国芳	
上海市优秀学科带头人计划	1997	曹谊林	上海市科委
	2004	刘　伟	
	2006	朱振安	
	2007	范先群	
	2008	李青峰　张陈平	
	2009	崔　磊	
	2010	陈万涛	
上海人才发展资金资助计划	2008	郭　伟	上海市人事局
	2009	沈国芳	
上海市启明星计划	1991	裘世静　范志宏	上海市科委
	1996	沈国芳　李青峰	

(续表)

项目名称	年份	入选者	主管部门
上海市启明星计划	1997	范先群　杨　驰	上海市科委
	1998	李亦文　林晓曦	
	1999	汤亭亭	
	2000	崔　磊　李晓红	
	2002	姜　虹　阎俏梅	
	2004	杨　驰　王旭东　林晓曦	
	2005	周广东　蒋欣泉	
	2006	唐国华	
	2007	何　悦　张　萍	
	2008	李慧武　李启芳　钟来平	
	2009	何冬梅	
	2010	胥　春	
上海市浦江计划	2005	张文杰　王　忠	上海市人事局 上海市科委
	2006	卢建熙　徐　骎	
	2007	谢幼专　蒋伟文	
	2008	黄　英　沈　刚	
	2009	陈福祥　谷　平　张绘莉　何冬梅	
	2010	王丹茹　仰礼真	

表6-3-10　1991—2010年医院获得的局级人才计划项目情况表

项目名称	年份	入选者	主管部门
上海市医学领先专业第三批建设项目学科带头人	1996	戴尅戎	上海市卫生局
上海市引进海外高层次留学人员专项资金资助	2005	王　忠　卢建熙	上海市人事局
上海市优秀青年医学人才培养计划	2005	王丹茹　王旭东　焦　婷	上海市卫生局
上海市优秀青年教师	1991	裘世静　张建中	上海市教育局
	1993	裘世静	
	1995	商庆新　沈国芳	
	1997	冯希平　商庆新　范先群　张陈平	
	1999	范先群　杨　驰　李亦文　刘海林	
	2004	周广东(后备)　蒋欣泉(后备)	
	2008	周广东　蒋欣泉	

(续表)

项目名称	年份	入选者	主管部门
上海高校选拔培养优秀青年教师科研专项基金	2006	毕晓萍 达 骏 赵海光 单宏超 汪 涛 艾松涛 黄海怡 范莉琼	上海市教委
	2007	丁婷婷 朱铭颐 王宁荐 宋忠臣 姜云涛 王宇峰 任志宏 凌婉文 薛松果 陈 伟 王 凤 冯齐平 王 艳 胡 萍	
	2008	邵春益 俞哲元 何冬梅 阮 敏 安丙辰 富灵杰 谢 明 张绘莉 尹小燕 程志华	
	2009	昝 涛 金羽青 许 枫 赵长清 邱亚汀 王树斌 李彤彤 浦益萍 夏愠辉 高 燕 赵 宁 刘大力 马善奋 杨 娅 江 龙 王 申 姜博仁 袁亚杰 饶佳华 周 娟 鲁丽丽 张阿莲 陈 鑫 王永灵 陆雯娟 吴品茹 陈敏燕 乐维婕 赵影颖 王鸣明	
	2010	于洪波 张 雷 刘秀明 杨 秩 沈 毅 张哲谌 石 磊 张松梅 陈 奕 洪青青 仙淑丽 朱文静 黄冠兰 金云波 陈 辉 王 涛 孙 罡 叶开创 朱玉洁 周恒苑 王 圆 武 文	
上海市医苑新星	2000	顾 延 朱亚琴	上海市卫生局
上海市曙光计划	1996	朱振安	上海市教委
	1997	张伟国	
	1998	郭 伟	
	1999	商庆新 梁景平	
	2000	王国民	
	2001	穆雄铮	
	2002	沈国芳	
	2003	张如鸿	
	2004	崔 磊	
	2005	汤亭亭 林晓曦	
	2006	张文杰	
	2007	蒋欣泉	
	2008	周广东	
	2010	何 悦	
上海市优秀导师	1995	邱蔚六	上海市教委
上海市卫生系统百人计划	2001	蒋米尔	上海市卫生局
	2002	范先群	
	2008	冯希平	
	2010	周广东	

项目名称	年份	入选者	主管部门
上海市卫生局中医之星	1999	高一鸣	上海市卫生局
上海市晨光计划	2007	钟来平	上海市教委
	2008	高振	
	2009	昝涛	

表6-3-11 1991—2010年医院获得的校级人才培养项目情况表

项　目	年　份	入　选　者
上海第二医科大学(上海交大医学院)优秀青年教师	1991	张志愿　蒋米尔　唐友盛
	1993	张志愿　商庆新　程开祥　蒋米尔　宁丽
	1995	宁　丽　程开祥　张伟国　张陈平　冯希平　陆　民 王国民　刘海林
	1997	王　友　罗建平　李亦文　杨　驰　刘海林　陆　民 穆雄铮　张修银　顾　延　唐国瑶　黄新天
	1999	张修银　李　江　姜　虹　周广东　蒋欣泉　季　彤
	2002	张　萍　唐国华　何　悦　王丹茹
	2004	王海燕　严孟宁
	2006	徐　骎　谢幼专　韩　冬　黄正蔚　李启芳
上海第二医科大学百人计划	2003	汤亭亭　周国瑜　顾　岩　范先群　季　彤　潘晓岗 柴　岗　傅　强　周广东　陆尔奕　范新东　汪　俊 陈元美　周海文　陆信武　蒋欣泉　朱亚琴　黄　英 严毓勤
	2004	胡　滨　张　薇　徐　兵　姜　虹　王　炜　刘文勇 俞创奇　郭　莲　焦　婷　林晓曦　黄正蔚　陈志峰 李　瑾　佘文君
	2006	朱　纲　黄新天　张　峻　郭智霖　卢慕峻　田　臻 章一新　吴正一　解玉水　陈敏洁　龚　昕
上海交通大学医学院优秀学科带头人培养计划	2007	李青峰
上海交通大学医学院百人计划	2007	何　悦　张　萍　张诗雷　刘海林　李圣利　徐袁瑾 严孟宁　石润杰　朱梓园　傅　瑶　王　兵　刘晓兵 刘平安　董幼镕
	2008	胥　春　李慧武　汤　睿　余　力　史　俊　王志良 刘　凯　唐子圣　吴轶群　蔡协艺　赵海光　陆林国 戴　星　王　萍　王珮华　陆颖理
上海交通大学医学院新百人计划	2009	蒋欣泉　周广东　张　萍
上海交通大学晨星青年学者奖励计划	2008	严孟宁　黄正蔚
	2009	A类：周广东　B类：蒋欣泉　林晓曦

(续表)

项　　目	年　　份	入　选　者
上海第二医科大学学科骨干师资	1995	张志愿　裘世静　蒋米尔
	2003	刘　伟　汤亭亭
上海交通大学王宽诚医学奖励基金	2010	汤　睿　傅　瑶　乔　洁

【医院人才计划】

1999年起,为促进青年医生成长,同时为更高级别的人才培养项目起到苗圃作用,医院设立"上海交通大学医学院附属第九人民医院优秀青年骨干"项目。主要是选拔35周岁以下德才兼备的优秀青年,制定培养计划,通过课题资助、国内外进修学习、参加学术活动等多种途径,经过3年培养,成为学科发展的骨干力量。至2010年先后有80多名年轻医师获得项目资助。其中王磊、许建忠、朱晨芳、陶疆等人中期考核优秀转入"院优青"项目,钟来平、李启芳、李慧武等人进入启明星计划。

表6-3-12　1999—2008年获得九院优秀青年骨干项目资助的人员情况表

年　份	获资助人员
1999	顾　延　李　江　唐国瑶　姜　虹　孙　坚　穆雄铮　刘建华　张修银　钱玉芬　严毓勤 毛　青　查健忠　黄新天　罗　敏　高一明　阮　洪
2004	王旭东　季　彤　徐立群　柴　岗　刘　凯　杨　军　张　峻　唐国华　潘晓岗　焦　婷 胡　滨　魏　斌　周海文　黄　英　李　瑾　陈志峰　汪　俊　朱　琦　田　臻　殷兆芳 卢慕峻　陆　平　汤　睿　朱　纲　陈　鸣　赵隽隽　潘亚男　吴正一　陆尔奕　蒋欣泉
2008	韩　冬　高　振　袁　捷　陈付国　王志良　周慧芳　傅　瑶　贾仁兵　贾　琦　黄正蔚 唐子圣　李超伦　葛姝云　胥　春　孙　健　叶　玮　史　俊　戴　星　储讽婷　乔　洁 刘英莉　方　晶　殷敏毅　曹振东　顾文莉　徐袁瑾　艾松涛　钟来平＊　李慧武＊　李启芳＊ 王　磊＊＊　许建忠＊＊　朱晨芳＊＊　陶　疆＊＊
优青培育对象获课题资助:	程毅敏　许建忠　达　骏　陈朝婷　陶　疆　王　俏　王　磊 顾玮玲　汪　涛　朱晨芳

说明:　＊为立项不资助。

　　　＊＊为2010年中期考核优秀转入院优青跟踪计划。

第三节　员　工　培　训

一、概况

医院职工教育和职后教育开始于20世纪50年代,国家卫生部下发《关于加强卫生干部在职业务教育工作的指示》文件,强调在职卫生人员业务教育以在职学习为主。20世纪50年代,医院职工教育主要以医院规章制度及业务培训教育为主,辅以对工勤人员的文化教育,以提高文化水平。20世纪50—80年代初,医院组织巡回医疗队下乡下厂开展防害灭病,举办各种类型学习班,对全体员工进行岗位职责、医院工作制度培训,开办业务讲座,加强员工思想政治教育和技术业务培训。

党的十一届三中全会召开后,医院加强员工思想政治教育,对员工进行党的方针政策、职业道德、廉洁行医、形势教育和国情教育。1982年,医院开办业外语班,有300余名职工参加外语学习。

1983年初,医院成立职工教育领导小组,医院对"文化大革命"期间参加工作的大学生、卫技及相关人员、工勤人员开办文化补习。同年下半年起,定期举行业余和脱产文化补习。1984年,医院成立职工教育委员会。至1985年,全院有400余人文化补课结业。同时,一批青年医务人员、工勤人员参加高中、中专、夜大学学习,有19人高中毕业,300余人中专毕业,40人夜大学毕业,基本满足医院需要。

1991—2000年,共有599人参加大专、本科学历教育。1984—1986年,医院举办干部计算机扫盲班2期和卫技人员计算机班1期,共有100余人参加学习。1996—1998年,举办计算机培训班,共有253人参加学习。

1988年,根据二医大《职工外读(进修)管理试行条例》《关于学习贯彻上海市职工教育条例的实施意见》,医院开展多种形式在职教育,主要以技能培训和素质培训为主,举办业余英语学习班、培训班、大型仪器设备培训,定期举办全员性专业讲座等。1993年,医院结合上等达标举行全员培训,以迎接医院上等达标评审。1996年,医院调整成人教育委员会,加强职工教育工作,举办成人教育学习班,对职工在职教育、学历教育、出国进修、行政及工勤人员培训考核、晋升及公派出国前等进行各种培训。

1978年,医院制定《关于在职人员攻读硕士博士学位研究生的若干意见》。1985年起,医院鼓励各类人员报考在职研究生及学历提升。1984—2010年,全院攻读硕士学位249人,攻读博士学位198人。截至2010年,护理人员大专学历占护士总数69.4%,本科以上学历占护士总数13.8%。

1996年,由科教处负责继续教育学习班项目,加强对员工继续教育,以提升专业技术水平。2000年起,医院召开全院医师大会,进行病历书写规范培训。2002年,医院进行《医疗事故处理条例》培训。2006年,医院进行以医疗工作制度为主要内容的医院管理年培训,在全院医师中开展"三基"培训,护理部举办护士长管理培训班,对全院护士进行业务培训。

二、培训人员

【医技人员】

20世纪70—80年代,医院开办各类卫技人员培训班。20世纪90年代,上海市卫生系统成人教育委员会制定《上海市医院非临床科室医、技科室医、技师培养制度试行条例》,培训以注重服务规范、技术、实用为主,进一步提升卫技人员职业道德和专业技术水平,并与职工晋升挂钩。一些医技部门开始定期对员工进行专题培训。至2010年,医院先后有5名医技、药剂人员公派出国进修学习。

【管理人员】

20世纪50年代,管理人员培训主要是以政治文化技术业务为主,提高管理人员整体素质。20世纪70年代后,管理人员培训重点提升业务能力。1979年,上海市卫生局举办财会人员训练班,医院选派多人参加培训。

20世纪80年代,管理人员培训以管理技能培训为主,包括计算机应用、电子病案管理等。

1981—1982年,医院对"以工代干"人员进行业务培训,提高相关人员的医院管理基础知识。

20世纪90年代,医院每年举行一次医疗质量管理学习班。2000年后,医院对管理人员进行现代化管理知识培训,重点是科主任以上中高层管理人员培训及学历提升教育,一部分管理人员参加业余大专、本科教育和计算机、外语等专业培训,以提高学历和管理水平,满足晋升技术职称的要求。

【工勤人员】

20世纪50年代,医院对工勤人员进行思想政治教育培训,认清形势和任务。1982年,根据上级要求,对工勤人员进行文化补习。1985年,一批工勤人员参加高中、中专、夜大文化学习。同时,组织工勤人员中技术工种参加高、中级培训。

20世纪90年代,工人技术职称评聘工作开始,上海市卫生系统进行技术工人技师评聘试点。1995年,二医大制定《技术工人培训考核和实行技术等级聘用制补充办法》,技术工人分为高级技师、技师职务以及高、中、初级工三个技术等级。医院规定由本人申请,领导批准,厨师、水电工、锅炉工、电梯工、汽车驾驶、电焊工、话务员、绿化工、制冷工等参加业余学习、脱产学习、系统外培训及岗位培训等,并接受应知应会培训考核,考试合格者颁发《安全操作证》。

20世纪90年代后,医院病区工勤人员经过统一培训,实行持证上岗制度。

图6-3-1　1996年医院工勤人员参加上海市卫生系统业务统考

三、培训项目

【业务提高培训】

1978年,医院举办卫技人员复训班,复训对象为护理、检验、药剂、放射等中级以上卫技人员。1980年,医院举办中高年资护士业务培训班,学员70人,考试合格后发给结业证书。1985年,医院开办护理人才职业中专复训班及中高年护士提高班。1986年,医院开展全院业务讲座,学员900余人。1989年,医院举办中高年资全国护士长进修班,学员15人。1989—2010年护士参加国家及市级继续教育学习班,学员241人。1980—2010年,护理部组织护士参加继续教育外出培训1 160人次。1991年,医院举行院内感染管理人员培训,同时,开办3期中高年护士长管理专业学习班,学员47人。2002年,医院举办中高年护士长职能培训班。2007年,医院举办中高年护士长管理培训班4期,重点进行护理管理、操作规范培训。2008年,医院举办中高年护士长管理培训班,重点进行护理质量管理培训,学员50人。2010年,医院进行护理安全管理技能培训,学员56人。1985年、1998年,各有1名护士长;2002年有2名护士长赴国外进修学习。

【文化补习班】

从1978年开始,医院开展职工业余教育,重点进行初中、高中文化班以及高考复习班。1981年,国务院颁布《关于加强职工教育工作的决定》,1983年,医院进行业余、脱产初中文化补课。至1985年,分批完成408人初中文化补课任务。从1983年起,"文化大革命"期间大专院校毕业的大学生医师及相应人员进行脱产补习高中文化课程,截至1985年,有86人达到高中文化补课要求;对青年卫技、工勤人员482人进行补习初中文化课程,有408人达到初中毕业和行业及格要求。同时,有部分青年卫技、工勤人员继续升入高中、中专、夜大学习,其中高中80余人、中专10余人、夜大40余人,并有19人获高中文化毕业,300余人获中专文化毕业。1985—1995年,为提高干部文化水平,一批干部参加学历教育。1996—2000年,有699人参加大专、本科学历教育。1997年,有4名护士获首届护理专业自学考试毕业证书。1998年,有98名护士参加大专课程学习,有134人外出参加文化学习。

【外语班】

为适应改革开放需要,提高职工业务水平,从1982年起,医院先后开办不同层次外语班,其中英语班1个、英语初级班1个、英语高级班1个、英语口语班1个、托福班1个、法语班1个、日语初级班1个、日语中级班1个,共有学员300余人。1985年,有50余名中高年资护士及护士长参加医务英语初级班学习。1996—1998年,有50名职工参加英语培训班学习。

【计算机班】

1984—1985年,为适应计算机普及需要,医院举办2期干部计算机扫盲班及卫技人员计算机班1期,学员100余人。1996—1998年,有253名职工参加计算机培训。1983—2010年,为晋升技术职称需要,全院有700多名职工参加中高级职称人员计算机辅导班学习。

【新职工培训】

1990年起,医院每年对新入职的新职工开展岗前教育,由人事处、武装部、护理部牵头,党办、团委、文明办、医务处等部门共同参与新职工培训工作,培训主要有医院历史、院纪院规、《奖惩条例》、医德医风、《员工手册》及临床卫技规章制度等内容。每次新职工培训组织赴浦东周浦武警部队、张江预备役部队等处进行军政训练,通过专题辅导报告、系列讲座、收看录像、结业考试和结业汇报,使新职工了解医院文化、团队精神,进一步增强新职工职业荣誉感、使命感和责任感。截至2010年,医院已为2 200余名新职工进行岗前培训。

表 6-3-13　1992—2010 年参加岗前培训职工情况表　　　　单位：人

年份	职业类别							学历层次						
	医师	护士	医技	其他专技	行政	工人	基地医师	博士后	博士	硕士	七年制硕士	本科	大专	中专	职校
1992	27	5	9	2	1							28	1	11	4
1993	56	24	3	3	1				2	4		52		29	
1994	46	21	14	1	1				2	9	35	27		10	
1995	43	21	4	2	2				3	12		28		25	4
1996	41	27	9	3	1			1	6	3	7	24	3	34	3
1997	24	21	3	1	2				4		10	11	2	22	3
1998	44	22	5	2		2			7	11	7	22	4	26	2
1999	27	15	5	3	1				3	12		20		16	
2000	39	24	2	3					3	3	11	24	3	24	
2001	23	13			1				2	4	5	16	4	8	
2002	15	26	2		2			1	1	4	1	15	10	13	
2003	48	41	7	2	3				7	10	15	20	7	42	
2004	52	47	12		4				8	11	18	19	33	25	
2005	42	48	11	4	2			1	7	14	11	18	39	17	
2006	52	75	5	4	2			3	12	14	23	12	38	37	
2007	38	101	13	13	2				19	16	8	14	57	45	
2008	48	77	22	11	5				21	11	23	18	83	7	
2009	53	54	17	2	4			1	19	18	22	13	55	8	
2010	8	68	21	5	1		83		31	5	49	23	75	3	

【高级研修班】

2007 年 5—9 月，医院与上海交通大学安泰管理学院联合主办医院中高级管理人员 MBA 高级研修班，培训对象为医院党政领导、行政处室负责人、临床各科主任、护士长等，由资深专家学者授课，通过案例分析、传授先进的医院管理理念和方法。学员经考核合格，统一颁发 MBA 高级研修班结业证书。共有近百人参加培训，来自九院周浦分院、奉城分院的管理人员也参加了培训。

第七篇 综合管理

概　　述

医疗、教学、科研是九院作为大型综合性教学医院的中心工作,同时人、财、物管理,行政协调,对外交流,财务核算,后勤保障等也是医院管理系统的重要组成部分,其发展历程与医院的发展息息相关。

院长办公室是在院长的直接领导下,协助院长实施全院各项行政管理工作的重要职能部门,是医院正常运行的协调中枢。伯特利医院时期曾设秘书室,1956年7月,医院设立院长办公室,具体负责医院各项文件、制度的起草和制定,安排行政办公会、行政查房等各类院级会议并做好记录,督促院部决议的贯彻执行。协调部署涉及多部门的综合性工作,组织对科室和部门管理绩效的考核,接待上级或兄弟单位来院视察、参观访问,以及大量的日常管理和文案事务。

1972年起,医院被批准为对外开放单位,院长办公室(当时称"革命委员会办公室")兼管外事工作,设专人负责。随着对外交往的日益增长,外事工作包括接待外事参观访问、进修,短期出国(境)访问手续办理,各种形式的对外合作、国际性和沪港澳学术研讨会的申报,荣誉性学术职衔的申报等涉外事务。

财务管理维系着医院运行的经济基础。随着政府对医院的财务管理规定从中华人民共和国成立初的"统收统支",20世纪50—60年代的"差额补贴",70年代末的"包干结余,超支不补",90年代的"总量控制,结构调整"逐步演变,医院的会计核算方法也逐渐精细化、科学化,以求真实及时反映医院的财务情况,落实政府对公立医院的管理要求。成本核算、绩效考核、全面预算管理日益成为医院财务管理的重点。

为维护医院的治安,1974年,医院成立保卫科的前身武保组,负责医院日常治安保卫、消防安全、停车管理、户籍管理、综合治理等工作。21世纪起,医院设立监控中心,并逐渐增加监控探头,实现人防、物防、技防的有机结合,提高医院整体防范能力,多次抓获现行违法犯罪分子,获公安机关表彰。

改革开放后,医院业务迅速发展。为适应管理的需要,1988年4月,医院成立审计室。1999年1月10日,党委纪检工作与行政监察审计工作实行合署办公,以加强党风廉政建设的检查和督促工作,为医院经济工作的安全合规把好关。

医院高度重视对退休员工的关爱和服务工作。1986年5月,组建退休职工管理委员会(简称"退管会"),配备专职干部。以"老有所养、老有所医、老有所教、老有所学、老有所为、老有所乐"为工作目标,开展丰富多彩的文体活动,让为医院发展作出贡献的退休员工过上幸福的晚年生活。

2006年,为支持基层医疗体系建设,医院先后受南汇区政府和奉贤区政府委托,以分院形式托管周浦医院和奉城医院。医院派出专家和管理人员,开展对两家医院的全面帮扶工作。经过4年的合作援助,这两家医院的医疗水平显著提升,业务量大幅增长,运营管理走上良性轨道,使得当地群众在家门口就能得到三级医院专家的医疗服务。

根据市卫生系统对医院深化改革的统一部署,医院曾先后成立康复综合百货商店(1985年)、科技开发公司(1992年)、九医贸易商行(1994年)等经营性产业。1995年,医院成立改革发展办公室,负责医院三产等管理。在当时的历史条件下,医院产业也为医院管理模式的改革发展作出有益的探索。

第一章 院务管理与外事工作

第一节 院务管理

一、沿革

第九人民医院院长办公室(简称"院办")前身为秘书室。1952年12月,上海市伯特利医院更名为上海市立第九人民医院。1956年7月,医院设立院长办公室。1957年1月,医院划归上海第二医学院,改名为上海第二医学院附属第九人民医院,医院实行党总支领导下的"院务委员会"负责制。1958年10月,医院划归上海市卫生局,改名为上海市第九人民医院。1964年9月,医院重新划归上海第二医学院,改名上海第二医学院附属第九人民医院。1968年8月,医院成立"革命委员会",下设办公室。1970年9月,医院成立党总支,实行党的一元化领导。1972年,院长办公室兼管外事接待工作。1977年,医院撤销"革命委员会"临时权力机构,恢复行政领导体制。1978年10月,医院实行党委领导下的院长分工负责制,设立院长办公室。1980年,医院实行院长负责制。1985年3月,设立院长办公室主任,建立"院务委员会"。1985年10月,医院更名为上海第二医科大学附属第九人民医院。1987年10月,口腔医学院与第九人民医院实行二块牌子,一套领导班子体系。同年,医院升格为副局级单位,院长办公室也升格为副处级部门。1992年2月,医院实行党委领导下的院长分工负责制。1997年,医院实行院长负责制。2001年,院长办公室下设医院综合接待处,设专职接待人员。2010年,院长办公室配有正副主任各1人,工作人员4人。

表7-1-1 1956—2010年院长办公室历任负责人情况表

任职时间	主任	任职时间	副主任
1956—1958	曲敬开	1957—1958	秦祖康
1978—1980	曹如英(党办兼)	1964—1966	傅中义
1982—1984	黄克新	1980—1982	陈如花(党办兼)
1984—1991	陈志兴(兼)	1984—1987	楼攸俊
1988—1991	陈家照	1994—2009	金丽娟(其中2004—2007年主持工作)
1991—2004	赵宗慕	1995—1998	石岚
2007—	吴正一	2000—2002	崔勇
		2002—2007	吴正一
		2002—	王萍

二、行政管理

院长办公室是在院长的直接领导下,协助院长实施全院各项行政管理工作的重要职能部门,为院长决策提供信息。

1949年,伯特利医院在院长领导下设立院务委员会,定期召开院务会议,由秘书室负责完成院长交办的工作及指示,督促各部门认真加以落实。1951年8月,上海市军事管制委员会接办医院后,仍然设立院务委员会及召开院务会议,对医院实施管理。1953—1956年,为医院三年整顿期,医院建立健全各项规章制度,制定《医院工作制度》《各级医务人员职责》等。1964—1965年,根据中央卫生部《综合性医院工作人员职责和工作制度》要求,医院建立起各类人员岗位责任制,健全各项工作制度。1965年,医院设立党总支办公室。1966年5月,进入"文化大革命"时期,医院党政领导体制陷入瘫痪,各项制度被打乱,医院管理陷入混乱。1968年8月,医院成立"革命委员会"党政合一的临时权力机构,替代党政领导体制,下设办公室。同年8月,工宣队、军宣队进驻医院。1972年起,外事交流日益频繁,院长办公室设立专人负责外事接待工作,以加强外事工作。1977年7月,工宣队、军宣队撤离,撤销"革命委员会",恢复行政领导体制,医院设立院长办公室。

1978年10月,医院实行党委领导下的院长分工负责制,设立院长办公室,医院重新修订医疗管理制度、行政工作制度及《关于贯彻治理、整顿、执行廉洁行医规定通知》《奖惩制度》等,加强岗位责任制。1984年6月,新领导班子成立后,医院实行院长负责制,院长办公室协助院长对各科室实施二级考核。1985年后,医院恢复院务委员会制度,定期召开院务会。1987年,医院升格为副局级单位,院长办公室升格为副处级行政处室。1989年,医院进一步修订医院各级各类人员岗位责任制和职责,加强院科二级考核。

1990年,开始建立健全各职能部门和临床科室规章制度,推进医院管理的科学化、规范化和标准化建设。1991年,医院根据卫生部《综合医院分级管理和医院等级评审办法》要求,进一步修订规章制度,并开展医院上等达标工作。1992年,医院实行党委领导下的院长分工负责制,医院修订门急诊各部门工作制度、工作人员职责。1993年,医院重点抓制度建设,共修订健全全院规章制度109项,修订完善51类岗位职责,健全医疗质量管理体系和医疗质量考核评价制度,进一步规范医院管理,并纳入常态化管理。1993年6月,医院获全票通过"三甲"医院等级评审。1994年,医院全面实行综合目标管理,调整管理体系,强化行政部门管理职能,提高办事效率。1997年,医院实行院长负责制,医院修订《奖惩条例》,建立《院务公开制》,各部门职责上墙。1997年,医院通过"三甲"复评审。1998年,医院实施《科主任月度考核条例》。

2001年,院长办公室下设医院综合接待处,有专职人员综合接待处理患者的各类咨询或投诉事宜,并建立起信访工作制度。2002年起,医院每年召开行政办公会议和行政总值班工作会议,加强行政管理工作。2005年起,按照卫生部和上海市卫生局要求,医院每年组织开展"以病人为中心,以提高医疗服务质量为主题"的医院管理年活动。同年,医院实行临床科主任聘任制,首批39位临床和医技科主任受聘。2006年,医院以管理为基础,以质量为重点,全面推进医院管理。2007年6月,医院实施《科主任绩效考核办法(试行)》,并建立主动公开医院信息工作。同年7月,根据院务会决定,由院长办公室牵头,协同各行政部门将各类行政规章制度首次整理汇编成册,分六卷印发,以实现管理工作科学化、制度化、规范化和长效化。2008年5月,院务会通过《科主任聘任管理实施意见》。同年,医院深化医院管理年活动,由院长办公室收集各行政职能部门增补和修订的制度,加以汇总,整理成年度单卷,单本印发,以保证制度建设的延续性,不断加以完善。2010年,上海市三级综合医院评审标准发布,医院组织各科室部门开展学习标准,投入自评与迎评工作。

2010年,医院制定制度统一编码规则:以医院和部门名称的汉语拼音首字母为代号,按"医院-部门-制度性质-序号"排列缩写。如JY-YB-ZD-001意为:九院-院办-制度类-第一号。同年,医院将管理制度汇编成册。院办范围的管理制度共39项,其中工作规范类10项,会议规定类6项,信访工作6项,外来人员接待6项,员工管理类8项,学术工作类3项。

三、医院管理研究

院长办公室在院长领导下,除了日常行政工作外,还积极参与医院管理研究工作,从经验上升到理论,不断深化医院管理。从1993年起,医院每年召开医院管理工作会议,院长办公室认真做好筹备工作,以形成制度化。1994年起,每年组织行政人员参加第二医科大学医院管理研究会年会研讨与交流。从1995年起,医院每两年召开一次医院思想政治工作、医院管理研讨会,并出版论文集。从1998年12月,院长办公室编辑出版《医院管理论文集》。2000年,吴正一获上海市卫生系统21世纪医务人员形象大讨论征文一等奖。2006年2月,中国医院协会成立,吴正一参会并作大会学术交流。同年,吴正一获上海交通大学医学院第十一届管理年会优秀论文奖。同年,吴正一获上海复旦大学国际关系与公共事务学院公共管理硕士学位(MPA),同年,吴正一获上海交通大学医学院第十三次管理年会优秀论文奖提名奖。2007年,吴正一以上海交通大学医学院"百人计划"赴加拿大多伦多大学研修。2008年,破格晋升为卫生管理副研究员。同年12月,吴正一当选为上海市医院协会院办管理专委会秘书长。同年,王萍和蔡美琪的论文在京津沪医院管理高级论坛获优秀论文奖。2009年,吴正一获上海交通大学医学院卫生管理专业硕士生导师资格。同年,王萍、戴星撰写的论文参加京津沪渝医院管理高级论坛交流,被收入论文汇编。同年,吴正一、王萍、蔡美琪撰写的论文在上海市医院管理学术会议上获优秀论文奖。2010年12月,在第二届上海医院行政管理论坛交流会上,吴正一发表的论文获优秀论文奖。同年,吴正一发表全院第一篇被SCI杂志收录的管理类论文。

四、荣誉

赵宗慕获上海第二医科大学优秀医院管理工作者(1996年)、上海市卫生系统文明职工(2000年)。金丽娟获上海市卫生系统文明职工(2000年)。吴正一获上海市卫生系统文明职工(2000年)、上海交通大学十大青年才俊(2007年)、上海市教委党委"世博先锋行动"先进个人(2010年)。

第二节 对外交流

一、沿革

1972年起,医院被批准为对外开放单位,外事接待工作由院长办公室兼管。1977—1979年,负责外事工作的医院领导为王铭,陈祖亮任外事干部。外事干部在院办主任领导下具体办理涉外及涉台、港、澳相关事宜,按照外事工作政策和纪律规定的要求,负责外事接待参观工作、短期出国(境)访问办理和医院举办国际会议、沪港澳研讨会申报等事项。

表 7-1-2　1977—2010 年医院外事工作领导与外事干部任职情况表

任职时间	分管领导	任职时间	外事干部
1977—1979	王　铭	1977—1979	陈祖亮
1979—1984	祝　平	1979—1994	周昭玲
1985—1991	陈志兴	1994—	王　萍
1991—1993	邱蔚六		
1993—1998	戴尅戎		
1998—	张志愿		

二、学术交流

【接待来访】

1973—2010 年，医院接待来自美国、法国、日本、英国、澳大利亚、德国、韩国、加拿大等 30 余个国家和香港、澳门、台湾地区专家学者千余批逾万人次来医院访问，每年平均有 80 批 300 余人次专家学者来医院进行参观访问和讲学示教、学术交流，其中重要的外宾有民主德国卫生部访华团、泰国卫生部考察团和莱索托王国卫生与社会福利大臣来访。通过来访交流，进一步提升医院在国际学术界的知名度。对于与医院开展合作富有成效的专家教授，医院按规定授予名誉教授、客座教授、顾问教授等荣誉称号。

表 7-1-3　1973—2010 年医院接待来访问人员数情况表

年　份	接待来访人数	年　份	接待来访人数
1973	107	1974	111
1975	194	1977	26
1979	122	1980	330
1985	202	1986	284
1987	216	1988	182
1989	152	1990	190
1991	162	1992	125
1993	268	1994	248
1995	247	1996	141
1997	128	1998	124
1999	124	2000	104
2001	152	2002	171
2003	101	2004	152
2005	93	2006	118
2007	111	2008	140
2009	113	2010	96

表 7-1-4　1985—2010 年授予与九院合作交流的国内外专家荣誉称号情况表

授予年份	姓　　名	荣誉称号	国家或地区	工 作 单 位	专　　业
1985	格罗尼克	名誉教授	美国	Hope 基金会	口腔颌面外科
1987	森政和	名誉教授	日本	大阪齿科大学	口腔药理学
1987	道根	顾问教授	美国	哈佛大学牙医学院	口腔牙体修复
1991	艾伯特	顾问教授	美国	俄勒冈健康科学大学	口腔医学
1992	邱武才	客座教授	新加坡	邱武才美容诊所	整形美容
1993	一条尚	客座教授	日本	东京医科齿科大学齿学部	口腔病理
1993	白世民	客座教授	韩国	韩国人才大学成形外科	整形美容
1993	迪尔克·亚历山大洛山	客座教授	德国	汉堡州循环障碍血管疾病中心	血管疾病
1994	司徒基	名誉教授	美国	印第安纳大学牙医学院	口腔预防及材料
1994	佐川宽典	名誉教授	日本	大阪齿科大学	口腔微生物学
1994	太田义邦	顾问教授	日本	大阪齿科大学	口腔解剖学
1994	田代英雄	客座教授	日本	九州大学齿学部	口腔颌面外科
1994	金一奉	客座教授	韩国	韩国齿科矫正研究会	口腔正畸
1994	道健一	客座教授	日本	昭和大学齿学部	口腔颌面外科
1994	H. Tideman	客座教授	荷兰	香港大学牙医学院	口腔颌面外科
1994	茂手术三男	客座教授	日本	东京森邦大学齿学部	骨科
1996	高桥纯造	客座教授	日本	大阪大学齿学部	口腔修复
1996	贺尔彬	客座教授	瑞典	香港大学牙医学院	口腔正畸
1996	花田晃治	客座教授	日本	新潟大学医学院	口腔正畸
1996	冈野博郎	客座教授	日本	大阪齿科大学	口腔修复
1996	韦汉贤	客座教授	美国	香港大学牙医学院	儿童口腔
1998	Garry S. Brooy	名誉教授	美国	南加州大学	整形外科
1998	C. A. Bacanri	顾问教授	美国	麻省大学医疗中心	整形外科
1998	Canradino Campisi	客座教授	意大利	热那亚大学	整形外科
1998	田中昭男	客座教授	日本	大阪齿科大学	口腔病理
2000	诹访文彦	客座教授	日本	大阪齿科大学	口腔解剖学
2002	张念光	客座教授	中国香港	香港大学牙医学院	口腔颌面外科
2002	周哲男	客座教授	中国台北	东京代官山整形外科医院	院长
2002	Jean-Louis Brouillet	客座教授	法国	马赛大学牙医学院	口腔内科
2002	李一鸣	客座教授	美国	罗玛琳达大学牙医学院	口腔材料
2002	Petter S. Reinach	客座教授	美国	纽约州立大学	组织工程
2005	陈方安	白玉兰纪念奖	美国	纽约大学牙医学院	口腔颌面肿瘤基础研究

(续表)

授予年份	姓　名	荣誉称号	国家或地区	工　作　单　位	专　业
2006	L. P. Samaranayake	顾问教授	斯里兰卡	香港大学牙医学院	院长
2006	David F. Williams	客座教授	英国	皇家利物浦大学医院	组织工程
2007	W. L. Olszewski	客座教授	波兰	波兰科学院	淋巴医学
2008	L. Scott Levin	客座教授	美国	杜克大学	整形外科
2008	徐君逸	客座副教授	中国香港	悉尼大学牙学院	牙周病学

【承办会议】

1988年5月—2009年5月，医院承办30余次国际显微外科、口腔颌面外科、华裔骨科学术交流会议，其中有第一届国际口腔颌面外科学术会议、华裔骨科学会第二届学术会议、第二届BSB创伤与脊柱外科学术研讨会、第八届国际组织工程协会年会、第二十一届国际淋巴医学年会、第十二届国际口腔癌大会、第十九届国际口腔颌面外科学术会议等规模盛大，学术影响力深远的国际会议。来自美国、法国、日本、韩国、澳大利亚、德国、新加坡、马来西亚、芬兰、加拿大、埃及、巴基斯坦、越南、印度、巴西、捷克、立陶宛等75个国家和香港、台湾地区的4 000余人次参会进行学术交流，展示医院显微外科、口腔颌面外科、淋巴医学、人工关节技术、骨科临床与研究经验和医学最新进展，进一步提升医院国际知名度。

表7-1-5　1997—2009年由医院承办或协办部分国际学术会议情况表

年份	会　议　名　称	主办单位	大会主席	参会人数
1997	第一届中国国际口腔医学研讨会议	中华口腔医学会	邱蔚六	160
1997	华裔骨科学会第二届学术会议	华裔骨科学会	戴尅戎	425
1999	第二届BSB创伤与脊柱外科学术研讨会	骨科	戴尅戎	270
2000	首届中法口腔医学研讨会	口腔医学院	张志愿	150
2000	亚太地区人工关节学会第二届学术会议	亚太人工关节学会	戴尅戎	320
2000	亚太颅面协会第三次学术交流会	亚太颅面协会	张涤生	120
2005	第八届国际组织工程协会会议	国际组织工程协会	张涤生　曹谊林	929
2006	第八届亚太人工关节学术会议	亚太人工关节学会	戴尅戎	1 000
2006	第十届OSAPS国际美容外科大会	九院	张涤生　曹谊林	600
2007	第二十一届国际淋巴医学年会	国际淋巴学会	张涤生　刘宁飞	200
2008	第十二届国际口腔癌大会	口腔颌面外科	邱蔚六	540
2009	第十九届国际口腔颌面外科学术会议暨第八次中国口腔颌面外科会议	国际口腔颌面外科医师协会	邱蔚六	500

【外出访问】

改革开放后，医院陆续派医生去国外进修学习，及时了解和掌握本专业技术国内外发展动态，以提高科室医疗水平，与国际接轨。

1980年10月—2010年10月，医院向美国、法国、日本、澳大利亚、意大利、德国、加拿大、芬兰、荷兰、南斯拉夫、新加坡、德国、瑞士、以色列、韩国、奥地利等23个国家及香港、澳门、台湾地区公派出国(境)人员311人。

医院每年选派优秀医护人员出国，1972—1989年，医院派友谊出53余人次赴美国、法国、日本、韩国、澳大利亚、意大利、泰国、印度等9个国家及香港地区，参加国际学术会议、参观学习、考察及讲学。先后向美国、法国、日本等国派送136人次访问学者和留学生，参加国际学术会议、参观、考察及讲学，了解国外先进理念与技术，与国外同行建立起深厚友谊，同时，在国际舞台上展示医院学术风采。1983年，医院被评为"上海市优秀旅游表扬单位"。

三、对外合作

【签约合作】

1982—2006年8月，医院口腔、整外与美国HOPE基金会、凯洛克基金会、"微笑列车"行动总部、澳大学牙医学院、法国南锡大学贞德医院、日本大阪齿科大学、日本九州大学齿学部、日本昭和大学第一口腔外科、日本福冈齿科大学、韩国庆北国立大学牙医学院、瑞典哥德堡大学牙学院、澳大利亚儿童医院、澳大利亚皇家阿德莱德医院颅面外科、香港大学牙医学院，神经外科与法国慈善机构"希望之链"组建人道主义医疗队，先后签订18项合作交流协议，主要有相互讲学、访问、进修、学术交流、医疗科研合作等内容。至2010年，医院已与31个国外及港澳地区院校建立了友好校际关系，定期进行人员互访，并广泛开展一系列的国际学术交流与科研合作。通过合作交流，扩大医院在国外的声誉，促进学科发展，引进先进仪器设备，培养医学人才。

表7-1-6 1982—2010年与九院建立友好学术关系的国内外学术团体情况表

序号	签署日期	外方签署单位及签署人	我方签署单位(部门)及签署人	有效期
1	1982	法国南锡大学贞德医院 Michel Menle	整复外科张涤生	三年
2	1983.11.3	日本大阪齿科大学森政和	上海第二医学院院长兰锡纯	三年
3	1984.6	美国HOPE基金会	口腔系主任邱蔚六	短期
4	1985.5.7	日本大阪齿科大学白数美辉雄	上海第二医科大学校长王振义	三年
5	1986.6.8	日本九州大学齿学部部长田代英雄学	口腔系主任邱蔚六	短期
6	1986.6	美国HOPE基金会	口腔系主任邱蔚六	短期
7	1986	美国凯洛克基金会	九院陈志兴	三年
8	1986.12	日本昭和大学第一口腔外科道健一	口腔系主任邱蔚六	短期
9	1987.2	澳大利亚儿童医院皇家阿德莱德医院颅面外科 D. J. David	整复外科张涤生	短期
10	1989.7	日本大阪齿科大学稗田丰治	上海第二医科大学校长王一飞	三年
11	1992.4.1	日本大阪齿科大学稗田丰治	上海第二医科大学校长王一飞	三年
12	1992.5.19	美国印第安纳大学牙学院 H. William Gilmore	口腔医学院院长邱蔚六	长期

(续表)

序号	签署日期	外方签署单位及签署人	我方签署单位(部门)及签署人	有效期
13	1993.11	美国纽约大学牙医学院院长 Edward G. Kaufman	口腔医学院院长邱蔚六	长期
14	1995.5	日本大阪齿科大学佐川宽典	上海第二医科大学校长王一飞	长期
15	1997	法国艾克斯-马塞第二大学马塞口腔医学院 Andre Salvadori 院长	口腔医学院院长张志愿	五年
16	2000.9.21	法国希望之链医疗协会 Bernard Irthum	九院院长张志愿	三年
17	2000.10.11	香港大学牙医学院院长施范德	口腔医学院院长张志愿	五年
18	2001.11.6	韩国庆北国立大学牙医学院院长景熙文	口腔医学院院长张志愿	五年
19	2003	美国加州大学洛杉矶分校牙医学院院长 No-Hee Park	口腔医学院院长张志愿	五年
20	2003.3.10	日本长崎大学校长齐藤宽	上海第二医科大学校长范关荣	五年
21	2003.9.29	法国利多哈大学校长 Daniel BOUCHER	上海第二医科大学校长钱关祥	无
22	2004.4.14	日本福冈齿科大学校长本田武司,理事长田中健藏	口腔医学院院长张志愿、名誉院长邱蔚六	三年
23	2005.4.29	日本昭和大学齿学部部长官崎隆	口腔医学院院长张志愿	三年
24	2006.8.31	瑞典哥德堡大学牙学院院长 Jan Olsson	口腔医学院院长张志愿	无
25	2007.11.18	香港大学牙医学院院长 Lakshman Samaranayake	口腔医学院副院长郭莲	五年
26	2007.12.3	新加坡国立大学牙学院院长 Tan Beng Choon Keson	口腔医学院院长张志愿	二年
27	2008.11.13	日本大阪齿科大学川添尧彬	口腔医学院院长张志愿	长期
28	2009.5.25	泰国宋卡王子大学牙学院 Wilad Sattayasanskul	口腔医学院院长张志愿	三年
29	2009.7.10	美国马里兰大学巴尔的摩分校牙学院院长 Christian S. Stohler	口腔医学院院长张志愿	无
30	2010.6.25	日本德岛大学齿学部部长林良夫学	九院院长张志愿	五年
31	2010.8.16	加拿大安大略省多伦多市微笑中国项目黄家海	九院院长张志愿	二年
32	2010.11.23	泰国朱拉隆功大学牙学院院长 Wacharaporn Tasachan	口腔医学院院长张志愿	五年

【接受国外、境外进修学习】

1972—1990年,医院先后接受来自阿尔巴尼亚、越南、墨西哥、朝鲜、美国、法国、英国、日本、意大利、荷兰、澳大利亚、南斯拉夫等12个国家的21名外国留学生,来医院进修整复外科、口腔颌面外科、口腔修复、口腔正畸、中医科等专业。截至2010年,已接受来自世界各国及港澳地区来院短期进修学习医师93人次。

20世纪90年代以后,随着对外交流的开展,医院在国际学术舞台上的知名度不断提升,每年都有各国学者慕名来院学习、进修。医院相关科室对此总是精心安排,选派优秀的带教老师,配备专门的陪同人员,使来访者在收获专业领域知识和技能的同时,也收获到了真诚的友情。

表7-1-7 1972—2010年医院接受境外人员进修情况表

姓 名	国家或地区	进修专业	来 院 时 间	科室指导老师
—	阿尔巴尼亚	口腔修复、口腔正畸	1972.6.30—12.30	席应忠 刘 侃 叶秀芬 彭适生 王容华 李秀娣 楼昭华 陈希贤
—	越南	口腔科、口腔手术	1975.9.15—1977.7	杨宠莹 陈希贤 张锡泽 张涤生
—	法国	整复外科	1982.2—1982.7	张涤生
—	墨西哥	整复外科	1983.9.1—1984.3	张涤生
—	朝鲜	整复外科	1984.2.7—1984.6	张涤生
—	英国	整复外科	1984.6.12—1984.7	王 炜
—	日本	口腔颌面外科	1985.9—1986.2	邱蔚六
—	日本	口腔颌面外科	1988.3.1—5.19	邱蔚六
—	英国	口腔颌面外科	1988.3.18—4.18	马宝章
—	日本	整复外科	1988.5.8—5.22	黄文义
—	法国	整复外科	1988.5.18—9.15	关文祥
—	意大利	整复外科	1989.4.1—5.31	关文祥
—	日本	口腔修复	1989.4.1—1990.7	杨宠莹
—	荷兰	口腔修复	1989.9—1990.2	杨宠莹
—	南斯拉夫	口腔颌面外科	1989.11—1990.4	邱蔚六
—	美国	整复外科	1990.4—1990.5	关文祥
—	澳大利亚	中医科	1990.7.25—9.23	陈绍东
—	美国	整复外科	1990.10.10—11.6	王 炜
—	日本	口腔正畸/修复	1991.5.7—6.4	刘 侃
—	新加坡	口腔外科/口腔免疫	1991.10.8—10.25	林国础 邱蔚六
—	日本	口腔颌面外科	1991.12.10—1992.3.31	张志勇
—	英国	口腔颌面外科	1992.3.2—3.17	邱蔚六 黄远亮
—	日本	口腔颌面外科	1996.4.1—6.28	张陈平 顾章瑜
—	中国澳门	口腔颌面外科	1996.4.1—1997.3.30	唐友盛
—	日本	口腔颌面外科	1996.5.10—11.9	林国础 竺涵光

(续表)

姓　名	国家或地区	进修专业	来　院　时　间	科室指导老师
—	英国	口腔颌面外科	1996.7.27—8.3	郭　伟
—	马达加斯加	口腔颌面外科	1996.9—1997.9	孙　坚　解雪涛
—	澳大利亚	口腔护理	1996.10.28—11.8	胡　萍　许建妹
—	中国香港	口腔颌面外科	1996.12.2—1997.3	解雪涛
—	英国	口腔预防科	1997.11—1998.4	刘　正　冯希平
—	中国香港	口腔颌面外科	1998.9.20—11.11	张陈平
—	美国	口腔颌面外科	1998.12.26—1999.1.20	林国础　孙　坚
—	法国	口腔颌面外科	1999.9.4—9.30	孙　坚
—	英国	口腔颌面外科	1999.9.17—10.20	张陈平
—	荷兰	口腔颌面外科	1999.9	张建中　高　雄
Andri Hardianto	印尼	口腔颌面外科	2000.9.20—2001.9.20	张陈平　马继壮
程正旭	中国澳门	口腔颌面外科	2001.6.7—7.7	张陈平　马继壮
Hyung Bum Lim	韩国	组织工程	2001.6.23—6.30	刘　伟
Soo-hyum Park	韩国	组织工程	2001.6.23—6.30	刘　伟
Samual Buonocone	美国	组织工程	2001.6.24—7.24	刘　伟
长田哲次	日本	口腔颌面外科	2001.9.1—2001.10	张陈平
桶口崇	日本	口腔颌面外科	2001.9.1—2001.10	张陈平
阿尤斯	尼泊尔	神经外科	2001.9—2002.7	丁美修
杨孝宝	美国	口腔预防	2002.2.1—2.20	冯希平
宋裘文	美国	口腔预防	2002.2.1—2.20	冯希平
胡建智	中国澳门	整复外科	2002.5.1—5.31	林晓曦
Sonia Yuen	美国	眼科	2002.5.16—6.4	范先群
Steven John thomas	英国	口腔颌面外科	2002.9—2002.10	张志愿　陈万涛
赵炳澳	韩国	口腔正畸	2002.9—2003.7	沈　刚
Janny Cheng	荷兰	口腔颌面外科	2002.10.14—2002.12	沈国芳
Duncan Goos	荷兰	口腔颌面外科	2002.10.14—2002.12	沈国芳
Jeannette Lie	荷兰	口腔颌面外科	2002.10.14—2002.12	沈国芳
Robert Tan	荷兰	口腔颌面外科	2002.10.14—2002.12	沈国芳
Thomas Bieber	法国	口腔颌面外科	2002.12.3—12.13	沈国芳　孙　坚
Juliette Hasselmann	法国	口腔颌面外科	2002.12.3—12.13	沈国芳　孙　坚

(续表)

姓　名	国家或地区	进修专业	来　院　时　间	科室指导老师	
彭蓬光	中国澳门	整复外科	2003.4—2003.7	钱云良	章一新
肖丽萍	爱尔兰	口腔正畸	2003.4—2004.3	沈　刚	
杨伟杰	中国香港	口腔颌面外科	2003.7.1—8.31	张陈平	
蔡建辉	马来西亚	组织工程	2003.7—2003.9	曹谊林	
Kaye Xu	澳大利亚	普外科	2004.1—2004.2	龚鼎铨	刘文勇
Bernet Ward	美国	口腔颌面外科	2004.3.29—4.9	张陈平	
Wendy Ma	澳大利亚	眼科	2004.6.17—7.16	范先群	
黄忠阳	中国香港	口腔颌面外科	2004.6—2004.12	张陈平	
Hop N. Le	越南	整复外科	2004.7—2004.9	穆雄铮	
Masashi Yamashiro	日本	口腔颌面外科	2004.10.1—11.30	张陈平	
蔡泽浩	马来西亚	整复外科	2005.6—2006.6	孙宝珊	
Settakorn Ponganich	泰国	口腔颌面外科	2005.8.22—9.2	张陈平	
Borman Sumaji	印尼	口腔颌面外科	2005.10.8—12.18	张陈平	
Yutaka Ogawa	日本	整复外科	2005.10—2006.1	李青锋	林晓曦
Yoshihisa Tsukagoshi	日本	整复外科	2005.10—2006.1	李青锋	林晓曦
Maximiliano Diamante	美国	口腔颌面外科	2006.2.9—3.17	沈国芳	
Howaldt	德国	口腔颌面外科	2006.3.19—3.30	张陈平	
Maas	德国	口腔颌面外科	2006.3.19—3.30	张陈平	
Lendeckel	德国	口腔颌面外科	2006.3.19—3.30	张陈平	
Benson Chen	美国	整复外科	2006.4—2006.6	曹谊林	
Wong Thien Chong	新加坡	整复外科	2006.5.23—6.6	曹谊林	
Linda Feng	澳大利亚	眼科	2006.6.5—7.21	范先群	
Jason Wang	澳大利亚	眼科	2006.6.5—7.21	范先群	
Shajan Velaedan	澳大利亚	眼科	2006.6.5—7.21	范先群	
Charles Irthum	法国	口腔颌面外科	2006.6.8—8.8	张志愿	
李尚洙	韩国	口腔种植科	2006.10—2007.10	张志勇	
Sean Edwards	美国	口腔颌面外科	2006.11.13—11.24	张陈平	李思毅
Bornam sumaji	印尼	口腔颌面外科	2006.11.13—12.8	张陈平	李思毅

(续表)

姓　名	国家或地区	进修专业	来　院　时　间	科室指导老师
Nilis Weniger	德国	口腔颌面外科	2006.11.15—12.15	张陈平　李思毅
Joey Zhou Ying	中国香港	口腔颌面外科	2006.11.20—12.1	张陈平
Robert Laugbun	美国	口腔颌面外科	2006.11.27—12.20	张陈平　李思毅
陆文浩	中国香港	整复外科	2007.4.1—2008.3.31	张涤生　李青锋
James Kretlow	美国	组织工程	2007.5.3—8.16	刘伟
Shsreef Araidy	以色列	口腔颌面外科	2007.8.3—10.14	沈国芳　张诗雷
Shah Kamal	马来西亚		2008.1.8—2009.1.9	张陈平　季　彤
Pichai Vittayakittipong	泰国	口腔颌面外科	2008.9—2009.2	张陈平
Usha P. Reddy	美国	眼科	2009.2.20—3.6	范先群　罗　敏
Gary V. Brillo	菲律宾	口腔颌面外科	2009.3.1—7.31	沈国芳
敬荣昇	澳大利亚	口腔黏膜病科	2009.4.13—4.17	葛姝云　吴　岚
Fayette Creed Williams	美国	口腔颌面外科	2009.5.3—5.30	张陈平　季　彤
Noroozi Nelson	德国	口腔颌面外科	2009.5.6—6.10	沈国芳
Kok Tuck Choon	马来西亚	口腔颌面外科	2009.5.22—6.20	沈国芳　徐　兵
Boworn Klongnoi	泰国	口腔颌面外科	2009.6.1—6.19	张陈平
Mukhriz Hamdan	泰国	口腔颌面外科	2009.6.1—6.19	张陈平
王慧珊	马来西亚	口腔颌面外科	2009.6.9—7.1	张陈平　季　彤
蔡玲玲	新加坡	眼科	2009.7.2—7.24	范先群　罗　敏
蔡豪娜	新加坡	眼科	2009.7.2—7.24	范先群　罗　敏
I. Satti	沙特	口腔颌面外科	2009.7.5—7.17	杨　驰　张善勇
林　典	哥伦比亚	口腔颌面外科	2009.9.4—11.30	沈国芳　王旭东
程华安	澳大利亚	口腔颌面外科	2010.2.21—	王旭东
姚　绚	澳门	整复外科	2010.3.8—10.13	李青锋
Lvan Torres	哥伦比亚	整复外科	2010.3.10—3.24	张如鸿
Martin Belanger	加拿大	口腔颌面外科	2010.4.6—4.30	沈国芳　张陈平
加藤誉之	日本	口腔颌面外科	2010.5.1—10.31	徐立群　季　彤
Tordi Garcia Linares	西班牙	口腔颌面外科	2010.5.15—5.26	沈国芳　蔡　鸣

(续表)

姓　　名	国家或地区	进修专业	来　院　时　间	科室指导老师
Tosep Rubio Palau	西班牙	口腔颌面外科	2010.5.15—5.26	沈国芳　蔡　鸣
Kiran Shrikrishna Gadre	印度	口腔颌面外科	2010.7.8—8.10	张陈平　季　彤
袁　婷	澳大利亚	眼科	2010.7.19—8.6	范先群　罗　敏

第三节　改革发展办公室

一、沿革

1995年3月，为加快医院改革发展步伐，促进医院健康快速发展，医院设立改革发展办公室，时有成员5人，石岚任主任，杨峰任副主任。办公室位于小红楼（旧5号楼）二楼。主要职责是研究实施医院综合目标管理方案，制定、实施科室绩效考核制度，医院对外合作和基建项目规划、论证等事宜。2002年，鉴于绩效考核制度运行已较成熟，同时院外发展工作亦趋稳定，医院撤销改革发展办公室，绩效考核奖金发放日常工作由财务处承担。

二、制度建设

1994年3月，医院召开六届二次职工代表大会，审议通过《综合目标管理改革总体方案》《职工奖惩条例》。1998年4月，医院召开八届二次职工代表大会，审议通过《科主任考核条例》《科室经济管理条例》。同年12月，医院召开八届三次职工代表大会，审议通过《医院综合目标管理新方案——奖金发放办法》《关于对基础考核奖的发放标准及扣除意见》。为贯彻这些条例、制度、方案精神，改革发展办完善操作细则，坚持按制度管人管事，认真做好科室绩效奖金考核工作，及时提交医院综合目标管理领导小组讨论决定，核发科室绩效奖金。

三、综合目标管理与考核

1995年，改革办根据医院通过的条例，组织拟订医院临床和医技科室综合目标管理、绩效奖金的测算和发放办法，实施每月的绩效考核奖金的分房。医院综合目标管理和绩效奖金的发放公式：[科室总收入（临床科室不包括药费收入）－总支出]×系数＝科室绩效奖金。总收入为科室门急诊、病房的收入，不包括药费。总支出包括科室人力成本，医用、非医用材料消耗，医疗设备购置金额经过使用年限的折旧和房屋使用面积的租金等支出。

在实际操作中，根据以往3年科室的人均奖金水平、总收入和总支出的实际数据，形成考核基数，结合各项医疗考核指标和精神文明建设的要求，拟定不同的系数进行调控。在信息科参与下，进行计算机编程，改革发展办负责各项资料的收集、复核和数据的输入、造表，经医院综合目标管理领导小组讨论批准后，将绩效奖金发放到科室。

四、社会合作与发展

1995年前后,是医疗服务急剧增长的时期。为缓解看病难、住院难的问题,医院与浦东"由由集团"合作筹备"由由第九人民医院浦东分院",由改革发展办具体负责规划设计、协调审批、筹建及开办工作。2001年获得上海市卫生局批准开业,经上海市医保局批准核定第九人民医院浦东分院床位10张,并纳入医保收费。

改革办承担医院开拓发展项目的前期调研工作。与多家企业集团以及外资就合作投资医院的可行性进行调研。进行医院改善就医环境和扩容的可行性论证,为医院发展规划提供建议,为医院"九五""十五"规划期间基建工作开展前期调研。建造7号外科大楼时与上海市宗教管理部门进行沟通协商,完成原医院食堂(属伯特利教会地产)与宿舍楼房产的置换,为大楼建造腾出土地。

第二章 财务管理

第一节 机构沿革

医院财务处前身为总务部、财务室、行政科、财务组、财务科。

1920年9月,伯特利医院建院后,财务掌管在伯特利教会石美玉院长手中。1938年后,由代院长石成志同时掌管财务。1945年,抗战胜利后,伯特利医院开始复兴并进行重建。1949年,医院设立了董事会,伯特利医院设立总务部,下设会计,由院长委派总管掌管财务,每天将门诊住院收入扣除各项费用后再汇总交给院长,当时医院经济来源除了医疗收入外,还有伯特利教会的补贴及一些国外捐款。每年会计预决算提交董事会审核通过后交院长及院务会执行。1950年,伯特利医院业务总收入3.3亿元(旧币),总支出4.4亿元(旧币),超支1.1亿元(旧人民币),超支部分由国外捐款弥补。

1951年10月,上海市军事管制委员会接办医院后,伯特利医院正式设立财务科,由上海市卫生局调派郑行甫担任财务科副科长。当时财务科下设挂号、收费、出入院结账、会计、出纳等,人员不足10人。同年,上海市政府每年拨款,形式是收支差额补贴。1952年12月底,医院更名为上海市立第九人民医院,财务科改名财务室,下设挂号处、出入院结账管理处、门诊收费处。20世纪50年代末,财务科有人员20人,其中挂号处、收费处各4人,出入院管理处7人,科本部5人。1958年,财务科与总务科合并为行政科,由孙学、高三郎担任正副科长。

1960年,财务科下设住院处、收费处。1966年,"文化大革命"开始后,医院成立"革命委员会",财务科改名为财务组,财务组有人员约30人。1973年6月,陈雅琴任财务组组长,陆佑勤、陆楚华任副组长。

1978年10月,医院恢复财务科,由陆佑勤(主持工作)、陈绍元任财务科副科长。1981年,财务科有人员40余人,挂号处划归门诊部管理。1982年4月,陆佑勤任财务科科长,陈振洲、陈雅琴任副科长。1984年8月,陈德堃接任财务科科长,陈振洲、邹芝华任副科长。从1985年起,财会学校每年有毕业生分配来财务科充实力量,加上科内员工自学成才获大中专学历,财务科员工整体素质有很大程度提高,三分之二以上人员具有中专以上学历。

1987年,医院升格为副局级单位,财务科改为财务处,邹志华任财务处副处长(主持工作)。1989年2月,邹志华任财务处处长。财务处下设计划财务、收费、出入院3个组(副科级),分别由孙孝钢任计划财务组组长,周志仁任收费组组长,朱爱莉任出入院组组长,财务处有人员50余人,其中会计师4人,助理会计师11人。

1991年5月,财务处成立3人领导小组,成员有余崇禄(主持工作)、孙孝钢、李燕萍。1992年2月,孙孝钢(主持工作)、李燕萍任财务处副处长。1995年,医院成立综合目标管理领导小组和改革发展办公室,负责临床和医技科室综合目标管理考核、绩效奖金分配。财务处参与考核与测算工作。1998年1月,孙孝钢任财务处处长。2002年,改革发展办撤销后,绩效奖金考核测算及分配工作由财务处接手。

2007年,财务处下设计划财务科、出入院管理科、门急诊收费科,由陶喆任计划财务科科长、赵敏健任出入院管理科科长、肖锡平任门急诊收费管理科科长。

至2010年,财务处有正式编制职工82人,其中计划财务科14人、出入院管理科10人、门急诊收费管理科58人。另在浦东分院、总务处、设备处、食堂、营养科、药房等派有财务人员。财务处共有财会专业人员高级会计师1人,会计师7人,其余为助理会计师和会计员。

表7-2-1　1951—2010年历任财务处正、副处(科)长情况表

部　门	任职时间	处(科)长	任职时间	副处(科)长
财务室			1951—1952	郑行甫
财务科			1952—1958	郑行甫
行政科	1958—1966	孙　学	1958—1966	高三郎
财务组	1966—1978	陈雅琴	1973—1978	陆佑勤　陆楚华
财务科	1982—1984	陆佑勤	1978—1982	陆佑勤(主持工作)　陈绍元
财务科	1984—1988	陈德堃	1982—1988	陈振洲　陈雅琴
财务处			1984—1989	邹志华
财务处	1989—1991	邹志华	1991—1992	余崇禄(主持工作)
财务处	1998—	孙孝钢	1991—1998	孙孝钢(其中1992—1998年主持工作)
财务处			1991—	李燕萍

表7-2-2　1988—2010年历任财务各部门负责人情况表

部　门	任职时间	组　长	任职时间	科　长
出入院管理入院管理组	1988—1992 1992—2000	朱爱莉(副科级) 朱爱莉		
出院结账组	1992—2007	赵敏健	2007—	赵敏健
门急诊收费组	1988—1992	周志仁(副科级)	2007—	肖锡平
门急诊收费组	1992—1996	常益华		
门急诊收费组	1996—2001	陈文华		
门急诊收费组	2001—2007	肖锡平		
计划财务组	1988—1992	孙孝钢(副科级)	2007—	陶　喆

第二节　计划财务管理

一、财务制度与记账方式

【财务制度】

中华人民共和国成立初期,上海市卫生医疗单位财务管理实行"统收统支"。

1950年12月,中央财政部颁发《各级人民政府暂行单位预算会计制度》,由此建立全国预算会计制度。

1951年8月,上海市军事管制委员会接办医院后,上海市卫生局调派财务干部来医院加强财务管理,财务工作开始执行上海市人民政府卫生局颁发的《上海市单位预算会计制度与补充规定》,在军代表领导下,医院进行整顿,将医院收支划分为住院、门诊及杂项等。同年起,上海市卫生局每年拨款,采取"收支差额补贴方法"。

1952年12月,医院更名为上海市立第九人民医院。1953年,医院实行差额预算管理。1953—1956年,医院进入3年整顿期,财务部门制定财务管理制度与办法,以及财务部门规章制度,加强经济核算,简化门诊收费手续,改善门诊记账办法。

1955年,医院执行《上海市市立医院财务管理办法》,财务科贯彻有关财务会计法规和制度,遵守国家财政纪律,保证资金的及时供应和财务计划的完成,合理组织收入,严格控制支出,编制年度和季度财务计划,办理会计业务,编制报表,按时清理债权债务等。

1956年后,医院实行"全额管理、差额补贴"办法,先后建立"药品材料周转金""病人入院预付费""医院催收款"等制度,加强财务管理。

1962年6月,医院执行上海市财政局《关于改进本市行政和事业单位预算管理试行办法》,实行"全额管理、定额控制、超收贴补、结余酌情"办法,核定全年收入任务和经费定额比例;对超额完成任务因而增加的收入,按"经费定额"相应补贴经费,由单位用于弥补开支,以及补充必要的设备购置;不能完成业务计划而发生短收时,也按"经费定额"适当减少补助;支出预算的年终结余,公用经费部分酌留一部分由单位自行支配,其余抵作下年度预算拨款。

1964年,财务部门建立财会人员岗位责任制,健全财会工作制度。1964—1965年,医院财务部门根据中央卫生部《综合性医院工作人员职责和工作制度》,进一步建立财会人员岗位责任制,健全工作制度。

20世纪70年代初,为推进经济责任制,促进医院加强管理,医院制定《医疗收费标准》《费用开支标准》《医疗收费管理制度》《现金管理制度》《支出管理制度》《财产材料管理制度》等财务管理制度。1978年9月,国务院颁布《会计人员职权条例》,明确会计人员工作职责,严格执行国家财经制度。医院加强对现金、票证管理,确保国家资金和财产物资的安全。同年,国家对医院拨款制度作出改革,由单纯差额补贴改为"包干结余,超支不补"。

1981年,医院建立健全财务部门规章制度,制定《财务部门各类人员岗位责任制》。此外,80年代,国务院颁发《会计人员职权条例》,严格规范财经纪律。1985年,根据上海市财政局、档案局和上海第二医科大学有关文件规定,医院制定相关制度,使会计档案管理有章可循。同年,财务部门建立健全财会人员岗位责任制考核办法。

1989年起,医院实行由中央卫生部、财政部制定的全国统一《医院会计制度》,医院按单位预算会计制度进行会计核算。为加强会计档案管理,1999年1月起,医院实行中央卫生部、财政部新颁发的《医院会计制度》,财务部门做好新旧《会计档案管理办法》有关衔接工作。2000年起,医院先后制订了《财产物资管理清查制度》《财务部门的主要职能及工作范围》《财务处廉政廉洁建设责任制》《成本核算制度》《会计人员任职基本条件》《货币资金管理制度》《经济管理内部控制制度》《科室经济管理条例》《出纳岗位职责》《票据管理岗位职责》《物价员岗位职责》《门急诊收费岗位职责》《住院处岗位职责》《住院结账处职责》《收费管理制度》《退费管理制度》《医疗收费和药品价格抽查制度》《医疗收费和药品价格投诉制度》《医疗应收款管理岗位职责》《仪器设备和物资采购的管理规定》《重大经济事项决策制度》等多项财务管理制度和规定,为完善医院财务体制,防范财务风险,适应医院综合目标管理不断深化和发展的需要,提供保障。2010年,医院启用《物资设备资产管理及流程应用系统》,完善医院物资管理制度和物资的进销存管理流程,为会计预算提供详实统计信息。

2010年12月,国家卫生部、财政部颁发《医院财务制度》,医院加强财务管理和监督,规范财务行为,提高资金使用效益。

【会计核算方法】

在伯特利教会管理医院时,医院沿用国外"借贷法"记账方法,是以"借""贷"为记账符号,是以"有借必有贷,借贷必相等"的一种复式记账法。

1951年8月,上海市军事管制委员会接办医院后,开始使用增减法记账,后至1989年以前的计划经济时期,医院属于政府财政拨款的事业单位,医院财务属于预算会计范畴,执行《预算会计制度》,即以"收""付"为记账符号,以"收付实现制"为会计基础;科目分为资金占用类和资金来源类;收支科目为简单的"经费收入""经费支出"等;职工工资由财政拨款,实行经费包干制度,财务管理"以收定支"。

1989年,国家财政部、卫生部对医院财务制度作出重大改革,新的《医院会计制度》类似于企业会计制度。将沿用多年的"收付制"改为"借贷制",将业务收支单一核算改为医疗、药品、制剂、管理分别核算。1989—1998年,医院作为差额预算拨款单位,新的会计制度,以"借""贷"为记账符号,以"权责发生制"为会计基础;科目分为资金占用类和资金来源类,通过资金平衡表来反映医院财务情况;收支科目为6大类,除医疗收入、制剂收入、其他收入外,增加"管理费用",以及医疗支出和药品支出;在低值易耗品管理办法上,实行"一次摊销法""五五摊销法";按收入提取修购基金,进行成本核算;利用收支结余提取事业发展基金、福利基金、职工奖励基金、院长基金等专项资金,收支自成体系,业务支出不得挤占专项资金。

1999年1月,实施国家卫生部颁发新的《医院会计制度》,医院会计由资产负债、净资产、收入、支出等5个部分组成;以"资产+收入=负债+净资产+支出",为平衡公式;取消制剂收入和支出科目,制剂增加值计入药品进销差价,避免制剂虚收虚支;改革医院结余分配办法,结余中取消职工奖励基金和院长基金,将职工奖金计入费用中支出;增加按固定资产账面价值计提修购基金;按应收账计提坏账准备;增设对外投资、无形资产、开办费等科目;取消专项资金部分的支出科目和结存类科目。会计报表由资金平衡表改为资产负债表,医院结余直接增减事业基金和福利基金,并增加医院内部成本核算内容。

至2010年,医院固定资产总值7.38亿元,专业设备总值4.4亿元,业务收入比2000年增长5倍多。

二、内控与预算管理

医院财务预算是医院根据事业发展计划和任务编制的财务收支计划,由收入预算和支出预算组成。1954年起,根据财政部通知,医院实行"全额管理、差额补助"的预算管理制度。

1979年,根据国家卫生部《关于加强医院经济管理试点工作的意见的通知》精神,国家对医院实行"五定",即定任务、定床位、定编制、定业务技术指标、定经费补助,实行"全额管理,定额补助,结余留用"。"增收节支"的结余中,60%用于专项修购,改善医院条件,40%用于集体福利和个人奖励。1980年起，逐步在全市实行。此后预算工作在医院管理中得到高度重视。1979年，医院制定经费开支的有关规定，凡预算外无计划的开支坚决拒付，物资采购由规定的经管部门负责采购供应等。同年，医院实行"金额管理、重点统计、实耗实销"的药品管理办法。

1992年起，医院建立预算管理制度，每年初编制医院经费收支预算和大修购的支出预算。1994年7月，上海市卫生行政部门会同物价、财政等部门发出《关于本市医院医药费实行总量控制、结构调整的通知》，开始实施医疗费用"总量控制，结构调整"的改革方案，控制医疗费用的快速增长。为此，医院完善药品采购、合理用药制度，合理收费行为，使医院收入含金量有了提高。同年，医院药品收入占医院总收入44.5%，业务收入增长率为34.58%。

1999年，医院实行《医院财务制度》，医院全部资金属于预算资金，不再区分预算内、外资金，所有收支全部纳入预算管理。对医院实行预算管理办法，改革国家包干医院的做法，有利于加强医院收支管理和预算管理。

2001年6月，根据中央财政部《内部会计控制规范——基本规范（试行）》，医院建立内部会计控制制度及内部会计控制系统，加强内控。2004年，医院进一步加强预算管理，开始将预算管理纳入医院管理考核中。2008年，医院从制度建设入手，加强现金支出管理。2009年，对部分办公用品、消耗品实行定额预算管理，医院办公费用呈现下降趋势。2010年，结合财政评审，医院开展对专项资金重点项目的可行性进行分析论证。同年12月，医院修订《预算管理制度》《经济管理内部控制制度》，其中包括《财务收支审核制度》《大型仪器设备管理制度》《药品管理制度》等，并在会计机构内部建立稽核制度，进一步加强医院经济管理和财务管理，规范各项财务收支行为。

2006年，医院根据中央卫生部颁发的《医疗机构财务会计内部控制规定》，成立医院预算管理委员会，由院长及医院有关部门主要负责人组成，并建立健全预算的编制、初审、平衡、调整和考核等管理制度。同年，在上海申康医院发展中心统一部署下，医院全面开展预算管理工作。

2007年，医院成立预算管理考核办公室，同时明确预算管理考核工作的职责、内容和范围。财务处定期向预算管理委员会报告预算执行情况，把监督、分析的重点放在增收超支、重点基本建设项目、大修大购项目等方面预算执行情况，及时调整预算方案，协调预算管理工作。对未完成预算的项目进行分析研究，提出改进措施及建议，及时解决预算执行过程中遇到问题。

三、成本核算

成本核算是按照成本核算标准，对医疗服务过程中发生的人力、物力和财力进行控制，以提高社会效益和经济效益。

1985年，经医院批准，洗衣房、缝纫组、食堂、汽车间等后勤部门首先实行承包责任制，进行半企业化改革，一直沿袭多年，以节约人力和物力，提高服务质量。

1986年，根据上海市卫生局《关于本市医疗单位实行超额劳务补贴试点办法》通知精神，医院于同年第四季度起试行，但由于基数以1985年为标准，计数时未考虑定编、定量、奖惩罚懒，作用不大。于是根据各科实际情况又采用定额超劳务提奖，由科室和医院签订"三定一创"的考核指标，定工作量、经济指标、工作质量和创文明科室，医、教、研、三位一体。经济指标的核定采用科室1年的月平均数，从与本科工作直接有关项目（住院费、治疗费、手术费、敷料费、护工费等）挂钩。自1988年6月开始，在骨科、超声波室、口腔内科、麻醉科试行后逐步扩大到各科室，节省了人力、物力提高了服务质量，方便了患者。

1993年，医院实行《综合目标管理改革总体方案》，财务部门对各业务科室收入及奖金分配进行测算。

1995年，医院成立综合目标管理领导小组，并设立改革发展办，以加强医院综合目标考核与测算。1998年，医院实行《科室经济管理条例》，加强临床和医技科室经济核算考核，内容包括科室总收入（门急诊收入、病房收入、医用耗材等）。2002年，进一步加强科室经济核算、成本核算。

成本核算经历了从手工统计逐步到计算机管理的过程。2009年，为完善药品、检查、材料、治疗数据的正确性、完整性，并为成本核算奠定基础，利用信息系统功能，对全院各科室实行成本核算分析，作为科室考核及奖金分配依据。

2010年，根据上海申康医院发展中心要求，启用"望海医院科室成本核算系统"，利用成本核算系统功能，对全院各科室实行全成本核算分析，为领导决策提供依据。

四、会计核算电子化

1987年，在上海市卫生局支持下，医院配置电脑微机，财务科工资计算从手工操作向电子化过渡。

1993年，构建医院信息局域网，与科达信息有限公司合作，建立以门诊收费为中心的HIS系统一期工程项目，启动"门急诊挂号管理系统""门急诊收款系统"，加强各临床科室门急诊运营管理。

1995年，财务会计核算首次采用邮电财务软件，用电子化核算方式代替手工记账和打印账册、报表，记账凭证还是手工填制。

1997年，电脑信息网络系统启动门诊医保和急诊观察室医保两个电脑程序，方便患者费用结账，及时掌握门急诊运营情况。

1998年，医保制度全面出台，医院的医保联网结算工程启动构建以Windows操作系统SQL SERVER为数据库的系统平台。1999—2000年，启用"门急诊挂号收费系统""住院结账系统"，实现全市医保联网结算。

1999年，会计核算电子化方面，在上海申康医院发展中心统一部署下，启用"金蝶财务软件系统"，系统以凭证处理为主线，提高查账的效率和准确性，实现各种会计报表的财务管理功能。另外为配合医院各科室成本核算，在收费时输入科别和医师工号，为医院分科核算考核提供依据。

2001年，启用患者住院"一日清"查询，实行网络化管理。同年，按照要求，为门诊和住院患者打印费用清单。2003年，启用"医技部门住院病人费用输入系统"。2006年，启用浦东分院"信息系统软件"。

五、药品财务管理

药品是财务管理的重要工作之一。以往医院药品实行"数量统计、出库报销、月末盘点做消耗"。医改和医院会计制度出台后，财务科为药剂科配备了药品会计，在门诊药房实行"金额管理、数量统计、实耗实销"的药品管理办法，建立药品收、销、存等财务管理制度，有专人负责数十种自制制剂核算工作。

20世纪80年代初，由药剂、财务派人组成"药品管理小组"，每月对药品进行盘点核算，并以药品实际收入数作为药品销售数，加强药事管理。

1998年,为落实上海市医院药事管理工作精神,规范药品使用管理,医院成立药事管理委员会。20世纪90年代末,财务处利用医院网络,在各收费窗口、记账窗口核对大处方以及1400种以外药品的处方,发现问题,及时提出,并予以纠正,同时,财务处会同医保办每月对医疗收费和药品价格进行抽查,重点抽查门诊处方,实施考核。

2000年7月,根据中央财政部颁发《医院药品收支两条线管理暂行办法》,将药品收支与医疗收支分开核算,财务处利用全成本核算系统功能,每月核对药品收入数,加强内控。2004年,完善"药品管理系统",实现药品三级联网,启用药品从采购入库、病房药房、门诊药房、门诊药房窗口计算机管理软件,完成医院对药品的财务统计。2010年,建立医院"药库药房管理系统",对医院药品进行统一管理,加强药品的财务管理,严格控制药品消耗,减少积压和浪费,建立健全管理制度和核算方法。

第三节　出 入 院 管 理

一、沿革

伯特利医院创立初期,仅开设门诊和数间病房。1924年,医院在新址建成病房楼,设床位64张。1937年,"八·一三"淞沪抗战爆发后,医院在法租界伯赛仲路21号(后改为复兴西路21号)设立伯特利医院分院,设病床20张,有专人办理出入院手续。1945年,抗战胜利后,伯特利医院进行复兴重建。1948年,医院开设病床40张,有专人负责出入院管理。1949年,医院病床增至60张。同年,医院医务部设入院处。1951年2月,医院设病床118张。20世纪50年代,医院设出入院管理处,有员工7人。1948—1950年5月,伯特利总院收治住院患者1314人。1938年5月—1950年5月,分院收治住院患者5715人。

1951年8月,上海市军事管制委员会接办医院后,设立财务科,下设入院管理处,同时,建立健全各项规章制度。1952年8月,伯特利医院更名为上海市立第九人民医院,并进行内部整顿。1952年后,医院撤销分院。同年,设财务室,下设住院处,有员工4人。1953年,医院收治住院患者5781人。1964年,医院建立住院管理工作制度。1965年,医院设病床392张,收治住院患者7454人。

1966年"文化大革命"中,医院成立"革命委员会",下设后勤组、财务组替代财务科。1975年,医院收治住院患者7972人。

1981年,住院处实行岗位责任制。1983年,医院设病床711张。1985年,医院收治住院患者10943人。同年,财务科建立健全住院处岗位责任制及各级人员考核办法。1986、1988年,财务科修订下属人员岗位责任制及岗位职责。1988年,医院设财务处,下设出入院组(副科级),朱爱莉任组长。1989年,医院设病床758张,收治住院患者10800人,是接管时的15倍,住院收入1025万元,是1952年住院收入的48倍。

1990年,医院收治住院患者10185人。1993年,为迎接三级甲等医院等级评审,财务处修订、健全各项规章制度。

2000年,入院登记处由原行政楼搬到门急诊大楼(10号楼)底层收费窗口,出院结账处由原行政楼搬到操场武装部旧址。2006年,口腔整复大楼(1号楼)完工后,出入院两处又合并搬迁至口腔整复大楼底楼。2006年,医院出院患者22839人。2007年9月,财务处下设出入院管理科,赵敏健任出入院管理科科长。出入院管理科下设住院登记组、结账组、催账组及内部对账组。住院登记组负责住院患者预约登记及通知入院、床位管理、办理住院手续等；结账组负责住院患者各类费用账单结算、出院患者结账业务；催账组负责在院患者的费用催收及出院患者欠费的催讨工作；内部对账组由护理部派员负责住院患者费用的核对工作。2009年，随着信息化建设发展，住院账单已能自动生成，对账组随之撤销。2010年，医院出院患者40 894人。

二、欠费催账

住院欠费是住院患者由于各种原因在出院时未结清的费用。1965年的累计欠费余额为12.5万元，催账人员历经艰辛追讨不使欠费上升，至1978年欠费累计余额为12.3万元。1988年，上海地区"甲肝"暴发，医院在国货路小学设立肝炎病房，设床位293张，收治病患近千人，欠费有所增加，催账组加紧催收工作。20世纪90年代，一部分企业效益每况愈下，导致医院医疗应收款不能及时回收，患者欠费总额从1992年的29.4万元，上升到1998年293万元，催账组积极组织催讨欠费，并通过法律程序追回部分欠费，使欠费连年上升势头得到控制。

三、管理工作

医院出入院处职能包括办理出入院手续、患者住院期间费用结算、医保、离休及干保的费用管理，对住院收入进行监督、管理。严格执行医院现金管理制度、欠费管理制度、退款制度，做好住院患者缴费、记账工作。

过去，出入院处实行手工模式下的住院管理。20世纪90年代末，随着医疗改革的深化，公费、劳保、临时记账应收费用停用，城镇职工医保、少儿医保、居民医保等出台。1993年，启用电子计算机网络，由手工收费、做账、结账改为电脑操作。

1996年5月开始，全市按照"积极、谨慎、稳妥"和"总体设计、分步实施、逐步推进、不断完善"的医保改革原则，首先出台城镇企业职工住院医疗保险方案，医保结算由劳保单位改为医保局，改变以往的结算方式。为配合医保改革，1996年医院启用"住院结算系统"，对住院登记、住院收费、患者转科、出院结账、科室费用、患者住院综合查询等实行计算机网络化管理。1997年，住院结账处增设专职物价咨询员，接受住院患者查询、释疑解难。2001年，上海市卫生局、物价局发出《关于本市各级各类医疗单位实行住院费用"一日清"制度的通知》，进一步规范医疗服务和医疗收费行为。同年，医院对"出入院电脑管理系统"进行升级改造，用计算机记账代替人工记账。医院实行患者住院费用"一日清"查询制度，以提高医疗收费透明度。2001年3月，上海市医保局发出《对本市医保对象中尿毒症透析病人自负医疗费实行减负的通知》后，医院出入院管理处组织人员认真复核尿毒症患者住院费用，以保证减负通知的落实。

2002年，医院升级"住院结算系统"，住院患者发生的费用输入由结账人员改由各病区输入。2003年，医院完成基本医疗从全支付到分类支付的变革，规定医保使用中诊疗设备和一次性植入耗材的分摊比例。同年，医技部门启用"住院病人费用输入系统"。2006年，医院启用住院患者"一日清"明细清单。同年，医院浦东分院启用"住院管理系统"。2007年，医保就医凭证改变，由原先医保卡改为医保卡或社保卡配合"就医记录册"同时使用。参保人员住院医疗不实行定点就医，可以在本市各医保定点机构住院治疗。2008年，医院改革住院收入日报表及汇总报表，预交费汇总报表，统一报表时间。2009年，医院增加医疗项目价格查询及"一日清"查询，方便患者查询。

2010年,医院改革患者住院分户登记单,实行电子化录入,各科室试行"电子住院登记卡"。

第四节 门急诊收费管理

一、沿革

1920年9月,伯特利医院开设门诊,设立门诊挂号窗口。1924年,伯特利医院进行扩建后,设立病房。1937年,"八·一三"淞沪抗战中,医院遭受严重破坏。1938年5月,医院在法租界设立分院及诊所,并设立门诊和病房,设立挂号收费窗口。1938—1950年,分院年门诊量1 157人次。1930年3月—1950年3月,分诊所年门诊量8 378人次。1940年,太平洋战争爆发,租界沦陷,分院及诊所停业。1945年抗战胜利后,伯特利总院开始复兴,并恢复分院及诊所业务。1948年1月,总院恢复门诊,设立挂号收费窗口。

1948年1月—1950年5月,总院每天门诊量约500人次。1949年,医院在总务部下设挂号处。

1951年8月,上海市军事管制委员会接办医院后,医院财务科下设门诊挂号收费窗口。1952年底,上海市私立伯特利医院更名为上海市立第九人民医院,此后分院及诊所相继停业。同年,医院财务室下设门诊收费处、挂号处,各有职工4人。1953年,医院全年急诊1 189人次。1958—1960年,门诊实行"流动挂号"。1958年,医院门急诊一度限额,实行24小时连续门诊及三班门诊。1965年,医院急诊5 756人,是1953年医院急诊量的四倍。同年,医院在新建的口腔门诊楼(8号楼)底层设立门诊收费窗口。

1981年,挂号处划归门诊部管理。1989年,医院门急诊每天3 000~3 500人次。同年,医院财务处设立门急诊收费组,周志仁任收费组组长(副科级),以加强门急诊收费管理工作。1992年下半年,财务处进行迎接三级甲等医院评审准备工作,门急诊收费组重新修订各项管理制度。2003年后,医院在外科综合大楼(7号楼)底楼设立放射收费窗口,在干保门诊、特需门诊设立收费窗口。2001年,医院浦东分院设立收费挂号窗口,2002年,浦东分院门诊25 123人次。2010年,浦东分院门诊74 167人次。2005年起,医院在大沽路、虹梅路、周浦门诊部设立收费挂号窗口。并在医院内开设专门窗口办理退费手续。

2007年,财务处下设门急诊收费科,肖锡平任门急诊收费科科长,加强门急诊收费管理。

二、主要工作

门急诊收费是医院财务的重要组成之一。门诊收入指为门诊患者提供医疗服务所取得的收入,包括挂号收入、诊察收入、检查收入、化验收入、手术收入、卫生材料收入、药品收入、一般诊疗费收入和其他门诊收入等。

1964年,医院财务部门建立门急诊收费管理人员岗位责任制。

1982年6月,全市调整部分医疗收费价格。医院实施"两种医疗收费标准的暂行办法",自费患者仍按照原标准收费,公费医疗、劳保医疗单位的职工医疗费,除药费外其余费用有不同程度上调,部分项目按医疗成本收费(人员工资未计入成本)。职工个人的门诊挂号费仍按原标准付费,超过部分分别由公费医疗和劳保医疗单位报销。调整后门诊挂号费初诊每次3角,复诊2角。医院财务收据由原来19种增至23种,财务部门加强门急诊收费现金管理,建立相应收费、记账制度,确保医院门急诊收费资金及时、完整入库,加强医院资金管理,保证现金安全。

1985年,财务部门建立健全收费岗位责任制及收费员每月工作量、差错率、出勤率及服务质量的考核办法。

1990年,上海市卫生局和财政局对行政事业性专用收据重新规定,统一使用"上海市医疗机构医药费专用收据",财务处加强票据管理职能,做到票据领发核销有专人专管。1991年,为配合市卫生局关于清理整顿医疗卫生收费的工作要求,医院落实物价员岗位制,设置专职物价员,不断完善医院内部医药价格和医药价格管理,规范医院收费行为,提高收费透明度,使收费规范化、标准化、合理化、公开化。同年,根据市卫生局发布的《关于加强医疗卫生单位现金管理的通知》,医院实行收款人员岗位责任制,规定收入现金必须及时完整入库,实行现金交接清点签收制度。1992年,医院门诊收费处设立"专人解款制度",加强内控制度,避免差错事故并堵塞安全漏洞。

1993年,医院挂号处、门急诊收费处启动"门急诊挂号管理系统""门急诊收费管理系统",实行电子计算机网络管理。1999年7月,挂号实行磁卡化,原有挂号收费程序升级换代。1999—2000年,医院启动"门急诊挂号收费系统"。2000年以前,医院收费一直实行手工记账方式,由于处方书写规范问题及检查项目等原因,容易出差错,实行收费电子化,不仅提高工作效率,同时减少差错。同年,启动《门急诊收费明细清单制》。

2004年9月,上海银行进驻收费处上门收款,门急诊收费处建立日清月结制度,要求收费员每天收取现金必须当日解缴银行,保证现金安全,同时报表交财务处。2006年,医院完善收费系统内控。当年门急诊患者1 259 063人次。2007年,医院制定门急诊收费内部控制制度,其中包括现金解款制、现金退款审核制度、作废收据复核制度、交接班制度等,全面规范门急诊收费管理科各个环节。2009年,按照市卫生局规定,挂号收费实行全通柜服务,挂号处重新划归财务收费处管理,为解决收费窗口拥挤问题,门急诊收费处建立后台为前台服务,排解矛盾,使患者满意度持续提高。

2010年是医疗收费标准调整之年,门急诊收费管理科积极做好协调工作,顺利完成收费标准调整。同年,实行中西药通柜收费,减少患者等候时间。为规范收费行为,堵塞漏洞,防患于未然,门急诊收费管理科实施收费项目代码化、建立新的退款制度,并完成银联POS机与电脑系统连接一体,避免手工输入出现差错,确保数据正确无误。同年4月,上海市物价局、上海市卫生局、上海市医疗保险办公室出台《关于规范和调整本市临床诊疗医疗服务价格的通知》,医院财务和信息科加班加点及时落实价格调整。

至2010年,门急诊收费管理科共有收费人员58人。

三、荣誉

【集体荣誉】

门急诊收费处获上海市"共青团号"窗口称号(2005年),获上海市质量协会,上海市工、青、妇颁发"市用户满意服务明星班组"(2008年),获交大医学院文明班组(窗口)和文明创建特色项目提名奖(2008—2010年),获上海市卫生系统"迎世博文明班组"(2010年)。

【个人荣誉】

收费处胡宁被评为上海市卫生系统"服务明星"(1995年)。霍子瑜获市警备区、上海世博局世博安保"训练标兵"(2010年)。

第三章 监察与审计

第一节 机构建设

一、沿革

1988年4月,医院成立审计室,设室主任并配会计师1名。

1989年7月,审计室改为监察审计室,医院纪委副书记崔华峰兼任主任,陈德坤(原名陈德堃)任副主任,配会计师1名。1989年9月,医院成立监察审计领导小组,陈志兴(副院长)任组长,组员有崔华峰、陈德坤,全面领导医院监察审计工作。1992年2月21日,医院聘任陈德坤为监察审计室主任,余崇禄为副主任,同时免去崔华峰监察审计室主任职务。

1998年12月28日,经上海第二医科大学党委会讨论同意,陈德坤任医院副处级调研员,不再担任审计室主任职务。

1999年1月10日,为进一步加强党风廉政建设的考核、检查和督促工作,医院将党委纪检工作与行政监察审计工作合署办公,成立医院纪检监察审计办公室。

表7-3-1 1988—2010年监察审计室历任负责人情况表

任职时间	主任	任职时间	副主任
1988—1989	陈德坤	1989—1992	陈德坤
1989—1992	崔华峰	1992—2005	余崇禄
1992—1998	陈德坤	2000—2002	赵玉龙
1999—2005	袁莹萍	2003—2008	俞菊渭
2005—2008	余崇禄	2009—	万明浩

二、制度建设

1988年,审计室筹建期间,开始着手制定审计岗位职责和工作计划,组织审计人员进行专业培训。1988—1990年,审计室组织科室人员学习《关于地方高校内部审计工作的暂行规定》《上海市高教系统内部审计工作规定》《教育系统内部审计工作规定》和《中国内部审计标准》等,并在日常工作中逐步贯彻落实。1988—1998年,为加强自身建设,审计室制定并完善《医院内部审计制度》《医院内部审计岗位责任制》《医院内部审计工作发展规划》和《内审人员学习制度》等内审工作制度;参与制订《我院经济活动中几个名称概念与处理意见》《关于加强我院经济活动中内控制度的几点意见》《关于医院基建工作管理条例》《药库管理制度》《关于医院修建项目的管理条例》《关于基建修缮项目竣工决算送审办法》和《关于经济合同的送审办法》等一系列医院制度。

根据《上海市卫生系统内部审计 1991—1995 发展规划》文件规定，医院内部审计工作的发展目标是：逐渐形成与医院发展相适应的内部审计监督体系，实行有效的内审监督，帮助医院查错防弊，改进和加强管理，提高两个效益，逐步形成医院内部有效的自我发展和自我制约机制。1995 年，为贯彻落实新颁布的《中华人民共和国审计法》，审计室组织学习，并扎实推进内部审计工作。医院明确今后内部审计工作六项重点任务，包括：认真做好财务收支审计；加强对内部制度执行情况的审计检查；继续做好对基建大修工程的审计；加强对单位所属产业的财务审计；继续做好对履行经济合同的审计监督，维护单位合法权益；加强对现金、票据、收据管理的审计监督，确保资金的安全。

1997 年，审计室学习贯彻落实《上海市教委系统内审工作规定》和《上海市卫生系统内部审计工作规定》，提高科室人员对内审工作重要性的认识，增强审计责任意识。

2000 年 3 月 24 日，上海市卫生局下发《关于印发 2000 年卫生系统内部审计工作意见的通知》文件，再次明确规定内部审计是各单位建立健全监督体系和内部约束机制的重要环节，加强内部审计是规范经济运行秩序的基础。2007 年 10 月 23 日，上海申康医院发展中心下发《关于加强国有资产委托监管单位内部审计工作的若干意见》文件，要求各单位要充分认识内部审计的重要性，全面推进内审工作，提升审计工作质量和水平。

按照上级机关对内部审计工作的指导要求，审计室围绕医院管理中心，充分发挥内部审计免疫系统功能，以实事求是的工作态度，创新工作思路，开展大量工作。从 1999 年医院纪检监察审计开始合署办公到 2010 年，审计室在医院行政主管的领导下，进一步健全完善各项内部审计规章制度，提高内审工作质量。主要新建或修订的制度包括：《审计室工作职责》《关于加强我院经济活动中内部控制制度的几点意见》《关于加强医院工程及修缮项目管理办法》《科主任离任经济责任审计制度》《关于加强医院基建修缮工程及重要投资项目管理办法》《关于仪器、设备和物品材料采购的管理规定》《科室经济管理条例》《关于九院零星工程结算审计的若干规定》等；协助医院制订《关于加强门急诊处方、收费与药品管理的若干措施》《第九人民医院基建（修缮）项目廉政规定》等制度。

第二节　监察与审计业务

一、监察工作

监察室自建立起就与纪检、审计一起合署办公，监察业务工作多数是与医院纪委工作一起进行。为加强制度建设，监察室与纪委共同修订《九院纪检监察信访制度》。

监察室配合纪委做好各类宣传教育活动。1994 年，监察室和精神文明办一起根据医院党委工作要求，结合医院工作实际，有针对性地抓好职业道德和医德医风教育，以疏堵结合的方式进行，以正面教育为主，使广大职工牢固树立"病员至上，增强满意度，廉洁行医，以收受红包为耻，拒收红包为荣"的思想。

1996 年，医院继续严格执行中央卫生部《关于严禁向患者收取"红包"的通知》精神，监察室、纪委与精神文明办根据医院党委的要求，修订和完善《九院职业道德规范和规范服务标准》，根据不同岗位进行职业道德教育和医德医风教育，当年，共收到上交"红包"约 32 350 元，涉及 67 人次。

2006 年，监察室配合纪委开展专项治理商业贿赂工作。在历时 100 余天的治理医药购销领域商业贿赂专项工作中，医院共收到上缴款 318 421.14 元，并如数上缴至上海市卫生局。

监察室配合医院纪委做好查信办案工作。1986—2010年期间,共计查信办案161封。

二、审计业务工作

审计室从1988年成立到1998年,内部审计工作坚持以财务收支审计为基础,把内部控制制度建设和经济效益审计作为重点,共审计资金数亿元,直接节约资金380万元。

1999—2010年,审计室通过审核合同报价和合同条款,进一步提高资金使用效益,促进合同管理规范。在做好日常审计工作的基础上,审计室逐步实现审计关口前移,发挥好监督检查作用,参加医院各类招标会和商务谈判,在保障招投标活动和设备物资采购工作的公开、公正和公平方面发挥作用。在医院外科大楼新建工程、口腔整复综合大楼新建工程、内科楼装修工程和病房医技楼装修工程等重大工程建设项目中,审计室参与工程例会和工程有关会议,审核各类材料价格核价单和工程量签证单,充分履行审计监督职责,为工程"创双优"尽职尽责。审计室也重视审计人员的政治思想学习和业务知识学习,积极参加上级举办的有关培训班和讲座,开展审计课题理论研讨活动,不断提高思想道德水平和服务意识,努力提高解决实际问题的能力。同时,审计室也协助医院纪委开展各项专项调查活动,在党风廉政建设和反腐倡廉工作方面起到了一定的作用。

【基建修缮工程审计】

1988年,审计室成立后,参与上海第二医科大学系统"关于整顿建筑市场打击经济犯罪"专项活动,对医院1987年竣工的15项基建大修项目进行内部自查,重点检查电镜室工程和电镜安装使用情况、超薄切片机安装使用情况、电化教室工程、行政教学楼工程等。

1995年,参与医院生活楼前期工程招投标工作,以及整复大楼装饰工程等全面审核工作。

1999年,共审计工程结算17批,单项工程110项,并就现场发现的工程质量问题,及时与基建科和施工单位联系,督促整改。

2005年,参与医院口腔整复综合大楼建设工程专业分包和设备材料的采购过程。

2007—2010年,审计室对医院内科楼装修工程、行政楼装修工程、门诊眼科和皮肤科装修工程、营养科厨房和新建职工浴室工程、病房医技楼装修工程、门急诊楼改造工程进行全过程造价控制跟踪审计。在施工过程中,审计室坚持参加重大工程的工程例会,与基建部门积极配合,了解工程的进展情况,严格审核工程量签证、严把材料批价关、严格控制工程设计变更,为最终竣工结算审计打好基础。审计人员还经常深入施工工地,对施工材料的品牌、规格进行核实,确保医院基建经费合理使用。还制定"设备材料核定流转程序"和"关于工程结算审计有关问题的处理意见"的规定,为今后工程结算审计提供办事依据。

1993—2010年,共审核基建修缮工程443项,涉及资金2.15亿元,为医院节约资金3 929万元。

表7-3-2 1993—2010年基建修缮工程项目审计情况表

年 份	项目数	送审金额(元)	审定金额(元)	核减额(元)	核减率(%)
1993	18	9 023 631	7 849 945	117 686	13.01
1994	36	8 208 855	7 017 152	1 191 703	14.52

(续表)

年 份	项目数	送审金额(元)	审定金额(元)	核减额(元)	核减率(%)
1995	8	2 003 401	1 455 625	547 776	27.34
1996	6	4 370 000	3 670 000	700 000	16.02
1997	17	17 021 743	15 373 216	1 648 527	9.68
1998	17	11 604 300	9 458 633	2 145 667	18.49
1999	17	11 387 514	9 199 788	2 187 726	19.21
2000	19	9 612 334	7 388 711	2 223 623	23.13
2001	23	8 895 107	6 692 917	2 202 190	24.76
2002	86	7 545 299	6 233 454	1 311 845	17.39
2003	20	9 720 395	8 466 300	1 254 095	12.90
2004	20	9 966 422	8 396 904	1 569 518	15.75
2005	18	10 269 332	8 424 408	1 844 924	17.97
2006	17	8 260 000	6 790 000	1 470 000	17.80
2007	51	11 270 618	9 217 038	2 053 580	18.22
2008	23	17 228 809	14 711 292	2 517 517	14.61
2009	24	31 095 738	24 725 640	6 370 098	20.49
2010	23	27 897 846	21 019 945	6 877 901	24.65
合 计	443	215 381 344	176 090 968	39 290 376	18.24

【财务收支审计】

1988年,审计室对医院财务预算和报表进行审阅,并参与1988年财务物价大检查工作。

1990年,共审核设备经费123.7万元、四技项目经费40 858元、科研项目经费120 000元。通过对以上经费的审核,促进医院增收节支15 000元,纠正违纪金额1 000元,收回医院职工陶某某贪污款3 688.86元,共避免损失19688.86元。审阅财务收支记账凭证10 800张、门急诊处方660张,结账单366份,发现差错金额130.65元。参与临床业务科室超额劳务分配方案的制定过程、后勤部门承包方案分配比例等讨论与审核工作。

1991年,共审核资金58 535 778元,增收节支26 090元。其中:在财务收支方面,审计金额52 837 603元,查阅记账凭证189本,发现问题18起,抽查门急诊处方612张,金额10 893元,抽查住院患者结账单215份,金额290 345元,并对医院财务报表进行分析,提出建议供领导决策。在四技创收项目方面,审计金额35 569元。在科研经费方面,审计科研经费4项,金额198 634元。

1992年,共审计资金155 456 355元,增收节支82 654元。其中,在财务收支方面,审计金额113 831 504元,查阅记账凭证260本、9 100张,抽查门急诊处方493张和住院结账账单209份,总金额为303 279元,提出改进意见若干。

1993年,共审计资金81 882 354元,增收节支110多万元。

1994年,审计室坚持以财务收支审计为基点,把内部控制和经济效益审计作为重点。在财务收支审计方面,审计资金 8 692 855 元。

1995年,审计室的具体工作仍以财务收支审计为基础,重点对14个临床科室的经济管理进行了调查审计。

1996年,审计室继续做好财务收支审计,进一步拓宽审计内容。共抽查门急诊处方和住院结账单共780多份,金额计70多万元;参与年初财务预算的讨论,坚持对财务报表及年终财务决算审计;对财务原始凭证、总务处库存物资管理情况和现金岗位货币资金管理情况等进行抽查;对口腔医学院杂志收支情况和医学院水电燃气费的支出情况进行审计。

1998年,审计室对医院服务部(即康复商店)的债权债务、经营状况和盈利情况进行审计。

1999年,是纪检监察审计合署办公的第一年,审计室围绕医院管理中心,抓好财务收支审计,监督检查内控制度的执行,对财务收支凭证进行审核,及时纠正不符合规定的收支事项和不规范的凭证。

2001年,审计室开展"整外假体(人工乳房)"经济收支及奖金提取情况、日用品库房管理情况、口研所小卖部等一系列专项调查审计工作。

2005年,审计室对保卫科、口腔医学院、口腔研究所等5个部门开展审计回访,督促审计建议的落实。

2004—2010年,审计室共完成九医贸易商行经济效益审计、浦东分院设备管理审计、医院科技开发公司经济效益审计、口腔质控中心和医疗美容质控中心2007年度专项经费使用情况审计、四川灾区伤病员转移来我院救治间我院接受捐赠物款审计、医学院2008年教学专项经费审计、口研所科研经费、口腔医学会财务收支审计等审计任务,共出具审计报告12份,提出审计意见28条。审计室向被审计部门发出审计报告后,同时提交整改建议书,并指导被审计部门认真整改落实。

【科室经济管理检查】

1996年,审计室重视抓好基础管理,规范基础工作,根据1995年检查科室资金管理中存在的问题,召开专题工作会议,提出统一要求。

2000—2010年,审计室对临床医技科室经济管理情况开展检查127次,对检查中发现的问题,提出审计整改意见,进一步规范科室资金管理。

2004年,针对医院临床业务科室资金管理上存在的问题,审计室组织召开专题会议,请医院财务处处长作《正确的记账方法》辅导报告,同时对科室资金管理上存在的一些问题进行探讨,在总结科室资金管理的基础上,进一步提出了科室资金管理的要求,并重申有关的财经纪律。

【合同审计】

1988年,审计室清查医院对外经济合同,对1984—1987年购进的18件万元以上设备的履约情况进行检查。1990年,共审核合同经费315 649元。1991年,在经济合同审核方面,参与10个较大合同的签订过程,涉及金额4 733 036元,增收节支21 500元。1992年,在设备购置和基建大修等经济合同方面,通过合同及预算审核,促进预算核减17 000元,合同核减5 784.36元。

1997—2010年,审计室共审计合同457份,涉及金额5 200万元,核减合同金额380万元。通过审核报价和合同条款,提高医院资金使用效益,促进合同管理的规范。

【监督招投标与经济责任审计】

2002—2010年,审计室共参加各类招标会和商务谈判会428次,通过事前事中的监督,保障招投标和设备物资采购工作的公开、公正和公平。

2002—2010年,审计室开展干部经济责任审计5项、科主任经济责任审计22项,提交审计报告27份。

【设备管理审计】

1991年,在设备购置及总务大修方面,共审计金额人民币639 050元,美元1 123 800元。

1992年,审计室对1992年设备预算逐项分析,以合理安排又确保重点为原则,对医院最大型设备CT机进行成本独立核算,促使CT机的"两个效益"不断提高。

1995年,审计室对医院投资10万元以上的74项大型设备和科室集资购买的30项设备的管理状况与"两个效益"状况进行审计分析。

1996年,审计室对医院30项10万元以上设备进行重点调查,分析设备的"两个效益"情况。

1999年,审计室召开专题座谈会,查找分析口修技术室51台设备遗失的问题,弄清原因,并吸取教训,防止今后类似情况再次发生。

2002年,审计室对67件15万元以上设备使用情况进行调查。

2007年,审计室对部分固定资产报废出具审计意见,共报废固定资产205件,账面价值113.06万元。

【经验交流】

1993年,在上海市局属系统审计工作现场会上,医院审计室作工作介绍,得到与会人员一致认可。

2001年,审计室撰写审计论文《浅谈医院临床科室经济管理审计》在上海市地方高校例会和上海医院管理学术年会上交流。2003年,审计室撰写论文6篇,《浅谈医院经济责任和经济责任审计》《浅谈如何加强医院工程项目的管理》《加强党风廉政建设是医院文化建设的重要环节》《医院党风廉政建设要始终围绕"第一要务"》《转变观念开拓创新》《抓住"世博"机遇提高妇女素质》,其中1篇获医院征文二等奖;1篇获全国城市医院政研会第十二次年会优秀论文奖;2篇获卫生部医院文化论坛优秀论文奖,并在中国医院文化论坛专集上发表。

2004年,审计室撰写的《浅谈医院的经济责任与经济责任审计》在上海市教委审计论文研讨年会上作代表发言,《浅谈如何加强医院工程项目管理》论文发表于《教育审计》杂志。

2009年,审计室撰写的《浅谈施工阶段工程造价控制》论文,获得上海交通大学医学院审计处论文评比二等奖。

三、荣誉

审计室获上海第二医科大学系统审计工作先进集体(1990年)。陈德坤获上海第二医科大学系统审计先进个人(1990年)。

第四章 合作办医与产业

第一节 九院周浦分院

周浦医院前身为"周浦辅善医院",始建于1930年。1951年7月,改名为"周浦人民医院",1952年4月,由南汇县人民政府接管。1959年4月,改制为"周浦人民公社卫生院"。1981年,改为县属医院,称"南汇县周浦医院"。1989年,迁建至现址。2001年南汇县改区,更名为"南汇区周浦医院"。2006年8月31日,南汇区人民政府与上海交通大学医学院签订卫生合作框架协议,上海交通大学医学院附属第九人民医院和南汇区卫生局签约共建周浦医院,合作期限为2006年9月1日—2011年8月31日,为期五年。周浦医院第二冠名为"上海交通大学医学院附属第九人民医院周浦分院"。九院派出常务副院长陈章达兼任周浦医院院长,张伟为常务副院长。2009年,原南汇区并入浦东新区,医院更名为"上海市浦东新区周浦医院"。

周浦医院占地面积25 230平方米,建筑面积22 000平方米。核定床位340张,开放床位390张,实际开放447张。至2010年底,周浦医院职工总数789人,属事业单位编制624人,非事业单位编制165人,离退休职工337人。医院共有卫生技术人员526人,占职工总数66.67%。在卫生技术人员中,具有高级职称32人(6.08%),具有研究生学历19名(3.61%)。医院床位与医师比为1:0.59,床位与病房护士比为1:0.37,在岗执业医师与注册护士的比例为1:0.97。

图7-4-1 2007年九院周浦分院大门

与九院合作共建五年中,周浦医院认真开展"以病人为中心,以提高医疗质量"为主题的医院管理年活动,重新整理、修订、完善医疗质量控制管理体系,保证医疗安全。在九院技术支持及全院职工共同努力下,周浦医院积极开展医疗新技术、新项目,不断提高医疗技术水平。2010年医院门急诊人次数达到751 833人次,出院人数15 592人,手术例数4 099例,较2006年分别增加57.06%、17.84%、34.79%。顺利完成奥运会、世博会等重大医疗保障任务和四川汶川大地震、甲型H1N1

流感防控等突发性公共卫生服务。

为加强周浦医院的学科建设和人才培养,启动"院级重点学科"建设项目和"院优青"培养计划,推动科室医疗技术水平提高,建立和发展医院特色专业。合作共建五年来,医院获上海市浦东新区卫生系统重点学科建设项目(口腔科)等资助,获上海市卫生局科研课题3项,原南汇区科委和浦东新区科委课题20项,原南汇区卫生局和浦东新区卫生局课题9项。5年间共发表科研论文265篇,获原南汇区科技进步奖二等奖1项、三等奖1项,获原南汇区医学科技二等奖1项,获专利3项。

合作共建后,周浦医院挂牌"上海交通大学九院临床医学院教学基地",制订和完善各级教学人员职责和教学质量管理制度。医院每年完成九院临床医学院及其他医学院校的实习教学任务,完成上级布置的各项业务培训和院内培训,组织职工技能操作竞赛,完成外出进修、短期学习,以及接受其他医院来院进修等教学相关工作。

周浦医院加强精神文明和行风建设,强化对职工的职业道德教育,不断改善服务态度,简化服务流程,美化服务环境,完善便民举措。医院积极参加各种社会公益活动,组织在公共场所及社区开展社会义诊、防病宣传、医疗咨询、公益性募捐、志愿者服务、帮困助老等活动,受到社会各界的好评。合作共建后,医院首次荣获"2009—2010年度上海市卫生系统文明单位"称号。

周浦医院坚持依法行政,推进医院科学化规范化管理,制订、修订和完善《周浦医院员工手册》《周浦医院职工奖惩条例》等一系列医院管理规章制度。医院按照"按劳分配、效率优先、兼顾公平"的原则,建立和完善以全成本核算为基础的绩效考核分配管理制度,并按照"按需设岗、按岗定编、定岗定责、一人多岗"的原则,完成全院职工定编定岗工作,优化人力资源配置。通过绩效考核分配管理和人员定编定岗,职工岗位意识和科室成本意识明显加强,工作效率显著提高,医院经济效益和职工收入稳步增长。

图7-4-2 庆祝周浦医院建院80周年。左四为陈章达,左五为张伟

2010年周浦医院业务收入达到30 002万元,较2006年12 685万元增加136.5%。收支结余由2006年亏损571万元,到2010年12月实现结余2 076万元,职工人均年收入由2006年5.5万元增加至9.2万元,医院的经济效益取得根本性改善。至2010年12月,周浦医院资产达到15 458.8万元,较2006年9 156万元增加68.84%。

按照原南汇区和浦东新区区委、区政府和区卫生局的部署,周浦医院异地迁建。工程总建筑面积77 897平方米,总投资约5.5亿元,核定床位600张,预计2013年交付使用。随着新院建设的不断推进,医院规模与整体布局将更加适应现代化区域性医疗中心的需要,环境更优美、流程更合理、功能更到位。

第二节 九院奉城分院

上海市奉贤区奉城医院,其前身为"奉贤县奉城区卫生所",创建于1952年11月,地处奉贤区东部。1963年6月,正式更名为"奉贤县奉城医院"。1993年7月,经上海市卫生局医院等级评审委员会评审,评定为二级乙等综合性医院。1995年6月经市卫生局评审,认定为爱婴医院。

奉城医院占地面积20 757平方米,建筑面积27 956平方米,核定床位350张,开放床位590张。至2010年底,奉城医院职工总数557人,属事业单位编制483人,非事业单位编制74人,离退休职工155人。医院共有卫生技术人员467人,占职工总数83.84%。在卫生技术人员中,具有高级职称37人(7.92%),具有研究生学历20名(4.28%)。医院床位与医师比为1:0.52,床位与病房护士比为1:0.41,在岗执业医师与注册护士的比例为1:1.08。

为加速奉城医院发展和东部地区医疗中心建设及落实区域卫生规划,2006年12月28日,奉贤区卫计委与上海交大九院签署"加强合作,资源共享"的医疗合作意向协议,奉城医院院长王永斌和

图7-4-3 2006年12月,奉城医院院长王永斌(左)与九院副院长周礼明(右)签署合作意向协议书

九院副院长周礼明分别代表双方签署合作意向协议书。经三年合作,成效显著。经上级主管部门同意,2009年12月28日,浦东新区卫计委与交大九院签订合作共建奉城医院协议,奉城医院正式成为上海交大医学院附属第九人民医院奉城分院。上海申康医院发展中心领导和上海第二医科大学领导出席了签约仪式。2010年6月11日,奉城医院将骨科、泌尿外科委托九院相关科室管理。

四年来,奉城医院与九院双方联手积极、扎实、稳步推进合作工作。以九院的技术与品牌为保障,紧密围绕创建全国文明城区、医疗质量万里行、"三好一满意"、创先争优、优质服务年等活动的开展,进一步深化活动内涵。全院上下团结协作、凝心聚力,不断提高医疗质量、拓宽医疗业务、加快学科建设、巩固文明成果,较圆满地完成了各项工作目标。

九院定期于每周四派出数名专家和不定期派出有关科室的专家来奉城医院给予医疗技术及质量等方面的指导和帮教,重点是教学查房、专题讲座、专家门诊、急诊会诊及参与科室管理,开展委托培养、带教及进修等不同形式的合作交流。每年安排医护人员在九院进修学习,奉城医院的医技人员多次参加九院举办的相关专题学习班、培训班及研讨班等活动。2010年,奉城医院安排了19名医院骨干来九院进修学习。

图7-4-4 2010年的九院奉城分院

通过四年的建设,奉城医院在医院管理、业务拓展、人才培养、学科建设等方面发生显著变化。各重点科室、特色专业学科从科室管理、医疗质量、临床技术水平、新技术项目的开展、科研课题、学术论文、学科队伍建设、医疗安全等方面都有不同程度的进步;医护人员通过多方面的培养,医疗技术、学术科研水平明显提高。① 重点专科、特色专科的建设在九院的专家指导下已充分显现:2010年,奉贤区卫生系统首轮重点、特色专科评审中,老年科被列为医学重点专科,血管外科、耳鼻喉科和眼科为特色专科,口腔科为扶持项目特色专科,建设周期为2010—2012年。骨科、泌尿外科交大九院相关科室管理后,这两个科室业务更是突飞猛进,工作量成倍增长。10余项新项目新技术落地奉城医院并应用于临床,多项技术填补区内空白,在市区也处于领先地位,使奉贤区及邻区,特别是东半区的广大群众不出家门就享受到三级医院高水准的技术服务,从合作中得到了实惠。② 业务水平:2010年,奉城医院门急诊人次数是294 574,出院人数13 804,手术例数2 945,较2006年分别增长了37.26%、23.78%、9.27%。业务收入达到15 263万元,较2006年的9 420万元增加62%,职工人均年收入由2006年4万元增加至6.8万元,医院的经济效益取得了根本性改善。至2010年12月,奉城医院资产达到9 174.03万元,较2006年5 602.21万元增加63.76%。③ 科研能力明显提升;科研课题及核心期刊论文较2006年增加50%。

第三节 医院产业

一、科技开发公司

九院科技开发有限公司前身为九院科技开发办公室、科技综合开发公司,成立于1992年6月。公司实行董事会制度,邱蔚六任公司董事长、钱云良任公司副董事长,陈锦安任科技综合开发公司总经理兼法定代表人。1993年1月,戴尅戎任公司董事长。1998年6月,科技综合开发公司更名为科技开发有限公司(以下简称"公司")。1998年7月,张志愿任公司董事长、自然法定代表人。公司性质为全民所有制,归属第九人民医院领导。公司实行独立核算,自负盈亏。主营业务有:医疗卫生、科技咨询、科技成果开发;新药新技术推广、应用;创办医疗、卫生、经济实体;医疗器械、用品经销、医疗器械维修、保健品开发、生产经销,兼营家电设备维修经销。

1996年,公司开展激光医疗美容,并于1999年成立激光美容中心。2007年3月,公司与周浦医院签订医学美容及眼科合作协议,设立康桥门诊部。同年经上海市卫生局批准,医院租赁大沽路388、390号门面房500余平方米,开设九院大沽路医疗美容门诊部,由公司营运。诊疗科目有医疗美容科(美容外科、美容牙科、美容皮肤科、美容中医科、美容医疗应用技术),2007年10月公司投资建立九院眼激光中心。

随着公司业务的不断发展,院际之间合作增加。1998年9月,公司与山东省济南市中心医院签订建立了激光整形中心合作协议,合作期为八年。同年10月,公司与宁波市白沙医院、浙江温州市瑞安红十字签订激光整形中心合作协议,与新华医院签订整形美容中心合作协议,合作期为八年。2002年,与安徽省蚌埠市第一人民医院签订激光美容中心合作协议。2003年后,相继与浙江省台州市中心医院、浙江省慈溪市明光医院、上海市家信医疗美容门诊部(位于上海南京路新新美容城)、2010年与上海闵行区中心医院等签订激光整形美容合作协议,并开展合作。

公司成立初,有5名职工,另聘用5名离退休职工。公司每年营业额仅有几十万元。通过院际之间在口腔、整形美容的广泛合作,公司门诊部的多点经营,不断扩大公司影响,在国内形成了特色品牌。随着品牌效应的日益扩大,公司经营业绩也不断刷新,2010年,营业额达到1.5亿元人民币。公司取得的经济效益和社会效益,扩大了医院在医学美容领域的辐射效应。

二、激光美容中心

1996年经医院批准,九院科技开发公司开始开展激光美容业务。业务开展之初,由开发公司向银行贷款人民币200万元购置2台美国生产的先进激光设备:Q开关红宝石694型激光仪和超脉冲二氧化碳激光仪。地点设置在皮肤科腾出的2个诊室,只有1名专职激光仪器操作医生和3名兼职医生。皮肤科主任刘健航负责业务管理,经济收入实行独立核算。

项目运行一年即还清贷款。随着业务项目的扩展和社会需求的增加,公司用结余资金陆续购置一批先进设备:1997年购置美国赛诺秀公司的Q开关紫翠宝石755型激光仪、585型染料激光仪。1998年从美国赛诺秀公司引进中国第一台激光脱毛仪。1999年又从以色列引进上海首台光子嫩肤仪。

1999年上半年由于业务量翻倍递增,不论在用房还是人员上,都已无法适应业务的要求。公司与医院协商决定扩大业务用房,正式成立九院"激光美容中心",作为相关科室的共用业务平台,业务扩大至整复外科、口腔颌面、皮肤及其他相关学科。业务用房扩大到10号楼6楼整个西北区域约300平方米。

激光美容中心由1名副院长担任中心主任,开发公司总经理及相关学科负责人担任副主任。2000年起为便于对激光中心的运营管理,开发公司总经理陈锦安兼中心主任,全面负责中心的人员、运营、核算、分配,其他相关学科负责人为副主任。中心结合医院的整形美容、口腔特色,将皮肤医学美容作为主业,以市场化方式开展医学美容业务。中心配置治疗所需的射频、激光、强脉冲光、超声波、等离子等先进设备。中心先后开展多个医学美容项目,如多毛症治疗、皮肤色素性疾病、皮肤血管性疾病、祛除纹身、痤疮治疗、牙齿激光美白、体外超声减肥、瘦身理疗、皮肤年轻化防衰老等。

至2010年,激光中心年治疗近5万人次,营业额5千多万元。有固定人员14人(在编＋聘用),兼职医师16人(整外、皮肤科、口腔科、血管外科)。从2002年起每年举办全国性的激光美容继续学习班,每届都吸引来自全国各地的数百名相关专业人员参加。中心承担全国继续教育项目培训任务,并发表多篇高水准的专业论文,成为国内医疗美容领域的知名机构。

三、康复综合百货商店

1985年5月,九院成立康复综合百货商店,由工会黄寿康负责,归属退管会管理,主要经营日用百货,方便住院患者和职工生活,有工作人员8名。1998年,九医贸易商行门店拆迁,九院决定撤销康复综合百货商店,将其门店划归九医贸易商行经营。

四、九医贸易商行

1994年12月18日,由医院总务处承办的九医贸易商行正式对外营业(以下简称"商行"),主要经营五金百货、医用耗材等。商行法人代表为分管副院长朱也森,商行总经理由总务处处长倪亚州兼任,后按规定商行法人代表改为倪亚州。商行建立初,有从业人员6人,最鼎盛时有从业人员近20人。1998年起,倪亚州不再兼任行政职务。

1996年11月,经医院同意,商行与上海市达新染织总厂以联营形式组建洗涤服务部,达新染织总厂提供洗涤场地,医院提供人员及洗涤设备,共同实施管理,医院洗衣房仅保留收发室,后因环保未达标,合同终止,医院恢复洗衣房。

1998年,九医贸易商行与总务处脱钩,经济独立核算,自负盈亏。同年底,医院撤销康复综合百货商店,其门店归商行使用。九医贸易商行位于制造局路一侧的门店拆迁,归并至原康复综合百货商店门店继续经营,时有从业人员8人。主要经营医疗卫生用品、自费卫生材料和生活用品。2000年5月,商行门店再次拆迁,商行在原操场搭建的临时用房设立门店。2007年1号楼建成启用后,在底层大厅增设门店,方便患者购置住院生活用品。2006年,医院任命赵骏为九医贸易商行总经理,当时年营业额490余万元。经扩展业务,特别是与口腔预防科合作开发儿童口腔保健产品,每年2次赴学校义诊和卫生宣教等,至2010年,年营业额增至960余万元。

第四节 合作办医

20世纪90年代,为满足社会不同层次对医疗服务的需求,扩大整复和口腔专业的辐射效应,探索公立医院与境外投资商合作办医的可行性,医院的科技开发公司先后与港商合资在院内外开办医疗实体。在院外的是上海华澳整形美容医院,院内的是上海口腔医疗中心。

一、上海华澳整形美容医院

1993年,由上海第九人民医院科技开发公司与香港华澳科学仪器有限公司合作组建上海华澳整形美容医院有限公司,开设上海华澳整形美容医院。同年7月,公司经上海国家工商行政管理局给予核准登记注册,发给营业执照。同年经上海市卫生局同意设立"沪港合作上海华澳整形美容医院"。医院董事会由5名董事组成,董事长岑国仁(香港)、副董事长赵佩琪(九院)、董事林国辉(香港)、何艳英(香港)、王炜(九院)。院长岑国仁(香港)、副院长黄文义、李元(主持常务工作)。

华澳医院投资总额为80万美元,全部为香港方面出资,占总投资额的80%。九院以提供医疗技术和医务人员(主要为医生、护士)作为技术性投资占总投资额的20%,营利利润也按8∶2比例分配。

华澳医院成立后,经过基建、装修、设备进口和添置、人员招聘后,于1995年10月开始试营业。2015年12月18日,在贵都大酒店举行开业典礼,市、区有关部门负责人等受邀参加。

华澳医院正式营业后,各项业务顺利开展,是上海最早成立的独立的整形美容医疗机构,在当时的上海有一定的影响力。至2000年年底左右,九院因临床业务繁重,人员安排困难,将已派医生调回。华澳医院因业务需要在这之前已陆续从社会上招聘了部分医生护士,业务仍能正常进行。

至2003年年中,因合作期限(2004年4月6日)到期,按国家有关法律法规的要求合作双方同意期满后,将华澳医院转制为民营医疗机构。2004年年中完成转制工作。

二、上海口腔医疗中心

1993年10月23日,为借鉴现代医疗管理经验,探索医疗服务模式的改革,同时也为满足社会不同层次人群对医疗服务的需求,经上海外资委和上海市卫生局的批准,九院科技开发公司与香港利运有限公司签订合同,合作成立"上海口腔医疗中心有限公司"。公司成立董事会,九院法人代表担任董事长,九院科技开发公司总经理陈锦安任董事。公司开设"上海口腔医疗中心"。中心设在九院10号楼7楼东南区,面积400平方米,7张口腔椅位。由九院提供医务人员和场地,港方提供设备并制定运营方式,装修布局均按照港方的设计要求。1994年,中心开始运营,九院口腔科医师曹宏康、蔡中先后担任中心主任。港方常驻代表为于秦曦。中心全职医师5人,兼职会诊医生根据需要预约安排;全职护士10余人。这是当时上海第一家与港商合资的医疗机构,就诊者中约半数为驻沪外籍人士。同时,中心实行的"一室一椅、四手操作"的口腔医疗模式,促进了国内口腔医疗环境和诊疗模式的转型提升。

2006年以后,由于医政管理政策等因素,经董事会决议,中心终止运营。

第五章 退休服务与安保

第一节 退休职工服务

一、沿革

【医院退休职工管理委员会】

1986年5月,医院设立退休职工管理办公室,是在医院党政班子领导下按照党的老龄工作方针政策和以人为本、服务为先的理念,服务管理退休职工的政群合一、以政为主的老龄工作部门。顾根祥任办公室负责人。

1997年医院成立退休职工管理委员会(简称"退管会"),退管会主任由医院分管领导兼任,委员由医院人事、财务、总务、工会等部门负责人兼职担任。退休职工管理办公室为其办事机构,简称退管会办公室。

九院退休职工管理委员会接受上级退休职工管理委员会和医院党政的共同领导,退休职工管理委员会始终以"老有所养、老有所医、老有所教、老有所学、老有所为、老有所乐"为工作目标,努力做好全院退休职工的服务管理工作。

表7-5-1　1986—2010年医院退休职工管理委员会及办公室负责人情况表

任职时间	主任	副主任	委员	任职时间	办公室负责人
1997—1998	徐春扬	沈燕堂　董国芬	袁莹萍　孙孝钢 倪亚洲　郁小丽 周志仁	1986—1989	顾根祥
1998—1999	徐春扬	陶心伟　沈燕堂 董国芬	袁莹萍　孙孝钢 倪亚洲　郁小丽 周志仁	1989—1994	顾其生
1999—2002	徐春扬	陶心伟　周美英 董国芬	袁莹萍　孙孝钢 石　磊　郁小丽 周志仁	1994—1998	沈燕堂
2002—	陈章达	叶莉明　周美英 张修银	孙孝钢　许雅芳	1998—2002	陶心伟
				2002—2008	叶莉明
				2008—	陈勇龙

【退休党组织】

隶属于中共上海交通大学医学院附属第九人民医院委员会,1989年设立退休党支部、离休党支部。1991年6月,由李春郊任离休党支部书记、顾其生任退休党支部书记。2003年12月,为加强离退休工作的管理和进一步关心离退休老同志的生活,经九院党委会讨论,决定成立离退休党总支。2004年5月,经党委会决定,退休党支部分为退休第一党支部和退休第二党支部。

表7-5-2　1991—2010年退管会党支部正、副书记情况表

时　间	名　称	书　记	副书记
1991—1993	离休党支部	李春郊	
	退休党支部	顾其生	俞曾娴
1993—1995	离休党支部	李春郊	
	退休党支部	顾其生	俞曾娴
1995—1998	离休党支部	崔华峰	
	退休党支部	沈燕堂	王瑞萍
1998—2000	离休党支部	李春郊	
	退休党支部	陶心伟	沈燕堂
2000—2003	离休党支部	李春郊	
2000—2002	退休党支部	陶心伟	周昭玲
2002—2003	退休党支部	叶莉明	周昭玲
2003—2006	离退休党总支	陈章达	陈勇龙
2004—2006	退休第一党支部	叶莉明	
	退休第二党支部	陈勇龙	
2006—2009	离休党支部	李春郊	
	退休第一党支部	叶莉明	
	退休第二党支部	陈勇龙	
2009—	离休党支部	李春郊	刘霞
	退休第一党支部	励永明	
	退休第二党支部	陈勇龙	

二、退休管理与服务工作

随着医院退休人员的不断壮大,退管会的工作量也不断增加,至2010年共有退休职工850人。

【助老帮困】

福利待遇　随着上海市新的医疗保险政策出台,为切实保障退休人员的合法权益,2001年为退休职工办理"上海市退休职工住院互助医疗保障计划"投保工作,参加"九院职工住院医疗互助互济保障基金"及"九院职工救急济难基金"补偿。为居住外地退休职工办理医药费报销问题,协助做好为住院退休职工到总工会办理住院互助医保理赔工作,为住本院退休职工办理住院医药费到工

会报销申请工作。隔年组织全院退休职工进行体格检查,为身患恶性肿瘤重大疾病的退休职工申请专项补助。1998年起,每年组织做好"夏送清凉、冬送温暖"(简称"两送")工作,把医院给的有限资金最大化地用于退休职工的福利上,2010年住院参保人员812人,参保金额10.96万元,"两送"慰问504人次,"两送"慰问金额5.09万元。对去世的退休职工,退管会及时和家属、人事处、原工作部门协调沟通,准备悼词,由原工作部门致悼词,家属致答谢词,退管会负责出讣告、订花圈,参加告别或悼念会,赠送花圈慰问家属。知名退休教授或退休前医院正处级领导过世,退管会协助医院完成丧事及办理各项善后事宜。

重点服务需求 对重病、特困的退休职工,进行有效的重点帮助,2008年建立了九院和社区共建机制,为老人增添一份保障,平时及时帮助解决离退休老同志的住院等各种特殊需求;领导家访和工作人员家访相结合;工作人员家访和块长家访相结合;重点和面上家访相结合,对高龄、独居、重病、长期患病或特殊困难的退休职工和在养老院的职工每年上门家访2次,做好雪中送炭服务工作;对一般退休职工做到五必访:即生病住院必访;生活困难必访;突发事件必访;重症、大症必访;权益受损必访等;认真做好退休职工家庭中因发生临时事故而产生经济困难,身患重病、绝症或多种疾病者,因病住院、自负费用大、收入低者,家庭生活贫困,配偶、父母、子女亡故,遇突发事件造成困难,退休职工亡故等的临时申请补助工作,把关心帮助慰问送上门;关心外地退休职工的生活、身体情况,保持经常联系,及时帮他们办理医药费报销,工资邮寄并解决他们的实际需求。

【丰富晚年生活】

开展组织生活 每月安排党员开展丰富多样的活动,如:参观学习、看电影、看录像报告、学习座谈、听讲座和游览等,邀请院领导为退休党员通报医院最新的改革发展的成果,让老同志们及时了解医院建设与发展的新举措、新成绩、新气象,使党员既能欢乐相聚,学习提高,交流思想,又能为医院的发展出谋划策。

拓展服务内容 结合重大节日活动,组织好离退休职工的联欢、庆祝活动,从1986年起做好一年一度的敬老日活动。全年组织三到五次大型回娘家活动,每次九院党政领导亲临会场与老同志们亲切接触并送上暖暖的问候,分管院长给退休老同志们做院情通报。同时针对老年人特点开展健康保健知识讲座,及时发放共享费和慰问品,增强退休职工"回娘家"的深厚感情。从1990年起举办好每年一次高龄老人大型祝寿活动,为当年70周岁的退休职工集体过生日,为寿星们拍一张照,送一份糕点,发一份礼品。同时办理高龄老人优待证,对遗失者做好补发工作。从2003年起恢复隔年安排退休职工健康体检,及时发现疑难和危重疾病,保障退休职工的身心健康。

丰富精神文化生活 按照老年人身体特点,开展"静中有动,动中有静"多层次、多形式的有益于退休职工健康的各种活动,如唱歌、下棋、书法、绘画、健身操、太极拳等。代表九院参加上海市卫生局、上海市教委、交大医学院、黄浦区半淞园路社区等组织的各类歌咏比赛,参加上海市退管系统组织的甩手操、健身操、太极拳等活动并获奖。自1991年起,根据退休职工的需求,组织参观、旅游活动,每年组织上半年1日游与下半年2日游的大型外出旅游活动。

老有所学发挥余热 有计划地组织开展健康教育,使退休老同志增长养生知识,鼓励离退休职工参加老年大学,学习新知识,掌握新技能,提高适应社会的能力。及时发放医院及医学院的报刊,让退休职工能了解当前的医疗及教学的形势和国家的发展现况。积极鼓励刚退休的职工发挥余热,发挥自身特长,为社会为医院力所能及,参与志愿者服务等各项工作,在社区争当志愿者积极主动为社区老人服务。

【退管会自身建设】

块组长服务模式 建立了12大块,推荐热心为退休职工服务、协助退管会为退休职工排忧解难的若干名退休职工担任块长,这是医院为退休职工服务的基本队伍,是贯彻为退休职工管理、服务、教育的骨干。明确块组长及工作职责,充分发挥块组长作用,并对他们进行一年4次块组长培训、交流经验、研究工作、落实措施。在日常工作中,给予适当补贴,成绩突出者给予表扬鼓励,实现了退休人员自我管理服务。同时,自1990年起,为每位块组长订阅《上海老年报》,部分块组长订阅《退休生活》杂志,部分退休职工订阅《新民晚报》《金色年代》杂志等。

加强制度建设 建立完善退管工作规章制度,做到服务有要求,办事有依据,管理有规范,包括:"月月学"制度:每月安排党员外出参观、观看电影、组织集中学习和自学等;重点帮助制度:对重病、特困的退休职工,重点帮助;家访制度:对高龄、独居、长期患病的退休职工等每年家访2次;经济补助制度:对因突发、特殊原因造成的生活困难的给予经济援助;信息反馈制度:利用大数据平台,将住本院的退休职工信息通过短信及时反馈,还利用结对联系及各块组通讯网的有利条件及时反馈信息;倡导职工与科室退休职工互助制度:常回家看看科室,倡导"尊老、爱老"的良好社会风尚;祝寿制度:举办好每年一次大型祝寿活动,同时办理高龄老人优待证。

信息化动态管理 对退休职工信息实行实时动态管理,认真做好退休人员个人档案的建档和管理工作,从2002年起建立了退休职工个人信息电子库。正确及时发放退休职工的各项重要证件,利用结对联系、家访以及各组通讯网的有利条件,及时反馈信息,一旦退休职工身体不适或家中有事,都能及时得到信息,为有效帮助老人提供了有利条件。

三、退休人员历年管理服务工作

医院退休职工人数从2004年的573人增至2010年的850人,医院为退休职工办理的住院保障金额也从2004年的4.17万元增长为10.96万元,每年的送温暖、送清凉"两送"慰问人数和金额也逐年递增,使退休职工深切感受到医院对他们的关心和爱护。

表7-5-3 2004—2010年历年退休人员管理服务工作情况表

年 份	退休人数	住院参保人数	参保金额（万元）	"两送"慰问人次数	"两送"慰问金额（万元）
2004	573	556	4.17	374	4.88
2005	586	571	4.28	333	4.34
2006	611	596	5.96	359	4.28
2007	661	634	6.34	380	3.77
2008	704	667	7.28	427	4.23
2009	794	750	8.25	443	4.30
2010	850	812	10.96	504	5.09

四、荣誉

退管会始终以人为本,求真务实,不断提高服务能级,1991—2010 年,退管会获上海市及卫生系统多项荣誉。

表 7-5-4　1991—2010 年历年退管会获得荣誉情况表

时　间	奖项及获奖者	颁发机构
1991—1992	上海市卫生系统退管工作先进集体	上海市卫生系统退休职工管理委员会
1991—1992	上海市卫生系统退管工作先进个人顾根祥	上海市卫生系统退休职工管理委员会
1993	上海市教卫系统先进党支部	上海市教卫党委
1993—1994	上海市卫生系统退管工作先进集体	上海市卫生系统退休职工管理委员会
1993—1994	上海市卫生系统退管工作先进个人顾其生	上海市卫生系统退休职工管理委员会
1993—1994	上海市退管工作先进个人顾其生	上海市退休职工管理委员会
1993—1994	上海市卫生系统党政群领导支持老年工作荣誉奖周曾同副院长	上海市卫生系统退休职工管理委员会
1993—1994	上海市尊老社会一条龙服务工作先进个人潘小琴	上海市卫生系统退休职工管理委员会
1995—1996	上海市卫生系统退管工作先进个人桂世明	上海市卫生系统退休职工管理委员会
1996	上海市尊老社会一条龙服务工作先进集体	上海市退休职工管理委员会
1998	市卫生系统退管会"一日捐"活动优秀组织者奖	上海市卫生系统退休职工管理委员会
1997—1998	上海市卫生系统退管工作先进集体	上海市卫生系统退休职工管理委员会
1997—1998	退管工作达标单位	上海市卫生系统退休职工管理委员会
2000	上海市卫生系统退休职工"福寿杯"甩手操比赛 A 组三等奖	上海市卫生系统退休职工管理委员会
2002	上海市卫生系统退休职工健身操(舞)展示评比活力奖	上海市卫生系统退休职工管理委员会
2002	退管工作评估检查优秀退管会	上海市卫生系统退休职工管理委员会
2004	退管工作评估检查优秀退管会	上海市卫生系统退休职工管理委员会
2002—2004	上海市卫生系统退管工作先进集体	上海市卫生系统退休职工管理委员会
2002—2004	上海市卫生系统退管重视退管工作好领导陈章达副院长	上海市卫生系统退休职工管理委员会
2002—2004	上海市卫生系统先进退管工作者周美英	上海市卫生系统退休职工管理委员会
2007	奥运上海市卫生系统第九届运动会退休职工太极拳选拔赛 A 组老年风采奖	上海市卫生系统退休职工管理委员会
2008	半淞园路社区"同唱七一颂歌,共创精彩世博"合唱比赛优胜奖	中共上海黄浦区半淞园路社区(街道)工作委员会

(续表)

时　　间	奖项及获奖者	颁 发 机 构
2008—2010	上海市卫生系统退管工作评估优秀单位	上海市卫生系统退休职工管理委员会
2008—2010	上海市卫生系统退管会先进集体	上海市卫生系统退休职工管理委员会

第二节　治安与消防

一、沿革

中华人民共和国成立初期,医院配备两名驻卫警,负责保卫工作。1956年后,撤销驻卫警编制,改设门卫。保卫工作原归属人事部门,保卫科前身为武保组,始建于1974年4月,下辖武装、保卫组,由李连贺(军代表)任负责人。同年9月,倪新德任武保组副组长。1975年2月,陈宝根(工宣队)任武保组副组长。1976年1月,医院建立保卫科,倪新德任保卫科副科长。1979年9月,顾其生任保卫科科长。1989年2月,冯承忠任保卫科科长,许雅芳任副科长。1999年1月,刘慧林任保卫科副科长。2003年12月,蔡荣芬任保卫科科长。2009年12月,刘慧林副科长主持工作。

表7-5-5　1976—2010年历任保卫科正、副科长情况表

任 职 时 间	科　　长	任 职 时 间	副 科 长
1979—1989	顾其生	1976—1989	倪新德
1989—2003	冯承忠	1989—1998	许雅芳
2003—2009	蔡荣芬	1999—2009	刘慧林
		2009—	刘慧林(主持工作)

二、治安防范

保卫科主要负责医院日常治安保卫、消防安全、停车管理、户籍管理、综合治理工作。1983年起,医院与地区派出所建立联防机制,由派出所派出8名联防队员分3班常驻医院门急诊纠纷高发区域,有效维护了秩序。1992年后,保安工作实行社会化服务。至2010年,保卫科有保卫干部4人,下辖院卫队、监控室、门卫、停车场等5支队伍,共有80余人,在各自岗位上发挥作用。

【制度建设】
1976年建科以来,在第二医学院保卫处指导下,在医院行政领导下,注重治安保卫制度建设,先后制订一系列安全管理制度及岗位职责,使治安保卫工作有章可循,步入规范化、制度化。1990年,保卫科与各科室治安责任人签订《治安责任协议书》,进一步落实医院内部治安保卫责任制。

【治保组织】
1977年,在医院党总支领导下,恢复健全医院治保会组织,钟瑞龙任治保会主任委员,陈锦安、

倪新德任副主任委员。治保会建立后,按照上级规定,定期召开会议,总结交流、研究部署治安保卫工作。各部门设有治保委员及治保员。至2010年,全院有各党支部治保委员11人,各科室治保员44人。根据上级领导要求,2000年,成立治安综合治理领导小组,由医院党政领导任组长,统一研究部署综合治理工作。

【安保服务】

保卫科下辖门卫组、监控组、院卫队组、停车管理组、退役武警组等五个组。1992年,医院与上海市保安服务公司南市分公司签订合同,由上海市保安服务公司南市分公司承接全院保安工作。1993年,改由保卫科向社会招聘保安,负责全院保安工作。

【技防工作】

2003年,医院为加强技防工作,设立了监控中心,当时全院只有9个监控探头。至2007年,已安装90个高清晰摄像头和3台火警报警器,摄像点遍布全院各个角落,尤其是医院重点部门、重点部位,基本实现人防、物防、技防的有机结合,提高医院整体防范能力,为打击现行违法犯罪分子提供有力的证据。

【特殊任务】

1979年以来,保卫科配合有关部门先后接待外宾25批6个国家122人,接待副市级以上领导及外省市副部级以上领导121人次,重要、知名人士28人次,圆满完成接待任务。

2010年,世博会举办期间,保卫科在做好安保宣传的基础上,针对性制订应急预案,同年4月30日,世博开幕式在浦江岸边举行,党和国家领导人及国外贵宾都将出席开幕式。为保证现场安全,不出任何意外,保卫科组织院卫队、退伍武警等精干力量,在民警的配合下对邻近病房大楼的患者及家属进行耐心细致的宣传解释工作,同时,组织力量控制所有大楼通道,提前登上病房大楼屋顶,坚守数小时,直至世博开幕式圆满成功。院卫队被评为市级世博志愿者先进集体。

三、消防安全

【队伍建设】

1977年,医院恢复了业余消防队组织,有成员20余人,各部门建立消防小组。1979年,医院建立消防委员会,定期召开会议,讨论和研究工作。并有一支院卫队、退伍武警等精干力量,参与业余消防队活动,至2010年,全院业余消防队成员有近百人,定期组织开展消防训练活动。

【培训宣传】

从1988年起,医院每年"消防日"开展防火、灭火、逃生、自救等消防宣传,每年对院卫队和义务消防队员进行消防知识专题培训,做好学生公寓及新职工、进修医生的消防安全宣教及培训工作,帮助掌握消防灭火技能。2000年,结合本市火警事故典型事例,在院内开展消防宣传,举办消防安全培训班,邀请区防火监督处领导来院指导消防演练工作,有100多人参加培训。2002年,组织全院职工学习《中华人民共和国安全生产法》,进行"一议二查三改"。组织各部门职工参加消防安全培训,增强消防安全意识。

【安保设施】

1988—1996年,全院增添了数百只灭火机以及水带箱等一批消防器材,保卫科专职人员每年定期对消防器材进行维护保养和更新,使消防器材处于良好状态。1990年,医院为管钱管物部门安装报警器,增加铁栅栏等防范措施。1995年,重点部门、部位安装110报警器,与公安分局联网。口腔门诊楼安装无线报警器。2003年,医院设立监控中心,在全院设立配备专人负责技防工作。当时全院只有9个监控探头,至2007年,在医院重点部门、重点部位安装90个高清晰摄像头和3台火警报警器,摄像点遍布全院各个角落。

【消防演练】

从1977年起,医院每年组织业余消防队员及民兵进行消防演练。2009年6月,在分管院长领导下,制定并启动应急预案,先后在全院多个病房开展消防实战演练,从报警、接警,再到"火灾"现场处置,转移患者等,演练有序进行,进一步提高医护人员灭火技能和消防实战能力。至2010年,共有上千人次参加消防演练。

四、道路交通

1992年前,交通工具以自行车为主,医院设立三处自行车停放点,配备2名管理人员进行现场管理,以解决车辆乱停放问题。1992年起,经过几年基本建设,平整道路、拓宽道路,根据规划,医院统一划定停车位及行车路线,设立停车点一处,设立停车标识、交通警示牌等,可以停放小型车十余辆。1998年前,医院内停放车辆是以公务车为主,职工车辆仅有数十辆,2003年,建造外科综合大楼后,医院对停车场进行改造。2006年来,医院职工的车辆数逐年上升,发放停车证60余张,为加强医院内车辆停放安全管理,配备2名停车场管理人员进行疏导。同时,实行单双号停车的方法,有效缓解"停车难"的矛盾。同时,组织全院职工学习《道路交通安全法》,进行道路交通安全整治和宣传,增强交通安全意识。2010年,医院对停车场重新进行布局,设立立体车库,扩大停车点,增加停车位,医院可停放小型车110余辆,基本满足院内职工停车需要。对于外来车辆适量停放,或疏导停放在医院周边地区停车场。

五、荣誉

【集体荣誉】

保卫科荣获市公安局经文保系统先进集体(1983年、1985年)、二医大、交大医学院文明科室(2001年、2005—2007年)、上海市治安保卫"先进集体"(2004年、2008—2010年)。

【个人荣誉】

徐章海获二医大治安保卫先进个人(1978—1979年)。冯承忠获上海市公安局经文保系统先进个人(1981年、1987年),全国经济文化保卫系统先进个人(1989年)。顾其生获上海市公安局经文保系统先进个人(1989年)。刘慧林获上海市治安保卫先进个人(2007年、2010年),上海市经济文化卫生系统先进个人(1991年)。蔡荣芬获上海市治安保卫先进个人(2004年、2008年)。

第八篇
总务、基建与设备

概　　述

医院的总务、基建和设备管理部门,是医院正常运转的支持系统,在协助完成医教研工作中起着非常重要的作用,是医院管理工作的基础,也是医院能够高效运营的基本保障。

20世纪20—30年代,医院的后勤杂务由病区护士长带领工友协助完成。战后复建时,在总务部下设庶务室。1951年,医院设立总务科。20世纪50年代,随着医院业务的扩大,医院逐步更新水、电、气及医用气体等设备,扩大后勤保障部门的规模,后勤保障有总务、基建、设备、膳食、营养、环境卫生等部门,并配备了车队、绿化、维修、食堂、被服、电话、电梯、房管、护工等工种的工勤人员。

1985年,医院后勤车队、洗衣房、食堂率先实行承包制,进行半企业化改革。2000年,医院实行后勤服务社会化,后勤建立7个服务中心,为后勤服务社会化提供支撑。随着医院发展,后勤保障工作逐步形成以班组管理为基础,以制度建设为抓手的规范化管理。

建筑是医院发展的载体。1922年,伯特利医院购置制造局路639号后陆续建造了一批砖木结构平房和2层楼房。1937年,"八·一三"淞沪抗战爆发,日本侵略军占领医院后,医院遭受严重破坏。抗战胜利后,伯特利医院重建获得慈善救济机构和石美玉从美国募集资金的资助,修复旧房,并建起1栋新楼。1949年,医院建筑面积由建院初的1 438平方米增至7 397平方米。1951年,医院被上海市军事管制委员会接办后,为适应医、教、研工作发展需要,新建内外科病房楼,并在原建筑楼上加层。1964年,口腔系迁来医院后先后建造了口腔门诊楼、外科病房楼。1982年,建造整复病房楼。1990年以来,又在拆除旧房的地基上新建门急诊综合楼、外科综合楼、口腔整复综合楼、制剂楼等建筑,极大改善了就医环境。至2010年,医院建筑总面积为103 445平方米。

医院在绿化养护、能源管理、医用气体管理、维修保障、环境卫生、话务通讯、被服管理、膳食管理等方面进行积极探索,不断提升后勤保障能力,形成与医、教、研、管理相匹配的后勤保障工作特色和优势,不断提高后勤服务质量,以适应医院发展需要。

1995年,医院被评为上海市城市绿化先进单位。1999—2001年,医院被评为上海市绿化先进单位。截至2010年,医院有绿地4 000余平方米。

1952年,医院设备资产由总务科管理。1983年,成立设备科,负责全院医疗设备管理,制订了计划预算、采购供应、验货入库、领用使用、建立账册、维修保养、报损报废等流程。随着改革开放的深入,一大批进口和国产的先进医疗设备陆续装备各临床科室,有力地促进医疗技术的提高。2009年,设备科改为资产管理处。2008年,医院为加强设备管理,建立设备管理委员会。2010年,医院升级设备管理系统,进一步提升医院设备管理水平。

医院的总务、基建和设备物资管理部门不断以科学的方法和手段提高管理效率,以优质、高效、低耗的服务,为医院医、教、研工作提供可靠的保障。

第一章 总务管理

第一节 机构沿革与制度建设

一、机构沿革

1920年9月伯特利医院建院初,仅有工友1人。20世纪20年代,医院设立厨房间,伯特利医院时期护校另设食堂和病员厨房分开。1924年,医院有工友2人。1949年10月,上海私立伯特利医院设置了总务部,负责文书、会计、材料出纳等事务。1950年,改设总务室。1951年,厨房设立膳食管理员1人,配备厨工2人。同年,改设总务科。总务科下辖电话、厨房、挂号、缝纫、花匠、门卫、浆洗、老虎灶及工友,有正式职工26人。同年初,伯特利医院总院有事务员1人、工友28人,分院及分诊所工友13人。

1951年8月,上海市军事管制委员会接办医院后,设立总务科,下设工友办公室。1952年,医院改设总务室,下辖库房、电话室、被服室、门卫、挂号处、住院处。1953年11月,医院改设总务科。1958年,总务科与财务科合并,改设行政科。1960年11月,行政科改名总务科,下辖电话间、洗衣房、修理间、被服室、汽车间、挂号室、绿化组、职工食堂、库房及门卫。1964年,医院建造口腔门诊大楼,成立基建办公室。"文化大革命"初期,基建工作归"后勤组"管理。1968年8月,成立上海第二医学院附属九院"革命委员会",下设后勤组,负责医院后勤总务工作。20世纪70年代,修理间改名技工间。1978年10月,医院重新恢复总务科,基建办公室归属总务科领导。1980年,医院分设修建、基建办公室,分别负责修理和基建工作。20世纪80年代初,总务科下辖供应组、电话总机间、汽车间、修理组、电工间(含变配电间、水泵房)、冷冻间、氧气间、供热(锅炉)房、电梯间、洗衣房、宿舍管理、浴室管理等。后配电间、水电维修组、综合维修组归属基建科。1983年,总务科下辖门卫划归保卫科管理。

表8-1-1 1951—1994年历任总务科正、副科长情况表

任职时间	科　　长	任职时间	副科长
1978—1981	高三郎	1951—1966	孙　学
1984	唐远明	1960—1966	高三郎
		1978—1984	张世述　孙学
		1982—1984	唐远明　叶爱菊
		1984—1989	陈锦安(主持工作)
		1984—1994	张安民

1987年10月,医院升级为副局级单位,设立总务处。总务处在分管院长领导下,对后勤部门行使管理职能,并根据医院领导要求及大购、大修计划,基建规划制订年度工作计划,经医院审批同意后,依据分工,督促下属各科按照计划组织实施。定期召开工作协调会,认真贯彻落实医院领导工作指示精神。负责部门范围职业道德建设、职工教育培训、奖惩考核等事项。审核各类经济合同和重大事项,为医院把好关。

总务处下辖总务科、设备科、基建科、膳食科,共有职工157人。1987年,医院设立膳食科,有人员40~50人。食堂分为职工食堂、学生食堂、小餐厅,配备食堂管理员、会计、库房管理员、采购员及大菜班、点心班等。1988年3月,修建、基建办公室合并成立基建科,有工程技术、工程核算、项目申报、维修人员等管理人员及修理工20人左右。1992年2月,医院设环卫科。1992年6月,医院设托儿所(副科级)。1993年,医院成立房地产管理科,与基建科一起直属院部领导。同年9月,基建科下属配电间、水电维修组、综合维修组重新划归总务科管理。1993年,总务处下属增设环境卫生管理科。1994年,医院撤销膳食科,建立生活管理科。1994年后,电梯间划归环卫科管理。

1998年5月,医院撤销生活管理科,恢复膳食科建制。同年,医院决定撤销托儿所,托儿所工作人员转岗。同年,医院推行后勤社会化改革,引入保洁公司承担医院的环境卫生及病区卫生和工勤工作。保洁公司归环保科统一管理,环卫科改称卫勤中心。

1998年,总务处有职工140人,其中主管护师1人、护师3人、助理经济师2人、助理工程师2人、技师1人、政工师1人、高级工3人、中级工33人、初级工7人。

1999年,原隶属院长办公室管理的文印中心归属总务处。2001年8月后,总务处下设总务科、基建科、环卫科、膳食科。至2010年,总务处有职工267人。

表8-1-2　1988—2010年历任总务处正、副处长情况表

任职时间	处　长	任职时间	副处长
1989—1992	陈锦安	1988—1990	崔培芳
1993—1998	倪亚洲	1990—1993	倪亚洲
1998—2001	石　岚	1992—1998	陈福夫
2001—2003	董国芬	1992—1993	陶心伟
2003—2005	许雅芳	1994—	张安民
2005—2010	张玲毅	1998—2003	许雅芳
		1998—2008	丁永敏

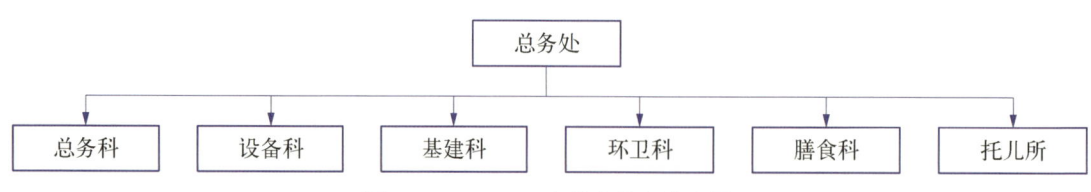

图8-1-1　1992年总务处机构设置

1994年10月,医院撤销膳食科,设立生活管理科。1995年7月,基建科重新归属总务处。1998年4月,房管科重新归属总务处。1998年5月,医院撤销托儿所、生活管理科,恢复膳食科。同年9月,医院成立卫勤中心。

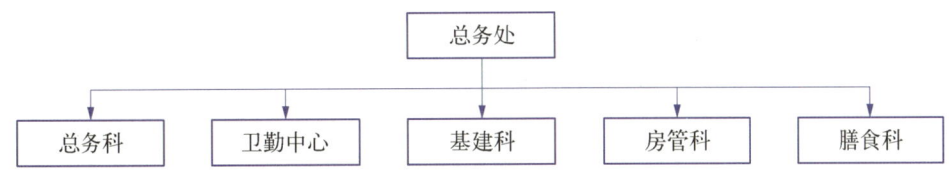

图 8-1-2　1998 年总务处机构设置

二、制度建设

建院初期,伯特利医院制订《医院管理制度》。抗战胜利后,1948 年 1 月,医院开始复兴,并制订《伯特利医院章程》。1949 年,医院重新制订各项管理制度。1951 年,伯特利医院被上海市军事管制委员会接办后,修订各项管理制度。1953—1956 年,医院进入 3 年整顿时期,根据卫生系统要求,医院又重新建立健全各项工作管理制度。

1966 年"文化大革命"开始后,医院各项规章制度被废除,医院工作秩序陷入混乱。1979 年,党的十一届三中全会召开后,经过拨乱反正,医院重新建立健全各项规章制度,使后勤工作有章可循,逐步走上正轨。

1992 年起,医院开展达标上等工作,总务处以此为契机,组织制订《总务部门工作计划》,把上等级作为后勤目标管理重要内容,先后组织制订总务部门 14 个管理工作制度、48 个岗位工作职责、6 个工种 20 个岗位安全管理制度等规章制度。1993 年,医院全票通过三级甲等医院评审后,总务处又对部门各项规章制度不断加以完善,逐步规范化、制度化。

至 2010 年,总务处已建立各类工作管理制度 70 项、岗位职责 29 项、各类安全操作规程 19 项。

表 8-1-3　1992—2010 年医院总务处主要管理制度情况表　　单位:项

年　份	工作制度类	工作职责类	安全管理制度类
1992	14	48	26
2010	70	29	35

第二节　总　务　工　作

总务科下辖供应组、汽车间、托儿所、水电维修组、综合维修组。总务科具体负责下属班组工作安排、职工考勤与考核,督促下属人员遵守医院各项规章制度,切实履行岗位职责,落实安全生产责任制,做好各类设备维修保养及零星维修工作,确保医院正常运行。

表 8-1-4　1987—2010 年历任总务科正、副科长情况表

任职时间	科　长	任职时间	副科长
1987—1995	张安民	1996—1998	胡运平
1995—1998	陈福夫(兼)	1998—2000	干莉珍

任职时间	科　　长	任职时间	副科长
		1998—2010	胡运平（主持工作）
		1998—	楼　勤

一、供应组

建院初期，物资供应由护理部负责。1952年，医院建立总务室，下设库房、被服室。20世纪80年代初，医院在总务科下设供应组，有组员5～6人，其中组长1人，采购员1人，统计员1人，归属总务科领导，负责全院家具、被服装具、办公用品以及小五金供应与管理。并建有五金、被服、办公用品三个库房，五金库房、被服库房面积各约35平方米，办公用品库房面积约30平方米。20世纪80年代初期，供应库房集中在医院空旷的球场处搭建的几间活动房内。1993年，因拆迁需要，供应组搬至钴-60楼3楼顶上搭建的活动房内办公，并设有被服、办公用品库房，面积各约80平方米。钴-60楼南面临时活动房改为五金库房。2006年，因建设口腔整复大楼（1号楼），行政楼拆除，供应组五金、被服、办公用品库房搬迁至卫校分部教室楼（6号楼）1楼和2楼内，面积各约80平方米。

供应组建组后，总务科制订物资供应及管理各项工作制度，定期对全院各种家具进行登记造册，按门类编号。同时，建立固定资产账册，各业务科室建有分户账册。20世纪60年代后，多次开展全院清产核资工作。2004年，根据医院统一部署，供应组开展全院清产核资工作。

二、被服管理

被服管理包括被服加工、使用、洗涤、缝补再利用，直至报废处理。

1949年前，由伯特利医院护理部负责被服库、浆洗、缝纫室各项工作，配备2名浆洗工友和2名缝纫员。

20世纪50年代，在伯特利医院北面老浴室旁建洗衣房，有洗涤间、烘房、缝补间及收发室，洗衣房分为洗、烘、烫、缝补及收发等工作，归属总务科领导，有医院职工10名，其余10人为临时工。

被服装具包括患者住院期间使用的寝具和穿着的单、棉衣服以及病室窗帘，工作人员的劳动保护服装、治疗用的各种敷料布和洗手衣、床衣等。1999年，根据上海市卫生局办好"新三件"（床单位、病员衣裤、空调）的要求，医院对床单位和病员衣裤进行更新。

患者的寝具包括棉垫或棕垫、大单、棉絮用被套，定时更换清洗，冬季另配毛毯一条。病员住院期间，有一套布服作睡衣，冬季配有棉大衣一件。

职业服装包括医生穿白大衣，护士穿护士服，配有口罩、白布帽。卫生员穿白布衫裤。后勤工人穿蓝色衫裤，后勤管理人员穿蓝大衣。

【洗涤】

洗衣房是被服装具使用、卫生处理中的重要环节，具体负责布类制品的洗涤、平整、消毒、保管等任务。建院初期，由护理部负责管理洗涤及消毒，配有数名洗衣工采用人工洗涤。20世纪50年代,医院建立洗衣房,设洗、烘两部分。配置2台洗衣机和2台脱水机,摆脱了人工洗涤,并设置烘房,遇上雨天也不受影响,能保障供应。

自1986年起,洗衣房实行承包制,实行洗、烘、烫三部分,添置了烘干机和烫平机,提高了工作效率,减少工作人员10余人。医务人员工作服除了清洗外,还进行整理和烫平。全院工作人员服装和患者被服,夏季每周洗涤2次,冬季每周洗涤1次。

1996年9月,九医贸易商行与上海达新染织总厂共同组建洗涤服务部,医院投入洗衣机、脱水机等设备,洗衣房归商行进行管理。1998年后,因环保要求提高,商行与上海达新染织总厂中止合同,洗衣机、脱水机等设备归还后,重新恢复洗衣房。

2003年,因建造外科综合大楼,洗衣房拆除,仅保留被服室负责收发,被服室搬迁至原冷冻间,医院洗涤用品由外包洗涤公司洗涤。

【缝纫】

缝纫间主要任务是缝制各类医疗用布制品以及缝补破损的员工制服。20世纪80年代前,缝纫间一直在医院东墙下的旧19号楼底层理发室隔壁的2间房,90年代后迁至被服室3楼。从20世纪50—80年代,医院的缝纫间一直承担着大部分医院布制品的制作。除了医生和护士的长短袖制服是成品采购,其他如病房的窗帘床单被套枕套、病员衣裤、棉垫、医护人员的手术衣、消毒隔离衣、口罩帽子、手术纱布垫等均由缝纫间裁剪缝制,同时还承担对破损衣物的缝补。当时医院各类布制品破损要报废,必须由缝纫间确认无法修补,盖上报废章,才能换新。缝纫间工作量较大,长期保持6名工作人员。直至20世纪80年代后期逐渐增加了成品衣物的采购,对缝纫工作的需求才逐渐降低。

三、交通运输

建院初期,医院配有1辆救护车,作为医疗业务用车。

1949年,医院主要交通运输工具有两台汽车,其中1台为医疗业务用车,还有1辆三轮车。

汽车间位于医院东面紧邻卫校四合院北墙,建造于1948年,为2层楼房,底楼停车,2楼为驾驶员休息室,面积约174平方米。1995年,因建造生活综合大楼拆迁,驾驶员休息室搬迁至钴60楼2楼朝东1间,面积约40平方米,操场成为临时停车场。2003年,因建造1号楼钴60楼拆除,驾驶员休息室搬至卫校教室楼内。

汽车间主要承担各类物资和氧气瓶运输、接送会诊医师、高级知识分子、领导和内外贵宾等任务。归属总务科领导。

从20世纪50年代初起,医院交通运输工具先后有自行车、脚踏三轮车、黄鱼拖车、大卡车、小卡车、微型小三卡、大客车、面包车、小客车、救护车等。

1951年,上海市军事管制委员会接办医院后,上海市卫生局调来2辆救护车,供接送病员会诊、转诊之用,后因市卫生局将救护车业务统一归属救护大队管辖,两辆救护车同时移交救护大队。

自行车作为市内外勤、通信员等代步工具,分别由财务、总务、院部等外勤使用。脚踏三轮车,为食堂采购员的运输工具,职工食堂、营养室、学生食堂各配有1辆脚踏三轮车。微型小三卡随着时代变迁,于20世纪70年代逐渐淘汰。1992年,汽车间从5辆车发展到新增更新各类车辆9辆。至2000年,医院共有货车3辆,大小客车7辆,驾驶员共8人,设组长1人负责派工。用车由各职能部门签发,驾驶员凭出车单发车。从1985年3月起,汽车间实行承包制半企业化改革,驾驶员按出车公里数提奖,多劳多得,打破了大锅饭,充分调动了驾驶员的工作积极性。

为方便职工上下班,自1991年12月,医院开设2条通勤班车线接送职工上下班;1996年,又相继开设4条班车线接送职工上下班。(接送方向:浦东凌兆新村、上南路上浦路、浦西大华新村、杨浦中原、闵行辛庄、宝山彭浦)。后因地铁开通,医院停止使用通勤班车。

四、宿舍管理

医院建院初期,建有员工宿舍,分为医生宿舍、护士宿舍和一般职工宿舍。1952年,医院有行政人员宿舍及医护、工友宿舍大小房间66间,分为1~6宿舍区,共有面积1 486余平方米。1963年,医院行政职工住宿133户、卫技人员住宿167户,累计数百人,卫技人员单身住宿122人。后因医院业务发展,通过改造扩建,增加了进修医生宿舍及住院医生宿舍约600平方米。

宿舍归属总务科管理,住宿对象均为单身职工和离家较远上下班有困难的职工。酌情收取水电费,每人2元/月。由于医院业务发展和家属宿舍的兴建,单人宿舍作了调整,分为男、女职工宿舍和进修医生宿舍,床位数相应缩减。1972年,为适应招收工农兵学员需要,医院在大礼堂楼上加建2层学生宿舍。1982年,为迎接"文化大革命"后首届本科毕业生分配来院做住院医师所需,医院在东北角的浴室楼和洗衣房顶上搭建临时活动房,作为毕业后3年内住院医生宿舍。

1997年5月,生活综合楼建成启用后,6楼作为进修医生宿舍,有20余个房间,每间有6~8床位,配有电扇,宿舍宽敞明亮,住宿条件大为改善,有专人负责管理,同时健全了宿舍管理制度。同年,经各方挖潜,医院的进修医生宿舍床位由178张增加至342张。

2000年9月,医院出资1 160万元购置上海机床工具(集团)有限公司位于制造局路833弄8号的6层楼房,作为教学楼,建筑面积4 682平方米。底楼及2楼改为教室和办公室,3楼及以上改为学生公寓,设学生宿舍床位300张,由专人负责宿舍管理,显著改善了学生住宿条件。

五、托儿所

20世纪50—60年代,医院曾在旧25号楼开办托儿班解决职工困难。1985年,根据千人以上单位要办托儿所的要求,医院开始筹建托儿所。医院从各科室抽调人员。有2名工作人员送第二医学院接受保育员培训,有2名工作人员负责采购托儿所所需用品。医院将小红楼(老宿舍楼)二楼原儿科病房划归托儿所用。

1986年3月,托儿所正式开办,有工作人员12人,先后有周梅芳(1987—1992年)、史静安(1992—1998年)担任所长。曾设立哺乳室和小小班(12~18月)、小中班(18~24月)、大班(24月以上)、幼托班(3岁)等四个班。第一批招生50多人。托儿所建立初,入托收费标准定为:女职工免收费;男职工每人每月19元,从工资里扣除。以后各种来源入托人数增加,工作量随之增加,医院给予托儿所工作人员提成奖励办法,以资鼓励。为满足职工要求,托儿所开三班,遇到小孩生病,保育员会陪伴小孩看病打针;遇到职工有特殊情况,晚上保育员会将小孩带回家,为职工排忧解难,消除后顾之忧。1988年后,托儿所搬迁至原设备科楼上,整个楼面呈L型布局,南面为四个教室、办公室、厨房、储藏室,北面为活动室。当时有入托学生100余人,一个班30多人。托儿所有员工20人,其中包括临时借调的职工和临时工。

每年暑期,九院另外举办暑托班,从各科室临时抽调人员,先后在卫校教室、多功能厅等处办暑托班,由托儿所负责管理。每年"六一"节,托儿所向学生家长举办汇报演出。在历次托儿所专项工作检查中获通过。

1992年6月,经医院批准托儿所所长为副科级待遇。

随着生育高峰下降,托儿所入托人数日渐减少,1998年,医院决定撤销托儿所,托儿所工作人员转岗。

六、能源管理

【水资源管理】

20世纪50年代初,医院被接办时,用水由制造局路6寸口径水管引进。1964年,医院建设8号楼门诊大楼时,又从上海市自来水总管引进6寸口径水管,供门诊大楼用水。1980年,医院建造整复大楼时,再次从上海市自来水总管瞿溪路引进6寸口径水管,供整复大楼用水。随着用水量的逐年发展,医院逐渐将3路进水加以环通,以利水压稳定调剂使用。由于供水管网老化,供水管径小,医院内部分地方经常出现水压低,水量少的现象,使工作生活受到影响。90年代初期,医院开始考虑供水管道改造问题。1992年等级医院评审前,医院在调整规划的基础上,进行供水管网建设,铺设新管线,终于解决了部分区域水压低的问题。1996年后,医院在浴室、病区、门诊采取一系列节水措施,控制用水量,减少浪费现象,并由专人负责抄表分析,防止"跑、漏、滴"水,加强用水管理。2009年,医院完成了水平衡测试。

【开水供应】

20世纪50年代初,医院设立饮水室,配备1~2名工友,用大灶烧开水,再用大铅桶装水后,由工勤人员用手推车送到各病区分装热水,送到病房,供住院患者及家属使用。20世纪60年代起,医院锅炉房用蒸汽烧开水,可以保障病房用水,但仍需用送水车运送。

20世纪80年代起,各病区单独设开水炉,用蒸汽烧开水,直接供患者使用,送水车停止使用。

2000年后,医院各部门由开发公司配送桶装水,职工也饮用上纯净水。并在门诊逐步推广使用桶装水,方便患者饮用。

【排水】

20世纪50年代初,医院排水直接流入上海市总下水道排放。1952年,医院埋设阴沟,并接通总阴沟,便于污水排放。1986年,医院建造了门诊大楼污水处理站,门诊污水经过消毒处理后,排入上海市总下水道。

1992年,医院建造门急诊综合大楼时,同时建造了1座污水处理站,全院污水经过消毒处理后再排入下水道。过去,由于院内下水管线口径小,每逢下大雨雨水倒灌,医院内积水现象比较严重。同年,医院借道路改造机会,与制造局路同时进行下水道改造工程建设,铺设大口径下水道,终于解决了院内雨水倒灌、积水问题。

【制冷】

医院制冷设备包括冷藏库、冰箱、空调及电扇等降温设备。建院时冰箱只供药房、化验室使用。1948年,伯特利医院复建后,配备少量冰箱及电扇等降温设备。

20世纪50年代,医院添置血库冰箱1只,以后陆续添置更新各种冰箱设备。80年代初,医院开始增加制冷设备。截至2010年,药房、药库、检验科、手术室、实验室、营养室、食堂等部门都配备大小冰箱,并在职工食堂、营养科安装了冷藏库。太平间安装了尸体冷藏柜。

1980年,医院建造病房楼时,在手术室安装了空调机组,夏季输送冷气,冬天输送暖气,这是医院使用空调的开始。20世纪80年代,窗式空调开始进入医院,先后在整复外科、口腔外科等病房安装窗式空调。1983年,医院在整复外科大楼扩建时,设计了冷冻机房,整栋大楼使用系统空调,取得良好的空调效果。

从20世纪80年代起,由于制冷设备空调数量增加,后勤在卫校教室楼东侧2层楼内设立冷冻间,有制冷修理工5人,在总务科领导下,具体负责全院冷冻设备维修保养和日常管理。

1992年,医院在口腔门诊楼前新建机房,采用夏供冷气、冬供暖气的方式,基本满足临床需要。1993年后,医院对冷冻间进行改造,扩建冷冻机房,增加冷冻机组和冷却塔,以保障医院需要。1999年,将原来冷热分离的2个组合并成冷暖供气组。

20世纪90年代初,医院仅有空调机115台,至2010年,全院共有空调机1150台,使防暑降温、防寒保暖工作有了保障。

1998年,冷暖供气组获上海市医疗系统"红旗文明岗"。

【电扇】

伯特利医院建院初期,医院内只有少量电扇,配备在门诊和病房。20世纪50年代初,为做好防暑降温工作,医院添置大量电扇,分别在各科室门诊及急诊室安装了电扇,之后又分别在医院会场、职工食堂、营养室安装了吊扇。

20世纪60年代,医院开始建造门诊大楼及病房楼,并根据需要安装电扇,添置数量逐年增加。特别是实行两种收费标准后,为改善病员条件,九院在门诊和病房加装了大量电扇。各个部门根据需要配备了吊扇、台扇、落地扇,用于防暑降温。

20世纪90年代末,除病房外,其他各部门安装了空调机,从节约用电考虑,大部分电扇陆续拆除。

【冰块供应】

为解决高烧患者降温使用的冰块,医院使用的冰块主要购自南市区水产冷藏分配站生产的机制冰块。医院在原操场东侧建有一间面积约20平方米的冷冻库房储存冰块,保存一定的供应量,如需补充,电话联系后及时送来。白天由总务科管理,保障临床科室使用,晚上由总值班代行职责,供各病区及急诊室患者使用。

【锅炉、蒸汽管理】

1962年,在中共南市区委的关心下,从蓬莱农场调来2台0.25吨卧式蒸气锅炉。1963年4月,在食堂北侧建锅炉房安装锅炉,从此结束了医院无锅炉的时代。由于蒸发量小,污染环境,当时仅供手术室、洗衣房、食堂、浴室等处用气。1964年,医院在建造门诊大楼时,在门诊楼的东北角新建砖混结构锅炉房,安装了2台工业锅炉厂生产的卧式1.25吨快装锅炉,并配备水处理装置和进风机、引风机、电动进水泵等设备。供气范围逐步扩大到门诊大楼、急诊室、制剂室等部门。1965年,医院在建外科病房大楼时,同时扩建锅炉房,由原来的锅炉房向东扩建,增装1台2吨卧式快装锅炉,逐步扩大到部分病区供暖需要。在锅炉改造过程中,为达到环保要求,增加了消烟除尘设备,基本达到国家规定的排烟标准。

1980年,医院增装1台4吨锅炉,并进行调试,扩大供气范围。1983年,整复外科大楼扩建完成后,病床增加,手术室扩大,医院再度更换锅炉设备,除保留1台2吨锅炉,并改装成自动炉排,还配备离子交换水处理装置。1988年元旦,由于南市区热电-热网建成通气到医院,锅炉停用,原有锅炉及设备全部拆除,锅炉房改名为热网供汽间。使用热网蒸汽后,基本满足全院各方面的需求,全院各部门都安装了暖气设备,供冬季采暖使用。从此停止使用陈旧而又不安全的火炉、煤炉等取暖设备。1999年,热网供汽间并入冷冻间,改名冷暖供气组。

2007年,南市热电-热网停止供气,管网拆除。为保障医院用气需要,医院在紧邻生活综合楼北侧汽车库原址新建锅炉房,使用2台4吨燃气锅炉,改用燃气锅炉向全院供气,既环保又卫生,保障全院供气需要。

【电力供应】

医院电工间建于20世纪90年代初,归属总务科领导,员工采用承包制,负责全院日常水电维修及用电保障。医院用电分为照明用电、医疗设备用电、动力用电3种。随着医院规模不断扩大,供电量不断增加。医院内用电需确保每天24小时连续供电。

医院电源的供给,几经变迁。1955年前,医院自备50 kVA户外变压器1台,后划归市电力局。20世纪50—60年代,由上海市供电局低压引入220 V、380 V电源及备用电源。

1964年,建造门诊大楼时,医院建造了1个变电站,配有320 kVA变压器1台,并配有配电柜。照明用电、医疗仪器、动力设备、X线、手术室等分路控制,带有自动切换,分线路管理。医院供电在连续性、稳定性等方面基本达到使用要求。

1980年,医院在建造整复外科大楼时,又建造1座750 kVA变电站,增加配电柜数量,保障业务用电需求。1992年,医院对变电站进行扩容,由奉贤通用电器厂提供设备。后经安装补偿装置,向变压器要电,从而增加用电500 kW。1995年3月,医院建立节能领导小组,下设节能办公室。

1996年,医院投资545万元,对变电站进行扩容,扩容至2 500 kVA。2003年,再次扩容至5 000 kVA。2006年,口腔整复组织工程大楼建成,变电站扩容至8 200 kVA。经过多次扩容,基本满足医院对用电的需求。

七、医用气体管理

医院涉及的医用气体主要是氧气以及麻醉所用的特殊气体。

建院初,医院用氧有限。20世纪50年代,医院用氧每次由人力拖车把氧气瓶送到燎原化工厂充气,一次装5~6瓶氧气瓶,医院每月用氧30~40瓶。随着医院业务发展,病床增加,氧气用量也大幅度增加。特别是20世纪60年代中期,医院划归第二医学院作为教学医院后,新建了门诊大楼和病房大楼,扩大了手术室,氧气用量大幅度上升,当时第二医学院专门调来一辆中吉普装运氧气,降低工人劳动强度。20世纪80年代起,由于手术量增加,医用气体用量和品种都显著增加,使用的有氟烷、氨氟醚、异氟醚、N_2O等医用气体。

20世纪80年代,医院在整复大楼朝北一侧紧邻泵房建氧气间,安装了管道输氧,购买了各种设备,由技工间工作人员负责安装,10只氧气瓶分成2组,通过输氧铜管向各个病区和手术室输送氧气,在各个病区的病房内装上氧气分表,由病区控制使用,启闭方便。配有氧气间管理人员3人,负责日常管理,每月用氧量700瓶左右,用汽车运输,24小时保障供应。

1992年,医院在10号楼门诊大楼东墙边新建1间氧气间,安装了管道输氧,急诊供氧由瓶装改为管道输氧。

1994年,医院在2号和5号楼之间的小花园建立了1只液氧槽,氧气值班室搬至5号楼南侧墙边。1998年后,由于液氧供应量增加,医院又加装1只液氧槽。结合病区改造,医院基本实现中心供氧、中心呼叫和中心吸引。

八、维修保障

【水电维修】

20世纪50年代,由于医院业务扩大,调配来1名电工,专职进行维修,当时修理范围较小。20世纪80年代,水电维修交由外包施工队负责。20世纪90年代初,施工队撤离,留下数名骨干水电工从事水电维修。20世纪90年代初,后勤改革后,经协商,改为电工间合同总承包,每月结算一次承包费用。除了日常水电维修,还接受零星水电安装工程,承担变配电间、电工间24小时值班,确保医院正常运行。

【综合维修】

20世纪50年代,医院不设专职维修工。随着医院业务的扩大,房屋陆续扩建和改建,维修任务也随之增加,为此先后调进多名电工、木工、泥工。1960年,成立修理间。1970年,改名技工间,归属总务科领导。以后又逐步增添白铁工、玻璃工、油漆工、电焊工等工种,有维修人员8~10人。除了维修任务外,还承担大部分修水、电安装工程。修理项目扩大到全院各种病车、推车、水车、洗衣机、烘箱、吸引器、电刀、取暖电炉、病床及部分医疗器械。泥工主要从事日常房屋维修工作。木工除维修各种木质器具外,同时制作一些小型木器,如骨科夹板、盐水架等物。泥工则负责粉刷墙面、修理水斗、水泥脱落、疏通下水道、管道保暖、路面平整等工作。

【电梯维修】

1964年,医院建造门诊大楼(8号楼)时装备上海电梯厂生产的载重量0.5吨客货梯1台,供门诊楼使用。1965年,医院建造外科病房楼时装备上海电梯厂生产的1吨电梯1台,供病房使用。1982年,医院建造整复外科大楼时装备载重量1吨电梯2台,供整复外科大楼使用。1985年,内科楼(旧3号楼)扩建加层增装载重量1吨电梯1台,供内科楼使用。20世纪90年代初,医院共有电梯5台,工作人员11人,配有1名电梯维修工,负责零星维修,归属总务科后又增加1名电梯维修工。1993年后,划归环卫科管理。医院每年与电梯维保单位签订维修合同,电梯保养及设备故障由电梯厂维修人员上门服务。1993年10号楼建成,又新增电梯7台。至2010年,全院有电梯26台,配备54名电梯操作工。

1995年,电梯组有1人获评"上海市服务明星"。

九、话务通信

电话总机间由总务科负责管理。发现电话故障先由电工间维修,线路故障报修后由电话局负责维修。

建院初,伯特利医院设有专用电话(02-81010)2只,供院部联系工作用,配备电话接线生1人。1937年申请安装专用电话(02-71666)2只。1938年,在八仙桥诊所申请安装专用电话(02-785137)1只。1948年8月,伯特利医院在病房楼底层申请安装外线电话(02-71668)1只。

1951年,上海市军事管制委员会接办医院后,在院内安装了1台20门电话小交换机,在小红楼(旧5号楼)医生宿舍底层设总机间,配备工作人员2人,分2班制,下半夜停机。自此,全院各主要部门装上了电话分机。1964年,更换50门电话交换机1台。20世纪70年代,总机房在小红楼的2楼,医院有分机10只。1983年增扩至200门,机房搬迁至小红楼3楼,话务员也增至6人。1990年时全院共设电话分机186只,外线电话17只,并设有直线电话。1993年医院派人学习程控技术,总机室迁至新建的行政楼四楼,总机间面积扩大了1倍,话务员增至8人。1993年、1999年,医院相继投资135万元进行电话扩容,建立程控电话系统,电话分机由200门扩至400门。

1999年,在落实上海市卫生局提出的办好"老三件"(病房浴室、投币电话、伙食)期间,医院在各病区、门急诊、二道门等处分批安装20余台投币电话,方便患者及家属打电话。

2004年,医院又进行电话扩容,增至800门,使全院通信条件大为改善。2009年,口腔整复大楼投入使用后,医院对周边环境进行整治,扩大绿地,电话总机间搬迁至新建的1号楼(口腔整复大楼)7楼口腔第一门诊隔壁,控制台由飞利浦更换为西门子。

抗战前,伯特利总院电话为81410,战争中均被破坏。1948年复建时重新申请安装电话,伯特利总院电话是02-71668。西藏南路诊所电话是85137,复兴西路分院电话是71274。20世纪60—70年代,九院的电话号码是770176(6位),1995年改为8位:63774831,后改为23771699。

自1977年以来,在上海市用户交换机服务竞赛活动中,电话总机间连续多次被评为"优胜单位"。1978年,首次获上海市"三八"红旗集体、第二医学院后勤先进集体。1995年,获第二医科大学先进集体,列为医院规范服务窗口。1997—1998年获上海市"三八"红旗集体。2010年,获上海市卫生系统"迎世博"文明班组。

十、绿化养护

伯特利医院建院初期,院内有一条经修缮的"L"型泥质主干道,直通伯特利教会礼拜堂,道路两侧辟有草坪,种植各种树木和花卉,绿树成荫。员工宿舍楼一侧建一池塘,池塘内种植荷花,环境十分雅致。1951年接管前,医院有1名花匠专事绿化工作,进行绿化养护。

1966年起,每年清明时分,植树节时,医院组织职工进行植树活动。平时绿化区的除草工作,则有全院各部门包干负责处理。

20世纪70年代起,医院恢复绿化工编制,配有绿化工2人,平时除了做好植树绿化养护外,还在花棚内种植观赏花卉。每半年对全院梧桐树修树枝两次,并喷洒药水除虫。20世纪80年代末,绿化工作归属环卫科管理。

1983年,医院在新建的整复外科病房楼(2号楼)北面与5号病房楼之间空地上,建造了一个花园,园内除种植花卉和树木外,还修建了蘑菇亭、假山、喷泉、鱼池等设施。1987年,医院于南大门两侧主干道两旁修建花坛,种植树木及花草。1988年,医院在钴-60治疗室东侧路沿修建花坛,增加绿化面积50余平方米。20世纪90年代,医院设有专职绿化工2人(其中1名为聘用工)。在花房和花园内栽培盆花、盆景等,供医院有重大活动时,放置盆景花卉,美化院内环境。1992年,医院设立环境卫生管理科,负责环境卫生管理。

1993年,10号门急诊大楼建成时面对制造局路的2号门内建造了1座假山喷水池,在大楼的两侧及北侧种植绿化,增加绿化面积380平方米。后为方便急救车辆进出在门诊挂号大厅改造时假山喷水池拆除。1995年,医院获上海市城市绿化先进单位。

2009年,医院拆除伯特利时期留下的小红楼(宿舍楼)、原操场边厕所等处临时房,建设变配电房,同时进行绿地改造,新增绿化面积500余平方米,进一步优化院内环境。

1994年,外环境保洁组获二医大文明科室。

十一、环境卫生

1949年5月起,伯特利医院响应政府号召,开展"除四害运动"。1953年起,医院开展爱国卫生运动。1978年,根据市卫生局要求,医院建立爱国卫生运动委员会组织。1992年2月,医院设立环境卫生管理科(简称环卫科),负责全院爱国卫生检查与考核、太平间管理、外环境保洁2组、病区卫生员、绿化工考核与管理、医院绿化规划与建设、绿化养护、污水污物处理等工作事项。1994年10月,医院成立配膳食员队伍,归环卫科实行保洁与供餐两条线管理。1994年后,电梯间划归环卫科管理。1996年7月,环卫科统一组织工勤人员参加市卫生系统业务统考持证上岗。1998年9月,医院推行后勤社会化改革,引入保洁公司承担医院的环境卫生及病区卫生和工勤工作。保洁公司归环保科统一管理,环卫科改称卫勤中心,以适应管理职责的扩展。2000年12月,医院撤销卫勤中心,恢复环卫科建制。

表8-1-5　1992—2010年历任环卫科正、副科长情况表

部　门	任职时间	科　长	任职时间	副科长
环卫科	1993—1998	顾雪桂	1992—1993	顾雪桂(主持工作)
			1992—2010	徐安平
卫勤中心	1998—2000	顾雪桂	2000—	徐安平　干莉珍
			2004—2010	史静安

【主要卫生设施】

1955年前,医院没有设公共厕所。医院厕所设在各病房、门诊、宿舍和办公楼内。1956年,医院扩建门诊用房时,在后门诊处设1座公共厕所,供门诊病员使用。1964年,医院在新建门诊楼时,在门诊楼北面围墙处修建公共厕所1座。1989年,建造10号楼门急诊综合楼时拆迁至大操场东南角。

政府接办医院后,医院积极响应政府号召开展爱国卫生运动,在门诊等公共场所设置木制果壳箱及搪瓷痰盂。随时代变迁,逐步改为陶瓷痰盂,后又改为铁皮痰盂。1981年,陶瓷狮子型果壳箱问世,医院从江苏宜兴购买一批陶瓷果壳箱分布在全院使用。1992年后,改用不锈钢痰盂和陶瓷果壳箱等。

医院内垃圾比较分散,宿舍区、病区、门诊等处都设垃圾箱(桶),垃圾每天由环卫组2人分别清出,用手推车运至设在路边的垃圾箱内。医院每年与环卫所签订合同,生活垃圾、建筑垃圾每天由

南市区清管站定时或定期疏运出院。

区域保洁工作划分：门诊与病房由所属区域卫生员管理，外环境由外环境保洁组管理，负责清洗厕所、痰盂，清除果壳箱、垃圾箱内垃圾，打扫全院环境卫生。

【医疗废弃物处置】

医疗废弃物处置由环卫科负责，医院产生的污物包括手术室和病理科切除的各种病变内脏及肢体等物，以及化验室等部门清理出来的污物，送焚毁炉焚化，大型的通过太平间送火葬场处理。1992年，经上海市卫生局后勤协会推荐，医院配置1台焚毁炉，用于焚毁感染性医疗废物，后报废停用，统一由专业机构清运处理。

【太平间管理】

伯特利医院时期，太平间比较简陋，仅1间房内有几个存尸柜，高温季节要用冰块冷藏，以免腐坏。20世纪60年代，医院扩建太平间存尸柜增至15个，太平间分为停尸房和解剖室两个部分，设有冷藏设备，当时位于旧3号楼内科病房的南面与瞿溪路之间。2000年，医院对太平间停尸房进行改造，存尸柜容量增加1倍。2006年，建造口腔整复大楼时，旧太平间拆除，搬迁至2号楼南侧紧邻瞿溪路围墙的2层小楼底层。

十二、公益活动

1976年7月—1977年9月，后勤部门员工参加医院唐山抗震救灾医疗队，其中胡运平参加第一批唐山抗震救灾医疗队，陈爱丽参加第二批唐山抗震救灾医疗队，圆满完成抗震救灾任务。

表8-1-6　1976—1977年后勤部门员工参加唐山抗震救灾医疗队情况表

姓　名	赴唐山抗震救灾时间
胡运平	1976.7—1976.9
陈爱丽	1976.9—1977.9

第三节　膳　食　管　理

一、膳食科

20世纪20年代，伯特利医院设立厨房间。伯特利医院时期护校另设食堂，和病员厨房分开。1951年，厨房设立膳食管理员1人，配备厨工2人。1978年，医院设立膳食科。食堂归膳食科管理，下属人员40~50人，分为职工食堂、学生食堂、小餐厅，配备食堂管理员、会计、库房管理员、采购员，及大菜班、点心班等，在总务处领导下，开展膳食供应工作，以满足全院教职员工用餐需求。1984年，膳食科实行半企业化管理。1994年，医院撤销膳食科，建立生活管理科，归属总务处领导。1998年5月，医院撤销生活管理科，恢复膳食科建制，归属总务处领导。

表 8-1-7　1978—2010 年历任膳食科正、副科长情况表

任职时间	科　长	任职时间	副科长
1988—1998	倪亚洲	1978—1982	肖顺泉　唐远明
2004—	钱文虎	1982	王秀臣
		1982—1988	倪亚洲
		1998—2004	史静安

【职工食堂】

建院初,伯特利医院设有厨房间,负责员工伙食供应。1951 年 8 月,上海市军事管制委员会接办伯特利医院后,开设食堂供医务人员用餐。1958 年 10 月,医院扩建食堂厨房间,将原有厨房、食堂三处合一,扩大食堂用房。1997 年 5 月,生活综合楼启用后,职工食堂采用快餐式供应,用餐环境大为改善。同时,职工食堂根据各部门订餐需要,派人配送上门,方便职工用餐。2000 年 10 月,职工食堂正式加盟高校新世纪快餐连锁店。

【护校食堂】

九院护校食堂原为包伙制,每人每月 12 元,分食制供应。1960 年,全国实行定粮供应。食堂凭饭菜票进餐。同年,为节省人力,职工食堂与学生食堂合并。1979 年,原护校食堂改为学生食堂,归膳食科领导。

1994 年,学生食堂组有 1 人获二医大先进工作者称号。

【其他餐饮设施】

1998 年,医院在院内招标,位于生活综合楼(3 号楼)2 楼朝东一侧的食堂小餐厅由医院职工内部承包,并签订承包协议,由承包人每年向医院缴纳一定的承包费,使餐饮服务多样化。

二、对外援助

职工食堂曾承担援外任务。1979 年 9 月—1999 年 11 月,先后有 3 名炊事员分 3 批参加援摩洛哥医疗队工作,每批为期 2 年,圆满完成了援外任务。

表 8-1-8　1979—1993 年食堂炊事员援外情况表

姓　名	援外时间	援助国家
屈卢会	1979.9—1981.11	摩洛哥
徐伟立	1997.11—1999.9	摩洛哥
甘建珊	1991.10—1993.11	摩洛哥

第四节　房屋管理与福利分房

一、物业管理

医院从建院初起,由卫勤人员负责院内环境,包括病房大楼、室内及室外环境保洁工作。

2002年11月,医院首次举行门急诊保洁竞标会,物业管理外包给保洁公司管理,为此,后勤部门制订物业管理及保洁工作标准,医院有专人负责对保洁服务质量进行监督和考核。

二、福利分房

【实物分房】

为解决职工住宿困难问题,1984年,医院自筹资金50万元,在塘桥南泉新村自建沪二型新工房3000平方米,总计46套,分配30户职工住房,通过套换,解决了部分职工住宿困难,22套18户交南市区西凌家宅住房改造筹建指挥部(西筹指)负责分配。医院还通过卫生局住宅办统建和自筹资金购房等多种形式,先后在洛川、上南新村等处购房,解决部分职工住房困难。

1993年6月,医院成立房地产管理科,陶心伟任房管科科长。1994年3月,医院六届二次职代会审议通过了《房屋分配条例》。1995年4月,房地产管理科归属总务处领导。1997年4月,医院召开八届一次职代会,审议通过《职工住房分配条例》。1991—2001年,全院共解决职工住房困难408户,其中高级知识分子132人。

【住房补贴】

1998年7月以后,根据国务院的住房改革精神,基本停止福利分房。1999年,医院根据《上海市住房分配制度改革方案》,制订《职工住房补贴条例》,经反复论证修改后,于同年7月提交职代会特别会议审议通过,并于下半年实施,当年向82位住房困难职工发放住房补贴450万元。2000年,医院向近百位住房困难职工发放住房补贴1000余万元。以后每年有一批职工经过本人申请、房管科核准,提出享受住房补贴的初步名单,由医院职工住房补贴分配委员会确定后,交职代会组长会议讨论,并将给予住房补贴者基本概况及补贴数额等情况张榜公布,广泛征求意见。实施住房补贴制度后,改善了职工住房条件。

第五节　后勤改革与服务社会化

改革开放以来,在医院领导下,后勤部门进行一系列后勤改革的尝试。总体目标是打破铁饭碗,引入竞争机制,奖勤罚懒,调动积极性,提高后勤保障系统的工作效率和保障水平。

一、后勤改革

1985年,后勤改革初期,总务处广泛组织后勤职工进行深化改革的学习讨论,并参加上海市卫生局后勤管理协会有关医院后勤改革的研讨,制订《后勤改革的实施方案》,同年9月,提交医院五届三次职代会审议通过,逐步使后勤服务走向社会化。

同年,总务处组织了后勤改革的调查研究和课题的准备,开展定员定编测定工作,先后拟订《劳动合同制》《上岗合同实施办法》,进一步加快后勤改革步伐。同时,组织制定汽车间、洗衣房、缝纫组、食堂等部门下一轮新的承包方案,以及其他8个班组《经济责任制实施办法》,推动后勤全员承包。1997年,总务处先后发表管理论文11篇,其中在《中华医院管理杂志》发表论文5篇、上海市卫生局后勤工作交流会交流管理论文2篇。

1994年,总务处根据医院统一部署,着手对干部和职工进行分流管理,以合同聘约的形式试行对干部实行聘任制,工人签订岗位合同,逐步完善用工制度。

1998年,总务部门创办联营企业的经验和做法得到全国医院管理学术研讨会、京、津、沪、渝医院后勤工作交流会与会专家的肯定。

1999年,医院召开"大后勤"工作会议,提出后勤服务社会化改革,减员增效,实行一人多岗。

2000年4月,医院召开九届二次职代会,审议通过《后勤服务社会化改革的实施意见》,实行后勤体制转变,成立"后勤服务中心"及下属综合服务、工程管理、卫勤服务、餐饮服务、物业服务、待岗指导等7个分中心。转制后,总务处仍保留,代表医院对"服务中心"行使管理职能,并坚持成熟一个,分离一个,逐步将后勤从医院行政管理体系中分离,成为后勤服务实体。实行后勤机制的转变,改革用人机制,"中心"实行全员合同制,在政策允许情况下试行内部轮岗、待岗待遇。改革分配机制,"中心"实行以不增加医院支出为原则,实行总量控制,总额承包,并试行个人或集体承包形式,实行独立核算,自主分配,结余分成等方法。医院加强对后勤改革工作的领导和政策扶植。同年7月,医院召开九届七次职代会,审议通过《工人编制职工院内提前退岗休养实施办法》,进一步改革用人制度,转换后勤服务社会化体制,后勤职工实行聘任上岗。医院成立举行后勤实业发展中心,石岚任中心主任,许雅芳、张安民任中心副主任,陈章达任中心理事长,后勤实业发展中心下辖综合服务、工程管理、卫勤服务、餐饮服务、物业服务、待岗指导等6个分中心。

2001年12月,医院召开定员定编动员会,改革进入实质性启动阶段。

2002年7月,医院召开九届八次职代会,审议通过《工人编制职工院内提前退岗休养实施办法》,规定固定编制人员中的工人编制职工,符合女职工年满45周岁,男职工年满50周岁,由人事部门统一办理提前退岗休养。男职工累计工龄满30年,女职工年满40周岁,工龄满25年,符合身体健康原因的条件,于当年8月15日前办妥待退休手续,享受阳光政策。同年12月31日,医院九届八次职代会审议通过了《关于工人编制职工实行委托管理的意见》《工人编制职工院内提前退岗休养实施办法的补充意见》,开始对院内工人编制职工实行了委托管理及提前退岗休养政策。部分服务外包给社会上的专业公司进行管理,进一步推进后勤社会化进程。

与此同时,医院在机制体制上进行一系列配套改革。

【用人机制】

医院原用人机制是计划经济时代产物,医院用人分为固定工、临时工,由单位录用或聘用。1988年,医院开始实行人事聘任制、聘用制、离岗原地待配制,并成立劳动争议仲裁委员会。

1992年7月,医院被上海市卫生局批准为劳动人事试点单位。同年9月,医院召开五届三次职代会,审议通过《后勤改革实施方案》,采用干部聘任制、工人聘用制,并分别签订《劳动合同》。2000年6月,医院举行后勤实业发展中心揭牌仪式,成立7个分中心,中心人员的人事、职级、医疗、福利、社保、退休待遇等实行老人老办法、新人新办法。

2002年7月,医院召开九届七次职代会,审议通过了《工人编制职工院内提前退岗休养实施办法》。同年12月,医院召开九届八次职代会,审议通过了《关于工人编制职工实施委托管理的意见》。医院采用新的用工制度后,单位、职工都有了用人权和选择权,进一步搞活用工制度。

【分配机制】

改革前,医院原分配机制是沿袭平均主义大锅饭,干好干坏一个样。改革后,医院打破大锅饭,进一步调动员工工作积极性。1985年,全院实行《浮动岗位津贴考核办法和实施细则》。1992年9月,医院召开五届三次职代会,审议通过了《超劳务提奖扣发细则》《分配制度改革试行办法》。2001年8月,医院召开九届七次职代会审议通过了《科室经济分配方案(草案)》。在总务处统一协调下,后勤各科室每月对员工进行岗位考核,核发奖金,做到奖优罚劣。

【运行机制】

改革前,医院实行原有领导体制,按计划运行。改革后,总务处根据院部对后勤工作的整体要求,每月召开工作计划和总结会,协调各科工作,按照工作职责范围加以实施。除了行政条线,外包公司、三产等则按合同进行管理。

【教育机制】

改革前,教育机制沿袭传统教育机制,循序渐进。改革后,医院加大人才开发力度。总务处以卫生系统技术工人考核标准、培训计划、培训大纲为基本内容,分别对职工实施技术业务教育,在不影响工作的前提下,采取在职学习、以老带新、外出培训、举办业余学习班等方法进行培训教育。经过努力,技术等级工比改革前增加30%,70%后勤管理干部参加文化、专业技术学习。为提高后勤服务质量,总务处加强职业道德建设,在后勤职工中开展后勤改革大讨论,话务台满意度由60%提高到90%左右,电梯间等班组满意度也有不同程度提高。

二、服务社会化

1985年3月,总务处开始尝试后勤服务社会化,开始仅局限于洗衣房、缝纫组、食堂、汽车队内部承包,进行半企业化改革。1994年,总务处开展九医贸易商行的筹办及开办工作,并进行工商注册。同年12月18日,九医贸易商行选址原污水处理站靠制造局路一侧建房,并正式对外营业。商行总经理由倪亚洲兼任,法定代表朱也森,后改为倪亚洲。

1996年11月,总务处与邻近达新染织总厂以联营形式创办联营企业洗涤服务部,归属商行共同管理。后因环保要求终止合同。

1998年5月,职工食堂小餐厅以招聘形式,开始实行职工内部承包,餐饮卫生、安全生产等接受医院监督管理。是年,商行正式与总务处脱钩,实行经济独立核算,自负盈亏。总务部门创办联营企业的经验和做法得到全国医院管理学术研讨会、京、津、沪、渝医院后勤工作交流会与会专家的肯定。

2000年10月,职工食堂正式加盟高校新世纪快餐连锁店。同年,后勤部门组建企业保洁服务实体。2002年,医院首次召开东海公益服务社与吉晨物业管理服务公司参加的门急诊保洁竞标会议,引入竞争机制,逐步实行保洁服务外包。

第二章　基本建设

第一节　机构沿革

1949年10月,上海私立伯特利医院设总务部负责医院总务、修建等工作。1951年8月,上海市军事管制委员会接办医院,医院设立总务科,负责总务与基建等工作。1952年,改设总务室。1960年,医院重新设立总务科。1964年设立基建办公室。1966年5月,"文化大革命"开始,医院各项制度被打乱,基建管理工作陷于混乱。1968年,成立上海第二医学院附属九院"革命委员会",下设后勤组,负责总务、基建等工作。1978年10月,医院恢复总务科,基建工作归属总务科领导。1980年,医院设立修建办公室、基建办公室,归属总务科领导,大小修理由修建办公室管理,基建项目由基建办公室负责。1987年10月,医院设立基建科,归属总务处领导,负责医院日常基建管理工作。1988年3月,医院将修建办公室与基建办公室合并,成立基建科,隶属总务处领导,负责全院日常维修、大修、基建等工作,基建科时有各类管理人员7人。1992年,基建科下辖配电间、水电维修组、综合维修组,具体负责基建管理及日常维修工作。1993年9月,基建科直属医院领导,配电间、水电维修组、综合维修组划归总务科领导。同年,基建科直属院长领导。1995年7月,基建科重新划归总务处领导。基建科负责土建工程项目规划、申报与建设,工程项目合同审核,报请上级领导批准,督促施工队落实安全措施,按施工进度、质量要求施工,交付质检验收,做好基建档案收集、整理及归档等事项。

表8-2-1　1988—2010年历任基建科正、副科长情况表

任职时间	科　长	任职时间	副科长
1988—1990	唐远明	1988—1990	方荣毅
1992—1995	方荣毅		
1995—2010	张安民		

第二节　基建工作

一、建院初至1978年的基建工作

1920年9月,石美玉医师在阿森纳路(现制造局路)565号设立上海私立伯特利医院,并在八仙桥敏体尼荫路169号(今西藏南路)开设诊所。

1922年,伯特利医院购置阿森纳路(现制造局路)639号几间民房及周围39亩空地,建起围墙。先将1栋古式房屋改建为诊所,后在荒地上扩建医院,先后建伯特利教会礼拜堂、妇孺医院和员工宿舍等建筑10余幢,均为1~2层的砖木结构建筑。

1924年,医院新舍建成,医疗楼为一栋西式假3层砖木结构楼房(旧1号楼,2006年拆除),旧

舍归伯特利护士产校所用。医院内设妇产科及婴儿病房,附设护士和助产士学校。医院内有一条经修缮的"L"型泥质主干道,直通伯特利教会礼拜堂,道路两侧辟为草坪,种植各种树木和花卉。员工宿舍楼一侧建一池塘,池塘内种植荷花。

1937年,"八·一三"淞沪抗战爆发,医院被日本侵略军侵占,房屋皆成空壳,家具器械被洗劫一空,孤儿院付之一炬,医院遭受严重破坏。

1938年5月,伯特利医院在法租界伯赛仲路(今复兴西路)21号租用房屋,经修缮后,设立伯特利医院分院,由代院长石成志主持业务。1940年,太平洋战争爆发,上海法租界沦陷,位于上海法租界的分院和分诊陷于困境。

1945年,抗战胜利后,石美玉与胡遵理于1946年回沪视察院舍被破坏情况,决定回美国募集资金复建医院,并将正在美国进修的梅国桢召回,任伯特利医院医务主任。在代院长石成志指导下,由梅国桢医师负责医院复兴工作,拟定复兴计划:修复遭破坏的房屋,医院建筑改造成新式病院;护士学校进行翻造;建造新式外科病房(美玉外科院),由兴业建筑师徐敬直(医院董事)义务设计。整个复兴计划有46项,其中包括原有医院、护士学校、医师宿舍、护士宿舍、职员宿舍、围墙等,新建及翻造沐浴室、厕所、汽车间、太平间、垃圾焚化炉等。

伯赛仲路(今复兴西路)21号的伯特利医院分院及八仙桥分诊所相继恢复门诊。1948年1月,伯特利总院恢复门诊。同年,在联合国善后救济总署、中国国际救济委员会、上海市善后救济卫生器材委员会等机构扶持下,伯特利总院增添工组人员,修缮房屋,恢复住院部、护士学校等。同年3月,伯特利医院护校复校招生,占地4.5亩,面积为1593平方米。1949年,开始建造新病房楼。

至1950年,医院依靠捐款先后修复医师宿舍、护士宿舍、老护士学校、职员宿舍、大厨房、洗衣房、围墙等,新建沐浴室、厕所、汽车间楼、太平间、焚化炉等。同年5月1日,钢骨水泥结构2层病房楼建成启用,为纪念创办人石美玉,命名为"美玉外科院"(旧2号楼)。同年,伯特利医院对放射科进行修缮。

1951年2月,上海私立伯特利医院登记占地面积为39.76亩土地,约26506平方米,因政府对医院和教会有不同政策,需要区分教会和医院资产。伯特利教会1951年登记时,将当时在制造局路639号内的地产,约一半归医院护校,一半为伯特利教会所用。医院所用建筑有8幢,其中除2层外科楼和汽车库为抗战后建,其余均为1922—1927年之间所建1~2层砖木结构房子。护校使用建筑有5幢,除浴室、厕所是抗战后所建,其余均为建于1921—1926年的1~2层砖木结构房子。主要建筑有:伯特利医院楼,为一假3层砖木结构建筑(旧1号楼),有病房及诊疗室20余间,楼内设取暖炉;伯特利教会礼拜堂为1层楼砖木结构建筑;员工宿舍楼两幢,有员工宿舍20余间;小学校为2层楼砖木结构建筑,有教室及教职员工用房多间。

1951年8月1日,上海市军事管制委员会接办医院。同年10月,在军代表领导下,医院进行整顿和发展。

1952年7月,上海市政府将上海市卫生人员训练所位于制造局路565号地产划拨给医院,医院则将院内的制造局路小学(由伯特利小学改名而来)迁去该处。伯特利教会与伯特利医院订立租赁契约,教会将639号内教会房产礼拜堂1座、宿舍房屋3座永久租与医院使用,并允许拆除或翻建,由医院支付租金。教会则迁去八仙桥诊所。自此,制造局路639号内地产和房产全部由医院使用。

同年,医院新建肺科等门诊10间。同年8月,复兴西路分院划归上海市卫生局,改为上海市立妇婴保健院分院。同年12月,伯特利医院更名为上海市立第九人民医院,分诊所停办。同年,医建砖木结构建筑药库,并对药房、内科病房等进行修缮,在旧1号、2号楼之间加建天桥。院内时有行政人员宿舍及医护、工友宿舍大小房间66间,分为1~6宿舍区,共有面积1 486余平方米,医院对医生宿舍进行修缮。

1953—1956年,为医院3年整顿期,医院加快基本建设,扩充了26间门诊房间。在"美玉外科楼"上加建1层,并在旧1号楼的南面新建了2层病房楼(旧3号楼)。扩充内科、外科、儿科病房,增加房屋面积5 513平方米,并对胸外科进行修缮。1953年底,新建可容纳600人的大礼堂和可容纳240人的护校教室建成(6号楼)。将原门诊部小儿科、妇产科迁出,将平房中俱乐部、入院部、病史统计室改修为儿科、妇产科门诊室,小儿科病房迁入新加建的3楼;从原门诊部迁出急诊室,将原来患者厨房营养室改修为急诊室(3间)及入院部(2间)。1954年10月,对妇产科病房进行修理。1956年,医院对门诊药房、药库、制剂室进行修缮。

1957年1月12日,医院划归上海第二医学院,作为儿科系教学基地。同年,医院新建前、后门诊楼,改建图书馆,新建平房办公室3间、新门诊25间。1958年10月,医院重新划归上海市卫生局,属蓬莱区领导,为区中心医院。1960年,医院扩建太平间。1962年,医院扩建急诊观察室。

1963年,医院有房屋27幢,建筑面积13 057平方米。其中门诊面积1 107平方米、病房面积2 794平方米、教学用房面积548平方米、礼堂面积388平方米、职工食堂面积331平方米、行政办公室面积331平方米、职工宿舍用房面积2 476平方米。医院有床位392张,日平均门诊1 650人次,员工440余人。医院卫校有学生300余人。

1963年8月,医院重新划归上海第二医学院作为口腔系教学基地。为改善医教研工作条件,1965年6月,经上海市卫生局同意,医院口腔门诊大楼立项,楼高五层,建筑面积4 645平方米。由上海市第三建筑工程公司及306大队承建。同年12月,口腔门诊大楼竣工。

1966年,医院扩大急诊观察室用房。同年5月,经上海市卫生局同意口腔病房大楼立项,由上海市第三建筑工程公司承建。1967年7月,口腔病房大楼竣工,并投入使用。口腔病房大楼楼高5层,建筑面积3 500平方米。是年,医院对儿科病房等进行修缮。

1969年,医院对门诊药房进行修缮。1970年,医院建急诊抢救室。1973年,为迎接三年制口腔系学生,6号楼大礼堂加层做学生宿舍。1974年,医院对药库进行改造。1975年5月,医院对药库楼进行加层,楼高3层。1976年,医院对新建内分泌实验室进行修缮。1978年,医院建灭菌制剂室。

二、1979年至2010年的基建工作

【整复外科病房大楼建设】

1979年6月,经上海市卫生局、上海市计委同意,整复外科病房大楼立项,由上海市第三建筑工程公司承建,同时拆除了原址上的西班牙式伯特利职员宿舍楼。1982年3月,整复外科病房大楼竣工(2号楼)。同年4月,整复外科病房大楼正式投入使用。整复外科病房大楼为地下1层,地上7层,建筑面积为5 662平方米。

1997年,医院扩建整复外科病房楼,加建1层作为组织工程中心实验室,整复外科病房大楼建筑面积调整为6 470平方米。

【病房修缮】

1980年起,医院对泌尿外科、内科病房等进行修缮。1981年,医院对新建口腔肿瘤实验室进行

修缮。1982年,医院对口腔病房、内科中心实验室进行修缮。同年,医院对视觉电生理研究室进行修缮。1984年,医院对内科病房监护室进行修缮。同年7月,医院与卢湾区五里桥地段医院合作建骨科康复病房。

1983年,医院对旧1号楼加建1层,外一病区迁入加建的第3层。1985年,医院更名为上海第二医科大学附属第九人民医院。医院在旧3号楼上加建1层作为小儿科病房。同年,对神经内科病房等进行修缮。1986年,医院对口腔病房监护室进行修缮。同年4月1日,医院与三好医卫职校联合开办牙科预防保健门诊部,经修缮后正式对外开放。同年8月,医院先后与半淞园、蓬莱地段医院、电业职工医院、周浦部队医院挂钩,开设联合病房。

1988年1月,上海流行甲肝疾病,经政府协调,医院对南市区国货路小学做必要修缮后设立肝炎隔离病房,以缓解病房紧缺。是年8月,医院建中药房,面积65平方米。同年,医院对口腔颌面部畸形整复研究室、内科心血管疾病研究室等进行修缮。钴-60楼及行政楼建成,并投入使用,同时拆除原址上的病房化验室。1989年,医院建放射治疗室。

1993年,经多方筹措1 000多万资金,医院整修全院病房楼,建筑面积达15 000平方米。从1994年起,医院对骨科、神经内科、外宾病房等老病区进行修缮,使病房条件明显改善。同年,医院建液氧槽,结合病区改造,医院实现中心供氧、中心呼叫和中心吸引。1995年6月,医院对口腔门诊大楼进行修缮。同年12月,口腔门诊大楼重新开放。

2003年9月,口外等手术科室迁入7号楼后,医院对原口腔病房大楼(5号楼)进行装修,后改为医技楼与病房楼。1、2楼为检验科,3楼为耳鼻喉科,4楼为胸外和日间手术病房,5楼是神经内科,6楼血透室。2007年,整复外科病房迁出2号楼后,大楼开始装修改为内科病房大楼。底楼为导管室和震波室、烘疗室,2楼到8楼(不设4楼)为内科各科,9楼为组织工程实验室。2008年,医院对1965年建造的原口腔门诊大楼(8号楼)进行大修,改为行政办公楼。

【门急诊大楼建设】

1987年6月,经上海市卫生局同意,医院门急诊大楼立项,1989年12月,由浙江机施公司、市建四公司第一工程处、机电设备安装处承建的医院门急诊大楼破土动工建设,同时,拆除了原址上的老门诊楼、急诊室、儿科门诊楼、急诊放射科等一批老建筑。1991年9月,医院门急诊大楼竣工,门急诊大楼楼高8层,建筑面积为11 918平方米。1992年10月22日,医院门急诊大楼通过验收。1993年5月,门急诊大楼全面投入使用。自此8号楼全部改为口腔门诊,10号楼为内、外、妇、儿、整外、急诊等科室门诊,患者就诊条件得到显著改善。

至1989年底,医院建筑面积达31 888平方米,是1951年接管时的5倍。至1992年,医院占地面积达26 000平方米,建筑面积45 463平方米。

1996年4月20日,医院和半淞园街道联手在医院北面围墙处建造"西凌拨点1♯2♯房",由上海奉贤建筑工程总公司承建。是年7月20日,"西凌拨点1♯2♯房"竣工,楼高2层,底楼作为肠道门诊,2层为街道所有。2000年,半淞园街道把第2层楼转让给医院,此楼(11号楼)总面积497.4平方米。

从1998年起,医院对急诊1至3楼进行改扩建,扩大急诊用房。并对门诊、病房就医环境进行改造。同年底,医院对门急诊挂号大厅进行改造和装修,拆除门前喷水池,挂号大厅由2楼改为底楼,2楼改为日间病房(后改为门急诊补液室)。

2007年,口腔整复大楼启用后,口腔和整复各科的门诊、病房以及干部病房、口腔第一门诊一并迁入,使医院就诊和住院环境又有显著改善。

【制剂大楼建设】

1991年,医院为扩建制剂楼,拆除医院内最北面的锅炉房,建制剂楼,后因楼高限制,改为CT室。由广东省建筑工程机械施工公司上海分公司承建,同年3月开工,7月CT楼竣工启用。CT楼为1层平房,面积260平方米。

1992年,医院对口腔病房楼(5号楼)进行修缮和改造,加建1层作为手术室。同年3月,经市卫生局批准制剂大楼立项。1993年5月,由广东省建筑工程机械施工公司上海分公司承建医院制剂大楼(9号楼)。同年11月11日,制剂大楼竣工验收,并交付使用。制剂大楼建筑面积1 683平方米,楼高4层。

【医院内部改造】

1992年4月,医院为迎接三级甲等医院评审,对全院水、电、下水管道、道路进行平整改造,对整复外科大楼进行修缮,对放射科、神经内科等八大病区沐浴设施以及供氧和吸引管道等进行改造,新建肠道门诊等。同年7月,随着门诊大楼投入使用,用电量增加,医院决定对变电房扩容,由上海复兴建筑装饰工程公司承建,设备由奉贤县通用电器厂提供。同年12月,医院新变电房竣工,并投入使用,新变电房楼高2层。1993年3月,医院变电房经扩容增加800 kVA设备两套。1996年,医院投资545万元,对变电房进行扩容,由最初750 kVA扩至2 500 kVA。1997年,医院扩建变电房,加层为3层,建筑面积300平方米。1998年5月,医院在变电房安装了补偿装置。

2009年,为改善医院环境,医院拆除伯特利时期建造的被白蚁严重侵蚀的小红楼(宿舍、电话总机楼),改建成绿地。

2010年,医院在征求全院职工意见的基础上,对全院建筑统一编号,并进行标识。以西南角的口腔整复大楼为1号楼,逆钟向顺序递增,至门急诊大楼为10号楼,北大门北侧的2层楼为11号楼。医院3处大门均开向制造局路,从南向北分别为1、2、3号门。

【生活综合大楼建设】

1994年7月,经市卫生局批准生活综合大楼立项,医院投资562万元,建生活综合大楼。同年10月,医院与基督教会协商后,同意将医院南面靠围墙的原动物房、院中央的小红楼、原同位素楼3栋总面积1 485平方米房产与基督教会原伯特利教会礼拜堂(医院食堂)、原卫校四合院2栋总面积1 438平方米的房产进行对换。医院每月向基督教会缴付租赁费,由上海淞园物业管理有限公司代收。为建生活综合楼,医院先后拆除卫校四合院(伯特利小学旧址)、洗衣房、学生宿舍楼、中心供应室等旧建筑。1996年9月,生活综合大楼竣工,大楼高7层,占地面积789平方米,建筑面积5 699平方米。该建设项目获1996年"南浦杯"优质工程奖。1997年5月,生活综合大楼(3号楼)正式启用,极大改善了营养科、职工食堂、宿舍及卫校的工作和生活条件。

【外科综合大楼建设】

1999年和2000年,为配合建造外科综合大楼和医院南面围墙整治工程,医院拆除动物房和同位素房等旧建筑面积达2 542平方米,新建动迁活动房1 336平方米。

2000年,医院先后对激光中心、口腔干保门诊、组织工程实验室、医院内部宿舍等及太平间进行改造,太平间容量增加1倍。同年9月,医院投资1160万元购置的上海机床工具(集团)有限公司位于制造局路833弄8号的6层楼房,由上海通宇建筑安装工程公司承担装修完毕,改为教学用房和学生公寓。建筑面积4682平方米,楼高6层。口腔、九院临床医学院整体搬迁后,改善了教学和学生住宿条件。

2001年10月15日,经上海市计划委员会、上海市建设委员会同意九院外科综合大楼立项,由上海住总(集团)总公司承建。2003年8月,外科综合大楼建成启用(7号楼)。大楼占地面积2558.1平方米,建筑面积18335平方米,楼高54米,建此楼时医院增购了医院东北角居民区2亩地。大楼启用后,改善了外科病房用房紧张状态。医院实际开放床位由787张增至840张。

【口腔整复大楼建设】

2003年12月28日,经上海申康投资有限公司同意"口腔、整复、组织工程综合大楼"(后改为口腔整复大楼,1号楼)立项,由浙江中天建设集团第三建设公司承建,杨晓渡副市长等出席开工典礼。大楼总投资21048.11万元。2006年11月大楼竣工验收。同年11月28日正式投入使用。大楼占地面积2530平方米,地下为1层,地上为21层,楼高84.211米。建筑面积39870平方米。

至2005年,医院占地面积29424平方米,总建筑面积66709平方米。

2007年12月4日,口腔整复大楼工程建设项目获国家工程建设质量奖审定委员会颁发的2007年度国家优质工程银质奖。

至2010年底,医院占地面积29424平方米,总建筑面积103445平方米。

第三节 医院建筑分布及演变

一、主要历史建筑

1922年,上海伯特利教会购置阿森纳路(现制造局路)639号地块和房子以后,主要房屋都是在20世纪20年代建造。这些房屋原本就是砖木结构的1~2层的砖木结构,在抗战中被破坏严重,战后经过修复,一直是医院的主要业务用房。因不能适应医院发展的需要,20世纪80年代后,在医院发展中被陆续拆除。至2010年,医院已经没有1949年前造的房子。目前所能见到的最早的建筑分布图是1948年复建时申请开业的医院平面图、上海市军事管制委员会接办时的1951年登记表、口腔系迁来前夕1963年基建规划平面图以及2010年这四个主要历史节点,当时的院内建筑情况分别如下:

【1948年申请复业】

1948年,上海私立伯特利医院内共有各不相连建筑19栋,其中有标记的有12栋:伯特利医疗楼(旧1号楼)、护士学校、礼拜堂、中学校、厨房与门房、膳堂各一,住宅4栋,宿舍1栋,另有大小不等未标记功能的建筑共8栋。

当时的护士学校在医院的北侧,右下角东南方的"中学校"后改为护士学校。护士学校原址则建成门诊楼。当时医院只有面对瞿溪路的一处大门,后称南大门,2007年后编为1号门。

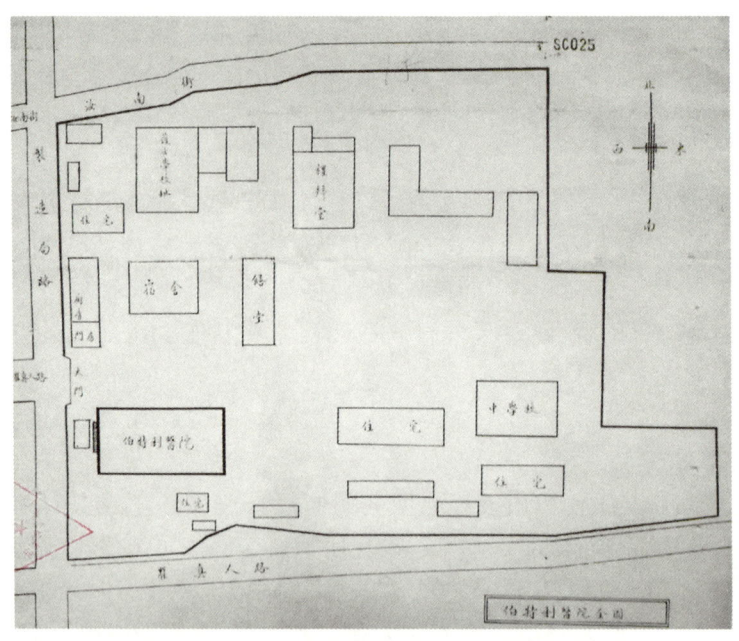

图 8-2-1　1948 年复建时申请开业的医院平面图

【1951 年资产登记】

上海私立伯特利医院和学校原本都是伯特利教会的事工，产业均为教会所置。中华人民共和国成立后政府对教会和教会所办医院有不同政策，与之相应，1951 年 2 月，上海私立伯特利总院登记表上将地产和房产分为医院（含护校）和教会两部分，约各占一半。医院建筑登记有 8 栋，护校建筑 5 栋。除外科楼为 1950 年新建外，其余均为修复的老建筑。

表 8-2-2　1951 年医院建筑情况表（不含教会建筑）

序号	房 屋 名 称	建筑、占地面积及楼层	拆 除 时 间
1	旧西式医院	1922 年由美国人海先生及刘鸿生夫人捐建，65 英方，假 3 层	2003 年建造口腔整复大楼时拆除
2	"新"医院	1949 年由美国援救济款及中外人士捐建，60 英方，2 层钢筋水泥楼房	2003 年建造口腔整复大楼时拆除
3	旧西式医师住宅楼	1926 年由美国人南先生捐建，59 英方，2 层楼房	1979 年建整复大楼时拆除
4	旧中式职工宿舍楼	1922 年由中外人士捐建，25 英方，2 层楼房	2009 年为改善医院环境拆除
5	旧半西式职员住宅楼	1927 年由石菲比及郝女士共捐建，9 英方，2 层楼房	2003 年建造口腔整复大楼时拆除
6	旧中式汽车楼	1948 年由美国援救济款捐建，16 英方，2 层楼房	1995 年建生活综合楼时拆除
7	旧中式门诊部	1922 年由中外人士捐建，37 英方，1 层楼房	2003 年建造口腔整复大楼时拆除
8	旧中式厨房	1949 年重建，14 英方，1 层楼房	2000 年建外科综合楼时拆除

表 8-2-3　1951年护士学校建筑情况表

序号	房屋名称	建筑历史、占地面积、楼层	拆除时间
1	中式楼房（教室、办公室、学生宿舍）	1921年由美国人南先生捐建，72英方*，2层楼房	1995年建生活综合楼时拆除
2	西式楼房（护生教室及护士宿舍）	1926年由中外人士捐建，18英方，2层楼房	1989年建门急诊大楼时拆除
3	职工宿舍楼	1926年由中外人士捐建，10英方，2层楼房	1989年建门急诊大楼时拆除
4	中式厨房	1926年由中外人士捐建，15英方，1层楼房	1989年建门急诊大楼时拆除
5	半西式浴室厕所	1949年建造，12英方，1层楼房	1989年建门急诊大楼时拆除

说明：* 英方为旧时记载单位。

1952年8月，伯特利医院所属复兴西路分院被划为上海市立第一妇婴保健院分院。为了迁出总院内教会和伯特利小学，医院向政府申请将制造局路565号原东南医学院旧址划归医院，医院将院内的原伯特利小学迁往565号（后改为制造局路第二小学）。同年8月，石成志代表教会，李琨代表医院，商定并签约：伯特利院内教堂1座，宿舍3座为教会房产，与八仙桥诊所两栋2楼房屋对换，伯特利教会迁出医院。原诊所租金此后由医院支付。

1952年10月，经协商，置换方式做了改变。伯特利教会与医院签约，教会将院内2亩教会用地（约1 333平方米）及上述教会房产永久租赁给医院，并允许医院根据需要翻修或拆除，每月收取租金240个折实单位，永久不变。医院则将西藏南路169—175号4个门面的2层街面房转租给教会，教会从院内迁出。教会负责人郭耀西、王应生、侯仁芳，医院李琨、蒋国芳分别代表教会和院方签约。

【1963年建筑分布】

1963年，医院在制订基建规划时，对当时院内建筑绘制草图。当时共有新老建筑26幢，除1950年建成、1952年加层的外科楼（旧2号楼），以及1952年建造的病房大楼（旧3号楼）、护校教室（旧20号楼）、和大礼堂（旧21号楼）为钢筋水泥结构，其余均为20世纪20—30年代建造的1～2层的砖木结构房屋（使用情况表中标为古老房屋）。草图中斜线部分为当时拟规划建造的房屋位置，后未能实施，其原址是标记为7号的儿科门诊和检验科。

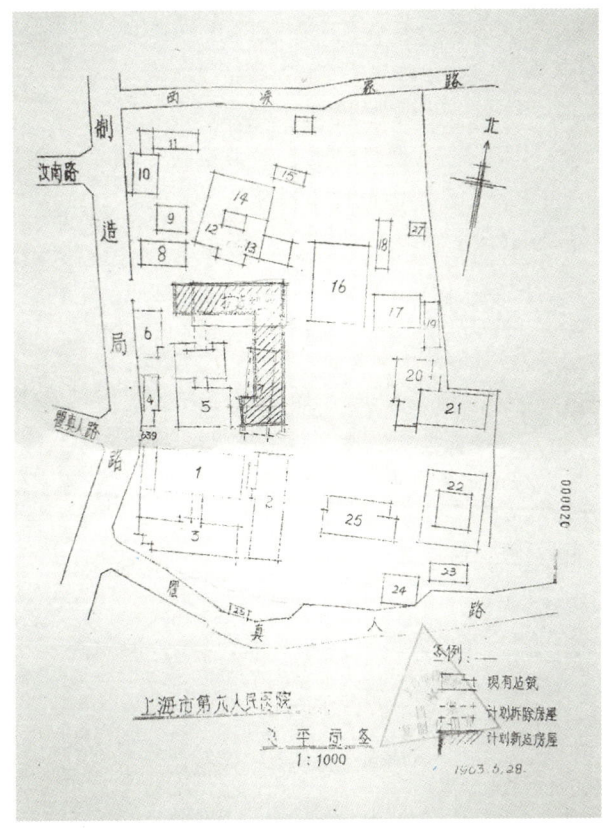

图 8-2-2　1963年医院基建规划平面图

表 8-2-4　1963 年院内各建筑使用情况及以后的变化情况表

楼号	名称	结构	层数	建筑面积(m²)	建造历史	1963 年使用情况	功能与去向
旧1	伯特利医院主楼	西式砖木	假三层	1 540	1922 年美国人海先生及刘鸿生夫人捐建	底层肠道门诊,18 床位,X 光室,2 层妇产科 43 床,3 层阁女宿舍 21 人	接管后底层曾经做急诊室,20 世纪 70 年代后底层做肺科门诊和放射;1967 年 2 楼妇产科迁出改肺科病房,1983 年肺科撤销,2 楼做骨科病房;1985 年加层做外一病区含血管外科;1989 年西侧加建外科监护病房;2003 年原址建一号楼时拆除
旧2	病房楼(美玉外科院)	钢砼	3	1 645	1949 年由美援救济款、中外人士捐建 2 层,1953 年加建第 3 层	底层内科 39 床、中心供应室,2 层手术室 4 间、外科 41 床,3 层儿科 40 床、五官科 24 床(床位共计 144 床)	接管后底层为病房+门诊,后门诊撤出改内科病房;2 楼外科病房与手术室;3 楼为儿科、眼科五官科病房;1967 年儿科迁去旧 3 号楼,1984 年 2 楼的外科迁出,底层的内科病房迁入,底层改为妇科病房,后妇科与产科合为一区,此处曾为口腔三病区,2003 年拆除
旧3	病房楼	混	2	975	1953 年建造,1985 年加建第 3 层	底层内科 44 床,2 层外科 50 床(共 94 床)	建成后底层为新内科,2 楼为新外科。底层先启用作消化、血液、肝炎和神内病房。1967 年 2 楼外科迁出,儿科迁入,20 世纪 80 年代儿科迁出作为心内科病房,1985 年加层作为儿科病房,此后儿科迁出 3 楼作为神外病房
旧4	急诊室	砖木	1	157	古老房屋	急诊	20 世纪 50 年代急诊从旧 1 号楼迁入此处,60 年代急诊迁去北门,此处改为出入院结账,财务科
旧5	门诊楼	砖木	3	706	古老房屋,质量差	底层药房内科门诊,2 层化验病理,3 层男医生宿舍(24 人)	此楼 20 世纪 50 年代曾作行政办公室,70 年代底层作总务仓库、药库。2 楼为宿舍、电话总机、托儿所
旧5	后门诊楼	木竹	1	483	1957 年建,临时房屋	各科门诊	
旧5	前门诊楼	木竹	1	349	1957 年建,临时房屋	各科门诊	
旧6	挂号、制剂	砖木	1	204	古老房屋	挂号、制剂	曾作为病史室
旧7	化验室	砖木	1	360	危险房屋	小儿科门诊、化验室	后在建造钴-60 放疗科时拆除,建 3 层楼。底层放疗,2 楼各科研究室,3 楼总务科
旧8	院办	砖木	2	352	古老房屋	院部办公室	后底楼改为儿科门诊,2 楼为超声室。1989 年建造 10 号楼时拆除
旧9	浴室	砖木	1	150	古老房屋	浴室	后改为门急诊放射机房。1989 年建造 10 号楼时拆除

（续表）

楼号	名称	结构	层数	建筑面积(m²)	建造历史	1963年使用情况	功能与去向
旧10	肺科门诊	砖木	1	198	古老房屋	肺科门诊	1965年肺科迁出后改为急诊诊疗区域和急诊值班室、注射室，1989年建造10号楼时拆除
旧11	肺科门诊	砖木	2	219	古老房屋	肺科门诊	
旧12、13	行政办公室	砖木	1	347	古老房屋	行政办公、保健理疗	曾用作挂号厅，收费，整外门诊，心电图。1989年建造10号楼时拆除
旧14	肺科病房	砖木	2	670	古老房屋、质量很差	肺科病房63床	后改为底层西药房、检验科、中药房，2楼保健科、门办、中医科。1989年建10号楼时拆除
旧15	护校厨房	砖木	1	62	古老房屋	护校厨房	1965年建造口腔门诊楼时拆除
旧16	厨房与饭厅	砖木	1	631	1930年建	职工、病员厨房、职工护校饭厅、药库、锅炉	建成时是礼拜堂，后作食堂。2000年建7号楼时拆除
旧17	被服库	砖木	2	400	古老房屋	底层被服库，2楼实习医生宿舍（80人，双层铺）	后底层曾作设备科，2楼改被服室。建7号楼时拆除
旧18	洗衣房	砖木	1	97	古老房屋	洗衣房	此处曾加建洗衣楼及同位素楼，1982年洗衣楼2楼及屋顶搭建临时房作住院医师宿舍，1995年后做学生宿舍
旧19	缝纫室	砖木	2	163	古老房屋	缝纫室、女工宿舍（14人）	2楼曾作托儿所，职工宿舍
旧20	护校教室	混合	2	548	1952年建	底楼办公室2间，大教室1间，2楼教室3间，办公室1间	20世纪70年代加建3楼为口腔系办公室和教室
旧21	大礼堂	混合	1	388	1952年建	大礼堂	20世纪70年代加层作学生宿舍，宿舍迁出后改为总务基建等办公室，90年代礼堂改为药库
旧22	护校宿舍	砖木	2	1 126	1921年中外人士捐建	学生宿舍、双层铺可容260人	建成后先后作为孤儿院、伯特利小学和护校，底层为教室，2楼学生宿舍。1995年建造3号楼时拆除
旧23	护校教师宿舍	砖木	2	163	古老房屋	底层浴室，楼上宿舍	建造3号楼时拆除
旧24	技工间	砖木	2	280	古老房屋	底层技工室，楼上男工务员宿舍（28人）	建造3号楼时拆除
旧25	骨科病房	砖木别墅式	假2层	802	1926年美国人南先生捐建	底层骨科30床，托儿所，2楼护士宿舍20人	曾是梅国桢等医院管理人员住宅，1956年迁出先后作骨科病房，托儿所、宿舍。1979年建造2号楼时拆除
旧26	太平间	砖木	1	42	古老房屋		
共计				13 057			

二、接办后重大基建项目

【修缮和扩建】

1951年,上海市军事管制委员会接办医院后,为适应医院发展的需要,陆续对医院的建筑进行修缮和扩建、增建,由于财政条件所限,只能以加层或搭建简易平房的形式。1951—1953年,是第一个迅速发展阶段,医院建筑面积增加5 500余平方米,内外科各有2个病区,增设独立的肺科、儿科病区,眼、耳鼻喉也有了病房,建造了护校新教室和大礼堂。此后直至1964年,多以搭建简易平房勉强适应医疗工作的发展。1964年,医院划归上海第二医学院后迎来第二个迅速发展阶段,先后建造了5 000平方米的口腔门诊教学楼(8号楼)和3 500平方米的外科楼(5号楼)。改革开放后,1979年,获准建造整复外科楼(2号楼),1989年,获准建造门急诊大楼(10号楼),医院基建进入新的发展阶段。

表8-2-5 1951—2006年医院重要基建项目情况表

建设时间	建筑编号	建筑名称	建筑面积(平方米)
1951—1953		老外科病房加层(2号楼,已拆除);新建2层病房楼(旧3号楼,已拆除),护校教室,大礼堂等。	5 513
1965.12	8号楼	5层口腔门诊教学楼	4 645
1967.7	5号楼	5层口腔病房楼	3 500
1982.4		7层整复外科大楼	5 662
1983		旧1号楼加层(已拆除)	
1985		旧3号楼加层(已拆除)	
1988		2层钴-60楼及五层行政楼(已拆除)	
1988.8		2层中药房	130
1991.7		CT室(原锅炉房处)	260
1992		口腔病房楼加层	5 150
1992.10	10号楼	8层门急诊大楼	11 918
1992.12		变电房	300
1993.11	9号楼	4层制剂大楼	1 683
1996		制剂大楼加层	2 106
1997	2号楼	整复外科大楼加层	5 662
1997.5	3号楼	生活综合楼	5 699
1997		变电房加层	197.4
2000.9		学生公寓(制造局路833弄)	4 682
2003.8	7号楼	外科综合大楼	18 335
2006.11	1号楼	口腔整复大楼	39 870

【占地与建筑面积】

1950年,上海市私立伯特利医院占地面积37.96亩(约25 307平方米),总建筑面积7 397平方米。之后,医院在建设发展中,占地面积、建筑面积不断发生变化。1985年,医院总建筑面积为29 718平方米。1995年,医院占地面积2 499.33平方米,土地约24 991平方米,建筑面积达45 752平方米。2005年,医院占地面积为29 424平方米,总建筑面积达66 709平方米。2010年,医院占地面积29 424平方米,总建筑面积103 445平方米。

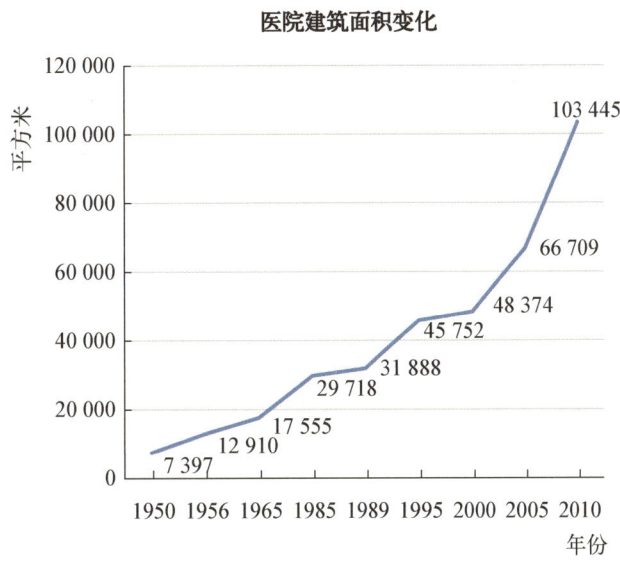

图8-2-3　1950—2010年医院建筑面积示意图

三、医院建筑分布

2009年,伯特利时期留下的最后一幢砖木结构3层建筑,即旧5号楼,由于建造年代久远,已成危房,终被拆除,至此,院内已无伯特利时期遗留建筑。同年,医院对所有建筑和大门重新编号:最靠近瞿溪路的大门,也是伯特利时期医院大门的位置,为1号门,沿制造局路依次向北,分别为2号门和3号门。从1号门开始将院内建筑逆钟向排序,共有各时期建造的建筑11幢,编号为1~12号楼,其中4号未采用。

1号楼　原名口腔、整复、组织工程综合大楼,后改名为口腔整复综合大楼,2006年建成。

1号楼坐落于医院西南角瞿溪路与制造局路转角处,1号门靠瞿溪路一侧。大楼占地面积2 530平方米,高21层,总建筑面积39 870平方米。大楼9楼及以下有裙楼,主楼为地下1层,地上21层,楼高84.211米。裙房为地下1层,地上9层,楼高21.15米。设有手术部、ICU监护中心、核医学、中心供应室、病房护理单元及配套设备用房等,共有床位366张,已成为医院"十五"标志性建筑物。2007年12月4日,口腔整复综合大楼项目获2007年度国家优质工程银质奖。

表8-2-6　2010年1号楼各楼层使用情况表

楼层		功能
裙楼	地下1层	设备机房、直线加速器、核医学科、中心供应室
	1层	挂号、门诊化验室、放疗科、口腔综合科、出入院处、便民服务中心、药房
	2层	儿童预防科、口腔正畸科
	3层	牙体牙髓科、牙周病科、口腔黏膜病科、口腔放射科
	4层	口腔外科、颌面肿瘤、正颌正畸、唇腭裂、口外门诊手术室
	5层	口腔修复科、口腔种植科
	6层	整复外科门诊、手术室
	7层	口腔第一门诊、口腔病理、信息科
	8层	手术ICU室、苏醒室、学术报告厅
	9层	手术室
主楼	10层	手术室
	11层	口腔颌面外科一病区
	12层	口腔颌面外科二病区
	13层	口腔颌面外科三病区
	15层	口腔颌面外科四病区
	16层	整复外科一病区
	17层	整复外科二病区
	18层	整复外科三病区
	19层	整复外科研究所
	20层	老年病区
	21层	特需病区

2号楼　原为整复外科大楼，后改为内科病房大楼。

整复外科大楼坐落于医院东南侧靠瞿溪路，原址为伯特利医院住宅楼（旧25号楼）。

1982年3月，整复外科大楼建成，同年4月，正式启用。整复外科大楼项目总投资104万元，建筑面积5662平方米。大楼为地下1层，地上7层。设有整复外科病房、外宾病房、手术室等。1997年，加建层1层（楼层标记共9层，不设4层），建筑面积调整为5662平方米。2007年，医院对原整复外科大楼进行装修，投入装修经费1083万元。装修后，大楼内设有DSA、震波室、烘室、内分泌实验室、组织工程实验室及大内科病房，并改名为内科病房大楼。

表8-2-7　2010年2号楼各楼层使用情况表

楼层	功能
地下室	
1层	震波室、DSA、淋巴水肿烘疗室

(续表)

楼　　层	功　　能
2 层	消化内科病区
3 层	血液内科病区
5 层	内分泌代谢科病区
6 层	肾脏内科病区
7 层	心内科一病区
8 层	心内科二病区
9 层	组织工程重点实验室

3 号楼　生活综合楼坐落于医院东南角,是伯特利教会时期护校四合院原址(旧 22 号楼),先后做过伯特利小学(后迁出改为制造局路第二小学)和九院护校。1992 年 2 月,生活综合大楼被批准立项。1995 年 7 月动工建设,1996 年 9 月大楼建成。大楼建设项目总投资 1 000 万元,占地面积 789 平方米,建筑面积 5 699 平方米,大楼高为 7 层。大楼内设有营养科、职工食堂、卫校、宿舍和实验室。1996 年,生活综合大楼项目获"南浦杯"优质工程奖。

表 8-2-8　2010 年 3 号楼各楼层使用情况表

楼　　层	功　　能
1 层	冷库机房、营养科
2 层	膳食科厨房、小食堂、办公室
3 层	职工食堂
4 层	宿舍
5 层	宿舍
6 层	宿舍
7 层	骨科实验室

5 号楼　原为口腔病房大楼,后改为医技病房楼。

口腔病房大楼坐落于原整复外科大楼北面。1965 年 10 月 21 日,口腔病房大楼被批准立项。1966 年 5 月,口腔病房大楼动工建设。1967 年 7 月建成。大楼建设项目总投资 50 万元,建筑面积 3 500 平方米。口腔病房大楼楼高 5 层,设有手术室、病房。1992 年加建 1 层做手术室,楼高 6 层。建筑面积达 5 150 平方米。2007 年,医院投入 988 万元,对口腔病房大楼进行大修。后口腔病房大楼改名为医技及病房楼,大楼内设有营养科、检验科、病房及血透室。

表 8-2-9　2010 年 5 号楼楼层使用情况表

楼　　层	功　　能
1 层	营养科、收发室、检验科
2 层	检验科

(续表)

楼　　层	功　　能
3层	耳鼻喉科病房
4层	胸外科病房、日间手术病房
5层	神经内科病房
6层	血透室、电梯机房

6号楼　坐落于医院东面围墙内侧,原为大礼堂和护校教室。

此楼建造于1951年接办后,为1层大礼堂和2层护校教室。1973年,为迎接第一届工农兵学员,在礼堂上加层作学生宿舍,护校教室加建1层为口腔系教室和办公室。1990年前后,大礼堂改成药库,并进行加层,楼高3层,设有冷冻机房、药库、冷却塔等。2000年,医院在建造外科病房大楼时拆除北侧约1/4的建筑。截至2000年,大楼面积2 495平方米。后经改造,在其南侧搭建3层附楼另设楼梯。楼内设有被服室、药库、总务处、医院工会、摄影室等。

表8-2-10　2010年6号楼各楼层使用情况表

楼　　层	功　　能
1层	药库、被服室、五金库房、退管会、浴室
2层	供应组、退管会、日用品被服库房、摄影室
3层	总务处、总务科、环卫科、基建科、卫建中心、工会、妇委会(附楼)

7号楼　外科综合大楼坐落于医院原同位素楼,原址是伯特利教会礼拜堂及被服总务楼。

外科综合大楼系医院"十五"建设标志性建筑。1998年7月8日立项,2000年10月15日动工建设。2003年8月,外科综合大楼落成,同年8月12日大楼正式启用。大楼项目总投资12 060.01万元,占地面积2 558.1平方米,建筑面积18 335平方米,大楼高54米,地下为1层,地上为14层。大楼内设有放射科MRI、CT、ICU、PACU、手术部、普外科、骨科、病房护理单元、泵房等,有床位402张。

表8-2-11　2010年7号楼各楼层使用情况表

楼　　层	功　　能
1层	放射科、摄片室
2层	术后监护、输血科
3层	手术室、麻醉科
4层	手术室、麻醉科
5层	血管外科病区
6层	神经外科病区
7层	泌尿外科病区
8层	妇科二病区

(续表)

楼　层	功　能
9层	眼科病区
10层	普外科一病区
11层	普外科二病区
12层	骨科一病区
13层	骨科二病区
15层	骨科三病区

8号楼 行政楼，原名口腔门诊大楼，大楼坐落于医院北侧。

1965年4月9日，口腔门诊大楼被批准立项。同年6月，口腔门诊大楼动工建设，同年12月大楼建成。大楼建设项目总投资57万元，建筑面积4 645平方米，大楼高5层。1993年，在辅楼底楼设立冷暖机房，集中供气，后机房撤除。2008年，医院投资827万元，对口腔门诊大楼进行全面大修和装修。大楼内设有病史室、行政各处室、实验室、口腔技工室等，后改为行政办公楼。

表8-2-12　2010年8号楼各楼层使用情况表

楼　层	功　能
1层	病史室、监控室、档案库房、医院接待室
2层	护理部、人力资源处、档案室、医务处、医保办、防保科、保卫科、财务处、审计等行政科室
3层	院长室、党委、院办、党办、宣传科、团委、科教处等行政科室、小会议室、口腔医学编辑室（辅楼）
4层	口腔技工室
5层	口研所、实验室

9号楼 制剂大楼坐落于医院北侧。

1990年3月，制剂大楼改建项目被批准立项。1992年3月，制剂大楼动工建设。1993年5月，制剂大楼落成。大楼建设项目总投资85万元。大楼工艺管道由江苏吴江空气净化设备厂设计施工。同年11月11日，制剂大楼竣工验收，并正式交付使用。制剂大楼建筑面积1 683平方米，楼层高4层。1996年，医院根据需要，对制剂大楼进行加层。大楼加层后为5层。大楼内设有医院特色药品、软膏、胶囊、蒸馏水制剂车间及静脉输液配置室等。

表8-2-13　2010年9号楼各楼层使用情况表

楼　层	功　能
地下1层	设备机房
1层	消毒室、更衣室
2层	静脉药物配制中心
3层	制剂室

(续表)

楼　层	功　　能
4层	制剂室
5层	制水车间

10号楼　门急诊大楼坐落于医院西侧,面对制造局路。

1987年6月22日,医院门急诊大楼被批准立项。1989年12月,门急诊大楼动工建设。1993年5月,门急诊大楼全面启动。大楼总投资1 137万元,建筑面积11 918平方米,大楼高8层。大楼内设有内外妇儿各科门诊、急诊室、急诊病房、多功能厅、演讲厅、图书馆等。

表8-2-14　2010年10号楼各楼层使用情况表

楼　层	功　　能
1层	急诊室、挂号收费处、检验科、摄片室、药房
2层	儿科、门急诊输液室、急诊观察病区
3层	内外科门诊、呼吸内科病区
4层	内窥镜室、超声诊断、心电图室、心功能室、中医科、外科门诊手术室、骨科、康复科
5层	耳鼻喉科、眼科、皮肤科门诊、门诊办公室、病理科
6层	体检中心、皮肤科、特需门诊、激光美容中心
7层	辅助生殖科、妇科
8层	多功能厅、演讲厅、小会议室、图书馆

11号楼　原名西凌拨点1#2#房,坐落于医院最北面围墙一侧。

1996年4月,医院与半淞园街道联手建肠道门诊楼动工,同年7月落成,建筑面积572.85平方米,楼高2层。2000年,半淞园街道将第2层转让给医院,总面积497.4平方米。1楼为药剂科、童涵春药房、肠道门诊,2楼为科技开发公司。

表8-2-15　2010年11号楼各楼层使用情况表

楼　层	功　　能
1层	童涵春药房、药剂科办公室、肠道门诊
2层	九院科技开发公司

12号楼　原中药房,坐落于医院西侧紧邻制造局路3号门处。

1988年8月,医院建中药房,面积65平方米。后经扩建为2层。楼内设有中药收费处、中成药发药和饮片配方处。

表8-2-16　2010年12号楼各楼层使用情况表

楼　层	功　　能
1层	收费、中成药发药间
2层	中药发药室

第三章 资产管理

第一节 机构沿革

一、设备科

伯特利时期医院规模有限,没有设备采购管理部门。上海市军事管制委员会接办医院后,于1952年12月设立总务室,设备归总务室管理。1958年10月,总务科与财务科合并改名为行政组。1960年,医院设总务科。1964年,医院归属上海第二医学院,口腔系由广慈医院迁入医院,同时将包括约40台脚踏式液压升降牙科椅在内的各类口腔设备一起迁至医院,纳入医院总务科管理,有关口腔科设备方面的事务(临床设备、实验室设备、库房管理、采购联络等)由广慈医院调入的叶爱菊负责,属于总务科下的设备组。其他事务由原总务科人员张世述、邹芝华、章友根等人负责。1968年8月,总务、设备等工作归属医院"革命委员会"下设的后勤组。1978年,医院恢复总务科。党的十一届三中全会召开后,医院经过拨乱反正,建立健全一系列设备管理制度,设备管理各项工作逐步走上正轨。

1981年,在总务科内设立设备组,叶爱菊为负责人,成员有张金麟、唐林宝、翁建华。1982年,随着仪器设备在现代化医院建设中的地位、作用和重要性的日益显著,上海第二医学院及各附属医院相继成立了设备科,设备科作为一个技术性较强的独立管理职能部门的作用日益显现。

1982年底,设备组与总务科分离,单独设立设备科,直属院部领导,叶爱菊任总务科副科长,分管设备工作。管理范围:与医疗相关的固定资产(贵重仪器、医疗器械);医用耗材及低值易耗品;医用卫生材料、X线材料等设备和材料。负责日常医、教、研相关资产管理,制订年度设备大购置计划、采购、供应、库房、验收、清查、维修、报废以及建立二级明细账、上海第二医学院在医院的资产管理等。建立初,全科共4名成员,后陆续增加人员,由于专业和技术上的需求,当时一人多岗,其人员和岗位组成有计划、采购、库房、会计、统计、计量、维修等专业。

二、临床医学工程室

1984年8月中旬,院长邱蔚六根据发达国家先进的医院管理经验以及医院实际发展需要,将工程技术人员从设备科分离出来,成立了国内较早的医学工程室(简称医工室),共7名成员,高天骆任室主任。医学工程室拥有专用测试仪器设备近6万元,配备电子计算机2套,负责全院医疗电子仪器购前审定、技术咨询、维护维修及引进设备前的调试验收工作和全院计算机管理及基础人员的培训工作。

其后由于医院部门结构的调整,医工室经历多次整合,1990年,医院将医工室归入设备科,组建成立临床医学工程室。设备科长崔培芳兼任主任,张金麟、朱兴荣任副主任。工作职责不变,设备科主要负责医院医、教、研物资采购供应与管理,医工室以设备后期配套维护维修以及与临床科研合作搞研发为主。

1991年，医院将2名原放射科设备维修人员，5名口腔系设备维修组人员转入临床医学工程室。同年体制改革，医院将医工室划归科技开发公司。对外成立医学工程技术服务部，朱兴荣任经理，孙申任副经理。对内职责不变，对外可自主经营、提供技术服务，经济独立核算。1998年，医工室再度并入设备科，由设备科统一管理。

三、资产管理处

2009年，设备科变更为资产管理处，下设资产管理处办公室、物资库房及医学工程室。至2010年，资产管理处（设备科）共经历了1任处长、3任正科长、7任副科长。

表8-3-1　1982—2010年历任设备科、资产管理处负责人情况表

任职时间	处　长	任职时间	科　长	任职时间	副科长
2009—	张金宁	1985—1990	崔培芳	1982—1984	叶爱菊
		1993—1998	张金麟	1984—1985	竺涵光
		1998—2009	张金宁	1988—1993	张金麟
				1989—2004	朱兴荣
				1994—2003	唐林宝
				2003—2010	薛　峻
				2006—	张殷雷

第二节　设备与材料采购

一、接办后医院设备的接收与划拨

在抗战中，地处南市的上海私立伯特利医院被日本侵略军占据，设备、房屋毁损严重。1947年后，医院开始复建，在重建中得到各战后救济团体及社会各界援助，以及石美玉女士从美国汇来的募捐资金，医院逐渐恢复业务，但是设备总体还是比较简陋。

表8-3-2　1951年伯特利医院设备情况表

科　室	主要医疗设备
内科	氧气瓶、血压表、磅秤
外科	妥马氏伸引器、各种夹板、骨架、骨折床
皮肤科	
小儿科	
妇产科	接生床、产钳、暖箱、磅秤
眼科	眼底镜
耳鼻喉科	验耳仪、验喉镜

(续表)

科 室	主要医疗设备
牙科	自动椅,大电车,小单车,洗、拔、补、镶器械(不全)
理疗科	电疗机、太阳灯、紫外光灯
化验室	显微镜2架、切片机、离心机、转糖镜、温箱、血球计、血色素比色计、化验灯
手术室	手术台、麻醉器、手术器械、电疗、胸腔外科器械、吸引器、手术灯、小发电机
药房	天平、各种量杯、漏斗、冰箱
肺痨科	人工气胸气腹器械、气管镜
X光室	小型X线机1台、洗片药水槽、制片箱、读片灯、铅橡皮围裙及手套

1951年8月,上海市军事管制委员会接办后,医院增添一批医疗器械,1956—1958年,医院划归上海第二医学院,作为儿科系教学基地,上海第二医学院对医院又增加一批医疗器械和设备。20世纪50—60年代初期,医院设备主要由上级机构(上海第二医学院、卫生局)划拨配置。至1963年12月底,医院固定资产总值173万元。

表8-3-3　1953—1956年医院增添设备情况表

归属卫生局时期	数 量	归属二医期间	数 量
显微镜	6	耳鼻喉科治疗台	1
胸腔镜	1	电动牙车	1
心电图机	1	保温箱	1
齿科治疗台	1	温水箱	1
短波电疗机	1	导尿镜	1
太阳灯	1	光电比色计	2
大型无影灯	1	电动离心机	1
电动离心机	1	人工气胸器	1
外科灯	1	火焰比色计	1
干燥箱	1	显微镜	6
万能产床	1	腹膜检查镜	1
电动水温箱	1	200 mA X线机	1
电光分析天平	1	电冰箱	1
超短波电疗机	1	血库冰箱	1
齿科综合治疗仪	1	泌尿科摄影台	1
鼓风烘箱	1	瓦斯发生炉	1
200 mA X线机	1	照相显微镜	1
万能骨科手术床	1	骨科手术器械(套)	1
眼球摄影机	1	救护车	1

(续表)

归属卫生局时期	数量	归属二医期间	数量
麻醉剂	1	交通车	1
切片机	1	小汽车	1
角膜显微镜	11	组织磨碎机	1
新陈代谢仪	1	巨型电眼吸铁器	1
血库冰箱	1	心电图机	1
石膏床	1	新陈代谢仪	1
光电比色计	1	万能手术台	1
检眼镜	1	轻便X线机	1

二、口腔系迁来后的设备采购与维护

1964年，口腔系迁来医院，医院成为上海第二医学院教学医院，临床业务范围扩大，教学和科研工作量增加，对设备耗材的需求大幅上升。改革开放前的计划经济时期物资匮乏，总务科为使医院医、教、研正常开展，为采购相应设备、材料、用具等四处奔波，医院使用的设备基本上是国产，而且按计划供给，时常是供不应求。

医院物资采购来源主要有：上海医疗器械厂（脚踏式液压升降牙椅的主要生产商）、上海医疗器械六厂、上海手术器械厂、上海医疗器械五厂、上海医用设备厂、上海齿科材料厂等。当时总务负责采购联络的人员压力较大，特别是口腔器具不是普通医疗用品更是无货供给。负责联络的张世述、叶爱菊经常带着采购员赴外地及各生产厂家登门采购，经多方联系与登门拜访后，才落实必需的器材设备。如口腔技工室使用的缩紧器由上海重型机器厂定制，教学用钢玉牙模由浙江丽水定制，医用压榨器由上钢三厂定制。

"文化大革命"初期，设备采购几乎处于停滞状态，实验室被破坏，为避免资产损失，总务科人员，尤其是主管教学设备的叶爱菊将当时的琴键式牙科电机、小型仪器、器械等全部转入库房，显微镜等转移至第二医学院本部，外总实验室设备（教学模具等）藏于院办打字间由徐梅仙代为保管，内科实验室由于多为玻璃器具设备，基本无存。

1972年，口腔系开始招收工农兵学生，年招生扩增至100名，学制为3年，整个华东地区口腔医生均由上海第二医学院口腔系提供。人数增，学时短，实验室不够，仅有的一点经费下拨后，临床生产实习必须设备如齿科电机等无处采购，时任口腔教学的负责人吴少鹏写信给原中共上海市委，市委领导批示，指定上海医疗器械六厂生产一批口腔用电机。叶爱菊负责赴厂方接洽订购，总务科将修复的旧设备与新增设备调剂使用，才使得临床和教学设备能按时到位。同时学生生产实习基地严重不足，当时采取开门办学的方法，5年内在南汇周浦，嘉定安亭、南翔，宝山罗店等地先后共建立26个学生生产实习教学点，总务科叶爱菊、陈绍元、江永华、驾驶班人员，口腔系技工章林昌等，承担为各教学点配备所需的设备、器械、材料，同时还要做好维修、运输工作。

1972年9月，经当时的上海市卫生局革命委员会同意，医院建立同位素室，本着勤俭节约，因陋就简的办事原则，核定预算金额8万元，陆续购置了肾图扫描仪、甲状腺扫描仪等一批同位素基本设备。

三、改革开放后大型医疗设备购置

20世纪80年代前,医院进口设备稀少。医院没有1台进口牙科综合治疗机,使用的设备是上海齿科器械厂制造的CS16A牙科治疗机,CS35油泵牙科椅(脚踏式升降);北京手术器械厂制造的YK-4A高速涡轮牙钻机;西北医疗器械厂制造的C2301-C型综合牙科治疗机。

进入80年代,医院临床医疗业务进入快速发展时期,对先进设备的需求迫切。在无资金和外汇额度的情况下,放射科主任叶新华、设备组负责人叶爱菊多次赴上海市卫生局申请项目和资金,终于得到卫生局全额拨款,1983年,为医院购置第一台进口血管造影X线机(日本岛津),1984年8月投入使用,为血管外科、心内科业务开展提供了设备保障。

1983年,建立内科监护病房,需配置心电监护仪。医院计划内有资金,但无外汇额度。设备组负责人叶爱菊又多次往返中国银行(当时人民币对美元比价为3.10∶1),于1983年12月成功地为内科监护病房购置1套进口心电监护系统,含1台主机和4台床边终端机。

1984年,首次购置4套日本森田牙科综合治疗机。此后进口牙科综合治疗机陆续增加,有西门子、艾迪克、贝尔蒙、森田、卡瓦、安福士等各品牌。

1984年,经院长邱蔚六(该项目九院负责人),设备科副科长叶爱菊(负责上海与北京往返联络),青年医生杨克以(常驻北京特派员),口外主任医师胡北平(英语翻译)的共同努力,为上海第二医学院争取到120万美元世界银行贷款,其中医院得到80万美元。该贷款项目用于:①购置40套德国卡瓦公司生产的综合口腔实验操作台,用于九院口腔医学教学基地,建立当时远东地区设备最先进、规模最大的口腔教学实验中心,教学培训中心。②建立大型电镜室,装备了H-600透视电镜,这在全市各大医院中为首列。医院还提供配套经费为两个实验室建造和改建了所需的房屋。

1985年,由HOPE基金赠送4套无线遥控心电监护仪,用于口腔外科监护病房。

1990年1月,医院购入第一台进口胃镜:宾得EPM-3000胃镜,价值人民币49万元,消化内科由此开展了内窥镜业务。

1990年,全院有固定资产总额为15 253 735.49元。其中万元以上设备180件,其中高级、大型、精密、贵重的仪器设备有1 250 mA岛津大型X光机、3套监护系统,钴-60放射治疗仪、放射治疗机、干湿震波碎石机各1台、电子显微镜、电子胃镜、心功能监护器(HOTER)、自动生化分析仪、全能麻醉机、血液透析机、各种内窥镜等现代化先进医疗仪器设备。

20世纪90年代后,伴随着临床科室的快速发展和医疗技术的进步,大型设备的购置逐渐成为常规工作。1991年为支持泌尿外科开展震波碎石业务,购置海军902厂与医院共同研发的碎石机HX-902,此为上海第一台该类设备。

1990年,为申请购置大型设备电子计算机X射线断层扫描仪(简称CT),设备科做了大量的市场调研,绘制了1张上海市医院CT分布图,显示当时整个南市区无1台CT设备。带着这张分布图,时任设备科长的崔培芳多次走访市卫生局、赴北京申请报批。终于在1992年成功申购第一台CT:西门子ART,建立了CT室,并于1996年升级。1997年,购置了第一台数字血管减影诊断仪(以下简称DSA)飞利浦V3000。心内科、血管外科、口腔颌面外科等科室的介入技术得以迅速发展。2003年,购置了第一台1.5T核磁共振GE SIGNA 1.5T TWINSPEED,此设备于2002年进入招标程序,于2003年医院7号大楼建成时投入使用,同年购置了第二台CT LIGHTSPEED16。

2005年,口腔整复大楼(1号楼)开始建造,原有的钴-60放射治疗机房拆除,为继续开展放射治疗和核素检测业务,购置了第一台直线加速器:医科达 PRECIES。同年,核医学科配置第一台数字化伽马照相机(简称 ECT)GE H3000WZ,均安置在 1 号楼地下层。介入技术在各科室的迅速开展,使得 1 台 DSA 不够使用。2006 年,2 号楼功能调整,底层开设第二间导管室,医院购置第二台 DSA:GE INNOVA 3100。2009 年,购置了第三台 CT:飞利浦 BRILLIANCE 64 排 CT。2010 年购置第四台 DSA:GE Innova2100IQ。

1952—1980 年,医院固定资产总额没有将专业医疗设备单列,1981 年,开始将专用医疗设备作为医院固定资产的一部分,分项予以归类核算。至 2010 年底医院拥有属于固定资产的设备 15 000 余台(件),价值 52 234 万元。这些设备主要分布在:手麻科、检验科、口腔科、放射科、核医学科、B超室、心肺功能科、病理科、血透室等部门。

表 8-3-4　1990—2010 年医院购置 30 万以上设备情况表

设备名称	数量	设备名称	数量	设备名称	数量
500 mA X 线机	1	光学生物测量仪	1	数字化口腔 CAD/CAM 计划系统	3
800 mA X 线机	2	光子美容仪	1	数字血管减影诊断仪	1
CR 图像处理系统	3	核磁共振成像系统	1	双筒显微镜	1
CT	3	红外荧光扫描成像系统	4	四肢关节成像诊断系统	1
定位仪	5	呼吸机	4	特种蛋白分析仪	1
C 臂 X 线机	4	肌电图机	3	疼痛治疗仪	1
DR 数字式 X 摄片机	1	基因扩增技术设备	2	头带式手术显微镜	1
MSI 射频治疗仪	1	激光点焊机	1	头皮移植仪	1
5 轴 5 联动加工中心	1	激光共聚焦显微镜	2	图像存储传输系统	1
半导体医疗激光仪	2	激光快速成形仪	1	弯频式自动旋盖机	1
鼻窦内窥镜	2	激光器(仪)	15	各类手术床	6
鼻咽反射仪	1	激光相机	1	网络交换机	2
闭路电视系统	1	计算机网络系统	9	微动力系统(锯钻)	15
病理切片机	1	经颅多普勒分析仪	1	微生物分析仪	1
玻璃体切割器	1	口腔 X 射线机	1	胃镜	2
材料测试机	1	口腔全自动清洗消毒灭菌装置	7	纤维支气管镜	3
超短波治疗机	1	立式离心机	1	消毒清洗干燥器	1
超声波诊断仪	17	立体定向仪	1	小关节镜	2
超声切割止血刀	3	立体显微镜	2	心电监护仪工作站	10
超声乳化仪	2	连续血液动力学监测系统	1	心排量/血氧定量监护仪	3
超声吸引刀	1	流式细胞仪	1	血流图仪	1
齿科用离心铸钛机	1	麻醉机	19	血气分析仪	2
磁盘阵列柜	2	酶标光度计	1	血栓消融仪	2

(续表)

设 备 名 称	数量	设 备 名 称	数量	设 备 名 称	数量
打鼾治疗仪	1	模拟机	1	血细胞分析仪	4
倒置显微镜	1	钼靶机	1	血细胞淘洗机	2
等离子体双极内窥镜系统	1	内窥镜系统	5	血氧饱和监测仪	1
等离子消毒灭菌装置	1	脑电图机	4	血液回收机	1
低温等离子手术系统	1	脑干诱发电位	1	牙科全景X线机	2
点焊器	1	脑室镜	1	牙科专用激光治疗机	1
电生理仪	2	强光脉冲生物组织反应仪	3	牙科综合治疗机(牙椅)	5
电子鼻咽镜	3	全自动磁性细胞分选系统	1	氩气刀	1
电子肠镜	2	全自动免疫分析仪	2	医院HIS软件系统	1
吊塔	1	全自动凝血分析仪	1	鹰视准分子屈光矫正系统	1
动脉硬化检测装置	2	全自动生化分析仪	2	切片机	2
动态脑电多导睡眠记录仪	2	全自动心肺复苏机	1	真空辅助乳腺微创旋切系统	1
动态心电分析系统	1	乳腺导管镜	1	真空压力铸造机	1
多关节等速训练测试系统	2	三维成像系统	1	整形外科多功能系统(进口电钻)	1
二级反渗透装置	1	射频消融仪	2	脂肪成分分析仪	1
放疗计划系统	1	射频治疗仪	1	直线加速器	1
肺功能测定仪	1	肾结石粉碎机	1	直线加速器定位系统	1
服务器	6	升降温仪	1	种植机	1
腹腔镜	3	生物力学测定仪	1	周边血管仪	1
干式激光相机(X片)	1	实验室X线机	1	主动脉球囊反搏泵	1
高频电刀	2	视觉电生理仪	1	铸造机	1
高效液相色谱仪	1	手术导航系统	1	专用定制软件	5
高压灭菌器	3	手术室直播系统	1	子宫内窥镜	1
工作站(麻醉)	3	手术显微镜	7	组织处理机	1
骨科体外冲击波治疗仪	1	数码全景X光机	1	组织培养与测试系统	1
骨密度仪	1	数字化伽马照相机(ECT)	1		
关节镜	3	数字化骨科系统	1		

四、科研与免税设备购置

1987年后,国家"211"工程及其他各级各类重点学科、上海市重点实验室、上海市临床医学中心等建设经费和科研课题迅速增长。由医院科教处、口腔研究所、医务处、人事处分管的各类课题从最初的 10 余项,发展到 2010 年底的 1 000 余项。科研所需的设备、材料等需求量也逐年递增。1997 年以后,根据上海市科学技术委员会、上海市教育委员会等相关文件,医院相继建立组织工程重点实验室、口腔颌面外科重点实验室、骨科重点实验室、眼科重点实验室、口腔生物材料测试中心等多个重点实验室,购置了大批新型仪器设备,完善各实验室的硬件设施,科研和教学环境日趋完善。其中进口设备需求和购置量也大幅上升。医院作为非营利性质的公益事业单位,所购进口的科研教学设备,凡用于科研教学的适用免税政策,需经历一系列申报核批手续,也是设备采购中的一项重要工作。

表 8-3-5　2002—2010 年医院采购免税设备台、件数及金额情况表

年 份	数 量	金 额(元)	
		美 元	欧 元
2002	37	674 703	
2003	83	6 082 452	
2004	32	2 315 149	
2005	23	1 027 885	
2006	99	300 290	22 989.5
2007	21	1 096 189	55 800
2008	41	1 757 943	175 812
2009	166	5 888 720	249 400
2010	63	2 361 852.5	42 000

表 8-3-6　1995—2010 年医院新增科研设备总额情况表

年 份	年新增额(元)
1995	748 418.13
1996	461 505.84
1997	1 673 385.00
1998	926 197.10
1999	1 012 275.61
2000	771 917.35
2001	1 530 158.99
2002	1 938 762.17
2003	1 488 962.79
2004	1 339 836.66
2005	1 482 090.03
2006	10 275 535.62
2007	9 078 111.34

(续表)

年　　份	年新增额(元)
2008	8 763 311.91
2009	7 095 740.87
2010	8 601 972.41

表 8-3-7　2010 年组织工程实验室部分设备情况表

设　备　名　称	数量	设　备　名　称	数量	设　备　名　称	数量
CO_2 培养箱	16	恒流泵	3	甩片机	1
CO_2 总量分析仪	1	红外荧光扫描成像系统	1	各类显微镜	5
显微 CT	1	活体电穿孔系统	1	水温箱	4
切片机	2	基因扩增技术设备	4	台式离心机	11
超纯水仪	2	激光共聚焦显微镜	1	特种蛋白分析仪	1
除菌过滤器	1	净化操作台	14	同位素手提检测器	1
磁力搅拌机	3	口腔种植器械盒	1	洗板机	1
各类冰箱	34	冷冻离心机	4	厌氧培养箱	1
电动吸引器	1	组织匀浆仪	1	液氮钢瓶	5
核酸交联仪	1	磷屏	2	振荡器	4
电泳仪	2	麻醉机	2	制冰机	1
电子天平	1	凝胶成像系统	1	注射用水装置	1
定制铅玻璃连架	3	漂烘仪	2	紫外分析仪	1
风动电钻	1	全自动磁性细胞分选系统	1	组织处理机	1
干式恒温箱	2	高压消毒锅	1	组织培养与测试系统	1
干燥箱	3	软骨压力测量仪	1	生物力学测定仪	1

表 8-3-8　2010 年口外肿瘤实验室部分设备情况表

设　备　名　称	数量	设　备　名　称	数量	设　备　名　称	数量
各类培养箱	5	各类离心机	9	基因扩增技术设备	2
玻璃匀浆机	1	专用定制软件	1	酶标检测仪	1
超声波细胞粉碎机	2	各类摇床	5	漂烘仪	1
磁力搅拌机	2	程序降温仪	1	清洗机	2
各类电冰箱	12	液氮生物容器	10	水温箱	1
电泳仪	10	纯水仪	2	酸度计	1
二孔水浴锅	1	低温恒温槽	1	洗片机	1
净化操作台	4	手提式高压消毒器	1	显微图像采集与形态计量分析系统	1

(续表)

设备名称	数量	设备名称	数量	设备名称	数量
康氏振荡器	1	电动吸引器	1	漩涡混合器	2
各类干燥箱	3	电子天平	3	液体闪烁计数仪	1
凝胶图像处理系统	2	红外双色激光成像系统	1		
生物安全柜	2	核酸蛋白浓度测定仪	1		

表8-3-9　2010年骨科实验室部分设备情况表

设备名称	数量	设备名称	数量	设备名称	数量
离心机	13	光固化包埋机	1	冷冻干燥器	1
显微镜	2	高压灭菌器	1	乳化机	1
水温箱	3	洗片机	1	金相试磨抛机	1
冰箱	16	超声波记录仪	1	搅拌机	2
病理切片机	2	CT（定位）	1	电动助吸器	4
电泳仪	5	实验室X光机	1	测试粉碎仪	1
培养箱	4	骨密度仪	1	带锯机	1
电子天平	1	精密切割机	3	电动吸引器	7
酶标光度计	1	液氮罐	8	清洗机	1
基因扩增技术设备	1	洗板机	2	电阻应变仪	1
脱水浸透仪	1	超纯水仪	1	净化操作台	4
制冰机	1	安全柜	3	数字化骨科系统	1
温控培养摇床	3	专用定制软件	3	细胞培养仪	1
蠕动泵	2	5轴5联动加工中心	1	包装机	1
血细胞淘洗机	1	酸度计	2	鼓式取皮机	1
电动吸液器套装	1	水温箱	2	电子天平	4
高性能透照仪	1	干燥箱	2	硬组织切片机	2
显微图像采集与形态计量分析系统	1	振荡器	1	血液黏度计	1
恒温孵育器	1	真空泵	5		

表8-3-10　2010年眼科实验室部分设备情况表

设备名称	数量	设备名称	数量	设备名称	数量
CO_2培养箱	2	干燥箱	1	酸度计	1
安全柜	1	高压消毒锅	1	天平	1
纯水仪	1	红外双色激光成像系统	1	微型动力系统	1

(续表)

设 备 名 称	数量	设 备 名 称	数量	设 备 名 称	数量
各类显微镜	2	基因扩增技术设备	3	摇床	1
制冰机	1	搅拌机	1	液氮罐	2
各类冰箱	6	各类离心机	4	电泳仪	1
电池柜及连线	1	酶标光度计	1	水温箱	2
蓄电池	8	培养箱	1		

表 8-3-11 2010 年生物材料测试中心部分设备情况表

设 备 名 称	数量	设 备 名 称	数量	设 备 名 称	数量
各类光度计	3	高压消毒锅	2	水温箱	2
各类培养箱	3	全自动真空高压灭菌器	1	水浴锅	3
干燥箱	4	真空泵	1	酸度计	4
各类显微镜	7	基因扩增技术设备	1	体外血栓形成血小板黏附两用仪	1
各类冰箱	4	技工电机	1	脱色摇床	1
病理切片机	1	抛光机	2	硬度计	1
智能热源仪	1	净化操作台	3	液氮罐	2
冲击试验机	1	拉力试验机	1	洗片机	1
抽湿机	1	各类离心机	6	显示器	1
分析天平	1	立式无影灯	1	箱式电阻炉	2
磁力搅拌机	2	电子天平	5	旋转蒸发器	1
制冰机	1	匀浆机	1	振荡器	3
电子微量泵	1	凝胶成像系统	1	血细胞分析仪	1
电冰箱	8	清洗机	1		
电泳仪	1	全波长度数仪	1		

第三节 医用材料供应

一、医用材料管理

医院设备科除采购属于固定资产的医疗科研教学设备外,日常医、教、研工作需要的卫生材料、辅助用品、低值易耗品也是由设备科采购供应。

设备科成立初期,医疗物资品种数量较少,供应量不足,设备科的采购人员要外出上门订货、提货。供应方式通常是科室电话或书面申请,1个月配送1次,每月最后一周的周三全科人员集体配货,周四发至各业务部门。零星和急需物资由护士长亲自到设备科领用。后随着医院的业务扩大品种、用量剧增,取消了配送模式,改由科室申请—设备科购置—科室领取的供应模式。

2004年12月,医院成立"医用材料管理委员会",设主任、副主任各1人,有成员12人,在分管院长领导下,每年定期召开会议,提出医用材料管理工作任务和要求。医用材料管理委员会下设办公室,常设资产管理处。医用材料管理委员会负责制订医用材料管理制度,审核医用材料管理工作计划和措施,督促检查计划实施情况,并对存在问题加以整改,确保医用材料管理工作达标。

传统管理中将医用材料分为2大类:医疗材料和低值易耗品。医疗材料分为卫生材料、口腔材料、玻璃仪器、X线材料;低值易耗品分为医疗器械(低值易耗品)、搪瓷用品。

为提高资产管理的效率,设备科与软件公司共同研发"睿志管理软件",2010年投入使用。该软件系统将医院采购的医疗材料分为卫生材料和医用低值易耗品两大类。卫生材料有口腔材料、医用材料、植入材料;医用低值易耗品有小型仪器、低值医疗器械、辅助用品、医用维修耗材。

二、医用材料采购

1963年,医院全年采购的卫生材料、低值易耗品总额仅20万元。1964年,口腔系迁入后,门急诊和病房业务量逐渐增加,医、教、研工作对材料的需求日益增长,特别是口腔系医学对材料和设备的特殊需求,都导致医院卫生材料的采购逐年增加。20世纪90年代后,随着先进医疗技术不断推广,医用材料需求大幅增加,特别是介入技术的开展,植入材料和一次性耗材的品种和使用量也快速增加。

2010年卫生材料年采购总额18 957.6万元,医用低值易耗品年采购总额503.6万元。

表8-3-12　1963—2010年度卫生材料与低值易耗品采购金额情况表　　　单位:元

年　份	卫 生 材 料	低值易耗品	年　份	卫 生 材 料	低值易耗品
1963	2 083 65.38	—	1978	114 533.18	—
1964	—	—	1979	192 025.28	—
1965	78 935.85	—	1980	209 799.08	—
1966	77 859.95	—	1981	250 467.14	—
1967	76 693.40	—	1982	278 556.56	—
1968	68 837.36	—	1983	289 014.83	23 488.31
1969	194 590.34	—	1984	413 282.5	19 878.57
1970	97 136.24	—	1985	450 098.41	23 007.67
1971	79 827.95	—	1986	694 813.54	22 105.48
1972	68 076.44	—	1987	838 860.54	36 837.32
1973	85 228.95	—	1988	1 355 980.55	30 992.54
1974	122 133.12	—	1989	1 709 023.82	74 283.6
1975	128 557.50	—	1990	1 951 214.47	53 027.23
1976	110 573.65	—	1991	2 472 893.69	103 225.61
1977	112 070.40	—	1992	3 565 826.75	114 967.82

(续表)

年 份	卫生材料	低值易耗品	年 份	卫生材料	低值易耗品
1993	4 575 591.9	232 555.25	2002	38 228 042.09	524 824.99
1994	7 542 075.36	398 117.92	2003	43 680 445.98	2 026 744.91
1995	12 673 365.17	605 759.27	2004	62 246 694.46	1 694 053.98
1996	8 207 363.41	282 525.64	2005	72 443 212.52	1 046 820.52
1997	9 409 658.1	283 426.11	2006	77 869 981.60	1 289 986.04
1998	12 098 775.21	1 064 820.01	2007	98 324 522.62	8 137 068.59
1999	15 166 259.17	388 255.1	2008	131 221 400.82	5 029 363.45
2000	21 021 389.21	615 315.07	2009	157 334 632.27	2 604 666.26
2001	32 688 895.83	700 606.45	2010	189 576 168.31	5 036 259.86

表 8-3-13　1963—2010 年使用科研经费采购的卫生材料与低值易耗品情况表　　　　单位：元

年 份	卫生材料	低值易耗品	年 份	卫生材料	低值耗材
1963		623.93	1994	33 814.03	4 070.46
1965		183.18	1995	15 449.25	3 326.02
1979		1 698.69	1996	17 716.69	28 091.39
1980		6 569.83	1997	110 572.56	21 545
1981		9 489.03	1998	48 858.58	15 533.73
1982		8 233.60	1999	50 001.67	5 316.66
1983		10 337.68	2000	44 212.82	8 117.9
1984		9 661.15	2001	84 922.56	12 658.17
1985		14 369.71	2002	94 120.41	23 064.8
1986		7 369.38	2003	103 675.21	70 763.11
1987	7 161.28	198.48	2004	66 995.59	171 057.58
1988	8 612.87	152.24	2005	104 458.32	245 251.46
1989	10 690.46	350.23	2006	498 384.91	530 913.02
1990	11 104.19	834.16	2007	996 769.82	1 061 826.04
1991	20 083.26	3 344.36	2008	1 993 539.64	2 123 652.08
1992	16 133.26	1 370.54	2009	3 987 079.28	4 247 304.16
1993	19 783.23	1 491.38	2010	7 974 158.56	8 494 608.32

表8-3-14 2010年医院采购的卫生材料和低值易耗品情况表

低值易耗品	品　种	卫生材料	小　类	品　种
小型仪器	3 170	口腔材料		1 248
低值医疗器械		医用材料	16	2 534
辅助用品	916	植入材料	4	32 234
医用维修耗材	514			

第四节　设备管理与研发

一、制度建设

设备科成立初没有成体系的相关规章制度。20世纪90年代开始，医院创文明单位、上三甲、质量万里行、各类质控检查等，对管理要求不断提高和规范。2000年以后，随着国家食品药品监督对医疗器械使用安全的相关规定出台，以及质控的要求，针对各项规定设备科制订相应措施。对本部门的规章制度做了几次重大修改和补充，分别是1991、1993、1996、2000、2003、2006、2010年。2008年，医院成立设备管理委员会领导小组、工作组。领导小组组长由院长担任，成员为各分管职能副院长；工作小组组长由分管设备的副院长担任，副组长为院审计室主任、设备科长，组员为各职能部门负责人，临床医技各科主任为专家组成员。

经过多次修改制订《廉政建设制度》《医疗设备管理制度》《医疗设备保养》《维修管理制度》《计量器具管理》《医用材料管理制度》《综合管理相关制度》《应急相关管理制度》及相关流程图和岗位职责等制度。

20世纪60年代，根据制度规定，人民币200元以上，使用年限1年以上的有形设备作为固定资产管理。设备经费来源：医疗临床、普通科研由上海卫生局拨入；教育经费、重点科室经费（主要是口腔外科、整复外科）由第二医学院拨入，医院使用并作为财产代管责任者。设备经费每年由医院财务科负责上报上海卫生局及上海第二医学院申请，审核批准后按需要分配各科室资金使用额度，总务科具体执行落实。采购的医用材料等直接由财务科入账核销，未建立二级明细账。

1980年，根据国务院《关于加强扭亏增盈，开展清产核资工作通知》精神，在上海市卫生局、上海第二医学院的要求下，对医院所有资产进行全面清产核资。总务科成立了清产核资小组，由叶爱菊、张金麟、翁建华负责此项工作。通过一年的清查，重建资产明细分类账、报表，将固定资产分为6大类：医用贵重仪器、医疗器械、交通运输工具、家具设备、一般设备、被服装具；医疗器械低值分为医疗器械（低）、搪瓷用品；医用材料分为3大类：医疗材料、X线材料、医疗器械（易耗）。其中将医用专用固定资产设备及医疗器械（低）分为10大类：外科类、妇科类、泌尿科类、五官科类、检验科类、手术麻醉类、放射物理类、口腔类、眼科类、内科类。

清查后200元以上的医用设备每件均有自编号（例：07-130-001,07表示放射物理类,130表示该类中的设备名称,001表示该名称设备第几台），每台设备上用红色油漆写上设备编号，同时建立资产卡片，正卡由总务科保管，副卡由使用科室资产管理员保管，各科建立明细分户账。重建了资产二级明细账，使总务科库房明细账、固定资产明细账与财务科总账一致，做到账账相符、账物相符、账卡相符。同年,上第二医学院各附属医院互查,医院顺利通过清产核资项目检查,并得到上海市卫生局、上海第二医学院较高的评价。

1981年末,经清产核资后医院固定资产设备额398万元(含专业医疗设备、交通运输、家具、一般设备、被服),其中专业医疗设备为252万元。1983年设备科成立,专业医疗设备、卫生材料、低值医疗器械由设备科分管,其类别归总务科管理。1983年,专业医疗设备采购额为446万元,卫生材料年采购金额29万元,低值医疗器械年采购金额2.3万元。

1987年,根据上级部门的要求,对每月耗用的卫生材料、低值易耗品进行分类核算,分为:医疗经费、科研经费、研究生经费、教学经费、行政经费、药房经费、制剂经费,这是成本效益核算的雏形。20世纪90年代开始,医院经济管理要求不断提高,设备科从原来的重供给轻管理,根据医院管理的要求逐步改进。1993年开始,设备科财务人员每月将各部门领用的医用耗材,按科室、类别、金额、经费报送财务科,为医院综合目标管理,成本效益核算提供准确数据。

设备科在设备购入及材料领用时需准确分清经费来源,除每年大购置计划预算内设备经费外,市财政拨款项目、干保设备项目、急救绿色通道设备项目等,以及与其相匹配的医院配套经费,都必须在设备购置、材料领用时明确经费归属。特别是科研经费要落实到每1个课题项目,上报财务处作相应的账务处理。

1982—1993年,一直沿用手工记账(库房数量)入库—出库—财务二级明细账(数量、金额)的模式。(医院财务二级明细账在设备科,由设备科专业人员承担此项工作)。随着形势的发展,作为医院物资管理的重要部门,已无法适应现代化的需要。1993年1月,由设备科翁建华等与口腔外科医生夏炯合作研发的"医院设备图文管理系统"(DOS系统单机版)投入使用。此系统集数据库管理与图像处理为一体,而且与传统的财务处理同步,设备、耗材、低值管理过程和财务需要的数据相符合,为当时医院综合目标改革,各科实行经济核算提供了准确可靠的数据。由于是单机版,库房部分仍需手工操作,这种手工与系统记账共存的形式一直沿用至2010年5月。2009年,由上海申康医院发展中心招标,中标公司上海睿志软件公司与资产管理处有关人员共同研究改进开发了网络版医疗物流管理软件,于2010年6月正式投入使用,此系统集固定资产、卫生耗材、低值易耗品、合同管理、验收、维修、科室网上申购等于一体,进一步提升了管理水平。

设备科同时还承担交大医学院教学、科研等资产的代管工作,由设备科指定专人负责,至21世纪代管资产总计790台(件),总金额4905万元,及各类实验室、教学基地等37个部门。历任资产管理人员均被评为交大医学院资产管理部门的先进个人。

二、设备购置流程

改革开放前,固定资产供给和采购量较小,采取医院领导统筹科室需求,统一分配的方式,由于货源稀缺,医院供应部门相关人员必须想方设法采购所需设备。

20世纪70—80年代临床科室设备购置无制度化流程。实际工作中采取一事一议的方式:科室提出需求,院务会根据需求与经费可能性进行讨论,决定是否采购。

1990年,开始实行年度医疗设备大购置申请制度。设备科汇总科室申请并制表,医院领导与职能部门商讨,制订年度预算采购计划。每年设备采购严格按预算计划执行,年末检查、汇报执行情况。大购置计划外急需购置设备,科室必须另写申请报告,上报审批,设备科执行(当时无统一格式)。

2004年,开始使用院部统一的书面批文申请形式(年度设备申请表分为大购置、计划外特急设备、科室不要设备),并逐步由手填表格转化进入医院OA系统,即科室填写统一的申请表,设备科填写部门意见,医院相关部门审核意见,院领导审批,设备科承办的流程。具体由以下部分表格组成:医疗设备申请表、科研设备申请表、非医疗设备申请表、医用耗材申请表。2007年,在分管院长郭莲的领导下,设备科对一系列规章制度不断进行修订,在供应商相关资质审核后,根据不同金额、数量及实际需求一律采取院内外公开招标的形式,医院内由资产管理处组织,参与招标的有分管院长、审计、财务、医保办、医务处、申请科室相关负责人员等,进一步规范采购制度和流程。

固定资产1963年年度增加总额0.57万元,2010年年度增加总额为8 299万元。

三、设备研发与交流

【设备研发】

设备(组)科成立以来,除了在采购、维修方面做了大量工作,在医学工程室时期还研发一批医疗设备,以满足临床需要,比较重大的有以下事项:

1984年9月,医学工程室高天骆与心内科杨菊贤教授合作研发"心理反馈音乐治疗仪",为心身医学的研究和治疗提供了所需的设备。

1985年,为配合整复外科淋巴水肿治疗需要,由医学工程室朱兴荣与周浦部队医院合作开发远红外烘疗机,共计生产约500台套。除满足医院自用,还销往全国乃至美国及东南亚等国家。

1986年,由医学工程室李振权、朱兴荣合作研发微波治疗仪,供理疗科试用。历时2年,后因理疗科撤销并未能正常投入生产。同年,由医学工程室朱兴荣开发试制生产了便捷式舒康牌按摩椅,并把该项技术转让给宁波市梅光钢椅总厂生产,直到1999年该厂变迁。共计生产了2万余套。医院从该项目中以每套5%的比例收取技术转让费。同年由医学工程室朱磊、钦逸仙研发试制口腔咬合力测试仪,后因朱磊辞职、钦逸仙调往医院电镜室工作而停止该项目研制。

20世纪80年代后期,为解决冬季各临床科室无取暖设施的困难,由医学工程室朱兴荣负责开发组装红外线取暖器共计生产100余台。

1996年,医院支付2万元美金的运费,从美国免费获得20套二手艾迪克综合口腔治疗台。医工室口腔维修技术人员在没有生产方指导,连图纸、说明书和专业工具都没有的情况下,自行摸索拼装成功16套综合口腔治疗台,投放临床使用。

【管理交流】

口腔临床医学的发展受专业设备和器材、材料的影响很大。设备科积极参加口腔方面的学术活动,了解相关设备的发展和学科的需求。1988年、1991年,先后二次配合口腔颌面外科国际会议,设备科组织邀请有西门子、艾迪克、卡瓦、3M、美中互利、怡和丹比、上海医疗器械厂、上海手术器械厂等20多家当时较有知名度品牌的国内外厂商参加会议并参展,交流设备器械发展的进展信息,为医院医、教、研与厂商更紧密的配合起到良好的作用。

1990年12月11日,为促进我国口腔设备材料的管理水平,由九院设备科长崔培芳担任主要筹备负责人之一,设备科全体人员作为会议工作人员,在上海举办口腔设备管理研讨会,会期四天。参加会议的有北京医科大学口腔医院、华西医科大学口腔医院、西安第四军医大学口腔医院、湖北医学院口腔医院、上海第二医科大学附属第九人民医院,各口腔医院主管设备的院长和设备科科长等20余名代表参加了研讨会。

第九篇 党建与群团工作

概　　述

第九人民医院的党组织建设从1952年建立党支部开始，经历了党支部、党总支、党委的变迁发展过程，党员数和党支部数从最初2名党员，发展到2010年的3个党总支、33个党支部，有党员917人。

医院党组织经历社会主义改造过渡时期、社会主义建设时期、全面建设社会主义时期和改革开放时期，党委也经历党委领导下的院长分工负责制、"革命委员会"党政合一的领导制、院长负责制等多种领导体制的变迁。1978年，党的十一届三中全会召开以来，医院党委在上级党委领导下，认真贯彻党的路线、方针、政策，大力推进精神文明建设，加强党的思想、组织建设和文化建设，反腐倡廉建设，在党员发展教育、干部工作、学生工作、档案管理、武装工作各方面积极发挥党的思想、组织和政治优势，促进医院医、教、研、管理全面发展。

进入21世纪，医院进入快速发展时期，党组织与医院行政领导相互配合，分工明确，积极支持行政工作，对党和国家方针政策在医院的贯彻执行实行保证监督，充分发挥党组织政治核心作用和监督保证作用，充分发挥党支部的战斗堡垒作用和党员先锋作用，推动医院可持续发展。至2010年，医院连续二十年获"上海市文明单位"称号。

医院的群众团体在党组织领导下，走过了60年的发展历程。1951年，医院建立工会，工会下设女职工委员会。1954年，建立共青团组织。1988年，成立女医师女教师联谊会，1994年成立医院妇女工作委员会。党委积极支持工青妇等群众组织根据各自特点独立开展工作，充分发挥工青妇作用。先后建立7个民主党派以及5个统战团体，党委积极支持民主党派及统战团体履行参政议政的职责，调动工青妇、民主党派、无党派人士在医院建设和发展中发挥积极作用。

医院党组织带领党员干部，在医、教、研、管理各项工作中，凝聚人心，开拓进取，营造"风正、气顺、心齐、劲足"的文化氛围，为医院发展保驾护航，起到有力的政治保障作用。

第一章 党建工作

第一节 党务管理

一、沿革

1951年8月,上海私立伯特利医院被上海市军事管制委员会接办后,与上海市第二人民医院、第二门诊部成立联合党支部。1953年5月,成立中国共产党上海市立第九人民医院支部委员会。1956年12月,医院划归上海第二医学院,成立中国共产党上海第二医学院附属九院总支委员会,对医院实行一元化领导,医院设立党总支办公室,医院时有2个党支部。1958年10月,医院重新划归上海市卫生局,属蓬莱区领导,改设中国共产党上海市第九人民医院支部委员会,在中国共产党蓬莱区委员会领导下开展党建工作。1961年11月,成立中国共产党上海市第九人民医院总支委员会,在区委领导下,党员增至49人,下设4个党支部,医院实行党总支领导下院务委员会负责制。1963年8月,医院划归上海第二医学院。

1966年开始,进入"文化大革命"时期,医院党政领导体制陷于瘫痪状态,党员停止组织生活,医院各项制度被打乱。1968年8月,成立上海第二医学院附属九院"革命委员会"。1970年9月,医院成立中国共产党上海第二医学院附属九院总支委员会。1978年8月,经市委教卫办和上海第二医学院党委批准,医院成立中国共产党上海第二医学院附属九院委员会。1979年,党的十一届三中全会召开后,医院党委把工作重点转移到医、教、研、管理工作上来,建立各项管理制度。

1983年,医院党委开展整党工作,进行党员登记,进一步加强党的思想和组织建设。在改革开放和社会主义现代化建设时期,医院党委全面落实党的干部政策和知识分子政策,平反冤假错案,加强干部队伍建设,大力培养选拔年轻干部,整顿党的组织,使党建工作健康发展。

20世纪90年代起,医院党委重点抓干部队伍建设和员工队伍建设,改进和加强思想政治工作,充分发挥党支部战斗堡垒作用和党员先锋模范作用,积极做好党的思想、组织、作风、制度和廉政建设,加强和完善对工青妇领导,重视和发挥工青妇和职代会作用,加强决策的民主程序等工作。

二、党委办公室

1965年,设立上海第二医学院附属第九人民医院党总支办公室。1966年5月"文化大革命"开始后,党总支办公室工作处于停顿状态。1970年,医院重新建立党总支办公室。1978年,经市委教卫办批准医院党总支升格为党委,党总支办公室升格为党委办公室。1987年,医院升格为副局级单位,党委办公室升格为副处级建制。

表9-1-1　1978—2010年党委办公室正、副主任情况表

任职时间	主　任	任职时间	副主任
1978—1980	曹如英	1984—1989	张敏明
1980—1984	陈如花	1994—2001	蒋秀凤
1984—1986	张志愿	1999—2001	俞　军
1989—1994	张敏明	2003—2006	胡　滨
1994—1996	周昭玲		
2001—2003	蒋秀凤		
2006—	胡　滨		

表9-1-2　1977—2010年党办获得荣誉情况表

年　份	荣　誉	获奖部门
1977	二医大文明科室	党　办
1994	二医大文明科室	党　办
1997	二医大文明科室	党务组
1999	二医大文明科室	党　办
2006—2007	上海交大医学院文明科室	党务部门

三、制度建设

20世纪50年代初,医院党支部建立党支部工作制度。1956年,医院成立党总支后,建立党总支各项工作制度。1958年,因辖属关系及体制变化,医院党总支改设党支部,党支部修订党支部工作制度。1961年,医院重新成立党总支,修订完善党总支工作制度。1964年,医院划归上海第二医学院后,医院党总支重新修订各项工作制度。1966年"文化大革命"开始后,医院各项制度被打乱。1970年,医院成立党总支,并建立党总支各项工作制度。1978年,医院成立党委,医院党委重新建立健全党委各项工作制度。20世纪90年代,医院党委加强党委各项工作制度建设。

2006年以来,医院党委通过建章立制,加强制度建设,建立健全各项党内制度,编辑出版《党务部门工作制度汇编本》。医院党委坚持用制度管权、管事、管人,推动党建工作的科学性、创造性,使党建工作有章可循。2010年,医院党委积极推行党务公开,推进党内基层民主建设,不断提高党的基层组织创造力、凝聚力、战斗力,为推进医院改革与发展提供有力的政治保证和组织保证。党委重新修订一系列党内管理制度,并汇编成册,使党内制度建设更加规范化。

2010年,医院党委汇编的《党务主要工作制度》分为"会议制度""党建制度""干部管理""思政工作"4大类14项,涵盖议事决策、党建、党校、支部建设、干部任免述职考核、统战及廉政建设等各个方面,全面规范党务工作程序。

四、党建联建

1984年,医院党委与周浦部队医院开展军民共建活动。1998年起,医院党委每年组织处室干

部赴周浦部队、张江高炮团、上海边防总队教导大队交流共建共育经验,部队为医院新职工进行军政训练,为医院提供场地,支援医院建设;医院为部队医院医务人员提供进修学习机会,为部队医院培训军地两用人才,并赠送医疗器械及药品。

20世纪90年代起,医院党委与社区党委、里弄党支部开展共建活动,医院党委领导担任社区党委党工委委员,参与社区党建理论交流。医院党委每年为社区捐款,对社区贫困市民进行帮困。医院每年安排专家教授定期前往社区市民学校开设健康宣教课,形成互动。

2003年起,医院党委积极与半淞园街道开展"双结对"活动,发挥医疗特色,组织专家教授参加"市民学校"授课。根据市民需求,安排内科、骨科、整外、血外、口腔、中医、营养、眼科等学科专家,利用业余时间参加授课工作,每年分春季、秋季两个班。教授们授课图片资料准备充分,讲课生动形象,语言通俗易懂,使社区居民受益匪浅。

2010年,根据上海市委组织部要求,医院与半淞园街道开展党建联建,并签订协议,双方通过党建共建、精神文明共建及专家进社区市民学校进行科普知识宣传,参与百年世博展。2010年,开展"世博先锋行动"党员志愿者地铁保畅通活动,在黄浦区半淞园街道统一组织下,医院党委组织部分党员志愿者赴上海地铁4号线西藏南路站执勤,激发广大党员为举办"成功、精彩、难忘"的世博会,发挥先锋模范作用,践行"奉献、友爱、互助、进步"的志愿者精神。

五、党建研究

2003年以来,医院党委开展各项党建课题调研,通过调查研究,将平时工作实践进行归纳总结,上升到一定的理论高度。2008年,医院党委党建课题《以党员主题教育活动创新党委核心作用的研究》获市教卫党委党建研究课题鼓励奖。2010年,医院党委党建课题《凝练世博经验 拓展党建联建 加快医院转型发展》获市委组织部调研成果实践类鼓励奖。同时,每年有党建研究论文获奖,并发表论文刊登在《中国医院管理》《党政论坛》《现代医院管理》《海南医学》等相关期刊上。

第二节 党员发展与教育

一、党员发展

1951年8月,上海市军事管制委员会接办医院后,医院成立联合党支部。1953年,医院成立独立党支部。1953—1966年,发展新党员34人,党员数增至86人。1966—1973年,因受"文化大革命"影响,发展党员工作陷于停顿。1974—1978年,恢复发展党员工作后,医院发展新党员66人,党员数增至199人。

表9-1-3 1953—2010年医院发展党员人数情况表

年份	发展党员人数	年份	发展党员人数	年份	发展党员人数	年份	发展党员人数	年份	发展党员人数
1953	1	1956	3	1959	2	1962	3	1965	5
1954	1	1957	1	1960	3	1963	2	1966	8
1955	2	1958	4	1961	2	1964	5	1969	

(续表)

年 份	发展党员人数	年 份	发展党员人数	年 份	发展党员人数	年 份	发展党员人数	年 份	发展党员人数
1970		1979	3	1988	17	1996	1	2005	5
1972		1980	2	1989	9	1998	21	2006	26
1973		1981	5	1990		1999	9	2007	35
1974	17	1982	7	1991		2000	18	2008	40
1975	20	1983	6	1992	5	2001	36	2009	23
1976	2	1985	12	1993	4	2002	8	2010	4
1977	15	1986	45	1994	1	2003	7		
1978	12	1987	20	1995	9	2004	4		

表9-1-4 1951—2010年医院党员人数情况表

年 份	党员人数	年 份	党员人数	年 份	党员人数	年 份	党员人数	年 份	党员人数
1951	2	1963	54	1975	267	1987	301	1999	492
1952	2	1964	54	1976	286	1988	320	2000	509
1953	4	1965	59	1977	233	1989	320	2001	542
1954	9	1966	86	1978	199	1990	320	2002	551
1955	7	1967	86	1979	198	1991	321	2003	585
1956	10	1968	88	1980	149	1992	332	2004	624
1957	22	1969	71	1981	211	1993	347	2005	604
1958	28	1970	83	1982	220	1994	368	2006	742
1959	37	1971	83	1983	207	1995	386	2007	768
1960	35	1972	86	1984	213	1996	406	2008	870
1961	49	1973	127	1985	261	1997	431	2009	897
1962	52	1974	181	1986	286	1998	456	2010	917

1978年,党的十一届三中全会召开后,医院党委认真贯彻党的路线、方针、政策。1979年,医院有党员数198人。1981年,发展党员5人,党员数增至211人。1983年,根据中央组织部注重在中青年知识分子和第一线优秀青年中发展党员,发展新党员6人。1984年起,医院党组织坚持"成熟一个,发展一个",逐个建立积极分子考察表,定期进行培养考察,一批经过考验的优秀知识分子被吸收到党内。1986年,发展新党员45人,全院党员数286人。1988年起,医院党委在发展党员工作中,坚持贯彻"坚持标准,保证质量,改善结构,慎重发展"的方针,把握"一线一流"的发展重点,注重做好学生、中青年医疗骨干中和多年未发展党员部门发展工作,不断提高新党员质量。根据上级党委要求,医院建立分党校,由党委书记简光泽兼任校长,首期培训班有20余名学员参加培训,同年,发展新党员17人,党员数增至320人。1993年,根据第二医科大学党委组织工作会议精神,医院党委做到入党积极分子参加培训全覆盖。1994年起,医院分党校举办各种类型培训班,其中除

了入党积极分子,还有党员干部、党支部书记、妇女干部等接受培训,使业余党校成为培养人、教育人的重要阵地。1995年起,各党支部建立党章学习小组,吸收入党积极分子参加。1998年后,医院党委副书记励永明兼任分党校副校长。2000年以来,医院党委强调今后一个时期重点从优秀大学生、研究生及临床一线优秀青年中发展党员,把重点培养对象放在35岁以下、副高以上职称、有研究生学历的青年。业余党校也把重点培养放在入党积极分子培养教育上,根据形势任务要求调整授课内容,并安排入党积极分子参加第二医科大学党校学习培训。1991—1999年发展新党员142人。2000年,发展新党员18人,全院党员数增至509人。2001年,发展党员36人,其中学生占44%,医护人员占38%,35岁以下青年占72%。全院党员542人,其中正高职称占13%,副高职称占21%,中级职称占36%。

2001—2010年,医院党委根据党员发展工作要求,坚持入党标准,规范入党程序,加强对党支部发展党员工作指导,积极吸收符合党员条件的青年医师、学术骨干等加入党组织,改善队伍结构,形成"素质优良、结构合理、规模适度、作用突出"的党员队伍,共先后发展党员188人。党委审批申请人入党前指派专人谈话,尤其是高级职称、副处级以上干部,由党委主要负责人亲自谈话。至2010年底,医院业余党校开办入党积极分子培训班,共培训入党积极分子600余人,全院共有党员917人。

二、党员教育

从20世纪50年代起,医院党组织对党员进行党在过渡时期的总路线、总任务教育。1955年,对党员进行"增强党的团结"的教育。1956年,党的八大召开后,对党员进行"集中力量发展社会生产力"的教育以及《党章》教育。1960年起,采取党课形式,对党员进行党的基础知识、阶级斗争、党的优良传统与作风、形势与任务教育。1966年"文化大革命"开始后,1967年2月,造反派夺权,党组织瘫痪,党员停止组织生活。1973年起,党支部开始建立学习制度,组织党员学习《毛泽东选集》四卷、毛泽东哲学著作和建党学说,学习《国家与革命》《共产党宣言》《法兰西内战》等马列著作,学习新《党章》等。

1978年,党的十一届三中全会召开后,医院党委组织党员学习《党的十一届三中全会精神》《建国以来党的若干历史问题的决议》《关于党内政治生活的若干准则》等一系列重要文件,对党员进行解放思想,实事求是、实践是检验真理的标准以及全党工作重点转移的教育。

1980年,根据党中央提出对党员要普遍进行轮训一次的要求,医院党委先后举办8期党员轮训班,共有165名党员接受轮训。同时,组织26名党员干部参加第二医学院党训班学习,3名党员干部参加市党训班,重点学习十一届三中全会以来路线、方针、政策,学习《党章》和《准则》。1982年,根据中央和市委的指示,在党的十二大召开前,医院党委对党员进行党性、党风、党纪教育。1983年,医院党委对党员进行社会主义初级阶段党的基本路线、坚持四项基本原则以及形势与任务的教育。1984年,组织党员学习中央规定的整党文件,进一步健全"定期召开支部党员大会、党支部委员会和党小组会,按时上好党课"的"三会一课"制度。1987年,举办党员党的基础知识学习班,进行党纪党风教育。1989年,对党员进行党章、党性、党纪教育。1994年,结合党员民主评议,对党员进行党员标准的教育。从1997年起,医院党委开展一系列主题教育活动,通过主题教育活动,进一步增强党员大使命感和责任感,增强党性观念。系列主题教育活动有:

【开展"三讲"教育】

1997年,医院党委根据党中央《关于在全党深入学习邓小平理论的通知》的部署集中一段时间,在全国县级以上党政领导班子和领导干部中,深入开展"讲学习、讲政治、讲正气"为主要内容的党性党风教育。坚持每月一次,有重点地组织党委中心组学习,提高领导干部政治素质,加强党性修养,端正思想作风,进行自重、自省、自警主题教育。在党员中开展"讲学习、讲政治、讲正气"为主要内容的立党为公,从政为民的教育活动。

【"一个党员一面旗帜"主题实践活动】

2001年,医院党委按照"三个代表"重要思想的要求,以优异成绩向建党80周年献礼,开展"一个党员一面旗帜"主题实践活动,在本市卫生系统率先实行每个党员佩戴党徽上岗及党员办实事、党员民主评议等形式,进一步发挥党员先锋模范作用、党支部战斗堡垒作用,为党旗争光辉,向建党80周年献礼。

【"双争双迎"系列主题教育】

2002年,医院党委开展"双争双迎"(我为党旗争光辉、我为九院争业绩,迎党的十六大、迎市第八次党代会)系列主题教育活动。在党员中开展"今天怎样当书记,当党员教师(党员医务人员、党员学生)",举行21世纪支部书记、医务工作者、教师、学生新形象交流会。同时,在党员中开展主题征文活动。这一年在全院职工代表大会上的民主测评中,医院领导班子的满意度达95%以上。

【"三学三比"活动】

2003年,医院党委开展"三学三比"(学时事政治、学科学技术、学先进,比业绩、比团结、比贡献)活动。要求做到"三个结合、三个提高"与党性修养相结合,提高党员干部政治思想素质;与医院、部门、个人工作实际相结合,提高医教研管理工作效率;与医院改革发展相结合,提高医院综合实力和整体形象。要求解决三个问题:牢固树立共产党员理想,坚定走中国特色社会主义道路的信念;坚持全心全意为人民服务宗旨,密切联系、团结群众,廉洁奉公;增强爱岗敬业的精神,积极投入改革,当"三学三比"的模范。

【"争创一流党员队伍"主题教育活动】

2004年,医院党委开展"争创一流党员队伍"主题教育活动。要求做到"三个增强""三个结合",达到"四个一流"目标。"三个增强"为增强大局意识,树立全院"一盘棋"思想;增强创新意识,树立运用创新思路破解医、教、研和改革发展中的难题;增强服务意识,树立全心全意为人民服务宗旨,树立正确"三观"。做到"三个结合"是与党性修养相结合、与部门、个人工作实际相结合、与医院改革发展相结合。争创"四个一流",即一流的医疗服务、一流的医技水平、一流的科教能力、一流的管理水平。

【保持共产党员先进性教育活动】

2005年,医院党委根据党的十六大精神,在全党开展保持共产党员先进性教育活动。共分三个阶段,学习动员阶段、分析评议阶段、整改提高阶段。活动历时一百余天,全院共发放意见征询表1 275份,召开座谈会77个,参加座谈会人数1 083余人。征求意见100余条。通过100余天的先进性教育,取得了预期成效:党的意识和党员意识普遍提高;基层组织得到加强;各项工作有所促进,达到两不误两促进,得到了群众的广泛认同。

【"五好党支部"主题教育活动】

2006—2007年,医院党委开展"五好党支部"(支委班子好、党员队伍好、制度建设好、工作业绩好、群众反映好)主题教育活动。活动中,坚持六个结合:与临床一线工作相结合、与医院"十一五"发展规划相结合、与上级文件精神相结合、与学科建设及人才培养相结合、与精神文明建设相结合、与和谐医院建设相结合。通过活动,在落实"医院管理年"活动全市检查获总分92.47分,在全市19所市级医院中排名第六。在精神文明全市万人问卷得分95.8分,在全市医院排名第九。

【"讲党性 重品行 作表率"主题教育活动】

2008年,医院党委开展"讲党性、重品行、作表率"主题教育活动,以"参与世博、服务世博、保障世博、奉献世博"为重要环节,以党员干部学习贯彻《中国共产党党员领导干部廉洁从政若干准则》为重点,以党性党风党纪教育为重要内容,引导党员干部牢固树立科学发展观,带头讲党性、重品行、作表率,以更加坚定的信念、更加自觉的行动,做服务世博、服务社会、服务基层的模范,努力构建人民群众满意的医院,缓解看病难、看病烦的问题。党委要求教育活动要与"世博先锋行动"相结合,与90周年院庆相结合,与医、教、研、管理日常工作相结合。

【科学发展观主题教育活动】

2009年,医院党委开展科学发展观主题教育活动,党委为学习实践科学发展观,提出"坚持科学发展,全面提升医、教、研、管理水平"这一实践载体,在医院发展、学科建设、人才培养、推进教育、服务患者、丰富医院文化和党的建设等方面,运用多种形式加以推进。活动历时半年,共分学习调研阶段、分析评议阶段、整改提高阶段,共确立调研课题15项,落实整改措施9项,群众测评满意率99%。

【"世博先锋行动"、创先争优主题活动】

2010年,医院党委根据上级党委要求,开展"世博先锋行动"、创先争优主题活动,全院党员干部和入党积极分子通过"世博先锋行动"签名活动,庄严承诺:在医疗工作中,刻苦钻研,努力提高医疗服务质量、服务态度,不断降低住院天数、就诊均次费,患者零投诉;在教学工作中,为人师表,精益求精,不出教学差错;在科研工作中,严谨踏实,积极撰写标书和论文;在管理工作中,身先士卒,认真为医、教、研一线服务,做全院医务员工的表率。全力以赴做好世博医疗保障工作。在世博保障工作中,一批党员获各级先进个人。

第三节 干部选拔和培养

一、干部选拔任用

1951年8月,上海市军事管制委员会接办医院后,进行人事机构调整,选拔任用15名行政科室管理干部,重点加强行政管理力量。医院党支部建立后,医院开始经历3年整顿期,选拔任用10名行政管理干部,充实各级行政管理力量。1956年后,随着党组织发展,医院根据"德才兼备"的原则,从医护人员中选拔培养一批支部工作的党务干部和行政科室管理干部41人,充实干部队伍。截至1966年5月,全院有党务和行政干部80余人。

"文化大革命"期间,干部选拔工作处于停顿,一批干部被靠边。医院干部人事权由工宣队、军宣队掌管,任用61名行政管理干部。

党的十一届三中全会召开后,医院建立党委,实行党委领导下的院长分工负责制,由两位党委副书记分管政工和行政。根据中央关于干部队伍"革命化、知识化、年轻化、专业化"的方针,选拔任用一批年富力强,懂专业的中青年干部,对中层干部、行政科室进行调整,调整13个行政科室,选拔任用一批行政科室正副科长,使干部队伍的文化、年龄结构趋于合理。1980—1982年,医院根据发展需要,先后选拔任用26名德才兼备,年富力强的中青年干部充实各级行政管理力量。

1984年,随着全党工作重点的转移和改革开放,按照干部"四化"的方针建设干部队伍,上级党委对医院领导班子进行调整,一批老干部退出领导岗位,进行新老交替,医院实行院长负责制,调整行政科室26个,对中层干部队伍进行调整充实,任用70余名中青年干部担任行政科室正副科长,使干部队伍年龄结构和知识结构更趋合理。

1993年,医院对科室领导班子进行调整,选拔任用正副科主任20人,平均年龄由54岁下降到47岁。1995年,建立后备干部考察培养考核计划。1992—1996年,共选拔任用副院长5名、处级干部11人、科级干部36人。1996年,进一步搞活用人机制,实行公开竞争,择优上岗,建立考察工作责任制、任前公示制等制度,并对5名干部实行交流或到上级部门挂职锻炼。1997年根据中央卫生工作会议精神实行院长负责制,根据党管干部的原则,医院党委重视后备干部的选拔和培养,对处级干部进行综合考核,并按照民主程序进行选拔和任用,选拔优秀中青年业务骨干充实到院、科两级管理岗位,其中处级干部2人、科级干部1人。

1998年,医院按干部"四化"要求考察干部,调整院、科两级领导班子,提拔任用院长1名、处级干部3人。调整行政干部23人,充实到党政管理岗位,充实到医、教、研、管理队伍,加强院、科两级管理。担任临床科主任27人,其中博士10人、硕士12人。1999年,提拔任用处级干部2人、科级干部1人。

2000年,医院党委实行干部聘用制,任用19名临床科室科主任,任用副院长1人、处级干部1人。2002、2003年,医院党委为优化领导班子年龄、专业结构,依据《党政领导干部选拔任用工作条例》提拔副院长、副书记各1人,还增加院长助理1人。2005年以来,医院对部门党政干部、科主任每两年考核一次,当年选拔任用行政科室科主任39人。2007年,医院配备1名副院长、1名副书记,选拔任用处级干部2人。

2008年,医院进行科主任述职考核,40人被聘任临床行政科主任,其中4名副主任主持工作,聘任行政科主任48人,其中博士以上学历占75%,通过述职考核,为科主任搭建公开、公平竞争,择优上岗的舞台,进一步完善干部绩效考核、岗位竞聘工作。

2009年,医院对干部选拔任用的程序、办法等作了明确规定,进一步完善干部选拔任用程序和手续,使干部选拔任聘用工作更加规范,形成制度化。2009—2010年,医院选拔任用副处级干部2人、正科级干部4人、副科级干部2人。

二、干部教育培养

1951年8月,医院建立联合党支部后,重点组织干部学习马列主义、毛泽东思想,坚持理论联系实际,推动各项工作。1963—1965年,对干部进行社会主义教育,提高干部思想觉悟。1964年,党总支对科级以上干部加强社会主义教育,努力培养又红又专的干部。1971年,针对发生的闻名全市的地下血库事件,在干部中进行政纪党纪教育。在1976年发生的唐山大地震中,医院派遣医疗队前往地震灾区抗震救灾,在困难面前经受了考验,从中培养了一批干部。1973—1977年,先后派遣6人参加援藏,通过援藏工作,使干部在锻炼中成长。

1978年,党的十一届三中全会召开后,医院党委组织科级以上干部学习,贯彻十一届三中全会精神。1980年,党委根据《中央宣传部、组织部关于加强干部教育工作的意见》,制订了干部培训计划,明确干部培训任务和要求,并认真加以实施。

1984年,根据上海市委组织部《关于大力开展干部培训工作的试行方案》要求,明确干部培训目标,通过干部培训,努力提高干部思想理论水平、专业知识、领导管理能力和解决实际问题的能力。

1985—1995年,医院重视干部学历教育工作,一大批干部参加学历教育,进一步提高干部文化水平,改善了干部队伍学历结构,提高干部队伍整体素质。1987年,对科级干部集中分期分批学习中央有关文件,开展形势教育、"两个基本点"、社会主义初级阶段教育。

1995年,医院党委制订干部培训计划,每月组织副处级以上干部参加党委中心组学习,并参加上海第二医科大学党校学习,先后有20多位处级以上干部参加市委党校或教卫党校学习,提高干部理论水平和管理水平。

1997年,根据上海第二医科大学党委有关做好后备干部的推荐工作要求,医院多次在全院科以上干部、民主党派代表等范围举行院、处级后备干部推荐工作,并加快干部培训工作,使一批中青年干部脱颖而出。1998年,医院组织院、处级干部参加为期两周的上海第二医科大学党校以"三讲"为主要内容的培训,进一步提高干部理论水平和政治素质。

2000年,医院举办中层干部参加的学习贯彻"三个代表"思想学习班,医院党委加大后备干部培养力度,建立后备干部库,有计划地输送年轻后备干部赴滇锻炼,赴上海第二医科大学、区卫生局及医院内党政部门挂职锻炼3~6个月。2001年,医院党委组织副处级干部举办学习党的十五届六中全会精神学习班,认真贯彻党的六中全会精神。

2003年,为加快干部培养,医院与上海交通大学分两次联合举办中层管理干部高级培训班,集中进行现代管理理论知识培训,并进行考核。2004年,召开中层干部会议,学习贯彻党的十六大精神。

医院党委历来十分重视对干部在实践中培养和锻炼,2003、2008、2010年,先后经历了抗击非典型肺炎、四川汶川大地震、世博医疗保障工作等,一批干部始终战斗在第一线,经风雨,见世面,经受考验,在实践中成长成才,走上各级领导岗位。

三、干部监督管理

干部监督工作是整个干部工作的重要环节,也是党的建设的重要组成部分。从1984—1986年起,医院党委定期对中层干部进行考核,进行党纪、政纪教育。1987年,医院党委健全干部考察制度和党内监督制度,加强党员干部教育工作,完成科级干部、业务干部考核工作。

1989年,党的十四届四中全会作出《关于加强党的建设的决定》,强调指出,"加强对干部工作的领导,制定干部工作的方针、政策,推荐和管理好重要干部,指导干部人事制度的改革,做好对干部人事工作的宏观管理和监督",是党管干部的重要原则。同年,上海第二医科大学党委下发《关于开展严格党的纪律,维护和坚持民主集中制教育的通知》。同年9月,医院党委根据上海市政府办公厅《上海市企事业单位领导干部保持廉洁的若干规定》,制订《党政干部廉政措施六条规定》,加强党政干部廉政建设。

1990年12月,上海第二医科大学党委将系统内副处级干部管理权限统一划归第二医科大学党委组织部管理。1995年,医院党委根据对党员领导干部的要求,对党委职能部门副处级干部实行公开竞聘上岗,通过竞聘上岗,最大限度体现"公开、平等、竞争、择优"的原则,被聘用中层干部公开述职和考核,建立起民主评议干部制度、干部管理监督制度,明确规定党政干部实行聘任制。同时,对医院党政领导参加学习及出席会议情况进行考核。1996年,在党委主持下,临床医学院办公室干部公开竞争,择优上岗。

1997年起,按照上海市委组织部要求,对干部监督管理方面采取"惩防并举"的措施,基本形成事前要报告、事后要评议、离任要检查、违规失职要追究的干部选拔任用干部监督体系,对领导干部定期进行反腐倡廉诫勉谈话,完善监督机制。党委坚持做好副处级以上干部的个人收入等情况的申报工作,对中层干部聘任上岗前进行集体诫勉谈话,以加强党风廉政建设。1998年,医院实施《科主任月度考核条例》,加强干部考核。2000年,医院制订《科主任离任经济责任审计制度》,对10个离任科室主任进行经济管理审计,对25名新任科级以上干部进行上岗前廉政谈话。

2002年,党中央颁布《党政领导干部选拔任用工作条例》,根据上海第二医科大学《党政干部任免工作的有关规定》,医院党委制订《关于党政干部任免工作的有关规定》,规定提拔任职的干部试用期为一年,任职前由党委领导进行上岗前谈话。每年举行医院党政领导述学述职述廉报告和测评。2007年,进一步完善干部轮岗交流、干部考核测评、干部学习培训、重要岗位干部离任审计制度等,在干部考核中遵照"实事求是,公道正派,全面考核,注重实绩"和德才兼备的原则,对干部考核做出全面评估。

2009年,根据上海交大医学院《领导干部经济责任审计实施细则》的通知要求,党委严格按照《干部选拔任用条例》及配套制度规定,对离任干部进行经济责任审核,使干部选拔、任用、管理工作科学化、规范化。

2010年,根据上海市委组织部《关于认真贯彻实施干部选拔任用工作四项监督制度有关问题的通知》和上海市教委党委组织干部处通知要求,医院党政领导认真贯彻落实4项干部监督制度。

第四节　统一战线与高级知识分子工作

一、政治协商、民主监督

1956年,医院建立党总支,由1名总支委员分管统战工作,定期召开统战工作座谈会,学习中央和上级党委有关文件,就本单位重大问题征求民主党派意见和建议。

1978年,成立医院党委,由党委书记亲自负责统战工作,统战工作纳入党委办公室职责,有专人负责联系,定期或不定期召开统战工作座谈会,传达贯彻上级有关统战工作指示精神。

1980—2010年,医院党委每年召开统战工作及民主党派人士座谈会,通报医院改革、建设发展情况、党风廉政建设等情况,就医院发展建设问题广泛听取民主党派负责人意见和建议。党委与各民主党派多党合作,政治协商,互相理解、支持、配合。党委与民主党派坚持"长期共存、互相监督、肝胆相照、荣辱与共",凡是医院内重大活动、重大人事变动、重大政策出台,定期或不定期召开民主党派座谈会、恳谈会、通报会,听取意见和建议,支持民主党派开展活动,形成多党合作、政治协商的格局。

二、参政议政

参政议政是民主党派重要职能。根据市委统战部对统战工作要求,医院党委积极推荐在本市乃至全国医学教育界中,有较高声望和影响的专家教授被选举为各级人民代表大会代表,被选举为各级政协委员。同时,积极支持民主党派、无党派人士和其他爱国人士参与对国家方针、政策、法律执行情况的检查和督促,反映社情民意,通过会议、提案、视察等手段,形成有价值的意见和建议,向政府反映问题,建言献策,体现参政议政水平。自1953年起,共产生4名全国政协委员、5名上海市人民代表大会代表、4名上海市政协委员、8名区人民代表大会代表和13名区政协委员。

表9-1-5 1953—2010年医院人大代表、政协委员情况表

年 份	届 次	类 别	姓 名
1953	第一届代表	蓬莱区人大	丁希庆
1957	第二届常委	蓬莱区政协	刘德尊
—	第三届委员	蓬莱区政协	朱尔梅
1977	第七届代表	上海市人大	刘德尊
1978	第五届委员	全国政协	张涤生
1980	第五届委员	南市区政协	刘瑷如
1982	第八届代表	上海市人大	刘德尊
1984	第六届常委	南市区政协	刘瑷如
1984	第六届委员	上海市政协	张涤生
1985	第九届代表	南市区人大	陈志兴
1988	第七届常委	南市区政协	刘瑷如
1988	第九届代表	上海市人大	杨宠莹
1988	第七届委员	上海市政协	张涤生
1990	第十届代表	南市区人大	陈志兴
1990	第八届委员	南市区政协	朱 昌
1990	第八届委员	南市区政协	刘 正
1990	第八届委员	南市区政协	徐济民
1990	第八届委员	南市区政协	关文祥
1993	第十一届常委	上海市人大	石四箴
1993	第八届委员	全国政协	戴尅戎
1993	第十一届代表	南市区人大	赵佩琪
1993	第八届委员	上海市政协	石四箴
1996	第九届委员	全国政协	石四箴

（续表）

年　份	届　次	类　别	姓　名
1998	第十二届代表	南市区人大	张志愿
1999	第十届常委	全国政协	石四箴
2003	第十届委员	上海市政协	冯希平
2003	第二届代表	黄浦区人大	张志愿
2003	第二届委员	黄浦区政协	简光泽
2003	第二届委员	黄浦区政协	曹谊林
2006	第三届代表	黄浦区人大	张志愿
2007	第三届委员	黄浦区政协	简光泽
2007	第三届委员	黄浦区政协	曹谊林
2008	第十二届代表	上海市人大	张志愿
2008	第三届代表	黄浦区人大	周礼明

1994年，左雯君任首届民盟第九人民医院支部主委。2000年，蒋跃庆任民盟第九人民医院支部主委。2005年，蒋跃庆任第二届民盟第九人民医院支部主委。2006年，蒋跃庆任第三届民盟第九人民医院支部主委，陈元美、陈福祥任副主委。

1987年，农工民主党第九人民医院支部成立，周正炎任主委。1985年，尹家宁任农工民主党二医大总支副主委。2002年，首届农工民主党第九人民医院总支成立，冯希平任主委。2006年，杨群任农工民主党第九人民医院总支主委。2010年，孙皎任农工民主党第九人民医院总支主委。

三、高级知识分子工作

【尊重知识　尊重人才】

医院党委重视高级知识分子工作，在政治上一视同仁，在工作上大胆放手使用，生活上给予关心和照顾，进一步落实科学发展观，发挥知识分子聪明才智为医院建设发展服务，推荐起用一批优秀知识分子担任院、科两级领导职务。在重点学科建设中，积极发挥老专家在医教研工作中"领头羊"作用。对于在学术和科研上有造诣的知识分子，提供必要的工作条件，支持他们参加国内外学术交流，有一批知识分子在国内外学术团体担任重要职务，促进国际学术交流。1978年以来，先后输送数百人次公派出国学习进修。对优秀中青年医师不拘一格选用人才，破格晋升高级技术职称。为调动中青年知识分子积极性，医院成立青年知识分子联谊会，同时，举荐他们参加市、区及二医大青联活动。医院党委积极落实知识分子政策，在医院内树立尊重人才、尊重科学、尊重知识、尊重知识分子的氛围。从1998年起，医院设立"优青培养基金"，为他们提供发展机遇。从政策上向有突出贡献的知识分子倾斜，如住房分配等，解决一批高级知识分子的后顾之忧。

【终身教授制度】

2000年，为充分肯定在医院及学科建设发展中作出突出贡献的或学术造诣深的，在国内外享有声誉的学科创始人、奠基人、带头人的老专家,医院设立终身教授制度,并遴选第一批终身教授4名,至2003年遴选两批共5名终身教授,加上第二医科大学遴选的1名终身教授,医院共有6名终身教授。

医院党委从政治、工作、生活等方面关心他们,提供并创造条件,通过终身教授演讲报告会等,积极发挥终身教授作用,为医院发展献计献策。遇到重大节日或生病住院,就上门家访探望,帮助他们解决实际困难。为发挥终身教授楷模作用,医院党委组织人员收集整理部分终身教授相关历史资料及学术成就录像片、回忆录等,进行资料搜集存档,并在新闻媒体广泛宣传。

第五节 历次重要政治运动

一、"抗美援朝、保家卫国"运动

1950年6月,朝鲜战争爆发。根据党中央指示,全国开展抗美援朝的宣传,兴起"抗美援朝、保家卫国"的运动。全院员工以高度的爱国主义和国际主义热情,投入抗美援朝运动。在"上海市医务工作者抗美援朝委员会"(后改名上海市抗美援朝分会卫生工作委员会)统一领导和动员下,在职工中广泛进行思想动员,组织政治学习。1950年,上海举行抗美援朝集会,后多次举行抗美援朝示威大游行,医院工会担任救护站救护工作。在欢送上海抗美援朝医疗队大游行中,全院70%职工参加大游行,并组织救护队参加救护工作。医院职工踊跃捐款支援抗美援朝,捐献药品等支援志愿军,捐献钱款救济朝鲜难民,不少职工子女捐出压岁钱,全院共捐款46万元(旧币),以实际行动支援抗美援朝。截止1951年12月,共捐款100.06万元(旧币)。

1951年1月25日,经中央人民政府卫生部批准,上海首批赴朝医疗手术大队出征。伯特利医院检验部化验员方步云、病室助理王东明参加第一批上海市抗美援朝志愿医疗队第三大队,赴长春、齐齐哈尔、通化救治志愿军伤员。

同年9月,从其他单位参加第一批抗美援朝医疗队归来调入伯特利医院工作的有护士吴行正、陈素珍、教育干事王鸣。

1951年,参加抗美援朝医疗队且日后成为医院员工的还有:当时在同济医院颌面外科担任主任的张涤生,任抗美援朝医疗手术队第二大队副大队长兼颌面外科中队队长。

当时在震旦大学医学院口腔医学系毕业的胡少鹏参加抗美援朝任军医。1964年调入医院工作。

当时在上海怡和医院任副院长的傅中义任医疗队第三大队第三中队副中队长,并荣立三等功。1953年4月,傅中义调入医院外科工作。

同年,参加第一批上海市抗美援朝医疗手术队的还有时任第四人民医院外科主任的陈文镜,于1952年4月,调入医院外科工作。

1951年入朝参战的还有后来担任医院领导职务的李铁庵,时任志愿军九兵团8师干部部长,后获朝鲜国家三级国旗勋章;祝平,时任志愿军20军直属炮兵团文化教员。

1952年初,在上海红十字会任职的曹裕丰参加第三批上海市抗美援朝志愿医疗手术队,担任总队长。同年9月,仁济医院骨科主治医师的毛文贤,报名参加上海市抗美援朝医疗手术队,担任第四批上海市抗美援朝志愿卫生工作队总队长兼第十二大队大队长,后调入医院工作。

1954年5月,上海第二医学院口腔系助教黄宗仁参加国际医防二十七队抗美援朝,1966年调入医院口腔内科工作。

二、"三反运动"

1952年2月,根据上海市卫生局党委部署,医院党支部对广大职工进行思想教育,开展反浪费、反贪污、反官僚主义的"三反运动",发动群众反对浪费;对党政干部侧重克服官僚主义,转变工作作风;对有经济问题的人动员他们主动交代问题,并主动退赔;对一些贪污问题进行查处,堵塞了漏洞,使员工树立勤俭办院的思想,这场运动历时三个月。

三、"三自"爱国运动

1953年春,医院根据中共上海市委部署开展"三自"爱国运动,按照全国宗教工作会议精神,支持和推动中国天主教、基督教"三自"(自治、自养、自传)爱国运动,发展和巩固反帝爱国统一战线。医院中时有基督教教徒14人,党支部依靠广大员工,团结争取基督教教徒,在医护人员中广泛宣传党的宗教政策,进行爱国主义教育。在开展"三自"爱国运动中,培养一批爱国积极分子,为建立爱国宗教组织,开展统战工作奠定基础。

四、"肃反运动"

1956年8月,根据中共上海市委统一部署,在医院党支部领导下,开展"肃反运动"。党支部(1956年12月升格为党总支)组织发动群众学习有关文件,对员工进行忠实教育,一些有历史问题的人作出结论及放下包袱,并组织内查外调,按照党的政策对原国民党反动党团、军政骨干人员进行甄别处理,至1957年春,整个"肃反运动"结束。

五、"整风运动"和反右运动

在医院党总支领导下,按照上级党委部署开展"整风运动"。运动中,医院内有13人被划为右派分子(其中医师6人、护士1人、医技2人、行政3人、教师1人),3人被定为坏分子。其中大部分在20世纪60年代初已先后改正。党的十一届三中全会后,根据中央精神,医院于1978年10月组成专门班子,分3个小组,对被错划右派案件进行内查外调复查,至1979年5月,对被错划为右派予以纠正,其中恢复职务、级别继续留在医院工作的有6人。

六、社会主义教育运动

1963—1965年,在医院党总支领导下,开展社会主义教育运动,重点反贪污盗窃、反投机倒把、反铺张浪费、反分散主义、反官僚主义,后发展为清政治、清经济、清思想、清组织的"四清"运动。一些干部从中受到社会主义教育,启发觉悟。但有一部分干部受到不应有的打击,直至1965年上半年才得到解脱。

七、"文化大革命"与拨乱反正

1966年"文化大革命"开始,在运动初期破"四旧"中,全院有75户职工被抄家。同年12月31日,发生造反派组织抢夺医院文书档案事件。

1967年1月,医院内造反派形成"联指"和"革联"两大派系。1月13日,造反派组织非法夺权,医院一批老干部、专家均靠边劳动。

1968年8月,医院成立"革命委员会",下设"六组一室",即办公室、组织组、政宣组、业务组、武保组、后勤组、教育革命组。同年9月,工宣队、军宣队进驻医院。

1969年10月,恢复党组织活动,医院成立整党领导小组,开始整党建党工作,全院86名党员,有50余名党员受到错误审查。

1971年后,在"批林批孔"等一系列政治运动中,一批老干部和知识分子在运动中受到冲击。

1976年10月,粉碎"四人帮"。1977年6月,工宣队、军宣队相继撤离医院。1978年,医院撤销"革命委员会"。党的十一届三中全会后,医院党委平反冤假错案,落实党的各项政策,开始把工作重点转移到医、教、研、管理工作上来。

1978年,医院党委抽调一批干部开展为期7个月的复查工作,对107名复查对象给予纠正,恢复名誉。对被迫害致死的潘振华、唐亿年予以平反昭雪、恢复名誉。1981年,对1959年反右倾时形成的案件进行复查,改正落实政策3人,改变原结论1人,清除影响1人。医院在反右运动中被划为右派分子13人、反党反社会主义坏分子2人,经复查属于错划,给予改正并落实政策。成立专门小组查找并归还75户在运动初期被抄家的物资。1984年,开展核查工作,对运动中形成的各类案件,逐一查清事实,并作出结论。

随着拨乱反正,落实知识分子政策,恢复干部技术职称,清理知识分子人事档案,解决知识分子中夫妻分居两地问题等工作,充分调动广大干部和知识分子积极性,一批老专家重新得到重用,成为业务骨干和学科带头人,医院进入新的历史发展时期。

八、整党工作

1983年10月,党的十二届二中全会通过《中共中央关于整党的决定》,明确整党的基本任务、方针政策和方法。医院设立整党办公室,具体负责整党工作,参加整党的党员有213人。1985年,党委做好整党工作准备,组织党员认真学习《中共中央关于整党的决定》等文件。至1987年5月,通过上级党委整党办公室对整党工作验收,党委决定撤销整党办公室,至此,整党工作基本结束。

第六节 老干部服务

一、沿革

医院从1984年开始有老干部离休,当时由人事科具体负责离休老干部工作,医院党委有1名副书记分管老干部工作,并把老干部工作列入医院党委重要议事日程,与老干部工作有关的事在医院党政领导班子商讨解决。1987年,根据上级规定,由医院党委副书记负责离休老干部工作,并有

1名干部专门负责老干部工作,时有离休干部8人。1999年,离休老干部工作纳入党委办公室职责,有专人负责离休老干部工作,主要工作是传达上级有关老干部工作指示,落实政治和生活待遇,组织老干部学习讨论、组织参观、安排疗休养,通报医院建设发展工作,听取老干部意见和要求等。对老干部离休后,确保基本待遇不变,生活待遇从优,发挥老干部的政治优势和作用。医院党委办公室先后有蒋秀风、俞军、胡如新负责离休老干部工作,时有离休老干部15人,其中享受局级待遇2人、正处级待遇1人、副处级待遇3人、正科级及以下9人。至2010年,医院有尚健在的离休老干部13人。

二、主要工作

【落实政治待遇】

医院党委关心支持老干部工作,坚持每月1次组织离休老干部政治学习,学习党和国家重大方针、政策,传达上级有关文件及会议精神,给每个老干部订阅多种报刊。组织老干部集体阅读文件等,政治上基本做到该听该看的文件尽量保证传达、传阅,通报医院重大改革与发展事项,每当遇到重大政策调整、重大决策、班子调整、管理人员培养等及时向老干部通气,倾听他们意见。每年除了上级部门组织旅游休养外,还组织一次老干部赴市郊或市内疗休养,先后组织老干部赴苏浙皖地区疗休养及参观中共一大、三大会址,纪念工农红军长征胜利70周年展览等。医院内重大活动、逢年过节、庆祝活动、职代会、整党、干部年会、各种类型的座谈会等重要会议,医院党委通知老干部参加。解决好老干部政治待遇问题,从政治上关心爱护老干部。同时,加强老干部思想政治工作,使老干部把思想和行动统一到党的路线、方针、政策上来。医院团委组织青年代表与老同志座谈,为青年进行革命传统教育。医院党委多次组织离休老干部党支部前去宝山烈士陵园扫墓。每年召开老干部迎春座谈会,通报工作,征求意见。

【落实生活待遇】

医院党委重视落实老干部的生活待遇问题,确保老干部工资按时发放,医药费按规定报销。在医院内住房困难的情况下,解决老干部住房困难问题。医院建立和完善老干部工作制度,对14级以上干部保证用车,每年在高温酷暑和逢年过节,或老干部生病住院时,医院党委领导上门走访慰问,送上慰问品,了解老干部生活、身体情况,对于老干部中的重点难点问题、有些重大事情,党委主要领导亲自关心,并协调解决。在医疗上能给予方便的尽量联系,包括老干部家属。同时,积极协助老干部局做好老干部社区养老工作,老干部社区养老覆盖达100%。

三、特色工作

老干部工作是党委的一项重要工作。医院每年举行重大活动都邀请老干部参加,充分体现对老干部关爱。为使老干部实现老有所养、老有所医、老有所教、老有所学、老有所为、老有所乐,老干部离休后不忘初心,积极发挥老干部作用。有的参加老干部大学或老年大学学习,有的编书写书撰写有关革命历史和传统的文章,有的担任社会工作发挥一技之长,有的用亲身经历为下一代讲述革命故事,教育下一代听党的话,跟党走。他们中有的撰写学术论文70余篇,出版专著10余本,有多篇论著及文学作品获各级各类奖项。2010年,在医院举办院庆90周年庆典会上,老干部李春郊获

"特别荣誉奖"。老干部燕山的名字和事迹被收录于中国国际交流出版社《世界优秀医学专家人才名典》,老干部们用行动践行"生命不息,奋斗不止"的精神。

第七节　档　案　管　理

一、沿革

自1951年8月后,医院开始档案资料的收集、整理工作。当时由医院行政办公室人员兼职整理档案文件,1984年起,由医院党委分管档案工作,党委由书记分管,党委办公室主任具体负责档案工作。1991年6月,医院成立档案室,陈祖亮任档案室主任,并设专职干部1名。至2010年,档案室有副研究馆员和馆员各1人。

二、档案管理队伍建设

1991年,医院重视抓好队伍建设,建立兼职档案人员职责,各部门配备档案专(兼)职人员,建立起院、科二级档案管理网络。各行政职能科室设立1名兼职档案员,负责本部门档案资料的收集和整理,形成医院档案工作体系。自1991—2010年,经过多次调整充实,截至2010年,全院有专职档案工作人员2人,兼职文书档案工作人员和科技档案工作人员20余人。

1991年,医院档案室成立后,加强对各职能部门的兼职档案人员的培养,每年召开档案工作会议,组织全体专(兼)职档案人员参观、学习,形成制度化。除了组织档案管理业务知识培训学习,还邀请上海市档案局和二医大档案馆的档案管理专家辅导点评,每次档案培训活动党委分管领导都参加,并做动员,使兼职档案员掌握一定业务知识和专业技能,普遍增强档案工作责任意识,并在全院范围内开展了档案法制宣传展览,提高医务人员档案法制意识。使档案管理工作在三甲医院评审和复评审中获得通过。1997年12月,医院通过了国家二级档案管理标准的评审,并获得国家档案局颁发的"科技事业单位国家二级档案管理标准"荣誉证书。

三、档案管理制度与信息化技术

【档案管理制度】

在医院档案管理中,科学规范的管理档案,是衡量医院业绩与管理水平的主要尺度,1969年8月,上海第二医学院附属九院"革命委员会"成立后,建立革委会组织机构负责外调接待工作,并建立档案借阅和查阅制度。1991年,医院建立档案室后,开始建立档案室人员岗位职责,建立健全医院档案管理制度,先后建立档案文件收集制度、文件归档制度、档案管理制度、档案查阅制度、档案借阅制度以及档案文件利用制度和科研档案管理实施细则。档案室坚持实行部门预立卷制度,归档立卷工作规范。使档案工作做到规范化、科学化管理,做到档案分类有方案,档案管理有细则,档案统计有台账,档案查找有目录,有条不紊地开展工作。

2006年12月,医院制订《九院档案管理办法》,明确"医院档案工作在党委分管书记统一领导下,做好档案工作""设在医院的口腔医学院、临床医学院和研究所的档案工作,受医学院、研究所和医院的领导"。同时,明确规定"档案室主要任务是负责接收、收集、整理、分类、鉴定、统计、保管全院各种门类和载体的档案及有关资料"。在《档案利用制度》中规定,"档案室保存的档案主要供本院各部门利用,其他单位查阅需持单位介绍信,经档案室或党办、院办负责人批准后方可查阅"。医院档案室集中管理党政、财会、科技、教学、基建、设备、音像、电子档案等8大门类档案,案卷质量基本符合国家标准。其中档案归档率100%,完整率98%,合格率99.5%。2009年,医院为档案室改善了档案库房,并使用密集架的形式收藏保管档案。

【信息化技术】

1993年,医院建立信息局域网,档案工作开始实行计算机辅助管理。2009年开始逐步落实和健全档案信息化建设,在医院内信息系统建立了档案信息平台,实施档案管理系统推进应用,实现网上电子公文起草、流转、审批和归卷等工作,方便公文收集、归档和查询。档案室承担了院志的撰写及资料提供,将医院成立70周年时编纂的《第九人民医院史》《第九人民医院纪事》《第九人民医院大事记》等4本册子全部扫描后挂在医院内网OA系统上,还将一本伯特利医院建院30周年出版的纪念册进行扫描、整理,并对现存的1920—2010年的7大类档案中选阅了2 000余卷,从中找出有价值的资料制作成电子卡片,提供给各部门的编纂人员,为编纂志书提供了可靠的史料,确保《院志》编纂工作的顺利进行。同时,更新和完善全院档案OA系统,分别新增了"科研档案""新闻档案"模块,将大量的原数据陆续的输入电脑,包括部分的案卷目录、卷内目录、照片、图纸等。"新闻档案"模块实时跟进医院新闻报道的内容,并将各种载体上的新闻挂到档案信息系统。医院为档案信息化工作投入了现代化的设备,添置了电脑、扫描仪、防磁柜、去湿机等设备。档案信息化建设为医院档案的收集、整理、归档、查阅电子化带来效益,并为医院行政办公的利用提供良好的服务。

四、档案编研成果

2000年起,医院档案室在原有档案门类基础上增加名人、专题档案,开始收集整理中国工程院院士档案,内容包含传记、学术交流、医教研活动、获奖资料、照片、报贴等。建立世博、院庆、科技文化节、国际会议等重大活动及《九院报》、画册、报刊剪贴等专题档案。

档案室撰写各类编研资料,编研成果有《第九人民医院院史》《九院大事记》《名医荟萃》《特色门诊》《第九人民医院纪事(1920—2006)》等近10余种,其中《博导风采》一书于2001年被评为上海市卫生系统档案编研成果展评会一等奖。

档案室积极开展档案科研工作,1999年,成立上海第二医科大学、上海医科大学、上海中医药大学附属医院档案协作组,九院档案室作为组长单位定期组织交流活动,九院档案室领衔主持了由上海市教委资助的研究课题"建立重大医疗成果档案的可行性研究",联合瑞金、仁济、新华、中山、华山等五家市级医院档案室,在国内首次开展建立重大医疗成果档案的可行性研究,为开创重大医疗成果档案提供了理论依据和操作方法,填补我国卫生事业单位医疗成果档案的空白。2000年,该课题通过市教委组织的专家委员会鉴定,获得2001年度上海市档案科研成果二等奖及2002年上海市卫生事业管理成果三等奖。上海市卫生局于2002年12月传达了《上海市重大医疗成果档案管理暂行规定》的通知,推广应用这一成果。

2006年以来,档案室面向全国,举办了有来自广东、湖南、四川等12个省市的百余名代表参加的四期《建立重大医疗成果档案》继续教育学习班,组织学员参观市档案馆等单位,有力推动医疗卫生事业单位医疗成果档案的建立和发展。1995—2010年,档案室在国内档案专业杂志上先后发表学术论文近10篇。2002年发表的学术论文《基层档案室编辑工作的探索与实践》获上海市卫生局新世纪档案工作展望征文二等奖。

1990年以来,档案室还担负着医院对外宣传报道工作,每年向新闻媒体提供百余篇稿件,刊登在本市乃至全国各大报刊上。

表9-1-6　2010年档案室库藏案卷情况表

档案类别	案卷数(卷)	档案类别	案卷数(卷)
党政档案	3 415	教学档案	2 116
科研档案	1 113	声像档案	68
世博专题档案	1	医疗成果档案	1
设备档案	331	基建档案	266
会计档案	4 514		

第八节　人民武装工作

一、沿革

武装部前身为武保部、武保组。1958年10月,医院划归上海市卫生局,属蓬莱区领导,医院建立武保部,孙茂云为负责人。同年,医院建立民兵营,孙茂云任民兵营大队长,民兵营有1个大队、3个中队、8个分队、30个小队,总人数为644人,其中基干民兵87人、预备役军官8人。1968年8月,成立上海第二医学院附属九院"革命委员会",下设武保组,由陈宝根(工宣队)任副组长。同年,医院建立民兵营。1970年12月,医院成立民兵营,下设5个排,第一批民兵有100人左右。

1974年4月,医院调整武保组,李连贺(军宣队)任负责人。同年9月,倪新德任副组长。1975年2月,陈宝根(工宣队)任副组长。医院成立武装基干民兵连,配备有半自动、全自动步枪20支,后全部上交。1976年调整后的民兵营由祝平任营长,倪新德、张风鸣、马加亮、陈宝根为民兵营主要负责人。1977年,医院对民兵组织进行了整顿。1978年,医院建立武装部,祝平任部长。1998年10月,简光泽任武装部第一部长,励永明任武装部部长,徐金明任副部长。

表9-1-7　1958—2010年历任武装部(组)负责人情况表

部　　门	任职时间	部长(组长)	任职时间	副部长(组长)
武保(部)组	1958—1966	孙茂云	1968—1977	陈宝根(工宣队)
	1974—1977	李连贺(军宣队)	1974—1978	倪新德
武装部	1978—1988	祝　平	2003—2007	徐金明
	1998—2010	简光泽(第一部长) 励永明	2007—	陈章达　张玲毅
	2010—	范先群(第一部长)		

二、武装部工作

【民兵训练】

从1958年起,武装部负责民兵军事训练的组织领导和保障工作。医院民兵分为基干民兵和普通民兵两部分,训练以射击、投弹、站岗放哨、战地救护、防空演习及战备执勤为主。同时,还承担协助公安部门维护社会治安工作。1978年,医院后勤、卫校民兵连获南市区"民兵工作先进集体"。1979年5月,为提高民兵工作和民兵军政素质,武装部组织260名民兵参加南市区、上海第二医学院武装部举行的民兵军事小组比武会,包括射击、投弹、游泳等"三防四大技术"比赛。

1980年,医院开始恢复民兵训练,由武装部每年根据上级军事部门的指示,开展与医疗业务相关的战地救护民兵训练。1987年,在华东军区防空演习战地救护中取得良好成绩,受到市有关部门表扬。1992年,根据区统一部署,医院开展民兵基层建设达标创先活动,经考评验收。

1994年5月6日,医院武装部组建卫生队,并正式纳入上海陆军预备役高射炮兵师第二团。卫生队由医院牵头组建,就近联系市二医院、区中西医结合医院和豫园商城等单位,卫生队编制共25人,其中军官7人、队长1人、军医2人,下设二个班。卫生队由院武装部第一部长、武装部副部长及内科、外科、骨科、放射科、检验科、药剂科等科室骨干组成,主要任务是参加及保障预备役部队演习及实战时的需要。为此,卫生队多次参加陆军预备役军事训练,完成所承担的训练任务。

1996年,医院武装部组建应急分队,由副院长朱也森、武装干部徐金明任应急分队队长、孙大麟、倪峰任正副指导员,队员由各科室主任、副主任等业务骨干26人组成,同时,经区武装部批准,有24名医务员工加入中国人民解放军上海预备役部队。

1996年1月,医院获1995年度南市区"民兵基层建设达标单位",徐金明获区"先进专职武装干事",简光泽获区"先进民兵工作者"。1997年,简光泽获区民兵工作"三落实"先进个人。1998年,医院建立民兵团,由医院党政领导及主要职能部门主任、副主任担任民兵团各级领导。主要任务是负责委派人员参加市、区组织的民兵训练及演习任务。1999年,医院获黄浦区"民兵基层建设达标先进单位"。与此同时,医院每年组织新职工先后赴周浦部队、张江某部高炮团、上海边防总队教导大队进行岗前培训,以提高职工军政素质。

1999年以来,武装部先后多次承担并完成上级军事机关交给的抢险救灾、军事训练等工作任务。2010年是世博年,医院武装部共派出12人次与街道协作中心多次参加世博安保任务,在世博会举办期间,医院民兵有5人被编入民兵应急防化二连,参加上海警备区集中组织的世博开幕庆典、开园仪式、世博高峰论坛、闭幕盛典备勤和世博人流集中疏导的安保任务。2010年12月,医院获黄浦区"民兵世博安保先进单位"。同年,武装部获黄浦区"先进武装部"。有5人获上海市警备区、上海市世博局世博安保"训练标兵"。

【兵役工作】

医院征兵工作开始于1992年,由医院武装部根据区征兵办要求做好征兵宣传工作,组织适龄青年学习《上海市征兵工作条例》,宣传服兵役义务与责任,支持有志青年参军入伍,报效祖国。1992年12月—2001年12月,医院武装部先后保质保量完成征兵任务,为部队选送沈道洁、万明浩、吴晨艳、刘锋、仇晓亮、崔亚萍、冷强、孙洪等8名新兵,其中2人入党,6人被评为"优秀士兵"。在选送新兵后,武装部坚持家访制度、书信联系制度、定人联系制度、入伍战士回沪探亲谈心制度,关心部队建设,配合有关部门做好拥军优属工作。

同时,医院领导十分重视发挥复、转、退、预备役军人作用,有的在部门担任行政领导,发挥业务骨干作用。每年"八一"前夕,对复、转、退军人进行慰问。

【拥军优属　军民共建】

从20世纪70年代起,医院与部队开展结队共建活动。医院武装部以弘扬"双拥"传统,服务国防建设为主要工作目标,积极开展"双拥"创建活动,把"双拥"工作作为一项重要政治任务,由医院党委书记担任"双拥"工作领导小组组长,医院副院长担任副组长,院党政领导及主要科室负责人为组员,统筹谋划"双拥"工作指导思想、工作目标、主要任务和具体措施。建立健全"双拥"工作层次管理网络,每年召开一次武装部工作会议,协调和落实相关政策,各职能部门积极发挥行业优势加以配合。每年组织参加市"双拥"办组织的义诊活动,"八一"建军节慰问共建部队、慰问院内复、转、退军人及军属,走访部队慰问现役在职职工,春节慰问共建部队,并和部队官兵一起参加联谊活动等。

医院建立"双拥"领导小组,有专人负责日常工作。医院自1984年起,与周浦部队(83304部队)开展军民共建活动,每年两个医院党政领导相互交流通报工作,建立互帮互学制度,组织专家教授为军人服务。每年"八一"前夕,两个医院领导共同总结交流共建共育经验,参观军史陈列室,进行革命传统教育。医院派遣医疗骨干到部队医院查房带教,帮助部队医院建立五项制度(查房带、专业对口帮学、手术带教、进修、专家讲学制度),为部队军医举办进修班,接受数十名军医来医院进修,为部队医院培养军地两用人才。

1960年,俞曾娴获"上海市转业复员军人社会主义建设积极分子"。

表9-1-8　1994—2010年医院荣获市级荣誉称号情况表

年　份	荣　誉　称　号
1994	上海市军民共建共育先进集体
1996—2007	上海市拥军优属模范单位
1997—1998	上海市军民共建社会主义精神文明先进集体单位
2003	上海市拥军优属先进单位

第二章 工会、青年与妇女工作

第一节 工会工作

一、沿革

【伯特利医院时期】

1949年6月,上海市成立上海市医务工会筹备会。同年6月,伯特利医院工会进入筹备阶段,为此伯特利医院制定《工会改选计划》和《工会选举办法》,并将医院员工编为门诊部、住诊部(甲)、住诊部(乙)、手术部、产孕部、化验部、总务部、护校部、膳食部、浆洗部10个工会小组。6月23日,伯特利总院举行工会成立大会,时有会员44人。同年10月,伯特利医院成立上海医务工会第24分会,选出主任干事梅国桢、陶庸拂,总干事徐士芳,总务干事徐士芳、张菊魁,福利干事高士良、周青云,文教干事魏蘋珍、王世洪,康乐干事曹淑勤、王雪焦,并向上海医务工会组织部报备。

1950年2月7日,上海市第一次工人代表大会召开,通过《上海总工会章程》及相关决议,宣布上海市总工会成立。伯特利医院工会重新向上一级工会提出建立工会组织请示报告。并将门诊、药室、内外科、产科、手术化验、总务、衣食、护士学校编为8个工会小组。同月,伯特利医院工会召开会员大会,出席会员81人,大会民主选举陶庸拂为医院工会主席、方步云为医院工会副主席。下设7个部门。

表9-2-1 1950年伯特利医院工会组织情况表

组织名称	主任	副主任
组织委员会	徐士芳	陈素明
生产委员会	高士良	周多加
劳保委员会	方步云	张菊魁
文教委员会	陶庸拂	吴梅兰
女工委员会	施乐中	王世洪
青工委员会	俞祥祯	曹淑勤
总务委员会	李翠芳	刘光辉

同年4月,医院加入上海市医院联合会。同年5月,伯特利医院职工加入上海市总工会,编为上海医务工会第24分会,伯特利医院工会为工会会员颁发会员证。

同年,在抗美援朝运动中,伯特利医院工会组织登记委员会,协助院方办理登记事项、调查医院历史、清点物资、审查账目。同年2月,因遭"二·六"敌机轰炸,本市电力不足,影响生产,伯特利医院工会号召全院职工节约用电,全院原每月用1 238度电,节约后只用182度电,减少85%用电量,以实际行动帮助恢复生产。同年4月,工会积极响应上海市总工会号召职工踊跃捐献日薪,救济失业工人,并将款项送交医务工会。同年5月,工会召开大会,有87名职工在和平呼吁书上签字,支援抗美援朝。同年6月,工会开展保卫世界和平运动宣传。同年7月,工会组织政治学习,肃清美帝文化侵略的影响。在开展夏令防疫运动中,工会组织防疫队深入里弄、工厂、学校为25 000余名市民注射疫苗。与江南造船所、日信纺织厂、中央码头工会等20家工厂签定特约诊病合同。在抗美援朝与恢复生产的大运动中,工会积极发挥作用。同年11月,上海举行抗美援朝集会,多次举行抗美援朝示威大游行,伯特利医院工会担任救护站救护工作。在欢送上海抗美援朝医疗队大游行中,全院70%职工参加大游行,并组织救护队。在工会动员下,医院及会员捐献药品等支援志愿军,捐献人民币救济朝鲜难民,不少职工子女捐出压岁钱,共捐款人民币7 230 400元(旧币),以实际行动支援抗美援朝。1951年8月,工会会同行政请求政府接办医院,并订立工会《爱国公约》。

【接办后】

1951年8月,上海市军事管制委员会接办医院后,重组工会委员会,王鸣任工会主席。1954年1月,经改选,由陈天朴任第二届工会委员会主席。1959年2月与1966年4月,经改选,由傅中义任第六、七届工会委员会工会主席。"文化大革命"期间,医院工会停止活动。

1978年12月,根据市总工会和上海市医务工会文件精神,成立工会筹备委员会。经筹备,1979年3月,恢复工会委员会,选举产生第八届工会委员会,由彭莲英任工会主席,时有工会会员789人。1980年,按照上级工会要求,成立部门工会。1982年,成立8个部门工会。同年7月,成立第九届工会委员会,由祝平任主席,时有工会会员1 329人。1986年11月,成立第十届工会委员会,由简光泽任主席,时有工会会员1 561人。1989年5月,选举产生第十一届工会委员会,由简光泽任主席,时有部门工会23个,工会会员1 758人,有专职工会干部5人。1993年9月,经改选,选举产生第十二届工会委员会,由徐春扬任主席。1996年7月与1999年7月,经改选,由徐春扬任第十三、十四届工会主席。2004年,经选举,励永明任第十五届工会主席。2009年9月,经选举,范先群任第十六届工会主席。至2010年,医院有部门工会21个,工会会员2 205人,有专职工会干部3人。

表9-2-2　1951—2010年医院历届工会委员会正、副主席情况表

届　次	任职时间	主　席	副　主　席
第一届	1951—1953	王　鸣	
第二至五届	1954—1959	陈天朴	赵　衍　陆道炎　俞曾娴
第六届	1959—1966	傅中义	俞曾娴
第七届	1966	傅中义	乌爱菊　冯　鸣
第八届	1979—1982	彭莲英	唐远明　刘　桢　吕姚梅
第九届	1982—1986	祝　平	吕姚梅　黄寿康　林国础
第十届	1986—1989	简光泽	吕姚梅　林国础　袁莹萍
第十一届	1989—1993	简光泽	林国础　袁莹萍　杨鹏飞
第十二届	1993—1996	徐春扬	袁莹萍　倪　锋　杨鹏飞
第十三届	1996—1999	徐春扬	袁莹萍　倪　锋
第十四届	1999—2004	徐春扬	倪　锋

(续表)

届次	任职时间	主席	副主席
第十五届	2004—2009	励永明	蔡依群 蔡以理
第十六届	2009—	范先群	周慧君

二、民主管理

医院工会于1979年建立职工代表大会制度,召开第一届职代会。第一届职代会时正值国家对医院财政拨款由原来的"差额补助"改为"全额定额补助、结余留院"的办法,这一年又是医院实行奖金分配的第一年,当时医院财政赤字13.4万元。在职代会上,医院向全院职工提出"三提高"(提高医疗质量、服务质量、提高工作效率、提高医院管理水平)为中心的增产节约运动。号召全院职工争取全年结余25万元的目标,职代会后,经过全体职工的共同努力,终于扭亏为盈,全年结余37万元。

医院坚持以职代会为载体的民主管理制度。自1979—2010年,定期召开职代会,认真听取职工的意见和建议,积极发挥工会组织作用。职代会主要内容是听取和审议院长工作报告、财务预决算报告,报告上届职代会提案落实情况,听取医院领导述职报告,民主评议医院党政领导,讨论医院重大改革、重大经济方案及措施,重要规章制度等。职代会还成立医教研质量管理委员会、财政管理委员会、劳动工资管理委员会、生活福利管理委员会等组织,进一步加强医院管理。医院实行职代会制度以来,共收到职工代表提案千余条,大多数提案得到落实,已成为民主管理中不可缺少的一部分。

1979年,医院建立职代会制度,参会代表102人。至2010年,共召开11届职工代表大会,职工代表由各部门工会民主选举产生。2010年,职工代表人数为160人。

表9-2-3 1979—2010年职代会讨论通过的部分重要条例情况表

职代会名称	时间	重要条例名称会议内容
第一届职代会	1979.12—1982.3	通过《关于考勤、考核、评奖办法的草案》《关于改革奖励办法的意见》
第二届职代会	1982.3—1985.12	修订《奖金发放办法》,审议《房屋分配方案》《上海第九人民医院院规》《岗位责任制考核办法及试行浮动岗位津贴细则》《机构设置和人员编制》
第三届职代会	1985.12—1988.5	审议通过"七五"规划
第四届职代会	1988.5—1991.4	通过《关于奖金分配的若干规定》,成立第九人民医院口腔医学院院务委员会、第九人民医院口腔医学院学术委员会、第九人民医院口腔医学院学位评定委员会、第四届职代会专门管理委员会
第五届职代会	1991.4—1993.4	通过《职工住房分配方案》《奖惩条例》《岗位待配条例》《职工公费医疗细则》《关于加强各科(部门)考核工作的意见》《第九人民医院聘任条例》《人才开发调节工作条例》《关于劳动争议仲裁实施办法》《第九人民医院超劳务提奖扣发细则》《第九人民医院科技改革方案》《教学设备改革方案》《关于后勤改革的实施方案》《第九人民医院分配制度改革试行办法》

(续表)

职代会名称	时间	重要条例名称会议内容
第六届职代会	1993.4—1995.4	通过《奖惩条例》《综合目标管理改革总体方案》《职工奖惩条例》,成立四个专门管理委员会(医教研质量管理委员会、财政管理委员会、劳动工资委员会、生活福利管理委员会)
第七届职代会	1995.4—1997.4	通过《奖惩条例》《第九人民医院分房条例》《第九人民医院聘任条例》《第九人民医院离岗待聘条例》《第九人民医院教学补贴实施方案》《职工住房补贴意见》
第八届职代会	1997.4—1999.7	通过《九院职工住房分配条例》《九院职工奖惩条例》《科主任考核条例》《科室经济管理条例》《人才培养院级基金管理条例》《医务人员外出学习、培训、进修管理条例》《职工保健医疗管理制度》《医院综合目标管理新方案奖金发放办法》《关于对基础、考核奖的发放标准及扣除意见》《九院职工奖惩条例》《职工保健医疗制度》
第九届职代会	1999.7—2003	通过《九院职工住房补贴条例》(试行)、《后勤服务社会化实施意见》、《科室经济管理条例》、《医院劳动人事分配制度改革总体方案》、《九院科室经济分配方案》、《九院聘用合同制实施方案》、《九院聘用合同管理办法》、《九院岗位聘任工作管理条例》、《九院岗位聘任管理条例》、《九院院内提前退岗休养管理办法》、《九院职工自动离院经济赔偿费处理暂行规定》、《九院人事争议暂行办法》、《九院编制职工院内提前退岗休养实施办法》、《九院工人编制职工院内提前退岗休养实施办法补充意见》、《九院工人编制职工实行委托管理的意见》,成立三个专门小组(民主管理小组、劳动争议调解小组、劳动保护监督小组)
第十届职代会	2003—2009.8	通过《职工代表大会提案工作办法》《医院员工手册》
第十一届职代会	2009.8—	通过《医院员工各类假期工资扣除办法》《医院"十二五"发展规划》

三、劳动保护和生活保障

医院工会成立以来,工会就是职工之家,工会把慰问关怀职工、救困济贫作为一项重要工作来做,坚持做好送温暖和日常慰问工作。

【高温慰问】

为维护高温期间职工身体健康,切实改善职工工作条件,保障职工安全与健康,医院党政领导每年高温季节重点对战高温部门开展"送清凉"活动,向一线高温部门(包括露天作业)职工赠送防暑降温用品,嘱咐员工注意防暑降温,督促落实防暑降温措施。与此同时,各部门职工代表在院工会主席带领下,进行例行防暑降温安全检查,并慰问战高温部门职工,赠送防暑降温用品。

【慰问劳模和援外援疆医疗队】

医院自1957—2004年先后有8名职工获得全国、上海市"劳动模范"荣誉称号。按照市医务工会统一部署,每年春节前夕,由医院党委、工会领导上门对劳动模范进行慰问,并送上慰问金,以示党和国家对劳模的重视和关心。同时,及时慰问抗震救灾、援外援疆医疗队员和家属,帮助他们解决后顾之忧。

【困难职工和患病职工慰问】

对困难职工和患病职工慰问,由院工会和部门工会共同进行。院工会重点对患大病、遇灾的职工进行慰问,把慰问金和慰问品送到职工手中,鼓励职工要有战胜困难和疾病的信心。每年春节前夕,院党政和工会领导走访部分特困职工家庭,赴医院探望患病住院职工,为他们送去慰问品。从1980年以来,慰问困难职工和患病职工近千人次,使职工深感大家庭的温暖。

为及时掌握困难职工情况,工会建档立卡,实行规范动态管理。遵照上级精神,结合医院实际,两次修改"九院职工困难补助标准""九院救急济难基金实施细则"健全职工互助金的管理,做到严格控制享受条件,适当提高补助标准,切实缓解职工生活困难。争取上海市总工会帮困基金、上海市医务工会救急济难基金、区红十字会等院外渠道共同解决职工困难。

【救急济难基金】

2001年,医院根据市总工会《关于实施送温暖工程》、市政府《关于加强本市职工医疗互助救助工作》等文件要求,为发扬职工互爱、互助、奉献的精神,缓解职工因大病、重病带来的困难,医院制定《九院职工住院医疗互助互济保障办法(试行)》,修改《九院困难职工救济实施细则》,建立由财务处、人事处、保健科、退管会、院办、党办负责人、院党政工领导组成的保障金管理委员会。自2001年3月19日起实施。至2010年共有310名职工获得《九院职工救急济难基金》补助,1 333名职工得到《九院职工住院医疗互助互济保障基金》资助。

表9-2-4 1995—2010年职工救急济难基金及住院互助互济基金使用情况表

年 份	职工救急济难基金		职工住院医疗互助互济保障基金	
	受助人数	金额(元)	受助人数	金额(元)
1995—2000	105	52 200		
2001	18	13 200	48	40 780.14
2002	19	19 900	112	88 497.41
2003	24	26 900	115	105 872.55
2004	22	22 800	127	84 296.5
2005	21	14 200	125	107 430.2
2006	15	12 900	116	82 989.32
2007	18	13 800	154	115 107.12
2008	25	20 700	199	139 881.16
2009	28	27 500	173	153 293.71
2010	15	9 900	164	136 944.86
合 计	310	234 000	1 333	1 055 092.97

【职工疗休养】

职工疗休养优先安排一线职工,尤其是长期从事有毒有害岗位的职工、先进模范人物,按计划分期分批进行。1980年开始参加市医务工会组团疗休养。2000年前,疗休养费用由医院福利费开支,后经调整改革疗休养费用不足部分由个人承担。2000年后,医院每年组织3~5批,每批20~40人不等。疗休养地点分布全国各地,自20世纪80年代以来,已有千余名职工享受疗休养。此外,按照市医务工会统一部署,每年由医务工会为全国、上海市"劳动模范"安排一次疗休养,费用由医院福利费开支。还有专门为献血职工安排的短期疗休养、医务工会安排医疗队队员为期三天疗休养等。每次疗休养由工会专职干部负责带队。虽然每次时间有限,但也有助于增强职工凝聚力,使职工在紧张的工作中得以放松心情,陶冶情操。

【医院职工班车】

为方便居住在离单位较远的职工上下班,医院自1991年起开设浦东三林、闸北共康二条班车线接送职工上下班,1996年又相继开设田林、梅陇班车,共四条班车线接送职工上下班。2004年后,随着地铁线路开通,经院务会讨论决定,医院停止使用班车接送职工上下班。

四、文娱活动及文体比赛

20世纪50年代,医院工会工作较活跃,周末组织舞会、文艺活动,有时与外单位联合举行文艺晚会,组织员工体育比赛。"文化大革命"中工会组织停止活动。"文化大革命"后,工会组织恢复正常活动,开展文艺及体育活动,以丰富职工文化生活。

1982年以来,工会组建足球队、乒乓球队,多次参加市医务工会组织的"医工杯"足球赛等。为增强职工体质,工会每年组织合唱、舞蹈、广播操、桥牌、乒乓球、拔河、跳绳等比赛。各部门派代表队参赛,职工参与面广,达到锻炼身体、发掘文艺、体育人才目的,为繁荣医院文化作出贡献。1998年,医院整修开放篮球场,利用地下室开放图书室、乒乓房、棋牌室等活动场地,丰富职工文体生活。

在上海市卫生系统、上海交大医学院举办的各项艺术节、运动会、歌咏比赛中,医院代表队1982年获首届"医工杯"广播操比赛第二名;1983年获市医务工会"医工杯"足球赛亚军;1994年获市卫生局桥牌比赛第一名;2010年获交大教职员工运动会广播操比赛一等奖和入场式表演鼓励奖等。还多次组队参加交大医学院及社区举办的运动会、合唱比赛并获奖。

表9-2-5 1981—2010年职工文娱活动及职工文体比赛项目情况表

年　份	活　动　项　目
1981	职工业余生活作品展览会
1982	上海市医务工会第一届"医工杯"广播操比赛(第二名)
1982	摄影、集邮、绘画、书法展览
1983	上海市医务工会"医工杯"足球赛(亚军)
1985	庆祝"六一"开展科学育儿咨询
1987	举办首届医院艺术节,美术、书法、摄影、舞蹈、声乐、器乐、戏曲和医务职工仪表风貌表演赛
1993	纪念毛泽东诞辰100周年系列活动全院歌唱怀念毛泽东歌曲比赛,上海市卫生系统庆祝建国45周年歌咏比赛十月歌会
1994	二医大体育运动会,上海市卫生局桥牌比赛(第一名)

(续表)

年　份	活　动　项　目
1996	纪念红军长征60周年歌咏大会歌咏比赛
1997	爱我中华,迎香港回归系列活动;第二届艺术节香港回归知识竞赛;画廊专题评比;书法、摄影展览会
1998	纪念十一届三中全会20周年系列活动　纪念邓小平逝世一周年诗歌朗诵会,医院改革与发展画廊,学习邓小平理论研讨交流会
1999	举行"双庆双迎"第三届艺术节,以歌咏、病区"四化"病史书写、操作比赛、英语演讲等各种比赛参加上海第二医科大学举办的歌咏会
2000	纪念建院80周年系列活动:文艺演出、九院报特刊和画廊展示
2000—2004	参加二医大举办"上海时代精神辩论赛"、"我心中的榜样"英语演讲比赛、"世博"与上海发展大讨论征文
2009	"世博会的过去、现在与将来"讲座,职工迎春冬锻条长绳比赛,"世博礼仪与文明观博"讲座,职工烹饪比赛,职工卡拉OK比赛

五、劳模、先进评选

20世纪50年代,党和政府召开全国性劳模和先进生产者代表大会,医院工会积极做好劳模及先进工作者的推荐申报工作,做好劳模和先进工作者的事迹宣传工作,大力弘扬劳模精神,充分发挥劳模示范引领作用。1956年,邱蓁勒获评上海市劳动模范。

1979年,恢复评选劳模,规定每两年评选一次。至2010年,医院获评全国先进工作者2人(等同于全国劳动模范),获评上海市劳动模范8人。口腔颌面外科被评为"中华全国总工会模范职工小家"并获得"全国工人先锋号"荣誉称号。

1985年2月,中华全国总工会为表彰在"四化"建设中有突出贡献的先进职工、先进集体,对先进个人颁发"五一"劳动奖章,授予荣誉称号,对先进集体颁发"五一"劳动奖状,授予全国先进集体称号。至2010年,医院获得个人和集体全国"五一"劳动奖章、奖状各1次。

1989年4月,国务院颁布《关于召开全国劳模和先进工作者表彰大会的通知》,规定每五年召开一次,至2010年,医院有2人被评为全国先进工作者,4人被评为全国卫生系统先进工作者。

表9-2-6　1956—2010年获全国、上海市工会系统个人、集体奖项情况表

年　份	获奖部门/个人	奖　项
国家级集体奖项		
1998	口腔颌面外科	中华全国总工会全国模范职工小家
2008	第九人民医院抗震救灾医疗队	中华全国总工会"抗震救灾　重建家园"工人先锋号
2008	口腔颌面外科	全国"五一"劳动奖状
2008	口腔颌面外科	全国工人先锋号

(续表)

年 份	获奖部门/个人	奖 项
国家级个人奖项		
1987	刘瑷如	全国"五一"劳动奖章
1989	刘瑷如	全国先进工作者
1993	李海生	全国"五一"劳动奖章
2005	曹谊林	全国先进工作者
上海市集体奖项		
1984	口腔颌面外科病房护理组	上海市劳动模范集体
1991	骨科	上海市劳动模范集体
2004—2006	口腔颌面外科	上海市劳动模范集体
2008	口腔颌面外科	上海市工人先锋号
2008	第九人民医院抗震救灾医疗队	上海市总工会"抗震救灾 重建家园"工人先锋号
2010	第九人民医院世博园区医疗队	上海市工人先锋号
部、委、上海市级个人奖项		
1956	邱蒝勒	上海市劳动模范
1981	张涤生	上海市劳动模范
1983	张锡泽	上海市劳动模范
1985	刘瑷如	上海市劳动模范
1988	龚中杰	全国模范护士
1991	李海生	上海市劳动模范
1993	李海生	全国优秀卫生工作者
1994	刘 正	全国卫生系统先进工作者
1995	王惠芬	上海市劳动模范
1997	邱蔚六	上海市劳动模范
1999	戴尅戎	全国卫生系统先进工作者
2000	刘 正	上海市劳动模范
2004	邱蔚六	全国卫生系统先进工作者
2004	曹谊林	上海市劳动模范
2007	范先群	全国卫生系统先进工作者
2010	沈国芳	全国医药卫生系统先进个人称号

表9-2-7 1981—2010年获得的工会系统其他奖项情况表

年 份	获奖部门/个人	奖 项
上海市级集体奖项		
1997	营养科炊事班	上海市红旗班组
1997	门诊注射室	上海市文明班组

(续表)

年　份	获奖部门/个人	奖　项
上海市级集体奖项		
1998	老年病科	上海市文明班组
1999	口腔颌面外科	上海市文明班组
1999	心内科	上海市文明班组
2001	组织工程实验室	上海市红旗班组
2002	整复外科	上海市模范职工小家
2004	心内科	上海市红旗班组
2004—2006	口腔颌面外科	上海市红旗班组
2005	口腔修复科	上海市模范职工小家
2008—2009	第九人民医院	上海市最满意企(事)业单位
2010	第九人民医院	上海市卫生系统世博工作优秀集体
2010—2011	第九人民医院	上海市最满意企(事)业单位
上海市级个人奖项		
1981	张国萍	上海市优秀护士
2002	简光泽	上海市员工信赖的好书记
2008	陈章达	上海市心系女职工好领导
2009	郭　伟	第二十二届上海市优秀发明选拔赛金奖
2010	田卓平	上海世博工作优秀个人
2010	许建忠	上海世博工作优秀个人
2010	田卓平	世博园区运行保障立功竞赛优秀组织者
行业系统集体奖项		
1997	门诊注射室	上海市医务系统文明班组
1997	急诊预检组	上海市医务系统红旗文明岗
1997	门诊收费处	上海市医务系统红旗文明岗
1997	门诊注射室	上海市医务系统文明班组
1997—1999	第九人民医院工会	上海市医务工会先进职工之家
1998	老年病科	上海市医务系统文明班组
1998	心内科	上海市医务系统文明班组
1998	外宾病房	上海市医务系统文明班组
1998	门诊预检组	上海市医务系统红旗文明岗
1998	冷热供气组	上海市医务系统红旗文明岗
2000	血管外科	上海市医务系统红旗文明岗
2000	外科门诊换药室	上海市医务系统红旗文明岗

(续表)

年　份	获奖部门/个人	奖　项
行业系统集体奖项		
2000—2001	第九人民医院工会	上海市医务工会先进职工之家
2001	第九人民医院	上海市卫生系统安全生产先进集体
2004	心内科	上海市医务系统红旗文明岗
2006—2007	第九人民医院工会	上海市医务工会先进职工之家
2007—2009	第九人民医院	上海市卫生系统院务公开民主管理先进单位
2007—2009	第九人民医院整复外科	上海市医务职工科技创新优秀团队
2008—2009	第九人民医院工会	上海市医务工会先进职工之家
2008—2009	第九人民医院	上海市劳动关系和谐职工满意企事业单位
2009—2010	第九人民医院	上海市医务职工职业道德建设"十佳单位"
2010	门诊收费处	上海市卫生系统"迎世博"文明班组
2010	总机班组	上海市卫生系统"迎世博"红旗文明岗
2010—2011	第九人民医院工会	上海市医务工会先进职工之家
2010—2011	第九人民医院	上海市劳动关系和谐职工满意企事业单位
2010—2012	第九人民医院	上海市卫生系统院务公开民主管理先进单位
行业系统个人奖项		
1997—1999	竺涵光　陈勇强　胡惠芳	上海市医务工会优秀工会积极分子
1997—1999	陈章达	上海市医务工会支持工会工作的好领导
1997—1999	徐春扬	上海市医务工会优秀工会工作者
2000—2001	陈祖亮　许雅芳　李　青	上海市医务工会优秀工会积极分子
2000—2001	简光泽	上海市医务工会职工之友
2000—2001	徐春扬	上海市医务工会优秀工会工作者
2001	徐安平	上海市卫生系统安全生产先进工作者
2001—2009	汤亭亭	上海医务职工科技创新新人提名奖
2002	徐春扬	上海市医务工会优秀工会工作者
2006—2007	范先群	上海市医务职工科技创新能手
2006—2007	周礼明	上海市医务工会支持工会工作好领导
2006—2007	蔡依群	上海市医务工会优秀工会工作者
2006—2007	李　青　王　华　张双燕	上海市医务工会优秀工会积极分子
2008—2009	简光泽	上海市医务工会支持工会工作好领导
2008—2009	潘爱华　吴胜斌　陈锦安	上海市医务工会优秀工会积极分子
2010—2011	张志愿	上海市医务工会支持工会工作好领导
2010—2011	周慧君	上海市医务工会优秀工会工作者
2010—2011	马　焰　俞玉珍　吴胜斌	上海市医务工会优秀工会积极分子

第二节 青 年 工 作

一、历届共青团组织及团代会

1954年3月29日,医院建立团支部。1957年10月17日,医院建立第一届团总支委员会。1960年4月,医院建立第二届团总支委员会。1961年12月,医院建立第三届团总支委员会。1963年,医院建立第四届团总支委员会。1965年,医院建立第五届团总支委员会。

1966年1月,医院建立第一届团委会。1966年5月16日,"文化大革命"开始后,医院团组织停止活动。1970年,医院恢复团组织生活。1970年10月15日,医院建立团支部。1971年6月28日,医院建立团总支委员会。1975年7月15日,医院建立第二届团委会。1978年5月,医院建立第三届团委会。1981年4月23日,医院建立第四届团委会。1983年6月,医院建立第五届团委会。1985年5月,医院建立第六届团委会。1991年5月,医院召开第七次团代会,选举产生第七届团委会。1995年8月23日,医院召开第八次团代会,选举产生第八届团委会。1998年12月25日,医院召开第九次团代会,选举产生第九届团委会。2002年4月17日,医院召开第十次团代会,选举产生第十届团委会。2006年6月8日,医院召开第十一次团代会,选举产生第十一届团委会。

1954年3月,医院时有团员86人。1966年初,医院时有团员265人。至2010年,医院35岁以下青年有1 246人,其中团员725人。

表9-2-8 1954—2010年医院团组织情况表

年 份	团支部数	团员人数	年 份	团支部数	团员人数
1954	1	86	1988		339
1957	1(总支)	118	1990	18(总支2个)	
1960	1(总支)	63	1991	17	349
1961	1(总支)	74	1992	18	368
1963	1(总支)		1994	16	487
1965	1(总支)		1995	16	309
1966	10	265	1996	15	249
1970	2		1997	15	205
1971	1(总支)	223	1998	16	220
1973		477	1999		
1975	1(总支)	549	2000	16	271
1978	13	602	2001		285
1981			2002	12	
1983			2003	11	255
1985			2007	13	415
1987		577	2010	12	725

表 9-2-9　1954—1978 年医院共青团正、副书记情况表

名　称	任职时间	书　记	副书记
团支部	1954—1957	吴行正	缪承喜　陆建奎
第一届团总支	1957—1960	屠宁之	蔡　琪　明莲化
第二届团总支	1960—1961	朱莉芳	
第三届团总支	1961—1963	朱承芳	郑慧君
第四届团总支	1963—1965	朱承芳	郑慧君
第五届团总支	1965—1966	杨顺娥	杨莉英
第一届团委会	1966—1970	杨顺娥	谢永安
医院团支部	1970—1971	张月南	俞友青
卫校教育革命连团支部	1970—1971	陈学标	
医院团总支	1971—1975	俞友青	李庆宝　许雅芳　芦㺯莉　顾月明
第二届团委会	1975—1978	袁莹萍	陈志兴　杨鹏飞　翟春桃

表 9-2-10　1978—2010 年医院共青团正、副书记情况表

名　称	任职时间	书　记	副书记
第三届团委会	1978—1981	张敏明	翟春桃
第四届团委会	1981—1983	张敏明	蔡依群　周金阳　蔡良骏
第五届团委会	1983—1985	周金阳	蔡良骏　陶栗娴　李　珍(1983 增补)
第六届团委会	1985—1992	周金阳	蔡良骏　蒋丽萍　吴伟泳　邱培琼(1985—1987)　陈世浩　周锦萍(1987—1992)　俞　军(1991 增补)
第七届团委会	1992—1995	俞　军	胡永杰　汪新明(1992—1994)
第八届团委会	1995—1998	俞　军	顾　燕　徐立群
第九届团委会	1998—2002	崔　勇	吴正一　李　燕　陈晓文　张　祎(增补)
第十届团委会	2002—2006	吴正一	张　祎(专职)　周辉红(2002—2005)　王丹茹(增补)
第十一届团委会	2006—	王丹茹	张丽莉　刘晓兵

二、共青团工作

医院广大团员青年在 20 世纪 50—60 年代，积极响应党的号召，在各项运动和中心工作以及本职业务工作中，以身作则，起模范带头作用，发挥了团的先进性，起到党的助手作用。

党的十一届三中全会以来，团组织着重抓好团的思想、组织建设，开展适合青年特点的活动，医院团委通过组织广大团员青年参观各项主题展览，举办形式多样的主题团日活动，进一步加强团组织的思想政治建设。

1991年，团委开展团员教育评议学习活动，覆盖率达到84.3%，团员实践教育覆盖率达到93%，小结和评议均达到100%。同时，组织广大团员青年了解社会，赴南汇县三墩乡进行医疗咨询等，被评为上海第二医科大学系统"教育评议活动先进单位"。1992年3月，医院团委根据市卫生局重点抓好门急诊服务质量的要求，在门急诊开展争当"青年文明服务标兵"的竞赛活动，广大团员青年在门急诊岗位上文明行医，热情服务，为医院"两个文明"建设作出积极的贡献。检验科团员青年戴莹获上海市卫生系统"青年文明服务标兵"，外科二病区被评为"上海市青年文明病区"，整外三病区、外二病区、急诊科被评为1991—1992年度校"青年文明病区（窗口）"。1994年5月，上海市卫生系统"温暖在医院——天赐福杯青年优质服务竞赛活动"中，门诊药房获"青年优胜病区（窗口）"，门诊药房药剂师王涛荣获竞赛优胜奖。1997年3月，在"天赐福杯上海市医务青年管理大赛暨首届'青年管理十杰'"中，医院获辩论赛亚军、优秀组织奖，崔勇获优秀辩手，口腔预防科主任冯希平获首届"青年管理十杰"提名奖。1998年5月，团委顾燕、五官联合团支部陈东、林明获第二医科大学"新长征突击手"。1998年11月，在"百路达杯——上海市医务青年管理十杰评选系列活动"中，医院眼科范先群荣获第二届"上海市医务青年管理十杰"提名奖。同年12月25日，医院召开第九次团代会，大会号召广大团员青年奋发向上，求实进取，无私奉献，团结协作，为医院的"两个文明"建设作出更大的贡献。1999年10月，医院团委组织青年代表与老干部举行"薪火相传，共创辉煌"座谈会，进一步传承创业精神、敬岗敬业精神。同年5月，整外团支部张祎、财务团支部曹瑛获二医大"新长征突击手"称号。同年，医院团委开展"保护母亲河"活动，在团员中募集每人1元特殊团费。

2000年初，医院团委开展新世纪医院文化"创意大赛"，11个团支部提供了21个创意方案，获上海市卫生系统医院文化"创意大赛"2个银奖、3个铜奖。同年，医院团委作出《在全院团员青年中开展向俞卓伟学习的决定》，在团员青年中兴起学习俞卓伟先进事迹的高潮。同时，开展新时期医务人员形象大讨论。

2000年5月，口腔颌面外科吴正一、内科吴胜斌、档案室张红获二医大"新长征突击手"称号。2001年5月，组室、急诊护理组、医技团支部获上海第二医科大学"新长征突击队"称号。医技团支部陈晓文获上海第二医科大学"新长征突击手"称号。同年，医院团委组织团员青年参加安利杯"上海医务青年卫生法律法规知识竞赛"，获优秀组织奖。2004年10月，医院团委举行"我与九院"医务青年风采大赛，进一步增强团员责任意识。2005年11月，医院团委召开增强团员意识主题教育活动动员暨团培训大会，要求全体团员青年认真贯彻《院团委增强共青团员意识主题教育活动实施方案》，确保活动达到预期成效。组室、财务团支部和李潘宇分别获上海交通大学医学院"增强共青团员意识主题教育活动"先进集体和先进个人。2006年，吴正一获上海交通大学"十大才俊"称号。同年6月8日，医院召开第十一次团代会，大会号召广大团员青年在医院党委领导下，锐意进取，开拓创新，为医院新一轮发展谱写新的篇章。医院团委积极开展以"支委班子好、团员队伍好、制度建设好、工作业绩好、群众反映好"为内容的"五好团支部"建设活动。同年5月，团委书记王丹茹、专职团干部朱伟燕被评为上海交通大学"优秀团干部"，内科朱惠、普外科吴珍被评为"优秀共青团员"。血管外科"和谐社会需要关爱老年人——夕阳使者爱心活动"和内科团支部的"青春映夕阳，爱心献重阳"活动获上海交通大学医学院"和谐发展、成长奉献"优秀主题团日活动。同年12月，组织工程中心周广东获全国卫生系统2005—2006年度"青年岗位能手",骨科谢幼专医师获"青年岗位能手"荣誉称号,刘晓兵被评为"优秀团干部",五官科团支部书记江晨艳和手麻科团支部书记陈洁被评为"优秀共青团团员"。2007年6月,医院团委组织开展学习陈海新同志活动,向全院团员青年发出"继承海新精神,树立九院青年新形象"的号召,开展"我身边的陈海新"学习活动。2008年5月,口腔黏膜病科沈雪敏获上海交通大学"青年岗位能手"。同年11月,血管外科被授予上海市卫生局"新长征突击队"称号。

2010年5月,口腔颌面外科袁灏、整复外科邵静被评为上海交通大学"优秀团员",内分泌科朱惠被评为"优秀团干部"。

三、共青团组织的专项活动

【创共青团号】

创建"共青团号"是医院团委新时期工作的重要抓手。医院团委自1994年开展"共青团号"创建工作以来,医院已有上海市"共青团号"集体4个、上海市卫生系统"共青团号"集体8个、上海第二医科大学创"共青团号"集体2个。

1996年10月24日,医院外科二病区、口腔颌面外科二病区被命名为上海市卫生系统首批"创共青团号"。1997年5月,口腔外科二病区被评为上海市"共青团号"集体。同年10月14日,为扩大"共青团号"的规模效应,医院神经外科病区、门急诊收费处先后被命名为上海市卫生系统第二批"创共青团号"集体。1998年5月,神经外科病房被评为上海市卫生系统"共青团号"集体。1999年3月,"共青团号"进社区,向社会发放"共青团号服务卡",向社会承诺便民服务措施。医院团委确立1个团支部结对1位老人的工作目标,开展"爱老敬老助老"青年志愿者活动,内科、急诊、口外、医技等团支部分别与社区七位孤寡老人结对,定期上门开展医疗保健、生活护理、心理咨询和帮困介难,进一步深化"共青团号"创建活动。

2001年5月,医院团委召开"共青团号"推进会,全面推进"共青团号"创建活动。2002年,口腔修复科、骨科护理组被命名为上海市卫生系统第三批"创共青团号"集体。2003年3月,医院医务青年参加团市委组织的"共青团号健康快车"活动,注重发挥示范群体作用。2004年4月,神经外科被评为上海市"共青团号"集体。2005年,心内科、口腔综合科被评为上海第二医科大学"共青团号"集体。2006年,口腔综合科被命名为上海市青年文明号(共青团号)。通过创建"共青团号"活动,有力推动医院精神文明建设,团员青年中涌现出一批先进集体和个人。2008年11月,血管外科被命名为第四批上海市卫生系统"青年文明号"(共青团号)集体。2010年5月,血管外科被评为上海市青年文明号(共青团号)。

【五四红旗团组织】

"五四红旗团组织"是医院团委在创建先进团组织活动中创新的载体,旨在用榜样力量激励广大团员青年,在医教研工作中再立新功。

1998年5月,五官联合团支部获上海第二医科大学"红旗团支部"。

1999年5月,口腔颌面外科团支部获上海第二医科大学"红旗团支部"。

2000年5月,医院团委获上海第二医科大学"五四红旗团组织",整复外科团支部获"红旗团支部"。2001年5月,组室团支部、急诊护理组团支部获上海第二医科大学"红旗团支部",2002年4

月,口腔修复科团支部获上海第二医科大学"五四红旗团组织"称号,医技一团支部获上海市"五四特色团组织"。2005年,内科团支部被评为上海第二医科大学五四红旗团组织,团委委员孙艺渊、蔡翠萍被评为优秀团干部,口腔门诊团支部荣获上海市"五四特色团组织"。2008年5月,医院团委荣获上海交通大学"五四特色团组织"荣誉称号。

【申报银蛇奖】

"银蛇奖"是上海卫生系统青年人才最高荣誉奖,于1989年由上海市卫生系统青年人才奖励基金会设立。1991年起,"银蛇奖"每两年评选、表彰一次。获得"银蛇奖"的优秀医务青年由上海市卫生局通报表彰,并被授予上海市卫生局先进工作者称号。1993年起,35岁以下"银蛇奖"获得者同时被共青团上海市委授予"上海市新长征突击手"称号。至2010年,医院共有9位医务人员获"银蛇奖",其中1位获"银蛇奖"一等奖的培养导师获特别荣誉奖,3位获"银蛇奖"提名奖。他们中有的是医学重点学科带头人或骨干,有的已经走上各级领导岗位。

表9-2-11 1989—2009年历届"银蛇奖"获奖情况表

年 份	奖 项	等 级	获 奖 者
1989	第一届银蛇奖	提名奖	陈志兴
1990	第二届银蛇奖	三等奖	张建中
1991	第三届银蛇奖	二等奖	曹谊林
1993	第四届银蛇奖	二等奖	蒋米尔
1997	第六届银蛇奖	提名奖	沈国芳
1998	第七届银蛇奖	二等奖	范先群
2001	第八届银蛇奖	三等奖	陈万涛
2003	第九届银蛇奖	三等奖	范先群
2005	第十届银蛇奖	三等奖	周广东
2008	第十一届银蛇奖	提名奖	王旭东
2009	第十二届银蛇奖	一等奖	蒋欣泉
2009	第十二届银蛇奖	特别荣誉奖	张志愿

【上海青年志愿者赴滇扶贫接力计划】

1998年7月,上海青年志愿者赴滇扶贫接力计划正式启动。作为一项志愿者服务品牌项目,是落实"三个代表"重要思想的生动体现,是贯彻执行国家扶贫攻坚计划的具体行动,同时也是实现青年人才培养的重大举措。

自1999—2010年,医院先后选派7名医务青年赴云南开展医疗志愿服务。青年志愿者们克服困难、扎根基层、无私奉献、真情服务,积极参加医疗门诊、教学查房、会诊等,开设医疗、教学讲座,同时捐助医疗器械、药品等,受到当地老百姓一致好评,为云南服务地经济社会全面发展作出了贡献。为此,2000年8月,医院被授予"上海青年志愿者服务特别贡献奖"。

表9-2-12 1999—2010年参加上海青年志愿者赴滇扶贫接力计划情况表

批 次	科 室	姓 名	服务时间	服务地点及职务	获得荣誉称号
第二批	肾内科	吴胜斌	1999.8—2000.2	哈尼族彝族自治州红河县人民医院儿科医生	上海市杰出青年志愿者
第三批	眼科	林 明	2000.1—2000.7	哈尼族彝族自治州红河县人民医院院长助理、五官科副主任	上海市杰出青年志愿者
第四批	妇产科	田 辉	2002.3—2002.7	红河州金平县医院妇产科医生	金平县荣誉公民、优秀青年志愿者、优秀医务工作者
第五批	血管外科	刘晓兵	2003.2—2003.7	文山州富宁县人民医院院长助理、外科医生	上海市优秀青年志愿者、云南省优秀青年志愿者
第七批	心内科	许建忠	2004.9—2005.1	迪庆州德钦县人民医院内科医生	上海市优秀青年志愿者、云南省优秀青年志愿者
第九批	普外科	火海钟	2006.8—2007.1	文山州富宁县人民医院外科医生	上海市优秀青年志愿者
第十二批	检验科	罗瑞君	2009.8—2010.2	迪庆州疾病预防控制中心检验工作人员	上海市优秀青年志愿者

【青年志愿者服务队】

1994年,医院成立青年导医服务队,300余名团员青年参加导医活动。1995年起,医院成立青年志愿者服务队。1999—2010年,医院组织七批次青年志愿者赴滇扶贫接力,3名青年医生参加"三下乡"智力扶贫志愿者接力。

1998年9月,医院团委组织口腔外科、整复外科、财务、神经外科、五官科团支部分别与南市区市九中学特困青少年签订3年期"帮困助学协议书",各团支部每年向助学对象提供不少于600元标准的爱心助学金,且以各种形式关心他们,并举行"精英雏鹰手拉手,爱心童心心连心"的助学成才联谊活动。同年,战高温,急诊患者剧增,医院团委组织"青年志愿者服务队"活跃在急诊第一线。

2002年4月,内科、口外、急诊团支部与孤老帮困结对活动"弘扬社会公德,树立敬老新风"和"雏鹰爱心行动"获首批"青年志愿者行动优秀项目",医院团委"为青年志愿者服务敞开绿色通道"获上海第二医科大学共青团工作"办实事奖"。2003年5月,面对非典型肺炎的侵袭,医院团委号召广大团员青年立足本职,发扬救死扶伤、无私奉献的精神,积极争取到防治非典型肺炎的第一线去。团员青年们纷纷响应,在抗击非典型肺炎青年志愿者服务队队旗上签名以示决心。2008年5月,"5·12"汶川地震后,医院团委积极响应党政领导号召,召开抗震救灾座谈会,号召全院团员青年以实际行动支援灾区,提出"我们可以为灾区人民做力所能及的十件事"。举行赈灾爱心义卖活动,所得12 000余元如数捐至上海市红十字会。医院收治四川灾区转移来沪患者后,团委积极组织亲情陪护志愿者。7月23日,选派医院第一批抗震救灾医疗队成员手麻科陈志峰医师随上海交通大学医学院"博士团"重返地震灾区,参与灾区后续医疗救援工作。同年8月,团委配合党办接待四川都江堰来沪度暑假学生22人,安排了体检和一系列参观活动。

2009年5—6月，为积极响应医院党委和上级团委的号召，防控甲型H1N1流感传入，医院团委及时组织十名团干部组成志愿者队伍，在浦东机场开展为期一个月的防控甲型H1N1流感检验检疫志愿工作。团干部们肩负责任和使命，主动放弃休息时间，在做好防控工作的同时，还抽出时间回医院继续做好本职工作，做到"两不误""双肩挑"。

2010年2月，医院团委举行"迎世博，医务青年造血干细胞捐献活动"暨青年志愿者服务队授旗仪式，全体青年志愿者们集体宣读《志愿者宣言》，60多名医务青年当场踊跃报名，参加捐献造血干细胞志愿者的血样抽取活动。同年5月，医院获"上海世博会志愿者工作优秀团队"、上海交通大学医学院"世博志愿者工作优秀组织奖"。财务团支部以服务世博为主题开展的"双语窗口 微笑服务"主题团日活动获上海交通大学医学院"优秀主题团日项目特等奖"。口腔综合团支部开展的"志愿服务 奉献世博"主题团日活动获三等奖。

医院广大青年志愿者在社会实践中，以实际行动展示了无私奉献精神。

四、青年联谊会

医院青年联谊会自2005年11月11日成立，工作职责是在医院党委领导下，在上海交通大学医学院青年联谊会的指导下，组织团结全院广大青年医护教职员工，围绕医院中心工作，切实履行组织青年、引导青年、服务青年的职能，联情、联谊、联智，在医疗服务、学科建设、人才培养、科研教育、基本建设等各方面开展工作，为把医院建设成为一所特色鲜明、临床科技核心竞争力强的三级甲等综合性医院共同努力。

1998年11月，上海市青年联谊会召开八届一次全会，选举泌尿外科陈斌医师为上海市青年联合会常委，口腔内科唐国瑶为上海市青年联谊会委员。2004年，眼科范先群、口腔正畸科沈刚、整复外科李青峰、骨科汤亭亭、口腔颌面外科陈万涛、麻醉科姜虹选为第二医科大学青年联谊会第一届会员。2005年，口腔颌面外科沈国芳、整复外科李青峰、眼科范先群选为上海市医药卫生青年联谊会第一届委员会委员。同年11月11日，医院召开首届青年联谊会成立大会，会议选举沈国芳为青年联谊会会长，吴正一为秘书长，李青峰等当选首届青年联谊会理事，有38位优秀医务青年被推荐为首届青年联谊会委员。会议审议通过《上海交通大学医学院附属第九人民医院青年联谊会章程》。

2006年3月15日，医院召开第一届青年联谊会理事会，经民主选举，郭莲、李青峰当选为青年联合会副会长。

第三节 妇 女 工 作

一、沿革

1994年前，医院妇女工作由工会女职工委员会负责。1994年12月9日，医院召开第一届妇女代表大会。以差额选举方式选出第一届妇女委员会（妇委会），袁莹萍任主任，周龙女、袁庭芳任副主任。1997年3月6日，医院召开第二届妇女代表大会。2004年5月7日，医院召开第三届妇女代表大会，出席妇女代表91人，换届选举产生第三届妇女委员会，蔡依群任主任，刘德莉、王秉玉任副主任。

表9-2-13　1979—2010年历任工会女职工委员会、妇委会正、副主任情况表

届　次	年　份	主　任	副　主　任
工会女职工委员会			
第八届	1979—1982	彭莲英(兼)	朱承芳
第九届	1982—1986	吕姚梅	
第十届	1986—1989	吕姚梅	万爱萍　吴坚敏
第十一届	1989—1993	袁莹萍(兼)	潘佩华　袁庭芳
第十二届	1993—1996	袁莹萍	周龙女　袁庭芳
第十三届	1996—1999	袁莹萍	周龙女　袁庭芳
第十四届	1999—2004	袁莹萍	周龙女　袁庭芳
第十五届	2004—2009	蔡依群	周龙女
第十六届	2009—	周慧君	王丹茹　程　纯
妇女委员会			
第一届	1994—1997	袁莹萍	周龙女　袁庭芳
第二届	1997—2004	袁莹萍	周龙女　袁庭芳
第三届	2004—	蔡依群	刘德莉　王秉玉

二、主要工作

医院妇委会自1994年成立后,主要是围绕医院中心工作,在医院"两个文明"建设中积极发挥广大女职工的作用,广泛动员女职工开展岗位建功活动,历年来涌现出一批高素质的女专家、女学者和拔尖的技术人才,为医院建设发展作出贡献。

【维护妇女权益】

医院妇委会依法做好女职工权益保障工作,积极收集女代表提案,维护女职工合法权益。在女职工中组织学习《中华人民共和国妇女权益保障法》《妇女儿童法规》《新婚姻法》《上海市计划生育条例》《女职工特别劳动保障法规》等法律法规。积极宣传、普及妇女权益保障法律知识。陪同女职工到有关女职工权益保障部门咨询法律问题,依法帮助女职工解决家庭纠纷,做好家庭矛盾调解工作,使女职工全身心地从事工作和学习。每年"六一"国际儿童节,为职工子女发放慰问金或纪念品,配合行政部门关心幼托工作。成立以来解决女职工子女入园、入托近300人。协同有关部门办好暑托班,解决女职工家庭后顾之忧。

【关心女职工生活】

医院妇委会关心女职工生活,多年来利用节假日慰问患病及困难女职91人次,尤其是关心女职工大病患者,配合防保科为全院已婚女职工进行妇科普查,组织女职工开展"女性心理健康"调查

问卷,根据问卷情况组织讲座、宣教,组织女职工疗休养等,以各种方式维护、改善女职工身心健康。

【国际妇女节活动】

每年国际妇女节,医院妇委会召开纪念国际妇女节会议或女职工座谈会,向女职工介绍历史,请先进女职工代表发言,谈成长成才经验体会,推荐并表彰"三八"红旗先进集体和先进个人,在《九院报》上宣传"三八"红旗集体和"三八"红旗手先进事迹。2010年,邀请市总工会干部培训中心干部来院向女职工传授"世博礼仪与文明观博"知识等。

【鼓励岗位建功】

医院妇委会根据"党政所急,妇女所需,妇委所能",围绕医院"两个文明"建设,积极组织女职工开展巾帼建功活动。1993年,在医院三级甲等评审中护理部员工在"三级"操作考核中100％达标。通过巾帼建功活动,涌现了一批"岗位建功积极分子"。在推进医院的"两个文明"建设中,先后组织开展了上海市十佳职业女性、上海市劳模、二医大首届"十佳女大学生"、巾帼建功积极分子、巾帼文明岗、"三八"红旗手(集体)等评选活动。有1名女职工被评为上海市十大杰出女性、1名女职工被评为全国劳动模范。

1994年,妇委会积极配合爱婴医院创建工作,于9月23日顺利通过了国家级创建爱婴医院的评估团的评估,成为"爱婴医院"。当年全院女职工1184人,占全院的65％。至2010年,全院女职工人数达1485人,占全院职工总数的66％,担负着医、教、研、管理工作的半边天作用。

【组织文化学习活动】

在医院党委和上级妇委会的领导下,医院妇委会抓好女职工精神文化生活,组织女工干部学习《中华人民共和国妇女权益保障》,并召开座谈会及2010年"世博会与上海新一轮发展"讨论等,有多篇文章获全国医院文化论坛优秀论文奖、卫生系统优秀征文奖、医务工会优秀征文奖、医院党委征文奖等。妇委会为女职工组织举办讲座、辩论赛、知识竞赛、问卷调查、座谈会等。组织女职工参加医院文化艺术节活动,丰富女职工精神文化生活。

三、女医师女教师联谊会

医院女医师女教师联谊会自1988年成立,设理事长、副理事长及秘书长各一人,任期4年,每季度举行一次全体理事会议。赵佩琪任首届联谊会理事长,乐福媛任副理事长,张慧中任秘书长。联谊会会员由正高和行政科主任或副处级以上知识女性组成。1994年,联谊会有会员43名。2010年,医院女医师女教师联谊会会员增至64名。

女医师女教师联谊会成员积极参与上海市女医师协会、上海交大医学院女教师联谊会活动。2009年,联谊会组织女专家赴小东门街道金坛居委所在广场开展义诊活动。在抗震救灾、迎世博、抗击非典型肺炎、N1H1甲型流感中,联谊会会员始终战斗在工作第一线。

联谊会成员也是医院医、教、研工作的主力军,至2010年累计获得国家部委、市和局级科研项目38项,鉴定成果达国际水平1项,国内水平2项。获得各种科技成果奖17项,其中获得国家教委科技进步三等奖2项、卫生部科技进步三等奖3项、市科技进步二等奖3项、市科技进步三等奖5项、市卫生局科技进步二等奖2项、市卫生局科技进步三等奖1项、市卫生局推广奖1项。发表论文110篇均为第一作者,发表专著2部。

四、荣誉

1960年以来,医院有2个班组获全国"三八"红旗集体、2人获全国"三八"红旗手荣誉称号。8个班组获上海市"三八"红旗集体、23人获上海市"三八"红旗手和上海市"十大杰出女性"称号,一批集体和个人获上海交通大学和上海交大医学院"三八"红旗奖项。

表9-2-14 1960—2010年获"三八"红旗集体与个人奖项情况表

评选年度	获奖集体/个人
全国"三八"红旗集体	
1960	九院门诊部
2005—2006	九院神经外科护理组
全国"三八"红旗手	
1978	邵家珏
1989	刘瑷如
上海市"三八"红旗集体	
1960	九院门诊部女职工
1964	九院门诊部女职工
1966	九院手术室二班
1978	九院总机班组
1995—1996	九院口腔外科病房护理组
1997—1998	九院总机班组
2001—2002	九院骨科病房护理组
2003—2004	九院神经外科护理组
上海市"三八"红旗手	
1960	高秀珍
1966	苏桂珍
1966	张芸芸
1978	邵家珏
1978	崔思瑜
1978	周昭玲
1978	王瑞萍
1978	谷行敏
1978	林文涛
1978	黄爱珍

(续表)

评选年度	获奖集体/个人
	上海市"三八"红旗手
1982	刘瑷如
1984	张国萍
1988	杨宠莹
1988	石四箴
1992	宁丽
1993—1994	袁文化
1999—2000	蔡以理
1999—2000	李江
2001—2002	罗敏
2003—2004	孙皎
2005—2006	束蓉
2007—2008	姜虹
	上海市十大杰出女性
1996	宁丽
	上海交通大学"三八"红旗集体
2009—2010	口腔病理
	上海交通大学"三八"红旗手
2005—2006	姜虹
2007—2008	杨志英
2009—2010	陆颖理
	上海第二医科大学/上海交大医学院"三八"红旗集体
1995—1996	急诊预检
	口腔材料
1997—1998	人事处
	神外护理组
1999—2000	营养科
	老年病房护理组
2001—2002	整外研究所办公室
	口外正颌中心门诊
2003—2004	科教处
	急诊1楼护理组
2009—2010	口腔病理

(续表)

(续表)

评选年度	获奖集体/个人
	上海第二医科大学/上海交大医学院"三八"红旗手
1997—1998	胡 萍 徐肖云 姜勤美 顾雪桂 苏 静(学生)
1999—2000	周金美 郑元俐 周龙女 王雪芬
2001—2002	王秉玉 钱玉芬 王娅妹 袁庭芳 寿宇雁
2003—2004	徐 晓 任彩娟 阮 洪 姜 虹 王 意 袁莹萍
2007—2008	陈元美
2009—2010	张玲毅

1997年以来,医院有1个集体、8位个人获得上海市巾帼奖,4个集体获得上海市教育、卫生系统巾帼文明岗奖项,5对夫妇获得上海交通大学和上海交大医学院模范佳侣奖项。

表9-2-15 1986—2010年妇女工作获得的其他奖项情况表

获奖年份	获奖集体/个人
	上海市巾帼文明岗
2010	总机班组
	上海市个人巾帼奖
1986	邬爱菊
1986	周丽云
1986	薛 培
1989	袁文化
	上海市巾帼建功奖
1991	石四箴
2008	孙 皎
	上海市巾帼创新奖
2003—2004	孙 皎(提名)
2010	姜 虹(成果)
	上海市卫生系统巾帼文明岗
1997	整外一病区
1997	儿科专病门诊
	上海市教育系统巾帼文明岗
2010	神外护理组
2010	重症监护组
	上海交通大学和上海交大医学院系统模范佳侣奖
2000	张 薇 董佳生夫妇

(续表)

获奖年份	获奖集体/个人
	上海交通大学和上海交大医学院系统模范佳侣奖
2002	束　蓉　梁景平夫妇
2004	刘德莉　翁思恩夫妇
2008	郭　莲　邹德荣夫妇
2009	束　蓉　梁景平夫妇

第三章 纪检工作

第一节 机构沿革

1979年5月26日,中国共产党上海市委《关于建立本市党的各级纪律检查机构的批复》文件要求,相当于县、团级以上的大专院校、科研单位、大中型企事业单位,都要成立党的纪律检查机构。1979年6月23日,中国共产党上海第二医学院委员会发布《关于我院建立纪律检查机构的意见》文件,要求各附属医院成立纪律检查组,纪律检查组以5人组成。

1979年8月30日,根据中国共产党上海第二医学院委员会《关于二医附属九院党的纪律检查小组的批复》文件精神,医院成立纪律检查小组,祝平任组长。

1984年7月12日,根据中国共产党上海第二医学院委员会《关于九院党委会/纪委班子的通知》要求,医院成立中国共产党上海第二医学院附属第九人民医院纪律检查委员会,符诗高兼任纪委书记、崔华峰任纪委副书记。

1986年8月9日,由医院党员代表大会选举并经中国共产党上海第二医科大学委员会批复同意,医院第一届纪律检查委员会由5人组成,医院党委副书记符诗高兼任纪委书记,崔华峰任纪委专职副书记。

1989年9月14日,医院党员代表大会选举成立医院第二届纪律检查委员会。同年9月30日,医院召开第二届纪委第一次全体委员会议,选举崔华峰为纪委书记。1990年4月,上海市教卫党委正式批复同意,批准崔华峰任九院第四届党委委员,分管党纪工作,兼任医院纪律检查委员会书记。1992年6月3日,经上海第二医科大学批复同意,崔华峰任医院党委副书记兼纪委书记。

1994年8月15日,经医院党员代表大会选举,并经上海第二医科大学党委批复同意,医院第三届纪律检查委员会由张敏明等5人组成。张敏明任医院党委副书记兼任纪委书记,孙大麟任纪委副书记。1998年12月28日,经上海第二医科大学党委常委会讨论同意,袁莹萍任医院纪委副书记。

1999年1月10日,为进一步加强党风廉政建设的考核、检查和督促工作,医院党委纪检工作与行政监察审计工作合署办公,成立纪检监察审计办公室。同日,医院任命袁莹萍任纪检监察审计办公室主任,余崇禄任办公室副主任。

2000年6月23日,由医院党员代表大会选举,并经中国共产党上海第二医科大学党委批复同意,组成医院第四届纪律检查委员会,院党委副书记励永明兼任纪委书记,袁莹萍任专职纪委副书记。2003年4月21日,经上海第二医科大学党委常委会讨论同意,增补沈国芳为医院党委副书记兼任纪委书记。

2006年3月29日,胡如新任副科级纪检员。是年12月5日,经民主推荐、考核,并经上海交通大学医学院党委正式批准,赵玉龙任医院纪委专职副书记。

表9-3-1 1979—2010年九院纪律检查委员会任职情况表

部门	任职时间	纪委书记	纪委副书记	纪委委员		
纪律检查小组	1979—1984	祝 平(组长)		组员：祝 平 宋荷香		
				杨顺年 黄克新 陈如花		
初建时期	1984—1986	符诗高	崔华峰			
第一届纪律检查委员会	1986—1989	符诗高	崔华峰	符诗高	崔华峰	孙大麟
				宋荷香	陈如花	
第二届纪律检查委员会	1989—1994	崔华峰		崔华峰	孙大麟	袁莹萍
				杨顺娥	陈德坤	
第三届纪律检查委员会	1994—2000	张敏明	孙大麟	张敏明	孙大麟	张芸芸
			袁莹萍(1998)	袁莹萍	蒋米尔	
第四届纪律检查委员会	2000—2010	励永明	袁莹萍	励永明	袁莹萍	周礼明
		沈国芳(2003增补)	赵玉龙(2006)	李国梁	许雅芳	

第二节 制度建设与廉政教育

1984—1986年，纪委的主要工作任务是：建立健全医院纪律检查委员会组织，加强自身建设；协助党委做好整党的准备工作，深入到党员和群众中做好调查研究，提高党员和群众对搞好整党工作的信心；加强以党性党风党纪教育为重点的经常性工作，维护党的政治纪律、组织纪律，杜绝以权谋私和官僚主义，并配合有关单位做好来信来访工作。

医院第一届纪委的工作围绕党委中心进行，配合党委抓好党风建设、支部工作考核、党员情况分析、干部考核等。

医院第二届纪委按照党章规定履行职责，协助医院党委整顿党风，检查党的路线、方针、政策和决议的执行情况，维护党的政治纪律。纪委充分发挥监督职能，完善党风责任制，定期检查医院党纪党风情况，向党委作出调查报告。同时，纪委负责接待来信来访，受理党员的控告和申诉，认真调查核实后作出处理。

医院第三届纪委抓好宣传教育工作，配合医院党委加强基层党支部建设和全体党员的思想教育。督促领导干部参加中心组学习和党校学习，在领导干部中树立"讲学习、讲政治、讲正气"的良好氛围；配合党委抓好医院党员"双学""双争"活动，注重新形势下党员形象教育。协助医院党委抓好领导班子建设，充分落实党风廉政责任制，严格院级党政领导双重组织生活。纪委还充分发挥其在"两个文明"建设中的作用，支持精神文明工作，在纠风工作中坚持"从严治标、重在治本、纠建结合、标本兼治"的方针。

医院第四届纪委自2000年6月改选至2010年，在医院党委和上级纪委的领导下，认真履行党章赋予的职责和任务，按照"标本兼治、综合治理、惩防并举、注重预防"的党风廉政建设工作方针，以立足教育、完善制度、强化监督，着力构建惩治和预防腐败体系为重点，不断推进反腐倡廉建设。纪委组织领导干部学习《中国共产党党员领导干部廉洁从政若干准则》等一系列党纪条规；在"保持共产党员先进性"、"学习实践科学发展观"和"一名党员一面旗帜"等主题教育活动中，纪委开展了以坚定理想信念、树立正确权力观和遵纪守法为主要内容的反腐倡廉教育。

一、制度建设

1998年,纪委向全院干部传达学习《关于实行党风廉政建设责任制的规定》,配合医院制定《九院党风廉政工作责任制实施条例》,要求各职能处室落实廉洁自律责任制。

为贯彻落实《建立健全惩治和预防腐败体系2008—2012年工作规划》精神,医院纪委在抓好思想宣传教育的同时,也重视抓好制度的完善与落实。医院第四届纪委协助党委健全完善党风廉政建设制度,主要制订或修订的制度有:《九院领导干部党风廉政建设的若干规定》《九院党风廉政建设责任制实施办法》《九院党风廉政建设责任制考核内容》《九院纪检监察信访制度》《关于收受礼品礼金上交登记的规定》《九院关于加强反腐倡廉建设的实施意见》等。

2000年,为进一步完善内控制度,发挥监督职能,纪委参与制订或修订了《关于加强我院经济活动中内部控制的几点意见》《关于加强医院工程及修缮项目管理办法》《科室经济管理条例》和《九院党风廉政责任制考核制度及办法》等制度。

2001年,为规范医院经济活动,纪委督促有关部门制订了《九院建立经济责任制、加强财务管理有关实施细则》,进一步完善医院内部控制,加强监督。

2003年,为加强制度建设,纪委修订了《九院纪检监察信访制度》《九院设备和物资采购的管理规定》等制度。同年,医院科主任重新聘任后,纪委要求各科室、各党支部重新修订《党风廉政责任制》,并结合进行贯彻落实和自查工作。

2006年,医院以治贿专项工作为契机,逐步建立惩治和预防医药购销领域商业贿赂的长效机制。为落实中央《建立健全教育、制度、监督并重的惩治和预防腐败体系实施纲要》文件精神,纪委配合党委制订了《第九人民医院建立健全教育、制度、监督并重的惩治和预防体系实施纲要细则》,同时把任务分解到各职能部门。为加强医院基建工程的监管力度,纪委先后制定了《九院基建(修缮)项目的管理规定》、《设备物资采购的规定》、《第九人民医院基建(修缮)项目客户告知书》(即"五不得")、《第九人民医院基建(修缮)项目廉政规定》(即"十不准")等制度。

2009年,在医院党支部书记和业务科室主任换届后,纪委要求重新修订《支部党风廉政建设责任制》和《科室廉政廉洁建设责任制》,加强党风廉政建设责任制的贯彻落实。

2010年,根据上海交大医学院《关于加强反腐倡廉建设的实施意见》文件精神,结合医院党风廉政建设工作实际,纪委制定了《九院关于加强反腐倡廉建设的实施意见》,并注重《实施意见》的宣传与落实。

二、宣传教育

1986—1987年,纪委协助党委抓好党性教育和党风建设,采用正面教育为主的方法,将党员内和群众中廉洁行医、自觉退回患者钱和礼品等好人好事,利用上党课、出画廊、纪念"七一"大会和校刊等多种形式进行表彰。九院纪委的工作方法得到了上海市教卫党委的肯定,在1987年9月期《教卫情况》上记载,并在上海市教卫系统进行转发,还在上海第二医科大学纪委工作会议上进行了交流。

1994年,纪委配合医院党委抓好基层党支部建设和党员教育工作,到每个支部听取汇报、查看书面材料;强化党员党风党纪教育,运用正反两方面事例开展教育,传达《尉健行同志在中共中央纪委第四次全体会议报告》精神、播放《权力在失去监督的时候》《抓斗大王包起帆》等教育录像片。根据上海市卫生局1994年开展的职业道德教育和重点纠正行业不正之风的工作要点,医院纪委和精神文明办抓好职业道德和医德医风教育,开展树立"病员至上,增强满意度,廉洁行医,以收受红包为耻,拒收红包为荣"系列活动。

1995年,纪委开展"严格党的纪律,维护和坚持民主集中制"教育活动,在医院全体党员中开展"民主集中制"基本知识和党纪条规学习教育,并组织党员进行测试,参加率100%,合格率100%,优秀率78%;组织观看《新泾乡群蛀案》《周恩来在大连》等录像片。

1996年,纪委围绕医院党委核心工作展开一系列活动,在干部中树立"讲学习、讲政治、讲正气"的氛围,督促干部自觉参加中心组学习和党校学习,提高干部的理论素质。开展"立党为公、从政为民、接受监督、做人民好公仆"活动,组织党员干部观看《上不愧党 下不愧民》《让人民高兴使人民放心》录像片,树立正确的世界观、人生观、价值观,提高拒腐防变的能力。纪委配合党委抓好党员"双学"活动,在系统理论学习的基础上,组织观看《不要忘记自己是共产党员》《巨浪淘沙》《怪圈》等录像片和听取《共产党员坚持讲学习、讲政治、讲正气》专题报告,组织部分党员参观上海市《双争》先进事迹展览,九院393名党员中有205名党员参加"双学"活动考试小结。

1997年,纪委配合医院党委抓好党员"双学双争"活动,组织学习《中国共产党纪律处分条例》《中国人民的三大精神支柱》《永远忠实地代表人民的利益》《在全党、全国形成艰苦奋斗勤俭朴素良好风气》等。

1998年,纪委贯彻落实《中共中央关于在全党深入学习邓小平理论的通知》和上海市纪委、上海市委组织部和二医大党委《关于继续深入开展讲学习、讲政治、讲正气为主要内容的党性党风教育的意见》文件精神,配合医院党委抓好干部教育,组织学习《邓小平关于加强党建理论有关论述》,要求每位处级干部写学习体会,汇编《九院邓小平理论学习论文集》;组织处级干部参加二医大党校以"三讲"为主要内容的党性、党风教育轮训班,医院处级干部出勤率100%。

1999年,纪委继续开展以"三讲"为主要内容的党性党风教育,在干部中树立讲学习、讲政治、讲正气的氛围,坚持每月一次中心组学习,举办专题讲座,提高干部对经济法规的认识。

2000年,纪委配合党委继续抓好中心组学习、党政班子民主生活会和干部考核等工作,组织党员干部学习中央有关文件精神和观看《胡长清案件警示录》教育片。

2001年,纪委组织党员干部收看电视实况转播的江泽民和尉健行在中纪委五次全会上的讲话,又在全院范围内组织学习讨论中纪委五次全会精神,并将讨论情况上报上海第二医科大学纪委。为提高医院广大党员干部反腐倡廉的自觉性,纪委组织全体党员观看《厦门特大走私案》录像片。

2002年,纪委主要配合党委抓好"三个代表"重要思想、江泽民"5·31"重要讲话和中纪委七次全会精神的学习落实,邀请上海市委党校老师来院作学习辅导报告。

2003年,纪委督促处以上干部的学习,要求全体处以上干部在学习十六大文件的基础上,认真做好读书笔记,并撰写"读书思廉"文章。纪委选送8篇文章参加上海第二医科大学纪委评选,部分文章获得不同层次奖项。

2004年,纪委组织全体副处以上干部学习《中国共产党党内监督条例(试行)》和《中国共产党纪律处分条例》,并进行了学习测试。7月,纪委在处以上干部中开展了"四个想一想"活动,即"想一想如何面对从事的事业、想一想如何看待手中的权力、想一想如何看待个人的利益、想一想如何看待广大群众",九院 21 名处以上干部参加了活动,14 人撰写了学习体会,1 人获得上海第二医科大学征文一等奖。根据上级纪委要求,纪委组织开展廉洁勤政文学艺术创作活动,收到各类作品十件,其中摄像作品"一尘不染"获上海第二医科大学一等奖。

2005 年,在保持共产党员先进性主题教育活动中,纪委配合医院党委做好宣传教育工作,树立正面典型榜样。在党中央颁布《建立健全教育、制度、监督并重的惩治和预防腐败体系实施纲要》文件后,纪委组织有关人员学习,并对科以上干部进行测试,参加率 96%,优秀率 100%。

2007 年 8 月,医院纪委组织召开警示教育动员大会,播放警示教育片《蜕变》,会后各支部开展学习讨论,领导干部带头谈认识、谈体会,自觉接受监督。

2008 年,纪委组织新一届科主任集体廉政谈话,医院党委副书记、纪委书记沈国芳宣读《廉政告知书》,要求与会干部要认真学习,牢记廉政廉洁规定,增强责任感、使命感、紧迫感;同年 3 月,纪委组织召开治理医药购销领域商业贿赂专项工作会议,决定把治贿工作与职工思想教育工作、医教研管理工作和医院"十一五"规划相结合。是年 7 月,纪委召开专题会议,组织学习中共中央印发的《建立健全惩治和预防腐败体系 2008—2012 年工作规划》文件,在认真领会文件精神的基础上,思考与医院相应的规划和措施。同年 11 月,纪委组织医院全体科主任、护士长、支部书记和行政副科级以上干部参加的九院警示教育大会,邀请上海市黄浦区检察院陈利生科长作《预防职务犯罪》报告。

2009 年,纪委组织纪委委员、处以上干部、纪监审干部观看中纪委推荐影片《真水无香》,又组织科以上干部观看教卫系统党风廉政警示教育片《蜕变》。

2010 年,在世博会期间,纪委组织开展迎世博专题纪律教育活动,宣传"廉洁、勤俭办博八不准"规定;组织处级以上干部、科主任和重点部门人员收看《上海市级医院警示案例集》。根据上级纪委要求,医院党政班子集中组织学习《中国共产党党员领导干部廉洁从政若干准则》,纪委给所有处以上领导干部配发《准则》单行本,同时编印下发《领导干部学习准则问答》,供大家学习参考。

第三节 廉政建设与查信办案

一、廉政建设工作

1990—1993 年,医院第二届纪委重视党风廉政建设,重点抓好领导班子的廉政建设,自觉抵制不正之风。医院领导拒收红包和上交回扣 6 440 元,拒收礼品 14 件,折合人民币 800 元。医院职工有 237 人次拒收红包,金额 6.2 万元,55 人次拒收礼品 78 件,折合人民币 5 000 多元。

1994 年,纪委贯彻落实中纪委三次、四次全会精神,加强领导班子自身建设,严格院级党政领导成员双重组织生活制,做到每半年一次民主生活会,每位党政领导对照干部廉洁自律"双五条"规定进行自查。

1995 年,纪委注重领导班子成员思想政治建设,落实院级党政领导双重组织生活制,做好处级以上干部礼品上交登记工作和收入登记工作。

1996 年,纪委配合医院精神文明办抓好行风建设,严格执行落实卫生部《关于严禁向患者收取"红包"的通知》,医务人员上交"红包"67 人次,金额约 32 350 元。

1997 年,纪委注重加强领导班子思想作风建设,民主生活会围绕学习《厉行节约,制止奢侈浪费》规定,进行对照检查,医院落实规定的几点措施有:院级领导住宅电话全部转为私人、电话费实行限额补贴、移动电话实行登记控制使用、招待费实行限额等。纪委贯彻落实重大事项报告制,收入申报制及礼品上交登记制,当年共上交登记8人次,有价证券4 752.9元,礼品两件折合人民币680元;共拒收红包61人次,金额约25 000元。

1998年,纪委继续贯彻落实收入申报制及礼品上交登记制,当年上交登记3人次,人民币2 000元,礼品2件约合人民币450元,拒收红包和上交红包32人次,金额23 380元。

2003年,"七一"前,纪委结合党委在党员干部中开展的"四个一"活动,召开党风廉政建设座谈会,通报廉政工作建设情况,医院党内外人士对党风廉政建设工作予以认可,并提出若干管理建议。

2004年,纪委召开科主任、支部书记、党外人士、民主党派座谈会,向他们通报医院党风廉政建设情况,并听取各方面的意见和建议。

2006年,纪委开展专项治理医药购销领域商业贿赂活动,在历时100余天的专项治理活动中,共收到上交款318 421.14元,所有款项如数上缴至上海市卫生局。

2007年,纪委对专项治理医药购销领域商业贿赂工作进行了"回头看",重申有关规章制度,查找漏洞,克服松劲,不断完善治理措施,"回头看"工作受到了上海市卫生局督导组的肯定。

2009年,在医院党委深入开展科学发展观实践活动中,纪委在医院党委副书记、纪委书记沈国芳的带领下,完成《进一步加强医院党风廉政建设的专题研究》课题。

二、监管督促

1995年是落实党建规划第一年,纪委配合党委抓好基层党支部改选工作。在上海市卫生系统开展的"兴华杯"规范服务活动中,纪委配合医院精神文明办,有针对性地抓好职业道德教育,重申《关于严禁向患者收取红包的通知》,在全院范围内坚决杜绝收受红包的不良风气。

1996年,纪委落实上海市卫生局下发的《关于开展药品回扣专项治理实施意见》文件精神,把药品回扣专项治理作为医院纠风工作的重要任务来抓,多层次组织学习,纪委和纠风小组到医院药剂科、检验科、设备科开展自查,杜绝暗中收受回扣现象。

1997年,纪委配合医院党政齐抓共管纠风工作,坚持"从严治标、重在治本、纠建结合、标本兼治"的方针,明确"六不发生"要求,参与对医院职工的道德教育。

1999年,为严格执行中央"八条规定"要求,纪委按要求进行自查,没有发现违反中央规定的现象。经纪委调查,当年有1名党员因违反党纪条规被查处,1名职工因违反院纪院规进行离岗培训。

2000年,纪委对公费为党政干部配备的住宅电脑进行调查,对卫勤中心经济问题进行查处,对直接责任人提出处理建议。

2005年,为抓好党员干部和医务人员的廉政教育,纪委有关领导在院周会上重申各项采购纪律,特别是进一步强调了设备、药品集中采购招标的规定,要求各科室进行自查。5月,纪委组织对医院全体新聘任科主任进行集体上岗廉政谈话,强调"六禁止"规定,要求各科室修订廉政责任制。

2009年,纪委组织召开设备供销商廉政廉洁告知会,集体签订《廉政廉洁规定》及《廉政廉洁告知承诺书》,医院副院长郭莲对医院采购部门和各供应商提出严格要求和注意事项。

三、查信办案

1986—1989年,医院第一届纪委共调查处理来信来访66起,主要反映党员收受患者礼品、不以身作则、工作方法简单、与群众关系不好等问题,纪委查实情况后与各所属支部一起进行了批评教育与清退工作。

1990—1993年,医院第二届纪委共处理来信来访44起,其中反映医德医风的有30起,占68%;反映工作方法问题的8起,占18%;反映经济问题的6起,占14%。经过调查后结案率达91%。

2000—2010年,纪委共调查处理举报信51封。

第四章 宣 传 工 作

第一节 机 构 沿 革

在上海私立伯特利医院时期,医院宣传工作主要由创办人石美玉通过伯特利教会在布道、宣教的同时向社会传布医院的情况。在美国宗教界宣讲伯特利教会和医院的建设情况,募集资金,扩大影响,资助医院运营,吸引医务人员来医院工作,并印发介绍医院的招贴、吸引患者就诊。在抗战爆发前,石美玉的挚友、伯特利教会和医院的共同创立者胡遵理女士编撰的英语年刊 Bethel Heart Throbs 是记录和宣传伯特利教会及医院工作的重要刊物。抗战胜利后,1947 年在医院复建期间编印上海伯特利医院《院讯》,向社会报道医院复建的进展情况。在医院成立 30 周年之际,又编辑出版纪念册,成为医院向社会宣传的重要刊物。先后有 20th Anniversary Bethel Mission、《伯特利护士产科年刊 Vol. 1(1936)》、《伯特利 30 周年纪念特刊(1950)》等刊物印发。

1951 年,伯特利医院被上海市军事管制委员会接办后,对内组织开展政治学习,对外宣传报道医院工作成绩和员工先进事迹等工作主要由行政部及党(总)支部办理。"文化大革命"开始后,于 1968 年成立上海第二医学院附属九院"革命委员会"政宣组。1978 年 9 月,医院设立党委宣传科,由袁莹萍任负责人。1989 年 1 月,沈燕堂任医院党委宣传科科长。1992 年,医院设党委专职宣传员,先后有沈燕堂(1992 年 3 月)、刘振珊(1995 年 11 月)、俞军(2005 年 2 月)任此职。1995 年,医院成立精神文明办公室,与宣传科合署办公。

表 9-4-1 1971—2010 年历任宣传科(政宣组)负责人情况表

任 职 时 间	科长(负责人)	任 职 时 间	副科长
1971—1973	杨莉英	1973—1978	陈德坤(副组长)
1977—1988	袁莹萍	1991—1995	刘振珊
1989—1995	沈燕堂	1998—2000	刘爱国
1995—2001	刘振珊	1998—	陈福夫
2001—2010	俞 军	2006—	张 祎

第二节 员工教育与学习

组织医务员工的教育和学习,是医院党组织思想政治工作的重要内容。在 20 世纪 50—60 年代由党总支直接组织员工政治学习。改革开放后,由党委宣传科、文明办根据党委部署进行安排。

一、班组学习

20 世纪 50 年代,在党组织领导下,医院充分发挥工青妇作用,开展爱国主义、社会主义教育,以提高员工思想政治觉悟。1951年,上海市军事管制委员会接办医院后,医院工会组成学习委员会,建立政治学习制度,采取大组报告、小组讨论形式组织学习"反对自由主义""毛主席政协三大号召""有关精简节约""新婚姻法"等,开展思想政治教育。在抗美援朝运动中,医院工会组织员工开展政治学习,肃清美帝文化侵略的影响,广泛动员工积极报名参加抗美援朝医疗队,捐献药品、人民币支援抗美援朝。

20世纪60年代,医院开展以爱国主义、集体主义、社会主义及革命传统为主要内容的思想政治教育。"文化大革命"期间,思想政治工作遭受严重挫折,党的十一届三中全会以后,随着党的工作重点转移和思想、政治、组织上的拨乱反正,思想政治工作进入新的发展时期,医院在职工中广泛开展马克思主义、中国特色社会主义、世界观、人生观、价值观教育。

2000—2010年,医院充分发挥文明办、思想政治工作研究会作用,加强员工以职业道德、医德医风、医院精神、《员工手册》为主要内容的思想政治教育,全面提高员工整体素质。

20世纪80年代,党委宣传科每月制订科室(班组)学习计划,由科室(班组)根据学习计划,认真组织科室(班组)学习,每月学习3~4次。医院举办各种类型学习培训班,加强员工思想政治教育。20世纪90年代,医院开展社会主义道德和普法教育,明确党的路线、方针、政策教育,共同理想教育和规章制度教育。并由人事处、武装部、护理部、文明办、医务处等部门共同负责,每年对新职工进行军政训练,系统学习院纪院规、职业道德、医德医风、《员工手册》等内容,以提高员工的思想政治素质。

2000—2010年,医院充分发挥文明办、思想政治工作研究会作用,加强员工以职业道德、医德医风、医院精神、《员工手册》为主要内容的员工思想政治教育,全面提高员工整体素质。

二、电化教育

1995年3月,医院为加强职工素质教育,投资300多万元,建立全院有线电视系统。在各科室安装有线电视,每周以电化教育形式,对职工进行爱国主义教育,医院重要会议和报告、精神文明十佳好事等通过有线电视反复播放,以扩大教育覆盖面。

1999年,医院在各科室部门安装了有线电视,每月在院周会上播放及科室学习时组织员工收看医德医风、"十佳好事"等内容的视频,及时传达医院工作布置、主要决定,表彰优秀员工的好人好事,弘扬社会主义道德风尚。医院组织员工参观党史、院史陈列展及先进人物图片展等,开展思想政治工作,教育员工牢记"治病救人,救死扶伤"职责,继承发扬优良传统和作风,立足本职,无私奉献。医院经常举办各种类型辅导报告会、院士论坛、九院讲坛等,邀请知名人士对职工进行形势与任务等内容的思想政治教育,提升员工整体素质。

2000年后,医院与传媒公司签订健康宣教播放合同,在门急诊候诊室、病房免费安装一批电视机,播放健康宣教片及专科特色、名医介绍等内容。为及时记录和宣传医院发展中的重大事件和员工的先进事迹,宣传科策划制作一批录像片,如"名医大家""院士风采"等宣传片在有线电视上穿插播放,以扩大宣传效应。

表9-4-2 1993—2010年摄制录像片情况表

年 份	名 称
1993	东方名医录像片
1993—2010	精神文明十佳好事录像片

（续表）

年　份	名　　称
2000	院庆80周年录像片
2003	抗非纪实录像片
2004	第四届文化艺术节录像片
2010	院庆90周年庆典录像片

第三节　宣传报道

一、媒体宣传

【新闻报道】

20世纪50—60年代初，对外宣传报道工作由医院党总支办公室负责。1959—1961年各种报刊、广播宣传报道医院共有46次（解放日报13次、文汇报17次、新民晚报7次、健康报6次、人民日报1次、光明日报2次）。1982年以来，对外宣传报道工作由党委办公室负责，后由档案室负责。2007年后，由党委宣传科负责对外宣传报道工作。医院充分运用报刊、广播、电视、网络等不同传播方式，多渠道、全方位地对医、教、研工作进行宣传报道，期间，被新闻媒体宣传报道录用稿件达3 039篇，有效扩大医院在社会上的知名度和影响力。

表9-4-3　1982—2010年医院被广播电台、电视台报道情况表

年　份	上海人民广播电台报道次数	上海电视台报道次数	教育电视台报道次数
1982—1990	240	110	30
1991—2000	320	130	70
2001—2010	380	90	60

表9-4-4　1982—2010年医院稿件被全国各大报刊录用情况表

年　份	报刊录用（篇）	年　份	报刊录用（篇）	年　份	报刊录用（篇）
1982	2	1990	40	1998	156
1983	18	1991	75	1999	153
1984	19	1992	70	2000	149
1985	44	1993	100	2001	150
1986	70	1994	101	2002	230
1987	54	1995	93	2003	77
1988	70	1996	81	2004	152
1989	44	1997	83	2005	191

(续表)

年 份	报刊录用(篇)	年 份	报刊录用(篇)	年 份	报刊录用(篇)
2006	165	2008	131	2010	29
2007	147	2009	125		

表9-4-5 1982—2010年各类报刊刊登新闻报道情况表

报刊名称	录用数	报刊名称	录用数
《人民日报》	25	《医院报》	123
《解放日报》	369	《家庭医生报》	113
《文汇报》	360	《劳动报》	45
《新民晚报》	194	《港澳地区报刊》	36
《大众卫生报》	354	中新社等	116
《健康报》	201	其他各类报刊	834
《上海科技报》	242	国外媒体	27

【专题报道】

医疗成果 医院在对外宣传方面,经常通过新闻媒体进行重大医疗成果的专题报道,深入介绍新的医疗技术和医疗特色,以扩大医院影响力和知名度。

1985年,血管外科"借静脉完成动脉功能"刊登在《健康报》上,介绍医院血管外科医疗新进展。1994年,医院与本市14所医院共同发出"加强职业道德建设,纠正行业不正之风"倡议书,并刊登在本市各大报刊,营造良好社会氛围。

1996年,张涤生为胸骨畸形的小吴青作修复手术,在各大报刊刊登,突显医院整复外科医疗特色和技术水平。1998年,骨科与上海交通大学合作计算机定制人工关节用于临床,刊登在各大报刊上,有效扩大骨科的知名度。1999年,口腔颌面外科敢闯禁区,"国内首例高位颈动脉移植术获成功",经过长达13小时手术,患者奇迹般地起死回生;全国罕见的"鞍山毛女"刘华经过激光脱毛换新颜,分别刊登在各大报刊上。

2000年,整复外科在鼠背上长"人耳"刊登在《劳动报》等报刊上。2002年,"蓝天下的至爱""沐浴在爱心的阳光里",口腔颌面外科为欧阳莉菁少女治病;"病魔无情人有情,海峡两岸谱新曲",骨科为工人程观发定制"人工半骨盆",使其重新站了起来,分别刊登在各大报刊上,进一步扩大医院公益活动影响力。2003年,"组织工程技术补好脑壳""国内首次抢救成功术中恶性高热患者""从死神手中夺回生命的战斗",分别刊登在各大报刊上。2004年,针对社会上出现美容"韩流"等,医院王炜、孙宝珊教授先后答记者问,刊登在各大报刊上,引导患者树立正确的美容观。2005年,多科通力协作奋战六十天,"恶性高热"患儿死里逃生;六龄童脑入口中,医生妙手"物归原处",神经外科成功救治一例罕见的脑膨出症患者;口腔颌面外科成功施行全下颌骨重建术,十八岁少女重获下巴,分别刊登在各大报刊上,展现医院医务人员精湛医术。2006年,针对人们对"兔唇"的关心,《文汇报》刊登唇腭裂专家王国民教授答记者问,"兔唇"不可怕,治疗要及时,指导患者家属及时诊治。同年,整复外科医务人员用首例自体"预制脸"换脸手术获得成功,患者术后一月脸部恢复微笑表情,各大报刊刊登了新闻报道。2007年,七旬老翁巨大腹主动脉瘤,血管外科医师神奇重建生命通道获新生;口腔颌面外科拆除颈动脉上"定时炸弹",先后刊登在各大报刊上,赞美医院医务人员"救死扶伤,治病救人"的精神和高超的医疗技术。2009年,在各大报刊刊登九院、新华医院、上海文广集团联合进藏送医送药志愿者活动"情系藏区,点亮光明",大力弘扬志愿者精神。

表9-4-6 1989—2009年媒体发表的部分专题报道情况表

年 份	标 题 名 称	报 刊 名 称
1989	巧换血管"阀门"	文汇报
1998	整复外科成功制成"无掌手"	文汇报
1999	"鞍山毛女"脱毛换新颜	文汇报
2000	50年顽症一朝除	文汇报
2001	成功救治罕见特大型头面皮撕脱伤	文汇报
2002	病魔无情人有情 海峡两岸谱新曲	文汇报
2002	"人体骨"修复"人脑骨"	文汇报
2003	假体骨盆真挚情 21世纪生死一搏	文汇报 文汇报
2004	电脑导航 定位接骨	解放日报
2005	"恶性高热"患儿死里逃生	文汇报
2005	妙手挽救视力 仁心照亮生活	新民晚报
2006	院士上门诊治"象皮腿"	文汇报
2006	"希望之链"在楚雄	文汇报
2007	"微笑列车"让唇腭裂儿童绽放笑容	文汇报
2007	"世界第一巨手"获整形治疗	文汇报
2008	切除罕见巨瘤 重建完整下巴	文汇报
2009	少女终于站起来了	文汇报

社会公益 2008年5月12日,四川汶川发生大地震后,医院先后派遣多批次医疗队赴地震灾区进行医疗救援,戴尅戎作为卫生部抗震救灾3人专家组成员赶赴地震灾区开展救援工作。医院接受转运来院治疗的灾区伤员等,多家新闻媒体对医院医务人员全力以赴开展抗震救灾,进行连续宣传报道,刊登新闻文章达30余篇,编辑出版《人在希望就在》一书,大力弘扬抗震救灾精神,宣传医务人员"治病救人,救死扶伤",忠实履行白衣天使神圣职责。

2010年,在迎世博、筹建世博医疗点及医疗队开展世博医疗保障等活动中,新闻媒体先后刊登10余篇文章报道医院员工的出色工作。如医院有1人获本市"微笑服务大使"、医院向武警部队赠送医疗设备、组织世博医疗培训等,使社会公众感受到九院人浓浓的世博情。

二、院报与特刊

【九院报】

《九院报》前身为《九院简讯》,创办于20世纪90年代初,1996年8月起由医院党委宣传科主办,为月刊,属于简报性质,主要报道医院党委开展党务工作、政治学习、精神文明建设工作动态,传递信息,交流经验。至1998年9月,总共出版25期。同年,医院停办《九院简讯》。同年9月28日正式创办《九院报》。《九院报》创刊初为《市九医院报》,后改为《九院报》。《九院报》由医院主办,由党委宣传科具体负责编辑,按月印发。创刊时上海第二医科大学党委书记李宣海、校长范关荣分别为《九院报》创刊题词"积极开拓、不断创新、办出特色、争创一流""弘扬特色与优势,全心全意为人民"。同年10月5日,医院隆重举行《九院报》创刊号首发式,医院党委书记简光泽致贺词,院长张志愿、二医大党委宣传部副部长康明琴为《九院报》首发式剪彩。

2001年《九院报》建立编委会,由简光泽任总编。张志愿、励永明、陈锦安任副总编,其中陈锦安为2008年增补。陈福夫任执行主编,责任编辑是刘振珊、陈福夫、陈祖亮、吴正一和吴莹琛。《九院报》由要闻、综合新闻、医疗科研、医苑之窗等四个版面,特殊情况时增加版面或出专刊。

《九院报》建有一支通讯员队伍,由各部门通讯员组成,每年《九院报》利用创刊周年之际,召开通讯员恳谈会及表彰会,鼓励通讯员撰稿。

《九院报》实行编辑编审工作责任制,清样送总编审查后签发交付出版发行。《九院报》发行范围:全院各科、班组及患者、各新闻媒体、市区各级领导、全国医院报刊协会理事单位等,每期发行3 000份,至2010年已出版175期,并根据需要出版增刊,累计发行70余万份,受到读者广为好评。

2001年,《九院报》正式加入全国医院报刊协会,执行主编陈福夫受聘为全国医院报刊协会理事。《九院报》作为理事单位每年参加年会交流。

2003年、2005年、2007年、2010年《九院报》连续四届获"全国优秀医院报刊"称号,2003—2007年简光泽连续三届获"全国优秀医院报刊优秀总编"称号,陈福夫、陈祖亮、吴正一先后获"全国医院报刊优秀编辑、优秀记者"荣誉称号,并有多篇文章被评为"好新闻、好栏目、好图片、好标题、好版面"。2006—2010年,《九院报》连续两届获上海市卫生系统优秀医院报(刊)称号。

【特刊编写】

在抗震救灾、世博保障等重大工作中,党委宣传科积极收集资料,积累素材,及时编辑印发特刊,记录医院重大工作过程与结果。

表9-4-7 2003—2010年编写书籍情况表

年 份	书 籍 名 称	性 质
2003	抗非纪实	宣传册
2008	人在希望就在	图书
2008	万众一心众志成城	图书
2010	一切为了世博	图书

三、新闻发言人制度

1999年,医院就与交大合作研制项目"定制型人工关节"举行新闻发布会,由院长办公室负责,邀请新闻媒体参加。以后间隔一段时间举行过几次新闻发布会。2010年10月,上海市卫生局决定探索新闻发言人制度,医院明确由分管医疗工作副院长为首任新闻发言人,并有宣传科、院长办公室、党委办公室、医务处等部门负责人共同参与协调,各自为举行新闻发布会作准备,为新闻媒体搭建服务平台,及时了解社会公众关心的重要信息。

第五章 精神文明建设

第一节 创建市文明单位

一、沿革

1990年,医院成立精神文明指导委员会,其成员由医院党政领导、党委办公室、院长办公室、人事处、医务处、门办、护理部、总务处、工会、团委、妇委会和党委宣传科等处室职能部门负责人组成。精神文明指导委员会设正副主任和秘书长若干名。主要职责是负责总结、规划、部署、组织、协调医院精神文明建设工作,重点抓好以职业道德、医德医风为基本内容的宣教、检查、考核、奖惩以及院外监督管理工作。首任精神文明指导委员会主任为简光泽,秘书长为沈燕堂。

1992年3月,医院根据工作需要设立精神文明指导委员会常设机构——精神文明办公室,与党委宣传科合署办公,由沈燕堂任文明办主任,刘振珊任文明办副主任。

表9-5-1 1990—2010年历任精神文明指导委员会正、副主任情况表

任职年份	主 任	副 主 任
1990	简光泽	沈燕堂　刘振珊
1992	简光泽	赵佩琪　沈燕堂　刘振珊
1999	简光泽	张志愿　张敏明　应秀玲　刘振珊
2000	简光泽	张志愿　陈章达　应秀玲　刘振珊
2003	简光泽	张志愿　励永明　陈章达
2005	简光泽	张志愿　励永明　陈章达
2010	简光泽	张志愿　范先群　陈章达

二、创建历程

1990年,医院建立精神文明建设指导委员会,由时任医院党委书记简光泽任主任。精神文明建设指导委员会定期召开会议,研究部署工作。医院每年召开精神文明建设大会,总结工作,表彰先进。1991年起,医院先后开展"医务人员形象大讨论""十大窗口规范化服务竞赛",每季度评选"精神文明十佳好事",每年评选"十大新闻"及"十佳医务员工"等活动,形成精神文明创建特色,不断巩固发展医院精神文明创建成果。1992年,医院建立精神文明办公室,先后由沈燕堂、刘振珊、俞军任精神文明办公室主任,具体负责精神文明日常考核管理工作。1997年,各党支部、科室根据党委要求,相继成立部门精神文明领导小组,精神文明建设工作网络覆盖全院。在精神文明建设指导委员会领导下,全院上下积极开展上海市文明单位创建活动,逐步形成党政工团齐抓共管。

表 9-5-2　1992—2006 年历任精神文明办公室正、副主任情况表

任职时间	主　任	任职时间	副主任
1992—1995	沈燕堂	1992—1995	刘振珊
1995—2001	刘振珊	1995—	陈福夫　刘爱国
2001—	俞　军	2006—	张　祎
		2010—	吴莹琛

1985—2010 年,医院获上海市卫生系统文明单位称号。1991—2010 年,医院蝉联上海市文明单位"十连冠"。1999 年起,医院连续多年获上海市"拥军优属模范单位"、上海市"绿化先进单位"、上海市"健康单位"。2005—2010 年,医院获上海市教卫系统"文明单位"。2010 年,医院获"全国无烟医院"称号。医院党政领导陈章达、范先群、沈国芳等先后获上海市"精神文明建设优秀组织者"、上海市"精神文明建设优秀组织奖"、上海市卫生系统"精神文明建设优秀组织者"称号。

第二节　同创共建活动

20 世纪 90 年代初以来,在医院党委领导下,医院成立精神文明建设指导委员会,每年召开精神文明建设工作大会,规划部署精神文明建设工作,积极组织开展以医务人员为主体的精神文明建设活动,开展形式多样的军民共建、社区共建活动。坚持做到"两个文明"一起抓、一起部署、一起落实、一起检查、一起考核,实现党政工团齐抓共管。在医院内积极营造"风正、劲足、心齐、气顺"氛围,进一步展示九院人良好精神风貌。

在精神文明"创、建、做"中,广大医务员工重在参与、重在建设,积极开展"精神文明十佳好事""十大新闻""十佳医务员工"评选活动;开展振兴中华读书活动和向俞卓伟、吴孟超、张涤生、邱蔚六、戴尅戎等学习活动;举办文化艺术节及院庆系列活动,积极推动医院文化建设。在抗击非典型肺炎、抗震救灾及服务世博中,大力弘扬"九院精神",激励员工爱岗敬业、无私奉献,忠实履行白衣天使神圣职责。坚持开展医务人员职业道德教育和医德医风讲评活动,在医务员工中牢固树立正确的人生观、价值观和社会主义荣辱观,有力推动医院精神文明建设。在全院共同努力下,截至 2010 年,医院连续 20 年获上海市"文明单位"称号。

1990 年以来,医院每季度开展精神文明"十佳好事"评选活动,20 年来,共评选出 600 余件精神文明"十佳好事",有的被评为上海市卫生系统、上海市教委系统精神文明"十佳好事"。1991 年是"八五"规划实施的第一年,医院积极开展争创上海市"文明单位"和上等达标工作,大力弘扬白求恩精神,开展"文明行医,优质服务"百日竞赛活动,做到优质、高效、廉洁、全心全意为患者服务。1992 年起,医院每月开展精神文明建设考核工作。同年 3 月,医院制订《"八五"精神文明发展规划》,下发《文明科室(班组)建设实施细则与评比条例》,积极开展以"五爱四有"和"三德"为基本内容的精神文明建设活动。1994 年,为深化医院改革,巩固上等达标成果,积极争创"上海市文明医院",医院建立和完善监督、制约、激励机制,制订《医务人员外出行医若干规定》,并与瑞金、仁济等 14 家医院在全市共同发出"加强职业道德建设,纠正行业不正之风"的倡议书,门急诊部门广泛开展优良服务窗口竞赛活动。1995 年,医院积极参加上海市卫生系统 44 家医院"文明医院"试点工作,并成立

"精神文明办公室",修订完善医院《职业道德规范和规范服务标准》,医院与各科室签订《精神文明责任与综合目标管理协议》。同年,医院被评为上海市卫生系统"文明规范服务先进单位"。

1996年,医院认真组织医务人员学习"建设中国特色社会主义理论",提出力争五年内达到"四个明显",即学习和运用中国特色社会主义理论的自觉性明显增强、职工队伍整体素质明显提高、医院文化建设取得明显进步、医院"窗口"医疗服务质量明显提高。1997年,医院围绕"爱我中华,迎香港回归"主题,举办第二届文化艺术节,唱响爱党、爱国、爱院的主旋律,积极推进医院文化建设。1998年,医院举行"纪念党的十一届三中全会召开20周年系列活动",深入学习邓小平理论,并建立素质教育委员会,实施职工素质建设工程,努力培养和造就一支适应卫生改革发展需要、具有高尚职业道德、精湛医术、奉公守法的员工队伍。1999年,医院举办第三届艺术节。医院召开八届四次职代会审议通过《职工奖惩条例》。为落实上海市卫生系统创建文明行业的要求,医院成立创建文明行业领导小组,进一步巩固规范服务达标成果,推进"六化"(医院管理现代化、门急诊标准化、窗口规范化、环境优美化、病区舒适化、仪表仪容礼仪化)建设,办好"老三件"(病房浴室、投币电话、伙食)、"新三件"(床单位、病员衣裤、空调),并投资300多万元建立全院有线电视系统,加强对员工学习教育。院领导在每周召开的例会上,坚持对每月医德医风和患者满意度进行讲评。

2000年10月,医院举办院庆80周年活动,极大丰富医院文化生活。2001年6月,医院在医务人员中开展"21世纪医务人员形象教育大讨论"活动。在建党80周年之际,医院在全体党员中开展"一个党员一面旗帜"系列教育活动。医院制订《"十五"精神文明建设规划》,提出建设"花园式单位"和"无烟医院"目标,按照中央颁布的《公民道德建设实施纲要》,进一步完善《九院职业道德规范》。医院制订《"四五"普法教育规划》,加强职业道德建设,推动以德治院,以法治院。

2003年,面对一场突如其来的非典型肺炎疫情灾害,医院举行全院医务人员誓死抗击非典型肺炎签名活动,全力抗击非典型肺炎。广大医务员工以实际行动抗击非典型肺炎,维护人民群众健康和安全。并组织开展"世博会与上海新一轮发展"大讨论,努力建设一支高素质的医务员工队伍。

2004年,医院按照党中央和上海市委部署,在全院范围开展保持共产党员先进性教育活动,通过内强素质,外塑形象,进一步推动医院精神文明建设。在院庆85周年之际,医院举行"院士墙"揭牌仪式,时任医院党委书记简光泽致辞,在全院掀起向张涤生、邱蔚六、戴尅戎三位院士学习的高潮。医院还统一编制《员工手册》和《导医手册》,在院内开展首届"十佳医务员工"以及交大医学院"校长奖"评选活动。推出为患者办十件实事、医务人员"十个不准"规定,进一步优化服务。2005年,全院开展"三学"(学知识、学科学、学技术)活动,继组织工程中心之后,口腔颌面外科获第六届上海市"三学"先进集体等荣誉称号。

2006年,医院组织制订实施《"五五"普法教育规划》。开展社会主义荣辱观学习活动,并制定医院"八荣八耻":"以热爱医院为荣,以损害医院为耻;以服务病人为荣,以伤害病人为耻;以精益求精为荣,以似是而非为耻;以敬业创新为荣,以投机取巧为耻;以团结沟通为荣,以拨弄是非为耻;以诚实奉献为荣,以消极怠工为耻;以遵守院规为荣,以背离院规为耻;以勤俭节约为荣,以奢侈浪费为耻。"在医院内形成讲文明,树新风的良好风气。

2007年,医院组织制订《"十二五"医院文化建设规划》,以"文化建院、兴院、荣院、强院"为主线,在全院范围开展向白求恩、陈海新学习的高潮,广大医务人员自觉践行社会主义荣辱观,忠于职守,爱岗敬业,进一步规范职业道德。

2008年5月12日,四川汶川发生特大地震灾害后,在医院党政班子领导下,广大医务员工情系灾区,爱心涌动,积极开展为灾区人民捐款活动,累计捐款近90万元,并向地震灾区派遣医疗队,开展医疗救援和卫生防疫工作,做好灾区转运伤员的救治工作。并召开"众志成城、守望相助"抗震救灾医疗队报告会,隆重表彰一批抗震救灾先进集体和个人。为大力弘扬伟大的抗震救灾精神,医院编辑出版发行《人在希望就在》一书。

2009年,医院制订《科室精神文明考核奖惩条例》,加强精神文明考核和管理工作。在医务员工中开展向孔宪涛、姜万富同志学习活动。医院围绕迎世博,成立世博定点医院工作领导小组,启动"世博先锋行动"党员践行文明承诺活动。眼科范先群教授获"迎世博上海市世博微笑服务天使"称号,成为上海卫生系统医务人员中第一人。

2010年是上海世博会举办之年,医院作为世博定点医院、园区D区世博医疗站、世博局工作人员定点就诊医疗机构,在医院党政班子领导下,同年5月1日—10月31日世博营运期间,全院广大医务人员积极参与世博,服务世博,奉献世博,忠于职守,不辱使命,为国争光,全力以赴投入世博医疗保障工作,出色完成所承担的医疗保障任务。为此,医院获上海市卫生系统"世博服务贡献奖""世博工作优秀集体"。而后,医院召开精神文明暨世博表彰大会,隆重表彰一批"微笑天使"、世博工作先进集体、先进个人,并编辑出版《一切为了世博》一书。

2010年是医院院庆90周年,医院积极实施拍摄一部院庆90周年电视专题片、制作一本院庆90周年画册,举行一次院庆90周年庆典大会、举办一次院史陈列展等"九个一工程",把医院文化建设推向新高潮。同年11月,医院在上海音乐厅举行盛况空前的院庆90周年庆典大会,隆重表彰一批终身成就奖、特殊贡献奖和特别荣誉奖获得者。

第三节 窗口服务竞赛

医院门急诊"十大窗口"涵盖急诊预检、挂号收费、便民服务中心、药房、门卫、出入院结账处、电梯、电话总机、日夜补液、放射科、检验科等窗口,1997—2010年,医院持续开展窗口服务竞赛活动,在医务人员中牢固树立"以病人为中心"的思想理念,不断增强医务人员服务意识、责任意识,取得显著成效,进一步提高窗口服务质量和患者满意度。

1979年,医院开展百日竞赛活动,旨在提高医疗服务质量。1990年,医院开展护理操作竞赛,在上海市护理操作竞赛中获全市第一名。同年,医院参加上海市卫生系统百日竞赛活动,获上海市卫生系统"百日竞赛先进集体"。

1991年起,医院每月对全院20个病区、门急诊"十大窗口"开展征询意见活动,以提高患者满意度。同年,上海市卫生系统开展"满意在医院"评选活动。1992年,为响应上海市卫生局号召,医院在医务人员中开展"文明行医、优质服务、满意服务在九院"竞赛活动,"十大窗口星级服务竞赛""争创文明窗口、文明岗"和"爱老服务一条龙"竞赛活动,获1992年度市级综合性医院"满意在医院"先进集体。1993年,医院开展"满意在医院"竞赛活动和"优质服务窗口竞赛"活动,不断提高患者满意度。同年,医院开展"微笑在九院,迎东亚运优质服务竞赛"活动,历时半年之久,窗口部门服务质量普遍提高。1994年,医院参加上海市青年文明优胜窗口竞赛,门急诊药房获"优胜窗口"。同年,为响应上海市卫生局号召,医院开展十大窗口"兴华杯"文明规范服务竞赛活动。1995年,上海市卫生系统开展"兴华杯"达标竞赛活动,医院获"兴华杯达标竞赛先进集体",有3人获"服务明星"称号。医院开展"十大窗口"规范服务讲评、门急诊规范服务情景演示,有7人获"服务明星"称号,营养科、药房、电话总机获评医院"规范服务窗口",有1人获上海市卫生系统"十佳工勤人员"提名奖。1996年,医院在上海市卫生系统开展达标竞赛活动中,获上海市卫生系统"达标先进单位"。

1999年,医院积极贯彻落实中央卫生部电视电话会议精神,开展"一切以病人为中心"的教育,投资855万元推进"六化"建设,开展门急诊标准化、窗口规范化建设。2001年,医院举行患者入院接待小品比赛,同时,举行21世纪护士形象演讲比赛,以提高护理质量,树立良好职业形象。

2002年,医院在十大窗口开展"星级服务"竞赛活动,进一步深化窗口竞赛活动。2004年,医院开展"让群众放心满意"百日竞赛活动,大张旗鼓地开展"十大窗口百日竞赛活动"。各窗口部门积极为患者办好事、办实事,提供温馨、便捷服务。

2005年,为贯彻落实上海市卫生系统"优化管理服务,优化就医环境"活动计划,医院成立"双优"活动领导小组,开展"双优"活动。同时,根据上级党委部署,医院党委在全院范围开展"保持共产党员先进性教育"活动,整个活动历时100余天,各窗口部门党员以模范行动,进一步提升窗口服务质量。

2006年,医院开展优化管理服务,优化就医环境"双优"活动。医院以"管理为基础,以质量为重点"全面推进医院管理,开展"让病人更方便、让医疗更安全"医院管理年活动,进一步简化就医流程,增设收费窗口、咨询窗口。2007年,医院开展"规范执业、诚信服务"医院管理年活动,各窗口部门开展向陈海新同志学习活动,进一步提高服务质量。2008年,为贯彻落实《卫生部关于〈2008年以病人为中心,以提高医疗服务质量为主题的医院管理年活动方案〉的通知》,医院以"规范、诚信、安全、方便"为重点,开展医院管理年活动。2009年,为全面贯彻党的十七大精神,医院开展深入学习实践科学发展观活动,各窗口部门从实际出发,不断改善就医环境和就医流程。

2010年,医院成立专项领导小组,围绕迎世博开展"窗口优质服务竞赛"活动,进一步提高窗口满意度。全院范围开展"创先争优"活动,各窗口部门积极参与世博、服务世博、奉献世博,全面做好世博医疗保障工作。

第四节　文明班组、文明职工评选

医院自20世纪80年代初开始,在开展创建上海市文明单位的同时,积极开展创建文明班组、文明职工的活动,每两年一次评选上海市、市卫生系统、二医大(后改交大医学院)以及院级文明班组、文明职工,并在精神文明建设工作大会上予以表彰。30年来,先后获得市级、校级、院级"文明班组"称号的科室、部门、班组有530余次。有200多名职工被评为各级"文明职工"。通过开展群众性文明班组、文明职工评选活动,进一步推动医院精神文明建设。2000年,有91人获上海市卫生系统文明职工称号。

表9-5-3　1997—2010年市级文明班组评选情况表

年　份	科室(班组)	奖　项
1997	营养科炊事班	上海市红旗班组
1997	门诊注射室	上海市文明班组
1998	六病区	上海市文明班组
1999	内三病区、口腔颌面外科	上海市文明班组
1998	整四病区、六病区、内三病区	上海市卫生系统文明班组
2005—2006	血管外科	上海市卫生系统文明班组

（续表）

年　份	科室（班组）	奖　项
2010	门诊收费处	上海市卫生系统迎世博文明班组
1997	营养科炊事班	上海市红旗班组
1997	门诊注射室	上海市文明班组
1998	六病区	上海市文明班组
1999	内三病区、口腔颌面外科	上海市文明班组
1998	整四病区、六病区、内三病区	上海市卫生系统文明班组
2005—2006	血管外科	市卫生系统文明班组
2010	门诊收费处	市卫生系统迎世博文明班组

表9-5-4　1991—2010年校级文明科室评选情况表

年　份	科室（班组）	奖　项
1991	口腔颌面外科、口腔内科、骨科、耳鼻喉科、防保科、检验生化组、整外二病区、中心发药室、中房药、膳食科	第二医科大学文明科室
1992	口腔整复组、门诊预检、正畸科、纪监审、党办宣传科档案室、放疗科钴-60、外一病区、保卫科、组织工程实验室、整外门诊手术室、心内科、门诊预检、人事处、职工食堂、口腔正畸科	第二医科大学文明科室
1993	党办、宣传科、档案、审计、口腔内科、老年病科、心内科、医学院、院长办公室、药剂科、人事处、急诊科、口腔修复科、总务科、口腔颌面外科三病区唇腭裂组、整复外科、科教处、外科一病区	第二医科大学文明科室
1994	口腔整复组、门诊预检、正畸科、纪监审、党办宣传科档案室、放疗科钴-60、外一病区、保卫科、组织工程实验室、整外门诊手术室、心内科、门诊预检、人事处、职工食堂、口腔正畸科	第二医科大学文明科室
1995	党办、宣传科、档案、审计、口腔内科、老年病科、心内科、医学院、院长办公室、药剂科、人事处、急诊科、口腔修复科、总务科、口腔颌面外科三病区唇腭裂组、整复外科、科教处、外科一病区	第二医科大学文明科室
2000—2001	口腔整复组、门诊预检、正畸科、纪监审、党办宣传科档案室、放疗科钴-60、外一病区、保卫科、组织工程实验室、整外门诊手术室、心内科、门诊预检、人事处、职工食堂、口腔正畸科	第二医科大学文明科室
2002—2003	党办、宣传科、档案、审计、口腔内科、老年病科、心内科、医学院、院长办公室、药剂科、人事处、急诊科、口腔修复科、总务科、口腔颌面外科三病区唇腭裂组、整复外科、科教处、外科一病区	第二医科大学文明科室

(续表)

年　份	科室(班组)	奖　项
2004—2005	营养科、口腔、临床医学院办公室、口腔颌面外科口外二病区、口腔综合科、人事保卫科、浦东分院医生组、B超室、外一病区、院党委系统、整复外科一病区、科教处、血液科、医护门办公室、内三病区、院长办公室、收费处、老年病科、电梯班组、口腔病理科、血管外科、门诊药房咨询窗口、收费九号窗口	上海交大医学院文明科室(窗口)
2008—2010	挂号收费处、检验科等6个科室部门	上海交大医学院文明班组(窗口)

第五节　十佳好事和十大新闻评选

一、十佳好事

自20世纪90年代初开始,医院开展社会主义精神文明"十佳好事"评选活动,在各部门推荐和申报的基础上,由医院精神文明办公室审定,在医院每周召开的例会上予以表彰,并摄制成录像片在有线电视上反复播放,且在《九院报》及宣传画廊上加以宣传。医院社会主义精神文明"十佳好事"评选活动,初定每季度评选一次,2000年,改为每半年评选1次。在医院评选的基础上申报上级各条线组织的各项评选活动。至2010年末,医院坚持开展社会主义精神文明"十佳好事"评选活动,先后评选出精神文明"十佳好事"600余件,有2件获上海市精神文明"十佳好事",有5件获上海市医务职工精神文明"双十佳好事",有3件获上海市科教党委系统精神文明"十佳好事",职工中有800余人次受到表彰。

表9-5-5　1994—2010年医院获各级各类精神文明"十佳好事"奖项情况表

年　份	事　迹	奖　项
1994	金主任抽屉里的"备用金"	二医大精神文明十佳好事
1994	一切为病人着想	二医大精神文明十佳好事
1996	尊老爱老,助贫济贫的热心人	二医大精神文明十佳好事
1997	住院借款钱遭窃,连夜破案粪中捞钱	上海市精神文明"百件好事" 上海市医务职工精神文明"双十佳"好事 二医大精神文明十佳好事
1997	一片爱心暖人心	二医大精神文明十佳好事
1998	病魔无情人有情,无私奉献显真情	上海市科教卫党委系统精神文明十佳好事
1998	沈勤热心捐助特困病人姚祥顺	上海市医务职工精神文明"双十佳"好事
1999	不顾严寒酷暑,义务上门送药	二医大精神文明十佳好事
1999	爱心的交融	二医大精神文明十佳好事
2000	救死扶伤,恪尽天职	二医大精神文明十佳好事
2000	爱心为师道之本	二医大精神文明十佳好事

(续表)

年　份	事　迹	奖　项
2000	送教上门,爱心助残	上海市教育系统精神文明十佳好事
2002	飞来横祸伤行人,医生救人不留名,好心人在哪里	二医大精神文明十佳好事
2002	病魔无情人有情,海峡两岸暖爱心	二医大精神文明十佳好事提名奖
2002	九院医务员工一心为着小莉菁	二医大精神文明十佳好事
2003	为了46位职工生命安全,医务人员全力救治	二医大精神文明十佳好事提名奖
2003	她有一颗善良心,助人为乐暖人心	二医大精神文明十佳好事提名奖
2003	白衣天使解危难,齐心协力见真情	黄浦区"为黄浦增辉"十佳新闻提名奖
2005	成功实行下颌骨重建术,全力帮助辍学学子重返学堂	上海市医务职工精神文明"双十佳"好事集体
2006	"希望之链"在楚雄	上海市医务职工精神文明十佳好事 上海市科教党委系统精神文明创建优秀项目
2006—2007	送去光明的希望	上海交大医学院精神文明创建特色项目
2007	"微笑列车"让唇腭裂儿童绽放笑容	上海市教卫系统十佳好人好事 上海市科教党委系统十佳好事提名奖 上海市医务职工精神文明十佳好事
2009	情系藏区,点亮光明	上海市医务职工精神文明十佳好事
2010	参与世博,服务世博	上海交大医学院精神文明创建特色项目提名奖

二、十大新闻

20世纪90年代开始,医院开展年度"十大新闻"评选活动,其内容涵盖医、教、研、管理各个方面,通过回顾过去一年发生的大事、要事,以简明扼要的形式加以宣传。"十大新闻"评选是在向各部门征集的基础上,经医院党委宣传科筛选后确定评选题目,然后将选票发至职工,由职工推荐和评选,汇总后由医院领导审定,在《九院报》上公开刊登,如戴尪戎获上海市"科教功臣"、张涤生获中国工程院最高奖项光华工程科技奖——工程奖、邱蔚六被国际口腔颌面外科医师协会授予"杰出会士奖"等。医院先后有多条"十大新闻"被各大报刊媒体转载。对于"十大新闻"评选获奖人员,则由医院党委宣传科给予一定的物质鼓励。

第六节　医德医风建设

一、医德医风

1991年,医院成立纠风领导小组,开展纠风工作。同年起,医院对门急诊、病区实行综合评分考核制度,1992年扩大至全院。妇产科法韫玉、整复外科程开祥获1991—1992年度上海市卫生系统"高尚医德奖"。同年,医院制订《医务人员医德规范及实施办法》。1993年,医院组织制订《医德医风教育考核制度》,加强医德医风考核。为此,医院成立纠风领导小组和纠风办公室,作出"加强廉政建设,廉洁行医的十七条规定",向患者发放《告病人书》,公布举报电话,接受社会监督。1994年,医院积极参与上海市卫生系统"光华杯"文明规范服务竞赛活动,与瑞金医院等14所医院共同发出"加强职业道德建设,纠正行业不正之风"倡议书,积极开展纠风工作。医院还编写《九院规范服务资料汇编》,分批对十大窗口、病房、门急诊医务员工进行规范服务培训。1995年,医院制订《九院服务规范》和《十大窗口医务人员规范服务手册》,下发到各部门。

自1996年起,为贯彻上海市卫生局纠风工作会议精神,医院调整充实医院纠风领导小组,在医务人员中普遍开展职业道德、医德医风教育,开展药品回扣专项治理工作,进行自查自纠,对外出行医等违纪人员进行通报批评和处罚,并推行行风评议工作两级负责制。树立一批样板病区、门诊和服务窗口。1999年,医院积极参与上海市卫生系统评选"四十佳"活动。为贯彻中纪委三项会议精神和市委关于评议医药购销行风的要求,医院领导每月对医德医风和患者满意度进行讲评。

自2000年起,医院提出创文明行业目标,加强职业道德教育。组织全院开展"21世纪医务人员形象"大讨论,广大医务人员满怀信心迎来了新世纪,并按照上海市卫生系统要求,医院以纠正医药购销中不正之风为重点,严肃查处医药购销中的各类违法违纪案件,不断巩固和深化纠风工作成果。并以"入世"为契机,进一步强化职业道德建设,不断改善医疗服务质量。医院调整充实院外监督咨询委员会,加强行风监督。并相继推出"八大举措""十大便民措施",为患者提供"温馨、便捷、优质"的服务。

自2004年起,为贯彻上海市卫生系统精神文明和行风建设会议精神,医院以"廉洁、诚信、规范服务"为主题,全面部署专项整治工作,公开向社会承诺,做到文明礼貌、热情周到、合理用药、合理检查、合理收费,积极推广"医疗服务文明规范用语一百句"。召开有105家药厂(公司)参与的药品、设备、器械供需双方纠建座谈会,重申行业纪律,做到廉洁行医,药厂承诺服务到位又不越位。并在"十大窗口"范围开展"让群众放心满意"百日竞赛活动,组织医务人员学习张涤生、邱蔚六院士高尚医德先进事迹,开展医院管理年"双优"活动和评选"十佳医务员工"活动。

2006年,根据党中央、卫生部、市委市府及卫生局的有关文件精神,医院成立治理商业贿赂专项工作领导小组,制订《治理医药购销领域商业贿赂专项工作实施方案》,各部门相继成立自查自纠小组。医院召开有180余家药厂、医疗器械、一次性卫生材料供应厂家公司经理、业务主管、厂商代表参加的治理医药购销领域商业贿赂企业代表座谈会,明确提出专项治理内容。同年,张志愿获2006年度上海市卫生系统"十大医德标兵"提名奖。

2007年,医院组织治理医药购销领域商业贿赂专项工作"回头看",与科室签订规范医疗服务收费责任书,进一步规范服务,推出十大新举措和一系列便民措施,有计划地落实市卫生系统提出的十项人性化便民服务措施。加强和改进员工素质教育考核办法。同年,眼科范先群获上海市卫生系统第四届"高尚医德奖"。2008年,医院成立政风行风建设领导小组,加强政风行风建设,以迎接市政风行风测评检查组来院检查。

自2009年起,医院先后开展学习实践科学发展观活动、迎世博,文明与你同行百日竞赛活动、医院管理年活动,把促进医务员工全面发展作为根本任务,进一步加强医德医风建设。

2010年,医院全力以赴做好世博定点医院医疗保障工作,召开全院医师大会,评选表彰一批先进典型,组织开展医务人员服务礼仪培训,强化医德医风建设。

二、满意度测评

1990—2010年以来,医院高度重视患者满意度测评工作,把患者满意度作为医德建设的重要内容纳入考核,与员工晋升晋级挂钩。医院常年外聘一批院外行风监督员、满意度测评人员,定期进行测评,认真倾听患者意见,精神文明办公室每月将测评结果向各部门反馈,并抓好整改工作,督促各部门加强医德医风建设。医院强化管理,认真落实市卫生系统"三化"20项措施,优化就医环境、布局流程,各窗口部门把规范服务贯穿于医疗服务全过程,让患者满意。

三、行风测评

医院积极参加上海市卫生系统万人问卷调查和行风测评工作。1991年,医院在全市十大医院排名第七名。2000年、2004年,经过努力,在23所市级医院中排名第八名。2004—2009年,医院满意度测评在交大医学院系统排名第二~三名。2006—2010年,在全市排名第九~十四名。

表9-5-6 1990—2010年医院满意度测评情况表

年份	上海市级医院万人问卷调查评分(分)	上海市卫生系统市级综合医院精神文明抽查评分(分)	表扬信(封)	锦旗(面)	批评信(封)	总满意度(分)
1990		(第七名)	98			83
1991		71.3(十大医院第七名)	144		18	83.4
1992		83.7(十大医院第六名,二医大第一名)	216	24	16	86
1993			288	23	11	90.3
1994	87.4(23所市级医院排名第十三名)	86.8(十大医院第十名)	258	30	9	90
1995			429	59	12	90.5
1996			373	59		92
1997			359	74	8	93
1998	88		403	111	86(含投诉)	92.5
1999	92.8	88.1	434	187	62(含投诉)	95.5
2000	92.4(第八名)		432	210	42(含投诉)	96.8
2001	92.8		642			
2002			329	132	53	97
2003	91.3		257	129	28	95.8
2004	94.9(第八名)	(二医大第二名)	358	142	7	96.3
2005			296	186	2	96.64
2006	95.8(第九名)	(上海交大医学院第二名)	265	114	3	96.81
2007	97.3(第十三名)	(上海交大医学院第三名)	216	160	2	94.8

(续表)

年份	上海市级医院万人问卷调查评分(分)	上海市卫生系统市级综合医院精神文明抽查评分(分)	表扬信(封)	锦旗(面)	批评信(封)	总满意度(分)
2008	83.85(第十一名)	(上海交大医学院第二名)	275	162	4	95.9
2009	95.4(第九名)	(上海交大医学院第二名)	273	231	18	95.88
2010	95.5(第十四名)		280	270	10	96.99

第七节 思想政治工作研究会

1990年,医院成立思想政治工作研究会(思研会),制定《思想政治工作研究会章程》,并开展理论研究,积极推动思想政治工作理论研究与交流。1993年,医院召开第二届思想政治工作研究会年会,修订《思想政治工作研究会章程》,调整充实思想政治工作研究会,由医院党委书记简光泽任会长,周曾同、张志愿、赵佩琪、张敏明任副会长。自1993年起,医院每年组织党务干部参加上海市卫生系统、第二医科大学(后改交大医学院)思想政治工作、党建工作年会交流。1994年,医院召开第三届思想政治工作研究会年会,进一步加强思想政治工作研究会领导,各部门建立思想政治工作研究小组,开展课题研究。从1995年起,每2年召开一次思想政治工作、管理研讨会,交流理论研究成果。1996年起,医院思想政治工作研究会接受上海市卫生局、第二医科大学思想政治工作研究会的指导,每2年召开一次年会,交流评选优秀论文,先后编辑出版多本《思想政治工作、管理论文集》。

1998年起,医院党委每年组织人员参加中国卫生思想政治工作促进会全国城市医院分会召开的年会交流。

1999年起,医院成为全国城市医院思想政治工作研究会常务理事单位,时任医院党委书记简光泽担任全国城市医院思想政治工作研究会副会长,参与全国城市医院思想政治工作研究会管理。

2005年,医院思想政治工作研究会经调整由简光泽任会长、陈章达、张志愿、励永明任副会长。

2009年11月13—15日,由中国卫生思想政治工作促进会城市医院分会主办,上海交通大学医学院附属第九人民医院承办的中国卫生思想政治工作促进会全国城市医院分会、中国医院协会文化专业委员会全国城市医院分会成立20周年庆祝大会暨第19次年会在上海宾馆举行。常务副院长陈章达主持开幕仪式,院党委书记、副会长简光泽致欢迎词。上海市人大常委会主任刘云耕、卫生部原副部长孙隆椿、中国工程院院士杨福家、交大医学院党委书记孙大麟、市卫生局党委副书记黄红、院党政领导沈国芳、郭莲等,中国医院协会文化委主任周风鸣、副主任田文军、中国卫生思想政治工作促进会秘书长冯小健、中国卫生思想政治工作促进会全国城市医院分会会长黄厚甫、副会长郁申华及来自全国26个省市40多位医院党委书记、院长和各会员单位代表200余人出席会议。上海市人大常委会主任刘云耕、卫生部原副部长孙隆椿等先后讲话,中国工程院院士杨福家作专题报告,就新形势下医院思想政治工作的新思路、新方法进行广泛深入交流,会议表彰一批获奖单位和个人。

1988—2010年,医院在全国、省市刊物上发表党建、思政、医院文化学术论文80篇,其中获奖论文40篇。

表9-5-7　1990—2010年历任思想政治工作研究会会长、副会长情况表

任职年份	会　长	副　会　长
1990	余贤如	简光泽
1993	简光泽	周曾同　张志愿　赵佩琪　张敏明
2005	简光泽	陈章达　张志愿　励永明

表9-5-8　1988—2010年医院思想政治工作研究会发表论文情况表

年　份	发表论文数	获奖论文数	年　份	发表论文数	获奖论文数
1988	1	1	2000	8	45
1992	3	3	2001	3	
1994	1	1	2002	11	6
1995	6	4	2003	4	2
1996	10	6	2004	4	3
1997	4	1	2007	6	1
1998	5	2	2009	7	4
1999	1	12	2010	4	1

表9-5-9　1992—2010年医院思想政治工作研究会论文获奖情况表

年份	论文名称	奖　项	第一作者
1992	社会主义商品经济原则在卫生事业单位应用	上海市卫生系统思研会一等奖	符诗高
1992	精神物质双重效应激励机制的探讨	上海市卫生系统思想政治工作研究会第七次年会论文三等奖	刘振珊
1992	医院科研人员道德要求及应采取的对策	上海第二医科大学思想政治工作研究会论文三等奖	刘振珊
1994	从"满意度"测定着手抓医院精神文明建设的探讨	上海市卫生系统思研会二等奖	刘振珊
1995	精神文明建设贵在坚持	上海市卫生系统思研会二等奖	简光泽
1995	浅论如何加强对部门工会工作	上海市卫生系统工会理论二等奖	袁莹萍
1995	加强基层党委建设，发挥政治核心作用	上海第二医科大学党建理论一等奖	徐春扬
1996	做好医院新闻报道的重要环节	全国医院文化及医院管理征文活动二等奖	陈祖亮
1996	注重客观实效，发动群众考核支部党员	上海市党建工作创意奖	张敏明
1996	思想政治教育与解决实际问题相结合	上海第二医科大学思研会一等奖	刘振珊
1996	政工干部的劳动价值	上海第二医科大学思研会一等奖	董国芬
1996	社会主义市场经济条件下医德建设若干问题争议	上海第二医科大学思研会二等奖	任彩娟

(续表)

年份	论文名称	奖项	第一作者
1996	试论在医院综合目标管理中奖金激励机制的负效应及引导	上海第二医科大学思研会论文评比三等奖	袁莹萍
1998	浅论医院管理中的文化建设	上海市卫生系统思研会三等奖	简光泽
1998	浅谈后勤人才梯队建设	"当代领导者管理艺术丛书"二等奖	陈福夫
1999	浅论思想政治工作是当代医院管理中重要内容	上海市卫生系统思想政治工作研究会第12次年会论文一等奖	简光泽
1999	医保制度与病人"满意度"变化趋势分析	上海市卫生系统思想政治工作研究会第十二次年会论文三等奖	刘振珊
2000	浅论思想政治工作是当代医院管理中重要内容	上海市卫生思研会一等奖	简光泽
2001	谈医院的文化建设	全国人文科学优秀成果二等奖	简光泽
2001	医院文化与职工积极性研究	上海市卫生系统工会工作理论研究会第六届年会三等奖	陈福夫
2002	基层档案室编研工作的探索与实践	上海市卫生局新世纪档案工作展望征文二等奖	陈祖亮
2002	浅论新世纪医院管理中文化建设	全国职工医院文化建设协会第七次年会一等奖	简光泽
2002	浅谈职工思想政治工作的创新	全国职工医院文化建设协会第七次年会二等奖	蒋秀凤
2002	对改善当前医患关系问题的思考	上海市医学伦理学会第九届年会三等奖	陈福夫
2003	构建良好医患关系稳步提高医疗服务质量	全国医疗卫生改革与建立良好医患关系研讨会二等奖	陈福夫
2004	医院开展人性化服务的思考	上海第二医科大学思研会年会获优秀论文三等奖	陈福夫
2009	以医院文化建设推动内涵建设	全国城市医院分会十九次年会三等奖	俞军
2009	谈新时期加强共产党员的经常性教育	全国城市医院分会十九次年会二等奖	简光泽
2009	在平凡的岗位上体现青年党员的先进性	全国城市医院分会十九次年会三等奖	胡滨
2009	医院后勤管理人才培养前瞻性思考	全国城市医院分会十九次年会三等奖	张玲毅
2010	"院优秀青年"人才培养计划的实施成效和体会	华东地区医院管理论坛论文一等奖	陆尔奕

表9-5-10　1994—2010年医院发表思政论文情况表

第一作者	论文名称	发表刊物
陈祖亮	吴青档案的启示	1998年《上海档案》第2期
陈祖亮	浅谈声像档案的开发和利用	1998年《中华医院管理杂志》第5期
陈祖亮	重大医疗成果档案的特殊意义	1998年《中华医院管理杂志》第9期
陈福夫	二十一世纪医院文化初探	2001年《上海精神文明》第5期

(续表)

第一作者	论文名称	发表刊物
赵玉龙	实践三个代表,发挥职能作用	2002年《清风》第8期
赵玉龙	浅谈临床教学阶段精神文明建设	2002年《上海精神文明》第11期
陈祖亮	重大医疗成果的定义、特点及界定	2004年《中华现代医院管理杂志》第2期

第八节 先进评选与表彰

1960年,医院被评为全国文教战线先进单位,由医院院长魏原樾代表医院赴北京出席文教战线群英大会。至2010年,医院共获得全国及市级各级各类先进集体和个人奖项97项。

表9-5-11 1960—2010年医院获得国家级和市级奖项情况表

年份	获奖者/获奖集体	奖项
国家级集体奖项		
1960	第九人民医院	全国文教战线先进单位
	第九人民医院	卫生部卫生医药技术革命先锋
1992	第九人民医院	全国爱牙日活动先进单位
1997	第九人民医院	全国妇幼卫生先进单位
2002	第九人民医院	全国城市医院文化先进集体
2004	第九人民医院	全国医院(卫生)文化建设先进单位
2007	第九人民医院	全国城市医院抗震救灾先进单位
	第九人民医院	全国城市医院思想政治工作先进集体
	第九人民医院	全国医院(卫生)文化建设先进单位
2008	第九人民医院	全国城市医院突出贡献先进集体
	第九人民医院	全国医院(卫生)文化建设先进集体
	第九人民医院	全国城市医院抗震救灾先进集体
2009	第九人民医院骨科护理组	全国医药卫生系统先进集体
	第九人民医院	全国城市医院文化建设突出贡献先进集体
2010	第九人民医院	全国城市医院文化建设先进集体
	第九人民医院	全国无烟医院
国家级个人奖项		
1983	张锡泽	全国卫生系统先进工作者
1986	刘瑷如	全国卫生系统先进工作者
1987	张德星	全国卫生文明建设先进工作者

(续表)

年　份	获奖者/获奖集体	奖　项
1988	薛　淼	全国计划生育科技先进工作者
	戴尅戎	全国卫生文明建设先进工作者
1989	薛　培	卫生部计划生育先进工作者
	冯承忠	全国经济文化保卫系统先进
1990	戴尅戎	全国优秀留学回国人员
	唐林宝	全国卫生计量管理先进
1995	刘　正	全国卫生系统先进工作者
2000	戴尅戎	全国卫生系统先进工作者
	简光泽	全国城市医院优秀党委书记
	刘振珊　袁莹萍	全国城市医院优秀思想政治工作者
2003	曹谊林	全国留学回国人员先进
	曹谊林	全国归侨侨眷先进个人
2004	邱蔚六	全国卫生系统先进工作者
	张志愿	卫生部全国医院优秀院长
2005	张富强	中央保健工作先进工作者
2006	简光泽	全国医院文化建设先进个人
2007	周广东	全国卫生系统全国青年岗位能手
	范先群	全国卫生系统先进工作者
2008	戴尅戎	全国抗震救灾医药卫生先进个人
	简光泽	全国卫生系统优秀思想政治工作者
2009	沈国芳	全国医药卫生系统先进个人
2010	简光泽	全国城市医院文化建设先进个人
市级集体奖项		
1960	第九人民医院	上海市先进单位
1977	第九人民医院整复外科	上海市先进集体
1978	第九人民医院口腔颌面外科	上海市卫生系统先进集体
	第九人民医院整复外科	上海市卫生系统先进集体
1988	第九人民医院	上海市优秀旅游表扬单位
1989	第九人民医院	上海市公费医疗管理先进
	第九人民医院	上海市公安治保先进
1990	第九人民医院急诊室	上海市卫生系统百日竞赛先进集体
	第九人民医院	上海市公费医疗管理先进

(续表)

年　份	获奖者/获奖集体	奖　项
1991—1992	第九人民医院	上海市第六届文明单位
1992	第九人民医院	上海市卫生系统"文明行医、优质服务、满意在九院"先进单位
1993—1994	第九人民医院	上海市第七届文明单位
	第九人民医院	上海市城市绿化先进单位
1995	第九人民医院	上海市卫生系统规范服务先进单位
1995—1996	第九人民医院	上海市第八届文明单位
1996	第九人民医院	上海市卫生系统兴华杯达标竞赛先进集体
	第九人民医院	上海市尊老社会一条龙服务先进单位
1997—1998	第九人民医院	上海市第九届文明单位
1998—1999	第九人民医院口腔颌面外科	上海市卫生系统先进集体
	第九人民医院骨科	上海市卫生系统先进集体
1999	第九人民医院组织工程中心	上海市"三学"先进集体
1999—2000	第九人民医院	上海市第十届文明单位
	第九人民医院	上海市绿化先进单位
2000	第九人民医院血管外科	上海市医务系统红旗文明岗
	第九人民医院外科换药室	上海市医务系统红旗文明岗
	第九人民医院	上海青年志愿者服务特别贡献奖
2001	第九人民医院	上海市卫生系统安全生产先进单位
	第九人民医院组织工程实验室	上海市红旗班组
2001—2002	第九人民医院	上海市第十一届文明单位
2001—2004	第九人民医院	上海市爱国卫生先进单位
2003—2004	第九人民医院	上海市第十二届文明单位
	第九人民医院	上海市卫生系统第七届文明单位
2003—2005	第九人民医院口腔颌面外科肿瘤组	上海市卫生系统先进集体
2004	第九人民医院	上海市卫生系统"五十佳"评选活动优秀组织奖
	第九人民医院心内科	上海市红旗班组
2005—2006	第九人民医院血管外科	上海市卫生系统文明班组
	第九人民医院	上海市卫生系统第八届文明单位
	第九人民医院	上海市第十三届文明单位

(续表)

年　份	获奖者/获奖集体	奖　项
2005—2010	第九人民医院	上海市科教党委系统市级文明单位
2006	第九人民医院	上海市卫生系统医院文化建设优胜单位
2006—2007	第九人民医院	上海市振兴中华读书活动先进单位
2006—2008	第九人民医院骨科护理组	上海市卫生系统先进集体
2007	第九人民医院	上海市健康单位
	第九人民医院眼科	上海市实事工程项目先进集体
2007—2008	第九人民医院	上海市卫生系统第九届文明单位
	第九人民医院	上海市第十四届文明单位
	第九人民医院	上海市教卫党委系统市级文明单位
2007—2009	第九人民医院	上海市卫生系统院务公开民主管理先进单位
	第九人民医院整复外科	上海市医务职工科技创新优秀团队
2008	第九人民医院	上海市健康单位（爱国卫生）
	第九人民医院骨科	上海市卫生系统抗震救灾先进集体
2008—2009	第九人民医院	上海市最满意企事业单位
2009—2010	第九人民医院	上海市卫生系统第十届文明单位
	第九人民医院	上海市第十五届文明单位
	第九人民医院眼科	上海市卫生系统先进集体
2010	第九人民医院世博园区医疗保障队	上海市卫生系统世博医疗卫生保障工作先进集体
	第九人民医院急诊预检世博首席班组	上海市卫生系统世博医疗卫生保障工作先进集体
	第九人民医院	上海市迎世博贡献奖——优质服务奖
	第九人民医院	上海市世博工作优秀集体
市级个人奖项		
1960	高秀珍　李龙官　崔如昭	上海市先进个人
1978	刘德芳　叶爱菊　戴尅戎	上海市卫生系统先进个人
1988	薛　培	上海市先进工作者
1998—1999	盛　净　张红青　陈勇强　胡运平	上海市卫生系统先进工作者
2003—2005	汤亭亭　刘　伟　蒋米尔	上海市卫生系统先进工作者
2006—2008	沈国芳　朱振安　梁景平	上海市卫生系统先进工作者
2009—2010	吴正一　蒋欣泉　何　悦　梁燕仪	上海市卫生系统先进工作者

第九节　社会公益活动

一、医疗公益活动

【治愈严重胸骨裂患儿】

1996年2月25日,张涤生在《报刊文摘》上读到,湖北仙桃市9岁女孩吴青,从小心脏突起在胸部中央的肋骨外,隔着一层薄薄的皮肤便能隐约看见跳动着的心脏,下方腹壁疝处隐约可见肠段。由于缺乏胸廓的保护,任何无意的碰撞都会损伤心脏,危及生命。9年来,她的父母多处求医,均无结果。张涤生被患儿的遭遇深深地触动,他意识到小孩患的可能是先天性胸骨裂和腹壁疝症。经查阅文献资料,大多数先天性胸骨裂患者同时患有先天性心脏病,全世界仅有18例进行修补手术,仅1人存活。

时年已80岁的张涤生毅然接受已寻医9年的小吴青入院,为她进行手术治疗。同年3月23日,小吴青住进医院。医院为此组织全院大会诊,在张涤生牵头下,医院的整复外科、普外科、胸外科、小儿科各科专家会同新华医院小儿心脏外科专家一起,进行两次会诊。检查结果,小吴青患有先天性胸骨裂,在胎儿发育过程中,由于胸廓很小,心脏前面没有屏障被挤出在胸腔外,在皮肤下跳动。幸运的是小吴青没有患先天性心脏病。凭着多年临床经验,张涤生认为虽然手术风险很大,但仍有治愈的可能。为此,张涤生亲自担任总指导,由医院多名专家组成医院有史以来最强的手术组团队,并制订手术方案:用肋骨或骨盆壁移植在胸廓上,形成保护心脏的"支架",同时修补腹壁疝。

1996年4月2日上午8时44分,在张涤生指导下,普外科主任唐思聪在患儿腹白线处划下第一刀先修补腹壁疝。10时45分,副院长钱云良将手术区域移至小吴青的胸腔。

院长戴尅戎从患者右侧骨盆壁取出的一块6×8厘米大小的骨块,沿内外骨板之间的骨松质将骨块一剖为二,固定在胸廓缺损处,覆盖保护外凸的心脏。钱云良用患者胸部旋转皮瓣为移植的骨板覆盖上软组织。15时06分,小吴青的创口完全缝合,手术前后持续6个多小时,中国首例严重胸骨裂修补手术获得圆满成功!三年后来院随访,患儿开朗活泼、生长发育均正常。

【"希望之链"在楚雄】

法国"希望之链"是由法国神经外科学会与慈善组织创立的医疗慈善项目,其宗旨是通过向发展中国家提供医疗技术及资金援助,提高受援国的医疗水平,援助贫困地区患者。1999年经二医大外事办接洽,该项目确定与九院神经外科合作,共同援助云南省楚雄州人民医院。

楚雄彝族自治州位于云南省中北部,由于地理位置、交通、通讯和经济欠发达等多种因素,其医疗水平明显落后于内地和沿海地区。

"希望之链"中国项目于1999年启动。每年由法国、九院神经外科专家组成的医疗队,赴楚雄州人民医院开展医疗援助活动,以提高当地的神经外科医疗水平,并通过免费提供手术器材、药品及部分资金资助边远山区贫困患者。

中法医疗队在楚雄先后开展脑膜瘤、神经胶质瘤、脑积水、脑脊膜膨出、椎管肿瘤、垂体瘤以及听神经瘤、颅咽管瘤、血管母细胞瘤等多种神经外科手术。2002年9月,患桥脑小脑角肿瘤、导致身体一侧瘫痪的54岁农民李朝阳,由2个儿子轮流背着翻过2座大山来找医疗队治疗。丁美修以精淇医技为他作脑瘤切除术,术后患者顺利康复。随访中患者肢体行动自如,已经恢复劳动能力。

2005年3月7日,经中法专家的扶持,楚雄州人民医院成立神经外科,九院与其合作成立"神经外科临床协作中心"。九院院长张志愿与楚雄州医院副院长刘志刚签署两院合作协议:九院神经外科每年派遣专家到楚雄州医院开展医疗支援,并接受楚雄州医院选派的医疗技术骨干到上海免费培训进修。

2006年10月29日,副院长周礼明和神经外科丁美修、王秉玉、郭智霖以及来自法国"希望之链"行动的法国格莱蒙费朗大学医学院附属医院神经外科主任依格·托马博士、麻醉医师路易斯等一行9人组成的中法医疗队第10次飞赴楚雄彝族自治州开展医疗救治工作。中法专家到达楚雄的第二天,就开始紧张的诊治工作。11月1日,在丁美修的指导下,郭智霖、王秉玉经过6个小时艰难的手术,为年仅3岁的小男孩切除颅底巨大肿瘤,挽救小男孩生命。一位23岁妇女,因颈椎处长有一个3厘米的神经鞘瘤,造成偏瘫。郭智霖、王秉玉连续在手术显微镜下奋战7小时,终于摘除肿瘤。中法专家在短短的6天时间内,诊治80余例神经外科疾病患者,完成14例小儿脑积水和各类脑瘤切除手术,受到当地人民的交口称赞。

至2006年,"希望之链"的中、法专家先后10次来到楚雄州医院,为楚雄地区诊治患者400余人,实施幼儿先天性脑积水、脑肿瘤等手术80余人次。

在此期间,为加强两国三地联系,建立准确、及时的网络远程诊疗传输系统,法方还派出1位网络工程师,在楚雄州医院、九院和法国之间建立网络通信,设立专用服务器,以确保两国三地医疗数据、影像资料传输的保真度、准确度。法方和九院可根据传输的病患资料,对州医院无法解决的疑难杂症进行业务指导,作出诊断并制定治疗方案。

通过"希望之链"的8年合作,楚雄州人民医院神经外科已初步成为我国西部边远地区治疗脑积水和脑瘤等神经外科疾病的医疗救治基地和康复中心。楚雄州人民医院向法方3位专家授予州医院"荣誉医生"的称号。"希望之链"被评为上海市科教党委系统2006年精神文明创建优秀项目。

【赴遵义送医送药】

2001年4月5日,在纪念中国共产党诞生80周年之际,医院派出副院长赵宗慕领队,由杨菊贤、朱舜时、张志勇、徐晓、孙月华、黄新天、夏期长、顾洪亮等专家组成的医院医疗队,参加由东方电视台和中共一大会馆组织的"中国革命之路万里行"活动。

在"中国革命之路万里行"活动遵义开幕式结束后,2位中年妇女来到医疗队,恳请上海专家救救她们的母亲。原来前一天晚上,69岁老太因为吃鸡蛋引起胆囊炎发作,急送遵义市红花岗医院接受胆囊切除手术,不料手术中发生3次心跳、呼吸骤停,经过抢救恢复心跳、呼吸,但仍处于昏迷状态。当获知上海专家在遵义举行活动,她们特地赶到活动现场求救。在场的心内科专家杨菊贤和血管外科专家黄新天接受委派后,火速赶往红花岗医院,一边听取当地医生介绍手术情况,一边作心电图检查,确诊这是一种临床上较为罕见的"胆心反应综合征",只要稍触及胆囊,就会引起心搏骤停。专家确认当时医生抢救措施是得力的,并根据患者处于浅昏迷的状况,对进一步的治疗措施给予指导。当地医务人员及患者家属对医院专家的指导深表感谢。

4月8日,医院医疗队怀着崇敬的心情访问老红军王道金,他15岁参加红军,突破乌江,四渡赤水,全程走完长征,到达延安。老人几十年南征北战,为革命忠贞不渝的经历使九院的专家深受感动。专家们为老人作体格检查,发现老人患有较为严重的冠心病、心肌缺血,需要长期的治疗。医院专家决定以后每月免费为老人寄上所需药物,并定期进行随访治疗。医疗队还到遵义地区荣誉院,慰问6位特等荣誉军人,并为他们检查身体,为他们送医送药。

医疗队来到遵义医院受到当地医务人员热烈欢迎。行为医学在贵州地区尚属空白,担任中华医学会行为医学专业委员会主任委员的杨菊贤为推广行为医学、为革命老区作贡献,放弃参加儿子婚礼宴席的机会,参加赴遵义医疗队活动。为遵义地区200多位心血管医生作《国内身心行为医学的最新进展》的学术报告,会后又与遵义医院商量筹建贵州省行为医学分会事宜。并受聘为遵义医院心内科、行为医学客座教授。黄新天讲授《我国血管外科的现状与进展》。期间,医疗队还在遵义医院进行两次集中会诊,解决数十例疑难杂症,儿科主任顾洪亮推广干粉吸入疗法防止儿童哮喘,受到患者欢迎。医疗队还为遵义地区福利院的残疾孤儿进行医疗咨询,并赠送药品。

【蓝天下的至爱】

家住本市安庆路品学兼优的小姑娘欧阳莉菁,因患"双侧下颌骨骨纤维异常增殖症"不得不休学来九院治疗。由于小莉菁家境贫困,无力承担昂贵的手术费。

2001年1月,上海慈善基金会向社会发出呼吁,并为小莉菁募捐2万多元。2002年1月,小莉菁幸运地成为"蓝天下的至爱"爱心全天大放送活动直播的对象。1月21日,小莉菁被口腔颌面外科收治入院,医院设立专门治疗小组,设立"爱心账户",免除小莉菁所有检查、治疗、手术费用。邱蔚六院士等亲自到病房看望小莉菁,并组织三次全院大会诊,为小莉菁制定最佳手术方案。小莉菁住院当天中午,门诊挂号大厅内出现动人一幕,在医院党政领导的带领下,全院医务员工排起长队为小莉菁募捐8千多元。口腔医学院的学生获讯后来到病房,为小莉菁送上玩具和祝福。

2002年1月26日,上海市慈善基金会、上海文广集团、东方电视台举办的"蓝天下的至爱"爱心全天大放送活动在九院欧阳莉菁手术现场举行,并通过电视台向上海及全国100多个城市直播。同日8:15手术麻醉开始,朱也森、姜虹以熟练的手法,只花短短的3分钟时间就将导管顺利插入患者气管内,小莉菁在全身麻醉中安静下来。担任手术主刀的是院长张志愿和张陈平。他们采用国际先进的计算机辅助正颌外科手术模拟系统(ASSOS)。8:45,手术医师以精湛的刀法首先切开脸部皮瓣,切断颏神经,暴露下颌骨病变骨质,应用先进的具有锯、钻、锉、磨等多功能的微动力电锯,按照事先计算机设计的立体定向切除增生骨质,按序切下5块病变骨质后,再接通先前被切断的颏神经。手术医生在手术显微镜下,小心翼翼地精确对位缝合仅1毫米的神经束……3个小时的手术一气呵成,小莉菁恢复俊俏的面容。

【微笑列车】

"微笑列车"是全球唇腭裂医疗慈善机构,是美籍华人王嘉廉先生于1999年在美国发起并正式注册的非营利性慈善组织。"微笑列车"先后入全球72个国家,开展贫困唇腭裂儿童的慈善医疗。在中国大陆,该组织已有174家合作医院。

王国民自1999年以来被中华慈善总会和美国"微笑列车"基金会聘请为中国医学专家组顾问及华东六省一市的专家组组长,率领医院口腔颌面外科医护人员先后赴贵州、安徽、江西等地区,免费为贫困唇腭裂患儿手术治疗。

2007年12月6日,医院成为国际"微笑列车"修复唇腭裂患儿慈善项目的上海首家合作长期定点医院,当年,14名来自全国的贫困唇腭裂患儿也在医院唇腭裂治疗中心获得免费矫治手术。

2008年1月21日,王国民率领杨育生、张勇医师、麻醉科陈彬、黄慧敏医师、陈利琴护士长、李俊护师等一行来到江西省人民医院,投入紧张的诊治工作。1月22日上午8点30分,在省人民医院三个手术室里,王国民、杨育生、张勇三位医师在三台手术台同时进行矫治手术,在麻醉医师陈彬、黄慧敏医生和当地麻醉医师的默契配合下,他们凭借高超的技术精心修复,手术一台接一台非常顺利,使患儿们一个个恢复正常容貌,在手术室外的患儿家长面对孩子成功的矫治手术,激动得流下眼泪。王国民欣慰地说:"一两个小时的手术就可以改变一个畸形儿的面貌,甚至改变他的人生,我觉得这个工作真是太伟大了。"至2010年王国民团队已经为数百名患者作手术治疗。

【金山白内障筛查】

2007年10月8日,医院医务处接到市卫生局通知,落实市府实事项目,要求医院半月之内必须对金山区270名贫困白内障患者进行筛查并安排手术。在医务处长田卓平协调下,眼科迅速组织起10人医疗队,于12日上午赶赴金山医院,为来自金山各乡镇贫困白内障患者检查,两天共筛查270人,其中符合手术标准和要求的患者157人。随后分期为患者安排手术,手术取得满意效果。

【情系藏区,点亮光明】

2009年7月8日—15日,九院、新华医院、上海文广新闻传媒集团上海电视台在西藏日喀则地区联合举办"情系藏区,点亮光明"送医进藏大型志愿者活动,庆祝西藏自治区和平解放50周年、中华人民共和国建国60周年。

2009年7月12日上午,在西藏日喀则市百福广场举行"情系藏区,点亮光明"送医进藏大型志愿者活动启动仪式,九院党委副书记眼科专家范先群、新华医院党委副书记顾琦静、上海市电视台新闻中心主任袁雷分别上台致辞,表达上海医学专家、电视新闻工作者组成的志愿者团队,为西藏眼病患者点亮光明、献上爱心的一片热忱之心。日喀则地区行政公署副专员同珠在仪式上讲话,高度赞扬上海专家为藏族老百姓送医送药,奉献爱心的壮举。然后,由九院医务处长田卓平和新华医院医务部主任李劲松向日喀则地区人民医院赠送价值8万多元的50个人工晶体和一批药品。

上海医疗队从拉萨历经5个多小时行程,来到海拔3 860米的日喀则地区,专家们忍着高原反应引起的头痛、低烧、呕吐、腹泻等身体不适,在广场上顶着烈日开始医疗咨询活动。九院和新华医院的眼科、血管外科、骨科、口腔科、肿瘤科、内科、疼痛科等十几位医疗专家顶着烈日为藏区患者进行医疗现场咨询。范先群为1名24岁的藏族教师扎西罗布检查后发现他患先天性眼疾造成视力模糊,如果通过特殊方法还有希望治疗,患者当即表示择日前往上海九院治疗。

口腔外科专家张伟杰为一位52岁的藏族妇女进行面部颧骨检查后诊断为面神经牵拉所致,为她开具药方,患者满意而归。义务医疗咨询活动在烈日下持续2个多小时,为250余人作咨询。

当天下午,九院和新华医院的专家们马不停蹄赶到日喀则地区医院进行查房,并为该院医务人员授课。在血管外科病房查房时,发现一名55岁藏族干部左脚发黑,九院田卓平、陆民凭着丰富的临床经验,认为属于深静脉血栓,及时为患者调整治疗方案。

在范先群、赵培泉的带领下,眼科专家们不顾强烈的高原反应,来到日喀则地区人民医院诊治白内障患者。由于日喀则地区地处高原,光照强烈,这些患者的晶体都已形成严重的硬核,眼睛几乎完全失明,手术难度很大。其中一个来自萨迦县扯休乡的75岁聋哑老太,她的右眼因白内障几乎失明,范先群当即将她列为手术对象。7月12日,赵培泉、李政康在施沃栋的默契配合下,在简陋的手术环境中,历经5个小时的艰巨手术,为10名藏族白内障患者成功施行白内障摘除,并为他们免费植入人工晶体。由于这些患者大多来自偏远地区,手术后,上海医生还发给每个患者500元的路费。

范先群在医疗咨询中发现当地有许多泪囊炎的患者,其中35岁的妇女达瓦,她的右眼不断地流泪、流脓,导致视力模糊1年余,虽然经过多次治疗但是没有好转。经检查后发现这是由于鼻泪管阻塞所致,必须进行手术才能根治。范先群不顾高原缺氧和强烈的高原反应,决定立即赶回地区医院为两位泪囊炎患者进行手术,一边手术,一边指导该医院眼科医生技术要领。两小时的手术获得圆满成功。

上海医疗队在拉萨期间,范先群还为一位3年前经他手术治疗的藏族患者作检查。这位患者3年前被诊断为右眼的恶性肿瘤,按常规需将右眼球摘除以防止复发,但是该患者左眼已经失明,如果将右眼摘除将双目失明。范先群将患者的眼部肿瘤切除的同时进行眼部的整形手术,终于保住患者的眼球。3年后,当范先群再次看到这位76岁的藏族老人时,他仍然能够用他的右眼看到范教授,并且肿瘤也没有复发,藏族老人激动得热泪盈眶,其家人为在场医务人员献上洁白的哈达和香浓的酥油茶,以表示感激之情。

二、济困捐助

医院在发展同时,不忘回报社会,经常开展帮困、为灾区捐款捐物活动。2000年,九院3位少数民族职工为云南希望小学捐款1 500元。自2000年起,医院每年春节前夕向半淞园路社区贫困家庭帮困捐款,累计捐款10万余元。2001年、2005年,医院医务人员为本市贫困患儿欧阳莉菁捐款30 320元。2007年6月,妇科医务人员为云南贫困山区女孩李富珍捐款2 000元。2008年1月,办公室一支部为遭火灾的卫生员施阿姨捐款2 500元。2008年3月,护士许珺家发生火灾后,医务人员捐款5 000元。2008年4月,医院为帮困慈善活动捐款11.8万元。2008年4月,全院为英年早逝的胸外科医师陈绍明家属捐款25万元,并为他的孩子设立专项教育基金。2010年8月,外科医务人员为云南文山东山彝族乡中心学校帮困助学捐款3 000元。2000—2010年,医院医务人员向全国各地贫困学子和贫困家庭帮困捐款达51万余元。

当各地发生洪灾、旱灾及地震灾害后,医院医务人员积极为灾区人民捐款捐物,帮助灾区人民重建家园。1991—2010年,医院医务人员累计捐款1 544 860元,捐物价值20余万元,捐衣被16 000余件。

表9-5-12 1991—2010年救灾捐款捐物情况表

时　间	救灾捐款捐物活动	捐助款项	接受单位
1991年7月	为江浙、安徽洪涝灾区捐款活动	捐款:43 865.79元 捐衣被:2 667件	半淞园路街道
1994年9月	为云南灾区捐赠衣被	捐衣被近千件	
1996年2月	为云南丽江地震灾区捐款活动	捐款:2 400元 捐衣被:1 387件	半淞园路街道
1996年	为湖南灾区捐款活动	捐款:3 000元 捐衣被:3 000余件	半淞园路街道

(续表)

时　间	救灾捐款捐物活动	捐 助 款 项	接受单位
1998 年 8 月	为长江、嫩江、松花江流域洪涝灾害灾区捐款活动	捐款：268 000 元 捐物价值：200 000 元 捐衣被：8 000 余件	上海红十字会
2006 年 8 月	为全国各省市灾区捐款活动	捐款：77 630 元	上海红十字会
2006 年 12 月	为川滇洪涝、干旱灾区捐款活动	捐款：39 475 元	半淞园路街道
2007 年 5 月	为四川汶川地震灾区灾后重建捐书活动	捐献一批图书	上海市总工会
2008 年 3 月	为南方部分灾区捐款活动	捐款：62 490 元	上海红十字会
2008 年 4 月	帮助慈善捐款活动	捐款：118 000 元	上海红十字会
2008 年 5 月	为四川汶川地震灾区捐款活动	捐款：610 000 元	上海红十字会
2008 年 5 月	为四川汶川地震灾区捐款活动	交纳特殊党费： 230 000 万余元	中组部
2010 年 4 月	为青海玉树地震灾区捐款活动	捐款：90 000 余元	上海红十字会

第十篇 人物

概　　述

　　人物篇收录自1920年医院创建以来至2010年,在医院的临床医疗、医学教育、科学研究和医院管理等各方面工作中取得令人瞩目成就的杰出人物,记录他们的生平简历和主要业绩。

　　收入本篇的人物,有医院创建和战后复建时期的主要历史人物、中国工程院院士、重要的学科创建人,一等三级以上专家、教授,历任主要党政领导,第九人民医院终身教授,国家级人才项目入选者、全国劳动模范、全国卫生系统先进工作者、国务院特殊津贴获得者,以及全国人大代表、全国政协委员、民主党派全国委员。部分符合上述标准的专家,因工作调动,在九院时间较短暂(不足2年),或仅为兼职,其工作情况在相关章节记叙,本篇不再专列。

　　已故代表性人物列入"人物传",按卒年顺序排列;健在人物列入"人物简介",按生年顺序排列。

第一章 人物传

石菲比(Phebe Stone,1892—1930),女,湖北黄梅人。医学博士,妇产科医师。石美玉胞妹。

曾任江西九江妇幼医院院长,与石美玉共同主持上海伯特利医院院务工作。

18岁赴美国留学,1914年毕业于美国古彻学院。1918年毕业于美国约翰斯·霍布金斯大学医学院,获医学博士学位。回国后接替石美玉任江西九江但福德医院院长。1920年9月,与石美玉、胡遵理一同带领九江但福德医院医务人员、护校及诺立书院女校师生20余人,前来上海创办伯特利教会、伯特利医院,并与石美玉一起主持伯特利医院工作。石美玉、石成志和石菲比是伯特利医院主要医师,分别被尊称为大医生、二医生、三医生,为伯特利医院早期建设做出重要贡献。1927年,曾出资捐建伯特利医院职员住宅。1930年5月在上海因患结核病去世。

胡遵理(Jennie V. Hughes,1874—1951),女,美国新泽西州人。美国基督教宣教士,石美玉的终身挚友。

曾任九江诺立书院女校校长,与石美玉共同创建上海伯特利教会和医院,并主持伯特利教会工作。

1905年,受美国纽约美以美会(卫理公会前身)差遣,前来中国江西南昌从事传教工作。1906年4月,来九江与石美玉医师同工。同年,接替因病去世的留美回国的石美玉妹妹石安利,任九江诺立书院女校第二任校长,负责传教和教授中学课程。1920年,因与美以美会教派意见不合,与石美玉医师一起脱离美以美会,由九江前往上海,租赁南市制造局路565号(后迁至制造局路639号)创立了伯特利教会和伯特利医院,以后又陆续增设伯特利中学、伯特利神学院、伯特利孤儿院。与石美玉同住,主持传教及伯特利医院护士教育方面工作,还在法租界内八仙桥(今西藏南路淮海路口)设立了分堂。20世纪30年代曾经每年组建全国巡回布道团,成员中著名的有宋尚节(John Sung)和计志文(Andrew Gih),影响较大。1930年,伯特利教会接办了河北省大名县东村基督教福音会的教堂和附属事业,成立了大名伯特利教会。

1937年,淞沪会战爆发,伯特利神学院先后迁往香港九龙嘉林边道、贵州毕节,伯特利医院迁往上海法租界内的伯赛仲路(今复兴西路),胡遵理和石美玉则赴美国。香港的伯特利神学院于1950年再度开办伯特利中学(1995年迁到元朗)。1951年在美国加州病逝。

曾主编伯特利教会刊物 *Bethel Heart Throbs*、《圣洁指南》。

石美玉(Mary Stone,1873—1954),女,湖北黄梅人。医学博士,著名医学教育家、妇产科专家,社会活动家。伯特利教会和医院创始人之一。中国最早留学美国专职西医的女性之一,中国早期护理教育的奠基人和创始人。曾任九江但福德医院院长、但福德护士学校校长、上海私立伯特利医院院长、伯特利护士产科学校校长、中华医学会副会长、中华医学会上海支会副会长、中华基督教妇女节制会会长、上海工部局童工委员会委员、中华慈幼协会执行委员、《中华医学杂志》编辑。

曾就读卫理公会在九江办的儒励小学、中学。1892年中学毕业,以优异成绩考入美国密歇根大学。1896年,毕业于密歇根大学医学院医学系,获医学博士学位。毕业后即回国在卫理公会开办的九江诊所行医。1898年,得到美国芝加哥但福德医生资助,在九江创办但福德纪念医院(现九江市妇幼保健院)。1901年,但福德妇幼医院建成,后又创办但福德护士学校,任医院院长兼护士学校校长。因医术精湛,体恤患者,在当地声誉卓著。1915年,获洛克菲勒基金会资助,赴美国约翰斯·霍普金斯大学医学院研修。研修期间,四处演讲,向美国教友介绍中国情况,鼓励中国留学生回国服务。同年,与伍连德、颜福庆等筹组中华医学会,并于1922年第四次大会被选为副会长。

1920年9月,与挚友、美国宣教士胡遵理一同离开美以美会,带领但福德医院护校及诺立书院师生20余人来到上海,创办伯特利教会和医院。同年开设伯特利八仙桥诊所。和其胞妹石菲比医师共同主持伯特利医院院务,以"救济贫病、服务人群"为宗旨。1922年,买下阿森纳路(现制造局路)639号几间民房及周围39亩荒地,建造新院。1924年,新院建成,自任院长,以妇产科为主,辅以内科、外科。医院附设伯特利护士学校和产科学校,培养护士和助产士。此后与胡遵理先后创建伯特利神学院、中小学、孤儿院及印物所和布道团,担任多项社会职务,积极开展各种社会慈善活动。

1937年,"八一三"事变后,医院被日本侵略军占领,被迫停业。正在青岛的石美玉委托石成志代理院长,自己与胡遵理取道香港赴美国筹资接济医院。抗战胜利后,在美国积极筹措经费,资助石成志、外甥梅国桢复建伯特利医院。

重视护士的文化和医学教育,自己动手编写教材,把英文医学书籍翻译成中文,亲自为护校学生授课,抗战爆发前已毕业600余名护生。重视妇女教育、关爱儿童,引导妇女抵制陋习,1922年当选为中华基督教妇女节制会会长,还曾担任上海工部局童工委员会委员和卫生委员会委员。创办伯特利孤儿院,救助、培养了一大批贫困孤儿。1898—1949年,先后在国内各省市创办医院、学校及医护学校15所。1951年,在美国退休。同年5月,写信表示服从政府,请求政府接办医院。1954年,在美国加利福尼亚州帕萨迪纳病逝。

伍哲英(1884—1960),女,福建长乐人。护理教育家。

曾任九江但福德医院护理部主任兼护校校长,中国红十字总会第一医院护校、济民医院护校、南洋医院高级护士学校校长兼护理主任,伯特利医院总护士长兼护校校长,伯特利医院董事,第九人民医院护理部主任,上海市卫生局护理顾问,中国红十字会护理委员会主席,中华护士学会会长、中华护士学会上海分会副理事长等职。

早年就读于福州南台保福山女子书院。1908年考入九江但福德医院护士学校。1912年,成为九江但福德医院护士学校(诺立女学院)第二届毕业生。1915年毕业于诺立神道女校,获洛克菲勒基金会的奖学金,赴美

国留学,是中国护士留学美国第一人。1918年,毕业于美国约翰斯·霍普金斯大学医学院护士学校护士科,转入纽约雷恩妇产医院专攻妇产科护理。在校期间各门学科均为优秀。1919年回国,在北京协和医院任护理部主任。1920年,被聘为九江但福德医院护理部主任兼护校校长。同年,与石美玉胞妹石菲比医生率领部分医务人员前往上海加入伯特利医院,任医院总护士长兼护校校长。1921年,在上海创办中国红十字总会第一医院护士学校,任校长兼护理主任,并承担5门课程授课及实习指导。后又相继创办了南洋医院和济民医院护校,并兼任校长。1925年、1929年,曾2次代表中华护士会出席在芬兰、加拿大召开的国际护士会员代表大会,是四名代表中唯一的华人护士。1926年代表中国红十字会赴日本东京参加第二次远东红十字大会,当选为大会副会长及红十字会护理委员会主席。1928年,被选为中华护士会理事会首位华人会长。在任期间,大力提倡护理工作人性化,倡导护士学校推广普通话和学习英语,为中国护理事业培养大批实用人才。

1930—1937年,任上海伯特利医院总护士长兼护士学校校长。1935年5月1日,在伯特利护士产科同学会上致辞:"抱牺牲服务之主义,为社会人民造福"。1937年,任中华护士学会上海分会理事长。

淞沪抗战期间,率领护生到上海第八伤兵医院为伤病员服务,并亲自护理重伤员,救助抚养战争孤儿。协助宋庆龄领导的"保卫中国同盟"的工作。1948年,任中华护士学会上海分会副理事长。1948年3月起,任上海私立伯特利护士学校校长,兼医院的护理部主任。

中华人民共和国成立后,担任上海六所护士学校顾问和上海市卫生局护理顾问。1956年退休后,仍关心护理事业,曾任中华护士学会上海分会名誉理事长,每周去护士学会、护士学校工作。

致力于护理教育事业,毕生为中国护理事业奋斗,深受护理界的尊崇,被誉为"中国护士之母"。

石成志(Twenchih Stone,1881—1965),女,湖北黄梅人。又名石春枝。原姓梅,为石美玉弟媳,婚后改从夫姓。

曾任上海伯特利医院妇产科主任、代院长、院长,兼护士学校校长,伯特利医院董事、伯特利教会代会长等职。

1908年毕业于九江但福德护士学校,在但福德医院工作。1914年,进入北京协和医学院学习,1919年毕业后,赴美国俄亥俄州辛辛那提基督教医院实习。1921年回国任伯特利医院妇产科主任。

抗战期间任代理院长。上海沦陷后,因南市院址被日本侵略军占领,遭受严重破坏,遂租赁伯赛仲路(现复兴西路)21号开设伯特利医院分院(1952年后先后易名市立第九人民医院分院、第一妇婴保健院分院),设床位20张,依靠石美玉从美国募得的捐款,勉力维持分院和诊所的业务。

抗战胜利后,石美玉在美国筹措经费,委托石成志医师代院长、兼任护士学校校长,与医务主任梅国桢等积极争取战后救济资源,逐步恢复伯特利医院分院及诊所业务,组建董事会。1947年,申领开业执照。1948年初,恢复门诊、病房及护校招生。1951年,石美玉院长在美国退休,由石成志医师任院长、代理伯特利教会会长。

1951年5月,医院召开关于接受美资津贴讨论总结会,一致请求政府接办医院。与医务主任梅国桢和护理主任伍哲英会商,一致请求政府接办医院。1951年8月,上海市人民政府接办医院后,任院长兼妇产科主任。1952年,辞去院长职务。

是伯特利医院创建和早期发展期间的主要业务骨干,抗战期间和战后复建时期伯特利医院和诊所的实际负责人。任职期间还承担了大量业务工作,为医院建设发展做出历史性贡献。

万正华(1906—1972),湖北武昌人。中共党员。儿科主任医师,儿科医学教授。

曾任上海市第九人民医院儿科主任、第二军医大学第一附属医院儿科主任、第二军医大学附属长征医院儿科主任等职。

1931年,毕业于上海医学院。1931—1951年,先后任中国红十字会总医院医师、上海医学院副教授、教授、中美医院儿科主任。1951年8月—1955年,任上海伯特利医院(后改为上海市立第九人民医院)儿科主任,是九院儿科创始人(之前仅有一名内科医师兼职)。在任期间,充实医护队伍,建立科室规章,指导青年医师,使九院儿科成为拥有6名医师、24张床位的正规临床科室。1955年,调任同济医院任儿科主任、教授,但仍兼任九院儿科顾问多年,对九院儿科的建立和发展做出历史性贡献。1959年,调任第二军医大学附属长征医院儿科主任、教授。曾任中华医学会理事、儿科学会主席等职。主编《儿科症状鉴别诊断学》。

丁希庆(1907—1978),江苏宜兴人。中共党员。三级教授、眼科主任医师。

曾任同德医学院眼科教授、眼科主任,上海市第九人民医院眼科主任、主任医师,上海市第二劳工医院(杨浦中心医院前身)眼科主任、济民医院眼科顾问医师,上海市卫生局眼科顾问,中华医学会眼科学会上海分会委员等职。

1936年毕业于上海国立同济大学医学院,先后任中山医院眼科医师,红十字会第一医院眼科医师,上海同德医学院眼科教授、眼科主任。1951年8月,调至上海第九人民医院前身上海私立伯特利医院任眼科主任,是九院眼科创始人。在他的带领下,九院建立起拥有4名医师、15张床位的正规临床科室。带领科室开展视网膜剥离、白内障、青光眼等疾病的手术治疗,技术水平在当时的区中心医院中居领先地位。对患者充满热情,对工作高度负责,热心指导年轻医生。因工作出色,1954年当选为蓬莱区人大代表。1955年被评为上海市先进工作者,1956年加入中国共产党。《解放日报》曾以"卫生工作的好榜样"为题对其先进事迹作报道。1956年12月,调任上海市第二劳工医院(杨浦中心医院前身)眼科主任,但仍担任九院眼科顾问,为九院眼科的发展,做出了历史性的贡献。

席应忠(1906—1985),四川安县人。九三学社社员。口腔医学教授、主任医师、一等二级教授。

曾任上海第二医科大学口腔系主任、上海第九人民医院口腔正畸科主任,卫生部口腔医学专业委员会委员、中华医学会上海分会口腔学会主任委员、上海市口腔疾病预防委员会委员、上海市牙医学会主席。

1930年8月,毕业于四川华西大学牙医学系,获牙科博士学位。历任四川华西大学、山东齐鲁大学医学院、北京协和医院、南京中央大学医学院牙科医师、讲师。1937年7月,任重庆宽仁医院牙科主任。1940—1946年,先后在美国波士顿福尔赛儿童牙科医院、美国哈佛大学牙医学院、美国科罗拉多州立大学医学院、美国费兹蒙陆军医院研修儿童牙科学、口腔外科、矫正学、颌面赝复等专业。1945年8月,获哈佛牙医学博士学位。1946年9月回国后,在南京中央大学医学院牙科系任教授,兼教育部高等医学教育委员会和中央考试院甄别委员会委员。1947年8月,任上海第一医学院牙科学教授,兼中山医院牙科主任。1948年8月,任上海震旦大学医学院牙科学教授兼教务主任、牙科代主任。1950年曾任上海开业牙医进修班教务主任。1952年,任上海第二医学院口腔系主任。1955年9月,任上海第二医学院口腔系主任兼附属广慈医院口腔科主任。1965年迁来九院后,兼任附属第九人民医院口腔正畸科主任。1965年11月—1966年4月,任二医口腔专业医疗队队长赴嘉定农村工作。

毕生致力于口腔医学教育、医疗和科研工作,积极发起成立口腔医学会。1956年当选为中华医学会上海分会口腔学会主任委员。曾主编《口腔外科》《口腔组织》等书,及《口腔正畸学》《口腔疾病防治学》等教材,培养了一大批口腔医学人才。曾任《中华口腔医学杂志》审稿委员,发表多篇学术论文。

1955年被评为上海市卫生先进工作者。1982年6月获美国哈佛大学牙医学院最高学会荣誉会员证书。

陈文镜(1903—1987),四川永川人。九三学社社员。外科学专家、主任医师,一等三级教授。

1922年进湖南湘雅医学院学习。1927年3月因参加进步活动被迫离开学校,即投笔从戎,与其兄陈文贵一起参加叶挺领导的北伐军,任上尉军医官。1927年9月转赴上海进入圣约翰大学医学院,1929年毕业,获医学博士学位。毕业后赴武昌同仁医院外科工作,先后任住院医师和主治医师。1938—1950年,任重庆宽仁医院外科主任,期间曾任重庆第十二重伤医院外科主任、院长。1946年,赴美国芝加哥大学医院进修外科一年。1950年9月,任上海第四人民医院外科副主任。1951年2—8月,参加第一批上海市抗美援朝志愿医疗手术队,任手术队技术组长。1952年4月,调入上海市第九人民医院任外科主任,至1973年退休。专长普外科,发表有"水与电解质平衡"等学术论文。

邱立崇(1919—1987),黑龙江哈尔滨人。中共党员。口腔医学教授、主任医师。

曾任山东医学院口腔系教授、省立医院口腔科主任,上海第二医学院口腔医学系副主任、口腔材料研究室主任,广慈医院口腔矫形科主任,上海第九人民医院口腔修复矫形科主任。

1942年,毕业于成都中央大学牙医专科。1949年,获美国西北大学牙医学博士学位。1950年8月回国参加筹建山东医学院口腔系,并任教授、省立医院口腔科主任。1953年,调上海第二医学院参与筹建口腔医学系。1955年后,历任上海第二医学院口腔医学系副主任、口腔矫形学教研室主任、口腔材料研究室主任,广慈医院口腔矫形科主任,第九人民医院口腔修复矫形科主任,上海市口腔医学研究所顾问兼生物医学材料研究室主任。

中国口腔矫形、修复学科以及口腔材料研发领域的开创者之一,长期致力于口腔矫形学和口腔材料学的教学与研究。20世纪50年代,主持成立"口腔材料研究专题小组"。1957年,在国内首先以高温铸造铬镍不锈钢替代黄金应用于口腔修复,获卫生部授予的"技术革命跃进先锋"奖状和奖章。并以此推动水胶体印模材料、自凝塑料、黏性充填材料、硅橡胶印模材料等一系列口腔材料的研究和制造。1959年后罹患延髓空洞症等严重疾病,仍以惊人的毅力坚持工作,组建咀嚼功能实验室,以整体观念研究咀嚼肌的协同和拮抗,为早期防治颞颌关节病提供理论依据,并形成学术体系。1963年,设计并自制下颌运动轨迹描绘仪,开展手法复位颞下颌关节盘治疗颞下颌关节病的研究。曾参加和平利用原子能石墨组件接合的研究,担任上海市和平利用原子能"728"工程石墨黏结组顾问,研究高温材料分子结构。先后发表《18-8不锈钢铸造功能》《下颌髁状突后移所造成的颞颌关节病的概括分析》等学术论文30余篇。曾担任卫生部医学科学委员会口腔科学专题委员会委员、高等医学院校教材口腔专业编审委员、上海市科委口腔专业组组员等职。1956年,被评为上海市先进工作者。1960年出席全国群英大会。1978年获卫生部科技大会奖。

梅国桢(Wesley K. C. May,1906—1990),湖北黄梅人。九三学社社员。医学博士、教授、主任医师。九三学社宁夏回族自治区名誉主席,自治区政协常委。

曾任上海伯特利医院主治医师、医务主任,兼放射科主任,医院董事会董事。上海市立第九人民医院医务主任,宁夏医学院教授、主任医师,兼任中国防痨学会宁夏分会理事长。

1926年,赴美国约翰斯·霍普金斯大学艺术系学习,曾任中国留美基督教同学会会长,1928年获学士学位。1929年转入医疗系学习。1933年6月,获约翰斯·霍普金斯大学医学博士学位。后在宾夕法尼亚州伯利恒的圣路克(St. Luke)医院任实习医生。

1934年10月回国后,在上海伯特利医院先后任总住院医生、主治医师、外科主任、医务主任,负责门诊、住院患者诊治。兼任伯特利护士产科学校药物学和外科学教学工作,并撰写医学专著供医护人员学习。1937年4月,为实现抗结核志向,赴安徽芜湖任戈矶山医院肺内科主任,成功开展首例人工气腹止住咯血。1938年12月,赴南昌医院任医务主任。1939年10月,南昌沦陷,辗转来上海。同年底,出任中国红十字会救护总队上海第六医疗救护队队长,赴江西吉安伤兵医院等地医治伤员。1941年,率领医疗队辗转于江西赣南、广东韶关、湖南邵阳、云南昆明等地和滇、缅边境地区从事医疗救护工作,曾被委任为红十字会救护总队名誉大队长。

1947年10月,受伯特利医院创办人石美玉委托,提前结束在纽约进修,回上海伯特利医院,任医务主任、主任医师,兼放射科主任,主持医院复建工作。期间多方争取战后救济资源,修复医院及护校,用自己积蓄搬迁其母亲梅石云英创办的工儿院,添置设备、招募人员。1948年初,医院恢复门诊。同年3月,医院病房开始接收住院患者,护校恢复招生。

1949年5月,上海解放,婉拒石美玉要他赴美的安排,开工建造新病房楼。1951年8月,上海市军事管制委员会接办医院后,留任医务主任,兼任妇产科主任。积极为工厂工人服务,与多家工厂签订《特约诊病合同》,开展医疗服务。1956年7月调至肺科医院任医务主任。1961年后,调至宁夏回族自治区结核病防治所任结核病科教授。1978年出席第一届全国科学大会。1980年,落实政策后调回宁夏医学院,同年赴美考察访问,并为宁夏医学院争取到用于培养年轻医生的留学经费。1990年逝于宁夏。

一生爱国爱民,数次在历史转折关头放弃安逸,投身险境,历经坎坷仍矢志不渝地致力于中国的抗痨事业。从医50余年,积累了丰富的临床经验。曾出版《卫生医学常识》《护理卫生学》《脑脊液回归热》《链霉素临床应用》《结核病知识》等专著,发表学术论文40余篇。

孙茂云(1915—1992),山东藤县人。中共党员。曾任华东军区后方医院一所所长,上海市第九人民医院党支部书记、副院长,上海第二医学院附属第九人民医院党总支书记、副院长等职。

1938年参加革命,在鲁南人民抗日义勇队任医生,同年11月,任苏鲁支队后方医院院长。1942年10月,调山东军区卫生部一所任医生。1943年1月起,先后任山东军区教导团休养所医生、副所长、所长。1944年5月,于山东军区卫生部附属卫生所任医生。1945年9月起,先后任胶东军区卫生部二所、兵站医院一所、华东军区后方医院一所所长。

1949年6月,接管上海嵩山区卫生事务所,曾任上海市卫生局嵩山区卫生事务所防空救护队总队长。1950年5月,任第二劳工医院副院长、支部书记。1953年,任圣心医院军代表。

1955年,任上海市立第九人民医院副院长、党支部书记。1961年,任上海第九人民医院党总支书记、副院长。1978年8月,任第九人民医院顾问。1982年离休。

长期担任医院党政领导,作为久经战火考验的老干部,始终保持着艰苦朴素、踏实苦干的革命精神。在1966年前的医院建设发展中,特别是1957年和1964年2次归属上海第二医学院的过程中,积极筹划协调各方面工作,为医院的发展做出了贡献。

朱尔梅(1910—1994),浙江吴兴人。中共党员,九三学社社员。著名肺科专家,三级教授、主任医师。

曾任上海第九人民医院肺科主任、卫生部医学科学委员会委员、中华医学会上海分会结核和呼吸系学会副主任委员、中国防痨学会上海分会副理事长。曾任蓬莱区政协委员、杨浦区人民代表。

1936年,毕业于同济大学医学院,先后任职于莫干山肺病疗养院、上海宝隆医院、上海市中心医院。抗日期间,曾任上海伤兵医院及难民医院内科主任,上海市大瑞医院医务处主任、第二人民医院肺科主任兼放射科主任。1952年起,任上海市立第九人民医院肺科主任。1958年,调新华医院肺科,任肺科和内科主任兼儿科系内科教研组第二主任。

长期从事肺病、结核病防治和研究工作,是九院接办后肺科第一任主任。在九院建立肺内科和胸外科的联合病房,设60多张床位,保持患者手术前后治疗连续性,成为当时业内亮点。在国内首创气管滴入疗法治疗肺结核空洞,取得良好疗效,社会效益和经济效益显著,为中国的抗结核治疗做出了重大贡献。治学严谨,诲人不倦,为九院培养了一批肺科医生。调离九院后仍热心指导九院肺科的工作,使当时九院的肺科保持较高的业务水平。

先后发表中、英文学术论文63篇,主编、参编《胸腔疑难病例X线诊断》等专著多部。

在九院和新华医院期间,曾先后获二医先进工作者称号,1958年荣获市先进工作者光荣称号。代表二医出席全国文教卫生战线先进工作者大会。

1992年起享受国务院政府特殊津贴。

王耆龄(1911—1996),福建福州人。中国农工民主党党员。内科主任医师、三级教授。

曾任广慈医院内科副主任,上海第二医学院医疗系内科教研组副主任、口腔系内科教研组主任,第九人民医院内科主任等职。

1936年,毕业于上海震旦大学医学院,获医学博士学位。在广慈医院内科工作,负责二等、三等及普通男病房。1952年,担任内科心血管专业小组和肾脏专业小组负责人。1955年,任上海第二医学院医疗系内科教研组副主任、广慈医院内科副主任。1958年,任高血压小组负责人,为广慈医院内科核心领导小组成员。1964年9月,调至第九人民医院任口腔系内科教研组主任、内科主任。"文化大革命"后恢复内科主任任职至1984年。1983年兼任上海第二医学院学报编委副主任、编辑室主任。

长期从事内科临床医疗、教学和科研工作,曾先后承担上海第二医学院儿科系、医疗系、口腔系、生物医学工程、夜大学等专业的教学工作。对教学认真负责,曾主持编写口腔系三年制用《诊断学》《内科学》教材。在高血压、内分泌、肾脏病等领域均有较深造诣。1958年,参与抢救邱财康工作,受到中央领导表扬。热情指导培养年轻医师,致力于肾脏病的研究。1965—1966年,首创应用清洁中段尿代替导尿做尿细菌培养和菌落计数并推广至全国,研究配置透析液开展腹膜透析救治肾衰竭患者,为九院内科的发展做出了贡献。

曾发表《35例肾衰病人124次血透分析》等多篇学术论文,参编《实用内科诊疗手册》《肾脏病学》《法汉医学词汇》等专著。曾任中华医学会上海市肾脏病学会常委、南市区科协理事、南市区医药卫生学会常务理事兼内科学组长。

曾获评广慈医院先进工作者(1956年)、上海第二医学院先进工作者(1960年)。20世纪50年代被政府定为三级教授。

1992年起享受国务院政府特殊津贴。

沈国祚(1906—1997),上海人。民盟成员。口腔医学教授、主任医师。

中国口腔黏膜病学创始人之一,上海交通大学口腔医学院前身震旦大学医学院牙医学系实际创始人。曾任上海震旦大学医学院牙科系主任,兼广慈医院口腔门诊部主任、口腔内科主任,上海震旦大学校务委员、顾问。中华牙科学会奠基者之一,曾任中华牙科学会书记、主席,中华医学会口腔学会主任委员,《中华口腔医学》杂志编审委员等职。

1922年,考入上海震旦大学医学院医科。1925年因病辍学,1934年9

月,复学后转入新建的牙科系后期。1936年9月,以第一名成绩从上海震旦大学医学院第一届牙科学系毕业。1938年12月,赴法国巴黎大学口腔专科学校学习,1939年12月毕业。1940年2月回国,任上海震旦大学医学院牙科系主任、口腔病理学及诊断学教授,兼广慈医院口腔门诊部主任、口腔内科主任。1940—1951年,作为震旦大学唯一华人系主任,广揽人才,组建教师队伍,健全牙科医学课程体系,推动牙科医学教学的中国化。逐步建成汉语为主体,法语和英语同时作为教材、教学用语的新体系,从而奠定震旦大学乃至上海第二医学院口腔医学学术流派众多的基础。20世纪50年代任口腔内科教研组主任、口腔内科副主任。1956年6月,获评上海第二医学院口腔系教授。长期从事口腔内科、口腔黏膜病学的教学、临床工作和研究。

1980—1982年,受聘为上海市牙病防治所顾问。参编卫生部高等医药院校试用教材《口腔内科学》(1960版)"口腔黏膜病"章节,发表学术论文近10篇。

李铁庵(1914—1999),又名刘建之,山东蓬莱人。中共党员。局级离休干部。

曾任上海市卫生局人事处处长,上海第二医学院附属第九人民医院党委书记、党委顾问等职。

1940年6月参加革命工作。从1941—1964年1月,历任山东省蓬莱县六区分区委书记、西北中心区委副书记,山东省北海军分区政治部技术书记,华东九纵队二十五师政治部联络科科长、直工科科长,三野九兵团二十七军七十九师后勤处副政委兼师直党委副书记,志愿军九兵团二十七军八十一师干部部副部长、部长,陆军二十七军高炮指挥所政委兼党委书记、军务处处长,高炮团政委兼党委书记。

1964年1月,转业至上海市卫生局任人事处处长。1969年10月,任上海第二医学院附属第九人民医院革命委员会主任、党总支书记。1973年,兼任口腔系主任。

党的十一届三中全会后,担任九院党委书记、重视党的建设,抓好支部的工作,发挥党支部的战斗堡垒作用;积极支持院重点学科的发展,制订重点科室梯队培养计划,积极向上级有关部门呼吁建造整复外科大楼。

重视教学工作,努力为学生创造良好的学习环境,及时解决教学工作中的问题。积极支持医务人员科研工作,支持创立九院口腔肿瘤实验室。发挥党政班子的集体作用,任职期间带领九院职工,在医疗、教学、科研、管理、群众团体等各方面都取得显著进步。为医院的"两个文明"建设和持续发展奠定基础。

刘德尊(1914—2001),女,浙江镇海人。中共党员。主任护师。

1957年任蓬莱区政协常委,1977年当选第七届上海市人大代表。

曾任上海第九人民医院护士学校校长、外科第二召集人、业务组副组长、护理部主任,中华护理学会上海分会副理事长,科普专业委员会委员,市科协委员等职。

1936年5月,毕业于上海中国红十字会高级护士学校。毕业后任上海红十字第一医院手术室副护士长。1939年6月,任上海南洋医院护理部副主任兼手术室督导。1945年9月,任上海市第四医院护士主任。1949年5

月,兼任医务副主任。1956年6月—1988年1月,任上海市第二护士学校校长(后改名为九院护校)兼九院护理部主任。1969年10月—1972年6月,任外科第二召集人。1973年6月,任医院业务组副组长、护理部主任。1981年7月—1989年,兼任中华护理学会上海分会副理事长。

毕生奉献于护理事业,对于护理临床和教学工作兢兢业业,无私投入,甘为人梯。对九院的护理教学和护理事业的发展、护理人才的培养做出杰出贡献。

获评上海第二医学院先进工作者(1978年、1981年、1983年、1987年),上海市卫生战线先进工作者(1978年),上海市卫生系统先进工作者(1978年)。

1993年起享受国务院政府特殊津贴。

邵家珏(1925—2001),女,江苏常熟人。口腔内科学教授、主任医师。

曾任上海第九人民医院讲师、主治医师,口腔内科副主任、教授、主任医师,口腔内科学教研室、龋病研究室副主任、主任,中华医学会口腔医学分会会员等职。

1945年9月,进上海震旦大学牙医专修科学习,1949年6月,毕业后留校任牙科学系助教。1952年后历任上海第二医学院附属广慈医院口腔系助教、讲师、住院医生、主治医师。1965年随口腔系迁入上海第九人民医院,任口腔系讲师、主治医师。1978年4月,任口腔医学系口腔内科教研室副主任、口腔内科副主任。同年7月,任龋病研究室副主任。1984年8月,任口腔内科龋病研究室主任。1986年12月,任口腔内科教授、主任医师。

1978—1991年间,主持或参加的科研课题获国家科委科技进步奖二等奖一项、上海市重大科技成果三等奖一项、上海市优秀新产品三等奖一项、上海市科技进步奖二等奖一项。

参编《口腔疾病防治学》《口腔内科学》《口腔科手册》等专著,发表学术论文20余篇。

被评为上海市先进科技工作者(1977年)、上海市"三八"红旗手(1978年)、全国"三八"红旗手(1978年)、上海第二医学院"三八"红旗手(1979年、1984年)。

1992年起享受国务院政府特殊津贴。

许国祺(1917—2001),浙江海宁人。口腔医学教授、博士生导师、主任医师。

中国口腔黏膜病学科创始人之一。曾任上海市口腔医学研究所口腔黏膜病室主任、口腔内科副主任,中华口腔医学会口腔黏膜病专业委员会名誉主任委员。

1944年,以优异成绩毕业于上海震旦大学医学院牙医系,获得牙医学博士学位。毕业后留校从事教学与医疗工作。1952年起,任广慈医院和第九人民医院(1965年后)口腔内科副主任。1962年,建立并主持口腔基础医学教研室。1972年,首创"镁普液骨孔注射治疗三叉神经痛"治疗方法,被列入全国教材《口腔内科学》,并作为九院三叉神经痛专科门诊的常规疗法,疗效显著,受到国内外同行瞩目。1978年,参加全国口腔白斑与扁平苔藓及其癌变防治研究协作组,并接受国家卫生部和总后卫生部下达的"口腔黏膜白斑和扁平苔藓及癌变的防治研究"

重点科研课题。1979年11月,受卫生部委派,赴德国、英国、法国等国家的14个学院和医院考察口腔黏膜病医、教、研进展,回国后潜心投入对"两病"的防治研究,完成相关论文14篇。其中,对口腔扁平苔藓患者微量元素变化的研究,为中国首创,居世界领先地位。1986年,参与的"口腔黏膜白斑和扁平苔藓及其癌变的防治研究"课题,获卫生部重大医学卫生科技进步奖乙级成果奖。1983年,在国际上首例报道"瘙痒性唇炎(Pruritic Cheilitis)"。晚年仍致力于"系统背景性口腔黏膜病的诊断与治疗方法"的研究。

从医执教50余年,其带领的第九人民医院口腔黏膜病科已成为全国口腔黏膜病就诊人数最多的单位之一。1983年,任卫生部高等医药院校口腔专业教材编审委员会委员。1986年成为全国口腔黏膜病专业第一位博士生导师。1987—1998年,任中华医学会口腔科学会口腔黏膜病专业学组组长。1998年10月任中华口腔医学会口腔黏膜病专业委员会第一届委员会名誉主任委员。

编撰1975年、1980年全国统编教材《口腔内科学》"黏膜病"章节,主编《口腔黏膜癌前病变——白斑与扁平苔藓》《汉法口腔医学词汇》,参编《中国医学百科全书·口腔医学》《中国医学百科全书·皮肤病学》《口腔疾病防治学》《口腔科手册》等专著,发表学术论文60余篇。

1992年起享受国务院政府特殊津贴。

李　焜(1925—2004),安徽天长人。副主任医师,中共党员。局级离休干部。

曾任华东野战军战地医院医师、中国人民银行第三局职工医院副院长、上海卫生人员训练所副教育主任、上海市军管会派驻伯特利医院军代表、宁夏回族自治区卫生局防疫处负责人、上海市卫生防疫站副站长等。

1940年10月参加革命,先后在税务局、粮食局任会计、办事员。1942年在淮南公学、淮南医学进修班学习,任区队长。1944—1947年,先后在大众医院、淮海医院任主治医生、卫生所所长,华野八院任办公室副室长。1947—1949年,先后任山东北海银行医务所所长、中国人民银行第三局职工医院副院长。

1950年1月,任上海卫生人员训练所副教育主任。1951年8月后,曾任派驻伯特利医院军代表,上海市立第九人民医院副院长、党支部书记。1954年5月,调上海卫生局卫生预防处、私立医疗机构管理处任代副处长。1958年10月后,先后任银川市人民医院、银川市卫生防疫站医师。1980年10月,任宁夏回族自治区卫生局防疫处负责人。1981年11月,调上海卫生局任防疫处副处长、上海卫生防疫站副站长。

任军代表接办伯特利医院期间,做了大量工作:制定医院管理制度、添置设备;充实干部队伍和医务人员,健全科室设置,调入一批专家任科室主任;加强基本建设,完成老病房加层、增建内外科病房楼,增建卫校教室、礼堂、门诊室等,增加医院建筑面积5 000余平方米,医院床位从100张增至300多张。医院整体规模和水平都得到显著提升。

曾发表临床传染病及流行病学相关专业论文近20篇。作为项目参与人曾获宁夏回族自治区科技大会一等奖。

卢其成(1922—2004),江苏镇江人。中医学教授、主任医师。

曾任上海第九人民医院中医科主任、中医学教研室主任等职。

1941年,毕业于上海中国医学院。1956年9月,调入上海第九人民医院任中医伤科和外科医师,九院中医科成立后首任负责人。1965年3月,任口腔系中医学教学组组长。1972年6月,任中医科副组长。1978年,任中医科副主任(主持工作)。1984年8月—1992年12月,任中医科主任、中医教研室副主任。

从事中医临床医疗和教学50余年,积累了全面、丰富的临床经验,在中医各科都有很深的造诣,尤其擅长中医伤科、外科各类疑难杂症诊治,运用中医"推顺经络,调其气血"的理论,改进伤科手法,治疗各种软组织挫伤取得显著效果。改进中药外用、内服剂型,对中医外科顽固性疾病也取得较好疗效,得到患者好评。1978年以后,参加口腔黏膜病的中西医结合诊治,开设中医特色门诊,取得较好的社会声誉。

长期担任中医学教学工作。担任口腔系和医学院中医古典著作学习班的教学,备课认真,讲课条理清晰,结合临床实践进行启发式教学,得到学生好评。1981年参编、1985年主编《中医口腔学》教材,供华东地区口腔医学专业通用。

1993年起享受国务院政府特殊津贴。

奚渭清(1928—2004),上海人。眼科学教授、主任医师、硕士生导师。

曾任上海第九人民医院眼科主任、医院学位评定委员会委员,上海市卫生系统高级职称评审委员会眼科组副组长,中华医学会眼科学会医学工程学组主任委员、中华医学会眼科学会新技术新疗法学组主任委员,上海市防盲指导组副组长,上海中西结合学会眼科学组顾问,国家科委医学名词审定委员会眼科组副组长,中华医学会眼科学会上海分会委员、顾问。

1954年,毕业于北京大学医学院医学系。后在二机部太原第一职工医院眼科工作。1956年,调入上海第二医学院附属第九人民医院眼科。1981年3月—1984年8月,任眼科副主任。1984年8月—1992年2月,任眼科主任、眼科教研室主任、视觉电生理研究室主任。

毕生致力于眼科学的临床和教学、科研工作。对学生既严格要求又亲切关怀,精心培养进修医生和研究生,深受学生爱戴。擅长眼科疾病诊治,在眼底病、眼屈光学等方面有丰富的临床经验。率先将磷霉素眼药水和眼膏用于眼科临床,用噻吗心安治疗青光眼,均取得良好效果。20世纪80年代开展视觉电生理检测和临床应用的研究,建立视觉电生理研究室,在眼底病临床和研究方面有很深的造诣。带领九院眼科在视觉电生理和眼整形领域处于国内领先地位。曾主持、参与多项视觉电生理领域的课题,先后获得上海市科技进步奖三等奖(1988年)、二等奖(1992年)各1项,卫生部优秀软件三等奖(1994年)1项。主编《典胺类和抗菌素在眼科的应用》《英汉眼科词汇》《实用眼科手册》3部专著,参编专著6部。曾担任《眼科通信》副主编、《临床眼科杂志》名誉主编、《中华眼底病杂志》编委等职,对九院眼科的发展做出重大贡献。20世纪50年代后期开始长期参加国防征兵工作,任眼科组副组长。因工作出色,1987年获国防部颁发的荣誉证书和纪念章。

曾获医院先进工作者(1957年),多次被评为九院和医学院教学先进工作者(1987年)。上海市卫生局先进工作者(1993年)。被收入《剑桥国际名人录》。

1993年起享受国务院政府特殊津贴。

张锡泽(1911—2004),四川仁寿人。中共党员。口腔医学教授、主任医师、博士生导师,国家二级教授,上海第九人民医院终身教授。

曾任上海第二医学院口腔医学系主任、上海第九人民医院口腔颌面外科主任、上海市口腔医学研究所所长、上海第二医科大学口腔医学院名誉院长、上海整形外科学会顾问;国务院第一届学位评审委员会委员,卫生部医学教育专家委员会委员,全国牙病防治指导组顾问,中华医学会口腔学会常委,中华医学会口腔学会上海市分会主任委员、顾问,中华医学会口腔颌面外科学组组长,中华抗癌协会头颈组肿瘤外科学会常委。

1939年,毕业于华西协和大学牙医学院,获牙医学博士学位。1946年,留学美国哥伦比亚大学。1948年回国,任上海国防医学院口腔科教授。1949年5月,转入上海医学院中山医院任口腔科主任。1953年,调入上海第二医学院,创建口腔医学系,并在广慈医院开设口腔颌面外科病房。

1956年,开展国内第一例"下颌骨肿瘤切除立即植骨术"并获成功。1964年,率先开展双侧同期颈淋巴清扫术治疗口腔颌面部恶性肿瘤。1978年,与邱蔚六等在国内首创"颅颌面联合根治术"治疗侵犯颅底的晚期颌面部恶性肿瘤,该成果获1979—1980年国家科技乙等奖和上海市科技进步奖。同年又开始应用显微外科技术进行各类组织瓣游离移植修复口腔颌面部肿瘤切除术后缺损,达国际先进水平,获得1981年上海市科技进步奖。1982年,指导建立肿瘤细胞生物学实验室,培养成功我国第一株舌鳞癌细胞系Tca8113,获1982年卫生部科技成果乙等奖和国家教委科技进步奖一等奖。以后又建立了^{60}Co放射治疗室和激光冷冻治疗室。

作为著名口腔医学教育家,培养了邱蔚六等一大批口腔医学人才。主编全国高等医药教材《口腔颌面外科学》。曾任《口腔医学》《中国口腔颌面外科》《上海口腔医学》杂志主编,《修复重建外科杂志》总编,《中华医学百科全书·口腔医学》和《中国口腔医学年鉴》副主编。

曾获上海市先进科技工作者(1977年)、上海市劳动模范(1981年)、全国卫生系统先进工作者(1983年)等荣誉。

1982年,获美国牙科协会年度贡献奖。1983年国际牙医学院授予张锡泽大师(Master of I. C. D.)荣誉称号,成为国际牙医研究会会员,并被列入《剑桥国际名人录》及《中国当代名人录》。2002年获首届中国口腔颌面外科华佗奖。

1991年起享受国务院政府特殊津贴。

林国础(1938—2006),福建福州人。中共党员。口腔医学教授、主任医师、硕士生导师。

曾任上海第九人民医院口腔颌面外科主任、口腔颌面外科教研室主任,中国抗癌协会涎腺肿瘤协作组副组长,中华口腔医学会口腔颌面外科专业委员会涎腺疾病学组顾问等。

1962年,毕业于上海第二医学院口腔医学系。1966年,调入上海第二医学院附属第九人民医院口腔颌面外科工作。1973年,参加援藏医疗队。1982年7月,任上海第九人民医院工会副主席。1984—2004年,先后任口腔颌面外科副主任、主任。

从事口腔颌面外科工作40余年，在口腔颌面外科疾病的诊断和治疗方面积累了丰富的经验，擅长口腔颌面部肿瘤，尤其是涎腺肿瘤的诊断和治疗。在涎腺癌的手术治疗、化学治疗、放射治疗及中医中药治疗等方面具有独特见解。

先后主持及参与完成卫生部、国家教委、上海市科委等十余项科研项目，在《中华口腔医学》《中华肿瘤杂志》等学术刊物上发表论文40余篇。获部级科技成果奖4项、市局级科技成果奖5项。参编《实用口腔疾病诊治图谱》《现代急诊医学》《口腔颌面肿瘤学》等专著7部。曾担任《上海口腔医学》《口腔颌面外科杂志》编委。

曾获上海第二医科大学优秀教育工作者（1993年）。

1997年起享受国务院政府特殊津贴。

樊　森（1927—2008），上海崇明人。口腔修复学教授、主任医师、博士生导师。

曾任上海第九人民医院口腔矫形科副主任、医院学位评定委员会委员、中华医学会上海分会口腔分会会员等职。

1949年6月，毕业于上海震旦大学牙科学系，毕业后留校口腔科任助教。1952年10月，上海第二医学院任助教。1953年1月，上海第二医学院附属广慈医院任助教、口腔科主治医师。1956年7月，上海第二医学院口腔矫形学教研组讲师。1978年5月—1984年8月，上海第二医学院附属第九人民医院口腔矫形科副主任。1980年4月，上海第二医学院口腔矫形教研组副教授。1984年9月，上海第九人民医院口腔矫形科副主任医师、口腔修复教研室副主任。1986年7月，上海第二医科大学口腔医学院口腔修复科教授、主任医师。

曾主编《口腔矫形技术工艺学》，参编《口腔疾病防治学》《口腔矫形实学指导》《口腔科学》，以及全国统一教材《口腔矫形学》等多部专著，发表学术论文十余篇。

曾获广慈医院劳动模范（1953年）、先进工作者（1955年），第九人民医院先进工作者（1978年）。

1992年起享受国务院政府特殊津贴。

丁美修（1937—2009），山东藤县人。农工民主党党员。神经外科学教授、主任医师、博士生导师。

著名神经外科学专家。曾任上海第九人民医院神经外科主任、神经病学教研室主任，上海神经外科学会委员。

1961年，毕业于上海第二医学院，毕业后留校分配在附属仁济医院神经外科。1993年10月，调至第九人民医院，创建九院神经外科，任首任主任。术业精湛、勤于创新，是全国第一批开展显微神经外科手术、脑血管病治疗和机制研究、颅底神经外科研究的专家。20世纪70年代末，即开始主攻脑血管病及颅脑外伤的手术治疗、临床与基础研究。擅长各种类型脑外科手术，20世纪80年代，即以前进路和侧进路施行颈椎手术。1984—1985年，曾在澳大利亚皇家阿德莱德医疗中心神经外科做访问学者。国内首位与整形外科合作开展严重颅面畸形手术的神经外科专家，并组建了稳定的合作团队，取得良好疗效。参与的严重颅面畸形修复重建的系列研究,先后获上海市科技进步奖一等奖、卫生部科技进步奖二等奖、国家教委科技进步奖三等奖和教育部科技进步奖二等奖。与口腔颌面外科合作,率先成功开展了颅颌面恶性肿瘤的颅颌联合根治手术治疗,成为晚期颅颌面肿瘤患者的标准救治方案。应用颈动脉球囊阻断试验(TBO)技术对肿瘤累及颈动脉的病例进行脑血流耐受性评估,为避免手术造成脑缺血、制订科学合理的手术治疗方案提供了科学依据。

主持国家自然基金课题"正常灌注压突破的实验研究"、上海市科委"三维CT在颅底手术入路设计运用"、上海市教委"脑缺血后微血管之变化"、卫生部"实验动脉瘤的血液动力学变化研究"等多个科研项目的研究。先后培养硕士10名、博士8名,深受同仁和学生的爱戴,为九院神经外科的建立和发展做出了卓越的贡献。曾主编《神经外科急诊手册》等专著3部,参编6部,主译1部,发表学术论文130余篇。

曾获上海第二医科大学第二届校长奖(医疗)(2005年)。

1995年起享受国务院政府特殊津贴。

刘　正(1931—2013),女,天津人。主任医师、博士研究生导师,上海第九人民医院终身教授。

曾任上海市口腔医学研究所所长、名誉所长,先后任上海第二医学院口腔系副主任,上海交通大学医学院口腔医学系名誉主任,第九人民医院口腔预防科主任、口腔内科学教研室主任,上海市首批医学领先专业口腔内科学科带头人,中华口腔医学会理事,牙体牙髓专业委员会副主任委员、顾问,中华预防医学会口腔卫生保健专业委员会顾问,上海医学会口腔专业委员会主任委员等。国际牙科学院(ICD)成员、国际牙科研究学会(IADR)会员。

1955年毕业于北京医学院口腔医学系。从事口腔医学工作近60年,在口腔内科疾病,尤其牙体牙髓病的临床诊断、治疗和病因研究方面积累了丰富的经验,在龋病病因学、预防学和口腔微生物学等研究领域有很深的造诣。承担多项国家自然科学基金和上海市科委等课题。代表性成果:"龋病致病菌研究"获国家教委科技进步奖二等奖;"龋病发病的有关因素和预防机制的基础研究"和"脂磷壁酸在口腔变形链球菌黏附中的作用"分别获国家教委科技进步奖三等奖;"老年人根面龋发病和预防研究"获卫生部科技进步奖三等奖;"牙菌斑中菌间作用研究"获中国高校自然科学奖二等奖;"口腔生物学"获全国高等学校医药优秀教材二等奖等。

毕生勤奋耕耘、教书育人。主编国家级教材和专著十多部,代表性著作有普通高等教育"十一五"国家级教材、卫生部"十一五"规划教材《口腔生物学》的第一至三版,《口腔微生物学》《口腔科手册》《上海市医疗护理常规——口腔科诊疗常规》《名医谈百病丛书·龋病和牙周病》《中华口腔科学·口腔微生物学》及《口腔医学精粹丛书·保存牙科学》等。副主编专著3部。

曾获评上海市优秀教育工作者(1986—1987年)、全国卫生系统先进工作者(1994年)、上海市干部保健先进个人、上海市劳动模范(2000年)和上海第九人民医院院庆90周年特别荣誉奖等荣誉称号。

1992年起享受国务院政府特殊津贴。

魏原樾(1927—2014),浙江嘉善人。中共党员。

曾任上海第九人民医院副院长、院长、党总支副书记,上海第二医科大学设备处处长。

1950年参加工作,先后任上海财政金融工会失业救济会副主任,上海财政金融工人医院党支部书记、副院长。1958年调入九院,先后任上海市第九人民医院党支部副书记、党总支副书记、副院长、院长,上海第二医学院党委委员。1977年6—7月,带领医疗队赴唐山抗震救灾,曾任丰润抗震医院院长,主持医院的筹建工作。1984—1988年,调任上海第二医学院设备处处长。

1958年调入九院时,正值儿科系撤出,并带走一批管理和业务骨干,医院发展陷于低谷。到任后励精图治,整顿工作秩序,修订各项制度,激励全院员工争先进、找差距、挖潜力、增床位,实施多项便民措施,主动下乡、下街道和工厂防病治病,业务量和工作效率显著提高。员工精神振奋,涌现出一批先进个人和先进集体。1959—1961年,医院被新闻媒体报道46次,200多个单位来院参观交流。1960年,医院被评为全国文教战线先进单位,其作为代表赴北京出席全国文教战线群英大会。1963年起,积极落实上级将九院划归上海第二医学院的决定。为迎接口腔系迁入,在人员配置、基本建设等各方面做了大量工作,使九院从区级医院提升为上海第二医学院附属医院。即使在动乱时期受冲击,仍克服困难,竭力维持医院业务的运营。在九院担任主要行政领导工作26年,为医院发展做出历史性贡献。

曾任《上海卫生经济学会》理事、《中国医院管理杂志》编委、上海《中华医学会医院管理学会》常委、上海南市区科协副主任(兼)、上海南市区科协荣誉委员、上海南市区医学会顾问等职。

1953年,为抢救职工生命捐献骨髓,《上海银行报》以《伟大的阶级友爱》为题登报表扬。1960年,代表医院出席全国文教群英会,受到党和国家领导人接见。

张涤生(1916—2015),江苏无锡人。中共党员。上海交通大学医学院终身教授。1996年当选为中国工程院院士。

曾任上海第九人民医院院长、整复外科主任,上海市整复外科研究所所长,中国修复重建外科学会主任委员,美国整形外科学会通讯会员和荣誉会员,国际显微外科学会理事会员,国际颅面外科学会终身荣誉会员,亚太颅面外科学会创始会员和理事会员,国际淋巴学会终身会员,国际美容外科协会理事会荣誉主席。中国整形修复重建外科的主要先行者、奠基人和开拓者,被称为"中国整复外科之父"。

1935年,考入南京国立中央大学(今"南京大学")医学院,积极组织和参加抗日救亡活动。1941年,赴贵阳图云关,参加中国红十字会救护总队。1946年,被选派赴美国费城宾夕法尼亚大学学习整形外科。1950年,参加抗美援朝,在长春建立中国首家战伤、烧伤和冻伤治疗中心。1953年,获抗美援朝志愿军后勤部卫生部的三等军功奖。1958年,参与抢救邱财康。1961年在上海广慈医院建立整形外科,并于1966年迁入上海第九人民医院。

在显微外科、颅面外科和淋巴医学等领域均有重要创新和建树。在显微外科领域:1965年在《中华外科杂志》上发表《大块皮肤组织瓣游离再植的实验研究》,为中国首篇显微外科文献;次年与陈中伟合作首例断指再植成功。20世纪70年代，首创前臂皮瓣一期再造阴茎、跖趾关节移植重建颞颌关节、肠管游离移植再造食管、大网膜游离移植加植皮修复头皮缺损等显微外科手术。1985年，举办中国首个显微外科学习班。

在颅面外科领域：1976年，实施中国首例颅面外科手术；1990年，主办中国首届颅颌面外科研讨会，当选为全国颅颌面外科协作组组长；1999年，出版中国首部颅面外科学专著《颅面外科学》。

在淋巴医学领域：1964年，首创烘绑疗法治疗肢体象皮肿，后被国际淋巴学会认可为淋巴水肿保守治疗的主要手段之一；1987年，主办第一届国际淋巴医学研讨会。

注重培养新人，提携后辈，将整形外科的基本原则推广到骨科、泌尿外科、眼科等学科。1986年，在上海第二医学院成立中国首个整复外科教研室。积极开展国际交流，曾任上海第二医学院国际学术交流委员会主任，签订多项国际交流协议，选送出国进修、留学及参加学术活动人员百余人次。

发表重要论文50余篇，主编专著20余部，包括《显微外科》《颅面外科学》《张涤生整复外科学》《实用淋巴医学》等。先后获得40余项国家级、部级及上海市级科技成果奖。1982年，获美国整形外科学会梅莱尼杰出贡献奖。2000年，获何梁何利科技进步奖。2008年，获第七届光华工程科技奖和波兰科学院医学科研成果奖，并入选"光荣与力量——2008'走近他们'年度十大人物"。2009年入选上海科技创新杰出贡献人物和"'城市魂、英雄谱'上海市建国60周年60位杰出人物"。2010年，获中国显微外科终身成就奖。2012年，获美国整形外科医师协会整形外科国际人道主义奖。

1991年起享受国务院政府特殊津贴。

孙建民（1924—2015），江苏无锡人。中国民主同盟会盟员。外科学教授。

中国著名的外科学、血管外科学专家，上海第二医科大学教授。曾任上海第二医科大学口腔医学院外科教研组主任，第九人民医院血管外科研究室主任、普外科主任、血管外科主任。

1949年，毕业于上海同德医学院，毕业后先后在常州武进医院、上海四明医院、上海齐鲁医院、上海宏仁医院、上海仁济医院工作。于1981年7月从仁济医院调入上海第二医学院附属第九人民医院任外科教研组主任、普外科主任。1981年7月，第九人民医院血管外科建立，任第一任科主任。

毕生从事普外科和血管外科的临床诊疗和研究工作，获得多项成果：主持的"清脉791恢复缺血肢体血液循环的实验和临床研究"获得1983年卫生部重大科技成果乙等奖；"壁细胞迷走神经末梢切断术治疗十二指肠溃疡"获得1985年科技进步奖三等奖；1988年，主持研究的"自体带瓣静脉段股浅静脉移植的实验和临床研究"获国家科技进步奖三等奖、上海市科技进步奖一等奖，主持研究的"静脉动脉化重建下肢的组织营养"获国家教委科技进步奖二等奖；1989年，研究的"下肢静脉倒流性功能不全和瓣膜功能定位检测的研究"获得上海市科技进步奖三等奖。

作为九院血管外科的主要创建人，带领科室成为国家"十五""211"工程建设的重点学科、上海交通大学血管病诊治中心，科室临床和科研水平在专业领域处于领先地位，并培养出一批既有学术理论又有临床精湛技术的团队。

在40余年的临床教学工作中，为人师表、教书育人，深受学生的爱戴。担任外科总论、外科学教学工作，讲课条理清晰，教学效果好，深受同学们的好评。发表高质量学术论文30余篇，曾先后参加《外科学》(高等医药院校统一教材)和黄家驷主编的《外科学》参考书的编写工作。

曾任《中华实验外科杂志》副主编，中华医学会上海分会委员。1977年，获得上海第三人民医院教育先进工作者。1981年、1982年、1983年连续三年被评为上海第二医学院先进工作者，1984年被评为第九人民医院先进工作者。2010年获上海第九人民医院院庆90周年特别荣誉奖。

1992年起享受国务院政府特殊津贴。

徐济民(1925—2015)，浙江慈溪人。中共党员。著名心血管病专家，主任医师、教授、硕士研究生导师。

曾任第九人民医院内科主任、内科教研室主任、心血管病研究室主任，医院学位评定委员会委员。

1950年，毕业于上海同德医学院。先后在上海宏仁医院、上海胸科医院、上海仁济医院工作，1978年，调入上海第二医学院附属第九人民医院。

从医执教40余年，对心血管疾病诊疗造诣精深。来九院后，积极发展科室尤其是心内科业务，推动专业分科，创建心功能室、冠心监护病房和心血管病研究室，开展心功能检测、心脏超声、起搏器植入等业务及临床科研，为九院心内科的发展做出重大贡献。言传身教、为人师表，深受学生的爱戴，先后培养硕士研究生10名。

20世纪70年代起，长期专注于心血管病中西新药的临床研究与验证工作，在专业领域有较大影响。主持"体表希氏束电图实时检测技术与临床应用"的科研项目，在全国生理科学学会生理仪器评奖会上获二等奖；1986年参加的"抗心律失常药物电生理效应"科研项目，获国家教委科技进步奖二等奖；1988年主持研究的"灯盏花注射液抗心肌缺血的实验和临床研究"科研项目，获1990年上海市卫生局中医药科技进步奖三等奖、1992年上海市科技进步奖三等奖。发表论文260余篇，主编或参编专著《内科学》《临床实用新药手册》《冠心病》等26部，翻译出版4部英文学术书籍。发表科普文章500余篇，主编及参编科普书籍20余部。1986年荣获上海市第二届优秀科普作品二等奖，被上海市科普作家协会授予荣誉会员和"上海市优秀科普作家"称号，被中国科普作家协会表彰为"有突出贡献的科普作家"。

曾任中华医学会上海分会阻抗血流图研究会委员，中华医学会资深专家会员、荣誉会员，中国老年学会心脑血管病专业委员会资深专家委员会委员。多次被仁济、九院及上海第二医科大学评为医疗、科研先进工作者，1978年获评上海市科技先进工作者，2010年获第九人民医院90周年院庆特别荣誉奖。

1993年起享受国务院政府特殊津贴。

黄宗仁(1928—2017)，江苏吴江人。中共党员。口腔内科学教授、主任医师、硕士研究生导师。上海市第五至七届政协委员。

中国牙周病学奠基人之一。曾任上海第二医学院广慈医院口腔内科主治医师、讲师，上海第二医学院口腔系副主任，上海市口腔医学研究所所长，上海第二医学院附属第九人民医院口腔内科主任、口腔内科教研室主任、牙周病研究室主任等职。国际牙医学院院士。

1950年8月，毕业于上海牙医专科学校，留校任助教。1952年2月，上海震旦大学医学院任助教。1952年10月，上海第二医学院口腔系任助教。1954年5月，参加国际医防27队抗美援朝，荣立集体三等功。1955年6月后，曾任上海广慈医院口腔内科主治医师、讲师。1966年2月起，先后被聘任为上海第二医学院附属第九人民医院口腔内科主治医师、讲师、副教授、教授等职务。曾创办上海市口腔卫生士学校（三好中学前身），为国内第一所口腔中级医技人员培训学校。担任口腔研究所领导期间分管科研和外事工作，积极开展对外交流，引进国外口腔医学先进理念和技术，成绩突出。

擅长口腔内科疾病尤其是牙周疾病的诊断和治疗，在牙周病防治基础研究领域造诣颇深。承担课题"中西结合'理虚初探'"获卫生部科研成果一等奖（1961年）、"超声波洁牙器"获上海市重大科技成果三等奖（1977年）。

曾获评广慈医院先进工作者（1955年）、九院先进工作者（1977年）。获上海交通大学医学院附属第九人民医院院庆90周年特别荣誉奖（2010年）。

1993年起享受国务院政府特殊津贴。

薛　培（1924—2017），女，浙江杭州人。医学教授、妇产科主任医师、硕士生导师。

曾任新华医院妇产科副主任，上海第九人民医院妇产科副主任、主任，九院妇产科教研室主任、九院妇产科研究室主任，医院学位评定委员会委员，上海生物医学工程学会妇产科分会委员等职。

1949年，毕业于上海圣约翰大学医学院，获医学博士学位。先后在上海第二医学院附属宏仁医院、新华医院妇产科工作。1962—1964年参加援助蒙古国医疗队工作，担任中国驻蒙古大使馆英文翻译，乌兰巴托友谊医院妇产科主任。1964年，调入第九人民医院妇产科，先后任副主任、主任。长期从事妇产科临床、教学和科研工作。临床工作中严谨细致，勤于开拓。率先开展妇产科腹腔镜手术和显微手术，精心带教科室青年医师。先后承担临床医疗系、儿科系、口腔医学系的妇产科教学，教学效果获学生好评。参与编写多种讲义和教材。

创建九院妇产科实验室，在妇产科内分泌领域做出一系列探索和创新，开创国内妇科显微手术，成立上海市第一个妇产科B超室，以晨尿代血测定LH排卵高峰、极快速法HCG放射免疫测定等技术，为测孕提供了简便且准确的诊断方法。主持部委、市科委、计生委科研项目5项。研发早早孕免扩宫颈吸管、记忆合金输卵管夹、用于可逆性绝育的聚安酯输卵管弹力塞等器械。其中"早早孕吸宫止孕术"获1985年上海市科技进步奖二等奖；"绝育后显微手术输卵管再通术"获1987年上海科技进步奖三等奖；"形状记忆钛合金输卵管绝育夹研究"获1990年国家计划生育委员会科技进步奖二等奖。1988年获首届"杨素珍奖金"。

曾参编上海第二医学院妇产科教材讲义，《中国医学百科全书·计划生育》《中国医学百科全书·妇产科》等专著3部，发表学术论文10余篇。1962—1964年援助蒙古人民共和国期间获中国驻蒙使馆授予的"援蒙先进工作者"称号。曾获评上海市"三八"红旗手（1986年、1988年），上海市"女职工巾帼英雄"（1988年），九院90周年院庆授予特别荣誉奖。

1992年起享受国务院政府特殊津贴。

张培华(1930—2017),安徽安庆人。外科学教授、主任医师。

曾担任上海第九人民医院血管外科研究室主任,是中国著名血管外科专家。

1949年,考入上海圣约翰大学。1955年毕业于上海第二医学院,先后在上海宏仁医院、仁济医院和第九人民医院外科工作。1981年,在上海第二医学院附属第九人民医院建立血管外科,成为学术带头人。执教从医40余年,在长期的教学过程中,为人师表、教书育人,学业上严格要求,生活上亲切关怀,深受学生的爱戴。共培养博士、硕士研究生二十余人。在医疗工作中认真负责,医德高尚、医术精湛。

积极投入医学科学研究工作和学科建设,为血管外科的发展和人才培养做出了积极的贡献。专注于血管外科的研究工作,主持的课题曾获国家教委科技进步奖和上海市科技进步奖,曾被聘为《临床外科杂志》《中华实验外科杂志》《中国实用外科杂志》《上海二医大学报》等编委,受邀被聘为美国血管病学会会员。在他的带领与指导下,九院血管外科从无到有,成为"211"工程重点建设学科,成为上海交通大学血管病诊治中心,学术地位居国内领先水平,带领出了一批既有学术理论又有精湛技术的优秀血管外科医师。

在国内外发表论文250余篇,主编与参加编著包括《临床血管外科学》《黄家驷外科学》等5部专著,参与及指导的课题共获国家级、部委级和上海市科技进步奖21项(包括国家发明奖和上海市一等奖)。有两项科研成果被列为上海市和卫生部全国推广项目。曾受卫生部委托主办国家级血管外科继续教育学习班。

1992年起享受国务院政府特殊津贴。

第二章 人物简介

乌爱菊(1918—),女,浙江宁波人。口腔医学教授、主任医师。

曾任上海第二医学院口腔内科教研组副主任、上海第九人民医院口腔内科副主任、上海市口腔医学研究所顾问、龋病研究室主任等职。

1943年毕业于中央大学医学院牙医本科。同年4月,任重庆军医署附设卫生用具制造厂医务所军医。1944年8月,任中央大学医学院牙科助教、讲师。1949年10月,任南京大学医学院牙科医师、讲师。1951年8月,任上海华东军政委员会卫生部保健医院主治医师。1952年9月,调入上海第二医学院附属广慈医院口腔矫形科任主治医师、讲师。1955年9月,任口腔内科教研组副主任、副教授。1965年迁第九人民医院后任口腔内科教研组副主任。1966年4—10月,曾任第九人民医院工会副主席。1978年至1984年,任口腔内科副主任。1981年升正教授,1982年7月,任口腔医学研究所顾问、龋病研究室主任。

长期从事口腔内科的临床医疗和教学、科研工作。20世纪50年代承担口腔修复和口腔内科的主要教学工作,投入教学改革,因成绩突出,1960年被评为上海第二医学院"三八"红旗手。60年代后积极培养青年教师,并承担浙江、湖北、洛阳等地医学院口腔内科师资的培养任务。从60年代起开展龋病的致病微生物研究和儿童口腔疾病的防治研究。"龋病病因研究——口腔变形链球菌血清学分析"获上海市科技进步三等奖,"氟化物临床防龋效果和机制研究"获上海市科技进步二等奖。参编《口腔疾病防治学》等专著。发表学术论文十余篇。

曾荣获上海市女职工巾帼奖(1986年)、九院90周年院庆特别荣誉奖(2010年)。

1993年起享受国务院政府特殊津贴。

刘瑗如(1924—),女,江西莲花人。中共党员。口腔病理学教授、主任医师。

中国著名口腔病理专家,中国口腔病理事业早期开拓者之一。曾任上海第二医科大学口腔系口腔病理教研室主任,第九人民医院病理科主任、口腔病理科主任,医院学位评定委员会委员,全国高等医药院校《口腔组织病理学》(第一~三版)编写委员会委员,中华医学会口腔病理学组副组长等。

1950年毕业于南京大学(原南京中央大学医学院)医学系牙本科。同年任职于南京华东军区总医院口腔科。1953年调入上海第二医学院附属广慈医院口腔科。1957年起任职于上海第二医学院口腔系口腔基础教研室。1965年口腔基础教研室迁入上海第九人民医院,1984—1994年任口腔病理科主任、口腔病理研究室主任。主要从事牙釉质龋超微结构及唾液腺肿瘤的研究,主持市、局科研项目4项,主持研

究的"牙釉质及早期釉质超微结构研究"等课题获卫生部科技进步三等奖、上海市科技进步三等奖各一项,国家教委科技进步三等奖一项。

曾担任 Journal of Oral Pathology and Medicine(哥本哈根)编委,《华西口腔医学》《口腔材料器械杂志》《上海口腔医学》《口腔病理》《口腔内科》《口腔颌面外科》等杂志编委,以第一作者发表论文6篇,参编《口腔组织学及病理学》等4部专著。参编的《口腔组织病理学》(第三版)1988年获全国高等院校优秀教材奖。

曾获上海市"三八"红旗手(1982年)、上海市劳动模范(1985年)、全国劳动模范(1987年)、全国卫生系统先进工作者、全国先进教育工作者(1989年)、全国"五·一"奖章(1987年)、上海市优秀教师(1987年)等荣誉称号。上海第九人民医院90周年院庆特别荣誉奖(2010年)。1989年曾赴京参加国庆40周年观礼。

1991年起享受国务院政府特殊津贴。

马宝章(1924—),女,江苏仪征人。口腔医学教授、主任医师。中国口腔颌面外科激光领域奠基人之一。

曾任上海第九人民医院口腔颌面外科研究所副主任,上海激光学会副理事长,医用激光专业委员会主任委员,中华医学会上海分会理事、副会长等。

1951年毕业于四川成都华西大学医学院。抗美援朝时期曾在中国整形外科先驱者宋儒耀教授指导下开展救治志愿军伤员工作。1966年调至上海第九人民医院口腔颌面外科。长期从事口腔外科的临床和教学研究工作。1975年开展激光与冷冻外科在口腔颌面部肿瘤的基础与临床研究,如冷冻治疗口腔恶性恶色素瘤原发灶等。1980年与上海第二医学院激光物理系卓瑞鹏教授合作,率先开创应用连续 Nd:YAG 激光治疗海绵状血管瘤的新方法,临床治疗千余例血管瘤患者,在英美等国际会议上大会报告,获得国外同行赞誉并推广。曾经担任国务院领导的医疗小组专家成员。她在国内率先开展"CO_2 激光上颌骨切除手术"。1982年在国际上首创"氩离子泵浦染料激光光动力治疗鲜红斑痣——动物鸡冠模型实验研究"及相关临床应用研究。1989年作为邀请科研合作专家赴瑞典开展国际合作课题"激光激发肿瘤自体荧光诊断恶性肿瘤的研究"。

主持的二项科研项目获奖:"氩离子激光激发自体荧光诊断恶性肿瘤的研究"分别获上海市科技进步二等奖,国家教委科技进步二等奖;"血卟啉激光诊断治疗口腔颌面部恶性及癌前病变的研究"获上海市科技进步奖。1989年出版《激光技术与医学应用》专著一部。先后在国内及美国、日本激光医学杂志发表论文十余篇,其中 SCI 论文3篇。

1992年起享受国务院政府特殊津贴。

吴少鹏(1926—),湖南新化人。中共党员。1949年参加革命工作,同年加入中国共产党。

曾任上海第二医学院口腔系副主任、上海第九人民医院副院长、上海铁道医学院院长等职。

1951年毕业于上海震旦大学医学院口腔医学系。当年即参加抗美援朝工作,在中国人民解放军东北军区第二陆军医院口腔科任军医,第十一军医学校任教员。1956年,回母校上海第二医学院口腔医学系任办公室主任,并于1960年作为全国文教战线先进集体的代表出席全国文教群英大会,在人民大会堂受到周恩来等中央领导的接见。1964年,任上海第二医学院口腔医学系副主任,兼系办公室主任。口腔系迁往第九人民医院后,兼任九院副院长。全面负责口腔医学专业的医、教、研工作,参与筹建九院口腔门诊教学楼和外科病房楼。1972年,主持三年制口腔专业学生的招生和教学,组建、恢复九院教学组织,筹措加建学生宿舍和教室等教学用房。开门办学期间,在南汇县建立口腔教学基地,并负责徐汇区口腔医疗与预防保健和上海第九人民医院的合作。1977年,恢复高考后,主持全面恢复五年制本科口腔医学系教学工作。1983年,调上海铁道医学院任院长,作为专门小组成员组织两个附属医院的建设,主持筹建上海铁道医学院口腔医学系。

长期从事口腔内科临床工作,重点为口腔黏膜疾病的诊治。曾参加全国口腔黏膜白斑、扁平苔藓及其癌变防治研究,获卫生部重大医药卫生科技成果集体二等奖。主编《实用口腔科手册》《中国口腔发展史》。参编《中国医学通史》(近代卷)、《现代口腔医学》(第一卷)、《实用中医口腔病学》、《口腔内科学》"黏膜病"部分。

曾任中华医学会上海分会顾问、中华医学会口腔学会中西医结合学组及口腔黏膜病学组委员、《口腔医学》杂志副主编。曾获评上海市教学先进(1959年)、上海市哲学社会科学优秀著作奖(1986年),卫生部"重大医药卫生科技成果集体二等奖"(1987年)。

薛　淼(1929—　),浙江绍兴人。生物材料学教授、口腔修复学主任医师、博士生导师,第九人民医院终身教授。

1947年考入震旦大学医学院牙医学系,1953年毕业留校。历任上海第二医学院口腔系助教,附属广慈医院住院医师、主治医师。1960年参与创建上海第二医学院口腔材料研究室并主持工作。1982年,任上海市口腔医学研究所口腔材料研究室副主任,创建上海第二医学院生物医学材料研究室并任副主任。1988年,任上海第二医科大学口腔材料研究室和生物医学材料研究室主任。1989—2003年,任上海生物材料研究测试中心主任。

作为中国口腔材料学和生物材料生物相容性研究领域的主要学科带头人,长期致力于生物材料应用于人体生物相容性及生物材料的开发与研究,"铸造不锈钢代替黄金应用于口腔修复"和"水胶体印模材料"获1960年卫生部技术革命跃进先锋奖。

曾担任国家"八五"科技攻关项目"输卵管栓堵材料研究"等23个科研项目的负责人。先后获国家教委、卫生部、上海市科技进步奖等奖项19项。其中"镍钛形状记忆合金医学应用"获1984年上海市重大科技成果三等奖;"口腔颌面部标志的研究"获1988年国家教委科技进步奖二等奖;"医用热硫化甲基乙烯基硅橡胶质量标准"获1988年卫生部科技进步奖三等奖;"计划生育高分子材料的生物学性能评价方法"获1991年上海市科技进步奖三等奖;"镍钛形状记忆合金生物安全性研究"获1993年国家教委三等奖;"医用生物材料生物学性能评价研究"获1995年卫生部三等奖;"羟磷灰石类陶瓷的骨结合机制及其生物力学性能"获1996年国家教委三等奖;"树脂羟磷灰石复合材料的研制及理化、生物学性能测定"获1996年上海市科技进步奖三等奖;"计划生育高分子材料的生物学性能评价方法"获1992年上海市科技进步奖三等奖。

发表学术论文70余篇,主要论文有《牙颌平面面部标志的调查和计算机分析》《镍钛记忆合金医学基础研究》《生物医学材料》《兔下颌骨应变的体内遥测》《生物医学材料的生物学性能评价方法》以及《镍钛记忆合金在动物体内植入后微量元素的实验分析》等。曾主编《口腔应用材料学》等5部专著,参编《口腔修复学》《口腔病防治学》等3部教材。曾担任《口腔材料器械杂志》主编,《中国口腔医学年鉴》《透析与人工器官》杂志编委。

曾荣获全国计划生育科技先进工作者(1988年)、上海市计划生育科技先进工作者(1995年)、上海第九人民医院90周年院庆特别荣誉奖(2010年)。

1992年起享受国务院政府特殊津贴。

李春郊(1929—),山东广饶人。中共党员。

曾任上海第二医学院基础部党总支副书记,附属新华医院党总支副书记,二医党委组织部副部长、基础部总支书记、政宣组副组长,附属第三人民医院(仁济医院)党委书记,附属第九人民医院党委书记等职。

1945年8月参加革命。1949年5月,调上海市郊区行政办事处卫生科任接管干部。1950年9月,调上海市卫生局人事处工作。1953年2月至1957年7月任上海第九人民医院人事科副科长、代理党支部书记。1980年11月再次调入第九人民医院任党委书记。1990年6月离休。

20世纪50年代医院接办初期,为适应医院服务社会的需要,积极调整充实医院的人员配置和专家力量,至1956年,医院从接办时的50余名员工发展成为300多名员工的初具规模的区级医院。改革开放后积极落实党的政策,注重人才培养和学科建设,重视年轻党政干部的培养和任用。长期从事党务和医院管理工作,积累了丰富的管理和思想政治工作经验,为医院建设发展做出了重要贡献。在担任党委书记期间,医院连续获得上海二医大和上海卫生系统"文明单位"荣誉称号,医院整体实力得到提升。

曾在部队荣立三等功一次(1947年)。荣获上海第九人民医院90周年院庆特别荣誉奖(2010年)。

潘家琛(1930—),福建南安人。中共党员。口腔颌面外科副主任医师。

曾任广慈医院口腔颌面外科科室党支部书记,第九人民医院口腔颌面外科副主任、口腔党总支书记、副院长、党委副书记,上海第二医科大学党委副书记、书记等。

1955年毕业于北京医学院。分配至上海广慈医院(后改名瑞金医院)口腔颌面外科,先后任住院医师、主治医师、科室党支部书记。1964年,随口腔系迁入上海第二医学院附属第九人民医院,在口腔系的搬迁以及口腔门诊楼的科室分布安排、人员配置、病房设置等方面积极协调配合。1978年5月,任口腔颌面外科副主任。1978年8月,任第九人民医院副院长。1980年9月,任口腔党总支书记。1981年12月,任第九人民医院党委副书记。1984年3月,调上海第二医科大学任党委副书记(主持工作),1986年任上海第二医科大学党委书记。

自1984年担任上海第二医学院党委领导起,根据上级要求积极探索校长负责制试点工作,贯彻中央关于教育体制改革的决定,先后开展五次教育思想讨论,推进教学改革,调动广大教师的积极性,培养年轻干部,支持学校和附属医院的学科建设和人才队伍建设。认真履行学校党委维护稳定的重要职责,对学校一系列重大决策和重大项目建设项目实施发挥监督保证作用,促进了学校和附属医院医、教、研工作的顺利开展,为20世纪90年代以后学校和附属医院进入快速发展期打下了良好的基础。

关文祥(1931—),福建莆田人,马来西亚归侨。整复外科学教授、主任医师、博士生导师。

中国整形修复专业的创始人、学科奠基人和学术带头人之一。曾任上海第九人民医院整复外科主任,医院专家委员会副主任、学位评定委员会委员,上海市整复外科研究所副所长,中华医学会上海分会外科学副主任委员、中华康复医学会上海分会理事、中华医学会上海分会整形外科学会主任委员等。

1950年底,参加英国剑桥大学在马来西亚举行的入学资格考试并被录取。1951年响应祖国号召,回国参加建设。考取圣约翰大学医学院,于1957年毕业于上海第二医学院医疗系,分配至仁济医院外科。1961年起从事整形外科工作。1973年调入九院,参与全国整形外科医师进修班教学。擅长面部与四肢烧伤后畸形整形修复,治疗大量病患。20世纪80年代初,成功修复一例背部巨大神经纤维瘤患者。专注瘢痕的基础和临床研究,研究成果先后获上海科技进步二、三等奖等。在中外著名杂志上发表专业论文40余篇,如《中华医学杂志》(中英文版)、《中华整形外科杂志》、*Annual of Plastic Surgery*、*Burn*、*European Journal of Plastic Surgery*等。

培养博士、硕士研究生十余名,担任第二医科大学英文班整形外科教程英语主讲教师并主编《整形外科》英语教材,获得医学院教材奖。主编国内首部英汉对照《基础整形外科学》、英汉对照《美容外科学》等,为行业经典参考书。

1985年获上海市政府颁发的特殊贡献津贴,1992年起享受国务院政府特殊津贴。

杨宠莹(1931—),女,上海市人。口腔医学教授、主任医师。

曾任上海第九人民医院口腔修复科主任、口腔矫形科研究室主任,口腔医学研究所副所长,中华医学会上海口腔分会委员,中华医学会口腔分会口腔修复学组组长,中华医学会口腔分会口腔修复学专业委员会主任委员等。

1950年9月考入上海震旦大学口腔系,1954年毕业于上海第二医学院口腔系。1954年9月,任广慈医院口腔修复科住院医师、主治医师。1965年随口腔系迁来九院后历任上海第九人民医院口腔修复科主治医师、副主任医师。1982年,任上海市口腔医学研究所副所长。1984年,任上海第二医科大学附属第九人民医院口腔修复科主任。

长期从事口腔修复的医教研工作,擅长全口义齿修复及固定义齿修复。主持两项科研课题,获上海市临床医疗成果奖二等奖两项、三等奖一项。

曾任《口腔科手册》《常见口腔疾病诊治图谱》副主编,任《中华口腔医学杂志》《口腔医学纵横》

《华西口腔医学杂志》《二医报》编委、特邀编委。

荣获上海市"三八"红旗手称号(1988年)。

1992年起享受国务院政府特殊津贴。

曹宏康(1932—),江苏无锡人。中共党员。口腔医学教授、主任医师、硕士生导师。

曾任上海第九人民医院口腔内科副主任、主任,口腔黏膜病专科负责人,口腔黏膜病研究室副主任、主任,口腔内科教研组、教研室主任,口腔修复技工室主任,沪港合资上海口腔医疗中心主任等。

1954年,毕业于上海第二医学院,留校在附属广慈医院口腔科工作。1965年随口腔系迁来九院。1972年参加上海市第一批援藏医疗队工作2年。1978年5月至1984年8月,任第九人民医院口腔内科副主任、口腔内科学教研组副主任。1982年7月,任口腔黏膜病研究室副主任。1984年9月至1990年,任口腔内科副主任、口腔黏膜病研究室主任。1990年至2000年,任口腔内科主任、口腔内科教研室主任。2000年,任上海第九人民医院沪港合资上海口腔医疗中心主任、第九人民医院口腔修复技工室主任。

长期从事口腔龋病、口腔黏膜病的临床及基础研究,发表学术论文十余篇。

曾荣获上海第二医科大学先进工作者(1992年)、上海第九人民医院90周年院庆特别荣誉奖(2010年)。

1993年起享受国务院政府特殊津贴。

黄文义(1932—),湖北汉口人。整复外科学教授、主任医师、博士生导师。

1956年,毕业于北京医学院。1956—1966年,任职于广慈医院整形外科。1966年,调至上海第二医学院附属第九人民医院整复外科。曾任上海第九人民医院整复外科副主任。

中国整形修复专业的创始人、学科奠基人和学术带头人之一。从事整形修复临床工作五十余年,尤其擅长生殖整形修复再造和淋巴水肿治疗。在生殖整形再造上,"前臂皮瓣一次完成阴茎再造""尿道延伸术一期修复阴茎体型尿道下裂""利用小阴唇皮瓣或小阴唇瓣加部分植皮修复阴道缺损"等临床项目先后在 *PRS*、*Annals of Plastic Surgery*、《中华外科杂志》上发表论文,并获国家发明三等奖、上海市科技成果三等奖等。

在淋巴水肿治疗领域,开展"淋巴水肿动物模型的制作及其应用""烘绑疗法治疗肢体慢性淋巴水肿微波烘疗器的研制及临床应用""慢性淋巴水肿模型制作淋巴管""静脉压力测定及静脉移植桥接淋巴管的实验研究"等科研项目,先后在《中华外科杂志》、《中华医学杂志》(英文版)上发表论文,并获国家教委一等奖,上海市科技进步奖二等奖、三等奖等。

热心提携后进,亲自带教指导年轻医师近百名,其中多数成为我国整形修复再造领域的骨干人才,1998至1999年任《欧洲整形外科杂志》编委,并参加《中国医学百科全书·整形外科学》、《显微修复外科学》、《临床理论与实践》(外科分册)、《现代显微外科学》、《整复外科学》等专著的编写工作,为我国整复外科专业的人才建设做出了贡献。

1992年起享受国务院政府特殊津贴。

邱蔚六(1932—),四川成都人。中共党员。口腔颌面外科教授、主任医师、博士生导师。中国工程院院士。

中国医学科学院学部委员,国家口腔疾病临床医学中心名誉主任。上海交通大学荣誉讲席教授、上海第九人民医院终身教授。曾任上海交通大学医学院口腔医学院系主任、院长,九院院长。国务院学位委员会学科评议组第二~四届成员,口腔医学组第一召集人。卫生部高等医学教材口腔医学评审委员会副主任委员、全国临床医学专业学位教育指导委员会委员。中华口腔医学会副会长、口腔颌面外科专业委员会主任委员、上海市口腔医学会主任委员、中华抗癌协会头颈肿瘤外科专业委员会主任委员。国际口腔颌面外科医师学会理事,国际牙医用形状记忆合金学会副主席等职。现为国际牙医学院院士、美国颞下颌关节外科学会国际会士。

1955年毕业于四川医学院(现四川大学华西口腔医学院)。先后供职于上海广慈医院和第九人民医院。中国口腔颌面外科、头颈肿瘤外科以及口腔颌面修复重建外科的创建者和开拓者之一。擅长口腔颌面部肿瘤外科、口腔颌面整复外科与颞下颌关节外科,获国家、部市级科技进步奖近40项。20世纪60年代初,创用全额隧道皮瓣转移。首次提出"针刺得气留针"的方法应用于口腔颌面外科针麻手术,获得国家医药局科技进步奖(1990年)。20世纪70年代起,率先应用显微外科技术,开展复合组织缺损一期整复和舌、腭、颌等器官成形术,先后获上海市科技进步奖(1981年、1994年)、卫生部科技进步奖(1988年)及国家科技进步奖(2007年)。20世纪70年代末期,在国内首先施行颅颌面联合切除术治疗晚期口腔颌面部恶性肿瘤,先后获卫生部(1980年)和上海市(1999年)科技进步奖。"游离前臂皮瓣软腭再造术"及"经关节镜滑膜下硬化疗法治疗颞下颌关节脱位"分获国家发明奖(1996年、1997年),后者曾被国外专著引用。

培养博士研究生40多名、硕士研究生20多名,博士后出站7名。曾担任《上海口腔医学》《中国口腔颌面外科杂志》《中华口腔医学杂志》等近20本专业杂志主编、副主编、编委。主编《口腔颌面外科学》《口腔颌面外科临床手册》等专著20余本。在国内外杂志上发表论文400多篇。

是第一位担任国际口腔颌面外科医师学会的中国理事,中国抗癌协会头颈肿瘤外科专业委员会和中华口腔医学会口腔颌面外科专业委员会的创建人之一,带领学科成为国家(教育部)和上海市的重点学科,以及国家"211"工程重点建设学科。

曾获全国先进教师(1989年)、上海市先进教师(1996年)、上海市劳动模范(1997年)、全国卫生先进工作者(2004年),首届中国医师扬子杯奖(2004年),上海市科教系统伯乐奖(2007年),上海市教育功臣(2018年),"国之大医"特别致敬奖(2019年)。还曾获得中国口腔颌面外科"华佗奖"(2009年),中国睡眠科学技术终身成就奖、中国生物工程医学终身贡献奖(2010年)等奖项。

2009年,获国际口腔颌面外科医师协会最高奖项——杰出会士奖(Distinguished Fellow Award)。2010年,获国际牙医学院最高荣誉——大师(Master)称号。

1991年起享受国务院政府特殊津贴。

王晓仪(1932—),女,四川沐川人。中共党员。口腔医学教授、主任医师。

1955年毕业于四川医学院口腔医学系,同年分配至上海第二医学院口腔系工作。历任助教、讲师、副教授、教授,上海第九人民医院口腔内科主任、党支部书记,中华医学会牙体牙髓病专业委员会顾问。

长期从事口腔医教研工作,擅长牙体、牙髓及根尖周炎的临床诊治。20世纪90年代先后赴日本大阪齿科大学和美国哈佛大学牙髓病科研修。积极引进推广"逐步后退法"、口腔超声技术等根尖周病、根管治疗方面的新技术,开展一系列临床应用研究,获得良好效果,得到国内同行认可。科研成果"根管治疗—桩核冠系列治疗牙体严重缺损"及"根管治疗系列研究"分别获上海市科技进步二等奖和国家教委科技进步三等奖。发表论文近50篇,有关文章被SCI、ISTP等检索系统收录。2001年主编的《现代根管治疗学》出版,畅销并受到同行好评,于2006年再版。作为副主编出版"口腔医学精粹丛书"之《保存牙科学》。

曾参加全国高校口腔医学专业规划教材《口腔内科学》《牙体牙髓病学》以及《中国医学百科全书·口腔医学》《口腔科手册》《口腔疾病诊治图谱》等专著编写。历任《口腔护理学》副主编,《上海口腔医学》《口腔医学纵横》等多种口腔医学杂志的编委或特邀编委。曾任美国科技进步协会特邀会员。

被评为上海第二医科大学先进教育工作者(1986—1987年)、优秀青年教师和优秀教育工作者(1992年)、"三八"红旗手(1994年)。

1994年起享受国务院政府特殊津贴。

戴尅戎(1934—),福建漳州人。农工民主党党员。骨科学和骨科生物力学专家。上海交通大学医学院附属第九人民医院终身教授、骨科主任医师、博士生导师。中国工程院院士。

先后担任上海第二医科大学附属第九人民医院院长、骨科主任,上海第二医科大学医学院九院临床医学院院长,上海交通大学医学院骨与关节研究所主任,上海市创伤骨科与骨关节疾病临床医学中心首席科学家,上海交通大学康复工程研究所所长,上海交通大学学术委员会副主任兼生命医学部主任,上海交通大学医学3D打印创新研究中心主任,数字医学临床转化教育部工程研究中心主任。

1955年,毕业于上海第一医学院医疗系。1975年起,在上海第二医科大学附属第九人民医院从事骨科临床、科研与教学工作。1983—1984年在美国梅奥医学中心医学院及研究生院任访问学者。

中国骨科生物力学研究的带头人之一,在发展交叉和边缘学科、促进科研成果转化方面取得多项开创性的成果。在国际上首先将形状记忆合金制品用于人体,相继发明形状记忆加压骑缝钉、双杯髋假体、锯齿臂环抱内固定器等,推动形状记忆合金在临床各科的应用,使中国形状记忆合金的医学应用处于国际领先水平。带领科室团队先后研制成功的骨粒骨水泥(与美国艾奥瓦大学合作)、多孔表面人工关节、应力松弛接骨板系统、非扩增型干细胞富集技术与装备的研发与临床转化、3D打印定制型人工骨与关节,有效提高了骨科特别是关节外科的诊疗水平,并在多个相关学科推广应用,取得了良好的社会和经济效益。

重视医工结合和科研成果转化,2006年牵头组建了跨学科、医工一体化的数字医学临床转化教育部工程研究中心,随后又组建了3D打印创新研究中心,为医工结合的深层次发展和科研成果产业化走出新路。成功应用3D打印技术制成骨盆、四肢和脊柱各大关节假体,建立并完善肿瘤切除后的假体重建术。以上成果先后获国家发明二等奖,国家科技进步奖二、三等奖,部市级一、二、三等奖共45项。

发表论文500余篇,主编、参编专著60余本。先后负责国家自然基金,部委、市级以及国际合作等50多项课题。主编《医用生物力学》等杂志。

曾当选为世界华裔骨科学会主席和亚太人工关节学会主席、国际多学科生物材料研究会副主席、国际内固定学会(AO)理事和中国分会首任主席,以及中华医学会、中国生物医学工程学会、中华骨科学会、中国力学会生物力学专业委员会、上海市康复医学工程研究会、上海假体医学工程研究会等30多个国际、国内学术团体的理事或正副主任委员。上海市政协第六、七届委员,全国政协第八、九届委员。曾获首届上海市发明家(1996年)、1997香港杰出中国访问学者(1997年)、上海市医学荣誉奖、何梁何利基金科学与技术奖(2004年)、上海市科技功臣、吴阶平医学奖、上海医学发展终身成就奖,以及法国地中海大学荣誉博士、澳大利亚西澳大学雷恩(Raine)访问教授等。

1991年起享受国务院政府特殊津贴。2003年当选为中国工程院院士。

何荣根(1934—),浙江富阳人。中共党员。口腔医学教授、主任医师、博士生导师。

曾任口腔颌面外科副主任,口腔颌面外科研究室主任,口腔颌面肿瘤生物学实验室主任。全国头颈肿瘤外科专业委员会常委、秘书、秘书长。获聘河南医科大学名誉教授,上海口腔医学会口腔颌面外科专业委员会顾问。

1960年毕业于上海第二医学院口腔医学系本科,毕业后留母校广慈医院及上海第九人民医院口腔颌面外科工作。长期从事口腔颌面肿瘤临床和实验研究工作。1973年,曾总结全科开展口腔颌面肿瘤根治术以来的临床经验和病理资料,在《中华医学杂志》发表,是国内该领域首篇大样本的学术论著,获得业内人士好评。1980年,在张锡泽教授倡导下,创建口腔颌面肿瘤生物学实验室。1981年,建立中国第一株人舌鳞状细胞癌细胞系(Tca8113细胞系),填补国内空白。后又相继建立人涎腺腺样囊性癌Acc-2、Acc-3细胞系。在此基础上,建立多株耐药性、裸小鼠肺高转移性亚系(株)等的研究模型,并在国内外得到广泛应用。该实验室成为国内规模最大的口腔癌症的基础、临床研究和研究生培养的实验基地。1988年11月—1989年11月在荷兰格鲁尼根大学放射生物系做访问学者,1991年曾在日本大阪齿科大学研修。承担并完成国家自然科学基金5项,得到卫生部和上海市多项基金资助。

发表论文128篇,主编专著1部,参编著作数部。以第一完成人获国家教委科技进步一等奖(甲)类、卫生部科技进步乙级奖、国家教委科技进步三等奖各1项;参与获奖有卫生部科技进步二等奖1项、国家教委科技进步三等奖3项、上海市科技进步三等奖2项等。获中国抗癌协会头颈肿瘤专业委员会特别功勋奖。

1993年起享受国务院政府特殊津贴。

杨菊贤(1934—),上海市人。中共党员。内科学教授、主任医师,医学心理学家。

曾任上海第九人民医院心内科主任、内科副主任、内科教研室和诊断学教研室副主任,中华医学会行为医学专业委员会主任委员,中华医学会行为医学生物反馈学会副主任委员,上海市心身医学学会名誉主任委员,上海康复医学会心血管专业委员会副主委,上海市疾病控制中心专家委员会委员,上海市心理咨询专家委员会委员,国际中华心理卫生学会(IACMSP)常务委员兼理事等职。

1957年,毕业于上海第二医学院,留广慈医院内科工作。1964年,调入上海第九人民医院内科,1965—1967年曾去嘉定医学专科学校任教,后回九院内科。

长期从事心血管病临床工作,致力于心身医学领域的研究。1981年起,开展食管调搏检测窦房结功能。1985年起,开展生物反馈和心身医学的研究,探索性格类型的生理基础及其与冠心病易患性的关系,将生物反馈技术结合药物治疗心血管疾病获良好效果,积累了800多例资料。率先提出心理行为因素对心血管疾病预后影响的密切关系。1996年,主持"心理行为因素对心血管疾病发生发展影响的系列研究"获国家教委科技进步奖三等奖。1998年,在美国第八届国际东方医学大会上作"心身医学临床进展"报告,获"杰出成就奖"。同年,获全国医学与哲学20周年"吴孟超杯"突出贡献奖。2000年,在首届世界养生保健大会上,被授予"21世纪养生保健杰出科技工作者"的称号。2009年在第十一次全国行为医学学术会议上被授予"中华行为医学终生成就奖",获钟南山院士颁发的荣誉证书。

从事临床医学教学工作多年,授课生动,效果突出,深受学生好评。曾主编《实用心身疾病学》《行为医学研究》《实用心律失常学》《内科学分册》等8部专著,担任《中国行为医学杂志》总编,《美国中华心身医学杂志》《国际中华临床医学杂志》副总编,《健康心理学》《医学与哲学》《心血管病进展》《中国全科医学》等杂志编委。发表学术论文200余篇。

1977—1988年4次被评为九院先进工作者。1978年,获上海第二医学院教学先进。2010年,获上海第九人民医院90周年院庆特别荣誉奖。

1997年起享受国务院政府特殊津贴。

张德星(1934—),江苏吴江人。中共党员。内科学教授、主任医师、硕士生导师。

曾任上海第九人民医院肾内科主任、老年病科主任,口腔医学院和九院临床医学院内科学教研室副主任、诊断学教研室主任,中华医学会肾脏病学会上海分会常委、顾问,上海第二医科大学高级职称评审委员会委员,上海市卫生局医疗事故鉴定小组肾脏病组组长。

1960年,毕业于上海第一医学院,留校任附属华山医院内科医生。1963年任嘉定医学专科学校内科学教师。1970年,调入第九人民医院内科。1976年主持成立肾脏病学组,1992年任九院肾内科首任主任。作为九院肾内科创建人,长期致力于肾脏疾病的诊治和研究,擅长诊治各类肾脏疾病、重症感染性疾病和内科疑难杂症。尤其在风湿性疾病导致的肾脏损害如狼疮性肾炎、抗生素的临床应用方面有深厚的造诣。对急性肾小球肾炎以及尿路感染、急慢性肾衰的诊断和治疗具较高水平。带领科室成为上海较早开展血液净化、腹膜透析、肾移植（与泌尿科合作）和肾穿刺的单位，率先进行中西医结合治疗各种急慢性肾脏病，获得较好的临床效果。曾成功主持抢救青鱼胆中毒、安眠药中毒、横纹肌溶解综合征等导致的多名急性肾功能衰竭患者。主持筹建九院老年病科（干部病房）并任第一届科主任。在职期间为九院肾内科发展打下扎实基础，为医院顺利通过三级甲等评审作出重要贡献。

长期从事临床教学工作，承担上海第二医科大学口腔和临床医学院、生物医学工程等专业的内科和诊断学教学任务，讲课深入浅出、条理清晰，深受学生欢迎。

曾参编《内科各系统疾病与肾脏》等专著8部，担任《中国新药杂志》《上海第二医科大学学报》编委，《国外医学内科分册》《国外医学泌尿分册》特邀编辑。发表学术论文20余篇。

1987年被评为上海第二医科大学先进工作者，同年获卫生部颁发的全国卫生文明建设先进工作者称号。2016年获颁中华医学会肾脏病学会上海分会突出贡献奖。

1993年起享受国务院政府特殊津贴。

王仁骏（1935—　），女，上海市人。眼科主任医师。

1957年，毕业于上海第二医学院，毕业后留校在附属仁济医院眼科工作，曾任眼科医疗干事、眼科教研组教学干事。1965年调入附属第九人民医院眼科，历任主治医师、副主任医师、副教授和主任医师。曾任中华医学会眼科学会新技术与新疗法学组视觉电生理组副组长。

长期从事牙科临床医疗、教学和科研。承担眼科教研室的主要工作，在为口腔系、夜大学临床医疗系等专业学生的授课中，以高度的责任心认真备课，讲课效果好，获得学生好评。积极培养和指导科室年轻医师和研究生。参加创建视觉电生理研究室工作，致力于视觉电生理研究。作为课题临床部分的主要完成人，参与上海市高教局和卫生局课题"视网膜电图主要成分的频谱分析及在视网膜循环障碍疾病的应用"，获1992年上海市科技进步奖二等奖；"视觉电生理的微机监测及临床应用"获1988年上海市科技进步奖三等奖；"视觉电生理信号时域频域分析程序"获1994年卫生部优秀软件三等奖。参编《实用眼科手册》，发表学术论文20余篇。

多次获评医院先进工作者。1992年被评为上海第二医科大学优秀教育工作者。

1993年起享受国务院政府特殊津贴。

余贤如（1935—　），福建浦城人。中共党员。心内科主任医生、教授。

曾任上海新华医院党委书记、上海第九人民医院党委书记、上海第二医科大学党委书记。

1960年毕业于上海第二医学院医疗系本科。同年分配到上海第二医学院放射医学教研组核医学任助教、团支部书记、科研团总支副书记。1962年，分配到新华医院内科从事临床医疗工作并任党支部书记。1976年，唐山大地震时任医疗队队长赴唐山抗震救灾。1985年新华医院第六次党代会当选为党委书记。1988年1月，调任上海第二医科大学任校长助理。1989年,任上海第二医科大学附属第九人民医院党委书记,在医院工作中团结班子成员,密切联系科室及职能部门干部、专家、中青年医务人员,促进医、教、研工作全面提高,班子团结和谐,群众生活工作环境得以改善。在新华医院参加组织筹建病房大楼、职工住宅及行政大楼,在九院参加组织筹建门急诊综合大楼。

1991年5月,当选为上海第二医科大学党委书记。1992年当选为中共上海市第六次党代会代表。任职期间和学校班子成员密切合作,重点抓"211"工程建设立项预审、精神文明建设、党校建设、学科建设、人才培养、教书育人。以问题为导向开展调查研究,强调全局观,确保决策的正确性。在干部工作中推行竞争上岗和四个双向,即双向培养、双向任职、双向交流、双向选择。每年暑假举办学校部、处以上干部研讨班,增强干部党性修养,研讨学校的全局发展,使学校顺利通过"211"工程预审立项。学校每年均被评为市精神文明单位,并最早成为四个拥有自主博导审批权的医学院校之一,也是最先选派在职中青年管理干部出国培养的高校之一。

先后在《研究与发展管理》《上海高等教育》等杂志发表管理论文5篇。在《上海医学》《肿瘤》《浙江中医杂志》等杂志发表医学论文十余篇。坚持参与心肌病研究室工作,参与的"阿霉素导致心肌病疾病研究""强的松龙对心肌缺氧研究"等课题获上海科技进步奖二等奖、卫生部科技进步奖三等奖。参编、参译《实用临床心血管疾病介入治疗学》、《床边心脏病学》、"当代主治医师丛书"3部著作。1992年被评为上海市先进教育工作者。

李海生(1936—),浙江金华人。中共党员。眼科学教授,主任医师。

曾任上海第九人民医院眼科主任、视觉电生理研究生主任、眼科教研室主任,中华医学会眼科学会委员、视觉电生理学组副组长,上海市医学会眼科专业委员会副主任委员、眼底病学组组长,上海区县眼科学组组长等职。

1962年,毕业于上海第二医学院医疗系,分配至附属仁济医院眼科工作。1966年,作为市种子医生调宝山县医院眼科,曾任宝山县人民医院眼科主任、副院长。1993年,调上海第九人民医院眼科任主任,兼任宝山区中心医院眼科临床工作。

中国视觉电生理专业开创者之一。在视觉电生理仪研制方面有深入研究,擅长眼底病治疗。在白内障、青光眼、眼底病诊断与治疗及眼科物理诊断方面均有较深的造诣。主持研制的"视网膜电图装置的研制与临床应用"获1977年上海市重大科技成果奖、全国科技大会成果奖。"视网膜电图、程序控制眼电图及视觉诱发电位记录装置的研制"获1981年中央卫生部乙级成果奖,1998年中华眼科学会奖。

在多年的临床工作中认真负责,关爱患者、忘我工作,获得众多患者的赞誉。曾参编《眼科诊断学》《眼科学彩色图谱》,参与制定《眼科耳鼻喉科治疗常规》。主编有《眼科临床诊疗手册》《视觉电生理原理与实践》《眼光学 OCT 的原理和临床应用》等。

1976—1978年连续被评为上海市卫生系统先进工作者,1977年获评上海市先进科技工作者,1978年获评全国卫生文明建设先进工作者,1979年获评宝山县卫生战线先进工作者,1981年被评为宝山县优秀共产党员,获 1991—1992 年度宝山县高尚医德奖。1991年获评上海市劳动模范,1993年获全国"五一"劳动奖章,1996年荣获上海市卫生系统高尚医德奖。

1993年起享受国务院政府特殊津贴。

王　炜(1937—　)，江苏镇江人。中共党员。整复外科教授、主任医师、博士生导师，上海第九人民医院终身教授。

曾任九院整复外科主任、上海市整复外科研究所副所长、中华医学会整形外科分会副主任委员、上海市医学会整形外科分会主任委员、中国修复重建外科学会主任委员。

1961年上海第二医学院医学系本科毕业，同年进广慈医院整形外科工作。1964年作为课题组主要实践者参加皮瓣游离移植实验研究，课题成果发表于1965年《中华外科杂志》。1968年研究生毕业。

1966年随科室迁入上海第九人民医院。1973年协调申办"全国整形外科医师进修班"。作为主要完成人之一和实践者，参加和完成多项整复外科的临床手术创新和开拓。1976年首先报道扩大足趾移植术，并成功应用于复杂手指、拇指以及手部缺损的修复，获1980年卫生部乙级科技成果奖。1977年与张涤生等共同完成空肠游离移植重建胸段及高位颈段食管，获1979年上海市科技进步奖二等奖、卫生部甲级科技成果奖。用大网膜游离移植加植皮修复头皮缺损获1980年卫生部乙级科技成果奖。1980年率先研究前臂逆行岛状皮瓣的临床应用。20世纪90年代首创超长血管神经蒂断层节段肌瓣移植一期治疗晚期面神经瘫痪，获1993年国家发明三等奖和上海市科技进步奖二等奖。1990年前臂皮瓣进展研究获上海市科技进步奖三等奖。1996年关于带神经血管的肌束使失神经肌肉恢复再支配的实验研究获上海市科技进步奖三等奖；关于血管瘤与血管畸形机制和临床应用的研究获2004年中华医学科技奖三等奖和上海科技进步奖三等奖。曾和多家医院合作开展直肠癌术后臀大肌瓣原位肛门括约肌再造手术，提出"肿瘤整形外科"概念。2010年获中华医学会显微外科学会"杰出贡献奖"。

1981—1982年作为交流学者和客座教授访美国贝鲁大学医学院和路易斯维尔医学院。回国后在多家医院示范乳房整形、腹壁整形、面部整形等手术，提出和倡导美容内科理念。

中国修复重建外科学会和中国医师协会美容整形医师分会的主要发起人和筹建者。获国家发明奖1项，卫生部、上海市科技进步奖十余项。主编、主审《外科诊疗手册》《整形外科学》《手部先天性畸形》《美容整形外科学》等多部专著，其中《整形外科学》(1999年)成为业内主要参考书，获第十届全国优秀科技图书三等奖和第十二届中国图书奖。发表论文300余篇。

曾任《美国整形再造外科杂志》《美国修复重建康复杂志》《国际整形外科影像杂志》编委，《中国美容整形外科杂志》《中国修复重建外科杂志》副主编。被美国《世界显微外科历史》，Who's Who 等世界名人录收录。卫生部科技进步奖评审委员。

1992年起享受国务院政府特殊津贴。

袁文化(1937—　)，女，浙江杭州人。中共党员。口腔医学教授，口腔颌面外科主任医师，硕士研究生导师。

曾任九院口腔颌面外科常务副主任、教研室常务副主任，上海第二医科大学唇腭裂治疗中心主任，上海市口腔医学研究所副所长、科室党支部书记。

1960年，于上海第二医学院口腔医学系本科毕业。毕业后留校在广慈医院口腔外科工作，1965年，随口腔医学系搬迁到第九人民医院。长期从事口腔颌面外科医疗、教学和临床科研(侧重唇腭裂患儿综合序列治疗)工作。20世纪80—90年代先后在日本大阪齿科大学和美国北卡罗来纳大学唇腭裂治疗中心研修。曾和日本九州大学口腔外科合作课题"唇腭裂患儿家系遗传性调查"。从美国做访问学者回国后先后组建二医大唇腭裂治疗中心、开设唇腭裂病房、组建牙颌矫正治疗医疗组,积极推进唇腭裂患儿序列治疗和颌骨发育畸形患者的正颌治疗,和国际接轨。作为第一完成人的课题"先天性唇腭裂综合治疗研究""腭成形术后远期疗效评价的综合研究"分别获1990年上海市科技进步奖二等奖和1998年国家教委科技进步奖二等奖。作为第二完成人的"中国腭裂术后患者异常汉语语音的机制及其分类研究"和"腭裂伴牙颌畸形一次整复及术后效果客观评定的研究",分别获上海市技术进步奖二等奖、三等奖。

曾任中华口腔医学杂志编委,第三十二届上海市医学会口腔科学会委员,全国口腔颌面外科唇腭裂学组组长、全国口腔颌面外科学术委员会常委等职。发表学术论文十余篇。

任科室常务副主任期间,积极协助学科带头人张锡泽教授带领科室发展,科室先后被评为上海市第一批重点学科和上海市劳动模范集体。

曾荣获上海二医大"三八"红旗手(1980年)、优秀党员(1983年),上海市女职工"巾帼奖"(1990年)、"三八"红旗手(1995年)等荣誉称号。上海第九人民医院90周年院庆特别荣誉奖(2010年)。

1992年起享受国务院政府特殊津贴。

张彩霞(1937—),女,浙江宁波人。口腔材料学教授、主任医师、博士生导师。

曾任口腔材料学教研室主任。

1960年,毕业于上海第二医学院口腔系。毕业后留广慈医院口腔矫形科工作。后师从著名口腔材料学专家邱立崇教授和薛淼教授,主要从事口腔材料和生物材料领域的研究和教学。曾三次去日本大阪齿科大学和东京医科齿科大学医用器材研究所研修并开展合作研究。回国后创建体外细胞培养实验室。在国内率先开展体外细胞培养检测生物材料毒性的各种实验。其研究成果被有关的国家标准及上海市地方标准采纳,并列为上海生物材料研究测试中心对外测试的项目之一。作为项目负责人完成3项国家自然科学基金研究课题,曾获得部、委、市、局级奖13项。其中:"体外细胞培养评价生物材料安全性的系列研究"获国家教委科技进步奖三等奖(第一完成人);"医用生物材料生物学性能评价研究"获卫生部科技成果奖三等奖(第二完成人);"新型硅橡胶印模材料"和"藻酸钾印模粉"获上海市重大科技成果奖及全国医学卫生科学大会奖(第一完成人)。

曾任《口腔材料器材》杂志副主编。发表论文80余篇。参编书籍《口腔应用材料学》《口腔材料学》等十余本。培养十余名硕士和博士研究生。在教学中自制材料膨胀仪等仪器,率先采用多媒体给大学生授课,使口腔材料教学生动形象,带教的实习课深得学生喜爱。曾多次被评为上海第九人民医院和上海第二医科大学先进个人和优秀教师。

1996年起享受国务院政府特殊津贴。

法焜玉(1938—),女,山东青岛人。妇产科教授、主任医师。

曾任上海第九人民医院妇产科主任、妇产科教研室主任、计划生育研究室主任等职。

1962年,毕业于上海第二医学院医疗系,分配至新华医院妇产科工作。1964年,调入第九人民医院妇产科。1984年8月—1994年5月,任妇产科主任。1994年5月,任妇产科计划生育研究室主任。

长期从事妇产科医疗、教育和研究工作。在开展输卵管复通术方面有很深造诣,对妇产科危重和疑难患者的抢救和诊治有丰富临床经验。1981年,将形状记忆镍钛合金输卵管夹应用于临床,后获国家计生委科技进步奖三等奖(1990年)。同年,开创性地应用显微外科技术,开展输卵管复通术,受孕率达95%以上,获上海市科技进步奖三等奖(1988年)。1987年,又开展首次手术失败的第二次输卵管复通术,成功率达47%。开展"小吸头早早孕终止术"获上海市科技进步奖二等奖(1986年)。1993年,获中华医学会抗早孕新药"息隐"临床应用专题研讨会一等奖。学术论文《女性绝育显微输卵管再通术》获首届"杨素珍奖金"。

一贯重视教育,对教学工作认真负责,教学效果屡获学生好评。在多年的临床工作中对青年医生严格要求、精心带教,培养了一批科室业务骨干。

曾获上海市二医大高尚医德奖(1985年)、先进工作者(1982年、1984年、1986年),上海市卫生系统高尚医德奖(1991—1992年)。

1993年起享受国务院政府特殊津贴。

侯筱魁(1940—),上海市人。中共党员。骨科学教授、主任医师、博士生导师。

曾任上海第二医科大学附属上海第九人民医院骨科主任、外科教研室主任、关节镜培训中心主任,中华医学会骨科分会骨外固定学组副主任委员,脊柱外科学会委员,上海中西医结合学会骨伤科专业委员会委员,国际创伤与矫形外科学会会员,美国艾奥瓦大学客座教授等职。

1963年,毕业于上海铁道医学院医疗系,留校任教。1976年,调上海中医学院附属岳阳医院骨伤科工作,曾任科主任和教研组主任。1987年,调入九院骨科。1993年,赴美国艾奥瓦大学医学院骨科任客座教授。

从事骨科临床工作40余年,擅长关节和脊柱外科疾病的诊疗和手术,开展各种高难度手术,微创手术达国内先进水平,完成大量危重患者的抢救工作。长期致力于关节、关节镜外科以及脊柱外科临床和生物力学,骨科外固定的临床和基础研究。曾主持多项科研课题。"推拿时腰椎后部结构的动态观察和生物力学分析"课题获1991年上海市卫生局科技进步奖二等奖和1993年上海市科技进步奖二等奖。1995年"推拿时腰椎运动学研究"获国家中医药管理局科技进步奖三等奖。1999年"关节镜监视下微创治疗胫骨平台骨折"课题获上海市临床医疗成果三等奖。

曾主编《关节镜手术学》《骨折》等专著,主译《创伤骨科学》《骨与关节疾病诊断学》《关节炎与相关疾病》等专著,参编、参译专著十余部。曾任《中国矫形外科杂志》常务编委,《中国关节外科杂志》《医用生物力学杂志》《中国创伤骨科杂志》等杂志编委。发表学术论文100余篇,论文《腰骨骶部神经根管造影的临床评价》发表于国际性权威杂志 SPINE。2006 年获日本脊柱外科学会颁发的优秀论文奖,曾获上海市医学会骨科分会特殊贡献奖。

1994 年起享受国务院政府特殊津贴。

石四箴(1940—),女,台湾台南人。台盟盟员。主任医师、口腔医学教授、博士生导师。中共党员。第十届全国政协常委,第九至十一届全国政协委员,第九、十届上海市政协副主席,上海市第十一届人大常委,第八、九届台盟上海市委主任委员。

1961 年,毕业于上海第二医学院口腔医学系,先后任职于附属广慈医院(现瑞金医院)、第九人民医院。曾任上海第二医科大学口腔医学院副院长,第九人民医院儿童口腔科主任、儿童口腔教研室主任。1994 年后,调任上海铁道医学院口腔医学院(现同济大学口腔医学院)任系主任、院长、名誉院长。2000 年,创建并兼任儿童口腔医学研究所所长。兼任日本东京齿科大学客座教授。

长期致力于儿童口腔疾病的预防和治疗,有关乳牙龋病、乳牙畸形牙、乳牙列及龋病敏感度等方面的研究成果填补了我国在该领域的多项空白。自筹资金和设备于 1994 年在上海医科大学幼儿园建立儿童口腔保健基地,在此基础上创立了我国第一所儿童口腔医学研究。2003 年,建立"石四箴儿童口腔医学临床中心",被誉为亚洲小儿齿科的权威。

1987 年,担任全国高校规划教材和上海市研究生教材主编,中国口腔科学、卫生部指定诊疗指南和技术操作规范的分主编等。主编国内第一本《儿童口腔医学》教材,获省部级优秀教材奖。发表论文 271 篇,出版专著 17 部(主编 11 部),培养硕士、博士生 50 名。

曾任第二届亚洲小儿齿科学会会长,第三届中华口腔医学会副会长,第一、三届中华口腔医学会儿童口腔医学专委会主任委员,第二十三、二十四届中华医学会理事,上海市生物医学工程学会口腔医学工程专委会副主委,沪港澳台口腔医学交流协会及澳门儿童牙科协会名誉会长等职。

获有"全国优秀教师"称号及奖章,国家人事部"杰出高级专家",上海市"三八"红旗手、"巾帼建功奖",中国儿童口腔医学事业终身成就奖,上海市口腔医师终身成就奖等诸多奖项。2010 年获上海第九人民医院 90 周年院庆特别荣誉奖。

1993 年起享受国务院政府特殊津贴。

赵佩琪(1943—),女,江苏吴县人。中共党员。内科学教授、主任医师。南市区第十一届人大代表,上海市第十二届人大代表,闵行区第五届人大代表。

曾任上海第二医科大学附属第九人民医院人事处长、常务副院长,上海第二医科大学党委副书记、书记,上海交通大学党委副书记、医学院党委书记,上海东海职业技术学院党委书记等职。

1967 年,毕业于上海第二医学院医疗系。1968 年赴湖南资兴县彭市医院内科工作,1969 年 11 月,赴西藏自治区拉萨市交通局门诊部任内科医师、主治医师。1980 年,调上海第九人民医院内科,历任副主任医师、主任医师。1988年起,先后任医院人事处长、副院长、常务副院长,1997年起,任第二医科大学党委副书记、书记。2005年,任上海交通大学党委副书记兼医学院党委书记。2008年起,任上海东海学院党委书记。

在九院任职期间积极推行以劳动人事制度综合改革为主要内容的医院总体改革方案,实施全院定编定岗,科室综合目标管理考核;落实学科建设和人才培养规划,推动对外交流;全力开展医院上等达标的宣传动员和组织实施工作,健全医疗质量管理和考核评价制度;加强基本建设,参与组织筹建门急诊大楼、制剂楼和生活综合楼,显著改善院容院貌,为顺利通过医院等级评审做出重要贡献。

专长心血管内科。1985年,在仁济医院进修后,开设九院心内科监护病房、添置设备、制定制度、培训专业队伍,使初创时期的监护病房得以顺利运行,提高急性心梗患者的抢救成功率。

曾发表《灯盏细辛对犬急性心肌缺血时AT-III活性、TPA和PAI的影响》《申报领先专业成功的要素初探》等论文。曾获上海第二医科大学先进工作者、上海市精神文明建设优秀组织者等荣誉。

唐友盛(1948—),上海奉贤人。口腔颌面外科主任医师,硕士研究生导师。

1975年7月,毕业于上海第二医学院口腔系,留校于上海第九人民医院口腔颌面外科工作,1985年6月,晋升为主治医师。1988年10月,破格晋升为副主任医师、副教授。1995年11月,破格晋升为主任医师、教授。1994—2010年,任口腔颌面外科行政副主任。

长期从事口腔颌面外科临床工作,对口腔颌面外科各种疾病的诊治,尤其是对各种畸形与缺损的整复、牙颌面畸形的诊治、鼾症和睡眠呼吸暂停综合征的诊治有丰富的经验,是国内颌面部显微外科的开拓者之一。参与完成卫生部、上海市科委等课题4项并获多个奖项,其中获得国家技术发明奖三等奖1项、卫生部科学技术奖三等奖2项、上海市科学技术进步奖5项。主持完成的课题"颌骨畸形伴阻塞性睡眠呼吸暂停综合征治疗研究"获上海市科委1995年科技进步奖二等奖,并于1997年由国家科委授予国家科技成果完成者证书。2001年荣获山西省科技进步奖二等奖,2002年荣获中华医学奖三等奖。在《中华口腔杂志》《中华显微外科杂志》等杂志发表论文100余篇,参与编写《口腔颌面外科理论与实践》《实用口腔疾病诊治图谱》《美容医学》等专著9部。

培养临床硕士4名。作为博士导师组成员,协助培养临床博士6名。曾被评为上海第二医科大学优秀中青年科技人员、九院首届"十佳医务员工"。

1997年起享受国务院政府特殊津贴。

周曾同(1948—),上海市人。中共党员。口腔医学教授、口腔黏膜病学专家、主任医师、博士生导师。上海第九人民医院终身教授。

曾任上海第九人民医院副院长、口腔内科主任、教研室主任、口腔黏膜病科主任,上海第二医科大学口腔医学院副院长等职。

中华口腔医学会第三至五届理事会常务理事,中华口腔医学会口腔黏膜病专委会主任委员、顾问,中华口腔医学会中西医结合专委会主任委员、顾问,中华口腔医学会医院管理专委会副主任委员,上海市口腔医学会第

一、二届理事会理事长,口腔黏膜病专委会主任委员,上海市口腔医疗质控中心主任,上海市中西医结合理事会常务理事。国家自然基金二审专家、国家药品监督管理局评审专家。

1982年,毕业于上海第二医学院口腔医学系本科,留校工作。2001年获口腔医学博士学位。

长期从事口腔黏膜病的临床诊疗和机制研究,结合中医药理论与现代医学,探索并形成口腔黏膜病中西医结合临床诊疗方案与路径,曾研制多项中医药制剂,在治疗口腔黏膜潜在恶性疾病和口腔黏膜感染性疾病方面取得良好疗效。主持的"口腔黏膜潜在恶性疾病的中西医结合诊疗体系"获得2016年中华口腔医学会科技二等奖。主持完成4项国家自然科学基金、国家"十五"科技攻关、上海市科委重点课题等20余项课题的研究。主编和副主编卫生部本科及研究生规划教材《口腔黏膜病学》《口腔内科学》等专著,国家精品课程"口腔黏膜病学"负责人。先后获上海市科技进步奖三等奖、中华中医药学会科技奖三等奖等6项科技成果奖,获国家发明专利3项。曾获上海市教委育才奖、上海第二医科大学校长奖、上海宝钢教育奖,为上海市优秀博士学位论文和国家优秀博士学位提名论文导师。

国家临床重点专科(口腔黏膜病)、国家中医药管理局"十二五"重点专科(口腔黏膜病)、上海市医学重点学科(中西医结合黏膜病)学科带头人。国际牙医学院院士。

2000年起享受国务院政府特殊津贴。

陈志兴(1949—),上海川沙人。中共党员。上海交通大学医学院卫生管理学教授、硕士生导师。上海市第十、十一届政协委员,南市区第九、十届人大代表。

曾任上海第九人民医院常务副院长,上海第二医科大学副校长,上海知识产权局党组书记、局长,上海市政协教科文卫体委员会常务副主任。

1976年12月,毕业于上海第二医学院口腔系,在校期间曾任党支部副书记、学生会主席。同年参加唐山抗震救灾医疗队任副队长。毕业后留校任口腔系专职指导员、党支部书记。1979—1984年,先后任第九人民医院主治医生、口腔解剖生理教研室主任、党支部书记。1984—1991年,任第九人民医院常务副院长、党委委员。1986—1988年,美国北卡罗来纳州立大学公共卫生学校高级访问学者。1991年3—8月,中共上海市委组织部、市委党校第一期中青年干部培训班结业;同年10月,破格晋升为副教授。1991年10月,任上海第二医科大学副校长、卫生管理系主任。2000年8月,借调至"中国上海申办2010年世博会办公室"任副主任。在申博期间,先后出席6次国际展览局会议、6次国家申办2010年世博会会议,先后出访38个国家,为上海成功申办2010年世博会做出杰出贡献。2003年4月,任上海市知识产权局党组书记、局长,市知识产权联席会议秘书长。2009年10月,任上海市政协教科文卫体委员会常务副主任。

长期从事医院管理及卫生管理方面研究,是中国在国际卫生管理领域内有影响的医院管理工作者,先后发表学术论文20余篇。曾担任卫生部专家咨询委员会会员、国家知识产权研究会副会长、全国中青年医院管理学会副会长、上海市医院等级评审委员会委员、上海市仲裁委员会委员、上海市医院管理学会副会长、上海市科技成果转化促进会副会长、上海市医药卫生发展基金会常务副理事长、上海公共外交协会常务理事、上海后世博研究中心副理事长、上海交通大学中国医院发展研究院副院长、国际卫生管理教育学院网络组织常务理事、美国卫生论坛会员、美国凯洛克基金会会员等职。

简光泽(1949—),土家族,贵州德江人。中共党员。高级政工师。上海市黄浦区第二、三届政协委员。

曾任上海第二医科大学附属第九人民医院党委书记、医院工会主席,上海第二医科大学党委委员。中国卫生系统思想政治工作研究会城市医院分会、文化协会副会长,上海卫生系统思想政治工作研究会常务理事、伦理学会常务理事。上海黄浦区少数民族联合会副会长。

1975年,毕业于上海第二医学院医疗系,同年分配至上海第九人民医院内科工作。20世纪80年代,曾在上海仁济医院进修学习心导管和心脏起搏器安装技术,回科室后植入九院第一例人工心脏起搏器。1993年,毕业于中央党校函授学院本科经济专业,2004年7月于中欧国际工商学院医院管理课程毕业。1994—2010年,任第九人民医院党委书记。任职期间团结班子成员,密切联系群众,坚持正确办院方向,着力党建工作和干部队伍建设,重视学科建设和人才培养,大力开展精神文明和医院文化工作,推动医、教、研、管理全面发展。医院先后获得全国医院(卫生)党建先进集体、文化建设先进单位;全国城市医院突出贡献先进集体、思想政治工作先进集体、文化建设先进集体、抗震救灾先进集体等荣誉称号。

发表医学和管理论文20余篇,获多项上海卫生系统和全国城市医院思想政治工作和文化协会一、二等奖。曾被评为全国城市医院优秀党委书记(2000年)、上海市总工会"员工信赖的好书记"(2003年)、全国医院文化建设先进个人(2006年)、全国卫生系统优秀思想政治工作者(2008年)、全国城市医院文化建设先进个人(2010年)。获得全国医学人文管理荣誉奖,上海市精神文明建设优秀组织者奖、上海市卫生系统优秀思想政治工作者、上海第二医科大学优秀共产党员。获第九人民医院90周年院庆突出贡献奖。

张富强(1951—),上海市人。中共党员。口腔修复科学教授、主任医师、博士生导师。上海交通大学医学院附属第九人民医院终身教授。

曾任上海市口腔医学会理事长、上海口腔医学研究所名誉所长,亚洲齿科修复学会主席,中华口腔医学会理事,中华口腔医学会口腔修复学专业委员会主任委员、名誉顾问,中华口腔医学会口腔计算机专业委员会前副主任委员,上海市口腔医学会口腔修复学专业委员会主任委员。国际牙医师学院院士。卫生部临床路径技术审核专家委员会专家、中华医学会医疗鉴定专家、国家科技奖评审专家。

1976年,毕业于上海第二医学院。1979年,进入上海第九人民医院工作。1993年,获口腔临床医学硕士;1996年,获博士学位。历任上海交通大学医学院附属第九人民医院口腔修复科主任、上海交通大学口腔医学院口腔修复科教研室主任。长期从事口腔修复学专业,除对常规口腔修复有较高治疗技能外,对牙周病修复、牙列重度磨损、HE重建治疗等疑难病例有较深的研究。在牙列保存、口腔修复数字化的临床应用研究方面取得成果,获卫生部科技进步奖三等奖1项,上海市科技进步奖二等奖3项、三等奖1项,上海市卫生局三等奖1项。授权专利4项。发表学术论文250余篇(第一作者52篇,通讯作者202篇,SCI 42篇,EI 3篇)。曾担任《上海口腔医学杂志》《口腔颌面修复杂志》副主编,出版专著42部(主编10部)。领衔主持科研项目24项,其中国家自然科学基金2项。培养博士后3名,博士生45名,硕士

生20名。

2005—2006年，先后获卫生部突出贡献中青年专家、中央保健工作先进工作者、上海第二医科大学校长奖等称号。上海第九人民医院院庆90周年"突出贡献奖"。

1998年起享受国务院政府特殊津贴。

张志愿（1951— ），江苏吴江人。中共党员。口腔医学教授、主任医师、博士生导师。上海市第十三、十四届人大代表。中国工程院院士。

曾任上海交通大学口腔医学院院长、医学院附属第九人民医院院长、上海交通大学光启讲席教授、上海口腔医学研究所所长，中华口腔医学会口腔颌面外科专委会主任委员，中国抗癌协会头颈肿瘤专委会主任委员，国务院学位委员会第五届学科评议组（口腔医学评议组）成员。现任国家口腔疾病临床医学研究中心主任、上海市口腔医学重点实验室主任，国际牙医学院、英国爱丁堡皇家外科学院和香港大学牙医学院Fellowship。

1975年，毕业于上海第二医学院口腔系。1986年考取研究生，师从邱蔚六院士。1991年，获医学博士学位。1995年赴美进修。1996年被聘为博士生导师。

1993年，率先提出终止动脉结扎术，改用栓塞供养动脉堵住血供、彻底切除病灶后即刻修复的难治性动静脉畸形综合治疗新法。2000年，创立经DSA引导瘤腔介入栓塞，结合病灶切除、残存病灶激光治疗，最后联合整形手术的综合治疗方法治疗巨大静脉畸形。

带领团队破解广泛性侵犯口腔颌面及头颈部晚期癌瘤的治疗难题，创立多个血管化游离组织瓣串联术式、高位颈动脉重建术等新术式，显著提高晚期口腔癌患者生存率和生存质量，成果被编入 *Frontiers in Cancer Research* 第二章。2008年，主持本专业首项前瞻性临床研究（RCT），证实诱导化疗有效者比无效者的总体三年生存率有显著性差异，成果于2013年发表在 *J Clin Oncol*，并被评为"中国临床肿瘤学2013年度十大成果之一"。借助"人源肿瘤移植瘤（PDX）模型"，证实c-Met/FZD8信号轴可作为口腔鳞癌患者源性癌干细胞的治疗靶点，为"靶向癌干细胞进行口腔鳞癌的转化医学治疗"提供理论依据及实践基础，成果发表在 *Cancer Res*。

2008年，在美国西雅图召开的中美联合举办的口腔颌面外科年会上，作为中方主席致辞并作大会报告。2007年和2009年，分别担任第十二届国际口腔癌大会和第十九届国际口腔颌面外科大会执行主席并作大会报告。其作为学科带头人的第九人民医院口腔颌面外科2010年被IAOMS认证为国际专科医师培训基地，并成为英国爱丁堡皇家外科学院在中国首个口腔颌面头颈肿瘤培训中心。

主编全国统编教材《口腔科学》《口腔颌面外科学》等教材和专著16部，副主编5部。主编首部《头颈部血管瘤和脉管畸形》，制定《诊疗规范指南》，分别发表在《中华医学杂志》和 *Head Neck*。发表学术论文330篇（SCI收录120多篇）。以第一负责人承担国家"863""十一五"支撑计划，国家自然科学基金重点2项、面上项目5项等部委级课题共19项；以第一完成人获得国家科技进步奖二等奖2项（2007年、2010年），教育部自然科学奖二等奖（2005年）。

先后被评为卫生部有突出贡献的中青年专家（2002年）、上海市十大科技精英（2007年）、何梁何利科学与技术进步奖（2014年）。1996年起享受国务院政府特殊津贴。

蒋米尔(1953—),上海奉贤人。中共党员。外科学、血管外科学教授,主任医师,博士研究生导师。

曾任上海交通大学医学院附属第九人民医院血管外科主任、上海交通大学血管病诊治中心负责人、国家卫计委"外周血管介入诊疗培训基地"上海第九人民医院负责人。

1978年,毕业于上海第二医学院医疗系一部。1989年,获医学硕士学位。1991年,被破格晋升为外科学副教授。1995年和2001年先后在日本千叶大学血管外科和法国图卢兹三大附属RANGUEIL医院心血管外科作访问学者。1997年,晋升为外科学教授、主任医生。

在国内积极开展和推广血管疾病的微创和腔内血管成形术工作。如下肢静脉疾病的微创治疗,在国内率先开展"半导体激光治疗下肢静脉曲张";率先开展"内膜下血管成形术治疗严重下肢动脉硬化闭塞症";腹主动脉瘤和主动脉夹层的腔内治疗等工作。带领科室入选国家"十五"期间"211"重点建设学科之一,在国内外专业学术水平具有一定的影响。已指导毕业硕士研究生8名,其中包括国家教委委托培养攻读硕士学位外国留学生1名;博士研究生10名。

任《中华实验外科杂志》《中国实用外科杂志》《外科理论与实践》《上海交通大学医学院学报》等编委。中华医学会医学工程学分会血管外科与组织工程专业第一届委员会副主任委员。中华医学会上海医学会第四至六届外科学会委员。曾任上海市高级职称任职资格评审委员会外科学组委员、美国血管外科学会(SVS)国际会员。

主持和参加国家、部委和市级科研项目十余项。作为技术负责人参加十余项课题研究。作为课题负责人主持上海市级以上研究课题7项。获国家、卫生部和上海市科技进步奖21项。参编或主编专著11部,在国内外有影响的杂志上以第一作者发表论文一百多篇。

1993年,获上海市卫生系统第四届银蛇奖二等奖、上海市卫生局记大功一次、上海交通大学医学院中青年优秀科技工作者等奖项。1997年入选上海市卫生系统百名跨世纪优秀学科带头人培养计划之重点培养计划和第二轮培养计划。

1993年起享受国务院政府特殊津贴。

曹谊林(1954—),上海奉贤人。中共党员。整形外科学教授、主任医师。上海市黄浦区第二、三届政协委员。

曾任上海交通大学医学院附属第九人民医院副院长、整复外科主任,中国医学科学院整形外科医院院长,组织工程国家工程中心主任,上海组织工程研究与开发中心主任,上海市组织工程研究重点实验室主任,上海市整复外科研究所所长。

中国康复医学会修复重建外科专业委员会主任委员,中国非公立医疗结构协会整形与美容专业委员会主任委员,中国生物材料委员会副主席,中华医学会整形外科分会主任委员,中国生物医学工程学会理事会副理事长,中国生物医学工程学会组织工程与再生医学分会主任委员,国际组织工程与再生医学学会亚太地区主席、理事中国医师协会美容与整形医师分会副主任委员,全国外科植入物和矫形器械标准化技术委员会组织工程医疗器械产品分技术委员会副主任委员,美国整形外科学会执行委员。

1978年，毕业于上海第二医学院医疗系，进入第九人民医院整复外科工作。1991年获上海第二医科大学外科学博士学位。1991年，赴美国加州大学和密歇根大学做访问学者。1994年，任美国马萨诸塞大学组织工程实验室副教授。1997年回国建立上海市组织工程研究重点实验室，率先在国内开展组织工程研究。长期致力于整形外科学和组织工程学的医教研工作。

1990年，发明胸小肌皮瓣游离移植治疗晚期面瘫。同年，完成国内首例全头皮撕脱再植。1997年，利用组织工程技术在裸鼠背上构建人耳郭形态软骨，并在国内率先开展了骨、软骨、肌腱、皮肤、角膜、气管等的组织工程构建研究。2018年，将组织工程技术构建人耳郭形态软骨应用于临床获得成功，这是组织工程技术在国际上首次真正应用于临床，具有里程碑式的重大意义。

1999年起，两次担任国家"973"项目首席科学家，先后承担"863"项目2项和省部级课题16项。发表论文440余篇（SCI论文140余篇）。主编专著4部、参编13部（国外参编5部），主译专著1部、参译2部。获授权专利29项（实用新型专利1项）。获国家发明二等奖1项，上海市科技进步奖一等奖2项，及其他各类省、部级奖9项。个人获国际整形外科界至高荣誉奖Maliniac Lecture-Excellent Honor Esteem奖和美国整形外科James Barrett Brown奖。获国家杰出青年基金会国家杰出青年、求是科技基金会杰出青年学者、长江学者特聘教授，以及全国劳动模范等十多项荣誉称号。

曾任《组织工程与重建外科杂志》主编，*Tissue Engineering*和*Biomaterial*杂志副主编，PRS等十余本国外SCI期刊和多本国内核心期刊主编、副主编。

2000年起享受国务院政府特殊津贴。

孙大麟（1955— ），浙江嘉兴人。中共党员。研究员。中国共产党上海市第十次党员代表大会代表、上海市政协第十二届委员。

曾任上海第二医科大学口腔医学院副院长、上海第二医科大学教务处长、新华医院党委书记、新华临床医学院院长。上海交通大学党委副书记、上海交通大学医学院党委书记。上海市政协第十二届委员会教科文卫体专委会副主任、医药卫生界界别活动召集人。

1971年参加工作。1978年考入上海第二医学院口腔医学系学习，1983年毕业后进入附属第九人民医院工作，1983年10月—1984年1月，参加市委组织部第一期青年干部集训班学习。1984年，成为口腔医学系口腔解剖教研室教师，11月，任口腔医学系党总支副书记。1988年，任口腔解剖教研室副主任。1992年9—11月在日本九州大学作访问学者。1995年，任口腔医学院副院长。1996年，获上海市育才奖。1997年9—12月参加国家教育行政学院第九期高校中青年干部培训班学习。1998年，任第二医科大学教学处处长。1999年3—7月，参加中共上海市委党校第十七期中青年干部培训班学习。1999年，任第二医科大学党委副书记、纪委书记。2003年，任附属新华医院党委书记、新华临床医学院院长。2008年11月—2015年9月，任上海交通大学党委副书记、医学院党委书记。

曾任国家医学考试中心命审题专业委员会委员、中华口腔医学会计算机与信息处理专业委员会委员。

1986—2015年，在国内外杂志上发表口腔医学专业、教育教学管理、高校党建等方面的论著30余篇，参编教材及专著8部。先后主持或参与国家自然科学基金、教育部、市教委等各类研究课题7

项。曾任《中国口腔医学年鉴》编委、《上海口腔医学》杂志编委。

王国民（1956— ），浙江绍兴人。中共党员。口腔医学博士、主任医师、博士生导师。

任九院唇腭裂治疗中心主任。曾任九院口腔颌面外科党支部书记和科室行政副主任。任中华口腔医学会唇腭裂专业委员会副主任委员，中国唇腭裂学组组长，中华口腔医学会理事，上海工程医学研究会语音康复医学专业委员会主任委员。国家自然科学基金评审专家，国际牙医师学院院士。国际唇腭裂基金会理事，微笑亚洲基金会（新加坡）理事、医疗委员会副主席，逸杰国际慈善基金会（香港）医疗委员会主席，美国微笑列车基金会特聘专家等职。

1980年毕业于上海第二医学院口腔医学系，在上海第九人民医院工作，1986至1991年在日本昭和大学留学，获博士学位。1995年至1997年在日本神户大学、美国北卡罗来纳大学任外籍研究员。20世纪90年代首创中国"汉语语音清晰度测试字表"和"腭心面综合征"的治疗模式，组建唇腭裂专科病房并迅速发展成集临床和科研之优秀的唇腭裂序列治疗团队。原创"鱼口式"咽成形术术式和"单侧唇裂整复术式"，提出腭裂语音障碍的发生机制，即形成阻力、保持压力、突破阻力"三部曲"的原理，有效地简化了汉语语音病理学的诊断与治疗方法。开发"WANG"腭裂开口器和手术器械，由德国专业医疗公司制造，成为国内外同行认可的专科医疗器械，广泛应用于临床。

主编《唇腭裂序列治疗学》等专著3本，参编全国统编教材《口腔颌面外科学》（第四至第八版）等14本。以主持人获上海市科技进步奖二、三等奖，上海医学进步奖三等奖各一次。2000年获上海市教委"曙光学者"。

2002年起享受国务院政府特殊津贴。

冯希平（1959— ），浙江慈溪人。农工民主党员。主任医师、博士生导师。上海市第十、十一届政协委员，中国农工民主党上海市常委，上海交通大学医学院委员会主任委员。

曾任上海第九人民医院口腔预防科主任、口腔内科主任，上海市口腔医学研究所常务副所长，上海交通大学口腔医学院常务副院长，上海交通大学医学院附属第九人民医院口腔预防儿童科主任。

曾担任国家医师资格考试口腔类别试题开发专家委员会副主任委员、中华口腔医学会口腔预防医学专委会副主任委员、中华预防医学会口腔保健专委会副主任委员、上海市口腔医学会常务理事兼口腔预防专委会主任委员、上海市预防医学会理事兼口腔卫生保健专委会主任委员等职。

1982年毕业于上海第二医学院口腔系，留校在上海第九人民医院口腔内科工作。1985年获硕士学位。曾赴日本大阪齿科大学（1995年）、英国伦敦大学国王学院（1999年）进修。

长期从事牙体牙髓病、根尖周病的治疗和龋病的防治，曾负责包括国家自然基金在内的科研项目十余项。获得上海市新产品二、三等奖，国家教委科技进步奖三等奖，上海市产学研工程优等奖等奖项。研制APFI防龋凝胶、含氟防龋护齿液、绿茶多酚防龋涂膜等科研产品，其中"绿茶多酚防龋涂膜"获国家发明专利并获上海市科技进步奖二等奖。

曾主编、参编《口腔临床流行病学》《现代口腔预防医学研究》等12部专著。发表学术论文100余篇。

曾荣获全国牙防先进个人、上海市卫生系统青年管理十杰提名奖、上海市育才奖。被评为上海第二医科大学优秀青年教师(1995年)、上海市优秀青年教师(1997年)。1997年入选上海市卫生系统百人计划。

2004年起享受国务院政府特殊津贴。

陈万涛(1963—),山东临朐人。上海交通大学医学院教授,研究员。

曾任上海市(第三期)重点学科带头人,上海第九人民医院口腔颌面外科行政副主任、口腔肿瘤生物学实验室主任,上海交通大学口腔医学院临床免疫学教研室主任、基础教研室副主任,上海市口腔医学重点实验室常务副主任等职。曾任中华口腔医学会口腔生物医学第一届专业委员会副主任委员、国家自然科学基金委医学科学部专家评审组成员、上海市口腔医学会第一届口腔基础医学专业委员会主任委员等学术职位。2007—2008年在美国研修期间,被聘任为MD安德森癌症中心头颈/胸肿瘤科客座教授。

1986年,毕业于青岛医学院,毕业后在山东泰山医学院附属医院口腔科工作。1993年,考入上海第二医科大学攻读博士学位。1998年,毕业后留校在附属第九人民医院工作。20世纪90年代,主要研究方向是口腔颌面部肿瘤分子发病机制、分子分类诊断和靶向治疗药物的基础与临床研究。在主持的国家自然科学基金重点项目"口腔鳞状细胞癌诊治靶点基因的筛选和功能研究"和国际合作课题等项目资助下,完成对口腔鳞癌发生、复发转移和化疗耐药等相关基因的规模化筛选和验证,并对发现的口腔鳞癌相关基因进行功能研究,为口腔鳞癌生物标志物和药物开发提供多个候选分子。负责开发1.1类抗癌新药"藤黄新酸衍生物",并在上海市生物医药重点项目资助下完成藤黄新酸乙氧乙胺的临床前研究。成果先后获教育部提名国家科技奖(自然科学)二等奖、上海市科技进步奖三等奖。获新世纪百千万人才工程国家级人选、上海领军人才(国家队)和上海市优秀学科带头人、上海市"银蛇奖"等人才计划和荣誉称号。曾主编专著2部。

2010年起享受国务院政府特殊津贴。

范先群(1964—),安徽寿县人。中共党员。眼科学教授、主任医师、博士生导师,教育部"长江学者"特聘教授。

任上海交通大学党委副书记,上海交通大学医学院党委书记,上海交通大学中国医院发展研究院院长、上海市眼眶病眼肿瘤重点实验室主任。

曾任上海第九人民医院眼科主任、眼科教研室主任,九院临床医学院院长,上海第九人民医院党委副书记、工会主席、党委书记、院长。

1987年,毕业于安徽蚌埠医学院医疗系本科。1993年,毕业于上海第二医科大学,获眼科学硕士学位。1998年毕业于上海第二医科大学,获外科学博士学位。曾先后在美国哈佛大学麻省眼耳医院、梅奥医院、迈阿密大学巴斯科姆帕尔默眼科研究所作访问学者。

长期从事眼眶病和眼肿瘤的临床诊疗与研究工作。专注于眼睑病、泪器病和眼眶病，在眼睑缺损、甲状腺相关眼病、眼眶骨折和眼眶血管性病变等方面取得突出成绩。致力于视网膜母细胞瘤、睑板腺癌和泪腺腺样囊性癌等眼恶性肿瘤的诊疗工作，创新治疗方法，揭示发生机制，提高保眼率和生存率。带领九院眼科发展成为以眼眶病眼肿瘤为特色，白内障、青光眼、视网膜病、眼表角膜病和眼视光等各亚专业全面发展的上海市重点学科。主持国家和省部级课题20项，包括国家自然科学基金3项。1994年，以第一完成人获上海市科技进步奖三等奖；2007年，以第一完成人获上海市科技进步奖二等奖、教育部科技进步奖二等奖等。

1997年，入选上海市科技"启明星"计划。1998年，入选上海市卫生系统百名跨世纪优秀学科带头人计划。2000年，入选上海市科技"启明星后"计划。2007年，入选上海市优秀学科带头人计划。2009年，入选上海市领军人才。

2006年，担任亚太眼整形外科学会副主席。2008年担任亚太眼整形外科学会主席。2009年，担任中华医学会专家会员。2009年，担任上海市医学会眼科专业委员会副主任委员。2010年，担任中华医学会眼科学会分会常委、中华医学会眼科分会眼整形眼眶病学组组长。

主编和主译《眼整形外科学》《临床眼科肿瘤学》等专著5部，副主编和参编《现代眼肿瘤和眼眶病学》等专著23部。担任《中华眼视光学与视觉学杂志》《中华眼科杂志》等7本杂志副总编辑和编委。以第一和通讯作者发表学术论文66篇，其中SCI收录12篇。

1999年获上海市优秀青年教师。2001年获上海市教育系统优秀共产党员、上海市卫生局先进工作者。2003年获上海市卫生系统"银蛇奖"三等奖。2007年获上海市育才奖。2009年获上海市第四届高尚医德奖。2010年被授予上海世博会"微笑服务大使"。2007年被评为全国卫生系统先进工作者。

2002年起享受国务院政府特殊津贴。

李青峰(1964—)，江西南昌人。整复外科学教授、主任医师、博士生导师。九三学社成员。

上海交通大学医学院附属第九人民医院整复外科主任，国家教育部"长江学者"奖励计划特聘教授，国家"杰出青年科学基金"获得者，国家卫生部有突出贡献专家。

担任中国医师协会整形外科分会副会长、上海市医学会整形外科分会主任委员、《美国整复外科年鉴》(*Ann Plast Surg*)杂志编委、美国移植重建外科学会发起会员(Founding Member, ASRT)等。

1985年毕业于赣南医学院，1994年毕业于上海医科大学(现为复旦大学上海医学院)，获医学博士学位。1994—1996年于上海第二医科大学附属第九人民医院完成博士后，1996年留第九人民医院工作。1997年起先后任整复外科副主任、常务副主任、主任。1998—1999年，在美国纽约大学西奈山医学院做访问学者、研究员。

长期致力于整复外科临床和基础研究，先后主持国家中长期科技计划、国家自然科学基金重点项目等20余项课题的研究。在严重创伤修复、体表器官再造、再生医学等治疗领域，提出并建立"头面部预构重建""干细胞介导皮肤牵张再造""3L3M/CBL脂肪移植技术"等有影响的新思想和新方法。在 *Ann Surg*、*Stem Cell*、*Plast & Reconstur Surg* 等发表通讯、论文200余篇，成果编入多部专业国际专著。

曾获上海市卫生系统百人计划(1997年),国家教育部骨干教师(1999年),上海交通大学医学院优秀学科带头人培养计划(2007年),卫生部有突出贡献中青年专家、上海市领军人才(2008年),上海市科技进步奖二等奖(2005年、2008年),中华医学科技奖三等奖(2008年)等奖项。

其所在学科为国家重点学科,在国际上享有广泛声誉,一直蝉联全国"最佳专科"和"科技影响力"第一。其团队累计完成各类创伤修复手术数万例,主持了"大兴安岭灭火英雄""江苏残疾人企业家"等重大社会事件的伤者救治。

汤亭亭(1966—),安徽枞阳人。上海交通大学医学院教授、博士生导师。

任上海市骨科内植物重点实验室主任、第九人民医院骨科副主任。先后任国际华人骨研学会(ICMRS)主席、中国生物材料学会理事、全国生物力学专业委员会委员等职。2016年当选为国际骨科研究联合会会士(ICORS Fellow)。

在干细胞和再生医学研究、新型生物活性材料研发、骨肿瘤和骨关节退变等研究方面牵头承担国家重点研发计划、国家自然科学基金等项目30余项。在骨科转化研究领域,其参与研发的同种异体骨产品已获国家医疗器械注册证,生物活性椎间融合器已进入产业化开发。同种异体骨修复材料、细胞组织复合移植、干细胞基因给药促进骨再生等成果先后获得上海市科技进步奖二等奖3次(2001、2003、2008年)以及中华医学科技奖三等奖。在材料表面改性预防骨科植入物感染、肿瘤微环境靶向和精准治疗等领域均获重要成果。

1988年、1993年、1996年先后毕业于安徽中医学院、黑龙江中医学院和上海第二医科大学,分获学士、硕士和博士学位。1996年7月留第九人民医院骨科实验室工作,历任主治医师、副研究员、研究员。先后入选上海市青年科技启明星、启明星跟踪,上海市曙光、曙光跟踪,上海市领军人才,上海市优秀学术带头人,教育部新世纪优秀人才,新世纪百千万人才等上海市和国家级的人才培养计划。

发表SCI论文180余篇(以第一和通讯作者发表80余篇),被引4 500余次。主编、参编专著14本,包括《骨内科学》(副主编)、《现代骨科学》(骨科基础卷)(主编)、《骨与关节生物力学》(共同主编)等。获国家发明专利授权18项。担任 *JBMR*、*Bone Research*、*Journal of Orthopaedic Translation*、《中华创伤骨科杂志》等杂志的编委和副主编等。

2004年起享受国务院政府特殊津贴。

专记

骨科：医工结合，推进成果临床转化

上海交通大学医学院附属第九人民医院的骨科业务始于1949年伯特利时期，外聘专家开展创伤、骨关节结核等疾病的诊治工作。1970年以后，在骨科学和骨科生物力学专家、中国工程院院士戴尅戎的带领下，历经几代人的辛勤耕耘和开拓创新，逐渐形成了先后有戴尅戎、侯筱魁、朱振安、苑建新、孙月华、王友、郝永强、汤亭亭、赵杰等参与的核心团队，在新材料、数字医学、3D打印方向上不断创新。通过医工结合，稳步推进成果转化，使九院骨科发展成为集临床、科研与教学为一体，在关节、脊柱、创伤、肿瘤等领域形成鲜明转化特色与成果，在国内外享有很高声誉的一流骨科学临床和研究中心。

医工紧密结合，屡创行业先河

依靠医科与工科的深入结合和优势互补，运用新技术大胆创新，是戴尅戎院士领衔的上海交通大学医学院附属第九人民医院骨科的一贯传统。

1978年，戴尅戎从上海钢铁研究所工程师杨海波那里了解到，有一种已被用于制作航空、航天、输油管道部件的镍钛合金，对其制品的原始形状具有"记忆"功能，可以在低温下改变形状，而在升温后恢复原形。戴尅戎与杨海波工程师开始合作探讨将钢研所研制的NT-2镍钛形状记忆合金用于临床的可能性，对控制金属变形与回复温度、加工工艺、材料的力学性能进行了系列研究，并在口腔材料专家薛森等进行的材料生物相容性包括毒性、致癌性、体内腐蚀性等研究的基础上，与上海手术器械六厂共同创制了形状记忆加压骑缝钉。

镍钛形状记忆加压骑缝钉体积小，置入后不影响关节活动，能使骨折对合面施压，对抗肌肉与韧带牵拉导致的骨折片分离，从而解决了经关节或近关节骨折治疗中的难题。九院骨科于1981年9月9日首次将具有记忆效应的加压骑缝钉用于临床，对1例髌骨骨折患者进行了加压内固定，这是国际上将形状记忆合金制品应用于人体内部的第一个病例（图专-1-1）。随后的两年在全国310多家医院应用于各部位经关节骨折，疗效显著。该项发明开创和推动了形状记忆合金在医学中的应用。其应用范围扩大到医学的各个领域，包括矫形外科、口腔科、妇产科、泌尿外科、肝胆外科、心血管外科、神经外科、整形科、耳鼻喉科等。随后九院骨科又相继研发形状记忆锯齿臂环抱内固定器等多种骨科医用内植物（图专-1-2）。上述创新成果先后荣获1989年国家发明二等奖、1990年上海市科技进步奖二等奖。1990年在日本名古屋召开的国际形状记忆合金医学应用会议上，戴尅戎被授予奠基人金杯。1996年被评为首届上海市发明家（图专-1-3）。

医工结合，成就了九院骨科源源不断的技术创新。通过医学与材料科学紧密结合，九院骨科自主研发了以甲基丙烯酸甲酯为主体的骨水泥并在国内获得广泛使用；与美国艾奥瓦大学合作，在国际上首先开发成功兼具机械和生物学固定作用的骨粒骨水泥，用于人工关节固定和肿瘤切除后的骨缺损修复。医工紧密结合，使戴尅戎及其团队先后在中国人的步态分析、平衡功能测定、多孔表面人工关节、内固定的应力遮挡效应以及无机骨粒骨水泥的研究等方面取得创新性的研究成果。

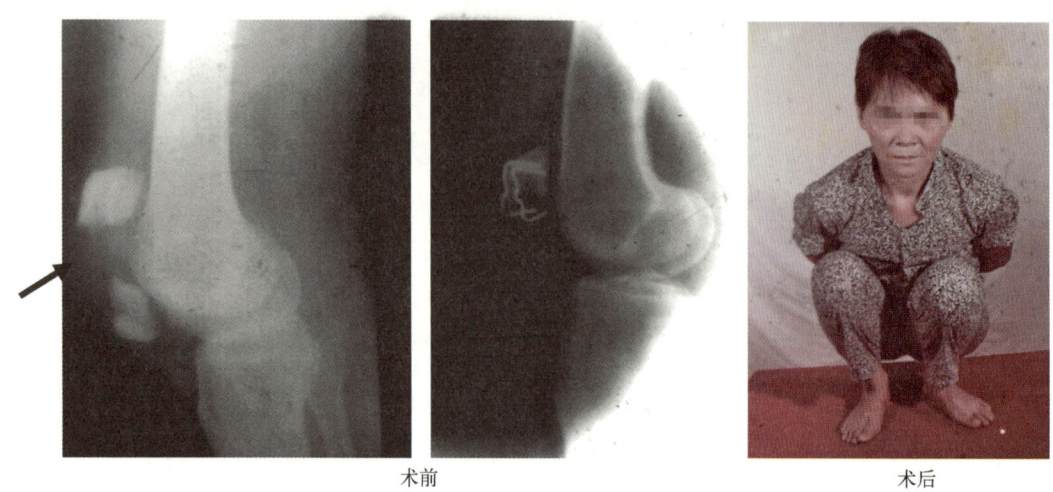

术前　　　　　　　　　　　　　　　　　　术后

图专-1-1　国际首例使用形状记忆加压骑缝钉治疗明显分离的髌骨骨折病例,术后功能恢复良好

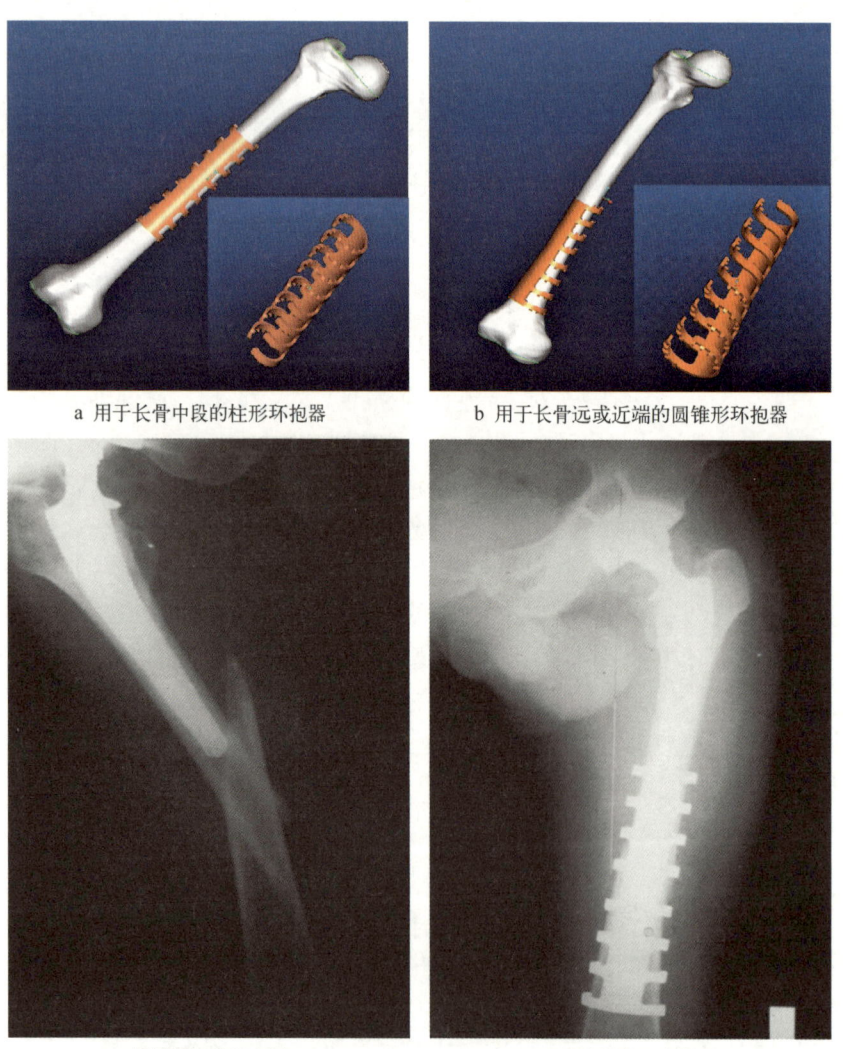

a 用于长骨中段的柱形环抱器　　　　　b 用于长骨远或近端的圆锥形环抱器

c 假体周围骨折术前　　　　　　　　　d 环抱器内固定术后

图专-1-2　采用形状记忆锯齿臂环抱内固定器治疗假体周围骨折,由于人工关节的存在,各种"常规"内固定均难以使用

a 戴尅戎、杨海波团队获 1989年国家发明奖二等奖　　b 1990年名古屋国际形状记忆合金医学应用会议上被授予奠基人金杯　　c 1996年被授予首届上海市发明家奖杯

图专-1-3

引领医学3D打印，推进成果转化

"第三次工业革命是一场数字化革命，包括计算机技术、信息技术、互联网技术和数字化制造技术等，3D打印技术是其中重要标志之一。"戴尅戎曾在多个学术会议上对"医学提升的下一个风口"提出真知灼见："医学理念与模式正在经历最大规模的转折。"

现代人工关节诞生并发展于20世纪中期，在骨科技术发展史上具有里程碑意义。早期，面对每年数万、数十万各部位人工关节置换病例，同一款假体几何形态基本一致，仅有不到十种尺寸的差异，很难满足不同病例的需求。之后假体设计被不断改进，组成假体的部件有多种规格并在连接部设计了更多的调节接口。但即便如此，仍无法取得最佳部件与组合，难以实现"最优化重建"。尤其对存在显著解剖畸形、肿瘤及翻修的患者，例如骨盆恶性骨肿瘤，病变与切除范围存在很大的个体差异和不确定性。

20世纪80年代，戴尅戎与上海交通大学精密机械系主任王成焘紧密合作，结合骨盆解剖研究，通过三维图形重建、CAD/CAM、3D打印等先进技术的应用，开发出具有自主知识产权的定制型半骨盆假体并应用于临床。1998年8月，完成国内首例计算机辅助定制型人工髋关节置换。1999年5月进入产业化模式运行，并发展到全身各个关节和脊柱。目前，计算机辅助定制型人工半骨盆假体已在全国许多医院推广应用，使众多严重骨盆或髋关节毁损的患者获得重建关节、恢复功能的机会（图专-1-4、图专-1-5）。

数十年如一日的技术创新，成就了九院骨科在严重创伤、关节翻修、肿瘤、先天畸形等领域进行个性化3D打印治疗的领头羊地位。通过产、学、研紧密合作，基于3D打印技术自主研发了国际领先的个性化骨关节（骨盆、髋、膝、肩、踝、腕）假体并产业化，实现了复杂骨关节病损的个性化功能重建。创建了包含术前3D打印个性化病变模型进行手术模拟，术中利用3D打印个性化手术导板辅助精准手术，术后用3D打印个性化骨关节假体进行功能重建的"三位一体"创新治疗模式。

随后，上海第九人民医院又购置了金属3D打印机，完善了医用3D打印的全套技术、设备与车间。为一位骨盆肿瘤的患者直接打印了骨盆标本，利用标本设计了骨盆切除范围和假体，并直接打印出手术导板和个性化骨盆假体。在3D打印手术导板的引导下彻底切除了肿瘤，装入3D打印的

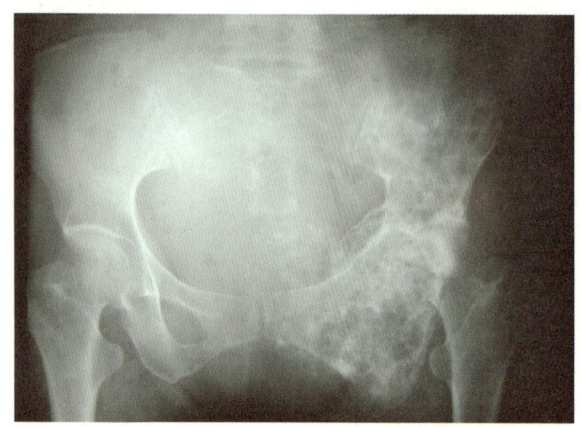
a 左半骨盆巨大肿瘤

b 在快速原型技术制成的模型上模拟手术和设计制作假体

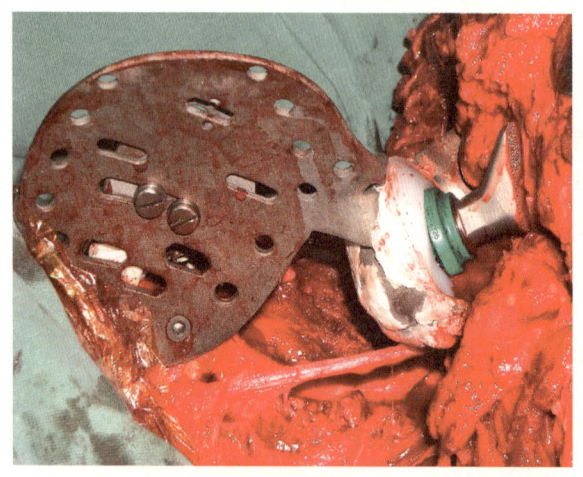
c 手术中

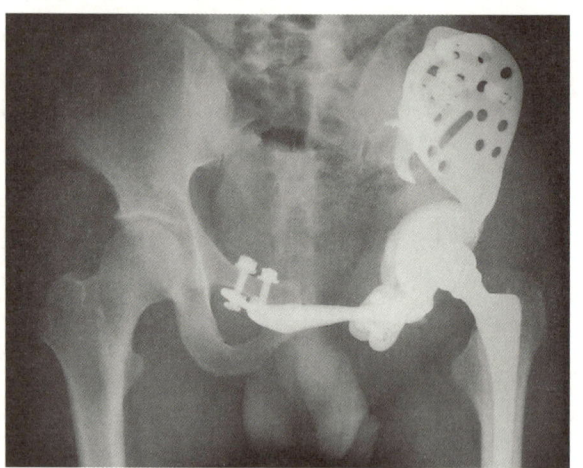
d 术后X线片

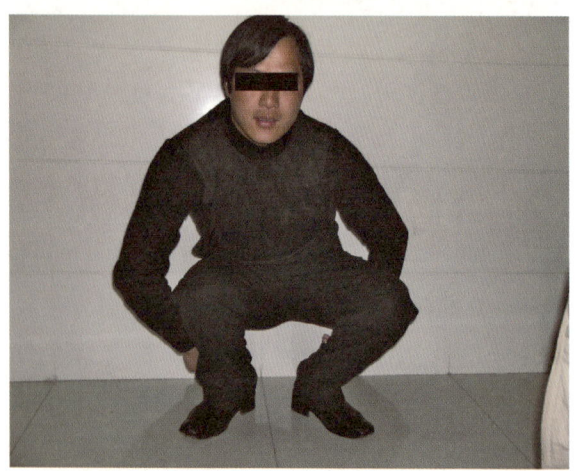
e 术后8个月可自然行走、下蹲，恢复室内工作，已17年无复发

图专-1-4 半骨盆置换术

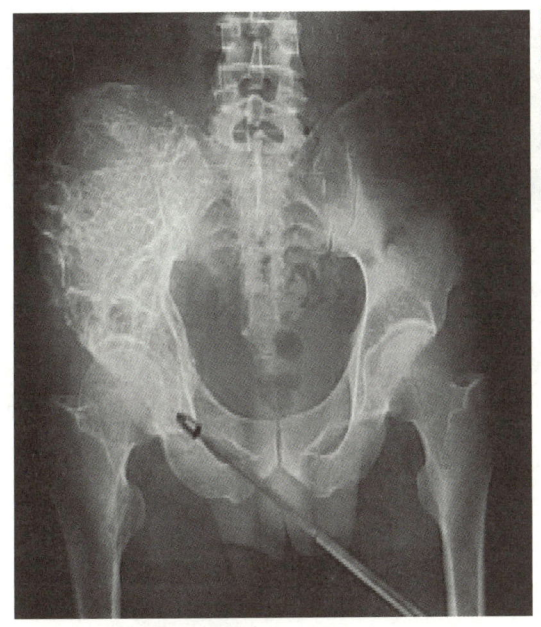
a 右髋巨大肿瘤侵犯右半骨盆Ⅰ、Ⅱ、Ⅲ区

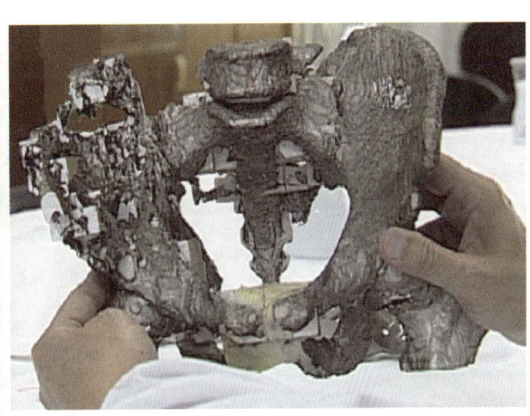
b 3D打印骨盆标本

d 在标本上确定切除范围,并设计人工假体、进行手术演练

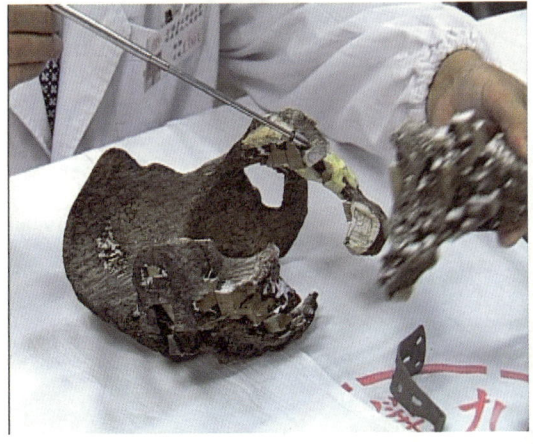
c 在标本上确定切除范围,并设计人工假体、进行手术演练

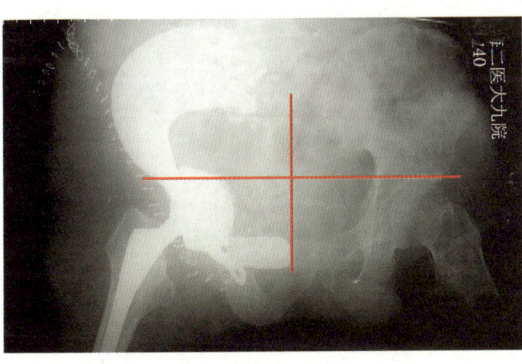
e 术后X线片假体的髋关节与对侧等高,与中线等距离,髋臼方向对称

f 术后一月余下地活动

图专-1-5

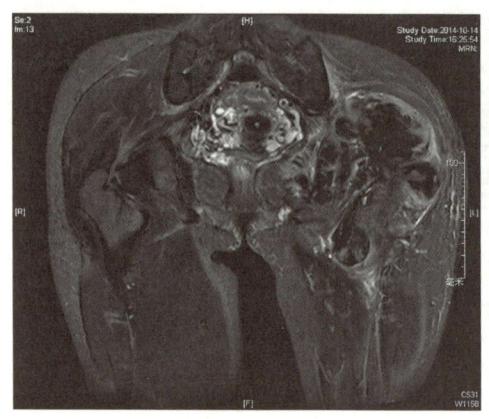
a MRI显示左侧骨盆、髋关节周围及股骨上段肿瘤

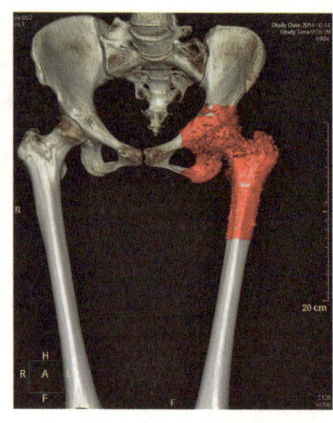
b 应用自主研发医学影像快速建模与多模图像配准软件实现肿瘤边界精准确定

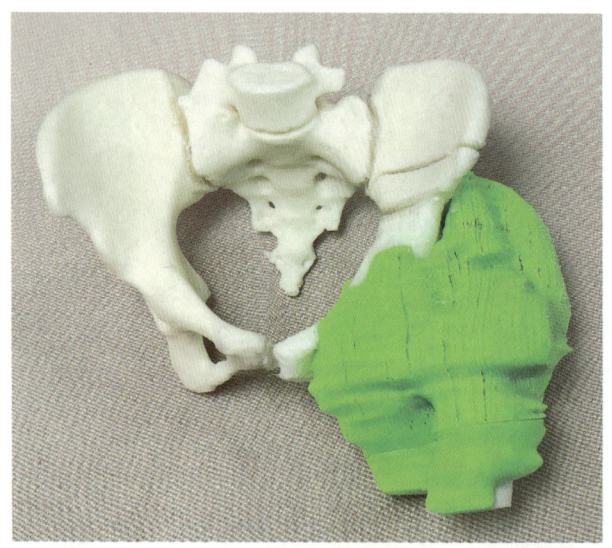
c 3D打印骨盆病变模型、模拟切除肿瘤

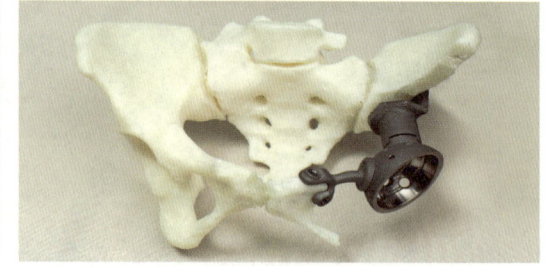
d 金属3D打印个性化重建假体及模拟安装

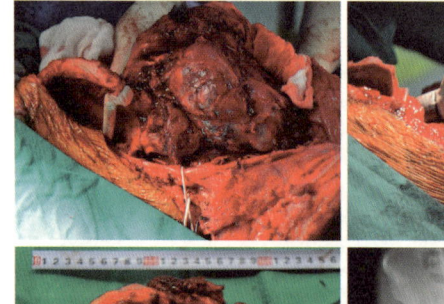
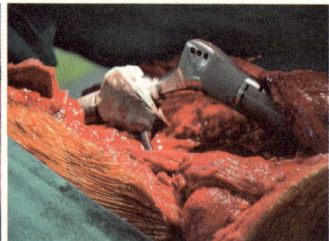
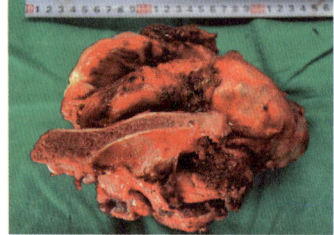
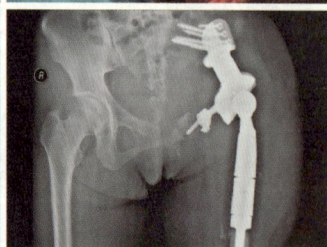
e 3D打印个性化手术导板辅助精准切除肿瘤、精准安装假体

f 术后半年,病人功能恢复良好,随访6年无复发

图专-1-6　金属3D打印个性化假体在骨盆髋关节和股骨上段肿瘤切除术中的应用

多孔表面钛合金定制骨盆假体。患者于术后3天下地行走,术后9月可完全下蹲、自如地进出轿车并驾车外出。这位患者从确定手术范围、制作截骨导板、进行肿瘤切除演练、骨盆假体设计和模拟安装、确保肌肉附着和假体-骨骼融合的全过程,都得益于3D打印技术。此后,数十位类似患者成功使用3D打印技术获得良好的治疗(图专-1-6)。

戴尅戎医工结合的思想,影响了九院骨科几代人才的成长与进步。在最新的3D打印技术方面,他们也时时迸发奇思妙想,及他人所不能及,救治了很多高难度的复杂病例,引领了医工结合的发展方向。同时,戴尅戎院士还将医工结合、转化医学的思想,依托每年一期的国际骨科前沿技术与临床转化学术会议,传播给国内外的同行,并通过与美国NIH联合举办10期转化医学讨论会与学习班,出版三本中、英文转化医学专著,让更多的业内同行一起参与到医工结合、临床转化的工作中来,推进医学的发展。

口腔颌面-头颈肿瘤科：
传承积淀，创新迈向世界

上海交通大学医学院附属第九人民医院口腔颌面-头颈肿瘤科由原口腔颌面外科发展而来，自20世纪50年代起，经60多年的默默耕耘，成绩斐然，在部分亚专业取得了突破性进展。学科由以往的外科专业发展到包括口腔颌面-头颈肿瘤外科，肿瘤放射、化疗、生物治疗等多学科综合序列治疗（MDST）模式，已成为国内唯一的具备手术、放疗、化疗、激光、冷冻、热疗、介入、生物-分子靶向治疗及肿瘤基础研究多位一体的规模最大、实力最强的口腔颌面-头颈肿瘤专科，开创了具有中国特色的口腔颌面-头颈肿瘤学，在国际上享有盛誉。

峥嵘岁月，筚路蓝缕，创业维艰

国际上，口腔颌面外科的发展要追溯到第一、二次世界大战时期：20世纪40年代，战火蔓延造成大量颌面部的创伤，促使口腔颌面外科迅速发展。中国口腔颌面外科起步相对较晚。1953年，从美国哥伦比亚大学学成归国的中国口腔颌面外科奠基人之一、著名的口腔颌面外科专家张锡泽在原上海第二医学院广慈医院创建了口腔颌面外科。当时只有7张病床、6张牙科椅位，业务范围也仅限于开展良性肿瘤及炎症等的治疗。1955年，著名颌面整形外科专家张涤生加入科室工作。1956年，张锡泽在国内率先开展下颌骨切除后即刻植骨术获得成功，获国际口腔医学界瞩目。1961年随着原口腔颌面外科的壮大发展，因专业细化分为口腔颌面外科与整形外科两个独立科室。口腔颌面外科床位增至34张，张锡泽任科主任。1964年，他第一个在国内开展了双侧根治性颈淋巴同期清扫术治疗晚期口腔颌面部恶性肿瘤获得成功。邱蔚六首创使用全额隧道皮瓣一次整复口腔颌面部缺损取得成效，并在国内率先开展口腔颌面部癌瘤的化学治疗。1966年口腔颌面外科搬迁至上海第二医学院附属第九人民医院，床位增加到50张，学科专业蓬勃发展。

几十年岁月里，团队在一代又一代学科带头人的带领下，砥砺前行，在临床诊治与基础研究方面做了大量开创性的工作，走出了一条具有中国鲜明特色的口腔颌面外科发展之路，开创了中国口腔颌面外科特有的治疗模式，在国际口腔颌面外科领域中占有一席之地。

传承发展，兢兢业业、继往开来

张锡泽的学生、中国工程院院士邱蔚六，曾任上海交通大学医学院（原第二医科大学）口腔医学系主任、口腔医学院院长、附属第九人民医院院长等职。他是中国口腔颌面外科、头颈肿瘤外科以及口腔颌面修复重建外科的奠基者和开拓者之一。曾获国家发明奖、科技进步奖和何梁何利科学技术进步奖等诸多奖项，2009年获中国口腔颌面外科华佗奖及由国际口腔颌面外科医师学会颁发的最高奖项——杰出会士奖。1989年，受邀美国口腔颌面外科学会，出席旧金山第七十一届年会并作大会报告（图专-2-1），代表中国首次向世界介绍"中国式"口腔颌面外科的建立、发展及所取得的成就，不亚于世界同期先进水平的技术给国际同行留下了深刻印象，为学科走上国际舞台奠定了坚实的基础。国际口腔颌面外科医师学会主席弗里斯这样评价道:"没有中国同行参加的会议,不能称之为国际口腔颌面外科会议。""使我惊奇的是,在1968—2001年间,我访问了58个国家的301个同行科室,从没见过如此高水平、现代化和多功能的科室"。

图专-2-1　1989年,邱蔚六在旧金山出席美国口腔颌面外科年会

邱蔚六的学生、中国工程院院士张志愿,长期从事口腔颌面部肿瘤与血管畸形的临床与基础研究。尤其近年来完成了国内首个诱导化疗对口腔鳞癌前瞻性临床试验的研究,结果发表在 *J Clin Oncol* 杂志,进一步的基础研究结果发表于 *Cancer Reserch*、*Oncotarget*、*Carcinogensis* 等多本国际知名学术杂志。主编专著12部、副主编5部和参编专著12部(英文2部),以第一负责人承担国家"863""十一五"支撑计划,国家自然科学基金重点2项、面上5项等部委级课题共19项;以第一完成人获得国家科学技术进步二等奖2项、上海市科技进步一等奖2项,教育部提名国家科学技术奖自然科学奖二等奖、中华医学科技奖三等奖各1项。被卫生部评为卫生部有突出贡献的中青年专家。曾获何梁何利科学与技术进步奖、全国优秀科技工作者、上海市十大科技精英等。

张陈平,上海交通大学医学院附属第九人民医院口腔颌面-头颈肿瘤科现任主任,上海交通大学医学院口腔医学院副院长。师从邱蔚六,获博士学位,是国际抗癌学会(IAOO)理事、爱丁堡皇家外科学院院士。获国家科技进步奖二等奖、中华医学科技奖二等奖、上海市科技进步奖一等奖、领军人才、上海市优秀学科带头人、全国优秀科技工作者等荣誉称号。他致力于口腔颌面-头颈肿瘤的临床及基础研究,擅长头颈肿瘤的外科治疗和颌面部缺损功能重建,在国际上享有盛誉。1998年,张陈平从老一辈手中接过接力棒,站在"巨人的肩膀上"致力创新,带领团队在走向世界的漫漫征程中又迈开了新的步伐……

在中晚期口腔癌的综合序列治疗、复杂缺损的修复重建、下颌骨的功能性重建、上颌骨的精确重建、颅颌联合根治及同期修复、全舌全喉联合根治与同期整复、颈动脉重建、动静脉畸形的双栓塞治疗,以及微波、超声热化疗,脉管畸形的激光治疗等多个方面处于国内领军地位,国际知名。学科

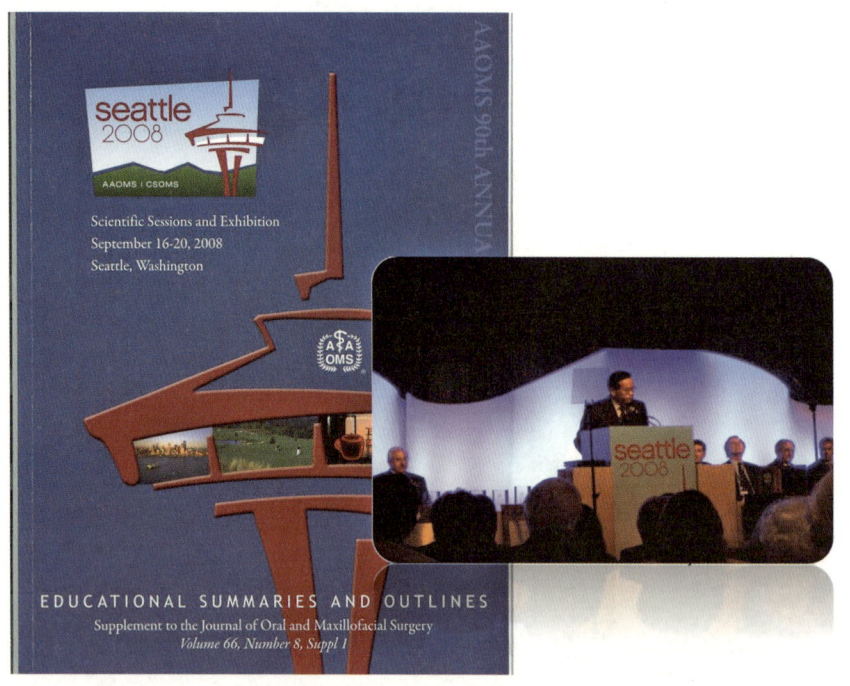

图专-2-2　2008年,张志愿在西雅图出席美国口腔颌面外科年会

现已成为国内规模最大、床位数最多、亚专业最齐全的口腔颌面-头颈肿瘤学科。

除此之外,九院口腔颌面-头颈肿瘤科的发展还离不开一批前辈专家教授如刘善学、马宝章、何荣根、袁文化、哈绲、陆昌语、林国础、刘世勋、王中和等的辛勤付出,正是他们一代又一代的"领头雁",用智慧、心血和传承,谱写了团队傲人的篇章。

砥砺前行六十载,丰碑矗立天地间

伴随着中国口腔颌面外科的萌芽、诞生、发展、成熟,九院口腔颌面-头颈肿瘤科一代又一代人的探索印迹清晰可见,特点鲜明:"立足中国,面向世界,代代相承"已经成为这个团队的一大特色。斗转星移,团队更迭了几代带头人,不变的依然是这个优良的传统。

科室的规模日益完善,拥有外科病区、综合治疗病区、放射治疗组、激光组、赝复门诊、脉管畸形介入治疗组和口腔肿瘤实验室等。骨干成员有科主任张陈平,副主任孙坚、陈万涛、郭伟、季彤、徐立群和何悦,专家组有竺涵光、涂文勇和周国瑜等。他们都植根于科室丰厚的学术沃土,沐浴在科室良好的学术氛围下,各自发挥所长,为团队临床和科研发展不断注入新鲜活力。

利用"十一五"支撑课题和上海科委生药重大课题等契机,他们搭建起新的科研平台:建设肿瘤组织标本库,旨在构建上海市乃至全国的头颈肿瘤研究中心。平台的建设和人才的培养促进了学科的发展,而过去成果的累积,让团队在锐意创新的路上走得更为游刃有余。

"永远前进,追求卓越"是他们对待工作的一贯态度,使他们能够承接底蕴,勇敢挑战难题。近几年,针对晚期恶性肿瘤或复发恶性肿瘤,他们开展了多方面创新实践,包括:应用多块血管化游离组织瓣串联修复大面积、洞穿性缺损,使患者术后面形、呼吸、吞咽及言语功能得到最大限度的恢复;建立颅颌面联合根治术治疗晚期口腔颌面部恶性肿瘤,采用血管化组织瓣一期整复颅内、外缺损,避免了术后脑脊液漏、颅内感染等严重并发症,显著提高了患者的3年和5年生存率(约50%);开展全舌、全口底及全喉切除与重建术,使会厌、喉受累的晚期口腔颌面部肿瘤患者3年生存率达35%。

大胆突破手术禁区,张陈平教授团队为口腔颌面部晚期恶性肿瘤患者开创了一条希望之路。

让患者重新获得生存希望的同时,不忘给患者带去更高的生存质量。因为手术常常会给患者留下难以承受的伤痛——面容损毁,呼吸、言语、吞咽等相关功能缺失等。凭借多年在头颈肿瘤外科治疗尤其是在口腔颌面部缺损功能重建领域居于国际前沿的丰富经验,他们率先从保存颌骨功能、修复颌骨功能以及颌骨重建术后功能评价三个方面,对下颌骨缺损的形态与功能重建进行了系统研究并取得了系列成果。包括:应用"开窗减压术"治疗下颌骨大型囊性病变,保存和恢复下颌骨的形态与功能;应用血管化髂骨肌瓣同期牙种植技术重建下颌骨外形和咀嚼功能;首创并临床应用血管化腓骨结合同期牵引牙种植(DID)技术行下颌骨功能性重建。为了实现功能重建和精准恢复外形,他们在20世纪90年代末就开展了计算机模拟及3D治疗设计,近几年还专门开展了术后患者的吞咽功能训练等康复治疗。

图专-2-3 张陈平首创应用血管化腓骨结合同期牵引牙种植(DID)技术,为患者带来新生

雄关漫道真如铁,而今迈步从头越

一花独放不是春,百花齐放春满园。九院口腔颌面-头颈肿瘤科人始终精心致力于人才的培养和发展,一代又一代年轻人已经"开枝散叶",茁壮成长。

无论是白发苍苍的科室前辈,还是忙忙碌碌的中坚骨干,他们都十分乐意于对后辈传、帮、带。作为全国第一批博士学位授予点、医学博士后流动站,科室迄今为止已经培养博士后18名,共培养硕博研究生260余名。

九院口腔颌面-头颈肿瘤科是中华口腔医学会口腔颌面外科专业委员会前任主任单位、中国抗癌协会头颈肿瘤专业委员会发起单位和主任委员单位;全国规范教材《口腔颌面外科学》和《口腔科学》的主编单位,也是卫生部委托的全国口腔颌面外科高级师资及专科医师培训点之一。

近年来,他们重视专业教育,科室开办了"显微外科""功能性外科""颌骨功能重建""综合治疗"和"转化医学"等一系列学习班,积极促进专业领域内新技术、新理念的推广与发展,并大胆走出国门,将学习班办到了马来西亚、印度尼西亚等各亚太地区,活跃于口腔颌面-头颈肿瘤学术教育的国际舞台。多年埋首耕耘,科室声名远扬,其影响已经走向世界:2010年被国际口腔颌面外科医师协会(IAOMS)认定为"国际口腔颌面外科专科医师培训基地";2012年被国际内固定研究学会(AO)认定为"亚太区颅颌面培训中心";2014年被具有500余年历史的世界上最古老的外科学院之一——爱丁堡皇家外科学院认定为首批海外口腔颌面-头颈肿瘤培训中心。各中心已培训来自英国、西班牙、挪威、希腊、新加坡、印度和缅甸等世界各地学员共11名……

图专-2-4　口腔颌面-头颈肿瘤科骨干团队

伴随着中国口腔颌面外科的发展,九院口腔颌面-头颈肿瘤科在国际交流舞台上担任"主角"的机会也越来越多。2008年,学科代表中国首次承办了第十二届国际口腔癌大会(ICOOC),这是国际口腔颌面外科最高级别的学术大会。

六十多年艰辛磨砺,六十多年勇攀高峰,六十多年撒播智慧。走过昨天,走在今天,走向明天;上海交通大学口腔医学院口腔颌面-头颈肿瘤科人伴随着梦想前进,每一行足迹都走得踏实坚定,每一次进步都凝结着医者情怀。

责任的力量,鞭策着他们与时代同行,向未来冲刺。

整复外科：艰难起步，壮大历程

整形外科（又名整复外科）是一门以修复外形和重建功能为目的，治疗各类先、后天畸形和缺损的外科医学专业。九院整复外科的壮大发展，首先应归功于党和国家对卫生健康事业的高度重视和全力支持，其次，学科创始人团队抓住了二战之后和平发展的历史机遇，以高度的责任担当和精深的专业素养，满足了激增的整形修复需求，为九院整复外科的发展奠定了良好的声誉和口碑。更为重要的是，带出了一支医德高尚、医技精湛的整复外科专业医师队伍，策划建造了一幢独立的整复外科大楼；同时，实施"请进来，走出去"的战略，积极与国际整形外科学科开展学术交流。点点努力汇聚在一起，使得学科从仅有几人的医疗团队，发展成了亚太地区一流、在国际上有重要影响力的学科。

一、最早的整复外科雏形——战伤治疗中心

1950年10月，中国政府宣布"抗美援朝，保家卫国"。12月15日，上海成立"上海市医务工作者抗美援朝委员会"，在全国范围内率先号召"组建医疗手术队，支援前线"。学科创始人张涤生推迟婚期，报名参加医疗手术队，并任一百余人的第一大队副大队长兼颌面外科中队队长。

1951年，第一医疗大队驻扎长春军医大学（今吉林大学白求恩医学院），队员们与大学员工混编，帮助建立外科常规、医生查房和住院医师制度，并协助开展骨科、腹部外科、胸外科等各科手术，如假关节矫正手术、脊椎融合术等。

当时，志愿军以冻伤、烧伤、爆炸伤居多。医疗手术队花了近4个月时间，把颌面烧伤、冻伤的患者集中到长春，在白求恩医学院成立了中国第一个战伤治疗中心。该中心设有50张病床，专门收治烧伤、冻伤和其他创伤的战士。张涤生带领2名主治医师和30余名实习医师，开始了修残补缺的整复临床工作。

战伤治疗中心的建立及其出色的工作业绩，使得"专科治疗中心"的理念得到有关方面的重视和认可。之后，国家开始重视整形外科，促进专科机构的建立、专业书籍的出版和专业人才的培养。因此，可以认为，最早的整复外科雏形是抗美援朝时期的战伤治疗中心，但正式建立整复外科仍需等待。所幸，短短数年之后就等到了这一历史契机。

二、建科的重要历史契机——抢救邱财康

在九院整复外科的发展史上，不能不提"抢救邱财康"事件。1958年5月26日，上海第三钢铁厂三名工人被钢水烫伤，一人轻伤，两人重伤，邱财康是重伤患者之一，伤员被送至广慈医院。二医党委迅速行动，成立了抢救小组。时任广慈医院口腔颌面外科主任张涤生有丰富的皮肤移植经验，被列入抢救小组名单。抢救需过三关：休克、感染和植皮。面对空前的难题，大家集思广益，屡出奇招。

植皮关遇到的困难和问题是，由于创面太大，自体皮源太少，只能使用异体皮肤。但是，从哪里

取到这么多皮呢？于是贴出布告，动员义务献皮。群众热情高涨，纷纷报名，包括不少医护人员。但是，献皮不比献血，损伤和痛苦兼备。因此，后改用新鲜尸体。与自体植皮不同，创面覆盖异体皮片后，并不加压包扎，所以没几天工夫，皮片就都脱落了，因此必须反复取皮。为免群众受惊吓，医务人员只有等到夜深人静才开始取皮，经常一干就是三四个小时，不知不觉就到了后半夜。后来，又想出了冷藏皮片的主意，建了一个小小的"皮肤库"，才做到"皮源随取随用"，无须"临时抱佛脚"了。

当时，邱财康的治疗不仅轰动了医学界，而且轰动了全中国。20世纪50年代末，人们到处传唱"邱财康，为了钢，受了伤……"。巴金创作了报告文学《一场挽救生命的战斗》，上海科教电影制片厂拍摄了科教片《生命的凯歌》，上海电影制片厂拍摄了电影《春满人间》。

此后，烧伤患者不断涌入，病案越摞越高，需要手术整复的患者越来越多。趁此"东风"，1961年5月，广慈医院整形外科正式建立。1966年2月，学科整体迁至上海九院，并更名为"整复外科"。

三、整复外科三大支柱之一：显微外科的艰难探索

在外科发展史上，显微技术是一项划时代的革新。它拓展了学科范围，并将外科操作技术提升到一个崭新的层面。20世纪60年代，国内外的外科医生几乎同时"挺进"这一领域。学科适逢其会，成为显微外科的先行者之一。

1963年1月，上海成功回植了完全离断的右手。这是世界首例断肢再植手术，在当时引起巨大轰动，学科为之振奋不已。这说明，一旦具备成熟的组织血管吻合技术，皮瓣游离移植就不再是遥不可及的事情。

设想虽好，实践却不容易。由于皮瓣的供血血管一般比较细，只有 $1\sim 2$ mm，所以对操作和器械的要求更高。当时没有专用的显微器械和针线，好在群众的智慧无穷。大家想到：取一段细钢丝，一端用砂轮磨尖，另一端用小槌敲成半圆形，打平后钻一个小孔，将钢丝稍加弯曲，就做成了小弯缝针；将"6-0"的缝线分成几股，消毒后充作缝线。术中所用的镊子、钳子和剪刀等，也都是用小型手术器械"土法"改制而成。当时也没有手术专用的显微镜。

1964年夏，天气炎热，学科医师天天练习吻合血管。他们循序渐进，从大动物到小动物（犬—兔—鼠），从大血管（股动静脉）到小血管（直径1 mm），前后训练了两个多月，初步掌握了血管吻合技术，提高了手眼协调能力。用狗做实验时，切取由腹壁后浅动静脉供血的游离皮瓣，然后原位再植。在15例游离皮瓣中，有5例存活。实验结果发表在1965年的《中华外科杂志》上。除此之外，还成功完成了兔耳再植。这样，就为实际开展人体组织显微修复奠定了工作基础。

20世纪70年代开始，学科开展了多例游离皮瓣移植的临床实践。1976年秋，收治了一名食管严重损伤的患者。当时，学科正在探索、开展显微外科手术。张涤生、孙以鲁、王炜等尝试肠段游离移植的动物实验并获得成功，遂向患者解释此手术设想，患者同意一试。手术分二期，在一期手术中，仅吻接肠腔上口和食管开口，肠腔下口埋在颈部和上胸部的皮下。术后小肠存活良好，有蠕动波。6周后实施二期手术，吻接肠腔下口和胸前造瘘口。患者术后第九天进流质饮食，略有咳呛；术后第九周完全恢复正常饮食。此后一直进食通畅。这一创新获得1979年的卫生部科技成果甲级奖。相关论文发表在美国的《显微外科杂志》(*Journal of Microsurgery*)和《整形外科年鉴》(*Annuals of Plastic Surgery*)上。

1977年，收治一头皮全部撕脱伤病例。此病例已经接受过多次手术，创面勉强封闭，但是经常破

溃流脓,一到夏季更加散发恶臭。经讨论研究,决定游离移植大网膜。手术分两组,同时进行。一组医师削除头颅部位的上皮组织,充分冲洗创面,找寻一侧颞浅动静脉。另一组医师剖开腹腔,取出一块带有胃网膜动静脉的大网膜组织。然后用大网膜覆盖头颅创面,将胃网膜动静脉与颞浅动静脉吻合。看到大网膜重新充血、变得鲜红之后,从大腿取大块中厚皮片,覆盖在大网膜上,封闭创面。10天后,大网膜和皮片全部存活。3周后,创缘愈合。这一创新于1979年获卫生部科技成果乙级奖。

图专-3-1 1981年,张涤生(右二)向卫生部部长钱信忠(左三)等汇报工作

1982年2月,前臂游离皮瓣一期重建阴茎获得成功。术后患者非常满意。1984年8月,在美国的《整形与再造外科杂志》上发表文章,详细介绍这一手术设计以及7例患者的手术效果。其后,全世界有100多位整形外科专家写信前来讨教手术的具体做法。这一创新于1985年获得上海市科技进步奖三等奖,1988年获得国家发明奖三等奖。

四、整复外科三大支柱之二:淋巴水肿的艰难探索

人体淋巴系统分布全身,是血液循环系统之外的另一个重要循环系统。当它发生阻塞时,淋巴液就会在组织内淤积,导致皮肤增厚、皮下组织增生。最常累及下肢,扪之坚实、粗糙如大象腿,俗称"象皮腿"。

20世纪50—60年代,丝虫病流行,它所导致的肢体慢性淋巴水肿相当常见。治疗手段主要有希腊人Kondoleon发明的Kondoleon式手术、英国人查尔斯发明的皮肤脂肪筋膜切除术和英国人汤普森发明的筋膜下引流手术。可惜这些手术都是"治标不治本"。

张涤生有上百例Kondoleon式手术的手术经验,但对此法的局限性理解深刻,为此积极探索外科手术以外的治疗方法。借鉴福建陈凤仪医师的方法,终于在1964年研制出第一台红外线电热烘疗器,投入使用后,患者反响良好。1966年,学科将红外线电热烘箱改成了微波治疗仪,疗效更佳,体现在:① 组织穿透能力强;② 烘烤过程中患者耐受性更好;③ 治疗时间缩短近一半。由于疗效

明显,患者蜂拥而至,从此奠定了学科在淋巴水肿治疗上的学术地位。

五、整复外科三大支柱之三:颅面外科的艰难探索

颅面外科在中国发展较晚。此前仅有少数单位做过Le Fort Ⅰ、Ⅱ型手术,治疗上颌骨的伤残畸形。对于大多数颅面部的先天性畸形和严重创伤,仅能局部修整,疗效不佳。学科曾收治过多例眶距增宽症,但只能做些内眦开大、隆鼻等小手术。术后效果不佳,患者失望,医生无奈。

1976年,学科参照世界首例治疗眶距增宽症的论文报道,在尸体上模拟手术,反复模拟开颅、眶周截骨、去除中央部位的鼻骨、将两侧眼眶向中间靠拢固定等手术步骤。没有电锯、没有电钻、没有任何现代化器械,一切都是土法上马,用的是手拉锯、钢丝、骨凿、小锤子等简单工具。连续做了6次尸体解剖后,才对手术设计和手法技巧有了深入体会。

1977年5月,科室收治一名眶距增宽症患者,通过手术将眶距缩短3 cm。手术长达10小时,术后未见并发症。这一手术开辟了中国颅面外科的先河。在这一领域,学科成为无可争议的"开疆辟土"者。此后,学科颅面畸形患者日益增多,颅面外科修复能力迅速提高,逐步建立在此专业领域的优势地位。

六、广泛对外交流,发展壮大学科

1979年,改革春风吹遍神州大地,学科得以重新开展对外交流工作。1980年末,学科专家接到新加坡大学邀请,参加国际手外科讲习班、显微外科学习班和第十五届新加坡普外科学术会议;1981年在澳大利亚报告"中国显微外科的进展";1982年赴英参加首届显微外科学术会议;1983年

图专-3-2 1978年12月,改革开放后,首位来院的美国加州大学洛杉矶分校妇科显微外科专家Jorden Phillips夫妇

参加日本第三十四届世界整形外科会议。此后,学科专家先后参加了泰国、澳大利亚、日本、意大利、瑞士、印度、法国和美国的学术交流活动。

1990年开始,学科开展"请进来"活动,先后邀请了英国手外科专家讲课和手术示范,邀请法、美、澳外科专家来访以提高颅面外科水平,邀请日本专家讲授唇腭裂的修复技术。通过签订交流协议和举办国际学术会议,巩固对外交流的成果,使对外交流开始对学科建设起到实质性推动作用。

1982年起接收外国进修医师,有来自墨西哥、印度、黎巴嫩、马来西亚、越南、法国、美国、英国、加拿大等国家,甚至有人在此攻读博士学位。他们走的时候,纷纷予以好评,认为"老师很负责,很友好""病例特别多,学习机会多"。

图专-3-3 1978年,印度孟买女医师来九院学习烘疗机治疗象皮腿的技术

七、布局人才建设,选派后学出国留学

在人才建设上,学科始终强调"派出去,长见识"。因为,没有眼界的认识,不过是"坐井观天"。至于"派到哪里",自然是"到雅典去看希腊,到佛罗伦萨去看文艺复兴"。学科先后推荐了多名青年医生前往美、日、澳、法及中国香港,进修手外科、显微外科、颅面外科、唇腭裂修复和手功能康复等专业,都是学而有所专长。

最早在1979年,学科通过美国俄勒冈州的手外科专家内森教授的推荐,资助王炜于1980年赴美进修手外科,为期一年的所有学习费用均由美方负担。这是上海九院选派青年医师出国学习的开端。此后,学科陆续选派许礼根、朱昌、刘宁飞、李圣利、李青峰等赴国外进修学习,成为学科常规工作。

图专-3-4　1987年5月,第一届国际淋巴医学学术研讨会合影(前排左二关文祥,左十张涤生)

八、建设整复外科大楼,筑巢引凤招人才

上海九院整复外科在建科之初,只有6张病床,医生不到10人。迁到九院后,扩展到一个楼面50张床。此后陆续完成一些突破性的手术,影响不断扩大,患者越来越多,50张床远不能满足患者需求,住院登记单越积越高。

1977年,在医院党政领导的支持下,学科向上级申请资金建造整复外科专科大楼。整外团队精心准备申请报告,还将历年积累的代表性病例和照片编成一本图文并茂的宣传册,通过各种途径送呈上海的各级领导单位,并两赴北京,先后到国家卫生部和国家教委面陈建楼的重要性和必要性。

功夫不负有心人。1979年,卫生部同意拨款260万元用于修建整复外科大楼。两年后,一座总面积达6 000平方米、七层楼高、可容纳170多张病床的整复外科大楼拔地而起。1982年,大楼正式投入使用,1996年又加盖到八层楼。

建成了整复外科大楼,学科得以筑巢引凤,开始广泛"招贤纳士"。在多方的努力下,关文祥、孙以鲁、符诗高、金一涛、周丽云等人才纷纷加入整外团队,保障了科室其后数十年的蓬勃发展。

此时,整复外科有人才、有大楼、有设备,医院党政领导决定"集中资源办大事",制定了"以整复外科为先导,带动整个医院"的发展方针,并提出"带动全国整形外科"的更高要求。学科乘此良机,继续招揽和培养人才,细化烧伤畸形、显微外科、颅面外科和美容外科等专业小组,增辟淋巴水肿治疗室、手功能恢复室等附属部门。

20世纪80年代初,国际整形外科学会主席的印度专家Antia教授称赞:"这在世界上是少见的,是整形外科的一部百科全书。"新加坡大学外科主任S. T. Lee也说:"九院整复外科是亚洲的骄傲。"在国际上,像九院整外这样病床多、分科细、人才各有所长的整形外科,可称是绝无仅有的。通过多年发展,学科成为集医、教、研为一体的一流专科。学术不仅在全国处于领先地位,而且在全世界占有一席之地。

图专-3-5　1992年,建科30周年及张涤生教授执教50周年,全科人员合影

九、维护学科声誉,主流媒体助力宣传

20世纪80年代,上海和全国的报纸都经常报道、转载"上海九院整复外科攻克疑难杂症"的消息。各大电台、电视台,例如东方电视台、上海电视台、上海广播电台、中央电视台等,也加入宣传的行列。一开始,他们只报道个别病例,后来改成深度报道,成立专访小组,采集声像资料,现场拍摄和转播。

1989年,国庆40周年之际,中央电视台为医学专家编制特辑。中央电视台派来一个采访小组,除了口头采访之外,还拍摄了上海九院的整复外科大楼、手术室的手术以及某些病例的手术前后变化等镜头。

最具轰动效应的是1996年的心脏"造屋"事件。在手术当天,全国的18家电视台和报刊记者总共40多人,聚在手术楼的大厅里观看手术实况录像。

心脏"造屋"手术成功后的十多天内,报刊每日追踪报道。这一新闻传遍了上海的街头巷尾。不久,香港《文汇报》《香港商报》《东方日报》陆续整版报道《爱心筑"心房",雏燕任翱翔》,《澳门日报》整版报道《一颗心牵动万颗心》,温哥华中文报纸《星岛日报》报道《首宗心脏矫形手术成功》。连马来西亚、中东地区的报刊都报道了心脏"造屋"手术。

电台、电视台也纷纷出动。中央电视台《东方时空》栏目专程派摄制组到上海九院,拍摄专题片,在中央一台向全国播放;上海电视台《纪录片编辑室》与上海九院联合摄制了时长25分钟的纪实片《不平常的心》,参加1996年上海国际电视节,引起了海内外人士的兴趣;上海东方广播电台记者录制了"吴青获救记",获得中国新闻奖一等奖。

除了国内媒体,上海九院整复外科还接待过不少海外传媒,陆续接受了英国《泰晤士报》、新加坡报纸、美国《纽约时报》、法国电视四台和日本的NHK电视台等媒体的专访。

学科重视媒体宣传,积极将学科的创新工作通过媒体"广而告之",有效扩大了科室的影响。上海九院整复外科得以蜚声海内外,学科医教研日常工作扎实的开展、创新术式不断推出、治疗效果好、患者满意度高是根本原因,但媒体宣传也起到了很好的助力作用,使更多患者得以知晓上海九院整复外科,众多治疗需求得以满足。

至2010年,整复外科拥有临床医师75人,病床164张,设4个病区、4个门诊分部、1个上海市重点实验室,为国家重点学科、国家"211"工程两期重点学科,以及上海市医学领先专业、上海市修复重建外科临床医学中心和上海市医疗美容质量控制中心。年门诊近14万人次,门诊手术与治疗4.3万余人次。2009年和2010年连续两年获评"年度中国最佳医院及最佳专科声誉排行榜"全国排名第一,成为国际上最具规模的、综合学术水平居国内领先地位、部分项目具有国际先进水平,整形与修复重建外科医疗、教育与科研中心之一。

索引

表格索引

表1-1-1	1920—2010年医院名称变更情况表	66
表1-1-2	1920—2010年伯特利医院、第九人民医院历任负责人情况表	68
表1-1-3	1952—2010医院领导体制沿革情况表	70
表1-1-4	1950年4月伯特利医院董事会情况表	70
表1-1-5	1951年伯特利医院董事会成员情况表	71
表1-1-6	1956年医院领导及部门负责人情况表	72
表1-2-1	1953—1958年医院历任党支部书记、副书记情况表	75
表1-2-2	1961—1978年医院历任党总支书记、副书记情况表	76
表1-2-3	1978—2010年医院历任党委正、副书记情况表	76
表1-2-4	1978—2000年历届党员（代表）大会召开时间表	79
表1-2-5	1979—2010年医院历任纪律检查委员会（组）正、副书记情况表	79
表1-2-6	1977—2010年历任党委（总支）办公室正、副主任情况表	80
表1-2-7	1973—2010年医院历任党委宣传科（组）负责人情况表	80
表1-2-8	1991—2010年医院历任档案室主任情况表	80
表1-2-9	1958—2010年历任武装部（组）负责人情况表	81
表1-2-10	1977—2010年历任党支部正、副书记情况表	83
表1-3-1	1990—2010年医院各民主党派的成员人数情况表	89
表2-1-1	1952—1992年大内科历任正、副主任情况表	96
表2-1-2	1978—1992年内科获得的个人荣誉情况表	97
表2-1-3	1979—2010年心内科历任主任情况表	98
表2-1-4	1995—2010年心内科获得的校级及以上级别研究课题情况表	102
表2-1-5	1986—1999年心内科获市级以上奖项情况表	103
表2-1-6	1976—2005年心内科参加医疗援助任务情况表	104
表2-1-7	1992—2010年肾内科历任正、副主任情况表	106
表2-1-8	2004—2010年肾内科获得的校级及以上级别课题情况表	108
表2-1-9	1992—2010年内分泌代谢科历任正、副主任情况表	109
表2-1-10	2002—2010年内分泌代谢科获教学奖项情况表	111
表2-1-11	2006—2010年内分泌代谢科获得的校级及以上级别课题和人才计划情况表	113
表2-1-12	2006—2010年内分泌代谢科科研项目获奖情况表	114
表2-1-13	1992—2010年血液病科历任正、副主任情况表	115
表2-1-14	2001—2010年血液病科住院人次统计表	116
表2-1-15	2008—2010年血液病科门诊人次统计表	117
表2-1-16	2003—2009年血液病科科研成果获奖情况表	120

表2-1-17	1992—2010年消化内科历任正、副主任情况表	121
表2-1-18	1990—2010年消化内科承担的校级及以上级别科研项目情况表	123
表2-1-19	1990—2008年消化内科获科研奖项情况表	124
表2-1-20	1948—2010年呼吸科(肺科)历任正、副主任情况表	125
表2-1-21	1978—2010年神经内科历任正、副主任情况表	129
表2-1-22	1979—2010年神经内科教学工作负责人情况表	130
表2-1-23	1997—2010年老年病科历任主任情况表	132
表2-1-24	1997—2010年老年病科住院患者和门诊人次统计表	132
表2-1-25	1997—2010年老年病科承担校级及以上级别科研课题与人才计划情况表	136
表2-1-26	1986—2010年急诊科历任正、副主任情况表	139
表2-1-27	1951—2010年儿科历任正、副主任情况表	142
表2-1-28	1965—2010年儿科教研室(组)历任负责人情况表	145
表2-1-29	1956—2010年中医科历任正、副主任情况表	146
表2-1-30	1953—2010年部分中医科业务量情况表	147
表2-1-31	1978—2010年中医教研室负责人情况表	149
表2-1-32	2000—2010年中医科承担校级以上科研课题、学科建设项目情况表	151
表2-1-33	1988—2008年中医科所获科研成果奖情况表	151
表2-1-34	2006年中医科获国家发明专利情况表	152
表2-1-35	1957—2010年皮肤科历任正、副主任情况表	154
表2-1-36	2003—2008年皮肤科所获校级及以上级别课题情况表	155
表2-1-37	2003—2010年辅助生殖科历任正、副主任情况表	156
表2-1-38	2008—2010年辅助生殖科所获市级及以上级别科研课题情况表	158
表2-2-1	1921—2010年妇产科历任正、副主任情况表	160
表2-2-2	1986—1995年妇产科获科研成果奖情况表	163
表2-2-3	1952—2010年普外科历任正、副主任情况表	165
表2-2-4	1998—2010年普外科承担校级及以上级别科研课题情况表	170
表2-2-5	1952—2010年眼科历任正、副主任情况表	173
表2-2-6	1974—2010年眼科进修医师培养人数情况表	175
表2-2-7	1988—2010年眼科承担的市级及以上级别课题情况表	176
表2-2-8	1997—2009年眼科入选的人才培养计划情况表	178
表2-2-9	1988—2008年眼科获奖课题情况表	179
表2-2-10	1960—2009年眼科主编(主译)的主要学术著作情况表	180
表2-2-11	2001—2010年眼科长期出国进修人员情况表	180
表2-2-12	1957—2010年耳鼻咽喉科历任正、副主任情况表	182
表2-2-13	1961—2010年整复(整形)外科历任正、副主任情况表	187
表2-2-14	1988—2010年上海市整复外科研究所历任所长情况表	187
表2-2-15	2010年整复外科专业组设置及组长任职情况表	192
表2-2-16	2010年整复外科各病区、门诊部收治病种情况表	193
表2-2-17	1995—2010年整复外科历任教研室正、副主任情况表	194
表2-2-18	2002—2010年整复外科举办的继续医学教育学习班情况表	195
表2-2-19	1991—2010年整复外科承担的重要科研课题情况表	197
表2-2-20	1979—2008年整复外科重要科研成果获奖情况表	200

表2-2-21	1995—2010年整复外科的重要人才项目与奖项情况表	202
表2-2-22	1980—2010年整复外科重要国内、国际学术团体任职情况表	205
表2-2-23	1987—2010年整复外科重要国内、国际专业学术期刊任职情况表	206
表2-2-24	2001—2010年整复外科国内、外学术团体任职人次情况表	207
表2-2-25	1978—2010年骨科历任正、副主任情况表	209
表2-2-26	1991—2010年骨科所获人才项目情况表	216
表2-2-27	1985—2010年骨科承担的部委级及以上科研课题情况表	218
表2-2-28	1987—2008年骨科科研获奖项目情况表	221
表2-2-29	1985—2010年骨科担任主编、副主编的学术著作	223
表2-2-30	1978—2010骨科所获校级及以上级别奖项和荣誉	224
表2-2-31	1981—2010年泌尿外科历任正、副主任情况表	227
表2-2-32	2001—2010年泌尿外科主要业务工作量情况表	228
表2-2-33	2004—2008年泌尿外科承担的市级及以上级别科研与人才计划项目情况表	229
表2-2-34	2007—2010年泌尿外科获得的专利情况表	230
表2-2-35	2008年泌尿外科获得的科技奖项情况表	230
表2-2-36	1953—2010年胸外科历任正、副主任情况表	232
表2-2-37	1981—2010年血管外科历任正、副主任情况表	235
表2-2-38	1991—2010年血管外科承担科研课题情况表	238
表2-2-39	1988—2009年血管外科科研获奖情况表	239
表2-2-40	1988—2007年血管外科首创的科研技术应用情况表	240
表2-2-41	1993—2010年神经外科历任正、副主任情况表	242
表2-2-42	1993—2010年神经外科承担的校、局级及以上级别科研课题情况表	245
表2-2-43	1978—2010年麻醉科历任正、副主任情况表	247
表2-2-44	1996—2009年麻醉科所获校级及以上级别科研课题情况表	250
表2-2-45	2000—2010年九院浦东分院负责人情况表	254
表2-2-46	2002—2010年浦东分院门诊、住院人数、手术人次情况表	256
表2-2-47	2001—2010年浦东分院人员情况	256
表2-3-1	1955—2010年口腔颌面外科历任正、副主任情况表	259
表2-3-2	1965—2010年口腔颌面外科教研室人员情况表	264
表2-3-3	1988—2010年口腔颌面外科承担的国家级及部委级科研课题情况表	266
表2-3-4	1980—2010年口腔颌面外科所获科技成果奖情况表	271
表2-3-5	1956—1984年口腔矫形科正、副主任情况表	280
表2-3-6	1984—2010年口腔修复科正、副主任情况表	280
表2-3-7	1997—2010年口腔技术室主任情况表	281
表2-3-8	2007—2010年口腔修复科临床业务量情况表	282
表2-3-9	2008—2010年口腔修复科承担的校级以上级别教学课题情况表	284
表2-3-10	2008—2010年口腔修复科所获校级以上级别教学工作奖项情况表	284
表2-3-11	1991—2010年口腔修复科承担的科研项目情况表	287
表2-3-12	1958—2009年口腔修复科科研获奖情况表	291
表2-3-13	1998—2010年口腔修复科所获校级及以上级别人才计划和奖项情况	291
表2-3-14	1999—2010年口腔修复科获授权专利情况表	292
表2-3-15	1940—2010年口腔内科、牙体牙髓病科历任正、副主任情况表	295

表2-3-16	2005—2010年牙体牙髓科承担的科研课题情况表	297
表2-3-17	2005—2009年牙体牙髓科获得的科研奖项和专利情况表	298
表2-3-18	2007—2010年牙周病科年门诊人次情况表	300
表2-3-19	2005—2010牙周病科(专业)承担的科研课题情况表	301
表2-3-20	1986—2002年牙周病科(专业)科研项目获奖情况表	302
表2-3-21	2007—2010年口腔黏膜病科历任正、副主任情况表	303
表2-3-22	2008—2010年口腔黏膜病科门诊人次情况表	305
表2-3-23	1992—2010年口腔黏膜病科课题情况表	306
表2-3-24	1997—2007年口腔黏膜病科科研获奖情况表	307
表2-3-25	1965—2010年口腔正畸科(矫形科)历任正、副主任情况表	309
表2-3-26	1987—2010年口腔正畸科门诊人次情况表	310
表2-3-27	1985—2010年口腔正畸科承担科研项目情况表	313
表2-3-28	2003—2008年口腔正畸科所获专利情况表	314
表2-3-29	2006—2010年口腔正畸科所获人才计划情况表	314
表2-3-30	1984—2010年口腔预防儿童科历任正、副主任情况表	315
表2-3-31	2005—2010年口腔预防儿童科承担的校级及以上级别教学研究和教材项目情况表	317
表2-3-32	1997—2010年口腔预防儿童科承担的科研课题情况表	319
表2-3-33	1986—2003年口腔预防儿童科所获科研奖项情况表	319
表2-3-34	2001—2010年口腔种植科正、副主任情况表	321
表2-3-35	2001—2010年口腔种植科承担的科研课题情况表	322
表2-3-36	2006—2010年种植科科研、教学、人才培养项目获奖情况表	322
表2-3-37	2002—2010年口腔综合科历任正、副主任情况表	324
表2-3-38	2002—2010年口腔综合科门、急诊人次情况表	325
表2-3-39	2007—2010年口腔综合科承担的科研课题情况表	327
表2-3-40	1953—2010年口腔病理科历任正、副主任情况表	331
表2-3-41	1985—2010年口腔病理科承担的科研项目情况表	333
表2-3-42	1988—2007年口腔病理科所获科研奖项情况表	334
表2-4-1	1948—2010年历任放射科正、副主任情况表	336
表2-4-2	1985—2010年放射诊断学教研室(核医学)获得荣誉情况表	339
表2-4-3	2002—2010放射科承担与合作的研究课题获奖情况表	340
表2-4-4	2010年放射科主要业务项目情况表	343
表2-4-5	1951—2010年药剂科历任正、副主任情况表	344
表2-4-6	2003—2009年药剂科承担院级及以上级别科研课题情况表	349
表2-4-7	1996—2010年药剂科出版的专著情况表	349
表2-4-8	1956—2010年检验科历任正、副主任情况表	350
表2-4-9	2008—2010年检验科所获科研项目和人才计划情况表	351
表2-4-10	1959—2010年病理科历任正、副主任情况表	353
表2-4-11	2000—2010年病理科主要工作量情况表	355
表2-4-12	2005—2010年外院送检工作量统计表	355
表2-4-13	1959—2010年超声诊断科历任正、副主任情况表	357
表2-4-14	1974—2010年核医学科历任正、副主任情况表	360
表2-4-15	1955—2010年营养科(室)历任正、副主任情况表	364

表2-4-16	2004—2010年营养科获上海市临床营养质控中心督查成绩情况表	365
表2-4-17	1990—2009年营养科发表专著情况表	366
表3-1-1	1947—2010年医务部门历任负责人情况表	371
表3-1-2	1948年1月—1950年5月伯特利总院业务情况表	373
表3-1-3	1937年8月—1950年3月伯特利分院业务情况表	373
表3-1-4	1937年8月—1950年3月伯特利分院减免情况表	374
表3-1-5	1920—1950年八仙桥诊所业务量情况表	374
表3-1-6	1950年伯特利总院、分院、诊所业务情况表	374
表3-1-7	1951年2月伯特利总院床位分布情况表	377
表3-1-8	1953—2002年九院病区与床位数变化情况表	378
表3-1-9	2003—2010年九院病区与床位数变化情况表	380
表3-1-10	1953—2010年住院患者医疗指标统计情况表	383
表3-1-11	2005—2010年医疗技术临床应用准入情况表	385
表3-1-12	1989—2010年部分年份医务处安排院外会诊情况表	386
表3-1-13	1974—2010年九院进修人次情况表	388
表3-1-14	1974—1989年九院各科接收进修人员情况表	388
表3-1-15	1993—2002年医院所获上海市临床医疗成果奖情况表	389
表3-1-16	1993—2005年医院获上海第二医科大学临床医疗成果奖情况表	390
表3-1-17	1993—2004年九院医疗成果奖情况表	391
表3-1-18	1998—1999年度"施贵宝奖励基金"青年医、技、护三十佳情况表	393
表3-1-19	1999—2000年"联邦奖励基金"病案书写与管理奖获奖情况表	394
表3-1-20	2000年"强生奖励基金"优秀病案与管理奖获奖情况表	394
表3-1-21	1987—2000年青年医师获奖情况表	395
表3-1-22	1987—2010年医院"优秀青年医师"获奖情况表	395
表3-2-1	1965—2010年门诊办公室历任负责人情况表	397
表3-2-2	1989年门诊设置情况表	401
表3-2-3	1989年急诊设置情况表	403
表3-2-4	2010年10号楼门诊布局情况表	404
表3-2-5	2010年1号楼门诊布局情况表	405
表3-2-6	1953—1989年各科门诊人次统计表（一）	408
表3-2-7	1953—1989年各科门诊人次统计表（二）	408
表3-2-8	1953—1989年各科门诊人次统计表（三）	409
表3-2-9	1953—1989年各科急诊人次统计表	409
表3-2-10	1990—2010年全院门急诊人次统计表	409
表3-2-11	2010年各科门急诊人次统计表	410
表3-2-12	1951—1953年特约医师（顾问）情况表	412
表3-2-13	1989年各科专科、专家门诊情况表	412
表3-2-14	2010年专科、专病门诊情况表	413
表3-2-15	2010年专家门诊情况表	415
表3-2-16	2010年各科专家门诊人次情况表	418
表3-2-17	1974—2010年肠道门诊就诊人次情况表	420
表3-2-18	1973—1988年肝炎门诊就诊人次情况表	420

表3-2-19	1987—2010年体检人次情况表	422
表3-3-1	1950—2010年护理部历任正、副主任情况表	423
表3-3-2	1951—2010年科护士长及护士长情况表	423
表3-3-3	1985年护理管理核心小组职责和要求情况表	425
表3-3-4	1920—2010年护理人数变化情况表	429
表3-3-5	2010年医院各部门护士人数情况表	430
表3-3-6	1999—2010年护理队伍学历结构情况表	430
表3-3-7	1980—2010年护理队伍职称结构情况表	430
表3-3-8	2004—2010年护理质量及满意度得分情况表	437
表3-3-9	2002—2010年压疮预报登记及处理例数情况表	437
表3-3-10	1999—2010年护理部所获课题与发明情况表	438
表3-3-11	1999—2010年护理部所获课题项目情况表	438
表3-3-12	1987—2010年医院护理论文及获奖情况表	440
表3-3-13	1988年医院护理论文情况表	440
表3-3-14	1991年医院护理论文（部分）情况表	441
表3-3-15	1995年医院院护理论文（会议交流）情况表	441
表3-3-16	2001年医院发表护理论文情况表	442
表3-3-17	2002年医院发表护理论文情况表	442
表3-3-18	2003年医院发表护理论文情况表	443
表3-3-19	2004年医院发表护理论文情况表	443
表3-3-20	2005年医院发表护理论文情况表	444
表3-3-21	2009年医院发表护理论文情况表	445
表3-3-22	1988—2010年医院护理科研获学术奖励情况表	446
表3-3-23	2007—2009年医院护理科研获国家级专利发明情况表	447
表3-3-24	1926—2010年护理学术团体任职情况表	448
表3-3-25	1984—2010年职前护理临床教学学生数统计表	449
表3-3-26	2002—2010年医院承担医学院校护理学授课情况表	450
表3-3-27	1989—2010年护理部继续教育学习班情况表	453
表3-3-28	1980—2010年继续教育工作统计表	453
表3-3-29	1988—2006年获全国先进情况表	454
表3-3-30	1956—1995年获上海市劳动模范情况表	454
表3-3-31	1977—2010年获市级各类先进个人和集体情况表	454
表3-3-32	1974—2001年获区级护理先进个人和集体情况表	455
表3-3-33	1977—2008年获校级护理先进个人和集体情况表	456
表3-4-1	1984—2010年病史室历任负责人情况表	458
表3-4-2	1953—2010年医院主要医疗工作量情况表（含浦东分院）	459
表3-4-3	1977—2010年病案收集、借阅和复印工作量情况表	462
表3-4-4	1992—2010年病史室接收学生实习情况表	463
表3-4-5	1976—2010年防保科（保健科）历任负责人情况表	465
表3-4-6	1970—1998年职防科（组）历任负责人情况表	472
表3-4-7	2002—2010年医院医保总量完成情况表	477
表3-4-8	2002—2010年医院医保门急诊完成情况表	477

表3-4-9	2002—2010年医院医保住院完成情况表	477
表3-4-10	1990—2010年信息科历任负责人情况表	479
表3-4-11	2003—2010年信息化管理机构情况表	479
表3-4-12	2002—2010年上海市口腔临床质量控制中心负责人情况表	484
表3-4-13	2002—2003年上海市口腔临床质量控制中心专家委员会	484
表3-4-14	2002—2010年上海市口腔临床质量控制分中心主任	485
表3-4-15	2002—2010年口腔科公立、民营、私立单位统计表	485
表3-4-16	2003—2010年口腔质控中心开展培训情况	486
表3-4-17	2002—2010年口腔质控中心部分重要调研报告情况表	489
表3-5-1	1964—1977年医院派遣下乡卫生工作队情况表	495
表3-5-2	1972年医院第十批卫生工作队情况表	497
表3-5-3	1973年医院第十一批卫生工作队情况表	498
表3-5-4	1974年医院第十二批卫生工作队情况表	498
表3-5-5	1975年医院第十三批卫生工作队情况表	498
表3-5-6	1970年2—11月医院支内人员情况表	499
表3-5-7	1972年医院下放农村及支援三线厂矿人员情况表	499
表3-5-8	医院派遣援藏医疗队员情况表	500
表3-5-9	1998—2010年医院派遣支援新疆干部情况表	500
表3-5-10	1973年6月27日—1974年5月29日第一批皖南医疗队情况表	502
表3-5-11	1974年6月27日—1975年5月28日第二批皖南医疗队情况表	502
表3-5-12	1975年6月27日—1976年5月28日第三批皖南医疗队情况表	503
表3-5-13	1976年6月27日—1977年5月28日第四批皖南医疗队情况表	503
表3-5-14	1965—2003年参加援外医疗队人员情况表	504
表3-5-15	2010年医院参加世博保障工作培训情况表	508
表3-5-16	1976年7月29—9月26日第一批赴唐山抗震救灾医疗队员情况表	510
表3-5-17	1976年9月24日—1977年7月11日第二批赴唐山抗震救灾医疗队员情况表	511
表3-5-18	1977年7月7日—1978年6月20日第三批赴唐山抗震救灾医疗队员情况表	511
表3-5-19	2008年医院赴四川汶川抗震救灾医疗队情况表	514
表3-5-20	2010年派出的援滇医疗队人员情况表	515
表4-1-1	1932—1987年历任口腔系正、副主任情况表	529
表4-1-2	1987—2010年口腔医学院正、副院长情况表	529
表4-1-3	2010年口腔医学研究生招生点情况表	531
表4-1-4	1978—2010年口腔医学研究生导师情况表	531
表4-1-5	1978—2010年口腔医学院(系)教研室正、副主任情况表	532
表4-1-6	1965—1995年口腔医学院(系)临床医学教研室主任情况表	535
表4-1-7	1952—2010年口腔医学院(系)每届毕业生人数和学制情况表	537
表4-1-8	2007—2010年上海交通大学口腔医学院七年制(本硕连读生)生源地情况表	540
表4-1-9	1975届口腔医学系三年总体教学安排情况表	540
表4-1-10	1975届口腔医学专业(三年制)课程设置和教学进程表	541
表4-1-11	口腔医学专业(六年制)各学年教学周数分配表	543
表4-1-12	口腔医学专业(六年制)课程设置和教学进程表(第一至三学年)	543
表4-1-13	口腔医学专业(六年制)课程设置和教学进程表(第四至六学年)	544

表4-1-14	1988年口腔医学专业(七年制)课程设置和教学进程表(第一至三学年)	546
表4-1-15	1988年口腔医学专业(七年制)课程设置和教学进程表(第四至七学年)	547
表4-1-16	口腔医学专业(五年制)课程设置和教学进程表	548
表4-1-17	2005年口腔医学专业(七年制)课程设置和教学进程表(第一至七学期)	551
表4-1-18	2005年口腔医学专业(七年制)课程设置和教学进程表(第八至十四学期)	553
表4-1-19	2007—2010年口腔医学院承担的国家级教学研究项目情况表	556
表4-1-20	2006—2010年口腔医学院承担的上海市级教学研究项目情况表	556
表4-1-21	2003—2006年口腔医学院编著的课件情况表	557
表4-1-22	2001—2009年获得上海市教委课题建设项目情况表	558
表4-1-23	2001—2010年获得校级课程建设项目情况表	558
表4-1-24	1989—2005年口腔医学院获得的国家级教学工作奖项情况表	559
表4-1-25	2001—2008年口腔医学院获得的上海市教学奖项情况表	559
表4-1-26	2005—2010年口腔医学院获得的校级教学奖项情况表	560
表4-1-27	1986—2009年口腔医学院教师获得的上海市教育工作奖项情况表	560
表4-1-28	1978—1987年个人获得校级教学奖项情况表	561
表4-1-29	2001—2010年个人获得校级教学奖项情况表	561
表4-1-30	1983—2010年口腔医学院建立的国际和港澳地区教育交流合作关系情况表	563
表4-2-1	1957年7月—1958年10月筹建儿科系时期教研系统人员情况表	566
表4-2-2	1995—2010年九院临床医学院历任院长情况表	567
表4-2-3	2010年临床医学专业研硕、博士点情况表	568
表4-2-4	1978—2010年临床医学研究生导师情况表	569
表4-2-5	1995—2010年九院临床医学院历任教研室主任情况表	570
表4-2-6	1999—2010年九院临床医学院教学督导专家组情况表	573
表4-2-7	1998—2010年九院临床医学院选修课程情况表	576
表4-2-8	2000—2010年九院临床医学院本科毕业生人数情况表	577
表4-2-9	1996—2010年九院临床医学院七年制(本硕连读)毕业生情况表	577
表4-2-10	2006—2010年九院临床医学院八年制(4+4模式)毕业生情况表	578
表4-2-11	2000—2010年九院临床医学院临床医学专升本(三年制)毕业生情况表	578
表4-2-12	2003—2010年九院临床医学院承担的课程和教材建设项目情况表	578
表4-2-13	1997—2010年九院临床医学院教师获得的奖项情况表	580
表4-2-14	2001—2010年获得的教学成果奖情况表	580
表4-3-1	2008—2010年口腔医学院、九院临床医学院主要教学管理人员情况表	581
表4-3-2	2000—2010年九院教学党总支书记情况表	582
表4-3-3	2006—2010年口腔医学院党建情况表	582
表4-3-4	2006—2010年九院临床医学院党建情况表	582
表4-3-5	2000—2010年九院师生获得的上海市暑期社会实践表彰项目情况表	584
表4-3-6	2007—2010年九院大学生获得的创新性试验计划情况表	584
表4-4-1	2010年医院硕士点科室情况表	586
表4-4-2	2010年各科室在职硕士生导师情况表	586
表4-4-3	1981—2010年医院博士点分布情况表	588
表4-4-4	2010年各科室在职博士生导师情况表	588
表4-4-5	1981—2010年历年研究生导师数情况表	588

表4-4-6	1978—2010年招收硕士、博士研究生情况表		590
表4-4-7	2005—2010年医院优秀博士、硕士论文获奖情况表		592
表4-5-1	1997—2010年医院开展继续医学教育项目情况表		596
表4-6-1	1920—1989年护士学校沿革情况表		598
表4-6-2	1948年伯特利护校董事会成员情况表		599
表4-6-3	1950年改组后的伯特利护校董事会成员情况表		599
表4-6-4	1920—1989年九院护校历任正副校长情况表		600
表4-6-5	1936年伯特利护士产科学校在任及曾经任职教师情况表		601
表4-6-6	1921—1936年伯特利护校历年毕业生人数情况表		603
表4-6-7	九院护校1953—1989届毕业生情况表		605
表4-6-8	1971—1988年职工培训班毕业人数情况表		606
表5-1-1	1985—2010年科研处(科)历任负责人情况表		609
表5-1-2	1998—2010年医学伦理委员会正、副主任,委员情况表		610
表5-2-1	1998—2007年医院获国家及部委级重点学科情况表		614
表5-2-2	1984—2009年医院获市局级重点学科情况表		615
表5-2-3	1996—2008年医院获校、院级重点学科情况表		616
表5-2-4	1982—2010年医院获批的研究所情况表		617
表5-2-5	1989—2010年医院获批的研究中心情况表		617
表5-2-6	1997—2008年市级重点实验室情况表		617
表5-2-7	1961—1994年校级、院级研究室情况表		618
表5-2-8	1982年口腔研究所属分支研究室及负责人情况表		619
表5-2-9	1982—2010年口腔医学研究所历任正、副所长情况表		619
表5-2-10	1982—1990年上海市口腔医学研究所承担科研项目情况表		620
表5-2-11	1991—2000年上海市口腔医学研究所承担科研项目情况表		621
表5-2-12	2001—2010年上海市口腔医学研究所承担的科研项目情况表		625
表5-2-13	1979—1990年口腔医学研究所获奖项目情况表		638
表5-2-14	1991—2010年口腔医学研究所获奖项目情况表		638
表5-2-15	1988—2010年上海市整复外科研究所正、副所长情况表		643
表5-2-16	2010年上海市整复外科研究所主要实验室及负责人情况表		643
表5-2-17	2002—2010年研究所承担的重大项目情况表		644
表5-2-18	1980—2009年研究所获得的科研奖项情况表		644
表5-2-19	1982—2010年口腔材料研究室(上海生物材料研究测试中心)历任正、副主任情况表		647
表5-2-20	1977—2010年口腔材料室获得部委、市、局级科技成果奖情况表		649
表5-2-21	1999—2010年组织工程实验室获得的研究课题情况表		655
表5-2-22	1998—2010年组织工程实验室获得的人才培养项目情况表		657
表5-2-23	1997—2010年实验室发表的论文和获得的专利情况表		658
表5-2-24	1999—2008年实验室获得的重大奖项情况表		658
表5-2-25	1998—2010年实验室研究人员获得的荣誉情况表		659
表5-2-26	上海市组织工程实验室研究生导师情况表		661
表5-2-27	1998—2010年实验室硕士研究生培养情况表		661
表5-2-28	1998—2010年实验室博士研究生培养情况表		661
表5-2-29	1998—2010年实验室博士后培养情况表		661

表号	表名	页码
表5-2-30	1997—2010年实验室成员作特邀发言的学术会议情况表	662
表5-2-31	2006—2010年实验室学术委员会成员情况表	669
表5-2-32	2004—2010年实验室负责人情况表	669
表5-2-33	2004—2010年实验室获国家、省部级科技奖情况表	671
表5-2-34	2005—2010年组织工程国家中心承担的科研项目情况表	674
表5-2-35	2005—2010年组织工程国家中心获得的科研奖项情况表	675
表5-2-36	2005—2010年组织工程国家中心获得的人才计划情况表	675
表5-2-37	2008—2010年实验室获得的国家级课题情况表	680
表5-2-38	2008—2010年实验室获得的国家专利情况表	681
表5-2-39	2008—2010年实验室获得的人才项目与获奖情况表	681
表5-2-40	2008—2010年实验室发表的SCI论文情况表	682
表5-3-1	1991—2010年医院各级各类科研项目及经费情况表	688
表5-3-2	1991—2010年医院各级科研项目中标情况表	688
表5-3-3	1979—2010年鉴定验收的科研项目情况表	689
表5-3-4	2002—2010年医院发表SCI论文情况表	703
表5-3-5	1991—2010年医院各科发表论文数情况表	712
表5-3-6	1958—2010年医院出版专著情况表	712
表5-3-7	2000—2010年医院申请、授权专利数量情况表	721
表5-3-8	2000—2010年医院授权专利(发明)情况表	721
表5-3-9	2000—2010年医院授权专利(实用新型)情况表	722
表5-3-10	1980—2010年全院获科研成果奖励情况表	724
表5-3-11	1988—2010年医院获得国家级奖项情况表	725
表5-3-12	1986—2008年医院获得卫生部、教育部奖项情况表	726
表5-3-13	1980—2010年医院获得上海市科技进步奖情况表	728
表5-3-14	2002—2009年医院获得中华医学奖情况表	732
表5-3-15	1996—2010年医院个人获得其他高水平科技奖项情况表	733
表5-4-1	1983—2010年医院专家教授在国际学术团体任职情况表	734
表5-4-2	1984—2010年医院专家教授在国内学术团体任职情况表	736
表5-4-3	1990—2010年医院专家教授在国际和国内杂志任职情况表	744
表5-5-1	1992—2016年《上海口腔医学》编辑委员会正、副主编情况表	750
表5-5-2	2001—2010年《上海口腔医学》历年影响因子情况表	750
表5-5-3	2003—2010年《中国口腔颌面外科杂志》编委会正、副主编情况表	752
表5-5-4	2004—2010年《中国口腔颌面外科杂志》历年影响因子情况表	752
表5-5-5	2007—2010年《组织工程与重建外科杂志》核心影响因子与总被引频次情况表	753
表5-5-6	1986—2010年《医用生物力学》杂志正、副主编情况表	756
表5-5-7	2006—2010年《医用生物力学》杂志引证指标情况表	756
表5-5-8	1970—2010年医院医学图书馆历任负责人情况表	756
表6-1-1	1951—2010年人事管理部门历任负责人情况表	761
表6-1-2	1997—2003年人事处获得各类荣誉情况表	761
表6-1-3	2002年9月工人(包括聘干)编制办理待退休汇总情况表	767
表6-1-4	2002年9月工人(包括聘干)编制办理待退休汇总情况表	767
表6-2-1	1951年2月伯特利医院主治医生及护士、化验、药剂负责人情况表	769

表6-2-2	1920—2010年部分年份医生人数与职称情况表	769
表6-2-3	1985—2010年部分年份护士总数与职称情况表	770
表6-2-4	1951—2010年部分年份医技人员数量和职称情况表	770
表6-2-5	1956年医院员工、业务量与接管前比较情况表	771
表6-2-6	1920—2010年医院职工分布情况表	772
表6-2-7	1958—2010年医院人员流动情况表	774
表6-2-8	1920—2010年医生高、中级职称结构变化情况表	776
表6-2-9	1965—2010年护士高、中级职称结构变化情况表	777
表6-2-10	1951—2010年医技人员高、中级职称结构变化情况表	777
表6-2-11	1978—2010年初级职称聘任情况表	782
表6-2-12	1979—2010年初级职称聘任情况表	783
表6-2-13	1978—2010年中级职称聘任情况表	784
表6-2-14	1978—2010年副高级职称聘任情况表	785
表6-2-15	1982—2010年正高级职称聘任情况表	786
表6-2-16	1956—2010年医院历年聘任教授情况表	787
表6-2-17	1978—2010年医院历年聘任副教授情况表	789
表6-2-18	1989—1993年医院给予行政奖励职工情况表	793
表6-3-1	1980—2010年公派出国进修人数情况表	799
表6-3-2	1980—2002年长期公派出国人员情况表	799
表6-3-3	2003—2010年长期公派出国人员情况表	804
表6-3-4	1993—2010年长期公派赴港澳台地区人员情况表	809
表6-3-5	1984—2010年在职人员攻读硕士、博士人数情况表	810
表6-3-6	1991—2010年医院引进博士学位人才及岗位情况表	811
表6-3-7	1991—2010年医院获人才建设成果情况表	813
表6-3-8	1998—2009年医院获得的国家级人才计划项目情况表	814
表6-3-9	1991—2010年医院获得的省部级人才计划项目情况表	814
表6-3-10	1991—2010年医院获得的局级人才计划项目情况表	815
表6-3-11	1991—2010年医院获得的校级人才培养项目情况表	817
表6-3-12	1999—2008年获得九院优秀青年骨干项目资助的人员情况表	818
表6-3-13	1992—2010年参加岗前培训职工情况表	822
表7-1-1	1956—2010年院长办公室历任负责人情况表	825
表7-1-2	1977—2010年医院外事工作领导与外事干部任职情况表	828
表7-1-3	1973—2010年医院接待来访问人员数情况表	828
表7-1-4	1985—2010年授予与九院合作交流的国内外专家荣誉称号情况表	829
表7-1-5	1997—2009年由医院承办或协办部分国际学术会议情况表	830
表7-1-6	1982—2010年与九院建立友好学术关系的国内外学术团体情况表	831
表7-1-7	1972—2010年医院接受境外人员进修情况表	833
表7-2-1	1951—2010年历任财务处正、副处(科)长情况表	840
表7-2-2	1988—2010年历任财务各部门负责人情况表	840
表7-3-1	1988—2010年监察审计室历任负责人情况表	849
表7-3-2	1993—2010年基建修缮工程项目审计情况表	851
表7-5-1	1986—2010年医院退休职工管理委员会及办公室负责人情况表	862

表7-5-2	1991—2010年退管会党支部正、副书记情况表	863
表7-5-3	2004—2010年历年退休人员管理服务工作情况表	865
表7-5-4	1991—2010年历年退管会获得荣誉情况表	866
表7-5-5	1976—2010年历任保卫科正、副科长情况表	867
表8-1-1	1951—1994年历任总务科正、副科长情况表	873
表8-1-2	1988—2010年历任总务处正、副处长情况表	874
表8-1-3	1992—2010年医院总务处主要管理制度情况表	875
表8-1-4	1987—2010年历任总务科正、副科长情况表	875
表8-1-5	1992—2010年历任环卫科正、副科长情况表	884
表8-1-6	1976—1977年后勤部门员工参加唐山抗震救灾医疗队情况表	885
表8-1-7	1978—2010年历任膳食科正、副科长情况表	886
表8-1-8	1979—1993年食堂炊事员援外情况表	886
表8-2-1	1988—2010年历任基建正、副科长情况表	890
表8-2-2	1951年医院建筑情况表(不含教会建筑)	896
表8-2-3	1951年护士学校建筑情况表	897
表8-2-4	1963年院内各建筑使用情况及以后的变化情况表	898
表8-2-5	1951—2006年医院重要基建项目情况表	900
表8-2-6	2010年1号楼各楼层使用情况表	902
表8-2-7	2010年2号楼各楼层使用情况表	902
表8-2-8	2010年3号楼各楼层使用情况表	903
表8-2-9	2010年5号楼楼层使用情况表	903
表8-2-10	2010年6号楼各楼层使用情况表	904
表8-2-11	2010年7号楼各楼层使用情况表	904
表8-2-12	2010年8号楼各楼层使用情况表	905
表8-2-13	2010年9号楼各楼层使用情况表	905
表8-2-14	2010年10号楼各楼层使用情况表	906
表8-2-15	2010年11号楼各楼层使用情况表	906
表8-2-16	2010年12号楼各楼层使用情况表	906
表8-3-1	1982—2010年历任设备科、资产管理处负责人情况表	908
表8-3-2	1951年伯特利医院设备情况表	908
表8-3-3	1953—1956年医院增添设备情况表	909
表8-3-4	1990—2010年医院购置30万以上设备情况表	912
表8-3-5	2002—2010年医院采购免税设备台、件数及金额情况表	914
表8-3-6	1995—2010年医院新增科研设备总额情况表	914
表8-3-7	2010年组织工程实验室部分设备情况表	915
表8-3-8	2010年口外肿瘤实验室部分设备情况表	915
表8-3-9	2010年骨科实验室部分设备情况表	916
表8-3-10	2010年眼科实验室部分设备情况表	916
表8-3-11	2010年生物材料测试中心部分设备情况表	917
表8-3-12	1963—2010年度卫生材料与低值易耗品采购金额情况表	918
表8-3-13	1963—2010年使用科研经费采购的卫生材料与低值易耗品情况表	919
表8-3-14	2010年医院采购的卫生材料和低值易耗品情况表	920

表 9-1-1	1978—2010年党委办公室正、副主任情况表	926
表 9-1-2	1977—2010年党办获得荣誉情况表	926
表 9-1-3	1953—2010年医院发展党员人数情况表	927
表 9-1-4	1951—2010年医院党员人数情况表	928
表 9-1-5	1953—2010年医院人大代表、政协委员情况表	935
表 9-1-6	2010年档案室库藏案卷情况表	943
表 9-1-7	1958—2010年历任武装部(组)负责人情况表	943
表 9-1-8	1994—2010年医院荣获市级荣誉称号情况表	945
表 9-2-1	1950年伯特利医院工会组织情况表	946
表 9-2-2	1951—2010年医院历届工会委员会正、副主席情况表	947
表 9-2-3	1979—2010年职代会讨论通过的部分重要条例情况表	948
表 9-2-4	1995—2010年职工救急济难基金及住院互助互济基金使用情况表	950
表 9-2-5	1981—2010年职工文娱活动及职工文体比赛项目情况表	951
表 9-2-6	1956—2010年获全国、上海市工会系统个人、集体奖项情况表	952
表 9-2-7	1981—2010年获得的工会系统其他奖项情况表	953
表 9-2-8	1954—2010年医院团组织情况表	956
表 9-2-9	1954—1978年医院共青团正、副书记情况表	957
表 9-2-10	1978—2010年医院共青团正、副书记情况表	957
表 9-2-11	1989—2009年历届"银蛇奖"获奖情况表	960
表 9-2-12	1999—2010年参加上海青年志愿者赴滇扶贫接力计划情况表	961
表 9-2-13	1979—2010年历任工会女职工委员会、妇委会正、副主任情况表	963
表 9-2-14	1960—2010年获"三八"红旗集体与个人奖项情况表	965
表 9-2-15	1986—2010年妇女工作获得的其他奖项情况表	967
表 9-3-1	1979—2010年九院纪律检查委员会任职情况表	970
表 9-4-1	1971—2010年历任宣传科(政宣组)负责人情况表	976
表 9-4-2	1993—2010年摄制录像片情况表	977
表 9-4-3	1982—2010年医院被广播电台、电视台报道情况表	978
表 9-4-4	1982—2010年医院稿件被全国各大报刊录用情况表	978
表 9-4-5	1982—2010年各类报刊刊登新闻报道情况表	979
表 9-4-6	1989—2009年媒体发表的部分专题报道情况表	980
表 9-4-7	2003—2010年编写书籍情况表	981
表 9-5-1	1990—2010年历任精神文明指导委员会正、副主任情况表	983
表 9-5-2	1992—2006年历任精神文明办公室正、副主任情况表	984
表 9-5-3	1997—2010年市级文明班组评选情况表	987
表 9-5-4	1991—2010年校级文明科室评选情况表	988
表 9-5-5	1994—2010年医院获各级各类精神文明"十佳好事"奖项情况表	989
表 9-5-6	1990—2010年医院满意度测评情况表	992
表 9-5-7	1990—2010年历任思想政治工作研究会会长、副会长情况表	994
表 9-5-8	1988—2010年医院思想政治工作研究会发表论文情况表	994
表 9-5-9	1992—2010年医院思想政治工作研究会论文获奖情况表	994
表 9-5-10	1994—2010年医院发表思政论文情况表	995
表 9-5-11	1960—2010年医院获得国家级和市级奖项情况表	996
表 9-5-12	1991—2010年救灾捐款捐物情况表	1004

图 片 索 引

图1-2-1	1980年医院党的组织结构	82
图1-2-2	2010年医院党的组织结构	82
图2-1-1	20世纪50年代中期部分内科医师合影。前排左起：范献群、张贞修、李丕光（顾问）、陶学熙（顾问）、徐以达、赵立群；后排左一、左二分别为付旭初、缪承禧，左五是谢德善	93
图2-1-2	20世纪60年代内科医师与实习、进修医师。前排左起：桂世明、李远琴、俞松文、周畯、谢德善；二排左三为郑慧君	94
图2-1-3	1965年底部分内科医务人员在新建成的口腔门诊教学楼前合影。前排左起：徐安国、夏永康、乐路加、王耆龄、谢遐康、李国俊、朱宗益；中排左起：徐玫珍、陈海琼、尹家宁、吴培然、谢德善、周畯、杨顺年；后排左起：李远琴、不详、王鹤美、邵汉英、彭莲英、崔思瑜、马菊珍、陈家昭	95
图2-1-4	1994年内科组织学习孔繁森事迹。前排左起：顾燕、周龙女、杨菊贤、郑慧君、吴士尧、陈祥华；后排左起：刘海林、胡敏、黄梅娟、陈惠芳、王鹤美、严毓勤	97
图2-1-5	2010年科主任王长谦（前左一）和同事们在2号楼心内科导管室	102
图2-1-6	2010年心内科合影。前排左三起：吴士尧、杨菊贤、王长谦、周礼明	104
图2-1-7	2009年肾内科医护人员在新装修的病房。中排左三张薇，左四田树敏	107
图2-1-8	2010年内分泌代谢科合影。前排左三杨裕国，前排左四陆颖理	114
图2-1-9	20世纪90年代血液病科医护人员在血流变研究室。前排左起：窦红菊、陈惠芳、杨景文、林杰；后排左起：乐忠庆、孙键、侯福祥、石芝春、张雪珠、施晓雯、谢红	116
图2-1-10	2010年朱琦（左一）主持科室业务学习。前排左起：胡钧培、邹丽芳、林文洁、夏祖光；后排左起：叶为德、姚一芸、朱琦（护士长）、任志宏、李燕韵	119
图2-1-11	2010年刘海林（站者右一）在2号楼新装修的消化科病房主持查房	123
图2-1-12	2010年呼吸科在新装修的病房合影。左五王健，右五周龙女	127
图2-1-13	2010年神经内科病例讨论。左二金嘉翔，左三李威	131
图2-1-14	2010年老年病科主任盛净（后排右五）与医护人员在病房合影	135
图2-1-15	2010年周龙女（前排右三）、朱健（前排右二）主持业务培训	140
图2-1-16	2010年，儿科医护查房。站者右起：顾洪亮、查建忠、钱耀琴、武卫华	143
图2-1-17	2007年中医科培训后合影	150
图2-1-18	2010年陈向东（左三）指导新设备使用	154
图2-1-19	2010年，匡延平（前排右五）和辅助生殖科医护团队	158
图2-2-1	20世纪80年代妇产科讨论工作。坐者左起：法韫玉、薛培、王雪芬	161
图2-2-2	2010年，刘建华（前排左三）主持妇科病例讨论	162
图2-2-3	20世纪90年代唐思聪（左二）指导青年医师	165
图2-2-4	2007年顾岩（右二）在病房查房	168
图2-2-5	20世纪90年代奚渭清（左三）、李海生（左一）和科室同事讨论工作	173
图2-2-6	2010年范先群（左四）主持眼科病房交班	176

图 2-2-7	2010 年王珮华(右四)主持病例讨论	185
图 2-2-8	1982 年 3 月整复外科大楼建成时科室合影。前排左九为张涤生	188
图 2-2-9	20 世纪 90 年代科室病例讨论。坐者左起：钱云良、关文祥、张涤生、王炜、王善良；站立者左起：范志红、李青峰	191
图 2-2-10	20 世纪 90 年代整复外科骨干团队	192
图 2-2-11	20 世纪 80 年代戴尅戎(右二)主持读片讨论	209
图 2-2-12	20 世纪 90 年代侯晓魁(右一)带领青年医师查房	213
图 2-2-13	2010 年戴尅戎(右二)与青年医师讨论 3D 打印技术在骨盆肿瘤治疗中的应用	223
图 2-2-14	20 世纪 90 年代科主任姚德鸿(左二)主持病例讨论	226
图 2-2-15	2010 年科主任王忠(前排右二)主持病例讨论	229
图 2-2-16	2010 年胸外科主任管欣(坐者)和同事讨论病例	233
图 2-2-17	20 世纪 90 年代张培华(左四)带领青年医师查房	236
图 2-2-18	2010 年蒋米尔(右五)带领医师查房	237
图 2-2-19	2006 年丁美修(前排右四)主持科室业务学习	243
图 2-2-20	2010 年郭智霖(前左二)主持科室学习	246
图 2-2-21	2010 年姜虹(左二)、朱也森(左三)等讨论科室工作	252
图 2-2-22	2001 年浦东分院整复口腔门诊部开业	254
图 2-3-1	20 世纪 90 年代，张锡泽指导青年医师	260
图 2-3-2	20 世纪 90 年代口腔颌面外科医护集体。坐者左起：袁文化、何荣根、林国础、张锡泽、唐友盛、邱蔚六、刘德、胡北平、哈缉	276
图 2-3-3	2010 年邱蔚六(右四)和他的部分学生	277
图 2-3-4	上海第二医学院 8 舍	279
图 2-3-5	1981 年邱立崇指导工作。左二起：薛淼、楼昭华、邱立崇	280
图 2-3-6	2010 年科室业务学习。前排左起：张修银、张保卫、张富强、郑元俐、徐侃；后排左起：陈丽萍、魏斌、聂溶冰	293
图 2-3-7	20 世纪 90 年代口腔内科门诊诊室。前排左起：曹宏康、胡纯贞、史慧宝、王晓仪	294
图 2-3-8	2010 年牙体牙髓科成员在诊室。前左二为梁景平	297
图 2-3-9	20 世纪 90 年代口腔牙周病门诊。前排左起：胡纯贞、束蓉、陶琦	300
图 2-3-10	20 世纪 90 年代许国祺指导青年医师	303
图 2-3-11	2010 年口腔黏膜病科医师合影。坐者右起：唐国瑶、周曾同、蒋伟文、周永梅	304
图 2-3-12	1980 年口腔矫形、正畸进修班结业合影。二排左五起：潘家琛、樊森、周鲸渊、魏原樾、祝平、楼昭华、彭适生、高素娟	312
图 2-3-13	2010 年沈刚(坐者)指导青年医师	314
图 2-3-14	20 世纪 80 年代石四箴在为儿童看病	315
图 2-3-15	2010 年冯希平(前排居中)主持口腔预防儿童科业务学习	320
图 2-3-16	2010 年张志勇(前排右三)主持口腔种植科业务学习	323
图 2-3-17	2009 年口腔综合科集体合影。二排左五为朱亚琴	328
图 2-3-18	2010 年口腔干保特需科人员。前排左三为徐晓	330
图 2-3-19	20 世纪 80 年代刘瑷如在读片	330
图 2-3-20	2007 年李江(右二)主持口腔病理科业务学习	332
图 2-4-1	2010 年放射科读片讨论会。前排左起：余强、孙明华、罗济程	343
图 2-4-2	2006 年药剂科组织职工培训后合影	348
图 2-4-3	2010 年检验科合影。左四为陈福祥	353
图 2-4-4	2010 年病理科合影。坐者为束木娟	356

图2-4-5	2010年超声诊断科合影。首排为徐秋华	358
图2-4-6	2008年核医学科合影。前排左起：袁素芬、马玉波、刘平安；后排左起：远奇、徐枫、顾爱春、翟春桃	360
图2-4-7	2010年张美芳（左二）主持科室业务学习	367
图3-2-1	1989年医院门诊区域之一，挂2号门牌的是老门诊楼（旧14号楼）	401
图3-2-2	1989年医院门诊区域之二，右侧由远至近：儿科门诊（旧8号楼）、放射门诊（旧9号楼）、肠道门诊。左侧为旧14号楼	401
图3-2-3	1989年医院急诊区域（旧10号、11号楼）	402
图3-2-4	1992年建成的门急诊楼（10号楼）。1998年喷水池和外楼梯被拆除	403
图3-2-5	2003年的口腔门诊楼（8号楼）入口及挂号收费处	404
图3-2-6	2009年2月在10号门诊楼大厅的便民服务中心	407
图3-2-7	2003年开设的发热门诊	421
图3-2-8	2009年开设的体检中心	422
图3-3-1	2006年护理管理组织体系示意图	426
图3-3-2	2010年护理管理组织体系示意图	426
图3-3-3	NCIS框架结构示意图	428
图3-3-4	"倒三角"服务理念示意图	428
图3-3-5	1997年上海市十佳护士潘小琴在护理患者	431
图3-3-6	20世纪90年代口腔内科护士长俞玉珍（左一）指导器械准备工作	432
图3-3-7	2009年上海市模范护士、骨科护士长杨志英（左二）指导护理工作	433
图3-4-1	2010年病史室	457
图3-4-2	1991年防保科工作人员合影	468
图3-4-3	2010年医院医疗保险管理体系图	474
图3-5-1	1954年医院派出赴安徽救灾医疗队部分队员。前排左起为郭一钦、周静芳、虞金妹；后排左一为缪承喜	501
图3-5-2	1993年5月东亚运动会期间工会主席徐春扬（左一）看望医疗队员	506
图3-5-3	世博保障医疗队急救演练	508
图3-5-4	世博保障医疗队夜间紧急集合演练	509
图3-5-5	1977年九院第三批唐山抗震医疗队。最后一排左四为魏原樾	510
图3-5-6	2008年5月14日医院第一批医疗队在凤凰山机场。左起：朱勇敢、林宇、郭智霖、王莉青、项娴静、张峻、陈志峰	512
图3-5-7	2008年5月30日卫生部专家组成员戴尅戎（右二）在评估伤员情况	513
图3-5-8	2010年10月第二批援滇医疗队出发。前排左起：杜勤、张励、张克、楼晓楼、龚伟华、严伟民；后排左起：蒋秀凤、张少明、周礼明、戴尅戎、王忠、朱振安、田卓平、孙月华	515
图3-5-9	2010年7月24日医疗队和九院骨科专家在大理州召开骨科学术讲座	517
图3-5-10	2000年10月医疗队和祥云医院领导一起栽下友谊树。左五左六为：高兰英、杨兆云，左八左九为卢慕峻、陈志峰，右一至右六为：龚伟华、张少明、田卓平、周礼明、张克、楼晓楼	518
图4-1-1	口腔医学院副院长郭莲（坐者左一）为学生示范操作	556
图4-1-2	2006年口腔医学院学生为民工子弟小学学生作口腔健康检查	562
图4-2-1	1998年张涤生院士在九院临床医学院第一届学生临床教学开学典礼上讲话	572
图4-2-2	团总支书记周辉红（二排左一）带领1996级学生参加二医大运动会	574
图4-6-1	1949年5月伯特利护校学生合影，坐者右起：伍哲英、吴梅兰	600
图4-6-2	1977年护校被评为优秀集体，前排左起：密蓓蓓、夏培玲、朱惠英、黄梓玲、宁丽、张敏明，后排左起：黄寿康、芮敏、沈隆威、邓德铨	603

图 4-6-3	1940年12月14日伯特利护校毕业合影,二排右五起:梅国桢、伍哲英	604
图 4-6-4	1953年部分1951届毕业生送别范瑶珠,前排左起:张美珍、郑荷芳、范瑶珠、龚映环,二排左起:虞文源、杨均玲、柯如卿、王世洪、施乐中,后排左起:李惠文、陆文亚、翁同瑞、赵某某	605
图 5-2-1	2010年口腔医学研究所班子研讨工作,左起:沈刚、张福祥、周曾同、张志愿、刘正、冯希平	620
图 5-2-2	上海市整复外科研究所	642
图 5-2-3	1981年邱立崇(右)和薛淼(左)讨论工作	648
图 5-2-4	2010年科室成员合影,前排左三起为张彩霞、薛淼、孙皎	651
图 5-2-5	曹谊林(正面坐者)指导实验室工作	654
图 5-2-6	2010年口腔重点实验室副主任蒋欣泉(中)指导研究工作	670
图 5-2-7	2010年组织工程(上海)国家研究中心外貌	673
图 5-2-8	上海市骨科内植物重点实验室	679
图 6-1-1	2001年医院干部人事档案人员联系网络图	764
图 6-3-1	1996年医院工勤人员参加上海市卫生系统业务统考	820
图 7-4-1	2007年九院周浦分院大门	855
图 7-4-2	庆祝周浦医院建院80周年。左四为陈章达,左五为张伟	856
图 7-4-3	2006年12月,奉城医院院长王永斌(左)与九院副院长周礼明(右)签署合作意向协议书	857
图 7-4-4	2010年的九院奉城分院	858
图 8-1-1	1992年总务处机构设置	874
图 8-1-2	1998年总务处机构设置	875
图 8-2-1	1948年复建时申请开业的医院平面图	896
图 8-2-2	1963年医院基建规划平面图	897
图 8-2-3	1950—2010年医院建筑面积示意图	901
图专-1-1	国际首例使用形状记忆加压骑缝钉治疗明显分离的髌骨骨折病例,术后功能恢复良好	1058
图专-1-2	采用形状记忆锯齿臂环抱内固定器治疗假体周围骨折,由于人工关节的存在,各种"常规"内固定均难以使用	1058
图专-1-3		1059
图专-1-4	半骨盆置换术	1060
图专-1-5		1061
图专-1-6	金属3D打印个性化假体在骨盆髋关节和股骨上段肿瘤切除术中的应用	1062
图专-2-1	1989年,邱蔚六在旧金山出席美国口腔颌面外科年会	1065
图专-2-2	2008年,张志愿在西雅图出席美国口腔颌面外科年会	1066
图专-2-3	张陈平首创应用血管化腓骨结合同期牵引牙种植(DID)技术,为患者带来新生	1067
图专-2-4	口腔颌面-头颈肿瘤科骨干团队	1068
图专-3-1	1981年,张涤生(右二)向卫生部部长钱信忠(左三)等汇报工作	1071
图专-3-2	1978年12月,改革开放后,首位来院的美国加州大学洛杉矶分校妇科显微外科专家Jorden Phillips夫妇	1072
图专-3-3	1978年,印度孟买女医师来九院学习烘疗机治疗象皮腿的技术	1073
图专-3-4	1987年5月,第一届国际淋巴医学学术研讨会合影(前排左二关文祥,左十张涤生)	1074
图专-3-5	1992年,建科30周年及张涤生教授执教50周年,全科人员合影	1075

编 后 记

2010年2月,上海市政府下发《上海市第二轮新编地方志书编纂规划》,《上海市级专志·上海第九人民医院志》(简称"《九院志》")被列入上海市级专志编纂规划。2010年4月2日,医院成立《九院志》编纂委员会,由医院党委书记和院长担任编委会主任,3位院士任顾问,启动九院志编纂工作。以后又于2017年1月调整编纂委员会和编纂办公室成员。自2010年4月成立《九院志》编纂委员会和编纂办公室以来,主要经历三个主要阶段。

一、学习、培训、资料收集与起草阶段(2010—2014年)

医院组织了各科室、部门编写人员队伍,派人参加上海市地方志办公室组织的修志培训班,掌握修志规范和基本知识。先后去上海市烟草局修志办公室、上海市卫生局修志办公室、上海第六人民医院修志办公室、上海市档案馆、上海图书馆等单位交流学习,请上海市方志办市志工作处处长黄晓明来院培训初稿和资料长编的编纂工作,为全面铺开修志工作积累经验。2010年12月—2012年7月,医院每季度召开院志工作会议,检查进度、落实任务、表扬先进、交流经验。至2014年4月,形成约40万字的院志草稿和一批资料卡片。

二、调整人员、重新培训、初稿撰写阶段(2016—2017年)

2016年7月,医院调整编纂负责人,重启编纂工作。在院领导支持下,充实编写人员,重整编写队伍,根据院志编纂要求,再做培训。2017年1月23日,医院召开《九院志》阶段性培训大会,医院院长吴皓和上海市方志办专志工作处处长过文瀚针对院志编纂工作的现状和努力方向,作了动员和培训,要求统一体例格式,补充内容、修订草稿,尽快形成初稿。院志编纂办公室先后下发了《院志编写现状与存在问题》《科室志编写与修改参考方案》《关于规范资料卡片格式并编写资料长编的通知》《关于规范制作年度大事记的建议》《关于推进院志初稿和资料长编编纂工作的通知》《交大医学院报检索方法》《数码版院志参考资料使用说明》《关于开展院志照片征集的建议》《〈九院志〉内审稿评审注意事项》《〈九院志〉征集照片的通知》《关于补充院志中科研工作内容的通知》等一系列指导性文件。先后按内科、外科、口腔、门诊与医技、基建与后勤等条线分别召开工作会议进行指导和交流,在重点科室单独召开工作会议,分析问题、落实责任。至2018年初形成院志初稿。

三、初稿内审、修改至验收稿形成阶段(2018—2010年)

2018年4月28日《九院志》内审完成发排,至2019年6月完成内审,编委会主任会议通过内审意见,交付评议。2019年7月4日,上海市地方志办公室召开评议会,与会专家对《九院志》编纂工作给予充分肯定,同时也在内容、体例、格式、文字诸方面指出修改意见。评议会后编纂班子根据归纳的26个方面的专家意见对评议稿作了3 000余处修改补充,完善了卷首图版、插页及人物篇,形成审定稿,经医院编委会审核通过,报请审定。

2019年11月27日,上海市地方志办公室在九院召开《九院志》审定会,与会专家对《九院志》作了认真评审,同意通过审定。会后,编纂班子根据方志办归纳专家提出的5个方面24条修改意见,全面审阅志稿,进一步修改补充核对内容,调整篇目名称25处,修订文字800余处,重大修改、重写50余处,完善图版和插页、规范图注,形成验收稿,于2020年1月22日通过编委会审议,同意发排报送验收。于2020年3月26日通过上海市地方志办公室验收。

《九院志》的完成与出版,离不开各界方方面面的支持。医院党政班子高度重视修志工作,多次开会讨论并从人力物力上给予充分支持。各部门、科室负责人亲自组织编写、审稿,落实专人负责编纂工作。老专家、老教授们积极回忆往事,提供素材和线索。在编写过程中,谢德善、沈建南、尚汉祚、薛淼、曹宏康、石四箴等老一辈九院人提供了珍贵的回忆和照片,吴少鹏、邱蔚六、戴尅戎、张志愿、简光泽、陈章达、励永明等老领导为志稿的完善给予大力支持并提出宝贵意见。上海市地方志办公室一直密切关注《九院志》的编写过程,办公室主任洪民荣、副主任王依群、专志工作处处长过文瀚和肖春燕、赵明明等认真指导,给予无私帮助。

社会各界也为《九院志》编写提供了巨大帮助。特别是医院创始人的后代、医院抗战后复建主持人梅国桢的女儿梅运滇、刘涤夫妇提供了大量珍贵的历史资料。复旦大学历史系教授高晞查得多项旧上海报刊资料,为医院重大历史事件提供佐证。九江学院原副校长涂明华、上海第四人民医院图书馆陆明等热情提供有关资料,上海交大医学院校友李小宾、唐德宏在美国查得伯特利医院和石美玉的珍贵历史资料提供编纂。华东神学院、上海长征医院、新华医院、上海卫生局档案室等单位都给予我们修志工作以大力支持。

《九院志》能够完成出版,是各方面努力的结果。它客观反映了九院从创立初期一家规模有限、以妇产科为主业的教会医院,经人民政府接办后历经90年,发展成为一家具有较强综合实力、特色鲜明的综合性大医院这样一个跌宕起伏的历史过程。充分展示党和政府对医疗卫生事业发展的重视和投入,反映九院医护人员为人民的健康卫生事业孜孜不倦的追求和做出的贡献。

《九院志》在时值医院院庆100周年前夕成书,既是对医院历史文化的发掘和传承,也是对青年医护人员进行院史教育的生动教材,更是鼓舞全院职工不忘初心、继往开来、再创辉煌的不竭动力。发挥院志存史、育人、资政的作用,《九院志》将成为一部九院人的精神家谱,指引我们不断奋力前行!

错漏之处,敬请读者指正。

编　者
2020年4月16日

图书在版编目（CIP）数据

上海市级专志.上海第九人民医院志/上海市地方志编纂委员会编.—上海：上海科学技术文献出版社，2020
　　ISBN 978-7-5439-8173-7

Ⅰ.①上…　Ⅱ.①上…　Ⅲ.①上海—地方志②医院—概况—上海　Ⅳ.①K295.1②R199.2

中国版本图书馆CIP数据核字（2020）第145922号

上海第九人民医院志

编　　者：上海市地方志编纂委员会
责任编辑：徐　静
封面设计：严克勤
出版发行：上海科学技术文献出版社
　　　　　上海市长乐路746号　邮编200040
　　　　　http://www.sstlp.com
排　　版：南京展望文化发展有限公司
印　　刷：上海中华商务联合印刷有限公司
开　　本：889×1194　1/16
印　　张：70.875
插　　页：47
字　　数：1 854 000
版　　次：2020年9月第1版　2020年9月第1次印刷
书　　号：ISBN 978-7-5439-8173-7
定　　价：800.00元